경비지도사
고득점 심화 모의고사

2차 [일반경비]

편집진행 이재성 · 고광옥 · 백승은 | **표지디자인** 박종우 | **본문디자인** 윤준하 · 임창규

2025 시대에듀 경비지도사 2차 시험 고득점 심화 모의고사 [일반경비]

Always with you

사람의 인연은 길에서 우연하게 만나거나 함께 살아가는 것만을 의미하지는 않습니다. 책을 펴내는 출판사와 그 책을 읽는 독자의 만남도 소중한 인연입니다.
시대에듀는 항상 독자의 마음을 헤아리기 위해 노력하고 있습니다. 늘 독자와 함께하겠습니다.

머리말

PREFACE

“생명과 재산을 지켜주는 수호자! 경비지도사”

현대인들은 자신의 의지와 상관없이 외부로부터 가해지는 각종의 위협에 노출되어 있다. 그러나 국가 경찰력이 각종 범죄의 급격한 증가 추세를 따라잡기에는 현실적으로 한계가 있으며, 이에 국가가 사회의 다변화 및 범죄의 증가에 효과적으로 대응하고 경찰력을 보완할 수 있는 전문인력을 양성하고자 경비지도사 국가자격시험을 시행한 지도 28년이 되었다.

경비지도사는 사람의 신변보호, 국가중요시설의 방호, 시설에 대한 안전업무 등을 담당하는 경비인력을 효율적으로 관리, 감독할 수 있는 전문인력으로서 그 중요성이 나날이 커지고 있으며, 그 수요 역시 꾸준히 증가하고 있지만, 합격 인원을 한정하고 있기 때문에 경비지도사를 준비하는 수험생들의 부담감 역시 커지고 있다. 해마다 높아지고 있는 합격점에 대한 부담감을 안고 시험 준비에 어려움을 겪고 있을 수험생들을 위하여 본서를 권하는 바이다.

고득점자 순으로 합격자가 결정되는 2차 시험에는 합격자와 불합격자를 가려내기 위한 고난도의 문제가 대략 10% 정도 출제된다. 시험의 당락을 좌우할 수 있는 고난도의 문제를 선별하여 유형별로 정리한 고득점 심화 모의고사 10회분은 수험생 스스로 본인의 약점을 파악하는 동시에 학습한 내용을 최종적으로 점검하고 실전 적응력을 높일 수 있는 기회를 제공할 것이다.

“2025 시대에듀 경비지도사 2차 시험 고득점 심화 모의고사 [일반경비]”의 특징은 다음과 같다.

❶ 최신 개정법령과 최근 기출문제의 출제경향을 완벽하게 반영하여 수록하였다.

❷ 문제편과 해설편을 분리하였고, 해설편에는 각 보기에 대응하는 상세해설을 수록하였다.

❸ 핵심만 콕과 꼼꼼한 첨삭해설, 필요한 법령을 수록하여 심화학습까지 가능하도록 구성하였다.

❹ 최근 5년간의 주제별 출제빈도, 난이도 등을 고려하여 실제 시험과 유사하게 구성하였다.

❺ 시험의 당락을 좌우할 수 있는 고난도의 출제 포인트를 엄선하여 문제를 제작하였다.

끝으로 본서가 모든 수험생들에게 합격의 지름길을 제시하는 안내서가 될 것을 확신하면서 본서로 공부하는 모든 수험생들에게 행운이 함께하기를 기원한다.

대표 편저자 씀

도서의 구성 및 특징

문제편

심화 모의고사 10회분, 핵심만 엄선한 심화문제 800제

- ▶ 실전 테스트 및 반복 학습이 가능하도록 정답 및 해설편과 분리하여 수록하였다.
- ▶ 최근 5년간의 주제별 출제빈도, 난이도 등을 고려하여 실제 시험과 유사하게 구성하였다.
- ▶ 시험의 당락을 좌우할 수 있는 고난도의 출제 포인트를 엄선하여 문제를 제작하였다.

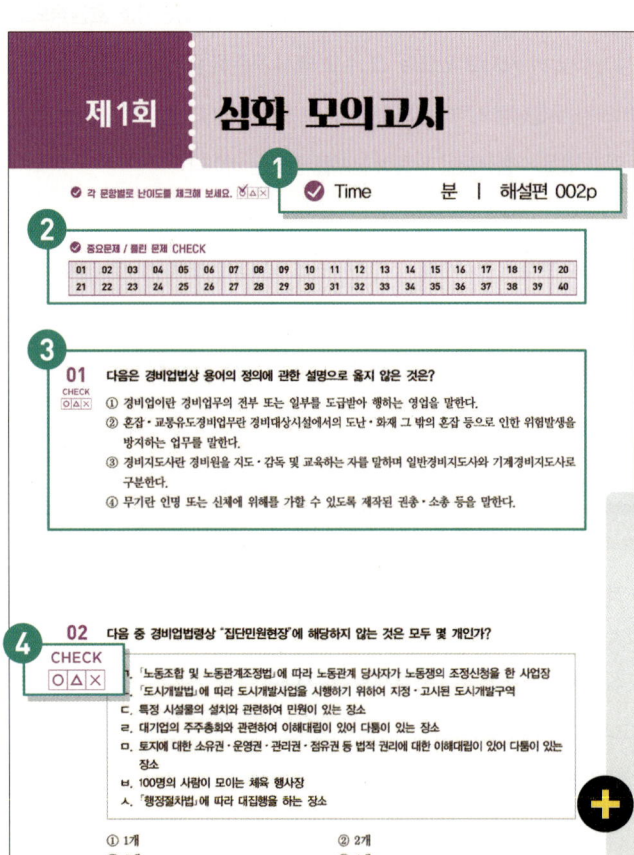

제1회 심화 모의고사

① Time 분 | 해설편 002p

각 문항별로 난이도를 체크해 보세요. ○△×

② 중요문제 / 틀린 문제 CHECK

01	02	03	04	05	06	07	08	09	10	11	12	13	14	15	16	17	18	19	20
21	22	23	24	25	26	27	28	29	30	31	32	33	34	35	36	37	38	39	40

③

01 다음은 경비업법상 용어의 정의에 관한 설명으로 옳지 않은 것은?

CHECK ○△×

① 경비업이란 경비업무의 전부 또는 일부를 도급받아 행하는 영업을 말한다.
② 혼잡・교통유도경비업무란 경비대상시설에서의 도난・화재 그 밖의 혼잡 등으로 인한 위험발생을 방지하는 업무를 말한다.
③ 경비지도사란 경비원을 지도・감독 및 교육하는 자를 말하며 일반경비지도사와 기계경비지도사로 구분한다.
④ 무기란 인명 또는 신체에 위해를 가할 수 있도록 제작된 권총・소총 등을 말한다.

02 다음 중 경비업법령상 "집단민원현장"에 해당하지 않는 것은 모두 몇 개인가?

④ CHECK ○△×

ㄱ. 「노동조합 및 노동관계조정법」에 따라 노동관계 당사자가 노동쟁의 조정신청을 한 사업장
ㄴ. 「도시개발법」에 따라 도시개발사업을 시행하기 위하여 지정・고시된 도시개발구역
ㄷ. 특정 시설물의 설치와 관련하여 민원이 있는 장소
ㄹ. 대기업의 주주총회와 관련하여 이해대립이 있어 다툼이 있는 장소
ㅁ. 토지에 대한 소유권・운영권・관리권・점유권 등 법적 권리에 대한 이해대립이 있어 다툼이 있는 장소
ㅂ. 100명의 사람이 모이는 체육 행사장
ㅅ. 「행정절차법」에 따라 대집행을 하는 장소

① 1개　② 2개
③ 3개　④ 4개

4 경비지도사 2차 | 경비업법

- ❶ 소요 시간&해당 정답 및 해설 페이지
- ❷ 중요문제 & 틀린 문제 CHECK
- ❸ 고득점 심화 모의고사 문제
- ❹ 난이도 체크 박스

+

톡! 뜯어지는 정답 마킹표

정답 마킹표(40문/4지선다)

연 도		과 목	
시 간		회 독	
문 번	CHECK	문 번	CHECK
1	① ② ③ ④	21	① ② ③ ④
2	① ② ③ ④	22	① ② ③ ④
3	① ② ③ ④	23	① ② ③ ④
4	① ② ③ ④	24	① ② ③ ④
5	① ② ③ ④	25	① ② ③ ④
6	① ② ③ ④	26	① ② ③ ④
7	① ② ③ ④	27	① ② ③ ④
8	① ② ③ ④	28	① ② ③ ④
9	① ② ③ ④	29	① ② ③ ④

※ 실제 시험장에서 사용되는 답안지와는 규격, 형식, 재질 등이 상이한 연습용 모의 답안지입니다.

정답 및 해설편

심화 모의고사 10회분의 정답 및 상세해설

- ▶ 최신 개정법령 및 최근 출제경향을 완벽하게 반영하여 수록하였다.
- ▶ 꼼꼼하게 학습할 수 있도록 각 보기에 대응하는 상세해설과 정답을 함께 수록하였다.
- ▶ 자주 출제되는 중요 부분과 핵심내용에 대한 심화학습까지 가능하도록 구성하였다.

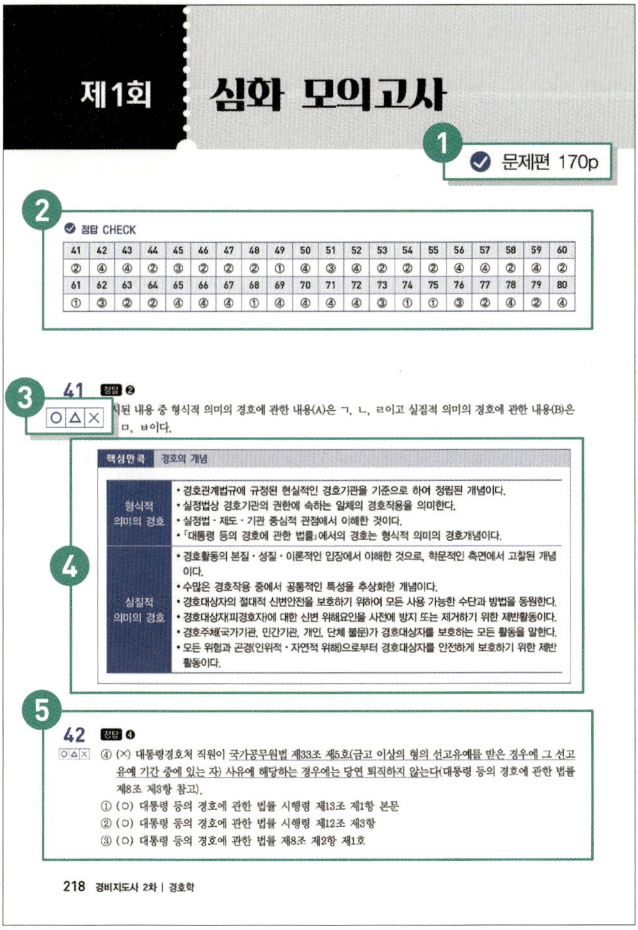

제1회 심화 모의고사

1 ✔ 문제편 170p

2 ✔ 정답 CHECK

41	42	43	44	45	46	47	48	49	50	51	52	53	54	55	56	57	58	59	60
②	④	④	②	③	②	②	②	①	④	③	④	②	②	②	④	④	②	④	②
61	62	63	64	65	66	67	68	69	70	71	72	73	74	75	76	77	78	79	80
①	③	②	②	④	④	④	①	④	④	④	④	③	①	①	③	②	④	②	④

3 41 정답 ❷

○△×

시된 내용 중 형식적 의미의 경호에 관한 내용(A)은 ㄱ, ㄴ, ㄹ이고 실질적 의미의 경호에 관한 내용(B)은 ㅁ, ㅂ이다.

4 핵심만 콕 경호의 개념

형식적 의미의 경호	• 경호관계법규에 규정된 현실적인 경호기관을 기준으로 하여 정립된 개념이다. • 실정법상 경호기관의 권한에 속하는 일체의 경호작용을 의미한다. • 실정법 · 제도 · 기관 중심적 관점에서 이해한 것이다. • 「대통령 등의 경호에 관한 법률」에서의 경호는 형식적 의미의 경호개념이다.
실질적 의미의 경호	• 경호활동의 본질 · 성질 · 이론적인 입장에서 이해한 것으로, 학문적인 측면에서 고찰된 개념이다. • 수많은 경호작용 중에서 공통적인 특성을 추상화한 개념이다. • 경호대상자의 절대적 신변안전을 보호하기 위하여 모든 사용 가능한 수단과 방법을 동원한다. • 경호대상자(피경호자)에 대한 신변 위해요인을 사전에 방지 또는 제거하기 위한 제반활동이다. • 경호주체(국가기관, 민간기관, 개인, 단체 불문)가 경호대상자를 보호하는 모든 활동을 말한다. • 모든 위험과 곤경(인위적 · 자연적 위해)으로부터 경호대상자를 안전하게 보호하기 위한 제반활동이다.

5 42 정답 ❹

○△×

④ (×) 대통령경호처 직원이 국가공무원법 제33조 제5호(금고 이상의 형의 선고유예를 받은 경우에 그 선고유예 기간 중에 있는 자) 사유에 해당하는 경우에는 당연 퇴직하지 않는다(대통령 등의 경호에 관한 법률 제8조 제3항 참고).

① (○) 대통령 등의 경호에 관한 법률 시행령 제13조 제1항 본문

② (○) 대통령 등의 경호에 관한 법률 시행령 제12조 제3항

③ (○) 대통령 등의 경호에 관한 법률 제8조 제2항 제1호

218 경비지도사 2차 | 경호학

❶ 해당 문제편 페이지
❷ 정답 CHECK
❸ 난이도 확인 CHECK
❹ 심화학습까지 가능한 핵심만 콕&법령
❺ 정답 및 해설

경비지도사 소개 및 시험안내

경비지도사란?

경비원을 지도 · 감독 및 교육하는 자를 말하며, 일반경비지도사와 기계경비지도사로 구분한다.

주요업무

경비업자가 대통령령이 정하는 바에 따라 선임한 경비지도사의 직무는 다음과 같다(경비업법 제12조 제2항, 동법 시행령 제17조 제1항).

1. 경비원의 지도 · 감독 · 교육에 관한 계획의 수립 · 실시 및 그 기록의 유지
2. 경비현장에 배치된 경비원에 대한 순회점검 및 감독
3. 경찰기관 및 소방기관과의 연락방법에 대한 지도
4. 집단민원현장에 배치된 경비원에 대한 지도 · 감독
5. 그 밖에 대통령령이 정하는 직무
   [1] 기계경비업무를 위한 기계장치의 운용 · 감독(기계경비지도사의 경우에 한한다)
   [2] 오경보방지 등을 위한 기기관리의 감독(기계경비지도사의 경우에 한한다)

응시자격 및 결격사유

응시자격	제한 없음
결격사유	경비업법 제10조 제1항 각호의 1에 해당하는 자

※ 결격사유에 해당하는 자는 시험 합격 여부와 관계없이 시험을 무효처리한다.

2025년 일반 · 기계경비지도사 시험 일정

회 차	응시원서 접수기간	제1차 · 제2차 시험 동시 실시	합격자 발표일
27	9.22～9.26/ 11.6～11.7 (추가)	11.15 (토)	12.31 (수)

합격기준

구 분	합격기준
제1차 시험	매 과목 100점을 만점으로 하여 매 과목 40점 이상, 전 과목 평균 60점 이상 득점한 자
제2차 시험	• 선발예정인원의 범위 안에서 전 과목 평균 60점 이상을 득점한 자 중에서 고득점순으로 결정 • 동점자로 인하여 선발예정인원이 초과되는 때에는 동점자 모두를 합격자로 결정

※ 제1차 시험 불합격자는 제2차 시험을 무효로 한다.

경비지도사 자격시험

<table>
<tr><th>구 분</th><th>과목구분</th><th>일반경비지도사</th><th>기계경비지도사</th><th>문항수</th><th>시험시간</th><th>시험방법</th></tr>
<tr><td>제1차
시험</td><td>필 수</td><td colspan="2">1. 법학개론
2. 민간경비론</td><td>과목당
40문항
(총 80문항)</td><td>80분
(09:30～10:50)</td><td>객관식
4지택일형</td></tr>
<tr><td rowspan="2">제2차
시험</td><td>필 수</td><td colspan="2">1. 경비업법(청원경찰법 포함)</td><td rowspan="2">과목당
40문항
(총 80문항)</td><td rowspan="2">80분
(11:40～13:00)</td><td rowspan="2">객관식
4지택일형</td></tr>
<tr><td>선택
(택1)</td><td>1. 소방학
2. 범죄학
3. 경호학</td><td>1. 기계경비개론
2. 기계경비기획
및 설계</td></tr>
</table>

경비지도사 소개 및 시험안내

일반경비지도사 제2차 시험 검정현황

구 분	대상자(명)	응시자(명)	합격자(명)	합격률(%)
2020년(제22회)	12,578	7,700	791	10.27
2021년(제23회)	12,418	7,677	659	8.58
2022년(제24회)	11,919	7,325	573	7.82
2023년(제25회)	10,325	6,462	574	8.88
2024년(제26회)	10,102	6,487	873	13.47

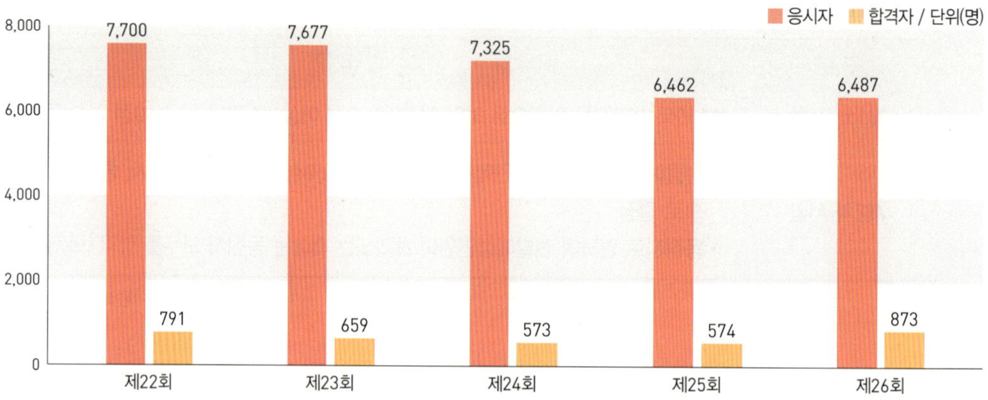

제2차 시험 응시자와 합격자수

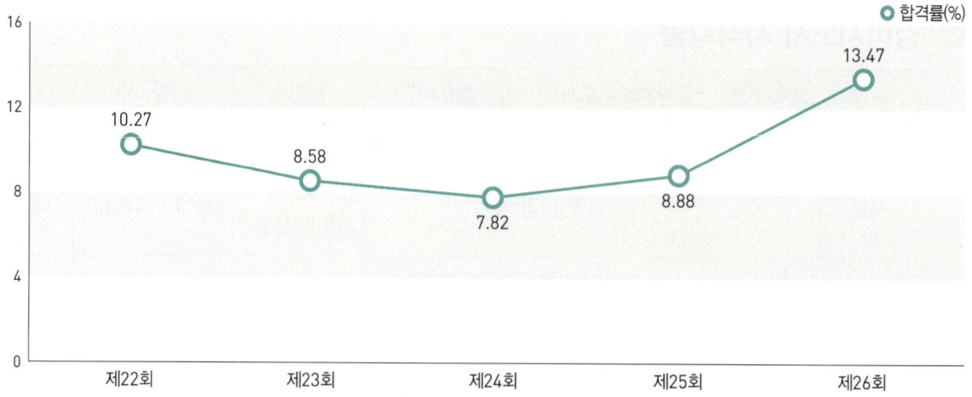

제2차 시험 합격률

REVISED LAW

최신 개정법령 소개

경비지도사 제2차 시험 관련 법령

본 도서에 반영된 주요 최신 개정법령은 아래와 같다(적색 : 2024년 이후 개정법령).

구 분	법 령	시행일
경비업법	경비업법	2025.10.02
	경비업법 시행령	2025.01.31
	경비업법 시행규칙	2025.01.31
청원경찰법	청원경찰법	2022.11.15
	청원경찰법 시행령	2025.04.22
	청원경찰법 시행규칙	2022.11.10
경호학 관련 법령	대통령 등의 경호에 관한 법률	2025.06.04
	대통령 등의 경호에 관한 법률 시행령	2025.06.04
	대통령경호처와 그 소속기관 직제	2025.05.20
	전직대통령 예우에 관한 법률	2017.09.22
	전직대통령 예우에 관한 법률 시행령	2021.01.05
	대통령경호안전대책위원회규정	2022.11.01
	국민보호와 공공안전을 위한 테러방지법	2024.02.09
	국민보호와 공공안전을 위한 테러방지법 시행령	2025.07.29
	국민보호와 공공안전을 위한 테러방지법 시행규칙	2025.07.29
	국가테러대책위원회 및 테러대책실무위원회 운영규정	2017.08.23
	다자간 정상회의의 경호 및 안전관리 업무에 관한 규정	2014.07.04
	보안업무규정	2021.01.01
	보안업무규정 시행규칙	2022.11.28

※ 경비지도사 자격시험에서 법률 등을 적용하여 정답을 구하여야 하는 문제는 시험 시행일 현재 시행 중인 법률 등을 적용하여 정답을 구하여야 한다.

개정법령 관련 대처법

❶ 최신 개정사항은 당해 연도 시험에 출제될 확률이 높으므로, 시험 시행일 전까지 최신 개정법령 및 개정사항을 필히 확인해야 한다.

❷ 최신 개정법령은 아래 법제처의 국가법령정보센터 홈페이지 등을 통해 확인이 가능하다.

법제처 국가법령정보센터	www.law.go.kr

❸ 도서 출간 이후의 최신 개정법령 및 개정사항에 대한 도서 업데이트(추록)는 아래의 시대에듀 홈페이지 및 서비스를 통해 제공받을 수 있다.

시대에듀 홈페이지	www.sdedu.co.kr / www.edusd.co.kr
시대에듀 경비지도사 독자지원카페	cafe.naver.com/sdsi

최근 5년간 출제경향 분석

제1과목 경비업법

❖ 경비업법 회당 평균 출제횟수 : 경비지도사 및 경비원(9.8문제), 보칙(4.2문제) 순이다.

출제영역		2020 (제22회)	2021 (제23회)	2022 (제24회)	2023 (제25회)	2024 (제26회)	총 계 (문항수)	회별출제 (평균)
제1장	총 칙	–	1	1	1	1	4	0.8
제2장	경비업의 허가 등	3	3	2	3	3	14	2.8
제3장	기계경비업무	1	1	1	1	1	5	1
제4장	경비지도사 및 경비원	10	9	11	9	10	49	9.8
제5장	행정처분 등	4	4	3	4	2	17	3.4
제6장	경비협회	2	1	2	2	2	9	1.8
제7장	보 칙	4	4	4	4	5	21	4.2
제8장	벌 칙	3	4	3	3	3	16	3.2
합계(문항수)		27	27	27	27	27	135	27

··· 2024년도 경비업법 총평 : 경비업법 개정이 있었으나 경비지도사 · 경비원 교육기관의 업무정지와 관련한 17번 한 문제만 출제되었고, 어렵거나 논란이 될 만한 지문은 없었기 때문에 합격생 기준 만점이 상당히 많을 것으로 예상된다.

❖ 청원경찰법 회당 평균 출제횟수 : 청원경찰의 배치 · 임용 · 교육 · 징계(3.4문제), 청원경찰의 배치장소와 직무(2.6문제) 순이다.

출제영역		2020 (제22회)	2021 (제23회)	2022 (제24회)	2023 (제25회)	2024 (제26회)	총 계 (문항수)	회별출제 (평균)
제1장	청원경찰의 배치장소와 직무	1	3	3	3	3	13	2.6
제2장	청원경찰의 배치 · 임용 · 교육 · 징계	4	3	3	3	4	17	3.4
제3장	청원경찰의 경비와 보상금 및 퇴직금	2	2	2	1	2	9	1.8
제4장	청원경찰의 제복착용과 무기휴대 · 비치부책	1	3	2	2	2	10	2
제5장	보칙(감독 · 권한위임 · 면직 및 퇴직 등)	4	1	2	3	1	11	2.2
제6장	벌칙과 과태료	1	1	1	1	1	5	1
합계(문항수)		13	13	13	13	13	65	13

··· 2024년도 청원경찰법 총평 : 경비업법과 비교하여 학습량이 적다는 점과 빈출 주제별로 반복 출제된다는 점을 고려하면 빈출 주제별 반복 학습 및 암기노트 작성이 가장 효율적인 학습전략이라 판단된다.

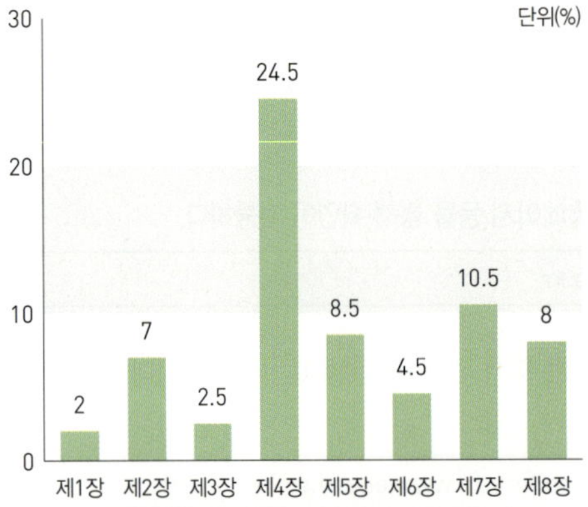

2020~2024년 경비지도사 경비업법 출제경향

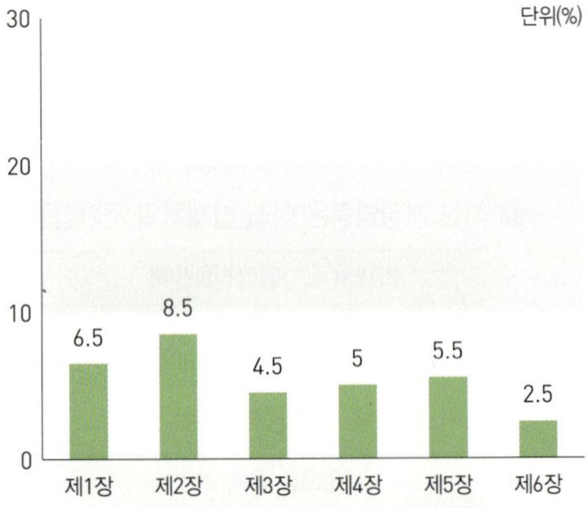

2020~2024년 경비지도사 청원경찰법 출제경향

2024년 제26회 경비업법 주제별 출제 분석

기본서의 목차별로 정리한 2024년 경비업법 과목의 기출주제이다(중복 출제된 주제 있음).

PART	CHAPTER	2024년 제26회 기출주제
PART 1 경비업법	1. 총 칙	용어의 정의(호송경비업무)
	2. 경비업의 허가 등	경비업 허가(경비업자의 신고사항), 경비업 허가 여부 결정을 위한 검토사항, 법인 임원의 결격사유
	3. 기계경비업무	기계경비업자의 관리 서류
	4. 경비지도사 및 경비원	경비지도사 · 경비원 교육기관의 업무정지처분 대상, 경비지도사의 선임 및 경비지도사의 직무, 경비원의 교육 등, 특수경비원의 의무, 특수경비원의 무기관리, 경비원의 복장 등, 경비원의 장비, 결격사유 확인을 위한 범죄경력조회 요청 시 첨부 서류, 경비원의 배치허가, 경비원의 명부와 배치허가
	5. 행정처분 등	경비업 허가취소 사유, 경비지도사 자격정지처분 기준
	6. 경비협회	경비협회 일반, 경비협회의 공제사업
	7. 보 칙	경찰청장 등의 지도 · 감독, 경비업자의 책임(손해배상), 권한의 위임, 경비지도사 시험 응시수수료 반환 기준, 벌칙 적용에서 공무원 의제
	8. 벌 칙	벌칙, 형의 가중처벌, 과태료 최고액
PART 2 청원경찰법	1. 청원경찰의 배치장소와 직무	청원경찰법의 목적, 용어의 정의 등, 청원경찰의 신분 및 직무수행
	2. 청원경찰의 배치·임용·교육·징계	청원경찰의 배치, 청원경찰의 임용, 청원경찰의 징계, 청원경찰의 직무와 표창
	3. 청원경찰의 경비와 보상금 및 퇴직금	청원경찰 보수산정 시의 경력 인정 등, 청원경찰의 보상금과 퇴직금
	4. 청원경찰의 제복착용과 무기휴대·비치부책	무기관리수칙, 문서와 장부의 비치(관할 경찰서장)
	5. 보칙(감독·권한위임·면직 및 퇴직 등)	청원경찰의 감독
	6. 벌칙과 과태료	과태료

ANALYSIS

최근 5년간 출제경향 분석

제2과목 경호학

❖ 경호학 회당 평균 출제횟수 : 경호업무 수행방법(19.2문제), 경호학과 경호(6문제), 경호의 조직(4.8문제) 순이다.

출제영역		2020 (제22회)	2021 (제23회)	2022 (제24회)	2023 (제25회)	2024 (제26회)	총 계 (문항수)	회별출제 (평균)
제1장	경호학과 경호	6	7	6	5	6	30	6
제2장	경호의 조직	5	5	3	5	6	24	4.8
제3장	경호업무 수행방법	20	17	19	21	19	96	19.2
제4장	경호복장과 장비	2	4	3	2	2	13	2.6
제5장	경호의전과 구급법	3	3	4	2	3	15	3
제6장	경호의 환경	4	4	5	5	4	22	4.4
합계(문항수)		40	40	40	40	40	200	40

⋯› 2024년도 경호학 총평 : 전체적으로 주요 빈출 주제에서 출제되었고, 합격의 당락을 결정한 문제는 41번, 42번, 70번, 76번이라고 생각된다. 41번과 42번은 경호기관의 시대순을 묻는 문제로 실수 가능성이 높은 문제였고, 우발상황의 특성에 관한 문제(70번)와 응급처치 및 구급법에 관한 문제(76번)는 수험생들의 이의제기가 있었으나 한국산업인력공단은 이를 수용하지 않았다.

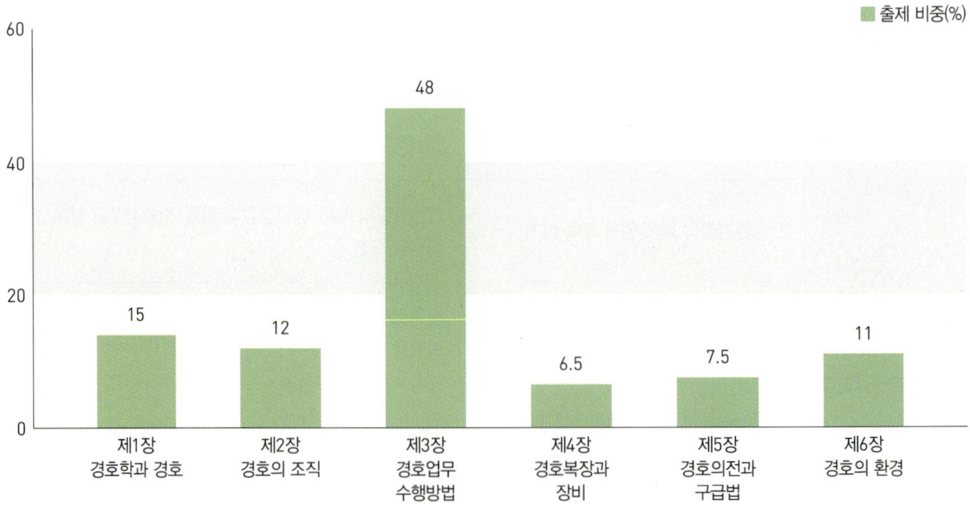

2020～2024년 경비지도사 경호학 출제경향

2024년 제26회 경호학 주제별 출제 분석

기본서의 목차별로 정리한 2024년 경호학 과목의 기출주제이다(중복 출제된 주제 있음).

CHAPTER	POINT	2024년 제26회 기출주제
제1장 경호학과 경호	1. 경호의 정의	–
	2. 경호 및 경비의 분류	경호의 분류
	3. 경호의 법원	경호의 성문법원
	4. 경호의 목적과 원칙	경호의 원칙, 근접경호의 기본원리(주의력효과와 대응효과)
	5. 경호의 발달과정과 배경	구한말 경호조직의 변천, 대한민국의 경호제도
제2장 경호의 조직	1. 경호조직의 의의 및 특성과 구성원칙	경호조직의 특성, 경호조직의 구성원칙
	2. 각국의 경호조직	–
	3. 경호의 주체와 객체	경호의 주체, 경호등급 구분 운영 시 협의 대상, 대통령경호처의 경호대상
제3장 경호업무 수행방법	1. 경호임무의 수행절차	경호작용의 기본 고려요소, 경호임무 수행절차, 경호행사계획 수립 시 고려사항
	2. 사전예방경호(선발경호)	선발경호의 목적, 산발경호의 특성, 사전예방경호(경호안전작용), 안전검측(방에서의 안전검측활동 단계), 검식활동
	3. 근접경호(수행경호)	근접경호의 특성(기만성), 경호원의 활동수칙 등, 근접경호원의 임무원칙, 근접경호 수행방법, 근접도보경호, 차량경호
	4. 출입자 통제대책	출입자 통제, 출입자 통제업무 수행, 출입통제대책
	5. 우발상황(돌발사태) 대응방법	우발상황의 특성, 우발상황 시 근접경호원의 대응
제4장 경호복장과 장비	1. 경호원의 복장과 장비	경호원의 복제, 경호장비
	2. 경호장비의 유형별 관리	–
제5장 경호의전과 구급법	1. 경호원의 자격과 윤리	–
	2. 경호원의 의전과 예절	경호의전(국기게양 등), 탑승 시 경호예절
	3. 응급처치 및 구급법	심폐소생술 및 자동심장충격(AED) 사용방법
제6장 경호의 환경	1. 경호의 환경요인	경호 환경요인
	2. 암 살	–
	3. 테 러	국민보호와 공공안전을 위한 테러방지법, 테러사건대책본부 설치 · 운영 주체, 테러단체 구성원의 처벌

PROCESS

시험접수부터 자격증 취득까지

1. 응시자격조건

- 경비업법 제10조 제1항의 결격사유에 해당하지 않는 어느 누구나 응시할 수 있습니다.
- 결격사유 기준일은 원서접수 마감일이며, 해당자는 시험합격 여부와 상관없이 시험을 무효처리합니다.

2. 필기원서접수

※ 인터넷 원서 접수 사이트 : q-net.or.kr

7. 경비지도사 기본교육

8. 자격증 발급

- 경비지도사 기본교육 종료 후 교육기관에서 일괄 자격증 신청
- 경찰청에서 교육 사항 점검 후, 20일 이내 해당 주소지로 우편 발송

3. 일반 · 기계 경비지도사의 시험

일반·기계 경비지도사의 시험

일반·기계 경비지도사의 1차 시험과목은 법학개론과 민간경비론입니다.

일반 경비지도사 2차시험	기계 경비지도사 2차시험
2차 시험과목은 청원경찰법을 포함한 경비업법과 소방학, 범죄학, 경호학 중 1과목을 선택합니다.	청원경찰법을 포함한 경비업법과 기계경비개론, 기계경비기획 및 설계 중 1과목을 선택합니다.

1·2차 시험 모두 객관식 4지 택일형으로 과목당 40문제이며, 1·2차 시험으로 구분하되 동일한 날짜에 실시하게 됩니다.

4. 1 · 2차 시험안내

5. 합격기준

6. 합격자발표

※ 확인 홈페이지 : q-net.or.kr

CONTENTS

이 책의 차례

PART 1 | 정답 및 해설편

제1과목 경비업법

제2과목 경호학

PART 2 | 문제편

제1과목 경비업법

제2과목 경호학

P/A/R/T/1

경비업법

정답 및 해설편

제1회 심화 모의고사

문제편 004p

정답 CHECK

01	02	03	04	05	06	07	08	09	10	11	12	13	14	15	16	17	18	19	20
②	②	②	④	③	③	②	③	①	②	④	③	④	③	③	④	④	③	④	④
21	22	23	24	25	26	27	28	29	30	31	32	33	34	35	36	37	38	39	40
④	①	①	①	②	①	②	③	③	②	④	③	④	①	②	③	③	①	④	②

01 정답 ❷

O△X ② (×) 시설경비업무에 관한 설명이다(경비업법 제2조 제1호 가목). 혼잡·교통유도경비업무란 도로에 접속한 공사현장 및 사람과 차량의 통행에 위험이 있는 장소 또는 도로를 점유하는 행사장 등에서 교통사고나 그 밖의 혼잡 등으로 인한 위험발생을 방지하는 업무를 말한다(경비업법 제2조 제1호 바목).

① (○) 경비업법 제2조 제1호

③ (○) 경비업법 제2조 제2호

④ (○) 경비업법 제2조 제4호

02 정답 ❷

O△X 제시된 내용 중 경비업법령상 "집단민원현장"에 해당하지 않는 것은 ㄴ과 ㅅ이다.

ㄴ. (×) 「도시 및 주거환경정비법」에 따른 정비사업과 관련하여 이해대립이 있어 다툼이 있는 장소(경비업법 제2조 제5호 나목)

ㅅ. (×) 「행정대집행법」에 따라 대집행을 하는 장소(경비업법 제2조 제5호 사목)

관계법령 **정의(경비업법 제2조)** ★★

이 법에서 사용하는 용어의 정의는 다음과 같다. 〈개정 2024.1.30.〉

5. "집단민원현장"이란 다음 각목의 장소를 말한다.
   가. 「노동조합 및 노동관계조정법」에 따라 노동관계 당사자가 노동쟁의 조정신청을 한 사업장 또는 쟁의행위가 발생한 사업장
   나. 「도시 및 주거환경정비법」에 따른 정비사업과 관련하여 이해대립이 있어 다툼이 있는 장소
   다. 특정 시설물의 설치와 관련하여 민원이 있는 장소
   라. 주주총회와 관련하여 이해대립이 있어 다툼이 있는 장소
   마. 건물·토지 등 부동산 및 동산에 대한 소유권·운영권·관리권·점유권 등 법적 권리에 대한 이해대립이 있어 다툼이 있는 장소
   바. 100명 이상의 사람이 모이는 국제·문화·예술·체육 행사장
   사. 「행정대집행법」에 따라 대집행을 하는 장소

03 정답 ❷

O△X 제시된 내용 중 시설경비업무를 수행하는 법인의 임원이 될 수 있는 자는 ㄱ, ㄴ, ㄷ이다.

ㄱ.(○), ㄴ. (○) 이 법 또는 「대통령 등의 경호에 관한 법률」에 위반하여 벌금형의 선고를 받고 3년이 지나지 아니한 자는 특수경비업무를 수행하는 법인의 임원이 될 수 없다(경비업법 제5조 제4호). 따라서 「경비업법」을 위반하여 벌금형의 선고를 받고 3년이 지난 자는 물론, 「대통령 등의 경호에 관한 법률」에 위반하여 벌금형의 선고를 받고 3년이 지나지 아니한 자도 시설경비업무를 수행하는 법인의 임원이 될 수 있다.

ㄷ.(○), ㄹ. (×) 이 법(제19조 제1항 제2호 및 제7호는 제외한다) 또는 이 법에 의한 명령에 위반하여 허가가 취소된 법인의 허가취소 당시의 임원이었던 자로서 그 취소 후 3년이 지나지 아니한 자는 허가취소사유에 해당하는 경비업무와 동종의 경비업무를 수행하는 법인의 임원이 될 수 없다(경비업법 제5조 제5호). 허가취소사유에 해당하는 경비업무가 시설경비업무였다면 허가취소 당시의 임원이었던 자로서 그 취소 후 3년이 지나지 아니한 자는 시설경비업무를 수행하는 법인의 임원이 될 수 없지만, 기계경비업무였다면 임원이 될 수 있다.

ㅁ.(×) 제19조 제1항 제2호(허가받은 경비업무 외의 업무에 경비원을 종사하게 한 때) 및 제7호(소속 경비원으로 하여금 경비업무의 범위를 벗어난 행위를 하게 한 때)의 사유로 허가가 취소된 법인의 허가취소 당시의 임원이었던 자로서 허가가 취소된 날부터 5년이 지나지 아니한 자는 경비업을 영위하는 법인의 임원이 될 수 없다(경비업법 제5조 제6호).

관계법령 **임원의 결격사유(경비업법 제5조)**

다음 각호의 어느 하나에 해당하는 자는 경비업을 영위하는 법인(제4호에 해당하는 자의 경우에는 특수경비업무를 수행하는 법인을 말하고, 제5호에 해당하는 자의 경우에는 허가취소사유에 해당하는 경비업무와 동종의 경비업무를 수행하는 법인을 말한다)의 임원이 될 수 없다. 〈개정 2021.1.12.〉 (두 피·파·실·3·3·5)

1. 피성년후견인
2. 파산선고를 받고 복권되지 아니한 자
3. 금고 이상의 형의 선고를 받고 그 형이 실효되지 아니한 자
4. 이 법 또는 「대통령 등의 경호에 관한 법률」에 위반하여 벌금형의 선고를 받고 3년이 지나지 아니한 자
5. 이 법(제19조 제1항 제2호 및 제7호는 제외한다) 또는 이 법에 의한 명령에 위반하여 허가가 취소된 법인의 허가취소 당시의 임원이었던 자로서 그 취소 후 3년이 지나지 아니한 자
6. 제19조 제1항 제2호(허가받은 경비업무 외의 업무에 경비원을 종사하게 한 때) 및 제7호(소속 경비원으로 하여금 경비업무의 범위를 벗어난 행위를 하게 한 때)의 사유로 허가가 취소된 법인의 허가취소 당시의 임원이었던 자로서 허가가 취소된 날부터 5년이 지나지 아니한 자

04 정답 ❹

O△X 제시된 내용 중 경비지도사가 월 1회 이상 수행하여야 하는 직무는 ㄱ, ㄴ, ㄷ, ㄹ이다.

ㄱ.(○) 경비업법 제12조 제2항 제1호·제3항, 동법 시행령 제17조 제2항

ㄴ.(○) 경비업법 제12조 제2항 제2호·제3항, 동법 시행령 제17조 제2항

ㄷ.(○) 경비업법 제12조 제2항 제5호·제3항, 동법 시행령 제17조 제1항 제1호·제2항

ㄹ.(○) 경비업법 제12조 제2항 제5호·제3항, 동법 시행령 제17조 제1항 제2호·제2항

ㅁ.(×) 경비업법령상 수행 횟수에 관한 특별한 규정이 없다(경비업법 제12조 제2항 제3호).

ㅂ.(×) 경비업법령상 수행 횟수에 관한 특별한 규정이 없다(경비업법 제12조 제2항 제4호).

관계법령 **경비지도사의 선임 등(경비업법 제12조)**

② 제1항의 규정에 의하여 선임된 경비지도사의 직무는 다음과 같다.
1. 경비원의 지도·감독·교육에 관한 계획의 수립·실시 및 그 기록의 유지(월 1회 이상)
2. 경비현장에 배치된 경비원에 대한 순회점검 및 감독(월 1회 이상)
3. 경찰기관 및 소방기관과의 연락방법에 대한 지도
4. 집단민원현장에 배치된 경비원에 대한 지도·감독
5. 그 밖에 대통령령이 정하는 직무

경비지도사의 직무 및 준수사항(경비업법 시행령 제17조)

① 법 제12조 제2항 제5호에서 "대통령령이 정하는 직무"란 다음 각호의 직무를 말한다.
1. 기계경비업무를 위한 기계장치의 운용·감독(기계경비지도사의 경우에 한한다)(월 1회 이상)
2. 오경보방지 등을 위한 기기관리의 감독(기계경비지도사의 경우에 한한다)(월 1회 이상)

③ 선임된 경비지도사는 제2항 각호의 규정에 의한 직무를 대통령령이 정하는 바에 따라 성실하게 수행하여야 한다.

경비지도사의 직무 및 준수사항(경비업법 시행령 제17조)

② 경비지도사는 법 제12조 제3항에 따라 같은 조 제2항 제1호·제2호의 직무 및 제1항 각호의 직무를 월 1회 이상 수행하여야 한다.

05

정답 ❸

O△X

③ (○) 경비업법 제4조 제3항 제2호, 동법 시행령 제5조 제5항

① (×) 경비업을 휴업한 경우에는 휴업을 한 날부터 7일 이내에 휴업신고서를 법인의 주사무소를 관할하는 시·도 경찰청장 또는 해당 시·도 경찰청 소속의 경찰서장에게 제출하여야 하고, 휴업신고서를 제출받은 경찰서장은 지체 없이 관할 시·도 경찰청장에게 보내야 한다(경비업법 시행령 제5조 제2항 전문).

② (×) 휴업신고를 한 경비업자가 신고한 휴업기간이 끝나기 전에 영업을 다시 시작하거나 신고한 휴업기간을 연장하려는 경우에는 영업을 다시 시작한 후 7일 이내에 또는 신고한 휴업기간이 끝난 후 7일 이내에 영업재개신고서 또는 휴업기간연장신고서를 제출하여야 한다(경비업법 시행령 제5조 제2항 후문).

④ (×) 시설경비업무가 아니라 기계경비업무의 수행을 위한 관제시설을 신설·이전 또는 폐지한 때가 옳은 지문이다(경비업법 제4조 제3항 제4호, 동법 시행령 제5조 제5항).

관계법령 **경비업의 허가(경비업법 제4조)**

③ 제1항의 규정에 의하여 경비업의 허가를 받은 법인은 다음 각호의 어느 하나에 해당하는 때에는 시·도 경찰청장에게 신고하여야 한다. 〈개정 2024.2.13.〉

1. 영업을 폐업하거나 휴업한 때

폐업 또는 휴업 등의 신고(경비업법 시행령 제5조)

② 경비업자는 휴업을 한 경우에는 법 제4조 제3항 제1호에 따라 휴업한 날부터 7일 이내에 휴업신고서를 법인의 주사무소를 관할하는 시·도 경찰청장 또는 해당 시·도 경찰청 소속의 경찰서장에게 제출하여야 하고, 휴업신고서를 제출받은 경찰서장은 지체 없이 관할 시·도 경찰청장에게 보내야 한다. 이 경우 휴업신고를 한 경비업자가 신고한 휴업기간이 끝나기 전에 영업을 다시 시작하거나 신고한 휴업기간을 연장하려는 경우에는 영업을 다시 시작한 후 7일 이내에 또는 신고한 휴업기간이 끝난 후 7일 이내에 영업재개신고서 또는 휴업기간연장신고서를 제출하여야 한다.

2. 법인의 명칭이나 대표자·임원을 변경한 때
3. 법인의 주사무소나 출장소를 신설·이전 또는 폐지한 때
4. 기계경비업무의 수행을 위한 관제시설을 신설·이전 또는 폐지한 때
5. 특수경비업무를 개시하거나 종료한 때
6. 그 밖에 대통령령이 정하는 중요사항을 변경한 때

폐업 또는 휴업 등의 신고(경비업법 시행령 제5조)

④ 법 제4조 제3항 제6호에서 "그 밖에 대통령령이 정하는 중요사항"이라 함은 정관의 목적을 말한다.

④ 제1항 및 제3항의 규정에 의한 허가 또는 신고의 절차, 신고의 기한 등 허가 및 신고에 관하여 필요한 사항은 대통령령으로 정한다.

폐업 또는 휴업 등의 신고(경비업법 시행령 제5조)

⑤ 법 제4조 제3항 제2호부터 제6호까지의 규정에 따른 신고는 그 사유가 발생한 날부터 30일 이내에 하여야 한다.

06

○△×

정답 ❸

제시된 내용 중 경비지도사의 결격사유에 해당하는 것은 ㄱ, ㄷ, ㄹ이다.

ㄴ. (×) 경비업법은 나이에 관한 경비지도사 또는 일반경비원의 결격사유로 18세 미만인 사람, 즉 하한만을 규정하고 있다. 이에 반하여 특수경비원의 경우에는 나이의 하한뿐만 아니라 상한도 결격사유로 규정하여 "60세 이상인 사람은 특수경비원이 될 수 없다"고 규정하고 있다(경비업법 제10조 제2항 제1호).

ㅁ. (×) 금고 이상의 형의 선고유예를 받고 그 유예기간 중에 있는 자는 특수경비원에만 해당하는 결격사유로서 경비지도사 또는 일반경비원의 결격사유에는 해당하지 않는다(경비업법 제10조 제2항 제4호).

관계법령 **경비지도사 및 경비원의 결격사유(경비업법 제10조)**

① 다음 각호의 어느 하나에 해당하는 자는 경비지도사 또는 일반경비원이 될 수 없다.

1. 18세 미만인 사람 또는 피성년후견인
2. 파산선고를 받고 복권되지 아니한 자 – 삭제 〈2025.4.1.〉
3. 금고 이상의 실형의 선고를 받고 그 집행이 종료(집행이 종료된 것으로 보는 경우를 포함한다)되거나 집행이 면제된 날부터 5년이 지나지 아니한 자
4. 금고 이상의 형의 집행유예선고를 받고 그 유예기간 중에 있는 자
5. 다음 각목의 어느 하나에 해당하는 죄를 범하여 벌금형을 선고받은 날부터 10년이 지나지 아니하거나 금고 이상의 형을 선고받고 그 집행이 종료된(종료된 것으로 보는 경우를 포함한다) 날 또는 집행이 유예·면제된 날부터 10년이 지나지 아니한 자
   가. 「형법」 제114조(범죄단체 등의 조직)의 죄
   나. 「폭력행위 등 처벌에 관한 법률」 제4조(단체 등의 구성·활동)의 죄
   다. 「형법」 : 강간[제297조(미수, 상습 포함)], 유사강간[제297조의2(미수, 상습 포함)], 강제추행[제298조(미수, 상습 포함)], 준강간·준강제추행[제299조(미수, 상습 포함)], 강간 등 상해·치상(제301조), 강간 등 살인·치사(제301조의2), 미성년자 등에 대한 간음[제302조(상습 포함)], 업무상 위력 등에 의한 간음[제303조(상습 포함)], 미성년자에 대한 간음·추행[제305조(상습 포함)]
   라. 「성폭력범죄의 처벌 등에 관한 특례법」 : 특수강도강간 등[제3조(미수 포함)], 특수강간 등[제4조(미수 포함)], 친족관계에 의한 강간 등[제5조(미수 포함)], 장애인에 대한 강간·강제추행 등[제6조(미수 포함)], 13세 미만의 미성년자에 대한 강간·강제추행 등[제7조(미수 포함)], 강간 등 상해·치상[제8조(미수 포함)], 강간 등 살인·치사[제9조(미수 포함)], 업무상 위력 등에 의한 추행(제10조), 공중밀집장소에서의 추행(제11조)
   마. 「아동·청소년의 성보호에 관한 법률」 : 아동·청소년에 대한 강간·강제추행 등(제7조), 장애인인 아동·청소년에 대한 간음 등(제8조)
   바. 다목부터 마목까지의 죄로서 다른 법률에 따라 가중처벌되는 죄 따라 가중처벌되는 죄
6. 다음 각목의 어느 하나에 해당하는 죄를 범하여 벌금형을 선고받은 날부터 5년이 지나지 아니하거나 금고 이상의 형을 선고받고 그 집행이 유예된 날부터 5년이 지나지 아니한 자
   가. 형법 : 절도[제329조(미수, 상습 포함)], 야간주거침입절도[제330조(미수, 상습 포함)], 특수절도[제331조(미수, 상습 포함)], 자동차 등 불법사용[제331조의2(미수, 상습 포함)], 강도[제333조(미수, 상습 포함)], 특수강도[제334조(미수, 상습 포함)], 준강도[제335조(미수 포함)], 인질강도[제336조(미수, 상습 포함)], 강도상해·치상[제337조(미수 포함)], 강도살인·치사[제338조(미수 포함)], 강도강간[제339조(미수 포함)], 해상강도[제340조(미수 및 제1항만 상습 포함)], 강도 예비·음모(제343조)
   나. 가목의 죄로서 다른 법률에 따라 가중처벌되는 죄
   다. 삭제 〈2014.12.30.〉
   라. 삭제 〈2014.12.30.〉
7. 제5호 다목부터 바목까지의 어느 하나에 해당하는 죄를 범하여 치료감호를 선고받고 그 집행이 종료된 날 또는 집행이 면제된 날부터 10년이 지나지 아니한 자 또는 제6호 각목의 어느 하나에 해당하는 죄를 범하여 치료감호를 선고받고 그 집행이 면제된 날부터 5년이 지나지 아니한 자
8. 이 법이나 이 법에 따른 명령을 위반하여 벌금형을 선고받은 날부터 5년이 지나지 아니하거나 금고 이상의 형을 선고받고 그 집행이 유예된 날부터 5년이 지나지 아니한 자

② 다음 각호의 어느 하나에 해당하는 자는 특수경비원이 될 수 없다.

1. 18세 미만이거나 60세 이상인 사람 또는 피성년후견인
2. 심신상실자, 알코올 중독자 등 대통령령으로 정하는 정신적 제약이 있는 자
3. 제1항 제2호부터 제8호까지의 어느 하나에 해당하는 자
4. 금고 이상의 형의 선고유예를 받고 그 유예기간 중에 있는 자
5. 행정안전부령이 정하는 신체조건에 미달되는 자

07 정답 ❷

○△×

② (○) 경비업법 시행령 제19조 제2항

① (×) 일반경비원의 신임교육에서 이론교육은 4시간이고 과목은 경비업법, 범죄예방론이다(경비업법 시행규칙 [별표 2]).

③ (×) 특수경비업자는 소속 특수경비원에게 법 제12조에 따라 선임한 경비지도사가 수립한 교육계획에 따라 매월 행정안전부령으로 정하는 시간(3시간) 이상의 직무교육을 받도록 하여야 한다(경비업법 시행령 제19조 제3항, 동법 시행규칙 제16조 제1항).

④ (×) 시·도 경찰청장 또는 경찰서장은 특수경비원 신임교육을 받은 사람이 요청하는 경우에는 신임교육 이수 확인증을 발급할 수 있다(경비업법 시행규칙 제15조 제4항).

08 정답 ❸

○△×

③ (×) 경비업자는 선출·선임·채용 또는 배치하려는 임원, 경비지도사 또는 경비원이 결격사유에 해당하는지를 확인하기 위하여 주된 사무소, 출장소 또는 배치장소를 관할하는 시·도 경찰청장 또는 경찰관서장에게 「형의 실효 등에 관한 법률」 제6조에 따른 범죄경력조회를 요청할 수 있다(경비업법 제17조 제2항).

① (○) 경비업법 제17조 제4항

② (○) 경비업법 제17조 제1항

④ (○) 경비업법 시행규칙 제22조

관계법령

결격사유 확인을 위한 범죄경력조회 등(경비업법 제17조)

① 경찰청장, 시·도 경찰청장 또는 관할 경찰관서장은 직권으로 또는 제2항에 따른 범죄경력조회 요청이 있는 경우에는 경비업자의 임원, 경비지도사 또는 경비원이 제5조 제3호·제4호, 제10조 제1항 제3호부터 제8호까지 또는 같은 조 제2항 제3호·제4호에 따른 결격사유에 해당하는지를 확인하기 위하여 「형의 실효 등에 관한 법률」 제6조에 따른 범죄경력조회를 할 수 있다.

② 경비업자는 선출·선임·채용 또는 배치하려는 임원, 경비지도사 또는 경비원이 제5조 제3호·제4호, 제10조 제1항 제3호부터 제8호까지 또는 같은 조 제2항 제3호·제4호에 따른 결격사유에 해당하는지를 확인하기 위하여 주된 사무소, 출장소 또는 배치장소를 관할하는 시·도 경찰청장 또는 경찰관서장에게 「형의 실효 등에 관한 법률」 제6조에 따른 범죄경력조회를 요청할 수 있다.

③ 제2항에 따른 범죄경력조회 요청을 받은 시·도 경찰청장 또는 관할 경찰관서장은 경비업자에게 그 결과를 통보할 때에는 경비업자의 임원, 경비지도사 또는 경비원이 제5조 제3호·제4호, 제10조 제1항 제3호부터 제8호까지 또는 같은 조 제2항 제3호·제4호에 따른 결격사유에 해당하는지 여부만을 통보하여야 한다.

④ 시·도 경찰청장 또는 관할 경찰관서장은 경비업자의 임원, 경비지도사 또는 경비원이 제5조 각호, 제10조 제1항 각호 또는 제2항 각호의 결격사유에 해당하는 사실을 알게 되거나 이 법 또는 이 법에 따른 명령을 위반한 때에는 경비업자에게 그 사실을 통보하여야 한다.

결격사유 확인을 위한 범죄경력조회 요청(경비업법 시행규칙 제22조)

① 법 제17조 제2항에 따른 범죄경력조회 요청은 별지 제13호의5 서식의 범죄경력조회 신청서(전자문서로 된 신청서를 포함한다)에 따른다.

② 경비업자는 제1항에 따라 범죄경력조회를 요청하는 경우 다음 각호의 서류를 첨부하여야 한다.

1. 경비업 허가증 사본
2. 별지 제13호의6 서식의 취업자 또는 취업예정자 범죄경력조회 동의서

09 정답 ❶

○△×

① (×) 특수경비업자는 특수경비업무의 개시신고를 하는 때에는 국가중요시설에 대한 특수경비업무의 수행이 중단되는 경우 시설주의 동의를 얻어 다른 특수경비업자 중에서 경비업무를 대행할 자를 지정하여 허가관청에 신고하여야 한다(경비업법 제7조 제7항 전문).

② (○) 경비업법 제7조 제6항

③ (○) 경비업법 제7조 제2항

④ (○) 경비업법 제7조 제9항

관계법령 경비업자의 의무(경비업법 제7조)

① 경비업자는 경비대상시설의 소유자 또는 관리자(이하 "시설주"라 한다)의 관리권의 범위 안에서 경비업무를 수행하여야 하며, 다른 사람의 자유와 권리를 침해하거나 그의 정당한 활동에 간섭하여서는 아니 된다.

② 경비업자는 경비업무를 성실하게 수행하여야 하고, 도급을 의뢰받은 경비업무가 위법 또는 부당한 것일 때에는 이를 거부하여야 한다.

③ 경비업자는 불공정한 계약으로 경비원의 권익을 침해하거나 경비업의 건전한 육성과 발전을 해치는 행위를 하여서는 아니 된다.

④ 경비업자의 임·직원이거나 임·직원이었던 자는 다른 법률에 특별한 규정이 있는 경우를 제외하고는 그 직무상 알게 된 비밀을 누설하거나 다른 사람에게 제공하여 이용하도록 하는 등 부당한 목적을 위하여 사용하여서는 아니 된다.

⑤ 경비업자는 허가받은 경비업무 외의 업무에 경비원을 종사하게 하여서는 아니 된다. – 적용중지 헌법불합치 결정(2020헌가19)

⑥ 경비업자는 집단민원현장에 경비원을 배치하는 때에는 경비지도사를 선임하고 그 장소에 배치하여 행정안전부령으로 정하는 바에 따라 경비원을 지도·감독하게 하여야 한다.

⑦ 특수경비업무를 수행하는 경비업자(이하 "특수경비업자"라 한다)는 제4조 제3항 제5호의 규정에 의한 특수경비업무의 개시신고를 하는 때에는 국가중요시설에 대한 특수경비업무의 수행이 중단되는 경우 시설주의 동의를 얻어 다른 특수경비업자 중에서 경비업무를 대행할 자(이하 "경비대행업자"라 한다)를 지정하여 허가관청에 신고하여야 한다. 경비대행업자의 지정을 변경하는 경우에도 또한 같다.

⑧ 특수경비업자는 국가중요시설에 대한 특수경비업무를 중단하게 되는 경우에는 미리 이를 제7항의 규정에 의한 경비대행업자에게 통보하여야 하며, 경비대행업자는 통보받은 즉시 그 경비업무를 인수하여야 한다. 이 경우 제7항의 규정은 경비대행업자에 대하여 이를 준용한다.

⑨ 특수경비업자는 이 법에 의한 경비업과 경비장비의 제조·설비·판매업, 네트워크를 활용한 정보산업, 시설물 유지관리업 및 경비원 교육업 등 대통령령이 정하는 경비관련업 외의 영업을 하여서는 아니 된다.

10 정답 ❷

○△×

제시된 내용 중 ㄱ, ㄷ, ㄹ은 대통령령이고, ㄴ과 ㅁ은 행정안전부령이다.

ㄴ. (×) 경비업 허가의 유효기간이 만료된 후 계속하여 경비업을 하고자 하는 법인은 행정안전부령이 정하는 바에 의하여 갱신허가를 받아야 한다(경비업법 제6조 제2항).

ㅁ. (×) 경비업자는 경비지도사를 선임하거나 해임하는 때에는 행정안전부령으로 정하는 바에 따라 해당 경비현장을 관할하는 시·도 경찰청장 또는 경찰서장에게 신고하여야 한다(경비업법 제12조의2).

ㄱ. (○) 경비업 허가를 받으려는 법인은 대통령령이 정하는 자본금과 시설 및 장비를 갖추어야 한다(경비업법 제4조 제2항).

ㄷ. (○) 경비지도사는 결격사유에 해당하지 아니하는 자로서 경찰청장이 시행하는 경비지도사시험에 합격하고 대통령령으로 정하는 바에 따라 경찰청장이 실시하는 기본교육을 받은 자이어야 한다(경비업법 제11조 제1항).

ㄹ. (○) 경비업자에 의해 선임된 경비지도사는 대통령령으로 정하는 바에 따라 경찰청장이 실시하는 보수교육을 받아야 한다(경비업법 제11조의2).

관계법령 **경비업의 허가(경비업법 제4조)**

② 제1항에 따른 허가를 받으려는 법인은 다음 각호의 요건을 갖추어야 한다. 〈개정 2022.11.15.〉
1. 대통령령으로 정하는 1억원 이상의 자본금의 보유
2. 다음 각목의 경비인력 요건
   가. 시설경비업무 : 경비원 10명 이상 및 경비지도사 1명 이상
   나. 시설경비업무 외의 경비업무 : 대통령령으로 정하는 경비 인력
3. 제2호의 경비인력을 교육할 수 있는 교육장을 포함하여 대통령령으로 정하는 시설과 장비의 보유
4. 그 밖에 경비업무 수행을 위하여 대통령령으로 정하는 사항

11 정답 ❹

○△×

형법 제136조(공무집행방해)는 벌칙 적용에서 공무원 의제규정에 해당하지 않는다(경비업법 제27조의3).

관계법령 **벌칙 적용에서 공무원 의제(경비업법 제27조의3)**

제27조 제2항에 따라 위탁받은 업무에 종사하는 관계전문기관 또는 단체의 임직원은 「형법」 제129조부터 제132조[수뢰, 사전수뢰(제129조), 제3자뇌물제공(제130조), 수뢰후부정처사, 사후수뢰(제131조), 알선수뢰(제132조)]까지의 규정을 적용할 때에는 공무원으로 본다.

12 정답 ❸

○△×

제시된 내용 중 경비업 허가의 필요적 취소대상에 해당하는 것은 ㄱ, ㄴ, ㄹ, ㅁ, ㅂ이다(경비업법 제19조 제1항).

- 절대적(필요적) 허가취소사유 : ㄱ, ㄴ, ㄹ, ㅁ, ㅂ
- 상대적(임의적) 허가취소·영업정지사유 : ㄷ, ㅅ

핵심만콕 **경비업 허가의 취소 및 영업정지사유(경비업법 제19조)**

절대적 (필요적) 허가취소사유	허가관청은 경비업자가 다음의 어느 하나에 해당하는 때에는 그 허가를 취소하여야 한다(제1항). • 허위 그 밖의 부정한 방법으로 허가를 받은 때(제1호) • 경비업자가 허가받은 경비업무 외의 업무에 경비원을 종사하게 한 때(제2호) – 적용중지 헌법불합치 결정(2020헌가19) • 특수경비업자가 경비업 및 경비관련업 외의 영업을 한 때(제3호) • 정당한 사유 없이 허가를 받은 날부터 2년 이내에 경비 도급실적이 없거나 계속하여 1년 이상 휴업한 때(제4호) • 정당한 사유 없이 최종 도급계약 종료일의 다음 날부터 2년 이내에 경비 도급실적이 없을 때(제5호) • 영업정지처분을 받고 계속하여 영업을 한 때(제6호) • 소속 경비원으로 하여금 경비업무의 범위를 벗어난 행위를 하게 한 때(제7호) • 관할 경찰관서장의 배치폐지명령에 따르지 아니한 때(제8호)

상대적 (임의적) 허가취소 · 영업정지사유	허가관청은 경비업자가 다음의 어느 하나에 해당하는 때에는 대통령령으로 정하는 행정처분의 기준에 따라 그 허가를 취소하거나 6개월 이내의 기간을 정하여 영업의 전부 또는 일부에 대하여 영업정지를 명할 수 있다(제2항). • 시 · 도 경찰청장의 허가 없이 경비업무를 변경한 때(제1호) • 도급을 의뢰받은 경비업무가 위법한 것임에도 이를 거부하지 아니한 때(제2호) • 경비지도사를 집단민원현장에 선임 · 배치하지 아니한 때(제3호) • 경비대상 시설에 관한 경보 대응체제를 갖추지 아니한 때(제4호) • 관련 서류를 작성 · 비치하지 아니한 때(제5호) • 결격사유에 해당하는 경비원을 배치하거나 결격사유에 해당하는 경비지도사를 선임 · 배치한 때(제6호) • 대통령령이 정하는 바에 따르지 아니하고 이를 위반하여 경비지도사를 선임한 때(제7호) • 경비원으로 하여금 교육을 받게 하지 아니한 때(제8호) • 경비원의 복장 등에 관한 규정을 위반한 때(제9호) • 경비원의 장비 등에 관한 규정을 위반한 때(제10호) • 경비원의 출동차량 등에 관한 규정을 위반한 때(제11호)
상대적 (임의적) 허가취소 · 영업정지사유	• 집단민원현장에 일반경비원 명부를 작성 · 비치하지 아니한 때(제12호) • 배치허가를 받지 아니하고 경비원을 배치하거나 경비원 명단 및 배치일시 · 배치장소 등 배치허가 신청의 내용을 거짓으로 한 때(제13호) • 결격사유에 해당하는 일반경비원을 집단민원현장에 배치한 때(제14호) • 경찰청장, 시 · 도 경찰청장, 관할 경찰관서장의 감독상 명령에 따르지 아니한 때(제15호) • 업무수행 중 고의 또는 과실로 발생한 경비대상 및 제3자의 손해를 배상하지 아니한 때(제16호)

13

정답 ❹

○△×

④ (○) 경비업법 시행령 [별표 5] 제2호

① (×) 위반행위의 횟수에 따른 행정처분의 기준은 당해 위반행위가 있은 이전 최근 2년간 같은 위반행위로 행정처분을 받은 경우에 적용한다(경비업법 시행령 [별표 5] 비고).

② (×) 경비업법 제12조 제3항의 규정을 2차 위반하여 직무를 성실하게 수행하지 아니한 때 행정처분 기준은 자격정지 6월이다(경비업법 시행령 [별표 5] 제1호).

③ (×) 경찰청장의 명령을 2차 위반한 때 행정처분 기준은 자격정지 6월이다(경비업법 시행령 [별표 5] 제2호).

관계법령 **경비지도사 자격정지처분 기준(경비업법 시행령 [별표 5])**

위반행위	해당 법조문	행정처분 기준		
		1차	2차	3차 이상
1. 법 제12조 제3항의 규정에 위반하여 직무를 성실하게 수행하지 아니한 때	법 제20조 제2항 제1호	자격정지 3월	자격정지 6월	자격정지 12월
2. 법 제24조의 규정에 의한 경찰청장, 시 · 도 경찰청장의 명령을 위반한 때	법 제20조 제2항 제2호	자격정지 1월	자격정지 6월	자격정지 9월

※ 비고
위반행위의 횟수에 따른 행정처분의 기준은 당해 위반행위가 있은 이전 최근 2년간 같은 위반행위로 행정처분을 받은 경우에 적용한다.

14 정답 ❸

O△X

③ (×) 특수경비원은 파업 · 태업 그 밖에 경비업무의 정상적인 운영을 저해하는 일체의 쟁의행위를 하여서는 아니 된다(경비업법 제15조 제3항).

① (○) 특수경비원은 직무를 수행함에 있어 시설주 · 관할 경찰관서장 및 소속상사의 직무상 명령에 복종하여야 한다(경비업법 제15조 제1항).

② (○) 경비업법 제15조 제2항

④ (○) 경비업법 제15조 제4항 제3호

관계법령 특수경비원의 의무(경비업법 제15조)

① 특수경비원은 직무를 수행함에 있어 시설주 · 관할 경찰관서장 및 소속상사의 직무상 명령에 복종하여야 한다.
② 특수경비원은 소속상사의 허가 또는 정당한 사유 없이 경비구역을 벗어나서는 아니 된다.
③ 특수경비원은 파업 · 태업 그 밖에 경비업무의 정상적인 운영을 저해하는 일체의 쟁의행위를 하여서는 아니 된다.
④ 특수경비원이 무기를 휴대하고 경비업무를 수행하는 때에는 다음 각호의 어느 하나에서 정하는 무기의 안전사용수칙을 지켜야 한다. 〈개정 2024.2.13.〉
1. 특수경비원은 사람을 향하여 권총 또는 소총을 발사하고자 하는 때에는 미리 구두 또는 공포탄에 의한 사격으로 상대방에게 경고하여야 한다. 다만, 다음 각목의 1에 해당하는 경우로서 부득이한 때에는 경고하지 아니할 수 있다.
가. 특수경비원을 급습하거나 타인의 생명 · 신체에 대한 중대한 위험을 야기하는 범행이 목전에 실행되고 있는 등 상황이 급박하여 경고할 시간적 여유가 없는 경우
나. 인질 · 간첩 또는 테러사건에 있어서 은밀히 작전을 수행하는 경우
2. 특수경비원은 무기를 사용하는 경우에 있어서 범죄와 무관한 다중의 생명 · 신체에 위해를 가할 우려가 있는 때에는 이를 사용하여서는 아니 된다. 다만, 무기를 사용하지 아니하고는 타인 또는 특수경비원의 생명 · 신체에 대한 중대한 위협을 방지할 수 없다고 인정되는 때에는 필요한 최소한의 범위 안에서 이를 사용할 수 있다.
3. 특수경비원은 총기 또는 폭발물을 가지고 대항하는 경우를 제외하고는 14세 미만의 자 또는 임산부에 대하여는 권총 또는 소총을 발사하여서는 아니 된다.

15 정답 ❸

O△X

③ (×) 경비업법 시행령 제9조 제2항에서 '경보를 수신한 날로부터 1년간 보관하여야 하는 서류'로 규정한 것은 경보의 수신 및 현장도착 일시와 조치의 결과(경비업법 시행령 제9조 제1항 제3호)와 오경보인 경우 오경보가 발생한 경비대상시설 및 그 오경보에 대한 조치의 결과(경비업법 시행령 제9조 제1항 제4호)를 기재한 서류이다.

① (○) 경비업법 제8조

② (○) 기계경비업자가 계약상대방에게 하여야 하는 설명의무는 서면 또는 전자문서(이하 "서면등"이라 하며, 전자문서는 계약상대방이 원하는 경우에 한한다)를 교부하는 방법에 의한다(경비업법 시행령 제8조 제1항).

④ (○) 경비업법 제9조 제2항

16 정답 ❹

○△× 특수경비업자가 할 수 있는 금속가공제품 제조업 분야에는 기계 및 가구는 포함되지 않는다.

관계법령 **특수경비업자가 할 수 있는 영업(경비업법 시행령 [별표 1의2])**

분 야	해당 영업
금속가공제품 제조업(기계 및 가구 제외)	• 일반철물 제조업(자물쇠제조 등 경비 관련 제조업에 한정한다) • 금고 제조업
그 밖의 기계 및 장비제조업	분사기 및 소화기 제조업
전기장비 제조업	전기경보 및 신호장치 제조업
전자부품, 컴퓨터, 영상, 음향 및 통신장비 제조업	• 전자카드 제조업 • 통신 및 방송 장비 제조업 • 영상 및 음향기기 제조업
전문직별 공사업	• 소방시설 공사업 • 배관 및 냉·난방 공사업(소방시설 공사 등 방재 관련 공사에 한정한다) • 내부 전기배선 공사업 • 내부 통신배선 공사업
도매 및 상품중개업	통신장비 및 부품 도매업
통신업	전기통신업
부동산업	부동산 관리업
컴퓨터 프로그래밍, 시스템 통합 및 관리업	• 컴퓨터 프로그래밍 서비스업 • 컴퓨터시스템 통합 자문, 구축 및 관리업
건축기술, 엔지니어링 및 관련기술 서비스업	• 건축설계 및 관련 서비스업(소방시설 설계 등 방재 관련 건축설계에 한정한다) • 건물 및 토목엔지니어링 서비스업(소방공사 감리 등 방재 관련 서비스업에 한정한다)
사업시설 관리 및 조경 서비스업	• 사업시설 유지관리 서비스업 • 건물 산업설비 청소 및 방제 서비스업
사업지원 서비스업	• 인력공급 및 고용알선업 • 경비, 경호 및 탐정업
교육서비스업	• 직원훈련기관 • 그 밖의 기술 및 직업훈련학원(경비 관련 교육에 한정한다)
수리업	• 일반 기계 수리업 • 전기, 전자, 통신 및 정밀기기 수리업
창고 및 운송 관련 서비스업	주차장 운영업

17 정답 ❹

○△×
• 기계경비지도사 : 경비원의 수는 관할구역별로 별산하고 동일한 관할구역 내에서는 합산하지만, 기계경비 업무는 기계경비지도사가 담당하는 것이므로 기계경비원 수는 따로 계산하여야 한다(경비업법 시행령 [별표 3] 비고 제2호). 따라서 A 경비법인은 서울특별시에 기계경비지도사 1명을 선임·배치하여야 한다(경비업법 시행령 [별표 3] 제1호). 다음으로 전라남도와 제주특별자치도의 기계경비원 배치 현황을 보면, 제주특별자치도의 기계경비원 30명과 전라남도의 기계경비원 150명을 합산한 인원이 200명을 초과하지 않으므로 전라남도에 기계경비지도사 1명만 선임·배치하면 된다(경비업법 시행령 [별표 3] 제2호·제3호).

• 일반경비지도사 : 우선 A 경비법인은 시설경비원 200명과 혼잡 · 교통유도경비원 120명이 배치된 서울특별시에 일반경비지도사 3명을 선임 · 배치하여야 한다(경비업법 시행령 [별표 3] 제1호). 다음으로 전라남도와 제주특별자치도의 경비원 배치 현황을 보면, 제주특별자치도의 호송경비원이 30명이므로 원칙적으로 일반경비지도사를 따로 선임 · 배치하지 않을 수 있으나(경비업법 시행령 [별표 3] 제2호), 경비지도사 1명이 지도 · 감독 및 교육할 수 있는 경비원의 총수(경계를 맞닿아 인접한 시 · 도 경찰청의 관할구역에 배치된 경비원의 수를 합산한다)는 200명을 초과할 수 없으므로, 전라남도에 배치된 시설경비원 180명과 제주특별자치도에 배치된 호송경비원 30명을 합산한 인원을 기준으로 2명의 일반경비지도사를 선임 · 배치하여야 한다(경비업법 시행령 [별표 3] 제3호).

• A 경비법인은 일반경비지도사 5명과 기계경비지도사 2명, 총 7명의 경비지도사를 선임 · 배치하여야 한다.

18 정답 ❸

○△×

③ (×) 경비업무에 7년 이상 종사하고 경찰청장이 지정하는 기관에서 실시하는 64시간 이상의 경비지도사 양성과정을 마치고 수료시험에 합격한 사람이 경비지도사 시험의 제1차 시험 면제자에 해당한다(경비업법 시행령 제13조 제4호, 동법 시행규칙 제10조 제2호).

① (○) 경비업법 시행령 제13조 제4호, 동법 시행규칙 제10조 제1호

② (○) 경비업법 시행령 제13조 제5호

④ (○) 경비업법 시행령 제13조 제8호

관계법령 **시험의 일부면제(경비업법 시행령 제13조)**

법 제11조(경비지도사의 시험 등) 제3항에 따라 다음 각호의 어느 하나에 해당하는 사람은 경비지도사 제1차 시험을 면제한다.

1. 「경찰공무원법」에 따른 경찰공무원으로 7년 이상 재직한 사람
2. 「대통령 등의 경호에 관한 법률」에 따른 경호공무원 또는 별정직 공무원으로 7년 이상 재직한 사람
3. 「군인사법」에 따른 각 군 전투병과 또는 군사경찰병과 부사관 이상 간부로 7년 이상 재직한 사람
4. 「경비업법」에 따른 경비업무에 7년 이상(특수경비업무의 경우에는 3년 이상) 종사하고 행정안전부령으로 정하는 교육과정을 이수한 사람

경비지도사 시험의 일부면제(경비업법 시행규칙 제10조)

영 제13조 제4호에서 "행정안전부령으로 정하는 교육과정을 이수한 사람"이란 다음 각호의 어느 하나에 해당하는 사람을 말한다.

1. 고등교육법에 의한 전문대학 이상의 교육기관(경비지도사의 시험과목 3과목 이상이 개설된 교육기관에 한한다)에서 1년 이상의 경비업무 관련 과정을 마친 사람
2. 경찰청장이 지정하는 기관 또는 단체에서 실시하는 64시간 이상의 경비지도사 양성과정을 마치고 수료시험에 합격한 사람

5. 「고등교육법」에 따른 대학 이상의 학교를 졸업한 사람으로서 재학 중 제12조 제3항에 따른 경비지도사 시험과목을 3과목 이상을 이수하고 졸업한 후 경비업무에 종사한 경력이 3년 이상인 사람
6. 「고등교육법」에 따른 전문대학을 졸업한 사람으로서 재학 중 제12조 제3항에 따른 경비지도사 시험과목을 3과목 이상을 이수하고 졸업한 후 경비업무에 종사한 경력이 5년 이상인 사람
7. 일반경비지도사의 자격을 취득한 후 기계경비지도사의 시험에 응시하는 사람 또는 기계경비지도사의 자격을 취득한 후 일반경비지도사의 시험에 응시하는 사람
8. 「공무원임용령」에 따른 행정직군 교정직렬 공무원으로 7년 이상 재직한 사람

19 정답 ❹

O△X ④ (○) 경비업법 시행규칙 제24조 제1항 단서

① (×) 집단민원현장에 배치되는 일반경비원의 명부는 그 경비원이 배치되는 장소에도 작성·비치하여야 한다(경비업법 제18조 제1항 단서).

② (×) 혼잡·교통유도경비업무 중 집단민원현장에 일반경비원을 배치하는 경우에는 배치하기 48시간 전까지 행정안전부령으로 정하는 바에 따라 배치허가를 신청하여야 한다(경비업법 제18조 제2항 단서 제1호).

③ (×) 경비업자는 경비원을 배치하여 경비업무를 수행하게 하는 때에는 행정안전부령으로 정하는 바에 따라 배치된 경비원의 인적사항과 배치일시·배치장소 등 근무상황을 기록하여 보관하여야 한다(경비업법 제18조 제5항).

20 정답 ❹

O△X 설문의 처벌기준은 1년 이하의 징역 또는 1천만원 이하의 벌금으로, 처벌기준이 동일한 것은 ㄷ, ㄹ이다(경비업법 제28조 제4항 제3호·제5호·제6호).

ㄱ. (×) 처벌기준은 3년 이하의 징역 또는 3천만원 이하의 벌금이다(경비업법 제28조 제2항 제8호).

ㄴ. (×) 처벌기준은 2년 이하의 징역 또는 2천만원 이하의 벌금이다(경비업법 제28조 제3항).

핵심만콕 벌칙(경비업법 제28조)★★

5년 이하의 징역 또는 5천만원 이하의 벌금(제1항)	국가중요시설의 정상적인 운영을 해치는 장해를 일으킨 특수경비원
3년 이하의 징역 또는 3천만원 이하의 벌금(제2항)	• 허가를 받지 아니하고 경비업을 영위한 자(제1호) • 직무상 알게 된 비밀을 누설하거나 부당한 목적을 위하여 사용한 자(제2호) • 경비업무의 중단을 통보하지 아니하거나 경비업무를 즉시 인수하지 아니한 특수경비업자 또는 경비대행업자(제3호) • 집단민원현장에 경비원을 배치하면서 허가를 받지 아니한 자에게 경비업무를 도급한 자(제4호) • 집단민원현장에 20명 이상의 경비인력을 배치하면서 그 경비인력을 직접 고용한 자(제5호) • 경비업자의 경비원 채용 시 무자격자나 부적격자 등을 채용하도록 관여하거나 영향력을 행사한 도급인(제6호) • 과실로 인하여 국가중요시설의 정상적인 운영을 해치는 장해를 일으킨 특수경비원(제7호) • 특수경비원으로서 경비구역 안에서 시설물의 절도, 손괴, 위험물의 폭발 등의 사유로 인한 위급사태가 발생한 때에 명령에 불복종한 자 또는 경비구역을 벗어난 자(제8호) • 경비원에게 경비업무의 범위를 벗어난 행위를 하게 한 자(제9호)
2년 이하의 징역 또는 2천만원 이하의 벌금(제3항)	정당한 사유 없이 무기를 소지하고 배치된 경비구역을 벗어난 특수경비원

1년 이하의 징역 또는 1천만원 이하의 벌금(제4항)	• 시설주로부터 무기의 관리를 위하여 지정받은 관리책임자가 법이 정한 의무를 위반한 경우(제1호) • 파업・태업 그 밖에 경비업무의 정상적인 운영을 저해하는 일체의 쟁의행위를 한 특수경비원(제2호) • 직무를 수행함에 있어 타인에게 위력을 과시하거나 물리력을 행사하는 등 경비업무의 범위를 벗어난 행위를 한 경비원(제3호) • 제16조의2 제1항에서 정한 장비 외에 흉기 또는 그 밖의 위험한 물건을 휴대하고 경비업무를 수행한 경비원 또는 경비원에게 이를 휴대하고 경비업무를 수행하게 한 자(제4호) • 경찰관서장의 배치폐지명령을 따르지 아니한 자(제5호) • 시・도 경찰청장 또는 관할 경찰관서장의 중지명령에 따르지 아니한 자(제6호)

21 정답 ❹

○△×

「형법」 제334조(특수강도)는 경비업법 제10조 제1항 제6호 가목의 사유로 벌금형을 선고받은 날부터 5년이 지나거나 금고 이상의 형을 선고받고 그 집행이 유예된 날부터 5년이 지난 경우 경비원이 될 수 있다.

관계법령 **경비지도사 및 경비원의 결격사유(경비업법 제10조)**

① 다음 각호의 어느 하나에 해당하는 자는 경비지도사 또는 일반경비원이 될 수 없다. 〈개정 2021.1.12.〉

1. 18세 미만인 사람 또는 피성년후견인
2. 파산선고를 받고 복권되지 아니한 자 → 삭제 〈2025.4.1.〉
3. 금고 이상의 실형의 선고를 받고 그 집행이 종료(집행이 종료된 것으로 보는 경우를 포함한다)되거나 집행이 면제된 날부터 5년이 지나지 아니한 자
4. 금고 이상의 형의 집행유예선고를 받고 그 유예기간 중에 있는 자
5. 다음 각목의 어느 하나에 해당하는 죄를 범하여 벌금형을 선고받은 날부터 10년이 지나지 아니하거나 금고 이상의 형을 선고받고 그 집행이 종료된(종료된 것으로 보는 경우를 포함한다) 날 또는 집행이 유예・면제된 날부터 10년이 지나지 아니한 자

   가. 「형법」 제114조(범죄단체 등의 조직)의 죄

   나. 「폭력행위 등 처벌에 관한 법률」 제4조(단체 등의 구성・활동)의 죄

   다. 「형법」 : 강간[제297조(미수, 상습 포함)], 유사강간[제297조의2(미수, 상습 포함)], 강제추행[제298조(미수, 상습 포함)], 준강간・준강제추행[제299조(미수, 상습 포함)], 강간 등 상해・치상(제301조), 강간 등 살인・치사(제301조의2), 미성년자 등에 대한 간음[제302조(상습 포함)], 업무상 위력 등에 의한 간음[제303조(상습 포함)], 미성년자에 대한 간음・추행[제305조(상습 포함)]

   라. 「성폭력범죄의 처벌 등에 관한 특례법」 : 특수강도강간[제3조(미수 포함)], 특수강간 등[제4조(미수 포함)], 친족관계에 의한 강간 등[제5조(미수 포함)], 장애인에 대한 강간・강제추행 등[제6조(미수 포함)], 13세 미만의 미성년자에 대한 강간・강제추행 등[제7조(미수 포함)], 강간 등 상해・치상[제8조(미수 포함)], 강간 등 살인・치사[제9조(미수 포함)], 업무상 위력 등에 의한 추행(제10조), 공중 밀집 장소에서의 추행(제11조)

   마. 「아동・청소년의 성보호에 관한 법률」 : 아동・청소년에 대한 강간・강제추행 등(제7조), 장애인인 아동・청소년에 대한 간음 등(제8조)

   바. 다목부터 마목까지의 죄로서 다른 법률에 따라 가중처벌되는 죄 따라 가중처벌되는 죄

6. 다음 각목의 어느 하나에 해당하는 죄를 범하여 벌금형을 선고받은 날부터 5년이 지나지 아니하거나 금고 이상의 형을 선고받고 그 집행이 유예된 날부터 5년이 지나지 아니한 자
   가. 형법 : 절도[제329조(미수, 상습 포함)], 야간주거침입절도[제330조(미수, 상습 포함)], 특수절도[제331조(미수, 상습 포함)], 자동차 등 불법사용[제331조의2(미수, 상습 포함)], 강도[제333조(미수, 상습 포함)], 특수강도[제334조(미수, 상습 포함)], 준강도[제335조(미수 포함)], 인질강도[제336조(미수, 상습 포함)], 강도상해 · 치상[제337조(미수 포함)], 강도살인 · 치사[제338조(미수 포함)], 강도강간[제339조(미수 포함)], 해상강도[제340조(미수 및 제1항만 상습 포함)], 강도 예비 · 음모(제343조)
   나. 가목의 죄로서 다른 법률에 따라 가중처벌되는 죄
   다. 삭제 〈2014.12.30.〉
   라. 삭제 〈2014.12.30.〉
7. 제5호 다목부터 바목까지의 어느 하나에 해당하는 죄를 범하여 치료감호를 선고받고 그 집행이 종료된 날 또는 집행이 면제된 날부터 10년이 지나지 아니한 자 또는 제6호 각목의 어느 하나에 해당하는 죄를 범하여 치료감호를 선고받고 그 집행이 면제된 날부터 5년이 지나지 아니한 자
8. 이 법이나 이 법에 따른 명령을 위반하여 벌금형을 선고받은 날부터 5년이 지나지 아니하거나 금고 이상의 형을 선고받고 그 집행이 유예된 날부터 5년이 지나지 아니한 자

22 정답 ❶

O△X

경비업자의 의무와 이를 위반한 때의 벌칙 또는 과태료의 올바른 연결은 ㄱ - a, ㄴ - d, ㄷ - a, ㄹ - b이다.

① (○) ㄱ - a(3년 이하 징역 또는 3천만원 이하 벌금) (경비업법 제28조 제2항 제5호)
② (×) ㄴ - d(500만원 이하의 과태료) (경비업법 제31조 제2항 제4호)
③ (×) ㄷ - a(3년 이하 징역 또는 3천만원 이하 벌금) (경비업법 제28조 제2항 제3호)
④ (×) ㄹ - b(2년 이하 징역 또는 2천만원 이하 벌금) (경비업법 제28조 제3항)

23 정답 ❶

O△X

① (×) 국가기관 또는 지방자치단체에 근무하는 청원경찰 외의 청원경찰의 봉급 · 수당에 관한 청원주의 최저부담기준액은 경찰청장이 정하여 고시하나(청원경찰법 제6조 제3항, 동법 시행령 제10조 본문), 국가기관 또는 지방자치단체에 근무하는 청원경찰의 봉급은 청원경찰법 시행령 [별표 1]로 정한다(청원경찰법 시행령 제9조 제1항).
② (○) 청원경찰법 시행령 제11조 제2항
③ (○) 청원경찰법 시행령 제11조 제3항
④ (○) 청원경찰법 제6조 제2항 제4호

관계법령

청원경찰경비(청원경찰법 제6조)

② 국가기관 또는 지방자치단체에 근무하는 청원경찰의 보수는 다음 각호의 구분에 따라 같은 재직기간에 해당하는 경찰공무원의 보수를 감안하여 대통령령으로 정한다.

1. 재직기간 15년 미만 : 순경
2. 재직기간 15년 이상 23년 미만 : 경장
3. 재직기간 23년 이상 30년 미만 : 경사
4. 재직기간 30년 이상 : 경위

보수 산정 시의 경력 인정 등(청원경찰법 시행령 제11조)

① 청원경찰의 보수 산정에 관하여 그 배치된 사업장의 취업규칙에 특별한 규정이 없는 경우에는 다음 각호의 경력을 봉급 산정의 기준이 되는 경력에 산입(算入)하여야 한다.

1. 청원경찰로 근무한 경력
2. 군 또는 의무경찰에 복무한 경력
3. 수위 · 경비원 · 감시원 또는 그 밖에 청원경찰과 비슷한 직무에 종사하던 사람이 해당 사업장의 청원주에 의하여 청원경찰로 임용된 경우에는 그 직무에 종사한 경력
4. 국가기관 또는 지방자치단체에서 근무하는 청원경찰에 대해서는 국가기관 또는 지방자치단체에서 상근(常勤)으로 근무한 경력

② 국가기관 또는 지방자치단체에 근무하는 청원경찰 보수의 호봉 간 승급기간은 경찰공무원의 승급기간에 관한 규정을 준용한다.

③ 국가기관 또는 지방자치단체에 근무하는 청원경찰 외의 청원경찰 보수의 호봉 간 승급기간 및 승급액은 그 배치된 사업장의 취업규칙에 따르며, 이에 관한 취업규칙이 없을 때에는 순경의 승급에 관한 규정을 준용한다.

24 정답 ❶

○△×

옳지 않은 내용은 ㄱ, ㅁ이다.

ㄱ. (×) 시설주는 특수경비원이 휴대할 무기를 대여받고자 하는 때에는 무기대여신청서를 관할 경찰관서장을 거쳐 시 · 도 경찰청장에게 제출하여야 한다(경비업법 시행령 제20조 제1항).

ㅁ. (×) 시설주, 법 제14조 제7항의 규정에 의한 관리책임자와 특수경비원은 행정안전부령이 정하는 무기관리수칙을 준수하여야 한다(경비업법 시행령 제20조 제7항).

ㄴ. (○) 경비업법 시행령 제20조 제2항

ㄷ. (○) 경비업법 시행령 제20조 제3항

ㄹ. (○) 경비업법 시행령 제20조 제5항

관계법령 **특수경비원 무기휴대의 절차 등(경비업법 시행령 제20조)**

① 시설주는 법 제14조 제4항의 규정에 의하여 특수경비원이 휴대할 무기를 대여받고자 하는 때에는 무기대여신청서를 관할 경찰서장 및 공항경찰대장 등 국가중요시설의 경비책임자(이하 "관할 경찰관서장"이라 한다)를 거쳐 시·도 경찰청장에게 제출하여야 한다. 〈개정 2020.12.31.〉
② 시설주는 법 제14조 제4항의 규정에 의하여 관할 경찰관서장으로부터 대여받은 무기를 특수경비원에게 휴대하게 하는 경우에는 동조 제9항의 규정에 의하여 관할 경찰관서장의 사전승인을 얻어야 한다.
③ 제2항의 규정에 의한 사전승인을 함에 있어서 관할 경찰관서장은 국가중요시설에 총기 또는 폭발물의 소지자나 무장간첩 침입의 우려가 있는지의 여부 등을 고려하는 등 특수경비원에게 무기를 지급하여야 할 필요성이 있는지의 여부에 관하여 판단하여야 한다.
④ 시설주는 제3항의 규정에 의한 무기지급의 필요성이 해소되었다고 인정되는 때에는 특수경비원으로부터 즉시 무기를 회수하여야 한다.
⑤ 법 제14조 제9항의 규정에 의하여 특수경비원이 휴대할 수 있는 무기종류는 권총 및 소총으로 한다.
⑥ 「위해성 경찰장비의 사용기준 등에 관한 규정」 제18조 및 [별표 2]의 규정은 법 제14조 제9항의 규정에 의한 안전검사의 기준에 관하여 이를 준용한다.
⑦ 시설주, 법 제14조 제7항의 규정에 의한 관리책임자와 특수경비원은 행정안전부령이 정하는 무기관리수칙을 준수하여야 한다.

25 정답 ❷

O△X 오경보방지를 위한 설명 시 교부되는 서면등에 기재하여야 하는 사항은 ㄱ, ㄷ, ㅁ이다.

ㄴ. (×)·ㄹ. (×) 기계경비업자가 출장소별로 갖추어 두어야 할 서류에 기재하여야 할 사항이다.

ㅂ. (×) 손해배상의 범위와 손해배상액에 관한 사항은 오경보의 방지를 위한 설명 시 교부되는 서면등에 기재되는 사항에 포함되는 것은 아니지만, 계약상대방에게 교부해야 하는 서면등의 기재사항에는 해당한다는 점을 반드시 비교하여 알아두어야 한다.

핵심만콕 **계약상대방에게 교부해야 할 서면과 출장소별 비치서류(경비업법 시행령 제8조 및 제9조)**

오경보의 방지를 위한 설명 등(제8조)	기계경비업자의 관리 서류(제9조)
① 법 제9조 제1항의 규정에 의하여 기계경비업자가 계약상대방에게 하여야 하는 설명은 다음 각호의 사항을 기재한 서면 또는 전자문서(이하 "서면등"이라 하며, 이 조에서 전자문서는 계약상대방이 원하는 경우에 한한다)를 교부하는 방법에 의한다. 1. 당해 기계경비업무와 관련된 관제시설 및 출장소(제5조 제3항의 규정에 의한 출장소를 말한다. 이하 같다)의 명칭·소재지 2. 기계경비업자가 경비대상시설에서 발생한 경보를 수신한 경우에 취하는 조치 3. 기계경비업무용 기기의 설치장소 및 종류와 그 밖의 기계장치의 개요 4. 오경보의 발생원인과 송신기기의 유지·관리방법 ② 기계경비업자는 제1항 각호의 사항을 기재한 서면등과 함께 법 제26조(손해배상 등)의 규정에 의한 손해배상의 범위와 손해배상액에 관한 사항을 기재한 서면등을 계약상대방에게 교부하여야 한다.	① 기계경비업자는 법 제9조 제2항의 규정에 의하여 출장소별로 다음 각호의 사항을 기재한 서류를 갖추어 두어야 한다. 1. 경비대상시설의 명칭·소재지 및 경비계약기간 2. 기계경비지도사의 명단·배치일자·배치장소와 출동차량의 대수 3. 경보의 수신 및 현장도착 일시와 조치의 결과(1년간 보관) 4. 오경보인 경우 오경보가 발생한 경비대상시설 및 그 오경보에 대한 조치의 결과(1년간 보관) ② 제1항 제3호 및 제4호의 규정에 의한 사항을 기재한 서류는 당해 경보를 수신한 날부터 1년간 이를 보관하여야 한다.

26 정답 ❶

O△X 관할 경찰서장과 시·도 경찰청장이 공통적으로 비치해야 할 문서와 장부는 전출입 관계철이다(청원경찰법 시행규칙 제17조).

핵심만 콕 문서와 장부의 비치(청원경찰법 시행규칙 제17조)

청원주(제1항)	관할 경찰서장(제2항)	시·도 경찰청장(제3항)
• 청원경찰 명부 • 근무일지 • 근무 상황카드 • 경비구역 배치도 • 순찰표철 • 무기·탄약 출납부 • 무기장비 운영카드 • 봉급지급 조서철 • 신분증명서 발급대장 • 징계 관계철 • 교육훈련 실시부 • 청원경찰 직무교육계획서 • 급여품 및 대여품 대장 • 그 밖에 청원경찰의 운영에 필요한 문서와 장부	• 청원경찰 명부 • 감독 순시부 • 전출입 관계철 • 교육훈련 실시부 • 무기·탄약 대여대장 • 징계요구서철 • 그 밖에 청원경찰의 운영에 필요한 문서와 장부	• 배치결정 관계철 • 청원경찰 임용승인 관계철 • 전출입 관계철 • 그 밖에 청원경찰의 운영에 필요한 문서와 장부

27 정답 ❷

O△X 제시된 내용 중 옳지 않은 것은 ㄷ과 ㅁ이다.

ㄷ. (×) 협회는 정관이 정하는 바에 의하여 회원으로부터 회비를 징수할 수 있다(경비업법 시행령 제26조 제2항).

ㅁ. (×) 경비협회에 관하여 이 법에 특별한 규정이 있는 것을 제외하고는 민법 중 사단법인에 관한 규정을 준용한다(경비업법 제22조 제4항).

ㄱ. (○) 경비업법 제22조 제1항

ㄴ. (○) 경비업법 시행령 제26조 제1항

ㄹ. (○) 경비업법 제22조 제3항 제4호

관계법령 **경비협회(경비업법 제22조)**

① 경비업자는 경비업무의 건전한 발전과 경비원의 자질향상 및 교육훈련 등을 위하여 대통령령이 정하는 바에 따라 경비협회를 설립할 수 있다.

경비협회(경비업법 시행령 제26조)

① 경비업자가 법 제22조 제1항에 따라 경비협회(이하 "협회"라 한다)를 설립하려는 경우에는 정관을 작성하여야 한다.

② 협회는 정관이 정하는 바에 의하여 회원으로부터 회비를 징수할 수 있다.

② 경비협회는 법인으로 한다.

③ 경비협회의 업무는 다음과 같다.

1. 경비업무의 연구
2. 경비원 교육・훈련 및 그 연구
3. 경비원의 후생・복지에 관한 사항
4. 경비진단에 관한 사항
5. 그 밖에 경비업무의 건전한 운영과 육성에 관하여 필요한 사항

④ 경비협회에 관하여 이 법에 특별한 규정이 있는 것을 제외하고는 민법 중 사단법인에 관한 규정을 준용한다.

28 정답 ③

○△×

③ (○) 특수경비원을 배치한 국가중요시설의 관할 경찰관서장이 갖추어 두어야 할 장부 및 서류(A) – 특수경비원을 배치한 시설주가 갖추어 두어야 하는 장부 또는 서류(B)

① (×) 특수경비원을 배치한 시설주가 갖추어 두어야 하는 장부 또는 서류(B) – 특수경비원을 배치한 국가중요시설의 관할 경찰관서장이 갖추어 두어야 할 장부 및 서류(A)

② (×) 특수경비원을 배치한 국가중요시설의 관할 경찰관서장이 갖추어 두어야 할 장부 및 서류(A) – 특수경비원을 배치한 국가중요시설의 관할 경찰관서장이 갖추어 두어야 할 장부 및 서류(A)

④ (×) 특수경비원을 배치한 시설주가 갖추어 두어야 하는 장부 또는 서류(B) – 특수경비원을 배치한 시설주가 갖추어 두어야 하는 장부 또는 서류(B)

핵심만콕 **갖추어 두어야 하는 장부 또는 서류(경비업법 시행규칙 제26조)**

시설주	관할 경찰관서장
특수경비원을 배치한 시설주는 다음 각호의 장부 및 서류를 갖추어 두어야 한다(제1항). 1. 근무일지 2. 근무상황카드 3. 경비구역배치도 4. 순찰표철 5. 무기탄약출납부 6. 무기장비운영카드	특수경비원을 배치한 국가중요시설의 관할 경찰관서장은 다음 각호의 장부 및 서류를 갖추어 두어야 한다(제2항). 1. 감독순시부 2. 특수경비원 전・출입관계철 3. 특수경비원 교육훈련실시부 4. 무기・탄약대여대장 5. 그 밖에 특수경비원의 관리 등을 위하여 필요한 장부 또는 서류

※ 제1항 및 제2항의 규정에 의한 장부 또는 서류의 서식은 경찰관서에서 사용하는 서식을 준용한다(제3항).

29 정답 ❸

O△X 신임교육을 이수하지 아니한 자를 특수경비원으로 배치한 때가 배치폐지를 명할 수 있는 경우에 해당한다(경비업법 제18조 제8항 제3호).

관계법령 **경비원의 명부와 배치허가 등(경비업법 제18조)**

⑧ 관할 경찰관서장은 경비업자가 다음 각호의 어느 하나에 해당하는 때에는 배치폐지를 명할 수 있다.
1. 제2항 각호 외의 부분 단서를 위반하여 배치허가를 받지 아니하고 경비원을 배치하거나 경비원 명단 및 배치일시・배치장소 등 배치허가 신청의 내용을 거짓으로 한 때
2. 제6항의 결격사유에 해당하는 자를 집단민원현장에 일반경비원으로 배치한 때
3. 제7항을 위반하여 신임교육을 이수하지 아니한 자를 제2항 각호의 경비원으로 배치한 때
4. 경비업자 또는 경비원이 위력이나 흉기 또는 그 밖의 위험한 물건을 사용하여 집단적 폭력사태를 일으킨 때
5. 경비업자가 제2항 각호 외의 부분 본문을 위반하여 신고하지 아니하고 일반경비원을 배치한 때

30 정답 ❷

O△X 청원경찰법 제5조 제4항은 "청원경찰의 복무에 관하여는 「국가공무원법」 제57조, 제58조 제1항, 제60조 및 「경찰공무원법」 제24조를 준용한다"고 규정하고 있으므로, 제시된 내용 중 청원경찰의 복무에 관하여 준용되는 규정이 아닌 것은 ㄱ과 ㅁ이다.

핵심만콕

준용 규정	비준용 규정
• 국가공무원법 제57조(복종의무) • 국가공무원법 제58조 제1항(직장이탈금지) • 국가공무원법 제60조(비밀엄수의무) • 경찰공무원법 제24조(거짓보고 등의 금지)	• 국가공무원법 제56조(성실의무) • 국가공무원법 제59조(친절・공정의 의무) • 국가공무원법 제59조의2(종교중립의무) • 국가공무원법 제61조(청렴의무) • 국가공무원법 제62조(외국정부의 영예 등을 받을 경우 허가의무) • 국가공무원법 제63조(품위유지의무) • 국가공무원법 제64조(영리업무 및 겸직금지) • 국가공무원법 제65조(정치운동금지) • 국가공무원법 제66조 제1항(집단행위금지)

31 정답 ❹

O△X ④ (×) 국가기관이나 지방자치단체에 근무하는 청원경찰의 휴직 및 명예퇴직에 관하여는 「국가공무원법」 제71조부터 제73조까지 및 제74조의2를 준용한다(청원경찰법 제10조의7).

① (○) 청원경찰법 제10조의4 제2항

② (○) 청원경찰법 제10조의6 제1호 단서

③ (○) 청원경찰법 제10조의6 제2호

관계법령

의사에 반한 면직(청원경찰법 제10조의4)★

① 청원경찰은 형의 선고, 징계처분 또는 신체상·정신상의 이상으로 직무를 감당하지 못할 때를 제외하고는 그 의사(意思)에 반하여 면직(免職)되지 아니한다.

② 청원주가 청원경찰을 면직시켰을 때에는 그 사실을 관할 경찰서장을 거쳐 시·도 경찰청장에게 보고하여야 한다.

당연 퇴직(청원경찰법 제10조의6)★

청원경찰이 다음 각호의 어느 하나에 해당할 때에는 당연 퇴직된다. 〈개정 2022.11.15.〉

1. 제5조 제2항에 따른 임용결격사유에 해당될 때. 다만, 「국가공무원법」 제33조 제2호는 파산선고를 받은 사람으로서 「채무자 회생 및 파산에 관한 법률」에 따라 신청기한 내에 면책신청을 하지 아니하였거나 면책불허가 결정 또는 면책 취소가 확정된 경우만 해당하고, 「국가공무원법」 제33조 제5호는 「형법」 제129조부터 제132조까지, 「성폭력범죄의 처벌 등에 관한 특례법」 제2조, 「아동·청소년의 성보호에 관한 법률」 제2조 제2호 및 직무와 관련하여 「형법」 제355조 또는 제356조에 규정된 죄를 범한 사람으로서 금고 이상의 형의 선고유예를 받은 경우만 해당한다.
2. 제10조의5에 따라 청원경찰의 배치가 폐지되었을 때
3. 나이가 60세가 되었을 때. 다만, 그 날이 1월부터 6월 사이에 있으면 6월 30일에, 7월부터 12월 사이에 있으면 12월 31일에 각각 당연 퇴직된다.

[2024.12.31. 법률 제20627호에 의하여 2022.12.22. 헌법재판소에서 위헌 결정된 이 조를 개정함.]

휴직 및 명예퇴직(청원경찰법 제10조의7)

국가기관이나 지방자치단체에 근무하는 청원경찰의 휴직 및 명예퇴직에 관하여는 「국가공무원법」 제71조부터 제73조까지 및 제74조의2를 준용한다.

32 정답 ❸

O△X

청원경찰의 임용 및 배치 순서는 배치신청 – 배치결정 – 임용승인신청 – 임용승인 – 임용 – 임용사항보고이다.

- 배치신청 : 청원경찰을 배치받으려는 자는 대통령령으로 정하는 바에 따라 관할 시·도 경찰청장에게 청원경찰 배치를 신청하여야 한다(청원경찰법 제4조 제1항).
- 배치결정 : 시·도 경찰청장은 제1항의 청원경찰 배치 신청을 받으면 지체 없이 그 배치 여부를 결정하여 신청인에게 알려야 한다(청원경찰법 제4조 제2항).
- 임용승인신청 : 법 제4조 제2항에 따라 청원경찰의 배치 결정을 받은 자(이하 "청원주"라 한다)는 법 제5조 제1항에 따라 그 배치 결정의 통지를 받은 날부터 30일 이내에 배치 결정된 인원수의 임용예정자에 대하여 청원경찰 임용승인을 시·도 경찰청장에게 신청하여야 한다(청원경찰법 시행령 제4조 제1항).
- 임용승인 및 임용 : 청원경찰은 청원주가 임용하되, 임용을 할 때에는 미리 시·도 경찰청장의 승인을 받아야 한다(청원경찰법 제5조 제1항).
- 임용사항보고 : 청원주가 법 제5조 제1항에 따라 청원경찰을 임용하였을 때에는 임용한 날부터 10일 이내에 그 임용사항을 관할 경찰서장을 거쳐 시·도 경찰청장에게 보고하여야 한다(청원경찰법 시행령 제4조 제2항 전문).

33 정답 ❹

O△X ④ (O) 청원경찰법 제7조 제2호

① (×) 청원주는 경찰청장이 정하는 바에 따라 매월 무기와 탄약의 관리실태를 파악하여 다음 달 3일까지 관할 경찰서장에게 통보하여야 한다(청원경찰법 시행규칙 제16조 제1항 제6호).

② (×) 교육비는 청원주가 해당 청원경찰의 입교(入校) 3일 전에 해당 경찰교육기관에 낸다(청원경찰법 시행규칙 제8조 제3호).

③ (×) 정직(停職)은 1개월 이상 3개월 이하로 하고, 그 기간에 청원경찰의 신분은 보유하나 직무에 종사하지 못하며, 보수의 3분의 2를 줄인다(청원경찰법 시행령 제8조 제2항).

34 정답 ❶

O△X ① (×) 청원주가 무기와 탄약을 대여받았을 때에는 경찰청장이 정하는 무기·탄약 출납부 및 무기장비 운영카드를 갖춰 두고 기록하여야 한다(청원경찰법 시행규칙 제16조 제1항 제1호).

② (O) 청원경찰법 시행규칙 제16조 제1항 제2호

③ (O) 청원경찰법 시행규칙 제16조 제1항 제7호

④ (O) 청원경찰법 시행규칙 제16조 제1항 제8호 본문

35 정답 ❷

O△X 청원경찰이 퇴직할 때에는 대여품(ㄱ : 허리띠, ㅁ : 가슴표장, ㅂ : 분사기, ㅅ : 포승, ㅈ : 경찰봉)을 청원주에게 반납하여야 하나(청원경찰법 시행규칙 제12조 제2항, [별표 3]), 급여품(청원경찰법 시행규칙 [별표 2])은 반납대상이 아니다.

관계법령 **급여품 및 대여품(청원경찰법 시행규칙 제12조)**

① 청원경찰에게 지급하는 급여품은 [별표 2]{근무복(하복), 근무복(동복), 한여름 옷, 외투·방한복 또는 점퍼, 기동화 또는 단화, 비옷, 정모, 기동모, 기동복, 방한화, 장갑, 호루라기}와 같고, 대여품은 [별표 3]{허리띠, 경찰봉, 가슴표장, 분사기, 포승}과 같다.

② 청원경찰이 퇴직할 때에는 대여품을 청원주에게 반납하여야 한다.

36 정답 ❸

O△X 제시된 내용 중 옳은 것은 ㄷ과 ㄹ이다.

ㄷ. (O) 청원경찰법 제5조의2 제2항

ㄹ. (O) 청원경찰법 시행령 제8조 제6항

ㄱ. (×) 국가기관이나 지방자치단체에 근무하는 청원경찰의 직무상 불법행위에 대한 배상책임에 관하여는 「국가배상법」이 적용된다(청원경찰법 제10조의2 반대해석, 국가배상법 제2조 및 대판 1993.7.13. 92다47564 참조).

ㄴ. (×) 청원주는 청원경찰이 품위를 손상하는 행위를 한 때에는 대통령령으로 정하는 징계절차를 거쳐 징계처분을 하여야 한다(청원경찰법 제5조의2 제1항 제2호).

ㅁ. (×) 청원주는 청원경찰 배치 결정의 통지를 받았을 때에는 통지를 받은 날부터 15일 이내에 청원경찰에 대한 징계규정을 제정하여 관할 시·도 경찰청장에게 신고하여야 한다(청원경찰법 시행령 제8조 제5항 전문).

37 정답 ❸

O△X 제시문의 (　　) 안에 들어갈 내용은 ㄱ : 정선순찰, ㄴ : 요점순찰, ㄷ : 난선순찰이다.

관계법령 **근무요령(청원경찰법 시행규칙 제14조)**

③ 순찰근무자는 청원주가 지정한 일정한 구역을 순회하면서 경비 임무를 수행한다. 이 경우 순찰은 단독 또는 복수로 정선순찰(정해진 노선을 규칙적으로 순찰하는 것을 말한다)을 하되, 청원주가 필요하다고 인정할 때에는 요점순찰(순찰구역 내 지정된 중요지점을 순찰하는 것을 말한다) 또는 난선순찰(임의로 순찰지역이나 노선을 선정하여 불규칙적으로 순찰하는 것을 말한다)을 할 수 있다. 〈개정 2021.12.31.〉

38 정답 ❶

O△X 제시된 과태료 부과기준에서 (　　)에 들어갈 숫자는 ㄱ : 500, ㄴ : 400, ㄷ : 300이다.

관계법령 **과태료 부과기준(청원경찰법 시행령 [별표 2])**

위반행위	해당 법조문	과태료 금액
1. 법 제4조 제2항에 따른 시·도 경찰청장의 배치결정을 받지 않고 다음 각목의 시설에 청원경찰을 배치한 경우 가. 국가중요시설(국가정보원장이 지정하는 국가보안목표시설을 말한다)인 경우 나. 가목에 따른 국가중요시설 외의 시설인 경우	법 제12조 제1항 제1호	500만원 400만원
2. 법 제5조 제1항에 따른 시·도 경찰청장의 승인을 받지 않고 다음 각목의 청원경찰을 임용한 경우 가. 법 제5조 제2항에 따른 임용결격사유에 해당하는 청원경찰 나. 법 제5조 제2항에 따른 임용결격사유에 해당하지 않는 청원경찰	법 제12조 제1항 제1호	500만원 300만원
3. 정당한 사유 없이 법 제6조 제3항에 따라 경찰청장이 고시한 최저부담기준액 이상의 보수를 지급하지 않은 경우	법 제12조 제1항 제2호	500만원
4. 법 제9조의3 제2항에 따른 시·도 경찰청장의 감독상 필요한 다음 각목의 명령을 정당한 사유 없이 이행하지 않은 경우 가. 총기·실탄 및 분사기에 관한 명령 나. 가목에 따른 명령 외의 명령	법 제12조 제1항 제3호	500만원 300만원

39 정답 ❹

O△X 제시된 내용 중 청원경찰의 배치대상은 ㄴ, ㄷ, ㄹ, ㅂ이다.

ㄴ. (○) 청원경찰법 제2조 제3호, 동법 시행규칙 제2조 제1호

ㄷ. (○) 청원경찰법 제2조 제3호, 동법 시행규칙 제2조 제2호

ㄹ. (○) 청원경찰법 제2조 제3호, 동법 시행규칙 제2조 제4호

ㅂ. (○) 청원경찰법 제2조 제3호, 동법 시행규칙 제2조 제6호

ㄱ. (×) 국내 주재(駐在) 외국기관이 청원경찰 배치기관·시설 또는 사업장에 해당한다(청원경찰법 제2조 제2호).

ㅁ. (×) 「지역보건법」에 따른 보건지소는 청원경찰이 배치되는 대상에 해당하지 않는다.

관계법령 정의(청원경찰법 제2조)

이 법에서 "청원경찰"이란 다음 각호의 어느 하나에 해당하는 기관의 장 또는 시설·사업장 등의 경영자가 청원경찰경비를 부담할 것을 조건으로 경찰의 배치를 신청하는 경우 그 기관·시설 또는 사업장 등의 경비(警備)를 담당하게 하기 위하여 배치하는 경찰을 말한다.

1. 국가기관 또는 공공단체와 그 관리하에 있는 중요시설 또는 사업장
2. 국내 주재(駐在) 외국기관
3. 그 밖에 행정안전부령으로 정하는 중요시설, 사업장 또는 장소

배치대상(청원경찰법 시행규칙 제2조)

「청원경찰법」 제2조 제3호에서 "그 밖에 행정안전부령으로 정하는 중요시설, 사업장 또는 장소"란 다음 각호의 시설, 사업장 또는 장소를 말한다.

1. 선박, 항공기 등 수송시설
2. 금융 또는 보험을 업(業)으로 하는 시설 또는 사업장
3. 언론, 통신, 방송 또는 인쇄를 업으로 하는 시설 또는 사업장
4. 학교 등 육영시설
5. 「의료법」에 따른 의료기관(의원급 의료기관, 조산원, 병원급 의료기관)
6. 그 밖에 공공의 안녕질서 유지와 국민경제를 위하여 고도의 경비(警備)가 필요한 중요시설, 사업체 또는 장소

40 정답 ❷

○△×

청원경찰이 37명 배치된 경우 감독자는 반장 1명, 조장 3~4명을 지정하여야 한다(청원경찰법 시행규칙 [별표 4]).

관계법령 감독자 지정기준(청원경찰법 시행규칙 [별표 4])

근무인원	직급별 지정기준		
	대 장	반 장	조 장
9명까지	–	–	1명
10명 이상 29명 이하	–	1명	2~3명
30명 이상 40명 이하	–	1명	3~4명
41명 이상 60명 이하	1명	2명	6명
61명 이상 120명 이하	1명	4명	12명

제2회 심화 모의고사

문제편 020p

정답 CHECK

01	02	03	04	05	06	07	08	09	10	11	12	13	14	15	16	17	18	19	20
②	④	③	①	④	④	②	②	①	②	③	④	①	④	④	①	②	④	③	③
21	22	23	24	25	26	27	28	29	30	31	32	33	34	35	36	37	38	39	40
②	①	①	②	④	③	①	④	④	①	①	②	①	③	④	②	②	①	②	②

01 정답 ❷

O△X

② (×) 특수경비업무란 공항(항공기를 포함한다) 등 대통령령이 정하는 국가중요시설의 경비 및 도난・화재 그 밖의 위험발생을 방지하는 업무를 말한다(경비업법 제2조 제1호 마목).

① (○) 경비업법 제2조 제1호

③ (○) 경비업법 제2조 제2호

④ (○) 경비업법 제3조 제3호

관계법령 **정의(경비업법 제2조)**

이 법에서 사용하는 용어의 정의는 다음과 같다. 〈개정 2024.1.30.〉

1. "경비업"이라 함은 다음 각목의 1에 해당하는 업무(경비업무)의 전부 또는 일부를 도급받아 행하는 영업을 말한다.
   가. 시설경비업무 : 경비를 필요로 하는 시설 및 장소(경비대상시설)에서의 도난・화재 그 밖의 혼잡 등으로 인한 위험발생을 방지하는 업무
   나. 호송경비업무 : 운반 중에 있는 현금・유가증권・귀금속・상품 그 밖의 물건에 대하여 도난・화재 등 위험발생을 방지하는 업무
   다. 신변보호업무 : 사람의 생명이나 신체에 대한 위해의 발생을 방지하고 그 신변을 보호하는 업무
   라. 기계경비업무 : 경비대상시설에 설치한 기기에 의하여 감지・송신된 정보를 그 경비대상시설 외의 장소에 설치한 관제시설의 기기로 수신하여 도난・화재 등 위험발생을 방지하는 업무
   마. 특수경비업무 : 공항(항공기를 포함) 등 대통령령이 정하는 국가중요시설의 경비 및 도난・화재 그 밖의 위험발생을 방지하는 업무
   바. 혼잡・교통유도경비업무 : 도로에 접속한 공사현장 및 사람과 차량의 통행에 위험이 있는 장소 또는 도로를 점유하는 행사장 등에서 교통사고나 그 밖의 혼잡 등으로 인한 위험발생을 방지하는 업무
2. "경비지도사"라 함은 경비원을 지도・감독 및 교육하는 자를 말하며 일반경비지도사와 기계경비지도사로 구분한다.
3. "경비원"이라 함은 제4조 제1항의 규정에 의하여 경비업의 허가를 받은 법인(이하 "경비업자"라 한다)이 채용한 고용인으로서 다음 각목의 1에 해당하는 자를 말한다.
   가. 일반경비원 : 제1호 가목부터 라목까지 및 바목의 경비업무를 수행하는 자
   나. 특수경비원 : 제1호 마목의 경비업무를 수행하는 자

02 정답 ④

O△X

④ (×) 경감 이상의 경찰공무원(범죄예방·경비 업무를 담당한 경력이 3년 이상인 사람으로 하되, 경감이 되기 전의 경력을 포함한다)은 시험출제위원으로서 임명 또는 위촉될 수 있다(경비업법 시행령 제15조 제1항 제3호).

① (○) 경비업법 제11조 제3항

② (○) 경비업법 시행령 제15조 제1항

③ (○) 경비업법 시행령 제11조 제2항·제3항

관계법령 **시험출제위원의 임명·위촉 등(경비업법 시행령 제15조)**

① 경찰청장은 시험문제의 출제를 위하여 다음 각호의 어느 하나에 해당하는 사람 중에서 시험출제위원을 임명 또는 위촉한다. 〈개정 2024.8.13.〉

1. 「고등교육법」에 따른 전문대학 이상의 교육기관에서 경찰행정학과 등 경비업무 관련학과 및 법학과의 조교수 이상으로 재직하고 있는 사람
2. 석사 이상의 학위소지자로 경찰청장이 정하는 바에 의하여 경비업무에 관한 연구실적이나 전문경력이 인정되는 사람
3. 경감 이상의 경찰공무원(범죄예방·경비 업무를 담당한 경력이 3년 이상인 사람으로 하되, 경감이 되기 전의 경력을 포함한다)

② 제1항의 규정에 의한 시험출제위원의 수는 시험과목별로 2인 이상으로 한다.

③ 시험출제위원으로 임명 또는 위촉된 자는 경찰청장이 정하는 준수사항을 성실히 이행하여야 한다.

④ 시험출제위원과 시험관리업무에 종사하는 자에 대하여는 예산의 범위 안에서 수당과 여비를 지급할 수 있다. 다만, 공무원인 위원이 그 소관업무와 직접적으로 관련하여 시험관리업무에 종사하는 경우에는 그러하지 아니하다.

03 정답 ③

O△X

제시된 내용 중 경비업법령상 경찰청장, 시·도 경찰청장, 경찰서장 및 경찰관서장(제31조에 따라 경찰청장 및 경찰관서장의 권한을 위임·위탁받은 자를 포함한다)이 민감정보 및 고유식별정보를 처리할 수 있는 사무에 해당하는 것은 5개(ㄱ, ㄴ, ㄷ, ㄹ, ㅂ)이다.

관계법령 **민감정보 및 고유식별정보의 처리(경비업법 시행령 제31조의2)★★**

경찰청장, 시·도 경찰청장, 경찰서장 및 경찰관서장(제31조에 따라 경찰청장 및 경찰관서장의 권한을 위임·위탁받은 자를 포함한다)은 다음 각호의 사무를 수행하기 위하여 불가피한 경우 「개인정보보호법」 제23조에 따른 건강에 관한 정보(제1호의2 및 제4호의 사무로 한정한다), 같은 법 시행령 제18조 제2호에 따른 범죄경력자료에 해당하는 정보(제1호의2 및 제9호의 사무로 한정한다), 같은 영 제19조 제1호 또는 제4호에 따른 주민등록번호 또는 외국인등록번호가 포함된 자료를 처리할 수 있다. 〈개정 2021.7.13., 2022.12.20., 2024.8.13.〉

1. 법 제4조 및 제6조에 따른 경비업의 허가 및 갱신허가 등에 관한 사무

1의2. 법 제5조 및 제10조에 따른 임원, 경비지도사 및 경비원의 결격사유 확인에 관한 사무

2. 법 제11조에 따른 경비지도사 시험 등에 관한 사무

2의2. 법 제12조의2에 따른 경비지도사의 선임·해임 신고에 관한 사무

3. 법 제13조에 따른 경비원의 교육 등에 관한 사무

4. 법 제14조에 따른 특수경비원의 직무 및 무기사용 등에 관한 사무

5. 삭제 〈2021.7.13.〉

6. 법 제18조에 따른 경비원 배치허가 등에 관한 사무
7. 법 제19조 및 제20조에 따른 행정처분에 관한 사무
8. 법 제24조에 따른 경비업자 및 경비지도사의 지도·감독에 관한 사무
9. 법 제25조에 따른 보안지도·점검 및 보안측정에 관한 사무
10. 삭제 〈2022.12.20.〉

04 정답 ❶

○△×

① (×) 관할 경찰관서장은 무기의 적정한 관리를 위하여 무기를 대여받은 시설주에 대하여 필요한 명령을 발할 수 있다(경비업법 제14조 제6항).

② (○) 경비업법 제14조 제3항 전문

③ (○) 경비업법 제14조 제5항

④ (○) 경비업법 제14조 제9항

관계법령 **특수경비원의 직무 및 무기사용 등(경비업법 제14조)**

① 특수경비업자는 특수경비원으로 하여금 배치된 경비구역 안에서 관할 경찰서장 및 공항경찰대장 등 국가중요시설의 경비책임자(이하 "관할 경찰관서장"이라 한다)와 국가중요시설의 시설주의 감독을 받아 시설을 경비하고 도난·화재 그 밖의 위험의 발생을 방지하는 업무를 수행하게 하여야 한다.

② 특수경비원은 국가중요시설에 대한 경비업무 수행 중 국가중요시설의 정상적인 운영을 해치는 장해를 일으켜서는 아니 된다.

③ 시·도 경찰청장은 국가중요시설에 대한 경비업무의 수행을 위하여 필요하다고 인정하는 때에는 시설주의 신청에 의하여 무기를 구입한다. 이 경우 시설주는 그 무기의 구입대금을 지불하고, 구입한 무기를 국가에 기부채납하여야 한다. 〈개정 2020.12.22.〉

④ 시·도 경찰청장은 국가중요시설에 대한 경비업무의 수행을 위하여 필요하다고 인정하는 때에는 관할 경찰관서장으로 하여금 시설주의 신청에 의하여 시설주로부터 국가에 기부채납된 무기를 대여하게 하고, 시설주는 이를 특수경비원으로 하여금 휴대하게 할 수 있다. 이 경우 특수경비원은 정당한 사유 없이 무기를 소지하고 배치된 경비구역을 벗어나서는 아니 된다. 〈개정 2020.12.22.〉

⑤ 시설주가 제4항의 규정에 의하여 대여받은 무기에 대하여 시설주 및 관할 경찰관서장은 무기의 관리책임을 지고, 관할 경찰관서장은 시설주 및 특수경비원의 무기관리상황을 대통령령이 정하는 바에 따라 지도·감독하여야 한다.

⑥ 관할 경찰관서장은 무기의 적정한 관리를 위하여 제4항의 규정에 의하여 무기를 대여받은 시설주에 대하여 필요한 명령을 발할 수 있다.

⑦ 시설주로부터 무기의 관리를 위하여 지정받은 책임자(이하 "관리책임자"라 한다)는 다음 각호에 의하여 이를 관리하여야 한다.

1. 무기출납부 및 무기장비운영카드를 비치·기록하여야 한다.
2. 무기는 관리책임자가 직접 지급·회수하여야 한다.

⑧ 특수경비원은 국가중요시설의 경비를 위하여 무기를 사용하지 아니하고는 다른 수단이 없다고 인정되는 때에는 필요한 한도 안에서 무기를 사용할 수 있다. 다만, 다음 각호의 어느 하나에 해당하는 때를 제외하고는 사람에게 위해를 끼쳐서는 아니 된다. 〈개정 2024.2.13.〉

1. 무기 또는 폭발물을 소지하고 국가중요시설에 침입한 자가 특수경비원으로부터 3회 이상 투기(投棄) 또는 투항(投降)을 요구받고도 이에 불응하면서 계속 항거하는 경우 이를 억제하기 위하여 무기를 사용하지 아니하고는 다른 수단이 없다고 인정되는 때
2. 국가중요시설에 침입한 무장간첩이 특수경비원으로부터 투항(投降)을 요구받고도 이에 불응한 때

⑨ 특수경비원의 무기휴대, 무기종류, 그 사용기준 및 안전검사의 기준 등에 관하여 필요한 사항은 대통령령으로 정한다.

05 정답 ❹

○△× ④ (○) 경비업법 시행규칙 [별표 2]·[별표 4] 참조

① (×) 일반경비지도사의 교육시간은 공통교육(22시간)과 자격의 종류별 교육시간(18시간)을 합하여 총 40시간이다(경비업법 시행규칙 [별표 1]).

② (×) 경찰청장은 경비지도사에 대한 기본교육 및 보수교육의 전국적 균형을 유지하기 위하여 교육수준 및 교육방법 등에 필요한 지침을 마련하여 시행할 수 있다(경비업법 제11조의3 제2항).

③ (×) 신임교육의 과목 및 시간, 직무교육의 과목 등 일반경비원의 교육 실시에 필요한 사항은 행정안전부령으로 정한다(경비업법 시행령 제18조 제5항).

06 정답 ❹

○△× ④는 시설경비업무가 아닌 기계경비업무의 경비인력 요건이다.

관계법령 경비업의 시설 등의 기준(경비업법 시행령 [별표 1])★ <개정 2024.12.31.>

시설 등 기준 / 업무별	경비인력	자본금	시 설	장비 등
1. 시설경비업무	• 일반경비원 10명 이상 • 경비지도사 1명 이상	1억원 이상	기준 경비인력 수 이상을 동시에 교육할 수 있는 교육장	기준 경비인력 수 이상의 경비원 복장 및 경적, 단봉, 분사기
2. 호송경비업무	• 무술유단자인 일반경비원 5명 이상 • 경비지도사 1명 이상	1억원 이상	기준 경비인력 수 이상을 동시에 교육할 수 있는 교육장	• 호송용 차량 1대 이상 • 현금호송백 1개 이상 • 기준 경비인력 수 이상의 경비원 복장 및 경적, 단봉, 분사기
3. 신변보호업무	• 무술유단자인 일반경비원5명 이상 • 경비지도사 1명 이상	1억원 이상	기준 경비인력 수 이상을 동시에 교육할 수 있는 교육장	• 기준 경비인력 수 이상의 무전기 등 통신장비 • 기준 경비인력 수 이상의 경적, 단봉, 분사기
4. 기계경비업무	• 전자·통신 분야 기술자격증소지자 5명을 포함한 일반경비원 10명 이상 • 경비지도사 1명 이상	1억원 이상	• 기준 경비인력 수 이상을 동시에 교육할 수 있는 교육장 • 관제시설	• 감지장치·송신장치 및 수신장치 • 출장소별로 출동차량 2대 이상 • 기준 경비인력 수 이상의 경비원 복장 및 경적, 단봉, 분사기
5. 특수경비업무	• 특수경비원 20명 이상 • 경비지도사 1명 이상	3억원 이상	기준 경비인력 수 이상을 동시에 교육할 수 있는 교육장	기준 경비인력 수 이상의 경비원 복장 및 경적, 단봉, 분사기
6. 혼잡·교통 유도경비업무	• 일반경비원 10명 이상 • 경비지도사 1명 이상	1억원 이상	기준 경비인력 수 이상을 동시에 교육할 수 있는 교육장	기준 경비인력 수 이상의 경비원 복장 및 경적, 단봉, 분사기, 무전기, 경광봉

※ 비고
1. 자본금의 경우 납입자본금을 말하고, 하나의 경비업무에 대한 자본금을 갖춘 경비업자가 그 외의 경비업무를 추가로 하려는 경우 자본금을 갖춘 것으로 본다. 다만, 특수경비업자 외의 자가 특수경비업무를 추가로 하려는 경우에는 이미 갖추고 있는 자본금을 포함하여 특수경비업무의 자본금 기준에 적합하여야 한다.
2. 교육장의 경우 하나의 경비업무에 대한 시설을 갖춘 경비업자가 그 외의 경비업무를 추가로 하려는 경우에는 경비인력이 더 많이 필요한 경비업무에 해당하는 교육장을 갖추어야 한다.
3. "무술유단자"란 「국민체육진흥법」 제33조에 따른 대한체육회에 가맹된 단체 또는 문화체육관광부에 등록된 무도 관련 단체가 무술유단자로 인정한 사람을 말한다.
4. "호송용 차량"이란 현금이나 그 밖의 귀중품의 운반에 필요한 견고성 및 안전성을 갖추고 무선통신시설 및 경보시설을 갖춘 자동차를 말한다.
5. "현금호송백"이란 현금이나 그 밖의 귀중품을 운반하기 위한 이동용 호송장비로서 경보시설을 갖춘 것을 말한다.
6. "전자・통신 분야 기술자격증소지자"란 「국가기술자격법」에 따라 전자 및 통신 분야에서 기술자격을 취득한 사람을 말한다.

07

ㅇ△×

정답 ❷

②는 특수경비원이 무기를 사용하여 위해를 끼칠 수 있는 경우에 해당한다(경비업법 제14조 제8항 단서 제2호).

관계법령

특수경비원의 직무 및 무기사용 등(경비업법 제14조)★★

⑧ 특수경비원은 국가중요시설의 경비를 위하여 무기를 사용하지 아니하고는 다른 수단이 없다고 인정되는 때에는 필요한 한도안에서 무기를 사용할 수 있다. 다만, 다음 각호의 어느 하나에 해당하는 때를 제외하고는 사람에게 위해를 끼쳐서는 아니 된다. 〈개정 2024.2.13.〉
1. 무기 또는 폭발물을 소지하고 국가중요시설에 침입한 자가 특수경비원으로부터 3회 이상 투기(投棄) 또는 투항(投降)을 요구받고도 이에 불응하면서 계속 항거하는 경우 이를 억제하기 위하여 무기를 사용하지 아니하고는 다른 수단이 없다고 인정되는 때
2. 국가중요시설에 침입한 무장간첩이 특수경비원으로부터 투항(投降)을 요구받고도 이에 불응한 때

특수경비원의 의무(경비업법 제15조)

④ 특수경비원이 무기를 휴대하고 경비업무를 수행하는 때에는 다음 각호의 어느 하나에서 정하는 무기의 안전사용수칙을 지켜야 한다.★★ 〈개정 2024.2.13.〉
1. 특수경비원은 사람을 향하여 권총 또는 소총을 발사하고자 하는 때에는 미리 구두 또는 공포탄에 의한 사격으로 상대방에게 경고하여야 한다. 다만, 다음 각목의 1에 해당하는 경우로서 부득이한 때에는 경고하지 아니할 수 있다.
   가. 특수경비원을 급습하거나 타인의 생명・신체에 대한 중대한 위험을 야기하는 범행이 목전에 실행되고 있는 등 상황이 급박하여 경고할 시간적 여유가 없는 경우
   나. 인질・간첩 또는 테러사건에 있어서 은밀히 작전을 수행하는 경우

2~3. 생략

08 정답 ❷

O△X ② (×) 경비협회는 경비업자가 경비업을 운영할 때 필요한 입찰보증, 계약보증(이행보증을 포함한다), 하도급보증을 위한 사업을 공제사업으로 할 수 있고, 경비업자의 손해배상책임을 보장하기 위한 사업도 할 수 있다(경비업법 제23조 제1항 제1호·제2호).

① (○) 경비업법 제23조 제2항·제3항

③ (○) 경비업법 제23조 제5항

④ (○) 경비업법 제23조 제6항

관계법령 공제사업(경비업법 제23조)

① 경비협회는 다음 각호의 공제사업을 할 수 있다.
1. 제26조에 따른 경비업자의 손해배상책임을 보장하기 위한 사업
2. 경비업자가 경비업을 운영할 때 필요한 입찰보증, 계약보증(이행보증을 포함한다), 하도급보증을 위한 사업
3. 경비원의 복지향상과 업무상 재해로 인한 손실을 보상하는 사업
4. 경비업무와 관련한 연구 및 경비원 교육·훈련에 관한 사업

② 경비협회는 제1항의 규정에 의한 공제사업을 하고자 하는 때에는 공제규정을 제정하여야 한다.

③ 제2항의 공제규정에는 공제사업의 범위, 공제계약의 내용, 공제금, 공제료 및 공제금에 충당하기 위한 책임준비금 등 공제사업의 운영에 관하여 필요한 사항을 정하여야 한다.

④ 경찰청장은 제1항에 따른 공제사업의 건전한 육성과 가입자의 보호를 위하여 공제사업의 감독에 관한 기준을 정할 수 있다.

⑤ 경찰청장은 제2항에 따른 공제규정을 승인하거나 제4항에 따라 공제사업의 감독에 관한 기준을 정하는 경우에는 미리 금융위원회와 협의하여야 한다.

⑥ 경찰청장은 제1항에 따른 공제사업에 대하여 「금융위원회의 설치 등에 관한 법률」에 따른 금융감독원의 원장에게 검사를 요청할 수 있다.

09 정답 ❶

O△X (　　) 안의 ㄱ~ㄹ에 들어갈 내용은 순서대로 추가, 변경, 임원, 경비인력·시설 및 장비의 확보계획서이다. 참고로 경비인력·시설 및 장비를 갖출 수 없는 경우에 확보계획서 제출과 시·도 경찰청장의 확인을 통해 허가를 받을 수 있는 것과 달리, 자본금은 허가 또는 변경허가를 신청하는 때에 반드시 갖추고 있어야 한다(경비업법 시행령 제3조 제2항 단서 반대해석).

관계법령 허가신청 등(경비업법 시행규칙 제3조)

① 법 제4조 제1항 및 「경비업법 시행령」(이하 "영"이라 한다) 제3조 제1항에 따라 경비업의 허가를 받으려는 경우 또는 경비업자가 허가를 받은 경비업무를 변경하거나 새로운 경비업무를 추가하려는 경우에는 별지 제2호 서식의 경비업 허가신청서 또는 변경허가신청서(전자문서로 된 신청서를 포함한다)에 다음 각호의 서류(전자문서를 포함한다)를 첨부하여 법인의 주사무소를 관할하는 시·도 경찰청장 또는 해당 시·도 경찰청 소속의 경찰서장에게 제출하여야 한다. 이 경우 신청서를 제출받은 경찰서장은 지체 없이 관할 시·도 경찰청장에게 보내야 한다. 〈개정 2020.12.31.〉
1. 법인의 정관 1부
2. 법인 임원의 이력서 1부
3. 경비인력·시설 및 장비의 확보계획서 1부(경비업 허가의 신청 시 이를 갖출 수 없는 경우에 한한다)

10 정답 ❷

OΔX 경비원 명부의 작성 및 비치는 경비업자의 직무이다(경비업법 제18조 제1항 본문).

관계법령 집단민원현장에 선임 · 배치된 경비지도사의 직무(경비업법 시행규칙 제6조의2)

법 제7조 제6항에 따라 경비업자는 집단민원현장에 선임·배치된 경비지도사로 하여금 다음 각호의 직무를 수행하도록 하여야 한다.

1. 법 제15조의2에 따른 경비원 등의 의무 위반행위 예방 및 제지
2. 법 제16조에 따른 경비원의 복장 착용 등에 대한 지도·감독
3. 법 제16조의2에 따른 경비원의 장비 휴대 및 사용에 대한 지도·감독
4. 법 제18조 제1항 단서에 따라 집단민원현장에 비치된 경비원 명부의 관리

11 정답 ❸

OΔX 제시된 내용 중 경비업법령상 경찰청장이 시·도 경찰청장에게 위임한 권한에 해당하는 것은 ㄱ과 ㄴ이다.

ㄱ. (O) 경비업법 제27조 제1항, 동법 시행령 제31조 제1항 제1호

ㄴ. (O), ㄹ. (×), ㅂ. (×) 경비업법 제21조 각호의 청문을 실시하고 처분을 하여야 하는 경우 중 경비지도사 자격의 취소 또는 정지에 관한 청문의 권한만이 경찰청장이 시·도 경찰청장에게 위임한 권한에 해당한다(경비업법 제27조 제1항, 동법 시행령 제31조 제1항 제2호). 경비원 교육기관의 지정 취소 또는 업무의 정지에 관한 청문의 권한과 경비업 허가의 취소 또는 영업정지에 관한 청문의 권한은 경찰청장이 시·도 경찰청장에게 위임한 권한으로 규정되어 있지 않다.

ㄷ. (×), ㅁ. (×) 경찰청장 또는 시·도 경찰청장이 청문을 실시하고 처분을 하여야 하는 경우에 해당한다(경비업법 제21조 제2호, 제3호).

ㅅ. (×) 경찰청장은 제11조의 규정에 의한 경비지도사의 시험에 관한 업무를 대통령령이 정하는 바에 따라 관계전문기관 또는 단체에 위탁할 수 있다(경비업법 제27조 제2항). 경찰청장 또는 경찰관서장은 경비지도사 시험의 관리에 관한 업무를 경비업무에 관한 인력과 전문성을 갖춘 기관 또는 단체로서 경찰청장이 지정하여 고시하는 기관 또는 단체에 위탁한다(경비업법 시행령 제31조 제2항).

12 정답 ❹

○△×

④는 경비업법 제19조 제1항 제6호의 절대적(필요적) 취소사유에 해당한다.

관계법령 **경비업 허가의 취소 등(경비업법 제19조)**

① 허가관청은 경비업자가 다음 각호의 어느 하나에 해당하는 때에는 그 허가를 취소하여야 한다.

1. 허위 그 밖의 부정한 방법으로 허가를 받은 때
2. 제7조 제5항의 규정에 위반하여 허가받은 경비업무 외의 업무에 경비원을 종사하게 한 때 – 적용중지 헌법불합치 결정(2020헌가19)
3. 제7조 제9항의 규정에 위반하여 경비업 및 경비관련업 외의 영업을 한 때
4. 정당한 사유 없이 허가를 받은 날부터 2년 이내에 경비 도급실적이 없거나 계속하여 1년 이상 휴업한 때
5. 정당한 사유 없이 최종 도급계약 종료일의 다음 날부터 2년 이내에 경비 도급실적이 없을 때
6. 영업정지처분을 받고 계속하여 영업을 한 때
7. 제15조의2 제2항을 위반하여 소속 경비원으로 하여금 경비업무의 범위를 벗어난 행위를 하게 한 때
8. 제18조 제8항에 따른 관할 경찰관서장의 배치폐지명령에 따르지 아니한 때

② 허가관청은 경비업자가 다음 각호의 어느 하나에 해당하는 때에는 대통령령으로 정하는 행정처분의 기준에 따라 그 허가를 취소하거나 6개월 이내의 기간을 정하여 영업의 전부 또는 일부에 대하여 영업정지를 명할 수 있다. 〈개정 2020.12.22.〉

1. 제4조 제1항 후단을 위반하여 시·도 경찰청장의 허가 없이 경비업무를 변경한 때
2. 제7조 제2항을 위반하여 도급을 의뢰받은 경비업무가 위법한 것임에도 이를 거부하지 아니한 때
3. 제7조 제6항을 위반하여 경비지도사를 집단민원현장에 선임·배치하지 아니한 때
4. 제8조를 위반하여 경비대상시설에 관한 경보 대응체제를 갖추지 아니한 때
5. 제9조 제2항을 위반하여 관련 서류를 작성·비치하지 아니한 때
6. 제10조 제3항을 위반하여 결격사유에 해당하는 경비원을 배치하거나 결격사유에 해당하는 경비지도사를 선임·배치한 때
7. 제12조 제1항을 위반하여 경비지도사를 선임한 때
8. 제13조를 위반하여 경비원으로 하여금 교육을 받게 하지 아니한 때
9. 제16조에 따른 경비원의 복장 등에 관한 규정을 위반한 때
10. 제16조의2에 따른 경비원의 장비 등에 관한 규정을 위반한 때
11. 제16조의3에 따른 경비원의 출동차량 등에 관한 규정을 위반한 때
12. 제18조 제1항 단서를 위반하여 집단민원현장에 일반경비원 명부를 작성·비치하지 아니한 때
13. 제18조 제2항 각호 외의 부분 단서를 위반하여 배치허가를 받지 아니하고 경비원을 배치하거나 경비원 명단 및 배치일시·배치장소 등 배치허가 신청의 내용을 거짓으로 한 때
14. 제18조 제6항을 위반하여 결격사유에 해당하는 일반경비원을 집단민원현장에 배치한 때
15. 제24조에 따른 감독상 명령에 따르지 아니한 때
16. 제26조를 위반하여 손해를 배상하지 아니한 때

③ 허가관청은 제1항 및 제2항에 의하여 허가취소 또는 영업정지처분을 하는 때에는 경비업자가 허가받은 경비업무 중 허가취소 또는 영업정지사유에 해당되는 경비업무에 한하여 처분을 하여야 한다. 다만, 제1항 제2호 및 제7호에 해당하여 허가취소를 하는 때에는 그러하지 아니하다.

13 정답 ❶

O△X 제시된 내용 중 경비지도사 자격취소사유(A)는 ㄱ・ㄴ・ㄷ・ㄹ이고, 경비지도사 자격정지사유는 ㅁ・ㅂ이다.

관계법령 **경비지도사자격의 취소 등(경비업법 제20조)**

① 경찰청장은 경비지도사가 다음 각호의 어느 하나에 해당하는 때에는 그 자격을 취소하여야 한다. 〈개정 2024.2.13.〉
1. 제10조 제1항 각호의 결격사유에 해당하게 된 때
2. 허위 그 밖의 부정한 방법으로 경비지도사자격증을 교부받은 때
3. 경비지도사자격증을 다른 사람에게 빌려주거나 양도한 때
4. 자격정지 기간 중에 경비지도사로 선임되어 활동한 때

② 경찰청장은 경비지도사가 다음 각호의 어느 하나에 해당하는 때에는 대통령령이 정하는 바에 따라 1년의 범위 내에서 그 자격을 정지시킬 수 있다. 〈개정 2024.2.13.〉
1. 제12조 제3항의 규정에 위반하여 직무를 성실하게 수행하지 아니한 때
2. 제24조의 규정에 의한 경찰청장 또는 시・도 경찰청장의 명령을 위반한 때

14 정답 ❹

O△X ④ (○) 경비업법 제16조 제2항 단서

① (×) 경비원이 휴대할 수 있는 장비의 종류는 경적・단봉・분사기 등 행정안전부령으로 정하되, 근무 중에만 이를 휴대할 수 있다(경비업법 제16조의2 제1항).

② (×) 경비업자는 경찰공무원 또는 군인의 제복과 색상 및 디자인 등이 명확히 구별되는 소속 경비원의 복장을 정하고 이를 확인할 수 있는 사진을 첨부하여 주된 사무소를 관할하는 시・도 경찰청장에게 행정안전부령으로 정하는 바에 따라 신고하여야 한다(경비업법 제16조 제1항).

③ (×) 그 밖에 경비원의 복장, 장비 등에 관하여 필요한 사항은 행정안전부령으로 정한다(경비업법 제16조 제5항, 제16조의2 제5항).

15 정답 ❹

O△X 제시된 자는 모두 경비업법 제10조 제1항의 경비지도사 결격사유에 해당한다.

ㄱ. (결격사유 ○) 경비업법 제10조 제1항 제5호 가목의 결격사유에 해당한다.
ㄴ. (결격사유 ○) 경비업법 제10조 제1항 제6호 가목의 결격사유에 해당한다.
ㄷ. (결격사유 ○) 경비업법 제10조 제1항 제7호 전단의 결격사유에 해당한다.
ㄹ. (결격사유 ○) 경비업법 제10조 제1항 제5호 라목의 결격사유에 해당한다.

16 정답 ❶

O△X ① (×), ② (○) 이 법 또는 「대통령 등의 경호에 관한 법률」에 위반하여 벌금형의 선고를 받고 3년이 지나지 아니한 자는 특수경비업무를 수행하는 법인의 임원이 될 수 없다(경비업법 제5조 제4호). 따라서 3년이 지난 乙은 임원이 될 수 있지만, 3년이 지나지 않은 甲은 임원이 될 수 없다.

③ (○) 경비업법 제5조 제1호에서 "피성년후견인은 경비업을 영위하는 법인의 임원이 될 수 없다"고 규정하고 있을 뿐, 미성년자의 임원 결격사유에 대하여는 특별한 규정이 없으므로 丙은 임원이 될 수 있다.

④ (○) 경비업법 제5조 제6호

17 정답 ❷

O△X ②는 경비업법령상 집단민원현장에 해당하지 않는다.

18 정답 ❹

O△X ④ (×) 경비원 배치신고 시에 기재한 배치폐지 예정일에 경비원의 배치를 폐지한 경우에는 별도로 신고할 필요가 없다(경비업법 시행규칙 제24조 제5항 단서).

① (○) 경비업법 제18조 제2항 본문

② (○) 경비업법 제18조 제2항, 동법 시행규칙 제24조 제1항 본문 해석상

③ (○) 경비업법 시행규칙 제24조 제1항 단서

관계법령 **경비원의 배치 및 배치폐지의 신고(경비업법 시행규칙 제24조)**

① 경비업자는 법 제18조 제2항에 따라 경비업무를 수행하기 위하여 20일 이상 경비원을 배치하거나 그 기간을 연장하려는 때에는 경비원을 배치한 후 7일 이내에 별지 제15호 서식의 경비원 배치신고서(전자문서로 된 신고서를 포함하며, 이하 "배치신고서"라 한다)를 배치지를 관할하는 경찰관서장에게 제출해야 한다. 다만, 법 제18조 제2항 제2호 및 제3호에 해당하는 경비원을 배치하는 경우에는 경비원을 배치하는 기간과 관계없이 경비원을 배치하기 전까지 제출해야 한다.

②~④ 생략

⑤ 제1항의 규정에 의하여 경비원의 배치신고를 한 경비업자가 경비원의 배치를 폐지한 때에는 배치폐지를 한 날부터 7일 이내에 별지 제15호 서식의 경비원 배치폐지 신고서(전자문서로 된 신고서를 포함한다)를 배치지의 관할 경찰관서장에게 제출하여야 한다. 다만, 경비원 배치신고 시에 기재한 배치폐지 예정일에 경비원의 배치를 폐지한 경우에는 그러하지 아니하다.

19 정답 ❸

O△X ③ (×) 청원경찰의 제복의 형태·규격 및 재질은 청원주가 결정하되, 사업장별로 통일하여야 한다(청원경찰법 시행규칙 제9조 제2항 제1호 본문).

① (○) 청원경찰법 시행령 제14조 제1항, 동법 시행규칙 제9조 제1항 제2호

② (○) 청원경찰법 시행령 제14조 제3항

④ (○) 청원경찰법 시행규칙 제9조 제3항

20 정답 ❸

O△X 국가중요시설에 대한 경비업무 수행 중 정당한 사유 없이 무기를 소지하고 배치된 경비구역을 벗어난 특수경비원에 대한 벌칙은 2년 이하의 징역 또는 2천만원 이하의 벌금이다(경비업법 제28조 제3항). 제시된 내용 중 이보다 가벼운 벌칙인 1년 이하의 징역 또는 1천만원 이하의 벌금 적용되는 자(A)는 ㄷ, ㄹ, ㅁ이고 무거운 벌칙인 3년 이하의 징역 또는 3천만원이 적용되는 자(B)는 ㄱ, ㄴ, ㅂ이다.

ㄷ. (A) 경비업법 제28조 제4항 제4호

ㄹ. (A) 경비업법 제28조 제4항 제3호

ㅁ. (A) 경비업법 제28조 제4항 제2호

ㄱ. (B) 경비업법 제28조 제2항 제3호

ㄴ. (B) 경비업법 제28조 제2항 제6호

ㅂ. (B) 경비업법 제28조 제2항 제7호

핵심만콕 벌칙(경비업법 제28조)★★

5년 이하의 징역 또는 5천만원 이하의 벌금(제1항)	국가중요시설의 정상적인 운영을 해치는 장해를 일으킨 특수경비원
3년 이하의 징역 또는 3천만원 이하의 벌금(제2항)	• 허가를 받지 아니하고 경비업을 영위한 자(제1호) • 직무상 알게 된 비밀을 누설하거나 부당한 목적을 위하여 사용한 자(제2호) • 경비업무의 중단을 통보하지 아니하거나 경비업무를 즉시 인수하지 아니한 특수경비업자 또는 경비대행업자(제3호) • 집단민원현장에 경비원을 배치하면서 허가를 받지 아니한 자에게 경비업무를 도급한 자(제4호) • 집단민원현장에 20명 이상의 경비인력을 배치하면서 그 경비인력을 직접 고용한 자(제5호) • 경비업자의 경비원 채용 시 무자격자나 부적격자 등을 채용하도록 관여하거나 영향력을 행사한 도급인(제6호) • 과실로 인하여 국가중요시설의 정상적인 운영을 해치는 장해를 일으킨 특수경비원(제7호) • 특수경비원으로서 경비구역 안에서 시설물의 절도, 손괴, 위험물의 폭발 등의 사유로 인한 위급사태가 발생한 때에 명령에 불복종한 자 또는 경비구역을 벗어난 자(제8호) • 경비원에게 경비업무의 범위를 벗어난 행위를 하게 한 자(제9호)
2년 이하의 징역 또는 2천만원 이하의 벌금(제3항)	정당한 사유 없이 무기를 소지하고 배치된 경비구역을 벗어난 특수경비원
1년 이하의 징역 또는 1천만원 이하의 벌금(제4항)	• 시설주로부터 무기의 관리를 위하여 지정받은 관리책임자가 법이 정한 의무를 위반한 경우(제1호) • 파업·태업 그 밖에 경비업무의 정상적인 운영을 저해하는 일체의 쟁의행위를 한 특수경비원(제2호) • 직무를 수행함에 있어 타인에게 위력을 과시하거나 물리력을 행사하는 등 경비업무의 범위를 벗어난 행위를 한 경비원(제3호) • 경비업법에서 정한 경비원이 휴대할 수 있는 장비 외에 흉기 또는 그 밖의 위험한 물건을 휴대하고 경비업무를 수행한 경비원 또는 경비원에게 이를 휴대하고 경비업무를 수행하게 한 자(제4호) • 경찰관서장의 배치폐지명령을 따르지 아니한 자(제5호) • 시·도 경찰청장 또는 관할 경찰관서장의 중지명령에 따르지 아니한 자(제6호)

21 정답 ❷

O△X ( ) 안에 들어갈 내용은 순서대로 ㄱ : 7년, ㄴ : 1년, ㄷ : 64시간이다.

22 정답 ❶

O△X 제시된 내용 중 특수경비원이 가중처벌되는 형법상 범죄에 해당하지 않는 것은 ①이다. 즉, 특수상해죄도 가중처벌 대상범죄에 해당하나, 존속상해죄는 제외되어야 옳은 내용이다.

관계법령 **형의 가중처벌(경비업법 제29조)**

① 특수경비원이 무기를 휴대하고 경비업무를 수행 중에 제14조 제8항의 규정 및 제15조 제4항의 규정에 의한 무기의 안전수칙을 위반하여 형법 제258조의2(특수상해죄) 제1항(제257조 제1항의 상해죄로 한정, 존속상해죄는 제외)·제2항(제258조 제1항·제2항의 중상해죄로 한정, 존속중상해죄는 제외), 제259조 제1항(상해치사죄), 제260조 제1항(폭행죄), 제262조(폭행치사상죄), 제268조(업무상과실·중과실치사상죄), 제276조 제1항(체포 또는 감금죄), 제277조 제1항(중체포 또는 중감금죄), 제281조 제1항(체포·감금등의 치사상죄), 제283조 제1항(협박죄), 제324조 제2항(특수강요죄), 제350조의2(특수공갈죄) 및 제366조(재물손괴등죄)의 죄를 범한 때에는 그 죄에 정한 형의 2분의 1까지 가중처벌한다.

② 경비원이 경비업무 수행 중에 제16조의2 제1항에서 정한 장비 외에 흉기 또는 그 밖의 위험한 물건을 휴대하고 형법 제258조의2(특수상해죄) 제1항(제257조 제1항의 상해죄로 한정, 존속상해죄는 제외)·제2항(제258조 제1항·제2항의 중상해죄로 한정, 존속중상해죄는 제외), 제259조 제1항(상해치사죄), 제261조(특수폭행죄), 제262조(폭행치사상죄), 제268조(업무상과실·중과실치사상죄), 제276조 제1항(체포 또는 감금죄), 제277조 제1항(중체포 또는 중감금죄), 제281조 제1항(체포·감금등의 치사상죄), 제283조 제1항(협박죄), 제324조 제2항(특수강요죄), 제350조의2(특수공갈죄) 및 제366조(재물손괴등죄)의 죄를 범한 때에는 그 죄에 정한 형의 2분의 1까지 가중처벌한다.

23 정답 ❶

O△X

① (×) 청원경찰은 「형법」이나 그 밖의 법령에 따른 벌칙을 적용하는 경우와 청원경찰법 및 동법 시행령에서 특별히 규정한 경우를 제외하고는 공무원으로 보지 아니한다(청원경찰법 시행령 제18조).

② (○) 청원경찰법 제10조 제1항

③ (○) 청원경찰법 제8조 제3항

④ (○) 청원경찰은 형의 선고, 징계처분 또는 신체상·정신상의 이상으로 직무를 감당하지 못할 때를 제외하고는 그 의사(意思)에 반하여 면직(免職)되지 아니한다(청원경찰법 제10조의4 제1항).

24 정답 ❷

O△X

② (×) 신변보호업무 중 집단민원현장에 일반경비원을 배치하는 경우에는 배치하기 48시간 전까지 행정안전부령으로 정하는 바에 따라 배치허가를 신청하여야 한다(경비업법 제18조 제2항 단서 제1호).

① (○) 경비업법 제18조 제2항 단서 제1호

③ (○) 경비업법 제18조 제2항 단서 제2호

④ (○) 경비업법 제18조 제2항 단서 제3호

관계법령 **경비원의 명부와 배치허가 등(경비업법 제18조)**

② 경비업자가 경비원을 배치하거나 배치를 폐지한 경우에는 행정안전부령이 정하는 바에 따라 관할 경찰관서장에게 신고하여야 한다. 다만, 다음 제1호의 경우에는 경비원을 배치하기 48시간 전까지 행정안전부령으로 정하는 바에 따라 배치허가를 신청하고, 관할 경찰관서장의 배치허가를 받은 후에 경비원을 배치해야 하며(제2호 및 제3호의 경우에는 경비원을 배치하기 전까지 신고하여야 한다), 이 경우 관할 경찰관서장은 배치허가를 함에 있어 필요한 조건을 붙일 수 있다. 〈개정 2025.1.7.〉

1. 제2조 제1호에 따른 시설경비업무, 신변보호업무 또는 혼잡·교통유도경비업무 중 집단민원현장에 배치된 일반경비원
2. 집단민원현장이 아닌 곳에서 제2조 제1호 다목의 규정에 의한 신변보호업무를 수행하는 일반경비원
3. 특수경비원

25 정답 ❹

O△X ④ (O) 경비업법 시행령 제8조 제1항 제3호
①·②·③은 경비업법 시행령 제9조 제1항의 출장소별로 기계경비업자가 갖추어 두어야 하는 서류에 기재되는 내용에 해당한다.

관계법령

오경보의 방지를 위한 설명 등(경비업법 시행령 제8조)

① 법 제9조 제1항의 규정에 의하여 기계경비업자가 계약상대방에게 하여야 하는 설명은 다음 각호의 사항을 기재한 서면 또는 전자문서(이하 "서면등"이라 하며, 이 조에서 전자문서는 계약상대방이 원하는 경우에 한한다)를 교부하는 방법에 의한다.
1. 당해 기계경비업무와 관련된 관제시설 및 출장소(제5조 제3항의 규정에 의한 출장소를 말한다. 이하 같다)의 명칭·소재지
2. 기계경비업자가 경비대상시설에서 발생한 경보를 수신한 경우에 취하는 조치
3. 기계경비업무용 기기의 설치장소 및 종류와 그 밖의 기계장치의 개요
4. 오경보의 발생원인과 송신기기의 유지·관리방법

② 기계경비업자는 제1항 각호의 사항을 기재한 서면등과 함께 법 제26조의 규정에 의한 손해배상의 범위와 손해배상액에 관한 사항을 기재한 서면등을 계약상대방에게 교부하여야 한다.

기계경비업자의 관리 서류(경비업법 시행령 제9조)

① 기계경비업자는 법 제9조 제2항의 규정에 의하여 출장소별로 다음 각호의 사항을 기재한 서류를 갖추어 두어야 한다.
1. 경비대상시설의 명칭·소재지 및 경비계약기간
2. 기계경비지도사의 명단·배치일자·배치장소와 출동차량의 대수
3. 경보의 수신 및 현장도착 일시와 조치의 결과
4. 오경보인 경우 오경보가 발생한 경비대상시설 및 그 오경보에 대한 조치의 결과

② 제1항 제3호 및 제4호의 규정에 의한 사항을 기재한 서류는 당해 경보를 수신한 날부터 1년간 이를 보관하여야 한다.

26 정답 ❸

O△X 청원경찰법령상 청원경찰에 대한 징계의 종류는 파면, 해임, 정직, 감봉 및 견책으로 구분한다. 강등은 국가공무원법상 징계에는 포함되지만, 청원경찰법상의 징계에는 포함되지 않는다.

관계법령 **청원경찰의 징계(청원경찰법 제5조의2)**

① 청원주는 청원경찰이 다음 각호의 어느 하나에 해당하는 때에는 대통령령으로 정하는 징계절차를 거쳐 징계처분을 하여야 한다.
1. 직무상의 의무를 위반하거나 직무를 태만히 한 때
2. 품위를 손상하는 행위를 한 때

② 청원경찰에 대한 징계의 종류는 파면, 해임, 정직, 감봉 및 견책으로 구분한다.
③ 청원경찰의 징계에 관하여 그 밖에 필요한 사항은 대통령령으로 정한다.

27 정답 ❶

O△X ① (×) 경비업자가 복장 등에 관한 신고규정을 위반하여 신고를 하지 아니한 경우는 과태료 부과대상(경비업법 제31조 제2항 제7호)이므로, 경비업법령상 양벌규정이 적용되는 경우에 해당하지 않는다. 양벌규정(경비업법 제30조)은 경비업법 제28조(벌칙) 위반행위를 전제로 적용한다.

② (O) 경비업법 제28조 제4항 제5호

③ (O) 양벌규정은 직접적인 위반행위를 한 행위자를 벌하는 외에 해당 업무에 관하여 주의·감독의 책임이 있는 법인 또는 개인에게도 해당 조문의 벌금형을 과(科)할 수 있도록 하는 규정으로(경비업법 제30조 본문) 징역형은 양벌규정의 적용대상이 아니다. 국가중요시설의 정상적인 운영을 해치는 장해를 일으킨 특수경비원은 5년 이하의 징역 또는 5천만원 이하의 벌금에 처하므로(경비업법 제28조 제1항), 그 특수경비원이 소속된 법인은 5천만원 이하의 벌금에 처한다.

④ (O) 법인 또는 개인이 법 제28조(벌칙)의 위반행위를 방지하기 위하여 해당 업무에 관하여 상당한 주의와 감독을 게을리하지 아니한 경우에는 해당 조문의 벌금형을 과(科)하지 아니한다(경비업법 제30조 단서).

관계법령 **양벌규정(경비업법 제30조)**

법인의 대표자나 법인 또는 개인의 대리인, 사용인, 그 밖의 종업원이 그 법인 또는 개인의 업무에 관하여 법 제28조(벌칙)의 위반행위를 하면 그 행위자를 벌하는 외에 그 법인 또는 개인에게도 해당 조문의 벌금형을 과(科)한다. 다만, 법인 또는 개인이 그 위반행위를 방지하기 위하여 해당 업무에 관하여 상당한 주의와 감독을 게을리하지 아니한 경우에는 그러하지 아니하다.

28 정답 ❹

O△X 제시된 내용은 모두 경비업법령상 관할 경찰관서장이 경비원의 배치폐지를 명할 수 있는 경우이다.

ㄱ. (O) 경비업법 제18조 제8항 제3호

ㄴ. (O) 경비업법 제18조 제8항 제5호

ㄷ. (O) 경비업법 제18조 제8항 제4호

ㄹ. (O) 경비업법 제18조 제8항 제1호

관계법령 **경비원의 명부와 배치허가 등(경비업법 제18조)**

⑧ 관할 경찰관서장은 경비업자가 다음 각호의 어느 하나에 해당하는 때에는 배치폐지를 명할 수 있다.
1. 제2항 각호 외의 부분 단서를 위반하여 배치허가를 받지 아니하고 경비원을 배치하거나 경비원 명단 및 배치일시·배치장소 등 배치허가 신청의 내용을 거짓으로 한 때
2. 제6항의 결격사유에 해당하는 자를 집단민원현장에 일반경비원으로 배치한 때
3. 제7항을 위반하여 신임교육을 이수하지 아니한 자를 제2항 각호의 경비원으로 배치한 때
4. 경비업자 또는 경비원이 위력이나 흉기 또는 그 밖의 위험한 물건을 사용하여 집단적 폭력사태를 일으킨 때
5. 경비업자가 제2항 각호 외의 부분 본문을 위반하여 신고하지 아니하고 일반경비원을 배치한 때

29 정답 ❹

O△X ④ (×) 관할 경찰관서장이 정하는 바에 의하여 무기의 관리실태를 매월 파악하여 다음 달 3일까지 관할 경찰관서장에게 통보할 것(경비업법 시행규칙 제18조 제1항 제5호)

① (○) 경비업법 시행규칙 제18조 제1항 제1호

② (○) 경비업법 시행규칙 제18조 제1항 제6호

③ (○) 경비업법 시행규칙 제18조 제1항 제8호

관계법령 **무기의 관리수칙 등(경비업법 시행규칙 제18조)**

① 법 제14조 제4항에 따라 무기를 대여받은 국가중요시설의 시설주(이하 "시설주"라 한다) 또는 같은 조 제7항에 따른 관리책임자(이하 "관리책임자"라 한다)는 다음 각호의 관리수칙에 따라 무기(탄약을 포함한다. 이하 같다)를 관리해야 한다. 〈개정 2020.12.31., 2021.12.31.〉

1. 무기의 관리를 위한 책임자를 지정하고 관할 경찰관서장에게 이를 통보할 것
2. 무기고 및 탄약고는 단층에 설치하고 환기·방습·방화 및 총받침대 등의 시설을 할 것
3. 탄약고는 무기고와 사무실 등 많은 사람을 수용하거나 많은 사람이 오고 가는 시설과 떨어진 곳에 설치할 것
4. 무기고 및 탄약고에는 이중 잠금장치를 하여야 하며, 열쇠는 관리책임자가 보관하되, 근무시간 이후에는 열쇠를 당직책임자에게 인계하여 보관시킬 것
5. 관할 경찰관서장이 정하는 바에 의하여 무기의 관리실태를 매월 파악하여 다음 달 3일까지 관할 경찰관서장에게 통보할 것
6. 대여받은 무기를 빼앗기거나 대여받은 무기가 분실·도난 또는 훼손되는 등의 사고가 발생한 때에는 관할 경찰관서장에게 그 사유를 지체 없이 통보할 것
7. 대여받은 무기를 빼앗기거나 대여받은 무기가 분실·도난 또는 훼손된 때에는 경찰청장이 정하는 바에 의하여 그 전액을 배상할 것. 다만, 전시·사변, 천재·지변 그 밖의 불가항력의 사유가 있다고 시·도 경찰청장이 인정한 때에는 그러하지 아니하다.
8. 시설주는 자체계획을 수립하여 보관하고 있는 무기를 매주 1회 이상 손질할 수 있게 할 것

30 정답 ❶

O△X 제시된 내용 중 청문을 실시해야 하는 경우가 아닌 것은 ㄱ과 ㄷ이다.

관계법령 **청문(경비업법 제21조)**

경찰청장 또는 시·도 경찰청장은 다음 각호의 어느 하나에 해당하는 처분을 하고자 하는 경우에는 청문을 실시하여야 한다. 〈개정 2024.2.13.〉

1. 제11조의4에 따른 경비지도사 교육기관의 지정 취소 또는 업무의 정지
2. 제13조의3에 따른 경비원 교육기관의 지정 취소 또는 업무의 정지
3. 제19조의 규정에 의한 경비업 허가의 취소 또는 영업정지
4. 제20조 제1항 또는 제2항의 규정에 의한 경비지도사자격의 취소 또는 정지

31 정답 ❶

○△× ① (×) 청원경찰은 형의 선고, 징계처분 또는 신체상·정신상의 이상으로 직무를 감당하지 못할 때에는 그 의사(意思)에 반하여 면직(免職)될 수 있다(청원경찰법 제10조의4 제1항 반대해석).

② (○) 청원경찰법 제10조의6 제1호 본문

③ (○) 청원경찰법 제10조의4 제2항

④ (○) 청원경찰법 제10조의7

32 정답 ❷

○△× 제시된 내용 중 청원경찰의 배치폐지에 관한 설명으로 옳은 것은 ㄱ, ㄷ, ㄹ이다.

ㄱ. (○) 청원경찰법 제10조의5 제1항 본문

ㄷ. (○) 청원경찰법 제10조의5 제1항 단서 제2호

ㄹ. (○) 청원경찰법 제10조의5 제3항

ㄴ. (×) 청원주는 청원경찰을 대체할 목적으로 경비업법에 따른 특수경비원을 배치하는 경우에 청원경찰의 배치를 폐지하거나 배치인원을 감축할 수 없다(청원경찰법 제10조의5 제1항 단서 제1호).

ㅁ. (×) 청원주가 청원경찰을 폐지하거나 감축하였을 때에는 청원경찰 배치결정을 한 경찰관서의 장에게 알려야 하며, 그 사업장이 시·도 경찰청장이 청원경찰의 배치를 요청한 사업장일 때에는 그 폐지 또는 감축사유를 구체적으로 밝혀야 한다(청원경찰법 제10조의5 제2항).

관계법령 **배치의 폐지 등(청원경찰법 제10조의5)**

① 청원주는 청원경찰이 배치된 시설이 폐쇄되거나 축소되어 청원경찰의 배치를 폐지하거나 배치인원을 감축할 필요가 있다고 인정하면 청원경찰의 배치를 폐지하거나 배치인원을 감축할 수 있다. 다만, 청원주는 다음 각호의 어느 하나에 해당하는 경우에는 청원경찰의 배치를 폐지하거나 배치인원을 감축할 수 없다.

1. 청원경찰을 대체할 목적으로 「경비업법」에 따른 특수경비원을 배치하는 경우
2. 청원경찰이 배치된 기관·시설 또는 사업장 등이 배치인원의 변동사유 없이 다른 곳으로 이전하는 경우

② 제1항에 따라 청원주가 청원경찰을 폐지하거나 감축하였을 때에는 청원경찰 배치결정을 한 경찰관서의 장에게 알려야 하며, 그 사업장이 제4조 제3항에 따라 시·도 경찰청장이 청원경찰의 배치를 요청한 사업장일 때에는 그 폐지 또는 감축 사유를 구체적으로 밝혀야 한다. 〈개정 2020.12.22.〉

③ 제1항에 따라 청원경찰의 배치를 폐지하거나 배치인원을 감축하는 경우 해당 청원주는 배치폐지나 배치인원 감축으로 과원(過員)이 되는 청원경찰 인원을 그 기관·시설 또는 사업장 내의 유사 업무에 종사하게 하거나 다른 시설·사업장 등에 재배치하는 등 청원경찰의 고용이 보장될 수 있도록 노력하여야 한다.

33 정답 ❶

O△X

① (×) 청원경찰의 배치결정을 받은 자는 그 배치결정의 통지를 받은 날부터 30일 이내에 배치결정된 인원수의 임용예정자에 대하여 임용승인신청서를 시·도 경찰청장에게 제출하여야 한다(청원경찰법 시행령 제4조 제1항, 동법 시행규칙 제5조 제1항).

② (○) 청원경찰법 시행령 제4조 제2항 전문

③ (○) 청원경찰법 시행령 제6조 제1항

④ (○) 청원경찰법 제5조 제1항

관계법령

임용방법 등(청원경찰법 시행령 제4조)

① 법 제4조 제2항에 따라 청원경찰의 배치결정을 받은 자(이하 "청원주"라 한다)는 법 제5조 제1항에 따라 그 배치결정의 통지를 받은 날부터 30일 이내에 배치결정된 인원수의 임용예정자에 대하여 청원경찰 임용승인을 시·도 경찰청장에게 신청하여야 한다.

② 청원주가 법 제5조 제1항에 따라 청원경찰을 임용하였을 때에는 임용한 날부터 10일 이내에 그 임용사항을 관할 경찰서장을 거쳐 시·도 경찰청장에게 보고하여야 한다. 청원경찰이 퇴직하였을 때에도 또한 같다.

배치 및 이동(청원경찰법 시행령 제6조)

① 청원주는 청원경찰을 신규로 배치하거나 이동배치하였을 때에는 배치지(이동배치의 경우에는 종전의 배치지)를 관할하는 경찰서장에게 그 사실을 통보하여야 한다.

② 제1항의 통보를 받은 경찰서장은 이동배치지가 다른 관할구역에 속할 때에는 전입지를 관할하는 경찰서장에게 이동배치한 사실을 통보하여야 한다.

34 정답 ❸

O△X

③ (×) 순찰근무자는 단독 또는 복수로 정선순찰을 하되, 청원주가 필요하다고 인정할 때에는 요점순찰 또는 난선순찰을 할 수 있다(청원경찰법 시행규칙 제14조 제3항).

① (○) 청원경찰법 시행규칙 제14조 제4항

② (○) 청원경찰법 시행규칙 제14조 제2항

④ (○) 청원경찰법 시행규칙 제14조 제1항

관계법령 **근무요령(청원경찰법 시행규칙 제14조)**

① 자체경비를 하는 입초근무자는 경비구역의 정문이나 그 밖의 지정된 장소에서 경비구역의 내부, 외부 및 출입자의 움직임을 감시한다.

② 업무처리 및 자체경비를 하는 소내근무자는 근무 중 특이한 사항이 발생하였을 때에는 지체 없이 청원주 또는 관할 경찰서장에게 보고하고 그 지시에 따라야 한다.

③ 순찰근무자는 청원주가 지정한 일정한 구역을 순회하면서 경비 임무를 수행한다. 이 경우 순찰은 단독 또는 복수로 정선순찰(정해진 노선을 규칙적으로 순찰하는 것을 말한다)을 하되, 청원주가 필요하다고 인정할 때에는 요점순찰(순찰구역 내 지정된 중요지점을 순찰하는 것을 말한다) 또는 난선순찰(임의로 순찰지역이나 노선을 선정하여 불규칙적으로 순찰하는 것을 말한다)을 할 수 있다.

④ 대기근무자는 소내근무에 협조하거나 휴식하면서 불의의 사고에 대비한다.

35 정답 ❹

○△× ④ (×) 근무시간 이후에는 무기와 탄약을 청원주에게 반납하거나 교대근무자에게 인계하여야 한다(청원경찰법 시행규칙 제16조 제3항 제6호).

① (○) 청원경찰법 시행규칙 제16조 제3항 제3호

② (○) 청원경찰법 시행규칙 제16조 제3항 제4호

③ (○) 청원경찰법 시행규칙 제16조 제3항 제2호

관계법령 **무기관리수칙(청원경찰법 시행규칙 제16조)**

③ 청원주로부터 무기와 탄약을 지급받은 청원경찰은 다음 각호의 사항을 준수하여야 한다.

1. 무기를 지급받거나 반납할 때 또는 인계인수할 때에는 반드시 "앞에 총" 자세에서 "검사 총"을 하여야 한다.
2. 무기와 탄약을 지급받았을 때에는 별도의 지시가 없으면 무기와 탄약을 분리하여 휴대하여야 하며, 소총은 "우로 어깨 걸어 총"의 자세를 유지하고, 권총은 "권총집에 넣어 총"의 자세를 유지하여야 한다.
3. 지급받은 무기는 다른 사람에게 보관 또는 휴대하게 할 수 없으며 손질을 의뢰할 수 없다.
4. 무기를 손질하거나 조작할 때에는 반드시 총구를 공중으로 향하게 하여야 한다.
5. 무기와 탄약을 반납할 때에는 손질을 철저히 하여야 한다.
6. 근무시간 이후에는 무기와 탄약을 청원주에게 반납하거나 교대근무자에게 인계하여야 한다.

36 정답 ❷

○△× ② (×) 청원경찰 배치신청서 제출 시, 배치 장소가 둘 이상의 도(道)일 때에는 주된 사업장의 관할 경찰서장을 거쳐 시·도 경찰청장에게 한꺼번에 신청할 수 있다(청원경찰법 시행령 제2조 후문).

① (○) 청원경찰법 제4조 제1항

③ (○) 청원경찰법 제9조의3 제1항

④ (○) 청원경찰법 제12조 제2항

37 정답 ❷

○△× ② (×) 청원주의 청원경찰에 대한 봉급·수당의 최저부담기준액(국가기관 또는 지방자치단체에 근무하는 청원경찰의 봉급·수당은 제외한다)과 청원경찰의 피복비 및 교육비의 부담기준액은 경찰청장이 정하여 고시(告示)한다(청원경찰법 제6조 제3항).

① (○) 청원경찰법 제7조 제2호

③ (○) 청원경찰법 시행령 제12조 제2항

④ (○) 청원경찰법 시행규칙 제8조 제2호

38 정답 ❶

○△×

제시된 내용 중 관할 경찰서장의 고유권한(A)에 해당하는 것은 ㄱ, ㄴ, ㄷ이고 관할 경찰서장에게 위임된 시·도 경찰청장의 권한(B)에 해당하는 것은 ㄹ, ㅁ, ㅂ이다.

ㄱ. (A) 관할 경찰서장의 고유권한이다(청원경찰법 시행령 제17조 제2호).

ㄴ. (A) 관할 경찰서장의 고유권한이다(청원경찰법 시행령 제17조 제1호).

ㄷ. (A) 관할 경찰서장의 고유권한이다(청원경찰법 시행규칙 제20조 제1항).

ㄹ. (B) 관할 경찰서장에게 위임된 시·도 경찰청장의 권한이다(청원경찰법 시행령 제20조 제1호).

ㅁ. (B) 관할 경찰서장에게 위임된 시·도 경찰청장의 권한이다(청원경찰법 시행령 제20조 제4호).

ㅂ. (B) 관할 경찰서장에게 위임된 시·도 경찰청장의 권한이다(청원경찰법 시행령 제20조 제3호).

관계법령

권한의 위임(청원경찰법 제10조의3)

이 법에 따른 시·도 경찰청장의 권한은 그 일부를 대통령령으로 정하는 바에 따라 관할 경찰서장에게 위임할 수 있다.

권한의 위임(청원경찰법 시행령 제20조)

시·도 경찰청장은 법 제10조의3에 따라 다음 각호의 권한을 관할 경찰서장에게 위임한다. 다만, 청원경찰을 배치하고 있는 사업장이 하나의 경찰서의 관할구역에 있는 경우로 한정한다.

1. 법 제4조 제2항 및 제3항에 따른 청원경찰 배치의 결정 및 요청에 관한 권한
2. 법 제5조 제1항에 따른 청원경찰의 임용승인에 관한 권한
3. 법 제9조의3 제2항에 따른 청원주에 대한 지도 및 감독상 필요한 명령에 관한 권한
4. 법 제12조에 따른 과태료 부과·징수에 관한 권한

감독(청원경찰법 시행령 제17조)

관할 경찰서장은 매달 1회 이상 청원경찰을 배치한 경비구역에 대하여 다음 각호의 사항을 감독하여야 한다.

1. 복무규율과 근무 상황
2. 무기의 관리 및 취급 사항

39 정답 ❷

O△X 청원주와 관할 경찰서장이 공통적으로 비치해야 할 문서와 장부(A)는 청원경찰 명부와 교육훈련 실시부이고, 관할 경찰서장과 시 · 도 경찰청장이 공통적으로 비치해야 할 문서와 장부(B)는 전출입 관계철이다.

핵심만 콕 문서와 장부의 비치(청원경찰법 시행규칙 제17조)★★★

청원주(제1항)	관할 경찰서장(제2항)	시 · 도 경찰청장(제3항)
• 청원경찰 명부 • 근무일지 • 근무 상황카드 • 경비구역 배치도 • 순찰표철 • 무기 · 탄약 출납부 • 무기장비 운영카드 • 봉급지급 조서철 • 신분증명서 발급대장 • 징계 관계철 • 교육훈련 실시부 • 청원경찰 직무교육계획서 • 급여품 및 대여품 대장 • 그 밖에 청원경찰의 운영에 필요한 문서와 장부	• 청원경찰 명부 • 감독 순시부 • 전출입 관계철 • 교육훈련 실시부 • 무기 · 탄약 대여대장 • 징계요구서철 • 그 밖에 청원경찰의 운영에 필요한 문서와 장부	• 배치결정 관계철 • 청원경찰 임용승인 관계철 • 전출입 관계철 • 그 밖에 청원경찰의 운영에 필요한 문서와 장부

40 정답 ❷

O△X (　　) 안에 들어갈 숫자의 합은 ㄱ(9) + ㄴ(1) + ㄷ(1) = 11이다.

제3회 심화 모의고사

✔ 문제편 037p

✔ 정답 CHECK

01	02	03	04	05	06	07	08	09	10	11	12	13	14	15	16	17	18	19	20
②	③	①	③	④	②	③	①	②	④	③	④	②	④	③	②	③	④	①	③
21	22	23	24	25	26	27	28	29	30	31	32	33	34	35	36	37	38	39	40
④	①	③	③	②	③	④	②	④	①	②	④	④	②	③	①	②	③	①	①

01 정답 ❷

O△X ② (×) 자본금은 경비인력・시설・장비와 달리 경비업 허가 또는 변경허가신청서를 제출하는 때에 반드시 갖추고 있어야 한다(경비업법 시행령 제3조 제2항 단서 반대해석).

① (○) 경비업법 제4조 제1항 전문

③ (○) 경비업법 시행령 [별표 1] 제5호

④ (○) 경비업법 시행령 [별표 1] 비고 제1호 단서

02 정답 ❸

O△X ③ (×) 경비지도사 시험에 관하여 필요한 사항은 대통령령으로 정한다(경비업법 제11조 제3항 후단).

① (○) 경비업법 시행령 제11조 제2항

② (○) 경비업법 제11조 제3항 전단

④ (○) 경비업법 시행령 제12조 제1항 전문

03 정답 ❶

O△X ① (×) 경비업자는 폐업 또는 휴업을 한 경우에는 폐업 또는 휴업을 한 날부터 7일 이내에 폐업신고서(허가증 첨부) 또는 휴업신고서를 법인의 주사무소를 관할하는 시・도 경찰청장 또는 해당 시・도 경찰청 소속의 경찰서장에게 제출하여야 한다(경비업법 제4조 제3항 제1호, 동법 시행령 제5조 제1항・제2항).

② (○), ③ (○), ④ (○) 사유가 발생한 날부터 30일 이내에 신고하여야 한다(경비업법 제4조 제3항 제3호 내지 제5호, 동법 시행령 제5조 제5항).

핵심만콕 신고 사유별 신고 기한(경비업법 제4조 제3항, 동법 시행령 제5조)★

신고 대상	신고 사유	신고 기한
시·도 경찰청장 (제출은 경찰서장에게도 가능)	영업을 폐업하거나 휴업한 때(+영업재개+휴업기간 연장)	7일 이내
	법인의 명칭이나 대표자·임원을 변경한 때	30일 이내
	법인의 주사무소나 출장소를 신설·이전 또는 폐지한 때	
	기계경비업무의 수행을 위한 관제시설을 신설·이전 또는 폐지한 때	
	특수경비업무를 개시하거나 종료한 때	
	그 밖에 대통령령이 정하는 중요사항(정관의 목적)을 변경한 때	

04 정답 ❸

○△×

③ (×) 시험출제위원과 시험관리업무에 종사하는 자에 대하여는 예산의 범위 안에서 수당과 여비를 지급할 수 있다. 다만, 공무원인 위원이 그 소관업무와 직접적으로 관련하여 시험관리업무에 종사하는 경우에는 그러하지 아니하다(경비업법 시행령 제15조 제4항).

① (○) 경비업법 시행령 제15조 제1항 제1호

② (○) 경비업법 시행령 제15조 제1항 제3호

④ (○) 경비업법 시행령 제15조 제3항

관계법령 시험출제위원의 임명·위촉 등(경비업법 시행령 제15조)

① 경찰청장은 시험문제의 출제를 위하여 다음 각호의 어느 하나에 해당하는 사람 중에서 시험출제위원을 임명 또는 위촉한다. 〈개정 2024.8.13.〉
  1. 「고등교육법」에 따른 전문대학 이상의 교육기관에서 경찰행정학과 등 경비업무 관련학과 및 법학과의 조교수 이상으로 재직하고 있는 사람
  2. 석사 이상의 학위소지자로 경찰청장이 정하는 바에 의하여 경비업무에 관한 연구실적이나 전문경력이 인정되는 사람
  3. 경감 이상의 경찰공무원(범죄예방·경비 업무를 담당한 경력이 3년 이상인 사람으로 하되, 경감이 되기 전의 경력을 포함한다)

② 제1항의 규정에 의한 시험출제위원의 수는 시험과목별로 2인 이상으로 한다.

③ 시험출제위원으로 임명 또는 위촉된 자는 경찰청장이 정하는 준수사항을 성실히 이행하여야 한다.

④ 시험출제위원과 시험관리업무에 종사하는 자에 대하여는 예산의 범위 안에서 수당과 여비를 지급할 수 있다. 다만, 공무원인 위원이 그 소관업무와 직접적으로 관련하여 시험관리업무에 종사하는 경우에는 그러하지 아니하다.

05 정답 ❹

○△×

④ (×) 비록 「치매관리법」 제2조 제1호에 따른 치매, 조현병·조현정동장애·양극성정동장애(조울병)·재발성우울장애 등의 정신질환이나 정신 발육지연, 뇌전증 등이 있는 사람이라도 해당 분야 전문의가 특수경비원으로서 적합하다고 인정하는 경우에는 특수경비원이 될 수 있다(경비업법 시행령 제10조의2 제3호).

① (○) 경비업법 제10조 제2항 제1호

② (○) 경비업법 제10조 제2항 제4호

③ (○) 경비업법 제10조 제2항 제5호, 동법 시행규칙 제7조

06 정답 ❷

○△×

〈보기〉 중 경비업법령상 집단민원현장(A)에 해당하는 것은 ㄱ, ㄴ, ㄹ, ㅇ이고 청원경찰법령상 청원경찰의 배치대상(B)에 해당하는 것은 ㄷ, ㅁ, ㅂ, ㅅ이다.

관계법령

정의(경비업법 제2조)

이 법에서 사용하는 용어의 정의는 다음과 같다. 〈개정 2024.1.30.〉

5. "집단민원현장"이란 다음 각목의 장소를 말한다.
   가. 「노동조합 및 노동관계조정법」에 따라 노동관계 당사자가 노동쟁의 조정신청을 한 사업장 또는 쟁의행위가 발생한 사업장
   나. 「도시 및 주거환경정비법」에 따른 정비사업과 관련하여 이해대립이 있어 다툼이 있는 장소
   다. 특정 시설물의 설치와 관련하여 민원이 있는 장소
   라. 주주총회와 관련하여 이해대립이 있어 다툼이 있는 장소
   마. 건물·토지 등 부동산 및 동산에 대한 소유권·운영권·관리권·점유권 등 법적 권리에 대한 이해대립이 있어 다툼이 있는 장소
   바. 100명 이상의 사람이 모이는 국제·문화·예술·체육 행사장
   사. 「행정대집행법」에 따라 대집행을 하는 장소

정의(청원경찰법 제2조)

이 법에서 "청원경찰"이란 다음 각호의 어느 하나에 해당하는 기관의 장 또는 시설·사업장 등의 경영자가 청원경찰경비를 부담할 것을 조건으로 경찰의 배치를 신청하는 경우 그 기관·시설 또는 사업장 등의 경비(警備)를 담당하게 하기 위하여 배치하는 경찰을 말한다.

1. 국가기관 또는 공공단체와 그 관리하에 있는 중요시설 또는 사업장
2. 국내 주재(駐在) 외국기관
3. 그 밖에 행정안전부령으로 정하는 중요시설, 사업장 또는 장소

배치대상(청원경찰법 시행규칙 제2조)

「청원경찰법」 제2조 제3호에서 "그 밖에 행정안전부령으로 정하는 중요시설, 사업장 또는 장소"란 다음 각호의 시설, 사업장 또는 장소를 말한다.

1. 선박, 항공기 등 수송시설
2. 금융 또는 보험을 업(業)으로 하는 시설 또는 사업장
3. 언론, 통신, 방송 또는 인쇄를 업으로 하는 시설 또는 사업장
4. 학교 등 육영시설
5. 「의료법」에 따른 의료기관(의원급 의료기관, 조산원, 병원급 의료기관)
6. 그 밖에 공공의 안녕질서 유지와 국민경제를 위하여 고도의 경비(警備)가 필요한 중요시설, 사업체 또는 장소

07 정답 ❸

○△×

제시된 내용 중 일반경비원 교육기관의 지정 기준에 관한 옳지 않은 설명은 ㄴ, ㄹ, ㅇ이다.

ㄴ. (×) 교육과목 관련 분야에서 공무원으로 5년 이상 근무한 경력이 있는 사람[경비업법 시행령 제19조의2 · [별표 3의2] 제1호 가목 2)]

ㄹ. (×) 폭발물 처리요령 과목 강사 기준은 특수경비원 교육기관의 지정 기준에만 해당한다[경비업법 시행령 제19조의2 · [별표 3의2] 제2호 가목 5) 나)].

ㅇ. (×) 사격장 기준은 특수경비원 교육기관의 지정 기준에만 해당한다[경비업법 시행령 제19조의2 · [별표 3의2] 제2호 나목 4)].

관계법령 **경비원 교육기관의 지정 기준(경비업법 시행령 [별표 3의2]) <신설 2024.8.13.>**

구 분		지정 기준
1. 일반경비원 교육기관	가. 인력	다음의 어느 하나에 해당하는 강사를 1명 이상 갖출 것 1) 교육과목 관련 석사 이상의 학위를 취득한 후 관련 분야에 1년 이상 근무한 경력이 있는 사람 2) 교육과목 관련 분야에서 공무원으로 5년 이상 근무한 경력이 있는 사람 3) 교육과목 관련 분야에 5년 이상 근무한 경력이 있는 사람. 다만, 체포·호신술 과목의 경우에는 무도 사범 자격을 취득한 후 관련 분야에 2년 이상 근무한 경력이 있는 사람을 말한다.
	나. 시설·장비	1) 지정기간 동안 교육 수행에 필요한 강의실과 사무실을 소유 또는 임차 등의 방법으로 확보할 것 2) 교육 수행에 필요한 컴퓨터, 시청각 장비 등 교육훈련 기자재를 확보할 것 3) 체포·호신술 과목의 경우에는 실습을 위한 별도의 공간 또는 매트 등 안전장비를 확보할 것
2. 특수경비원 교육기관	가. 인력	다음의 어느 하나에 해당하는 강사를 1명 이상 갖출 것 1) 「고등교육법」 제2조 각호에 따른 학교 또는 이에 준하는 학교에서 교육과목 관련 학과의 조교수 이상의 직에 1년 이상 근무한 경력이 있는 사람 2) 교육과목 관련 박사학위를 취득한 후 관련 분야의 연구실적이 있는 사람 3) 교육과목 관련 석사 이상의 학위를 취득한 후 관련 분야에 3년 이상 근무한 경력이 있는 사람 4) 교육과목 관련 분야에서 공무원으로 7년 이상 근무한 경력이 있는 사람 5) 교육과목 관련 분야에 10년 이상 근무한 경력이 있는 사람. 다만, 체포·호신술 과목 및 폭발물 처리요령 과목에 대해서는 다음의 구분에 따른다. 가) 체포·호신술 과목 : 무도 사범 자격을 취득한 후 관련 분야에 2년 이상 근무한 경력이 있는 사람 나) 폭발물 처리요령 과목 : 관련 분야에 2년 이상 근무한 경력이 있는 사람
	나. 시설·장비	1) 지정기간 동안 교육 수행에 필요한 강의실과 사무실을 소유 또는 임차 등의 방법으로 확보할 것 2) 교육 수행에 필요한 컴퓨터, 시청각 장비 등 교육훈련 기자재를 확보할 것 3) 체포·호신술 과목의 경우에는 실습을 위한 별도의 공간 또는 매트 등 안전장비를 확보할 것 4) 소총에 의한 실탄사격이 가능하고 10개 사로(射路) 이상을 갖춘 사격장을 사용할 수 있을 것. 다만, 사용계획서를 제출한 경우에는 교육기관 지정을 받은 날부터 2개월 이내에 시·도 경찰청장에게 사격장 사용이 가능하다는 사실의 확인을 받아야 한다.

※ 비고

위 표에서 규정한 사항 외에 일반경비원 교육기관 또는 특수경비원 교육기관의 지정에 필요한 인력 및 시설·장비의 세부기준 등은 경찰청장이 정한다.

08 정답 ❶

O△X ① (×) 경비협회는 경비업자의 손해배상책임을 보장하기 위한 사업을 할 수 있으나, 경비지도사의 손해배상책임과 형사책임까지 보장하기 위한 사업은 할 수 없다(경비업법 제23조 제1항 제1호).

② (○)·③ (○)·④ (○) 경비업법 제23조 제1항 제2호 내지 제4호

관계법령 공제사업(경비업법 제23조)

① 경비협회는 다음 각호의 공제사업을 할 수 있다.
1. 제26조에 따른 경비업자의 손해배상책임을 보장하기 위한 사업
2. 경비업자가 경비업을 운영할 때 필요한 입찰보증, 계약보증(이행보증을 포함한다), 하도급보증을 위한 사업
3. 경비원의 복지향상과 업무상 재해로 인한 손실을 보상하는 사업
4. 경비업무와 관련한 연구 및 경비원 교육·훈련에 관한 사업

② 경비협회는 제1항의 규정에 의한 공제사업을 하고자 하는 때에는 공제규정을 제정하여야 한다.
③ 제2항의 공제규정에는 공제사업의 범위, 공제계약의 내용, 공제금, 공제료 및 공제금에 충당하기 위한 책임준비금 등 공제사업의 운영에 관하여 필요한 사항을 정하여야 한다.
④ 경찰청장은 제1항에 따른 공제사업의 건전한 육성과 가입자의 보호를 위하여 공제사업의 감독에 관한 기준을 정할 수 있다.
⑤ 경찰청장은 제2항에 따른 공제규정을 승인하거나 제4항에 따라 공제사업의 감독에 관한 기준을 정하는 경우에는 미리 금융위원회와 협의하여야 한다.
⑥ 경찰청장은 제1항에 따른 공제사업에 대하여 「금융위원회의 설치 등에 관한 법률」에 따른 금융감독원의 원장에게 검사를 요청할 수 있다.

09 정답 ❷

O△X (　　) 안의 ㄱ~ㄹ에 들어갈 내용은 순서대로 '추가, 변경허가신청서, 행정안전부령, 지체 없이'이다.

관계법령 허가신청 등(경비업법 시행령 제3조)

① 법 제4조 제1항에 따라 경비업의 허가를 받으려는 경우에는 허가신청서에, 경비업의 허가를 받은 법인(이하 "경비업자"라 한다)이 허가를 받은 경비업무를 변경하거나 새로운 경비업무를 추가하려는 경우에는 변경허가신청서에 행정안전부령으로 정하는 서류를 첨부하여 법인의 주사무소를 관할하는 시·도 경찰청장 또는 해당 시·도 경찰청 소속의 경찰서장에게 제출하여야 한다. 이 경우 신청서를 제출받은 경찰서장은 지체 없이 관할 시·도 경찰청장에게 보내야 한다. 〈개정 2020.12.31.〉

10 정답 ❹

O△X 제시된 내용 중 옳은 것은 ㄷ, ㄹ, ㅁ이다.

ㄷ. (○) 경비업법 제7조 제8항 전문
ㄹ. (○) 경비업법 제7조 제9항
ㅁ. (○) 경비업법 시행령 제19조 제1항

ㄱ. (×) 특수경비업자는 첫 업무개시의 신고를 하기 전에 시 · 도 경찰청장의 비밀취급인가를 받아야 한다(경비업법 시행령 제6조 제1항).

ㄴ. (×) 특수경비업자는 특수경비업무의 개시신고를 하는 때에는 국가중요시설에 대한 특수경비업무의 수행이 중단되는 경우 시설주의 동의를 얻어 다른 특수경비업자 중에서 경비업무를 대행할 자를 지정하여 허가관청에 신고하여야 한다(경비업법 제7조 제7항 전문).

11 정답 ❸

O△X

③ (×) 시 · 도 경찰청장 또는 관할 경찰관서장은 경비업자 또는 배치된 경비원이 이 법이나 이 법에 따른 명령, 「폭력행위 등 처벌에 관한 법률」을 위반하는 행위를 하는 경우 그 위반행위의 중지를 명할 수 있다(경비업법 제24조 제3항).

① (O) 경비업법 제24조 제1항

② (O) 경비업법 제24조 제2항 전문

④ (O) 경비업법 제24조 제4항

관계법령 **감독(경비업법 제24조)**

① 경찰청장 또는 시 · 도 경찰청장은 경비업무의 적정한 수행을 위하여 경비업자 및 경비지도사를 지도 · 감독하며 필요한 명령을 할 수 있다. 〈개정 2020.12.22.〉

② 시 · 도 경찰청장 또는 관할 경찰관서장은 소속 경찰공무원으로 하여금 관할구역 안에 있는 경비업자의 주사무소 및 출장소와 경비원 배치장소에 출입하여 근무상황 및 교육훈련상황 등을 감독하며 필요한 명령을 하게 할 수 있다. 이 경우 출입하는 경찰공무원은 그 권한을 표시하는 증표를 관계인에게 내보여야 한다. 〈개정 2020.12.22.〉

③ 시 · 도 경찰청장 또는 관할 경찰관서장은 경비업자 또는 배치된 경비원이 이 법이나 이 법에 따른 명령, 「폭력행위 등 처벌에 관한 법률」을 위반하는 행위를 하는 경우 그 위반행위의 중지를 명할 수 있다. 〈개정 2020.12.22.〉

④ 시 · 도 경찰청장 또는 관할 경찰관서장은 경비업무 장소가 집단민원현장으로 판단되는 경우에는 그때부터 48시간 이내에 경비업자에게 경비원 배치허가를 받을 것을 고지하여야 한다. 〈개정 2020.12.22.〉

12 정답 ❹

O△X

경비업법 시행령 [별표 4] 행정처분 개별기준 규정에 따라 ㄱ에는 영업정지 3개월이, ㄴ에는 허가취소가, ㄷ에는 영업정지 6개월이 들어가야 한다(경비업법 시행령 [별표 4] 제2호 개별기준 거목 · 너목).

13 정답 ②

O△X 제시문의 ㄱ~ㄷ에 들어갈 숫자는 순서대로 15, 1, 30이다.

ㄱ : 경비업자는 제1항의 규정에 의하여 선임・배치된 경비지도사에 결원이 있거나 자격정지 등의 사유로 그 직무를 수행할 수 없는 때에는 15일 이내에 경비지도사를 새로이 충원하여야 한다(경비업법 시행령 제16조 제2항).

ㄴ : 기계경비지도사는 기계경비업무를 위한 기계장치의 운용・감독, 오경보방지 등을 위한 기기관리의 감독의 직무를 월 1회 이상 수행하여야 한다(경비업법 시행령 제17조 제1항・제2항).

ㄷ : 제1호에 따라 경비지도사가 선임・배치된 시・도 경찰청의 관할구역과 경계를 맞닿아 인접한 시・도 경찰청의 관할구역에 배치된 경비원이 30명 이하인 경우에는 제1호에도 불구하고 경비지도사를 따로 선임・배치하지 않을 수 있다. 이 경우 제주특별자치도경찰청과 전라남도경찰청은 경계를 맞닿아 인접한 것으로 본다(경비업법 시행령 [별표 3] 제2호).

14 정답 ④

O△X 제시된 내용 중 경비원의 배치폐지를 명할 수 있는 사유에 해당하지 않는 것은 ㄹ, ㅁ, ㅂ이다.

ㄹ. (×) 집단민원현장에 일반경비원을 배치하면서 경비원의 명부를 배치장소에 작성・비치하지 아니한 경비업자에게는 3천만원 이하의 과태료를 부과한다(경비업법 제31조 제1항 제3호). 이는 과태료 부과대상(사유)이다.

ㅁ. (×) 경비업자가 소속 경비원으로 하여금 경비업무의 범위를 벗어난 행위를 하게 한 때에는 허가관청은 그 허가를 취소하여야 한다(경비업법 제19조 제1항 제7호). 이는 절대적(필요적) 허가 취소사유이다.

ㅂ. (×) 경비업자가 시・도 경찰청장의 허가 없이 경비업무를 변경한 때에는 허가관청은 대통령령으로 정하는 행정처분의 기준에 따라 그 허가를 취소하거나 6개월 이내의 기간을 정하여 영업의 전부 또는 일부에 대하여 영업정지를 명할 수 있다(경비업법 제19조 제2항 제1호). 이는 상대적(임의적) 허가 취소・영업정지사유이다.

ㄱ. (○) 경비업법 제18조 제8항 제1호

ㄴ. (○) 경비업법 제18조 제8항 제3호

ㄷ. (○) 경비업법 제18조 제8항 제4호

관계법령 **경비원의 명부와 배치허가 등(경비업법 제18조)**

⑧ 관할 경찰관서장은 경비업자가 다음 각호의 어느 하나에 해당하는 때에는 배치폐지를 명할 수 있다.

1. 제2항 각호 외의 부분 단서를 위반하여 배치허가를 받지 아니하고 경비원을 배치하거나 경비원 명단 및 배치일시・배치장소 등 배치허가 신청의 내용을 거짓으로 한 때
2. 제6항의 결격사유에 해당하는 자를 집단민원현장에 일반경비원으로 배치한 때
3. 제7항을 위반하여 신임교육을 이수하지 아니한 자를 제2항 각호의 경비원으로 배치한 때
4. 경비업자 또는 경비원이 위력이나 흉기 또는 그 밖의 위험한 물건을 사용하여 집단적 폭력사태를 일으킨 때
5. 경비업자가 제2항 각호 외의 부분 본문을 위반하여 신고하지 아니하고 일반경비원을 배치한 때

15 정답 ❸

○△×

당해 기계경비업무와 관련된 관제시설 및 출장소의 명칭·소재지는 기계경비업자가 오경보의 방지를 위하여 계약상대방에게 서면등을 교부하는 방법에 의한 설명 시 서면등에 기재하는 사항에 해당한다(경비업법 시행령 제8조 제1항 제1호).

관계법령

오경보의 방지를 위한 설명 등(경비업법 시행령 제8조)

① 법 제9조 제1항의 규정에 의하여 기계경비업자가 계약상대방에게 하여야 하는 설명은 다음 각호의 사항을 기재한 서면 또는 전자문서(이하 "서면등"이라 하며, 이 조에서 전자문서는 계약상대방이 원하는 경우에 한한다)를 교부하는 방법에 의한다.

1. 당해 기계경비업무와 관련된 관제시설 및 출장소(제5조 제3항의 규정에 의한 출장소를 말한다. 이하 같다)의 명칭·소재지
2. 기계경비업자가 경비대상시설에서 발생한 경보를 수신한 경우에 취하는 조치
3. 기계경비업무용 기기의 설치장소 및 종류와 그 밖의 기계장치의 개요
4. 오경보의 발생원인과 송신기기의 유지·관리방법

② 기계경비업자는 제1항 각호의 사항을 기재한 서면등과 함께 법 제26조의 규정에 의한 손해배상의 범위와 손해배상액에 관한 사항을 기재한 서면등을 계약상대방에게 교부하여야 한다.

기계경비업자의 관리 서류(경비업법 시행령 제9조)

① 기계경비업자는 출장소별로 다음 각호의 사항을 기재한 서류를 갖추어 두어야 한다.

1. 경비대상시설의 명칭·소재지 및 경비계약기간
2. 기계경비지도사의 명단·배치일자·배치장소와 출동차량의 대수
3. 경보의 수신 및 현장도착 일시와 조치의 결과(1년)
4. 오경보인 경우 오경보가 발생한 경비대상시설 및 그 오경보에 대한 조치의 결과(1년)

② 제1항 제3호 및 제4호의 규정에 의한 사항을 기재한 서류는 당해 경보를 수신한 날부터 1년간 이를 보관하여야 한다.

16 정답 ❷

○△×

② (×) 징역형의 선고를 받고 그 형이 실효되지 아니한 乙은 경비업법 제5조 제3호의 결격사유에 해당하므로 임원이 될 수 없다.

① (○) 甲은 파산선고를 받고 2024년 11월 9일 이전에 복권된 자이므로 임원이 될 수 있다(경비업법 제5조 제2호).

③ (○) 丙은 벌금형 선고를 받고 3년이 지났기 때문에 경비업법 제5조 제4호의 결격사유에 해당하지 않으므로 임원이 될 수 있다.

④ (○) 경비업법 제5조 제5호의 결격사유는 허가취소사유에 해당하는 경비업무와 동종의 경비업무를 수행하는 법인의 경우를 전제로 한다. 따라서 시설경비업무를 수행하던 법인의 허가취소 당시 임원이었던 丁은 허가취소 후 3년 경과 여부를 불문하고 시설경비업무가 아닌 특수경비업무를 수행하는 법인의 임원이 될 수 있다.

관계법령 **임원의 결격사유(경비업법 제5조)**

다음 각호의 어느 하나에 해당하는 자는 경비업을 영위하는 법인(제4호에 해당하는 자의 경우에는 특수경비업무를 수행하는 법인을 말하고, 제5호에 해당하는 자의 경우에는 허가취소사유에 해당하는 경비업무와 동종의 경비업무를 수행하는 법인을 말한다)의 임원이 될 수 없다. 〈개정 2021.1.12.〉 (두 피·파·실·3·3·5)

1. 피성년후견인
2. 파산선고를 받고 복권되지 아니한 자
3. 금고 이상의 형의 선고를 받고 그 형이 실효되지 아니한 자
4. 이 법 또는 「대통령 등의 경호에 관한 법률」에 위반하여 벌금형의 선고를 받고 3년이 지나지 아니한 자
5. 이 법(제19조 제1항 제2호 및 제7호는 제외한다) 또는 이 법에 의한 명령에 위반하여 허가가 취소된 법인의 허가취소 당시의 임원이었던 자로서 그 취소 후 3년이 지나지 아니한 자
6. 제19조 제1항 제2호(허가받은 경비업무 외의 업무에 경비원을 종사하게 한 때) 및 제7호(소속 경비원으로 하여금 경비업무의 범위를 벗어난 행위를 하게 한 때)의 사유로 허가가 취소된 법인의 허가취소 당시의 임원이었던 자로서 허가가 취소된 날부터 5년이 지나지 아니한 자

17 정답 ❸

O△X

제시된 내용 중 옳지 않은 것은 모두 4개(ㄱ, ㄴ, ㄷ, ㄹ)이다.

ㄱ. (×) 특수경비업무 : 공항(항공기를 포함한다) 등 대통령령이 정하는 국가중요시설의 경비 및 도난·화재 그 밖의 위험발생을 방지하는 업무(경비업법 제2조 제1호 마목)

ㄴ. (×) 경비업 : 호송경비업무, 시설경비업무, 신변보호업무, 기계경비업무, 특수경비업무 등 경비업무의 전부 또는 일부를 도급받아 행하는 영업(경비업법 제2조 제1호)

ㄷ. (×) 신변보호업무 : 사람의 생명이나 신체에 대한 위해의 발생을 방지하고 그 신변을 보호하는 업무(경비업법 제2조 제1호 다목)

ㄹ. (×) 기계경비업무 : 경비대상시설(경비를 필요로 하는 시설 및 장소)에 설치한 기기에 의하여 감지·송신된 정보를 그 경비대상시설 외의 장소에 설치한 관제시설의 기기로 수신하여 도난·화재 등 위험발생을 방지하는 업무(경비업법 제2조 제1호 라목)

ㅁ. (○) 경비업법 제2조 제4호

관계법령 **정의(경비업법 제2조)**

이 법에서 사용하는 용어의 정의는 다음과 같다. 〈개정 2024.1.30.〉

1. "경비업"이라 함은 다음 각목의 1에 해당하는 업무(경비업무)의 전부 또는 일부를 도급받아 행하는 영업을 말한다.
   가. 시설경비업무 : 경비를 필요로 하는 시설 및 장소(경비대상시설)에서의 도난·화재 그 밖의 혼잡 등으로 인한 위험발생을 방지하는 업무
   나. 호송경비업무 : 운반 중에 있는 현금·유가증권·귀금속·상품 그 밖의 물건에 대하여 도난·화재 등 위험발생을 방지하는 업무
   다. 신변보호업무 : 사람의 생명이나 신체에 대한 위해의 발생을 방지하고 그 신변을 보호하는 업무
   라. 기계경비업무 : 경비대상시설에 설치한 기기에 의하여 감지·송신된 정보를 그 경비대상시설 외의 장소에 설치한 관제시설의 기기로 수신하여 도난·화재 등 위험발생을 방지하는 업무

마. 특수경비업무 : 공항(항공기를 포함) 등 대통령령이 정하는 국가중요시설의 경비 및 도난·화재 그 밖의 위험발생을 방지하는 업무

국가중요시설(경비업법 시행령 제2조)

경비업법 제2조 제1호 마목에서 "대통령령이 정하는 국가중요시설"이라 함은 공항·항만, 원자력발전소 등의 시설 중 국가정보원장이 지정하는 국가보안목표시설과 「통합방위법」 제21조 제4항의 규정에 의하여 국방부장관이 지정하는 국가중요시설을 말한다.

바. 혼잡·교통 유도경비업무

2~3. 생략

4. "무기"라 함은 인명 또는 신체에 위해를 가할 수 있도록 제작된 권총·소총 등을 말한다.

5. 생략

18 정답 ❹

ㅇ△×

④ (×) 특수경비원은 총기 또는 폭발물을 가지고 대항하는 경우에는 14세 미만의 자 또는 임산부에 대하여도 권총 또는 소총을 발사할 수 있다(경비업법 제15조 제4항 제3호 반대해석).

① (○) 경비업법 제15조 제1항

② (○) 경비업법 제15조 제2항

③ (○) 경비업법 제15조 제3항

관계법령 **특수경비원의 의무(경비업법 제15조)**

① 특수경비원은 직무를 수행함에 있어 시설주·관할 경찰관서장 및 소속 상사의 직무상 명령에 복종하여야 한다.

② 특수경비원은 소속 상사의 허가 또는 정당한 사유 없이 경비구역을 벗어나서는 아니 된다.

③ 특수경비원은 파업·태업 그 밖에 경비업무의 정상적인 운영을 저해하는 일체의 쟁의행위를 하여서는 아니 된다.

④ 특수경비원이 무기를 휴대하고 경비업무를 수행하는 때에는 다음 각호의 어느 하나에서 정하는 무기의 안전사용수칙을 지켜야 한다. 〈개정 2024.2.13.〉

1. 특수경비원은 사람을 향하여 권총 또는 소총을 발사하고자 하는 때에는 미리 구두 또는 공포탄에 의한 사격으로 상대방에게 경고하여야 한다. 다만, 다음 각목의 1에 해당하는 경우로서 부득이한 때에는 경고하지 아니할 수 있다.
   가. 특수경비원을 급습하거나 타인의 생명·신체에 대한 중대한 위험을 야기하는 범행이 목전에 실행되고 있는 등 상황이 급박하여 경고할 시간적 여유가 없는 경우
   나. 인질·간첩 또는 테러사건에 있어서 은밀히 작전을 수행하는 경우
2. 특수경비원은 무기를 사용하는 경우에 있어서 범죄와 무관한 다중의 생명·신체에 위해를 가할 우려가 있는 때에는 이를 사용하여서는 아니 된다. 다만, 무기를 사용하지 아니하고는 타인 또는 특수경비원의 생명·신체에 대한 중대한 위협을 방지할 수 없다고 인정되는 때에는 필요한 최소한의 범위 안에서 이를 사용할 수 있다.
3. 특수경비원은 총기 또는 폭발물을 가지고 대항하는 경우를 제외하고는 14세 미만의 자 또는 임산부에 대하여는 권총 또는 소총을 발사하여서는 아니 된다.

19 정답 ❶

○△×

제시된 내용 중 무기 및 탄약의 지급 제한 대상에 해당하며, 무기와 탄약을 지급한 경우 즉시 회수해야 하는 사람은 모두 4명(ㄷ, ㅁ, ㅂ, ㅅ)이다.

관계법령 **무기관리수칙(청원경찰법 시행규칙 제16조)★**

④ 청원주는 다음 각호의 어느 하나에 해당하는 청원경찰에게 무기와 탄약을 지급해서는 안 되며, 지급한 무기와 탄약은 즉시 회수해야 한다. 〈개정 2022.11.10.〉

1. 직무상 비위(非違)로 징계대상이 된 사람
2. 형사사건으로 조사대상이 된 사람
3. 사직 의사를 밝힌 사람
4. 치매, 조현병, 조현정동장애, 양극성 정동장애(조울병), 재발성 우울장애 등의 정신질환으로 인하여 무기와 탄약의 휴대가 적합하지 않다고 해당 분야 전문의가 인정하는 사람
5. 제1호부터 제4호까지의 규정 중 어느 하나에 준하는 사유로 청원주가 무기와 탄약을 지급하기에 적절하지 않다고 인정하는 사람
6. 변태적 성벽(性癖)이 있는 사람 – 삭제 〈2022.11.10.〉

20 정답 ❸

○△×

경비업법령상 벌칙 적용에서 경비지도사의 시험에 관한 업무를 위탁받은 단체의 임직원이 공무원으로 의제되는 형법상 범죄는 형법 제129조(수뢰죄, 사전수뢰죄), 형법 제130조(제3자뇌물제공죄), 형법 제131조(수뢰후부정처사죄, 사후수뢰죄), 형법 제132조(알선수뢰죄)에 한한다.

관계법령 **벌칙 적용에서 공무원 의제(경비업법 제27조의3)**

제27조 제2항에 따라 위탁받은 업무에 종사하는 관계전문기관 또는 단체의 임직원은 「형법」 제129조부터 제132조[수뢰죄, 사전수뢰죄(형법 제129조), 제3자뇌물제공죄(형법 제130조), 수뢰후부정처사죄, 사후수뢰죄(형법 제131조), 알선수뢰죄(형법 제132조)]까지의 규정을 적용할 때에는 공무원으로 본다.

21 정답 ❹

○△×

④ (×) 금고 이상의 형의 선고유예를 받고 그 유예기간 중에 있는 자는 특수경비원에 한정된 결격사유이므로, 일반경비원 및 경비지도사의 경우에는 결격사유에 해당하지 않는다.

① (○) 경비업법 제10조 제1항

② (○) 피한정후견인은 2021.1.12. 경비업법 개정 시 경비지도사 및 경비원의 결격사유에서 삭제되었다.

③ (○) 경비업법 제10조 제1항 제4호, 동조 제2항 제3호

핵심만콕 **경비지도사 및 경비원의 결격사유 정리(경비업법 제10조 관련)**

구 분	경비지도사 · 일반경비원 결격사유(제1항)	특수경비원 결격사유(제2항)
공통사유	18세 미만인 사람	18세 미만 또는 60세 이상인 사람

공통사유(계속):

- 피성년후견인
- 파산선고를 받고 복권되지 아니한 자 → 삭제 〈2025.4.1〉
- 금고 이상의 실형의 선고를 받고 그 집행이 종료(집행이 종료된 것으로 보는 경우를 포함)되거나 집행이 면제된 날부터 5년이 지나지 아니한 자
- 금고 이상의 형의 집행유예선고를 받고 그 유예기간 중에 있는 자
- 범죄와 관련한 결격사유(경비업법 제10조 제1항 제3호~제8호)

구 분		일반범죄 (제3~4호)	재산범죄* (제6호)	성범죄 등의 중한 범죄*(제5호)	명령 위반 (제8호)
–		–	자동차 등 불법사용 죄, 강도강간죄 포함	범죄단체 등의 조직의 죄, 단체 등의 구성활동의 죄 포함	–
벌금형		×	5년	10년	5년
금고 이상	집행유예	유예 중	5년	10년	5년
	집행종료	5년	×	10년	×
	집행면제	5년	×	10년	×
치료감호 (제7호)		×	종료 : × 면제 : 5년	종료 : 10년 면제 : 10년	×

※ 비고
경비업법 제10조 제1항 제3호부터 제8호까지의 규정을 위 표로 정리하였다. 규정되어 있는 죄를 일반, 재산, 성범죄 등의 중한 범죄 등으로 구분하였고, 각 범죄에 따르는 제한 년수를 표기하였다.

구 분	경비지도사 · 일반경비원 결격사유(제1항)	특수경비원 결격사유(제2항)
신체 조건 등	–	• 금고 이상의 형의 선고유예를 받고 그 유예기간 중에 있는 자★ • 행정안전부령이 정하는 신체조건(팔과 다리가 완전하고 두 눈의 맨눈시력 각각 0.2 이상 또는 교정시력 각각 0.8 이상)에 미달되는 자★

22 정답 ❶

○△×

① 3년 이하의 징역 또는 3천만원 이하의 벌금(경비업법 제28조 제2항 제1호)
②・④ 1년 이하의 징역 또는 1천만원 이하의 벌금(경비업법 제28조 제4항 제2호・제5호)
③ 2년 이하의 징역 또는 2천만원 이하의 벌금(경비업법 제28조 제3항)

23 정답 ❸

O△X 제시된 내용 중 산입하여야 할 경력에 해당하지 않는 것은 ㄹ과 ㅂ이다.

ㄹ.(×), ㄷ.(○) 수위・경비원・감시원 또는 그 밖에 청원경찰과 비슷한 직무에 종사하던 사람이 해당 사업장의 청원주에 의하여 청원경찰로 임용된 경우가 그 직무에 종사한 경력을 봉급 산정의 기준이 되는 경력에 산입하여야 하는 경우에 해당한다(청원경찰법 시행령 제11조 제1항 제3호). 따라서 청원주가 다른 C 사업장에서 감시원으로 근무한 경력은 산입할 경력에 포함되지 않는다.

ㅂ.(×), ㅁ.(○) 국가기관 또는 지방자치단체에서 근무하는 청원경찰에 대해서는 국가기관 또는 지방자치단체에서 상근(常勤)으로 근무한 경력은 산입하여야 한다(청원경찰법 시행령 제11조 제1항 제4호). 따라서 D 국가기관에서 상근(常勤)으로 근무한 경력은 산입할 경력에 포함되지만, E 지방자치단체에서 비상근(非常勤)으로 근무한 경력은 산입할 경력에 포함되지 않는다.

ㄱ.(○) 청원경찰법 시행령 제11조 제1항 제1호

ㄴ.(○) 청원경찰법 시행령 제11조 제1항 제2호

관계법령 **보수 산정 시의 경력 인정 등(청원경찰법 시행령 제11조)**

① 청원경찰의 보수 산정에 관하여 그 배치된 사업장의 취업규칙에 특별한 규정이 없는 경우에는 다음 각호의 경력을 봉급 산정의 기준이 되는 경력에 산입하여야 한다.

1. 청원경찰로 근무한 경력
2. 군 또는 의무경찰에 복무한 경력
3. 수위・경비원・감시원 또는 그 밖에 청원경찰과 비슷한 직무에 종사하던 사람이 해당 사업장의 청원주에 의하여 청원경찰로 임용된 경우에는 그 직무에 종사한 경력
4. 국가기관 또는 지방자치단체에서 근무하는 청원경찰에 대해서는 국가기관 또는 지방자치단체에서 상근(常勤)으로 근무한 경력

24 정답 ❸

O△X ③ (×) 누구든지 장비를 임의로 개조하여 통상의 용법과 달리 사용함으로써 다른 사람의 생명・신체에 위해를 가하여서는 아니 된다(경비업법 제16조의2 제3항).

① (○) 경비업법 제16조의2 제1항

② (○) 경비업법 제16조의2 제2항

④ (○) 경비업법 시행규칙 제20조 제1항

관계법령 **경비원의 장비 등(경비업법 제16조의2)**

① 경비원이 휴대할 수 있는 장비의 종류는 경적・단봉・분사기 등 행정안전부령으로 정하되, 근무 중에만 이를 휴대할 수 있다.

② 경비업자가 경비원으로 하여금 분사기를 휴대하여 직무를 수행하게 하는 경우에는 「총포・도검・화약류 등 단속법」에 따라 미리 분사기의 소지허가를 받아야 한다.

> **다른 법률과의 관계(총포・도검・화약류 등의 안전관리에 관한 법률 부칙 제6조) <개정 2015.1.6.>**
> 이 법 시행 당시 다른 법률에서 종전의 「총포・도검・화약류 등 단속법」 또는 그 규정을 인용한 경우 이 법 또는 이 법의 해당 규정을 각각 인용한 것으로 본다.

③ 누구든지 제1항의 장비를 임의로 개조하여 통상의 용법과 달리 사용함으로써 다른 사람의 생명・신체에 위해를 가하여서는 아니 된다.

④ 경비원은 경비업무를 위하여 필요하다고 인정되는 상당한 이유가 있을 때에는 필요한 최소한도에서 제1항의 장비를 사용할 수 있다.
⑤ 그 밖에 경비원의 장비 등에 관하여 필요한 사항은 행정안전부령으로 정한다.

경비원의 휴대장비(경비업법 시행규칙 제20조)

① 법 제16조의2 제1항에 따라 경비원은 근무 중 경적, 단봉, 분사기, 안전방패, 무전기 및 그 밖에 경비업무 수행에 필요한 것으로서 공격적인 용도로 제작되지 아니하는 장비를 휴대할 수 있으며, 안전모 및 방검복 등 안전장비를 착용할 수 있다.
② 제1항에 따른 경비원 장비의 구체적인 기준은 [별표 5]에 따른다.

25 정답 ❷

○△×

② (○) 계약상대방에게 오경보방지를 위한 설명 시 교부하는 서면등에 기재될 사항(A) – 출장소별로 갖추어 두어야 하는 서류에 기재하는 사항 중 당해 경보를 수신한 날부터 1년간 의무적으로 보관하여야 하는 사항(B)

① (×) 계약상대방에게 오경보방지를 위한 설명 시 교부하는 서면등에 기재될 사항(A) – 출장소별로 갖추어 두어야 하는 서류에 기재하는 사항(당해 경보를 수신한 날부터 1년간 의무적으로 보관하여야 하는 사항에 해당하지 않음)

③ (×) 계약상대방에게 오경보방지를 위한 설명 시 교부하는 서면등에 기재될 사항(A) – 출장소별로 갖추어 두어야 하는 서류에 기재하는 사항(당해 경보를 수신한 날부터 1년간 의무적으로 보관하여야 하는 사항에 해당하지 않음)

④ (×) 출장소별로 갖추어 두어야 하는 서류에 기재하는 사항 중 당해 경보를 수신한 날부터 1년간 의무적으로 보관하여야 하는 사항(B) – 계약상대방에게 오경보방지를 위한 설명 시 교부하는 서면등에 기재될 사항(A)

핵심만콕 계약상대방에게 교부해야 할 서면과 출장소별 비치서류(경비업법 시행령 제8조 및 제9조)

오경보의 방지를 위한 설명 등(제8조)	기계경비업자의 관리 서류(제9조)
① 법 제9조 제1항의 규정에 의하여 기계경비업자가 계약상대방에게 하여야 하는 설명은 다음 각호의 사항을 기재한 서면 또는 전자문서(이하 "서면등"이라 하며, 이 조에서 전자문서는 계약상대방이 원하는 경우에 한한다)를 교부하는 방법에 의한다. 1. 당해 기계경비업무와 관련된 관제시설 및 출장소(제5조 제3항의 규정에 의한 출장소를 말한다. 이하 같다)의 명칭·소재지 2. 기계경비업자가 경비대상시설에서 발생한 경보를 수신한 경우에 취하는 조치 3. 기계경비업무용 기기의 설치장소 및 종류와 그 밖의 기계장치의 개요 4. 오경보의 발생원인과 송신기기의 유지·관리방법 ② 기계경비업자는 제1항 각호의 사항을 기재한 서면등과 함께 법 제26조(손해배상 등)의 규정에 의한 손해배상의 범위와 손해배상액에 관한 사항을 기재한 서면등을 계약상대방에게 교부하여야 한다.	① 기계경비업자는 법 제9조 제2항의 규정에 의하여 출장소별로 다음 각호의 사항을 기재한 서류를 갖추어 두어야 한다. 1. 경비대상시설의 명칭·소재지 및 경비계약기간 2. 기계경비지도사의 명단·배치일자·배치장소와 출동차량의 대수 3. 경보의 수신 및 현장도착 일시와 조치의 결과(1년간 보관) 4. 오경보인 경우 오경보가 발생한 경비대상시설 및 그 오경보에 대한 조치의 결과(1년간 보관) ② 제1항 제3호 및 제4호의 규정에 의한 사항을 기재한 서류는 당해 경보를 수신한 날부터 1년간 이를 보관하여야 한다.

26 정답 ❸

O△X ③ (O) 청원경찰법 시행규칙 제16조 제1항 제5호

① (×) 청원주는 경찰청장이 정하는 무기·탄약 출납부 및 무기장비 운영카드를 갖춰 두고 기록하여야 한다(청원경찰법 시행규칙 제16조 제1항 제1호).

② (×) 탄약고는 무기고와 떨어진 곳에 설치하고, 그 위치는 사무실이나 그 밖에 여러 사람을 수용하거나 여러 사람이 오고 가는 시설로부터 격리되어야 한다(청원경찰법 시행규칙 제16조 제1항 제4호).

④ (×) 청원주는 경찰청장이 정하는 바에 따라 매월 무기와 탄약의 관리실태를 파악하여 다음 달 3일까지 관할 경찰서장에게 통보하여야 한다(청원경찰법 시행규칙 제16조 제1항 제6호).

관계법령 **무기관리수칙(청원경찰법 시행규칙 제16조)**

① 영 제16조에 따라 무기와 탄약을 대여받은 청원주는 다음 각호에 따라 무기와 탄약을 관리해야 한다. 〈개정 2020.12.31., 2021.12.31.〉

1. 청원주가 무기와 탄약을 대여받았을 때에는 경찰청장이 정하는 무기·탄약 출납부 및 무기장비 운영카드를 갖춰 두고 기록하여야 한다.
2. 청원주는 무기와 탄약의 관리를 위하여 관리책임자를 지정하고 관할 경찰서장에게 그 사실을 통보하여야 한다.
3. 무기고 및 탄약고는 단층에 설치하고 환기·방습·방화 및 총받침대 등의 시설을 갖추어야 한다.
4. 탄약고는 무기고와 떨어진 곳에 설치하고, 그 위치는 사무실이나 그 밖에 여러 사람을 수용하거나 여러 사람이 오고 가는 시설로부터 격리되어야 한다.
5. 무기고와 탄약고에는 이중 잠금장치를 하고, 열쇠는 관리책임자가 보관하되, 근무시간 이후에는 숙직책임자에게 인계하여 보관시켜야 한다.
6. 청원주는 경찰청장이 정하는 바에 따라 매월 무기와 탄약의 관리 실태를 파악하여 다음 달 3일까지 관할 경찰서장에게 통보하여야 한다.
7. 청원주는 대여받은 무기와 탄약이 분실되거나 도난당하거나 빼앗기거나 훼손되는 등의 사고가 발생했을 때에는 지체 없이 그 사유를 관할 경찰서장에게 통보해야 한다.
8. 청원주는 무기와 탄약이 분실되거나 도난당하거나 빼앗기거나 훼손되었을 때에는 경찰청장이 정하는 바에 따라 그 전액을 배상해야 한다. 다만, 전시·사변·천재지변이나 그 밖의 불가항력적인 사유가 있다고 시·도 경찰청장이 인정하였을 때에는 그렇지 않다.

27 정답 ❹

O△X ④ (×) 청원경찰법 시행령 [별표 2] 제2호 나목 - 300만원

① (O) 청원경찰법 제12조 제2항

② (O) 청원경찰법 시행규칙 제24조 제3항

③ (O) 청원경찰법 시행령 제21조 제2항

관계법령 **과태료 부과기준(청원경찰법 시행령 [별표 2]) <개정 2020.12.31.>**

위반행위	해당 법조문	과태료 금액
1. 법 제4조 제2항에 따른 시·도 경찰청장의 배치결정을 받지 않고 다음 각목의 시설에 청원경찰을 배치한 경우	법 제12조 제1항 제1호	
가. 국가중요시설(국가정보원장이 지정하는 국가보안목표시설을 말한다)인 경우		500만원
나. 가목에 따른 국가중요시설 외의 시설인 경우		400만원

2. 법 제5조 제1항에 따른 시·도 경찰청장의 승인을 받지 않고 다음 각목의 청원경찰을 임용한 경우 가. 법 제5조 제2항에 따른 임용결격사유에 해당하는 청원경찰 나. 법 제5조 제2항에 따른 임용결격사유에 해당하지 않는 청원경찰	법 제12조 제1항 제1호	 500만원 300만원
3. 정당한 사유 없이 법 제6조 제3항에 따라 경찰청장이 고시한 최저부담기준액 이상의 보수를 지급하지 않은 경우	법 제12조 제1항 제2호	500만원
4. 법 제9조의3 제2항에 따른 시·도 경찰청장의 감독상 필요한 다음 각목의 명령을 정당한 사유 없이 이행하지 않은 경우 가. 총기·실탄 및 분사기에 관한 명령 나. 가목에 따른 명령 외의 명령	법 제12조 제1항 제3호	 500만원 300만원

28 정답 ❷

O△X

② (×), ① (○) 현금 운반을 위한 출발 전일까지 출발지의 경찰서장에게 호송경비통지서를 제출하여야 하므로 A경비법인은 2024년 11월 8일까지 춘천경찰서장에게 호송경비통지서를 제출하여야 한다(경비업법 시행규칙 제2조).

③ (○) 경비업법령상 호송경비통지서를 제출하지 않은 경우에 대한 벌칙이나 행정처분 규정은 존재하지 않는다.

④ (○) 경비업법 시행규칙 제2조

관계법령 **호송경비의 통지(경비업법 시행규칙 제2조)★**

경비업법 제4조 제1항의 규정에 의하여 경비업의 허가를 받은 법인(경비업자)은 법 제2조 제1호 나목의 규정에 의한 호송경비업무를 수행하기 위하여 관할 경찰서의 협조를 얻고자 하는 때에는 현금 등의 운반을 위한 출발 전일까지 출발지의 경찰서장에게 별지 제1호 서식의 호송경비통지서(전자문서로 된 통지서를 포함한다)를 제출하여야 한다.

29 정답 ❹

O△X

제시된 내용 중 범죄경력조회 등에 관한 설명으로 옳지 않은 것은 ㄱ, ㄷ, ㅂ이다.

ㄱ. (×) 범죄경력조회 요청을 받은 시·도 경찰청장 또는 관할 경찰관서장은 경비업자에게 그 결과를 통보할 때에는 경비업자의 임원, 경비지도사 또는 경비원이 결격사유에 해당하는지 여부만을 통보하여야 한다(경비업법 제17조 제3항).

ㄷ. (×) 경찰청장, 시·도 경찰청장 또는 관할 경찰관서장은 직권으로 또는 제2항에 따른 범죄경력조회 요청이 있는 경우에는 경비업자의 임원, 경비지도사 또는 경비원이 제5조 제3호·제4호, 제10조 제1항 제3호부터 제8호까지 또는 같은 조 제2항 제3호·제4호에 따른 결격사유에 해당하는지를 확인하기 위하여 「형의 실효 등에 관한 법률」 제6조에 따른 범죄경력조회를 할 수 있다(경비업법 제17조 제1항).

ㅂ. (×) 법 제17조 제2항에 따른 범죄경력조회 요청은 별지 제13호의5 서식의 범죄경력조회 신청서(전자문서로 된 신청서를 포함한다)에 따른다(경비업법 시행규칙 제22조 제1항). 경비업법령상 범죄경력조회를 구두로 요청할 수 있다는 규정은 존재하지 않는다.

ㄴ. (○) 경비업법 제17조 제4항
ㄹ. (○) 경비업법 제17조 제2항
ㅁ. (○) 경비업법 시행규칙 제22조

30 정답 ❶

○△× ① (×) 경비업자는 경비업무의 건전한 발전과 경비원의 자질향상 및 교육훈련 등을 위하여 대통령령이 정하는 바에 따라 경비협회를 설립할 수 있다(경비업법 제22조 제1항).
② (○) 경비업법 시행령 제26조 제1항
③ (○) 경비업법 제22조 제3항
④ (○) 경비업법 시행령 제26조 제2항

관계법령 경비협회(경비업법 제22조)

① 경비업자는 경비업무의 건전한 발전과 경비원의 자질향상 및 교육훈련 등을 위하여 대통령령이 정하는 바에 따라 경비협회를 설립할 수 있다.

경비협회(경비업법 시행령 제26조)

① 경비업자가 법 제22조 제1항에 따라 경비협회(이하 "협회"라 한다)를 설립하려는 경우에는 정관을 작성하여야 한다.
② 협회는 정관이 정하는 바에 의하여 회원으로부터 회비를 징수할 수 있다.

② 경비협회는 법인으로 한다.
③ 경비협회의 업무는 다음과 같다.
1. 경비업무의 연구
2. 경비원 교육·훈련 및 그 연구
3. 경비원의 후생·복지에 관한 사항
4. 경비진단에 관한 사항
5. 그 밖에 경비업무의 건전한 운영과 육성에 관하여 필요한 사항
④ 경비협회에 관하여 이 법에 특별한 규정이 있는 것을 제외하고는 민법 중 사단법인에 관한 규정을 준용한다.

31 정답 ❷

○△× ( ) 안의 ㄱ~ㄷ에 들어갈 내용은 ㄱ : 입초근무자, ㄴ : 소내근무자, ㄷ : 대기근무자이다.

관계법령 근무요령(청원경찰법 시행규칙 제14조)

① 자체경비를 하는 입초근무자는 경비구역의 정문이나 그 밖의 지정된 장소에서 경비구역의 내부, 외부 및 출입자의 움직임을 감시한다.
② 업무처리 및 자체경비를 하는 소내근무자는 근무 중 특이한 사항이 발생하였을 때에는 지체 없이 청원주 또는 관할 경찰서장에게 보고하고 그 지시에 따라야 한다.
③ 순찰근무자는 청원주가 지정한 일정한 구역을 순회하면서 경비 임무를 수행한다. 이 경우 순찰은 단독 또는 복수로 정선순찰(정해진 노선을 규칙적으로 순찰하는 것을 말한다)을 하되, 청원주가 필요하다고 인정할 때에는 요점순찰(순찰구역 내 지정된 중요지점을 순찰하는 것을 말한다) 또는 난선순찰(임의로 순찰지역이나 노선을 선정하여 불규칙적으로 순찰하는 것을 말한다)을 할 수 있다. 〈개정 2021.12.31.〉
④ 대기근무자는 소내근무에 협조하거나 휴식하면서 불의의 사고에 대비한다.

32 정답 ❹

○△×

④ (×) 청원주는 청원경찰이 직무수행으로 인하여 부상을 입은 경우에 대통령령으로 정하는 바에 따라 청원경찰 본인에게 보상금을 지급하여야 한다(청원경찰법 제7조 제1호).

① (○) 청원경찰법 제6조 제1항

② (○) 청원경찰법 제6조 제2항

③ (○) 청원경찰법 시행령 제9조 제2항

33 정답 ❹

○△×

제시된 내용 중 경찰청장 또는 시・도 경찰청장이 청문을 실시하고 처분을 하여야 하는 경우는 ㄴ, ㄹ, ㅁ, ㅂ이다.

ㄴ. (○) 경비업법 제21조 제3호

ㄹ. (○) 경비업법 제21조 제1호

ㅁ. (○) 경비업법 제21조 제2호

ㅂ. (○) 경비업법 제21조 제4호

ㄱ. (×) 경비업법령상 경비업 법인의 임원선임 및 그 취소에 관한 규정이 존재하지 않으므로 임원선임 및 그 취소는 경찰청장 또는 시・도 경찰청장의 권한에 속한다고 볼 수 없다.

ㄷ. (×) 과태료는 시・도 경찰청장 또는 경찰관서장이 부과・징수한다(경비업법 제31조 제3항). 과태료 부과처분을 할 때 청문을 실시하여야 한다는 규정은 존재하지 않는다.

관계법령 **청문(경비업법 제21조)**

경찰청장 또는 시・도 경찰청장은 다음 각호의 어느 하나에 해당하는 처분을 하고자 하는 경우에는 청문을 실시하여야 한다. 〈개정 2024.2.13.〉

1. 제11조의4에 따른 경비지도사 교육기관의 지정 취소 또는 업무의 정지
2. 제13조의3에 따른 경비원 교육기관의 지정 취소 또는 업무의 정지
3. 제19조의 규정에 의한 경비업 허가의 취소 또는 영업정지
4. 제20조 제1항 또는 제2항의 규정에 의한 경비지도사자격의 취소 또는 정지

34 정답 ❷

○△×

② (○) 청원경찰법 시행령 제8조 제6항

① (×) 청원주는 청원경찰이 직무상의 의무를 위반한 때에는 대통령령으로 정하는 징계절차를 거쳐 징계처분을 하여야 한다(청원경찰법 제5조의2 제1항 제1호).

③ (×) 정직(停職)은 1개월 이상 3개월 이하로 하고, 그 기간에 청원경찰의 신분은 보유하나 직무에 종사하지 못하며, 보수의 3분의 2를 줄인다(청원경찰법 시행령 제8조 제2항).

④ (×) 청원주는 청원경찰 배치 결정의 통지를 받았을 때에는 통지를 받은 날부터 15일 이내에 청원경찰에 대한 징계규정을 제정하여 관할 시・도 경찰청장에게 신고하여야 한다(청원경찰법 시행령 제8조 제5항 전문).

관계법령 **청원경찰의 징계(청원경찰법 제5조의2)**

① 청원주는 청원경찰이 다음 각호의 어느 하나에 해당하는 때에는 대통령령으로 정하는 징계절차를 거쳐 징계처분을 하여야 한다.
1. 직무상의 의무를 위반하거나 직무를 태만히 한 때
2. 품위를 손상하는 행위를 한 때

② 청원경찰에 대한 징계의 종류는 파면, 해임, 정직, 감봉 및 견책으로 구분한다.

③ 청원경찰의 징계에 관하여 그 밖에 필요한 사항은 대통령령으로 정한다.

징계(청원경찰법 시행령 제8조)

① 관할 경찰서장은 청원경찰이 법 제5조의2 제1항 각호의 어느 하나에 해당한다고 인정되면 청원주에게 해당 청원경찰에 대하여 징계처분을 하도록 요청할 수 있다.

② 법 제5조의2 제2항의 정직(停職)은 1개월 이상 3개월 이하로 하고, 그 기간에 청원경찰의 신분은 보유하나 직무에 종사하지 못하며, 보수의 3분의 2를 줄인다.

③ 법 제5조의2 제2항의 감봉은 1개월 이상 3개월 이하로 하고, 그 기간에 보수의 3분의 1을 줄인다.

④ 법 제5조의2 제2항의 견책(譴責)은 전과(前過)에 대하여 훈계하고 회개하게 한다.

⑤ 청원주는 청원경찰 배치결정의 통지를 받았을 때에는 통지를 받은 날부터 15일 이내에 청원경찰에 대한 징계규정을 제정하여 관할 시·도 경찰청장에게 신고하여야 한다. 징계규정을 변경할 때에도 또한 같다.

⑥ 시·도 경찰청장은 제5항에 따른 징계규정의 보완이 필요하다고 인정할 때에는 청원주에게 그 보완을 요구할 수 있다.

35 정답 ❸

O△X

③ (○) 청원경찰법 시행규칙 [별표 2] 참고

① (×) 호루라기는 대여품에 해당하지 않고 급여품에 해당한다(청원경찰법 시행규칙 [별표 2]·[별표 3] 참조).

② (×) 대여품에는 허리띠, 경찰봉, 가슴표장, 분사기, 포승이 있다(청원경찰법 시행규칙 [별표 3] 참고).

④ (×) 청원경찰이 퇴직할 때에는 대여품을 청원주에게 반납하여야 한다(청원경찰법 시행규칙 제12조 제2항).

관계법령 **청원경찰 급여품표 및 대여품표(청원경찰법 시행규칙 [별표 2]·[별표 3])**

청원경찰 급여품표 (청원경찰법 시행규칙 [별표 2])				청원경찰 대여품표 (청원경찰법 시행규칙 [별표 3])	
품 명	수 량	사용기간	정기지급일	품 명	수 량
근무복(하복)	1	1년	5월 5일	허리띠	1
근무복(동복)	1	1년	9월 25일	경찰봉	1
한여름 옷	1	1년	6월 5일	가슴표장	1
외투·방한복 또는 점퍼	1	2~3년	9월 25일	분사기	1
기동화 또는 단화	1	단화 1년 기동화 2년	9월 25일	포 승	1
비 옷	1	3년	5월 5일	-	
정 모	1	3년	9월 25일		
기동모	1	3년	필요할 때		
기동복	1	2년	필요할 때		
방한화	1	2년	9월 25일		
장 갑	1	2년	9월 25일		
호루라기	1	2년	9월 25일		

36 정답 ❶

O△X

① (O) 청원경찰법 시행령 제20조 제4호

② (×) 청원경찰의 특수복장 착용에 대한 승인은 시·도 경찰청장의 권한에 해당한다(청원경찰법 시행령 제14조 제3항). 청원경찰법령상 시·도 경찰청장이 관할 경찰서장에게 위임하는 권한으로 명시한 규정은 존재하지 않는다.

③ (×) 복무규율과 근무 상황을 감독하는 권한은 청원경찰법령상 관할 경찰서장의 고유권한에 해당한다(청원경찰법 시행령 제17조 제1호).

④ (×) 무기의 관리 및 취급사항을 감독하는 권한은 청원경찰법령상 관할 경찰서장의 고유권한에 해당한다(청원경찰법 시행령 제17조 제2호).

관계법령

권한의 위임(청원경찰법 제10조의3)

이 법에 따른 시·도 경찰청장의 권한은 그 일부를 대통령령으로 정하는 바에 따라 관할 경찰서장에게 위임할 수 있다.

권한의 위임(청원경찰법 시행령 제20조)

시·도 경찰청장은 법 제10조의3에 따라 다음 각호의 권한을 관할 경찰서장에게 위임한다. 다만, 청원경찰을 배치하고 있는 사업장이 하나의 경찰서의 관할구역에 있는 경우로 한정한다.

1. 법 제4조 제2항 및 제3항에 따른 청원경찰 배치의 결정 및 요청에 관한 권한
2. 법 제5조 제1항에 따른 청원경찰의 임용승인에 관한 권한
3. 법 제9조의3 제2항에 따른 청원주에 대한 지도 및 감독상 필요한 명령에 관한 권한
4. 법 제12조에 따른 과태료 부과·징수에 관한 권한

감독(청원경찰법 시행령 제17조)

관할 경찰서장은 매달 1회 이상 청원경찰을 배치한 경비구역에 대하여 다음 각호의 사항을 감독하여야 한다.

1. 복무규율과 근무 상황
2. 무기의 관리 및 취급 사항

37 정답 ❷

O△X

② (×) 제복의 형태·규격 및 재질은 청원주가 결정하되, 경찰공무원 또는 군인 제복의 색상과 명확하게 구별될 수 있어야 하며, 사업장별로 통일하여야 한다(청원경찰법 시행규칙 제9조 제2항 제1호 본문).

① (○) 청원경찰법 시행규칙 제9조 제1항 제3호

③ (○) 청원경찰법 시행령 제14조 제3항

④ (○) 청원경찰법 시행규칙 제9조 제1항 제2호

관계법령 **복제(청원경찰법 시행령 제14조)**

① 청원경찰의 복제(服制)는 제복·장구(裝具) 및 부속물로 구분한다.

② 청원경찰의 제복·장구 및 부속물에 관하여 필요한 사항은 행정안전부령으로 정한다.

복제(청원경찰법 시행규칙 제9조)

① 영 제14조에 따른 청원경찰의 제복·장구(裝具) 및 부속물의 종류는 다음 각호와 같다. 〈개정 2021.12.31.〉

1. 제복 : 정모(正帽), 기동모(활동에 편한 모자를 말한다. 이하 같다), 근무복(하복, 동복), 한여름 옷, 기동복, 점퍼, 비옷, 방한복, 외투, 단화, 기동화 및 방한화
2. 장구 : 허리띠, 경찰봉, 호루라기 및 포승(捕繩)
3. 부속물 : 모자표장, 가슴표장, 휘장, 계급장, 넥타이핀, 단추 및 장갑

② 영 제14조에 따른 청원경찰의 제복·장구(裝具) 및 부속물의 형태·규격 및 재질은 다음 각호와 같다. 〈개정 2021.12.31.〉

1. 제복의 형태·규격 및 재질은 청원주가 결정하되, 경찰공무원 또는 군인 제복의 색상과 명확하게 구별될 수 있어야 하며, 사업장별로 통일해야 한다. 다만, 기동모와 기동복의 색상은 진한 청색으로 하고, 기동복의 형태·규격은 별도 1과 같이 한다.
2. 장구의 형태·규격 및 재질은 경찰 장구와 같이 한다.

3. 부속물의 형태·규격 및 재질은 다음 각목과 같이 한다.
가. 모자표장의 형태·규격 및 재질은 별도 2와 같이 하되, 기동모의 표장은 정모 표장의 2분의 1 크기로 할 것
나. 가슴표장, 휘장, 계급장, 넥타이핀 및 단추의 형태·규격 및 재질은 별도 3부터 별도 7까지와 같이 할 것

③ 청원경찰은 평상근무 중에는 정모, 근무복, 단화, 호루라기, 경찰봉 및 포승을 착용하거나 휴대하여야 하고, 총기를 휴대하지 아니할 때에는 분사기를 휴대하여야 하며, 교육훈련이나 그 밖의 특수근무 중에는 기동모, 기동복, 기동화 및 휘장을 착용하거나 부착하되, 허리띠와 경찰봉은 착용하거나 휴대하지 아니할 수 있다.

④ 가슴표장, 휘장 및 계급장을 달거나 부착할 위치는 별도 8과 같다.

③ 청원경찰이 그 배치지의 특수성 등으로 특수복장을 착용할 필요가 있을 때에는 청원주는 시·도 경찰청장의 승인을 받아 특수복장을 착용하게 할 수 있다. 〈개정 2020.12.31.〉

38 정답 ❸

○△× 제시된 내용의 ( )에 들어갈 숫자는 순서대로 30, 10, 1, 3이므로 그 합은 44이다.

관계법령

임용방법 등(청원경찰법 시행령 제4조)

① 법 제4조 제2항에 따라 청원경찰의 배치결정을 받은 자(이하 "청원주"라 한다)는 법 제5조 제1항에 따라 그 배치결정의 통지를 받은 날부터 30일 이내에 배치결정된 인원수의 임용예정자에 대하여 청원경찰 임용승인을 시·도 경찰청장에게 신청하여야 한다.

② 청원주가 법 제5조 제1항에 따라 청원경찰을 임용하였을 때에는 임용한 날부터 10일 이내에 그 임용사항을 관할 경찰서장을 거쳐 시·도 경찰청장에게 보고하여야 한다. 청원경찰이 퇴직하였을 때에도 또한 같다.

교육(청원경찰법 시행령 제5조)

① 청원주는 청원경찰로 임용된 사람으로 하여금 경비구역에 배치하기 전에 경찰교육기관에서 직무 수행에 필요한 교육을 받게 하여야 한다. 다만, 경찰교육기관의 교육계획상 부득이하다고 인정할 때에는 우선 배치하고 임용 후 1년 이내에 교육을 받게 할 수 있다.

② 경찰공무원(의무경찰을 포함한다) 또는 청원경찰에서 퇴직한 사람이 퇴직한 날부터 3년 이내에 청원경찰로 임용되었을 때에는 제1항에 따른 교육을 면제할 수 있다.

39 정답 ❶

○△✕ 1회 위반을 기준으로 할 경우에 과태료 부과금액은 ①은 600만원, ②는 100만원, ③은 1,000만원, ④는 100만원이 되므로 과태료 금액이 2번째로 많은 것은 ①이 된다.

핵심만콕

이 문제의 해결을 위해서는 경비업법 제31조가 아닌 경비업법 시행령 [별표 6]의 과태료 부과기준을 적용하여야 한다. 즉, 설문의 "단, 1회 위반을 기준으로 함"에서 힌트를 얻어야 한다. 경비업법 시행령 [별표 6]을 적용하면 다음과 같다.

번호	위반행위	해당 법조문	과태료 금액(단위 : 만원)		
			1회 위반	2회 위반	3회 이상
①	법 제16조 제2항을 위반하여 이름표를 부착하게 하지 않거나, 신고된 동일 복장을 착용하게 하지 않고 집단 민원현장에 경비원을 배치한 경우	법 제31조 제1항 제2호	600	1,200	2,400
②	법 제16조 제1항을 위반하여 복장 등에 관한 신고규정을 위반하여 신고를 하지 않은 경우	법 제31조 제2항 제7호	100	200	400
③	법 제18조 제2항 각 호 외의 부분 단서를 위반하여 배치허가를 받지 않고 경비원을 배치하거나, 경비원 명단 및 배치일시·배치장소 등 배치허가 신청의 내용을 거짓으로 한 경우	법 제31조 제1항 제4호	1,000	2,000	3,000
④	법 제9조 제1항을 위반하여 설명의무를 이행하지 않은 경우	법 제31조 제2항 제3호	100	200	400

40 정답 ❶

○△✕ 시·도 경찰청장 또는 경찰서장이 불가피한 경우 민감정보 및 고유식별정보를 처리할 수 있는 사무에 과태료에 관한 사무는 포함되지 않는다.

관계법령 **민감정보 및 고유식별정보의 처리(청원경찰법 시행령 제20조의2)**

시·도 경찰청장 또는 경찰서장은 다음 각호의 사무를 수행하기 위하여 불가피한 경우 「개인정보보호법」 제23조에 따른 건강에 관한 정보와 같은 법 시행령 제18조 제2호에 따른 범죄경력자료에 해당하는 정보, 같은 영 제19조 제1호 또는 제4호에 따른 주민등록번호 또는 외국인등록번호가 포함된 자료를 처리할 수 있다. 〈개정 2020.12.31.〉

1. 법 및 이 영에 따른 청원경찰의 임용, 배치 등 인사관리에 관한 사무
2. 법 제8조에 따른 청원경찰의 제복 착용 및 무기 휴대에 관한 사무
3. 법 제9조의3에 따른 청원주에 대한 지도·감독에 관한 사무
4. 제1호부터 제3호까지의 규정에 따른 사무를 수행하기 위하여 필요한 사무

제4회 심화 모의고사

문제편 053p

정답 CHECK

01	02	03	04	05	06	07	08	09	10	11	12	13	14	15	16	17	18	19	20
③	②	③	③	③	②	③	④	②	④	①	④	③	②	②	③	①	③	①	④
21	22	23	24	25	26	27	28	29	30	31	32	33	34	35	36	37	38	39	40
③	③	②	①	④	②	③	③	④	①	③	①	②	④	①	④	②	③	①	③

01 정답 ❸

O△X

③ (O) 경비업법 시행령 제6조 제1항

① (×) 시설경비업무에 관한 설명이다(경비업법 제2조 제1호 가목). 혼잡・교통유도경비업무란 도로에 접속한 공사현장 및 사람과 차량의 통행에 위험이 있는 장소 또는 도로를 점유하는 행사장 등에서 교통사고나 그 밖의 혼잡 등으로 인한 위험발생을 방지하는 업무를 말한다(경비업법 제2조 제1호 바목).

② (×) 경비업이란 경비업무의 전부 또는 일부를 도급받아 행하는 영업을 말한다(경비업법 제2조 제1호).

④ (×) 시・도 경찰청장은 특수경비업자에게 비밀취급인가를 하고자 하는 때에는 특수경비업자로 하여금 경찰청장을 거쳐 국가정보원장에게 보안측정을 요청하도록 하여야 한다(경비업법 시행령 제6조 제2항).

02 정답 ❷

O△X

② (O) 경비업법 제17조 제2항

① (×) 경찰청장, 시・도 경찰청장 또는 관할 경찰관서장은 직권으로 또는 범죄경력조회 요청이 있는 경우 경비업자의 임원, 경비지도사 또는 경비원이 결격사유에 해당하는지를 확인하기 위하여 「형의 실효 등에 관한 법률」 제6조에 따른 범죄경력조회를 할 수 있다(경비업법 제17조 제1항).

③ (×) 범죄경력조회 요청을 받은 시・도 경찰청장 또는 관할 경찰관서장은 경비업자에게 그 결과를 통보할 때에는 경비업자의 임원, 경비지도사 또는 경비원이 결격사유에 해당하는지 여부만을 통보하여야 한다(경비업법 제17조 제3항).

④ (×) 시・도 경찰청장 또는 관할 경찰관서장은 경비업자의 임원, 경비지도사 또는 경비원이 제5조 각호, 제10조 제1항 각호 또는 제2항 각호의 결격사유에 해당하는 사실을 알게 되거나 이 법 또는 이 법에 따른 명령을 위반한 때에는 경비업자에게 그 사실을 통보하여야 한다(경비업법 제17조 제4항).

관계법령 **결격사유 확인을 위한 범죄경력조회 등(경비업법 제17조)**

① 경찰청장, 시·도 경찰청장 또는 관할 경찰관서장은 직권으로 또는 제2항에 따른 범죄경력조회 요청이 있는 경우에는 경비업자의 임원, 경비지도사 또는 경비원이 제5조 제3호·제4호, 제10조 제1항 제3호부터 제8호까지 또는 같은 조 제2항 제3호·제4호에 따른 결격사유에 해당하는지를 확인하기 위하여 「형의 실효 등에 관한 법률」 제6조에 따른 범죄경력조회를 할 수 있다.
② 경비업자는 선출·선임·채용 또는 배치하려는 임원, 경비지도사 또는 경비원이 제5조 제3호·제4호, 제10조 제1항 제3호부터 제8호까지 또는 같은 조 제2항 제3호·제4호에 따른 결격사유에 해당하는지를 확인하기 위하여 주된 사무소, 출장소 또는 배치장소를 관할하는 시·도 경찰청장 또는 경찰관서장에게 「형의 실효 등에 관한 법률」 제6조에 따른 범죄경력조회를 요청할 수 있다.
③ 제2항에 따른 범죄경력조회 요청을 받은 시·도 경찰청장 또는 관할 경찰관서장은 경비업자에게 그 결과를 통보할 때에는 경비업자의 임원, 경비지도사 또는 경비원이 제5조 제3호·제4호, 제10조 제1항 제3호부터 제8호까지 또는 같은 조 제2항 제3호·제4호에 따른 결격사유에 해당하는지 여부만을 통보하여야 한다.
④ 시·도 경찰청장 또는 관할 경찰관서장은 경비업자의 임원, 경비지도사 또는 경비원이 제5조 각호, 제10조 제1항 각호 또는 제2항 각호의 결격사유에 해당하는 사실을 알게 되거나 이 법 또는 이 법에 따른 명령을 위반한 때에는 경비업자에게 그 사실을 통보하여야 한다.

03 정답 ❸

O△X

제시된 내용 중 시·도 경찰청장의 허가를 받아야 하는 경우는 ㄱ과 ㄴ이다. ㄷ, ㄹ, ㅁ, ㅂ은 경비업법 제4조 제3항 각호에 규정된 경비업의 허가를 받은 법인이 시·도 경찰청장에게 신고하여야 하는 사항이다.

ㄱ. (○) 경비업법 제6조 제2항, 동법 시행규칙 제6조
ㄴ. (○) 경비업법 제4조 제1항
ㄷ. (×) 시·도 경찰청장에게 신고하여야 하는 사항(경비업법 제4조 제3항 제2호)
ㄹ. (×) 시·도 경찰청장에게 신고하여야 하는 사항(경비업법 제4조 제3항 제3호)
ㅁ. (×) 시·도 경찰청장에게 신고하여야 하는 사항(경비업법 제4조 제3항 제4호)
ㅂ. (×) 시·도 경찰청장에게 신고하여야 하는 사항(경비업법 제4조 제3항 제6호, 동법 시행령 제5조 제4항)

관계법령

경비업의 허가(경비업법 제4조)

① 경비업을 영위하고자 하는 법인은 도급받아 행하고자 하는 경비업무를 특정하여 그 법인의 주사무소의 소재지를 관할하는 시·도 경찰청장의 허가를 받아야 한다. 도급받아 행하고자 하는 경비업무를 변경하는 경우에도 또한 같다. 〈개정 2020.12.22.〉
② 생략
③ 제1항의 규정에 의하여 경비업의 허가를 받은 법인은 다음 각호의 어느 하나에 해당하는 때에는 시·도 경찰청장에게 신고하여야 한다. 〈개정 2024.2.13.〉
1. 영업을 폐업하거나 휴업한 때
2. 법인의 명칭이나 대표자·임원을 변경한 때
3. 법인의 주사무소나 출장소를 신설·이전 또는 폐지한 때
4. 기계경비업무의 수행을 위한 관제시설을 신설·이전 또는 폐지한 때
5. 특수경비업무를 개시하거나 종료한 때
6. 그 밖에 대통령령이 정하는 중요사항을 변경한 때

폐업 또는 휴업 등의 신고(경비업법 시행령 제5조)

④ 법 제4조 제3항 제6호에서 "그 밖에 대통령령이 정하는 중요사항"이라 함은 정관의 목적을 말한다.

④ 생략

허가의 유효기간 등(경비업법 제6조)

① 제4조 제1항의 규정에 의한 경비업 허가의 유효기간은 허가받은 날부터 5년으로 한다.

② 제1항의 규정에 의한 유효기간이 만료된 후 계속하여 경비업을 하고자 하는 법인은 행정안전부령으로 정하는 바에 따라 갱신허가를 받아야 한다.

허가갱신(경비업법 시행규칙 제6조)

③ 시·도 경찰청장은 법 제6조 제2항의 규정에 의하여 갱신허가를 하는 때에는 유효기간이 만료되는 허가증을 회수한 후 별지 제3호 서식의 허가증을 교부하여야 한다.

04 정답 ③

○△×

③ (×) 「도시 및 주거환경정비법」에 따른 정비사업과 관련하여 이해대립이 있어 다툼이 있는 장소가 집단민원현장에 해당한다(경비업법 제2조 제5호 나목).

① (○) 경비업법 제2조 제5호 가목

② (○) 경비업법 제2조 제5호 사목

④ (○) 경비업법 제2조 제5호 마목

관계법령 **정의(경비업법 제2조)**

이 법에서 사용하는 용어의 정의는 다음과 같다. 〈개정 2024.1.30.〉

5. "집단민원현장"이란 다음 각목의 장소를 말한다.

가. 「노동조합 및 노동관계조정법」에 따라 노동관계 당사자가 노동쟁의 조정신청을 한 사업장 또는 쟁의행위가 발생한 사업장

나. 「도시 및 주거환경정비법」에 따른 정비사업과 관련하여 이해대립이 있어 다툼이 있는 장소

다. 특정 시설물의 설치와 관련하여 민원이 있는 장소

라. 주주총회와 관련하여 이해대립이 있어 다툼이 있는 장소

마. 건물·토지 등 부동산 및 동산에 대한 소유권·운영권·관리권·점유권 등 법적 권리에 대한 이해대립이 있어 다툼이 있는 장소

바. 100명 이상의 사람이 모이는 국제·문화·예술·체육 행사장

사. 「행정대집행법」에 따라 대집행을 하는 장소

05 정답 ③

○△×

제시된 내용 중 청원경찰법령상 청원경찰의 복무에 관하여 국가공무원법 및 경찰공무원법상 준용되는 규정의 내용이 아닌 것은 ㄹ, ㅁ, ㅂ이다.

핵심만콕 청원경찰의 복무에 관한 준용 규정(청원경찰법 제5조 제4항)과 비준용 규정

준용 규정	비준용 규정
• 국가공무원법 제57조(복종의무) • 국가공무원법 제58조 제1항(직장이탈금지) • 국가공무원법 제60조(비밀엄수의무) • 경찰공무원법 제24조(거짓보고 등의 금지)	• 국가공무원법 제56조(성실의무) • 국가공무원법 제59조(친절·공정의 의무) • 국가공무원법 제59조의2(종교중립의무) • 국가공무원법 제61조(청렴의무) • 국가공무원법 제62조(외국정부의 영예 등을 받을 경우 허가의무) • 국가공무원법 제63조(품위유지의무) • 국가공무원법 제64조(영리업무 및 겸직금지) • 국가공무원법 제65조(정치운동금지) • 국가공무원법 제66조 제1항(집단행위금지)

06 정답 ❷

○△× 제시된 내용의 (　　) 안에 들어갈 내용은 ㄱ : 견고성, ㄴ : 안전성, ㄷ : 무선통신시설, ㄹ : 경보시설이다.

관계법령 경비업의 시설 등의 기준(경비업법 시행령 [별표 1]) <개정 2024.12.31.>

시설 등 기준 / 업무별	경비인력	자본금	시 설	장비 등
2. 호송경비업무	• 무술유단자인 일반경비원 5명 이상 • 경비지도사 1명 이상	1억원 이상	기준 경비인력 수 이상을 동시에 교육할 수 있는 교육장	• 호송용차량 1대 이상 • 현금호송백 1개 이상 • 기준 경비인력 수 이상의 경비원 복장 및 경적, 단봉, 분사기

※ 비 고

4. "호송용 차량"이란 현금이나 그 밖의 귀중품의 운반에 필요한 견고성 및 안전성을 갖추고 무선통신시설 및 경보시설을 갖춘 자동차를 말한다.
5. "현금호송백"이란 현금이나 그 밖의 귀중품을 운반하기 위한 이동용 호송장비로서 경보시설을 갖춘 것을 말한다.

07 정답 ❸

○△× ③ (×) 2009.7.1. 경비업법 시행규칙 일부개정 시 경비업자는 경비원을 새로이 채용한 때에는 근무배치 후 2월이 경과하기 전까지 신임교육을 받게 하여야 한다(경비업법 시행규칙 제12조 제3항 본문)고 규정하였으나, 2014.6.5. 경비업법 시행규칙 일부개정 시 삭제되었다.

① (○) 경비업법 시행규칙 [별표 1]·[별표 2] 참조

② (○) 경비업법 시행규칙 제9조 제2항

④ (○) 경비업법 시행규칙 [별표 2]

관계법령 **경비지도사의 기본교육(경비업법 시행규칙 제9조)**

① 법 제11조 제1항 및 영 제15조의2 제1항에 따른 기본교육(이하 "기본교육"이라 한다)의 과목 및 시간은 [별표 1]과 같다.
② 기본교육에 소요되는 비용은 기본교육을 받는 사람의 부담으로 한다.
[전문개정 2024.8.14.]

08 정답 ❹

○△×

제시된 내용 중 경비협회가 공제사업으로 할 수 없는 것은 ㄹ과 ㅁ이다.

ㄹ. (×) 경비원의 후생·복지에 관한 사업은 경비업법령상 경비협회가 할 수 있는 공제사업으로 규정되어 있지 않고, 경비협회의 업무인 경비원의 후생·복지에 관한 사항과 관련이 있다(경비업법 제22조 제3항 제3호).

ㅁ. (×) 경비지도사의 손해배상책임과 형사책임을 보장하기 위한 사업은 경비업법령상 경비협회가 할 수 있는 공제사업으로 규정되어 있지 않다. 경비업법 제23조 제1항 제1호는 경비업자의 손해배상책임을 보장하기 위한 공제사업을 할 수 있다고 규정하고 있을 뿐이다.

ㄱ. (○) 경비업법 제23조 제1항 제2호

ㄴ. (○) 경비원의 복지향상과 업무상 재해로 인한 손실을 보상하는 사업(경비업법 제23조 제1항 제3호)

ㄷ. (○) 경비업법 제23조 제1항 제4호

관계법령

경비협회(경비업법 제22조)

③ 경비협회의 업무는 다음과 같다.
1. 경비업무의 연구
2. 경비원 교육·훈련 및 그 연구
3. 경비원의 후생·복지에 관한 사항
4. 경비진단에 관한 사항
5. 그 밖에 경비업무의 건전한 운영과 육성에 관하여 필요한 사항

공제사업(경비업법 제23조)

① 경비협회는 다음 각호의 공제사업을 할 수 있다.
1. 제26조에 따른 경비업자의 손해배상책임을 보장하기 위한 사업
2. 경비업자가 경비업을 운영할 때 필요한 입찰보증, 계약보증(이행보증을 포함한다), 하도급보증을 위한 사업
3. 경비원의 복지향상과 업무상 재해로 인한 손실을 보상하는 사업
4. 경비업무와 관련한 연구 및 경비원 교육·훈련에 관한 사업

09 정답 ❷

○△×

(　　) 안에 들어갈 숫자는 순서대로 3, 3, 5이므로 숫자의 합은 11이다.

10 정답 ❹

O△X ( ) 안의 ㄱ~ㄹ에 들어갈 내용은 순서대로 관할 경찰관서장, 배치예정 일시 전, 48시간, 48시간이다.

관계법령 **집단민원현장에의 일반경비원 배치허가 신청 등(경비업법 시행규칙 제24조의2)**

① 법 제18조 제2항 각호 외의 부분 단서에 따라 집단민원현장에 일반경비원 배치허가를 신청하려는 경비업자는 별지 제15호의3 서식의 집단민원현장 일반경비원 배치허가 신청서(전자문서에 의한 신청서를 포함하며, 이하 "배치허가 신청서"라 한다)에 집단민원현장에 배치될 일반경비원의 신임교육 이수증(영 제18조 제2항에 따른 일반경비원 신임교육 면제 대상의 경우 신임교육 면제대상에 해당함을 입증할 수 있는 서류를 말한다) 각 1부를 첨부하여 관할 경찰관서장에게 제출해야 한다. 〈개정 2021.7.13.〉
② 제1항에 따른 배치허가 신청서를 받은 관할 경찰관서장은 경비원 배치예정 일시 전까지 배치허가 여부를 결정하여 경비업자에게 통보하여야 한다.
③ 제2항에 따라 일반경비원 배치허가를 받은 경비업자가 경비원 배치기간을 연장하려는 경우에는 배치기간이 만료되기 48시간 전까지 배치허가 신청서를 관할 경찰관서장에게 제출하여 허가를 받아야 한다.
④ 제2항에 따라 일반경비원 배치허가를 받은 경비업자가 집단민원현장에 새로운 경비원을 배치하려는 경우에는 새로운 경비원을 배치하기 48시간 전까지 배치허가 신청서를 관할 경찰관서장에게 제출하여 허가를 받아야 한다.
⑤ 제2항에 따라 일반경비원 배치허가를 받은 경비업자가 경비원의 배치를 폐지한 때에는 배치폐지를 한 날부터 48시간 이내에 별지 제15호의4 서식의 집단민원현장 일반경비원 배치폐지 신고서(전자문서로 된 신고서를 포함한다)를 관할 경찰관서장에게 제출해야 한다. 〈개정 2021.7.13.〉
⑥ 제2항에 따라 일반경비원 배치허가를 받은 경비업자가 집단민원현장에 배치된 경비지도사를 변경한 경우에는 변경된 내용을 관할 경찰관서장에게 통보하여야 한다.

11 정답 ❶

O△X ① (×) 경찰청장 또는 시·도 경찰청장은 경비업무의 적정한 수행을 위하여 경비업자 및 경비지도사를 지도·감독하며 필요한 명령을 할 수 있다(경비업법 제24조 제1항).
② (○) 경비업법 시행령 제29조
③ (○) 경비업법 제24조 제4항
④ (○) 경비업법 제24조 제3항

관계법령 **감독(경비업법 제24조)**

① 경찰청장 또는 시·도 경찰청장은 경비업무의 적정한 수행을 위하여 경비업자 및 경비지도사를 지도·감독하며 필요한 명령을 할 수 있다. 〈개정 2020.12.22.〉
② 시·도 경찰청장 또는 관할 경찰관서장은 소속 경찰공무원으로 하여금 관할구역 안에 있는 경비업자의 주사무소 및 출장소와 경비원배치장소에 출입하여 근무상황 및 교육훈련상황 등을 감독하며 필요한 명령을 하게 할 수 있다. 이 경우 출입하는 경찰공무원은 그 권한을 표시하는 증표를 관계인에게 내보여야 한다. 〈개정 2020.12.22.〉
③ 시·도 경찰청장 또는 관할 경찰관서장은 경비업자 또는 배치된 경비원이 이 법이나 이 법에 따른 명령, 「폭력행위 등 처벌에 관한 법률」을 위반하는 행위를 하는 경우 그 위반행위의 중지를 명할 수 있다. 〈개정 2020.12.22.〉
④ 시·도 경찰청장 또는 관할 경찰관서장은 경비업무 장소가 집단민원현장으로 판단되는 경우에는 그때부터 48시간 이내에 경비업자에게 경비원 배치허가를 받을 것을 고지하여야 한다. 〈개정 2020.12.22.〉

12 정답 ❹

OΔX ④ (○) 경비업법 시행령 [별표 5] 제2호

① (×) 자격정지 3월(경비업법 시행령 [별표 5] 제1호)

② (×) 자격정지 12월(경비업법 시행령 [별표 5] 제1호)

③ (×) 자격정지 1월(경비업법 시행령 [별표 5] 제2호)

관계법령 **경비지도사 자격정지처분 기준(경비업법 시행령 [별표 5])**

위반행위	해당 법조문	행정처분 기준		
		1차	2차	3차 이상
1. 법 제12조 제3항의 규정에 위반하여 직무를 성실하게 수행하지 아니한 때	법 제20조 제2항 제1호	자격정지 3월	자격정지 6월	자격정지 12월
2. 법 제24조의 규정에 의한 경찰청장, 시·도 경찰청장의 명령을 위반한 때	법 제20조 제2항 제2호	자격정지 1월	자격정지 6월	자격정지 9월

※ 비고
위반행위의 횟수에 따른 행정처분의 기준은 당해 위반행위가 있은 이전 최근 2년간 같은 위반행위로 행정처분을 받은 경우에 적용한다.

13 정답 ❸

OΔX
- 기계경비지도사 : 경비원의 수는 관할구역별로 별산하고 동일한 관할구역 내에서는 합산하지만, 기계경비업무는 기계경비지도사가 담당하는 것이므로 기계경비원 수는 따로 계산하여야 한다(경비업법 시행령 [별표 3] 비고 제2호). 따라서 A 경비법인은 서울특별시와 대구광역시에 기계경비지도사 각 1명을 선임·배치하여야 한다(경비업법 시행령 [별표 3] 제1호).
- 일반경비지도사 : 우선 A 경비업자는 시설경비원 240명이 배치된 서울특별시에 일반경비지도사 2명을 선임·배치하여야 하고 혼잡·교통유도경비원 50명이 배치된 대구광역시에 일반경비지도사 1명을 선임·배치하여야 한다(경비업법 시행령 [별표 3] 제1호). 다음으로 전라남도와 제주특별자치도의 경비원 배치 현황을 보면, 제주특별자치도의 호송경비원이 30명이므로 원칙적으로 일반경비지도사를 따로 선임·배치하지 않을 수 있으나(경비업법 시행령 [별표 3] 제2호), 경비지도사 1명이 지도·감독 및 교육할 수 있는 경비원의 총수(경계를 맞닿아 인접한 시·도 경찰청의 관할구역에 배치된 경비원의 수를 합산한다)는 200명을 초과할 수 없으므로 전라남도에 배치된 시설경비원 150명과 혼잡·교통유도경비원 30명에 제주특별자치도에 배치된 호송경비원 30명을 합산한 인원 210명을 기준으로 2명의 일반경비지도사를 선임·배치하여야 한다(경비업법 시행령 [별표 3] 제3호).
- A 경비업자는 일반경비지도사 5명과 기계경비지도사 2명, 총 7명의 경비지도사를 선임·배치하여야 한다.

14 정답 ❷

OΔX ② (×) 청원경찰은 청원경찰의 배치결정을 받은 자(청원주)와 배치된 기관·시설 또는 사업장 등의 구역을 관할하는 경찰서장의 감독을 받아 그 경비구역만의 경비를 목적으로 필요한 범위에서 「경찰관직무집행법」에 따른 경찰관의 직무를 수행한다(청원경찰법 제3조).

① (○) 청원경찰법 시행규칙 제21조 제2항

③ (○) 청원경찰법 제10조 제1항

④ (○) 청원경찰법 제5조 제4항이 준용하는 국가공무원법 제60조의 내용이다.

15 정답 ❷

O△X ② (×) 대여받은 무기를 빼앗기거나 대여받은 무기가 분실·도난 또는 훼손되는 등의 사고가 발생한 때에는 관할 경찰관서장에게 그 사유를 지체 없이 통보하여야 한다(경비업법 시행규칙 제18조 제1항 제6호).

① (○) 경비업법 시행규칙 제18조 제1항 제1호

③ (○) 경비업법 시행규칙 제18조 제1항 제8호

④ (○) 경비업법 시행규칙 제18조 제1항 제4호

관계법령 **무기의 관리수칙 등(경비업법 시행규칙 제18조)**

① 법 제14조 제4항에 따라 무기를 대여받은 국가중요시설의 시설주(이하 "시설주"라 한다) 또는 같은 조 제7항에 따른 관리책임자(이하 "관리책임자"라 한다)는 다음 각호의 관리수칙에 따라 무기(탄약을 포함한다. 이하 같다)를 관리해야 한다. 〈개정 2020.12.31., 2021.12.31.〉

1. 무기의 관리를 위한 책임자를 지정하고 관할 경찰관서장에게 이를 통보할 것
2. 무기고 및 탄약고는 단층에 설치하고 환기·방습·방화 및 총받침대 등의 시설을 할 것
3. 탄약고는 무기고와 사무실 등 많은 사람을 수용하거나 많은 사람이 오고 가는 시설과 떨어진 곳에 설치할 것
4. 무기고 및 탄약고에는 이중 잠금장치를 하여야 하며, 열쇠는 관리책임자가 보관하되, 근무시간 이후에는 열쇠를 당직책임자에게 인계하여 보관시킬 것
5. 관할 경찰관서장이 정하는 바에 의하여 무기의 관리실태를 매월 파악하여 다음 달 3일까지 관할 경찰관서장에게 통보할 것
6. 대여받은 무기를 빼앗기거나 대여받은 무기가 분실·도난 또는 훼손되는 등의 사고가 발생한 때에는 관할 경찰관서장에게 그 사유를 지체 없이 통보할 것
7. 대여받은 무기를 빼앗기거나 대여받은 무기가 분실·도난 또는 훼손된 때에는 경찰청장이 정하는 바에 의하여 그 전액을 배상할 것. 다만, 전시·사변, 천재·지변 그 밖의 불가항력의 사유가 있다고 시·도 경찰청장이 인정한 때에는 그러하지 아니하다.
8. 시설주는 자체계획을 수립하여 보관하고 있는 무기를 매주 1회 이상 손질할 수 있게 할 것

16 정답 ❸

O△X 제시된 내용 중 당해 경보를 수신한 날부터 1년간 의무적으로 보관하여야 하는 사항은 ㄷ과 ㄹ이다. ㄱ과 ㄴ은 출장소별로 갖추어 두어야 하는 서류에 기재하는 사항일 뿐, 당해 경보를 수신한 날부터 1년간 보관하여야 하는 서류에 기재하는 사항에 해당하지 않는다.

관계법령 **기계경비업자의 관리 서류(경비업법 시행령 제9조)**

① 기계경비업자는 법 제9조 제2항의 규정에 의하여 출장소별로 다음 각호의 사항을 기재한 서류를 갖추어 두어야 한다.

1. 경비대상시설의 명칭·소재지 및 경비계약기간
2. 기계경비지도사의 명단·배치일자·배치장소와 출동차량의 대수
3. 경보의 수신 및 현장도착 일시와 조치의 결과
4. 오경보인 경우 오경보가 발생한 경비대상시설 및 그 오경보에 대한 조치의 결과

② 제1항 제3호 및 제4호의 규정에 의한 사항을 기재한 서류는 당해 경보를 수신한 날부터 1년간 이를 보관하여야 한다.

17 정답 ❶

○△×

기계경비지도사자격증 취득자가 자격증 취득일부터 3년 이내에 일반경비지도사 시험에 합격하여 기본교육을 받는 경우에는 공통교육은 면제되는데(경비업법 시행규칙 [별표 1] 비고 제2호), 체포・호신술은 공통교육 과목에 해당한다.

관계법령 **경비지도사 기본교육의 과목 및 시간(경비업법 시행규칙 [별표 1]) <개정 2024.8.14.>**

구분 (교육시간)	과목 및 시간	
공통교육 (22시간)	「경비업법」, 「경찰관직무집행법」, 「도로교통법」 등 관계법령 및 「개인정보보호법」에 따른 개인정보 보호지침 등(4h), 실무Ⅰ(4h), 실무Ⅱ(3h), 범죄・테러・재난 대응요령 및 화재대처법(2h), 응급처치법(2h), 직업윤리 및 인권보호(2h), 체포・호신술(2h), 입교식, 평가 및 수료식(3h)	
자격의 종류별 교육 (18시간)	일반경비지도사	시설경비(3h), 호송경비(2h), 신변보호(2h), 특수경비(2h), 혼잡・다중운집 인파 관리(2h), 교통안전 관리(2h), 일반경비 현장실습(5h)
	기계경비지도사	기계경비 운용관리(4h), 기계경비 기획 및 설계(4h), 인력경비개론(5h), 기계경비 현장실습(5h)

※ 비고 : 다음 각호의 사람이 기본교육을 받는 경우 공통교육은 면제한다.

1. 일반경비지도사 자격을 취득한 후 3년 이내에 기계경비지도사 시험에 합격한 사람
2. 기계경비지도사 자격을 취득한 후 3년 이내에 일반경비지도사 시험에 합격한 사람

18 정답 ❸

○△×

- 제시된 내용 중 시・도 경찰청장이 비치해야 할 문서와 장부에 해당하지 않는 것은 ㄴ, ㄹ, ㅂ이다.
- ㄴ, ㄹ, ㅂ은 관할 경찰서장이 비치해야 할 문서와 장부에 해당한다.

핵심만 콕 **문서와 장부의 비치(청원경찰법 시행규칙 제17조)**

청원주(제1항)	관할 경찰서장(제2항)	시・도 경찰청장(제3항)
• 청원경찰 명부 • 근무일지 • 근무 상황카드 • 경비구역 배치도 • 순찰표철 • 무기・탄약 출납부 • 무기장비 운영카드 • 봉급지급 조서철 • 신분증명서 발급대장 • 징계 관계철 • 교육훈련 실시부 • 청원경찰 직무교육계획서 • 급여품 및 대여품 대장 • 그 밖에 청원경찰의 운영에 필요한 문서와 장부	• 청원경찰 명부 • 감독 순시부 • 전출입 관계철 • 교육훈련 실시부 • 무기・탄약 대여대장 • 징계요구서철 • 그 밖에 청원경찰의 운영에 필요한 문서와 장부	• 배치결정 관계철 • 청원경찰 임용승인 관계철 • 전출입 관계철 • 그 밖에 청원경찰의 운영에 필요한 문서와 장부

19 정답 ❶

O△X ① (×) 관할 경찰서장은 대여한 청원경찰의 무기관리상황을 수시로 점검하여야 한다(청원경찰법 시행령 제16조 제3항).

② (O) 청원경찰법 시행규칙 제9조 제3항

③ (O) 청원경찰법 시행령 제15조

④ (O) 청원경찰법 시행령 제16조 제2항 참고

관계법령

분사기 휴대(청원경찰법 시행령 제15조)

청원주는 「총포·도검·화약류 등의 안전관리에 관한 법률」에 따른 분사기의 소지허가를 받아 청원경찰로 하여금 그 분사기를 휴대하여 직무를 수행하게 할 수 있다.

무기 휴대(청원경찰법 시행령 제16조)

① 청원주가 법 제8조 제2항에 따라 청원경찰이 휴대할 무기를 대여받으려는 경우에는 관할 경찰서장을 거쳐 시·도 경찰청장에게 무기대여를 신청하여야 한다. 〈개정 2020.12.31.〉

② 제1항의 신청을 받은 시·도 경찰청장이 무기를 대여하여 휴대하게 하려는 경우에는 청원주로부터 국가에 기부채납된 무기에 한정하여 관할 경찰서장으로 하여금 무기를 대여하여 휴대하게 할 수 있다. 〈개정 2020.12.31.〉

③ 제1항에 따라 무기를 대여하였을 때에는 관할 경찰서장은 청원경찰의 무기관리상황을 수시로 점검하여야 한다.

④ 청원주 및 청원경찰은 행정안전부령으로 정하는 무기관리수칙을 준수하여야 한다.

20 정답 ❹

O△X 제시된 내용 중 경비업법령상 경찰청장이 시·도 경찰청장에게 위임한 권한에 해당하지 않는 것은 ㄷ, ㄹ, ㅁ, ㅂ이다.

ㄷ. (×), ㅁ. (×) 경찰청장 또는 시·도 경찰청장이 청문을 실시하고 처분을 하여야 하는 경우에 해당한다(경비업법 제21조 제1호, 제2호).

ㄹ. (×), ㅂ. (×), ㄴ. (O) 경비업법 제21조 각호의 청문을 실시하고 처분을 하여야 하는 경우 중 경비지도사 자격의 취소 또는 정지에 관한 청문의 권한만이 경찰청장이 시·도 경찰청장에게 위임한 권한에 해당한다(경비업법 제27조 제1항, 동법 시행령 제31조 제1항 제2호). 경비지도사 교육기관의 지정 취소 또는 업무의 정지에 관한 청문의 권한과 경비원 교육기관의 지정 취소 또는 업무의 정지에 관한 청문의 권한은 경찰청장이 시·도 경찰청장에게 위임한 권한으로 규정되어 있지 않다.

ㄱ. (O) 경비업법 제27조 제1항, 동법 시행령 제31조 제1항 제1호

관계법령

청문(경비업법 제21조)

경찰청장 또는 시·도 경찰청장은 다음 각호의 어느 하나에 해당하는 처분을 하고자 하는 경우에는 청문을 실시하여야 한다. 〈개정 2024.2.13.〉

1. 제11조의4에 따른 경비지도사 교육기관의 지정 취소 또는 업무의 정지
2. 제13조의3에 따른 경비원 교육기관의 지정 취소 또는 업무의 정지
3. 제19조의 규정에 의한 경비업 허가의 취소 또는 영업정지
4. 제20조 제1항 또는 제2항의 규정에 의한 경비지도사자격의 취소 또는 정지

위임 및 위탁(경비업법 제27조)

① 이 법에 의한 경찰청장의 권한은 대통령령이 정하는 바에 따라 그 일부를 시·도 경찰청장에게 위임할 수 있다.

권한의 위임 및 위탁(경비업법 시행령 제31조)★

① 경찰청장은 법 제27조 제1항의 규정에 의하여 다음 각호의 권한을 시·도 경찰청장에게 위임한다.

1. 법 제20조의 규정에 의한 경비지도사자격의 취소 및 정지에 관한 권한
2. 법 제21조 제2호의 규정에 의한 경비지도사자격의 취소 및 정지에 관한 청문의 권한

② 경찰청장은 제11조의 규정에 의한 경비지도사의 시험에 관한 업무를 대통령령이 정하는 바에 따라 관계전문기관 또는 단체에 위탁할 수 있다. 〈개정 2024.2.13.〉

권한의 위임 및 위탁(경비업법 시행령 제31조)★

② 경찰청장 또는 경찰관서장은 법 제27조 제2항에 따라 법 제11조 제1항에 따른 경비지도사시험의 관리에 관한 업무를 경비업무에 관한 인력과 전문성을 갖춘 기관 또는 단체로서 경찰청장이 지정하여 고시하는 기관 또는 단체에 위탁한다. 〈개정 2024.8.13.〉

21

○△×

정답 ❸

③ (×) 「공무원임용령」에 따른 행정직군 교정직렬 공무원으로 7년 이상 재직한 사람은 1차 시험을 면제한다(경비업법 시행령 제13조 제8호).

① (○) 경비업법 시행령 제11조 제2항

② (○) 경비업법 시행령 제11조 제1항

④ (○) 경비업법 시행규칙 제10조 제2호

22

○△×

정답 ❸

제시된 내용 중 민감정보 및 고유식별정보를 처리할 수 있는 사무에 해당하는 것은 ㄴ, ㄷ, ㄹ, ㅂ이다.

관계법령 **민감정보 및 고유식별정보의 처리(경비업법 시행령 제31조의2)★★**

경찰청장, 시·도 경찰청장, 경찰서장 및 경찰관서장(제31조에 따라 경찰청장 및 경찰관서장의 권한을 위임·위탁받은 자를 포함한다)은 다음 각호의 사무를 수행하기 위하여 불가피한 경우 「개인정보보호법」 제23조에 따른 건강에 관한 정보(제1호의2 및 제4호의 사무로 한정한다), 같은 법 시행령 제18조 제2호에 따른 범죄경력자료에 해당하는 정보(제1호의2 및 제9호의 사무로 한정한다), 같은 영 제19조 제1호 또는 제4호에 따른 주민등록번호 또는 외국인등록번호가 포함된 자료를 처리할 수 있다. 〈개정 2021.7.13., 2022.12.20., 2024.8.13.〉

1. 법 제4조 및 제6조에 따른 경비업의 허가 및 갱신허가 등에 관한 사무

1의2. 법 제5조 및 제10조에 따른 임원, 경비지도사 및 경비원의 결격사유 확인에 관한 사무

2. 법 제11조에 따른 경비지도사 시험 등에 관한 사무

2의2. 법 제12조의2에 따른 경비지도사의 선임·해임 신고에 관한 사무

3. 법 제13조에 따른 경비원의 교육 등에 관한 사무

4. 법 제14조에 따른 특수경비원의 직무 및 무기사용 등에 관한 사무

5. 삭제 〈2021.7.13.〉
6. 법 제18조에 따른 경비원 배치허가 등에 관한 사무
7. 법 제19조 및 제20조에 따른 행정처분에 관한 사무
8. 법 제24조에 따른 경비업자 및 경비지도사의 지도·감독에 관한 사무
9. 법 제25조에 따른 보안지도·점검 및 보안측정에 관한 사무
10. 삭제 〈2022.12.20.〉

23 정답 ❷

○△×

청원경찰의 임용승인에 관한 권한과 달리 임용에 관한 권한은 청원주의 고유권한이다(청원경찰법 제5조 제1항).

관계법령 **권한의 위임(청원경찰법 제10조의3)**

이 법에 따른 시·도 경찰청장의 권한은 그 일부를 대통령령으로 정하는 바에 따라 관할 경찰서장에게 위임할 수 있다. 〈개정 2020.12.22.〉

권한의 위임(청원경찰법 시행령 제20조)

시·도 경찰청장은 법 제10조의3에 따라 다음 각호의 권한을 관할 경찰서장에게 위임한다. 다만, 청원경찰을 배치하고 있는 사업장이 하나의 경찰서의 관할구역에 있는 경우로 한정한다. 〈개정 2020.12.31.〉

1. 법 제4조 제2항 및 제3항에 따른 청원경찰 배치의 결정 및 요청에 관한 권한
2. 법 제5조 제1항에 따른 청원경찰의 임용승인에 관한 권한
3. 법 제9조의3 제2항에 따른 청원주에 대한 지도 및 감독상 필요한 명령에 관한 권한
4. 법 제12조에 따른 과태료 부과·징수에 관한 권한

24 정답 ❶

○△×

① (×) 시설주는 특수경비원이 휴대할 무기를 대여받고자 하는 때에는 무기대여신청서를 관할 경찰서장 및 공항경찰대장 등 국가중요시설의 경비책임자(이하 "관할 경찰관서장"이라 한다)를 거쳐 시·도 경찰청장에게 제출하여야 한다(경비업법 시행령 제20조 제1항).
② (○) 경비업법 시행령 제20조 제2항
③ (○) 경비업법 시행규칙 제18조 제4항 제3호
④ (○) 경비업법 시행규칙 제18조 제4항 제4호

25 정답 ❹

○△×

④ (×) 경비업법령상 수행 횟수에 관한 특별한 규정이 없다(경비업법 제12조 제2항 제4호).
① (○) 경비업법 제12조 제2항 제1호·제3항, 동법 시행령 제17조 제2항
② (○) 경비업법 제12조 제2항 제2호·제3항, 동법 시행령 제17조 제2항
③ (○) 경비업법 제12조 제2항 제5호·제3항, 동법 시행령 제17조 제1항 제1호·제2항

26 정답 ❷

○△×

제시된 내용의 ㄱ~ㄹ의 경비업법령상 벌칙의 형량은 순서대로 5년 이하의 징역 또는 5천만원 이하의 벌금(제28조 제1항), 3년 이하의 징역 또는 3천만원 이하의 벌금(제28조 제2항 제7호), 1년 이하의 징역 또는 1천만원 이하의 벌금(제28조 제4항 제2호), 2년 이하의 징역 또는 2천만원 이하의 벌금(제28조 제3항)이다. 따라서 무거운 순서대로 나열하면 ㄱ - ㄴ - ㄹ - ㄷ이다.

핵심만 콕 벌칙(경비업법 제28조)★★

5년 이하의 징역 또는 5천만원 이하의 벌금(제1항)	국가중요시설의 정상적인 운영을 해치는 장해를 일으킨 특수경비원
3년 이하의 징역 또는 3천만원 이하의 벌금(제2항)	• 허가를 받지 아니하고 경비업을 영위한 자(제1호) • 직무상 알게 된 비밀을 누설하거나 부당한 목적을 위하여 사용한 자(제2호) • 경비업무의 중단을 통보하지 아니하거나 경비업무를 즉시 인수하지 아니한 특수경비업자 또는 경비대행업자(제3호) • 집단민원현장에 경비원을 배치하면서 허가를 받지 아니한 자에게 경비업무를 도급한 자(제4호) • 집단민원현장에 20명 이상의 경비인력을 배치하면서 그 경비인력을 직접 고용한 자(제5호) • 경비업자의 경비원 채용 시 무자격자나 부적격자 등을 채용하도록 관여하거나 영향력을 행사한 도급인(제6호) • 과실로 인하여 국가중요시설의 정상적인 운영을 해치는 장해를 일으킨 특수경비원(제7호) • 특수경비원으로서 경비구역 안에서 시설물의 절도, 손괴, 위험물의 폭발 등의 사유로 인한 위급사태가 발생한 때에 명령에 불복종한 자 또는 경비구역을 벗어난 자(제8호) • 경비원에게 경비업무의 범위를 벗어난 행위를 하게 한 자(제9호)
2년 이하의 징역 또는 2천만원 이하의 벌금(제3항)	정당한 사유 없이 무기를 소지하고 배치된 경비구역을 벗어난 특수경비원
1년 이하의 징역 또는 1천만원 이하의 벌금(제4항)	• 시설주로부터 무기의 관리를 위하여 지정받은 관리책임자가 법이 정한 의무를 위반한 경우(제1호) • 파업 · 태업 그 밖에 경비업무의 정상적인 운영을 저해하는 일체의 쟁의행위를 한 특수경비원(제2호) • 직무를 수행함에 있어 타인에게 위력을 과시하거나 물리력을 행사하는 등 경비업무의 범위를 벗어난 행위를 한 경비원(제3호) • 경비업법에서 정한 경비원이 휴대할 수 있는 장비 외에 흉기 또는 그 밖의 위험한 물건을 휴대하고 경비업무를 수행한 경비원 또는 경비원에게 이를 휴대하고 경비업무를 수행하게 한 자(제4호) • 경찰관서장의 배치폐지명령을 따르지 아니한 자(제5호) • 시 · 도 경찰청장 또는 관할 경찰관서장의 중지명령에 따르지 아니한 자(제6호)

27 정답 ❸

○△×

밑줄 친 "형법의 죄"에 해당하는 형법상 범죄는 상해치사죄(ㄱ), 특수공갈죄(ㅁ), 재물손괴등의 죄(ㅂ)이다.

ㄴ. (×) 폭행죄는 특수경비원이 무기를 휴대하고 경비업무를 수행 중에 무기의 안전수칙을 위반하여 죄를 범한 경우, 그 죄에 정한 형의 2분의 1까지 가중처벌하는 형법상 범죄에 해당한다(경비업법 제29조 제1항). 특수폭행죄가 경비원이 경비업무 수행 중에 경비업법에서 정한 장비 외에 흉기 등을 휴대하고 범죄를 범한 경우 그 법정형의 2분의 1까지 가중처벌하는 형법상 범죄에 해당한다.

ㄷ. (×) 경비업법 제29조 제2항은 과실범과 관련하여 가중처벌 대상범죄로 업무상과실치사상죄, 중과실치사상죄를 규정하고 있을 뿐이고 단순과실치사상죄는 규정하고 있지 않다.

ㄹ. (×) 특수강도죄(형법 제334조)는 경비업법 제29조 제2항의 가중처벌 대상범죄에 해당하지 않는다.

관계법령 **형의 가중처벌(경비업법 제29조)**

② 경비원이 경비업무 수행 중에 제16조의2 제1항에서 정한 장비 외에 흉기 또는 그 밖의 위험한 물건을 휴대하고 형법 제258조의2(특수상해죄) 제1항(제257조 제1항의 상해죄로 한정, 존속상해죄는 제외) · 제2항(제258조 제1항 · 제2항의 중상해죄로 한정, 존속중상해죄는 제외), 제259조 제1항(상해치사죄), 제261조(특수폭행죄), 제262조(폭행치사상죄), 제268조(업무상과실 · 중과실치사상죄), 제276조 제1항(체포 또는 감금죄), 제277조 제1항(중체포 또는 중감금죄), 제281조 제1항(체포 · 감금등의 치사상죄), 제283조 제1항(협박죄), 제324조 제2항(특수강요죄), 제350조의2(특수공갈죄) 및 제366조(재물손괴등죄)의 죄를 범한 때에는 그 죄에 정한 형의 2분의 1까지 가중처벌한다.

28 정답 ❸

○△×

경비원의 복장에 관한 신고를 하지 아니하고 집단민원현장에 경비원을 배치한 경비업자에게는 3천만원 이하의 과태료를 부과한다(경비업법 제31조 제1항 제1호). 제시된 내용 중 과태료 부과기준이 같은 것은 ㄱ, ㄴ, ㄷ이다.

ㄱ. (○) 경비업법 제31조 제1항 제2호

ㄴ. (○) 경비업법 제31조 제1항 제3호

ㄷ. (○) 경비업법 제31조 제1항 제5호

ㄹ. (×) <u>500만원</u> 이하의 과태료(경비업법 제31조 제2항 제2호)

ㅁ. (×) <u>500만원</u> 이하의 과태료(경비업법 제31조 제2항 제3호의2)

ㅂ. (×) <u>500만원</u> 이하의 과태료(경비업법 제31조 제2항 제5호)

관계법령 **과태료(경비업법 제31조)★★★**

① 다음 각호의 어느 하나에 해당하는 경비업자에게는 3천만원 이하의 과태료를 부과한다.

1. 제16조 제1항을 위반하여 경비원의 복장에 관한 신고를 하지 아니하고 집단민원현장에 경비원을 배치한 자
2. 제16조 제2항을 위반하여 이름표를 부착하게 하지 아니하거나, 신고된 동일 복장을 착용하게 하지 아니하고 집단민원현장에 경비원을 배치한 자
3. 제18조 제1항 단서를 위반하여 집단민원현장에 일반경비원을 배치하면서 경비원의 명부를 배치장소에 작성·비치하지 아니한 자
4. 제18조 제2항 각호 외의 부분 단서를 위반하여 배치허가를 받지 아니하고 경비원을 배치하거나 경비원 명단 및 배치일시·배치장소 등 배치허가 신청의 내용을 거짓으로 한 자
5. 제18조 제7항을 위반하여 제13조에 따른 신임교육을 이수하지 아니한 자를 제18조 제2항 각호의 경비원으로 배치한 자

② 다음 각호의 어느 하나에 해당하는 경비업자, 경비지도사 또는 시설주에게는 500만원 이하의 과태료를 부과한다. 〈개정 2024.2.13.〉

1. 법 제4조 제3항(시·도 경찰청장에게 신고의무) 또는 제18조 제2항(관할 경찰관서장에게 배치신고의무)을 위반하여 신고를 하지 아니한 자
2. 법 제7조 제7항(특수경비업자의 경비대행업자 지정신고의무)의 규정을 위반하여 경비대행업자 지정신고를 하지 아니한 자
3. 법 제9조 제1항(기계경비업자의 계약자에 대한 오경보를 막기 위한 기기설명의무)의 규정을 위반하여 설명의무를 이행하지 아니한 자

3의2. 제11조의2를 위반하여 정당한 사유 없이 보수교육을 받지 아니한 경비지도사

4. 법 제12조 제1항(경비지도사의 선임 등)의 규정에 위반하여 경비지도사를 선임하지 아니한 자

4의2. 제12조의2를 위반하여 경비지도사의 선임 또는 해임의 신고를 하지 아니한 자

5. 법 제14조 제6항(관할 경찰관서장이 무기의 적정한 관리를 위하여 무기를 대여받은 시설주에 대하여 필요한 명령을 발할 수 있다)의 규정에 의한 감독상 필요한 명령을 정당한 이유 없이 이행하지 아니한 자
6. 법 제10조 제3항을 위반하여 결격사유에 해당하는 경비원을 배치하거나 결격사유에 해당하는 경비지도사를 선임·배치한 자
7. 법 제16조 제1항의 복장 등에 관한 신고규정을 위반하여 신고를 하지 아니한 자
8. 법 제16조 제2항을 위반하여 이름표를 부착하게 하지 아니하거나, 신고된 동일 복장을 착용하게 하지 아니하고 경비원을 경비업무에 배치한 자
9. 법 제18조 제1항 본문을 위반하여 명부를 작성·비치하지 아니한 자
10. 법 제18조 제5항을 위반하여 경비원의 근무상황을 기록하여 보관하지 아니한 자

③ 제1항 및 제2항의 규정에 의한 과태료는 대통령령이 정하는 바에 의하여 시·도 경찰청장 또는 경찰관서장이 부과·징수한다.

29 정답 ❹

○△×

④ (○) 청원경찰법 시행규칙 제16조 제3항 제1호

① (×) 탄약고는 무기고와 떨어진 곳에 설치하고, 그 위치는 사무실이나 그 밖에 여러 사람을 수용하거나 여러 사람이 오고 가는 시설로부터 격리되어야 한다(청원경찰법 시행규칙 제16조 제1항 제4호).

② (×) 무기고와 탄약고에는 이중 잠금장치를 하고, 열쇠는 관리책임자가 보관하되, 근무시간 이후에는 숙직책임자에게 인계하여 보관시켜야 한다(청원경찰법 시행규칙 제16조 제1항 제5호).

③ (×) 무기와 탄약을 대여받은 청원주는 수리가 필요한 무기가 있을 때에는 그 목록과 무기장비 운영카드를 첨부하여 관할 경찰서장에게 수리를 요청할 수 있다(청원경찰법 시행규칙 제16조 제2항 제4호).

30 정답 ❶

O△X ① (×) 경비업법 제21조 제3호가 적용되는 경비업법 제19조 제2항 제12호 사유는 경비업자가 집단민원현장에 일반경비원 명부를 작성・비치하지 않는 경우를 전제하는 규정이다. 또한 영업정지처분의 기간은 6개월을 한도로 한다(경비업법 제19조 제2항). 따라서 본 지문은 2가지 내용이 잘못된 경우이다.

② (○) 경비업법 제21조 제1호(경비업법 제11조의4 제1항 제1호 사유)

③ (○) 경비업법 제21조 제2호(경비업법 제13조의3 제1항 제4호 사유)

④ (○) 경비업법 제21조 제4호(경비업법 제20조 제1항 제3호 사유)

관계법령 청문(경비업법 제21조)

경찰청장 또는 시・도 경찰청장은 다음 각호의 어느 하나에 해당하는 처분을 하고자 하는 경우에는 청문을 실시하여야 한다. 〈개정 2024.2.13.〉

1. 제11조의4에 따른 경비지도사 교육기관의 지정 취소 또는 업무의 정지
2. 제13조의3에 따른 경비원 교육기관의 지정 취소 또는 업무의 정지
3. 제19조의 규정에 의한 경비업 허가의 취소 또는 영업정지
4. 제20조 제1항 또는 제2항의 규정에 의한 경비지도사자격의 취소 또는 정지

31 정답 ❸

O△X 제시문의 (   ) 안에 들어갈 내용은 ㄱ : 임용결격사유, ㄴ : 면책불허가 결정, ㄷ : 선고유예, ㄹ : 60세이다.

관계법령 당연 퇴직(청원경찰법 제10조의6)★

청원경찰이 다음 각호의 어느 하나에 해당할 때에는 당연 퇴직된다. 〈개정 2022.11.15.〉

1. 제5조 제2항에 따른 임용결격사유에 해당될 때. 다만, 「국가공무원법」 제33조 제2호는 파산선고를 받은 사람으로서 「채무자 회생 및 파산에 관한 법률」에 따라 신청기한 내에 면책신청을 하지 아니하였거나 면책불허가 결정 또는 면책 취소가 확정된 경우만 해당하고, 「국가공무원법」 제33조 제5호는 「형법」 제129조부터 제132조까지, 「성폭력범죄의 처벌 등에 관한 특례법」 제2조, 「아동・청소년의 성보호에 관한 법률」 제2조 제2호 및 직무와 관련하여 「형법」 제355조 또는 제356조에 규정된 죄를 범한 사람으로서 금고 이상의 형의 선고유예를 받은 경우만 해당한다.
2. 제10조의5에 따라 청원경찰의 배치가 폐지되었을 때
3. 나이가 60세가 되었을 때. 다만, 그 날이 1월부터 6월 사이에 있으면 6월 30일에, 7월부터 12월 사이에 있으면 12월 31일에 각각 당연 퇴직된다.

[2024.12.31. 법률 제20627호에 의하여 2022.12.22. 헌법재판소에서 위헌 결정된 이 조를 개정함.]

32 정답 ❶

O△X ① (×) 청원경찰의 배치결정을 받은 자는 그 배치결정의 통지를 받은 날부터 30일 이내에 배치결정된 인원수의 임용예정자에 대하여 청원경찰 임용승인을 시・도 경찰청장에게 신청하여야 한다(청원경찰법 시행령 제4조 제1항).

② (○) 청원경찰법 시행령 제4조 제2항 전문

③ (○) 청원경찰법 제10조의4 제1항

④ (○) 청원경찰법 제10조의4 제2항

관계법령

의사에 반한 면직(청원경찰법 제10조의4)

① 청원경찰은 형의 선고, 징계처분 또는 신체상·정신상의 이상으로 직무를 감당하지 못할 때를 제외하고는 그 의사(意思)에 반하여 면직(免職)되지 아니한다.

② 청원주가 청원경찰을 면직시켰을 때에는 그 사실을 관할 경찰서장을 거쳐 시·도 경찰청장에게 보고하여야 한다. 〈개정 2020.12.22.〉

임용방법 등(청원경찰법 시행령 제4조)

① 법 제4조 제2항에 따라 청원경찰의 배치결정을 받은 자(이하 "청원주"라 한다)는 법 제5조 제1항에 따라 그 배치결정의 통지를 받은 날부터 30일 이내에 배치결정된 인원수의 임용예정자에 대하여 청원경찰 임용승인을 시·도 경찰청장에게 신청하여야 한다. 〈개정 2020.12.31.〉

② 청원주가 법 제5조 제1항에 따라 청원경찰을 임용하였을 때에는 임용한 날부터 10일 이내에 그 임용사항을 관할 경찰서장을 거쳐 시·도 경찰청장에게 보고하여야 한다. 청원경찰이 퇴직하였을 때에도 또한 같다. 〈개정 2020.12.31.〉

33 ○△× 정답 ❷

② (○) 500만원(청원경찰법 시행령 [별표 2] 제3호)
① (×) 400만원(청원경찰법 시행령 [별표 2] 제1호 나목)
③ (×) 300만원(청원경찰법 시행령 [별표 2] 제4호 나목)
④ (×) 300만원(청원경찰법 시행령 [별표 2] 제2호 나목)

관계법령 **과태료 부과기준(청원경찰법 시행령 [별표 2])**

위반행위	해당 법조문	과태료 금액
1. 법 제4조 제2항에 따른 시·도 경찰청장의 배치결정을 받지 않고 다음 각목의 시설에 청원경찰을 배치한 경우 가. 국가중요시설(국가정보원장이 지정하는 국가보안목표시설을 말한다)인 경우 나. 가목에 따른 국가중요시설 외의 시설인 경우	법 제12조 제1항 제1호	500만원 400만원
2. 법 제5조 제1항에 따른 시·도 경찰청장의 승인을 받지 않고 다음 각목의 청원경찰을 임용한 경우 가. 법 제5조 제2항에 따른 임용결격사유에 해당하는 청원경찰 나. 법 제5조 제2항에 따른 임용결격사유에 해당하지 않는 청원경찰	법 제12조 제1항 제1호	500만원 300만원
3. 정당한 사유 없이 법 제6조 제3항에 따라 경찰청장이 고시한 최저부담기준액 이상의 보수를 지급하지 않은 경우	법 제12조 제1항 제2호	500만원
4. 법 제9조의3 제2항에 따른 시·도 경찰청장의 감독상 필요한 다음 각목의 명령을 정당한 사유 없이 이행하지 않은 경우 가. 총기·실탄 및 분사기에 관한 명령 나. 가목에 따른 명령 외의 명령	법 제12조 제1항 제3호	500만원 300만원

34 정답 ❹

O△X

④ (×) 경찰청장은 시험응시자가 시험시행일 10일 전까지 접수를 취소하는 경우 응시수수료의 100분의 50을 반환하여야 한다(경비업법 시행령 제28조 제4항 제4호).

① (○) 경비업법 시행령 제28조 제1항 제1호

② (○) 경비업법 시행령 제28조 제1항 제2호

③ (○) 경비업법 시행령 제28조 제4항 제2호

관계법령 **허가증 등의 수수료(경비업법 시행령 제28조)**

① 법에 의한 경비업의 허가를 받거나 허가증을 재교부받고자 하는 자는 다음 각호의 수수료를 납부하여야 한다.
 1. 법 제4조 제1항 및 법 제6조 제2항의 규정에 의한 경비업의 허가(추가 · 변경 · 갱신허가를 포함한다)의 경우에는 1만원
 2. 허가사항의 변경신고로 인한 허가증 재교부의 경우에는 2천원

② 제1항의 규정에 의한 수수료는 허가 등의 신청서에 수입인지를 첨부하여 납부한다.

③ 시험에 응시하고자 하는 자는 경찰청장이 정하여 고시하는 수수료를 납부하여야 한다.

④ 경찰청장은 다음 각호의 어느 하나에 해당하는 경우에는 제3항에 따라 받은 응시수수료의 전부 또는 일부를 다음 각호의 구분에 따라 반환하여야 한다.
 1. 응시수수료를 과오납한 경우 : 과오납한 금액 전액
 2. 시험시행기관의 귀책사유로 시험에 응시하지 못한 경우 : 응시수수료 전액
 3. 시험시행일 20일 전까지 접수를 취소하는 경우 : 응시수수료 전액
 4. 시험시행일 10일 전까지 접수를 취소하는 경우 : 응시수수료의 100분의 50

⑤ 경찰청장 및 시 · 도 경찰청장은 제2항 및 제3항의 규정에 불구하고 정보통신망을 이용하여 전자화폐 · 전자결제 등의 방법으로 수수료를 납부하게 할 수 있다. 〈개정 2020.12.31.〉

35 정답 ❶

O△X

① (○) 청원경찰법 제10조의5 제1항 본문

② (×) 청원주는 청원경찰이 배치된 기관 · 시설 또는 사업장 등이 배치인원의 변동사유 없이 다른 곳으로 이전하는 경우에는 청원경찰의 배치를 폐지하거나 배치인원을 감축할 수 없다(청원경찰법 제10조의5 제1항 단서 제2호).

③ (×) 청원주가 청원경찰을 폐지하거나 감축하였을 때에는 청원경찰 배치결정을 한 경찰관서의 장에게 알려야 하며, 그 사업장이 시 · 도 경찰청장이 청원경찰의 배치를 요청한 사업장일 때에는 그 폐지 또는 감축사유를 구체적으로 밝혀야 한다(청원경찰법 제10조의5 제2항).

④ (×) 청원경찰의 배치를 폐지하거나 배치인원을 감축하는 경우 해당 청원주는 배치폐지나 배치인원 감축으로 과원(過員)이 되는 청원경찰 인원을 그 기관 · 시설 또는 사업장 내의 유사 업무에 종사하게 하거나 다른 시설 · 사업장 등에 재배치하는 등 청원경찰의 고용이 보장될 수 있도록 노력하여야 한다(청원경찰법 제10조의5 제3항).

관계법령 **배치의 폐지 등(청원경찰법 제10조의5)**

① 청원주는 청원경찰이 배치된 시설이 폐쇄되거나 축소되어 청원경찰의 배치를 폐지하거나 배치인원을 감축할 필요가 있다고 인정하면 청원경찰의 배치를 폐지하거나 배치인원을 감축할 수 있다. 다만, 청원주는 다음 각호의 어느 하나에 해당하는 경우에는 청원경찰의 배치를 폐지하거나 배치인원을 감축할 수 없다.
1. 청원경찰을 대체할 목적으로 「경비업법」에 따른 특수경비원을 배치하는 경우
2. 청원경찰이 배치된 기관·시설 또는 사업장 등이 배치인원의 변동사유 없이 다른 곳으로 이전하는 경우

② 제1항에 따라 청원주가 청원경찰을 폐지하거나 감축하였을 때에는 청원경찰 배치결정을 한 경찰관서의 장에게 알려야 하며, 그 사업장이 제4조 제3항에 따라 시·도 경찰청장이 청원경찰의 배치를 요청한 사업장일 때에는 그 폐지 또는 감축 사유를 구체적으로 밝혀야 한다. 〈개정 2020.12.22.〉

③ 제1항에 따라 청원경찰의 배치를 폐지하거나 배치인원을 감축하는 경우 해당 청원주는 배치폐지나 배치인원 감축으로 과원(過員)이 되는 청원경찰 인원을 그 기관·시설 또는 사업장 내의 유사 업무에 종사하게 하거나 다른 시설·사업장 등에 재배치하는 등 청원경찰의 고용이 보장될 수 있도록 노력하여야 한다.

36 정답 ❹

○△×

무기를 대여받은 시설주 또는 관리책임자는 수리가 필요한 무기가 있는 때에는 그 목록과 무기장비운영카드를 첨부하여 관할 경찰관서장에게 수리를 요청하여야 한다(경비업법 시행규칙 제18조 제3항 제4호).

관계법령 **무기의 관리수칙 등(경비업법 시행규칙 제18조)**

③ 법 제14조 제4항의 규정에 의하여 무기를 대여받은 시설주 또는 관리책임자가 특수경비원에게 무기를 출납하고자 하는 때에는 다음 각호의 관리수칙에 따라 무기를 관리하여야 한다.
1. 관할 경찰관서장이 무기를 회수하여 집중적으로 관리하도록 지시하는 경우 또는 출납하는 탄약의 수를 증감하거나 출납을 중지하도록 지시하는 경우에는 이에 따를 것
2. 탄약의 출납은 소총에 있어서는 1정당 15발 이내, 권총에 있어서는 1정당 7발 이내로 하되, 생산된 후 오래된 탄약을 우선적으로 출납할 것
3. 무기를 지급받은 특수경비원으로 하여금 무기를 매주 1회 이상 손질하게 할 것
4. 수리가 필요한 무기가 있는 때에는 그 목록과 무기장비운영카드를 첨부하여 관할 경찰관서장에게 수리를 요청할 것

37 정답 ❷

○△×

제시된 내용 중 옳지 않은 것은 ㄱ과 ㄹ 2개이다.

ㄱ. (×) 청원주는 청원경찰이 퇴직할 때에는 「근로자퇴직급여보장법」에 따른 퇴직금을 지급하여야 한다. 다만, 국가기관이나 지방자치단체에 근무하는 청원경찰의 퇴직금에 관하여는 따로 대통령령으로 정한다(청원경찰법 제7조의2).

ㄹ. (×) 국가기관 또는 지방자치단체에 근무하는 청원경찰 외의 청원경찰의 봉급과 각종 수당은 경찰청장이 고시한 최저부담기준액 이상으로 지급하여야 한다(청원경찰법 시행령 제10조 본문).

ㄴ. (○) 청원주는 청원경찰의 피복비를 부담하여야 한다(청원경찰법 제6조 제1항 제2호).

ㄷ. (○) 국가기관 또는 지방자치단체에 근무하는 청원경찰의 보수 산정 시의 기준이 되는 재직기간은 청원경찰로서 근무한 기간으로 한다(청원경찰법 시행령 제9조 제3항).

38 정답 ❸

O△X ③ (O) 실무교육은 총 44시간을 이수하여야 한다.

① (×) 학술교육은 형사법 10시간, 청원경찰법 5시간을 이수하여야 한다.

② (×) 정신교육 과목은 8시간 이수하여야 한다.

④ (×) 체포술 및 호신술 과목은 6시간을 이수하여야 한다.

관계법령 **청원경찰의 교육과목 및 수업시간표(청원경찰법 시행규칙 [별표 1])**

학과별	과 목		시 간
정신교육(8h)	정신교육		8
학술교육(15h)	형사법		10
	청원경찰법		5
실무교육(44h)	경 무	경찰관직무집행법	5
	방 범	방범업무	3
		경범죄처벌법	2
	경 비	시설경비	6
		소 방	4
	정 보	대공이론	2
		불심검문	2
	민방위	민방공	3
		화생방	2
	기본훈련		5
	총기조작		2
	총검술		2
	사 격		6
술과(6h)	체포술 및 호신술		6
기타(3h)	입교·수료 및 평가		3
계			76시간

39 정답 ❶

O△X ㄱ과 ㄴ에 대한 행정처분과 과태료의 연결이 올바른 것은 ①이다.

ㄱ. 경비업자가 결격사유에 해당하는 경비지도사를 선임・배치한 경우(경비업법 제19조 제2항 제6호 – 제10조 제3항 위반), 행정처분은 1회 위반 시 영업정지 1개월, 2회 위반 시 영업정지 3개월, 3회 이상 위반 시 허가취소이다(경비업법 시행령 [별표 4] 제2호 개별기준 바목) 또한 부과되는 과태료는 1회 위반 시 100만원, 2회 위반 시 200만원, 3회 위반 시 400만원이다(경비업법 제31조 제2항 제6호, 동법 시행령 [별표 6] 제4호).

ㄴ. 경비지도사를 집단민원현장에 선임하지 않은 경우(경비업법 제19조 제2항 제3호 – 제7조 제6항 위반), 행정처분은 1회 위반 시 영업정지 1개월, 2회 위반 시 영업정지 3개월, 3회 이상 위반 시 허가취소이나(경비업법 시행령 [별표 4] 제2호 개별기준 다목), 과태료는 부과되지 않는다. 물론 경비업법 제31조 제2항 제4호[제12조 제1항(경비업자는 대통령령이 정하는 바에 따라 경비지도사를 선임하여야 한다)의 규정에 위반하여 경비지도사를 선임하지 아니한 자] 사유로 과태료가 부과될 수는 있으나(경비업법 시행령 [별표 6] 제5호), 제7조 제6항을 위반한 사유로는 과태료가 부과되지 않는다고 보는 것이 타당하다.

40 정답 ❸

O△X 근무인원이 40명인 경우 반장 1명, 조장 3~4명을 지정하여야 한다(청원경찰법 시행규칙 [별표 4]).

관계법령 감독자 지정기준(청원경찰법 시행규칙 [별표 4])

근무인원	직급별 지정기준		
	대 장	반 장	조 장
9명까지	–	–	1명
10명 이상 29명 이하	–	1명	2~3명
30명 이상 40명 이하	–	1명	3~4명
41명 이상 60명 이하	1명	2명	6명
61명 이상 120명 이하	1명	4명	12명

제5회 심화 모의고사

문제편 069p

정답 CHECK

01	02	03	04	05	06	07	08	09	10	11	12	13	14	15	16	17	18	19	20
③	③	③	①	③	③	①	②	②	④	③	③	③	①	③	③	④	②	①	③
21	22	23	24	25	26	27	28	29	30	31	32	33	34	35	36	37	38	39	40
④	②	①	②	③	①	①	②	②	③	②	④	①	④	③	④	④	①	②	③

01 정답 ❸

O△X

제시된 내용 중 옳지 않은 것은 ㄴ, ㄷ, ㅁ이다.

ㄴ. (×) 시설경비업무에 대한 설명이다. 혼잡・교통유도경비업무란 도로에 접속한 공사현장 및 사람과 차량의 통행에 위험이 있는 장소 또는 도로를 점유하는 행사장 등에서 교통사고나 그 밖의 혼잡 등으로 인한 위험발생을 방지하는 업무를 말한다(경비업법 제2조 제1호 바목).

ㄷ. (×) 호송경비업무는 운반 중에 있는 물건을 대상으로 하며, 사람을 대상으로 하지는 않는다(경비업법 제2조 제1호 나목).

ㅁ. (×) 기계경비업무는 경비대상시설에 설치한 기기에 의하여 감지・송신된 정보를 그 경비대상시설 외의 장소에 설치한 관제시설의 기기로 수신하여 도난・화재 등 위험발생을 방지하는 업무를 말한다(경비업법 제2조 제1호 라목).

ㄱ. (○) 경비업법 제2조 제1호

ㄹ. (○) 경비업법 제2조 제1호 다목

ㅂ. (○) 경비업법 제2조 제1호 마목

관계법령 **정의(경비업법 제2조)**

이 법에서 사용하는 용어의 정의는 다음과 같다. 〈개정 2024.1.30.〉

1. "경비업"이라 함은 다음 각목의 1에 해당하는 업무(경비업무)의 전부 또는 일부를 도급받아 행하는 영업을 말한다.
   가. 시설경비업무 : 경비를 필요로 하는 시설 및 장소(경비대상시설)에서의 도난・화재 그 밖의 혼잡 등으로 인한 위험발생을 방지하는 업무
   나. 호송경비업무 : 운반 중에 있는 현금・유가증권・귀금속・상품 그 밖의 물건에 대하여 도난・화재 등 위험발생을 방지하는 업무
   다. 신변보호업무 : 사람의 생명이나 신체에 대한 위해의 발생을 방지하고 그 신변을 보호하는 업무
   라. 기계경비업무 : 경비대상시설에 설치한 기기에 의하여 감지・송신된 정보를 그 경비대상시설 외의 장소에 설치한 관제시설의 기기로 수신하여 도난・화재 등 위험발생을 방지하는 업무

마. 특수경비업무 : 공항(항공기를 포함) 등 대통령령이 정하는 국가중요시설의 경비 및 도난 · 화재 그 밖의 위험발생을 방지하는 업무

국가중요시설(경비업법 시행령 제2조)

경비업법 제2조 제1호 마목에서 "대통령령이 정하는 국가중요시설"이라 함은 공항 · 항만, 원자력발전소 등의 시설 중 국가정보원장이 지정하는 국가보안목표시설과 「통합방위법」 제21조 제4항의 규정에 의하여 국방부장관이 지정하는 국가중요시설을 말한다.

바. 혼잡 · 교통유도경비업무 : 도로에 접속한 공사현장 및 사람과 차량의 통행에 위험이 있는 장소 또는 도로를 점유하는 행사장 등에서 교통사고나 그 밖의 혼잡 등으로 인한 위험발생을 방지하는 업무

02 정답 ❸

○△×

제시된 내용 중 옳지 않은 것은 ㄷ, ㄹ, ㅂ이다.

ㄷ. (×) 경비지도사의 보수교육의 방법은 집합교육을 원칙으로 하되, 부득이한 경우 온라인교육으로 대체할 수 있다(경비업법 시행규칙 제11조의2 제3항). 일반경비원과 특수경비원에 대한 직무교육은 집합교육, 온라인교육 등 다양한 방법으로 실시할 수 있다(경비업법 시행규칙 제13조 제3항 · 제16조 제4항).

ㄹ. (×) 경찰청장은 일반경비원에 대한 신임교육의 실시를 위하여 연도별 교육계획을 수립하고, 영 제19조의2 제1항에 따른 일반경비원 교육기관이 교육계획에 따라 교육을 실시하도록 하여야 한다(경비업법 시행규칙 제12조 제2항).

ㅂ. (×) 시 · 도 경찰청장 또는 경찰서장은 특수경비원 신임교육을 받은 사람이 요청하는 경우에는 별지 제12호의2 서식의 신임교육 이수 확인증을 발급할 수 있다(경비업법 시행규칙 제15조 제4항).

ㄱ. (○) 경비업법 시행규칙 [별표 1의2] 비고

ㄴ. (○) 경비업법 시행규칙 [별표 1의2]

ㅁ. (○) 경비업법 시행규칙 제12조 제5항(일반경비원) · 제15조 제3항(특수경비원)

관계법령 **경비지도사 보수교육의 과목 및 시간(경비업법 시행규칙 [별표 1의2]) <신설 2024.8.14.>**

구 분		과 목	시 간
공통교육		경비업법령	1
		직업윤리 및 인권보호	1
자격의 종류별 교육	일반경비지도사	일반경비실무	4
	기계경비지도사	기계경비실무	

※ 비고
일반경비지도사와 기계경비지도사 자격을 모두 취득한 사람이 일반경비업무와 기계경비업무에 모두 선임된 경우 공통교육은 1회만 실시한다.

03 정답 ❸

○△× (　　) 안에 들어갈 숫자의 합은 ㄱ(60) + ㄴ(5) + ㄷ(0.2) + ㄹ(0.8) = 66이다.

관계법령 경비지도사 및 경비원의 결격사유(경비업법 제10조)

② 다음 각호의 어느 하나에 해당하는 자는 특수경비원이 될 수 없다. 〈개정 2021.1.12.〉

1. 18세 미만이거나 60세 이상인 사람 또는 피성년후견인
2. 심신상실자, 알코올 중독자 등 대통령령으로 정하는 정신적 제약이 있는 자

특수경비원의 결격사유(경비업법 시행령 제10조의2)

법 제10조 제2항 제2호에서 "심신상실자, 알코올 중독자 등 대통령령으로 정하는 정신적 제약이 있는 자"란 다음 각호의 사람을 말한다.

1. 심신상실자
2. 마약・대마・향정신성의약품 또는 알코올 중독자
3. 「치매관리법」 제2조 제1호에 따른 치매, 조현병・조현정동장애・양극성정동장애(조울병)・재발성우울장애 등의 정신질환이나 정신 발육지연, 뇌전증 등이 있는 사람. 다만, 해당 분야 전문의가 특수경비원으로서 적합하다고 인정하는 사람은 제외한다.

[본조신설 2021.7.13.]

3. 제1항 제2호부터 제8호까지의 어느 하나에 해당하는 자

경비지도사 또는 일반경비원의 결격사유(경비업법 제10조 제1항)

3. 금고 이상의 실형의 선고를 받고 그 집행이 종료(집행이 종료된 것으로 보는 경우를 포함한다)되거나 집행이 면제된 날부터 5년이 지나지 아니한 자

4. 금고 이상의 형의 선고유예를 받고 그 유예기간 중에 있는 자
5. 행정안전부령이 정하는 신체조건에 미달되는 자

특수경비원의 신체조건(경비업법 시행규칙 제7조)

법 제10조 제2항 제5호에서 "행정안전부령이 정하는 신체조건"이라 함은 팔과 다리가 완전하고 두 눈의 맨눈시력 각각 0.2 이상 또는 교정시력 각각 0.8 이상을 말한다. 〈개정 2023.7.17.〉

04 정답 ❶

○△× 제시된 내용 중 청문을 실시하여야 하는 업무정지처분의 대상에 해당하지 않는 것은 ㄱ이다.

ㄱ. (×) 경찰청장은 경비원 교육기관이 거짓이나 그 밖의 부정한 방법으로 경비원 교육기관의 지정을 받은 경우에는 그 지정을 취소하여야 한다(경비업법 제13조의3 제1항 제1호). 경비업법 제13조의3 제1항 제1호는 절대적 지정 취소사유이므로 청문을 실시하여야 하는 업무정지처분의 대상에 해당하지 아니한다.

ㄴ. (○) 경비업법 제21조 제2호, 제13조의3 제1항 제3호

ㄷ. (○) 경비업법 제21조 제1호, 제11조의4 제1항 제4호

ㄹ. (○) 경비업법 제21조 제1호, 제11조의4 제1항 제2호

관계법령 **청문(경비업법 제21조)**

경찰청장 또는 시·도 경찰청장은 다음 각호의 어느 하나에 해당하는 처분을 하고자 하는 경우에는 청문을 실시하여야 한다. 〈개정 2024.2.13.〉

1. 제11조의4에 따른 경비지도사 교육기관의 지정취소 또는 업무의 정지

경비지도사 교육기관의 지정취소 등(경비업법 제11조의4)

① 경찰청장은 경비지도사 교육기관이 다음 각호의 어느 하나에 해당하는 경우에는 그 지정을 취소하거나 1년의 범위에서 기간을 정하여 업무의 전부 또는 일부를 정지할 수 있다. 다만, 제1호의 경우에는 그 지정을 취소하여야 한다.

1. 거짓이나 그 밖의 부정한 방법으로 경비지도사 교육기관의 지정을 받은 경우
2. 지정받은 사항을 위반하여 업무를 행한 경우
3. 제11조의3 제3항에 따른 시정명령을 받고도 정당한 사유 없이 정하여진 기간 이내에 시정하지 아니한 경우
4. 제11조의3 제4항에 따른 지정 기준에 적합하지 아니하게 된 경우

[본조신설 2024.2.13.]

2. 제13조의3에 따른 경비원 교육기관의 지정취소 또는 업무의 정지

경비원 교육기관의 지정취소 등(경비업법 제13조의3)

① 경찰청장은 경비원 교육기관이 다음 각호의 어느 하나에 해당하는 경우에는 그 지정을 취소하거나 1년 이내의 기간을 정하여 업무의 전부 또는 일부를 정지할 수 있다. 다만, 제1호의 경우에는 그 지정을 취소하여야 한다.

1. 거짓이나 그 밖의 부정한 방법으로 경비원 교육기관의 지정을 받은 경우
2. 지정받은 사항을 위반하여 업무를 행한 경우
3. 제13조의2 제3항에 따른 시정명령을 받고도 정당한 사유 없이 정하여진 기간 이내에 시정하지 아니한 경우
4. 제13조의2 제4항에 따른 지정 기준에 적합하지 아니하게 된 경우

[본조신설 2024.2.13.]

3. 제19조의 규정에 의한 경비업 허가의 취소 또는 영업정지
4. 제20조 제1항 또는 제2항의 규정에 의한 경비지도사자격의 취소 또는 정지

05

정답 ❸

○△×

③ (○) 청원경찰법 시행령 제8조 제1항

① (×) 청원주는 청원경찰이 직무상의 의무를 위반하거나 직무를 태만히 한 때에는 대통령령으로 정하는 징계절차를 거쳐 징계처분을 하여야 한다(청원경찰법 제5조의2 제1항 제1호).

② (×) 시·도 경찰청장은 징계규정의 보완이 필요하다고 인정할 때에는 청원주에게 그 보완을 요구할 수 있다(청원경찰법 시행령 제8조 제6항).

④ (×) 청원주는 청원경찰 배치결정의 통지를 받았을 때에는 통지를 받은 날부터 15일 이내에 청원경찰에 대한 징계규정을 제정하여야 한다(청원경찰법 시행령 제8조 제5항 전문).

관계법령 **청원경찰의 징계(청원경찰법 제5조의2)**

① 청원주는 청원경찰이 다음 각호의 어느 하나에 해당하는 때에는 대통령령으로 정하는 징계절차를 거쳐 징계처분을 하여야 한다.
1. 직무상의 의무를 위반하거나 직무를 태만히 한 때
2. 품위를 손상하는 행위를 한 때

② 청원경찰에 대한 징계의 종류는 파면, 해임, 정직, 감봉 및 견책으로 구분한다.

③ 청원경찰의 징계에 관하여 그 밖에 필요한 사항은 대통령령으로 정한다.

징계(청원경찰법 시행령 제8조)

① 관할 경찰서장은 청원경찰이 법 제5조의2 제1항 각호의 어느 하나에 해당한다고 인정되면 청원주에게 해당 청원경찰에 대하여 징계처분을 하도록 요청할 수 있다.

② 법 제5조의2 제2항의 정직(停職)은 1개월 이상 3개월 이하로 하고, 그 기간에 청원경찰의 신분은 보유하나 직무에 종사하지 못하며, 보수의 3분의 2를 줄인다.

③ 법 제5조의2 제2항의 감봉은 1개월 이상 3개월 이하로 하고, 그 기간에 보수의 3분의 1을 줄인다.

④ 법 제5조의2 제2항의 견책(譴責)은 전과(前過)에 대하여 훈계하고 회개하게 한다.

⑤ 청원주는 청원경찰 배치결정의 통지를 받았을 때에는 통지를 받은 날부터 15일 이내에 청원경찰에 대한 징계규정을 제정하여 관할 시·도 경찰청장에게 신고하여야 한다. 징계규정을 변경할 때에도 또한 같다. 〈개정 2020.12.31.〉

⑥ 시·도 경찰청장은 제5항에 따른 징계규정의 보완이 필요하다고 인정할 때에는 청원주에게 그 보완을 요구할 수 있다. 〈개정 2020.12.31.〉

06 정답 ❸

○△×

제시된 내용 중 경비업법령상 집단민원현장에 해당하는 것은 ㄴ, ㄷ, ㄹ, ㅂ이다.

07 정답 ❶

○△×

① (×) 무기를 대여받은 국가중요시설의 시설주 또는 관리책임자는 관할 경찰관서장이 정하는 바에 의하여 무기의 관리실태를 매월 파악하여 다음 달 3일까지 관할 경찰관서장에게 통보하여야 한다(경비업법 시행규칙 제18조 제1항 제5호).

② (○) 경비업법 시행규칙 제18조 제1항 제6호

③ (○) 경비업법 시행규칙 제18조 제1항 제8호

④ (○) 경비업법 시행규칙 제18조 제2항

관계법령 **무기의 관리수칙 등(경비업법 시행규칙 제18조)**

① 법 제14조 제4항에 따라 무기를 대여받은 국가중요시설의 시설주(이하 "시설주"라 한다) 또는 같은 조 제7항의 규정에 따른 관리책임자(이하 "관리책임자"라 한다)는 다음 각호의 관리수칙에 따라 무기(탄약을 포함한다. 이하 같다)를 관리해야 한다. 〈개정 2012.12.31., 2021.12.31.〉
1. 무기의 관리를 위한 책임자를 지정하고 관할 경찰관서장에게 이를 통보할 것
2. 무기고 및 탄약고는 단층에 설치하고 환기·방습·방화 및 총받침대 등의 시설을 할 것
3. 탄약고는 무기고와 사무실 등 많은 사람을 수용하거나 많은 사람이 오고 가는 시설과 떨어진 곳에 설치할 것
4. 무기고 및 탄약고에는 이중 잠금장치를 하여야 하며, 열쇠는 관리책임자가 보관하되, 근무시간 이후에는 열쇠를 당직책임자에게 인계하여 보관시킬 것

5. 관할 경찰관서장이 정하는 바에 의하여 무기의 관리실태를 매월 파악하여 다음 달 3일까지 관할 경찰관서장에게 통보할 것
6. 대여받은 무기를 빼앗기거나 대여받은 무기가 분실 · 도난 또는 훼손되는 등의 사고가 발생한 때에는 관할 경찰관서장에게 그 사유를 지체 없이 통보할 것
7. 대여받은 무기를 빼앗기거나 대여받은 무기가 분실 · 도난 또는 훼손된 때에는 경찰청장이 정하는 바에 의하여 그 전액을 배상할 것. 다만, 전시 · 사변, 천재 · 지변 그 밖의 불가항력의 사유가 있다고 시 · 도 경찰청장이 인정한 때에는 그러하지 아니하다.
8. 시설주는 자체계획을 수립하여 보관하고 있는 무기를 매주 1회 이상 손질할 수 있게 할 것

② 시설주 또는 관리책임자는 고의 또는 과실로 무기(부속품을 포함한다)를 빼앗기거나 무기가 분실 · 도난 또는 훼손되도록 한 특수경비원에 대하여 특수경비업자에게 교체 또는 징계 등의 조치를 요청할 수 있다. 이 경우 특수경비업자는 특별한 사유가 없는 한 이에 응하여야 한다.

③~⑥ 생략

08 정답 ❷

○△×

② (×) 경비협회는 정관이 정하는 바에 의하여 회원으로부터 회비를 징수할 수 있다(경비업법 시행령 제26조 제2항).

① (○) 경비업법 제22조 제4항

③ (○) 경비업법 시행령 제27조 제1항

④ (○) 경비업법 제22조 제3항 제5호

관계법령 **경비협회(경비업법 제22조)**

① 경비업자는 경비업무의 건전한 발전과 경비원의 자질향상 및 교육훈련 등을 위하여 대통령령이 정하는 바에 따라 경비협회를 설립할 수 있다.

경비협회(경비업법 시행령 제26조)

① 경비업자가 법 제22조 제1항에 따라 경비협회를 설립하려는 경우에는 정관을 작성하여야 한다.
② 협회는 정관이 정하는 바에 의하여 회원으로부터 회비를 징수할 수 있다.

② 경비협회는 법인으로 한다.

③ 경비협회의 업무는 다음과 같다.
1. 경비업무의 연구
2. 경비원 교육 · 훈련 및 그 연구
3. 경비원의 후생 · 복지에 관한 사항
4. 경비진단에 관한 사항
5. 그 밖에 경비업무의 건전한 운영과 육성에 관하여 필요한 사항

④ 경비협회에 관하여 이 법에 특별한 규정이 있는 것을 제외하고는 민법 중 사단법인에 관한 규정을 준용한다.

09 정답 ❷

O△X ( ) 안의 ㄱ~ㄹ에 들어갈 내용은 순서대로 자본금, 확보계획서, 1월, 시・도 경찰청장이다.

관계법령 허가신청 등(경비업법 시행령 제3조)

② 제1항의 규정에 의하여 허가 또는 변경허가신청서를 제출하는 법인은 [별표 1]의 규정에 의한 경비인력・자본금・시설 및 장비를 갖추어야 한다. 다만, 경비업의 허가 또는 변경허가를 신청하는 때에 [별표 1]의 규정에 의한 시설 등(자본금을 제외한다. 이하 이 항에서 같다)을 갖출 수 없는 경우에는 허가 또는 변경허가의 신청 시 시설 등의 확보계획서를 제출한 후 허가 또는 변경허가를 받은 날부터 1월 이내에 [별표 1]의 규정에 의한 시설 등을 갖추고 시・도 경찰청장의 확인을 받아야 한다. 〈개정 2020.12.31.〉

10 정답 ❹

O△X ④ (O) 경비업법 제4조 제3항 제2호부터 제6호까지의 규정에 따른 신고는 그 사유가 발생한 날부터 30일 이내에 하여야 한다(경비업법 시행령 제5조 제5항). "특수경비업무를 종료한 때"는 경비업법 제4조 제3항 제5호에 규정된 사항에 해당한다.

① (×) 경비업자는 폐업을 한 경우에는 폐업을 한 날부터 7일 이내에 폐업신고서에 허가증을 첨부하여 법인의 주사무소를 관할하는 시・도 경찰청장 또는 해당 시・도 경찰청 소속의 경찰서장에게 제출하여야 한다(경비업법 시행령 제5조 제1항 전문).

② (×) 경비원의 배치신고를 한 경비업자가 경비원의 배치를 폐지한 때에는 배치폐지를 한 날부터 7일 이내에 별지 제15호 서식의 경비원 배치폐지 신고서(전자문서로 된 신고서를 포함한다)를 배치지의 관할 경찰관서장에게 제출하여야 한다(경비업법 시행규칙 제24조 제5항 본문).

③ (×) 휴업신고를 한 경비업자가 신고한 휴업기간이 끝나기 전에 영업을 다시 시작하거나 신고한 휴업기간을 연장하려는 경우에는 영업을 다시 시작한 후 7일 이내에 또는 신고한 휴업기간이 끝난 후 7일 이내에 영업재개신고서 또는 휴업기간연장신고서를 제출하여야 한다(경비업법 시행령 제5조 제2항 후문).

11 정답 ❸

O△X ③ (×) 시·도 경찰청장은 대통령령이 정하는 바에 따라 특수경비업자에 대하여 보안지도·점검을 실시하여야 하고 필요한 경우 관계기관에 보안측정을 요청하여야 한다(경비업법 제25조).

① (○) 경비업법 제24조 제1항

② (○) 경비업법 시행령 제31조 제2항

④ (○) 경비업법 제24조 제2항 전문

관계법령

감독(경비업법 제24조)

① 경찰청장 또는 시·도 경찰청장은 경비업무의 적정한 수행을 위하여 경비업자 및 경비지도사를 지도·감독하며 필요한 명령을 할 수 있다. 〈개정 2020.12.22.〉

② 시·도 경찰청장 또는 관할 경찰관서장은 소속 경찰공무원으로 하여금 관할구역 안에 있는 경비업자의 주사무소 및 출장소와 경비원 배치장소에 출입하여 근무상황 및 교육훈련상황 등을 감독하며 필요한 명령을 하게 할 수 있다. 이 경우 출입하는 경찰공무원은 그 권한을 표시하는 증표를 관계인에게 내보여야 한다. 〈개정 2020.12.22.〉

③ 시·도 경찰청장 또는 관할 경찰관서장은 경비업자 또는 배치된 경비원이 이 법이나 이 법에 따른 명령, 「폭력행위 등 처벌에 관한 법률」을 위반하는 행위를 하는 경우 그 위반행위의 중지를 명할 수 있다. 〈개정 2020.12.22.〉

④ 시·도 경찰청장 또는 관할 경찰관서장은 경비업무 장소가 집단민원현장으로 판단되는 경우에는 그때부터 48시간 이내에 경비업자에게 경비원 배치허가를 받을 것을 고지하여야 한다. 〈개정 2020.12.22.〉

보안지도·점검 등(경비업법 제25조)

시·도 경찰청장은 대통령령이 정하는 바에 따라 특수경비업자에 대하여 보안지도·점검을 실시하여야 하고, 필요한 경우 관계기관에 보안측정을 요청하여야 한다. 〈개정 2020.12.22.〉

위임 및 위탁(경비업법 제27조)

① 이 법에 의한 경찰청장의 권한은 대통령령이 정하는 바에 따라 그 일부를 시·도 경찰청장에게 위임할 수 있다.

> **권한의 위임 및 위탁(경비업법 시행령 제31조)★**
>
> ① 경찰청장은 법 제27조 제1항의 규정에 의하여 다음 각호의 권한을 시·도 경찰청장에게 위임한다.
> 1. 법 제20조의 규정에 의한 경비지도사자격의 취소 및 정지에 관한 권한
> 2. 법 제21조 제2호의 규정에 의한 경비지도사자격의 취소 및 정지에 관한 청문의 권한

② 경찰청장은 제11조의 규정에 의한 경비지도사의 시험에 관한 업무를 대통령령이 정하는 바에 따라 관계전문기관 또는 단체에 위탁할 수 있다. 〈개정 2024.2.13.〉

> **권한의 위임 및 위탁(경비업법 시행령 제31조)★**
>
> ② 경찰청장 또는 경찰관서장은 법 제27조 제2항에 따라 법 제11조 제1항에 따른 경비지도사시험의 관리에 관한 업무를 경비업무에 관한 인력과 전문성을 갖춘 기관 또는 단체로서 경찰청장이 지정하여 고시하는 기관 또는 단체에 위탁한다. 〈개정 2024.8.13.〉

12 정답 ❸

O△X 제시된 내용 중 일반경비원과 특수경비원의 신임교육과목 중 실무교육과목으로 공통된 것은 장비사용법(ㄱ), 체포・호신술(ㄷ), 직업윤리 및 인권보호(ㅂ)이다(경비업법 시행규칙 [별표 2]・[별표 4] 참조). 범죄예방론(ㄴ)은 일반경비원과 특수경비원의 신임교육과목 중 공통된 이론교육과목에 해당하고, 폭발물 처리요령(ㄹ)・정보보호 및 보안업무(ㅁ)・테러 및 재난대응요령(ㅅ)은 특수경비원의 신임교육과목 중 실무교육과목에만 해당한다.

관계법령 일반경비원과 특수경비원의 신임교육의 과목 및 시간★★ <개정 2024.8.14.>

구분 (교육시간)	일반경비원 (경비업법 시행규칙 [별표 2])	구분 (교육시간)	특수경비원 (경비업법 시행규칙 [별표 4])
이론교육 (4h)	「경비업법」 등 관계법령(2h), 범죄예방론(2h)	이론교육 (15h)	「경비업법」 및 「경찰관직무집행법」 등 관계법령(8h), 「헌법」 및 형사법(4h), 범죄예방론(3h)
실무교육 (19h)	시설경비실무(3h), 호송경비실무(2h), 신변보호실무(2h), 기계경비실무(2h), 혼잡・교통유도경비실무(2h), 사고예방대책(2h), 체포・호신술(2h), 장비사용법(2h), 직업윤리 및 인권보호(2h)	실무교육 (61h)	테러 및 재난대응요령(4h), 폭발물 처리요령(6h), 화재대처법(3h), 응급처치법(3h), 장비사용법(3h), 출입통제 요령(3h), 직업윤리 및 인권보호(2h), 기계경비실무(3h), 혼잡・교통유도경비업무(4h), 정보보호 및 보안업무(6h), 시설경비 요령(4h), 민방공(4h), 총기조작(3h), 사격(6h), 체포・호신술(4h), 관찰・기록기법(3h)
기타(1h)	입교식, 평가 및 수료식(1h)	기타(4h)	입교식, 평가 및 수료식(4h)
계	24h	계	80h

13 정답 ❸

O△X 청원경찰의 근무요령에 관한 설명으로 옳은 내용은 ㄴ, ㄹ이다.

ㄴ. (O) 청원경찰법 시행규칙 제14조 제3항

ㄹ. (O) 청원경찰법 시행규칙 제14조 제4항

ㄱ. (×) 자체경비를 하는 입초근무자는 경비구역의 정문이나 그 밖의 지정된 장소에서 경비구역의 내부, 외부 및 출입자의 움직임을 감시한다(청원경찰법 시행규칙 제14조 제1항).

ㄷ. (×) 업무처리 및 자체경비를 하는 소내근무자는 근무 중 특이한 사항이 발생하였을 때에는 지체 없이 청원주 또는 관할 경찰서장에게 보고하고 그 지시에 따라야 한다(청원경찰법 시행규칙 제14조 제2항).

14 정답 ❶

O△X ① (○) 경비업법 제13조 제4항

② (×) 특수경비업자는 채용 전 3년 이내에 특수경비업무에 종사하였던 경력이 있는 사람을 특수경비원으로 채용한 경우에는 해당 특수경비원을 특수경비원 신임교육 대상에서 제외할 수 있다(경비업법 시행령 제19조 제2항).

③ (×) 특수경비업자는 소속 특수경비원에게 경비지도사가 수립한 교육계획에 따라 매월 3시간의 직무교육을 받도록 하여야 한다(경비업법 시행령 제19조 제3항, 동법 시행규칙 제16조 제1항).

④ (×) 일반경비원의 채용과 달리 특수경비원 채용 시에는 경비지도사자격이 있더라도 신임교육대상에서 제외할 수 없다(경비업법 시행령 제18조 제2항 제5호 · 제19조 제2항 참조).

관계법령 **특수경비원에 대한 교육(경비업법 시행령 제19조)**

① 특수경비업자는 특수경비원을 채용한 경우 법 제13조 제3항에 따라 해당 특수경비원에게 특수경비업자의 부담으로 경비원 교육기관 중 제19조의2 제1항에 따른 특수경비원 교육기관에서 실시하는 특수경비원 신임교육을 받도록 해야 한다. 〈개정 2024.8.13.〉

② 제1항에도 불구하고 특수경비업자는 채용 전 3년 이내에 특수경비업무에 종사하였던 경력이 있는 사람을 특수경비원으로 채용한 경우에는 해당 특수경비원을 특수경비원 신임교육 대상에서 제외할 수 있다.

③ 특수경비업자는 법 제13조 제3항에 따라 소속 특수경비원에게 법 제12조에 따라 선임한 경비지도사가 수립한 교육계획에 따라 매월 행정안전부령으로 정하는 시간 이상의 직무교육을 받도록 하여야 한다.

④ 제1항에 따른 신임교육의 과목 및 시간, 제3항에 따른 직무교육의 과목 등 특수경비원의 교육 실시에 필요한 사항은 행정안전부령으로 정한다.

15 정답 ❸

O△X "7년 이상 재직 경력"만으로 제1차 시험이 면제되는 사람은 ㄷ, ㄹ, ㅅ, ㅇ이다(경비업법 시행령 제13조).

관계법령 **시험의 일부면제(경비업법 시행령 제13조)**

법 제11조 제3항에 따라 다음 각호의 어느 하나에 해당하는 사람은 경비지도사 제1차 시험을 면제한다.

1. 「경찰공무원법」에 따른 경찰공무원으로 7년 이상 재직한 사람
2. 「대통령 등의 경호에 관한 법률」에 따른 경호공무원 또는 별정직 공무원으로 7년 이상 재직한 사람
3. 「군인사법」에 따른 각 군 전투병과 또는 군사경찰병과 부사관 이상 간부로 7년 이상 재직한 사람
4. 「경비업법」에 따른 경비업무에 7년 이상(특수경비업무의 경우에는 3년 이상) 종사하고 행정안전부령으로 정하는 교육과정을 이수한 사람
5. 「고등교육법」에 따른 대학 이상의 학교를 졸업한 사람으로서 재학 중 경비지도사 시험과목을 3과목 이상을 이수하고 졸업한 후 경비업무에 종사한 경력이 3년 이상인 사람
6. 「고등교육법」에 따른 전문대학을 졸업한 사람으로서 재학 중 경비지도사 시험과목을 3과목 이상을 이수하고 졸업한 후 경비업무에 종사한 경력이 5년 이상인 사람
7. 일반경비지도사의 자격을 취득한 후 기계경비지도사의 시험에 응시하는 사람 또는 기계경비지도사의 자격을 취득한 후 일반경비지도사의 시험에 응시하는 사람
8. 「공무원임용령」에 따른 행정직군 교정직렬 공무원으로 7년 이상 재직한 사람

16 정답 ❸

○△×

제시된 내용 중 ㄱ, ㄴ, ㅁ은 행정안전부령이고, ㄷ과 ㄹ은 대통령령이다.

ㄱ. (×) 일반경비원에 대한 신임교육의 과목 및 시간, 직무교육의 과목 등 일반경비원의 교육 실시에 필요한 사항은 행정안전부령으로 정한다(경비업법 시행령 제18조 제5항).

ㄴ. (×) 경비업자는 집단민원현장에 경비원을 배치하는 때에는 경비지도사를 선임하고 그 장소에 배치하여 행정안전부령으로 정하는 바에 따라 경비원을 지도·감독하게 하여야 한다(경비업법 제7조 제6항).

ㅁ. (×) 경비업자는 경비지도사를 선임하거나 해임하는 때에는 행정안전부령으로 정하는 바에 따라 해당 경비현장을 관할하는 시·도 경찰청장 또는 경찰서장에게 신고하여야 한다(경비업법 제12조의2).

ㄷ. (○) 경비지도사는 결격사유에 해당하지 아니하는 자로서 경찰청장이 시행하는 경비지도사시험에 합격하고 대통령령으로 정하는 바에 따라 경찰청장이 실시하는 기본교육을 받은 자이어야 한다(경비업법 제11조 제1항).

ㄹ. (○) 경비업자에 의해 선임된 경비지도사는 대통령령으로 정하는 바에 따라 경찰청장이 실시하는 보수교육을 받아야 한다(경비업법 제11조의2).

17 정답 ❹

○△×

- 기계경비지도사 : 경비원의 수는 관할구역별로 별산하고 동일한 관할구역 내에서는 합산하지만, 기계경비업무는 기계경비지도사가 담당하는 것이므로 기계경비원 수는 따로 계산하여야 한다(경비업법 시행령 [별표 3] 비고 제2호). 우선 A 경비법인은 서울특별시와 부산광역시에 기계경비지도사 각 1명을 선임·배치하여야 한다(경비업법 시행령 [별표 3] 제1호). 다음으로 전라남도와 제주특별자치도의 기계경비원 배치 현황을 보면 제주특별자치도의 기계경비원이 30명이므로 원칙적으로 일반경비지도사를 따로 선임·배치하지 않을 수 있으나(경비업법 시행령 [별표 3] 제2호), 경비지도사 1명이 지도·감독 및 교육할 수 있는 경비원의 총수(경계를 맞닿아 인접한 시·도 경찰청의 관할구역에 배치된 경비원의 수를 합산한다)는 200명을 초과할 수 없으므로 전라남도에 배치된 기계경비원 180명과 제주특별자치도에 배치된 기계경비원 30명을 합산한 인원을 기준으로 2명의 기계경비지도사를 선임·배치하여야 한다(경비업법 시행령 [별표 3] 제3호).
- 일반경비지도사 : 우선 A 경비법인은 서울특별시에 배치된 시설경비원 250명과 호송경비원 80명을 합산한 인원이 330명이다. 200명을 초과하는 경비원 100명 단위로 경비지도사 1명씩을 추가로 선임·배치하여야 하므로 일반경비지도사 3명, 부산광역시에 일반경비지도사 1명을 선임·배치하여야 한다(경비업법 시행령 [별표 3] 제1호). 다음으로 전라남도와 제주특별자치도의 경비원 배치 현황을 보면 제주특별자치도의 시설경비원이 30명이므로 원칙적으로 일반경비지도사를 따로 선임·배치하지 않을 수 있으며(경비업법 시행령 [별표 3] 제2호), 경비지도사 1명이 지도·감독 및 교육할 수 있는 경비원의 총수(경계를 맞닿아 인접한 시·도 경찰청의 관할구역에 배치된 경비원의 수를 합산한다)는 200명을 초과할 수 없는데 전라남도에 배치된 시설경비원 100명, 호송경비원 30명과 제주특별자치도에 배치된 시설경비원 30명을 합산한 인원이 200명을 초과하지 않으므로 1명의 일반경비지도사를 선임·배치하여야 한다(경비업법 시행령 [별표 3] 제3호).
- 경비업자 甲은 일반경비지도사 5명과 기계경비지도사 4명, 총 9명의 경비지도사를 선임·배치하여야 한다.

18 정답 ❷

O△X ② (○) 청원경찰법 시행령 제20조 제2호

① (×) 청원주가 부담하여야 하는 봉급·수당의 최저부담기준액(국가기관 또는 지방자치단체에 근무하는 청원경찰의 봉급·수당은 제외한다)과 청원경찰의 피복비 및 교육비 비용의 부담기준액은 경찰청장이 정하여 고시한다(청원경찰법 제6조 제3항).

③ (×) 경비전화의 가설은 관할 경찰서장의 권한에 해당한다(청원경찰법 시행규칙 제20조 제1항).

④ (×) 청원경찰의 특수복장 착용에 대한 승인은 시·도 경찰청장의 권한에 해당한다(청원경찰법 시행령 제14조 제3항). 청원경찰법령상 시·도 경찰청장이 관할 경찰서장에게 위임하는 권한으로 명시한 규정은 존재하지 않는다.

관계법령 **권한의 위임(청원경찰법 제10조의3)**

이 법에 따른 시·도 경찰청장의 권한은 그 일부를 대통령령으로 정하는 바에 따라 관할 경찰서장에게 위임할 수 있다. 〈개정 2020.12.22.〉

권한의 위임(청원경찰법 시행령 제20조)

시·도 경찰청장은 법 제10조의3에 따라 다음 각호의 권한을 관할 경찰서장에게 위임한다. 다만, 청원경찰을 배치하고 있는 사업장이 하나의 경찰서의 관할구역에 있는 경우로 한정한다. 〈개정 2020.12.31.〉

1. 법 제4조 제2항 및 제3항에 따른 청원경찰 배치의 결정 및 요청에 관한 권한
2. 법 제5조 제1항에 따른 청원경찰의 임용승인에 관한 권한
3. 법 제9조의3 제2항에 따른 청원주에 대한 지도 및 감독상 필요한 명령에 관한 권한
4. 법 제12조에 따른 과태료 부과·징수에 관한 권한

19 정답 ❶

O△X 경비업법 시행령 [별표 4] 제2호 개별기준에 따를 경우 해당 설문의 행정처분 기준은 A는 영업정지 6개월, B는 영업정지 3개월, C는 경고, D는 영업정지 1개월이다.

관계법령 **행정처분 기준(경비업법 시행령 [별표 4] 제2호 개별기준)**

위반행위	해당 법조문	행정처분 기준		
		1차 위반	2차 위반	3차 이상 위반
가. 법 제4조 제1항 후단을 위반하여 시·도 경찰청장의 허가 없이 경비업무를 변경한 때	법 제19조 제2항 제1호	경 고	영업정지 6개월	허가취소
나. 법 제7조 제2항을 위반하여 도급을 의뢰받은 경비업무가 위법한 것임에도 이를 거부하지 않은 때	법 제19조 제2항 제2호	영업정지 1개월	영업정지 3개월	허가취소
라. 법 제8조를 위반하여 경비대상시설에 관한 경보 대응체제를 갖추지 않은 때	법 제19조 제2항 제4호	경 고	경 고	영업정지 1개월

20 정답 ❸

O△X 제시된 내용 중 옳지 않은 것은 ㄷ, ㄹ, ㅁ이다.

ㄷ. (×) 일반경비원 배치허가를 받은 경비업자가 경비원 배치기간을 연장하려는 경우에는 배치기간이 만료되기 48시간 전까지 배치허가 신청배치허가 신청서를 관할 경찰관서장에게 제출하여 허가를 받아야 한다(경비업법 시행규칙 제24조의2 제3항).

ㄹ. (×) 일반경비원 배치허가를 받은 경비업자가 집단민원현장에 새로운 경비원을 배치하려는 경우에는 새로운 경비원을 배치하기 48시간 전까지 배치허가 신청서를 관할 경찰관서장에게 제출하여 허가를 받아야 한다(경비업법 시행규칙 제24조의2 제4항).

ㅁ. (×) 일반경비원 배치허가를 받은 경비업자가 경비원의 배치를 폐지한 때에는 배치폐지를 한 날부터 48시간 이내에 집단민원현장 일반경비원 배치폐지 신고서를 관할 경찰관서장에게 제출해야 한다(경비업법 시행규칙 제24조의2 제5항).

ㄱ. (○) 경비업법 시행규칙 제24조의2 제1항

ㄴ. (○) 경비업법 시행규칙 제24조의2 제2항

ㅂ. (○) 경비업법 시행규칙 제24조의2 제6항

관계법령 집단민원현장에의 일반경비원 배치허가 신청 등(경비업법 시행규칙 제24조의2)

① 법 제18조 제2항 각 호 외의 부분 단서에 따라 집단민원현장에 일반경비원 배치허가를 신청하려는 경비업자는 별지 제15호의3 서식의 집단민원현장 일반경비원 배치허가 신청서(전자문서에 의한 신청서를 포함하며, 이하 "배치허가 신청서"라 한다)에 집단민원현장에 배치될 일반경비원의 신임교육 이수증(영 제18조 제2항에 따른 일반경비원 신임교육 면제 대상의 경우 신임교육 면제대상에 해당함을 입증할 수 있는 서류를 말한다) 각 1부를 첨부하여 관할 경찰관서장에게 제출해야 한다.

② 제1항에 따른 배치허가 신청서를 받은 관할 경찰관서장은 경비원 배치예정 일시 전까지 배치허가 여부를 결정하여 경비업자에게 통보하여야 한다.

③ 제2항에 따라 일반경비원 배치허가를 받은 경비업자가 경비원 배치기간을 연장하려는 경우에는 배치기간이 만료되기 48시간 전까지 배치허가 신청서를 관할 경찰관서장에게 제출하여 허가를 받아야 한다.

④ 제2항에 따라 일반경비원 배치허가를 받은 경비업자가 집단민원현장에 새로운 경비원을 배치하려는 경우에는 새로운 경비원을 배치하기 48시간 전까지 배치허가 신청서를 관할 경찰관서장에게 제출하여 허가를 받아야 한다.

⑤ 제2항에 따라 일반경비원 배치허가를 받은 경비업자가 경비원의 배치를 폐지한 때에는 배치폐지를 한 날부터 48시간 이내에 별지 제15호의4 서식의 집단민원현장 일반경비원 배치폐지 신고서(전자문서로 된 신고서를 포함한다)를 관할 경찰관서장에게 제출해야 한다.

⑥ 제2항에 따라 일반경비원 배치허가를 받은 경비업자가 집단민원현장에 배치된 경비지도사를 변경한 경우에는 변경된 내용을 관할 경찰관서장에게 통보하여야 한다.

21 정답 ❹

O△X ④ (○) 경비업법 시행령 제28조 제4항 제2호·제3호

① (×) 경비업의 허가를 받거나 허가증을 재교부받고자 하는 자는 대통령령이 정하는 바에 따라 수수료를 납부하여야 한다(경비업법 제27조의2).

② (×) 경비업의 추가·변경·갱신허가의 경우에는 1만원의 수수료를 납부하여야 하고(경비업법 시행령 제28조 제1항 제1호), 허가사항의 변경신고로 인한 허가증 재교부의 경우에는 2천원의 수수료를 납부하여야 한다(경비업법 시행령 제28조 제1항 제2호).

③ (×) 경찰청장 및 시·도 경찰청장은 정보통신망을 이용하여 전자화폐·전자결제 등의 방법으로 수수료를 납부하게 할 수 있다(경비업법 시행령 제28조 제5항).

관계법령

수수료(경비업법 제27조의2)

이 법에 따른 경비업의 허가를 받거나 허가증을 재교부받고자 하는 자는 대통령령이 정하는 바에 따라 수수료를 납부하여야 한다.

허가증 등의 수수료(경비업법 시행령 제28조)

① 법에 의한 경비업의 허가를 받거나 허가증을 재교부받고자 하는 자는 다음 각호의 수수료를 납부하여야 한다.
  1. 법 제4조 제1항 및 법 제6조 제2항의 규정에 의한 경비업의 허가(추가·변경·갱신허가를 포함한다)의 경우에는 1만원
  2. 허가사항의 변경신고로 인한 허가증 재교부의 경우에는 2천원
② 제1항의 규정에 의한 수수료는 허가 등의 신청서에 수입인지를 첨부하여 납부한다.
③ 시험에 응시하고자 하는 자는 경찰청장이 정하여 고시하는 수수료를 납부하여야 한다.
④ 경찰청장은 다음 각호의 어느 하나에 해당하는 경우에는 제3항에 따라 받은 응시수수료의 전부 또는 일부를 다음 각호의 구분에 따라 반환하여야 한다.
  1. 응시수수료를 과오납한 경우 : 과오납한 금액 전액
  2. 시험시행기관의 귀책사유로 시험에 응시하지 못한 경우 : 응시수수료 전액
  3. 시험시행일 20일 전까지 접수를 취소하는 경우 : 응시수수료 전액
  4. 시험시행일 10일 전까지 접수를 취소하는 경우 : 응시수수료의 100분의 50
⑤ 경찰청장 및 시·도 경찰청장은 제2항 및 제3항의 규정에 불구하고 정보통신망을 이용하여 전자화폐·전자결제 등의 방법으로 수수료를 납부하게 할 수 있다. 〈개정 2020.12.31.〉

22

ОΔX

정답 ❷

설문은 경비원의 가중처벌 대상범죄를 규정한 경비업법 제29조 제1항의 내용으로 이에 해당하지 않는 형법상 범죄는 ㄹ이다. ㄱ, ㄴ, ㄷ, ㅁ, ㅂ은 특수경비원이 무기를 휴대하고 경비업무를 수행 중에 경비업법에 규정된 무기의 안전수칙을 위반하여 범죄를 범한 경우 법정형의 2분의 1까지 가중처벌되는 형법상 범죄에 해당한다.

ㄹ. (×) 특수주거침입죄는 경비업법 제29조의 가중처벌 대상범죄에 해당하지 않는다.

관계법령 **형의 가중처벌(경비업법 제29조)**

① 특수경비원이 무기를 휴대하고 경비업무를 수행 중에 제14조 제8항의 규정 및 제15조 제4항의 규정에 의한 무기의 안전수칙을 위반하여 형법 제258조의2(특수상해죄) 제1항(제257조 제1항의 상해죄로 한정, 존속상해죄는 제외)·제2항(제258조 제1항·제2항의 중상해죄로 한정, 존속중상해죄는 제외), 제259조 제1항(상해치사죄), 제260조 제1항(폭행죄), 제262조(폭행치사상죄), 제268조(업무상과실·중과실치사상죄), 제276조 제1항(체포 또는 감금죄), 제277조 제1항(중체포 또는 중감금죄), 제281조 제1항(체포·감금등의 치사상죄), 제283조 제1항(협박죄), 제324조 제2항(특수강요죄), 제350조의2(특수공갈죄) 및 제366조(재물손괴등죄)의 죄를 범한 때에는 그 죄에 정한 형의 2분의 1까지 가중처벌한다.
② 경비원이 경비업무 수행 중에 제16조의2 제1항에서 정한 장비 외에 흉기 또는 그 밖의 위험한 물건을 휴대하고 형법 제258조의2(특수상해죄) 제1항(제257조 제1항의 상해죄로 한정, 존속상해죄는 제외)·제2항(제258조 제1항·제2항의 중상해죄로 한정, 존속중상해죄는 제외), 제259조 제1항(상해치사죄), 제261조(특수폭행죄), 제262조(폭행치사상죄), 제268조(업무상과실·중과실치사상죄), 제276조 제1항(체포 또는 감금죄), 제277조 제1항(중체포 또는 중감금죄), 제281조 제1항(체포·감금등의 치사상죄), 제283조 제1항(협박죄), 제324조 제2항(특수강요죄), 제350조의2(특수공갈죄) 및 제366조(재물손괴등죄)의 죄를 범한 때에는 그 죄에 정한 형의 2분의 1까지 가중처벌한다.

23 정답 ❶

O△X ① (×) 청원경찰의 복제(服制)와 무기휴대에 필요한 사항은 대통령령으로 정한다(청원경찰법 제8조 제3항).
② (○) 청원경찰법 시행령 제16조 제4항
③ (○) 청원경찰법 시행령 제15조
④ (○) 청원경찰법 시행령 제16조 제2항

24 정답 ❷

O△X 제시된 내용 중 특수경비원을 배치한 국가중요시설의 관할 경찰관서장이 갖추어 두어야 할 장부 및 서류는 감독순시부(ㄱ), 무기·탄약대여대장(ㄷ), 특수경비원 전·출입관계철(ㅁ), 특수경비원 교육훈련실시부(ㅂ)이므로 모두 4개이다. 무기탄약출납부(ㄴ)는 시설주가 갖추어 두어야 할 장부 및 서류에 해당하고, 배치결정 관계철(ㄹ)은 청원경찰법상 시·도 경찰청장이 갖춰 두어야 할 서류에 해당한다.

핵심만콕 갖추어 두어야 하는 장부 또는 서류(경비업법 시행규칙 제26조)

시설주	관할 경찰관서장
특수경비원을 배치한 시설주는 다음 각호의 장부 및 서류를 갖추어 두어야 한다(제1항). 1. 근무일지 2. 근무상황카드 3. 경비구역배치도 4. 순찰표철 5. 무기탄약출납부 6. 무기장비운영카드	특수경비원을 배치한 국가중요시설의 관할 경찰관서장은 다음 각호의 장부 및 서류를 갖추어 두어야 한다(제2항). 1. 감독순시부 2. 특수경비원 전·출입관계철 3. 특수경비원 교육훈련실시부 4. 무기·탄약대여대장 5. 그 밖에 특수경비원의 관리 등을 위하여 필요한 장부 또는 서류

※ 제1항 및 제2항의 규정에 의한 장부 또는 서류의 서식은 경찰관서에서 사용하는 서식을 준용한다(제3항).

25 정답 ❸

O△X 제시된 내용 중 설문에 해당하는 것은 ㄴ, ㄹ, ㅁ이다. ㄱ, ㄷ은 기계경비업자가 출장소별로 갖추어 두어야 하는 관리 서류에 기재되는 내용에 해당한다.

관계법령

오경보의 방지를 위한 설명 등(경비업법 시행령 제8조)

① 법 제9조 제1항의 규정에 의하여 기계경비업자가 계약상대방에게 하여야 하는 설명은 다음 각호의 사항을 기재한 서면 또는 전자문서(이하 "서면등"이라 하며, 이 조에서 전자문서는 계약상대방이 원하는 경우에 한한다)를 교부하는 방법에 의한다.
1. 당해 기계경비업무와 관련된 관제시설 및 출장소(주사무소 외의 장소로서 일상적으로 일정 지역안의 경비업무를 지휘·총괄하는 영업거점인 지점·지사 또는 사업소 등의 장소)의 명칭·소재지
2. 기계경비업자가 경비대상시설에서 발생한 경보를 수신한 경우에 취하는 조치
3. 기계경비업무용 기기의 설치장소 및 종류와 그 밖의 기계장치의 개요
4. 오경보의 발생원인과 송신기기의 유지·관리방법

② 기계경비업자는 제1항 각호의 사항을 기재한 서면등과 함께 법 제26조의 규정에 의한 손해배상의 범위와 손해배상액에 관한 사항을 기재한 서면등을 계약상대방에게 교부하여야 한다.

기계경비업자의 관리 서류(경비업법 시행령 제9조)

① 기계경비업자는 법 제9조 제2항의 규정에 의하여 출장소별로 다음 각호의 사항을 기재한 서류를 갖추어 두어야 한다.
1. 경비대상시설의 명칭·소재지 및 경비계약기간
2. 기계경비지도사의 명단·배치일자·배치장소와 출동차량의 대수
3. 경보의 수신 및 현장도착 일시와 조치의 결과
4. 오경보인 경우 오경보가 발생한 경비대상시설 및 그 오경보에 대한 조치의 결과

② 제1항 제3호 및 제4호의 규정에 의한 사항을 기재한 서류는 당해 경보를 수신한 날부터 1년간 이를 보관하여야 한다.

26 정답 ❶

○△×

청원경찰의 복제 중 형태·규격 및 재질을 경찰복제와 동일하게 하는 것은 장구이다. 장구에는 허리띠, 경찰봉, 호루라기 및 포승이 있다(청원경찰법 시행규칙 제9조).

관계법령 **복제(청원경찰법 시행규칙 제9조)**

① 영 제14조에 따른 청원경찰의 제복·장구(裝具) 및 부속물의 종류는 다음 각호와 같다. 〈개정 2021.12.31.〉
1. 제복 : 정모(正帽), 기동모(활동에 편한 모자를 말한다. 이하 같다), 근무복(하복, 동복), 한여름 옷, 기동복, 점퍼, 비옷, 방한복, 외투, 단화, 기동화 및 방한화
2. 장구 : 허리띠, 경찰봉, 호루라기 및 포승(捕繩)
3. 부속물 : 모자표장, 가슴표장, 휘장, 계급장, 넥타이핀, 단추 및 장갑

② 영 제14조에 따른 청원경찰의 제복·장구(裝具) 및 부속물의 형태·규격 및 재질은 다음 각호와 같다. 〈개정 2021.12.31.〉
1. 제복의 형태·규격 및 재질은 청원주가 결정하되, 경찰공무원 또는 군인 제복의 색상과 명확하게 구별될 수 있어야 하며, 사업장별로 통일해야 한다. 다만, 기동모와 기동복의 색상은 진한 청색으로 하고, 기동복의 형태·규격은 별도 1과 같이 한다.
2. 장구의 형태·규격 및 재질은 경찰 장구와 같이 한다.
3. 부속물의 형태·규격 및 재질은 다음 각목과 같이 한다.
   가. 모자표장의 형태·규격 및 재질은 별도 2와 같이 하되, 기동모의 표장은 정모 표장의 2분의 1 크기로 할 것
   나. 가슴표장, 휘장, 계급장, 넥타이핀 및 단추의 형태·규격 및 재질은 별도 3부터 별도 7까지와 같이 할 것

③ 청원경찰은 평상근무 중에는 정모, 근무복, 단화, 호루라기, 경찰봉 및 포승을 착용하거나 휴대하여야 하고, 총기를 휴대하지 아니할 때에는 분사기를 휴대하여야 하며, 교육훈련이나 그 밖의 특수근무 중에는 기동모, 기동복, 기동화 및 휘장을 착용하거나 부착하되, 허리띠와 경찰봉은 착용하거나 휴대하지 아니할 수 있다.

④ 가슴표장, 휘장 및 계급장을 달거나 부착할 위치는 별도 8과 같다.

27 정답 ❶

○△×

① (○) ㄱ - a(3년 이하 징역 또는 3천만원 이하 벌금, 경비업법 제28조 제2항 제3호)

② (×) ㄴ - d(500만원 이하의 과태료, 경비업법 제31조 제2항 제2호)

③ (×) ㄷ - d(500만원 이하의 과태료, 경비업법 제31조 제2항 제3호)

④ (×) ㄹ - a(3년 이하 징역 또는 3천만원 이하 벌금, 경비업법 제28조 제2항 제9호)

28 정답 ❷

O△X

② (○) 경비업법 제5조 제3호

① (×) 경비업법 제5조는 제1호에서 피성년후견인을 임원의 결격사유로 규정하는 외에 권리능력 유무나 나이에 따른 제한은 규정하고 있지 않다. 따라서 18세 미만의 미성년자와 60세 이상의 고령자도 경비법인의 임원이 될 수 있다.

③ (×) 경비업법 또는 「대통령 등의 경호에 관한 법률」에 위반하여 벌금형의 선고를 받고 3년이 지나지 아니한 자는 특수경비업무를 수행하는 법인의 임원이 될 수 없다(경비업법 제5조 제4호).

④ (×) 경비업법(제19조 제1항 제2호 및 제7호는 제외) 또는 경비업법에 의한 명령에 위반하여 허가가 취소된 법인의 허가취소 당시의 임원이었던 자로서 그 취소 후 3년이 지나지 아니한 자는 허가취소사유에 해당하는 경비업무와 동종의 경비업무를 수행하는 법인의 임원이 될 수 없다(경비업법 제5조 제5호).

관계법령 **임원의 결격사유(경비업법 제5조)**

다음 각호의 어느 하나에 해당하는 자는 경비업을 영위하는 법인(제4호에 해당하는 자의 경우에는 특수경비업무를 수행하는 법인을 말하고, 제5호에 해당하는 자의 경우에는 허가취소사유에 해당하는 경비업무와 동종의 경비업무를 수행하는 법인을 말한다)의 임원이 될 수 없다. 〈개정 2021.1.12.〉 (두 피·파·실·3·3·5)

1. 피성년후견인
2. 파산선고를 받고 복권되지 아니한 자
3. 금고 이상의 형의 선고를 받고 그 형이 실효되지 아니한 자
4. 이 법 또는 「대통령 등의 경호에 관한 법률」에 위반하여 벌금형의 선고를 받고 3년이 지나지 아니한 자
5. 이 법(제19조 제1항 제2호 및 제7호는 제외한다) 또는 이 법에 의한 명령에 위반하여 허가가 취소된 법인의 허가취소 당시의 임원이었던 자로서 그 취소 후 3년이 지나지 아니한 자
6. 제19조 제1항 제2호(허가받은 경비업무 외의 업무에 경비원을 종사하게 한 때) 및 제7호(소속 경비원으로 하여금 경비업무의 범위를 벗어난 행위를 하게 한 때)의 사유로 허가가 취소된 법인의 허가취소 당시의 임원이었던 자로서 허가가 취소된 날부터 5년이 지나지 아니한 자

29 정답 ❷

O△X

② (○) 경비업법 제18조 제8항 제1호

① (×) 경비업법 제19조 제2항 제3호(제7조 제6항 위반)의 상대적(임의적) 허가취소·영업정지사유에 해당한다.

③ (×) 경비업법 제18조 제3항 제3호의 경찰관서장이 집단민원현장에 일반경비원 배치허가 신청을 받은 경우에 배치허가를 하여서는 아니 되는 사유에 해당한다.

④ (×) 경비업법 제19조 제2항 제16호(제26조 위반)의 상대적(임의적) 허가취소·영업정지사유에 해당한다.

관계법령 **경비원의 명부와 배치허가 등(경비업법 제18조)**

⑧ 관할 경찰관서장은 경비업자가 다음 각호의 어느 하나에 해당하는 때에는 배치폐지를 명할 수 있다.

1. 제2항 각호 외의 부분 단서를 위반하여 배치허가를 받지 아니하고 경비원을 배치하거나 경비원 명단 및 배치일시·배치장소 등 배치허가 신청의 내용을 거짓으로 한 때
2. 제6항의 결격사유에 해당하는 자를 집단민원현장에 일반경비원으로 배치한 때
3. 제7항을 위반하여 신임교육을 이수하지 아니한 자를 제2항 각호의 경비원으로 배치한 때
4. 경비업자 또는 경비원이 위력이나 흉기 또는 그 밖의 위험한 물건을 사용하여 집단적 폭력사태를 일으킨 때
5. 경비업자가 제2항 각호 외의 부분 본문을 위반하여 신고하지 아니하고 일반경비원을 배치한 때

30 정답 ❸

O△X 제시된 내용 중 경비업법령상 경비지도사 자격취소사유에 해당하는 것은 ㄱ, ㄴ, ㄹ이다.

ㄱ.(○) 경비업법 제20조 제1항 제4호

ㄴ.(○) 경비업법 제20조 제1항 제2호

ㄹ.(○) 경비업법 제20조 제1항 제3호

ㄷ.(×) 경찰청장은 경비지도사가 직무를 성실하게 수행하지 아니한 때에는 대통령령이 정하는 바에 따라 1년의 범위 내에서 그 자격을 정지시킬 수 있다(경비업법 제20조 제2항 제1호). 경비지도사 자격정지사유에 해당한다.

ㅁ.(×) 경찰청장은 경비지도사가 경비업무의 적정한 수행을 위한 경찰청장 또는 시·도 경찰청장의 명령을 위반한 때에는 대통령령이 정하는 바에 따라 1년의 범위 내에서 그 자격을 정지시킬 수 있다(경비업법 제20조 제2항 제2호). 경비지도사 자격정지사유에 해당한다.

ㅂ.(×) 청원경찰은 형의 선고, 징계처분 또는 신체상·정신상의 이상으로 직무를 감당하지 못할 때를 제외하고는 그 의사(意思)에 반하여 면직(免職)되지 아니한다(청원경찰법 제10조의4 제1항). 청원경찰의 의사에 반한 면직사유에 해당한다.

관계법령 **경비지도사자격의 취소 등(경비업법 제20조)**

① 경찰청장은 경비지도사가 다음 각호의 어느 하나에 해당하는 때에는 그 자격을 취소하여야 한다. 〈개정 2024.2.13.〉
1. 제10조 제1항 각호의 결격사유에 해당하게 된 때
2. 허위 그 밖의 부정한 방법으로 경비지도사자격증을 교부받은 때
3. 경비지도사자격증을 다른 사람에게 빌려주거나 양도한 때
4. 자격정지 기간 중에 경비지도사로 선임되어 활동한 때

② 경찰청장은 경비지도사가 다음 각호의 어느 하나에 해당하는 때에는 대통령령이 정하는 바에 따라 1년의 범위 내에서 그 자격을 정지시킬 수 있다. 〈개정 2024.2.13.〉
1. 제12조 제3항의 규정에 위반하여 직무를 성실하게 수행하지 아니한 때
2. 제24조의 규정에 의한 경찰청장 또는 시·도 경찰청장의 명령을 위반한 때

③ 경찰청장은 제1항의 규정에 의하여 경비지도사의 자격을 취소한 때에는 경비지도사자격증을 회수하여야 하고, 제2항의 규정에 의하여 경비지도사의 자격을 정지한 때에는 그 정지기간 동안 경비지도사자격증을 회수하여 보관하여야 한다.

31 정답 ❷

O△X (　　) 안에 들어갈 숫자는 순서대로 1, 2, 4이다.

- 청원주는 청원경찰로 임용된 사람으로 하여금 경비구역에 배치하기 전에 경찰교육기관에서 직무수행에 필요한 교육을 받게 하여야 한다. 다만, 경찰교육기관의 교육계획상 부득이하다고 인정할 때에는 우선 배치하고 임용 후 1년 이내에 교육을 받게 할 수 있다(청원경찰법 시행령 제5조 제1항).
- 청원경찰의 신임교육기간은 2주이다(청원경찰법 시행령 제5조 제3항, 동법 시행규칙 제6조).
- 청원주는 소속 청원경찰에게 그 직무집행에 필요한 교육을 매월 4시간 이상 하여야 한다(청원경찰법 시행규칙 제13조 제1항).

32 정답 ❹

○△× ④ (○) 국가기관이나 지방자치단체에 근무하는 청원경찰의 퇴직금에 관하여는 따로 대통령령으로 정한다(청원경찰법 제7조의2 단서).

① (×) 청원주가 청원경찰에게 지급할 봉급과 각종 수당의 지급의무는 법률에서 직접 규정하고 있다.

② (×) 청원주는 청원경찰이 퇴직할 때에는 「근로자퇴직급여보장법」에 따른 퇴직금을 지급하여야 한다(청원경찰법 제7조의2 본문).

③ (×) 국가기관 또는 지방자치단체에 근무하는 청원경찰의 각종 수당은 「공무원수당 등에 관한 규정」에 따른 수당 중 가계보전수당, 실비변상 등으로 하며, 그 세부 항목은 경찰청장이 정하여 고시한다(청원경찰법 시행령 제9조 제2항).

33 정답 ❶

○△× 청원경찰이 퇴직할 때 청원주에게 반납하여야 하는 것은 대여품이다(청원경찰법 시행규칙 제12조 제2항). 제시된 내용 중 대여품은 허리띠이다. 나머지는 급여품에 해당한다.

관계법령

청원경찰 급여품표(청원경찰법 시행규칙 [별표 2])

품 명	수 량	사용기간	정기지급일
근무복(하복)	1	1년	5월 5일
근무복(동복)	1	1년	9월 25일
한여름 옷	1	1년	6월 5일
외투·방한복 또는 점퍼	1	2~3년	9월 25일
기동화 또는 단화	1	기동화 2년, 단화 1년	9월 25일
비 옷	1	3년	5월 5일
정 모	1	3년	9월 25일
기동모	1	3년	필요할 때
기동복	1	2년	필요할 때
방한화	1	2년	9월 25일
장 갑	1	2년	9월 25일
호루라기	1	2년	9월 25일

청원경찰 대여품표(청원경찰법 시행규칙 [별표 3])

품 명	허리띠	경찰봉	가슴표장	분사기	포 승
수 량	1	1	1	1	1

34 정답 ❹

O△X ④ (○) 청원경찰법 제5조 제3항

① (×) 청원경찰을 배치받으려는 자는 대통령령으로 정하는 바에 따라 관할 시·도 경찰청장에게 청원경찰 배치를 신청하여야 한다(청원경찰법 제4조 제1항).

② (×) 시·도 경찰청장은 청원경찰 배치가 필요하다고 인정하는 기관의 장 또는 시설·사업장의 경영자에게 청원경찰을 배치할 것을 요청할 수 있다(청원경찰법 제4조 제3항).

③ (×) 청원경찰은 청원주가 임용하되, 임용을 할 때에는 미리 시·도 경찰청장의 승인을 받아야 한다(청원경찰법 제5조 제1항).

관계법령

청원경찰의 배치(청원경찰법 제4조)

① 청원경찰을 배치받으려는 자는 대통령령으로 정하는 바에 따라 관할 시·도 경찰청장에게 청원경찰 배치를 신청하여야 한다.

② 시·도 경찰청장은 제1항의 청원경찰 배치신청을 받으면 지체 없이 그 배치 여부를 결정하여 신청인에게 알려야 한다.

③ 시·도 경찰청장은 청원경찰 배치가 필요하다고 인정하는 기관의 장 또는 시설·사업장의 경영자에게 청원경찰을 배치할 것을 요청할 수 있다.

청원경찰의 임용 등(청원경찰법 제5조)

① 청원경찰은 청원주가 임용하되, 임용을 할 때에는 미리 시·도 경찰청장의 승인을 받아야 한다.

② 「국가공무원법」 제33조 각호의 어느 하나의 결격사유에 해당하는 사람은 청원경찰로 임용될 수 없다.

③ 청원경찰의 임용자격·임용방법·교육 및 보수에 관하여는 대통령령으로 정한다.

④ 청원경찰의 복무에 관하여는 「국가공무원법」 제57조, 제58조 제1항, 제60조 및 「경찰공무원법」 제24조를 준용한다.

[2018.9.18. 법률 제15765호에 의하여 2017.9.28. 헌법재판소에서 헌법불합치결정된 이 조 제4항을 개정함.]

35 정답 ❸

O△X 제시된 내용 중 경비업법령상 시설주가 특수경비원에게 무기를 지급해서는 안 되는 사유는 ㄱ, ㄴ, ㄷ, ㄹ이다(경비업법 시행규칙 제18조 제5항).

관계법령

무기의 관리수칙 등(경비업법 시행규칙 제18조)★

⑤ 시설주는 다음 각호의 1에 해당하는 특수경비원에 대하여 무기를 지급하여서는 안 되며, 지급된 무기가 있는 경우 이를 즉시 회수해야 한다. (두 : 형·조·사·정·기)

1. 형사사건으로 인하여 조사를 받고 있는 사람
2. 사직 의사를 표명한 사람
3. 정신질환자
4. 그 밖에 무기를 지급하기에 부적합하다고 인정되는 사람

무기관리수칙(청원경찰법 시행규칙 제16조)

④ 청원주는 다음 각호의 어느 하나에 해당하는 청원경찰에게 무기와 탄약을 지급해서는 안 되며, 지급한 무기와 탄약은 즉시 회수해야 한다. 〈개정 2021.12.31., 2022.11.10.〉

1. 직무상 비위(非違)로 징계대상이 된 사람
2. 형사사건으로 조사대상이 된 사람
3. 사직 의사를 밝힌 사람
4. 치매, 조현병, 조현정동장애, 양극성 정동장애(조울병), 재발성 우울장애 등의 정신질환으로 인하여 무기와 탄약의 휴대가 적합하지 않다고 해당 분야 전문의가 인정하는 사람
5. 제1호부터 제4호까지의 규정 중 어느 하나에 준하는 사유로 청원주가 무기와 탄약을 지급하기에 적절하지 않다고 인정하는 사람
6. 삭제 〈2022.11.10.〉

36 정답 ❹

O△X 제시문의 ( ) 안에 들어갈 내용은 ㄱ : 7년, ㄴ : 64시간, ㄷ : 대통령령, ㄹ : 행정안전부령이다.

관계법령

경비지도사의 시험 등(경비업법 제11조)

③ 경비지도사 시험은 매년 1회 이상 시행하며, 시험과목, 시험공고, 시험의 일부가 면제되는 자의 범위 그 밖에 경비지도사 시험에 관하여 필요한 사항은 대통령령으로 정한다.

시험의 일부면제(경비업법 시행령 제13조)

법 제11조 제3항에 따라 다음 각호의 어느 하나에 해당하는 사람은 경비지도사 제1차 시험을 면제한다. 〈개정 2020.2.4.〉

1~3. 생략

4. 「경비업법」에 따른 경비업무에 7년 이상(특수경비업무의 경우에는 3년 이상) 종사하고 행정안전부령으로 정하는 교육과정을 이수한 사람

경비지도사 시험의 일부면제(경비업법 시행규칙 제10조)

영 제13조 제4호에서 "행정안전부령으로 정하는 교육과정을 이수한 사람"이란 다음 각호의 어느 하나에 해당하는 사람을 말한다.

1. 고등교육법에 의한 전문대학 이상의 교육기관(경비지도사의 시험과목 3과목 이상이 개설된 교육기관에 한한다)에서 1년 이상의 경비업무관련 과정을 마친 사람
2. 경찰청장이 지정하는 기관 또는 단체에서 실시하는 64시간 이상의 경비지도사 양성과정을 마치고 수료시험에 합격한 사람

5~8. 생략

경비지도사 교육기관의 지정 및 교육의 위탁 등(경비업법 제11조의3)

④ 그 밖에 경비지도사 교육기관의 지정 기준 및 절차 등에 필요한 사항은 대통령령으로 정한다.
[본조신설 2024.2.13.]

경비지도사 교육기관의 지정 취소 등(경비업법 제11조의4)

② 그 밖에 경비지도사 교육기관의 지정 취소 및 업무 정지에 관한 세부기준 및 절차는 그 위반행위의 유형과 위반의 정도 등을 고려하여 행정안전부령으로 정한다.
[본조신설 2024.2.13.]

37 정답 ❹

O△X 〈보기〉에 제시된 내용은 모두 밑줄 친 경우에 해당한다. 청원주는 청원경찰이 〈보기〉에 제시된 내용에 해당하게 되면 대통령령으로 정하는 바에 따라 청원경찰 본인 또는 그 유족에게 보상금을 지급하여야 한다.

ㄱ.(○), ㄴ. (○) 청원경찰법 제7조 제1호

ㄷ.(○), ㄹ. (○) 청원경찰법 제7조 제2호

관계법령 **보상금(청원경찰법 제7조)**

청원주는 청원경찰이 다음 각호의 어느 하나에 해당하게 되면 대통령령으로 정하는 바에 따라 청원경찰 본인 또는 그 유족에게 보상금을 지급하여야 한다.

1. 직무수행으로 인하여 부상을 입거나, 질병에 걸리거나 또는 사망한 경우
2. 직무상의 부상·질병으로 인하여 퇴직하거나, 퇴직 후 2년 이내에 사망한 경우

38 정답 ❶

O△X ① (×) 청원경찰이 직무를 수행할 때에 경찰관직무집행법령에 따라 하여야 할 모든 보고는 관할 경찰서장에게 서면으로 보고하기 전에 지체 없이 구두로 보고하고 그 지시에 따라야 한다(청원경찰법 시행규칙 제22조).

② (○) 시·도 경찰청장, 관할 경찰서장 또는 청원주는 청원경찰에게 표창(공적상, 우등상)을 수여할 수 있다(청원경찰법 시행규칙 제18조).

③ (○) 청원경찰법 시행규칙 제19조 제1항

④ (○) 청원경찰법 시행규칙 제21조 제1항

39 정답 ❷

O△X ② (×) 과태료 금액의 100분의 50의 범위에서 그 금액을 줄이거나 늘릴 수 있다(청원경찰법 시행령 제21조 제2항 본문).

① (○) 청원경찰법 제12조 제1항 제1호

③ (○) 청원경찰법 시행규칙 제24조 제3항

④ (○) 청원경찰법 제11조

40 정답 ❸

O△X ③ (×) 청원주는 경찰청장이 정하는 바에 따라 매월 무기와 탄약의 관리실태를 파악하여 다음 달 3일까지 관할 경찰서장에게 통보하여야 한다(청원경찰법 시행규칙 제16조 제1항 제6호).

① (○) 청원경찰법 시행규칙 제16조 제1항 제1호

② (○) 청원경찰법 시행규칙 제16조 제1항 제2호

④ (○) 청원경찰법 시행규칙 제16조 제1항 제7호

관계법령 **무기관리수칙(청원경찰법 시행규칙 제16조)**

① 영 제16조에 따라 무기와 탄약을 대여받은 청원주는 다음 각호에 따라 무기와 탄약을 관리해야 한다. 〈개정 2020.12.31., 2021.12.31.〉

1. 청원주가 무기와 탄약을 대여받았을 때에는 경찰청장이 정하는 무기·탄약 출납부 및 무기장비 운영카드를 갖춰 두고 기록하여야 한다.
2. 청원주는 무기와 탄약의 관리를 위하여 관리책임자를 지정하고 관할 경찰서장에게 그 사실을 통보하여야 한다.
3. 무기고 및 탄약고는 단층에 설치하고 환기·방습·방화 및 총받침대 등의 시설을 갖추어야 한다.
4. 탄약고는 무기고와 떨어진 곳에 설치하고, 그 위치는 사무실이나 그 밖에 여러 사람을 수용하거나 여러 사람이 오고 가는 시설로부터 격리되어야 한다.
5. 무기고와 탄약고에는 이중 잠금장치를 하고, 열쇠는 관리책임자가 보관하되, 근무시간 이후에는 숙직책임자에게 인계하여 보관시켜야 한다.
6. 청원주는 경찰청장이 정하는 바에 따라 매월 무기와 탄약의 관리 실태를 파악하여 다음 달 3일까지 관할 경찰서장에게 통보하여야 한다.
7. 청원주는 대여받은 무기와 탄약이 분실되거나 도난당하거나 빼앗기거나 훼손되는 등의 사고가 발생했을 때에는 지체 없이 그 사유를 관할 경찰서장에게 통보해야 한다.
8. 청원주는 무기와 탄약이 분실되거나 도난당하거나 빼앗기거나 훼손되었을 때에는 경찰청장이 정하는 바에 따라 그 전액을 배상해야 한다. 다만, 전시·사변·천재지변이나 그 밖의 불가항력적인 사유가 있다고 시·도 경찰청장이 인정하였을 때에는 그렇지 않다.

제6회 심화 모의고사

문제편 087p

정답 CHECK

01	02	03	04	05	06	07	08	09	10	11	12	13	14	15	16	17	18	19	20
②	①	②	③	④	①	②	③	①	③	③	④	③	②	④	①	④	②	④	④
21	**22**	**23**	**24**	**25**	**26**	**27**	**28**	**29**	**30**	**31**	**32**	**33**	**34**	**35**	**36**	**37**	**38**	**39**	**40**
②	④	④	②	②	③	③	④	④	①	①	④	③	②	①	③	②	①	④	③

01 정답 ❷

○△×

② (×) 「도시 및 주거환경정비법」에 따른 정비사업과 관련하여 이해대립이 있어 다툼이 있는 장소가 집단민원현장에 해당한다(경비업법 제2조 제5호 나목).

① (○) 경비업법 제2조 제5호 다목

③ (○) 경비업법 제2조 제5호 마목

④ (○) 경비업법 제2조 제5호 사목

관계법령 **정의(경비업법 제2조)★**

이 법에서 사용하는 용어의 정의는 다음과 같다. 〈개정 2024.1.30.〉

5. "집단민원현장"이란 다음 각목의 장소를 말한다.
   가. 「노동조합 및 노동관계조정법」에 따라 노동관계 당사자가 노동쟁의 조정신청을 한 사업장 또는 쟁의행위가 발생한 사업장
   나. 「도시 및 주거환경정비법」에 따른 정비사업과 관련하여 이해대립이 있어 다툼이 있는 장소
   다. 특정 시설물의 설치와 관련하여 민원이 있는 장소
   라. 주주총회와 관련하여 이해대립이 있어 다툼이 있는 장소
   마. 건물 · 토지 등 부동산 및 동산에 대한 소유권 · 운영권 · 관리권 · 점유권 등 법적 권리에 대한 이해대립이 있어 다툼이 있는 장소
   바. 100명 이상의 사람이 모이는 국제 · 문화 · 예술 · 체육 행사장
   사. 「행정대집행법」에 따라 대집행을 하는 장소

02 정답 ❶

O△X 제시된 내용 중 옳은 것은 ㄱ, ㄹ이다.

ㄱ. (O) 경비업법 제10조 제1항 제1호·제2항 제1호 참조

ㄹ. (O) 경비업법 제10조 제1항 제4호

ㄴ. (×) 현재 17세인 사람은 특수경비원 및 경비지도사 모두 될 수 없다(경비업법 제10조 제1항 제1호·제2항 제1호).

ㄷ. (×) 특수경비원이 되고자 하는 자는 팔과 다리가 완전하고, 두 눈의 맨눈시력이 각각 0.2 이상 또는 교정시력이 각각 0.8 이상이 되어야 한다(경비업법 시행규칙 제7조). ㄷ은 청원경찰의 임용 신체조건에 해당한다(청원경찰법 시행규칙 제4조).

ㅁ. (×) 금고 이상의 형의 선고유예를 받고 그 유예기간 중에 있는 자는 특수경비원이 될 수 없다(경비업법 제10조 제2항 제4호).

관계법령 경비지도사 및 경비원의 결격사유(경비업법 제10조)

① 다음 각호의 어느 하나에 해당하는 자는 경비지도사 또는 일반경비원이 될 수 없다. 〈개정 2021.1.12.〉
1. 18세 미만인 사람 또는 피성년후견인
2~3. 생략
4. 금고 이상의 형의 집행유예선고를 받고 그 유예기간 중에 있는 자
5~8. 생략

② 다음 각호의 어느 하나에 해당하는 자는 특수경비원이 될 수 없다. 〈개정 2021.1.12.〉
1. 18세 미만이거나 60세 이상인 사람 또는 피성년후견인
2. 심신상실자, 알코올 중독자 등 대통령령으로 정하는 정신적 제약이 있는 자
3. 제1항 제2호부터 제8호까지의 어느 하나에 해당하는 자
4. 금고 이상의 형의 선고유예를 받고 그 유예기간 중에 있는 자
5. 행정안전부령으로 정하는 신체조건에 미달되는 자

특수경비원의 신체조건(경비업법 시행규칙 제7조)

법 제10조 제2항 제5호에서 "행정안전부령이 정하는 신체조건"이라 함은 팔과 다리가 완전하고 두 눈의 맨눈시력 각각 0.2 이상 또는 교정시력 각각 0.8 이상을 말한다. 〈개정 2023.7.17.〉

03 정답 ❷

O△X ② (O) 경비업법 제9조 제1항, 동법 시행령 제8조 제1항

① (×) 기계경비업자는 관제시설 등에서 경보를 수신한 때에는 경보를 수신한 때부터 늦어도 25분 이내에는 도착시킬 수 있는 대응체제를 갖추어야 한다(경비업법 시행령 제7조). 25분의 기산점은 관제시설 등에서 최초 경보를 수신한 때이다.

③ (×) 기계경비업자는 대응조치 등 업무의 원활한 운영과 개선을 위하여 대통령령이 정하는 바에 따라 관련 서류를 작성·비치하여야 한다(경비업법 제9조 제2항).

④ (×) 기계경비업자는 경비업법 제26조의 규정에 의한 손해배상의 범위와 손해배상액에 관한 사항을 기재한 서면등을 계약상대방에게 교부하여야 한다(경비업법 시행령 제8조 제2항).

04 정답 ❸

O△X ③ (×) 누구든지 집단민원현장에 경비인력을 20명 이상 배치하려고 할 때에는 그 경비인력을 직접 고용하여서는 아니 되고, 경비업자에게 경비업무를 도급하여야 한다(경비업법 제7조의2 제2항 본문).
① (○) 경비업법 제7조 제2항
② (○) 경비업법 제7조 제3항
④ (○) 경비업법 제7조의2 제3항

05 정답 ❹

O△X ④ (×) 소내근무자의 근무 요령에 해당한다(청원경찰법 시행규칙 제14조 제2항).
① (○) 청원경찰법 시행규칙 제14조 제3항 전문
② (○) 청원경찰법 시행규칙 제14조 제4항
③ (○) 청원경찰법 시행규칙 제14조 제1항

관계법령 **근무요령(청원경찰법 시행규칙 제14조)**

① 자체경비를 하는 입초근무자는 경비구역의 정문이나 그 밖의 지정된 장소에서 경비구역의 내부, 외부 및 출입자의 움직임을 감시한다.
② 업무처리 및 자체경비를 하는 소내근무자는 근무 중 특이한 사항이 발생하였을 때에는 지체 없이 청원주 또는 관할 경찰서장에게 보고하고 그 지시에 따라야 한다.
③ 순찰근무자는 청원주가 지정한 일정한 구역을 순회하면서 경비 임무를 수행한다. 이 경우 순찰은 단독 또는 복수로 정선순찰(정해진 노선을 규칙적으로 순찰하는 것을 말한다)을 하되, 청원주가 필요하다고 인정할 때에는 요점순찰(순찰구역 내 지정된 중요지점을 순찰하는 것을 말한다) 또는 난선순찰(임의로 순찰지역이나 노선을 선정하여 불규칙적으로 순찰하는 것을 말한다)을 할 수 있다. 〈개정 2021.12.31.〉
④ 대기근무자는 소내근무에 협조하거나 휴식하면서 불의의 사고에 대비한다.

06 정답 ❶

O△X ②・③・④는 30일 이내, ①은 7일 이내 시・도 경찰청장에게 신고하여야 한다.

핵심만콕 **신고 사유별 신고 기한(경비업법 제4조 제3항, 동법 시행령 제5조)★**

신고 대상	신고 사유	신고 기한
시・도 경찰청장 (제출은 경찰서장에게도 가능)	영업을 폐업하거나 휴업한 때(+영업재개+휴업기간 연장)	7일 이내
	법인의 명칭이나 대표자・임원을 변경한 때	30일 이내
	법인의 주사무소나 출장소를 신설・이전 또는 폐지한 때	
	기계경비업무의 수행을 위한 관제시설을 신설・이전 또는 폐지한 때	
	특수경비업무를 개시하거나 종료한 때	
	그 밖에 대통령령이 정하는 중요사항(정관의 목적)을 변경한 때	

07 정답 ❷

O△X

기본교육을 받는 경우 공통교육은 면제되고, 자격의 종류별 교육은 면제되지 않는다. 따라서 공통교육과목인 직업윤리 및 인권보호(ㄱ)와 체포・호신술(ㅁ)이 면제되는 과목에 해당한다.

관계법령 **경비지도사 기본교육의 과목 및 시간(경비업법 시행규칙 [별표 1]) <개정 2024.8.14.>**

구분 (교육시간)	과목 및 시간	
공통교육 (22시간)	「경비업법」, 「경찰관직무집행법」, 「도로교통법」 등 관계법령 및 「개인정보보호법」에 따른 개인정보 보호지침 등(4h), 실무 I (4h), 실무 II (3h), 범죄・테러・재난 대응요령 및 화재대처법(2h), 응급처치법(2h), 직업윤리 및 인권보호(2h), 체포・호신술(2h), 입교식, 평가 및 수료식(3h)	
자격의 종류별 교육 (18시간)	일반경비지도사	시설경비(3h), 호송경비(2h), 신변보호(2h), 특수경비(2h), 혼잡・다중운집 인파 관리(2h), 교통안전 관리(2h), 일반경비 현장실습(5h)
	기계경비지도사	기계경비 운용관리(4h), 기계경비 기획 및 설계(4h), 인력경비개론(5h), 기계경비 현장실습(5h)

※ 비고 : 다음 각호의 사람이 기본교육을 받는 경우 공통교육은 면제한다.

1. 일반경비지도사 자격을 취득한 후 3년 이내에 기계경비지도사 시험에 합격한 사람
2. 기계경비지도사 자격을 취득한 후 3년 이내에 일반경비지도사 시험에 합격한 사람

08 정답 ❸

O△X

제시된 내용 중 경비협회에 관한 설명으로 옳지 않은 것은 ㄷ, ㅁ이다.

ㄷ. (×) 경비업자의 징계에 관한 내용은 경비협회의 업무에 해당하지 않는다.

ㅁ. (×) 경비협회는 공제사업의 회계를 다른 사업의 회계와 구분하여 경리하여야 한다(경비업법 시행령 제27조 제1항).

ㄱ. (○) 경비업법 제22조 제4항

ㄴ. (○) 경비업법 시행령 제26조 제1항

ㄹ. (○) 경비업법 시행령 제26조 제2항

ㅂ. (○) 경비업법 제23조 제1항 제1호

관계법령

경비협회(경비업법 제22조)

① 경비업자는 경비업무의 건전한 발전과 경비원의 자질향상 및 교육훈련 등을 위하여 대통령령이 정하는 바에 따라 경비협회를 설립할 수 있다.

경비협회(경비업법 시행령 제26조)

① 경비업자가 법 제22조 제1항에 따라 경비협회(이하 "협회"라 한다)를 설립하려는 경우에는 정관을 작성하여야 한다.

② 협회는 정관이 정하는 바에 의하여 회원으로부터 회비를 징수할 수 있다.

② 경비협회는 법인으로 한다.

③ 경비협회의 업무는 다음과 같다.
1. 경비업무의 연구
2. 경비원 교육·훈련 및 그 연구
3. 경비원의 후생·복지에 관한 사항
4. 경비진단에 관한 사항
5. 그 밖에 경비업무의 건전한 운영과 육성에 관하여 필요한 사항
④ 경비협회에 관하여 이 법에 특별한 규정이 있는 것을 제외하고는 민법 중 사단법인에 관한 규정을 준용한다.

공제사업(경비업법 제23조)

① 경비협회는 다음 각호의 공제사업을 할 수 있다.
1. 제26조에 따른 경비업자의 손해배상책임을 보장하기 위한 사업
2. 경비업자가 경비업을 운영할 때 필요한 입찰보증, 계약보증(이행보증을 포함한다), 하도급보증을 위한 사업
3. 경비원의 복지향상과 업무상 재해로 인한 손실을 보상하는 사업
4. 경비업무와 관련한 연구 및 경비원 교육·훈련에 관한 사업

공제사업(경비업법 시행령 제27조)

① 협회는 법 제23조 제1항의 규정에 의하여 공제사업을 하는 경우 공제사업의 회계는 다른 사업의 회계와 구분하여 경리하여야 한다.

②~⑥ 생략

09 정답 ❶

○△×

( ) 안의 ㄱ~ㅁ에 들어갈 숫자는 순서대로 10, 5, 3, 5, 5이다. 따라서 그 합은 28이다.

관계법령

허가의 제한(경비업법 제4조의2)

① 누구든지 제4조 제1항에 따른 허가를 받은 경비업체와 동일한 명칭으로 경비업 허가를 받을 수 없다.
② 제19조 제1항 제2호 및 제7호의 사유로 경비업체의 허가가 취소된 경우 허가가 취소된 날부터 10년이 지나지 아니한 때에는 누구든지 허가가 취소된 경비업체와 동일한 명칭으로 제4조 제1항에 따른 허가를 받을 수 없다.
③ 제19조 제1항 제2호 및 제7호의 사유로 허가가 취소된 법인은 법인명 또는 임원의 변경에도 불구하고 허가가 취소된 날부터 5년이 지나지 아니한 때에는 제4조 제1항에 따른 허가를 받을 수 없다.

임원의 결격사유(경비업법 제5조)

다음 각호의 어느 하나에 해당하는 자는 경비업을 영위하는 법인(제4호에 해당하는 자의 경우에는 특수경비업무를 수행하는 법인을 말하고, 제5호에 해당하는 자의 경우에는 허가취소사유에 해당하는 경비업무와 동종의 경비업무를 수행하는 법인을 말한다)의 임원이 될 수 없다. 〈개정 2021.1.12.〉 (두 피·파·실·3·3·5)
1. 피성년후견인
2. 파산선고를 받고 복권되지 아니한 자
3. 금고 이상의 형의 선고를 받고 그 형이 실효되지 아니한 자
4. 이 법 또는 「대통령 등의 경호에 관한 법률」에 위반하여 벌금형의 선고를 받고 3년이 지나지 아니한 자

5. 이 법(제19조 제1항 제2호 및 제7호는 제외한다) 또는 이 법에 의한 명령에 위반하여 허가가 취소된 법인의 허가취소 당시의 임원이었던 자로서 그 취소 후 3년이 지나지 아니한 자
6. 제19조 제1항 제2호(허가받은 경비업무 외의 업무에 경비원을 종사하게 한 때) 및 제7호(소속 경비원으로 하여금 경비업무의 범위를 벗어난 행위를 하게 한 때)의 사유로 허가가 취소된 법인의 허가취소 당시의 임원이었던 자로서 허가가 취소된 날부터 5년이 지나지 아니한 자

허가의 유효기간 등(경비업법 제6조)

① 제4조 제1항의 규정에 의한 경비업 허가의 유효기간은 허가받은 날부터 5년으로 한다.
② 제1항의 규정에 의한 유효기간이 만료된 후 계속하여 경비업을 하고자 하는 법인은 행정안전부령으로 정하는 바에 따라 갱신허가를 받아야 한다.

10 정답 ❸

O△X 제시된 내용의 (　　) 안의 ㄱ~ㄷ에 들어갈 숫자는 순서대로 7, 3, 64이다. 따라서 그 합은 74이다.

관계법령

경비지도사의 시험 등(경비업법 제11조)

① 경비지도사는 제10조 제1항 각호의 어느 하나에 해당하지 아니하는 자로서 경찰청장이 시행하는 경비지도사시험에 합격하고 대통령령으로 정하는 바에 따라 경찰청장이 실시하는 기본교육(이하 “기본교육”이라 한다)을 받은 자이어야 한다. 〈개정 2024.2.13.〉
② 경찰청장은 제1항의 규정에 의한 교육을 받은 자에게 행정안전부령으로 정하는 바에 따라 경비지도사자격증을 교부하여야 한다.
③ 경비지도사 시험은 매년 1회 이상 시행하며, 시험과목, 시험공고, 시험의 일부가 면제되는 자의 범위 그 밖에 경비지도사 시험에 관하여 필요한 사항은 대통령령으로 정한다.

시험의 일부면제(경비업법 시행령 제13조)

법 제11조 제3항에 따라 다음 각호의 어느 하나에 해당하는 사람은 경비지도사 제1차 시험을 면제한다. 〈개정 2020.2.4.〉

1~3. 생략
4. 「경비업법」에 따른 경비업무에 7년 이상(특수경비업무의 경우에는 3년 이상) 종사하고 행정안전부령으로 정하는 교육과정을 이수한 사람

경비지도사 시험의 일부면제(경비업법 시행규칙 제10조)

영 제13조 제4호에서 “행정안전부령으로 정하는 교육과정을 이수한 사람”이란 다음 각호의 어느 하나에 해당하는 사람을 말한다.

1. 고등교육법에 의한 전문대학 이상의 교육기관(경비지도사의 시험과목 3과목 이상이 개설된 교육기관에 한한다)에서 1년 이상의 경비업무관련 과정을 마친 사람
2. 경찰청장이 지정하는 기관 또는 단체에서 실시하는 64시간 이상의 경비지도사 양성과정을 마치고 수료시험에 합격한 사람

5~8. 생략

11 정답 ❸

O△X

제시된 내용 중 특수경비원의 무기휴대의 절차에 관한 설명으로 옳지 않은 것은 ㄴ과 ㅁ이다.

ㄴ. (×) 시설주는 관할 경찰관서장으로부터 대여받은 무기를 특수경비원에게 휴대하게 하는 경우에는 관할 경찰관서장의 사전승인을 얻어야 한다(경비업법 시행령 제20조 제2항).

ㅁ. (×) 시설주, 관리책임자와 특수경비원은 행정안전부령이 정하는 무기관리수칙을 준수하여야 한다(경비업법 시행령 제20조 제7항).

ㄱ. (○) 경비업법 시행령 제20조 제1항

ㄷ. (○) 경비업법 시행령 제20조 제4항

ㄹ. (○) 경비업법 시행령 제20조 제5항

관계법령 **특수경비원 무기휴대의 절차 등(경비업법 시행령 제20조)**

① 시설주는 법 제14조 제4항의 규정에 의하여 특수경비원이 휴대할 무기를 대여받고자 하는 때에는 무기대여신청서를 관할 경찰서장 및 공항경찰대장 등 국가중요시설의 경비책임자(이하 "관할 경찰관서장"이라 한다)를 거쳐 시·도 경찰청장에게 제출하여야 한다. 〈개정 2020.12.31.〉
② 시설주는 법 제14조 제4항의 규정에 의하여 관할 경찰관서장으로부터 대여받은 무기를 특수경비원에게 휴대하게 하는 경우에는 관할 경찰관서장의 사전승인을 얻어야 한다.
③ 제2항의 규정에 의한 사전승인을 함에 있어서 관할 경찰관서장은 국가중요시설에 총기 또는 폭발물의 소지자나 무장간첩 침입의 우려가 있는지의 여부 등을 고려하는 등 특수경비원에게 무기를 지급하여야 할 필요성이 있는지의 여부에 관하여 판단하여야 한다.
④ 시설주는 제3항의 규정에 의한 무기지급의 필요성이 해소되었다고 인정되는 때에는 특수경비원으로부터 즉시 무기를 회수하여야 한다.
⑤ 법 제14조 제9항의 규정에 의하여 특수경비원이 휴대할 수 있는 무기종류는 권총 및 소총으로 한다.
⑥ 「위해성 경찰장비의 사용기준 등에 관한 규정」 제18조 및 [별표 2]의 규정은 법 제14조 제9항의 규정에 의한 안전검사의 기준에 관하여 이를 준용한다.
⑦ 시설주, 법 제14조 제7항의 규정에 의한 관리책임자와 특수경비원은 행정안전부령이 정하는 무기관리수칙을 준수하여야 한다.

12 정답 ❹

O△X

경비지도사자격의 취소 또는 정지는 시·도 경찰청장에게 위임되어 있는 경찰청장의 권한(경비업법 제27조 제1항, 동법 시행령 제31조 제1항 제1호)으로서 시·도 경찰청장은 경비지도사자격의 취소 또는 정지처분을 하고자 하는 경우 청문을 실시하여야 한다(경비업법 제21조 제4호). ①, ②, ③은 경찰청장 또는 시·도 경찰청장이 청문을 실시하고 처분을 하여야 하는 경우에만 해당한다(경비업법 제21조 제1호 내지 제3호).

관계법령

청문(경비업법 제21조)

경찰청장 또는 시·도 경찰청장은 다음 각호의 어느 하나에 해당하는 처분을 하고자 하는 경우에는 청문을 실시하여야 한다. 〈개정 2024.2.13.〉

1. 제11조의4에 따른 경비지도사 교육기관의 지정 취소 또는 업무의 정지
2. 제13조의3에 따른 경비원 교육기관의 지정 취소 또는 업무의 정지
3. 제19조의 규정에 의한 경비업 허가의 취소 또는 영업정지
4. 제20조 제1항 또는 제2항의 규정에 의한 경비지도사자격의 취소 또는 정지

위임 및 위탁(경비업법 제27조)

① 이 법에 의한 경찰청장의 권한은 대통령령이 정하는 바에 따라 그 일부를 시·도 경찰청장에게 위임할 수 있다.

권한의 위임 및 위탁(경비업법 시행령 제31조)★

① 경찰청장은 법 제27조 제1항의 규정에 의하여 다음 각호의 권한을 시·도 경찰청장에게 위임한다.
1. 법 제20조의 규정에 의한 경비지도사자격의 취소 및 정지에 관한 권한
2. 법 제21조 제2호의 규정에 의한 경비지도사자격의 취소 및 정지에 관한 청문의 권한

② 경찰청장은 제11조의 규정에 의한 경비지도사의 시험에 관한 업무를 대통령령이 정하는 바에 따라 관계전문기관 또는 단체에 위탁할 수 있다. 〈개정 2024.2.13.〉

권한의 위임 및 위탁(경비업법 시행령 제31조)★

② 경찰청장 또는 경찰관서장은 법 제27조 제2항에 따라 법 제11조 제1항에 따른 경비지도사시험의 관리에 관한 업무를 경비업무에 관한 인력과 전문성을 갖춘 기관 또는 단체로서 경찰청장이 지정하여 고시하는 기관 또는 단체에 위탁한다. 〈개정 2024.8.13.〉

13 정답 ❸

○△×

제시된 내용 중 청원경찰의 배치대상인 기관·시설 또는 사업장에 해당하지 않는 곳은 ㄱ과 ㅁ이다.

ㄱ. (×) 국내 주재(駐在) 외국기관이 청원경찰 배치기관·시설 또는 사업장에 해당한다(청원경찰법 제2조 제2호).

ㅁ. (×) 「지역보건법」에 따른 보건지소는 청원경찰이 배치되는 대상에 해당하지 않는다.

ㄴ. (○) 청원경찰법 제2조 제3호, 동법 시행규칙 제2조 제2호

ㄷ. (○) 청원경찰법 제2조 제3호, 동법 시행규칙 제2조 제3호

ㄹ. (○) 청원경찰법 제2조 제3호, 동법 시행규칙 제2조 제4호

ㅂ. (○) 청원경찰법 제2조 제3호, 동법 시행규칙 제2조 제5호

관계법령 **정의(청원경찰법 제2조)**

이 법에서 "청원경찰"이란 다음 각호의 어느 하나에 해당하는 기관의 장 또는 시설·사업장 등의 경영자가 청원경찰경비를 부담할 것을 조건으로 경찰의 배치를 신청하는 경우 그 기관·시설 또는 사업장 등의 경비(警備)를 담당하게 하기 위하여 배치하는 경찰을 말한다.
1. 국가기관 또는 공공단체와 그 관리하에 있는 중요시설 또는 사업장
2. 국내 주재(駐在) 외국기관
3. 그 밖에 행정안전부령으로 정하는 중요시설, 사업장 또는 장소

배치대상(청원경찰법 시행규칙 제2조)

「청원경찰법」 제2조 제3호에서 "그 밖에 행정안전부령으로 정하는 중요시설, 사업장 또는 장소"란 다음 각호의 시설, 사업장 또는 장소를 말한다.
1. 선박, 항공기 등 수송시설
2. 금융 또는 보험을 업(業)으로 하는 시설 또는 사업장
3. 언론, 통신, 방송 또는 인쇄를 업으로 하는 시설 또는 사업장
4. 학교 등 육영시설
5. 「의료법」에 따른 의료기관(의원급 의료기관, 조산원, 병원급 의료기관)
6. 그 밖에 공공의 안녕질서 유지와 국민경제를 위하여 고도의 경비(警備)가 필요한 중요시설, 사업체 또는 장소

14 정답 ❷

O△X 청원경찰법은 청원경찰의 직무, 임용, 배치, 보수, 사회보장 및 그 밖에 필요한 사항을 규정함으로써 청원경찰의 원활한 운영을 목적으로 한다(청원경찰법 제1조).

15 정답 ❹

O△X (　　) 안의 ㄱ~ㄹ에 들어갈 내용은 순서대로 국가정보원장, 국가보안목표시설, 국방부장관, 국가중요시설이다.

관계법령 **국가중요시설(경비업법 시행령 제2조)★**

경비업법 제2조 제1호 마목에서 "대통령령이 정하는 국가중요시설"이라 함은 공항·항만, 원자력발전소 등의 시설 중 국가정보원장이 지정하는 국가보안목표시설과 「통합방위법」 제21조 제4항의 규정에 의하여 국방부장관이 지정하는 국가중요시설을 말한다.

16 정답 ❶

O△X 제시된 내용의 (　　)에는 순서대로 행정안전부령, 행정안전부령, 행정안전부령, 대통령령, 대통령령이 들어간다. 따라서 (　　)에 "대통령령"이 들어가지 않는 것은 ㄱ, ㄴ, ㄷ이다.

ㄱ. (×) 행정안전부령 - 경비업법 제16조 제5항
ㄴ. (×) 행정안전부령 - 경비업법 제18조 제1항 본문
ㄷ. (×) 행정안전부령 - 경비업법 제18조 제2항 본문
ㄹ. (○) 대통령령 - 경비업법 제20조 제2항 제1호
ㅁ. (○) 대통령령 - 경비업법 제22조 제1항

17 정답 ❹

O△X ④ (×) 특수경비원은 총기 또는 폭발물을 가지고 대항하는 경우를 제외하고는 14세 미만의 자 또는 임산부에 대하여는 권총 또는 소총을 발사하여서는 아니 된다(경비업법 제15조 제4항 제3호).

① (○) 경비업법 제15조 제2항
② (○) 경비업법 제15조 제4항 제1호 본문
③ (○) 경비업법 제15조 제4항 제2호 본문

관계법령 **특수경비원의 의무(경비업법 제15조)**

④ 특수경비원이 무기를 휴대하고 경비업무를 수행하는 때에는 다음 각호의 어느 하나에서 정하는 무기의 안전사용수칙을 지켜야 한다. 〈개정 2024.2.13.〉

1. 특수경비원은 사람을 향하여 권총 또는 소총을 발사하고자 하는 때에는 미리 구두 또는 공포탄에 의한 사격으로 상대방에게 경고하여야 한다. 다만, 다음 각목의 1에 해당하는 경우로서 부득이한 때에는 경고하지 아니할 수 있다.
   가. 특수경비원을 급습하거나 타인의 생명·신체에 대한 중대한 위험을 야기하는 범행이 목전에 실행되고 있는 등 상황이 급박하여 경고할 시간적 여유가 없는 경우
   나. 인질·간첩 또는 테러사건에 있어서 은밀히 작전을 수행하는 경우

2. 특수경비원은 무기를 사용하는 경우에 있어서 범죄와 무관한 다중의 생명·신체에 위해를 가할 우려가 있는 때에는 이를 사용하여서는 아니 된다. 다만, 무기를 사용하지 아니하고는 타인 또는 특수경비원의 생명·신체에 대한 중대한 위협을 방지할 수 없다고 인정되는 때에는 필요한 최소한의 범위 안에서 이를 사용할 수 있다.
3. 특수경비원은 총기 또는 폭발물을 가지고 대항하는 경우를 제외하고는 14세 미만의 자 또는 임산부에 대하여는 권총 또는 소총을 발사하여서는 아니 된다.

18 정답 ❷

O△X ② (○) 청원경찰법 시행령 제4조 제2항 전문

① (×) 청원경찰의 배치결정을 받은 자는 그 배치결정의 통지를 받은 날부터 30일 이내에 배치결정된 인원수의 임용예정자에 대하여 임용승인신청서를 시·도 경찰청장에게 제출하여야 한다(청원경찰법 시행령 제4조 제1항, 동법 시행규칙 제5조 제1항).

③ (×) 청원경찰의 배치를 받으려는 자는 청원경찰 배치신청서에 경비구역 평면도 1부와 배치계획서 1부를 첨부하여야 한다(청원경찰법 시행령 제2조 전문).

④ (×) 청원경찰 배치신청서 제출 시, 배치 장소가 둘 이상의 도(道)일 때에는 주된 사업장의 관할 경찰서장을 거쳐 시·도 경찰청장에게 한꺼번에 신청할 수 있다(청원경찰법 시행령 제2조 후문).

관계법령

청원경찰의 배치신청 등(청원경찰법 시행령 제2조)

「청원경찰법」 제4조 제1항에 따라 청원경찰의 배치를 받으려는 자는 청원경찰 배치신청서에 다음 각호의 서류를 첨부하여 법 제2조 각호의 기관·시설·사업장 또는 장소(이하 "사업장"이라 한다)의 소재지를 관할하는 경찰서장(이하 "관할 경찰서장"이라 한다)을 거쳐 시·도 경찰청장에게 제출하여야 한다. 이 경우 배치 장소가 둘 이상의 도(특별시, 광역시, 특별자치시 및 특별자치도를 포함한다. 이하 같다)일 때에는 주된 사업장의 관할 경찰서장을 거쳐 시·도 경찰청장에게 한꺼번에 신청할 수 있다. 〈개정 2020.12.31.〉

1. 경비구역 평면도 1부
2. 배치계획서 1부

임용방법 등(청원경찰법 시행령 제4조)

① 법 제4조 제2항에 따라 청원경찰의 배치결정을 받은 자(이하 "청원주"라 한다)는 법 제5조 제1항에 따라 그 배치결정의 통지를 받은 날부터 30일 이내에 배치결정된 인원수의 임용예정자에 대하여 청원경찰 임용승인을 시·도 경찰청장에게 신청하여야 한다. 〈개정 2020.12.31.〉

② 청원주가 법 제5조 제1항에 따라 청원경찰을 임용하였을 때에는 임용한 날부터 10일 이내에 그 임용사항을 관할 경찰서장을 거쳐 시·도 경찰청장에게 보고하여야 한다. 청원경찰이 퇴직하였을 때에도 또한 같다. 〈개정 2020.12.31.〉

19 정답 ❹

O△X

④ (O) 청원경찰법 시행령 제8조 제1항 – 법 제5조의2 제1항 제2호

① (×) 시·도 경찰청장은 징계규정의 보완이 필요하다고 인정할 때에는 청원주에게 그 보완을 요구할 수 있다(청원경찰법 시행령 제8조 제6항).

② (×) 청원주는 청원경찰 배치결정의 통지를 받았을 때에는 통지를 받은 날부터 15일 이내에 청원경찰에 대한 징계규정을 제정하여 관할 시·도 경찰청장에게 신고하여야 한다(청원경찰법 시행령 제8조 제5항 전문).

③ (×) 정직(停職)은 1개월 이상 3개월 이하로 하고, 그 기간에 청원경찰의 신분은 보유하나 직무에 종사하지 못하며, 보수의 3분의 2를 줄인다(청원경찰법 시행령 제8조 제2항).

관계법령 **징계(청원경찰법 시행령 제8조)**

① 관할 경찰서장은 청원경찰이 법 제5조의2 제1항 각호의 어느 하나에 해당한다고 인정되면 청원주에게 해당 청원경찰에 대하여 징계처분을 하도록 요청할 수 있다.
② 정직(停職)은 1개월 이상 3개월 이하로 하고, 그 기간에 청원경찰의 신분은 보유하나 직무에 종사하지 못하며, 보수의 3분의 2를 줄인다.
③ 감봉은 1개월 이상 3개월 이하로 하고, 그 기간에 보수의 3분의 1을 줄인다.
④ 견책은 전과(前過)에 대하여 훈계하고 회개하게 한다.
⑤ 청원주는 청원경찰 배치결정의 통지를 받았을 때에는 통지를 받은 날부터 15일 이내에 청원경찰에 대한 징계규정을 제정하여 관할 시·도 경찰청장에게 신고하여야 한다. 징계규정을 변경할 때에도 또한 같다. 〈개정 2020.12.31.〉
⑥ 시·도 경찰청장은 징계규정의 보완이 필요하다고 인정할 때에는 청원주에게 그 보완을 요구할 수 있다. 〈개정 2020.12.31.〉

20 정답 ❹

O△X

(　　) 안의 들어갈 숫자의 합은 순서대로 ㄱ : 50, ㄴ : 100, ㄷ : 200, ㄹ : 400이므로 750이다.

관계법령 **과태료의 부과기준(경비업법 시행령 [별표 6])**

위반행위	해당 법조문	과태료 금액(단위 : 만원)
1. 법 제4조 제3항 또는 제18조 제2항을 위반하여 신고를 하지 않은 경우	법 제31조 제2항 제1호	
가. 1개월 이내의 기간 경과		50
나. 1개월 초과 6개월 이내의 기간 경과		100
다. 6개월 초과 12개월 이내의 기간 경과		200
라. 12개월 초과의 기간 경과		400

21 정답 ❷

O△X ② (O) 경비업법 제19조에 근거하여 허가관청인 시・도 경찰청장(경비업법 제4조 제1항)은 경비업의 허가취소 또는 영업정지를 할 수 있다.

① (×) 경비업법 제20조 제1항・제2항에 근거하여 경찰청장은 경비지도사의 자격을 취소하거나 정지시킬 수 있다(경비업법 제27조 제1항・동법 시행령 제31조 제1항 제1호에 의해 경찰청장이 위임한 경비지도사의 자격의 취소 및 정지에 관한 권한을 시・도 경찰청장이 행사할 수 있으나, 설문에서 '위임 및 위탁의 경우는 제외한다'고 하였으므로 시・도 경찰청장의 권한에 속하지 않는 것으로 풀이하여야 한다).

③ (×) 경비업법 제14조 제5항에 근거하여 관할 경찰관서장은 시설주 및 특수경비원의 무기관리상황을 대통령령이 정하는 바에 따라 지도・감독하여야 한다.

④ (×) 경비업법 제12조 제1항에 근거하여 경비지도사의 선임은 경비업자의 권한이다.

22 정답 ❹

O△X 제시된 내용의 ㄱ~ㄷ에 들어갈 숫자는 순서대로 3, 2, 1이다.

ㄱ.(O) 경비업법 제28조 제2항 제3호

ㄴ.(O) 경비업법 제28조 제3항

ㄷ.(O) 경비업법 제28조 제4항 제5호

핵심만콕 벌칙(경비업법 제28조)★★

5년 이하의 징역 또는 5천만원 이하의 벌금(제1항)	국가중요시설의 정상적인 운영을 해치는 장해를 일으킨 특수경비원
3년 이하의 징역 또는 3천만원 이하의 벌금(제2항)	• 허가를 받지 아니하고 경비업을 영위한 자(제1호) • 직무상 알게 된 비밀을 누설하거나 부당한 목적을 위하여 사용한 자(제2호) • 경비업무의 중단을 통보하지 아니하거나 경비업무를 즉시 인수하지 아니한 특수경비업자 또는 경비대행업자(제3호) • 집단민원현장에 경비원을 배치하면서 허가를 받지 아니한 자에게 경비업무를 도급한 자(제4호) • 집단민원현장에 20명 이상의 경비인력을 배치하면서 그 경비인력을 직접 고용한 자(제5호) • 경비업자의 경비원 채용 시 무자격자나 부적격자 등을 채용하도록 관여하거나 영향력을 행사한 도급인(제6호) • 과실로 인하여 국가중요시설의 정상적인 운영을 해치는 장해를 일으킨 특수경비원(제7호) • 특수경비원으로서 경비구역 안에서 시설물의 절도, 손괴, 위험물의 폭발 등의 사유로 인한 위급사태가 발생한 때에 명령에 불복종한 자 또는 경비구역을 벗어난 자(제8호) • 경비원에게 경비업무의 범위를 벗어난 행위를 하게 한 자(제9호)
2년 이하의 징역 또는 2천만원 이하의 벌금(제3항)	정당한 사유 없이 무기를 소지하고 배치된 경비구역을 벗어난 특수경비원

1년 이하의 징역 또는 1천만원 이하의 벌금(제4항)	• 시설주로부터 무기의 관리를 위하여 지정받은 관리책임자가 법이 정한 의무를 위반한 경우(제1호) • 파업 · 태업 그 밖에 경비업무의 정상적인 운영을 저해하는 일체의 쟁의행위를 한 특수경비원(제2호) • 직무를 수행함에 있어 타인에게 위력을 과시하거나 물리력을 행사하는 등 경비업무의 범위를 벗어난 행위를 한 경비원(제3호) • 경비업법에서 정한 경비원이 휴대할 수 있는 장비 외에 흉기 또는 그 밖의 위험한 물건을 휴대하고 경비업무를 수행한 경비원 또는 경비원에게 이를 휴대하고 경비업무를 수행하게 한 자(제4호) • 경찰관서장의 배치폐지명령을 따르지 아니한 자(제5호) • 시 · 도 경찰청장 또는 관할 경찰관서장의 중지명령에 따르지 아니한 자(제6호)

23 정답 ❹

○△×

경비업법령상 벌칙 적용에서 공무원으로 의제되는 형법상 범죄는 수뢰죄, 사전수뢰죄(형법 제129조), 제3자뇌물제공죄(형법 제130조), 수뢰후부정처사죄, 사후수뢰죄(형법 제131조), 알선수뢰죄(형법 제132조)에 한한다. ④의 뇌물공여죄는 형법 제133조의 범죄에 해당한다.

관계법령 **벌칙 적용에서 공무원 의제(경비업법 제27조의3)**

제27조 제2항에 따라 위탁받은 업무에 종사하는 관계전문기관 또는 단체의 임직원은 「형법」 제129조부터 제132조[수뢰, 사전수뢰(제129조), 제3자뇌물제공(제130조), 수뢰후부정처사, 사후수뢰(제131조), 알선수뢰(제132조)]까지의 규정을 적용할 때에는 공무원으로 본다.

24 정답 ❷

○△×

제시된 내용의 (　　) 안에 들어갈 내용은 ㄱ : 대통령령, ㄴ : 행정안전부령, ㄷ : 대통령령, ㄹ : 대통령령이다.

- 경비업자는 경비업무를 적정하게 실시하기 위하여 경비원으로 하여금 대통령령으로 정하는 바에 따라 경비원 신임교육 및 직무교육을 받게 하여야 한다(경비업법 제13조 제1항 본문).
- 경비원 교육기관의 지정 취소 및 업무 정지에 관한 세부기준 및 절차는 그 위반행위의 유형과 위반의 정도 등을 고려하여 행정안전부령으로 정한다(경비업법 제13조의3 제2항).
- 특수경비업자는 대통령령으로 정하는 바에 따라 특수경비원으로 하여금 특수경비원 신임교육과 정기적인 직무교육을 받게 하여야 하고, 특수경비원 신임교육을 받지 아니한 자를 특수경비업무에 종사하게 하여서는 아니 된다(경비업법 제13조 제3항).
- 특수경비원의 교육 시 관할경찰서 소속 경찰공무원이 교육기관에 입회하여 대통령령이 정하는 바에 따라 지도 · 감독하여야 한다(경비업법 제13조 제4항).

25 정답 ❷

O△X 이 문제는 경비업법 제31조를 적용하면 안 되고, 경비업법 시행령 [별표 6]의 과태료 부과기준을 적용하여야 한다. 이에 따르면 최초 1회 위반을 기준으로 할 경우에 ㄱ은 600만원, ㄴ은 300만원, ㄷ은 50만원, ㄹ은 100만원이 되므로 과태료 부과금액이 큰 순서부터 나열하면 정답은 ②가 된다.

관계법령 과태료의 부과기준(경비업법 시행령 [별표 6])

번호	위반행위	해당 법조문	과태료 금액(단위 : 만원)		
			1회 위반	2회 위반	3회 이상
ㄱ	법 제16조 제2항을 위반하여 이름표를 부착하게 하지 않거나, 신고된 동일 복장을 착용하게 하지 않고 집단민원현장에 경비원을 배치한 경우	법 제31조 제1항 제2호	600	1,200	2,400
ㄴ	법 제18조 제1항 단서를 위반하여 집단민원현장에 배치되는 일반경비원의 명부를 그 배치 장소에 작성·비치하지 않은 경우 가. 경비원 명부를 비치하지 않은 경우 나. 경비원 명부를 작성하지 않은 경우	법 제31조 제1항 제3호	600 300	1,200 600	2,400 1,200
ㄷ	법 제18조 제5항을 위반하여 경비원의 근무상황을 기록하여 보관하지 않은 경우	법 제31조 제2항 제10호	50	100	200
ㄹ	법 제9조 제1항을 위반하여 설명의무를 이행하지 않은 경우	법 제31조 제2항 제3호	100	200	400

26 정답 ❸

O△X 청원경찰의 복무에 관하여는 「국가공무원법」 제57조, 제58조 제1항, 제60조 및 「경찰공무원법」 제24조를 준용한다(청원경찰법 제5조 제4항).

ㄴ. (O) 국가공무원법 제57조(복종의무) : 준용
ㄷ. (O) 국가공무원법 제58조 제1항(직장이탈금지) : 준용
ㅁ. (O) 국가공무원법 제60조(비밀엄수의 의무) : 준용
ㄱ. (×) 국가공무원법 제59조의2(종교중립의무) : 비준용
ㄹ. (×) 국가공무원법 제59조(친절·공정의 의무) : 비준용

핵심만콕 청원경찰의 복무에 관한 준용 규정(청원경찰법 제5조 제4항)과 비준용 규정

준용 규정	비준용 규정
• 국가공무원법 제57조(복종의무) • 국가공무원법 제58조 제1항(직장이탈금지) • 국가공무원법 제60조(비밀엄수의무) • 경찰공무원법 제24조(거짓보고 등의 금지)	• 국가공무원법 제56조(성실의무) • 국가공무원법 제59조(친절·공정의 의무) • 국가공무원법 제59조의2(종교중립의무) • 국가공무원법 제61조(청렴의무) • 국가공무원법 제62조(외국정부의 영예 등을 받을 경우 허가의무) • 국가공무원법 제63조(품위유지의무) • 국가공무원법 제64조(영리업무 및 겸직금지) • 국가공무원법 제65조(정치운동금지) • 국가공무원법 제66조 제1항(집단행위금지)

27 정답 ❸

O△X 경비업법 제30조(양벌규정)는 동법 제28조(벌칙)의 위반을 전제로 적용된다. 제시된 내용 중 경비업법 제28조 위반행위가 아닌 것은 ㄷ과 ㅁ이다.

ㄷ.(×) 경비업자가 경비지도사의 선임 또는 해임의 신고를 하지 아니한 경우는 과태료 부과사유(경비업법 제31조 제2항 제4호의2)이므로 양벌규정이 적용되지 아니한다.

ㅁ.(×) 경비원의 복장에 관한 신고를 하지 아니하고 집단민원현장에 경비원을 배치한 경우는 과태료 부과사유(경비업법 제31조 제1항 제1호)이므로 양벌규정이 적용되지 아니한다.

ㄱ.(○) 경비업법 제28조 제2항 제2호 위반행위이므로 양벌규정이 적용된다.

ㄴ.(○) 경비업법 제28조 제2항 제7호 위반행위이므로 양벌규정이 적용된다.

ㄹ.(○) 경비업법 제28조 제2항 제8호 위반행위이므로 양벌규정이 적용된다.

관계법령 양벌규정(경비업법 제30조)

법인의 대표자나 법인 또는 개인의 대리인, 사용인, 그 밖의 종업원이 그 법인 또는 개인의 업무에 관하여 법 제28조(벌칙)의 위반행위를 하면 그 행위자를 벌하는 외에 그 법인 또는 개인에게도 해당 조문의 벌금형을 과(科)한다. 다만, 법인 또는 개인이 그 위반행위를 방지하기 위하여 해당 업무에 관하여 상당한 주의와 감독을 게을리하지 아니한 경우에는 그러하지 아니하다.

28 정답 ❹

O△X ④ (×) 경비업법 제31조 제2항 제2호에 의하면 경비대행업자 지정신고를 하지 아니한 특수경비업자(d)에게는 500만원 이하의 과태료(ㄷ)를 부과한다.

① (○) 경비업법 제28조 제2항 제1호에 의하면 허가를 받지 아니하고 경비업을 영위한 자(a)는 3년 이하의 징역 또는 3천만원 이하의 벌금(ㄴ)에 처한다.

② (○) 경비업법 제28조 제4항 제2호에 의하면 쟁의행위를 한 특수경비원(b)은 1년 이하의 징역 또는 1천만원 이하의 벌금(ㄱ)에 처한다.

③ (○) 경비업법 제31조 제2항 제3호의2에 의하면 정당한 사유 없이 보수교육을 받지 아니한 경비지도사(c)에게는 500만원 이하의 과태료(ㄷ)를 부과한다.

29 정답 ❹

O△X 경비업자가 범죄경력조회를 요청하고자 하는 때 시·도 경찰청장 또는 경찰관서장에게 첨부하여 제출하여야 하는 서류는 경비업 허가증 사본(ㄷ)과 취업자 또는 취업예정자의 범죄경력조회 동의서(ㄹ)이다(경비업법 시행규칙 제22조 제2항).

관계법령 결격사유 확인을 위한 범죄경력조회 요청(경비업법 시행규칙 제22조)

① 법 제17조 제2항에 따른 범죄경력조회 요청은 별지 제13호의5 서식의 범죄경력조회 신청서(전자문서로 된 신청서를 포함한다)에 따른다.

② 경비업자는 제1항에 따라 범죄경력조회를 요청하는 경우 다음 각호의 서류를 첨부하여야 한다.

1. 경비업 허가증 사본
2. 별지 제13호의6 서식의 취업자 또는 취업예정자 범죄경력조회 동의서

30 정답 ❶

O△X 경비업법령상 경비지도사 자격취소사유에 해당하는 것은 ㄱ, ㄷ이다(경비업법 제20조 제1항).

ㄴ. (×) 특수경비원 결격사유에 해당한다(경비업법 제10조 제2항 제4호).

ㄹ. (×) 청원경찰의 의사에 반한 면직사유에 해당한다(청원경찰법 제10조의4 제1항).

ㅁ. (×) 배치폐지는 청원경찰의 당연 퇴직사유에 해당한다(청원경찰법 제10조의6 제2호).

ㅂ. (×) 청원경찰의 임용결격사유에 해당한다(청원경찰법 제5조 제2항, 국가공무원법 제33조 제6호).

31 정답 ❶

O△X (　　) 안에 들어갈 내용은 순서대로 경찰공무원, 대통령령, 15, 15, 23, 경장, 23, 경위이다.

관계법령 **청원경찰경비(청원경찰법 제6조)**

② 국가기관 또는 지방자치단체에 근무하는 청원경찰의 보수는 다음 각호의 구분에 따라 같은 재직기간에 해당하는 경찰공무원의 보수를 감안하여 대통령령으로 정한다.

1. 재직기간 15년 미만 : 순경
2. 재직기간 15년 이상 23년 미만 : 경장
3. 재직기간 23년 이상 30년 미만 : 경사
4. 재직기간 30년 이상 : 경위

32 정답 ❹

O△X ④ (×) 청원경찰은 지급받은 무기를 다른 사람에게 보관 또는 휴대하게 할 수 없으며, 손질을 의뢰할 수도 없다(청원경찰법 시행규칙 제16조 제3항 제3호).

① (○) 청원경찰법 시행령 제16조 제2항

② (○) 청원경찰법 시행령 제16조 제3항

③ (○) 청원경찰법 시행규칙 제16조 제1항 제7호

33 정답 ❸

O△X 경비원이 업무수행 중 고의로 제3자에게 손해를 입힌 경우에 그 손해를 배상하지 않은 경우 3차 위반 시 행정처분은 영업정지 6개월이다(경비업법 시행령 [별표 4] 제2호 개별기준 너목).

관계법령 **행정처분 기준(경비업법 시행령 [별표 4] 제2호 개별기준)**

위반행위	해당 법조문	행정처분 기준		
		1차 위반	2차 위반	3차 이상 위반
카. 법 제16조의3에 따른 경비원의 출동 차량 등에 관한 규정을 위반한 때	법 제19조 제2항 제11호	경 고	영업정지 1개월	영업정지 3개월
타. 법 제18조 제1항 단서를 위반하여 집단민원현장에 일반경비원 명부를 작성・비치하지 않은 때	법 제19조 제2항 제12호	영업정지 1개월	영업정지 3개월	허가취소
하. 법 제18조 제6항을 위반하여 결격사유에 해당하는 일반경비원을 집단민원현장에 배치한 때	법 제19조 제2항 제14호	영업정지 1개월	영업정지 3개월	허가취소
너. 법 제26조를 위반하여 손해를 배상하지 않은 때	법 제19조 제2항 제16호	경 고	영업정지 3개월	영업정지 6개월

34

O△X

정답 ❷

ㄹ・ㅁ은 수행 횟수에 관한 명시적인 규정이 없으나, ㄱ・ㄴ・ㄷ은 월 1회 이상 수행하여야 한다(경비업법 시행령 제17조 제2항).

관계법령 **경비지도사의 선임 등(경비업법 제12조)**

② 제1항의 규정에 의하여 선임된 경비지도사의 직무는 다음과 같다.
1. 경비원의 지도・감독・교육에 관한 계획의 수립・실시 및 그 기록의 유지(월 1회 이상)
2. 경비현장에 배치된 경비원에 대한 순회점검 및 감독(월 1회 이상)
3. 경찰기관 및 소방기관과의 연락방법에 대한 지도
4. 집단민원현장에 배치된 경비원에 대한 지도・감독
5. 그 밖에 대통령령이 정하는 직무

경비지도사의 직무 및 준수사항(경비업법 시행령 제17조)

① 법 제12조 제2항 제5호에서 "대통령령이 정하는 직무"란 다음 각호의 직무를 말한다.
1. 기계경비업무를 위한 기계장치의 운용・감독(기계경비지도사의 경우에 한한다)(월 1회 이상)
2. 오경보방지 등을 위한 기기관리의 감독(기계경비지도사의 경우에 한한다)(월 1회 이상)

③ 선임된 경비지도사는 제2항 각호의 규정에 의한 직무를 대통령령이 정하는 바에 따라 성실하게 수행하여야 한다.

경비지도사의 직무 및 준수사항(경비업법 시행령 제17조)

② 경비지도사는 법 제12조 제3항에 따라 같은 조 제2항 제1호・제2호의 직무 및 제1항 각호의 직무를 월 1회 이상 수행하여야 한다.

35 정답 ❶

O△X

① (×) 모자표장, 가슴표장, 휘장, 계급장, 넥타이핀, 단추 및 장갑은 부속물에 해당하고, 허리띠, 경찰봉, 호루라기 및 포승(捕繩)은 장구에 해당한다(청원경찰법 시행령 제14조 제1항, 동법 시행규칙 제9조 제1항 제2호 · 제3호).

② (○) 청원경찰법 시행령 제14조 제3항

③ (○) 청원경찰법 시행규칙 제9조 제2항 제1호 본문

④ (○) 청원경찰법 시행규칙 제9조 제3항

관계법령 **복제(청원경찰법 시행령 제14조)**

① 청원경찰의 복제(服制)는 제복 · 장구(裝具) 및 부속물로 구분한다.

② 청원경찰의 제복 · 장구 및 부속물에 관하여 필요한 사항은 행정안전부령으로 정한다.

복제(청원경찰법 시행규칙 제9조)

① 영 제14조에 따른 청원경찰의 제복 · 장구(裝具) 및 부속물의 종류는 다음 각호와 같다. 〈개정 2021.12.31.〉

1. 제복 : 정모(正帽), 기동모(활동에 편한 모자를 말한다. 이하 같다), 근무복(하복, 동복), 한여름 옷, 기동복, 점퍼, 비옷, 방한복, 외투, 단화, 기동화 및 방한화
2. 장구 : 허리띠, 경찰봉, 호루라기 및 포승(捕繩)
3. 부속물 : 모자표장, 가슴표장, 휘장, 계급장, 넥타이핀, 단추 및 장갑

② 영 제14조에 따른 청원경찰의 제복 · 장구(裝具) 및 부속물의 형태 · 규격 및 재질은 다음 각호와 같다. 〈개정 2021.12.31.〉

1. 제복의 형태 · 규격 및 재질은 청원주가 결정하되, 경찰공무원 또는 군인 제복의 색상과 명확하게 구별될 수 있어야 하며, 사업장별로 통일해야 한다. 다만, 기동모와 기동복의 색상은 진한 청색으로 하고, 기동복의 형태 · 규격은 별도 1과 같이 한다.
2. 장구의 형태 · 규격 및 재질은 경찰 장구와 같이 한다.
3. 부속물의 형태 · 규격 및 재질은 다음 각목과 같이 한다.
   가. 모자표장의 형태 · 규격 및 재질은 별도 2와 같이 하되, 기동모의 표장은 정모 표장의 2분의 1 크기로 할 것
   나. 가슴표장, 휘장, 계급장, 넥타이핀 및 단추의 형태 · 규격 및 재질은 별도 3부터 별도 7까지와 같이 할 것

③ 청원경찰은 평상근무 중에는 정모, 근무복, 단화, 호루라기, 경찰봉 및 포승을 착용하거나 휴대하여야 하고, 총기를 휴대하지 아니할 때에는 분사기를 휴대하여야 하며, 교육훈련이나 그 밖의 특수근무 중에는 기동모, 기동복, 기동화 및 휘장을 착용하거나 부착하되, 허리띠와 경찰봉은 착용하거나 휴대하지 아니할 수 있다.

④ 가슴표장, 휘장 및 계급장을 달거나 부착할 위치는 별도 8과 같다.

③ 청원경찰이 그 배치지의 특수성 등으로 특수복장을 착용할 필요가 있을 때에는 청원주는 시 · 도 경찰청장의 승인을 받아 특수복장을 착용하게 할 수 있다. 〈개정 2020.12.31.〉

36 정답 ❸

O△X

③ (×) 경비업법 제24조 제3항에 따르면 위반행위 중지의 명령은 재량사항이다.

① (○) · ② (○) 경비업법 제24조 제2항

④ (○) 경비업법 제24조 제4항

관계법령 **감독(경비업법 제24조)**

① 경찰청장 또는 시·도 경찰청장은 경비업무의 적정한 수행을 위하여 경비업자 및 경비지도사를 지도·감독하며 필요한 명령을 할 수 있다. 〈개정 2020.12.22.〉
② 시·도 경찰청장 또는 관할 경찰관서장은 소속 경찰공무원으로 하여금 관할구역 안에 있는 경비업자의 주사무소 및 출장소와 경비원배치장소에 출입하여 근무상황 및 교육훈련상황 등을 감독하며 필요한 명령을 하게 할 수 있다. 이 경우 출입하는 경찰공무원은 그 권한을 표시하는 증표를 관계인에게 내보여야 한다. 〈개정 2020.12.22.〉
③ 시·도 경찰청장 또는 관할 경찰관서장은 경비업자 또는 배치된 경비원이 이 법이나 이 법에 따른 명령, 「폭력행위 등 처벌에 관한 법률」을 위반하는 행위를 하는 경우 그 위반행위의 중지를 명할 수 있다. 〈개정 2020.12.22.〉
④ 시·도 경찰청장 또는 관할 경찰관서장은 경비업무 장소가 집단민원현장으로 판단되는 경우에는 그때부터 48시간 이내에 경비업자에게 경비원 배치허가를 받을 것을 고지하여야 한다. 〈개정 2020.12.22.〉

37 정답 ❷

O△X

② (○) 청원경찰법 제6조 제3항
① (×) 청원주는 청원경찰에게 지급할 봉급과 각종 수당, 피복비, 교육비를 부담하여야 한다(청원경찰법 제6조 제1항).
③ (×) 청원주는 청원경찰이 직무상의 부상·질병으로 인하여 퇴직하거나, 퇴직 후 2년 이내에 사망한 경우 대통령령으로 정하는 바에 따라 청원경찰 본인 또는 그 유족에게 보상금을 지급하여야 한다(청원경찰법 제7조 제2호).
④ (×) 국가기관이나 지방자치단체에 근무하는 청원경찰의 퇴직금에 관하여는 따로 대통령령으로 정한다(청원경찰법 제7조의2 단서).

관계법령

청원경찰경비(청원경찰법 제6조)★

① 청원주는 다음 각호의 청원경찰경비를 부담하여야 한다.
  1. 청원경찰에게 지급할 봉급과 각종 수당
  2. 청원경찰의 피복비
  3. 청원경찰의 교육비
③ 청원주의 제1항 제1호에 따른 봉급·수당의 최저부담기준액(국가기관 또는 지방자치단체에 근무하는 청원경찰의 봉급·수당은 제외한다)과 같은 항 제2호 및 제3호에 따른 비용의 부담기준액은 경찰청장이 정하여 고시(告示)한다.

보상금(청원경찰법 제7조)★

청원주는 청원경찰이 다음 각호의 어느 하나에 해당하게 되면 대통령령으로 정하는 바에 따라 청원경찰 본인 또는 그 유족에게 보상금을 지급하여야 한다.
  1. 직무수행으로 인하여 부상을 입거나, 질병에 걸리거나 또는 사망한 경우
  2. 직무상의 부상·질병으로 인하여 퇴직하거나, 퇴직 후 2년 이내에 사망한 경우

퇴직금(청원경찰법 제7조의2)★

청원주는 청원경찰이 퇴직할 때에는 「근로자퇴직급여보장법」에 따른 퇴직금을 지급하여야 한다. 다만, 국가기관이나 지방자치단체에 근무하는 청원경찰의 퇴직금에 관하여는 따로 대통령령으로 정한다.

38 정답 ❶

O△X 제시된 내용 중 주민등록등본 1부(ㄱ)가 아닌 주민등록증 사본 1부가 첨부서류에 해당한다. 나머지는 청원주가 시·도 경찰청장에게 청원경찰 임용승인을 신청할 때 청원경찰 임용승인신청서에 첨부해야 하는 서류에 해당한다.

관계법령 **임용승인신청서 등(청원경찰법 시행규칙 제5조)**

① 법 제4조 제2항에 따라 청원경찰의 배치결정을 받은 자[이하 "청원주"(請願主)라 한다]가 영 제4조 제1항에 따라 시·도 경찰청장에게 청원경찰 임용승인을 신청할 때에는 별지 제3호 서식의 청원경찰 임용승인신청서에 그 해당자에 관한 다음 각호의 서류를 첨부해야 한다.
1. 이력서 1부
2. 주민등록증 사본 1부
3. 민간인 신원진술서(「보안업무규정」 제36조에 따른 신원조사가 필요한 경우만 해당한다) 1부
4. 최근 3개월 이내에 발행한 채용신체검사서 또는 취업용 건강진단서 1부
5. 기족관계등록부 중 기본증명시 1부

② 제1항에 따른 신청서를 제출받은 시·도 경찰청장은 「전자정부법」 제36조 제1항에 따라 행정정보의 공동이용을 통하여 해당자의 병적증명서를 확인하여야 한다. 다만, 그 해당자가 확인에 동의하지 아니할 때에는 해당 서류를 첨부하도록 하여야 한다.

39 정답 ❹

O△X ④ (×) 정당한 사유 없이 경찰청장이 고시한 최저부담기준액 이상의 보수를 지급하지 않은 경우 500만원의 과태료가 부과된다(청원경찰법 시행령 [별표 2] 제3호).
① (○) 청원경찰법 시행령 [별표 2] 제1호 가목
② (○) 청원경찰법 시행령 [별표 2] 제2호 가목
③ (○) 청원경찰법 시행령 [별표 2] 제4호 나목

관계법령 **과태료 부과기준(청원경찰법 시행령 [별표 2])**

위반행위	해당 법조문	과태료 금액
1. 법 제4조 제2항에 따른 시·도 경찰청장의 배치결정을 받지 않고 다음 각목의 시설에 청원경찰을 배치한 경우 가. 국가중요시설(국가정보원장이 지정하는 국가보안목표시설을 말한다)인 경우 나. 가목에 따른 국가중요시설 외의 시설인 경우	법 제12조 제1항 제1호	500만원 400만원
2. 법 제5조 제1항에 따른 시·도 경찰청장의 승인을 받지 않고 다음 각목의 청원경찰을 임용한 경우 가. 법 제5조 제2항에 따른 임용결격사유에 해당하는 청원경찰 나. 법 제5조 제2항에 따른 임용결격사유에 해당하지 않는 청원경찰	법 제12조 제1항 제1호	500만원 300만원
3. 정당한 사유 없이 법 제6조 제3항에 따라 경찰청장이 고시한 최저부담기준액 이상의 보수를 지급하지 않은 경우	법 제12조 제1항 제2호	500만원
4. 법 제9조의3 제2항에 따른 시·도 경찰청장의 감독상 필요한 다음 각목의 명령을 정당한 사유 없이 이행하지 않은 경우 가. 총기·실탄 및 분사기에 관한 명령 나. 가목에 따른 명령 외의 명령	법 제12조 제1항 제3호	500만원 300만원

40 정답 ❸

○△× 청원주와 관할 경찰서장이 공통적으로 비치해야 할 부책은 청원경찰 명부와 교육훈련 실시부이다.

핵심만콕 **문서와 장부의 비치(청원경찰법 시행규칙 제17조)**

청원주(제1항)	관할 경찰서장(제2항)	시·도 경찰청장(제3항)
• 청원경찰 명부 • 근무일지 • 근무 상황카드 • 경비구역 배치도 • 순찰표철 • 무기·탄약 출납부 • 무기장비 운영카드 • 봉급지급 조서철 • 신분증명서 발급대장 • 징계 관계철 • 교육훈련 실시부 • 청원경찰 직무교육계획서 • 급여품 및 대여품 대장 • 그 밖에 청원경찰의 운영에 필요한 문서와 장부	• 청원경찰 명부 • 감독 순시부 • 전출입 관계철 • 교육훈련 실시부 • 무기·탄약 대여대장 • 징계요구서철 • 그 밖에 청원경찰의 운영에 필요한 문서와 장부	• 배치결정 관계철 • 청원경찰 임용승인 관계철 • 전출입 관계철 • 그 밖에 청원경찰의 운영에 필요한 문서와 장부

제7회 심화 모의고사

문제편 102p

정답 CHECK

01	02	03	04	05	06	07	08	09	10	11	12	13	14	15	16	17	18	19	20
③	②	②	③	③	②	②	①	①	②	④	④	③	④	①	②	③	③	④	②
21	22	23	24	25	26	27	28	29	30	31	32	33	34	35	36	37	38	39	40
①	④	②	②	②	④	②	④	②	④	③	②	②	①	③	④	③	③	①	④

01 정답 ❸

O△X

③ (×) 기계경비업무를 하는 경비업자는 기계경비지도사를 선임·배치해야 한다(경비업법 시행령 [별표 3] 비고 제2호). 즉, 기계경비업무는 기계경비지도사가 담당하는 경비업무에 해당하므로 일반경비지도사는 기계경비업무에 종사하는 경비원을 지도·감독 및 교육할 수 없다.

① (○) 경비업법 제2조 제2호

② (○) 경비업법 제2조 제3호

④ (○) 경비업법 제2조 제1호 마목에서 "대통령령이 정하는 국가중요시설"이라 함은 공항·항만, 원자력발전소 등의 시설 중 국가정보원장이 지정하는 국가보안목표시설과 「통합방위법」 제21조 제4항의 규정에 의하여 국방부장관이 지정하는 국가중요시설을 말한다(경비업법 시행령 제2조).

02 정답 ❷

O△X

② (○) 시설주가 대여받은 무기에 대하여 시설주 및 관할 경찰관서장은 무기의 관리책임을 지고, 관할 경찰관서장은 시설주 및 특수경비원의 무기관리상황을 대통령령이 정하는 바에 따라 지도·감독하여야 한다(경비업법 제14조 제5항).

① (×) 시·도 경찰청장은 국가중요시설에 대한 경비업무의 수행을 위하여 필요하다고 인정하는 때에는 시설주의 신청에 의하여 무기를 구입한다(경비업법 제14조 제3항 전문).

③ (×) 시설주는 무기지급의 필요성이 해소되었다고 인정되는 때에는 특수경비원으로부터 즉시 무기를 회수하여야 한다(경비업법 시행령 제20조 제4항).

④ (×) 관할 경찰관서장은 법 제14조 제5항의 규정에 의하여 시설주 및 특수경비원의 무기관리상황을 매월 1회 이상 점검하여야 한다(경비업법 시행령 제21조).

03 정답 ❷

○△× ( ) 안의 ㄱ~ㅁ에 들어갈 내용은 순서대로 행정안전부령, 자본금, 1월, 시·도 경찰청장, 확인이다.

관계법령 허가신청 등(경비업법 시행령 제3조)

① 법 제4조 제1항에 따라 경비업의 허가를 받으려는 경우에는 허가신청서에, 경비업의 허가를 받은 법인(이하 "경비업자"라 한다)이 허가를 받은 경비업무를 변경하거나 새로운 경비업무를 추가하려는 경우에는 변경허가신청서에 행정안전부령으로 정하는 서류를 첨부하여 법인의 주사무소를 관할하는 시·도 경찰청장 또는 해당 시·도 경찰청 소속의 경찰서장에게 제출하여야 한다. 이 경우 신청서를 제출받은 경찰서장은 지체 없이 관할 시·도 경찰청장에게 보내야 한다. 〈개정 2020.12.31.〉

② 제1항의 규정에 의하여 허가 또는 변경허가신청서를 제출하는 법인은 [별표 1]의 규정에 의한 경비인력·자본금·시설 및 장비를 갖추어야 한다. 다만, 경비업의 허가 또는 변경허가를 신청하는 때에 [별표 1]의 규정에 의한 시설 등(자본금을 제외한다. 이하 이 항에서 같다)을 갖출 수 없는 경우에는 허가 또는 변경허가의 신청 시 시설 등의 확보계획서를 제출한 후 허가 또는 변경허가를 받은 날부터 1월 이내에 [별표 1]의 규정에 의한 시설 등을 갖추고 시·도 경찰청장의 확인을 받아야 한다. 〈개정 2020.12.31.〉

04 정답 ❸

○△× ③ (○) 경비업법 시행규칙 제18조 제1항 제4호

① (×) 대여받은 무기를 빼앗기거나 대여받은 무기가 분실·도난 또는 훼손된 때에는 경찰청장이 정하는 바에 의하여 그 전액을 배상해야 한다. 다만, 전시·사변, 천재·지변 그 밖의 불가항력의 사유가 있다고 시·도 경찰청장이 인정한 때에는 그러하지 아니하다(경비업법 시행규칙 제18조 제1항 제7호).

② (×) 대여받은 무기를 빼앗기거나 대여받은 무기가 분실·도난 또는 훼손되는 등의 사고가 발생한 때에는 관할 경찰관서장에게 그 사유를 지체 없이 통보해야 한다(경비업법 시행규칙 제18조 제1항 제6호).

④ (×) 관할 경찰관서장이 정하는 바에 의하여 무기의 관리실태를 매월 파악하여 다음 달 3일까지 관할 경찰관서장에게 통보해야 한다(경비업법 시행규칙 제18조 제1항 제5호).

관계법령 무기의 관리수칙 등(경비업법 시행규칙 제18조)

① 법 제14조 제4항에 따라 무기를 대여받은 국가중요시설의 시설주(이하 "시설주"라 한다) 또는 동조 제7항에 따른 관리책임자(이하 "관리책임자"라 한다)는 다음 각호의 관리수칙에 따라 무기(탄약을 포함한다. 이하 같다)를 관리해야 한다. 〈개정 2020.12.31., 2021.12.31.〉

1. 무기의 관리를 위한 책임자를 지정하고 관할 경찰관서장에게 이를 통보할 것
2. 무기고 및 탄약고는 단층에 설치하고 환기·방습·방화 및 총받침대 등의 시설을 할 것
3. 탄약고는 무기고와 사무실 등 많은 사람을 수용하거나 많은 사람이 오고 가는 시설과 떨어진 곳에 설치할 것
4. 무기고 및 탄약고에는 이중 잠금장치를 하여야 하며, 열쇠는 관리책임자가 보관하되, 근무시간 이후에는 열쇠를 당직책임자에게 인계하여 보관시킬 것
5. 관할 경찰관서장이 정하는 바에 의하여 무기의 관리실태를 매월 파악하여 다음 달 3일까지 관할 경찰관서장에게 통보할 것
6. 대여받은 무기를 빼앗기거나 대여받은 무기가 분실·도난 또는 훼손되는 등의 사고가 발생한 때에는 관할 경찰관서장에게 그 사유를 지체 없이 통보할 것
7. 대여받은 무기를 빼앗기거나 대여받은 무기가 분실·도난 또는 훼손된 때에는 경찰청장이 정하는 바에 의하여 그 전액을 배상할 것. 다만, 전시·사변, 천재·지변 그 밖의 불가항력의 사유가 있다고 시·도 경찰청장이 인정한 때에는 그러하지 아니하다.
8. 시설주는 자체계획을 수립하여 보관하고 있는 무기를 매주 1회 이상 손질할 수 있게 할 것

05 정답 ❸

O△X 제시된 내용의 (　　)에 들어갈 숫자는 순서대로 1, 5, 5, 2이다.

관계법령 경비원 교육기관의 지정 기준(경비업법 시행령 [별표 3의2]) <신설 2024.8.13.>

구 분		지정 기준
1. 일반경비원 교육기관	가. 인력	다음의 어느 하나에 해당하는 강사를 1명 이상 갖출 것 1) 교육과목 관련 석사 이상의 학위를 취득한 후 관련 분야에 1년 이상 근무한 경력이 있는 사람 2) 교육과목 관련 분야에서 공무원으로 5년 이상 근무한 경력이 있는 사람 3) 교육과목 관련 분야에 5년 이상 근무한 경력이 있는 사람. 다만, 체포·호신술 과목의 경우에는 무도 사범 자격을 취득한 후 관련 분야에 2년 이상 근무한 경력이 있는 사람을 말한다.

06 정답 ❷

O△X ② (×) 기계경비업자는 관제시설 등에서 경보를 수신한 때에는 경보를 수신한 때부터 늦어도 25분 이내에는 도착시킬 수 있는 대응체제를 갖추어야 한다(경비업법 시행령 제7조).

① (○) 경비업법 제9조 제1항, 동법 시행령 제8조 제1항

③ (○) 경비업법 제9조 제2항

④ (○) 경비업법 시행령 제9조 제2항

07 정답 ❷

O△X 제시된 내용 중 경비업법령상 경찰청장의 권한이 시·도 경찰청장에게 위임되어 있는 것은 ㄱ, ㄴ, ㄷ이다.

ㄱ.(○), ㄴ. (○) 경비업법 제27조 제1항, 동법 시행령 제31조 제1항 제1호

ㄷ.(○) 경비업법 제27조 제1항, 동법 시행령 제31조 제1항 제2호

ㄹ.(×) 경비업법령상 과태료는 시·도 경찰청장 또는 경찰관서장이 부과·징수한다(경비업법 제31조 제3항). 과태료 부과·징수는 경찰청장의 권한이 아닌 시·도 경찰청장 또는 경찰관서장의 권한이고 과태료 부과·징수에 관한 권한의 위임 규정은 존재하지 않는다.

관계법령 위임 및 위탁(경비업법 제27조)

① 이 법에 의한 경찰청장의 권한은 대통령령이 정하는 바에 따라 그 일부를 시·도 경찰청장에게 위임할 수 있다.

권한의 위임 및 위탁(경비업법 시행령 제31조)★

① 경찰청장은 법 제27조 제1항의 규정에 의하여 다음 각호의 권한을 시·도 경찰청장에게 위임한다.
1. 법 제20조의 규정에 의한 경비지도사자격의 취소 및 정지에 관한 권한
2. 법 제21조 제2호의 규정에 의한 경비지도사자격의 취소 및 정지에 관한 청문의 권한

② 경찰청장은 제11조의 규정에 의한 경비지도사의 시험에 관한 업무를 대통령령이 정하는 바에 따라 관계전문기관 또는 단체에 위탁할 수 있다. 〈개정 2024.2.13.〉

권한의 위임 및 위탁(경비업법 시행령 제31조)★

② 경찰청장 또는 경찰관서장은 법 제27조 제2항에 따라 법 제11조 제1항에 따른 경비지도사시험의 관리에 관한 업무를 경비업무에 관한 인력과 전문성을 갖춘 기관 또는 단체로서 경찰청장이 지정하여 고시하는 기관 또는 단체에 위탁한다. 〈개정 2024.8.13.〉

08 정답 ❶

O△X ① (×) 경비원의 복지향상과 업무상 재해로 인한 손실을 보상하는 사업도 공제사업으로 할 수 있다(경비업법 제23조 제1항 제3호).

② (○) 경비업법 제23조 제2항 · 제3항

③ (○) 경비업법 제23조 제4항

④ (○) 경비업법 제23조 제6항

관계법령 공제사업(경비업법 제23조)

① 경비협회는 다음 각호의 공제사업을 할 수 있다.
1. 제26조에 따른 경비업자의 손해배상책임을 보장하기 위한 사업
2. 경비업자가 경비업을 운영할 때 필요한 입찰보증, 계약보증(이행보증을 포함한다), 하도급보증을 위한 사업
3. 경비원의 복지향상과 업무상 재해로 인한 손실을 보상하는 사업
4. 경비업무와 관련한 연구 및 경비원 교육 · 훈련에 관한 사업

② 경비협회는 제1항의 규정에 의한 공제사업을 하고자 하는 때에는 공제규정을 제정하여야 한다.

③ 제2항의 공제규정에는 공제사업의 범위, 공제계약의 내용, 공제금, 공제료 및 공제금에 충당하기 위한 책임준비금 등 공제사업의 운영에 관하여 필요한 사항을 정하여야 한다.

④ 경찰청장은 제1항에 따른 공제사업의 건전한 육성과 가입자의 보호를 위하여 공제사업의 감독에 관한 기준을 정할 수 있다.

⑤ 경찰청장은 제2항에 따른 공제규정을 승인하거나 제4항에 따라 공제사업의 감독에 관한 기준을 정하는 경우에는 미리 금융위원회와 협의하여야 한다.

⑥ 경찰청장은 제1항에 따른 공제사업에 대하여 「금융위원회의 설치 등에 관한 법률」에 따른 금융감독원의 원장에게 검사를 요청할 수 있다.

09 정답 ❶

O△X ① (○) 경비업법 시행령 제5조 제2항 전문

② (×) 영업을 휴업하고도 휴업신고를 하지 아니한 채 1개월 초과 6개월 이내의 기간이 경과한 경우의 과태료 부과금액은 위반 횟수와 상관없이 100만원이다(경비업법 제31조 제2항 제1호, 동법 시행령 [별표 6] 제1호 나목).

③ (×) 휴업신고를 한 경비업자가 신고한 휴업기간이 끝나기 전에 영업을 다시 시작하거나 신고한 휴업기간을 연장하려는 경우에는 영업을 다시 시작한 후 7일 이내에 또는 신고한 휴업기간이 끝난 후 7일 이내에 영업재개신고서 또는 휴업기간연장신고서를 제출하여야 한다(경비업법 시행령 제5조 제2항 후문).

④ (×) 경비업 허가관청인 시 · 도 경찰청장(경비업법 제4조 제1항)은 경비업자가 정당한 사유 없이 허가를 받은 날부터 2년 이내에 경비 도급실적이 없거나 계속하여 1년 이상 휴업한 때에는 그 허가를 취소하여야 한다(경비업법 제19조 제1항 제4호). 따라서 허가관청은 경비업자 甲이 정당한 사유 없이 1년 이상 휴업한 때에는 경비업 허가를 취소하여야 한다.

10 정답 ❷

○△×

제시된 내용 중 특수경비원을 배치한 시설주(A)가 갖추어 두어야 하는 장부 또는 서류에 해당하는 것은 ㄱ, ㄴ, ㅂ이고 특수경비원을 배치한 국가중요시설의 관할 경찰관서장(B)이 갖추어 두어야 하는 장부 또는 서류에 해당하는 것은 ㄷ, ㄹ, ㅁ이다.

핵심만콕 **갖추어 두어야 할 장부 또는 서류(경비업법 시행규칙 제26조)**

시설주	관할 경찰관서장
특수경비원을 배치한 시설주는 다음의 장부 및 서류를 갖추어 두어야 한다(제1항). 1. 근무일지 2. 근무상황카드 3. 경비구역배치도 4. 순찰표철 5. 무기탄약출납부 6. 무기장비운영카드	특수경비원을 배치한 국가중요시설의 관할 경찰관서장은 다음의 장부 및 서류를 갖추어 두어야 한다(제2항). 1. 감독순시부 2. 특수경비원 전·출입관계철 3. 특수경비원 교육훈련실시부 4. 무기·탄약 대여대장 5. 그 밖에 특수경비원의 관리 등을 위하여 필요한 장부 또는 서류
제1항 및 제2항의 규정에 의한 장부 또는 서류의 서식은 경찰관서에서 사용하는 서식을 준용한다(제3항).	

11 정답 ❹

○△×

④ (×) 시·도 경찰청장 또는 관할 경찰관서장은 경비업자 또는 배치된 경비원이 이 법이나 이 법에 따른 명령, 「폭력행위 등 처벌에 관한 법률」을 위반하는 행위를 하는 경우 그 위반행위의 중지를 명할 수 있다(경비업법 제24조 제3항).

① (○) 경비업법 제24조 제1항

② (○) 경비업법 제24조 제4항

③ (○) 경비업법 시행령 제29조

관계법령

감독(경비업법 제24조)

① 경찰청장 또는 시·도 경찰청장은 경비업무의 적정한 수행을 위하여 경비업자 및 경비지도사를 지도·감독하며 필요한 명령을 할 수 있다. 〈개정 2020.12.22.〉

② 시·도 경찰청장 또는 관할 경찰관서장은 소속 경찰공무원으로 하여금 관할구역 안에 있는 경비업자의 주사무소 및 출장소와 경비원 배치장소에 출입하여 근무상황 및 교육훈련상황 등을 감독하며 필요한 명령을 하게 할 수 있다. 이 경우 출입하는 경찰공무원은 그 권한을 표시하는 증표를 관계인에게 내보여야 한다. 〈개정 2020.12.22.〉

③ 시·도 경찰청장 또는 관할 경찰관서장은 경비업자 또는 배치된 경비원이 이 법이나 이 법에 따른 명령, 「폭력행위 등 처벌에 관한 법률」을 위반하는 행위를 하는 경우 그 위반행위의 중지를 명할 수 있다. 〈개정 2020.12.22.〉

④ 시·도 경찰청장 또는 관할 경찰관서장은 경비업무 장소가 집단민원현장으로 판단되는 경우에는 그때부터 48시간 이내에 경비업자에게 경비원 배치허가를 받을 것을 고지하여야 한다. 〈개정 2020.12.22.〉

보안지도 · 점검 등(경비업법 제25조)

시 · 도 경찰청장은 대통령령이 정하는 바에 따라 특수경비업자에 대하여 보안지도 · 점검을 실시하여야 하고, 필요한 경우 관계기관에 보안측정을 요청하여야 한다. 〈개정 2020.12.22.〉

보안지도점검(경비업법 시행령 제29조)

시 · 도 경찰청장은 법 제25조의 규정에 의하여 특수경비업자에 대하여 연 2회 이상의 보안지도 · 점검을 실시하여야 한다. 〈개정 2020.12.31.〉

12 정답 ❹

O|△|X

④ (×) 일반경비원 교육기관 시설 · 장비 지정 기준으로 규정되지 않은 특수경비원 교육기관만의 시설 · 장비 지정 기준에 해당한다[경비업법 시행령 제19조의2 · [별표 3의2] 제2호 나목 4)].

① (○) 경비업법 시행령 제19조의2 · [별표 3의2] 제1호 나목 1) 및 제2호 나목 1)

② (○) 경비업법 시행령 제19조의2 · [별표 3의2] 제1호 나목 2) 및 제2호 나목 2)

③ (○) 경비업법 시행령 제19조의2 · [별표 3의2] 제1호 나목 3) 및 제2호 나목 3)

13 정답 ❸

O|△|X

(　　) 안의 ㄱ~ㅁ에 들어갈 내용은 순서대로 행정안전부령, 30, 시 · 도 경찰청장, 10, 관할 경찰서장이다.

관계법령

임용자격(청원경찰법 시행령 제3조)

법 제5조 제3항에 따른 청원경찰의 임용자격은 다음 각호와 같다. 〈개정 2021.8.24.〉

1. 18세 이상인 사람
2. 행정안전부령으로 정하는 신체조건에 해당하는 사람

임용의 신체조건(청원경찰법 시행규칙 제4조)

영 제3조 제2호에 따른 신체조건은 다음 각호와 같다.

1. 신체가 건강하고 팔다리가 완전할 것
2. 시력(교정시력을 포함한다)은 양쪽 눈이 각각 0.8 이상일 것

임용방법 등(청원경찰법 시행령 제4조)

① 법 제4조 제2항에 따라 청원경찰의 배치결정을 받은 자(이하 "청원주"라 한다)는 법 제5조 제1항에 따라 그 배치결정의 통지를 받은 날부터 30일 이내에 배치결정된 인원수의 임용예정자에 대하여 청원경찰 임용승인을 시 · 도 경찰청장에게 신청하여야 한다. 〈개정 2020.12.31.〉

② 청원주가 법 제5조 제1항에 따라 청원경찰을 임용하였을 때에는 임용한 날부터 10일 이내에 그 임용사항을 관할 경찰서장을 거쳐 시 · 도 경찰청장에게 보고하여야 한다. 청원경찰이 퇴직하였을 때에도 또한 같다. 〈개정 2020.12.31.〉

14 정답 ❹

O△X 청원경찰의 교육과목에는 대공이론은 포함되지만, 국가보안법, 통합방위법은 포함되지 않는다(청원경찰법 시행규칙 [별표 1]).

관계법령 청원경찰의 교육과목 및 수업시간표(청원경찰법 시행규칙 [별표 1])

학과별	과 목		시 간
정신교육(8h)	정신교육		8
학술교육(15h)	형사법		10
	청원경찰법		5
실무교육(44h)	경 무	경찰관직무집행법	5
	방 범	방범업무	3
		경범죄처벌법	2
	경 비	시설경비	6
		소 방	4
	정 보	대공이론	2
		불심검문	2
	민방위	민방공	3
		화생방	2
	기본훈련		5
	총기조작		2
	총검술		2
	사 격		6
술과(6h)	체포술 및 호신술		6
기타(3h)	입교·수료 및 평가		3
계			76시간

15 정답 ❶

O△X 전자카드 제조업이 특수경비업자가 할 수 있는 전자부품, 컴퓨터, 영상, 음향 및 통신장비 제조업 분야의 경비관련업에 해당한다.

관계법령 특수경비업자가 할 수 있는 영업(경비업법 시행령 [별표 1의2])

분 야	해당 영업
금속가공제품 제조업 (기계 및 가구 제외)	• 일반철물 제조업(자물쇠제조 등 경비 관련 제조업에 한정한다) • 금고 제조업
그 밖의 기계 및 장비제조업	분사기 및 소화기 제조업
전기장비 제조업	전기경보 및 신호장치 제조업

전자부품, 컴퓨터, 영상, 음향 및 통신장비 제조업	• 전자카드 제조업 • 통신 및 방송 장비 제조업 • 영상 및 음향기기 제조업
전문직별 공사업	• 소방시설 공사업 • 배관 및 냉·난방 공사업(소방시설 공사 등 방재 관련 공사에 한정한다) • 내부 전기배선 공사업 • 내부 통신배선 공사업
도매 및 상품중개업	통신장비 및 부품 도매업
통신업	전기통신업
부동산업	부동산 관리업
컴퓨터 프로그래밍, 시스템 통합 및 관리업	• 컴퓨터 프로그래밍 서비스업 • 컴퓨터시스템 통합 자문, 구축 및 관리업
건축기술, 엔지니어링 및 관련기술 서비스업	• 건축설계 및 관련 서비스업(소방시설 설계 등 방재 관련 건축설계에 한정한다) • 건물 및 토목엔지니어링 서비스업(소방공사 감리 등 방재 관련 서비스업에 한정한다)
사업시설 관리 및 조경 서비스업	• 사업시설 유지관리 서비스업 • 건물 산업설비 청소 및 방제 서비스업
사업지원 서비스업	• 인력공급 및 고용알선업 • 경비, 경호 및 탐정업
교육서비스업	• 직원훈련기관 • 그 밖의 기술 및 직업훈련학원(경비 관련 교육에 한정한다)
수리업	• 일반 기계 수리업 • 전기, 전자, 통신 및 정밀기기 수리업
창고 및 운송 관련 서비스업	주차장 운영업

16 정답 ❷

O△X

② (×) 이 법 또는 「대통령 등의 경호에 관한 법률」에 위반하여 벌금형의 선고를 받고 3년이 지나지 아니한 자는 특수경비업무를 수행하는 법인의 임원이 될 수 없다(경비업법 제5조 제4호). 경비업법 제5조 제4호의 결격사유는 특수경비업무를 수행하는 법인에만 적용되는 것이므로 乙은 기계경비업을 영위하는 법인의 임원 결격사유에 해당하지 않는다.

① (○) 파산선고를 받고 복권되지 아니한 자는 경비업을 영위하는 법인의 임원이 될 수 없다(경비업법 제5조 제2호). 따라서 甲은 기계경비업을 영위하는 법인의 임원 결격사유에 해당한다.

③ (○) 금고 이상의 형의 선고를 받고 그 형이 실효되지 아니한 자는 경비업을 영위하는 법인의 임원이 될 수 없다(경비업법 제5조 제3호). 따라서 丙은 기계경비업을 영위하는 법인의 임원 결격사유에 해당한다.

④ (○) 이 법(제19조 제1항 제2호 및 제7호는 제외한다) 또는 이 법에 의한 명령에 위반하여 허가가 취소된 법인의 허가취소 당시의 임원이었던 자로서 그 취소 후 3년이 지나지 아니한 자는 허가취소사유에 해당하는 경비업무와 동종의 경비업무를 수행하는 법인의 임원이 될 수 없다(경비업법 제5조 제5호). 허가취소사유에 해당하는 경비업무가 기계경비업무였다면 허가취소 당시의 임원이었던 자로서 그 취소 후 3년이 지나지 아니한 丁은 기계경비업을 영위하는 법인의 임원 결격사유에 해당한다.

관계법령 **임원의 결격사유(경비업법 제5조)**

다음 각호의 어느 하나에 해당하는 자는 경비업을 영위하는 법인(제4호에 해당하는 자의 경우에는 특수경비업무를 수행하는 법인을 말하고, 제5호에 해당하는 자의 경우에는 허가취소사유에 해당하는 경비업무와 동종의 경비업무를 수행하는 법인을 말한다)의 임원이 될 수 없다. 〈개정 2021.1.12.〉 (두 피 · 파 · 실 · 3 · 3 · 5)

1. 피성년후견인
2. 파산선고를 받고 복권되지 아니한 자
3. 금고 이상의 형의 선고를 받고 그 형이 실효되지 아니한 자
4. 이 법 또는 「대통령 등의 경호에 관한 법률」에 위반하여 벌금형의 선고를 받고 3년이 지나지 아니한 자
5. 이 법(제19조 제1항 제2호 및 제7호는 제외한다) 또는 이 법에 의한 명령에 위반하여 허가가 취소된 법인의 허가취소 당시의 임원이었던 자로서 그 취소 후 3년이 지나지 아니한 자
6. 제19조 제1항 제2호(허가받은 경비업무 외의 업무에 경비원을 종사하게 한 때) 및 제7호(소속 경비원으로 하여금 경비업무의 범위를 벗어난 행위를 하게 한 때)의 사유로 허가가 취소된 법인의 허가취소 당시의 임원이었던 자로서 허가가 취소된 날부터 5년이 지나지 아니한 자

17 정답 ❸

O△X

③ (O) 경비업법 시행령 제15조 제1항 제2호

① (×) 시험출제위원으로 임명 또는 위촉된 자는 경찰청장이 정하는 준수사항을 성실히 이행하여야 한다(경비업법 시행령 제15조 제3항).

② (×) 시험출제위원의 수는 시험과목별로 2인 이상으로 한다(경비업법 시행령 제15조 제2항).

④ (×) 시험출제위원과 시험관리업무에 종사하는 자에 대하여는 예산의 범위 안에서 수당과 여비를 지급할 수 있다. 다만, 공무원인 위원이 그 소관업무와 직접적으로 관련하여 시험관리업무에 종사하는 경우에는 그러하지 아니하다(경비업법 시행령 제15조 제4항).

관계법령 **시험출제위원의 임명 · 위촉 등(경비업법 시행령 제15조)**

① 경찰청장은 시험문제의 출제를 위하여 다음 각호의 어느 하나에 해당하는 사람 중에서 시험출제위원을 임명 또는 위촉한다. 〈개정 2024.8.13.〉

1. 「고등교육법」에 따른 전문대학 이상의 교육기관에서 경찰행정학과 등 경비업무 관련학과 및 법학과의 조교수 이상으로 재직하고 있는 사람
2. 석사 이상의 학위소지자로 경찰청장이 정하는 바에 의하여 경비업무에 관한 연구실적이나 전문경력이 인정되는 사람
3. 경감 이상의 경찰공무원(범죄예방 · 경비 업무를 담당한 경력이 3년 이상인 사람으로 하되, 경감이 되기 전의 경력을 포함한다)

② 제1항의 규정에 의한 시험출제위원의 수는 시험과목별로 2인 이상으로 한다.

③ 시험출제위원으로 임명 또는 위촉된 자는 경찰청장이 정하는 준수사항을 성실히 이행하여야 한다.

④ 시험출제위원과 시험관리업무에 종사하는 자에 대하여는 예산의 범위 안에서 수당과 여비를 지급할 수 있다. 다만, 공무원인 위원이 그 소관업무와 직접적으로 관련하여 시험관리업무에 종사하는 경우에는 그러하지 아니하다.

18 정답 ❸

○△×

③ (×) 인질·간첩 또는 테러사건에 있어서 은밀히 작전을 수행하는 경우는 특수경비원이 미리 구두 또는 공포탄에 의한 사격으로 경고하지 아니하고 사람을 향하여 권총 또는 소총을 발사할 수 있는 부득이한 때에 해당한다(경비업법 제15조 제4항 제1호 단서 나목).

① (○) 경비업법 제15조 제3항

② (○) 경비업법 제15조 제4항 제1호 본문

④ (○) 경비업법 제15조 제4항 제2호 본문

19 정답 ❹

○△×

(　　) 안에 들어갈 용어로 옳지 않은 것은 ㄹ이다. ㄹ에는 무기가 들어가야 한다.

관계법령 **감독(청원경찰법 시행령 제17조)**

관할 경찰서장은 매달 1회 이상 청원경찰을 배치한 경비구역에 대하여 다음 각호의 사항을 감독하여야 한다.

1. 복무규율과 근무상황
2. 무기의 관리 및 취급사항

20 정답 ❷

○△×

② (×) 경비업의 허가를 받거나 허가증을 재교부받고자 하는 자는 대통령령이 정하는 바에 따라 수수료를 납부하여야 한다(경비업법 제27조의2).

① (○) 경비업법 시행령 제28조 제1항 제2호

③ (○) 경비업법 시행령 제28조 제3항

④ (○) 경비업법 시행령 제28조 제5항

관계법령 **수수료(경비업법 제27조의2)**

이 법에 따른 경비업의 허가를 받거나 허가증을 재교부받고자 하는 자는 대통령령이 정하는 바에 따라 수수료를 납부하여야 한다.

허가증 등의 수수료(경비업법 시행령 제28조)

① 법에 의한 경비업의 허가를 받거나 허가증을 재교부받고자 하는 자는 다음 각호의 수수료를 납부하여야 한다.

1. 법 제4조 제1항 및 법 제6조 제2항의 규정에 의한 경비업의 허가(추가·변경·갱신허가를 포함한다)의 경우에는 1만원
2. 허가사항의 변경신고로 인한 허가증 재교부의 경우에는 2천원

② 제1항의 규정에 의한 수수료는 허가 등의 신청서에 수입인지를 첨부하여 납부한다.

③ 시험에 응시하고자 하는 자는 경찰청장이 정하여 고시하는 수수료를 납부하여야 한다.

④ 경찰청장은 다음 각호의 어느 하나에 해당하는 경우에는 제3항에 따라 받은 응시수수료의 전부 또는 일부를 다음 각호의 구분에 따라 반환하여야 한다.

1. 응시수수료를 과오납한 경우 : 과오납한 금액 전액
2. 시험시행기관의 귀책사유로 시험에 응시하지 못한 경우 : 응시수수료 전액
3. 시험시행일 20일 전까지 접수를 취소하는 경우 : 응시수수료 전액
4. 시험시행일 10일 전까지 접수를 취소하는 경우 : 응시수수료의 100분의 50

⑤ 경찰청장 및 시·도 경찰청장은 제2항 및 제3항의 규정에 불구하고 정보통신망을 이용하여 전자화폐·전자결제 등의 방법으로 수수료를 납부하게 할 수 있다. 〈개정 2020.12.31.〉

21 정답 ❶

O△X 제시된 내용 중 경비원의 자격 등에 관한 설명으로 옳은 것은 ㄱ, ㄹ이다.

ㄱ. (O) 경비업법 제10조 제1항 제1호·제2항 제1호 참조

ㄹ. (O) 경비업법 제10조 제1항 제4호

ㄴ. (×) 현재 17세인 자는 특수경비원 및 경비지도사 모두 될 수 없다(경비업법 제10조 제1항 제1호·제2항 제1호).

ㄷ. (×) 특수경비원이 되고자 하는 자는 팔과 다리가 완전하고, 두 눈의 맨눈시력이 각각 0.2 이상 또는 교정시력이 각각 0.8 이상이 되어야 한다(경비업법 시행규칙 제7조). ㄷ은 청원경찰의 임용 신체조건이다(청원경찰법 시행규칙 제4조).

ㅁ. (×) 금고 이상의 형의 선고유예를 받고 그 유예기간 중에 있는 자는 특수경비원이 될 수 없다(경비업법 제10조 제2항 제4호).

22 정답 ❹

O△X 〈보기〉에서 경비업법 제29조 제1항의 형이 가중처벌되는 "형법의 죄"에 해당하는 것은 ㄴ, ㄷ, ㅁ, ㅂ이다.

관계법령 **형의 가중처벌(경비업법 제29조)**

① 특수경비원이 무기를 휴대하고 경비업무를 수행 중에 제14조 제8항의 규정 및 제15조 제4항의 규정에 의한 무기의 안전수칙을 위반하여 형법 제258조의2(특수상해죄) 제1항(제257조 제1항의 상해죄로 한정, 존속상해죄는 제외)·제2항(제258조 제1항·제2항의 중상해죄로 한정, 존속중상해죄는 제외), 제259조 제1항(상해치사죄), 제260조 제1항(폭행죄), 제262조(폭행치사상죄), 제268조(업무상과실·중과실치사상죄), 제276조 제1항(체포 또는 감금죄), 제277조 제1항(중체포 또는 중감금죄), 제281조 제1항(체포·감금등의 치사상죄), 제283조 제1항(협박죄), 제324조 제2항(특수강요죄), 제350조의2(특수공갈죄) 및 제366조(재물손괴등죄)의 죄를 범한 때에는 그 죄에 정한 형의 2분의 1까지 가중처벌한다.

② 경비원이 경비업무 수행 중에 제16조의2 제1항에서 정한 장비 외에 흉기 또는 그 밖의 위험한 물건을 휴대하고 형법 제258조의2(특수상해죄) 제1항(제257조 제1항의 상해죄로 한정, 존속상해죄는 제외)·제2항(제258조 제1항·제2항의 중상해죄로 한정, 존속중상해죄는 제외), 제259조 제1항(상해치사죄), 제261조(특수폭행죄), 제262조(폭행치사상죄), 제268조(업무상과실·중과실치사상죄), 제276조 제1항(체포 또는 감금죄), 제277조 제1항(중체포 또는 중감금죄), 제281조 제1항(체포·감금등의 치사상죄), 제283조 제1항(협박죄), 제324조 제2항(특수강요죄), 제350조의2(특수공갈죄) 및 제366조(재물손괴등죄)의 죄를 범한 때에는 그 죄에 정한 형의 2분의 1까지 가중처벌한다.

23 정답 ❷

O△X ② (×) 청원주가 부담하는 봉급·수당의 최저부담기준액(국가기관 또는 지방자치단체에 근무하는 청원경찰의 봉급·수당은 제외)과 피복비와 교육비 비용의 부담기준액은 경찰청장이 정하여 고시한다(청원경찰법 제6조 제3항).

① (O) 청원경찰법 제6조 제1항

③ (O) 청원경찰법 시행령 제9조 제2항

④ (O) 청원경찰법 시행령 제12조 제2항

24 정답 ❷

O△X ( ) 안의 ㄱ~ㄷ에 들어갈 숫자는 순서대로 3, 1, 64이다. 따라서 그 합은 68이다.

관계법령 **경비지도사 시험의 일부면제(경비업법 시행규칙 제10조)**

영 제13조 제4호에서 "행정안전부령으로 정하는 교육과정을 이수한 사람"이란 다음 각호의 하나에 해당하는 사람을 말한다.

1. 고등교육법에 의한 전문대학 이상의 교육기관(경비지도사의 시험과목 3과목 이상이 개설된 교육기관에 한한다)에서 1년 이상의 경비업무관련 과정을 마친 사람
2. 경찰청장이 지정하는 기관 또는 단체에서 실시하는 64시간 이상의 경비지도사 양성과정을 마치고 수료시험에 합격한 사람

25 정답 ❷

O△X ② (O) 계약상대방에게 오경보 방지를 위한 설명 시 교부하는 서면등에 기재될 사항(A) – 출장소별로 갖추어 두어야 하는 서류에 기재하는 사항(B)

① (×) 계약상대방에게 오경보 방지를 위한 설명 시 교부하는 서면등에 기재될 사항(A) – 계약상대방에게 오경보 방지를 위한 설명 시 교부하는 서면등에 기재될 사항(A)

③ (×) 출장소별로 갖추어 두어야 하는 서류에 기재하는 사항(B) – 출장소별로 갖추어 두어야 하는 서류에 기재하는 사항(B)

④ (×) 출장소별로 갖추어 두어야 하는 서류에 기재하는 사항(B) – 계약상대방에게 오경보 방지를 위한 설명 시 교부하는 서면등에 기재될 사항(A)

핵심만콕 **계약상대방에게 교부해야 할 서면과 출장소별 비치서류(경비업법 시행령 제8조 및 제9조)**

오경보의 방지를 위한 설명 등(제8조)	기계경비업자의 관리 서류(제9조)
① 법 제9조 제1항의 규정에 의하여 기계경비업자가 계약상대방에게 하여야 하는 설명은 다음 각호의 사항을 기재한 서면 또는 전자문서(이하 "서면등"이라 하며, 이 조에서 전자문서는 계약상대방이 원하는 경우에 한한다)를 교부하는 방법에 의한다. 1. 당해 기계경비업무와 관련된 관제시설 및 출장소(제5조 제3항의 규정에 의한 출장소를 말한다. 이하 같다)의 명칭ㆍ소재지 2. 기계경비업자가 경비대상시설에서 발생한 경보를 수신한 경우에 취하는 조치 3. 기계경비업무용 기기의 설치장소 및 종류와 그 밖의 기계장치의 개요 4. 오경보의 발생원인과 송신기기의 유지ㆍ관리방법 ② 기계경비업자는 제1항 각호의 사항을 기재한 서면등과 함께 법 제26조(손해배상 등)의 규정에 의한 손해배상의 범위와 손해배상액에 관한 사항을 기재한 서면등을 계약상대방에게 교부하여야 한다.	① 기계경비업자는 법 제9조 제2항의 규정에 의하여 출장소별로 다음 각호의 사항을 기재한 서류를 갖추어 두어야 한다. 1. 경비대상시설의 명칭ㆍ소재지 및 경비계약기간 2. 기계경비지도사의 명단ㆍ배치일자ㆍ배치장소와 출동차량의 대수 3. 경보의 수신 및 현장도착 일시와 조치의 결과(1년간 보관) 4. 오경보인 경우 오경보가 발생한 경비대상시설 및 그 오경보에 대한 조치의 결과(1년간 보관) ② 제1항 제3호 및 제4호의 규정에 의한 사항을 기재한 서류는 당해 경보를 수신한 날부터 1년간 이를 보관하여야 한다.

26

정답 ❹

○△×

제시된 내용 중 관할 경찰서장이 비치해야 할 문서와 장부는 ㄱ, ㄴ, ㄷ, ㅂ, ㅅ, ㅇ이다(청원경찰법 시행규칙 제17조 제2항).

27

정답 ❷

○△×

② (×) 청원주가 정당한 사유 없이 법 제6조 제3항에 따라 경찰청장이 고시한 최저부담기준액 이상의 보수를 지급하지 않은 경우가 500만원 이하의 과태료 부과대상이다(청원경찰법 제12조 제1항 제2호).

① (○) 청원경찰법 제12조 제1항 제1호

③ (○) 청원경찰법 제11조

④ (○) 「경찰공무원법」 제24조(거짓보고 등 금지의무)를 청원경찰의 복무로서 준용(청원경찰법 제5조 제4항)하고는 있으나, 위배 시 이를 처벌하는 벌칙 또는 과태료 처분 규정은 청원경찰법령상 존재하지 않는다.

28 정답 ❹

O△X ④ (×) 「사회복지사업법」에 따른 사회복지시설은 청원경찰법령상 청원경찰의 배치대상에 해당하지 않는다(청원경찰법 제2조, 동법 시행규칙 제2조).

① (○) 청원경찰법 제1조

② (○) 청원경찰법 제2조

③ (○) 청원경찰은 청원경찰의 배치 결정을 받은 자(청원주)와 배치된 기관·시설 또는 사업장 등의 구역을 관할하는 경찰서장의 감독을 받는다(청원경찰법 제3조). 청원주는 항상 소속 청원경찰의 근무 상황을 감독하고, 근무 수행에 필요한 교육을 하여야 한다(청원경찰법 제9조의3 제1항).

29 정답 ❷

O△X ② (×) 청원경찰은 평상근무 중에는 정모, 근무복, 단화, 호루라기, 경찰봉 및 포승을 착용하거나 휴대하여야 하고, 총기를 휴대하지 아니할 때에는 분사기를 휴대하여야 하며, 교육훈련이나 그 밖의 특수근무 중에는 기동모, 기동복, 기동화 및 휘장을 착용하거나 부착하되, 허리띠와 경찰봉은 착용하거나 휴대하지 아니할 수 있다(청원경찰법 시행규칙 제9조 제3항).

① (○) 청원경찰법 시행령 제14조 제1항

③ (○) 청원경찰법 시행령 제14조 제3항

④ (○) 청원경찰법 시행규칙 제9조 제1항 제2호

관계법령 복제(청원경찰법 시행령 제14조)

① 청원경찰의 복제(服制)는 제복·장구(裝具) 및 부속물로 구분한다.
② 청원경찰의 제복·장구 및 부속물에 관하여 필요한 사항은 행정안전부령으로 정한다.

복제(청원경찰법 시행규칙 제9조)

① 영 제14조에 따른 청원경찰의 제복·장구(裝具) 및 부속물의 종류는 다음 각호와 같다.
1. 제복 : 정모(正帽), 기동모(활동에 편한 모자를 말한다. 이하 같다), 근무복(하복, 동복), 한여름 옷, 기동복, 점퍼, 비옷, 방한복, 외투, 단화, 기동화 및 방한화
2. 장구 : 허리띠, 경찰봉, 호루라기 및 포승(捕繩)
3. 부속물 : 모자표장, 가슴표장, 휘장, 계급장, 넥타이핀, 단추 및 장갑

② 영 제14조에 따른 청원경찰의 제복·장구(裝具) 및 부속물의 형태·규격 및 재질은 다음 각호와 같다.
1. 제복의 형태·규격 및 재질은 청원주가 결정하되, 경찰공무원 또는 군인 제복의 색상과 명확하게 구별될 수 있어야 하며, 사업장별로 통일해야 한다. 다만, 기동모와 기동복의 색상은 진한 청색으로 하고, 기동복의 형태·규격은 별도 1과 같이 한다.
2. 장구의 형태·규격 및 재질은 경찰 장구와 같이 한다.
3. 부속물의 형태·규격 및 재질은 다음 각목과 같이 한다.
   가. 모자표장의 형태·규격 및 재질은 별도 2와 같이 하되, 기동모의 표장은 정모 표장의 2분의 1 크기로 할 것
   나. 가슴표장, 휘장, 계급장, 넥타이핀 및 단추의 형태·규격 및 재질은 별도 3부터 별도 7까지와 같이 할 것

③ 청원경찰은 평상근무 중에는 정모, 근무복, 단화, 호루라기, 경찰봉 및 포승을 착용하거나 휴대하여야 하고, 총기를 휴대하지 아니할 때에는 분사기를 휴대하여야 하며, 교육훈련이나 그 밖의 특수근무 중에는 기동모, 기동복, 기동화 및 휘장을 착용하거나 부착하되, 허리띠와 경찰봉은 착용하거나 휴대하지 아니할 수 있다.

④ 가슴표장, 휘장 및 계급장을 달거나 부착할 위치는 별도 8과 같다.

③ 청원경찰이 그 배치지의 특수성 등으로 특수복장을 착용할 필요가 있을 때에는 청원주는 시·도 경찰청장의 승인을 받아 특수복장을 착용하게 할 수 있다.

30 정답 ❹

O△X

④ (×) 경비지도사자격의 취소 또는 정지가 청문을 실시하여야 하는 경우(경비업법 제21조 제4호)이고, 경비업법령상 경비지도사의 징계처분을 하고자 하는 경우에 청문을 실시해야 한다는 규정은 존재하지 않는다.

① (○) 경비업법 제21조 제1호

② (○) 경비업법 제21조 제2호

③ (○) 경비업법 제21조 제3호

관계법령 **청문(경비업법 제21조)**

경찰청장 또는 시·도 경찰청장은 다음 각호의 어느 하나에 해당하는 처분을 하고자 하는 경우에는 청문을 실시하여야 한다. 〈개정 2024.2.13.〉

1. 제11조의4에 따른 경비지도사 교육기관의 지정 취소 또는 업무의 정지
2. 제13조의3에 따른 경비원 교육기관의 지정 취소 또는 업무의 정지
3. 제19조의 규정에 의한 경비업 허가의 취소 또는 영업정지
4. 제20조 제1항 또는 제2항의 규정에 의한 경비지도사자격의 취소 또는 정지

31 정답 ❸

O△X

③ (○) 청원경찰법 시행령 제16조 제2항

① (×) 시·도 경찰청장은 청원경찰이 직무를 수행하기 위하여 필요하다고 인정하면 청원주의 신청을 받아 관할 경찰서장으로 하여금 청원경찰에게 무기를 대여하여 지니게 할 수 있다(청원경찰법 제8조 제2항).

② (×) 청원주는 청원경찰에게 지급한 무기와 탄약을 매주 1회 이상 손질하게 해야 한다(청원경찰법 시행규칙 제16조 제2항 제3호).

④ (×) 무기를 대여하였을 때에는 관할 경찰서장은 청원경찰의 무기관리상황을 수시로 점검해야 한다(청원경찰법 시행령 제16조 제3항).

관계법령 **무기휴대(청원경찰법 시행령 제16조)**

① 청원주가 법 제8조 제2항에 따라 청원경찰이 휴대할 무기를 대여받으려는 경우에는 관할 경찰서장을 거쳐 시·도 경찰청장에게 무기대여를 신청하여야 한다. 〈개정 2020.12.31.〉

② 제1항의 신청을 받은 시·도 경찰청장이 무기를 대여하여 휴대하게 하려는 경우에는 청원주로부터 국가에 기부채납된 무기에 한정하여 관할 경찰서장으로 하여금 무기를 대여하여 휴대하게 할 수 있다. 〈개정 2020.12.31.〉

③ 제1항에 따라 무기를 대여하였을 때에는 관할 경찰서장은 청원경찰의 무기관리상황을 수시로 점검하여야 한다.

④ 청원주 및 청원경찰은 행정안전부령으로 정하는 무기관리수칙을 준수하여야 한다.

32 정답 ❷

O△X

제시된 내용 중 ㄱ, ㄴ, ㅂ의 법정형은 3년 이하의 징역 또는 3천만원 이하의 벌금이다.

ㄱ. (○) 경비업법 제28조 제2항 제5호

ㄴ. (○) 경비업법 제28조 제2항 제2호

ㅂ. (○) 경비업법 제28조 제2항 제8호

ㄷ. (×) 2년 이하의 징역 또는 2천만원 이하의 벌금(경비업법 제28조 제3항)

ㄹ. (×) 5년 이하의 징역 또는 5천만원 이하의 벌금(경비업법 제28조 제1항)

ㅁ. (×) 1년 이하의 징역 또는 1천만원 이하의 벌금(경비업법 제28조 제4항 제5호)

33 정답 ❷

○△×

② (×) 경비업 허가의 절대적(필요적) 취소사유이다(경비업법 제19조 제1항 제3호).

① (○), ③ (○), ④ (○) 경비업 허가의 상대적 취소・영업정지사유이다(경비업법 제19조 제2항 제2호・제14호・제15호).

핵심만콕 경비업 허가의 취소 등(경비업법 제19조)★★

절대적(필요적) 허가취소사유(제1항)	허가관청은 경비업자가 다음의 어느 하나에 해당하는 때에는 그 허가를 취소하여야 한다. • 허위 그 밖의 부정한 방법으로 허가를 받은 때(제1호) • 경비업자가 허가받은 경비업무 외의 업무에 경비원을 종사하게 한 때(제2호) – 적용중지 헌법불합치 결정(2020헌가19) • 특수경비업자가 경비업 및 경비관련업 외의 영업을 한 때(제3호) • 정당한 사유 없이 허가를 받은 날부터 2년 이내에 경비 도급실적이 없거나 계속하여 1년 이상 휴업한 때(제4호) • 정당한 사유 없이 최종 도급계약 종료일의 다음 날부터 2년 이내에 경비 도급실적이 없을 때(제5호) • 영업정지처분을 받고 계속하여 영업을 한 때(제6호) • 소속 경비원으로 하여금 경비업무의 범위를 벗어난 행위를 하게 한 때(제7호) • 관할 경찰관서장의 배치폐지명령에 따르지 아니한 때(제8호)
상대적(임의적) 허가취소・영업정지사유(제2항)	허가관청은 경비업자가 다음의 어느 하나에 해당하는 때에는 대통령령으로 정하는 행정처분의 기준에 따라 그 허가를 취소하거나 6개월 이내의 기간을 정하여 영업의 전부 또는 일부에 대하여 영업정지를 명할 수 있다. • 시・도 경찰청장의 허가 없이 경비업무를 변경한 때(제1호) • 도급을 의뢰받은 경비업무가 위법한 것임에도 이를 거부하지 아니한 때(제2호) • 경비지도사를 집단민원현장에 선임・배치하지 아니한 때(제3호) • 경비대상시설에 관한 경보 대응체제를 갖추지 아니한 때(제4호) • 관련 서류를 작성・비치하지 아니한 때(제5호) • 결격사유에 해당하는 경비원을 배치하거나 결격사유에 해당하는 경비지도사를 선임・배치한 때(제6호) • 대통령령이 정하는 바에 따르지 아니하고 이를 위반하여 경비지도사를 선임한 때(제7호) • 경비원으로 하여금 교육을 받게 하지 아니한 때(제8호) • 경비원의 복장 등에 관한 규정을 위반한 때(제9호) • 경비원의 장비 등에 관한 규정을 위반한 때(제10호) • 경비원의 출동차량 등에 관한 규정을 위반한 때(제11호) • 집단민원현장에 일반경비원 명부를 작성・비치하지 아니한 때(제12호) • 배치허가를 받지 아니하고 경비원을 배치하거나 경비원 명단 및 배치일시・배치장소 등 배치허가 신청의 내용을 거짓으로 한 때(제13호) • 결격사유에 해당하는 일반경비원을 집단민원현장에 배치한 때(제14호) • 경찰청장, 시・도 경찰청장, 관할 경찰관서장의 감독상 명령에 따르지 아니한 때(제15호) • 업무수행 중 고의 또는 과실로 발생한 경비대상 및 제3자의 손해를 배상하지 아니한 때(제16호)

34 정답 ❶

O△X
① (×) 청원경찰이 직무를 수행할 때 직권을 남용하여 국민에게 해를 끼친 경우에는 6개월 이하의 징역이나 금고에 처한다(청원경찰법 제10조 제1항).
② (○) 청원경찰법 제10조 제2항
③ (○) 청원경찰법 제10조의2
④ (○) 청원경찰법 시행규칙 제21조 제2항

35 정답 ❸

O△X
③ (×) 경비전화의 가설은 관할 경찰서장의 권한에 해당한다(청원경찰법 시행규칙 제20조 제1항).
① (○) 청원경찰법 제10조의3, 동법 시행령 제20조 제1호
② (○) 청원경찰법 제10조의3, 동법 시행령 제20조 제2호
④ (○) 청원경찰법 제10조의3, 동법 시행령 제20조 제3호

관계법령 **권한의 위임(청원경찰법 제10조의3)**

이 법에 따른 시·도 경찰청장의 권한은 그 일부를 대통령령으로 정하는 바에 따라 관할 경찰서장에게 위임할 수 있다.

권한의 위임(청원경찰법 시행령 제20조)

시·도 경찰청장은 다음 각호의 권한을 관할 경찰서장에게 위임한다. 다만, 청원경찰을 배치하고 있는 사업장이 하나의 경찰서의 관할구역에 있는 경우로 한정한다. 〈개정 2020.12.31.〉

1. 법 제4조 제2항 및 제3항에 따른 청원경찰 배치의 결정 및 요청에 관한 권한
2. 법 제5조 제1항에 따른 청원경찰의 임용승인에 관한 권한
3. 법 제9조의3 제2항에 따른 청원주에 대한 지도 및 감독상 필요한 명령에 관한 권한
4. 법 제12조에 따른 과태료 부과·징수에 관한 권한

36 정답 ❹

O△X
(　　) 안의 ㄱ~ㅂ에 들어갈 내용 중 행정안전부령이 아닌 것은 ㄱ, ㄷ, ㅁ, ㅂ이다.

ㄱ. (×) 경비지도사는 제10조 제1항 각호의 어느 하나(경비지도사의 결격사유)에 해당하지 아니하는 자로서 경찰청장이 시행하는 경비지도사시험에 합격하고 대통령령으로 정하는 바에 따라 경찰청장이 실시하는 기본교육(이하 "기본교육"이라 한다)을 받은 자이어야 한다(경비업법 제11조 제1항).

ㄷ. (×) 경비지도사 시험은 매년 1회 이상 시행하며, 시험과목, 시험공고, 시험의 일부가 면제되는 자의 범위 그 밖에 경비지도사 시험에 관하여 필요한 사항은 대통령령으로 정한다(경비업법 제11조 제3항).

ㅁ. (×) 시험출제위원으로 임명 또는 위촉된 자는 경찰청장이 정하는 준수사항을 성실히 이행하여야 한다(경비업법 시행령 제15조 제3항).

ㅂ. (×) 제12조 제1항에 따라 선임된 경비지도사는 대통령령으로 정하는 바에 따라 경찰청장이 실시하는 보수교육(이하 "보수교육"이라 한다)을 받아야 한다(경비업법 제11조의2).

ㄴ. (○) 경찰청장은 경비지도사 기본교육을 받은 자에게 행정안전부령이 정하는 바에 따라 경비지도사자격증을 교부하여야 한다(경비업법 제11조 제2항).

ㄹ. (○) 경비업법에 따른 경비업무에 7년 이상(특수경비업무의 경우에는 3년 이상) 종사하고 행정안전부령으로 정하는 교육과정을 이수한 사람은 경비지도사 1차 시험을 면제한다(경비업법 시행령 제13조 제4호).

관계법령

경비지도사의 시험 등(경비업법 제11조)

① 경비지도사는 제10조 제1항 각호의 어느 하나에 해당하지 아니하는 자로서 경찰청장이 시행하는 경비지도사시험에 합격하고 대통령령으로 정하는 바에 따라 경찰청장이 실시하는 기본교육(이하 "기본교육"이라 한다)을 받은 자이어야 한다. 〈개정 2024.2.13.〉

② 경찰청장은 제1항의 규정에 의한 교육을 받은 자에게 행정안전부령으로 정하는 바에 따라 경비지도사자격증을 교부하여야 한다.

③ 경비지도사 시험은 매년 1회 이상 시행하며, 시험과목, 시험공고, 시험의 일부가 면제되는 자의 범위 그 밖에 경비지도사 시험에 관하여 필요한 사항은 대통령령으로 정한다.

시험의 일부면제(경비업법 시행령 제13조)

법 제11조 제3항에 따라 다음 각호의 어느 하나에 해당하는 사람은 경비지도사 제1차 시험을 면제한다. 〈개정 2020.2.4.〉

1~3. 생략

4. 「경비업법」에 따른 경비업무에 7년 이상(특수경비업무의 경우에는 3년 이상) 종사하고 행정안전부령으로 정하는 교육과정을 이수한 사람

> **경비지도사 시험의 일부면제(경비업법 시행규칙 제10조)**
>
> 영 제13조 제4호에서 "행정안전부령으로 정하는 교육과정을 이수한 사람"이란 다음 각호의 어느 하나에 해당하는 사람을 말한다.
>
> 1. 고등교육법에 의한 전문대학 이상의 교육기관(경비지도사의 시험과목 3과목 이상이 개설된 교육기관에 한한다)에서 1년 이상의 경비업무관련 과정을 마친 사람
> 2. 경찰청장이 지정하는 기관 또는 단체에서 실시하는 64시간 이상의 경비지도사 양성과정을 마치고 수료시험에 합격한 사람

5~8. 생략

경비지도사의 보수교육(경비업법 제11조의2)

제12조 제1항에 따라 선임된 경비지도사는 대통령령으로 정하는 바에 따라 경찰청장이 실시하는 보수교육(이하 "보수교육"이라 한다)을 받아야 한다.
[본조신설 2024.2.13.]

37 정답 ❸

O△X

③ (○) 청원경찰법 시행령 제8조 제5항 전문

① (×) 청원주는 청원경찰이 품위를 손상하는 행위를 한 때에는 대통령령으로 정하는 징계절차를 거쳐 징계처분을 하여야 한다(청원경찰법 제5조의2 제1항 제2호).

② (×) 청원경찰에 대한 징계의 종류는 파면, 해임, 정직, 감봉 및 견책으로 구분한다(청원경찰법 제5조의2 제2항).

④ (×) 정직(停職)은 1개월 이상 3개월 이하로 하고, 그 기간에 청원경찰의 신분은 보유하나 직무에 종사하지 못하며, 보수의 3분의 2를 줄인다(청원경찰법 시행령 제8조 제2항).

관계법령 **청원경찰의 징계(청원경찰법 제5조2)**

① 청원주는 청원경찰이 다음 각호의 어느 하나에 해당하는 때에는 대통령령으로 정하는 징계절차를 거쳐 징계처분을 하여야 한다.
  1. 직무상의 의무를 위반하거나 직무를 태만히 한 때
  2. 품위를 손상하는 행위를 한 때
② 청원경찰에 대한 징계의 종류는 파면, 해임, 정직, 감봉 및 견책으로 구분한다.
③ 청원경찰의 징계에 관하여 그 밖에 필요한 사항은 대통령령으로 정한다.

청원경찰의 징계절차(청원경찰법 시행령 제8조)

① 관할 경찰서장은 청원경찰이 법 제5조의2 제1항 각호의 어느 하나에 해당한다고 인정되면 청원주에게 해당 청원경찰에 대하여 징계처분을 하도록 요청할 수 있다.
② 법 제5조의2 제2항의 정직(停職)은 1개월 이상 3개월 이하로 하고, 그 기간에 청원경찰의 신분은 보유하나 직무에 종사하지 못하며, 보수의 3분의 2를 줄인다.
③ 법 제5조의2 제2항의 감봉은 1개월 이상 3개월 이하로 하고, 그 기간에 보수 3분의 1을 줄인다.
④ 법 제5조의2 제2항의 견책(譴責)은 전과(前過)에 대하여 훈계하고 회개하게 한다.
⑤ 청원주는 청원경찰 배치결정의 통지를 받았을 때에는 통지를 받은 날부터 15일 이내에 청원경찰에 대한 징계규정을 제정하여 관할 시·도 경찰청장에게 신고하여야 한다. 징계규정을 변경한 때에도 또한 같다. 〈개정 2020.12.31.〉
⑥ 시·도 경찰청장은 제5항에 따른 징계규정의 보완이 필요하다고 인정할 때에는 청원주에게 그 보완을 요구할 수 있다. 〈개정 2020.12.31.〉

38 정답 ❸

O△X 제시된 내용 중 ㄴ(허가사항)을 제외한 나머지는 모두 시·도 경찰청장에게 신고할 사항이다.

관계법령 **경비업의 허가(경비업법 제4조)**

① 경비업을 영위하고자 하는 법인은 도급받아 행하고자 하는 경비업무를 특정하여 그 법인의 주사무소의 소재지를 관할하는 시·도 경찰청장의 허가를 받아야 한다. 도급받아 행하고자 하는 경비업무를 변경하는 경우에도 또한 같다. 〈개정 2020.12.22.〉
② 생략
③ 제1항의 규정에 의하여 경비업의 허가를 받은 법인은 다음 각호의 어느 하나에 해당하는 때에는 시·도 경찰청장에게 신고하여야 한다. 〈개정 2024.2.13.〉
  1. 영업을 폐업하거나 휴업한 때
  2. 법인의 명칭이나 대표자·임원을 변경한 때
  3. 법인의 주사무소나 출장소를 신설·이전 또는 폐지한 때
  4. 기계경비업무의 수행을 위한 관제시설을 신설·이전 또는 폐지한 때
  5. 특수경비업무를 개시하거나 종료한 때
  6. 그 밖에 대통령령이 정하는 중요사항을 변경한 때

폐업 또는 휴업 등의 신고(경비업법 시행령 제5조)

④ 법 제4조 제3항 제6호에서 "그 밖에 대통령령이 정하는 중요사항"이라 함은 정관의 목적을 말한다.

④ 생략

39 정답 ❶

이 문제는 과태료와 관련하여 경비업법 제31조를 적용하면 안 되고, 경비업법 시행령 [별표 6]의 과태료 부과기준을 적용하여야 한다. 질문에서 "최초 1회 위반을 기준으로 함"에서 힌트를 얻어야 한다. 최초 1회 위반을 기준으로 할 경우에 ①은 600만원, ②는 100만원, ③은 1,000만원, ④는 100만원이 되므로 정답은 ①이 된다.

핵심만콕 과태료의 부과기준(경비업법 시행령 [별표 6])

번호	해당 법조문	위반행위	과태료 금액(단위 : 만원)		
			1회 위반	2회 위반	3회 이상 위반
①	법 제31조 제1항 제3호	법 제18조 제1항 단서를 위반하여 집단민원현장에 배치되는 일반경비원의 명부를 그 배치 장소에 작성·비치하지 않은 경우 가. 경비원 명부를 비치하지 않은 경우 나. 경비원 명부를 작성하지 않은 경우	 600 300	 1,200 600	 2,400 1,200
②	법 제31조 제2항 제7호	법 제16조 제1항을 위반하여 복장 등에 관한 신고규정을 위반하여 신고를 하지 않은 경우	100	200	400
③	법 제31조 제1항 제4호	법 제18조 제2항 각 호 외의 부분 단서를 위반하여 배치허가를 받지 않고 경비원을 배치하거나, 경비원 명단 및 배치일시·배치장소 등 배치허가 신청의 내용을 거짓으로 한 경우	1,000	2,000	3,000
④	법 제31조 제2항 제3호	법 제9조 제1항을 위반하여 설명의무를 이행하지 않은 경우	100	200	400

40 정답 ❹

2명 이상의 청원경찰을 배치한 사업장의 청원주는 청원경찰의 지휘·감독을 위하여 청원경찰 중에서 유능한 사람을 선정하여 감독자로 지정하여야 한다(청원경찰법 시행규칙 제19조 제1항). 근무인원이 60명인 경우 대장 1명, 반장 2명, 조장 6명을 지정하여야 한다(청원경찰법 시행규칙 [별표 4]).

관계법령 감독자 지정기준(청원경찰법 시행규칙 [별표 4])

근무인원	직급별 지정기준		
	대 장	반 장	조 장
9명까지	-	-	1명
10명 이상 29명 이하	-	1명	2~3명
30명 이상 40명 이하	-	1명	3~4명
41명 이상 60명 이하	1명	2명	6명
61명 이상 120명 이하	1명	4명	12명

제8회 심화 모의고사

문제편 117p

정답 CHECK

01	02	03	04	05	06	07	08	09	10	11	12	13	14	15	16	17	18	19	20
④	②	③	③	③	③	④	③	④	②	①	②	③	②	①	②	③	③	③	③
21	22	23	24	25	26	27	28	29	30	31	32	33	34	35	36	37	38	39	40
②	②	③	③	③	①	①	②	③	①	③	④	②	④	④	④	④	①	②	④

01 정답 ❹

O△X

제시된 내용 중 경비업법령상 법정형이 동일한 것은 ㄱ・ㄴ・ㄷ(3년 이하의 징역 또는 3천만원 이하의 벌금)과 ㄹ・ㅁ・ㅂ(1년 이하의 징역 또는 1천만원 이하의 벌금)이다.

핵심만콕 벌칙(경비업법 제28조)★★

5년 이하의 징역 또는 5천만원 이하의 벌금(제1항)	국가중요시설의 정상적인 운영을 해치는 장해를 일으킨 특수경비원
3년 이하의 징역 또는 3천만원 이하의 벌금(제2항)	• 허가를 받지 아니하고 경비업을 영위한 자(제1호) • 직무상 알게 된 비밀을 누설하거나 부당한 목적을 위하여 사용한 자(제2호) • 경비업무의 중단을 통보하지 아니하거나 경비업무를 즉시 인수하지 아니한 특수경비업자 또는 경비대행업자(제3호) • 집단민원현장에 경비원을 배치하면서 허가를 받지 아니한 자에게 경비업무를 도급한 자(제4호) • 집단민원현장에 20명 이상의 경비인력을 배치하면서 그 경비인력을 직접 고용한 자(제5호) • 경비업자의 경비원 채용 시 무자격자나 부적격자 등을 채용하도록 관여하거나 영향력을 행사한 도급인(제6호) • 과실로 인하여 국가중요시설의 정상적인 운영을 해치는 장해를 일으킨 특수경비원(제7호) • 특수경비원으로서 경비구역 안에서 시설물의 절도, 손괴, 위험물의 폭발 등의 사유로 인한 위급사태가 발생한 때에 명령에 불복종한 자 또는 경비구역을 벗어난 자(제8호) • 경비원에게 경비업무의 범위를 벗어난 행위를 하게 한 자(제9호)
2년 이하의 징역 또는 2천만원 이하의 벌금(제3항)	정당한 사유 없이 무기를 소지하고 배치된 경비구역을 벗어난 특수경비원

1년 이하의 징역 또는 1천만원 이하의 벌금(제4항)	• 시설주로부터 무기의 관리를 위하여 지정받은 관리책임자가 법이 정한 의무를 위반한 경우(제1호) • 파업・태업 그 밖에 경비업무의 정상적인 운영을 저해하는 일체의 쟁의행위를 한 특수경비원(제2호) • 직무를 수행함에 있어 타인에게 위력을 과시하거나 물리력을 행사하는 등 경비업무의 범위를 벗어난 행위를 한 경비원(제3호) • 제16조의2 제1항에서 정한 장비 외에 흉기 또는 그 밖의 위험한 물건을 휴대하고 경비업무를 수행한 경비원 또는 경비원에게 이를 휴대하고 경비업무를 수행하게 한 자(제4호) • 경찰관서장의 배치폐지명령을 따르지 아니한 자(제5호) • 시・도 경찰청장 또는 관할 경찰관서장의 중지명령에 따르지 아니한 자(제6호)

02 정답 ❷

○△×

제시된 내용 중 특수경비업을 영위하는 법인의 임원이 될 수 있는 자는 ㄱ과 ㄷ이다.

ㄱ. (○) 파산선고를 받고 복권되지 아니한 자는 법인의 임원이 될 수 없으므로(경비업법 제5조 제2호) 복권된 자는 특수경비업을 영위하는 법인의 임원이 될 수 있다.

ㄷ. (○), ㄹ. (×) 경비업법 또는 「대통령 등의 경호에 관한 법률」에 위반하여 벌금형의 선고를 받고 3년이 지나지 아니한 자는 특수경비업무를 수행하는 법인의 임원이 될 수 없다(경비업법 제5조 제4호). 3년이 지난 자는 특수경비업을 영위하는 법인의 임원이 될 수 있다. 참고로, 경비업법 제5조 제4호에 해당하는 경우 특수경비업무를 수행하는 법인의 임원이 될 수 없을 뿐이고, 다른 경비업무를 수행하는 법인의 임원은 될 수 있다.

ㄴ. (×) 금고 이상의 형의 선고를 받고 그 형이 실효되지 아니한 자는 법인의 임원이 될 수 없다(경비업법 제5조 제3호).

03 정답 ❸

○△×

제시된 내용 중 경비업 허가의 제한에 관한 내용으로 옳은 것은 ㄱ, ㄷ, ㅁ이다.

ㄱ. (○) 경비업법 제4조의2 제1항

ㄷ. (○) 경비업법 제4조의2 제2항

ㅁ. (○) 경비업법 제4조의2 제2항

ㄴ. (×), ㄹ. (×) 경비업법 제4조의2 제2항은 허가받은 경비업무 외의 업무에 경비원을 종사하게 한 때(경비업법 제19조 제1항 제2호)와 소속 경비원으로 하여금 경비업무의 범위를 벗어난 행위를 하게 하여(경비업법 제19조 제1항 제7호) 경비업 허가가 취소된 경우 일정 기간 동일한 명칭으로 경비업 허가를 받을 수 없도록 규정하고 있다. 따라서 허위 그 밖의 부정한 방법으로 허가를 받은 경우(경비업법 제19조 제1항 제1호), 정당한 사유 없이 허가를 받은 날부터 2년 이내에 경비 도급실적이 없거나 계속하여 1년 이상 휴업한 경우(경비업법 제19조 제1항 제4호)가 경비업 허가 취소사유인 경우에는 일정 기간 동일한 명칭으로 경비업 허가를 받을 수 없는 제한이 적용되지 않는다.

ㅂ. (×) 경비업법 제4조의2 제3항은 허가받은 경비업무 외의 업무에 경비원을 종사하게 한 때(경비업법 제19조 제1항 제2호)와 소속 경비원으로 하여금 경비업무의 범위를 벗어난 행위를 하게 하여(경비업법 제19조 제1항 제7호) 경비업 허가가 취소된 경우 법인명 또는 임원의 변경에도 불구하고 일정 기간 동안 경비업 허가를 받을 수 없도록 규정하고 있다. 관할 경찰관서장의 배치폐지 명령에 따르지 아니한 경우(경비업법 제19조 제1항 제8호)가 경비업 허가 취소사유인 경우에는 일정 기간 경비업 허가를 받을 수 없는 제한이 적용되지 않는다.

관계법령 **허가의 제한(경비업법 제4조의2)**

① 누구든지 제4조 제1항에 따른 허가를 받은 경비업체와 동일한 명칭으로 경비업 허가를 받을 수 없다.
② 제19조 제1항 제2호(허가받은 경비업무 외의 업무에 경비원을 종사하게 한 때)및 제7호(소속 경비원으로 하여금 경비업무의 범위를 벗어난 행위를 하게 한 때)의 사유로 경비업체의 허가가 취소된 경우 허가가 취소된 날부터 10년이 지나지 아니한 때에는 누구든지 허가가 취소된 경비업체와 동일한 명칭으로 제4조 제1항에 따른 허가를 받을 수 없다.
③ 제19조 제1항 제2호(허가받은 경비업무 외의 업무에 경비원을 종사하게 한 때)및 제7호(소속 경비원으로 하여금 경비업무의 범위를 벗어난 행위를 하게 한 때)의 사유로 허가가 취소된 법인은 법인명 또는 임원의 변경에도 불구하고 허가가 취소된 날부터 5년이 지나지 아니한 때에는 제4조 제1항에 따른 허가를 받을 수 없다.

04 정답 ❸

○△× ( ) 안에는 순서대로 20, 3개월이 들어간다.

관계법령 **경비업무 도급인 등의 의무(경비업법 제7조의2)**

① 누구든지 제4조 제1항에 따른 허가를 받지 아니한 자에게 경비업무를 도급하여서는 아니 된다.
② 누구든지 집단민원현장에 경비인력을 20명 이상 배치하려고 할 때에는 그 경비인력을 직접 고용하여서는 아니 되고, 경비업자에게 경비업무를 도급하여야 한다. 다만, 시설주 등이 집단민원현장 발생 3개월 전까지 직접 고용하여 경비업무를 수행하는 피고용인의 경우에는 그러하지 아니하다.
③ 제1항 및 제2항에 따라 경비업무를 도급하는 자는 그 경비업무를 수급한 경비업자의 경비원 채용 시 무자격자나 부적격자 등을 채용하도록 관여하거나 영향력을 행사해서는 아니 된다.
④ 제3항에 따른 무자격자 및 부적격자의 구체적인 범위 등은 대통령령으로 정한다.

05 정답 ❸

○△× ㄱ은 경비업법 제10조 제1항 제5호 가목의 사유에 해당하나, ㄴ~ㄹ은 경비업법 제10조 제1항 제6호 가목의 사유이다.

관계법령 **경비지도사 및 경비원의 결격사유(경비업법 제10조)**

① 다음 각호의 어느 하나에 해당하는 자는 경비지도사 또는 일반경비원이 될 수 없다. 〈개정 2021.1.12.〉
1~4. 생략
5. 다음 각목의 어느 하나에 해당하는 죄를 범하여 벌금형을 선고받은 날부터 10년이 지나지 아니하거나 금고 이상의 형을 선고받고 그 집행이 종료된(종료된 것으로 보는 경우를 포함한다) 날 또는 집행이 유예·면제된 날부터 10년이 지나지 아니한 자
가. 「형법」 제114조(범죄단체 등의 조직)의 죄
나. 「폭력행위 등 처벌에 관한 법률」 제4조(단체 등의 구성·활동)의 죄

다. 「형법」 제297조(강간), 제297조의2(유사강간), 제298조부터 제301조까지[제298조(강제추행), 제299조(준강간·준강제추행), 제300조[미수범(제297조, 제297조의2, 제298조 및 제299조의 미수범)], 제301조(강간 등 상해·치상)], 제301조의2(강간 등 살인·치사), 제302조(미성년자 등에 대한 간음), 제303조(업무상 위력 등에 의한 간음), 제305조(미성년자에 대한 간음·추행), 제305조의2[상습범(제297조, 제297조의2, 제298조부터 제300조까지, 제302조, 제303조 또는 제305조의 상습범)]의 죄

라. 「성폭력범죄의 처벌 등에 관한 특례법」 제3조부터 제11조까지 및 제15조[제3조(특수강도강간 등), 제4조(특수강간 등), 제5조(친족관계에 의한 강간 등), 제6조(장애인에 대한 강간·강제추행 등), 제7조(13세 미만의 미성년자에 대한 강간·강제추행 등), 제8조(강간 등 상해·치상), 제9조(강간 등 살인·치사), 제10조(업무상 위력 등에 의한 추행), 제11조(공중 밀집 장소에서의 추행), 제15조[미수범(제3조부터 제9조까지의 미수범)]

마. 「아동·청소년의 성보호에 관한 법률」 제7조(아동·청소년에 대한 강간·강제추행 등) 및 제8조(장애인의 아동·청소년에 대한 간음 등)의 죄

바. 다목부터 마목까지의 죄로서 다른 법률에 따라 가중처벌되는 죄

6. 다음 각목의 어느 하나에 해당하는 죄를 범하여 벌금형을 선고받은 날부터 5년이 지나지 아니하거나 금고 이상의 형을 선고받고 그 집행이 유예된 날부터 5년이 지나지 아니한 자

가. 「형법」 제329조부터 제331조까지(절도, 야간주거침입절도, 특수절도), 제331조의2(자동차 등 불법사용) 및 제332조부터 제343조까지의 죄[제332조[상습범(제329조 내지 제331조의2의 상습범)], 제333조(강도), 제334조(특수강도), 제335조(준강도), 제336조(인질강도), 제337조(강도상해·치상), 제338조(강도살인·치사), 제339조(강도강간), 제340조(해상강도), 제341조[상습범(제333조, 제334조, 제336조 또는 제340조 제1항의 해상강도)], 제342조[미수범(제329조 내지 제341조의 미수범)], 제343조(강도 예비·음모)]

나. 가목의 죄로서 다른 법률에 따라 가중처벌되는 죄

다. 삭제 〈2014.12.30.〉

라. 삭제 〈2014.12.30.〉

7~8. 생략

06 정답 ❸

○△×

③ (○) 경비업법 제11조의3 제2항

① (×) 경비지도사는 제10조 제1항 각호의 어느 하나에 해당하지 아니하는 자로서 경찰청장이 시행하는 경비지도사시험에 합격하고 대통령령으로 정하는 바에 따라 경찰청장이 실시하는 기본교육(이하 "기본교육"이라 한다)을 받은 자이어야 한다(경비업법 제11조 제1항).

② (×) 제12조 제1항에 따라 선임된 경비지도사는 대통령령으로 정하는 바에 따라 경찰청장이 실시하는 보수교육(이하 "보수교육"이라 한다)을 받아야 한다(경비업법 제11조의2).

④ (×) 경찰청장은 경비지도사에 대한 기본교육 및 보수교육에 관한 업무를 전문인력 및 시설 등을 갖춘 법인으로서 경찰청장이 지정하는 기관 또는 단체(이하 "경비지도사 교육기관"이라 한다)에 위탁할 수 있다(경비업법 제11조의3 제1항).

관계법령

경비지도사의 시험 등(경비업법 제11조)

① 경비지도사는 제10조 제1항 각호의 어느 하나에 해당하지 아니하는 자로서 경찰청장이 시행하는 경비지도사시험에 합격하고 대통령령으로 정하는 바에 따라 경찰청장이 실시하는 기본교육(이하 "기본교육"이라 한다)을 받은 자이어야 한다. 〈개정 2024.2.13.〉

② 경찰청장은 제1항의 규정에 의한 교육을 받은 자에게 행정안전부령으로 정하는 바에 따라 경비지도사자격증을 교부하여야 한다.

③ 경비지도사시험은 매년 1회 이상 시행하며, 시험과목, 시험공고, 시험의 일부가 면제되는 자의 범위 그 밖에 경비지도사시험에 관하여 필요한 사항은 대통령령으로 정한다.

경비지도사의 보수교육(경비업법 제11조의2)

제12조 제1항에 따라 선임된 경비지도사는 대통령령으로 정하는 바에 따라 경찰청장이 실시하는 보수교육(이하 "보수교육"이라 한다)을 받아야 한다.
[본조신설 2024.2.13.]

경비지도사 교육기관의 지정 및 교육의 위탁 등(경비업법 제11조의3)

① 경찰청장은 경비지도사에 대한 기본교육 및 보수교육에 관한 업무를 전문인력 및 시설 등을 갖춘 법인으로서 경찰청장이 지정하는 기관 또는 단체(이하 "경비지도사 교육기관"이라 한다)에 위탁할 수 있다.

② 경찰청장은 경비지도사에 대한 기본교육 및 보수교육의 전국적 균형을 유지하기 위하여 교육수준 및 교육방법 등에 필요한 지침을 마련하여 시행할 수 있다.

③ 경찰청장은 경비지도사 교육기관이 제2항에 따른 교육지침을 위반한 경우에는 기간을 정하여 시정을 명할 수 있다.

④ 그 밖에 경비지도사 교육기관의 지정 기준 및 절차 등에 필요한 사항은 대통령령으로 정한다.
[본조신설 2024.2.13.]

07 정답 ❹

○△×

④ (○) 경비업법 제4조 제3항 제5호 – 경비업법 시행령 제5조 제5항

① (×) 폐지한 날부터 30일 이내에 신고하여야 한다(경비업법 제4조 제3항 제4호 – 경비업법 시행령 제5조 제5항).

② (×) 폐지한 날부터 30일 이내에 신고하여야 한다(경비업법 제4조 제3항 제3호 – 경비업법 시행령 제5조 제5항).

③ (×) 휴업신고를 한 경비업자가 신고한 휴업기간이 끝나기 전에 영업을 다시 시작하려는 경우에는 영업을 다시 시작한 후 7일 이내에 영업재개신고서를 제출하여야 한다(경비업법 시행령 제5조 제2항 후문).

08 정답 ❸

○△×

- 제시된 내용 중 특수경비원의 결격사유에 해당하는 것은 ㄱ, ㄷ, ㄹ, ㅁ, ㅂ이다.
- ㄴ의 피한정후견인은 2021.1.12. 경비업법 개정으로 결격사유에서 삭제되었으며, ㅅ의 내용은 특수경비원의 결격사유가 아닌 청원경찰 임용의 신체조건에 해당한다.

관계법령 **경비지도사 및 경비원의 결격사유(경비업법 제10조)**

② 다음 각호의 어느 하나에 해당하는 자는 특수경비원이 될 수 없다. 〈개정 2021.1.12.〉
1. 18세 미만이거나 60세 이상인 사람 또는 피성년후견인
2. 심신상실자, 알코올 중독자 등 대통령령으로 정하는 정신적 제약이 있는 자

특수경비원의 결격사유(경비업법 시행령 제10조의2)

법 제10조 제2항 제2호에서 "심신상실자, 알코올 중독자 등 대통령령으로 정하는 정신적 제약이 있는 자"란 다음 각호의 사람을 말한다.
1. 심신상실자
2. 마약·대마·향정신성의약품 또는 알코올 중독자
3. 「치매관리법」 제2조 제1호에 따른 치매, 조현병·조현정동장애·양극성정동장애(조울병)·재발성우울장애 등의 정신질환이나 정신 발육지연, 뇌전증 등이 있는 사람. 다만, 해당 분야 전문의가 특수경비원으로서 적합하다고 인정하는 사람은 제외한다.

[본조신설 2021.7.13.]

3. 제1항 제2호부터 제8호까지의 어느 하나에 해당하는 자
4. 금고 이상의 형의 선고유예를 받고 그 유예기간 중에 있는 자
5. 행정안전부령으로 정하는 신체조건에 미달되는 자

특수경비원의 신체조건(경비업법 시행규칙 제7조)

법 제10조 제2항 제5호에서 "행정안전부령이 정하는 신체조건"이라 함은 팔과 다리가 완전하고 두 눈의 맨눈시력 각각 0.2 이상 또는 교정시력 각각 0.8 이상을 말한다. 〈개정 2023.7.17.〉

09 정답 ❹

O△X

④ (×) 특수경비원은 총기 또는 폭발물을 가지고 대항하는 경우를 제외하고는 14세 미만의 자 또는 임산부에 대하여는 권총 또는 소총을 발사하여서는 아니 된다(경비업법 제15조 제4항 제3호).

① (O) 경비업법 제14조 제8항 본문

② (O) 경비업법 제15조 제4항 제1호 본문

③ (O) 경비업법 제15조 제4항 제2호 본문

관계법령

특수경비원의 직무 및 무기사용 등(경비업법 제14조)

⑧ 특수경비원은 국가중요시설의 경비를 위하여 무기를 사용하지 아니하고는 다른 수단이 없다고 인정되는 때에는 필요한 한도 안에서 무기를 사용할 수 있다. 다만, 다음 각호의 어느 하나에 해당하는 때를 제외하고는 사람에게 위해를 끼쳐서는 아니 된다. 〈개정 2024.2.13.〉
1. 무기 또는 폭발물을 소지하고 국가중요시설에 침입한 자가 특수경비원으로부터 3회 이상 투기(投棄) 또는 투항(投降)을 요구받고도 이에 불응하면서 계속 항거하는 경우 이를 억제하기 위하여 무기를 사용하지 아니하고는 다른 수단이 없다고 인정되는 때
2. 국가중요시설에 침입한 무장간첩이 특수경비원으로부터 투항(投降)을 요구받고도 이에 불응한 때

특수경비원의 의무(경비업법 제15조)

④ 특수경비원이 무기를 휴대하고 경비업무를 수행하는 때에는 다음 각호의 어느 하나에서 정하는 무기의 안전사용수칙을 지켜야 한다. 〈개정 2024.2.13.〉

1. 특수경비원은 사람을 향하여 권총 또는 소총을 발사하고자 하는 때에는 미리 구두 또는 공포탄에 의한 사격으로 상대방에게 경고하여야 한다. 다만, 다음 각목의 1에 해당하는 경우로서 부득이한 때에는 경고하지 아니할 수 있다.
   가. 특수경비원을 급습하거나 타인의 생명·신체에 대한 중대한 위험을 야기하는 범행이 목전에 실행되고 있는 등 상황이 급박하여 경고할 시간적 여유가 없는 경우
   나. 인질·간첩 또는 테러사건에 있어서 은밀히 작전을 수행하는 경우
2. 특수경비원은 무기를 사용하는 경우에 있어서 범죄와 무관한 다중의 생명·신체에 위해를 가할 우려가 있는 때에는 이를 사용하여서는 아니 된다. 다만, 무기를 사용하지 아니하고는 타인 또는 특수경비원의 생명·신체에 대한 중대한 위협을 방지할 수 없다고 인정되는 때에는 필요한 최소한의 범위 안에서 이를 사용할 수 있다.
3. 특수경비원은 총기 또는 폭발물을 가지고 대항하는 경우를 제외하고는 14세 미만의 자 또는 임산부에 대하여는 권총 또는 소총을 발사하여서는 아니 된다.

10 정답 ❷

O△X ② (×) 일반경비원 사전 신임교육의 유효기간은 3년으로 한다(경비업법 시행령 제18조 제2항 제6호 해석상).
① (○) 경비업법 시행령 제18조 제2항 제1호
③ (○) 경비업법 시행령 제19조 제3항, 동법 시행규칙 제16조 제1항
④ (○) 경비업법 시행령 제19조 제2항

11 정답 ❶

O△X ① (×) 시설경비업무, 신변보호업무 또는 혼잡·교통유도경비업무 중 집단민원현장에 일반경비원을 배치하는 경우에 경비원을 배치하기 48시간 전까지 관할 경찰관서장에게 배치허가를 신청하고 배치허가를 받아야 한다(경비업법 제18조 제2항 단서 제1호).
② (○) 경비업법 시행규칙 제24조 제1항 본문
③ (○) 경비업법 시행규칙 제24조 제1항 단서
④ (○) 경비업법 제18조 제3항 후문 제1호·제2호

관계법령 **경비원의 명부와 배치허가 등(경비업법 제18조)**

② 경비업자가 경비원을 배치하거나 배치를 폐지한 경우에는 행정안전부령으로 정하는 바에 따라 관할 경찰관서장에게 신고하여야 한다. 다만, 다음 제1호의 경우에는 경비원을 배치하기 48시간 전까지 행정안전부령으로 정하는 바에 따라 배치허가를 신청하고, 관할 경찰관서장의 배치허가를 받은 후에 경비원을 배치해야 하며(제2호 및 제3호의 경우에는 경비원을 배치하기 전까지 신고하여야 한다), 이 경우 관할 경찰관서장은 배치허가를 함에 있어 필요한 조건을 붙일 수 있다. 〈개정 2025.1.7.〉

1. 제2조 제1호에 따른 시설경비업무, 신변보호업무 또는 혼잡·교통유도경비업무 중 집단민원현장에 배치된 일반경비원
2. 집단민원현장이 아닌 곳에서 제2조 제1호 다목의 규정에 의한 신변보호업무를 수행하는 일반경비원

3. 특수경비원

경비원의 배치 및 배치폐지의 신고(경비업법 시행규칙 제24조)

① 경비업자는 법 제18조 제2항에 따라 경비업무를 수행하기 위하여 20일 이상 경비원을 배치하거나 그 기간을 연장하려는 때에는 경비원을 배치한 후 7일 이내에 별지 제15호 서식의 경비원 배치신고서(전자문서로 된 신고서를 포함하며, 이하 "배치신고서"라 한다)를 배치지를 관할하는 경찰관서장에게 제출해야 한다. 다만, 법 제18조 제2항 제2호 및 제3호에 해당하는 경비원을 배치하는 경우에는 경비원을 배치하는 기간과 관계없이 경비원을 배치하기 전까지 제출해야 한다. 〈개정 2021.7.13.〉

12

정답 ❷

○△×

제시된 내용 중 경비지도사자격의 취소사유가 아닌 자격정지사유에 해당하는 것은 ㄴ과 ㄹ이다.

관계법령 경비지도사자격의 취소 등(경비업법 제20조)

① 경찰청장은 경비지도사가 다음 각호의 어느 하나에 해당하는 때에는 그 자격을 취소하여야 한다. 〈개정 2024.2.13.〉
1. 제10조 제1항 각호의 결격사유에 해당하게 된 때
2. 허위 그 밖의 부정한 방법으로 경비지도사자격증을 교부받은 때
3. 경비지도사자격증을 다른 사람에게 빌려주거나 양도한 때
4. 자격정지 기간 중에 경비지도사로 선임되어 활동한 때

② 경찰청장은 경비지도사가 다음 각호의 어느 하나에 해당하는 때에는 대통령령이 정하는 바에 따라 1년의 범위 내에서 그 자격을 정지시킬 수 있다. 〈개정 2024.2.13.〉
1. 제12조 제3항의 규정에 위반하여 직무를 성실하게 수행하지 아니한 때
2. 제24조의 규정에 의한 경찰청장 또는 시·도 경찰청장의 명령을 위반한 때

13

정답 ❸

○△×

사기죄는 경비업법 제18조 제6항 제1호의 형법상 대상범죄가 아니다. 따라서 경비업자가 집단민원현장에 일반경비원으로 배치할 수 있다.

관계법령 경비원의 명부와 배치허가 등(경비업법 제18조)

⑥ 경비업자는 다음 각호의 어느 하나에 해당하는 죄를 범하여 벌금형을 선고받고 5년이 지나지 아니하거나 금고 이상의 형을 선고받고 그 집행이 유예된 날부터 5년이 지나지 아니한 자를 집단민원현장에 일반경비원으로 배치하여서는 아니 된다.
1. 「형법」 제257조부터 제262조까지[제257조(상해, 존속상해), 제258조(중상해, 존속중상해), 제258조의2(특수상해), 제259조(상해치사), 제260조(폭행, 존속폭행), 제261조(특수폭행), 제262조(폭행치사상)], 제264조[상습범(상습으로 제257조, 제258조, 제258조의2, 제260조 또는 제261조의 죄를 범한 때)], 제276조부터 제281조까지의 죄[제276조(체포, 감금, 존속체포, 존속감금), 제277조(중체포, 중감금, 존속중체포, 존속중감금), 제278조(특수체포, 특수감금), 상습범(상습으로 제276조 또는 제277조의 죄를 범한 때), 미수범(제276조부터 제279조의 미수범), 제281조(체포·감금 등의 치사상)], 제284조(특수협박)의 죄, 제285조[상습범(상습으로 제283조 제1항, 제2항 또는 전조의 죄를 범한 때)]의 죄, 제320조(특수주거침입)의 죄, 제324조 제2항(특수강요)의 죄, 제350조의2(특수공갈)의 죄, 제351조(상습범)의 죄[제350조(공갈), 제350조의2(특수공갈)의 상습범으로 한정한다], 제369조 제1항(특수손괴)의 죄
2. 「폭력행위 등 처벌에 관한 법률」 제2조(폭행 등) 또는 제3조(집단적 폭행 등)의 죄

14 정답 ❷

O△X ② (×) 특수경비업자 외의 자가 특수경비업무를 추가로 하려는 경우에는 이미 갖추고 있는 자본금을 포함하여 특수경비업무의 자본금 기준에 적합하여야 한다(경비업법 시행령 [별표 1] 비고 제1호 단서). 시설경비업자가 특수경비업무를 추가로 하려는 경우에는 이미 갖추고 있는 자본금 1억원 이상을 포함하여 특수경비업무의 자본금(3억원 이상) 기준에 적합하면 되므로 총 3억원 이상을 갖추면 된다.

① (○) 자본금의 경우 납입자본금을 말하고, 하나의 경비업무에 대한 자본금을 갖춘 경비업자가 그 외의 경비업무를 추가로 하려는 경우 자본금을 갖춘 것으로 본다(경비업법 시행령 [별표 1] 비고 제1호 본문).

③ (○) 자본금 기준으로 시설경비업무, 호송경비업무, 신변보호업무, 기계경비업무, 혼잡·교통유도경비업무의 경우에는 1억원 이상이나, 특수경비업무의 경우에는 3억원 이상이다(경비업법 시행령 [별표 1]).

④ (○) 경비업법 시행령 제3조 제2항 단서

15 정답 ❶

O△X 제시된 내용 중 ㄱ과 ㄷ은 경비업법령상 민감정보 및 고유식별정보를 처리할 수 있는 사무에 해당하지 않는다.

관계법령 **민감정보 및 고유식별정보의 처리(경비업법 시행령 제31조의2)★★**

경찰청장, 시·도 경찰청장, 경찰서장 및 경찰관서장(제31조에 따라 경찰청장 및 경찰관서장의 권한을 위임·위탁받은 자를 포함한다)은 다음 각호의 사무를 수행하기 위하여 불가피한 경우 「개인정보보호법」 제23조에 따른 건강에 관한 정보(제1호의2 및 제4호의 사무로 한정한다), 같은 법 시행령 제18조 제2호에 따른 범죄경력자료에 해당하는 정보(제1호의2 및 제9호의 사무로 한정한다), 같은 영 제19조 제1호 또는 제4호에 따른 주민등록번호 또는 외국인등록번호가 포함된 자료를 처리할 수 있다. 〈개정 2021.7.13., 2022.12.20., 2024.8.13.〉

1. 법 제4조 및 제6조에 따른 경비업의 허가 및 갱신허가 등에 관한 사무
1의2. 법 제5조 및 제10조에 따른 임원, 경비지도사 및 경비원의 결격사유 확인에 관한 사무
2. 법 제11조에 따른 경비지도사 시험 등에 관한 사무
2의2. 법 제12조의2에 따른 경비지도사의 선임·해임 신고에 관한 사무
3. 법 제13조에 따른 경비원의 교육 등에 관한 사무
4. 법 제14조에 따른 특수경비원의 직무 및 무기사용 등에 관한 사무
5. 삭제 〈2021.7.13.〉
6. 법 제18조에 따른 경비원 배치허가 등에 관한 사무
7. 법 제19조 및 제20조에 따른 행정처분에 관한 사무
8. 법 제24조에 따른 경비업자 및 경비지도사의 지도·감독에 관한 사무
9. 법 제25조에 따른 보안지도·점검 및 보안측정에 관한 사무
10. 삭제 〈2022.12.20.〉

16 정답 ❷

O△X ② (○) 경비업법 시행규칙 제18조 제4항 제6호

① (×) 무기를 대여받은 국가중요시설의 시설주 또는 관리책임자는 관할 경찰관서장이 정하는 바에 의하여 무기의 관리실태를 매월 파악하여 다음 달 3일까지 관할 경찰관서장에게 통보하여야 한다(경비업법 시행규칙 제18조 제1항 제5호).

③ (×) 무기를 대여받은 시설주 또는 관리책임자가 특수경비원에게 탄약을 출납하고자 하는 때에는 소총에 있어서는 1정당 15발 이내, 권총에 있어서는 1정당 7발 이내로 출납하되, 생산된 후 오래된 탄약을 우선적으로 출납하여야 한다(경비업법 시행규칙 제18조 제3항 제2호).

④ (×) 시설주는 무기를 수송하는 때에는 출발하기 전에 관할 경찰서장에게 그 사실을 통보하여야 하며, 통보를 받은 관할 경찰서장은 1인 이상의 무장경찰관을 무기를 수송하는 자동차 등에 함께 타도록 하여야 한다(경비업법 시행규칙 제18조 제6항).

17 정답 ❸

O△X ③ (○) 경비업법 제26조 제2항은 "경비업자는 경비원이 업무수행 중 고의 또는 과실로 제3자에게 손해를 입힌 경우에는 이를 배상하여야 한다"고 규정하고 있는바, 경비원이 업무수행과 관계없이 제3자에게 손해를 입힌 경우 경비업자는 손해배상책임을 부담하지 않으므로 경비협회의 공제사업 대상에 해당하지 않는다. 또한 경비협회는 경비원의 손해배상책임을 보장하기 위한 공제사업을 할 수 없다.

① (×) 경찰청장은 제2항에 따른 공제규정을 승인하거나 공제사업의 감독에 관한 기준을 정하는 경우에는 미리 금융위원회와 협의하여야 한다(경비업법 제23조 제5항).

② (×) 경찰청장은 공제사업에 대하여 「금융위원회의 설치 등에 관한 법률」에 따른 금융감독원의 원장에게 검사를 요청할 수 있다(경비업법 제23조 제6항).

④ (×) 경비지도사가 아닌 경비업자의 손해배상책임을 보장하기 위한 사업이 경비협회가 할 수 있는 공제사업에 해당한다(경비업법 제23조 제1항 제1호). 또한 형사책임을 보장하기 위한 사업은 경비업법령상 공제사업으로 규정되어 있지 않다.

18 정답 ❸

O△X 제시된 내용의 (　　) 안에 들어갈 숫자는 순서대로 48, 2이다.

관계법령

감독(경비업법 제24조)

④ 시·도 경찰청장 또는 관할 경찰관서장은 경비업무 장소가 집단민원현장으로 판단되는 경우에는 그때부터 48시간 이내에 경비업자에게 경비원 배치 허가를 받을 것을 고지하여야 한다. 〈개정 2020.12.22.〉

보안지도·점검 등(경비업법 제25조)

시·도 경찰청장은 대통령령이 정하는 바에 따라 특수경비업자에 대하여 보안지도·점검을 실시하여야 하고, 필요한 경우 관계기관에 보안측정을 요청하여야 한다. 〈개정 2020.12.22.〉

보안지도점검(경비업법 시행령 제29조)

시·도 경찰청장은 법 제25조의 규정에 의하여 특수경비업자에 대하여 연 2회 이상의 보안지도·점검을 실시하여야 한다. 〈개정 2020.12.31.〉

19 정답 ❸

O△X

③ (×) 제27조 제2항에 따라 위탁받은 업무에 종사하는 관계전문기관 또는 단체의 임직원은 「형법」 제129조부터 제132조까지의 규정을 적용할 때에는 공무원으로 본다(경비업법 제27조의3). 뇌물공여죄는 형법 제133조의 범죄이다.

① (○), ② (○), ④ (○) 경비업법령상 벌칙 적용에서 공무원으로 의제되는 형법상 범죄는 수뢰죄, 사전수뢰죄(형법 제129조), 제3자뇌물제공죄(형법 제130조), 수뢰후부정처사죄・사후수뢰죄(형법 제131조), 알선수뢰죄(형법 제132조)에 한한다.

관계법령 **벌칙 적용에서 공무원 의제(경비업법 제27조의3)**

제27조 제2항에 따라 위탁받은 업무에 종사하는 관계전문기관 또는 단체의 임직원은 「형법」 제129조부터 제132조[수뢰죄, 사전수뢰죄(형법 제129조), 제3자뇌물제공죄(형법 제130조), 수뢰후부정처사죄, 사후수뢰죄(형법 제131조), 알선수뢰죄(형법 제132조)]까지의 규정을 적용할 때에는 공무원으로 본다.

20 정답 ❸

O△X

③ (×) 경찰청장은 제11조의 규정에 의한 경비지도사의 시험에 관한 업무를 대통령령이 정하는 바에 따라 관계전문기관 또는 단체에 위탁할 수 있다(경비업법 제27조 제2항).

① (○), ② (○) 경비업법 시행령 제31조 제1항 제1호

④ (○) 경비업법 시행령 제31조 제1항 제2호

관계법령 **위임 및 위탁(경비업법 제27조)**

① 이 법에 의한 경찰청장의 권한은 대통령령이 정하는 바에 따라 그 일부를 시・도 경찰청장에게 위임할 수 있다.

권한의 위임 및 위탁(경비업법 시행령 제31조)★

① 경찰청장은 법 제27조 제1항의 규정에 의하여 다음 각호의 권한을 시・도 경찰청장에게 위임한다.
1. 법 제20조의 규정에 의한 경비지도사자격의 취소 및 정지에 관한 권한
2. 법 제21조 제2호의 규정에 의한 경비지도사자격의 취소 및 정지에 관한 청문의 권한

② 경찰청장은 제11조의 규정에 의한 경비지도사의 시험에 관한 업무를 대통령령이 정하는 바에 따라 관계전문기관 또는 단체에 위탁할 수 있다. 〈개정 2024.2.13.〉

21 정답 ❷

O△X

위반행위가 2 이상인 경우로서 그에 해당하는 각각의 처분기준이 다른 경우에는 그중 중한 처분기준에 따르며, 2 이상의 처분기준이 동일한 영업정지인 경우에는 중한 처분기준의 2분의 1까지 가중할 수 있다. 다만, 가중하는 경우에도 각 처분기준을 합산한 기간을 초과할 수 없다(경비업법 시행령 [별표 4] 제1호 나목).

관계법령 **행정처분 기준(경비업법 시행령 [별표 4])**

1. 일반기준
   가. 제2호[개별기준(註)]에 따른 행정처분이 영업정지인 경우에는 위반행위의 동기, 내용 및 위반의 정도 등을 고려하여 가중하거나 감경할 수 있다.
   나. 위반행위가 2 이상인 경우로서 그에 해당하는 각각의 처분기준이 다른 경우에는 그중 중한 처분기준에 따르며, 2 이상의 처분기준이 동일한 영업정지인 경우에는 중한 처분기준의 2분의 1까지 가중할 수 있다. 다만, 가중하는 경우에도 각 처분기준을 합산한 기간을 초과할 수 없다.
   다. 위반행위의 횟수에 따른 행정처분 기준은 최근 2년간 같은 위반행위로 행정처분을 받은 경우에 적용한다. 이 경우 기준 적용일은 위반행위에 대한 행정처분일과 그 처분 후의 위반행위가 다시 적발된 날을 기준으로 한다.
   라. 영업정지처분에 해당하는 위반행위가 적발된 날 이전 최근 2년간 같은 위반행위로 2회 영업정지처분을 받은 경우에는 제2호[개별기준(註)]의 기준에도 불구하고 그 위반행위에 대한 행정처분 기준은 허가취소로 한다.

22

정답 ❷

○△×

② (×) 경찰청장은 경비원 교육기관이 거짓이나 그 밖의 부정한 방법으로 경비원 교육기관의 지정을 받은 경우 그 지정을 취소하여야 한다(경비업법 제13조의3 제1항 제1호).

① (○) 경비업법 제13조의3 제2항

③ (○) 경비업법 제13조의3 제1항 제2호

④ (○) 경비업법 시행규칙 제16조의2 제2항

관계법령 **경비원 교육기관의 지정 취소 등(경비업법 제13조의3)**

① 경찰청장은 경비원 교육기관이 다음 각호의 어느 하나에 해당하는 경우에는 그 지정을 취소하거나 1년 이내의 기간을 정하여 업무의 전부 또는 일부를 정지할 수 있다. 다만, 제1호의 경우에는 그 지정을 취소하여야 한다.
   1. 거짓이나 그 밖의 부정한 방법으로 경비원 교육기관의 지정을 받은 경우
   2. 지정받은 사항을 위반하여 업무를 행한 경우
   3. 제13조의2 제3항에 따른 시정명령을 받고도 정당한 사유 없이 정하여진 기간 이내에 시정하지 아니한 경우
   4. 제13조의2 제4항에 따른 지정 기준에 적합하지 아니하게 된 경우

② 그 밖에 경비원 교육기관의 지정 취소 및 업무 정지에 관한 세부기준 및 절차는 그 위반행위의 유형과 위반의 정도 등을 고려하여 행정안전부령으로 정한다.

[본조신설 2024.2.13.]

23 정답 ❸

O△X

③ (○) 본 지문에 대해서는 수험생들 사이에서 많은 논란이 있었는데, 그 취지는 설문은 특수경비원의 권리와 의무에 대한 것인데 ③번 지문은 시설주의 권리에 대한 지문이라는 것이다. 타당한 주장이기는 하나, ③번 지문은 특수경비원의 무기관리수칙에 대한 의무위반을 전제한 지문이다. 즉 경비업법 시행령 제20조 제7항은 특수경비원은 행정안전부령(경비업법 시행규칙 제18조)이 정하는 무기관리수칙을 준수하여야 한다고 규정하고 있고 경비업법 시행규칙 제18조 제2항의 문리해석 및 논리해석상 특수경비원은 고의 또는 과실로 무기를 빼앗기거나 무기가 분실·도난·훼손되지 않도록 하여야 한다는 무기관리수칙을 도출할 수가 있다는 점이다. 따라서 깔끔하지는 않지만 수험생들의 주장처럼 과연 본 지문이 명백히 틀린 지문인지는 의문이 든다.

① (×) 특수경비원은 총기 또는 폭발물을 가지고 대항하는 경우를 제외하고는 14세 미만의 자 또는 임산부에 대해서는 권총 또는 소총을 발사하여서는 아니 된다(경비업법 제15조 제4항 제3호).

② (×) 헌법 제33조 제1항은 근로자는 근로조건의 향상을 위하여 자주적인 단결권·단체교섭권 및 단체행동권을 가진다고 규정하고 있고, 동조 제3항에서는 법률이 정하는 주요방위산업체에 종사하는 근로자의 단체행동권은 법률이 정하는 바에 의하여 이를 제한하거나 인정하지 아니할 수 있다고 규정하고 있다. 일반적으로 노동3권(또는 근로3권)은 단결권, 단체교섭권, 단체행동권을 의미하므로 특별한 사정이 없는 한 단결권이란 의미는 노동3권 중 단결권을 의미한다. 반면, 경비업법 제15조 제3항은 특수경비원은 파업·태업 그 밖에 경비업무의 정상적인 운영을 저해하는 일체의 쟁의행위를 하여서는 아니 된다고 규정하고 있을 뿐이므로 경비업법령상 특수경비원의 단체행동권에 대한 행사만 제한이 가능할 뿐이다. 이는 헌법재판소의 2015헌마653결정에 의해서도 뒷받침된다. 즉 국가중요시설의 경비업무를 담당하는 특수경비원은 경비업법 제15조 제3항에 의해 단체행동권만 제한된다고 언급하고 있다. 따라서 경비업법령상 특수경비원의 단결권, 단체교섭권은 인정되나 단체행동권만 제한되어 행사가 불가능할 뿐이다.

④ (×) 특수경비원은 사람을 향하여 권총 또는 소총을 발사하고자 하는 때에는 미리 구두 또는 공포탄에 의한 사격으로 상대방에게 경고하여야 한다. 다만 부득이한 경우에는 경고하지 아니할 수 있는데 지문의 테러사건에 있어서 은밀히 작전을 수행하는 경우가 이에 해당한다(경비업법 제15조 제4항 제1호 단서 나목).

24 정답 ❸

O△X

③ (×) 정당한 사유 없이 최종 도급계약 종료일의 다음 날부터 2년 이내에 경비 도급실적이 없을 때가 경비업 허가의 절대적 취소사유에 해당한다(경비업법 제19조 제1항 제5호).

① (○) 경비업법 제19조 제1항 제7호

② (○) 경비업법 제19조 제1항 제4호

④ (○) 경비업법 제19조 제1항 제6호

25 정답 ❸

O△X

경비지도사 교육기관의 지정 취소 또는 업무의 정지, 경비원 교육기관의 지정 취소 또는 업무의 정지, 경비업 허가의 취소 또는 영업정지, 경비지도사자격의 취소 또는 정지가 청문사유에 해당한다. 벌칙에 있는 징역과 벌금, 과태료는 청문을 실시하지 않더라도 그 과벌 절차가 법정되어 있기 때문에 굳이 청문규정을 둘 필요가 없다.

관계법령 **청문(경비업법 제21조)**

경찰청장 또는 시·도 경찰청장은 다음 각호의 어느 하나에 해당하는 처분을 하고자 하는 경우에는 청문을 실시하여야 한다. 〈개정 2024.2.13.〉

1. 제11조의4에 따른 경비지도사 교육기관의 지정 취소 또는 업무의 정지
2. 제13조의3에 따른 경비원 교육기관의 지정 취소 또는 업무의 정지
3. 제19조의 규정에 의한 경비업 허가의 취소 또는 영업정지
4. 제20조 제1항 또는 제2항의 규정에 의한 경비지도사자격의 취소 또는 정지

26 정답 ❶

○△×

폭행죄(「형법」 제260조 제1항)는 특수경비원이 무기를 휴대하고 경비업무 수행 중에 무기의 안전수칙을 위반하여 죄를 범한 경우, 그 죄에 정한 형의 2분의 1까지 가중처벌되는 「형법」상의 범죄에 해당한다(경비업법 제29조 제1항). 특수폭행죄(「형법」 제261조)는 경비원이 경비업무 수행 중에 경비업법령에서 정한 장비 외에 흉기 또는 그 밖의 위험한 물건을 휴대하고 죄를 범한 경우, 그 죄에 정한 형의 2분의 1까지 가중처벌되는 「형법」상의 범죄에 해당한다(경비업법 제29조 제2항). 업무상과실치사상죄(「형법」 제268조), 체포·감금죄(「형법」 제276조 제1항), 협박죄(「형법」 제283조 제1항)는 경비업법 제29조 제1항과 제2항에 공통적으로 해당하는 「형법」상의 범죄이다.

관계법령 **형의 가중처벌(경비업법 제29조)★★**

① 특수경비원이 무기를 휴대하고 경비업무를 수행 중에 제14조 제8항의 규정 및 제15조 제4항의 규정에 의한 무기의 안전수칙을 위반하여 형법 제258조의2(특수상해죄) 제1항(제257조 제1항의 상해죄로 한정, 존속상해죄는 제외)·제2항(제258조 제1항·제2항의 중상해죄로 한정, 존속중상해죄는 제외), 제259조 제1항(상해치사죄), 제260조 제1항(폭행죄), 제262조(폭행치사상죄), 제268조(업무상과실·중과실치사상죄), 제276조 제1항(체포 또는 감금죄), 제277조 제1항(중체포 또는 중감금죄), 제281조 제1항(체포·감금등의 치사상죄), 제283조 제1항(협박죄), 제324조 제2항(특수강요죄), 제350조의2(특수공갈죄) 및 제366조(재물손괴등죄)의 죄를 범한 때에는 그 죄에 정한 형의 2분의 1까지 가중처벌한다.

② 경비원이 경비업무 수행 중에 제16조의2 제1항에서 정한 장비 외에 흉기 또는 그 밖의 위험한 물건을 휴대하고 형법 제258조의2(특수상해죄) 제1항(제257조 제1항의 상해죄로 한정, 존속상해죄는 제외)·제2항(제258조 제1항·제2항의 중상해죄로 한정, 존속중상해죄는 제외), 제259조 제1항(상해치사죄), 제261조(특수폭행죄), 제262조(폭행치사상죄), 제268조(업무상과실·중과실치사상죄), 제276조 제1항(체포 또는 감금죄), 제277조 제1항(중체포 또는 중감금죄), 제281조 제1항(체포·감금등의 치사상죄), 제283조 제1항(협박죄), 제324조 제2항(특수강요죄), 제350조의2(특수공갈죄) 및 제366조(재물손괴등죄)의 죄를 범한 때에는 그 죄에 정한 형의 2분의 1까지 가중처벌한다.

27 정답 ❶

○△×

① (×) 3천만원 이하의 과태료(경비업법 제31조 제1항 제5호)
② (○) 500만원 이하의 과태료(경비업법 제31조 제2항 제3호의2)
③ (○) 500만원 이하의 과태료(경비업법 제31조 제2항 제10호)
④ (○) 500만원 이하의 과태료(경비업법 제31조 제2항 제4호의2)

관계법령 **과태료(경비업법 제31조)★★**

① 다음 각호의 어느 하나에 해당하는 경비업자에게는 3천만원 이하의 과태료를 부과한다.
1. 제16조 제1항을 위반하여 경비원의 복장에 관한 신고를 하지 아니하고 집단민원현장에 경비원을 배치한 자
2. 제16조 제2항을 위반하여 이름표를 부착하게 하지 아니하거나, 신고된 동일 복장을 착용하게 하지 아니하고 집단민원현장에 경비원을 배치한 자
3. 제18조 제1항 단서를 위반하여 집단민원현장에 일반경비원을 배치하면서 경비원의 명부를 배치장소에 작성·비치하지 아니한 자
4. 제18조 제2항 각호 외의 부분 단서를 위반하여 배치허가를 받지 아니하고 경비원을 배치하거나 경비원 명단 및 배치일시·배치장소 등 배치허가 신청의 내용을 거짓으로 한 자
5. 제18조 제7항을 위반하여 제13조에 따른 신임교육을 이수하지 아니한 자를 제18조 제2항 각호의 경비원으로 배치한 자

② 다음 각호의 어느 하나에 해당하는 경비업자, 경비지도사 또는 시설주에게는 500만원 이하의 과태료를 부과한다. 〈개정 2024.2.13.〉
1. 법 제4조 제3항(시·도 경찰청장에게 신고의무) 또는 제18조 제2항(관할 경찰관서장에게 배치신고의무)을 위반하여 신고를 하지 아니한 자
2. 법 제7조 제7항(특수경비업자의 경비대행업자 지정신고의무)의 규정을 위반하여 경비대행업자 지정신고를 하지 아니한 자
3. 법 제9조 제1항(기계경비업자의 계약자에 대한 오경보를 막기 위한 기기설명의무)의 규정을 위반하여 설명의무를 이행하지 아니한 자

3의2. 제11조의2를 위반하여 정당한 사유 없이 보수교육을 받지 아니한 경비지도사

4. 법 제12조 제1항(경비지도사의 선임 등)의 규정에 위반하여 경비지도사를 선임하지 아니한 자

4의2. 제12조의2를 위반하여 경비지도사의 선임 또는 해임의 신고를 하지 아니한 자

5. 법 제14조 제6항(관할 경찰관서장이 무기의 적정한 관리를 위하여 무기를 대여받은 시설주에 대하여 필요한 명령을 발할 수 있다)의 규정에 의한 감독상 필요한 명령을 정당한 이유 없이 이행하지 아니한 자
6. 법 제10조 제3항을 위반하여 결격사유에 해당하는 경비원을 배치하거나 결격사유에 해당하는 경비지도사를 선임·배치한 자
7. 법 제16조 제1항의 복장 등에 관한 신고규정을 위반하여 신고를 하지 아니한 자
8. 법 제16조 제2항을 위반하여 이름표를 부착하게 하지 아니하거나, 신고된 동일 복장을 착용하게 하지 아니하고 경비원을 경비업무에 배치한 자
9. 법 제18조 제1항 본문을 위반하여 명부를 작성·비치하지 아니한 자
10. 법 제18조 제5항을 위반하여 경비원의 근무상황을 기록하여 보관하지 아니한 자

③ 제1항 및 제2항의 규정에 의한 과태료는 대통령령이 정하는 바에 의하여 시·도 경찰청장 또는 경찰관서장이 부과·징수한다.

28

정답 ❷

O△X

② (×) 청원주가 청원경찰을 임용하였을 때에는 임용한 날부터 10일 이내에 그 임용사항을 관할 경찰서장을 거쳐 시·도 경찰청장에게 보고하여야 한다(청원경찰법 시행령 제4조 제2항 전문).

① (○) 청원경찰법 시행령 제4조 제1항

③ (○) 청원경찰법 제5조 제3항

④ (○) 청원경찰법 제5조 제4항

29 정답 ❸

O△X 청원주와 관할 경찰서장이 공통적으로 갖추어 두어야 할 문서와 장부(A)에 해당하는 것은 청원경찰 명부와 교육훈련 실시부이고, 관할 경찰서장과 시·도 경찰청장이 공통적으로 갖추어 두어야 할 문서와 장부(B)에 해당하는 것은 전출입 관계철이다.

핵심만콕 문서와 장부의 비치(청원경찰법 시행규칙 제17조)★★

청원주(제1항)	관할 경찰서장(제2항)	시·도 경찰청장(제3항)
• 청원경찰 명부 • 근무일지 • 근무 상황카드 • 경비구역 배치도 • 순찰표철 • 무기·탄약 출납부 • 무기장비 운영카드 • 봉급지급 조서철 • 신분증명서 발급대장 • 징계 관계철 • 교육훈련 실시부 • 청원경찰 직무교육계획서 • 급여품 및 대여품 대장 • 그 밖에 청원경찰의 운영에 필요한 문서와 장부	• 청원경찰명부 • 감독 순시부 • 전출입 관계철 • 교육훈련 실시부 • 무기·탄약 대여대장 • 징계요구서철 • 그 밖에 청원경찰의 운영에 필요한 문서와 장부	• 배치결정 관계철 • 청원경찰 임용승인 관계철 • 전출입 관계철 • 그 밖에 청원경찰의 운영에 필요한 문서와 장부

30 정답 ❶

O△X ① (×) 청원경찰이 퇴직할 때에는 대여품을 청원주에게 반납하여야 한다(청원경찰법 시행규칙 제12조 제2항).
② (○) 청원경찰법 시행령 제21조 제2항
③ (○) 청원경찰법 시행규칙 제20조 제1항
④ (○) 청원경찰법 제12조 제2항

31 정답 ❸

O△X (　　) 안에는 ㄱ : 자체경비, ㄴ : 소내근무자, ㄷ : 청원주 또는 관할 경찰서장, ㄹ : 단독 또는 복수, ㅁ : 요점순찰, ㅂ : 난선순찰, ㅅ : 대기근무자, ㅇ : 휴식이 들어간다.

관계법령 근무요령(청원경찰법 시행규칙 제14조)

① 자체경비를 하는 입초근무자는 경비구역의 정문이나 그 밖의 지정된 장소에서 경비구역의 내부, 외부 및 출입자의 움직임을 감시한다.
② 업무처리 및 자체경비를 하는 소내근무자는 근무 중 특이한 사항이 발생하였을 때에는 지체 없이 청원주 또는 관할 경찰서장에게 보고하고 그 지시에 따라야 한다.
③ 순찰근무자는 청원주가 지정한 일정한 구역을 순회하면서 경비 임무를 수행한다. 이 경우 순찰은 단독 또는 복수로 정선순찰(정해진 노선을 규칙적으로 순찰하는 것)을 하되, 청원주가 필요하다고 인정할 때에는 요점순찰(순찰구역 내 지정된 중요지점을 순찰하는 것) 또는 난선순찰(임의로 순찰지역이나 노선을 선정하여 불규칙적으로 순찰하는 것)을 할 수 있다. 〈개정 2021.12.31.〉
④ 대기근무자는 소내근무에 협조하거나 휴식하면서 불의의 사고에 대비한다.

32 정답 ❹

O△X ④ (×) 국가기관이나 지방자치단체에 근무하는 청원경찰의 휴직 및 명예퇴직에 관하여는 「국가공무원법」 제71조부터 제73조까지 및 제74조의2를 준용한다(청원경찰법 제10조의7).

① (○) 청원경찰법 제10조의6 제1호 단서 전단

② (○) 청원경찰법 제10조의6 제2호

③ (○) 청원경찰법 제10조의6 제3호 본문

관계법령 **당연 퇴직(청원경찰법 제10조의6)★**

청원경찰이 다음 각호의 어느 하나에 해당할 때에는 당연 퇴직된다. 〈개정 2022.11.15.〉

1. 제5조 제2항에 따른 임용결격사유에 해당될 때. 다만, 「국가공무원법」 제33조 제2호는 파산선고를 받은 사람으로서 「채무자 회생 및 파산에 관한 법률」에 따라 신청기한 내에 면책신청을 하지 아니하였거나 면책불허가 결정 또는 면책 취소가 확정된 경우만 해당하고, 「국가공무원법」 제33조 제5호는 「형법」 제129조부터 제132조까지, 「성폭력범죄의 처벌 등에 관한 특례법」 제2조, 「아동·청소년의 성보호에 관한 법률」 제2조 제2호 및 직무와 관련하여 「형법」 제355조 또는 제356조에 규정된 죄를 범한 사람으로서 금고 이상의 형의 선고유예를 받은 경우만 해당한다.
2. 제10조의5에 따라 청원경찰의 배치가 폐지되었을 때
3. 나이가 60세가 되었을 때. 다만, 그 날이 1월부터 6월 사이에 있으면 6월 30일에, 7월부터 12월 사이에 있으면 12월 31일에 각각 당연 퇴직된다.

[2024.12.31. 법률 제20627호에 의하여 2022.12.22. 헌법재판소에서 위헌 결정된 이 조를 개정함.]

33 정답 ❷

O△X ② (×) 청원경찰의 배치를 받으려는 자는 청원경찰 배치신청서에 경비구역 평면도 1부와 배치계획서 1부를 첨부하여 사업장의 소재지를 관할하는 경찰서장을 거쳐 시·도 경찰청장에게 제출하여야 한다(청원경찰법 시행령 제2조 전문).

① (○) 청원경찰법 제4조 제1항

③ (○) 청원경찰법 시행령 제6조 제1항

④ (○) 청원경찰법 시행령 제6조 제2항

관계법령

청원경찰의 배치(청원경찰법 제4조)

① 청원경찰을 배치받으려는 자는 대통령령으로 정하는 바에 따라 관할 시·도 경찰청장에게 청원경찰 배치를 신청하여야 한다. 〈개정 2020.12.22.〉

청원경찰의 배치신청 등(청원경찰법 시행령 제2조)

「청원경찰법」 제4조 제1항에 따라 청원경찰의 배치를 받으려는 자는 청원경찰 배치신청서에 다음 각호의 서류를 첨부하여 법 제2조 각호의 기관·시설·사업장 또는 장소(이하 "사업장"이라 한다)의 소재지를 관할하는 경찰서장(이하 "관할 경찰서장"이라 한다)을 거쳐 시·도 경찰청장에게 제출하여야 한다. 이 경우 배치 장소가 둘 이상의 도(특별시, 광역시, 특별자치시 및 특별자치도를 포함한다. 이하 같다)일 때에는 주된 사업장의 관할 경찰서장을 거쳐 시·도 경찰청장에게 한꺼번에 신청할 수 있다. 〈개정 2020.12.31.〉

1. 경비구역 평면도 1부
2. 배치계획서 1부

② 시·도 경찰청장은 제1항의 청원경찰 배치신청을 받으면 지체 없이 그 배치 여부를 결정하여 신청인에게 알려야 한다. 〈개정 2020.12.22.〉
③ 시·도 경찰청장은 청원경찰 배치가 필요하다고 인정하는 기관의 장 또는 시설·사업장의 경영자에게 청원경찰을 배치할 것을 요청할 수 있다. 〈개정 2020.12.22.〉

배치 및 이동(청원경찰법 시행령 제6조)
① 청원주는 청원경찰을 신규로 배치하거나 이동배치하였을 때에는 배치지(이동배치의 경우에는 종전의 배치지)를 관할하는 경찰서장에게 그 사실을 통보하여야 한다.
② 제1항의 통보를 받은 경찰서장은 이동배치지가 다른 관할구역에 속할 때에는 전입지를 관할하는 경찰서장에게 이동배치한 사실을 통보하여야 한다.

34 정답 ④

○△×

제시된 내용 중 시·도 경찰청장이 관할 경찰서장에게 위임하는 권한으로 명시되지 않은 것은 ㄱ, ㅁ, ㅂ, ㅅ이다.

ㄱ.(×) 청원경찰의 임용은 청원주의 고유권한에 해당한다(청원경찰법 제5조 제1항).
ㅁ.(×) 청원경찰의 특수복장 착용에 대한 승인은 시·도 경찰청장의 권한에 해당한다(청원경찰법 시행령 제14조 제3항). 청원경찰법령상 시·도 경찰청장이 관할 경찰서장에게 위임하는 권한으로 명시한 규정은 존재하지 않는다.
ㅂ.(×) 무기의 관리 및 취급사항을 감독하는 권한은 청원경찰법령상 관할 경찰서장의 권한에 해당한다(청원경찰법 시행령 제17조 제2호).
ㅅ.(×) 경비전화의 가설은 관할 경찰서장의 권한에 해당한다(청원경찰법 시행규칙 제20조 제1항).
ㄴ.(○) 청원경찰법 시행령 제20조 제3호
ㄷ.(○) 청원경찰법 시행령 제20조 제1호
ㄹ.(○) 청원경찰법 시행령 제20조 제4호

관계법령

권한의 위임(청원경찰법 제10조의3)
이 법에 따른 시·도 경찰청장의 권한은 그 일부를 대통령령으로 정하는 바에 따라 관할 경찰서장에게 위임할 수 있다. 〈개정 2020.12.22.〉

권한의 위임(청원경찰법 시행령 제20조)
시·도 경찰청장은 법 제10조의3에 따라 다음 각호의 권한을 관할 경찰서장에게 위임한다. 다만, 청원경찰을 배치하고 있는 사업장이 하나의 경찰서의 관할구역에 있는 경우로 한정한다. 〈개정 2020.12.31.〉
1. 법 제4조 제2항 및 제3항에 따른 청원경찰 배치의 결정 및 요청에 관한 권한
2. 법 제5조 제1항에 따른 청원경찰의 임용승인에 관한 권한
3. 법 제9조의3 제2항에 따른 청원주에 대한 지도 및 감독상 필요한 명령에 관한 권한
4. 법 제12조에 따른 과태료 부과·징수에 관한 권한

감독(청원경찰법 시행령 제17조)
관할 경찰서장은 매달 1회 이상 청원경찰을 배치한 경비구역에 대하여 다음 각호의 사항을 감독하여야 한다.
1. 복무규율과 근무 상황
2. 무기의 관리 및 취급 사항

35 정답 ❹

O△X 제시된 내용의 (   )에 들어갈 내용은 ㄱ : 경찰공무원, ㄴ : 취업규칙, ㄷ : 순경이다.

- 국가기관 또는 지방자치단체에 근무하는 청원경찰 보수의 호봉 간 승급기간은 경찰공무원의 승급기간에 관한 규정을 준용한다(청원경찰법 시행령 제11조 제2항).
- 국가기관 또는 지방자치단체에 근무하는 청원경찰 외의 청원경찰 보수의 호봉 간 승급기간 및 승급액은 그 배치된 사업장의 취업규칙에 따르며, 이에 관한 취업규칙이 없을 때에는 순경의 승급에 관한 규정을 준용한다(청원경찰법 시행령 제11조 제3항).

36 정답 ❹

O△X ④ (○) 청원경찰법 시행령 제8조 제1항

① (×) 청원경찰에 대한 징계의 종류는 파면, 해임, 정직, 감봉 및 견책으로 구분한다(청원경찰법 제5조의2 제2항).

② (×) 청원주는 청원경찰이 직무상의 의무를 위반하거나 직무를 태만히 한 때 대통령령으로 정하는 징계절차를 거쳐 징계처분을 하여야 한다(청원경찰법 제5조의2 제1항 제1호).

③ (×) 청원주는 청원경찰 배치결정의 통지를 받았을 때에는 통지를 받은 날부터 15일 이내에 청원경찰에 대한 징계규정을 제정하여 관할 시·도 경찰청장에게 신고하여야 한다(청원경찰법 시행령 제8조 제5항 전문).

관계법령 **청원경찰의 징계(청원경찰법 제5조의2)**

① 청원주는 청원경찰이 다음 각호의 어느 하나에 해당하는 때에는 대통령령으로 정하는 징계절차를 거쳐 징계처분을 하여야 한다.
  1. 직무상의 의무를 위반하거나 직무를 태만히 한 때
  2. 품위를 손상하는 행위를 한 때

② 청원경찰에 대한 징계의 종류는 파면, 해임, 정직, 감봉 및 견책으로 구분한다.

③ 청원경찰의 징계에 관하여 그 밖에 필요한 사항은 대통령령으로 정한다.

징계(청원경찰법 시행령 제8조)

① 관할 경찰서장은 청원경찰이 법 제5조의2 제1항 각호의 어느 하나에 해당한다고 인정되면 청원주에게 해당 청원경찰에 대하여 징계처분을 하도록 요청할 수 있다.

② 법 제5조의2 제2항의 정직(停職)은 1개월 이상 3개월 이하로 하고, 그 기간에 청원경찰의 신분은 보유하나 직무에 종사하지 못하며, 보수의 3분의 2를 줄인다.

③ 법 제5조의2 제2항의 감봉은 1개월 이상 3개월 이하로 하고, 그 기간에 보수의 3분의 1을 줄인다.

④ 법 제5조의2 제2항의 견책(譴責)은 전과(前過)에 대하여 훈계하고 회개하게 한다.

⑤ 청원주는 청원경찰 배치결정의 통지를 받았을 때에는 통지를 받은 날부터 15일 이내에 청원경찰에 대한 징계규정을 제정하여 관할 시·도 경찰청장에게 신고하여야 한다. 징계규정을 변경할 때에도 또한 같다. 〈개정 2020.12.31.〉

⑥ 시·도 경찰청장은 제5항에 따른 징계규정의 보완이 필요하다고 인정할 때에는 청원주에게 그 보완을 요구할 수 있다. 〈개정 2020.12.31.〉

37 정답 ❹

O△X ④ (×) 시·도 경찰청장은 위반행위의 동기, 내용 및 위반의 정도 등을 고려하여 [별표 2]에 따른 과태료 금액의 100분의 50의 범위에서 그 금액을 줄이거나 늘릴 수 있다(청원경찰법 시행령 제21조 제2항 본문).

① (○) 청원경찰법 제12조 제1항 제1호 전단

② (○) 청원경찰법 제12조 제2항

③ (○) 청원경찰법 시행규칙 제24조 제3항

관계법령

과태료(청원경찰법 제12조)

① 다음 각호의 어느 하나에 해당하는 자에게는 500만원 이하의 과태료를 부과한다.

1. 제4조 제2항에 따른 시·도 경찰청장의 배치결정을 받지 아니하고 청원경찰을 배치하거나 제5조 제1항에 따른 시·도 경찰청장의 승인을 받지 아니하고 청원경찰을 임용한 자 〈개정 2020.12.22.〉
2. 정당한 사유 없이 제6조 제3항에 따라 경찰청장이 고시한 최저부담기준액 이상의 보수를 지급하지 아니한 자
3. 제9조의3 제2항에 따른 감독상 필요한 명령을 정당한 사유 없이 이행하지 아니한 자

② 제1항에 따른 과태료는 대통령령으로 정하는 바에 따라 시·도 경찰청장이 부과·징수한다. 〈개정 2020.12.22.〉

과태료의 부과기준 등(청원경찰법 시행령 제21조)

① 법 제12조 제1항에 따른 과태료의 부과기준은 [별표 2]와 같다.

② 시·도 경찰청장은 위반행위의 동기, 내용 및 위반의 정도 등을 고려하여 [별표 2]에 따른 과태료 금액의 100분의 50의 범위에서 그 금액을 줄이거나 늘릴 수 있다. 다만, 늘리는 경우에는 법 제12조 제1항에 따른 과태료 금액의 상한을 초과할 수 없다. 〈개정 2020.12.31.〉

과태료 부과 고지서 등(청원경찰법 시행규칙 제24조)

① 법 제12조 제1항에 따른 과태료 부과의 사전 통지는 별지 제7호 서식의 과태료 부과 사전 통지서에 따른다.

② 법 제12조 제1항에 따른 과태료의 부과는 별지 제8호 서식의 과태료 부과 고지서에 따른다.

③ 경찰서장은 과태료 처분을 하였을 때에는 과태료 부과 및 징수 사항을 별지 제9호 서식의 과태료 수납부에 기록하고 정리하여야 한다.

38 정답 ❶

O△X ① (×) 청원경찰법령상 청원경찰에게 공적상과 우등상을 수여할 수 있는 자는 시·도 경찰청장, 관할 경찰서장, 청원주이다(청원경찰법 시행규칙 제18조).

② (○), ④ (○) 시·도 경찰청장, 관할 경찰서장 또는 청원주는 성실히 직무를 수행하여 근무성적이 탁월하거나 헌신적인 봉사로 특별한 공적을 세운 청원경찰에게 공적상을 수여할 수 있다(청원경찰법 시행규칙 제18조 제1호).

③ (○) 시·도 경찰청장, 관할 경찰서장 또는 청원주는 교육훈련에서 교육성적이 우수한 청원경찰에게 우등상을 수여할 수 있다(청원경찰법 시행규칙 제18조 제2호).

관계법령 **표창(청원경찰법 시행규칙 제18조)**

시·도 경찰청장, 관할 경찰서장 또는 청원주는 청원경찰에게 다음 각호의 구분에 따라 표창을 수여할 수 있다. 〈개정 2020.12.31.〉

1. 공적상 : 성실히 직무를 수행하여 근무성적이 탁월하거나 헌신적인 봉사로 특별한 공적을 세운 경우
2. 우등상 : 교육훈련에서 교육성적이 우수한 경우

39 정답 ❷

O△X ② (O) 근무인원이 41명 이상인 경우에 대장을 지정하여야 한다(청원경찰법 시행규칙 [별표 4]).

① (×) 2명 이상의 청원경찰을 배치한 사업장의 청원주는 청원경찰의 지휘·감독을 위하여 청원경찰 중에서 유능한 사람을 선정하여 감독자로 지정하여야 한다(청원경찰법 시행규칙 제19조).

③ (×) 근무인원이 30명 이상 40명 이하인 경우 반장 1명, 조장 3~4명을 지정하여야 한다(청원경찰법 시행규칙 [별표 4]).

④ (×) 근무인원이 61명 이상 120명 이하인 경우 대장 1명, 반장 4명, 조장 12명을 지정하여야 한다(청원경찰법 시행규칙 [별표 4]).

40 정답 ❹

O△X ④ (O) 청원경찰법 제6조 제2항 제2호

① (×) 지방자치단체에 근무하는 청원경찰의 보수는 재직기간에 해당하는 경찰공무원의 보수를 감안하여 대통령령으로 정한다(청원경찰법 제6조 제2항).

② (×) 지방자치단체에 근무하는 청원경찰의 퇴직금에 관하여는 따로 대통령령으로 정한다(청원경찰법 제7조의2 단서).

③ (×) 청원경찰이 퇴직할 때에는 대여품을 청원주에게 반납해야 한다(청원경찰법 시행규칙 제12조 제2항).

제9회 심화 모의고사

문제편 132p

정답 CHECK

01	02	03	04	05	06	07	08	09	10	11	12	13	14	15	16	17	18	19	20
②	④	②	②	③	①	③	②	①	④	③	①	④	③	①	③	④	①	③	③
21	22	23	24	25	26	27	28	29	30	31	32	33	34	35	36	37	38	39	40
②	③	①	②	④	④	①	②	④	①	①	④	①	④	②	②	①	①	②	②

01 정답 ❷

○△×

② (×) 경비지도사는 일반경비지도사와 기계경비지도사로 구분한다(경비업법 제2조 제2호).

① (○) 경비업법 제2조 제3호

③ (○) 경비업법 제2조 제1호 바목

④ (○) 경비업법 제2조 제1호 마목에서 "대통령령이 정하는 국가중요시설"이라 함은 공항・항만, 원자력발전소 등의 시설 중 국가정보원장이 지정하는 국가보안목표시설과 「통합방위법」 제21조 제4항의 규정에 의하여 국방부장관이 지정하는 국가중요시설을 말한다(경비업법 시행령 제2조).

02 정답 ❹

○△×

각 경비법인이 선임・배치해야 할 경비지도사 최소인원은 A 경비법인 5명, B 경비법인 4명, C 경비법인 7명이다.

- A 법인은 서울특별시에 일반경비지도사 2명과 기계경비지도사 1명, 전라남도에 일반경비지도사 1명, 제주특별자치도에 기계경비지도사 1명을 선임・배치하여야 하므로 A법인이 선임・배치해야 할 경비지도사는 총 5명이다.
- B 법인은 서울특별시에 일반경비지도사 2명, 전라남도에 일반경비지도사 1명, 제주특별자치도에 기계경비지도사 1명을 선임・배치하여야 하므로 B 법인이 선임・배치해야 할 경비지도사는 총 4명이다.
- C 법인은 서울특별시에 일반경비지도사 3명, 대전광역시에 일반경비지도사 2명, 전라남도에 일반경비지도사 2명(경계를 맞닿아 인접한 전라남도와 제주특별자치도에 배치된 경비원의 수를 합산하면 180+30=210명이 되므로)을 선임・배치하여야 하므로 C 법인이 선임・배치해야 할 경비지도사는 총 7명이다.

03 정답 ❷

O△X

② (○) 경비업법 제18조 제1항 단서

① (×) 경비업자는 행정안전부령으로 정하는 바에 따라 경비원의 명부를 작성・비치하여야 한다(경비업법 제18조 제1항 본문).

③ (×) 경비업자가 경비원을 배치하거나 배치를 폐지한 경우에는 행정안전부령으로 정하는 바에 따라 관할 경찰관서장에게 신고하여야 한다(경비업법 제18조 제2항 본문).

④ (×) 시설경비업무, 신변보호업무 또는 혼잡・교통유도경비업무 중 집단민원현장에 일반경비원을 배치하는 경우에는 배치하기 48시간 전까지 행정안전부령으로 정하는 바에 따라 배치허가를 신청하여야 한다(경비업법 제18조 제2항 단서 제1호).

관계법령 **경비원의 명부와 배치허가 등(경비업법 제18조)★★**

① 경비업자는 행정안전부령으로 정하는 바에 따라 경비원의 명부를 작성・비치하여야 한다. 다만, 집단민원현장에 배치되는 일반경비원의 명부는 그 경비원이 배치되는 장소에도 작성・비치하여야 한다.

② 경비업자가 경비원을 배치하거나 배치를 폐지한 경우에는 행정안전부령으로 정하는 바에 따라 관할 경찰관서장에게 신고하여야 한다. 다만, 다음 제1호의 경우에는 경비원을 배치하기 48시간 전까지 행정안전부령으로 정하는 바에 따라 배치허가를 신청하고, 관할 경찰관서장의 배치허가를 받은 후에 경비원을 배치하여야 하며(제2호 및 제3호의 경우에는 경비원을 배치하기 전까지 신고하여야 한다), 이 경우 관할 경찰관서장은 배치허가를 함에 있어 필요한 조건을 붙일 수 있다. 〈개정 2025.1.7.〉

1. 제2조 제1호에 따른 시설경비업무, 신변보호업무 또는 혼잡・교통유도경비업무 중 집단민원현장에 배치된 일반경비원
2. 집단민원현장이 아닌 곳에서 제2조 제1호 다목의 규정에 의한 신변보호업무를 수행하는 일반경비원
3. 특수경비원

04 정답 ❷

O△X

② (○) 경비업법 시행령 제9조 제2항, 제1항 제4호

① (×) 경비업법 시행령 제9조 제1항 제2호는 제2항의 당해 경보를 수신한 날부터 1년간 보관하여야 하는 사항을 기재한 서류에 해당하지 않는다(경비업법 시행령 제9조 제2항 반대해석).

③ (×) 기계경비업무를 수행하는 경비업자는 관제시설 등에서 경보를 수신한 때에는 경보를 수신한 때부터 늦어도 25분 이내에는 도착시킬 수 있는 대응체제를 갖추어야 한다(경비업법 시행령 제7조).

④ (×) 기계경비업자는 출장소별로 경비대상시설의 명칭・소재지 및 경비계약기간을 기재한 서류를 갖추어 두어야 한다(경비업법 시행령 제9조 제1항 제1호).

관계법령 **기계경비업자의 관리 서류(경비업법 시행령 제9조)★★**

① 기계경비업자는 법 제9조 제2항에 의하여 출장소별로 다음 각호의 사항을 기재한 서류를 갖추어 두어야 한다.

1. 경비대상시설의 명칭・소재지 및 경비계약기간
2. 기계경비지도사의 명단・배치일자・배치장소와 출동차량의 대수
3. 경보의 수신 및 현장도착 일시와 조치의 결과
4. 오경보인 경우 오경보가 발생한 경비대상시설 및 그 오경보에 대한 조치의 결과

② 제1항 제3호 및 제4호의 규정에 의한 사항을 기재한 서류는 당해 경보를 수신한 날부터 1년간 이를 보관하여야 한다.

05 정답 ❸

O△X 제시된 내용 중 경비지도사 제1차 시험 면제자에 해당하는 사람은 ㄱ, ㅁ, ㅂ이다.

ㄴ.(×) 경비업법 시행령 제13조 제2호

ㄷ.(×) 경비업법 시행령 제13조 제4호

ㄹ.(×) 경비업법 시행령 제13조 제6호

관계법령 **시험의 일부면제(경비업법 시행령 제13조)**

법 제11조(경비지도사의 시험 등) 제3항에 따라 다음 각호의 어느 하나에 해당하는 사람은 경비지도사 제1차 시험을 면제한다.

1. 「경찰공무원법」에 따른 경찰공무원으로 7년 이상 재직한 사람
2. 「대통령 등의 경호에 관한 법률」에 따른 경호공무원 또는 별정직 공무원으로 7년 이상 재직한 사람
3. 「군인사법」에 따른 각 군 전투병과 또는 군사경찰병과 부사관 이상 간부로 7년 이상 재직한 사람
4. 「경비업법」에 따른 경비업무에 7년 이상(특수경비업무의 경우에는 3년 이상) 종사하고 행정안전부령으로 정하는 교육과정을 이수한 사람

경비지도사시험의 일부면제(경비업법 시행규칙 제10조)

영 제13조 제4호에서 "행정안전부령으로 정하는 교육과정을 이수한 사람"이란 다음 각호의 하나에 해당하는 사람을 말한다.

1. 고등교육법에 의한 전문대학 이상의 교육기관(경비지도사의 시험과목 3과목 이상이 개설된 교육기관에 한한다)에서 1년 이상의 경비업무 관련 과정을 마친 사람
2. 경찰청장이 지정하는 기관 또는 단체에서 실시하는 64시간 이상의 경비지도사 양성과정을 마치고 수료시험에 합격한 사람

5. 「고등교육법」에 따른 대학 이상의 학교를 졸업한 사람으로서 재학 중 제12조 제3항에 따른 경비지도사 시험과목을 3과목 이상을 이수하고 졸업한 후 경비업무에 종사한 경력이 3년 이상인 사람
6. 「고등교육법」에 따른 전문대학을 졸업한 사람으로서 재학 중 제12조 제3항에 따른 경비지도사 시험과목을 3과목 이상을 이수하고 졸업한 후 경비업무에 종사한 경력이 5년 이상인 사람
7. 일반경비지도사의 자격을 취득한 후 기계경비지도사의 시험에 응시하는 사람 또는 기계경비지도사의 자격을 취득한 후 일반경비지도사의 시험에 응시하는 사람
8. 「공무원임용령」에 따른 행정직군 교정직렬 공무원으로 7년 이상 재직한 사람

06 정답 ❶

O△X 제시된 내용 중 경비업법령상 벌칙규정에 관한 설명으로 옳은 것은 ㄱ과 ㄴ이다.

ㄱ.(O) 경비업법 제28조 제1항

ㄴ.(O) 경비업법 제28조 제2항 제7호

ㄷ.(×) 양벌규정에 의하면 갑(甲)이 소속된 법인에게는 해당 조문의 벌금형이 부과된다(경비업법 제30조 본문). 따라서 갑(甲)이 고의인 경우 5천만원 이하의 벌금이, 갑(甲)이 과실인 경우에는 3천만원 이하의 벌금이 부과된다.

ㄹ.(×) 양벌규정에 의하여 행위자를 벌하는 외에 그 법인 또는 개인에게도 벌금이 부과되는 것이지 과태료가 부과되는 것은 아니다.

제1회 제2회 제3회 제4회 제5회 제6회 제7회 제8회 제9회 제10회

관계법령 **양벌규정(경비업법 제30조)**

법인의 대표자나 법인 또는 개인의 대리인, 사용인, 그 밖의 종업원이 그 법인 또는 개인의 업무에 관하여 법 제28조(벌칙)의 위반행위를 하면 그 행위자를 벌하는 외에 그 법인 또는 개인에게도 해당 조문의 벌금형을 과(科)한다. 다만, 법인 또는 개인이 그 위반행위를 방지하기 위하여 해당 업무에 관하여 상당한 주의와 감독을 게을리하지 아니한 경우에는 그러하지 아니하다.

07

정답 ❸

○△×

제시된 내용의 ( ) 안에는 ㄱ : 대통령령, ㄴ : 행정안전부령, ㄷ : 90일이 들어간다.

- 경비지도사는 제10조 제1항 각호의 어느 하나(경비지도사의 결격사유)에 해당하지 아니하는 자로서 경찰청장이 시행하는 경비지도사시험에 합격하고 대통령령으로 정하는 바에 따라 경찰청장이 실시하는 기본교육을 받은 자이어야 한다(경비업법 제11조 제1항).
- 경찰청장은 제1항의 규정에 의한 교육을 받은 자에게 행정안전부령으로 정하는 바에 따라 경비지도사자격증을 교부하여야 한다(경비업법 제11조 제2항).
- 경찰청장은 시험의 실시계획에 따라 경비지도사 자격시험을 실시하고자 하는 때에는 응시자격·시험과목·시험일시·시험장소 및 선발예정인원 등을 시험시행일 90일 전까지 공고하여야 한다(경비업법 시행령 제11조 제2항).

08

정답 ❷

○△×

제시된 내용 중 옳은 것은 ㄱ, ㄴ, ㅁ이다.

ㄷ. (×) 현금호송백 1개 이상은 호송경비업무를 수행하려는 법인이 갖추어야 할 요건이다.

ㄹ. (×) 출장소별 출동차량은 1대 이상이 아닌 2대 이상이 기계경비업무를 수행하려는 법인이 갖추어야 할 요건에 해당한다.

관계법령 **경비업의 시설 등의 기준(경비업법 시행령 [별표 1])★ <개정 2024.12.31.>**

시설 등 기준 / 업무별	경비인력	자본금	시 설	장비 등
1. 시설경비업무	• 일반경비원 10명 이상 • 경비지도사 1명 이상	1억원 이상	기준 경비인력 수 이상을 동시에 교육할 수 있는 교육장	기준 경비인력 수 이상의 경비원 복장 및 경적, 단봉, 분사기
2. 호송경비업무	• 무술유단자인 일반경비원 5명 이상 • 경비지도사 1명 이상	1억원 이상	기준 경비인력 수 이상을 동시에 교육할 수 있는 교육장	• 호송용 차량 1대 이상 • 현금호송백 1개 이상 • 기준 경비인력 수 이상의 경비원 복장 및 경적, 단봉, 분사기

3. 신변보호업무	• 무술유단자인 일반경비원5명 이상 • 경비지도사 1명 이상	1억원 이상	기준 경비인력 수 이상을 동시에 교육할 수 있는 교육장	• 기준 경비인력 수 이상의 무전기 등 통신장비 • 기준 경비인력 수 이상의 경적, 단봉, 분사기
4. 기계경비업무	• 전자·통신 분야 기술자격증소지자 5명을 포함한 일반경비원 10명 이상 • 경비지도사 1명 이상	1억원 이상	• 기준 경비인력 수 이상을 동시에 교육할 수 있는 교육장 • 관제시설	• 감지장치·송신장치 및 수신장치 • 출장소별로 출동차량 2대 이상 • 기준 경비인력 수 이상의 경비원 복장 및 경적, 단봉, 분사기
5. 특수경비업무	• 특수경비원 20명 이상 • 경비지도사 1명 이상	3억원 이상	기준 경비인력 수 이상을 동시에 교육할 수 있는 교육장	기준 경비인력 수 이상의 경비원 복장 및 경적, 단봉, 분사기
6. 혼잡·교통 유도경비업무	• 일반경비원 10명 이상 • 경비지도사 1명 이상	1억원 이상	기준 경비인력 수 이상을 동시에 교육할 수 있는 교육장	기준 경비인력 수 이상의 경비원 복장 및 경적, 단봉, 분사기, 무전기, 경광봉

09 정답 ❶

○△×

① (×) 3천만원 이하의 과태료(경비업법 제31조 제1항 제5호)
② (○) 500만원 이하의 과태료(경비업법 제31조 제2항 제3호의2)
③ (○) 500만원 이하의 과태료(경비업법 제31조 제2항 제2호)
④ (○) 500만원 이하의 과태료(경비업법 제31조 제2항 제5호)

10 정답 ❹

○△×

④ (×) 국가중요시설의 시설주는 수리가 필요한 무기가 있는 때에는 그 목록과 무기장비운영카드를 첨부하여 관할 경찰관서장에게 수리를 요청하여야 한다(경비업법 시행규칙 제18조 제3항 제4호).
① (○) 경비업법 시행령 제21조
② (○) 경비업법 시행규칙 제18조 제1항 제8호
③ (○) 경비업법 제14조 제8항 단서 제2호

11 정답 ③

O△X 대통령 등의 경호에 관한 법률에 위반하여 벌금형의 선고를 받고 1년이 지난 후 특수경비업무를 수행하는 법인의 임원이 되려는 병(丙)은 해당 법인의 임원이 될 수 없다.

관계법령 임원의 결격사유(경비업법 제5조)

다음 각호의 어느 하나에 해당하는 자는 경비업을 영위하는 법인(제4호에 해당하는 자의 경우에는 특수경비업무를 수행하는 법인을 말하고, 제5호에 해당하는 자의 경우에는 허가취소사유에 해당하는 경비업무와 동종의 경비업무를 수행하는 법인을 말한다)의 임원이 될 수 없다. 〈개정 2021.1.12.〉 (두 피·파·실·3·3·5)

1. 피성년후견인
2. 파산선고를 받고 복권되지 아니한 자
3. 금고 이상의 형의 선고를 받고 그 형이 실효되지 아니한 자
4. 이 법 또는 「대통령 등의 경호에 관한 법률」에 위반하여 벌금형의 선고를 받고 3년이 지나지 아니한 자
5. 이 법(제19조 제1항 제2호 및 제7호는 제외한다) 또는 이 법에 의한 명령에 위반하여 허가가 취소된 법인의 허가취소 당시의 임원이었던 자로서 그 취소 후 3년이 지나지 아니한 자
6. 제19조 제1항 제2호(허가받은 경비업무 외의 업무에 경비원을 종사하게 한 때) 및 제7호(소속 경비원으로 하여금 경비업무의 범위를 벗어난 행위를 하게 한 때)의 사유로 허가가 취소된 법인의 허가취소 당시의 임원이었던 자로서 허가가 취소된 날부터 5년이 지나지 아니한 자

12 정답 ①

O△X ① (×) 18세 미만인 사람은 일반경비원·특수경비원에 공통된 결격사유이나(경비업법 제10조 제1항 제1호, 제2항 제1호), 60세 이상인 사람은 특수경비원에게만 해당하는 결격사유이다(경비업법 제10조 제2항 제1호).

② (○) 금고 이상의 형의 선고유예를 받고 그 유예기간 중에 있는 자는 특수경비원에게만 해당하는 결격사유이다(경비업법 제10조 제2항 제4호).

③ (○) 금고 이상의 형의 집행유예선고를 받고 그 유예기간 중에 있는 자는 일반경비원·특수경비원에 공통된 결격사유에 해당한다(경비업법 제10조 제1항 제4호, 제2항 제3호).

④ (○) 형법 제297조(강간)죄는 경비업법 제10조 제1항 제5호 다목의 형사범죄로 금고 이상의 형을 선고받고 그 집행이 유예된 날부터 10년이 지나지 아니한 자는 일반경비원·특수경비원에 공통된 결격사유이다(경비업법 제10조 제1항 제5호 다목, 제2항 제3호).

13 정답 ④

O△X ④ (×) 3년 이하의 징역 또는 3천만원 이하의 벌금에 처한다(경비업법 제28조 제2항 제8호).

① (○) 경비업법 제15조 제1항

② (○) 특수경비원은 14세 미만의 자 또는 임산부가 총기 또는 폭발물을 가지고 대항하는 경우에는 권총 또는 소총을 발사할 수 있다(경비업법 제15조 제4항 제3호 반대해석).

③ (○) 경비업법 제15조 제3항

14 정답 ❸

OΔX 제시된 내용 중 경비원의 교육에 관한 설명으로 옳은 것은 ㄴ, ㄹ, ㅁ이다.

ㄴ.(○) 경비업법 시행규칙 제13조 제2항

ㄹ.(○) 경비업법 시행령 제18조 제2항 제1호

ㅁ.(○) 경비업법 제13조의2 제4항

ㄱ.(×) 특수경비업자는 소속 특수경비원에게 매월 3시간 이상 직무교육을 받도록 하여야 한다(경비업법 시행령 제19조 제3항, 동법 시행규칙 제16조 제1항).

ㄷ.(×) 특수경비원 교육 시 관할 경찰서 소속 경찰공무원이 교육기관에 입회하여 대통령령이 정하는 바에 따라 지도·감독하여야 한다(경비업법 제13조 제4항).

ㅂ.(×) 그 밖에 경비원 교육기관의 지정 취소 및 업무 정지에 관한 세부기준 및 절차는 그 위반행위의 유형과 위반의 정도 등을 고려하여 행정안전부령으로 정한다(경비업법 제13조의3 제2항).

15 정답 ❶

OΔX 제시된 내용 중 경비협회가 공제규정의 내용으로 정할 수 있는 것은 ㉠, ㉡, ㉢이고, 공제사업으로 할 수 있는 것은 ⓐ, ⓑ, ⓒ, ⓓ이다.

- 공제사업의 감독에 관한 기준(㉣)은 공제규정의 내용이 아닌 경찰청장이 공제사업의 건전한 육성과 가입자 보호를 위하여 정할 수 있는 사항이다(경비업법 제23조 제4항).
- 경비원의 후생·복지에 관한 사업(ⓔ)은 경비업법령상 경비협회가 할 수 있는 공제사업으로 규정되어 있지 않고, 경비협회의 업무인 경비원의 후생·복지에 관한 사항과 관련이 있다(경비업법 제22조 제3항 제3호).
- 경비지도사의 손해배상책임과 형사책임을 보장하기 위한 사업(ⓕ)은 경비업법령상 경비협회가 할 수 있는 공제사업으로 규정되어 있지 않다. 경비업법 제23조 제1항 제1호는 경비업자의 손해배상책임을 보장하기 위한 공제사업을 할 수 있다고 규정하고 있다.

관계법령 **공제사업(경비업법 제23조)**

① 경비협회는 다음 각호의 공제사업을 할 수 있다.
1. 제26조에 따른 경비업자의 손해배상책임을 보장하기 위한 사업
2. 경비업자가 경비업을 운영할 때 필요한 입찰보증, 계약보증(이행보증을 포함한다), 하도급보증을 위한 사업
3. 경비원의 복지향상과 업무상 재해로 인한 손실을 보상하는 사업
4. 경비업무와 관련한 연구 및 경비원 교육·훈련에 관한 사업

② 경비협회는 제1항의 규정에 의한 공제사업을 하고자 하는 때에는 공제규정을 제정하여야 한다.

③ 제2항의 공제규정에는 공제사업의 범위, 공제계약의 내용, 공제금, 공제료 및 공제금에 충당하기 위한 책임준비금 등 공제사업의 운영에 관하여 필요한 사항을 정하여야 한다.

④ 경찰청장은 제1항에 따른 공제사업의 건전한 육성과 가입자의 보호를 위하여 공제사업의 감독에 관한 기준을 정할 수 있다.

⑤ 경찰청장은 제2항에 따른 공제규정을 승인하거나 제4항에 따라 공제사업의 감독에 관한 기준을 정하는 경우에는 미리 금융위원회와 협의하여야 한다.

⑥ 경찰청장은 제1항에 따른 공제사업에 대하여 「금융위원회의 설치 등에 관한 법률」에 따른 금융감독원의 원장에게 검사를 요청할 수 있다.

16 정답 ❸

○△×

③ (×) 12월이 아니라 6월의 자격정지처분을 받게 된다(경비업법 시행령 [별표 5] 제2호).
① (○) 경비업법 제20조 제1항 제2호
② (○) 경비업법 제20조 제1항 제3호
④ (○) 경비업법 시행령 [별표 5] 제1호

관계법령 **경비지도사자격의 취소 등(경비업법 제20조)**

① 경찰청장은 경비지도사가 다음 각호의 어느 하나에 해당하는 때에는 그 자격을 취소하여야 한다. 〈개정 2024.2.13.〉
1. 제10조 제1항 각호의 결격사유에 해당하게 된 때
2. 허위 그 밖의 부정한 방법으로 경비지도사자격증을 교부받은 때
3. 경비지도사자격증을 다른 사람에게 빌려주거나 양도한 때
4. 자격정지 기간 중에 경비지도사로 선임되어 활동한 때

② 경찰청장은 경비지도사가 다음 각호의 어느 하나에 해당하는 때에는 대통령령이 정하는 바에 따라 1년의 범위 내에서 그 자격을 정지시킬 수 있다. 〈개정 2024.2.13.〉
1. 제12조 제3항의 규정에 위반하여 직무를 성실하게 수행하지 아니한 때
2. 제24조의 규정에 의한 경찰청장 또는 시·도 경찰청장의 명령을 위반한 때

경비지도사 자격정지처분 기준(경비업법 시행령 [별표 5]) <개정 2020.12.31.>

위반행위	해당 법조문	행정처분 기준		
		1차	2차	3차 이상
1. 법 제12조 제3항의 규정에 위반하여 직무를 성실하게 수행하지 아니한 때	법 제20조 제2항 제1호	자격정지 3월	자격정지 6월	자격정지 12월
2. 법 제24조의 규정에 의한 경찰청장, 시·도 경찰청장의 명령을 위반한 때	법 제20조 제2항 제2호	자격정지 1월	자격정지 6월	자격정지 9월

※ 비고
위반행위의 횟수에 따른 행정처분의 기준은 당해 위반행위가 있은 이전 최근 2년간 같은 위반행위로 행정처분을 받은 경우에 적용한다.

17 정답 ❹

O△X 시설경비업무가 아닌 특수경비업무를 개시하거나 종료한 때가 경비업자(경비업의 허가를 받은 법인)가 시·도 경찰청장에게 신고하여야 할 경우에 해당한다(경비업법 제4조 제3항 제5호).

관계법령 **경비업의 허가(경비업법 제4조)**

③ 제1항의 규정에 의하여 경비업의 허가를 받은 법인은 다음 각호의 어느 하나에 해당하는 때에는 시·도 경찰청장에게 신고하여야 한다. 〈개정 2024.2.13.〉

1. 영업을 폐업하거나 휴업한 때
2. 법인의 명칭이나 대표자·임원을 변경한 때
3. 법인의 주사무소나 출장소를 신설·이전 또는 폐지한 때
4. 기계경비업무의 수행을 위한 관제시설을 신설·이전 또는 폐지한 때
5. 특수경비업무를 개시하거나 종료한 때
6. 그 밖에 대통령령이 정하는 중요사항을 변경한 때

폐업 또는 휴업 등의 신고(경비업법 시행령 제5조)

④ 법 제4조 제3항 제6호에서 "그 밖에 대통령령이 정하는 중요사항"이라 함은 정관의 목적을 말한다.

18 정답 ❶

O△X 경찰청장은 거짓이나 그 밖의 부정한 방법으로 경비지도사 교육기관의 지정을 받은 경우 그 지정을 취소하여야 한다(경비업법 제11조의4 제1항 단서).

관계법령 **경비지도사 교육기관의 지정 취소 등(경비업법 제11조의4)**

① 경찰청장은 경비지도사 교육기관이 다음 각호의 어느 하나에 해당하는 경우에는 그 지정을 취소하거나 1년의 범위에서 기간을 정하여 업무의 전부 또는 일부를 정지할 수 있다. 다만, 제1호의 경우에는 그 지정을 취소하여야 한다.

1. 거짓이나 그 밖의 부정한 방법으로 경비지도사 교육기관의 지정을 받은 경우
2. 지정받은 사항을 위반하여 업무를 행한 경우
3. 제11조의3 제3항에 따른 시정명령을 받고도 정당한 사유 없이 정하여진 기간 이내에 시정하지 아니한 경우
4. 제11조의3 제4항에 따른 지정 기준에 적합하지 아니하게 된 경우

② 그 밖에 경비지도사 교육기관의 지정 취소 및 업무 정지에 관한 세부기준 및 절차는 그 위반행위의 유형과 위반의 정도 등을 고려하여 행정안전부령으로 정한다.

[본조신설 2024.2.13.]

제1회 제2회 제3회 제4회 제5회 제6회 제7회 제8회 제9회 제10회

19 정답 ❸

O△X ③ (O) 경비업법 시행령 제9조 제1항 제3호 · 제2항

① (×) 경비대상시설의 명칭 · 소재지 및 경비계약기간은 출장소별로 갖추어 두어야 하는 서류에 기재하는 사항일 뿐, 당해 경보를 수신한 날부터 1년간 보관하여야 하는 서류에 기재하는 사항에는 해당하지 않는다(경비업법 시행령 제9조 제1항 제1호).

② (×), ④ (×) 기계경비업무용 기기의 설치장소 및 종류와 그 밖의 기계장치의 개요, 오경보의 발생원인과 송신기기의 유지 · 관리방법은 기계경비업자가 계약상대방에게 오경보의 방지를 위한 설명서 교부 시 서면등에 기재하여야 하는 사항에 해당한다(경비업법 시행령 제8조 제1항 제3호 및 제4호).

핵심만콕 계약상대방에게 교부해야 할 서면과 출장소별 비치서류(경비업법 시행령 제8조 및 제9조)

오경보의 방지를 위한 설명 등(제8조)	기계경비업자의 관리 서류(제9조)
① 법 제9조 제1항의 규정에 의하여 기계경비업자가 계약상대방에게 하여야 하는 설명은 다음 각호의 사항을 기재한 서면 또는 전자문서(이하 "서면등"이라 하며, 이 조에서 전자문서는 계약상대방이 원하는 경우에 한한다)를 교부하는 방법에 의한다. 1. 당해 기계경비업무와 관련된 관제시설 및 출장소(제5조 제3항의 규정에 의한 출장소를 말한다. 이하 같다)의 명칭 · 소재지 2. 기계경비업자가 경비대상시설에서 발생한 경보를 수신한 경우에 취하는 조치 3. 기계경비업무용 기기의 설치장소 및 종류와 그 밖의 기계장치의 개요 4. 오경보의 발생원인과 송신기기의 유지 · 관리방법 ② 기계경비업자는 제1항 각호의 사항을 기재한 서면등과 함께 법 제26조(손해배상 등)의 규정에 의한 손해배상의 범위와 손해배상액에 관한 사항을 기재한 서면등을 계약상대방에게 교부하여야 한다.	① 기계경비업자는 법 제9조 제2항의 규정에 의하여 출장소별로 다음 각호의 사항을 기재한 서류를 갖추어 두어야 한다. 1. 경비대상시설의 명칭 · 소재지 및 경비계약기간 2. 기계경비지도사의 명단 · 배치일자 · 배치장소와 출동차량의 대수 3. 경보의 수신 및 현장도착 일시와 조치의 결과(1년간 보관) 4. 오경보인 경우 오경보가 발생한 경비대상시설 및 그 오경보에 대한 조치의 결과(1년간 보관) ② 제1항 제3호 및 제4호의 규정에 의한 사항을 기재한 서류는 당해 경보를 수신한 날부터 1년간 이를 보관하여야 한다.

20 정답 ❸

O△X 제시된 내용 중 특수경비업자가 할 수 있는 경비관련업의 분야와 해당 영업의 연결이 옳은 것은 ㉢ – ⓒ이다.

③ (O) ㉢ – ⓒ : 사업지원 서비스업 분야의 해당 영업은 인력공급 및 고용알선업과 경비, 경호 및 탐정업이다.

① (×) ㉠ – ⓐ : 통신업 분야의 해당 영업은 전기통신업이다.

② (×) ㉡ – ⓔ : 교육서비스업 분야의 해당 영업은 직원훈련기관과 그 밖의 기술 및 직업훈련학원(경비관련 교육에 한정)이다.

④ (×) ㉣ – ⓑ : 전자부품, 컴퓨터, 영상, 음향 및 통신장비 제조업 분야의 해당 영업은 전자카드 제조업, 통신 및 방송 장비 제조업, 영상 및 음향기기 제조업이다.

관계법령 **특수경비업자가 할 수 있는 영업(경비업법 시행령 [별표 1의2])**

분 야	해당 영업
금속가공제품 제조업 (기계 및 가구 제외)	• 일반철물 제조업(자물쇠제조 등 경비 관련 제조업에 한정) • 금고 제조업
그 밖의 기계 및 장비제조업	분사기 및 소화기 제조업
전기장비 제조업	전기경보 및 신호장치 제조업
전자부품, 컴퓨터, 영상, 음향 및 통신장비 제조업	• 전자카드 제조업 • 통신 및 방송 장비 제조업 • 영상 및 음향기기 제조업
전문직별 공사업	• 소방시설 공사업 • 배관 및 냉·난방 공사업(소방시설 공사 등 방재 관련 공사에 한정) • 내부 전기배선 공사업 • 내부 통신배선 공사업
도매 및 상품중개업	통신장비 및 부품 도매업
통신업	전기통신업
부동산업	부동산 관리업
컴퓨터 프로그래밍, 시스템 통합 및 관리업	• 컴퓨터 프로그래밍 서비스업 • 컴퓨터시스템 통합 자문, 구축 및 관리업
건축기술, 엔지니어링 및 관련기술 서비스업	• 건축설계 및 관련 서비스업(소방시설 설계 등 방재 관련 건축설계에 한정) • 건물 및 토목엔지니어링 서비스업(소방공사 감리 등 방재 관련 서비스업에 한정)
사업시설 관리 및 조경 서비스업	• 사업시설 유지관리 서비스업 • 건물 산업설비 청소 및 방제 서비스업
사업지원 서비스업	• 인력공급 및 고용알선업 • 경비, 경호 및 탐정업
교육서비스업	• 직원훈련기관 • 그 밖의 기술 및 직업훈련학원(경비 관련 교육에 한정)
수리업	• 일반 기계 수리업 • 전기, 전자, 통신 및 정밀기기 수리업
창고 및 운송 관련 서비스업	주차장 운영업

21 정답 ❷

O△X

특수경비원을 배치한 시설주가 갖추어 두어야 할 장부 또는 서류에 해당하는 것은 모두 4개(ㄱ, ㄷ, ㄹ, ㅅ)이다.

ㄴ. (×), ㅂ. (×) 청원경찰법령상 청원주가 갖추어 두어야 할 장부 또는 서류에 해당한다.

ㅁ. (×), ㅇ. (×) 특수경비원을 배치한 국가중요시설의 관할 경찰관서장이 갖추어 두어야 할 장부 또는 서류에 해당한다.

22 정답 ❸

O△X ③ (○) 경비업법 시행규칙 제18조 제1항 제5호

① (×) 무기고 및 탄약고에는 이중 잠금장치를 하여야 하며, 열쇠는 관리책임자가 보관하되, 근무시간 이후에는 열쇠를 당직책임자에게 인계하여 보관시켜야 한다(경비업법 시행규칙 제18조 제1항 제4호).

② (×) 무기고 및 탄약고는 단층에 설치하고 환기・방습・방화 및 총받침대 등의 시설을 하여야 한다(경비업법 시행규칙 제18조 제1항 제2호).

④ (×) 대여받은 무기를 빼앗기거나 대여받은 무기가 분실・도난 또는 훼손된 때에는 경찰청장이 정하는 바에 의하여 그 전액을 배상하여야 한다. 다만, 전시・사변, 천재・지변 그 밖의 불가항력의 사유가 있다고 시・도 경찰청장이 인정할 때에는 그러하지 아니하다(경비업법 시행규칙 제18조 제1항 제7호).

관계법령 **무기의 관리수칙 등(경비업법 시행규칙 제18조)**

① 법 제14조 제4항에 따라 무기를 대여받은 국가중요시설의 시설주(이하 "시설주"라 한다) 또는 같은 조 제7항에 따른 관리책임자(이하 "관리책임자"라 한다)는 다음 각호의 관리수칙에 따라 무기(탄약을 포함한다. 이하 같다)를 관리해야 한다. 〈개정 2020.12.31., 2021.12.31.〉

1. 무기의 관리를 위한 책임자를 지정하고 관할 경찰관서장에게 이를 통보할 것
2. 무기고 및 탄약고는 단층에 설치하고 환기・방습・방화 및 총받침대 등의 시설을 할 것
3. 탄약고는 무기고와 사무실 등 많은 사람을 수용하거나 많은 사람이 오고 가는 시설과 떨어진 곳에 설치할 것
4. 무기고 및 탄약고에는 이중 잠금장치를 하여야 하며, 열쇠는 관리책임자가 보관하되, 근무시간 이후에는 열쇠를 당직책임자에게 인계하여 보관시킬 것
5. 관할 경찰관서장이 정하는 바에 의하여 무기의 관리실태를 매월 파악하여 다음 달 3일까지 관할 경찰관서장에게 통보할 것
6. 대여받은 무기를 빼앗기거나 대여받은 무기가 분실・도난 또는 훼손되는 등의 사고가 발생한 때에는 관할 경찰관서장에게 그 사유를 지체 없이 통보할 것
7. 대여받은 무기를 빼앗기거나 대여받은 무기가 분실・도난 또는 훼손된 때에는 경찰청장이 정하는 바에 의하여 그 전액을 배상할 것. 다만, 전시・사변, 천재・지변 그 밖의 불가항력의 사유가 있다고 시・도 경찰청장이 인정한 때에는 그러하지 아니하다.
8. 시설주는 자체계획을 수립하여 보관하고 있는 무기를 매주 1회 이상 손질할 수 있게 할 것

23 정답 ❶

O△X ① (○) 경비업법 시행령 [별표 4] 제1호 나목 본문 후단 및 단서

② (×) 위반행위가 2 이상인 경우로서 그에 해당하는 각각의 처분기준이 다른 경우에는 그중 중한 처분기준에 따른다(경비업법 시행령 [별표 4] 제1호 나목 본문 전단).

③ (×) 위반행위의 횟수에 따른 행정처분 기준은 최근 2년간 같은 위반행위로 행정처분을 받은 경우에 적용한다(경비업법 시행령 [별표 4] 제1호 다목 전문).

④ (×) 영업정지처분에 해당하는 위반행위가 적발된 날 이전 최근 2년간 같은 위반행위로 2회 영업정지처분을 받은 경우에는 개별기준에도 불구하고 그 위반행위에 대한 행정처분 기준은 허가취소로 한다(경비업법 시행령 [별표 4] 제1호 라목).

관계법령 **행정처분 기준(경비업법 시행령 [별표 4])**

1. 일반기준
   가. 개별기준에 따른 행정처분이 영업정지인 경우에는 위반행위의 동기, 내용 및 위반의 정도 등을 고려하여 가중하거나 감경할 수 있다.
   나. 위반행위가 2 이상인 경우로서 그에 해당하는 각각의 처분기준이 다른 경우에는 그중 중한 처분기준에 따르며, 2 이상의 처분기준이 동일한 영업정지인 경우에는 중한 처분기준의 2분의 1까지 가중할 수 있다. 다만, 가중하는 경우에도 각 처분기준을 합산한 기간을 초과할 수 없다.
   다. 위반행위의 횟수에 따른 행정처분 기준은 최근 2년간 같은 위반행위로 행정처분을 받은 경우에 적용한다. 이 경우 기준 적용일은 위반행위에 대한 행정처분일과 그 처분 후의 위반행위가 다시 적발된 날을 기준으로 한다.
   라. 영업정지처분에 해당하는 위반행위가 적발된 날 이전 최근 2년간 같은 위반행위로 2회 영업정지처분을 받은 경우에는 개별기준에도 불구하고 그 위반행위에 대한 행정처분 기준은 허가취소로 한다.

24

정답 ❷

○△×

표의 ( ) 안에는 ㄱ : 경고, ㄴ : 영업정지 1개월, ㄷ : 영업정지 1개월, ㄹ : 영업정지 3개월이 들어간다(경비업법 시행령 [별표 4] 제2호 개별기준).

관계법령 **행정처분 기준(경비업법 시행령 [별표 4] 제2호 개별기준)**

위반행위	해당 법조문	행정처분 기준		
		1차	2차	3차 이상
라. 경비업법 제8조를 위반하여 경비대상 시설에 관한 경보 대응체제를 갖추지 않은 때	법 제19조 제2항 제4호	경 고	경 고	영업정지 1개월
사. 경비업법 제12조 제1항을 위반하여 경비지도사를 선임한 때	법 제19조 제2항 제7호	영업정지 1개월	영업정지 3개월	허가취소

25

정답 ❹

○△×

④ (○) 경비업법 제16조의2 제1항

① (×) 출동차량 등에 대한 신고(변경신고를 포함한다)를 하려는 경비업자는 출동차량 등을 운행하기 전에 출동차량 등 신고서(전자문서로 된 신고서를 포함한다)를 경비업자의 주된 사무소를 관할하는 시・도 경찰청장에게 제출하여야 한다(경비업법 시행규칙 제21조 제1항).

② (×) 경비업자는 경비업무 수행 시 경비원에게 소속 경비업체를 표시한 이름표를 부착하도록 하여야 한다(경비업법 제16조 제2항 본문).

③ (×) 경비업법 제16조 제2항 단서(집단민원현장이 아닌 곳에서 신변보호업무를 수행하는 경우 또는 경비업무의 성격상 부득이한 사유가 있어 관할 경찰관서장이 허용하는 경우에는 그러하지 아니하다)의 반대해석상 경비업자는 경비원이 집단민원현장에서 신변보호업무를 수행하는 경우에는 동일한 복장을 착용하게 하여야 한다.

26 정답 ❹

O△X

④ (×) 시・도 경찰청장 또는 관할 경찰관서장은 경비업자 또는 배치된 경비원이 이 법이나 이 법에 따른 명령, 「폭력행위 등 처벌에 관한 법률」을 위반하는 행위를 하는 경우 그 위반행위의 중지를 명할 수 있다(경비업법 제24조 제3항).

① (○) 경비업법 제24조 제1항

② (○) 경비업법 시행령 제29조

③ (○) 경비업법 제24조 제4항

관계법령 **감독(경비업법 제24조)**

① 경찰청장 또는 시・도 경찰청장은 경비업무의 적정한 수행을 위하여 경비업자 및 경비지도사를 지도・감독하며 필요한 명령을 할 수 있다. 〈개정 2020.12.22.〉

② 시・도 경찰청장 또는 관할 경찰관서장은 소속 경찰공무원으로 하여금 관할구역 안에 있는 경비업자의 주사무소 및 출장소와 경비원 배치장소에 출입하여 근무상황 및 교육훈련상황 등을 감독하며 필요한 명령을 하게 할 수 있다. 이 경우 출입하는 경찰공무원은 그 권한을 표시하는 증표를 관계인에게 내보여야 한다. 〈개정 2020.12.22.〉

③ 시・도 경찰청장 또는 관할 경찰관서장은 경비업자 또는 배치된 경비원이 이 법이나 이 법에 따른 명령, 「폭력행위 등 처벌에 관한 법률」을 위반하는 행위를 하는 경우 그 위반행위의 중지를 명할 수 있다. 〈신설 2013.6.7., 2020.12.22.〉

④ 시・도 경찰청장 또는 관할 경찰관서장은 경비업무 장소가 집단민원현장으로 판단되는 경우에는 그때부터 48시간 이내에 경비업자에게 경비원 배치 허가를 받을 것을 고지하여야 한다.

27 정답 ❶

O△X

① (×) 경찰청장은 제11조의 규정에 의한 경비지도사의 시험에 관한 업무를 대통령령이 정하는 바에 따라 관계전문기관 또는 단체에 위탁할 수 있다(경비업법 제27조 제2항). 경찰청장 또는 경찰관서장은 법 제27조 제2항에 따라 법 제11조 제1항에 따른 경비지도사시험의 관리에 관한 업무를 경비업무에 관한 인력과 전문성을 갖춘 기관 또는 단체로서 경찰청장이 지정하여 고시하는 기관 또는 단체에 위탁한다(경비업법 시행령 제31조 제2항).

② (○) 경비업법 시행령 제31조 제1항 제1호

③ (○), ④ (○) 경비업법 시행령 제31조 제1항 제2호

관계법령 **위임 및 위탁(경비업법 제27조)**

① 이 법에 의한 경찰청장의 권한은 대통령령이 정하는 바에 따라 그 일부를 시・도 경찰청장에게 위임할 수 있다.

권한의 위임 및 위탁(경비업법 시행령 제31조)★

① 경찰청장은 법 제27조 제1항의 규정에 의하여 다음 각호의 권한을 시・도 경찰청장에게 위임한다.
1. 법 제20조의 규정에 의한 경비지도사자격의 취소 및 정지에 관한 권한
2. 법 제21조 제2호의 규정에 의한 경비지도사자격의 취소 및 정지에 관한 청문의 권한

② 경찰청장은 제11조의 규정에 의한 경비지도사의 시험에 관한 업무를 대통령령이 정하는 바에 따라 관계전문기관 또는 단체에 위탁할 수 있다. 〈개정 2024.2.13.〉

권한의 위임 및 위탁(경비업법 시행령 제31조)★

② 경찰청장 또는 경찰관서장은 법 제27조 제2항에 따라 법 제11조 제1항에 따른 경비지도사시험의 관리에 관한 업무를 경비업무에 관한 인력과 전문성을 갖춘 기관 또는 단체로서 경찰청장이 지정하여 고시하는 기관 또는 단체에 위탁한다. 〈개정 2024.8.13.〉

28 정답 ❷

○△×

② (○) 청원경찰법 시행규칙 제21조 제2항

① (×) 청원경찰이 법 제3조에 따른 직무를 수행할 때에는 경비 목적을 위하여 필요한 최소한의 범위에서 하여야 한다(청원경찰법 시행규칙 제21조 제1항).

③ (×) 시·도 경찰청장, 관할 경찰서장 또는 청원주는 성실히 직무를 수행하여 근무성적이 탁월하거나 헌신적인 봉사로 특별한 공적을 세운 청원경찰에게 공적상을 수여할 수 있다(청원경찰법 시행규칙 제18조 제1호).

④ (×) 시·도 경찰청장, 관할 경찰서장 또는 청원주는 교육훈련에서 교육성적이 우수한 청원경찰에게 우등상을 수여할 수 있다(청원경찰법 시행규칙 제18조 제2호).

29 정답 ❹

○△×

④ (×) 국가기관 또는 지방자치단체에 근무하는 청원경찰의 각종 수당은 「공무원수당 등에 관한 규정」에 따른 수당 중 가계보전수당, 실비변상 등으로 하며, 그 세부항목은 경찰청장이 정하여 고시한다(청원경찰법 시행령 제9조 제2항).

① (○) 청원경찰법 제6조 제1항 제1호

② (○) 청원경찰법 제7조 제1호

③ (○) 청원경찰법 제6조 제3항

30 정답 ❶

○△×

① (×) 청원주는 청원경찰이 품위를 손상하는 행위를 한 때에는 대통령령으로 정하는 징계절차를 거쳐 징계처분을 하여야 한다(청원경찰법 제5조의2 제1항 제2호).

② (○) 청원경찰법 제5조의2 제2항

③ (○) 청원경찰법 시행령 제8조 제5항

④ (○) 청원경찰법 제5조의2 제1항

31 정답 ❶

○△×

① (○) 청원경찰의 배치대상(A) - 집단민원현장(B)

② (×) 청원경찰의 배치대상(A) - 청원경찰의 배치대상(A)

③ (×) 집단민원현장(B) - 집단민원현장(B)

④ (×) 집단민원현장(B) - 청원경찰의 배치대상(A)

관계법령

정의(청원경찰법 제2조)

이 법에서 "청원경찰"이란 다음 각호의 어느 하나에 해당하는 기관의 장 또는 시설·사업장 등의 경영자가 청원경찰경비를 부담할 것을 조건으로 경찰의 배치를 신청하는 경우 그 기관·시설 또는 사업장 등의 경비(警備)를 담당하게 하기 위하여 배치하는 경찰을 말한다.

1. 국가기관 또는 공공단체와 그 관리하에 있는 중요시설 또는 사업장
2. 국내 주재(駐在) 외국기관
3. 그 밖에 행정안전부령으로 정하는 중요시설, 사업장 또는 장소

> **배치대상(청원경찰법 시행규칙 제2조)**
>
> 「청원경찰법」 제2조 제3호에서 "그 밖에 행정안전부령으로 정하는 중요시설, 사업장 또는 장소"란 다음 각호의 시설, 사업장 또는 장소를 말한다.
>
> 1. 선박, 항공기 등 수송시설
> 2. 금융 또는 보험을 업(業)으로 하는 시설 또는 사업장
> 3. 언론, 통신, 방송 또는 인쇄를 업으로 하는 시설 또는 사업장
> 4. 학교 등 육영시설
> 5. 「의료법」에 따른 의료기관(의원급 의료기관, 조산원, 병원급 의료기관)
> 6. 그 밖에 공공의 안녕질서 유지와 국민경제를 위하여 고도의 경비(警備)가 필요한 중요시설, 사업체 또는 장소

정의(경비업법 제2조)

이 법에서 사용하는 용어의 정의는 다음과 같다. 〈개정 2024.1.30.〉

5. "집단민원현장"이란 다음 각목의 장소를 말한다.
   - 가. 「노동조합 및 노동관계조정법」에 따라 노동관계 당사자가 노동쟁의 조정신청을 한 사업장 또는 쟁의행위가 발생한 사업장
   - 나. 「도시 및 주거환경정비법」에 따른 정비사업과 관련하여 이해대립이 있어 다툼이 있는 장소
   - 다. 특정 시설물의 설치와 관련하여 민원이 있는 장소
   - 라. 주주총회와 관련하여 이해대립이 있어 다툼이 있는 장소
   - 마. 건물·토지 등 부동산 및 동산에 대한 소유권·운영권·관리권·점유권 등 법적 권리에 대한 이해대립이 있어 다툼이 있는 장소
   - 바. 100명 이상의 사람이 모이는 국제·문화·예술·체육 행사장
   - 사. 「행정대집행법」에 따라 대집행을 하는 장소

32 정답 ❹

O△X

④ (○) 청원경찰법 시행규칙 제14조 제1항

① (×) 업무처리 및 자체경비를 하는 소내근무자는 근무 중 특이한 사항이 발생하였을 때에는 지체 없이 청원주 또는 관할 경찰서장에게 보고하고 그 지시에 따라야 한다(청원경찰법 시행규칙 제14조 제2항).

② (×) 대기근무자는 소내근무에 협조하거나 휴식하면서 불의의 사고에 대비한다(청원경찰법 시행규칙 제14조 제4항).

③ (×) 순찰근무자는 청원주가 지정한 일정한 구역을 단독 또는 복수로 정선순찰을 하되, 청원주가 필요하다고 인정할 때에는 요점순찰 또는 난선순찰을 할 수 있다(청원경찰법 시행규칙 제14조 제3항).

33 정답 ❶

O△X ① (×) 청원주는 청원경찰이 배치된 시설이 폐쇄되거나 축소되어 청원경찰의 배치를 폐지하거나 배치인원을 감축할 필요가 있다고 인정하면 청원경찰의 배치를 폐지하거나 배치인원을 감축할 수 있다(청원경찰법 제10조의5 제1항 본문).

② (○) 청원경찰법 시행령 제6조 제1항

③ (○) 청원경찰법 제4조 제2항

④ (○) 청원경찰법 제4조 제3항

관계법령

청원경찰의 배치(청원경찰법 제4조)

① 청원경찰을 배치받으려는 자는 대통령령으로 정하는 바에 따라 관할 시·도 경찰청장에게 청원경찰 배치를 신청하여야 한다. 〈개정 2020.12.22.〉

② 시·도 경찰청장은 제1항의 청원경찰 배치신청을 받으면 지체 없이 그 배치 여부를 결정하여 신청인에게 알려야 한다. 〈개정 2020.12.22.〉

③ 시·도 경찰청장은 청원경찰 배치가 필요하다고 인정하는 기관의 장 또는 시설·사업장의 경영자에게 청원경찰을 배치할 것을 요청할 수 있다. 〈개정 2020.12.22.〉

배치의 폐지 등(청원경찰법 제10조의5)

① 청원주는 청원경찰이 배치된 시설이 폐쇄되거나 축소되어 청원경찰의 배치를 폐지하거나 배치인원을 감축할 필요가 있다고 인정하면 청원경찰의 배치를 폐지하거나 배치인원을 감축할 수 있다. 다만, 청원주는 다음 각호의 어느 하나에 해당하는 경우에는 청원경찰의 배치를 폐지하거나 배치인원을 감축할 수 없다.

1. 청원경찰을 대체할 목적으로 「경비업법」에 따른 특수경비원을 배치하는 경우
2. 청원경찰이 배치된 기관·시설 또는 사업장 등이 배치인원의 변동사유 없이 다른 곳으로 이전하는 경우

배치 및 이동(청원경찰법 시행령 제6조)

① 청원주는 청원경찰을 신규로 배치하거나 이동배치하였을 때에는 배치지(이동배치의 경우에는 종전의 배치지)를 관할하는 경찰서장에게 그 사실을 통보하여야 한다.

② 제1항의 통보를 받은 경찰서장은 이동배치지가 다른 관할구역에 속할 때에는 전입지를 관할하는 경찰서장에게 이동배치한 사실을 통보하여야 한다.

34 정답 ❹

O△X ④ (×) 청원경찰의 복무에 관하여는 「국가공무원법」 제57조(복종의 의무), 제58조 제1항(직장이탈금지), 제60조(비밀엄수의 의무) 및 「경찰공무원법」 제24조(거짓보고 등의 금지)를 준용한다(청원경찰법 제5조 제4항).

① (○) 청원경찰법 시행령 제4조 제1항

② (○) 청원경찰법 시행령 제4조 제2항 전문

③ (○) 청원경찰법 제5조 제3항

관계법령 **청원경찰의 임용 등(청원경찰법 제5조)**

① 청원경찰은 청원주가 임용하되, 임용을 할 때에는 미리 시·도 경찰청장의 승인을 받아야 한다. 〈개정 2020.12.22.〉

② 「국가공무원법」 제33조 각호의 어느 하나의 결격사유에 해당하는 사람은 청원경찰로 임용될 수 없다.

③ 청원경찰의 임용자격·임용방법·교육 및 보수에 관하여는 대통령령으로 정한다.

> **임용방법 등(청원경찰법 시행령 제4조)**
>
> ① 법 제4조 제2항에 따라 청원경찰의 배치결정을 받은 자(이하 "청원주"라 한다)는 법 제5조 제1항에 따라 그 배치결정의 통지를 받은 날부터 30일 이내에 배치결정된 인원수의 임용예정자에 대하여 청원경찰 임용승인을 시·도 경찰청장에게 신청하여야 한다. 〈개정 2020.12.31.〉
>
> ② 청원주가 법 제5조 제1항에 따라 청원경찰을 임용하였을 때에는 임용한 날부터 10일 이내에 그 임용사항을 관할 경찰서장을 거쳐 시·도 경찰청장에게 보고하여야 한다. 청원경찰이 퇴직하였을 때에도 또한 같다. 〈개정 2020.12.31.〉

④ 청원경찰의 복무에 관하여는 「국가공무원법」 제57조, 제58조 제1항, 제60조 및 「경찰공무원법」 제24조를 준용한다. 〈개정 2020.12.22.〉

35 정답 ❷

○△×

② (×) 청원경찰(국가기관이나 지방자치단체에 근무하는 청원경찰은 제외한다)의 직무상 불법행위에 대한 배상책임에 관하여는 「민법」의 규정을 따른다는(청원경찰법 제10조의2) 규정의 반대해석, 국가배상법 제2조 및 대법원판례에 의하면, 국가기관이나 지방자치단체에 근무하는 청원경찰의 직무상 불법행위에 대한 배상책임에 관하여는 「국가배상법」의 규정을 따른다.

① (○) 청원경찰법 제9조의4

③ (○) 청원경찰법 제10조의4 제1항

④ (○) 청원경찰법 시행규칙 제13조 제2항

36 정답 ❷

○△×

(　　) 안에 들어갈 내용은 순서대로 ㄱ : 2주, ㄴ : 1년, ㄷ : 3년, ㄹ : 4시간이다.

- 청원주는 청원경찰로 임용된 사람으로 하여금 경비구역에 배치하기 전에 경찰교육기관에서 직무수행에 필요한 교육을 받게 하여야 하는데, 교육기간은 2주로 하고, 수업시간은 총 76시간을 이수하여야 한다(청원경찰법 시행령 제5조 제1항 본문, 동법 시행규칙 제6조·[별표 1]).
- 예외적으로 경찰교육기관의 교육계획상 부득이하다고 인정할 때에는 우선 배치하고 임용 후 1년 이내에 교육을 받게 할 수 있다(청원경찰법 시행령 제5조 제1항 단서).
- 경찰공무원(의무경찰을 포함한다) 또는 청원경찰에서 퇴직한 사람이 퇴직한 날부터 3년 이내에 청원경찰로 임용되었을 때에는 직무수행에 필요한 교육(신임교육)을 면제할 수 있다(청원경찰법 시행령 제5조 제2항).
- 청원주는 소속 청원경찰에게 그 직무집행에 필요한 교육을 매월 4시간 이상 하여야 한다(청원경찰법 시행규칙 제13조 제1항).

37 정답 ❶

O△X 제시된 내용의 (　　)에 들어갈 내용은 ㄱ : 근로기준법, ㄴ : 근로자퇴직급여보장법, ㄷ : 대통령령이다.

- 청원주는 보상금 지급의 이행을 위하여 산업재해보상보험법에 따른 산업재해보상보험에 가입하거나, 근로기준법에 따라 보상금을 지급하기 위한 재원(財源)을 따로 마련하여야 한다(청원경찰법 시행령 제13조).
- 청원주는 청원경찰이 퇴직할 때에는 근로자퇴직급여보장법에 따른 퇴직금을 지급하여야 한다. 다만, 국가기관이나 지방자치단체에 근무하는 청원경찰의 퇴직금에 관하여는 따로 대통령령으로 정한다(청원경찰법 제7조의2).

38 정답 ❶

O△X ① (×) 청원경찰의 복제(服制)는 제복·장구(裝具) 및 부속물로 구분을 하며, 청원경찰의 제복·장구 및 부속물에 관하여 필요한 사항은 행정안전부령으로 정한다(청원경찰법 시행령 제14조 제1항·제2항).

② (○) 청원경찰은 평상근무 중에는 정모, 근무복, 단화, 호루라기, 경찰봉 및 포승을 착용하거나 휴대하여야 하고, 총기를 휴대하지 아니할 때에는 분사기를 휴대하여야 하며, 교육훈련이나 그 밖의 특수근무 중에는 기동모, 기동복, 기동화 및 휘장을 착용하거나 부착하되, 허리띠와 경찰봉은 착용하거나 휴대하지 아니할 수 있다(청원경찰법 시행규칙 제9조 제3항).

③ (○) 청원경찰법 시행령 제14조 제3항

④ (○) 청원경찰법 시행규칙 제9조 제1항 제2호

39 정답 ❷

O△X 제시된 내용 중 청원경찰의 보수에 관한 설명으로 옳은 것은 ㄱ, ㄴ, ㄹ이다.

ㄱ. (○) 청원경찰법 제6조 제2항 제1호

ㄴ. (○) 청원경찰법 제6조 제2항 제2호

ㄹ. (○) 청원경찰법 제6조 제2항 제4호

ㄷ. (×) 국가기관 또는 지방자치단체에 근무하는 청원경찰 외의 청원경찰의 봉급과 각종 수당은 법 제6조 제3항에 따라 경찰청장이 고시한 최저부담기준액 이상으로 지급하여야 한다. 다만, 고시된 최저부담기준액이 배치된 사업장에서 같은 종류의 직무나 유사 직무에 종사하는 근로자에게 지급하는 임금보다 적을 때에는 그 사업장에서 같은 종류의 직무나 유사 직무에 종사하는 근로자에게 지급하는 임금에 상당하는 금액을 지급하여야 한다(청원경찰법 시행령 제10조). 국가기관 또는 지방자치단체에 근무하는 청원경찰 외의 청원경찰의 보수는 청원경찰법 제6조 제2항, 동법 시행령 제9조 제1항·[별표 1]로 정하는 것이 아니라 청원경찰의 봉급·수당에 관한 청원주의 최저부담기준액을 경찰청장이 정하여 고시한다.

관계법령

청원경찰경비(청원경찰법 제6조)

② 국가기관 또는 지방자치단체에 근무하는 청원경찰의 보수는 다음 각호의 구분에 따라 같은 재직기간에 해당하는 경찰공무원의 보수를 감안하여 대통령령으로 정한다.
1. 재직기간 15년 미만 : 순경
2. 재직기간 15년 이상 23년 미만 : 경장
3. 재직기간 23년 이상 30년 미만 : 경사
4. 재직기간 30년 이상 : 경위

국가기관 또는 지방자치단체에 근무하는 청원경찰 외의 청원경찰의 보수(청원경찰법 시행령 제10조)

국가기관 또는 지방자치단체에 근무하는 청원경찰 외의 청원경찰의 봉급과 각종 수당은 법 제6조 제3항에 따라 경찰청장이 고시한 최저부담기준액 이상으로 지급하여야 한다. 다만, 고시된 최저부담기준액이 배치된 사업장에서 같은 종류의 직무나 유사 직무에 종사하는 근로자에게 지급하는 임금보다 적을 때에는 그 사업장에서 같은 종류의 직무나 유사 직무에 종사하는 근로자에게 지급하는 임금에 상당하는 금액을 지급하여야 한다.

40 정답 ❷

○△×

제시된 내용 중 과태료의 부과기준이 500만원에 해당하지 않는 것은 ㄱ과 ㄹ이다.

ㄱ.(×) 300만원(청원경찰법 시행령 [별표 2] 제2호 나목)
ㄹ.(×) 400만원(청원경찰법 시행령 [별표 2] 제1호 나목)
ㄴ.(○) 500만원(청원경찰법 시행령 [별표 2] 제3호)
ㄷ.(○) 500만원(청원경찰법 시행령 [별표 2] 제4호 가목)

관계법령 **과태료의 부과기준(청원경찰법 시행령 [별표 2]) <개정 2020.12.31.>**

위반행위	해당 법조문	과태료금액
1. 법 제4조 제2항에 따른 시·도 경찰청장의 배치결정을 받지 않고 다음 각목의 시설에 청원경찰을 배치한 경우 가. 국가중요시설(국가정보원장이 지정하는 국가보안목표시설을 말한다)인 경우 나. 가목에 따른 국가중요시설 외의 시설인 경우	법 제12조 제1항 제1호	 500만원 400만원
2. 법 제5조 제1항에 따른 시·도 경찰청장의 승인을 받지 않고 다음 각목의 청원경찰을 임용한 경우 가. 법 제5조 제2항에 따른 임용결격사유에 해당하는 청원경찰 나. 법 제5조 제2항에 따른 임용결격사유에 해당하지 않는 청원경찰	법 제12조 제1항 제1호	 500만원 300만원
3. 정당한 사유 없이 법 제6조 제3항에 따라 경찰청장이 고시한 최저부담기준액 이상의 보수를 지급하지 않은 경우	법 제12조 제1항 제2호	500만원
4. 법 제9조의3 제2항에 따른 시·도 경찰청장의 감독상 필요한 다음 각목의 명령을 정당한 사유 없이 이행하지 않은 경우 가. 총기·실탄 및 분사기에 관한 명령 나. 가목에 따른 명령 외의 명령	법 제12조 제1항 제3호	 500만원 300만원

제10회 심화 모의고사

✔ 문제편 149p

✔ 정답 CHECK

01	02	03	04	05	06	07	08	09	10	11	12	13	14	15	16	17	18	19	20
④	①	③	④	②	②	③	②	②	①	④	①	②	②	④	③	①	③	①	①
21	22	23	24	25	26	27	28	29	30	31	32	33	34	35	36	37	38	39	40
②	④	②	③	④	①	②	①	③	④	①	②	①	②	④	③	③	③	③	④

01 정답 ❹

○△×

제시된 내용 중 경비업법령상 경비지도사가 월 1회 이상 수행하여야 하는 직무는 ㄱ, ㄴ, ㅁ, ㅂ이다(경비업법 시행령 제17조 제2항).

관계법령 경비지도사의 선임 등(경비업법 제12조)

① 경비업자는 대통령령이 정하는 바에 따라 경비지도사를 선임하여야 한다.
② 제1항의 규정에 의하여 선임된 경비지도사의 직무는 다음과 같다.
1. 경비원의 지도·감독·교육에 관한 계획의 수립·실시 및 그 기록의 유지
2. 경비현장에 배치된 경비원에 대한 순회점검 및 감독
3. 경찰기관 및 소방기관과의 연락방법에 대한 지도
4. 집단민원현장에 배치된 경비원에 대한 지도·감독
5. 그 밖에 대통령령이 정하는 직무
③ 선임된 경비지도사는 제2항 각호의 규정에 의한 직무를 대통령령이 정하는 바에 따라 성실하게 수행하여야 한다.

경비지도사의 직무 및 준수사항(경비업법 시행령 제17조)

① 법 제12조 제2항 제5호에서 "대통령령이 정하는 직무"란 다음 각호의 직무를 말한다.
1. 기계경비업무를 위한 기계장치의 운용·감독(기계경비지도사의 경우에 한한다)
2. 오경보방지 등을 위한 기기관리의 감독(기계경비지도사의 경우에 한한다)
② 경비지도사는 법 제12조 제3항에 따라 같은 조 제2항 제1호·제2호의 직무 및 제1항 각호의 직무를 월 1회 이상 수행하여야 한다.
③ 경비지도사는 법 제12조 제2항 제1호에 따라 경비원에 대한 교육을 실시하고, 행정안전부령으로 정하는 경비원 직무교육 실시대장에 그 내용을 기록하여 2년간 보존하여야 한다.

02 정답 ❶

O△X 제시된 내용은 모두 청문을 실시하여야 하는 행정처분에 해당한다.

관계법령 **청문(경비업법 제21조)**

경찰청장 또는 시·도 경찰청장은 다음 각호의 어느 하나에 해당하는 처분을 하고자 하는 경우에는 청문을 실시하여야 한다. 〈개정 2024.2.13.〉

1. 제11조의4에 따른 경비지도사 교육기관의 지정 취소 또는 업무의 정지
2. 제13조의3에 따른 경비원 교육기관의 지정 취소 또는 업무의 정지
3. 제19조의 규정에 의한 경비업 허가의 취소 또는 영업정지
4. 제20조 제1항 또는 제2항의 규정에 의한 경비지도사자격의 취소 또는 정지

03 정답 ❸

O△X ③ (○)·① (×) 이 사건은 2011년 이슈가 되었던 "CJ시큐리티 폭력사건"에 관한 내용이다. 경비원들이 폭력과 집단적 위력을 행사한 부분에 대한 처벌은 1년 이하의 징역 또는 1천만원 이하의 벌금(경비업법 제28조 제4항 제3호)으로, 경비원에게 폭력과 집단적 위력을 행사하도록 교사한 경비업자에 대하여는 3년 이하의 징역 또는 3천만원 이하의 벌금에 처한다(경비업법 제28조 제2항 제9호).

② (×) "C" 경비업자는 배치허가를 받지 않았으므로 허가관청은 경비업 허가를 취소하거나 6개월 이내의 기간을 정하여 영업의 전부 또는 일부에 대하여 영업정지를 명할 수 있다(경비업법 제19조 제2항 제13호). 또한 "C" 경비업자에게는 3천만원 이하의 과태료가 부과된다(경비업법 제31조 제1항 제4호).

④ (×) 사례는 경비업자가 소속 경비원으로 하여금 경비업무의 범위를 벗어난 행위를 하게 한 것으로 볼 수 있기 때문에 경비업 허가를 취소하여야 한다(경비업법 제15조의2 제2항, 경비업법 제19조 제1항 제7호). 노사분규 현장에 시설경비업무를 위해서 배치된 것이기는 하나, 실제로 폭력과 물리력을 행사하고 노조원의 쟁의행위를 방해하는 등 불법행위를 하였다면, 이를 정당한 업무수행으로 볼 수는 없을 것이다. 실제로 경찰청은 "CJ시큐리티"에 대하여 사회적 파장이 커지자 허가취소처분을 내렸다.

04 정답 ❹

O△X 표의 (　　) 안에는 ㄱ : 업무정지 1개월, ㄴ : 업무정지 3개월, ㄷ : 업무정지 6개월, ㄹ : 지정 취소가 들어간다(경비업법 시행규칙 [별표 1의3] 제2호 개별기준).

관계법령 **경비지도사 교육기관 및 경비원 교육기관의 지정 취소 및 업무 정지 기준(경비업법 시행규칙 [별표 1의3]) <신설 2024.8.14.>**

1. 일반기준
   가. 위반행위가 둘 이상이면 그중 무거운 처분기준에 따른다. 다만, 둘 이상의 처분기준이 모두 업무정지인 경우에는 각 처분기준을 합산한 기간을 넘지 않는 범위에서 무거운 처분기준에 그 처분기준의 2분의 1 범위에서 가중한다.

나. 위반행위의 횟수에 따른 행정처분 기준은 최근 2년간 같은 위반행위로 행정처분을 받은 경우에 적용한다. 이 경우 기간의 계산은 위반행위에 대한 행정처분일과 그 처분 후 다시 같은 위반행위를 하여 적발된 날을 기준으로 한다.
다. 나목에 따라 가중된 처분을 하는 경우 가중처분의 적용 차수는 그 위반행위 전 처분차수(나목에 따른 기간 내에 처분이 둘 이상 있었던 경우에는 높은 차수를 말한다)의 다음 차수로 한다.
라. 처분권자는 제2호에 따른 처분기준이 업무 정지인 경우에는 위반행위의 동기, 내용 및 위반의 정도 등을 고려하여 2분의 1 범위에서 감경할 수 있다.

2. 개별기준

위반행위	근거 법조문	행정처분기준		
		1차	2차	3차 이상
가. 지정받은 사항을 위반하여 업무를 행한 경우	법 제11조의4 제1항 제2호 또는 법 제13조의3 제1항 제2호	업무정지 1개월	업무정지 3개월	업무정지 6개월
나. 법 제11조의3 제3항 또는 법 제13조의2 제3항에 따른 시정명령을 받고도 정당한 사유 없이 시정하지 않은 경우	법 제11조의4 제1항 제3호 또는 법 제13조의3 제1항 제3호	업무정지 3개월	업무정지 6개월	지정 취소
다. 법 제11조의3 제4항 또는 법 제13조의2 제4항에 따른 지정 기준에 적합하지 않게 된 경우	법 제11조의4 제1항 제4호 또는 법 제13조의3 제1항 제4호	업무정지 1개월	업무정지 3개월	지정 취소

05 정답 ❷

○△×

제시된 내용 중 옳은 것은 모두 1개(ㅁ)이다.

ㅁ. (○) 경비업법 제18조 제2항 단서 제1호

ㄱ. (×) 경비업의 허가를 받은 법인(경비업자)은 호송경비업무를 수행하기 위하여 관할 경찰서의 협조를 얻고자 하는 때에는 현금 등의 운반을 위한 출발 전일까지 출발지의 경찰서장에게 호송경비통지서(전자문서로 된 통지서를 포함한다)를 제출하여야 한다(경비업법 시행규칙 제2조).

ㄴ. (×) 특수경비업무를 수행하는 경비업자(특수경비업자)는 첫 업무개시의 신고를 하기 전에 시・도 경찰청장의 비밀취급인가를 받아야 한다(경비업법 시행령 제6조 제1항).

ㄷ. (×) 기계경비업무의 수행을 위한 관제시설의 신설・이전 또는 폐지한 때에는 시・도 경찰청장에게 신고하여야 한다(경비업법 제4조 제3항 제4호).

ㄹ. (×) 경비원을 배치하기 전까지 신고하여야 한다(경비업법 제18조 제2항 단서 제2호).

06 정답 ❷

O△X ( ) 안의 ㄱ, ㄴ에 들어갈 숫자는 ㄱ : 600, ㄴ : 3,000이다.

관계법령 **과태료의 부과기준(경비업법 시행령 [별표 6])**

위반행위	해당 법조문	과태료 금액(단위 : 만원)		
		1회 위반	2회 위반	3회 이상
12. 법 제18조 제1항 단서를 위반하여 집단민원현장에 배치되는 일반경비원의 명부를 그 배치 장소에 작성·비치하지 않은 경우 가. 경비원 명부를 비치하지 않은 경우 나. 경비원 명부를 작성하지 않은 경우	법 제31조 제1항 제3호	 600 300	 1,200 600	 2,400 1,200
13. 법 제18조 제2항 각호 외의 부분 단서를 위반하여 배치허가를 받지 않고 경비원을 배치하거나, 경비원 명단 및 배치일시·배치장소 등 배치허가 신청의 내용을 거짓으로 한 경우	법 제31조 제1항 제4호	1,000	2,000	3,000

07 정답 ❸

O△X ( ) 안에 들어갈 숫자의 합은 ㄱ(3) + ㄴ(5) + ㄷ(5) + ㄹ(64) = 77이다.

- 경비업법에 위반하여 벌금형의 선고를 받고 (3)년이 지나지 아니한 자는 특수경비업무를 수행하는 법인의 임원이 될 수 없다(경비업법 제5조 제4호).
- 경비업 허가의 유효기간은 허가받은 날로부터 (5)년으로 한다(경비업법 제6조 제1항).
- 고등교육법에 따른 전문대학을 졸업한 사람으로서 재학 중 경비지도사 시험과목을 3과목 이상 이수하고 졸업한 후 경비업무에 종사한 경력이 (5)년 이상인 사람은 경비지도사 제1차 시험을 면제한다(경비업법 시행령 제13조 제6호).
- 경비업법에 따른 경비업무에 7년 이상(특수경비업무의 경우에는 3년 이상) 종사하고, 경찰청장이 지정하는 기관 또는 단체에서 실시하는 (64)시간 이상의 경비지도사 양성과정을 마치고 수료시험에 합격한 사람은 경비지도사 제1차 시험을 면제한다(경비업법 시행규칙 제10조 제2호).

08 정답 ❷

O△X 제시된 내용 중 경비지도사 교육기관에 관한 설명으로 옳지 않은 것은 ㄱ과 ㅁ이다.

ㄱ. (×) 제12조 제1항에 따라 선임된 경비지도사는 대통령령으로 정하는 바에 따라 경찰청장이 실시하는 보수교육(이하 "보수교육"이라 한다)을 받아야 한다(경비업법 제11조의2).

ㅁ. (×) 그 밖에 경비지도사 교육기관의 지정 기준 및 절차 등에 필요한 사항은 대통령령으로 정한다(경비업법 제11조의3 제4항).

ㄴ. (○) 경비업법 제11조의3 제1항

ㄷ. (○) 경비업법 제11조의3 제3항

ㄹ. (○) 경비업법 제11조의3 제2항

관계법령

경비지도사의 보수교육(경비업법 제11조의2)

제12조 제1항에 따라 선임된 경비지도사는 대통령령으로 정하는 바에 따라 경찰청장이 실시하는 보수교육(이하 "보수교육"이라 한다)을 받아야 한다.
[본조신설 2024.2.13.]

경비지도사 교육기관의 지정 및 교육의 위탁 등(경비업법 제11조의3)

① 경찰청장은 경비지도사에 대한 기본교육 및 보수교육에 관한 업무를 전문인력 및 시설 등을 갖춘 법인으로서 경찰청장이 지정하는 기관 또는 단체(이하 "경비지도사 교육기관"이라 한다)에 위탁할 수 있다.
② 경찰청장은 경비지도사에 대한 기본교육 및 보수교육의 전국적 균형을 유지하기 위하여 교육수준 및 교육방법 등에 필요한 지침을 마련하여 시행할 수 있다.
③ 경찰청장은 경비지도사 교육기관이 제2항에 따른 교육지침을 위반한 경우에는 기간을 정하여 시정을 명할 수 있다.
④ 그 밖에 경비지도사 교육기관의 지정 기준 및 절차 등에 필요한 사항은 대통령령으로 정한다.
[본조신설 2024.2.13.]

09 정답 ❷

○△×

② (○) 경비업법 시행령 제28조 제4항 제2호
① (×) 과오납한 금액 전액(경비업법 시행령 제28조 제4항 제1호)
③ (×) 응시수수료 전액(경비업법 시행령 제28조 제4항 제3호)
④ (×) 응시수수료의 100분의 50(경비업법 시행령 제28조 제4항 제4호)

10 정답 ❶

○△×

제시된 내용 중 경비업자 및 경비업무 도급인의 의무에 관한 설명으로 옳지 않은 것은 ㄱ과 ㄴ이다.

ㄱ. (×) 누구든지 집단민원현장에 경비인력을 20명 이상 배치하려고 할 때에는 그 경비인력을 직접 고용하여서는 아니 되고, 경비업자에게 경비업무를 도급하여야 한다. 다만, 시설주 등이 집단민원현장 발생 3개월 전까지 직접 고용하여 경비업무를 수행하는 피고용인의 경우에는 그러하지 아니하다(경비업법 제7조의2 제2항).
ㄴ. (×) 특수경비업자는 특수경비업무의 개시신고를 하는 때에는 국가중요시설에 대한 특수경비업무의 수행이 중단되는 경우 시설주의 동의를 얻어 다른 특수경비업자 중에서 경비업무를 대행할 자를 지정하여 허가관청에 신고하여야 한다(경비업법 제7조 제7항 전문).
ㄷ. (○) 경비업법 제7조 제3항
ㄹ. (○) 경비업법 제7조 제8항 전문
ㅁ. (○) 경비업법 제7조 제2항

11 정답 ❹

O△X ( ) 안에는 순서대로 ㄱ : 시・도 경찰청장, ㄴ : 시정명령이 들어간다.

관계법령 **경비원의 복장 등(경비업법 제16조)**

① 경비업자는 경찰공무원 또는 군인의 제복과 색상 및 디자인 등이 명확히 구별되는 소속 경비원의 복장을 정하고 이를 확인할 수 있는 사진을 첨부하여 주된 사무소를 관할하는 시・도 경찰청장에게 행정안전부령으로 정하는 바에 따라 신고하여야 한다. 〈개정 2020.12.22.〉
② 경비업자는 경비업무 수행 시 경비원에게 소속 경비업체를 표시한 이름표를 부착하도록 하고, 제1항에 따라 신고된 동일한 복장을 착용하게 하여야 하며, 복장에 소속 회사를 오인할 수 있는 표시를 하거나 다른 회사의 복장을 착용하게 하여서는 아니 된다. 다만, 집단민원현장이 아닌 곳에서 신변보호업무를 수행하는 경우 또는 경비업무의 성격상 부득이한 사유가 있어 관할 경찰관서장이 허용하는 경우에는 그러하지 아니하다.
③ 시・도 경찰청장은 제1항에 따라 제출받은 사진을 검토한 후 경비업자에게 복장 변경 등에 대한 시정명령을 할 수 있다. 〈개정 2020.12.22.〉
④ 제3항에 따른 시정명령을 받은 경비업자는 이를 이행하여야 하고, 시・도 경찰청장에게 행정안전부령으로 정하는 바에 따라 이행보고를 하여야 한다. 〈개정 2020.12.22.〉
⑤ 그 밖에 경비원의 복장 등에 필요한 사항은 행정안전부령으로 정한다.

12 정답 ❶

O△X 제시문의 ( )에 공통적으로 들어갈 숫자는 7이다.

관계법령 **폐업 또는 휴업 등의 신고(경비업법 시행령 제5조)**

② 경비업자는 휴업을 한 경우에는 법 제4조 제3항 제1호에 따라 휴업한 날부터 7일 이내에 휴업신고서를 법인의 주사무소를 관할하는 시・도 경찰청장 또는 해당 시・도 경찰청 소속의 경찰서장에게 제출하여야 하고, 휴업신고서를 제출받은 경찰서장은 지체 없이 관할 시・도 경찰청장에게 보내야 한다. 이 경우 휴업신고를 한 경비업자가 신고한 휴업기간이 끝나기 전에 영업을 다시 시작하거나 신고한 휴업기간을 연장하려는 경우에는 영업을 다시 시작한 후 7일 이내에 또는 신고한 휴업기간이 끝난 후 7일 이내에 영업재개신고서 또는 휴업기간 연장신고서를 제출하여야 한다.

13 정답 ❷

O△X 제시된 내용 중 경비업자의 의무와 이를 위반한 때의 벌칙 또는 과태료의 연결이 옳지 않은 것은 ㄴ – c이다.

② (×) ㄴ – e : 경비지도사의 선임 또는 해임의 신고를 하지 아니한 경비업자에게는 500만원 이하의 과태료를 부과한다(경비업법 제31조 제2항 제4호의2).
① (○) ㄱ – a : 직무상 알게 된 비밀을 누설하거나 부당한 목적을 위하여 사용한 자는 3년 이하의 징역 또는 3천만원 이하의 벌금에 처한다(경비업법 제28조 제2항 제2호).
③ (○) ㄷ – d : 집단민원현장에 일반경비원을 배치하면서 경비원의 명부를 배치장소에 작성・비치하지 아니한 경비업자에게는 3천만원 이하의 과태료를 부과한다(경비업법 제31조 제1항 제3호).
④ (○) ㄹ – e : 대통령령이 정하는 바에 따라 경비지도사를 선임하지 아니한 경비업자에게는 500만원 이하의 과태료를 부과한다(경비업법 제31조 제2항 제4호).

14 정답 ❷

O△X

제시된 내용 중 특수경비원을 배치한 시설주가 갖추어 두어야 할 장부 및 서류는 모두 4개(ㄱ, ㄴ, ㄹ, ㅁ)이다. ㄷ, ㅂ은 관할 경찰관서장이 갖추어 두어야 할 장부 및 서류이다.

핵심만콕 갖추어 두어야 하는 장부 또는 서류(경비업법 시행규칙 제26조)

시설주	관할 경찰관서장
특수경비원을 배치한 시설주는 다음 각호의 장부 및 서류를 갖추어 두어야 한다(제1항). 1. 근무일지 2. 근무상황카드 3. 경비구역배치도 4. 순찰표철 5. 무기탄약출납부 6. 무기장비운영카드	특수경비원을 배치한 국가중요시설의 관할 경찰관서장은 다음 각호의 장부 및 서류를 갖추어 두어야 한다(제2항). 1. 감독순시부 2. 특수경비원 전·출입관계철 3. 특수경비원 교육훈련실시부 4. 무기·탄약대여대장 5. 그 밖에 특수경비원의 관리 등을 위하여 필요한 장부 또는 서류
※ 제1항 및 제2항의 규정에 의한 장부 또는 서류의 서식은 경찰관서에서 사용하는 서식을 준용한다(제3항).	

15 정답 ❹

O△X

제시된 내용 중 경비지도사 교육기관과 일반경비원 교육기관의 공통적인 강사(인력) 지정 기준(A)에 해당하는 것은 ㄷ과 ㄹ이고[경비업법 시행령 [별표 2의2] 제1호 다목·라목, 경비업법 시행령 [별표 3의2] 제1호 가목 1)·2)], 경비지도사 교육기관과 특수경비원 교육기관의 공통적인 강사(인력) 지정기준(B)에 해당하는 것은 ㄱ과 ㄴ이다[경비업법 시행령 [별표 2의2] 제1호 가목·나목, 경비업법 시행령 [별표 3의2] 제2호 가목 1)·2)].

관계법령

경비지도사 교육기관의 지정 기준(경비업법 시행령 [별표 2의2]) <신설 2024.8.13.>

구 분	지정 기준
1. 인력	다음 각목의 어느 하나에 해당하는 강사를 1명 이상 갖출 것 가. 「고등교육법」 제2조 각호에 따른 학교 또는 이에 준하는 학교에서 교육과목 관련 학과의 조교수 이상의 직에 1년 이상 근무한 경력이 있는 사람 나. 교육과목 관련 박사학위를 취득한 후 관련 분야의 연구실적이 있는 사람 다. 교육과목 관련 석사 이상의 학위를 취득한 후 관련 분야에 1년 이상 근무한 경력이 있는 사람 라. 교육과목 관련 분야에서 공무원으로 5년 이상 근무한 경력이 있는 사람 마. 교육과목 관련 분야에 7년 이상 근무한 경력이 있는 사람. 다만, 체포·호신술 과목의 경우에는 무도 사범 자격을 취득한 후 관련 분야에 2년 이상 근무한 경력이 있는 사람을 말한다.
2. 시설·장비	가. 지정기간 동안 교육 수행에 필요한 강의실과 사무실을 소유 또는 임차 등의 방법으로 확보할 것 나. 교육 수행에 필요한 컴퓨터, 시청각 장비 등 교육훈련 기자재를 확보할 것 다. 체포·호신술 과목의 경우에는 실습을 위한 별도의 공간 또는 매트 등 안전장비를 확보할 것 라. 기계경비지도사 교육에 필요한 감지장치, 수신장치 및 관제시설을 갖춘 실습실을 확보할 것
※ 비고 위 표에서 규정한 사항 외에 경비지도사 교육기관의 지정에 필요한 인력 및 시설·장비의 세부기준 등은 경찰청장이 정한다.	

경비원 교육기관의 지정 기준(경비업법 시행령 [별표 3의2]) <신설 2024.8.13.>

구 분		지정 기준
1. 일반경비원 교육기관	가. 인력	다음의 어느 하나에 해당하는 강사를 1명 이상 갖출 것 1) 교육과목 관련 석사 이상의 학위를 취득한 후 관련 분야에 1년 이상 근무한 경력이 있는 사람 2) 교육과목 관련 분야에서 공무원으로 5년 이상 근무한 경력이 있는 사람 3) 교육과목 관련 분야에 5년 이상 근무한 경력이 있는 사람. 다만, 체포・호신술 과목의 경우에는 무도 사범 자격을 취득한 후 관련 분야에 2년 이상 근무한 경력이 있는 사람을 말한다.
	나. 시설・장비	1) 지정기간 동안 교육 수행에 필요한 강의실과 사무실을 소유 또는 임차 등의 방법으로 확보할 것 2) 교육 수행에 필요한 컴퓨터, 시청각 장비 등 교육훈련 기자재를 확보할 것 3) 체포・호신술 과목의 경우에는 실습을 위한 별도의 공간 또는 매트 등 안전장비를 확보할 것
2. 특수경비원 교육기관	가. 인력	다음의 어느 하나에 해당하는 강사를 1명 이상 갖출 것 1) 「고등교육법」 제2조 각호에 따른 학교 또는 이에 준하는 학교에서 교육과목 관련 학과의 조교수 이상의 직에 1년 이상 근무한 경력이 있는 사람 2) 교육과목 관련 박사학위를 취득한 후 관련 분야의 연구실적이 있는 사람 3) 교육과목 관련 석사 이상의 학위를 취득한 후 관련 분야에 3년 이상 근무한 경력이 있는 사람 4) 교육과목 관련 분야에서 공무원으로 7년 이상 근무한 경력이 있는 사람 5) 교육과목 관련 분야에 10년 이상 근무한 경력이 있는 사람. 다만, 체포・호신술 과목 및 폭발물 처리요령 과목에 대해서는 다음의 구분에 따른다. 가) 체포・호신술 과목 : 무도 사범 자격을 취득한 후 관련 분야에 2년 이상 근무한 경력이 있는 사람 나) 폭발물 처리요령 과목 : 관련 분야에 2년 이상 근무한 경력이 있는 사람
	나. 시설・장비	1) 지정기간 동안 교육 수행에 필요한 강의실과 사무실을 소유 또는 임차 등의 방법으로 확보할 것 2) 교육 수행에 필요한 컴퓨터, 시청각 장비 등 교육훈련 기자재를 확보할 것 3) 체포・호신술 과목의 경우에는 실습을 위한 별도의 공간 또는 매트 등 안전장비를 확보할 것 4) 소총에 의한 실탄사격이 가능하고 10개 사로(射路) 이상을 갖춘 사격장을 사용할 수 있을 것. 다만, 사용계획서를 제출한 경우에는 교육기관 지정을 받은 날부터 2개월 이내에 시・도 경찰청장에게 사격장 사용이 가능하다는 사실의 확인을 받아야 한다.

※ 비고
위 표에서 규정한 사항 외에 일반경비원 교육기관 또는 특수경비원 교육기관의 지정에 필요한 인력 및 시설・장비의 세부기준 등은 경찰청장이 정한다.

16 정답 ❸

○△× 제시된 내용 중 경비협회가 할 수 있는 공제사업은 ㄱ, ㄴ, ㄹ, ㅁ이다.

ㄱ. (○) 경비업법 제23조 제1항 제1호

ㄴ. (○) 경비업법 제23조 제1항 제2호

ㄹ. (○) 경비원의 복지향상과 업무상 재해로 인한 손실을 보상하는 사업(경비업법 제23조 제1항 제3호)

ㅁ. (○) 경비업무와 관련한 연구 및 경비원 교육・훈련에 관한 사업(경비업법 제23조 제1항 제4호)

ㄷ. (×) 경비원의 후생・복지에 관한 사업은 경비업법령상 경비협회가 할 수 있는 공제사업으로 규정되어 있지 않고, 경비협회의 업무인 경비원의 후생・복지에 관한 사항과 관련이 있다(경비업법 제22조 제3항 제3호).

관계법령

경비협회(경비업법 제22조)

③ 경비협회의 업무는 다음과 같다.

1. 경비업무의 연구
2. 경비원 교육・훈련 및 그 연구
3. 경비원의 후생・복지에 관한 사항
4. 경비진단에 관한 사항
5. 그 밖에 경비업무의 건전한 운영과 육성에 관하여 필요한 사항

공제사업(경비업법 제23조)

① 경비협회는 다음 각호의 공제사업을 할 수 있다.

1. 제26조에 따른 경비업자의 손해배상책임을 보장하기 위한 사업
2. 경비업자가 경비업을 운영할 때 필요한 입찰보증, 계약보증(이행보증을 포함한다), 하도급보증을 위한 사업
3. 경비원의 복지향상과 업무상 재해로 인한 손실을 보상하는 사업
4. 경비업무와 관련한 연구 및 경비원 교육・훈련에 관한 사업

17 정답 ❶

○△× ① (×) 경비업자는 경비원이 업무수행 중 고의 또는 과실로 경비대상에 손해가 발생하는 것을 방지하지 못한 때에는 그 손해를 배상하여야 한다(경비업법 제26조 제1항).

② (○), ③ (○) 경비업법 제26조 제2항

④ (○) 경비업법 제26조 제1항

18 정답 ❸

○△×

제시된 내용 중 경비원의 교육에 관한 설명으로 옳은 것은 ㄴ과 ㄷ이다.

ㄴ. (○) 경비업법 제13조 제2항

ㄷ. (○) 경비업법 제13조 제3항

ㄱ. (×) 경비업자는 경비업무를 적정하게 실시하기 위하여 경비원으로 하여금 대통령령으로 정하는 바에 따라 경비원 신임교육 및 직무교육을 받게 하여야 한다(경비업법 제13조 제1항).

ㄹ. (×) 경비원 교육기관의 지정 기준 및 절차 등에 필요한 사항은 대통령령으로 정한다(경비업법 제13조의2 제4항).

ㅁ. (×) 특수경비원의 교육 시 관할경찰서 소속 경찰공무원이 교육기관에 입회하여 대통령령이 정하는 바에 따라 지도·감독하여야 한다(경비업법 제13조 제4항).

ㅂ. (×) 그 밖에 경비원 교육기관의 지정 취소 및 업무 정지에 관한 세부기준 및 절차는 그 위반행위의 유형과 위반의 정도 등을 고려하여 행정안전부령으로 정한다(경비업법 제13조의3 제2항).

관계법령

경비원의 교육 등(경비업법 제13조)

① 경비업자는 경비업무를 적정하게 실시하기 위하여 경비원으로 하여금 대통령령으로 정하는 바에 따라 경비원 신임교육 및 직무교육을 받게 하여야 한다. 다만, 경비업자는 대통령령으로 정하는 경력 또는 자격을 갖춘 일반경비원을 신임교육 대상에서 제외할 수 있다.

② 경비원이 되려는 사람은 대통령령으로 정하는 교육기관에서 미리 일반경비원 신임교육을 받을 수 있다.

③ 특수경비업자는 대통령령으로 정하는 바에 따라 특수경비원으로 하여금 특수경비원 신임교육과 정기적인 직무교육을 받게 하여야 하고, 특수경비원 신임교육을 받지 아니한 자를 특수경비업무에 종사하게 하여서는 아니 된다.

④ 제3항에 의한 특수경비원의 교육 시 관할경찰서 소속 경찰공무원이 교육기관에 입회하여 대통령령이 정하는 바에 따라 지도·감독하여야 한다.

경비원 교육기관의 지정 등(경비업법 제13조의2)

① 경찰청장은 제13조 제1항부터 제3항까지에 따른 경비원에 대한 신임교육(이하 "신임교육"이라 한다)의 효율성을 제고하기 위하여 전문인력 및 시설 등을 갖춘 기관 또는 단체를 경비원 교육기관(이하 "경비원 교육기관"이라 한다)으로 지정할 수 있다.

② 경찰청장은 경비원에 대한 신임교육의 전국적 균형을 유지하기 위하여 교육수준 및 교육방법 등에 필요한 지침을 마련하여 시행할 수 있다.

③ 경찰청장은 경비원 교육기관이 제2항에 따른 교육지침을 위반한 경우에는 기간을 정하여 시정을 명할 수 있다.

④ 그 밖에 경비원 교육기관의 지정 기준 및 절차 등에 필요한 사항은 대통령령으로 정한다.

[본조신설 2024.2.13.]

경비원 교육기관의 지정 취소 등(경비업법 제13조의3)

① 경찰청장은 경비원 교육기관이 다음 각호의 어느 하나에 해당하는 경우에는 그 지정을 취소하거나 1년 이내의 기간을 정하여 업무의 전부 또는 일부를 정지할 수 있다. 다만, 제1호의 경우에는 그 지정을 취소하여야 한다.

1. 거짓이나 그 밖의 부정한 방법으로 경비원 교육기관의 지정을 받은 경우
2. 지정받은 사항을 위반하여 업무를 행한 경우
3. 제13조의2 제3항에 따른 시정명령을 받고도 정당한 사유 없이 정하여진 기간 이내에 시정하지 아니한 경우
4. 제13조의2 제4항에 따른 지정 기준에 적합하지 아니하게 된 경우

② 그 밖에 경비원 교육기관의 지정 취소 및 업무 정지에 관한 세부기준 및 절차는 그 위반행위의 유형과 위반의 정도 등을 고려하여 행정안전부령으로 정한다.

[본조신설 2024.2.13.]

19 정답 ❶

○△× 제시된 내용 중 범죄경력조회 등에 관한 설명으로 옳지 않은 것은 ㄱ과 ㄷ이다.

ㄱ.(×) 경비업자는 시 · 도 경찰청장 또는 경찰관서장에게 범죄경력조회 신청서에 경비업 허가증 사본과 취업자 또는 취업예정자 범죄경력조회 동의서를 첨부하여야 한다(경비업법 시행규칙 제22조). 경비법인의 정관은 첨부 서류에 해당하지 않는다.

ㄷ.(×), ㄴ.(○) 경찰청장, 시 · 도 경찰청장 또는 관할 경찰관서장은 직권으로 또는 제2항에 따른 범죄경력조회 요청이 있는 경우에는 경비업자의 임원, 경비지도사 또는 경비원이 제5조 제3호 · 제4호, 제10조 제1항 제3호부터 제8호까지 또는 같은 조 제2항 제3호 · 제4호에 따른 결격사유에 해당하는지를 확인하기 위하여 「형의 실효 등에 관한 법률」 제6조에 따른 범죄경력조회를 할 수 있다(경비업법 제17조 제1항).

ㄹ.(○) 경비업법 제17조 제2항

ㅁ.(○) 경비업법 제17조 제3항

ㅂ.(○) 경비업법 제17조 제4항

관계법령

결격사유 확인을 위한 범죄경력조회 등(경비업법 제17조)

① 경찰청장, 시 · 도 경찰청장 또는 관할 경찰관서장은 직권으로 또는 제2항에 따른 범죄경력조회 요청이 있는 경우에는 경비업자의 임원, 경비지도사 또는 경비원이 제5조 제3호 · 제4호, 제10조 제1항 제3호부터 제8호까지 또는 같은 조 제2항 제3호 · 제4호에 따른 결격사유에 해당하는지를 확인하기 위하여 「형의 실효 등에 관한 법률」 제6조에 따른 범죄경력조회를 할 수 있다.

② 경비업자는 선출 · 선임 · 채용 또는 배치하려는 임원, 경비지도사 또는 경비원이 제5조 제3호 · 제4호, 제10조 제1항 제3호부터 제8호까지 또는 같은 조 제2항 제3호 · 제4호에 따른 결격사유에 해당하는지를 확인하기 위하여 주된 사무소, 출장소 또는 배치장소를 관할하는 시 · 도 경찰청장 또는 경찰관서장에게 「형의 실효 등에 관한 법률」 제6조에 따른 범죄경력조회를 요청할 수 있다.

③ 제2항에 따른 범죄경력조회 요청을 받은 시 · 도 경찰청장 또는 관할 경찰관서장은 경비업자에게 그 결과를 통보할 때에는 경비업자의 임원, 경비지도사 또는 경비원이 제5조 제3호 · 제4호, 제10조 제1항 제3호부터 제8호까지 또는 같은 조 제2항 제3호 · 제4호에 따른 결격사유에 해당하는지 여부만을 통보하여야 한다.

④ 시 · 도 경찰청장 또는 관할 경찰관서장은 경비업자의 임원, 경비지도사 또는 경비원이 제5조 각호, 제10조 제1항 각호 또는 제2항 각호의 결격사유에 해당하는 사실을 알게 되거나 이 법 또는 이 법에 따른 명령을 위반한 때에는 경비업자에게 그 사실을 통보하여야 한다.

결격사유 확인을 위한 범죄경력조회 요청(경비업법 시행규칙 제22조)

① 법 제17조 제2항에 따른 범죄경력조회 요청은 별지 제13호의5 서식의 범죄경력조회 신청서(전자문서로 된 신청서를 포함한다)에 따른다.

② 경비업자는 제1항에 따라 범죄경력조회를 요청하는 경우 다음 각호의 서류를 첨부하여야 한다.

1. 경비업 허가증 사본
2. 별지 제13호의6 서식의 취업자 또는 취업예정자 범죄경력조회 동의서

20 정답 ①

O△X 표의 (   ) 안에는 ㄱ : 경고, ㄴ : 영업정지 1개월, ㄷ : 영업정지 3개월, ㄹ : 허가취소가 들어간다(경비업법 시행령 [별표 4] 제2호 개별기준).

관계법령 **행정처분 기준(경비업법 시행령 [별표 4] 제2호 개별기준)**

위반행위	해당 법조문	행정처분 기준		
		1차	2차	3차 이상
카. 경비업법 제16조의3에 따른 경비원의 출동차량 등에 관한 규정을 위반한 때	법 제19조 제2항 제11호	경 고	영업정지 1개월	영업정지 3개월
타. 경비업법 제18조 제1항 단서를 위반하여 집단민원현장에 일반경비원 명부를 작성·비치하지 않은 때	법 제19조 제2항 제12호	영업정지 1개월	영업정지 3개월	허가취소

21 정답 ②

O△X 제시문의 (   ) 안에는 ㄱ : 시·도 경찰청장, ㄴ : 대통령령, ㄷ : 2회, ㄹ : 국가정보원장이 들어간다(경비업법 제25조, 동법 시행령 제6조 및 제29조).

관계법령 **보안지도·점검 등(경비업법 제25조)**

시·도 경찰청장은 대통령령이 정하는 바에 따라 특수경비업자에 대하여 보안지도·점검을 실시하여야 하고, 필요한 경우 관계기관에 보안측정을 요청하여야 한다.

특수경비업자의 업무개시 전의 조치(경비업법 시행령 제6조)

① 법 제2조 제1호 마목의 규정에 의한 특수경비업무를 수행하는 경비업자(이하 "특수경비업자"라 한다)는 법 제4조 제3항 제5호의 규정에 의하여 첫 업무개시의 신고를 하기 전에 시·도 경찰청장의 비밀취급인가를 받아야 한다. 〈개정 2020.12.31.〉

② 시·도 경찰청장은 제1항의 규정에 의하여 특수경비업자에게 비밀취급인가를 하고자 하는 때에는 법 제25조의 규정에 의하여 특수경비업자로 하여금 경찰청장을 거쳐 국가정보원장에게 보안측정을 요청하도록 하여야 한다. 〈개정 2020.12.31.〉

보안지도점검(경비업법 시행령 제29조)

시·도 경찰청장은 법 제25조의 규정에 의하여 특수경비업자에 대하여 연 2회 이상의 보안지도·점검을 실시하여야 한다.

22 정답 ❹

O△X

제시된 내용의 (　　) 안에 들어갈 내용은 순서대로 ㄱ : 시·도 경찰청장, ㄴ : 사전승인, ㄷ : 권총 및 소총, ㄹ : 행정안전부령이다.

관계법령 **특수경비원 무기휴대의 절차 등(경비업법 시행령 제20조)**

① 시설주는 법 제14조 제4항의 규정에 의하여 특수경비원이 휴대할 무기를 대여받고자 하는 때에는 무기대여신청서를 관할 경찰서장 및 공항경찰대장 등 국가중요시설의 경비책임자(이하 "관할 경찰관서장"이라 한다)를 거쳐 시·도 경찰청장에게 제출하여야 한다. 〈개정 2020.12.31.〉
② 시설주는 법 제14조 제4항의 규정에 의하여 관할 경찰관서장으로부터 대여받은 무기를 특수경비원에게 휴대하게 하는 경우에는 관할 경찰관서장의 사전승인을 얻어야 한다.
③ 제2항의 규정에 의한 사전승인을 함에 있어서 관할 경찰관서장은 국가중요시설에 총기 또는 폭발물의 소지자나 무장간첩 침입의 우려가 있는지의 여부 등을 고려하는 등 특수경비원에게 무기를 지급하여야 할 필요성이 있는지의 여부에 관하여 판단하여야 한다.
④ 시설주는 제3항의 규정에 의한 무기지급의 필요성이 해소되었다고 인정되는 때에는 특수경비원으로부터 즉시 무기를 회수하여야 한다.
⑤ 법 제14조 제9항의 규정에 의하여 특수경비원이 휴대할 수 있는 무기종류는 권총 및 소총으로 한다.
⑥ 「위해성 경찰장비의 사용기준 등에 관한 규정」 제18조 및 [별표 2]의 규정은 법 제14조 제9항의 규정에 의한 안전검사의 기준에 관하여 이를 준용한다.
⑦ 시설주, 법 제14조 제7항의 규정에 의한 관리책임자와 특수경비원은 행정안전부령이 정하는 무기관리수칙을 준수하여야 한다.

23 정답 ❷

O△X

제시된 내용의 (　　) 안에는 순서대로 ㄱ : 관할 경찰관서장, ㄴ : 관할 경찰관서장, ㄷ : 경찰청장, ㄹ : 시설주가 들어간다.

관계법령 **무기의 관리수칙 등(경비업법 시행규칙 제18조)**

① 법 제14조 제4항에 따라 무기를 대여받은 국가중요시설의 시설주(이하 "시설주"라 한다) 또는 같은 조 제7항에 따른 관리책임자(이하 "관리책임자"라 한다)는 다음 각호의 관리수칙에 따라 무기(탄약을 포함한다. 이하 같다)를 관리해야 한다. 〈개정 2020.12.31., 2021.12.31.〉
1. 무기의 관리를 위한 책임자를 지정하고 관할 경찰관서장에게 이를 통보할 것
2. 무기고 및 탄약고는 단층에 설치하고 환기·방습·방화 및 총받침대 등의 시설을 할 것
3. 탄약고는 무기고와 사무실 등 많은 사람을 수용하거나 많은 사람이 오고 가는 시설과 떨어진 곳에 설치할 것
4. 무기고 및 탄약고에는 이중 잠금장치를 하여야 하며, 열쇠는 관리책임자가 보관하되, 근무시간 이후에는 열쇠를 당직책임자에게 인계하여 보관시킬 것
5. 관할 경찰관서장이 정하는 바에 의하여 무기의 관리실태를 매월 파악하여 다음 달 3일까지 관할 경찰관서장에게 통보할 것
6. 대여받은 무기를 빼앗기거나 대여받은 무기가 분실·도난 또는 훼손되는 등의 사고가 발생한 때에는 관할 경찰관서장에게 그 사유를 지체 없이 통보할 것
7. 대여받은 무기를 빼앗기거나 대여받은 무기가 분실·도난 또는 훼손된 때에는 경찰청장이 정하는 바에 의하여 그 전액을 배상할 것. 다만, 전시·사변, 천재·지변 그 밖의 불가항력의 사유가 있다고 시·도 경찰청장이 인정한 때에는 그러하지 아니하다.
8. 시설주는 자체계획을 수립하여 보관하고 있는 무기를 매주 1회 이상 손질할 수 있게 할 것

24 정답 ❸

O△X 설문은 경비원의 가중처벌 대상범죄를 규정한 경비업법 제29조 제2항의 내용으로 이에 해당하지 않는 형법상 범죄는 ㄱ과 ㄹ이다. ㄴ, ㄷ, ㅁ, ㅂ은 경비원이 경비업무 수행 중에 경비원이 휴대할 수 있는 장비 외에 흉기 또는 그 밖의 위험한 물건을 휴대하고 범죄를 범한 경우 그 법정형의 2분의 1까지 가중처벌되는 형법상의 범죄에 해당한다.

ㄱ. (×) 폭행죄는 경비업법 제29조 제1항의 특수경비원이 무기를 휴대하고 경비업무를 수행 중에 경비업법의 규정에 의한 무기의 안전수칙을 위반하여 범죄를 범한 경우 가중처벌되는 대상범죄에 해당한다.

ㄹ. (×) 특수주거침입죄는 경비업법 제29조의 가중처벌 대상범죄에 해당하지 않는다.

관계법령 **형의 가중처벌(경비업법 제29조)**

① 특수경비원이 무기를 휴대하고 경비업무를 수행 중에 제14조 제8항의 규정 및 제15조 제4항의 규정에 의한 무기의 안전수칙을 위반하여 형법 제258조의2(특수상해죄) 제1항(제257조 제1항의 상해죄로 한정, 존속상해죄는 제외) · 제2항(제258조 제1항 · 제2항의 중상해죄로 한정, 존속중상해죄는 제외), 제259조 제1항(상해치사죄), 제260조 제1항(폭행죄), 제262조(폭행치사상죄), 제268조(업무상과실 · 중과실치사상죄), 제276조 제1항(체포 또는 감금죄), 제277조 제1항(중체포 또는 중감금죄), 제281조 제1항(체포 · 감금등의 치사상죄), 제283조 제1항(협박죄), 제324조 제2항(특수강요죄), 제350조의2(특수공갈죄) 및 제366조(재물손괴등죄)의 죄를 범한 때에는 그 죄에 정한 형의 2분의 1까지 가중처벌한다.

② 경비원이 경비업무 수행 중에 제16조의2 제1항에서 정한 장비 외에 흉기 또는 그 밖의 위험한 물건을 휴대하고 형법 제258조의2(특수상해죄) 제1항(제257조 제1항의 상해죄로 한정, 존속상해죄는 제외) · 제2항(제258조 제1항 · 제2항의 중상해죄로 한정, 존속중상해죄는 제외), 제259조 제1항(상해치사죄), 제261조(특수폭행죄), 제262조(폭행치사상죄), 제268조(업무상과실 · 중과실치사상죄), 제276조 제1항(체포 또는 감금죄), 제277조 제1항(중체포 또는 중감금죄), 제281조 제1항(체포 · 감금등의 치사상죄), 제283조 제1항(협박죄), 제324조 제2항(특수강요죄), 제350조의2(특수공갈죄) 및 제366조(재물손괴등죄)의 죄를 범한 때에는 그 죄에 정한 형의 2분의 1까지 가중처벌한다.

25 정답 ❹

O△X 제시된 내용의 (　　)에 들어갈 숫자는 ㄱ : 1, ㄴ : 7, ㄷ : 3이다.

- 경보의 수신 및 현장도착 일시와 조치의 결과, 오경보인 경우 오경보가 발생한 경비대상시설 및 그 오경보에 대한 조치의 결과를 기재한 서류는 당해 경보를 수신한 날부터 1년간 이를 보관하여야 한다(경비업법 시행령 제9조 제2항).
- 경비업법에 따른 경비업무에 7년 이상(특수경비업무의 경우에는 3년 이상) 종사하고 행정안전부령으로 정하는 교육과정을 이수한 사람은 경비지도사 제1차 시험을 면제한다(경비업법 시행령 제13조 제4호).
- 일반경비지도사 자격을 취득한 후 3년 이내에 기계경비지도사 시험에 합격한 사람이 기본교육을 받는 경우 공통교육은 면제한다(경비업법 시행규칙 [별표 1] 비고 1.).

26 정답 ❶

○△×

경비업법령상 법정형의 최고한도가 높은 것부터 순서대로 나열하면 ㄱ – ㄴ – ㄹ – ㄷ 순이다.

ㄱ. 5년 이하의 징역 또는 5천만원 이하의 벌금(경비업법 제28조 제1항)
ㄴ. 3년 이하의 징역 또는 3천만원 이하의 벌금(경비업법 제28조 제2항 제3호)
ㄹ. 2년 이하의 징역 또는 2천만원 이하의 벌금(경비업법 제28조 제3항)
ㄷ. 1년 이하의 징역 또는 1천만원 이하의 벌금(경비업법 제28조 제4항 제1호)

핵심만콕 벌칙(경비업법 제28조)★★

5년 이하의 징역 또는 5천만원 이하의 벌금(제1항)	국가중요시설의 정상적인 운영을 해치는 장해를 일으킨 특수경비원
3년 이하의 징역 또는 3천만원 이하의 벌금(제2항)	• 허가를 받지 아니하고 경비업을 영위한 자(제1호) • 직무상 알게 된 비밀을 누설하거나 부당한 목적을 위하여 사용한 자(제2호) • 경비업무의 중단을 통보하지 아니하거나 경비업무를 즉시 인수하지 아니한 특수경비업자 또는 경비대행업자(제3호) • 집단민원현장에 경비원을 배치하면서 허가를 받지 아니한 자에게 경비업무를 도급한 자(제4호) • 집단민원현장에 20명 이상의 경비인력을 배치하면서 그 경비인력을 직접 고용한 자(제5호) • 경비업자의 경비원 채용 시 무자격자나 부적격자 등을 채용하도록 관여하거나 영향력을 행사한 도급인(제6호) • 과실로 인하여 국가중요시설의 정상적인 운영을 해치는 장해를 일으킨 특수경비원(제7호) • 특수경비원으로서 경비구역 안에서 시설물의 절도, 손괴, 위험물의 폭발 등의 사유로 인한 위급사태가 발생한 때에 명령에 불복종한 자 또는 경비구역을 벗어난 자(제8호) • 경비원에게 경비업무의 범위를 벗어난 행위를 하게 한 자(제9호)
2년 이하의 징역 또는 2천만원 이하의 벌금(제3항)	정당한 사유 없이 무기를 소지하고 배치된 경비구역을 벗어난 특수경비원
1년 이하의 징역 또는 1천만원 이하의 벌금(제4항)	• 시설주로부터 무기의 관리를 위하여 지정받은 관리책임자가 법이 정한 의무를 위반한 경우(제1호) • 파업・태업 그 밖에 경비업무의 정상적인 운영을 저해하는 일체의 쟁의행위를 한 특수경비원(제2호) • 직무를 수행함에 있어 타인에게 위력을 과시하거나 물리력을 행사하는 등 경비업무의 범위를 벗어난 행위를 한 경비원(제3호) • 경비업법에서 정한 경비원이 휴대할 수 있는 장비 외에 흉기 또는 그 밖의 위험한 물건을 휴대하고 경비업무를 수행한 경비원 또는 경비원에게 이를 휴대하고 경비업무를 수행하게 한 자(제4호) • 경찰관서장의 배치폐지명령을 따르지 아니한 자(제5호) • 시・도 경찰청장 또는 관할 경찰관서장의 중지명령에 따르지 아니한 자(제6호)

27 정답 ❷

○△×

제시된 내용 중 경찰청장 권한의 위임사항에 해당하지 않는 것은 ㅁ이다.

ㅁ.(×) 경찰청장은 제11조의 규정에 의한 경비지도사의 시험에 관한 업무를 대통령령이 정하는 바에 따라 관계전문기관 또는 단체에 위탁할 수 있다(경비업법 제27조 제2항). 경비지도사의 시험에 관한 업무는 경찰청장이 시·도 경찰청장에게 권한을 위임할 수 있는 사항에 해당하지 않는다.

ㄱ.(○), ㄴ. (○) 경비업법 시행령 제31조 제1항 제1호

ㄷ.(○), ㄹ. (○) 경비업법 시행령 제31조 제1항 제2호

관계법령 **위임 및 위탁(경비업법 제27조)**

① 이 법에 의한 경찰청장의 권한은 대통령령이 정하는 바에 따라 그 일부를 시·도 경찰청장에게 위임할 수 있다.

권한의 위임 및 위탁(경비업법 시행령 제31조)★

① 경찰청장은 법 제27조 제1항의 규정에 의하여 다음 각호의 권한을 시·도 경찰청장에게 위임한다.

1. 법 제20조의 규정에 의한 경비지도사자격의 취소 및 정지에 관한 권한
2. 법 제21조 제2호의 규정에 의한 경비지도사자격의 취소 및 정지에 관한 청문의 권한

② 경찰청장은 제11조의 규정에 의한 경비지도사의 시험에 관한 업무를 대통령령이 정하는 바에 따라 관계전문기관 또는 단체에 위탁할 수 있다. 〈개정 2024.2.13.〉

28 정답 ❶

○△×

① (×) 청원경찰의 임용자격·임용방법·교육 및 보수에 관하여는 대통령령으로 정한다(청원경찰법 제5조 제3항).

② (○) 청원경찰법 제5조 제1항

③ (○) 청원경찰법 시행령 제4조 제2항 전문

④ (○) 청원경찰법 시행령 제4조 제2항 후문

29 정답 ❸

○△× 징계요구서철은 관할 경찰서장이 갖춰 두어야 할 문서와 장부에 해당한다(청원경찰법 시행규칙 제17조 제2항 제6호).

핵심만 콕 문서와 장부의 비치(청원경찰법 시행규칙 제17조)★★

청원주(제1항)	관할 경찰서장(제2항)	시 · 도 경찰청장(제3항)
• 청원경찰 명부 • 근무일지 • 근무 상황카드 • 경비구역 배치도 • 순찰표철 • 무기 · 탄약 출납부 • 무기장비 운영카드 • 봉급지급 조서철 • 신분증명서 발급대장 • 징계 관계철 • 교육훈련 실시부 • 청원경찰 직무교육계획서 • 급여품 및 대여품 대장 • 그 밖에 청원경찰의 운영에 필요한 문서와 장부	• 청원경찰 명부 • 감독 순시부 • 전출입 관계철 • 교육훈련 실시부 • 무기 · 탄약 대여대장 • 징계요구서철 • 그 밖에 청원경찰의 운영에 필요한 문서와 장부	• 배치결정 관계철 • 청원경찰 임용승인 관계철 • 전출입 관계철 • 그 밖에 청원경찰의 운영에 필요한 문서와 장부

30 정답 ❹

○△× 〈보기〉 중 밑줄 친 부분에 포함되지 않는 것은 ㄹ과 ㅁ이다.

ㄹ. (×) 국내 주재(駐在) 외국기관이 밑줄 친 부분에 포함되는 청원경찰 배치기관 · 시설 또는 사업장에 해당한다(청원경찰법 제2조 제2호).

ㅁ. (×) 「사회복지사업법」에 따른 사회복지시설은 청원경찰이 배치되는 대상에 해당하지 않는다.

ㄱ. (○) 청원경찰법 제2조 제1호

ㄴ. (○) 청원경찰법 제2조 제3호, 동법 시행규칙 제2조 제1호

ㄷ. (○) 청원경찰법 제2조 제3호, 동법 시행규칙 제2조 제2호

관계법령 정의(청원경찰법 제2조)

이 법에서 "청원경찰"이란 다음 각호의 어느 하나에 해당하는 기관의 장 또는 시설·사업장 등의 경영자가 청원경찰경비를 부담할 것을 조건으로 경찰의 배치를 신청하는 경우 그 기관·시설 또는 사업장 등의 경비(警備)를 담당하게 하기 위하여 배치하는 경찰을 말한다.

1. 국가기관 또는 공공단체와 그 관리하에 있는 중요시설 또는 사업장
2. 국내 주재(駐在) 외국기관
3. 그 밖에 행정안전부령으로 정하는 중요시설, 사업장 또는 장소

배치대상(청원경찰법 시행규칙 제2조)

「청원경찰법」 제2조 제3호에서 "그 밖에 행정안전부령으로 정하는 중요시설, 사업장 또는 장소"란 다음 각호의 시설, 사업장 또는 장소를 말한다.

1. 선박, 항공기 등 수송시설
2. 금융 또는 보험을 업(業)으로 하는 시설 또는 사업장
3. 언론, 통신, 방송 또는 인쇄를 업으로 하는 시설 또는 사업장
4. 학교 등 육영시설
5. 「의료법」에 따른 의료기관(의원급 의료기관, 조산원, 병원급 의료기관)
6. 그 밖에 공공의 안녕질서 유지와 국민경제를 위하여 고도의 경비(警備)가 필요한 중요시설, 사업체 또는 장소

31

정답 ❶

○△×

제시된 내용 중 청원경찰법령상 청원경찰의 퇴직에 관한 설명으로 옳은 것은 ㄴ이다.

ㄴ. (○) 청원경찰법 제10조의6 제2호

ㄱ. (×) 청원경찰은 청원경찰법 제5조 제2항에 따른 임용결격사유(국가공무원법 제33조)에 해당될 때 원칙적으로 당연 퇴직되나, 국가공무원법 제33조 제2호와 동법 제33조 제5호에 대한 적용 제한규정이 2022.11.15. 신설되었다(청원경찰법 제10조의6 제1호).

ㄷ. (×) 청원경찰은 60세가 되었을 때 당연 퇴직된다(청원경찰법 제10조의6 제3호).

ㄹ. (×) 국가기관이나 지방자치단체에 근무하는 청원경찰의 휴직 및 명예퇴직에 관하여는 국가공무원법 제71조부터 제73조까지(휴직, 휴직 기간, 휴직의 효력) 및 제74조의2(명예퇴직 등)를 준용한다(청원경찰법 제10조의7).

관계법령 당연 퇴직(청원경찰법 제10조의6)★

청원경찰이 다음 각호의 어느 하나에 해당할 때에는 당연 퇴직된다. 〈개정 2022.11.15.〉

1. 제5조 제2항에 따른 임용결격사유에 해당될 때. 다만, 「국가공무원법」 제33조 제2호는 파산선고를 받은 사람으로서 「채무자 회생 및 파산에 관한 법률」에 따라 신청기한 내에 면책신청을 하지 아니하였거나 면책불허가 결정 또는 면책 취소가 확정된 경우만 해당하고, 「국가공무원법」 제33조 제5호는 「형법」 제129조부터 제132조까지, 「성폭력범죄의 처벌 등에 관한 특례법」 제2조, 「아동·청소년의 성보호에 관한 법률」 제2조 제2호 및 직무와 관련하여 「형법」 제355조 또는 제356조에 규정된 죄를 범한 사람으로서 금고 이상의 형의 선고유예를 받은 경우만 해당한다.
2. 제10조의5에 따라 청원경찰의 배치가 폐지되었을 때
3. 나이가 60세가 되었을 때. 다만, 그 날이 1월부터 6월 사이에 있으면 6월 30일에, 7월부터 12월 사이에 있으면 12월 31일에 각각 당연 퇴직된다.

[2024.12.31. 법률 제20627호에 의하여 2022.12.22. 헌법재판소에서 위헌 결정된 이 조를 개정함.]

32 정답 ❷

O△X

② (×) 시・도 경찰청장은 청원경찰의 효율적인 운영을 위하여 청원주를 지도하며 감독상 필요한 명령을 할 수 있다(청원경찰법 제9조의3 제2항).

① (O) 청원경찰법 제9조의3 제1항

③ (O) 청원경찰법 시행령 제17조 제1호

④ (O) 청원경찰법 시행규칙 제19조 제1항

33 정답 ❶

O△X

甲의 경력에 관한 제시문 중 봉급 산정 시 산입하여야 할 경력은 ㄴ과 ㄹ이므로 5년이고, 乙의 경력에 관한 제시문 중 봉급 산정 시 산입하여야 할 경력은 a, c, e이므로 6년이다.

a. (O) 군 또는 의무경찰에 복무한 경력은 산입하여야 한다(청원경찰법 시행령 제11조 제1항 제2호).

ㄴ. (O), c. (O) 청원경찰로 근무한 경력은 산입하여야 한다(청원경찰법 시행령 제11조 제1항 제1호).

ㄹ. (O), e. (O), ㄷ. (×), d. (×) 수위・경비원・감시원 또는 그 밖에 청원경찰과 비슷한 직무에 종사하던 사람이 해당 사업장의 청원주에 의하여 청원경찰로 임용된 경우가 그 직무에 종사한 경력을 봉급 산정의 기준이 되는 경력에 산입하여야 하는 경우에 해당한다(청원경찰법 시행령 제11조 제1항 제3호). 따라서 청원주가 다른 D, E 사업장에서 수위나 경비원으로 근무한 경력은 산입할 경력에 포함되지 않는다.

ㄱ. (×), b. (×) 지방자치단체에서 상근(常勤)으로 근무한 경력도 현재 국가기관 또는 지방자치단체에서 근무하고 있는 경우가 아닌 경우에는 산입할 경력에 포함되지 않으므로 甲이 지방자치단체에서 상근(常勤)으로 근무한 경력은 산입할 수 없고, 乙은 비상근(非常勤)으로 근무하였으므로 산입할 수 없다(청원경찰법 시행령 제11조 제1항 제4호).

관계법령 **보수 산정 시의 경력 인정 등(청원경찰법 시행령 제11조)**

① 청원경찰의 보수 산정에 관하여 그 배치된 사업장의 취업규칙에 특별한 규정이 없는 경우에는 다음 각호의 경력을 봉급 산정의 기준이 되는 경력에 산입하여야 한다.

1. 청원경찰로 근무한 경력
2. 군 또는 의무경찰에 복무한 경력
3. 수위・경비원・감시원 또는 그 밖에 청원경찰과 비슷한 직무에 종사하던 사람이 해당 사업장의 청원주에 의하여 청원경찰로 임용된 경우에는 그 직무에 종사한 경력
4. 국가기관 또는 지방자치단체에서 근무하는 청원경찰에 대해서는 국가기관 또는 지방자치단체에서 상근(常勤)으로 근무한 경력

34 정답 ❷

O△X 해당 문제는 청원경찰법 제12조로는 해결할 수 없고, 청원경찰법 시행령 [별표 2]에 따라 해결하여야 한다. 각 위반행위에 따른 과태료 부과기준은 다음과 같다.

ㄱ : 500만원(청원경찰법 시행령 [별표 2] 제4호 가목)

ㄴ : 300만원(청원경찰법 시행령 [별표 2] 제2호 나목)

ㄷ : 400만원(청원경찰법 시행령 [별표 2] 제1호 나목)

관계법령 **과태료의 부과기준(청원경찰법 시행령 [별표 2]) <개정 2020.12.31.>**

위반행위	해당 법조문	과태료금액
1. 법 제4조 제2항에 따른 시·도 경찰청장의 배치결정을 받지 않고 다음 각 목의 시설에 청원경찰을 배치한 경우	법 제12조 제1항 제1호	
가. 국가중요시설(국가정보원장이 지정하는 국가보안목표시설을 말한다)인 경우		500만원
나. 가목에 따른 국가중요시설 외의 시설인 경우		400만원
2. 법 제5조 제1항에 따른 시·도 경찰청장의 승인을 받지 않고 다음 각목의 청원경찰을 임용한 경우	법 제12조 제1항 제1호	
가. 법 제5조 제2항에 따른 임용결격사유에 해당하는 청원경찰		500만원
나. 법 제5조 제2항에 따른 임용결격사유에 해당하지 않는 청원경찰		300만원
3. 정당한 사유 없이 법 제6조 제3항에 따라 경찰청장이 고시한 최저부담기준액 이상의 보수를 지급하지 않은 경우	법 제12조 제1항 제2호	500만원
4. 법 제9조의3 제2항에 따른 시·도 경찰청장의 감독상 필요한 다음 각목의 명령을 정당한 사유 없이 이행하지 않은 경우	법 제12조 제1항 제3호	
가. 총기·실탄 및 분사기에 관한 명령		500만원
나. 가목에 따른 명령 외의 명령		300만원

35 정답 ❹

O△X ④ (×) 국가기관이나 지방자치단체에 근무하는 청원경찰의 직무상 불법행위에 대한 배상책임에 관하여는 국가배상법이 적용된다(청원경찰법 제10조의2 반대해석, 국가배상법 제2조 및 대판 1993.7.13. 92다47564 참조).

① (○) 청원경찰법 제9조의4

② (○) 청원경찰법 제10조 제1항

③ (○) 청원경찰법 제10조 제2항

36 정답 ❸

O△X 제시된 내용 중 옳지 않은 것은 ㄷ, ㄹ, ㅂ이다.

ㄷ. (×) 시・도 경찰청장 → 경찰청장(청원경찰법 시행령 제10조 본문)

ㄹ. (×) 1월 → 12월(청원경찰법 시행령 제12조 제2항 본문)

ㅂ. (×) 입교 후 → 입교 3일 전(청원경찰법 시행규칙 제8조 제3호).

ㄱ. (○) 청원경찰법 제6조 제1항

ㄴ. (○) 청원경찰법 시행령 제9조 제3항

ㅁ. (○) 청원경찰법 시행규칙 제8조 제1호

37 정답 ❸

O△X ③ (○) 청원경찰법 시행규칙 제16조 제1항 제2호

① (×) 청원주가 무기와 탄약을 대여받았을 때에는 경찰청장이 정하는 무기・탄약 출납부 및 무기장비 운영카드를 갖춰 두고 기록하여야 한다(청원경찰법 시행규칙 제16조 제1항 제1호).

② (×) 청원주는 무기와 탄약이 분실되거나 도난당하거나 빼앗기거나 훼손되었을 때에는 경찰청장이 정하는 바에 따라 그 전액을 배상해야 한다. 다만, 전시・사변・천재지변이나 그 밖의 불가항력적인 사유가 있다고 시・도 경찰청장이 인정하였을 때에는 그렇지 않다(청원경찰법 시행규칙 제16조 제1항 제8호).

④ (×) 청원주는 사직 의사를 밝힌 청원경찰에게 무기와 탄약을 지급해서는 안 되며, 지급한 무기와 탄약은 즉시 회수해야 한다(청원경찰법 시행규칙 제16조 제4항 제3호).

38 정답 ❸

O△X 제시된 내용 중 옳지 않은 것은 2개이다.

- 청원경찰로 임용된 자가 경찰교육기관에서 받는 직무수행에 필요한 교육의 기간은 2주로 한다(청원경찰법 시행규칙 제6조).
- 청원주는 소속 청원경찰에게 그 직무집행에 필요한 교육을 매월 4시간 이상 하여야 한다(청원경찰법 시행규칙 제13조 제1항).

관계법령 **청원경찰의 신임교육(청원경찰법 시행령 제5조)**

① 청원주는 청원경찰로 임용된 사람으로 하여금 경비구역에 배치하기 전에 경찰교육기관에서 직무수행에 필요한 교육을 받게 하여야 한다. 다만, 경찰교육기관의 교육계획상 부득이하다고 인정할 때에는 우선 배치하고 임용 후 1년 이내에 교육을 받게 할 수 있다.

② 경찰공무원(의무경찰을 포함한다) 또는 청원경찰에서 퇴직한 사람이 퇴직한 날부터 3년 이내에 청원경찰로 임용되었을 때에는 제1항에 따른 교육을 면제할 수 있다.

③ 제1항의 교육기간・교육과목・수업시간 및 그 밖에 교육의 시행에 필요한 사항은 행정안전부령(청원경찰법 시행규칙 제6조)으로 정한다.

39 정답 ❸

O△X ㄷ과 ㄹ을 제외하고 모두 옳다.

ㄷ. (×) 기동모와 기동복의 색상은 진한 청색으로 한다(청원경찰법 시행규칙 제9조 제2항 제1호 단서).

ㄹ. (×) 장구의 형태·규격 및 재질은 경찰 장구와 같이 한다(청원경찰법 시행규칙 제9조 제2항 제2호).

관계법령 복제(청원경찰법 시행규칙 제9조)

① 영 제14조에 따른 청원경찰의 제복·장구(裝具) 및 부속물의 종류는 다음 각호와 같다. 〈개정 2021.12.31.〉
1. 제복 : 정모(正帽), 기동모(활동에 편한 모자를 말한다. 이하 같다), 근무복(하복, 동복), 한여름 옷, 기동복, 점퍼, 비옷, 방한복, 외투, 단화, 기동화 및 방한화
2. 장구 : 허리띠, 경찰봉, 호루라기 및 포승(捕繩)
3. 부속물 : 모자표장, 가슴표장, 휘장, 계급장, 넥타이핀, 단추 및 장갑

② 영 제14조에 따른 청원경찰의 제복·장구(裝具) 및 부속물의 형태·규격 및 재질은 다음 각호와 같다. 〈개정 2021.12.31.〉
1. 제복의 형태·규격 및 재질은 청원주가 결정하되, 경찰공무원 또는 군인 제복의 색상과 명확하게 구별될 수 있어야 하며, 사업장별로 통일해야 한다. 다만, 기동모와 기동복의 색상은 진한 청색으로 하고, 기동복의 형태·규격은 별도 1과 같이 한다.
2. 장구의 형태·규격 및 재질은 경찰 장구와 같이 한다.
3. 부속물의 형태·규격 및 재질은 다음 각목과 같이 한다.
   가. 모자표장의 형태·규격 및 재질은 별도 2와 같이 하되, 기동모의 표장은 정모 표장의 2분의 1 크기로 할 것
   나. 가슴표장, 휘장, 계급장, 넥타이핀 및 단추의 형태·규격 및 재질은 별도 3부터 별도 7까지와 같이 할 것

③ 청원경찰은 평상근무 중에는 정모, 근무복, 단화, 호루라기, 경찰봉 및 포승을 착용하거나 휴대하여야 하고, 총기를 휴대하지 아니할 때에는 분사기를 휴대하여야 하며, 교육훈련이나 그 밖의 특수근무 중에는 기동모, 기동복, 기동화 및 휘장을 착용하거나 부착하되, 허리띠와 경찰봉은 착용하거나 휴대하지 아니할 수 있다.

④ 가슴표장, 휘장 및 계급장을 달거나 부착할 위치는 별도 8과 같다.

40 정답 ❹

O△X 제시된 내용은 모두 보상금이 지급되는 경우에 해당한다.

ㄱ.(○), ㄴ. (○) 청원경찰법 제7조 제1호

ㄷ.(○) 청원경찰법 제7조 제2호 전단

ㄹ.(○) 청원주는 청원경찰이 직무상의 부상·질병으로 인하여 퇴직 후 2년 이내에 사망한 경우 그 유족에게 보상금을 지급하여야 한다(청원경찰법 제7조 제2호 후단). 제시문에서는 퇴직한 다음 해에 사망하였다고 하였으므로 퇴직 후 2년 이내에 사망한 경우이기에 보상금이 지급되는 경우에 해당한다.

관계법령 보상금(청원경찰법 제7조)

청원주는 청원경찰이 다음 각호의 어느 하나에 해당하게 되면 대통령령으로 정하는 바에 따라 청원경찰 본인 또는 그 유족에게 보상금을 지급하여야 한다.
1. 직무수행으로 인하여 부상을 입거나, 질병에 걸리거나 또는 사망한 경우
2. 직무상의 부상·질병으로 인하여 퇴직하거나, 퇴직 후 2년 이내에 사망한 경우

P/A/R/T/1

경호학

정답 및 해설편

제1회 심화 모의고사

문제편 170p

정답 CHECK

41	42	43	44	45	46	47	48	49	50	51	52	53	54	55	56	57	58	59	60
②	④	④	②	③	②	②	②	①	④	③	④	②	②	②	④	④	②	④	②
61	62	63	64	65	66	67	68	69	70	71	72	73	74	75	76	77	78	79	80
①	③	②	②	④	④	④	①	④	④	④	④	③	①	①	③	②	④	②	④

41 정답 ❷

O△X 제시된 내용 중 형식적 의미의 경호에 관한 내용(A)은 ㄱ, ㄴ, ㄹ이고 실질적 의미의 경호에 관한 내용(B)은 ㄷ, ㅁ, ㅂ이다.

핵심만 콕 경호의 개념

형식적 의미의 경호	• 경호관계법규에 규정된 현실적인 경호기관을 기준으로 하여 정립된 개념이다. • 실정법상 경호기관의 권한에 속하는 일체의 경호작용을 의미한다. • 실정법 · 제도 · 기관 중심적 관점에서 이해한 것이다. • 「대통령 등의 경호에 관한 법률」에서의 경호는 형식적 의미의 경호개념이다.
실질적 의미의 경호	• 경호활동의 본질 · 성질 · 이론적인 입장에서 이해한 것으로, 학문적인 측면에서 고찰된 개념이다. • 수많은 경호작용 중에서 공통적인 특성을 추상화한 개념이다. • 경호대상자의 절대적 신변안전을 보호하기 위하여 모든 사용 가능한 수단과 방법을 동원한다. • 경호대상자(피경호자)에 대한 신변 위해요인을 사전에 방지 또는 제거하기 위한 제반활동이다. • 경호주체(국가기관, 민간기관, 개인, 단체 불문)가 경호대상자를 보호하는 모든 활동을 말한다. • 모든 위험과 곤경(인위적 · 자연적 위해)으로부터 경호대상자를 안전하게 보호하기 위한 제반활동이다.

42 정답 ❹

O△X ④ (×) 대통령경호처 직원이 국가공무원법 제33조 제5호(금고 이상의 형의 선고유예를 받은 경우에 그 선고유예 기간 중에 있는 자) 사유에 해당하는 경우에는 당연 퇴직하지 않는다(대통령 등의 경호에 관한 법률 제8조 제3항 참고).

① (○) 대통령 등의 경호에 관한 법률 시행령 제13조 제1항 본문

② (○) 대통령 등의 경호에 관한 법률 시행령 제12조 제3항

③ (○) 대통령 등의 경호에 관한 법률 제8조 제2항 제1호

관계법령 **직원의 임용 자격 및 결격사유(대통령 등의 경호에 관한 법률 제8조)**

① 경호처 직원은 신체 건강하고 사상이 건전하며 품행이 바른 사람 중에서 임용한다.
② 다음 각호의 어느 하나에 해당하는 사람은 직원으로 임용될 수 없다.
  1. 대한민국의 국적을 가지지 아니한 사람
  2. 「국가공무원법」 제33조 각호의 어느 하나에 해당하는 사람
③ 제2항 각호(「국가공무원법」 제33조 제5호는 제외한다)의 어느 하나에 해당하는 직원은 당연히 퇴직한다.

43 정답 ❹

O△X

④ (O) 경호조직과 국민과의 협력을 의미하며 완벽한 경호를 위해서는 국민의 절대적인 협력이 필요하다는 경호협력성의 원칙에 관한 옳은 설명이다.

① (×) 경호체계통일성의 원칙에 관한 설명이다. 경호지휘단일성의 원칙은 지휘 및 통제의 이원화로 인해 파생되는 문제들을 보완하기 위해 명령과 지휘체계는 반드시 하나의 계통으로 구성해야 한다는 원칙으로, 경호업무가 긴급성을 요한다는 점에서도 요청된다.

② (×) 경호지휘단일성의 원칙에 관한 설명이다. 경호체계통일성의 원칙은 경호기관 구조의 정점으로부터 말단까지 상하계급 간에 일정한 관계가 성립되어 책임과 업무의 분담이 이루어지고, 명령(命令)과 복종(服從)의 지위와 역할의 체계가 통일되어야 한다는 원칙이다.

③ (×) 경호기관단위작용의 원칙이란 경호의 업무는 성격상 개인이 아닌 기관단위의 작용으로 기관의 하명에 의해서 이루어진다는 원칙으로, 기관단위의 임무결정은 지휘자만이 할 수 있고 경호의 성패는 지휘자만이 책임을 진다는 의미가 포함된다.

핵심만콕 **경호조직의 (구성)원칙**

경호지휘단일성의 원칙	• 지휘 및 통제의 이원화로 인해 파생되는 문제들을 보완하기 위해 명령과 지휘체계는 반드시 하나의 계통으로 구성해야 한다는 원칙으로, 경호업무가 긴급성을 요한다는 점에서도 요청된다. • 지휘가 단일해야 한다고 하는 것은 경호기관(요원)은 한 사람의 지휘를 받아야 한다는 뜻이다. 한 걸음 더 나아가서 지휘의 단일이란 「하나의 지휘자」라는 의미 외에 하급경호요원은 하나의 상급기관에 대해서만 책임을 진다는 의미가 포함된다.
경호체계통일성의 원칙	경호기관 구조의 정점으로부터 말단까지 상하계급 간에 일정한 관계가 성립되어 책임과 업무의 분담이 이루어지고, 명령(命令)과 복종(服從)의 지위와 역할의 체계가 통일되어야 한다는 원칙이다.
경호기관단위작용의 원칙	• 경호의 업무는 성격상 개인적 작용으로 이루어지지 않고 기관단위의 작용으로 기관의 하명에 의해서 이루어진다는 원칙이다. • 기관단위라는 것은 그 경호기관을 지휘하는 지휘자가 있고, 지휘를 받는 하급자가 있으며, 하급자를 관리하기 위한 지휘권과 장비가 편성되며 임무수행을 위한 보급지원체계를 갖추고 있어야 한다는 의미이다. • 기관단위의 관리와 임무의 수행을 위한 결정은 지휘자만이 할 수 있고, 경호의 성패는 지휘자만이 책임을 지는 것이다.
경호협력성의 원칙	경호조직과 국민과의 협력을 의미하며 완벽한 경호를 위해서는 국민의 절대적인 협력이 필요하다는 원칙이다.

〈참고〉 이두석, 「경호학개론」, 2018, P. 114~116 / 김두현, 「경호학개론」, 엑스퍼트, 2020, P. 184~187

44 정답 ❷

○△× 제시된 내용 중 구성원별 분장책임으로 옳지 않은 것은 ㄴ과 ㅁ이다.

ㄴ. (×) 위해가능인물의 관리 및 자료수집은 법무부 출입국・외국인정책본부장이 아닌 대검찰청 공공수사정책관의 분장책임에 해당한다(대통령경호안전대책위원회규정 제4조 제2항 제10호 다목).

ㅁ. (×) 위해용의자에 대한 출입국 및 체류관련 동향의 즉각적인 전파・보고는 대검찰청 공공수사정책관이 아닌 법무부 출입국・외국인정책본부장의 분장책임에 해당한다(대통령경호안전대책위원회규정 제4조 제2항 제4호 나목).

ㄱ. (○) 대통령경호안전대책위원회규정 제4조 제2항 제3호 라목

ㄷ. (○) 대통령경호안전대책위원회규정 제4조 제2항 제8호 나목

ㄹ. (○) 대통령경호안전대책위원회규정 제4조 제2항 제8호의2 다목

관계법령 **책임(대통령경호안전대책위원회규정 제4조)**

② 각 구성원의 분장책임은 다음과 같다. 〈개정 2020.2.4., 2020.4.21., 2022.11.1.〉

3. 외교부 의전기획관	가. 입수된 경호 관련 첩보 및 정보의 신속한 전파・보고 나. 방한 국빈의 국내 행사 지원 다. 대통령과 그 가족 및 대통령 당선인과 그 가족 등의 외국방문 행사 지원 라. 다자간 국제행사의 외교의전 시 경호와 관련된 협조 마. 그 밖에 국내・외 경호행사의 지원
4. 법무부 출입국・외국인정책본부장	가. 입수된 경호 관련 첩보 및 정보의 신속한 전파・보고 나. 위해용의자에 대한 출입국 및 체류관련 동향의 즉각적인 전파・보고 다. 그 밖에 국내・외 경호행사의 지원
8. 국토교통부 항공안전정책관	가. 입수된 경호 관련 첩보 및 정보의 신속한 전파・보고 나. 민간항공기의 행사장 상공비행 관련 업무 지원 및 협조 다. 육로 및 철로와 공중기동수단 관련 업무 지원 및 협조 라. 그 밖에 국내・외 경호행사의 지원
8의2. 식품의약품안전처 식품안전정책국장	가. 식품의약품 안전 관련 입수된 첩보 및 정보의 신속한 전파・보고 나. 경호임무에 필요한 식음료 위생 및 안전관리 지원 다. 식음료 관련 영업장 종사자에 대한 위생교육 라. 식품의약품 안전검사 및 그 밖에 필요한 자료의 지원 마. 그 밖에 국내외 경호행사의 지원
10. 대검찰청 공공수사정책관	가. 입수된 경호 관련 첩보 및 정보의 신속한 전파・보고 나. 위해음모 발견 시 수사지휘 총괄 다. 위해가능인물의 관리 및 자료수집 라. 국제테러범죄 조직과 연계된 위해사범의 방해책동 사전차단 마. 그 밖에 국내・외 경호행사의 지원

45 정답 ❸

O△X 제시된 내용 중 경호의 원칙에 관한 설명으로 옳지 않은 것은 ㄴ과 ㄷ이다.

ㄴ. (×) 기만경호 기법 중 복제경호요원 운용에 관한 설명이다. 은밀경호의 원칙이란 경호요원은 타인의 눈에 잘 띄지 않게 침묵 속에서 은밀하게 행동하며, 항상 경호대상자의 공적·사적 업무활동에 방해를 주지 않고 신변을 보호할 수 있는 곳에 행동반경을 두고 경호에 임해야 한다는 원칙이다.

ㄷ. (×) 자기희생의 원칙에 관한 설명이다. 방어경호의 원칙은 경호는 위해기도자의 공격행동에 대항하여 경호대상자를 보호하는 행위이므로 경호요원은 최후의 방어수단인 자신의 몸으로 경호대상자를 안전하게 보호하는 것이 최선이라는 원칙을 말한다. 다만, 근접경호 시 시간상으로나 거리상으로 경호대상자보다 위해기도자가 더 가까이에 있어서 위해기도자를 제압하는 것이 경호대상자를 보호하는 데 더 효과적이라고 판단할 경우에는 위해기도자를 제압할 수 있다.

46 정답 ❷

O△X 제시된 내용 중 경호의 분류에 관한 옳은 설명은 ㄱ, ㄷ, ㄹ이다.

ㄱ. (O) 경호의 성격에 의한 분류 중 약식경호(3호·C호)는 출퇴근 시 일상적으로 실시하는 경호와 같이 일정한 방식에 의하지 않고 실시하는 경호이다.

ㄷ. (O) 현충일, 광복절 행사 등 국경일 행사에 참석하는 대통령에 대한 경호는 경호수준에 의한 분류 중 1(A)급 경호에 해당한다.

ㄹ. (O) 행사장에 인원과 장비를 배치하여 인적·물적·지리적 위험요소를 예방하기 위한 경호는 직접경호에 대한 설명이다. 간접경호는 평상시의 치안 및 대공활동, 국제정세를 포함한 안전대책작용 등의 경호이다.

ㄴ. (×) 열차경호는 경호대상자가 열차를 이용하는 경우 열차 내에서 이루어지는 경호로 이동수단에 의한 분류에 해당하고, 철로 주변에서의 경호활동인 철도경호는 장소에 의한 분류에 해당하는 연도경호(노상경호)의 하나라고 할 수 있다.

핵심만콕 경호의 분류

대 상	甲(A)호 경호	국왕 및 대통령과 그 가족, 외국의 원수 등
	乙(B)호 경호	수상, 국회의장, 대법원장, 헌법재판소장, 이와 대등한 지위에 있는 외국인사 등
	丙(C)호 경호	경찰청장 또는 경호기관의 장이 필요하다고 인정하는 주요 인사
장 소	행사장경호	행사장은 일반군중과 가까우므로 완벽한 경호가 필요
	숙소경호	체류기간이 길고, 야간경호를 해야 함
	연도경호 (노상경호)	연도경호는 세부적으로 교통수단에 의해 분류됨(육로경호·철도경호)
성 격	공식경호 (1호·A호)	경호관계자의 사전통보에 의해 계획·준비되는 공식행사 때에 실시하는 경호
	비공식경호 (2호·B호)	경호관계자 간의 사전통보나 협의절차 없이 이루어지는 비공식행사 때의 경호
	약식경호 (3호·C호)	일정한 방식에 의하지 않고 실시하는 경호(출·퇴근 시 일상적으로 실시하는 경우)

경호 수준	1(A)급 경호	행차보안이 사전에 노출되어 경호위해가 증대된 상황하의 각종 행사와 국왕 및 대통령 등 국가원수급의 1등급 경호대상으로 결정된 국빈행사의 경호
	2(B)급 경호	행사준비 등의 시간적 여유 없이 갑자기 결정된 상황하의 각종 행사와 수상급의 경호대상으로 결정된 국빈행사의 경호
	3(C)급 경호	사전에 행사준비 등 경호조치가 거의 전무한 상황하에서 이루어지는 것으로서 장관급의 경호대상으로 결정된 국빈행사의 경호
직접 · 간접	직접경호	행사장에 인원과 장비를 배치하여 인적 · 물적 · 자연적 위해요소를 배제하기 위한 경호
	간접경호	평상시의 치안 및 대공활동, 국제정세를 포함한 안전대책작용 등의 경호

〈출처〉 김두현, 「경호학개론」, 엑스퍼트, 2020, P. 57~61

47 정답 ❷

O△X ①은 경호사절형, ②는 소극적 협력형, ③은 적극적 지원형에 관한 설명이다. ④는 대표적인 경호사절형 대통령에 관한 설명이며, 소극적 협력형은 트루먼 · 포드 · 카터 대통령이 대표적이다.

핵심만콕 경호대상자의 유형

- 정치학자 드와이트 테이즈(Dwight L. Tays)는 경호에 대한 대통령들의 반응 방식을 분석하여 역대 미국 대통령의 유형을 세 가지로 분류하였다.

경호사절형	• 경호조치의 필요성을 거의 느끼지 않으며, 경호를 거의 무시하다시피 행동하는 유형이다. • 케네디, 루즈벨트, 존슨, 클린턴 대통령이 대표적이다.
소극적 협력형	• 경호의 필요성은 느끼지 않으나, 가능하면 경호부서와 불화를 일으키지 않으려 노력하는 유형이다. • 트루먼, 포드, 카터 대통령이 대표적이다.
적극적 지원형	• 경호조치에 수용적이고, 경호조치로 인한 대중과의 일정한 격리를 선호하는 유형이다. • 아이젠하워, 닉슨, 레이건, 부시 대통령이 대표적이다.

- 경호의 질과 방식은 대통령의 심리적 성향에 큰 영향을 받으며, 대통령들은 자신의 성격이나 정치스타일에 따라 경호에 관한 나름대로의 규칙을 정해놓고 있다.

〈출처〉 이두석, 「경호학개론」, 진영사, 2018, P. 76

48 정답 ❷

O△X ② (×) 경호대상자의 위치가 고정된 경우 수평적 방벽효과는 근접경호원이 경호대상자와 가까이 위치할수록 증가한다.

① (○) 위해기도자의 위치가 고정된 경우, 즉 위해기도자의 위치를 아는 경우 수평적 방벽효과는 근접경호원이 위해기도자와 가까이 위치할수록 증가한다.

③ (○) 위해기도자의 위치를 모르는 야외에서의 경호행사 시, 예를 들면 위해기도자가 고층건물과 같이 높은 위치에서 공격한다고 가정할 경우, 수직적 방벽효과는 근접경호원이 경호대상자와 가까이 위치할수록 증가한다.

④ (○) 경호원의 신장의 차이가 수직적 방벽효과에 큰 영향을 미치므로 경호원이 경호대상자에 대한 수직적 방벽효과를 극대화하기 위해서는 항상 바른 자세로 똑바로 서서 근무에 임해야 하며, 결코 몸을 움츠리거나 어정쩡한 자세를 취해서는 안 된다.

핵심만콕 **경호의 기본원리 - 자연방벽효과의 원리**

구 분	내 용
수평적 방벽효과	• 근접경호원이 경호대상자와 위해기도자의 중간에 위치하여 위해기도자의 공격을 차단할 때, 근접경호원의 위치에 따라 경호대상자의 보호범위와 위해기도자의 이동거리가 달라지는 효과를 말한다. • 위해기도자의 위치가 고정된 경우, 즉 위해기도자의 위치를 아는 경우 수평적 방벽효과는 근접경호원이 위해기도자와 가까이 위치할수록 증가한다. • 경호대상자의 위치가 고정된 경우 수평적 방벽효과는 근접경호원이 경호대상자와 가까이 위치할수록 증가한다.
수직적 방벽효과	• 위해기도자가 고층건물과 같이 높은 위치에서 공격한다고 가정할 경우, 수직적 방벽효과는 근접경호원이 경호대상자와 가까이 위치할수록 증가한다. • 경호원의 신장의 차이가 수직적 방벽효과에 큰 영향을 미치는 것이다. • 경호원이 경호대상자에 대한 수직적 방벽효과를 극대화하기 위해서는 항상 바른 자세로 똑바로 서서 근무에 임해야 하며, 결코 몸을 움츠리거나 어정쩡한 자세를 취해서는 안 된다.

〈참고〉 이두석, 「경호학개론」, 진영사, 2018, P. 162~164

49 정답 ❶

○△×

① (×) 3중 경호의 기본 구조는 경호대상자가 위치한 집무실이나 행사장으로부터 <u>내부(근접경호), 내곽(중간경호), 외곽(외곽경호)으로 구분</u>하여 경호 행동반경을 거리 개념으로 설명한 것이다.

② (○) 1선 안전구역은 권총 등의 유효사거리를 고려한 건물 내부구역으로서 근접경호원에 의한 완벽한 통제가 이루어져야 한다.

③ (○) 2선 경비구역은 소총 유효사거리 내의 취약지점으로 돌발사태를 대비한 비상통로 확보 및 소방차나 구급차 등의 대기가 필요하다.

④ (○) 3선 경계구역은 행사장 주변 감시조 운영 및 원거리 불심자 검문을 통해 제한적 통제가 실시된다.

핵심만콕 **3중 경호의 원칙**

경호대상자의 위치를 중심으로 3선 개념에 따라 체계적으로 실시되어야 한다.

1선	내 부	안전구역	근접경호원에 의한 완벽한 통제, 권총 등의 유효사거리를 고려한 건물 내부구역
2선	내 곽	경비구역	근접경호원 및 경비경찰에 의한 부분적 통제, 소총 등의 유효사거리를 고려한 울타리 내곽구역
3선	외 곽	경계구역	인적 · 물적 · 자연적 취약요소에 대한 첩보 · 경계, 소구경 곡사화기의 유효사거리를 고려한 외곽구역

〈참고〉 이두석, 「경호학개론」, 진영사, 2018, P. 159~161

50 정답 ❹

O△X 제시문은 경호의 특별원칙 중 하나인 하나의 통제된 지점을 통한 접근의 원칙에 관한 설명이다.

핵심만 콕 경호의 원칙

구 분		내 용
일반원칙	3중 경호의 원칙	• 경호대상자가 위치한 집무실이나 행사장으로부터 제1선(내부 – 안전구역), 제2선(내곽 – 경비구역), 제3선(외곽 – 경계구역)으로 구분하여 경호의 행동반경을 거리개념으로 논리전개하는 구조 • 경호대상자가 위치한 지역에서 가장 근거리부터 엄중한 경호를 취하는 순서로 근접경호, 중간경호, 외곽경호로 나누고 그에 따른 요원의 배치와 임무가 부여되는 원칙
	두뇌경호의 원칙	사전에 치밀한 계획을 세우고 준비를 철저히 하여 위험요소를 제거하는 데 중점을 두며, 경호임무 수행 중 긴급하고 위험한 상황이 발생하였을 때에는 고도의 예리하고 순간적인 판단력이 중요시된다는 원칙
	은밀경호의 원칙	경호요원은 은밀하고 침묵 속에서 행동하며 항상 경호대상자의 신변을 보호할 수 있는 곳에 행동반경을 두고 경호에 임해야 한다는 원칙
	방어경호의 원칙	경호란 공격자의 위해요소를 방어하는 행위이지 공격하는 것이 아니라는 원칙
특별원칙	자기담당구역 책임의 원칙	경호원이 배치된 자기담당구역 내에서 일어나는 사태에 대해서는 자신만이 책임을 지고 해결해야 한다는 원칙
	목표물 보존의 원칙	• 경호대상자를 암살자 또는 위해를 가할 가능성이 있는 자로부터 떼어 놓아야 한다는 원칙 • 목표물을 안전하게 보존하기 위해서는 행차 코스의 비공개, 행차 장소의 비공개, 대중에게 노출되는 보행 행차의 가급적 제한 등이 요구됨
	하나의 통제된 지점을 통한 접근의 원칙	• 경호대상자에게 접근할 수 있는 출입구나 통로는 하나만 필요하다는 원칙 • 하나의 통제된 출입구나 통로라 하더라도 접근자는 경호요원에 의하여 인지되고 확인되어야 하며 허가절차를 거쳐 접근토록 해야 함
	자기희생의 원칙	• 경호대상자가 위기에 처했을 때 자기 몸을 희생하여 경호대상자를 보호해야 한다는 원칙 • 경호대상자는 어떠한 상황하에서도 절대적으로 보호되어야 한다는 의미

〈참고〉 김두현, 「경호학개론」, 엑스퍼트, 2020, P. 64~69

51 정답 ❸

O△X ③ (×) 지리적 경계대상에는 행사장이나 주변의 모든 장소가 아니라 위해기도자가 은폐하기 좋은 장소나 공격하기 용이한 장소가 해당된다(감제고지 · 열린 창문, 옥상 등).

① (O) 인적 경계대상에는 경호대상자 주변의 모든 인원들이 해당되며, 신분이 확실한 수행원이나 보도요원들도 일단 경계의 대상이 된다.

② (O) 외관상 안전하게 보이는 물체라도 폭발물이나 독극물이 숨겨져 있을 수 있으므로 긴장을 늦추지 말고 경계해야 한다.

④ (O) 더운 날씨에 긴 코트를 입거나 추운 날씨에 단추를 푸는 등의 주변 환경과 어울리지 않는 복장을 착용하고, 주위상황과 어울리지 않게 행동하는 사람을 특히 주의 깊게 관찰한다.

핵심만콕

인적 경계대상은 경호대상자 주변의 모든 인원이 그 지위나 차림새 등에 상관없이 포함되어야 하고, 특히 행사 상황이나 분위기에 어울리지 않는 행동이나 복장을 착용한 사람들을 중점적으로 감시한다. 물적 경계대상은 행사장이나 주변의 모든 시설물과 물체가 그 대상이다. 또한 지리적 경계대상은 위해기도자가 은폐하기 좋은 장소나 공격하기 용이한 장소가 해당된다.

〈출처〉 이두석, 「경호학개론」, 진영사, 2018, P. 180

52 정답 ❹

O△X

④ (×) 대적 시에는 경고와 동시에 위해자와 가장 가까이 있는 경호원이 과감히 몸을 던져 공격선을 차단하여야 한다.

① (○) 즉각조치란 우발상황이 발생하였을 경우 경호대상자를 위험으로부터 보호하기 위한 일련의 순간적인 경호조치를 말하며, 즉각조치의 결과가 경호대상자를 살릴 수도 있고 죽일 수도 있다. 우발상황이 발생하면, 최초로 위협을 발견한 순간부터 경호대상자를 대피시킬 때까지 겨우 4초밖에 안 걸린다고 한다. 따라서 우발상황이 발생하면 처음에 정확하게 대응해야 한다는 데 문제의 핵심이 있다. 위험한 것을 위험하지 않은 것으로 판단하면 자칫 경호대상자를 잃을 수도 있고, 위험하지 않은 것을 위험한 것으로 판단하면 행사장을 혼란에 빠뜨리거나 행사를 망칠 수도 있다.

〈참고〉 이두석, 「경호학개론」, 진영사, 2018, P. 345

② (○) 즉각조치의 과정은 S.C.E 원칙에 따라 경고(Sound Off) → 방호(Cover) → 대피(Evacuate)의 순서로 전개된다.

③ (○) 즉각조치의 과정은 경고와 방호 및 대피, 대적이 포함되며, 이는 순차적인 개념이라기보다 우선순위 없이 동시에 이루어지는 일체적 개념이다.

핵심만콕 즉각조치의 개념 및 단계

즉각조치는 경호활동 중 위해기도나 행사 방해책동과 관련하여 발생 시기나 발생 여부 및 피해 정도를 모르는 우발적 상황에서의 즉각적 행동원칙을 말한다.

- 즉각조치의 과정은 경고와 방호 및 대피, 대적이 포함되며, 이는 순차적인 개념이라기보다 우선순위 없이 동시에 이루어지는 일체적 개념이다.
- 경고(Sound off)는 위해상황을 가장 먼저 인지한 사람이 주변 근무자에게 상황을 간단명료하게 전파하는 것으로, 상황발생을 인지한 경호원이 가장 먼저 취해야 할 조치이다.
- 방호(Cover)는 위협상황을 알리는 경고를 인지하는 즉시, 경호대상자 주변 근무자가 자신의 신체로 방벽을 형성하여 경호대상자의 노출을 최소화함으로써 직접적인 위해를 방지하는 행위를 말한다.
- 대피(Evacuate)는 우발상황 발생 시 위해자의 표적이 되는 경호대상자를 안전지역으로 이동시키는 행위를 말한다. 대피는 방호와 동시에 공격자의 반대 방향으로 신속히 이동하여야 하며, 방호대형을 형성하여 비상대피소나 비상대기차량이 있는 안전지역으로 이동한다.
- 즉각조치과정은 일단 경고 – 방호 – 대피의 순으로 전개된다. 대적 여부는 촉수거리의 원칙에 따라 판단한다. 대적의 목적은 위해자의 공격선을 차단하여 경호대상자를 보호하는 것이다. 대적 시에는 우선 경호대상자를 등지고 위험발생지역으로 향한 다음, 몸을 최대한 크게 벌려 방호범위를 확대하고, 경호대상자와 위해기도자 사이의 일직선상에 위치하여 위해자의 공격을 차단한다.

〈출처〉 이두석, 「경호학개론」, 진영사, 2018, P. 350~354

53 정답 ❷

O△X 제시문은 인식(인지)단계에 관한 설명에 해당한다.

핵심만콕 예방경호작용 수행단계

구 분	내 용
예견(예측)단계	신변보호대상자에게 영향을 줄 수 있는 각종 장애요소 또는 위해요소에 대하여 정·첩보를 수집하고 분석하는 단계
인식(인지)단계	수집된 정·첩보 중에서 위해 가능성이 있는지를 확인하고 판단하는 과정으로서 정확하고 신속하며 종합적인 고도의 판단력을 필요로 하는 단계
조사(분석)단계	위해 가능성이 있다고 판단된 위해요소를 추적하고 사실 여부를 확인하는 단계로, 과학적이고 신중한 행동이 요구되는 단계
무력화(억제)단계	예방경호작용의 마지막 단계로서, 이전 단계에서 확인된 실제 위해요소를 차단하거나 무력화하는 단계

54 정답 ❷

O△X 제시된 내용 중 보안업무규정상 관계기관의 장이 국가정보원장에게 신원조사를 요청해야 하는 사람은 ㄱ, ㄷ, ㄹ이다(보안업무규정 제36조 제3항).

관계법령 신원조사(보안업무규정 제36조)

① 국가정보원장은 제3조 제2호에 해당하는 사람의 충성심·신뢰성 등을 확인하기 위하여 신원조사를 한다. 〈개정 2020.12.31.〉

② 삭제 〈2020.12.31.〉

③ 관계 기관의 장은 다음 각호에 해당하는 사람에 대하여 국가정보원장에게 신원조사를 요청해야 한다. 〈개정 2020.1.14., 2020.12.31.〉

1. 공무원 임용 예정자(국가안전보장에 한정된 국가기밀을 취급하는 직위에 임용될 예정인 사람으로 한정한다)
2. 비밀취급 인가 예정자
3. 삭제 〈2020.1.14.〉
4. 국가보안시설·보호장비를 관리하는 기관 등의 장(해당 국가보안시설 등의 관리 업무를 수행하는 소속 직원을 포함한다)
5. 삭제 〈2020.12.31.〉
6. 그 밖에 다른 법령에서 정하는 사람이나 각급기관의 장이 국가안전보장을 위하여 필요하다고 인정하는 사람

[제33조에서 이동, 종전 제36조는 삭제 〈2020.1.14.〉]

55 정답 ❷

O△X 마별초는 고려 무신집권기 때 최우가 몽고의 영향을 받아 조직한 기병대로, ②는 마별초가 아닌 내순검군에 관한 설명이다.

56 정답 ❹

O△X ④ (×) 인터넷과 정보기술의 발달, 국민의 권리신장 등으로 과거에 비해 상황이 많이 변화했지만, 경호조직은 그 특성상 폐쇄성을 가질 수밖에 없다. 즉, 경호를 완전무결하게 수행하기 위해서는 경호조직의 비공개와 경호기법의 비노출 등 보안성을 높이는 폐쇄성의 특성을 가져야 한다. 일반적인 공개주의 원칙에도 불구하고 암살자나 테러집단에 알려지지 않도록 기밀성을 유지해야 한다.

① (○) 현대사회의 도시는 많은 자동차의 보유 및 인구집중현상 등으로 고도의 유동성을 띠고 있으며 그에 따라 경호조직도 높은 기동성을 띤 조직으로 변해가고 있다.

② (○) 경호조직은 전체 구조가 통일적인 피라미드형을 구성하면서 그 조직 내 계층을 이루고 지휘 · 감독 등을 통하여 경호목적을 실현하므로, 경호행사를 직접 담당하는 경호기관의 조직은 다른 부서에 비해 경호집행기관적 성격으로 계층성이 더욱 강조된다.

③ (○) 테러행위의 수법이 지능화 · 고도화됨에 따라 경호조직에 있어서도 기능의 전문화 내지 분화현상이 광범위하게 나타나고 있으므로, 경호조직의 권위도 권력의 힘에 의존하는 데서 탈피하여 경호의 전문성에서 찾아야 한다.

핵심만콕 경호조직의 특성

기동성	• 교통수단의 발달과 인구집중현상 · 환경보호, 더 나아가 세계공동체를 향한 외교활동 증대로 고도의 유동성을 띠게 되어 경호조직도 그에 대응하여 높은 기동성을 띤 조직으로 변해가고 있다. • 암살 및 테러의 고도화에 따라 경호장비의 과학화와 이를 지원하기 위한 행정업무의 자동화, 컴퓨터화 등 기동성이 요구되고 있다.
통합성과 계층성	• 경호조직은 전체 구조가 통일적인 피라미드형을 구성하면서 그 조직 내 계층을 이루고 지휘 · 감독 등을 통하여 경호목적을 실현하므로, 경호행사를 직접 담당하는 경호기관의 조직은 다른 부서에 비해 경호집행기관적 성격으로 계층성이 더욱 강조된다. • 경호조직은 기구단위 및 권한과 책임이 분화되어야 하며, 경호조직 내의 중추세력은 권한의 계층을 통하여 분화된 노력을 상호 조정하고 통제함으로써 경호의 목적을 달성할 수 있다.
폐쇄성(보안성)	• 경호를 완전무결하게 수행하기 위해서는 경호조직의 비공개와 경호기법의 비노출 등 보안성을 높이는 폐쇄성의 특성을 가져야 한다. • 일반적인 공개주의 원칙에도 불구하고 암살자나 테러집단에 알려지지 않도록 기밀성을 유지한다. • 일반적으로 정부조직은 법령주의와 공개주의 원칙에 따르지만, 경호조직에서는 비밀문서로 관리하거나 배포의 일부제한 등 비공개로 할 수 있다.
전문성	• 테러행위의 수법이 지능화 · 고도화되고 있으므로 경호조직에 있어서도 기능의 전문화 내지 분화현상이 광범위하게 나타나고 있다. • 경호조직의 권위는 권력의 힘에 의존하는 데서 탈피하여 경호의 전문성에서 찾아야 한다. • 고도로 전문화된 경호전문가의 양성을 통해 경호조직의 권위를 확립하고, 국민의 이해와 협조 속에서 국민과 함께 하는 경호가 요구된다.
대규모성	• 경호조직은 과거에 비해서 그 기구 및 인원면에서 점차 대규모화 · 다변화되고 있다. • 과학기술의 진보와 더불어 거대정부의 양상은 경호기능의 간접적인 대규모화의 계기가 되었다.

57 정답 ❹

O△X 경호계획 수립 시 유의사항에 관한 설명으로 옳지 않은 것은 ④이다.

경호대상자의 신변안전을 보호하는 데 경호계획 수립의 궁극적인 목적이 있다. 경호담당자는 수립된 계획의 실천 추진사항을 지속적으로 확인해야 하며, 미비한 사항은 즉각 보완하여야 한다. 만약에 행사계획의 변경이나 비상사태가 발생할 경우에는 수립된 계획을 경호대상자의 신변안전차원에서 즉각 변경하여야 한다.

핵심만콕 경호계획 수립 시 유의사항(고려사항)

- 사전에 신중하게 계획되어야 한다.
- 예기치 않은 변화 가능성을 참작하여 융통성 있게 수립되어야 한다.
- 순시에 포함된 수행원은 물론 주관부서(기관)와의 협조는 필수적이다.
- 악천후 기상, 가능성 있는 위협, 어떤 사람의 불손행위 등과 같은 경호환경을 극복하기 위해서는 예비 및 우발계획이 준비되어야 한다.
- 경호규정, 표준 경호경비계획 및 연도 경호지침 등을 완전히 숙지한 후 경호계획을 수립한다.
- 사선 현지납사는 가능한 한 도보로 하고 꼭 필요한 장소에 배치 예정될 병력을 표시한다.
- 안전검측을 실시하여 완벽한 계획이 되도록 하며, 계획에 있어서의 통일을 기한다.
- 사전에 관계기관 회의를 개최하여 문제점을 검토한 후 현지 실정에 맞고 실현 가능한 경호계획을 수립하며 경호계획의 실천 추진상황 등을 계속 확인·점검한다.
- 경호경비원의 수송, 급식 및 숙소에 관한 계획을 세운다.
- 검색장비, 통신장비, 차량 등의 동원 장비에 관하여 검토한다.
- 행사계획의 변경이나 비상사태에 대비하여 예비병력을 확보하는 등 융통성 있는 계획을 세운다.
- 경호원에 대한 교양과 상황에 따른 예행연습의 실시계획을 세운다.
- 책임구역과 책임자를 지정하고 계획서 도면에 책임의 한계를 명시한다.
- 수립된 계획의 실천·추진사항을 계속적으로 확인하며, 미비한 사항은 즉각 보완하여 변경하여야 한다.
- 해안지역 행차 시의 경호경비에 있어서는 육·해·공의 입체적 경호경비가 이루어지도록 계획을 세운다.
- 경호경비계획에는 그 실시에 착오가 없도록 하며, 주관 부서, 행사장 수용능력, 행사장 병력배치, 비상통로 확보, 비표 패용, 교통통제, 주차장의 관리, 예행연습 등을 포함시킨다.

58 정답 ❷

O△X ② (×) 위해기도자에 대한 대응은 촉수거리의 원칙에 따라 경호원 중 위해기도자와 가장 가까운 거리에 있는 경호원이 해야 한다. 촉수거리의 원칙에 따르면 경호원이 위해기도자와의 거리보다 경호대상자와의 거리가 더 가깝다면 경호대상자를 방호해서 신속히 현장을 이탈하는 것이 효과적이고, 위해기도자와의 거리가 경호대상자와의 거리보다 더 가깝고 촉수거리에 있다면 과감하게 위해기도자를 제압하는 것이 효과적일 수 있다.

① (○) 이격거리의 원리에 대한 옳은 설명이다. 경호원은 경계대상인 군중과의 거리를 2m 이상 유지하여 위해기도자의 공격에 대비하고, 경호대상자와의 거리도 2m 정도를 유지하여 경호원의 존재가 경호대상자의 사회활동에 방해가 되지 않으면서, 경호원 본연의 방호임무를 다할 수 있도록 해야 한다.

〈참고〉 이두석, 「경호학개론」, 진영사, 2018, P. 168~170

③ (○) 위력이란 상대방을 압도할 만큼 강력한 유형적·무형적 힘을 의미하므로 위력경호는 위해기도자의 위해기도 의사를 제압할 수 있는 강력한 유형적·무형적 힘을 이용한 경호를 말한다.

④ (○) 체위확장의 원칙에 관한 설명이다. 경호원은 위협상황을 알리는 경고를 인지하는 즉시 체위를 확장하여 경호대상자의 노출을 최소화하고 방벽효과를 극대화하여야 한다.

59 정답 ❹

O△X 제시된 내용 중 옳지 않은 것은 ㄹ과 ㅁ이다.

ㄹ. (×) 도보경호 및 경호차량 대형 형성은 선발경호의 목적이 아닌 근접경호의 방법과 관련된 내용이다.

ㅁ. (×) 발생한 위험에 대응하여 경호대상자를 보호하는 것은 근접경호의 목적이다.

ㄱ. (○) 선발경호는 행사장에 대한 인적·물적·지리적 정보를 수집하여 이에 필요한 지원요소 소요를 판단한 후 세부계획을 수립한다.

ㄴ. (○) 선발경호는 행사장에 대한 안정성을 확보하고, 행사 종료 시까지 행사장의 안전을 유지하는 것이다.

ㄷ. (○) 선발경호는 행사장소와 주변시설에 대한 자료를 이용하여 행사장에 대한 잠재적 위해요소를 판단하여 우발상황에 대응하기 위한 비상대책을 강구하는 것이다.

60 정답 ❷

O△X 제시된 내용은 쐐기형 대형에 관한 설명이다.

핵심만 콕 근접경호대형

- **다이아몬드(마름모) 대형** : 혼잡한 복도, 군중이 밀집해 있는 통로 등에서 적합한 대형으로 경호대상자의 전후좌우 전 방향에 대해 둘러싸고, 각각의 경호원에게는 기동로에 대해 360° 경계를 할 수 있도록 책임구역이 부여된다.
- **쐐기형 대형** : 무장한 위해자와 직면했을 때 적당한 대형으로, 다이아몬드 대형보다 느슨한 대형이 필요한 상황에서는 3명으로 쐐기형 대형을 형성하며, 다이아몬드 대형과 같이 각각의 경호원에게는 기동로를 향해 360° 지역 중 한 부분의 책임구역이 할당되어야 한다.
  - 대중이 별로 없는 장소 통과 시, 인도와 좁은 통로 이동 시 유용하다.
  - 한쪽에 인위적·자연적 방벽이 있을 때 유용하다.
- **역쐐기형(V자) 대형** : 외부로부터 위협이 없다고 판단되며 안전이 확보된 행사장 입장 시와 대외적인 이미지를 중시하는 경호대상자에게 적합한 도보대형이다.
  - 전방에는 아무런 위협이 없다는 가정하에 경호대상자를 바로 노출시켜 전방에 개방된 대형을 취한다.
  - 후미의 경호원들은 자연스럽게 수행원과 뒤섞여 노출이 되지 않는다.
  - 경호팀장만 경호대상자를 즉각 방호할 수 있는 위치에서 경호 임무를 수행한다.
- **삼각형 대형** : 3명의 경호원이 삼각형 형태를 유지하여 이동하는 도보대형으로 행사와 주위 사람의 성격, 숫자, 주변 환경의 여건에 따라서 이동한다.
- **역삼각형 대형** : 진행 방향 전방에 위해 가능성이 있는 경우 취하는 대형으로, 진행 방향의 전방에 오솔길, 곡각지, 통로 등과 같은 지리적 취약점이 있는 경우 유용하다.
- **원형 대형** : 경호대상자가 완전히 경호원에 의해 둘러싸여 있는 인상을 주게 되어 대외적인 이미지는 안 좋을 수 있으나 경호 효과가 높은 대형으로, 평상시에는 잘 사용하지 않으나, 군중이 밀려오거나 군중에 둘러싸여 있을 경우와 같은 위협이 예상될 경우에 적합한 대형이다.
- **사다리형 대형** : 경호대상자의 진행 방향을 중심으로 양쪽에 군중이 운집해 있는 도로의 중앙을 이동할 때 적합한 대형으로, 경호대상자를 중심으로 4명의 경호원이 사다리 형태를 유지하며 이동하는 대형이다.

61 정답 ❶

O△X 대통령 등의 경호에 관한 법률 제4조 제1항 제1호 및 제2호에 따른 가족의 범위는 대통령 및 대통령 당선인의 배우자와 직계존비속이다(대통령 등의 경호에 관한 법률 시행령 제2조). 직계존비속이란 직계존속(부모, 조부모 등)과 직계비속(아들, 딸, 손자, 손녀 등)을 합한 것으로, 대통령의 방계혈족인 형제·자매는 이에 속하지 않는다.

관계법령 **경호대상(대통령 등의 경호에 관한 법률 제4조)**

① 경호처의 경호대상은 다음과 같다.
1. 대통령과 그 가족
2. 대통령 당선인과 그 가족
3. 본인의 의사에 반하지 아니하는 경우에 한정하여 퇴임 후 10년 이내의 전직대통령과 그의 배우자. 다만, 대통령이 임기만료 전에 퇴임한 경우와 재직 중 사망한 경우의 경호기간은 그로부터 5년으로 하고, 퇴임 후 사망한 경우의 경호기간은 퇴임일부터 기산하여 10년을 넘지 아니하는 범위에서 사망 후 5년으로 한다.
4. 대통령권한대행과 그 배우자
5. 대한민국을 방문하는 외국의 국가원수 또는 행정수반과 그 배우자
6. 그 밖에 처장이 경호가 필요하다고 인정하는 국내외 요인(要人)

② 제1항 제1호 또는 제2호에 따른 가족의 범위는 대통령령으로 정한다.

가족의 범위(대통령 등의 경호에 관한 법률 시행령 제2조)

「대통령 등의 경호에 관한 법률」 제4조 제1항 제1호 및 제2호에 따른 가족은 대통령 및 대통령 당선인의 배우자와 직계존비속으로 한다.

62 정답 ❸

O△X 제시된 내용 중 후미경호차량의 역할에 해당하는 것은 ㄷ, ㄹ, ㅁ이다.

ㄷ. (O) 후미경호차량은 기동 간 경호대상자 차량의 방호업무와 경호지휘 임무를 수행하고, 후미에 접근하는 차량을 통제하고 추월을 방지하도록 한다.

ㄹ. (O) 후미경호차량은 경호요원이나 의료진의 이동수단으로서의 역할을 수행한다.

ㅁ. (O) 후미경호차량은 경호대상자차량(VIP차량)의 기능고장과 같은 비상시에는 VIP 예비차량의 임무를 수행한다.

ㄱ. (×) <u>선도경호차량의 역할</u>이다. 선도경호차량은 행·환차로를 안내하고, 행사시간에 맞게 주행속도를 조절한다.

ㄴ. (×) <u>선도경호차량의 역할</u>이다. 선도경호차량은 비상사태 시 비상도로를 확보하고 전방에 나타나는 각종 상황에 대한 경계업무를 수행한다.

핵심만콕 **차량경호방법★**

- 경호대상자 차량은 최고 성능의 차량을 선정하고 선도차량과 일정한 간격을 유지하면서 이동하며, 유사시 선도차량과 같은 방향으로 대피한다.
- 선도경호차량은 행・환차로를 안내하고, 행사시간에 맞게 주행속도를 조절하며, 전방의 각종 상황에 대한 경계임무를 수행한다.
- 후미경호차량은 기동 간 경호대상자 차량의 방호업무와 경호지휘 임무를 수행하고, 후미에 접근하는 차량을 통제하고 추월을 방지하도록 한다.
- 경호책임자(경호팀장)는 목적지에 도착하면 가장 먼저 하차하고 출발 시에는 가장 나중에 승차하며 경호대상자 승・하차 시 차량 문의 개폐와 창문과 잠금장치를 통제한다.
- 경호대상자는 가장 먼저 차량의 뒷좌석 오른쪽에 탑승하고(뒷좌석에 경호대상자, 경호원 1명일 때), 경호책임자의 안내에 따라 가장 마지막에 하차한다. 뒷좌석에 경호대상자, 경호원 2명일 때는 경호대상자가 가운데에 앉는 것이 통상적이다.

〈출처〉 이상철, 「경호현장운용론」, 진영사, 2008, P. 206

63 정답 ❷

○△×

양 국기를 부착할 경우 우리나라 국기를 운전자 중심으로 우측(조수석 방향)에 부착하고 상대국 국기는 좌측(운전석 방향)에 부착한다.

핵심만콕 **차량의 국기 부착 시 유의사항**

- 각종 차량에는 전면을 밖에서 보아 왼쪽에 국기를 게양
- 차량에는 앞에서 보아 왼쪽 전면에 차량 전면보다 기폭만큼 높게 부착
- 외국의 원수가 방한, 우리 대통령과 동승 시 앞에서 보아 태극기는 왼쪽, 외국기는 오른쪽에 위치
- 양 국기를 부착할 경우 우리나라 국기를 운전자 중심으로 우측(조수석 방향)에 부착하고 상대국 국기는 좌측(운전석 방향)에 부착

64 정답 ❷

○△×

검측활동이 주로 행사장 내부나 내곽의 인적 위해요소 및 물적 위해요소를 대상으로 하는 안전활동이라면, 안전대책은 주로 행사장 외곽의 지리적 취약요소 및 물적 위해요소를 대상으로 하는 안전조치활동을 말한다.

〈출처〉 이두석, 「경호학개론」, 진영사, 2018, P. 273

65 정답 ❹

ㅇ△× (　　) 안에 들어갈 내용은 ㄱ : 검색, ㄴ : 정보이다.

핵심만콕 경호의 10대 기능

경 호	선발경호	행사장 내의 위험요소를 제거하고 행사장 내로의 위해요소의 접근을 거부하기 위한 것이다.
	수행경호	경호대상자의 신변을 보호하기 위하여 실시하는 근접호위활동을 말한다.
경 비	경호대상자의 숙소나 유숙지 및 집무실에 대한 경계, 순찰 및 방비활동을 통하여 위해요소의 침투를 거부하는 경호조치를 말한다.	
기 동	경호대상자의 각종 이동수단을 운용하고 관리하며, 철도・항공기 등을 이용할 경우에도 각 기동수단의 특성에 따른 경호대책에 만전을 기하는 것이다.	
검 측	안전검측(시설물)	행사장 내의 물적 위해요소 및 불안전요소를 탐지하여 안전조치를 취하고 비상대책을 강구하는 안전활동이다.
	검색(참석인원)	참석자의 위해물질 소지 여부를 확인하여 위험인물이나 위해물질의 침투를 거부하고 비인가자의 참석을 배제하기 위한 활동으로, 경호행사의 기본적인 선결과제이다.
안 전	행사장 내에서 경호에 영향을 미칠 수 있는 취약요소(전기・가스・소방・유류・승강기 등 포함)에 대한 점검 및 안전조치를 하는 기능을 말한다.	
통 신	• 경호대상자가 사용하는 행사 음향의 안전성 확보는 경호대상자와 행사 참석자 간의 소통을 위해서 중요하다. • 경호원 상호 간의 유・무선망 확보와 경호요소 간의 통신망 구축 또한 중요한 임무이다.	
정 보	경호대상자의 신변안전을 도모하는 데 필요한 정・첩보를 사전에 수집・평가・전파함으로써 예방경호를 실현하기 위한 활동을 말한다.	
보 안	경호와 관련된 인원・문서・시설 및 통신 등에 대한 보호대책을 수립하여 불순분자에게 관련 정보가 유출되지 않도록 지속적으로 관리하는 활동을 말한다.	
검 식	경호대상자에게 제공되는 음식물의 이상 유무(위해성, 위생상태 등)를 검사하고 확인하는 활동이다.	
의 무	경호대상자를 각종 질병의 위험으로부터 보호하고 위급상황에 대비하는 경호활동을 말한다.	

〈출처〉 이두석, 「경호학개론」, 진영사, 2018, P. 56~68

66 정답 ❹

ㅇ△× 독사교상의 경우 상처부위의 위쪽은 묶고, 상처부위를 심장보다 낮게 하여 이송한다.

핵심만콕 독사교상의 응급처치

• 환자를 반듯하게 눕혀 안정시킨 후 곧바로 119에 신고한다.
• 팔이나 다리를 물렸을 때는 물린 부위를 물로 씻어내고, 고무밴드, 붕대나 손수건 등 깨끗한 천을 이용, 정맥혈류가 차단되도록 묶어야 하며 어느 정도의 피가 통할 수 있도록 너무 세게 묶지 않아야 한다.
• 상처부위를 심장보다 낮게 해야 한다.
• 뱀에 물린 상처를 빨아낼 때는 입에 상처가 있는 상태에서 시행할 경우 구조자에게도 독이 흡수될 수 있으므로 주의해야 한다.

67 정답 ❹

O△X ④ (×) 국가테러대책위원회는 인권보호관의 직무 수행을 지원하기 위하여 지원조직을 둘 수 있으며, 필요한 경우에는 관계 중앙행정기관 소속 공무원의 파견을 요청할 수 있다(국민보호와 공공안전을 위한 테러방지법 시행령 제8조 제4항).

① (○) 국민보호와 공공안전을 위한 테러방지법 시행령 제7조 제2항

② (○) 국민보호와 공공안전을 위한 테러방지법 시행령 제7조 제3항 제1호

③ (○) 국민보호와 공공안전을 위한 테러방지법 시행령 제8조 제2항 본문

68 정답 ❶

O△X 검색은 '경호대상자'에게 위해를 가할 수 있는 물체를 찾아내기 위한 활동이다.

핵심만콕

검색은 경호대상자에게 위해를 가할 수 있는 물체를 찾아내기 위한 활동으로, 주로 행사에 참석하는 인원의 안전성 여부를 확인하기 위한 과정이다. 인원에 대한 검색은 주로 금속탐지기를 이용하여 위해에 사용될 수 있는 무기나 위해물질을 찾아내기 위한 작업이다. 검색은 행사에 참석하는 사람들의 몸이나 소지품을 확인하는 과정이기 때문에, 참석자가 불쾌감을 갖지 않도록 언행에 유념하고 소지품이 파손되지 않도록 조심한다.

〈출처〉 이두석, 「경호학개론」, 진영사, 2018, P. 271

69 정답 ❹

O△X 위험의 통제는 위험의 발생 횟수나 발생 규모를 줄이려는 기법이나 도구 또는 전략을 의미한다.

핵심만콕 위협의 평가에 따른 경호 대응 방안

위험의 회피	위험으로 인한 손실 가능성을 회피하면 위험관리수단이 필요 없게 되므로 가장 이상적인 위험관리방법이라 할 수 있다. 정보활동・기만전술・은밀경호작전 등이 위험회피수단으로 활용된다.
위험의 통제	위험의 발생 횟수나 발생 규모를 줄이려는 기법이나 도구 또는 전략을 의미한다.
위험의 제거	위험요소를 우세한 경호력으로 무력화시키거나 검측활동을 비롯한 안전활동을 통하여 사전에 제거함으로써 행사장・연도・숙소 등에 대한 안전을 확보하는 것이다.
위험의 감소	특정한 사건이나 사고로부터 피해를 입을 수 있는 재산이나 인명의 수와 규모를 줄이는 데 초점을 둔다.
위험의 보유	장래의 손실을 스스로 부담하는 방법으로, 의도적으로 위험을 보유하기로 결정한 적극적 위험보유와 부득이 보유하게 되는 소극적 위험보유가 있다.

〈출처〉 이두석, 「경호학개론」, 진영사, 2018, P. 220~223

70 정답 ④

O△X 호신장비는 자신과 타인의 생명 및 신체를 보호하는 데 사용되는 도구로서 권총·소총과 같은 무기에서부터 분사기, 가스총, 전자충격기, 경봉, 삼단봉 등에 이르기까지 다양하다.

핵심만콕 경호장비의 기능에 따른 분류★

호신장비	일반적으로 자신의 생명이나 신체가 위험상태에 놓였을 때 스스로를 보호하는 데 사용하는 장비를 말한다. 여기에는 총기, 경봉, 가스분사기, 전자충격기 등이 있다.
방호장비	경호대상자나 경호대상자가 사용하는 시설물을 보호하기 위한 장치를 말한다. 적의 침입 예상경로를 차단하기 위하여 방벽을 설치·이용하는 것으로 경호방법 중 최후의 예방경호방법이라 할 수 있다. 방호장비는 크게 자연적 방벽과 물리적 방벽으로 나뉜다(단순히 방폭담요, 방폭가방 등을 방호장비로 분류하는 견해도 있다).
기동장비	경호대상자의 경호를 위하여 운용하는 차량·항공기·선박·열차 등의 이동수단을 말한다.
검색·검측장비	검색장비는 위해도구나 위해물질을 찾아내는 데 사용하는 장비를 말하고, 검측장비는 위해물질의 존재 여부를 검사하거나 시설물의 안전점검에 사용하는 도구를 말한다. 일반적으로 검측장비로 통칭하며, 검측장비는 탐지장비, 처리장비, 검측공구로 구분하여 사용한다.
감시장비	위해기도자의 침입이나 범죄행위를 사전에 감시하기 위한 장비(전자파, 초음파, 적외선 등을 이용한 기계장비)를 말한다. 경호임무에 있어 인력부족으로 인한 경호 취약점을 보완하는 수단으로, 감시장비에는 드론, CCTV, 열선감지기, 쌍안경, 망원경, 포대경(M65), TOD(영상감시장비) 등이 있다.
통신장비	경호업무를 수행하는 데 필요한 보고 또는 연락을 위한 통신장비(유선·무선)를 말한다. 경호통신은 신뢰성, 신속성, 정확성, 안전성이 고려되어야 한다. 유선통신장비에는 전화기, 교환기, FAX망, 컴퓨터통신, CCTV 등의 장비가 있으며, 무선통신장비에는 휴대용 무전기(FM-1), 페이징, 차량용 무전기(MR-40V, KSM-2510A, FM-5), 무선전화기, 인공위성 등이 있다.

71 정답 ④

O△X 국가, 지방자치단체 및 공공기관의 청사 등에는 국기를 연중 게양하여야 한다(대한민국국기법 제8조 제3항 전문).

관계법령

국기의 게양일 등(대한민국국기법 제8조)

① 국기를 게양하여야 하는 날은 다음 각호와 같다.

1. 「국경일에 관한 법률」 제2조의 규정에 따른 국경일

국경일의 종류(국경일에 관한 법률 제2조)

국경일은 다음 각호와 같다.

1. 3·1절 : 3월 1일
2. 제헌절 : 7월 17일
3. 광복절 : 8월 15일
4. 개천절 : 10월 3일
5. 한글날 : 10월 9일

2. 「각종 기념일 등에 관한 규정」 제2조의 규정에 따른 기념일 중 현충일 및 국군의 날
3. 「국가장법」 제6조에 따른 국가장기간
4. 정부가 따로 지정한 날
5. 지방자치단체가 조례 또는 지방의회의 의결로 정하는 날

② 제1항의 규정에 불구하고 국기는 매일·24시간 게양할 수 있다.

③ 국가, 지방자치단체 및 공공기관의 청사 등에는 국기를 연중 게양하여야 하며, 다음 각호의 장소에는 가능한 한 연중 국기를 게양하여야 한다. 이 경우 야간에는 적절한 조명을 하여야 한다.
1. 공항·호텔 등 국제적인 교류장소
2. 대형건물·공원·경기장 등 많은 사람이 출입하는 장소
3. 주요 정부청사의 울타리
4. 많은 깃대가 함께 설치된 장소
5. 그 밖에 대통령령이 정하는 장소

④ 각급 학교 및 군부대의 주된 게양대에는 국기를 매일 낮에만 게양한다.

국기의 게양방법 등(대한민국국기법 제9조)

① 국기는 다음 각호의 방법으로 게양하여야 한다.
1. 경축일 또는 평일 : 깃봉과 깃면의 사이를 떼지 아니하고 게양함
2. 현충일·국가장기간 등 조의를 표하는 날 : 깃봉과 깃면의 사이를 깃면의 너비만큼 떼어 조기(弔旗)를 게양함

② 국기의 게양 및 강하 방법, 국기와 다른 기의 게양 및 강하 방법, 국기의 게양위치, 게양식·강하식 등 그 밖에 필요한 사항은 대통령령으로 정한다.

72 정답 ❹

O△X 출입자 통제업무는 안전구역 설정권 내에 출입하는 인적·물적 제반 요소에 대한 안전활동이므로, 행사장으로부터 연도경호(노상경호)의 안전거리를 벗어난 주차장이라면 통제범위에 포함되지 않는다고 보아야 한다.

73 정답 ❸

O△X ③ (O) 제4차 산업혁명이란 로봇이나 인공지능 그리고 생명과학이 주도하여 실제와 가상이 통합되는 가상물리시스템이 구축되는 것이라고 볼 수 있는데, 제4차 산업의 발달로 인한 로봇이나 인공지능 등을 이용한 범죄에 대응한 기술발달이 필요하다는 것은 일반적 환경요인에 해당한다고 할 수 있다. 다만, 드론을 활용한 북한의 남한에 대한 위협은 특수적 환경요인에 해당한다.

① (×) 경제발전과 과학기술의 향상이 상대적으로 경호환경을 악화시킨다.

② (×) 우리나라는 국제적 지위향상과 더불어 해외에서의 한국인 대상 납치·살해 등 테러 위협이 증가되고 있다.

④ (×) 생활양식 및 국민의식이 자유적이고 개인적으로 변하여 경호작용에서 비협조적 경향이 나타날 수 있다는 우려가 있다.

핵심만콕

경호의 일반적 환경

경호의 일반적 환경요인으로 중요한 것으로는 경제발전, 생활환경의 악화, 동력 및 정보의 팽창, 생활양식 및 국민의식의 변화, 범죄의 다양화와 증가 등을 들 수 있다.

첫째, 경제발전과 과학기술의 향상이 상대적으로 경호환경을 악화시킨다.

둘째, 동력화의 진전과 정보의 팽창화는 범죄의 광역화 및 지능화를 유발한다.

셋째, 생활양식 및 국민의식의 변화는 이기주의에 빠져 경호작용의 비협조적 경향으로 나타날 우려가 있다.

넷째, 범죄의 다양화와 증가는 암살과 테러의 국제화를 유발한다.

〈출처〉 김두현, 「경호학개론」, 엑스퍼트, 2020, P. 459~461

경호의 특수적 환경

경호의 특수적 환경요인으로는 크게 암살, 테러, 유격전 등으로 나눌 수 있을 것이다.

첫째, 세계는 군사전쟁에서 경제전쟁으로 탈바꿈하여 지역이기주의 또는 지역경제주의로 발전, 소수민족의 테러단체들의 투쟁이 증가되고 있다.

둘째, 우리나라는 국제적 지위향상과 더불어 해외에서의 한국인 대상 납치·살해 등 테러 위협이 증가되고 있다.

셋째, 최근 북한의 경제적 곤경과 정치적 불안정으로 인하여 테러 및 유격전의 유발이 우려되고 있다.

넷째, 소수인종 및 민족, 종교적 편견, 장애인, 노인 등 약자 층을 대상으로 이유 없는 증오심을 갖고 테러를 자행하는 증오범죄가 심각하게 등장하고 있다.

〈출처〉 김두현, 「경호학개론」, 엑스퍼트, 2020, P. 461~463

74 정답 ❶

O△X 제시된 내용 중 대통령경호안전대책위원회와 테러대책실무위원회의 위원에 공통으로 해당하는 자는 ㄱ, ㄴ, ㄷ, ㄹ이다.

ㅁ. (×) 국가정보원 테러정보통합센터장은 대통령경호안전대책위원회 위원에만 해당한다(대통령경호안전대책위원회규정 제2조). 국가정보원 대테러담당 2급이 테러대책실무위원회의 위원에 해당한다.

관계법령

구성(대통령경호안전대책위원회규정 제2조)

대통령경호안전대책위원회(이하 "위원회"라 한다)의 위원은 국가정보원 테러정보통합센터장, 외교부 의전기획관, 법무부 출입국·외국인정책본부장, 과학기술정보통신부 통신정책관, 국토교통부 항공안전정책관, 식품의약품안전처 식품안전정책국장, 관세청 조사감시국장, 대검찰청 공공수사정책관, 경찰청 경비국장, 소방청 119구조구급국장, 해양경찰청 경비국장, 합동참모본부 작전본부 소속 장성급 장교 중 위원장이 지명하는 1명, 국군방첩사령부 소속 장성급 장교 또는 2급 이상의 군무원 중 위원장이 지명하는 1명, 수도방위사령부 참모장과 위원장이 임명 또는 위촉하는 자로 구성한다. 〈개정 2022.11.1.〉

실무위원회 구성(국가테러대책위원회 및 테러대책실무위원회 운영규정 제13조)

③ 실무위원회 위원은 시행령 제5조 제3항에 따라 대책위원회에 참여하는 관계기관 및 소속기관의 고위공무원단에 속하는 일반직 공무원(이에 상당하는 특정직, 별정직 공무원을 포함한다) 중 다음 각호의 자가 된다.

1. 기획재정부 비상안전기획관, 외교부 국제기구국장·재외동포영사국장, 통일부 정책기획관, 법무부 출입국정책단장·대검찰청 대테러담당검사(고등검찰청 검사급), 국방부 정책기획관·합참작전1처장·국군기무사령부 방첩처장, 행정안전부 비상안전기획관·재난대응정책관, 산업통상자원부 비상안전기획관, 보건복지부 질병관리본부 긴급상황센터장, 환경부 환경보건정책관, 국토교통부 항공정책관·비상안전기획관, 해양수산부 해운물류국장, 금융위원회 금융정보분석원장, 국가정보원 대테러담당 2급, 대통령경호처 경비안전본부장, 국무조정실 대테러정책관, 관세청 조사감시국장, 경찰청 경비국장, 소방청 119구조구급국장, 해양경찰청 경비국장, 원자력안전위원회 방사선방재국장
2. 그 밖에 실무위원장이 지명하는 자

75 정답 ❶

○△×

① (×) 손실보상을 청구할 수 있는 권리는 손실이 있음을 안 날부터 3년, 손실이 발생한 날부터 5년간 행사하지 아니하면 시효의 완성으로 소멸한다(대통령 등의 경호에 관한 법률 제20조 제2항).

② (○) 대통령 등의 경호에 관한 법률 시행령 제36조 제2항

③ (○) 대통령 등의 경호에 관한 법률 시행령 제43조

④ (○) 대통령 등의 경호에 관한 법률 시행령 제36조 제4항

76 정답 ❸

○△×

③ (○) ㄷ - d : 자원동원은 경호에 소요되는 자원은 경호대상자의 대중에 대한 노출이나 제반 여건, 경호대상자가 참여하는 행사 지속시간과 첩보수집으로 획득된 내재적인 위협분석의 결과에 따라 결정된다는 것을 의미한다.

① (×) ㄱ - a : 계획수립은 경호대상자의 안전에 영향을 미칠 수 있는 경호환경을 극복하기 위하여 예비 및 우발계획이 준비되어야 한다는 것을 의미한다.

② (×) ㄴ - b : 책임분배는 경호활동은 단독기관의 작용이 아닌 다양한 기관 간의 유기적인 연계(경호기관 단위작용의 원칙)가 필요하므로 경호임무는 명확하게 부여되어야 하며, 경호원들에게는 각각의 임무형태에 대한 책임이 부과되어야 한다는 것을 의미한다.

④ (×) ㄹ - c : 보안유지는 경호대상자, 수행원, 행사 세부일정, 적용되고 있는 경호경비상황 등의 보안은 인가된 자 이외는 엄격하게 통제되어야 한다는 것을 의미한다.

핵심만콕 경호작용의 기본 고려요소 (두 : 계·책·자·보)★

- 계획수립 : 모든 형태의 경호임무는 사전에 신중하게 계획되어야 하며, 예기치 않은 변화의 가능성 때문에 경호임무를 계획함에 있어 융통성 있게 수립되어야 한다.
- 책임 : 경호임무는 명확하게 부여되어야 하며, 경호요원들은 각각의 임무형태에 대한 책임이 부과되어야 한다.
- 자원 : 경호대상자를 경호하는 데 소요되는 자원은 경호대상자의 행차, 즉 경호대상자의 대중 앞에서의 노출이나 제반여건에 의해서 필연적으로 노출을 수반하는 행차의 지속시간과 사전 위해첩보 수집 간 획득된 내재적인 위협분석에 따라 결정된다.
- 보안 : 경호대상자와 수행원, 행사 세부일정, 경호경비상황에 관한 보안[정보(註)]의 유출은 엄격히 통제되어야 한다. 경호요원은 이러한 정보를 인가된 자 이외의 사람에게 유출하거나 언급해서는 안 된다.

〈참고〉 김두현, 「경호학개론」, 엑스퍼트, 2020, P. 258~259

77 정답 ❷

O△X 행사 참석자의 성향에 따라 MD의 감도를 적절히 조절하여 참석자 입장이 원활히 이루어질 수 있도록 한다.

핵심만콕

MD(금속탐지기)를 통과하게 되면 바로 안전구역에 들어오게 된다. 따라서 MD 근무자는 예리한 관찰력으로 위해기도자의 침투 및 위험물질의 반입을 차단해야 하는 막중한 사명감을 갖고 임무를 수행한다. 비표의 패용 여부와 진위 여부를 세밀히 관찰하고, 위해물질의 소지 여부를 색출한다. 안색 및 표정의 변화, 행동거지를 잘 살펴서 비금속성 위해물질 반입을 차단한다. 행사 참석자의 성향에 따라 MD의 감도를 적절히 조절하여 참석자 입장이 원활히 이루어질 수 있도록 한다.

〈출처〉 이두석, 「경호학개론」, 진영사, 2018, P. 272

78 정답 ❹

O△X ④ (O) 비표는 모양이나 색상이 원거리에서도 식별이 용이하도록 단순하고 선명하게 제작하여 사용함으로써 경호조치의 효율성을 증대시키고, 재생이나 복제가 되어서는 안 된다.

〈출처〉 이두석, 「경호학개론」, 진영사, 2018, P. 268

① (×) 행사 참석자를 위한 명찰이나 리본은 구역별로 그 색상을 달리하여 식별 및 통제가 용이하도록 하면 효과적이다.

② (×) 비표의 종류는 적을수록 좋고, 행사 참석자를 위한 비표는 구역별로 그 색상을 달리하면 식별 및 통제가 용이하다.

③ (×) 비표 관리는 인적 위해요소의 배제를 목표로 하므로 행사 참석자에게도 행사 당일 출입구에서 신원확인 후 비표를 배포하여야 한다.

핵심만콕 비 표

비표의 종류	리본, 명찰, 완장, 모자, 배지 등이 있으며, 대상과 용도에 맞게 적절히 운용한다.
비표의 관리	경호대상자에게 위해를 가할 소지가 있는 사람으로서 시국불만자, 신원이 특이한 교포 및 외국인, 일반 요시찰인, 피보안처분자, 공격형 정신분자 등 인적 위해요소를 배제하기 위하여 비표 관리를 한다.
비표의 운용	• 비표를 제작할 때부터 보안에 힘쓰도록 해야 하는데, 비표 분실사고 발생 시에는 즉각 보고하고 전체 비표를 무효화하며, 새로운 비표를 해당자 전원에게 지급한다. • 비표의 종류는 적을수록 좋고 행사 참석자를 위한 비표는 구역별로 그 색상을 달리하면 식별 및 통제가 용이하다. • 비표는 모양이나 색상이 원거리에서도 식별이 용이하도록 단순하고 선명하게 제작하여 사용한다. • 비표는 재생이나 복제가 되어서는 안 된다. • 경호근무자의 경호안전활동 시에도 비표를 운영해야 한다. • 행사장 근무자의 비표는 경호 배치 전・교양 시작 후 지급하며, 행사 참석자에게도 행사 당일 배포하여야 한다.

79 정답 ❷

O△X ㄱ·ㄹ은 자연발생적 우발상황에 해당하나, ㄴ·ㄷ은 천재지변에 의한 우발상황의 예이다.

핵심만콕 우발상황의 유형

- 계획적 우발상황 : 위해기도자에 의해 의도되고 계획된 우발상황이다.
- 부주의에 의한 우발상황 : 실수로 전기스위치를 잘못 건드려 전기가 나간다거나, 엘리베이터 정지버튼을 눌러서 엘리베이터가 정지하는 등의 상황을 말한다.
- 자연발생적 우발상황 : 갑자기 소나기가 내려 군중이 한군데로 몰리면서 혼잡상황이 발생하거나, 차량의 고장 등으로 인하여 도로에 정체현상이 발생하는 경우 등을 말한다.
- 천재지변에 의한 우발상황 : 홍수 등으로 인하여 도로가 유실되거나, 폭설로 인하여 도로가 차단되는 경우 등을 말한다.

〈출처〉 이두석, 「경호학개론」, 진영사, 2018, P. 344

80 정답 ❹

O△X 제시된 내용 중 국가테러대책위원회의 위원이 아닌 사람은 ㄷ과 ㅁ이다. 경찰청 경비국장과 과학기술정보통신부 통신정책관은 「대통령경호안전대책위원회규정」상 대통령경호안전대책위원회 위원에 해당한다(대통령경호안전대책위원회규정 제2조).

관계법령 국가테러대책위원회(테러방지법 제5조)

② 대책위원회는 국무총리 및 관계기관의 장 중 대통령령으로 정하는 사람으로 구성하고 위원장은 국무총리로 한다.

국가테러대책위원회 구성(테러방지법 시행령 제3조)

① 법 제5조 제2항에서 "대통령령으로 정하는 사람"이란 기획재정부장관, 외교부장관, 통일부장관, 법무부장관, 국방부장관, 행정안전부장관, 산업통상자원부장관, 환경부장관, 국토교통부장관, 해양수산부장관, 국가정보원장, 국무조정실장, 금융위원회 위원장, 원자력안전위원회 위원장, 대통령경호처장, 관세청장, 경찰청장, 소방청장, 질병관리청장 및 해양경찰청장을 말한다. 〈개정 2020.12.22.〉

제2회 심화 모의고사

문제편 186p

정답 CHECK

41	42	43	44	45	46	47	48	49	50	51	52	53	54	55	56	57	58	59	60
④	③	③	①	④	②	③	④	①	④	②	②	①	④	③	①	①	①	③	④
61	62	63	64	65	66	67	68	69	70	71	72	73	74	75	76	77	78	79	80
①	①	①	①	①	②	②	③	②	④	②	①	②	①	①	①	②	③	③	④

41 정답 ❹

O△X

④ (×) 경호행위의 근거를 제시하는 경호이론의 연구는 경호의 완성도를 높이고 경호의 질적 성장을 촉진한다. 구체적으로 경호조치를 하는 기술과 방법을 제공하는 것은 경호기법의 연구이다.

① (O) 경호학은 경호법 해석학적 연구방법을 기본으로 다양한 연구방법을 활용한다.

② (O) 경호의 법적 근거 · 경호의 대상 · 경호조직의 구성 및 운영 등은 경호의 존재방식과 방향을 결정하는 중요한 요소로서, 법치국가의 경호제도는 경호의 정당성을 제공하는 중요한 근거이다.

③ (O) 경호의식은 국민들이 경호를 어떻게 인식하는가를 연구하는 것으로 경호에 대한 국민들의 의식은 경호의 방향을 결정하고 방법을 결정하는 단서가 된다.

핵심만콕 **경호학의 연구 대상**

경호학의 연구 대상은 경호제도, 경호이론, 경호기법, 경호의식 등으로 구성된다.

경호제도	• 법치국가의 경호제도는 경호의 정당성을 제공하는 중요한 근거이다. • 경호의 법적 근거 · 경호의 대상 · 경호조직의 구성 및 운영 등은 경호의 존재방식과 방향을 결정하는 중요한 요소이다.
경호이론	• 경호이론은 경호행위의 근거를 제시한다. • 이론의 연구는 경호의 완성도를 높이고 경호의 질적 성장을 촉진한다.
경호기법	• 경호기법은 구체적으로 경호조치를 하는 기술과 방법을 제공한다. • 문제를 해결하는 구체적인 방법은 경호원 · 경호조직의 경호능력을 향상시키는 관건이다.
경호의식	• 사람들이 경호를 어떻게 생각하고 인식하는가의 문제를 연구한다. • 국민들의 경호에 대한 의식은 경호의 방향을 결정하고 방법을 결정하는 단서가 된다.

〈출처〉 이두석, 「경호학개론」, 진영사, 2018, P. 36

42 정답 ❸

O△X ( ) 안의 ㄱ~ㅁ에 들어갈 숫자의 합은 ㄱ(4) + ㄴ(6) + ㄷ(20) + ㄹ(5) + ㅁ(7) = 42이다.

관계법령

징계(대통령 등의 경호에 관한 법률 제12조)

① 직원의 징계에 관한 사항을 심사·의결하기 위하여 경호처에 고등징계위원회와 보통징계위원회를 둔다.
② 각 징계위원회는 위원장 1명과 4명 이상 6명 이하의 위원으로 구성한다.
③ 직원의 징계는 징계위원회의 의결을 거쳐 처장이 한다. 다만, 5급 이상 직원의 파면 및 해임은 고등징계위원회의 의결을 거쳐 처장의 제청으로 대통령이 한다.
④ 징계위원회의 구성 및 운영 등에 필요한 사항은 대통령령으로 정한다.

대통령경호안전대책위원회(대통령 등의 경호에 관한 법률 제16조)

① 제4조 제1항 각호의 경호대상에 대한 경호업무를 수행할 때에는 관계기관의 책임을 명확하게 하고, 협조를 원활하게 하기 위하여 경호처에 대통령경호안전대책위원회(이하 "위원회"라 한다)를 둔다.
② 위원회는 위원장과 부위원장 각 1명을 포함한 20명 이내의 위원으로 구성한다.
③ 위원장은 처장이 되고, 부위원장은 차장이 되며, 위원은 대통령령으로 정하는 관계기관의 공무원이 된다.
④~⑤ 생략

인사위원회의 설치(대통령 등의 경호에 관한 법률 시행령 제7조)

① 대통령경호처(이하 "경호처"라 한다) 직원의 인사에 관한 정책 및 그 운용에 관한 중요사항을 심의하기 위하여 인사위원회 및 인사실무위원회를 둔다. 〈개정 2022.5.9.〉
② 인사위원회는 위원장 1인과 5인 이상 7인 이하의 위원으로 구성하며, 위원장은 2급 이상 직원 중에서, 위원은 3급 이상 직원 중에서 각각 처장이 임명한다.
③ 인사실무위원회는 위원장 1인과 5인 이상 7인 이하의 위원으로 구성하며, 위원장은 3급 이상 직원 중에서, 위원은 4급 이상 직원 중에서 각각 처장이 임명한다.
④ 인사위원회 및 인사실무위원회의 회의 기타 운영에 관하여 필요한 사항은 처장이 정한다.

43 정답 ❸

O△X ③ (O) 지휘가 단일해야 한다고 하는 것은 경호기관(요원)은 한 사람의 지휘를 받아야 한다는 뜻이다. 한 걸음 더 나아가서 지휘의 단일이란 「하나의 지휘자」라는 의미 외에 하급경호요원은 하나의 상급기관에 대해서만 책임을 진다는 의미가 포함된다.

〈출처〉 김두현, 「경호학개론」, 엑스퍼트, 2020, P. 184~185

① (×) 국제적 테러행위의 수법이 지능화·고도화되고 있어 경호조직에 있어서도 기능의 전문화 내지 <u>분화 현상</u>이 나타나고 있다.
② (×) 경호조직은 <u>기구단위 및 권한과 책임이 분화되어야 하며</u>, 경호조직 내의 중추세력은 권한의 계층을 통하여 분화된 노력을 상호 조정하고 통제함으로써 경호의 목적을 달성할 수 있다.
④ (×) 과학기술의 진보와 더불어 거대정부의 양상은 경호기능의 간접적인 대규모화의 계기가 되었다. 그와 더불어 <u>경호조직도 과거에 비해 그 기구 및 인원 면에서 점차 대규모화·다변화되고 있다</u>.

44 정답 ❶

O△X ① (×) 대통령 소속으로 경호・안전 대책기구를 둘 수 있다(대통령 등의 경호에 관한 법률 제5조의2 제1항).
② (○) 대통령 등의 경호에 관한 법률 제5조의2 제2항
③ (○) 대통령 등의 경호에 관한 법률 제5조의2 제3항
④ (○) 대통령 등의 경호에 관한 법률 시행령 제4조의2 제2항

45 정답 ❹

O△X ④ (○) 선발경호에 동원된 모든 부서는 각자의 기능을 100% 발휘하면서 하나의 지휘체계 아래에 통합되어 상호보완적으로 임무를 수행해야 한다.
① (×) 선발경호의 임무는 당연히 행사장의 안전을 행사가 종료될 때까지 확보・유지하는 일이다. 그러기 위해서는 3중 경호의 원리에 입각해서 행사장을 구역별로 구분하여 그 특성에 맞는 경호조치를 강구하여야 한다.
② (×) 선발경호의 임무이자 경호의 목표라 할 수 있는 예방경호는 위해요소를 사전에 발견해서 제거하고 침투가능성을 거부함으로써 경호행사의 안전을 확보하는 것이다.
③ (×) 경호행사가 항상 계획되고 예상된 대로만 진행되지는 않는다. 따라서 선발경호는 사전에 경호팀의 능력과 현지 지형과 상황에 맞는 비상대응계획과 비상대피계획을 수립하여 비상상황에 대비하여야 한다.

핵심만콕 선발경호의 특성

구 분	내 용
예방성	선발경호의 임무이자 경호의 목표라 할 수 있는 예방경호는 위해요소를 사전에 발견해서 제거하고 침투가능성을 거부함으로써 경호행사의 안전을 확보하는 것이다.
통합성	선발경호에 동원된 모든 부서는 각자의 기능을 100% 발휘하면서 하나의 지휘체계 아래에 통합되어 상호보완적으로 임무를 수행해야 한다.
안전성	선발경호의 임무는 당연히 행사장의 안전을 확보하는 일이다. 그러기 위해선 3중 경호의 원리에 입각해서 행사장을 구역별로 구분하여 그 특성에 맞는 경호조치를 강구하여야 한다.
예비성	경호행사는 항상 계획되고 예상된 대로만 진행되지는 않는다. 따라서 선발경호는 사전에 경호팀의 능력과 현지 지형과 상황에 맞는 대응계획과 대피계획을 수립하여 비상상황에 대비하여야 한다.

〈출처〉 이두석, 「경호학개론」, 진영사, 2018, P. 254~255

46 정답 ❷

O△X 제시된 내용 중 경호의 분류에 관한 설명으로 옳지 않은 것은 ㄱ, ㄹ, ㅁ이다.
ㄱ. (×) 간접경호에 관한 설명이다. 직접경호는 행사장 주변에 인원과 장비를 배치하여 인적・물적・자연적 위해요소를 배제하기 위한 경호작용을 말한다.
ㄹ. (×) 약식경호는 의전절차 없이 불시에 행사가 진행되고, 사전 경호조치도 없는 상태에서 최소한의 근접경호만으로 실시하는 경호를 말한다.

〈출처〉 이두석, 「경호학개론」, 진영사, 2018, P. 87 / 최선우, 「경호학」, 박영사, 2021, P. 36.

ㅁ. (×) 乙(B)호 경호에 관한 설명이다. 甲(A)호 경호는 국왕 및 대통령과 그 가족, 외국의 원수 등을 경호대상으로 하는 경호를 말한다.

47 정답 ❸

O△X ( ) 안의 ㄱ~ㄹ에 들어갈 용어는 순서대로 화생방테러대응지원본부, 대테러특공대, 테러대응구조대, 테러정보통합센터이다.

관계법령

화생방테러대응지원본부 등(국민보호와 공공안전을 위한 테러방지법 시행령 제16조)

① 환경부장관, 원자력안전위원회 위원장 및 질병관리청장은 화생방테러사건 발생 시 대책본부를 지원하기 위하여 다음 각호의 구분에 따른 분야별로 화생방테러대응지원본부를 설치・운영한다.

대테러특공대 등(국민보호와 공공안전을 위한 테러방지법 시행령 제18조)

① 국방부장관, 경찰청장 및 해양경찰청장은 테러사건에 신속히 대응하기 위하여 대테러특공대를 설치・운영한다.

테러대응구조대(국민보호와 공공안전을 위한 테러방지법 시행령 제19조)

① 소방청장과 시・도지사는 테러사건 발생 시 신속히 인명을 구조・구급하기 위하여 중앙 및 지방자치단체 소방본부에 테러대응구조대를 설치・운영한다.

테러정보통합센터(국민보호와 공공안전을 위한 테러방지법 시행령 제20조)

① 국가정보원장은 테러 관련 정보를 통합관리하기 위하여 관계기관 공무원으로 구성되는 테러정보통합센터를 설치・운영한다.

48 정답 ❹

O△X 검측활동 시 건물 외부는 가까운 곳에서 먼 곳으로 확산해서 실시한다.

핵심만콕

- 검측은 책임구역을 명확하게 구분하여 계속적으로 반복 실시하되, 중복해서 실시하여 통로에서는 양측을 중점 검측하고 아래보다는 높은 곳을, 능선이나 곡각지 등 의심나는 곳은 반복해서 검측한다. 그리고 전기선은 끝까지 추적해서 확인하고 전기제품 같은 물품은 분해해서 확인하며, 확인이 불가능한 물품은 원거리에 격리시키며 쓰레기통 같은 무질서한 분위기는 청소를 실시하여 정돈한다.

〈출처〉 김두현, 「경호학개론」, 엑스퍼트, 2020, P. 270

- 검측활동 시에는 위해분자는 인간의 습성(위를 보지 않는 습성, 더러운 곳을 싫어하는 습성, 공기가 탁한 곳을 싫어하는 습성)을 최대한 활용한다는 점을 명심하고, 다음과 같은 원칙에 입각하여 상하좌우 빠지는 부분이 없도록 반복 중첩되게 실시한다.
  - 건물 내부에서 외부로 실시한다. * 주의 : 과거 기출문제는 검측은 '밖에서 안으로' 실시한다는 것이 옳은 내용으로 출제되었다(2010년, 2009년 기출문제 등 참고).
  - 건물 내부는 낮은 곳에서 높은 곳으로 실시한다.
  - 건물 외부는 가까운 곳에서 먼 곳으로 확산해서 실시한다.

〈출처〉 이두석, 「경호학개론」, 진영사, 2018, P. 270

49 정답 ❶

O△X 제시문은 일반기업의 책임과 분업원리와 연계되는 경호체계통일성의 원칙에 관한 설명이다.

핵심만콕 경호조직의 (구성)원칙★

경호지휘단일성의 원칙	• 지휘 및 통제의 이원화로 인해 파생되는 문제들을 보완하기 위해 명령과 지휘체계는 반드시 하나의 계통으로 구성해야 한다는 원칙으로, 경호업무가 긴급성을 요한다는 점에서도 요청된다. • 지휘가 단일해야 한다고 하는 것은 경호기관(요원)은 한 사람의 지휘를 받아야 한다는 뜻이다. 한 걸음 더 나아가서 지휘의 단일이란 「하나의 지휘자」라는 의미 외에 하급경호요원은 하나의 상급기관에 대해서만 책임을 진다는 의미가 포함된다.
경호체계통일성의 원칙	경호기관 구조의 정점으로부터 말단까지 상하계급 간에 일정한 관계가 이루어져 책임과 업무의 분담이 이루어지고, 명령(命令)과 복종(服從)의 지위와 역할의 체계가 통일되어야 한다는 원칙이다.
경호기관단위작용의 원칙	• 경호의 업무는 성격상 개인적 작용으로 이루어지지 않고 기관단위의 작용으로 기관의 하명에 의해서 이루어진다는 원칙이다. • 기관단위라는 것은 그 경호기관을 지휘하는 지휘자가 있고, 지휘를 받는 하급자가 있으며, 하급자를 관리하기 위한 지휘권과 장비가 편성되며 임무수행을 위한 보급지원체계를 갖추고 있어야 한다는 의미이다. • 기관단위의 관리와 임무의 수행을 위한 결정은 지휘자만이 할 수 있고, 경호의 성패는 지휘자만이 책임을 지는 것이다.
경호협력성의 원칙	경호조직과 국민과의 협력을 의미하며 완벽한 경호를 위해서는 국민의 절대적인 협력이 필요하다는 원칙이다.

〈참고〉 이두석, 「경호학개론」, 2018, P. 114~116 / 김두현, 「경호학개론」, 엑스퍼트, 2020, P. 184~187

50 정답 ❹

O△X 문인들로 구성된 최씨 정권의 숙위기관은 서방이다.

핵심만콕 고려 무신집권기의 경호제도

• 도방(都房) : 경대승이 처음 설치했고, 최충헌이 이를 부활시켰다.
• 육번도방(六番都房) : 최충헌은 문무관・한량・군졸을 막론하고 힘이 센 사람을 불러 들여 6번으로 나누어 매일 교대로 그의 집을 지키게 했는데, 이를 도방 또는 육번도방이라 하였다.
• 내외도방(內外都房) : 최우는 집권하고 나서 그의 아버지 최충헌의 육번도방을 내외도방으로 확장・강화하였는데, 내외도방의 조직은 최우가 집권하기 전부터 거느리던 그의 사병으로 내도방을 조직하고, 그의 아버지 최충헌의 육번도방을 계승하여 외도방을 조직하였다.
• 서방(書房) : 문인들로 구성된 최씨 정권의 숙위기관이었다. 최우가 고종 14년(1227)에 설치한 것으로서 최우의 문객 가운데 이름난 선비들을 3번으로 나누어 교대로 당번 근무케 하였다.
• 마별초(馬別抄) : 몽고와의 관계가 긴장되어 시국의 긴박감을 느끼게 된 최우가 그의 집권체제의 강화를 도모하는 가운데 몽고의 제도를 참작하여 조직하였다.
• 삼별초(三別抄) : 고종 때 최우가 조직한 야별초가 좌별초, 우별초로 나누어지고, 여기에 신의군을 합하여 구성된 것이다.

51 정답 ❷

O△X ② (○) 목적지에 도착하면 경호책임자는 가장 먼저 하차하고 출발 시에는 가장 나중에 승차하며 경호대상자 승・하차 시 차량 문의 개폐와 잠금장치를 통제한다. 차량이 하차 지점에 도착하면 정차 후 운전석 옆에 탑승한 경호요원(보통 경호팀장)이 차에서 내려 먼저 주변 안전을 확인하여야 하고, 차량 문을 먼저 개방해서는 안 된다. 경호팀장은 준비가 완료되면 경호대상자차의 잠금장치를 풀고 경호대상자를 차에서 내리게 한 후 경호대상자가 신속하게 건물 안으로 이동할 수 있도록 한다.

〈출처〉 김계원, 「경호학」, 진영사, 2012, P. 249~250

① (×) 선도차량과 일정한 간격을 유지하면서 이동하며, 유사시 선도차량과 같은 방향으로 대피한다.

③ (×) 차선 변경 시에는 후미경호차가 먼저 차선을 바꾸어 차선을 확보한 후에 경호대상자차가 안전하게 진입한다.

④ (×) 후미경호차량은 교차로에서 좌회전 시에는 경호대상자 차량의 우측 후미차선을, 우회전 시에는 좌측 후미차선을 이용하여 회전하면서 접근 차량에 대한 방호임무를 수행하여야 한다.

52 정답 ❷

O△X 제시문의 (   ) 안에 들어갈 내용은 ㄱ : 대비단계, ㄴ : 대응단계이다.

핵심만 콕 경호활동의 4단계

- 예방단계(준비단계・정보활동단계)
  - 법과 제도를 정비하여 우호적인 경호환경을 조성한다.
  - 경호와 관련된 정보와 첩보를 수집・분석하여 경호위협을 평가한다.
  - 경호계획을 수립하는 경호준비과정이다.
- 대비단계(안전활동단계)
  - 경호계획을 근거로, 행사보안의 유지와 위해정보의 수집을 위한 보안활동을 전개한다.
  - 행사장의 취약요소에 대한 안전대책을 강구한다.
  - 경호위기상황에 대비한 비상대책활동을 실시한다(대응단계로 분류하기도 한다).
  - 위험요소에 대한 거부작전을 실시한다.
- 대응단계(실시단계・경호활동단계)
  - 경호인력을 배치하여 지속적인 경계활동을 실시한다(잠재적인 위해기도자의 공격기회 차단).
  - 경호위기상황에 즉각적으로 대응하고 조치하는 즉각조치활동을 실시한다.
- 학습단계(평가단계・학습활동단계)
  - 경호 실시결과를 분석하고 평가하여 존안한다.
  - 평가결과 대두된 문제점을 보완하기 위한 교육과 훈련을 실시한다.
  - 평가결과를 차기 행사에 반영하기 위한 적용(Feedback)을 실시한다.

〈출처〉 이두석, 「경호학개론」, 진영사, 2018, P. 156~157

53 정답 ❶

O△X 제시된 내용의 ( )에 들어갈 숫자는 ㄱ : 5, ㄴ : 6, ㄷ : 7이다.

관계법령

임용권자(대통령 등의 경호에 관한 법률 제7조)

① 5급 이상 경호공무원과 5급 상당 이상 별정직 국가공무원은 처장의 제청으로 대통령이 임용한다. 다만, 전보ㆍ휴직ㆍ겸임ㆍ파견ㆍ직위해제ㆍ정직(停職) 및 복직에 관한 사항은 처장이 행한다.

직권면직(대통령 등의 경호에 관한 법률 제10조)

① 임용권자는 직원(별정직 국가공무원은 제외한다. 이하 이 조에서 같다)이 다음 각호의 어느 하나에 해당하면 직권으로 면직할 수 있다.

1. 신체적ㆍ정신적 이상으로 6개월 이상 직무를 수행하지 못할 만한 지장이 있을 때

정년(대통령 등의 경호에 관한 법률 제11조)

① 경호공무원의 정년은 다음의 구분에 따른다.

1. 연령정년
   가. 5급 이상 : 58세
   나. 6급 이하 : 55세
2. 계급정년
   가. 2급 : 4년
   나. 3급 : 7년
   다. 4급 : 12년
   라. 5급 : 16년

54 정답 ❹

O△X 작전 담당자는 행사를 주도적으로 준비하고 총괄하는 주무 담당관으로서 주로 경호상황본부를 담당한다.

핵심만콕 개인별 임무 - 사전임무

작전 담당	• 행사를 주도적으로 준비하고 총괄하는 주무 담당관이다. • 관계부서와 협조하여 행사 자료 취합, 행사장 사전 답사, 행사ㆍ행사장의 취약성 분석 및 대비책 강구, 병력운용계획 수립, 병력운용계획에 따라 경호요원들에게 개인별 임무 부여, 각 경호요원들이 준비한 내용을 취합하여 경호계획서 완성
행정 담당	선발활동 간 경호요원들에 대한 행정지원(숙소, 식사, 출장비 등)
차량 담당	선발대의 이동ㆍ철수계획 수립 및 시행, 차량 확보 및 운용, 현지 차량 지원기사에 대한 교육 및 보안서약서 작성 등 차량 운용 전반에 걸친 임무
비표 담당	비표운용계획 확인, 비표 견본 작성ㆍ전파ㆍ교육, 신원특이자 확인ㆍ전파
보도 담당	보도요원의 규모 확인, 보도계획 확인, 근접ㆍ원거리촬영 구분하여 보도요원 통제계획 수립, 보도요원의 이동계획 협조, 행사장별 보도계획 확인
장비 담당	행사의 성격을 고려한 개인ㆍ공용장비 일체의 준비 및 관리
주행사장 담당	주행사의 진행과 관련된 모든 내용 숙지, 경호대상자 관련 사항 파악 및 협조, 행사 진행 간 제반 유동요소ㆍ특이사항 확인 및 전파

출입통제 담당	모든 참석인원의 출입절차 확인 및 통제, 모든 참석인원에 대한 입장계획 · 주차계획 · 안내계획 등의 확인 및 협조, 참석인원의 규모 · 행사장 출입통로의 적절성 판단, 금속탐지기(MD) 운용계획 수립
안전대책 담당	행사에 영향을 미칠 수 있는 외부의 영향요소 파악 및 대책 강구, 지역의 동향 · 중화기 및 위험물질의 이동 · 주변 군부대의 이동 및 훈련 상황 · 행사장 주변 감제고지 및 고층건물에 대한 안전대책 등의 확인 및 통제

〈출처〉 이두석, 「경호학개론」, 진영사, 2018, P. 228~230

55 정답 ❸

O△X 제시된 내용 중 대통령경호원으로 임용될 수 없는 사람은 3명(ㄴ, ㄹ, ㅅ)이다. ㄱ과 관련하여 피성년후견인은 성년후견개시의 심판이 청구된 자가 아닌 법원의 성년후견개시의 심판을 받은 자를 말한다.

관계법령 **직원의 임용 자격 및 결격사유(대통령 등의 경호에 관한 법률 제8조)**

① 경호처 직원은 신체 건강하고 사상이 건전하며 품행이 바른 사람 중에서 임용한다.
② 다음 각호의 어느 하나에 해당하는 사람은 직원으로 임용될 수 없다.
1. 대한민국의 국적을 가지지 아니한 사람
2. 「국가공무원법」 제33조 각호의 어느 하나에 해당하는 사람

결격사유(국가공무원법 제33조)★

다음 각호의 어느 하나에 해당하는 자는 공무원으로 임용될 수 없다. 〈개정 2024.12.31.〉
1. 피성년후견인
2. 파산선고를 받고 복권되지 아니한 자
3. 금고 이상의 실형을 선고받고 그 집행이 끝나거나(집행이 끝난 것으로 보는 경우를 포함한다) 집행이 면제된 날부터 5년이 지나지 아니한 자
4. 금고 이상의 형의 집행유예를 선고받고 그 유예기간이 끝난 날부터 2년이 지나지 아니한 자
5. 금고 이상의 형의 선고유예를 받은 경우에 그 선고유예 기간 중에 있는 자
6. 법원의 판결 또는 다른 법률에 따라 자격이 상실되거나 정지된 자

6의2. 공무원으로 재직기간 중 직무와 관련하여 「형법」 제355조 및 제356조에 규정된 죄를 범한 자로서 300만원 이상의 벌금형을 선고받고 그 형이 확정된 후 2년이 지나지 아니한 자

6의3. 다음 각목의 어느 하나에 해당하는 죄를 범한 사람으로서 100만원 이상의 벌금형을 선고받고 그 형이 확정된 후 3년이 지나지 아니한 사람
가. 「성폭력범죄의 처벌 등에 관한 특례법」 제2조에 따른 성폭력범죄
나. 「정보통신망 이용촉진 및 정보보호 등에 관한 법률」 제74조 제1항 제2호 및 제3호에 규정된 죄
다. 「스토킹범죄의 처벌 등에 관한 법률」 제2조 제2호에 따른 스토킹범죄

6의4. 미성년자에 대하여 「성폭력범죄의 처벌 등에 관한 특례법」 제2조에 따른 성폭력범죄 또는 「아동 · 청소년의 성보호에 관한 법률」 제2조 제2호에 따른 아동 · 청소년대상 성범죄를 범한 사람으로서 다음 각목의 어느 하나에 해당하는 날부터 20년이 지나지 아니한 사람
가. 금고 이상의 실형을 선고받고 그 집행이 끝나거나(집행이 끝난 것으로 보는 경우를 포함한다) 집행이 면제된 날
나. 금고 이상의 형의 집행유예를 선고받고 그 집행유예가 확정된 날
다. 벌금 이하의 형을 선고받고 그 형이 확정된 날
라. 치료감호를 선고받고 그 집행이 끝나거나 집행이 면제된 날
마. 징계로 파면처분 또는 해임처분을 받은 날

7. 징계로 파면처분을 받은 때부터 5년이 지나지 아니한 자
8. 징계로 해임처분을 받은 때부터 3년이 지나지 아니한 자

[2024.12.31. 법률 제20627호에 의하여 2022.11.24. 헌법재판소에서 헌법불합치 결정된 이 조를 개정함.]

③ 제2항 각호(「국가공무원법」 제33조 제5호는 제외한다)의 어느 하나에 해당하는 직원은 당연히 퇴직한다.

56 정답 ❶

○△×

제시된 내용 중 경호의 원칙에 관한 설명으로 옳지 않은 것은 ㄱ, ㄴ, ㄷ이다.

ㄱ. (×) 자기희생의 원칙에 관한 설명이다. 방어경호의 원칙은 경호는 위해기도자의 공격행동에 대항하여 경호대상자를 보호하는 행위이므로 경호요원은 최후의 방어수단인 자신의 몸으로 경호대상자를 안전하게 보호하는 것이 최선이라는 원칙을 말한다. 다만, 근접경호 시 시간상으로나 거리상으로 경호대상자보다 위해기도자가 더 가까이에 있어서 위해기도자를 제압하는 것이 경호대상자를 보호하는 데 더 효과적이라고 판단할 경우에는 위해기도자를 제압할 수 있다.

ㄴ. (×) 기만경호 기법 중 복제경호요원 운용에 관한 설명이다. 은밀경호의 원칙이란 경호요원은 타인의 눈에 잘 띄지 않게 은밀하고 침묵 속에서 행동하며, 항상 경호대상자의 공적·사적 업무활동에 방해를 주지 않고 신변을 보호할 수 있는 곳에 행동반경을 두고 경호에 임해야 한다는 원칙이다.

ㄷ. (×) 목표물 보존의 원칙에 관한 설명이다. 자기희생의 원칙은 경호대상자가 위기에 처했을 때 자기 몸을 희생하여 경호대상자를 보호해야 한다는 원칙으로 경호대상자는 어떠한 상황하에서도 절대적으로 보호되어야 한다는 것을 말한다.

ㄹ. (○) 하나의 통제된 지점을 통한 접근의 원칙은 경호대상자에게 접근할 수 있는 출입구나 통로는 하나만 필요하다는 원칙이다. 하나의 통제된 출입구나 통로라 하더라도 접근자는 경호요원에 의하여 인지되고 확인되어야 하며 허가절차를 거쳐 접근토록 해야 한다.

ㅁ. (○) 3중 경호의 원칙은 경호대상자가 위치한 지역에서 가장 근거리부터 엄중한 경호를 취하는 순서로 근접경호, 중간경호, 외곽경호로 나누고 그에 따른 요원의 배치와 임무가 부여되는 원칙을 말한다.

ㅂ. (○) 두뇌경호의 원칙은 사전에 치밀한 계획을 세우고 준비를 철저히 하여 위험요소를 제거하는 데 중점을 두며, 경호임무 수행 중 긴급하고 위험한 상황이 발생하였을 때에는 고도의 예리하고 순간적인 판단력이 중요시된다는 원칙이다.

57 정답 ❶

○△×

① (×) 전직대통령의 신분과 예우에 관하여는 법률로 정한다(헌법 제85조). 헌법 제85조는 「전직대통령 예우에 관한 법률」의 근거규정이다.

② (○) 대통령경호처와 그 소속기관 직제 제1조

③ (○) 대통령경호안전대책위원회의 구성 및 운영에 필요한 사항은 대통령령으로 정한다(대통령 등의 경호에 관한 법률 제16조 제5항). 이 영은 「대통령 등의 경호에 관한 법률」 제16조에 따른 대통령경호안전대책위원회의 구성 및 운영에 관하여 필요한 사항을 규정함을 목적으로 한다(대통령경호안전대책위원회규정 제1조).

④ (○) 대통령 등의 경호에 관한 법률 제1조

58 정답 ❶

O△X 제시된 내용 중 옳은 것은 ㄱ과 ㄴ이다.

ㄱ. (O) 안락성(comfort)에 관한 옳은 설명이다. 경호대상자가 차량을 편안하고 쾌적하게 이용할 수 있도록 차량을 관리하여 이동하는 동안 편안하게 시간을 보낼 수 있도록 하는 것이다.

ㄴ. (O) 편의성(convenience)에 관한 옳은 설명이다. 경호대상자의 업무스케줄에 차질이 생기지 않도록 정확한 시간 엄수로 계획된 시간에 맞춰 목적지에 안전하게 도착하도록 하는 것은 경호의 중요한 임무이므로 차량을 이용하는 것이 시간을 관리하고 한 지점에서 다른 지점으로 이동하는 데 도움이 되어야 한다.

ㄷ. (×) 방비성(security)에 관한 설명이다. 안전성(safety)은 각종 사고로부터 경호대상자를 보호해야 한다는 것으로서 방어운전을 통한 사고 방지, 교통법규 준수를 통한 사고 위험성 차단 등을 말한다.

ㄹ. (×) 안전성(safety)에 관한 설명이다. 방비성(security)은 고의적이거나 계획적인 위해자의 차량공격에 대비하여 경호대상자를 안전하게 보호하는 것을 말한다.

핵심만콕 **차량기동경호의 목표**

- 안락성(comfort) : 경호대상자가 차량을 이용하여 이동하는 동안 편안하게 시간을 보낼 수 있도록 하는 것이다.
- 편의성(convenience) : 정확한 시간 엄수로 업무스케줄에 차질이 생기지 않도록 하는 것이다.
- 안전성(safety) : 각종 사고로부터 경호대상자를 보호해야 한다는 것이다.
- 방비성(security) : 고의적이거나 계획적인 외부의 위해공격으로부터 경호대상자를 안전하게 보호하는 것을 말한다.

〈출처〉 이두석, 「경호학개론」, 진영사, 2018, P. 325

59 정답 ❸

O△X 공식서열은 신분별 지위에 따라 인정된 서열로 국제적으로 동일하게 적용하는 것이 아니고, 나라마다 의전관행과 관습에 따라 약간의 차이가 있다.

핵심만콕 **국빈 행사 시 의전서열**

- 국가원수급 외빈의 공식방문 환영행사 시 예포는 21발을 발사한다.
- 국빈 방문 시 행사절차는 환영행사, 국가원수 내외분 예방, 국가원수 내외 주최 리셉션 및 만찬, 환송행사 순으로 진행된다.
- 외국 방문 시 의전관행은 항상 자국 관행보다 방문국 관행을 우선한다.
- 좌석 서열 배치는 지위가 비슷한 경우 여자를 남자보다 우선한다.
- 지위가 비슷한 경우 연소자보다 연장자가, 내국인보다 외국인이 상위 서열이다.
- 여자들의 서열은 기혼부인, 미망인, 이혼부인 및 미혼자의 순위로 하고, 기혼부인 간의 서열은 남편의 지위에 따른다.
- 공식서열은 신분별 지위에 따라 인정된 서열로 국제적으로 동일하게 적용하는 것이 아니고, 나라마다 의전관행과 관습에 따라 약간의 차이가 있다.
- 비공식서열의 경우 원만하고 조화된 좌석배치를 위해서 서열 결정상의 원칙은 다소 조정될 수도 있다.
- 한 사람이 2개 이상의 사회적 지위를 가지고 있을 경우 원칙적으로 상위직을 기준으로 적용하되, 행사의 성격에 따라 행사와 관련된 직위를 적용한 조정 등의 일반원칙이 적용된다.

60 정답 ❹

O|△|X 자택이 아닌 숙소 등의 경우에는 일반적으로 경호적 방어 환경이 취약하다.

핵심만콕	숙소경호의 특성

- 혼잡성 : 숙소의 특성상 출입이 빈번하고 숙소를 이용하는 일반인 이용객들이 많아 통제가 용이하지 않다.
- 보안의 위험성 : 매스컴을 통한 경호대상자의 거취의 보도나 보안차량과 인원의 이동 시 주변에 알려지기 쉬워 보안 상에 위험이 많다.
- 방어의 취약성 : 호텔 등 유숙지의 시설물은 일반 업무용 숙박시설의 기능을 가지고 있어 숙소의 종류 및 시설물들이 복잡하고 많은 위험요소가 내포되어 있기 때문에 경호적 개념의 방어에 취약하다.
- 고정성 : 경호대상자의 동일 장소에서의 장기간 체류는 범행 기도자에게 기회와 시간을 제공하게 될 수 있다.

61 정답 ❶

O|△|X 제시된 내용 중 옳지 않은 것은 ㅁ이다.

ㅁ. (×) 검색장비는 위해도구나 위해물질을 찾아내는 데 사용하는 장비를 말하고, 검측장비는 위해물질의 존재 여부를 검사하거나 시설물의 안전점검에 사용하는 도구를 말한다.

ㄱ. (○) 호신장비에 관한 옳은 설명이다. 호신장비에는 총기, 경봉, 가스분사기, 전자충격기 등이 있다.

ㄴ. (○) 방호장비에 관한 옳은 설명이다. 적의 침입 예상경로를 차단하기 위하여 방벽을 설치・이용하는 것으로 경호방법 중 최후의 예방경호방법이라 할 수 있다. 방호장비는 크게 자연적 방벽과 물리적 방벽으로 나뉜다(단순히 방폭담요, 방폭가방 등을 방호장비로 분류하는 견해도 있다).

ㄷ. (○) 감시장비는 경호임무에 있어 인력부족으로 인한 경호 취약점을 보완하는 수단으로 위해기도자의 침입이나 범죄행위를 사전에 감시하기 위한 장비(전자파, 초음파, 적외선 등을 이용한 기계장비)를 말한다.

ㄹ. (○) 감시장비에는 드론, CCTV, 열선감지기, 쌍안경, 망원경, 포대경(M65), TOD(영상감시장비) 등이 있다.

ㅂ. (○) 통신장비에 관한 옳은 설명이다. 경호통신은 신뢰성, 신속성, 정확성, 안전성이 고려되어야 한다. 유선통신장비(전화기, 교환기, FAX망, 컴퓨터통신, CCTV 등의)와 무선통신장비[휴대용 무전기(FM-1), 페이징, 차량용 무전기(MR-40V, KSM-2510A, FM-5), 무선전화기, 인공위성 등]로 구분할 수 있다.

62 정답 ❶

O|△|X 근접경호원은 항상 경호대상자가 자신의 시야 안에 확보된 상태에서 시선은 위해요소(군중)를 향하고 있어야 한다.

〈출처〉 이두석, 「경호학개론」, 진영사, 2018, P. 292

63 정답 ❶

O△X ① (○) 대통령경호처와 그 소속기관 직제 제5조 제2항

② (×) 위원장은 처장이 되고, 부위원장은 차장이 되며, 위원은 대통령령으로 정하는 관계기관의 공무원이 된다(대통령 등의 경호에 관한 법률 제16조 제3항).

③ (×) 대통령경호처장은 경호업무를 효율적으로 수행하기 위해 필요한 경우 관계기관의 장과 협의하여 법 제15조(국가기관 등에 대한 협조 요청)에 따라 경호구역에서의 경호업무를 지원하는 인력・시설・장비 등에 관한 사항을 조정할 수 있다(대통령 등의 경호에 관한 법률 시행령 제3조의3 제3항).

④ (×) 전직대통령이 재직 중 탄핵결정을 받아 퇴임한 경우에는 '필요한 기간의 경호 및 경비(警備)'를 제외하고는 이 법에 따른 전직대통령으로서의 예우를 하지 아니한다(전직대통령 예우에 관한 법률 제7조 제2항 제1호). 즉, '필요한 기간의 경호 및 경비(警備)'의 예우는 할 수 있다.

관계법령 **권리의 정지 및 제외 등(전직대통령 예우에 관한 법률 제7조)**

② 전직대통령이 다음 각호의 어느 하나에 해당하는 경우에는 제6조 제4항 제1호(필요한 기간의 경호 및 경비)에 따른 예우를 제외하고는 이 법에 따른 전직대통령으로서의 예우를 하지 아니한다.

1. 재직 중 탄핵결정을 받아 퇴임한 경우
2. 금고 이상의 형이 확정된 경우
3. 형사처분을 회피할 목적으로 외국정부에 도피처 또는 보호를 요청한 경우
4. 대한민국의 국적을 상실한 경우

64 정답 ❶

O△X 경호위기의 특성으로는 불확실성・돌발성・시간제약성・중대성을 들 수 있다. 폭력성은 급작성, 기습성과 더불어 위해기도자의 위해 공격의 특성이다.

핵심만콕

위해 공격의 특성

위해기도자의 위해 공격은 어느 순간 갑작스럽게 발생하는 급작성(suddenness), 예상치 않은 시기와 장소에서 발생하는 기습성(surprise)과 폭력적인 수단을 동반하는 폭력성(violence)의 특성이 있다.

〈출처〉 이두석, 「경호학개론」, 진영사, 2018, P. 296

경호위기의 특성

- 불확실성 : 언제, 어디서, 누구에 의해서, 어떠한 형태로 발생할지 사전에 알 수 없다.
- 돌발성 : 사전에 예고가 없고, 공격은 기습적으로 이루어진다.
- 시간제약성 : 돌발적으로 발생하므로 대처하기 위한 시간적 여유가 별로 없다.
- 중대성 : 경호위기의 결과는 치명적인 결과를 초래한다.

〈참고〉 이두석, 「경호학개론」, 진영사, 2018, P. 153~154

65 정답 ❶

O△X ① (O) 장용영 : 조선 후기 정조 17년에 장용위를 크게 확대하여 설치된 경호기관이다.

② (×) 호위청 : 조선 후기 인조 때 설치한 경호기관이다.

③ (×) 내순검군 : 고려 전기에 설치된 경호기관이다.

④ (×) 삼별초 : 고려 무신집권기에 설치된 경호기관이다.

핵심만콕 우리나라 시대별 경호기관

구 분		경호기관
삼 국	고구려	대모달, 말객
	백 제	5부(部), 5방(坊), 위사좌평(경호처장), 병관좌평(국방부장관), 달률, 내관(궁궐 내부)
	신라(통일신라)	시위부, 9서당, 10정, 금군(시위부 소속)
발 해		왕실과 궁중을 지키는 중앙 군사조직 10위(十衛) • 좌우맹분위(左右猛賁衛), 좌우웅위(左右熊衛), 좌우비위(左右羆衛) : 궁성의 숙위(宿衛)를 담당 • 남좌우위(南左右衛), 북좌우위(北左右衛) : 남위금병(南衛禁兵)과 북위금병(北衛禁兵)을 관장(추측) • 각 위(衛)마다 대장군과 장군을 두어 통솔
고 려	전 기	중군, 순군부, 내군부, 장위부·사위시, 2군 6위, 내순검군
	무신집권기	• 도방(경대승), 육번도방(최충헌) • 내외도방(최우), 서방(최우), 마별초(최우), 삼별초
	후 기	순마소, 순군만호부, 사평순위부, 성중애마
조 선	전 기	• 의흥친군위, 의흥삼군위(의흥삼군부), 10사 • 별시위·내금위·내시위, 겸사복, 충의위, 충순위, 갑사
	후 기	• 호위청, 어영군, 어영청, 금위영, 훈련도감 • 용호영, 장용위·장용영, 금군, 숙위소
한말(갑오경장)	이 전	무위소, 무위영, 친군용호영, 시위대, 친위대
	이 후	경위원, 황궁경위국, 창덕궁경찰서
대한민국(정부수립)	이 전	내무총장, 경무국(지방에는 경무사), 경호부
	이 후	• 경무대경찰서(1949) • 청와대 경찰관파견대(1960) • 중앙정보부 경호대(1961) • 대통령경호실(1963) • 대통령실장 소속 경호처(2008, 차관급) • 대통령경호실(2013, 장관급) • 대통령경호처(2017~, 차관급)

〈참고〉 김두현, 「경호학개론」, 엑스퍼트, 2020, P. 78~118

66 정답 ❷

O△X 옳지 않은 것은 1개(ㅁ)이다.

ㅁ. (×) 심정지 환자에게는 기본 인명구조술이 심정지 후 4분 이내에 시작되고, 전문적 인명구조술이 8분 이내에 시작되어야 높은 생존율을 기대할 수 있다.

핵심만콕

- 환자의 반응이 없고 호흡이 없거나 비정상 호흡상태(심정지 호흡 포함)가 관찰될 경우에는 심정지 상태로 판단한다. 환자의 반응이 없더라도 움직임이 있거나 호흡을 하는 경우는 심정지가 아니다.
- 호흡이 정지되거나 심장이 멈추었을 때, 4~6분 이내에 심폐소생술이 실시되지 않으면 환자의 생존 가능성이 낮아진다. 심정지 환자에게는 기본 인명구조술이 심정지 후 4분 이내에 시작되고, 전문적 인명구조술이 8분 이내에 시작되어야 높은 생존율을 기대할 수 있다.

〈출처〉 이두석, 「경호학개론」, 진영사, 2018, P. 283~284

67 정답 ❷

O△X 대테러활동에 관한 국가의 정책 수립 및 평가는 국가테러대책위원회의 심의・의결사항에 해당한다.

핵심만콕 국가테러대책기구의 주요기능

국가테러대책위원회	대테러센터
국가테러대책위원회는 다음의 사항을 심의・의결한다(테러방지법 제5조 제3항). • 대테러활동에 관한 국가의 정책 수립 및 평가 • 국가 대테러 기본계획 등 중요 중장기 대책 추진사항 • 관계기관의 대테러활동 역할 분담・조정이 필요한 사항 • 그 밖에 위원장 또는 위원이 대책위원회에서 심의・의결할 필요가 있다고 제의하는 사항	대테러활동과 관련하여 다음의 사항을 수행하기 위하여 국무총리 소속으로 관계기관 공무원으로 구성되는 대테러센터를 둔다(테러방지법 제6조 제1항). • 국가 대테러활동 관련 임무분담 및 협조사항 실무 조정 • 장단기 국가대테러활동 지침 작성・배포 • 테러경보 발령 • 국가 중요행사 대테러안전대책 수립 • 대책위원회의 회의 및 운영에 필요한 사무의 처리 • 그 밖에 대책위원회에서 심의・의결한 사항

68 정답 ❸

O△X 비표는 행사 참석자를 비롯한 출입 인원, 장비 및 차량 등의 모든 인적・물적 출입요소의 인가 및 확인 여부를 표시하기 위하여 사용되는 중요한 식별수단으로, 인적 위해요소의 배제활동에 해당한다.

〈참고〉 이두석, 「경호학개론」, 진영사, 2018, P. 265~268

핵심만콕 인적 위해요소의 배제활동

- 인적 위해요소는 경호대상자에게 위해를 가할 가능성이 있는 사람을 말하며, 경호첩보수집, 인적 위해분자의 동향감시, 접근차단, 행사 참석자의 신원조사 및 신원확인 등이 인적 위해요소 배제활동이라 할 수 있다.
- 인적 위해요소 배제활동의 세부활동으로는 신원조사, 비표 관리 등을 들 수 있다.

※ 비표 관리 : 비표는 비밀표시의 줄임말로서, 경호행사 시 초청인사와 참석자 등에게 비표를 지급하여 불순분자의 참석을 통제하는 데 목적이 있다.

69 정답 ❷

O△X 일반적인 경호계획서의 구성상 ①은 상황, ②는 행정 및 군수, ③은 실시, ④는 임무 항목에 해당한다.

핵심만콕 경호계획서의 구성

- 제1항 상황에는 전반적인 행사 개요를 기술하여, 경호원들이 행사의 내용을 숙지하고 행사의 성격과 흐름에 따라 경호대책을 강구할 수 있도록 한다.
- 제2항 임무에는 행사를 담당할 경호팀의 편성과 출동시간 등 경호팀의 조직과 운영에 관한 사항, 그리고 팀별 또는 개인별 임무를 명시하여 체계적이고 조직적인 경호를 도모한다.
- 제3항 실시에서는 세부적인 경호인력 운용계획 및 세부 임무를 부여하며 현장답사, 관계관회의, 행사장 안전확보, 검측계획, 출입자 통제계획, 비표운용계획, 주차장 운영계획 등을 상세히 기술한다.
- 제4항 행정 및 군수에는 경호 인력의 이동 및 철수, 식사 및 숙박, 복장 및 비표 등 행정지원에 관한 사항을 기술한다.
- 제5항 지휘 및 통신에는 주요 연락망과 무전기 채널 운용에 관한 사항을 기술하여 지휘의 체계화 및 일원화를 도모한다.

〈출처〉 이두석, 「경호학개론」, 진영사, 2018, P. 227

70 정답 ❹

O△X ④ (×) 대통령경호처장은 거짓 또는 부정한 방법으로 보상금을 받은 자에 대하여는 해당 보상금을 <u>환수하여야 한다</u>(대통령 등의 경호에 관한 법률 제20조 제4항).

① (○) 대통령 등의 경호에 관한 법률 제20조 제1항 제2호

② (○) 대통령 등의 경호에 관한 법률 시행령 제36조 제1항 제1호·제2호

③ (○) 대통령 등의 경호에 관한 법률 시행령 제36조 제2항

71 정답 ❷

O△X 「각종 기념일 등에 관한 규정」 제2조의 규정에 따른 기념일(53개) 중 현충일 및 국군의 날에는 국기를 게양하여야 한다(대한민국국기법 제8조 제1항 제2호). 3·1절과 한글날은 국경일이다.

72 정답 ❶

O△X ① (×) ㄱ은 <u>심리적 동기에 관한 설명</u>이다. 개인적 동기는 분노, 복수, 원한, 증오 등에 의한 암살을 말한다.

② (○) B – ㄴ : 경제적 동기에 관한 옳은 설명이다.

③ (○) C – ㄹ : 정치적 동기에 관한 옳은 설명이다.

④ (○) D – ㄷ : 이념적 동기에 관한 옳은 설명이다.

핵심만콕 **암살의 동기★**

구 분	내 용
개인적 동기	분노, 복수, 원한, 증오 등 극히 개인적 동기에 의해 암살이 이루어진다.
경제적 동기	금전적 보상 혹은 경제적 어려움을 해소하기 위하여 피암살자의 희생이 필요하다는 신념에 의해 암살이 이루어진다.
적대적(전략적) 동기	전쟁 중이거나 적대관계에 있는 지도자를 제거하여 승전을 유도하거나 사회혼란을 조성하기 위해 암살이 이루어진다.
정치적 동기	정권을 바꾸거나 교체하려는 욕망으로 암살이 이루어진다.
심리적 동기	정신분열증, 조울증, 편집증, 노인성 치매 등 정신병력 증세를 갖고 있는 사람들에 의해 암살이 이루어진다.
이념적 동기	어떠한 개인 혹은 집단이 주장·신봉하는 이념이나 사상을 탄압하거나 방해한다고 여겨지는 때 그 대상을 제거하기 위한 목표로 암살이 이루어진다.

〈출처〉 김두현, 「경호학개론」, 엑스퍼트, 2020, P. 464~466

73 정답 ❷

○△×

제시된 내용 중 경호작용의 기본적인 고려요소에 관한 설명으로 옳지 않은 것은 ㄱ과 ㄷ이다.

ㄱ. (×) 모든 경호임무는 예기치 않은 변화의 가능성을 내포하고 있으므로 신중하면서도 융통성 있는 사전계획이 이루어져야 한다.

ㄷ. (×) 경호활동은 단독기관의 작용이 아닌 다양한 기관 간의 유기적인 연계가 필요하므로 경호임무는 명확하게 부여되어야 하며, 경호원들에게는 각각의 임무형태에 대한 책임이 부과되어야 한다.

ㄴ. (○) 경호에 소요되는 자원은 경호대상자의 대중에 대한 노출이나 제반 여건, 경호대상자가 참여하는 행사 지속시간과 첩보수집으로 획득된 내재적인 위협분석의 결과에 따라 결정된다.

ㄹ. (○) 보안유지는 경호대상자, 수행원, 행사 세부일정, 적용되고 있는 경호경비상황 등의 보안은 인가된 자 이외는 엄격하게 통제되어야 한다는 것을 의미한다.

핵심만콕 **경호작용의 기본 고려요소 (두 : 계·책·자·보)**

- 계획수립 : 모든 형태의 경호임무는 사전에 신중하게 계획되어야 하며, 예기치 않은 변화의 가능성 때문에 경호임무를 계획함에 있어 융통성 있게 수립되어야 한다.
- 책임 : 경호임무는 명확하게 부여되어야 하며, 경호요원들은 각각의 임무형태에 대한 책임이 부과되어야 한다.
- 자원 : 경호대상자를 경호하는 데 소요되는 자원은 경호대상자의 행차, 즉 경호대상자의 대중 앞에서의 노출이나 제반여건에 의해서 필연적으로 노출을 수반하는 행차의 지속시간과 사전 위해첩보 수집 간 획득된 내재적인 위협분석에 따라 결정된다.
- 보안 : 경호대상자와 수행원, 행사 세부일정, 경호경비상황에 관한 보안[정보(註)]의 유출은 엄격히 통제되어야 한다. 경호요원은 이러한 정보를 인가된 자 이외의 사람에게 유출하거나 언급해서는 안 된다.

〈참고〉 김두현, 「경호학개론」, 엑스퍼트, 2020, P. 258~259

74 정답 ❶

O△X ②·③·④는 대통령 등의 경호에 관한 법률 제21조 제1항이 적용되나, ①은 대통령 등의 경호에 관한 법률 제21조 제2항이 적용된다.

관계법령

비밀의 엄수(대통령 등의 경호에 관한 법률 제9조)

① 소속 공무원[퇴직한 사람과 원(原) 소속 기관에 복귀한 사람을 포함한다. 이하 이 조에서 같다]은 직무상 알게 된 비밀을 누설하여서는 아니 된다.

② 소속 공무원은 경호처의 직무와 관련된 사항을 발간하거나 그 밖의 방법으로 공표하려면 미리 처장의 허가를 받아야 한다.

직권남용금지 등(대통령 등의 경호에 관한 법률 제18조)

① 소속 공무원은 직권을 남용하여서는 아니 된다.

② 경호처에 파견된 경찰공무원은 이 법에 규정된 임무 외의 경찰공무원의 직무를 수행할 수 없다.

무기의 휴대 및 사용(대통령 등의 경호에 관한 법률 제19조)

① 경호처장은 직무를 수행하기 위하여 필요하다고 인정할 때에는 소속 공무원에게 무기를 휴대하게 할 수 있다.

② 제1항에 따라 무기를 휴대하는 사람은 그 직무를 수행할 때 필요하다고 인정하는 상당한 이유가 있을 경우 그 사태에 대응하여 부득이하다고 판단되는 한도 내에서 무기를 사용할 수 있다. 다만, 다음 각호의 어느 하나에 해당할 때를 제외하고는 사람에게 위해를 끼쳐서는 아니 된다.

1. 「형법」 제21조 및 제22조에 따른 정당방위와 긴급피난에 해당할 때
2. 제4조 제1항 각호의 경호대상에 대한 경호 업무수행 중 인지한 그 소관에 속하는 범죄로 사형, 무기 또는 장기 3년 이상의 징역 또는 금고에 해당하는 죄를 범하거나 범하였다고 의심할 만한 충분한 이유가 있는 사람이 소속 공무원의 직무집행에 대하여 항거하거나 도피하려고 할 때 또는 제3자가 그를 도피시키려고 소속 공무원에게 항거할 때에 이를 방지하거나 체포하기 위하여 무기를 사용하지 아니하고는 다른 수단이 없다고 인정되는 상당한 이유가 있을 때
3. 야간이나 집단을 이루거나 흉기나 그 밖의 위험한 물건을 휴대하여 경호업무를 방해하기 위하여 소속 공무원에게 항거할 경우에 이를 방지하거나 체포하기 위하여 무기를 사용하지 아니하고는 다른 수단이 없다고 인정되는 상당한 이유가 있을 때

벌칙(대통령 등의 경호에 관한 법률 제21조)

① 제9조 제1항, 제18조 또는 제19조 제2항을 위반한 사람은 5년 이하의 징역이나 금고 또는 1천만원 이하의 벌금에 처한다.

② 제9조 제2항을 위반한 사람은 2년 이하의 징역·금고 또는 500만원 이하의 벌금에 처한다.

75 정답 ❶

O△X 제시된 내용 중 옳은 것은 ㄱ과 ㄴ이다.

ㄱ. (○) 행동 조직은 공격현장에서 폭발물 설치 등 직접 테러행위를 실시하는 요원들로서 핵심요원이라 할 수 있다. 실제적으로 테러행위에 있어 가장 중요한 요소인 반면, 테러행위를 실시하는 중에 가장 피해를 많이 볼 수 있다.

ㄴ. (○) 수동적 지원조직은 테러집단의 생존기반 조직으로서 정치적 전위집단이나 후원자가 이에 포함되며, 반정부 시위나 집단행동에서 다수의 위력을 구성하는 데 도움을 준다.

ㄷ. (×) 전문적 지원조직에 관한 설명이다. 직접적 지원조직은 폭발물 설치자, 암살범 또는 납치범과 같은 핵심요원들에 대한 직접적·계속적 지원을 위해 구성된 조직으로서 대피소·차고·공격용 차량 준비, 핵심요원의 훈련, 무기·탄약 지원, 테러대상에 대한 정보제공, 전술 및 작전지원 등의 임무를 수행한다.
ㄹ. (×) 적극적 지원조직에 관한 설명이다. 전문적 지원조직은 특정분야에 대해 반복적으로 지원을 제공하는 조직으로써 체포된 테러리스트 은닉, 법적 비호, 유리한 알리바이 제공 및 의료지원 임무를 수행한다.
ㅁ. (×) 직접적 지원조직에 관한 설명이다. 적극적 지원조직은 직접 테러행위를 실시하는 요원들에 대한 지원으로서 선전효과 증대, 자금획득, 조직의 확대에 기여함으로써 테러활동에 주요한 역할을 한다.

핵심만콕 **테러조직의 구조적 형태**

구 분	내 용
지도자 조직	지휘부의 정책수립, 계획, 통제 및 집행 임무 수행, 테러조직의 정치적 또는 전술적 두뇌를 제공
행동 조직	공격현장에서 직접 테러행위를 실시, 폭발물 설치, 실제적으로 테러행위에 있어 가장 중요한 요소
직접적 지원조직	대피소, 차고, 공격용 차량 준비, 핵심요원 훈련, 무기·탄약 지원, 테러대상(테러목표)에 대한 정보제공, 전술 및 작전지원
전문적 지원조직	체포된 테러리스트 은닉, 법적 비호, 의료지원 제공, 유리한 알리바이 제공
수동적 지원조직	테러집단의 생존기반, 정치적 전위집단, 후원자, 반정부 시위나 집단행동에서 다수의 위력 구성을 지원
적극적 지원조직	선전효과 증대, 자금획득, 조직의 확대에 기여함으로써 테러활동에 주요한 역할

〈출처〉 김두현, 「경호학개론」, 엑스퍼트, 2020, P. 484~485

※ 비고
테러조직의 동심원적 구조(안 → 밖) : 지도자 조직 → 행동 조직 → 직접적 지원조직 → 전문적 지원조직 → 수동적 지원조직 → 적극적 지원조직

76 정답 ❶

O△X

제시된 내용은 모두 우발상황 대응기법에 관한 옳은 설명이다.
ㄱ. (O) 우발상황 발생 시 대응순서는 인지 → 경고 → 방벽 형성 → 방호 및 대피 → 대적 및 제압이다. 위험을 가장 먼저 인지한 경호원은 동료들에게 신속히 전파하여 공조체제를 유지하도록 한다.
ㄴ. (O) 우발상황 발생 시 근접경호원은 자기희생의 원칙에 따라 체위를 확장하여 경호대상자의 노출을 최소화하고 최대의 방호벽을 형성하여야 한다.
ㄷ. (O) 경호원의 주의력효과 면에서 군중(경계대상자)과의 거리가 가까울수록 유리하고, 대응효과 면에서 군중과의 거리가 멀수록 유리하다.

〈참고〉 이두석, 「경호학개론」, 진영사, 2018, P. 165

ㄹ. (O) 우발상황이 발생했을 경우 신속한 대적행위보다 방호 및 대피가 우선되어야 하지만, 경우에 따라서는 대적 및 제압이 더 효과적일 수 있다. 대적 여부는 촉수거리의 원칙에 따라 판단한다. 위해기도자에 대한 대응은 촉수거리의 원칙에 따라 경호원 중 위해기도자와 가장 가까운 거리에 있는 경호원이 해야 한다. 촉수거리의 원칙에 따르면 경호원이 위해기도자와의 거리보다 경호대상자와의 거리가 더 가깝다면 경호대상자를 방호해서 신속히 현장을 이탈하는 것이 효과적이고, 위해기도자와의 거리가 경호대상자와의 거리보다 더 가깝고 촉수거리에 있다면 과감하게 위해기도자를 제압하는 것이 효과적일 수 있다.
ㅁ. (O) 총으로 공격하는 위해기도자를 제압할 경우, 위해기도자의 총구 방향에 주의하여 경호대상자 방향으로 향하지 않도록 하면서, 신속히 제압하여야 한다.

77 정답 ❷

O△X 문형 금속탐지기의 관리·운용 시 유의사항으로 옳은 내용은 ㄱ, ㄷ이다.

ㄴ. (×) 조정용 장치 내 부품을 임의로 조작해서는 안 된다.

ㄹ. (×) 영하 10℃ 이하인 경우 문형 금속탐지기의 보온방안을 강구하여야 한다.

ㅁ. (×) X-Ray 소화물 검색기의 관리·운용상 유의사항에 해당한다.

관계법령 **관리 및 운용(경찰장비관리규칙 제141조)**

① 문형 금속탐지기는 다음 각호의 사항을 유의하여 관리·운용한다.
1. 취급, 운반 및 설치 시 파손 등에 주의한다.
2. 조정용 장치 내 부품을 임의로 조작해서는 안 된다.
3. 우천·강설 등 야외행사 시 문형 금속탐지기용 천막 등을 설치하여야 한다.
4. 영하 10℃ 이하인 경우 문형 금속탐지기의 보온방안을 강구하여야 한다.

② X-Ray 소화물 검색기는 다음 각호의 사항을 유의하여 관리·운용한다.
1. 이중 차단커튼 안에 신체 일부분을 집어넣어서는 안 된다.
2. 조작요원 및 판독요원은 반드시 사전교육을 이수한 자로 배치하고, 고장 시는 전문업체에 수리를 의뢰한다.
3. 창고에 보관할 경우 높이 5~10cm 이상의 깔판 위에 보관하여야 한다.
4. 직사광선은 피하고 가능한 보관함 등에 넣어서 보관한다.

③ 탐침봉은 다음 각호의 사항을 유의하여 관리·운용한다.
1. 사용 후 반드시 건전지를 분리하여 보관한다.
2. 탐침봉은 사용 후 흙 등 이물질을 깨끗이 닦은 후 보관한다.

④ 차량 검색거울은 유리를 깨끗이 닦은 후 습기가 없는 곳에 보관한다.

78 정답 ❸

O△X 경호의 3단계 목표는 위험의 최소화(1단계), 피해의 최소화(2단계), 안전의 극대화(3단계)이다.

핵심만콕 **경호의 3단계 목표**

- 1단계 목표는 예방적 경호조치로 위험을 최소화하는 것이다(위험의 최소화).
- 2단계 목표는 방호적 대응조치로 위험의 발생으로 인한 피해를 최소화하는 것이다(피해의 최소화).
- 3단계 목표는 궁극적으로 경호대상자의 신변안전을 극대화하는 것이다(안전의 극대화).

〈출처〉 이두석, 「경호학개론」, 진영사, 2018, P. 39

79 정답 ③

O△X ①은 원형 대형에 관한 설명이고, ②의 원형 대형은 5~6명의 근접신변보호원으로 구성되는 도보대형이며, 마름모 대형(다이아몬드 대형)보다 경계상태가 양호한 대형이다. ④는 쐐기 대형에 관한 설명이다.

핵심만콕

- 가장 대표적인 기본대형으로는 쐐기 대형, 다이아몬드 대형, 원형 대형이 있다.
- 쐐기 대형은 통상적으로 3명으로 편성하며, 구성원이 소수이므로 주로 인도나 좁은 통로 이동 시에 적합한 대형으로 활용한다. 전방근무자는 이동로를 확보하면서 전방의 취약요소에 대비하며 측방근무자는 신변보호대상자의 좌측 또는 우측을 방호하며 팀장은 신변보호대상자에게 밀착하여 유사시에 대비한다.
- 다이아몬드 대형은 통상적으로 4~5명으로 편성되며, 신변보호대상자를 사방에서 둘러싸는 형태를 유지한다. 전방근무자는 쐐기 대형에서와 동일하게 이동로를 확보하는 동시에 전방의 취약요소를 점검하면서 상체를 편 자세로 고개만을 좌・우로 움직여 10시~2시 방향을 경계하고, 좌・우측방 근무자는 상체를 약간씩 좌・우로 돌린 상태에서 각각 11시~7시 방향과 1시~5시 방향을 경계한다. 후방근무자는 비교적 안전하다고 판단되는 지역에서는 전방을 향한 자세로 고개만 돌려 후방을 경계하고, 취약지에서는 완전히 몸을 돌려 뒷걸음치면서 9시~3시 방향을 경계하며 이동한다. 이 대형은 신변보호대상자를 중심으로 360° 경계가 가능하므로 최소의 인원으로 완벽한 방호를 제공할 수 있으며, 위해기도 시 방호, 대피 및 대적까지도 가능한 기본적이면서도 이상적인 도보대형이다.
- 원형 대형은 5~6명의 근접신변보호원으로 구성되는 도보대형으로 신변보호대상자를 중심으로 원의 형태를 유지한다. 각 근무자들은 팀장을 제외한 전원이 신변보호대상자를 등진 자세로 각자의 책임구역을 경계하게 된다. 이 대형은 신변보호대상자가 고정된 장소에서 브리핑을 받거나 도보이동 시 일정시간 정지해 있을 때 주로 사용하며, 마름모 대형(다이아몬드 대형)보다 경계상태가 양호한 대형이다.

〈출처〉 김두현, 「경호학개론」, 엑스퍼트, 2020, P. 402~403

80 정답 ④

O△X 국방부장관(ㄱ), 외교부장관(ㄴ), 국토교통부장관(ㄹ), 해양경찰청장(ㅇ) 및 경찰청장(ㅈ)은 테러가 발생하거나 발생할 우려가 현저한 경우(국외테러의 경우는 대한민국 국민에게 중대한 피해가 발생하거나 발생할 우려가 있어 긴급한 조치가 필요한 경우에 한한다) 테러사건대책본부를 설치・운영하여야 한다(테러방지법 시행령 제14조 제1항).

관계법령 테러사건대책본부(테러방지법 시행령 제14조)

① 외교부장관, 국방부장관, 국토교통부장관, 경찰청장 및 해양경찰청장은 테러가 발생하거나 발생할 우려가 현저한 경우(국외테러의 경우는 대한민국 국민에게 중대한 피해가 발생하거나 발생할 우려가 있어 긴급한 조치가 필요한 경우에 한한다)에는 다음 각호의 구분에 따라 테러사건대책본부(이하 "대책본부"라 한다)를 설치・운영하여야 한다.

1. 외교부장관 : 국외테러사건대책본부
2. 국방부장관 : 군사시설테러사건대책본부
3. 국토교통부장관 : 항공테러사건대책본부
4. 삭제 〈2017.7.26.〉
5. 경찰청장 : 국내일반 테러사건대책본부
6. 해양경찰청장 : 해양테러사건대책본부

제3회 심화 모의고사

문제편 201p

정답 CHECK

41	42	43	44	45	46	47	48	49	50	51	52	53	54	55	56	57	58	59	60
④	①	④	③	①	④	②	①	③	④	②	②	④	①	②	②	③	④	②	①
61	62	63	64	65	66	67	68	69	70	71	72	73	74	75	76	77	78	79	80
①	①	④	③	②	①	②	③	②	②	①	③	②	③	②	③	④	②	②	①

41 정답 ❹

O△X

④ (×) 대통령 등의 경호에 관한 법률에 의한 대통령경호처가 담당하는 일체의 경호작용은 형식적 의미의 경호개념에 해당한다.

① (○) 실질적 의미의 경호개념은 경호를 본질적・이론적인 입장에서 이해하고, 학문적 측면에서 고찰된 개념이다.

② (○) 실질적 의미의 경호는 경호대상자에 대한 신변 위해요인을 사전에 방지 또는 제거하기 위한 제반활동을 의미한다.

③ (○) 경호관계법규에 규정된 현실적인 경호기관을 기준으로 정립된 개념은 형식적 의미의 경호개념으로 실정법상 경호기관의 권한에 속하는 일체의 경호작용을 의미한다.

핵심만 콕 경호의 개념

형식적 의미의 경호	• 경호관계법규에 규정된 현실적인 경호기관을 기준으로 하여 정립된 개념이다. • 실정법상 경호기관의 권한에 속하는 일체의 경호작용을 의미한다. • 실정법・제도・기관 중심적 관점에서 이해한 것이다. • 「대통령 등의 경호에 관한 법률」에서의 경호는 형식적 의미의 경호개념이다.
실질적 의미의 경호	• 경호활동의 본질・성질・이론적인 입장에서 이해한 것으로, 학문적인 측면에서 고찰된 개념이다. • 수많은 경호작용 중에서 공통적인 특성을 추상화한 개념이다. • 경호대상자의 절대적 신변안전을 보호하기 위하여 모든 사용 가능한 수단과 방법을 동원한다. • 경호대상자(피경호자)에 대한 신변 위해요인을 사전에 방지 또는 제거하기 위한 제반활동이다. • 경호주체(국가기관, 민간기관, 개인, 단체 불문)가 경호대상자를 보호하는 모든 활동을 말한다. • 모든 위험과 곤경(인위적・자연적 위해)으로부터 경호대상자를 안전하게 보호하기 위한 제반활동이다.

42 정답 ❶

O△X ① (×) 열차경호는 경호대상자가 열차를 이용하는 경우 열차 내에서 이루어지는 경호로 이동수단에 의한 분류에 해당하고, 철로 주변에서의 경호활동인 철도경호는 장소에 의한 분류에 해당하는 연도경호(노상경호)의 하나라고 할 수 있다.

② (○) 국경일 행사에 참석하는 대통령에 대한 경호는 경호수준에 의한 분류 중 1(A)급 경호에 해당한다.

③ (○) 행사장에 인원과 장비를 배치하여 인적 · 물적 · 지리적 위험요소를 예방하기 위한 경호는 직접경호에 대한 설명이다. 간접경호는 평상시의 치안 및 대공활동, 국제정세를 포함한 안전대책작용 등의 경호이다.

④ (○) 행사장경호는 장소에 의한 경호의 분류 중 하나로 경호대상자가 참석하거나 주관하는 행사에서의 경호업무이며, 행사장은 일반 군중들과 경호대상자의 거리가 가까우므로 완벽한 경호가 필요하다. 구체적인 활동으로는 출입자 통제, 교통상황 및 주차장 관리, 내곽경비, 외곽경비 등이 있다.

핵심만콕 경호의 분류

대 상	甲(A)호 경호	국왕 및 대통령과 그 가족, 외국의 원수 등
	乙(B)호 경호	수상, 국회의장, 대법원장, 헌법재판소장, 이와 대등한 지위에 있는 외국인사 등
	丙(C)호 경호	경찰청장 또는 경호기관의 장이 필요하다고 인정하는 주요 인사
장 소	행사장경호	행사장은 일반군중과 가까우므로 완벽한 경호가 필요
	숙소경호	체류기간이 길고, 야간경호를 해야 함
	연도경호(노상경호)	연도경호는 세부적으로 교통수단에 의해 분류됨(육로경호 · 철도경호)
성 격	공식경호(1호 · A호)	경호관계자의 사전통보에 의해 계획 · 준비되는 공식행사 때에 실시하는 경호
	비공식경호(2호 · B호)	경호관계자 간의 사전통보나 협의절차 없이 이루어지는 비공식행사 때의 경호
	약식경호(3호 · C호)	일정한 방식에 의하지 않고 실시하는 경호(출 · 퇴근 시 일상적으로 실시하는 경우)
경호 수준	1(A)급 경호	행차보안이 사전에 노출되어 경호위해가 증대된 상황하의 각종 행사와 국왕 및 대통령 등 국가원수급의 1등급 경호대상으로 결정된 국빈행사의 경호
	2(B)급 경호	행사 준비 등의 시간적 여유 없이 갑자기 결정된 상황하의 각종 행사와 수상급의 경호대상으로 결정된 국빈행사의 경호
	3(C)급 경호	사전에 행사 준비 등 경호조치가 거의 전무한 상황하에서 이루어지는 것으로서 장관급의 경호대상으로 결정된 국빈행사의 경호
직접 · 간접	직접경호	행사장에 인원과 장비를 배치하여 인적 · 물적 · 지리적 위해요소를 배제하기 위한 경호
	간접경호	평상시의 치안 및 대공활동, 국제정세를 포함한 안전대책작용 등의 경호

〈출처〉 김두현, 「경호학개론」, 엑스퍼트, 2020, P. 57~61

43 정답 ❹

O△X ④ (○) 대통령경호실 : 1963년 제3공화국이 출범하여 12월 14일 대통령경호실법과 같은 해 12월 16일 대통령경호실법 시행령을 각각 제정 · 공포하고, 박정희 대통령 취임과 동시에 대통령경호실을 출범시켰다. 시대순으로 세 번째에 해당한다.

① (×) 창덕궁경찰서 : 구한말 왕이 거처하던 창덕궁과 덕수궁 지역의 경호임무를 수행하였으며, 1949년에 폐지되었다. 시대순으로 첫 번째에 해당한다.

② (×) 대통령경호처 : 2008년 2월 29일 '대통령경호실법'은 '대통령 등의 경호에 관한 법률'로 개칭되었고 소속도 대통령 직속기관인 대통령경호실에서 대통령실장 소속으로 경호처를 두도록 변경되었다. 이후 2013년 2월 25일 경호처는 다시 대통령비서실과 독립된 대통령경호실로 환원되었으나, 2017년 7월 26일 정부조직법 개정으로 대통령경호실은 재개편되어 현재 차관급 대통령경호처가 되었다. 시대순으로 네 번째에 해당한다.

③ (×) 청와대경찰관 파견대 : 1960년 8월 13일 제2공화국이 수립되면서 서울시경 소속으로 청와대 경찰관 파견대를 설치하여, 경비과에서 담당하던 대통령 경호 및 대통령관저의 경비를 담당케 하였다. 시대순으로 두 번째에 해당한다.

44 정답 ❸

○△×

제시된 내용 중 대통령경호안전대책위원회와 테러대책실무위원회의 위원에 공통으로 해당하는 자는 ㄱ, ㄴ, ㄷ이다. 경찰청 경비국장, 해양경찰청 경비국장, 소방청 119구조구급국장 외에 관세청 조사감시국장도 양 위원회의 위원에 해당한다(대통령경호안전대책위원회규정 제2조, 국가테러대책위원회 및 테러대책실무위원회 운영규정 제13조 제3항 제1호).

ㄹ. (×) 대검찰청 공공수사정책관은 대통령경호안전대책위원회 위원에만 해당한다(대통령경호안전대책위원회규정 제2조).

ㅁ. (×) 국토교통부 항공안전정책관은 대통령경호안전대책위원회 위원에만 해당한다(대통령경호안전대책위원회규정 제2조).

ㅂ. (×) 환경부 환경보건정책관은 테러대책실무위원회의 위원에만 해당한다(국가테러대책위원회 및 테러대책실무위원회 운영규정 제13조 제3항 제1호).

ㅅ. (×) 국무조정실 대테러정책관은 테러대책실무위원회의 위원에만 해당한다(국가테러대책위원회 및 테러대책실무위원회 운영규정 제13조 제3항 제1호).

관계법령

구성(대통령경호안전대책위원회규정 제2조)

대통령경호안전대책위원회(이하 "위원회"라 한다)의 위원은 국가정보원 테러정보통합센터장, 외교부 의전기획관, 법무부 출입국·외국인정책본부장, 과학기술정보통신부 통신정책관, 국토교통부 항공안전정책관, 식품의약품안전처 식품안전정책국장, 관세청 조사감시국장, 대검찰청 공공수사정책관, 경찰청 경비국장, 소방청 119구조구급국장, 해양경찰청 경비국장, 합동참모본부 작전본부 소속 장성급 장교 중 위원장이 지명하는 1명, 국군방첩사령부 소속 장성급 장교 또는 2급 이상의 군무원 중 위원장이 지명하는 1명, 수도방위사령부 참모장과 위원장이 임명 또는 위촉하는 자로 구성한다. 〈개정 2022.11.1.〉

실무위원회 구성(국가테러대책위원회 및 테러대책실무위원회 운영규정 제13조)

③ 실무위원회 위원은 시행령 제5조 제3항에 따라 대책위원회에 참여하는 관계기관 및 소속기관의 고위공무원단에 속하는 일반직 공무원(이에 상당하는 특정직, 별정직 공무원을 포함한다) 중 다음 각호의 자가 된다.

1. 기획재정부 비상안전기획관, 외교부 국제기구국장·재외동포영사국장, 통일부 정책기획관, 법무부 출입국정책단장·대검찰청 대테러담당검사(고등검찰청 검사급), 국방부 정책기획관·합참작전1처장·국군기무사령부 방첩처장, 행정안전부 비상안전기획관·재난대응정책관, 산업통상자원부 비상안전기획관, 보건복지부 질병관리본부 긴급상황센터장, 환경부 환경보건정책관, 국토교통부 항공정책관·비상안전기획관, 해양수산부 해운물류국장, 금융위원회 금융정보분석원장, 국가정보원 대테러담당 2급, 대통령경호처 경비안전본부장, 국무조정실 대테러정책관, 관세청 조사감시국장, 경찰청 경비국장, 소방청 119구조구급국장, 해양경찰청 경비국장, 원자력안전위원회 방사선방재국장
2. 그 밖에 실무위원장이 지명하는 자

45 정답 ❶

O△X 위기(우발)상황 발생 시에 경호원은 자신의 생명을 보호하기 위하여 자세를 낮추거나 은폐하거나 은신해서는 안 되며, 자신보다는 경호대상자를 먼저 육탄방어를 할 수 있는 자세로 임해야 한다.

핵심만콕 우발상황 발생 시 경호원의 행동요령

- 경호행사 중 뜻하지 않는 돌발사태가 발생할 경우에는 육성이나 무전기로 전 경호요원에게 우발상황의 위치나 위험의 종류, 성격 등의 상황내용을 통보하여 경고한다.
- 가장 먼저 공격을 인지한 경호원이 경고를 함으로써 주변 경호원으로 하여금 신속하게 상황 대처를 하도록 하여야 한다.
- 경호대상자를 대피시킬 때는 시간이 지체되어서는 안 되고, 신속하게 위험지역에서 대피시켜야 한다.
- 우발상황이 발생했을 경우 신속한 대적행위보다 방호 및 대피가 우선되어야 한다.
- 대피 시에는 경호대상자를 신속하게 안전지대로 대피시키기 위해 경호대상자에게 신체적 무리가 뒤따르고 다소 예의를 무시하더라도 과감하게 행동을 하여야 한다.
- 경호원의 주의력효과 면에서는 군중과의 거리가 가까울수록 유리하고, 대응효과 면에서는 군중과의 거리가 멀수록 유리하다.
- 근접경호요원과 담당경호요원들 외의 경호요원들은 암살범을 체포하거나 부상자를 돕고 증거의 보존을 위해 현장을 봉쇄한다.
- 완벽한 수사를 통해 범행의 성격·범위·공범 여부를 밝히고 단순 사건인가 국제테러조직의 계획적 음모인가 등의 진상 규명을 위해서는 암살기도자를 반드시 생포해야 한다.

46 정답 ❹

O△X ④ (×) 과학기술의 진보와 더불어 거대정부의 양상은 경호기능의 간접적인 대규모화의 계기가 되었다. 그와 더불어 경호조직도 과거에 비해 그 기구 및 인원 면에서 점차 대규모화·다변화되고 있다.

① (○) 경호조직의 권위는 권력의 힘에 의존하는 데서 탈피하여 경호의 전문성에서 찾아야 한다.

② (○) 경호를 완전무결하게 수행하기 위해서는 경호조직의 비공개와 경호기법의 비노출 등 보안성을 높이는 폐쇄성의 특성을 가져야 한다.

③ (○) 경호조직은 전체 구조가 통일적인 피라미드형을 구성하면서 그 조직 내 계층을 이루고 지휘·감독 등을 통하여 경호목적을 실현하므로, 경호행사를 직접 담당하는 경호기관의 조직은 다른 부서에 비해 경호집행기관적 성격으로 계층성이 더욱 강조된다.

47 정답 ❷

O△X ② (×) 전직대통령과 배우자(평생) 및 그 자녀(16세에 달했을 때까지)도 경호대상에 포함된다.

① (○) 대통령 및 대통령당선자, 그 직계가족과 부통령 및 부통령당선자, 그 직계가족은 경호대상에 포함된다.

③ (○) 대통령 선거 시 선거일 기준 120일 이내 주요 정당의 대통령 및 부통령 후보자 및 그 배우자도 경호대상에 포함된다.

④ (○) 통화위조(화폐위조) 및 연방법 위반의 범죄행위 수사 및 체포, 기타 재무법령의 집행의 임무를 수행한다.

핵심만콕 **비밀경호국의 임무**

- 대통령 및 요인의 경호
  - 대통령 및 대통령당선자, 그 직계가족
  - 부통령 및 부통령당선자, 그 직계가족
  - 전직대통령과 배우자(평생) 및 그 자녀(16세에 달했을 때까지)
  - 퇴직한 부통령과 배우자 및 그 자녀(16세 미만의 자녀는 퇴직한 날부터 6개월 간)
  - 미국을 방문 중인 외국원수 및 행정부의 수반과 동행 배우자, 기타 대통령이 지명한 사람
  - 특정한 용무를 위해 외국을 방문 중인 미국정부의 사절(특사)로서 대통령이 지명한 사람
  - 국가적으로 특별히 경호가 필요한 행사 시 국토안보부장관 등이 지정한 사람
  - 대통령 선거 시 선거일 기준 120일 이내 주요 정당의 대통령 및 부통령 후보자 및 그 배우자
- 통화위조(화폐위조) 및 연방법 위반의 범죄행위 수사 및 체포, 기타 재무법령의 집행
- 백악관 및 외국대사관의 경비

48 정답 ❶

○△×

① (○) 경호조직과 국민과의 협력을 의미하며 완벽한 경호를 위해서는 국민의 절대적인 협력이 필요하다는 경호협력성의 원칙에 관한 옳은 설명이다.

② (×) 경호지휘단일성의 원칙에 관한 설명이다. 경호체계통일성의 원칙은 경호기관 구조의 정점으로부터 말단까지 상하계급 간에 일정한 관계가 성립되어 책임과 업무의 분담이 이루어지고, 명령(命令)과 복종(服從)의 지위와 역할의 체계가 통일되어야 한다는 원칙이다.

③ (×) 경호체계통일성의 원칙에 관한 설명이다. 경호지휘단일성의 원칙은 지휘 및 통제의 이원화로 인해 파생되는 문제들을 보완하기 위해 명령과 지휘체계는 반드시 하나의 계통으로 구성해야 한다는 원칙으로, 경호업무가 긴급성을 요한다는 점에서도 요청된다.

④ (×) 경호기관단위작용의 원칙이란 경호의 업무는 성격상 개인이 아닌 기관단위의 작용으로 기관의 하명에 의해서 이루어진다는 원칙으로, 기관단위의 임무결정은 지휘자만이 할 수 있고 경호의 성패는 지휘자만이 책임을 진다는 의미가 포함된다.

49 정답 ❸

○△×

제시문의 (   ) 안에는 순서대로 'ㄱ : 공간적, ㄴ : 차등화, ㄷ : 중첩된'이 들어간다.

핵심만콕

3중 경호는 경호영향권역을 공간적으로 구분하여, 해당구역의 인적·물적 위해요소에 대해 상대적으로 차등화된 경호조치와 경호인력의 배치 및 중첩된 통제를 통하여 경호의 효율화를 기하고자 하는 경호방책이다. 3중의 경호막을 통해서 종심을 확보하여 조기경보체제를 구축하고, 위해분자의 침투를 중첩되게 차단하며, 공간적·시간적·대상별로 차등화된 통제를 통하여 완벽한 경호를 추구하고, 자원과 시간과 인력의 낭비적 요소를 제거하며, 행사와 관계없는 일반인들에 대한 불필요한 통제를 최소화하는데 3중 경호의 의의와 효과가 있다.

〈출처〉 이두석, 「경호학개론」, 진영사, 2018, P. 157

50 정답 ❹

O△X 헌법상 공무원은 정치적 중립이 보장되며, 국가공무원법 및 공무원복무규정에서 공무원의 정치적 중립을 규정하고 있으므로, 경호공무원은 정치적 목적을 가진 행위를 하지 못한다. 또한 경호원은 정치적으로 반대 입장에 있는 요인(要人)을 경호해야 하는 상황이 있을 수 있으므로 정치적으로 중립을 유지하여야 한다.

핵심만콕	경호공무원의 의무

- 6대 의무 : 대통령 경호공무원은 성실의무, 복종의무, 친절공정의무, 비밀엄수의무, 청렴의무, 품위유지의무 등 6대의무가 있다.
- 5대 금지 : 대통령 경호공무원은 직장이탈금지, 영리 및 겸직금지, 정치운동금지, 집단행동금지, 직권남용금지 등 5대금지가 있다.

〈출처〉 김두현, 「경호학개론」, 엑스퍼트, 2020, P. 204~207

51 정답 ❷

O△X 근접경호 시 사주경계는 인접해 있는 경호원과 경계범위를 중복적으로 설정해야 경호의 만전을 기할 수 있다.

핵심만콕	사주경계(주위경계) 요령

- 주위 사물에 대한 위기의식을 가지고 전체적인 상황과 어울리지 않는 부조화 상황을 찾아야 한다.
- 시각의 한계를 염두에 두고 사주경계의 범위를 선정해야 한다.
- 인접해 있는 경호원과 경계범위를 중첩되게 설정한다.
- 경호대상자로부터 가까운 곳에서 먼 곳 순으로 좌우 반복하여 경계를 실시한다.
- 주위경계 시 주위사람들의 손과 눈을 집중하여 감시한다.
- 더운 날씨나 긴 코트를 입거나 추운 날씨에 단추를 푸는 등의 주변 환경과 어울리지 않는 복장을 착용하고, 주위상황과 어울리지 않게 행동하는 사람을 특히 주의 깊게 관찰한다.
- 위해를 가하려는 자는 심리적으로 대중들 가운데 둘째 열에 위치하는 경우가 많다는 것을 참고한다.
- 복도의 좌우측 문, 모퉁이, 창문주위 등에 관심을 두고 경계한다.
- 우발상황을 제외하고는 고개를 심하게 돌리지 않는다.
- 위해자는 공격목표 설정 시 목표에 집중하며, 웃지도 않고 몸을 움직이지도 않는다.

52 정답 ❷

O△X 제시된 내용 중 경호계획 수립 시 유의사항으로 옳은 것은 ㄱ, ㄴ, ㅁ이다.

핵심만콕	경호계획 수립 시 유의사항(고려사항)

- 사전에 신중하게 계획되어야 한다.
- 예기치 않은 변화 가능성을 참작하여 융통성 있게 수립되어야 한다.
- 순시에 포함된 수행원은 물론 주관부서(기관)와의 협조는 필수적이다.
- 악천후 기상, 가능성 있는 위협, 어떤 사람의 불손행위 등과 같은 경호환경을 극복하기 위해서는 예비 및 우발계획이 준비되어야 한다.
- 경호규정, 표준 경호경비계획 및 연도 경호지침 등을 완전히 숙지한 후 경호계획을 수립한다.
- 사전 현지답사는 가능한 도보로 하고 꼭 필요한 장소에 배치 예정될 병력을 표시한다.

• 안전검측을 실시하여 완벽한 계획이 되도록 하며, 계획에 있어서의 통일을 기한다.
• 사전에 관계기관회의를 개최하여 문제점을 검토한 후 현지 실정에 맞고 실현 가능한 경호계획을 수립하며 경호계획의 실천 추진상황 등을 계속 확인 · 점검한다.
• 경호경비원의 수송, 급식 및 숙소에 관한 계획을 세운다.
• 검색장비, 통신장비, 차량 등의 동원 장비에 관하여 검토한다.
• 행사계획의 변경이나 비상사태에 대비하여 예비병력을 확보하는 등 융통성 있는 계획을 세운다.
• 경호원에 대한 교양과 상황에 따른 예행연습의 실시계획을 세운다.
• 책임구역과 책임자를 지정하고 계획서 도면에 책임의 한계를 명시한다.
• 수립된 계획의 실천 · 추진사항을 계속적으로 확인하며, 미비한 사항은 즉각 보완하여 변경하여야 한다.
• 해안지역 행차 시의 경호경비에 있어서는 육 · 해 · 공의 입체적 경호경비가 이루어지도록 계획을 세운다.
• 경호경비계획에는 그 실시에 착오가 없도록 하며, 주관 부서, 행사장 수용능력, 행사장 병력배치, 비상통로 확보, 비표 패용, 교통통제, 주차장의 관리, 예행연습 등을 포함시킨다.

53 정답 ❹

○△×

④ (○) D – ㄹ : 근접 도보대형 시 근무자의 체위에 의한 인적 자연방벽 효과와 방탄복 및 각종 방호장비를 이용하여 외부의 공격으로부터 방벽을 구축해야 한다.

① (×) A – ㄷ : 행사 일정과 장소 및 시간이 대외적으로 알려져 있는 상태에서 경호업무를 수행해야 하는 특성이 있다.

② (×) B – ㄴ : 비상사태 발생 시 범인을 대적하여 제압하는 것보다 반사적이고 신속 · 과감한 행동으로 경호대상자의 방호 및 대피를 우선해야 한다.

③ (×) C – ㄱ : 근접경호는 주로 도보 또는 차량에 의해 기동 간에 이루어지며 행사 성격이나 주변 여건, 장비의 특성에 따라 능동적(유동적)으로 대처해야 한다.

핵심만콕 근접경호의 특성

노출성	다양한 기동수단과 도보대형에 따라 경호대상자의 행차가 시각적으로 외부에 노출될 뿐만 아니라, 각종 매스컴에 의하여 행사 일정과 장소 및 시간이 대외적으로 알려진 상태에서 업무를 수행해야 하는 특성을 의미
방벽성	근접 도보대형 시 근무자의 체위에 의한 인적 자연방벽 효과와 방탄복 및 각종 방호장비를 이용하여 외부의 공격으로부터 방벽을 구축해야 하는 특성을 의미
기동 및 유동성	근접경호는 주로 도보 또는 차량에 의해 기동 간에 이루어지며 행사 성격이나 주변 여건, 장비의 특성에 따라 능동적(유동적)으로 대처해야 하는 특성을 의미
기만성	변칙적인 경호기법으로 차량대형 기만, 기동시간 기만, 기동로 및 기동수단 기만, 승 · 하차 지점 기만 등으로 위해기도자로 하여금 행사 상황을 오판하도록 실제 상황을 은폐하고 허위 상황을 제공하여 경호의 효율성을 높이려는 특성을 의미
방호 및 대피성	비상사태 발생 시 범인을 대적하여 제압하는 것보다 반사적이고 신속 · 과감한 행동으로 경호대상자의 방호 및 대피를 우선해야 한다는 특성을 의미

54 정답 ❶

○△×

① A경호원 (○) : 경호계획은 사전에 수립되어야 하는데, 이때 자원의 효율적인 이용을 위해서는 위해분석 자료를 토대로 자원동원 체계가 구축되어야 한다.

② B경호원 (×) : 모든 형태의 경호임무는 사전에 신중하게 계획되어야 하나, 예기치 않은 변화 가능성을 고려하여 융통성 있게 수립되어야 한다.

③ C경호원 (×) : 모든 경호임무는 예기치 않은 변화 가능성을 내포하고 있으므로 신중하면서도 융통성 있는 사전계획이 이루어져야 한다. 즉, 신속한 사후대응만큼이나 사전대응도 중요하다.

④ D경호원 (×) : 경호임무는 명확하게 부여되어야 하며, 경호원들에게도 각각의 임무형태에 대한 책임이 부과되어야 한다.

55 정답 ❷

○△×

에스컬레이터는 사방이 노출되어 있으므로 가능하면 사용하지 않고 계단이나 엘리베이터를 이용하는 것이 안전하다. 다만, 부득이하게 에스컬레이터를 이용하는 경우 걸음을 멈추지 않고 최대한 짧은 시간에 에스컬레이터를 벗어나도록 한다.

56 정답 ❷

○△×

경호는 일반원칙과 특별원칙으로 구분할 수 있으며, ②는 특별원칙인 목표물 보존의 원칙에 관한 설명이다. ①은 방어경호의 원칙, ③은 은밀경호의 원칙, ④는 두뇌경호의 원칙에 관한 설명이다.

핵심만 콕 경호의 원칙

구 분		내 용
일반원칙	3중 경호의 원칙	• 경호대상자가 위치한 집무실이나 행사장으로부터 제1선(내부 - 안전구역), 제2선(내곽 - 경비구역), 제3선(외곽 - 경계구역)으로 구분하여 경호의 행동반경을 거리개념으로 논리전개하는 구조 • 경호대상자가 위치한 지역에서 가장 근거리부터 엄중한 경호를 취하는 순서로 근접경호, 중간경호, 외곽경호로 나누고 그에 따른 요원의 배치와 임무가 부여되는 원칙
	두뇌경호의 원칙	사전에 치밀한 계획을 세우고 준비를 철저히 하여 위험요소를 제거하는 데 중점을 두며, 경호임무 수행 중 긴급하고 위험한 상황이 발생하였을 때에는 고도의 예리하고 순간적인 판단력이 중요시된다는 원칙
	은밀경호의 원칙	경호요원은 은밀하고 침묵 속에서 행동하며 항상 경호대상자의 신변을 보호할 수 있는 곳에 행동반경을 두고 경호에 임해야 한다는 원칙
	방어경호의 원칙	경호란 공격자의 위해요소를 방어하는 행위이지 공격하는 것이 아니라는 원칙

특별원칙	자기담당구역 책임의 원칙	경호원이 배치된 자기담당구역 내에서 일어나는 사태에 대해서는 자신만이 책임을 지고 해결해야 한다는 원칙
	목표물 보존의 원칙	• 경호대상자를 암살자 또는 위해를 가할 가능성이 있는 자로부터 떼어 놓아야 한다는 원칙 • 목표물을 안전하게 보존하기 위해서는 행차 코스의 비공개, 행차 장소의 비공개, 대중에게 노출되는 보행 행차의 가급적 제한 등이 요구됨
	하나의 통제된 지점을 통한 접근의 원칙	• 경호대상자에게 접근할 수 있는 출입구나 통로는 하나만 필요하다는 원칙 • 하나의 통제된 출입구나 통로라 하더라도 접근자는 경호요원에 의하여 인지되고 확인되어야 하며 허가절차를 거쳐 접근토록 해야 함
	자기희생의 원칙	• 경호대상자가 위기에 처했을 때 자기 몸을 희생하여 경호대상자를 보호해야 한다는 원칙 • 경호대상자는 어떠한 상황하에서도 절대적으로 보호되어야 한다는 의미

〈참고〉 김두현, 「경호학개론」, 엑스퍼트, 2020, P. 64~69

57 정답 ❸

O△X ③ (○) 경호장비 중 통신장비에 관한 설명으로 옳다. 경호통신은 신뢰성, 신속성, 정확성, 안전성이 고려되어야 한다. 유선통신장비(전화기, 교환기, FAX망, 컴퓨터통신, CCTV 등의)와 무선통신장비[휴대용 무전기(FM-1), 페이징, 차량용 무전기(MR-40V, KSM-2510A, FM-5), 무선전화기, 인공위성 등]로 구분할 수 있다.

① (×), ② (×) 검색장비는 위해도구나 위해물질을 찾아내는 데 사용하는 장비를 말하고, 검측장비는 위해물질의 존재 여부를 검사하거나 시설물의 안전점검에 사용하는 도구를 말한다. 일반적으로 검측장비로 통칭하며, 검측장비는 탐지장비, 처리장비, 검측공구로 구분하여 사용한다.

④ (×) 사람이 직접 확인할 수 없는 공간의 확인, 유해물질 존재 여부 등은 검측장비로 점검한다.

58 정답 ❹

O△X ④ (○) 제시문의 내용은 방어적 원형 대형에 관한 설명이다.

① (×) 개방 대형은 전방에 아무런 위협이 없다는 가정하에 경호대상자와의 간격을 충분히 유지한 채 경호대상자를 노출시키는 대형이다.

② (×) 함몰 대형은 수류탄 혹은 폭발물과 같은 폭발성 화기에 의한 공격을 받았을 때 사용되는 방호대형으로 경호대상자를 지면에 완전히 밀착시키고 그 위에 근접경호원들이 밀착하며 포개어, 경호대상자의 신체가 외부에 노출되지 않도록 이중 삼중으로 방호한다.

③ (×) 일렬 세로 대형은 복도나 통로 등의 좁은 곳에서 이동 시 유리한 대형으로 정면 방향의 공격에 대해 방어가 유리하다는 장점이 있으나, 전방 시야 확보와 대응 화력 면에서 불리하다는 단점이 있다.

59 정답 ❷

O△X 동일시이론이 테러리즘의 발생원인론이다.

핵심만콕 테러리즘의 발생원인론

- 박탈감이론 : 열망적 · 점감적 · 점진적 박탈감 등이 테러의 원인
- 동일시이론 : 사회심리적 동일시 현상이 테러의 원인
- 국제정치체제이론 : 일부 국가에 의해 테러리즘이 정치 목적달성의 전략적 도구로 사용
- 현대사회구조이론 : 도시집중화 등 현대사회의 생태학적 환경이 테러의 원인

60 정답 ❶

O△X 주최 측의 행사진행계획을 면밀히 검토하여 참석대상, 성격분석, 시차별 입장계획 등을 작전 담당에게 전달하는 것은 주행사장 내부 담당이 아닌 출입통제 담당의 업무에 해당한다.

핵심만콕 경호원의 분야별 업무담당

구 분	내 용
작전 담당	정보수집 및 분석을 통하여 작전구역별 특성에 맞는 인원 운용계획 작성, 비상대책체제 구축에 주력하며 부가적으로 시간사용계획 작성, 관계관 회의 시 주요 지침사항 · 예상 문제점 · 참고사항(기상, 정보 · 첩보) 등을 계획하고 임무별 진행사항을 점검하여 통합 세부계획서 작성 등
출입통제 담당	행사 참석대상 및 성격분석, 출입통로 지정, 본인 여부 확인, 검문검색, 주차장 운용계획, 중간집결지 운용, 구역별 비표 구분, 안전 및 질서를 고려한 시차별 입장계획, 상주자 및 민원인 대책, 야간근무자 등의 통제계획을 작전 담당에게 전달 등
안전대책 담당	안전구역 확보계획 검토, 건물의 안전성 여부 확인, 상황별 비상대피로 구상, 행사장 취약시설물 파악, 비상 및 일반예비대 운용방법 확인, 최기병원(적정병원) 확인, 직시건물(고지) · 공중감시대책 검토 등
행정 담당	출장여비 신청 및 수령, 각 대의 숙소 및 식사장소 선정, 비상연락망 구성 등
차량 담당	출동인원에 근거하여 선발대 및 본대 사용차량 배정, 이동수단별 인원, 코스, 휴게실 등을 계획하여 작전 담당에게 전달 등
승 · 하차 및 정문 담당	진입로 취약요소 파악 및 확보계획 수립 후 주요 위치에 근무자 배치, 통행인 순간통제 방법 강구, 비상 및 일반예비대 대기장소 확인, 안전구역 접근자 차단 및 위해요소 제거, 출입차량 검색 및 주차지역 안내 등
보도 담당	배치결정된 보도요원 확인, 보도요원 위장침투 차단, 행사장별 취재계획 수립 전파 등
주행사장 내부 담당	경호대상자 동선 및 좌석 위치에 따른 비상대책 강구, 행사장 내의 인적 · 물적 접근통제 및 차단계획 수립, 정전 등 우발상황에 대비한 각 근무자 예행연습, 행사장의 단일 출입 및 단상 · 천장 · 경호대상자 동선 등에 대한 안전도의 확인, 각종 집기류 최종 점검 등
주행사장 외부 담당	안전구역 내 단일 출입로 설정, 외곽 감제고지 및 직시건물에 대한 안전조치, 취약요소 및 직시지점을 고려한 단상 설치, 경호대상자 좌석과 참석자 간 거리 유지, 방탄막 설치 및 비상차량 운용계획 수립, 지하대피시설 점검 및 확보, 경비 및 경계구역 내 안전조치 강화, 차량 및 공중강습에 대한 대비책 강구 등

61 정답 ❶

O△X ㄱ~ㄷ에 들어갈 말은 순서대로 경호의 주체, 경호의 객체, 경호의 상대이다. 경호는 경호대상자(경호의 객체)의 신변 안전에 위협이 되는 제반 경호환경(경호의 상대)을 경호원(경호의 주체)이 관리하고 통제하는 과정이다.

핵심만콕	경호의 구성요소

경호원과 경호대상자 및 경호환경은 경호활동에 작용하여 경호의 성과에 영향을 미치는 요소들로, 이를 경호의 구성요소라 한다. 따라서 경호원은 경호의 주체인 자신의 능력과 경호의 객체인 경호대상자의 특성은 물론, 경호의 상대가 되는 위해환경에 대한 면밀한 검토를 거쳐 철저하고 효율적인 경호방안을 수립해야 한다.

〈출처〉 이두석, 「경호학개론」, 진영사, 2018, P. 69

62 정답 ❶

O△X 근접경호대형은 2인 이상의 경호원이 경호대상자 주변에 경호막을 형성하여 안전구역을 확보하기 위한 것이다. 1인 대형은 경호원의 수에 따른 기본대형의 분류에는 포함되지만 부득이한 경우에 한하여 운용이 가능한 경호방식이며, 기본적으로 2인 대형을 최소단위의 경호대형으로 본다.

핵심만콕	근접경호대형

- 근접경호대형은 2인 이상의 경호원이 경호대상자 주변에 경호막을 형성하여 안전구역을 확보하기 위한 것이다.
- 근접경호대형은 경호대상자의 활동을 최대한 보장할 수 있는 선에서 전방위에 대한 사주경계와 신변안전을 담보할 수 있는 최소한의 인원으로 대형을 형성하는 것이 바람직하다.
- 선발경호가 일정한 지역의 안전을 확보하기 위한 공간개념이라면, 근접경호는 경호대상자 주위에 경호막을 형성하여 동선을 따라 이동하는 선개념이라고 할 수 있다.
- 근접경호대형은 기본대형, 응용대형과 방호대형으로 구분할 수 있다.
- 기본대형은 경호원의 수에 따라 1인 대형, 2인 대형, 3인 대형, 4인 대형, 5인 또는 6인 대형 등으로 운용이 가능하다. 경호원이 형성하는 경호대형의 모양에 따라 쐐기 대형, 마름모 대형, 사각 대형과 원형 대형 등으로 부르기도 한다.
  - 1인 경호는 근접경호의 주임무인 방벽효과를 제대로 제공하지 못할 뿐만 아니라, 대적과 대피의 임무 분담도 이루어질 수 없어 효과적인 경호방식이라고 할 수 없다. 부득이한 경우에 한하여 취약요소가 거의 없는 안전이 확보된 장소에서 선택할 수 있는 경호방식이다.
  - 2인 대형은 기본적으로 경호대상자의 전방과 후방에서 경계를 제공하며, 최소단위의 경호대형이라고 할 수 있다. 안전한 지역에서 취할 수 있는 대형으로, 좁은 실내나 복잡한 장소 이동 시에 적합하다.
- 응용대형은 정상적인 기본대형의 형성이 곤란한 상황에서, 장소나 행사 상황에 맞게 변형된 경호대형으로 접견 대형, 단상 대형, 복도 대형, 골프 대형 등이 있다.
- 방호대형은 구체적인 위험의 징후가 있거나 위험이 발생한 상황에서 경호대상자를 보호하기 위하여 취하는 대형으로, 좁힌 대형이나 방어적 원형 대형, 대피 대형 및 함몰 대형 등이 있다.

〈출처〉 이두석, 「경호학개론」, 진영사, 2018, P. 298~302

63 정답 ❹

O△X ④ (×) 법 제12조 제1항에 따른 보통징계위원회(이하 "보통징계위원회"라 한다)의 위원장은 기획관리실장이 되고, 위원은 4급 이상의 직원(고위공무원단에 속하는 직원을 포함한다)과 다음 각호의 어느 하나에 해당하는 사람 중에서 성별을 고려하여 처장이 임명 또는 위촉한다(대통령 등의 경호에 관한 법률 시행령

제29조 제2항).
① (○) 대통령 등의 경호에 관한 법률 시행령 제3조의3 제3항
② (○) 대통령 등의 경호에 관한 법률 제12조 제1항
③ (○) 대통령 등의 경호에 관한 법률 시행령 제28조 제1항

64 정답 ❸

○△× 수집·분석된 정보 및 첩보 내용 중에 위해 가능성이 있는지 확인하고 판단하는 과정은 인지단계이다.

핵심만 콕 예방경호작용의 수행단계

예견(예측)단계	신변보호대상자에게 영향을 줄 수 있는 각종 장애요소 또는 위해요소에 대하여 정·첩보를 수집하고 분석하는 단계
인식(인지)단계	수집된 정·첩보 중에서 위해 가능성이 있는지를 확인하고 판단하는 과정으로서 정확하고 신속하며 종합적인 고도의 판단력을 필요로 하는 단계
조사(분석)단계	위해 가능성이 있다고 판단된 위해요소를 추적하고 사실 여부를 확인하는 단계로, 과학적이고 신중한 행동이 요구되는 단계
무력화(억제)단계	예방경호작용의 마지막 단계로서, 이전 단계에서 확인된 실제 위해요소를 차단하거나 무력화하는 단계

65 정답 ❷

○△× ② (×) 경비안전본부의 기능 및 업무에 관한 설명이다.
④ (○) 대통령경호안전대책위원회규정 제4조 제1항 전단

핵심만 콕 대통령경호처의 기능 및 업무

경호처는 기획관리실, 경호본부, 경비안전본부 및 경호지원본부로 편성되며 경호전문교육을 위한 소속기관으로 경호안전교육원을 두고 있다.

기획관리실	• 국회·예산·공보 등 대외업무와 조직·정원관리 업무 • 미래 경호위협 분석 및 대비
경호본부	• 대통령 행사 수행 및 선발경호활동 • 방한하는 외국정상, 행정수반 등 요인에 대한 경호
경비안전본부	• 대통령실과 주변지역 안전확보를 위한 경비 총괄 • 대통령실 내·외곽을 담당하는 군·경 경호부대와 협력 • 국내·외 경호 관련 정보수집 및 보안업무 • 행사장 안전대책 강구
지원본부	• 시설관리, 경호차량운행 등 경호행사 지원업무 • 국정업무 통신망 운용 및 과학적 경호시스템 구축, IT장비 개발
경호안전교육원	• 경호안전관리 관련 학술연구 • 직원 교육 및 경호안전 분야 종사하는 공무원에 대한 수탁교육

〈출처〉 대통령 경호처 홈페이지, www.pss.go.kr, 2025

66 정답 ❶

O△X ① (O) 비표의 종류에는 리본, 명찰, 완장, 모자, 배지(Badge) 등이 있으며, 대상과 용도에 맞게 적절히 운용한다.

② (×) 행사 구역별 별도의 비표를 운용한다. 행사 참석자를 위한 비표는 구역별로 그 색상을 달리하면 식별 및 통제가 용이하다.

③ (×) 비표는 모양이나 색상이 원거리에서도 식별이 용이하도록 단순하고 선명하게 제작하여 사용해야 한다.

④ (×) 분실사고 발생 시 즉각 보고하고 전체를 무효화하며, 새로 전원에게 지급해야 하는 것은 비표이다. 초청장을 배부한 경우 행사장 입구에서 본인확인 과정을 거쳐 초청장과 비표를 교환하게 함으로써 비표운용의 신뢰도를 높일 수 있다.

핵심만콕 비 표

비표의 종류	리본, 명찰, 완장, 모자, 배지 등이 있으며, 대상과 용도에 맞게 적절히 운용한다.
비표의 관리	경호대상자에게 위해를 가할 소지가 있는 사람으로 시국불만자, 신원이 특이한 교포 및 외국인, 일반 요시찰인, 피보안처분자, 공격형 정신분자 등 인적 위해요소를 배제하기 위하여 비표 관리를 한다.
비표의 운용	• 비표를 제작할 때부터 보안에 힘쓰도록 해야 하는데, 비표 분실사고 발생 시는 즉각 보고하고 전체 비표를 무효화하며 새로운 비표를 해당자 전원에게 지급한다. • 비표의 종류는 적을수록 좋고 행사 참석자를 위한 비표는 구역별로 그 색상을 달리하면 식별 및 통제가 용이하다. • 비표는 모양이나 색상이 원거리에서도 식별이 용이하도록 단순하고 선명하게 제작하여 사용한다. • 경호근무자의 경호안전활동 시에도 비표를 운영해야 한다. • 행사장 근무자의 비표는 근무관련 경호 배치 전에 교양 시작 후 지급하며, 행사 참석자에게도 행사 당일 배포하여야 한다.

67 정답 ❷

O△X (　　) 안의 ㄱ~ㅁ에 들어갈 숫자의 합은 ㄱ(10) + ㄴ(5) + ㄷ(10) + ㄹ(5) + ㅁ(5) = 35이다.

관계법령 경호대상(대통령 등의 경호에 관한 법률 제4조)

① 경호처의 경호대상은 다음과 같다.
1. 대통령과 그 가족
2. 대통령 당선인과 그 가족
3. 본인의 의사에 반하지 아니하는 경우에 한정하여 퇴임 후 10년 이내의 전직대통령과 그 배우자. 다만, 대통령이 임기만료 전에 퇴임한 경우와 재직 중 사망한 경우의 경호 기간은 그로부터 5년으로 하고, 퇴임 후 사망한 경우의 경호 기간은 퇴임일부터 기산(起算)하여 10년을 넘지 아니하는 범위에서 사망 후 5년으로 한다.
4. 대통령권한대행과 그 배우자
5. 대한민국을 방문하는 외국의 국가원수 또는 행정수반(行政首班)과 그 배우자
6. 그 밖에 처장이 경호가 필요하다고 인정하는 국내외 요인(要人)

② 제1항 제1호 또는 제2호에 따른 가족의 범위는 대통령령으로 정한다.

③ 제1항 제3호에도 불구하고 전직대통령 또는 그 배우자의 요청에 따라 처장이 고령 등의 사유로 필요하다고 인정하는 경우에는 5년의 범위에서 같은 호에 규정된 기간을 넘어 경호할 수 있다.

68 정답 ❸

O△X 안전대책의 3대 작용원칙은 안전점검 · 안전검사 · 안전유지이다. 안전조치란 경호행사 시 경호대상자에게 위해를 줄 수 있는 위해물질을 안전하게 관리하는 것을 말하며, 안전대책의 3대 작용원칙에는 속하지 않는다.

핵심만 콕 안전대책작용

- 의의 : 행사장 내 · 외부에 산재한 인적 · 물적 · 지리적 취약요소에 대한 안전대책 강구, 행사장 내 · 외곽 시설물에 대한 폭발물 탐지 · 제거 및 안전점검, 경호대상자에게 제공되는 각종 음식물에 대한 검식작용 등 통합적 안전작용을 말한다.
- 안전대책의 3대 작용원칙
  - 안전점검 : 폭발물 등 각종 유해물을 탐지 · 제거하는 활동
  - 안전검사 : 이용하는 기구, 시설 등의 안전상태를 검사하는 것
  - 안전유지 : 안전점검 및 검사가 이루어진 상태를 계속 유지하기 위해 통제하는 것
- 위해요소
  - 인적 위해요소 : 경호대상자에게 위해를 가할 소지가 있는 사람
  - 물적 취약요소 : 경호대상지역 주변에 위치하면서 경호대상자에게 직접 위해를 가할 수 있는 인공물이나, 경호대상자에게 위해를 가할 수 있도록 여건을 제공할 수 있는 자연물
- 안전조치 : 경호행사 시 경호대상자에게 위해를 줄 수 있는 위해물질을 안전하게 관리하는 것
- 안전검측 : 경호대상자에게 위해여건을 제공할 수 있는 자연 및 인공물에 대하여 위해를 가할 수 없는 상태로 전환시키는 작용

〈출처〉 김두현, 「경호학개론」, 엑스퍼트, 2020, P. 269~270

69 정답 ❷

O△X 미국의 국토안보부 경보체계(Homeland Security Advisory System)에서 낮은 위험에 해당하는 색상은 초록색이다.

핵심만 콕 위협수준의 평가

위협수준	미국(국토안보부)	영국(종합테러분석센터)
LEVEL 1	Severe(red) : 심각한 위험	Critical – 공격 임박
LEVEL 2	High(orange) : 높은 위험	Severe – 공격 가능성 높음
LEVEL 3	Elevated(yellow) : 중대한 위험	Substantial – 공격 가능성 상당함
LEVEL 4	Guarded(blue) : 일반적인 위험	Moderate – 공격 가능하나, 실제 가능성 낮음
LEVEL 5	Low(green) : 낮은 위험	Low – 공격 가능성 낮음

〈출처〉 이두석, 「경호학개론」, 진영사, 2018, P. 219

70 정답 ❷

O△X 제시된 내용 중 현장답사 시 고려사항으로 보기 어려운 것은 ㄴ과 ㄷ이다.

ㄴ. (×) 현장답사 시에 지휘소(CP ; Command Post)를 설치하고 유·무선망 설치를 완료한다는 것은 너무 성급하다고 볼 수 있다. 행사장이 경호하기에 적당한지, 주변에 취약요소는 없는지 등 행사의전계획서에 맞춰 미리 확인하는 것이 현장답사의 임무이다.

ㄷ. (×) 행사장 출입자에 대한 시차입장계획 수립은 행사장 출입자 통제 시 고려할 사항이다.

핵심만콕	현장답사 시 고려사항

- 주최 측과 협조하여 행사의전계획서를 확보
- 행사장의 기상, 특성, 구조, 시설 등에 대한 여건 판단
- 취약요소를 분석하고 안전대책에 대한 판단기준 설정
- 출입과 통제 범위 및 병력동원 범위 판단
- 헬기장 선정(안전공간, 주변여건)
- 진입로, 주통로, 주차장 등을 고려하여 기동수단 및 승·하차지점 판단
- 대규모행사가 예상되는 장소라면 지역의 집회나 공연관련관계법, 조례 등을 살펴보고 관계기관에 신고

71 정답 ❶

O△X ① (×) 우리나라에서는 일반적으로 오른편을 상위석으로 하는 것이 관례이며, 이 관례는 많은 나라에서 통용되고 있다. 따라서 행사 주최자의 경우 손님에게 상석인 오른쪽을 양보하여야 한다.

〈출처〉 김두현, 「경호학개론」, 엑스퍼트, 2020, P. 321

② (○) 공식적인 서열을 가지지 않은 사람이 공식행사 또는 연회에 참석할 경우의 좌석은 동인의 개인적, 사회적 지위, 연령 등을 고려하며, 원만하고 조화된 좌석배치를 위하여서는 서열 결정상의 원칙은 다소 조정될 수도 있다.

〈출처〉 김두현, 「경호학개론」, 엑스퍼트, 2020, P. 318~319

③ (○) 지위가 비슷한 경우 남자보다 여자가, 연소자보다 연장자가, 내국인보다는 외국인이 상위서열이다.

〈참고〉 김두현, 「경호학개론」, 엑스퍼트, 2020, P. 319

④ (○) 한 사람이 2개 이상의 사회적 지위를 가지고 있을 경우 원칙적으로 상위직을 기준으로 적용하되, 행사의 성격에 따라 행사와 관련된 직위를 적용한 조정 등의 일반원칙이 적용된다.

72 정답 ❸

O△X 경호대상자 동선 및 좌석 위치에 따른 비상대책을 강구하는 것은 주행사장 내부 담당자의 업무내용이다.

핵심만콕 주행사장 내부 담당자 및 외부 담당자의 주요 임무(업무)

내부 담당자	외부 담당자
• 접견 예상에 따른 대책 및 참석자 안내계획 수립 • 경호대상자 동선 및 좌석 위치에 따른 비상대책 강구 • 행사장 내 인적·물적 위해요인 접근통제 및 차단계획 수립 • 정전 등 우발상황을 대비한 각 근무자 예행연습 실시(필요시 방폭요, 역조명, 랜턴, 손전등을 비치) • 경호대상자의 휴게실, 화장실 위치 파악 및 안전점검 실시 • 행사장 내 단상, 천장, 각종 집기류를 최종 점검	• 방탄막 설치 및 비상차량 운용계획 수립 • 경비 및 경계구역 내에 대한 안전조치 강화 • 차량 및 공중강습에 대한 대비책 수립 • 안전구역 내 단일 출입로 설정 • 외곽 감제고지 및 직시건물에 대한 안전조치 실시 • 지하대피시설 점검·확보 • 취약요소, 직시시점을 고려하여 단상, 전시물 등을 설치

73 정답 ❷

O△X ② (×) 국가, 지방자치단체 및 공공기관의 청사 등에는 연중 국기를 게양하여야 하며, 이 경우 야간에는 적절한 조명을 하여야 한다(대한민국국기법 제8조 제3항).

① (○) 대한민국국기법 제9조 제1항 제2호

③ (○) 국기는 매일·24시간 게양할 수 있다(대한민국국기법 제8조 제2항).

④ (○) 단독주택의 대문과 공동주택의 각 세대 난간에 국기를 게양하려는 경우 밖에서 바라보아 중앙이나 왼쪽에 국기를 게양하는 것을 원칙으로 하되, 부득이한 경우에는 그 위치를 달리할 수 있다(국기의 게양·관리 및 선양에 관한 규정 제10조 제1항).

74 정답 ❸

O△X ③ (○) 대통령 등의 경호에 관한 법률 시행령 제27조 제2항

① (×) 대통령경호처장은 대한민국을 방문하는 외국의 국가 원수 또는 행정수반(行政首班)과 그 배우자의 경호임무를 수행하기 위하여 해당 경호대상자의 지위와 경호위해요소, 해당 국가의 정치상황, 국제적 상징성, 상호주의 측면, 적대국가 유무 등 국제적 관계를 고려하여 경호등급을 구분하여 운영할 수 있다(대통령 등의 경호에 관한 법률 시행령 제3조의2 제1항).

② (×) 대통령경호처장은 경호등급을 구분하여 운영하는 경우에는 외교부장관, 국가정보원장 및 경찰청장과 미리 협의하여야 한다(대통령 등의 경호에 관한 법률 시행령 제3조의2 제2항).

④ (×) 대통령경호처 직원이 국가공무원법 제33조 제5호(금고 이상의 형의 선고유예를 받은 경우에 그 선고유예 기간 중에 있는 자) 사유에 해당하는 경우에는 당연 퇴직하지 않는다(대통령 등의 경호에 관한 법률 제8조 제3항).

75 정답 ❷

○△× 제시된 지문은 개인정보(Private data)와 낚시(Fishing)의 합성어인 피싱(Phishing)에 관한 설명이다. 피싱에는 보이스 피싱, 메신저 피싱, 스미싱, APT 등이 있으며, 패스워드 크래킹은 해킹의 일종이다.

핵심만 콕 **사이버테러리즘**

• 해킹(Hacking) : 정보시스템에 무단으로 침입하여 정보를 빼내거나 없애는 행위 또는 프로그램을 파괴하는 행위이다.

스니핑	네트워크상의 데이터를 도청하는 행위이다.
패스워드 크래킹	패스워드로 보안화한 리소스에 접근하기 위해 툴을 사용하여 네트워크・시스템・리소스로 공격하는 것이다.
스푸핑	해커가 공격하고자 하는 호스트의 IP주소를 바꾸어 자신이 그 컴퓨터인 것처럼 가장해서 해당 컴퓨터를 무력화시키는 방법이다.
서비스 거부 (Dos) 공격	시스템의 서비스를 방해할 목적으로 대량의 데이터를 보내 네트워크나 시스템의 성능을 저하시키는 것을 말한다.

• 피싱(Phishing) : 위장된 홈페이지에 정보를 입력하도록 유도하여 개인・금융정보 등을 빼내는 기법이다.

보이스 피싱	전화를 통해 불법적으로 개인정보를 빼내어 범죄에 이용하는 수법이다.
메신저 피싱	타인의 메신저 아이디를 도용하여 로그인 한 뒤, 등록된 지인에게 메시지를 보내는 수법이다.
스미싱	스마트폰 문자메시지의 인터넷 주소를 클릭하면 소액결재 등이 이루어지도록 하는 수법이다.
APT	특정 조직 내부 직원의 PC를 장악한 뒤 그 PC를 통해 내부 서버나 DB에 접근하여 기밀정보 등을 빼오거나 파괴하는 공격수법이다.

• 악성 소프트웨어(Malware) : 컴퓨터 및 인터넷의 정상적인 사용을 저해하는 모든 종류의 적대적 소프트웨어를 말한다.

바이러스	컴퓨터에 침입하여 다른 개체에 자신 또는 변형을 복제하고 덧붙여 피해를 주는 프로그램이다.
웜	운영체제 등의 취약점을 이용하여 컴퓨터에 침입한 다음에 자신을 무제한 복제하고 네트워크에 뿌려 다른 컴퓨터를 감염시키는 프로그램이다.
트로이 목마	정상적인 프로그램으로 위장하여 사용자 컴퓨터에 설치되어 실행함으로써 컴퓨터의 원격제어 기능을 다른 컴퓨터에게 넘겨주는 프로그램이다. 스파이웨어(Spyware)라고도 한다.

〈참고〉 이두석, 「경호학개론」, 진영사, 2018, P. 386~390

76 정답 ❸

○△× ③ (×) 경찰청에 관한 설명이다. 경찰청에서는 전반적인 경호업무의 계획 및 조정・통제와 외국 경호기관과의 업무협조를 실시하고, 행사장 경비는 도도부현(都道府懸) 경찰본부에서 담당한다. 경시청은 일본의 실질적인 경호의 책임부서로서 경비부에서 경호경비 임무를 수행한다.

① (○) 일본 법무상 산하의 공안조사청은 주로 국내첩보를 수집하지만(해외첩보는 내각정보조사실이 담당), 북한, 중국, 러시아 등 일본에 적대적이거나 긴장관계인 국가의 정보도 수집한다. 특히, 북한 관련 정보에 밝다는 평가를 받는다.

② (○) 경찰청에서 경호경비 업무를 담당하는 부서는 경비국이며 경비국은 경비기획과, 공안과, 경비과와 외사정보부로 구성되어 있다. 공안과에서는 경호 관련 정보를 수집・분석・평가하고, 수상을 비롯한 국내외 요인(경호실) 및 황실(경위실) 경호에 대한 지휘・조정・감독・협조 등의 업무를 수행한다.

④ (○) 경비부 경호과는 요인경호대(Security Police, SP)라 불리는 경호의 주무부서로 경호계획 수립 및 근접경호를 담당한다.

핵심만콕 **일본의 경호체제**

일본에서는 경호작용을 경호(정부요인이나 외국요인에 대한 신변보호로서 경찰청에서 담당)와 경위(일본천황이나 황족에 대한 보호작용으로서 경찰청 직속의 황궁경찰본부가 전담)로 구분하고 있다.

- 경찰청 경비국
  - 경찰청에서는 전반적인 경호업무의 계획 및 조정 · 통제와 외국 경호기관과의 업무협조를 실시하고, 행사장 경비는 도도부현(都道府縣) 경찰본부에서 담당한다.
  - 경찰청에서 경호경비 업무를 담당하는 부서는 경비국이며, 경비국은 경비기획과, 공안과, 경비과와 외사정보부로 구성되어 있으며, 공안과에서는 경호 관련 정보를 수집 · 분석 · 평가하고, 수상을 비롯한 국내외 요인(경호실) 및 황실(경위실) 경호에 대한 지휘 · 조정 · 감독 · 협조 등의 업무를 수행한다.
- 동경도 경시청
  - 경시청은 일본의 실질적인 경호의 책임부서로서, 경비부에서 경호경비 임무를 수행한다. 경비부 경호과는 SP(Security Police)라 불리는 경호의 주무부서로 경호계획 수립 및 근접경호를 담당한다. (중략) 경비과는 중요시설과 행사장에 대한 경비임무를 담당하고, 경위과는 황족 경호와 황거에 대한 경비를 지원한다. 또한 공안부 공안과에서는 경호 첩보 수집 및 위해인물에 대한 동향파악 등의 임무를 수행하고, 외사과에서는 외교관과 외국인 보호임무를 수행한다.
  - 경시청의 주요 경호대상은 내각총리대신과 국빈, 양원의장, 최고재판소장, 국무대신, 외교사절단장, 내각관방장관, 정당의 고위간부 및 경찰청장관이 지정하는 자이다.
- 황궁경찰본부
  - 경찰청의 부속기관으로서 경비부와 경위부로 구성되어 있고, 천황 · 황후 및 황태자와 황족의 호위(경위부), 황거의 경비(경비부) 등의 업무를 담당한다.
  - 황궁 내에서는 황궁경찰이 경호임무를 수행하고, 황궁을 벗어나는 행차 시에는 도도부현(都道府縣) 경찰의 경호지원을 받는다.

〈출처〉 이두석, 「경호학개론」, 진영사, 2018, P. 140~142

77 정답 ❹

○△×

제시된 내용 중 응급처치에 관한 설명으로 옳지 않은 것은 ㄴ, ㄹ, ㅁ이다.

ㄴ. (×) 응급처치원이 희생정신을 가지고 환자나 부상자를 돌보는 것은 좋지만, 환자나 부상자에 대한 안전을 자신보다 우선 확보하여야 한다는 표현은 바람직하지 않다. 응급구조사 안전수칙의 첫 번째도 "위험한 상황에는 직접 접근하지 않는다"로 되어 있으므로, 응급처치원 본인의 안전을 확보해야 한다.

ㄹ. (×) 두부 외상 환자의 경우는 뇌손상 시 체온상승의 경향이 있으므로 보온하지 않는다.

ㅁ. (×) 응급처치원은 원칙적으로 의약품을 사용하지 않는다.

ㄱ. (○) 응급처치는 전문 의료진의 조치가 불가능한 상황에서 경호원이 시행하는 일시적인 구급행위를 말한다.

ㄷ. (○) 머리 · 배(복부) · 가슴의 손상 환자에게는 우선적으로 지혈을 하고, 절대로 음료를 주지 않도록 하며, 젖은 거즈 등으로 입술을 적셔준다.

78 정답 ❷

O△X ② (○) 국가정보원장은 테러 관련 정보를 통합관리하기 위하여 관계기관 공무원으로 구성되는 테러정보통합센터를 설치・운영한다(국민보호와 공공안전을 위한 테러방지법 시행령 제20조 제1항).

① (×) 외교부장관, 국방부장관, 국토교통부장관, 경찰청장 및 해양경찰청장은 테러가 발생하거나 발생할 우려가 현저한 경우(국외테러의 경우는 대한민국 국민에게 중대한 피해가 발생하거나 발생할 우려가 있어 긴급한 조치가 필요한 경우에 한한다)에는 테러사건대책본부를 설치・운영하여야 한다(국민보호와 공공안전을 위한 테러방지법 시행령 제14조 제1항).

③ (×) 환경부장관, 원자력안전위원회 위원장 및 질병관리청장은 화생방테러사건 발생 시 대책본부를 지원하기 위하여 분야별로 화생방테러대응지원본부를 설치・운영한다(국민보호와 공공안전을 위한 테러방지법 시행령 제16조 제1항).

④ (×) 행정안전부장관은 테러사건 발생 시 구조・구급・수습・복구활동 등에 관하여 대책본부를 지원하기 위하여 테러복구지원본부를 설치・운영할 수 있다(국민보호와 공공안전을 위한 테러방지법 시행령 제17조 제1항).

79 정답 ❷

O△X 기동 간 이동지휘소 역할은 선도경호차량이 아닌 후미경호차량이 수행한다.

핵심만콕 차량경호방법

- 경호대상자 차량은 최고 성능의 차량을 선정하고 선도차량과 일정한 간격을 유지하면서 이동하며, 유사시 선도차량과 같은 방향으로 대피한다.
- 선도경호차량은 행・환차로를 안내하고, 행사시간에 맞게 주행속도를 조절하며, 전방의 각종 상황에 대한 경계임무를 수행한다.
- 후미경호차량은 기동 간 경호대상자 차량의 방호업무와 경호지휘 임무를 수행하고, 후미에 접근하는 차량을 통제하고 추월을 방지하도록 한다.
- 경호책임자(경호팀장)는 목적지에 도착하면 가장 먼저 하차하고 출발 시에는 가장 나중에 승차하며 경호대상자 승・하차 시 차량 문의 개폐와 창문과 잠금장치를 통제한다.
- 경호대상자는 가장 먼저 차량의 뒷좌석 오른쪽에 탑승하고(뒷좌석에 경호대상자, 경호원 1명일 때), 경호책임자의 안내에 따라 가장 마지막에 하차한다. 뒷좌석에 경호대상자, 경호원 2명일 때는 경호대상자가 가운데에 앉는 것이 통상적이다.

〈출처〉 이상철, 「경호현장운용론」, 진영사, 2008, P. 206

80 정답 ❶

○△✕ 관계기관 상호 간 비상연락체계 유지는 관심 단계의 조치 내용이다.

핵심만콕 테러경보 4단계

경보발령 4단계	관 심 → 주 의 → 경 계 → 심 각

등 급	발령기준	조치사항
관 심	실제 테러발생 가능성이 낮은 상태 • 우리나라 대상 테러첩보 입수 • 국제 테러 빈발 • 동맹 · 우호국 대형테러 발생 • 해외 국제경기 · 행사 이국인 다수 참가	테러징후 감시활동 강화 • 관계기관 비상연락체계 유지 • 테러대상시설 등 대테러 점검 • 테러위험인물 감시 강화 • 공항 · 항만 보안 검색률 10% 상향
주 의	실제 테러로 발전할 수 있는 상태 • 우리나라 대상 테러첩보 구체화 • 국제테러조직 · 연계자 잠입기도 • 재외국민 · 공관 대상 테러징후 포착 • 국가중요행사 개최 D-7	관계기관 협조체계 가동 • 관계기관별 자체 대비태세 점검 • 지역 등 테러대책협의회 개최 • 공항 · 항만 보안 검색률 15% 상향 • 국가중요행사 안전점검
경 계	테러발생 가능성이 농후한 상태 • 테러조직이 우리나라 직접 지목 · 위협 • 국제테러조직 · 분자 잠입활동 포착 • 대규모 테러이용수단 적발 • 국가중요행사 개최 D-3	대테러 실전대응 준비 • 관계기관별 대테러상황실 가동 • 테러이용수단의 유통 통제 • 테러사건대책본부 등 가동 준비 • 공항 · 항만 보안 검색률 20% 상향
심 각	테러사건 발생이 확실시되는 상태 • 우리나라 대상 명백한 테러첩보 입수 • 테러이용수단 도난 · 강탈 사건 발생 • 국내에서 테러기도 및 사건 발생 • 국가중요행사 대상 테러첩보 입수	테러상황에 총력 대응 • 테러사건대책본부 등 설치 • 테러대응 인력 · 장비 현장 배치 • 테러대상시설 잠정 폐쇄 • 테러이용수단 유통 일시중지

〈출처〉 대테러센터 홈페이지, www.nctc.go.kr, 2025

제4회 심화 모의고사

문제편 215p

정답 CHECK

41	42	43	44	45	46	47	48	49	50	51	52	53	54	55	56	57	58	59	60
④	④	③	④	①	③	①	③	①	①	③	④	②	①	③	②	②	③	④	②
61	62	63	64	65	66	67	68	69	70	71	72	73	74	75	76	77	78	79	80
④	②	③	④	②	①	④	④	③	②	④	③	④	①	④	④	③	④	③	④

41 정답 ❹

O△X

④ (×) 경비업법령은 공경비가 아닌 사경비의 법원에 해당하므로, 경비업법령상 특수경비업무는 사경비에 해당한다.

① (○) 인력경비(각종 위해로부터 경비대상의 인적·물적 가치를 사람을 통해 보호하는 경비형태)와 기계경비(각종 위해로부터 경비대상의 인적·물적 가치를 기계경비시스템을 통해 보호하는 경비형태)는 경비방식에 의한 분류이다.

② (○) 자체경비(경비를 필요로 하는 조직이 자체적으로 경비부서를 조직하여 경비활동을 실시하는 경비형태)와 계약경비(용역경비전문업체가 경비서비스를 원하는 용역의뢰인과 일정한 계약을 통하여 경비서비스를 제공하는 경비형태)는 경비 성격에 의한 분류이다.

③ (○) 정(正)비상경계는 국가적 중요행사를 전후한 일정기간 또는 비상사태 발생의 징후가 예견되거나 고도의 경계가 필요한 때 실시하는 경계이고, 준(準)비상경계는 비상사태 발생의 징후는 희박하나 불안전한 사태가 계속되며 비상사태가 발생할 우려가 있는 경우에 집중적인 경계가 요구될 때 실시하는 경계로서 경계개념에 의한 분류이다.

42 정답 ❹

O△X

(　　) 안에 들어갈 내용은 ㄱ : 외교부장관, ㄴ : 국가정보원장, ㄷ : 경찰청장, ㄹ : 인사혁신처장이다.

관계법령

경호등급(대통령 등의 경호에 관한 법률 시행령 제3조의2)

① 처장은 법 제4조 제1항 제5호 및 제6호에 따른 경호대상자의 경호임무를 수행하기 위하여 해당 경호대상자의 지위와 경호위해요소, 해당 국가의 정치상황, 국제적 상징성, 상호주의 측면, 적대국가 유무 등 국제적 관계를 고려하여 경호등급을 구분하여 운영할 수 있다.

② 제1항에 따라 경호등급을 구분하여 운영하는 경우에는 외교부장관, 국가정보원장 및 경찰청장과 미리 협의하여야 한다.

③ 제1항의 경호등급과 관련하여 필요한 사항은 처장이 따로 정한다.

공로퇴직(대통령 등의 경호에 관한 법률 시행령 제26조)

③ 수당의 지급절차 기타 수당지급에 관하여 필요한 사항은 기획재정부장관 및 인사혁신처장과 협의하여 처장이 정한다.

43 정답 ❸

O△X ③ (○) 통제점은 내부의 경우 행사장 내부로 통하는 각 출입구, 내곽은 정문·후문 등의 출입문이 된다. 외곽은 별도의 가시적인 통제선을 설치하지는 않지만, 지형의 판단과 행사에의 영향권을 고려하여 일정 구역을 설정하고 정보사찰조나 순찰조를 운용하여 조기경보체제를 구축한다.

① (×) 내부는 경호대상자가 머무르는 공간이며, 단독건물인 경우에는 건물 자체를, 고층건물인 경우에는 '행사층의 상하층'을 묶어서 안전구역인 내부로 설정한다.

② (×) 고층건물에서 안전구역으로 설정된 층을 제외한 곳은 '행사장 외부'로 부른다.

④ (×) 내곽은 일반적으로 해당 시설 부지의 경계선인 울타리 안쪽으로, '외곽'은 울타리 밖으로 설정한다.

〈출처〉 이두석, 「경호학개론」, 진영사, 2018, P. 261~263

44 정답 ❹

O△X ④는 고려 초기 왕명출납과 군사기무·왕궁숙위를 담당했던 중추원에 관한 설명이다. 서방(書房)은 문인들로 구성된 최씨 무신정권의 숙위기관(공경호기관)에 해당한다.

45 정답 ❶

O△X 제시된 내용 중 옳지 않은 것은 ㄹ이다.

ㄹ. (×), ㅁ. (○) 주의력효과와 대응효과는 서로 역의 관계이다. 즉, 경호원이 군중(경계대상)과 가까울수록 경호대상자와는 멀어지므로 주의력효과는 증가하나 대응효과는 감소한다. 반대로 경호원이 경호대상자와 가까울수록 군중(경계대상)과는 멀어지므로 대응효과는 증가하나 주의력효과는 감소한다.

ㄱ. (○) 경호원들이 경호대상자와 위해기도자 사이에서 어느 곳에 위치하느냐에 따라서 경호대상자를 보호하는 범위의 크기에 차이가 있음을 말한다.

ㄴ. (○) 대응력은 경호원이 위해기도에 반응하여 경호대상자를 보호하고 대피시킬 수 있는 경호능력을 말한다.

ㄷ. (○) 주의력은 경호원이 군중(경계 대상)의 이상 징후를 포착할 수 있는 능력을 말한다.

46 정답 ❸

O△X 3중 경호의 원칙에 관한 설명이다.

핵심만콕 3중 경호의 원칙

- 경호대상자가 위치한 집무실이나 행사장으로부터 내부(근접경호), 내곽(중간경호), 외곽(외곽경호)으로 구분하여 세 겹의 보호막 또는 경계선을 설치 운영하는 것을 말하며, 경호 행동반경을 거리개념으로 논리를 전개한 것이다.
- 3중 경호의 원칙은 위해기도 시 시간 및 공간적으로 이를 지연시키거나 피해의 범위를 최소화하기 위한 방어전략이라고 하겠다.

47 정답 ❶

경호업무 수행절차는 정보수집분석 → 위협평가 → 경호계획 수립 → 검측활동 → 근접경호 순으로 진행이 된다.

48 정답 ❸

③ (○) 제시문에 나타난 경호의 원칙은 경호대상자를 암살자 또는 위해를 가할 가능성이 있는 자로부터 떼어 놓아야 한다는 목표물 보존의 원칙이다. 목표물을 안전하게 보존하기 위해서는 행차 코스의 비공개, 행차 장소의 비공개, 대중에게 노출되는 보행 행차의 가급적 제한 등이 요구된다.

① (×) 자기담당구역 책임의 원칙은 경호원은 자기가 맡은 담당구역 내에서 발생하는 사태는 어떠한 상황에서도 자기 자신만이 책임을 지고 해결해야 한다는 것을 말한다. 따라서 경호원은 비록 자기담당구역이 아닌 다른 구역에서 위급한 상황이 발생했다고 해도 자기책임구역을 이탈해서는 안 된다.

② (×) 은밀경호의 원칙은 경호원은 타인의 눈에 잘 띄지 않게 침묵 속에서 은밀하게 행동하며 항상 경호대상자의 공적·사적 업무활동에 방해를 주지 않고 신변을 보호할 수 있는 곳에 행동반경을 두고 경호에 임해야 한다는 것을 말한다. 은밀경호는 주변에 위압감을 주어 경호대상자의 이미지에 손상을 주거나 노출에 따른 위해요소들의 대응전략과 수립을 막는 데 그 목적을 둔다.

④ (×) 자기희생의 원칙은 경호대상자는 어떤 상황에서도 절대적으로 보호해야 하므로, 경호원은 경호대상자가 위기에 처했을 때는 자기 몸을 희생하여 경호대상자를 보호하여야 한다는 것을 말한다.

49 정답 ❶

① (○) 대통령 등의 경호에 관한 법률 시행령 제34조 제1항

② (×) 직원의 복제에 관하여 필요한 사항은 처장이 정한다(대통령 등의 경호에 관한 법률 시행령 제34조 제2항).

③ (×) 복장은 행사의 성격, 장소와 시간 등 주변상황과 조화를 이루도록 하여야 한다.

④ (×) 어두운 색상일수록 위엄과 권위가 있다고 할 수 있으나 행사의 성격과 장소에 어울리는 복장을 착용하는 것이 바람직하고, 경호대상자의 복장에 맞추어 정장이나 캐주얼 복장을 상황에 따라 입고, 두발상태도 경호대상자의 두발상태와 비슷하게 관리한다.

50 정답 ❶

① (×) 1949년 2월 23일에는 그동안 구왕궁을 관할하고 있던 창덕궁경찰서가 폐지되고 경무대경찰서가 신설되면서 종로경찰서 관할인 중앙청 및 경무대 구내가 경무대경찰서의 관할구역이 되었다.

② (○) 1960년 6월 제2공화국이 수립되면서 서울시경 소속으로 청와대 경찰관파견대를 설치하여 경비과에서 담당하던 대통령 경호 및 대통령관저의 경비를 담당하게 하였다.

③ (○) 1961년 5월 군사혁명위원회가 국가재건최고회의로 발족되면서 국가재건최고회의 의장경호대가 임시로 편성되었다가 중앙정보부로 예속되고, 그 해 9월 중앙정보부 내훈 제2호로 경호규정이 제정 시행되면서 11월 정식으로 중앙정보부 경호대가 발족되었다.

④ (○) 1963년 제3공화국이 출범하여 대통령경호실법을 제정·공포하고, 박정희 대통령 취임과 동시에 대통령경호실을 출범시켰다.

핵심만콕 **대한민국 정부수립 이후 경호기관**

구 분	내 용
경무대경찰서 (1949)	• 1949년 2월 왕궁을 관할하고 있던 창덕궁경찰서가 폐지되고 경무대경찰서가 신설되면서 경찰이 대통령 경호임무를 담당하게 되었다. 이때, 종로경찰서 관할인 중앙청 및 경무대 구내가 경무대경찰서의 관할구역이 되었다. • 1949년 12월 내무부훈령 제25호에 의하여 경호규정이 제정되면서 최초로 경호라는 용어의 사용과 경호업무의 체제가 정비되었다. • 경무대경찰서는 신설 당시에는 종로경찰서 관할인 중앙청 및 경무대 구내가 관할구역이었으나, 1953년 3월 30일 경찰서 직제의 개정으로 그 관할구역을 경무대 구내로 제한하였다.
청와대 경찰관파견대 (1960)	• 1960년 4・19 혁명으로 제1공화국이 끝나고 3차 개헌을 통해 정부형태가 대통령중심제에서 내각책임제로 바뀌면서 국무총리의 지위가 크게 강화됨에 따라 대통령 경호를 담당하던 경무대경찰서가 폐지되고 경무대 지역의 경비업무는 서울시 경찰국 경비과에서 담당하게 되었다. • 1960년 6월 제2공화국이 수립되면서 서울시경 소속으로 청와대 경찰관파견대를 설치하여 경비과에서 담당하던 대통령 경호 및 대통령관저의 경비를 담당케 하였다.
국가재건최고회의 의장경호대 ↓ 중앙정보부 경호대(1961)	• 1961년 5월 군사혁명위원회가 국가재건최고회의로 발족되면서 국가재건최고회의 의장경호대가 임시로 편성되었다가 중앙정보부로 예속되고, 그 해 9월 중앙정보부 내훈 제2호로 경호규정이 제정 시행되면서 11월 정식으로 중앙정보부 경호대가 발족되었다. • 중앙정보부 경호대의 주요 임무는 국가원수, 최고회의의장, 부의장, 내각수반, 국빈의 신변보호, 기타 경호대장이 지명하는 주요 인사의 신변보호 등이었다.
대통령경호실(1963) ↓ 대통령실장 소속 경호처 (2008, 차관급) ↓ 대통령경호실 (2013, 장관급) ↓ 대통령경호처 (2017~, 차관급)	• 1963년 제3공화국이 출범하여 대통령경호실법을 제정・공포하고 박정희 대통령 취임과 동시에 대통령경호실을 출범시켰다. • 1974년 8・15사건을 계기로 '대통령경호경비안전대책위원회'가 설치되고, 청와대 외각경비가 경찰에서 군(55경비대대)으로 이양되었으며, 22특별경호대와 666특공대가 창설되고, 경호행사 시 3중 경호의 원칙이 도입되는 등 조직과 제도가 대폭 보강되었다. • 1981년 '대통령 당선 확정자의 가족의 호위'와 '전직대통령과 그 배우자 및 자녀의 호위'가 임무에 추가되었다. • 2004년 대통령 탄핵안이 가결됨에 따라 대통령 권한대행과 그 배우자에 대한 경호임무를 추가로 수행하였다. • 2008년 2월 29일 '대통령경호실법'은 '대통령 등의 경호에 관한 법률'로 개칭되고 소속도 대통령 직속기관인 대통령경호실에서 대통령실장 소속 경호처로 변경되었다. • 2013년 2월 25일 경호처는 다시 대통령비서실과 독립된 대통령경호실로 환원되고, 지위도 장관급으로 격상되었다. • 2017년 7월 26일 정부조직법 개정으로 대통령경호실은 재개편되어 현재 차관급 대통령경호처가 되었다.

51 정답 ❸

O△X 일반적으로 1선은 권총 등의 유효사거리를 고려한 건물 내부, 2선은 소총 등의 유효사거리를 고려한 울타리 내곽, 3선은 소구경 곡사화기의 유효사거리를 고려한 외곽의 개념으로 설정한다. 내곽경계(2선)에 해당하는 내용은 ③이며, ①은 내부경비(1선), ②는 행사장 정문 근무자, ④는 외곽경비(3선)에 해당하는 내용이다.

핵심만콕	행사장 경호 시의 출입자 통제관리 및 내·외곽경계
행사장 정문 근무자	• 행사 주최측과 협조하여 초청장 발급·비표패용 여부를 확인한다. • 거동수상자와 정문 부근에서 비표 없이 배회하는 자는 철저한 검문검색을 한다. • 차량 출입문과 도보 출입문을 구분하여 입장토록 한다. • 승차입장 차량에 대하여는 정차선에서 승차입장표지와 승차자입장표지를 확인한다. • 승차자가 소지하고 있는 위해물품 등은 물품보관소에 보관시키도록 한다.
내부경비 (제1선 안전구역)	• 입장자 및 입장 중인 자에 대한 입장표지 패용 등을 확인한다. • 계속적 경계를 유지하면서 불심자를 색출한다. • 입장이 완료되면 복도·화장실·로비·휴게실 등에 근무자 이외에는 한 사람도 없도록 통제한다. • 행사 진행 중에는 좌석에서 식순에 없이 일어나거나 움직이는 사람이 없도록 통제한다. • 근무자는 국민의례 등에 참여하지 않고 오직 군중경계에만 전념한다. • 돌발사태 발생 시 육탄방어의 자세를 갖추고 있어야 한다.
내곽경계 (제2선 경비구역)	• 예비대·비상통로·소방차·구급차 등을 확보하여 요원과 함께 대기하며 돌발사태에 대비한다. • 행사장과 부근 건물 등에 대한 안전을 유지한다. • 주최측 요원 및 참석자에 대한 철저한 동정 감시와 순찰조를 운용하여 불심자의 접근을 제지하고 위해요소를 적발한다.
외곽경비 (제3선 경계구역)	• 행사장 주변의 취약요소를 봉쇄, 감시할 수 있는 위치를 선정하여 감시조를 운용한다. • 도보순찰·기동순찰조를 운용하여 외부로부터 내부로의 불심자 접근을 차단한다. • 행사장과 인접한 위치에 예비대를 대기시켜 돌발사태에 대한 즉응태세를 갖추어야 한다.

〈출처〉 김두현, 「경호학개론」, 엑스퍼트, 2020, P. 265~266

52 정답 ❹

○△✕ 도널드 커크패트릭이 제시한 4단계 모형은 1단계 반응평가, 2단계 학습평가, 3단계 행동평가, 4단계 결과평가로 구성된다.

핵심만콕 교육훈련 결과평가에 적용 가능한 Kirkpatrick의 4단계 모형

- 1단계(반응평가) : 학습자가 교육에 대하여 어떻게 생각하는지 학습자의 만족도를 평가하는 것이다.
- 2단계(학습평가) : 학습자가 교육프로그램이 의도한 지식과 기능을 얼마나 잘 학습하였는가를 측정하는 것이다.
- 3단계(행동평가) : 실제로 학습한 내용을 현장의 업무에 적용하는지의 여부를 평가하는 것이다.
- 4단계(결과평가) : 사업(업무) 전체에 어떤 변화가 나타나는가를 측정하는 것이다.

〈출처〉 이두석, 「경호학개론」, 진영사, 2018, P. 365

53 정답 ❷

○△✕ 제시된 내용 중 우발상황에 관한 설명으로 옳지 않은 것은 ㄴ이다.

ㄴ. (✕) 즉각조치의 과정은 <u>경고 – 방호 – 대피</u>의 순서로 전개된다.
ㄱ. (○) 사전예측의 불가능(곤란성)은 우발상황의 특성에 해당하며, 이에 따라 즉각조치가 어렵다.
ㄷ. (○) 우발상황 발생 시 자기보호본능이 발현되어 위해가해자에 대한 대적과 제압에 영향을 미친다.
ㄹ. (○) 우발상황의 특성 중 현장성에 관한 옳은 설명이다.
ㅁ. (○) 돌발성으로 인해 우발상황에 대처할 충분한 시간적 여유가 없다.

핵심만콕	우발상황의 특성★

구 분	내 용
불확실성 (예측곤란성)	우발상황의 발생 여부가 불확실하고 사전예측이 곤란하여 대비가 어렵다.
돌발성	사전예고 없이 돌발적으로 발생한다.
시간제약성	돌발성으로 인해 우발상황에 대처할 충분한 시간적 여유가 없다.
중대성	우발상황은 경호대상자의 신변에 중대한 결과를 초래할 수 있다.
현장성	우발상황은 현장에서 발생하고 이에 대한 경호조치도 현장에서 이루어져야 한다.

〈출처〉 이두석, 「경호학개론」, 진영사, 2018, P. 344

54 정답 ❶

○△×

②・③・④는 개인장비, ①은 공용장비이다. 공용장비는 관리 주체가 불분명한 경우가 많으므로 장비관리자를 별도로 지명하여 운용하는 것이 좋다.

핵심만콕	경호장비의 운용에 따른 분류

구 분	내 용
개인장비	권총, 무전기, 가스총(가스분사기), 전자충격기, 삼단봉, 만능칼, 개인 전화기, 방탄복, 색안경, 소형 플래시, 수첩(메모지) 및 펜, 지갑(신분증, 비상금 등), 개인 임무별 체크리스트, 경호대상자 관련 사항이 기록된 임무카드 등이 있다.
공용장비	방탄막, 방탄가방, 방독면, 쌍안경, 우산 및 우의, 스노체인, 야간 투시장비, 예비 무전기 및 건전지, 비상용 전등, 소화기, 사진기, 삼각대 등의 안전표지판, 구급약품함, (통제용) 로프, 공기호흡기, 도끼, 계획서나 보고서 작성 등에 필요한 서류가방(참고자료, 지도 등 포함) 등이 있다.

〈출처〉 이두석, 「경호학개론」, 진영사, 2018, P. 245

55 정답 ❸

○△×

제시된 내용의 (   ) 안에 들어갈 내용은 ㄱ : 위해, ㄴ : 특정 지역, ㄷ : 안전, ㄹ : 소속 공무원이다(대통령 등의 경호에 관한 법률 제2조 제1호・제3호).

관계법령 **정의(대통령 등의 경호에 관한 법률 제2조)**

이 법에서 사용하는 용어의 뜻은 다음과 같다.

1. “경호”란 경호대상자의 생명과 재산을 보호하기 위하여 신체에 가하여지는 위해(危害)를 방지하거나 제거하고, 특정 지역을 경계・순찰 및 방비하는 등의 모든 안전활동을 말한다.
2. “경호구역”이란 소속 공무원과 관계기관의 공무원으로서 경호업무를 지원하는 사람이 경호활동을 할 수 있는 구역을 말한다.
3. “소속 공무원”이란 대통령경호처(이하 “경호처”라 한다) 직원과 경호처에 파견된 사람을 말한다.
4. “관계기관”이란 경호처가 경호업무를 수행함에 있어 필요한 지원과 협조를 요청하는 국가기관, 지방자치단체 등을 말한다.

56 정답 ❷

O△X 우리나라 대통령경호처의 경호대상은 "본인의 의사에 반하지 아니하는 경우에 한정하여 퇴임 후 10년 이내의 전직대통령과 그 배우자"이다(대통령 등의 경호에 관한 법률 제4조 제1항 제3호). 즉, 자녀를 포함하지 않는다.

57 정답 ❷

O△X ② (×) 경호보안작용은 경호대상자는 물론 경호와 관련된 인원, 문서, 시설, 지역 및 통신까지 모든 것에 대해 위해기도자로부터 완벽한 보호대책을 수립하여 지속적으로 보안을 유지하는 활동을 의미한다. 경호작용의 원천적 사전지식을 생산・제공하는 것으로 경호대상자의 신변안전을 위협하는 인적・물적・지리적 취약요소를 사전에 수집・분석・예고하는 것은 경호정보작용에 대한 설명이다.

① (○) 경호안전작용의 기본 내용으로는 경호보안작용, 안전대책작용, 경호정보작용 등이 있다.

③ (○) 경호정보작용은 정확성(사용자가 추구하는 가치의 달성을 위한 정책 수립과 수행에 있어 이용 가능한 사전지식으로 그 존재 가치가 정확해야 한다), 적시성(정확하고 완전한 정보라 하여도 사용자가 필요로 하는 시기에 사용하지 않으면 가치가 없게 된다), 완전성(절대적인 완전성이 아니더라도 시간이 허용되는 범위에서 가능한 한 사용자가 의도한 대상과 관련한 모든 상황이 작성되어야 한다)의 요건을 구비해야 한다.

④ (○) 안전대책의 3대 작용 원리는 안전점검, 안전검사, 안전유지이다. 안전점검은 폭발물 등 각종 유해물을 탐지하여 제거하는 활동이고, 안전검사는 이용하는 기구, 시설 등의 안전상태를 검사하는 것이며, 안전유지는 안전점검 및 검사가 이루어진 상태를 유지하는 것이다.

58 정답 ❸

O△X 대규모 군중 속에서 치명적인 안전구역 확보가 필수적인 때에 이용되는 것은 4인 경호대형(다이아몬드 대형)이다. 4인 경호대형은 경호대상자의 지명도가 대단히 높을 때, 위해자의 원거리 저격 가능성이 우려할 만한 수준이고 납치, 기습 등 가능성이 높을 때에 이용된다.

핵심만콕 경호대형

1인 경호대형	• 경호대상자의 위해수준 및 지명도가 아주 낮을 때, 위해자의 원거리 저격 가능성이 없을 때, 경호대상자의 경제적 이유로 경호원 고용이 제한될 때 등에 이용된다. • 경호원은 경호대상자로부터 촉수거리를 최대한 유지해야 하며, 유연하게 위치를 선정하여야 한다. • 위해 상황이 발생되었을 때는 대적을 중심으로 방호하며, 경호대상자가 스스로 대피할 수 있도록 사전에 충분한 대화가 있어야 한다.
2인 경호대형	• 경호대상자의 위해수준 및 지명도가 비교적 낮을 때, 위해자의 원거리 저격 가능성은 없으나 기습공격의 가능성이 있을 때, 경호대상자의 경제적 이유로 3인 이상 경호원 고용이 곤란할 때 등에 이용된다. • 1번 경호원은 행사장에 사전에 배치되어 제반 안전사항을 파악한 후 경호대상자의 앞에서 좌우측을 경계하면서 선도의 역할을 수행하며, 수행팀장은 경호대상자와 동행하여 도착한 후 후방에서 촉수거리를 유지하면서 좌우와 후방을 경계하여야 한다.
3인 경호대형 (쐐기 대형)	경호대상자의 지명도가 높을 때, 위해자의 원거리 저격 가능성이 있으나 우려할 만한 납치, 기습 등 테러공격의 가능성이 높을 때, 3인의 경호원 고용으로 위해에 합리적이며 성공적인 대응이 요구될 때 등에 이용된다.

4인 경호대형 (다이아몬드 대형)	경호대상자의 지명도가 대단히 높을 때, 위해자의 원거리 저격 가능성이 우려할 만한 수준이고 납치, 기습 등 가능성이 높을 때, 대규모 군중 속에서 치명적인 안전구역 확보가 필수적인 때에 이용된다.
5인 경호대형	경호대상자가 국가원수급 등 지명도가 대단히 높을 때, 위해자의 원거리 저격 가능성이 상존하고 고속강습, 납치, 위장침투 등 다양한 가능성이 높을 때, 대규모 군중 속에서 치명적인 위해를 막을 수 있는 '생존을 위한 안전구역' 확보가 어렵다고 예상되는 때 등에 이용된다.

〈출처〉 김두현, 「경호학개론」, 엑스퍼트, 2020, P. 274~277

59 정답 ④

O△X ①은 웜체계, ②는 트로이목마체계, ③은 논리폭탄체계에 관한 설명이다. ④는 AMCW체계에 관한 설명으로 옳다.

핵심만콕 사이버테러의 체계 분류

구 분	내 용
논리폭탄체계	평상시에는 컴퓨터 내부에 잠복해 있다가 예정된 시간이나 특수한 명령어가 들어오면 작동하는 도화선 없는 바이러스 폭탄이다.
웜체계	초급 소프트웨어 무기로서 무기체계 및 정보 수집시스템에 직접적인 영향을 미치지는 않지만 자원의 사용을 남용하여 자신을 계속 복제하여 정상적인 운용을 마비시키고 교란을 획책하여 무력화시키는 교란용 사이버무기체계이다.
컴퓨터 바이러스체계	테러대상 목표의 통신장비나 정보망을 무너뜨릴 수 있는 한 가지 이상의 바이러스로 구성된다. 컴퓨터바이러스는 자신을 복제할 수 있으며, 다른 프로그램에 자신을 덧붙일 수 있고, 통신선로와 데이터통신망을 통하여 전송되어 전자교환기, 지휘통제체계에 침입하여 무력화시킨다.
트랩도어(백도어) 체계	초급 소프트웨어 무기로서 테러대상자의 정보를 수집·보고하는 등의 비밀임무를 수행하는 스파이를 정보기술로 구현하는 체계이다.
트로이목마체계	논리폭탄의 한 변종인 초급 소프트웨어 무기로서 불법적으로 상대의 정보체계에 침입하여 첩보·정보를 수집하는 데 이용된다. 테러대상의 컴퓨터시스템의 프로그램을 불법적으로 수정하여 해커가 원하는 기능을 수행하도록 하는 프로그램이다.
해킹체계	• 해킹이란 컴퓨터시스템의 코드를 해독하고 침입 방지장치를 무력화시키는 행동을 총칭하는 개념으로, 반복적으로 이러한 행위를 일삼는 자를 해커라고 부른다. • 해킹체계는 ㉠ 도청으로 패스워드나 ID(식별자) 등을 알아내는 사용자도용체계, ㉡ 운영체계의 취약점을 이용한 체계, ㉢ 시스템의 구조적인 문제점을 이용한 구조적 공격체계, ㉣ 시스템 또는 서비스의 정상적인 운영을 방해하는 서비스 거부체계 등으로 구분할 수 있다.
AMCW체계	정보체계에 대한 테러용 고급 소프트웨어인 차기 사이버무기체계로, 테러 목표를 설정하고 순항하여 특정정보 또는 컴퓨터시스템에 필요한 체계만을 파괴하는 사이버무기이다.
소프트웨어체계 취약성분석체계	소프트웨어체계의 테러위협을 최소화하기 위한 방어체계이다. 사이버테러에 대한 방호체계는 테러리스트들의 감시와 테러공격으로부터 자신의 정보 기반체계와 정보대응체계를 보존하거나 거짓정보를 유포하여 상대가 잘못된 판단을 내리도록 유도하는 것이다.

〈출처〉 김두현, 「경호학개론」, 엑스퍼트, 2020, P. 506~509

60 정답 ❷

O△X 차량문은 경호대상자차가 정지하는 것과 동시에 너무 성급하게 열지 않도록 한다. 후미경호차에서 내린 경호원까지 모두가 정위치하여 사주경계대형을 갖추고 주변에 이상이 없음을 확인한 후에 팀장의 신호를 받아서 서서히 개방한다.

〈출처〉 이두석, 「경호학개론」, 진영사, 2018, P. 315

61 정답 ❹

O△X ④ (×) 처장 밑에 감사관 1명을 두며, 감사관은 3급 경호공무원으로 보한다(대통령경호처와 그 소속기관 직제 제5조 제3항·제4항).

① (O) 대통령경호처와 그 소속기관 직제 제5조 제1항·제2항

② (O) 대통령경호처와 그 소속기관 직제 제2조

③ (O) 대통령경호처와 그 소속기관 직제 제6조 제2항·제3항

62 정답 ❷

O△X 경호원은 사회 각 분야에 대한 다양한 지식을 보유하여 적절한 판단력을 함양하도록 해야 하며, 비상사태일 경우에도 냉철한 판단력으로 해결해 나가는 능력이 요구된다.

63 정답 ❸

O△X 안색이나 피부색이 붉은 경우에는 혈압이 높아진 것으로 일산화탄소 중독, 일사병, 열사병 등에 걸린 것으로 추정할 수 있다.

핵심만콕 환자의 얼굴색, 피부색

- 청홍색 : 안색, 피부색 특히 입술과 손톱색이 청홍색으로 변해 있으면 호흡을 할 수 없는 상태, 심장이 정지되기 직전, 약물중독 등으로 모두가 위험한 상태이다.
- 창백 : 안색, 피부색이 창백하고 피부가 차갑고 건조한 것은 대출혈, 심장발작 등으로 혈압이 낮아지고 심장의 펌프작용이 저하되어 혈액순환이 악화된 증세이다. 얼굴이 창백한 인사불성 환자는 머리를 수평이 되게 하고 또는 다리를 높여 안정되게 눕히고 보온조치를 한다.
- 붉은색 : 안색, 피부색이 붉으면 혈압이 높아진 것으로 일산화탄소 중독, 열사병, 일사병, 열성피로 등에 걸린 것이다.

64 정답 ❹

O△X ④ (×) 보안과 능률의 원칙에 관한 설명으로 옳지 않다. 보안을 지나치게 강조할 경우 생산된 정보가 사용자에게 제대로 전달되지 않아 정책결정에 사용하지 못할 수 있다. 보안과 능률(업무효율)은 반비례관계에 있으므로 양자의 적절한 조화를 유지하는 방법을 강구하여야 한다.

① (O) 알 사람만 알아야 하는 원칙에 관한 설명이다.

② (O) 적당성의 원칙에 관한 설명이다.

③ (O) 부분화의 원칙에 관한 설명이다.

65 정답 ❷

○△× 독일의 경우 경찰기능이 각 주(州)의 직무이나 자치체경찰체제는 아니며, 대부분의 주에서는 경찰을 전적으로 국가행정으로 하거나 국가경찰체제에 자치경찰체제를 일부 가미하고 있다.

핵심만콕 독일의 경찰조직

독일의 경찰조직은 전통적으로 중앙집권적·관료적인 국가경찰제도를 유지해 왔으나, 제2차 세계대전에서 연합국에 패한 후 독일 연방공화국이 수립되자 이때 경찰기능은 각 주(州)의 직무로 되었다. 그러나 경찰직무가 주에 이관되었다는 것은 결코 독일의 경호제도가 英·美에서와 같은 자치체경찰체제로 전환되었다는 의미는 아니며, 대부분의 주에서는 경찰을 전적으로 국가행정으로 하거나, 국가경찰체제에 자치경찰체제를 일부 가미하고 있는 데에 그치고 있다.

〈출처〉 김두현, 「경호학개론」, 엑스퍼트, 2020, P. 144

66 정답 ❶

○△× 우리나라의 비공식적 국가 의전서열은 대통령 – 국회의장 – 대법원장 – 헌법재판소장 – 국무총리 순이다.

〈출처〉 김두현, 「경호학개론」, 엑스퍼트, 2020, P. 320

핵심만콕 의전의 원칙

구 분	내 용
상대에 대한 존중(Respect)과 배려(Consideration)	의전의 바탕은 상대 생활양식 등의 문화와 상대방에 대한 존중과 배려에 있다. 의전의 출발점은 서로가 다름을 인정하는 것이며, 의전의 종결점은 다름을 효과적으로 조율하는 것이다.
문화의 반영(Reflecting Culture)	의전은 문화와 시대의 소산이며, 세상이 변화하면 문화도 변하고 의전 관행도 바뀔 수 있는 것이다. 그래서 의전의 기준과 절차는 때와 장소에 따라, 처해진 상황에 따라 늘 가변적이다.
상호주의(Reciprocity)	상호주의는 상호 배려의 다른 측면이기도 하다. 하지만 의전의 상호주의가 항상 등가로 작용되는 것은 아니며 엄격히 적용되기 어려운 측면도 많다. 상호주의에 대한 지나친 집착은 오히려 족쇄로 작용할 수 있다.
예우기준(Rank)	정부행사에서 공식적으로는 헌법, 정부조직법, 국회법, 법원조직법 등 법령에서 정한 직위 순서를 기준으로 하고, 관례적으로는 정부수립 이후부터 시행해 온 정부 의전행사를 통하여 확립된 선례와 관행에 따른다.
오른쪽(Right)이 상석	문화적, 종교적 이유로 오른쪽이 상석이라는 기준이 발전되었다. 행사 주최자의 경우 손님에게 상석인 오른쪽을 양보한다. 다만, 국기의 경우는 우리나라를 비롯한 대부분의 국가에서 상석을 양보치 않는 관행이 있다.

〈출처〉 행정안전부, 2024 "정부의전편람", P. 5~6

67 정답 ❹

O△X 질병관리청장은 생물테러 대응 분야의 화생방테러대응지원본부 설치·운영권자에 해당한다.

관계법령

테러사건대책본부(테러방지법 시행령 제14조)

① 외교부장관, 국방부장관, 국토교통부장관, 경찰청장 및 해양경찰청장은 테러가 발생하거나 발생할 우려가 현저한 경우(국외테러의 경우는 대한민국 국민에게 중대한 피해가 발생하거나 발생할 우려가 있어 긴급한 조치가 필요한 경우에 한한다)에는 다음 각호의 구분에 따라 테러사건대책본부(이하 "대책본부"라 한다)를 설치·운영하여야 한다.

1. 외교부장관 : 국외테러사건대책본부
2. 국방부장관 : 군사시설테러사건대책본부
3. 국토교통부장관 : 항공테러사건대책본부
4. 삭제 〈2017.7.26.〉
5. 경찰청장 : 국내일반 테리사건대책본부
6. 해양경찰청장 : 해양테러사건대책본부

화생방테러대응지원본부 등(테러방지법 시행령 제16조)

① 환경부장관, 원자력안전위원회 위원장 및 질병관리청장은 화생방테러사건 발생 시 대책본부를 지원하기 위하여 다음 각호의 구분에 따른 분야별로 화생방테러대응지원본부를 설치·운영한다. 〈개정 2020.12.22.〉

1. 환경부장관 : 화학테러 대응 분야
2. 원자력안전위원회 위원장 : 방사능테러 대응 분야
3. 질병관리청장 : 생물테러 대응 분야

68 정답 ❹

O△X ④ (×) 테러위험인물에 관한 설명이다. "외국인테러전투원"이란 테러를 실행·계획·준비하거나 테러에 참가할 목적으로 국적국이 아닌 국가의 테러단체에 가입하거나 가입하기 위하여 이동 또는 이동을 시도하는 내국인·외국인을 말한다(국민보호와 공공안전을 위한 테러방지법 제2조 제4호).

① (O) 국민보호와 공공안전을 위한 테러방지법 제2조 제2호

② (O) 국민보호와 공공안전을 위한 테러방지법 제2조 제6호

③ (O) 국민보호와 공공안전을 위한 테러방지법 제2조 제8호

관계법령 **정의(국민보호와 공공안전을 위한 테러방지법 제2조)**

이 법에서 사용하는 용어의 뜻은 다음과 같다.

1. "테러"란 국가·지방자치단체 또는 외국 정부(외국 지방자치단체와 조약 또는 그 밖의 국제적인 협약에 따라 설립된 국제기구를 포함한다)의 권한행사를 방해하거나 의무 없는 일을 하게 할 목적 또는 공중을 협박할 목적으로 하는 다음 각목의 행위를 말한다.
   [각목 생략]
2. "테러단체"란 국제연합(UN)이 지정한 테러단체를 말한다.
3. "테러위험인물"이란 테러단체의 조직원이거나 테러단체 선전, 테러자금 모금·기부, 그 밖에 테러 예비·음모·선전·선동을 하였거나 하였다고 의심할 상당한 이유가 있는 사람을 말한다.
4. "외국인테러전투원"이란 테러를 실행·계획·준비하거나 테러에 참가할 목적으로 국적국이 아닌 국가의 테러단체에 가입하거나 가입하기 위하여 이동 또는 이동을 시도하는 내국인·외국인을 말한다.

5. "테러자금"이란 「공중 등 협박목적 및 대량살상무기확산을 위한 자금조달행위의 금지에 관한 법률」 제2조 제1호에 따른 공중 등 협박목적을 위한 자금을 말한다.
6. "대테러활동"이란 제1호의 테러 관련 정보의 수집, 테러위험인물의 관리, 테러에 이용될 수 있는 위험물질 등 테러수단의 안전관리, 인원 · 시설 · 장비의 보호, 국제행사의 안전확보, 테러위협에의 대응 및 무력진압 등 테러 예방과 대응에 관한 제반 활동을 말한다.
7. "관계기관"이란 대테러활동을 수행하는 국가기관, 지방자치단체, 그 밖에 대통령령으로 정하는 기관을 말한다.
8. "대테러조사"란 대테러활동에 필요한 정보나 자료를 수집하기 위하여 현장조사 · 문서열람 · 시료채취 등을 하거나 조사대상자에게 자료제출 및 진술을 요구하는 활동을 말한다.

69 정답 ③

O△X

제시된 내용 중 옳은 것은 ㄱ, ㄴ, ㄹ, ㅁ이다.

ㄱ. (○) 경호조직의 특성 중 전문성에 관한 옳은 설명이다. 경호조직의 권위는 권력의 힘에 의존하는 데서 탈피하여 경호의 전문성에서 찾아야 하므로, 고도로 전문화된 경호전문가의 양성을 통해 경호조직의 권위를 확립하고 국민의 이해와 협조 속에서 국민과 함께하는 경호가 요구된다.

ㄴ. (○) 경호조직의 특성 중 기동성에 관한 옳은 설명이다. 암살 및 테러의 지능화 · 고도화에 따라 경호장비의 과학화와 이를 지원하기 위한 행정업무의 자동화 · 컴퓨터화 등 기동성이 요구되고 있다.

ㄹ. (○) 경호지휘단일성의 원칙은 지휘 및 통제의 이원화로 인해 파생되는 문제들을 보완하기 위해 명령과 지휘체계는 반드시 하나의 계통으로 구성해야 한다는 원칙으로, 경호업무가 긴급성을 요한다는 점에서도 요청된다.

ㅁ. (○) 경호협력성의 원칙은 경호조직과 국민과의 협력을 의미하며, 경호조직이 비록 완벽하다 하더라도 모든 위해요소와 사태에 대응하는 것은 어려우므로 완벽한 경호를 위해서는 국민의 절대적인 협력이 필요하다.

ㄷ. (×) 경호기관단위작용의 원칙이란 경호의 업무는 성격상 개인이 아닌 기관단위의 작용으로 기관의 하명에 의해서 이루어진다는 원칙으로, 기관단위의 임무결정은 지휘자만이 할 수 있고 경호의 성패는 지휘자만이 책임을 진다는 의미가 포함된다.

70 정답 ②

O△X

제시된 내용 중 도보대형 형성 시 우선적으로 고려할 사항(A)은 ㄱ, ㄴ, ㅂ, ㅇ이고 차량 기동 간 사전준비 및 검토할 사항(B)은 ㄷ, ㄹ, ㅁ, ㅅ이다.

핵심만콕

도보대형 형성 시 우선적으로 고려할 사항	차량 기동 간 사전준비 및 검토할 사항
• 주변 감시통제 건물의 취약도 • 인적 취약요소의 이격도 • 물적 취약요소의 위치 • 행사장 사전예방경호의 수준 • 행사장 참석자 인원수 및 성향 • 행사 성격 등을 우선적으로 고려해야 한다.	• 행차로와 환차로 등 주변 도로망 파악 • 대피소 및 최기병원 선정 등 주변 구호시설의 파악 • 주도로 및 예비도로의 선정 • 차량대형 및 차종의 선택 • 의뢰자 및 관계자의 차량번호 숙지 • 현지에서 합류되는 차량번호 숙지 등 • 경호대상자의 성향 및 행사 성격 등을 고려해야 한다.

71 정답 ❹

O△X ④ (×) 손실보상심의위원회의 위원장이 부득이한 사유로 직무를 수행할 수 없는 때에는 손실보상심의위원회의 위원장이 미리 지명한 위원이 그 직무를 대행한다(대통령 등의 경호에 관한 법률 시행령 제39조 제3항).
① (○) 대통령 등의 경호에 관한 법률 시행령 제38조 제1항 본문
② (○) 대통령 등의 경호에 관한 법률 시행령 제38조 제2항 본문
③ (○) 대통령 등의 경호에 관한 법률 시행령 제39조 제2항

72 정답 ❸

O△X TOD(열영상감시장비)는 야간에도 물체나 생물이 방출하는 적외선 영역의 에너지를 검출하여 눈에 보이는 영상으로 변환시켜주는 전자 광학장치로서, 감시장비에 해당한다.

핵심만콕

감시장비

감시장비는 경호임무에 있어 인력부족으로 인한 경호 취약점을 보완하는 수단으로 침입 또는 범죄행위를 사전 감지할 수 있는 장비를 말하는 것으로 전자파, 초음파, 적외선 등의 광학을 응용한 기계장비를 말한다. (중략) 이와 같은 감시장비로는 포대경(M65), 다기능 쌍안경, 고성능 쌍안망원경, TOD(영상감시장비), 드론 등 다양한 장비들이 있으며, 기계경보장치는 침투탐지경보시스템으로 전기회로의 파괴, 광선의 방해, 음향 및 진동의 탐지, 초음파의 탐지, 전자기의 침투, CCTV 설치, 로봇경비원 등 여러 가지가 발달되어 있다.

〈출처〉 김두현, 「경호학개론」, 엑스퍼트, 2020, P. 452~453

TOD(Thermal Observation Device, 열상감시장비/열영상장비/열영상감시장비)

야간에도 물체나 생물이 방출하는 적외선 영역의 에너지를 검출하여 눈에 보이는 영상으로 변환시켜주는 전자 광학장치를 말한다. 주로 야간 감시나 정찰과 같은 군사적 목적으로 사용된다.

73 정답 ❹

O△X ④ (○) 검측은 경호계획에 의거하여 공식행사에서 실시함을 원칙으로 하되, 비공식행사에서도 비노출 검측 활동을 실시할 수 있다.
① (×) 위해기도자의 입장에서 설치장소를 의심하여 검측을 실시해야 한다.
② (×) 검측은 인원 및 장소를 최대한 지원받아 실시하며, 중복되게 점검이 이루어져야 한다.
③ (×) 회의실, 오찬장, 휴게실 등 경호대상자가 장시간 머물러 있는 곳을 대상으로 검측을 먼저 실시하고, 통로, 현관 등 경호대상자가 움직이는 경로는 순차적으로 실시한다.

핵심만 콕	안전검측 원칙

- 검측은 타 업무보다 우선하며, 예외를 불허하고 선 선발개념으로 실시한다.
- 가용 인원 및 장소는 최대한 지원받아 활용한다.
- 범인(적)의 입장에서 설치장소를 의심하며 추적한다.
- 점검은 아래에서 위로, 좌에서 우로 등 일정한 방향으로 체계적으로 점검한다.
- 점과 선에서 실시하되 가까운 곳에서 먼 곳으로, 밖에서 안으로 끝까지 추적한다.
- 통로보다는 양 측면을 점검하고 책임구역을 명확히 구분하여 의심나는 곳은 반복하여 실시한다.
- 검측대상은 외부, 내부, 공중지역, 연도로 구분 실시한다.
- 장비를 이용하되 오감(오관)을 최대한 활용한다.
- 전자제품은 분해하여 확인하고, 확인이 불가능한 것은 현장에서 제거한다.
- 검측인원의 책임구역을 명확하게 하며, 중복되게 점검이 이루어져야 한다.
- 검측은 경호계획에 의거하여 공식행사에서 실시함을 원칙으로 하되, 비공식행사에서는 비노출 검측활동을 실시할 수 있다.
- 회의실, 오찬장, 휴게실 등 경호대상자가 장시간 머물러 있는 곳을 먼저 실시하고, 통로, 현관 등 경호대상자가 움직이는 경로를 순차적으로 실시한다.
- 검측실시 후 현장 확보상태에서 지속적인 안전유지를 한다.
- 행사 직전 반입되는 물품 등은 쉽게 소형 폭발물의 은폐가 가능하므로 계속적인 검측을 실시한다.

74 정답 ❶

O△X

① (O) 준비단계(정보활동단계)는 우호적인 경호환경 조성과 정보 수집 및 평가를 토대로 경호계획을 수립하는 경호준비과정이다.

② (×) 대비단계(안전활동단계)에서는 경호계획을 근거로, 행사보안의 유지와 위해정보의 수집을 위한 보안활동을 전개한다. 행사장의 취약요소에 대한 안전대책을 강구하고, 위험요소에 대한 거부작전을 실시한다. 정보네트워크를 구축하여 정보를 수집・생산하고 위협의 평가 및 대응방안을 강구하는 것은 준비단계의 세부 활동 내용이다.

③ (×) 실시단계(경호활동단계)에서는 경호인력을 배치하여 지속적인 경계활동을 실시하고, 경호위기상황에 즉각적으로 대응하고 조치하는 즉각조치활동을 실시한다. 행사장의 취약요소에 대한 안전대책을 강구하는 것은 대비단계의 세부 활동 내용이다.

④ (×) 평가단계(학습활동단계)에서는 평가결과 대두된 문제점을 보완하기 위한 교육과 훈련을 실시하고, 평가결과를 차기 행사에 반영하기 위한 적용(Feedback)을 실시한다. 비상대책, 구급대책, 비상시 협조체제를 확립하는 것은 실시단계의 세부 활동 내용이다.

핵심만콕 **경호위기관리단계 및 세부 경호업무 수행절차★★**

관리단계	주요 활동	활동 내용	세부 활동
1단계 예방단계 (준비단계)	정보활동	경호환경 조성	법과 제도의 정비, 경호지원시스템 구축, 우호적인 공중(公衆)의 확보(홍보활동)
		정보 수집 및 평가	정보네트워크 구축, 정보의 수집 및 생산, 위협의 평가 및 대응방안 강구
		경호계획의 수립	관계부서와의 협조, 경호계획서의 작성, 경호계획 브리핑
2단계 대비단계 (안전활동단계)	안전활동	정보보안활동	보안대책 강구, 위해동향 파악 및 대책 강구, 취약시설 확인 및 조치
		안전대책활동	행사장 안전확보, 취약요소 판단 및 조치, 검측활동 및 통제대책 강구
		거부작전	주요 감제고지 및 취약지 수색, 주요 접근로 차단, 경호영향요소 확인 및 조치
3단계 대응단계 (실시단계)	경호활동	경호작전	모든 출입요소 통제 및 경계활동, 근접경호, 기동경호
		비상대책활동	비상대책, 구급대책, 비상시 협조체제 확립
		즉각조치활동	경고, 대적 및 방호, 대피
4단계 학습단계 (평가단계)	학습활동	평가 및 자료 존안 행사	행사결과 평가(평가회의), 행사결과보고서 작성, 자료 존안
		교육훈련	새로운 교육프로그램 준비, 교육훈련 실시, 교육훈련의 평가
		적용(피드백)	새로운 이론의 정립, 전파, 행사에의 적용

〈출처〉 이두석, 「경호학개론」, 진영사, 2018, P. 157

75 정답 ❹

O△X

제시된 내용 중 국민보호와 공공안전을 위한 테러방지법령상 테러정보통합센터의 임무에 해당하는 것(A)은 ㄴ, ㄹ, ㅁ이고 테러대응구조대의 임무에 해당하는 것(B)은 ㄱ, ㄷ, ㅂ이다.

관계법령

테러대응구조대(국민보호와 공공안전을 위한 테러방지법 시행령 제19조)

① 소방청장과 시·도지사는 테러사건 발생 시 신속히 인명을 구조·구급하기 위하여 중앙 및 지방자치단체 소방본부에 테러대응구조대를 설치·운영한다.

② 테러대응구조대는 다음 각호의 임무를 수행한다.

1. 테러발생 시 초기단계에서의 조치 및 인명의 구조·구급
2. 화생방테러 발생 시 초기단계에서의 오염 확산 방지 및 독성제거
3. 국가 중요행사의 안전한 진행 지원
4. 테러취약요인의 사전 예방·점검 지원

테러정보통합센터(국민보호와 공공안전을 위한 테러방지법 시행령 제20조)

① 국가정보원장은 테러 관련 정보를 통합관리하기 위하여 관계기관 공무원으로 구성되는 테러정보통합센터를 설치·운영한다.

② 테러정보통합센터는 다음 각호의 임무를 수행한다.

1. 국내외 테러 관련 정보의 통합관리·분석 및 관계기관에의 배포
2. 24시간 테러 관련 상황 전파체계 유지
3. 테러 위험 징후 평가
4. 그 밖에 테러 관련 정보의 통합관리에 필요한 사항

③ 국가정보원장은 관계기관의 장에게 소속 공무원의 파견과 테러정보의 통합관리 등 업무수행에 필요한 협조를 요청할 수 있다.

76 정답 ④

O△X 제시된 내용 중 지리정보에 해당하지 않는 것은 ㄱ, ㄴ, ㅁ이다.

ㄱ. (×) 경호정보 중 인물정보에 해당한다. 경호대상자 본인 및 우호·적대적인 주변인물, 비밀관계에 있는 인물에 대한 정보도 인물정보에 포함된다.

ㄴ. (×) 경호정보 중 물질정보에 해당한다. 자체적으로 위험성을 내포하고 있는 행사장 내의 시설물과 위해의 수단으로 사용되거나 사용될 가능성이 있는 물질의 움직임에 관한 정보로서 행사장 내의 가스·전기·공조시설과 승강기 등의 관리 및 안전상태, 그리고 총기류·폭발물·화학물질 등의 이동 및 거래, 소유자에 대한 정보 등이 포함된다.

ㅁ. (×) 경호정보 중 교통정보에 해당한다. 이동소요시간을 산출하거나 이동로상의 취약성을 판단하는 중요한 요소인 교통정보에는 행사장에 이르는 행·환차로 및 예비도로, 도로의 구간별 교통상황, 사고 및 공사 등에 대한 정보가 포함된다.

ㄷ. (○) 경호정보 중 지리정보에 해당한다. 위해기도자가 공격장소로 이용 가능한 이동로 상의 건널목이나 교량, 서행이 요구되는 곡각지나 좁은 도로, 열차 건널목, 교량, 강 등의 취약요소에 대한 정보도 중요한 지리정보이다.

ㄹ. (○) 경호정보 중 지리정보에 해당한다. 행사장이나 이동로에 관한 지리적 정보를 말하며 행사장의 지형적 위치, 행사장에 이르는 도로망, 주변 감제고지, 고층건물 및 수림지 등에 대한 정보가 포함된다.

핵심만콕 경호정보의 분류

인물정보	• 위해를 기도하거나 기도할 가능성이 있는 개인·단체의 동향에 관한 정보이다. • 경호대상자 본인 및 우호·적대적인 주변인물, 비밀관계에 있는 인물에 대한 정보 등을 포함한다.
물질정보	• 자체적으로 위험성을 내포하고 있는 행사장 내의 시설물과 위해의 수단으로 사용되거나 사용될 가능성이 있는 물질의 움직임에 관한 정보이다. • 행사장 내의 가스·전기·공조시설과 승강기 등의 관리 및 안전상태, 그리고 총기류·폭발물·화학물질 등의 이동 및 거래, 소유자에 대한 정보 등이 포함된다.
지리정보	• 행사장이나 이동로에 관한 지리적 정보를 말하며 행사장의 지형적 위치, 행사장에 이르는 도로망, 주변 감제고지, 고층건물 및 수림지 등에 대한 정보가 포함된다. • 위해기도자가 공격장소로 이용 가능한 이동로 상의 건널목이나 교량, 서행이 요구되는 곡각지나 좁은 도로, 열차 건널목, 교량, 강 등의 취약요소에 대한 정보도 중요하다.

교통정보	• 행사장에 이르는 행·환차로 및 예비도로, 도로의 구간별 교통상황, 사고 및 공사 등에 대한 정보이다. • 이동소요시간을 산출하거나 이동로상의 취약성을 판단하는 중요한 요소이다.
기상정보	• 기상보도, 일기예보, 기상주의보 등의 정보이다. • 이동수단 및 행사장의 결정, 행사 진행 및 준비 등에 영향을 미친다.
행사정보	행사진행순서, 의전계획, 참석자 입장계획 등 행사 전반에 걸친 정보를 말한다.

〈출처〉 이두석, 「경호학개론」, 진영사, 2018, P. 208~210

77 정답 ❸

○△×

3도 화상의 경우 쇼크나 생명의 위험이 있을 수 있으므로 가능한 빨리 병원으로 이송하도록 하며 소독약 등을 사용할 경우 병원에서 상처를 진단하는 데 시간이 걸리는 수가 있으므로 사용하지 않도록 한다.

핵심만콕 **화상의 정도에 따른 치료방법**

- 1도 화상의 치료 : 시원한 물수건 등으로 화상을 입은 부위를 식혀 준다.
- 2도 화상의 치료 : 화상을 입은 면적이 크지 않으면 물수건 등으로 부위를 덮어주도록 한다.
- 3도 화상의 치료 : 쇼크나 생명의 위험이 있을 수 있으므로 가능한 빨리 병원으로 이송하도록 하며 소독약 등을 사용할 경우 병원에서 상처를 진단하는 데 시간이 걸리는 수가 있으므로 사용하지 않도록 한다.
- 4도 화상의 치료 : 직접적인 피부이식 수술이 필요하므로 감염에 주의하면서 많은 조직을 살려주어 후유증을 줄인다.

78 정답 ❹

○△×

④ (×) 테러사건으로 피해를 입은 날부터 <u>10년</u>이 지나면 신청할 수 없다(국민보호와 공공안전을 위한 테러방지법 시행령 제39조 제1항 단서).

① (○) 국민보호와 공공안전을 위한 테러방지법 제15조 제2항 본문

② (○) 국민보호와 공공안전을 위한 테러방지법 제16조 제1항 본문

③ (○) 국민보호와 공공안전을 위한 테러방지법 시행령 제39조 제1항 본문

79 정답 ❸

ㅇ△× ③ (×) 심정지 환자에게는 기본 인명구조술이 심정지 후 4분 이내에 시작되고, 전문적 인명구조술이 8분 이내에 시작되어야 높은 생존율을 기대할 수 있다.

〈출처〉 이두석, 「경호학개론」, 진영사, 2018, P. 283

① (○) 심폐소생술(CPR)은 크게 보아 병원 전(前)단계에서 많이 시행하는 기본 인명구조술(심폐소생술의 초기단계)과 병원에서 주로 시행하는 전문 인명구조술로 구분된다.

② (○) 심폐소생술의 실시 순서로 옳은 설명이다.

④ (○) 심폐소생술 교육을 받은 적이 없거나 받았더라도 자신이 없는 경우, 혹은 인공호흡에 대해 거부감을 가진 경우에는 심폐소생술을 시도조차 하지 않는 경우가 많다. 그러나 인공호흡을 하지 않고 가슴압박만 하더라도 아무것도 하지 않을 때보다 심장정지 환자의 생존율을 높일 수 있다. 2011년 가이드라인부터 심폐소생술 교육을 받은 적이 없거나 심폐소생술에 자신이 없는 일반인은 '가슴압박소생술(Compression-Only CPR)'을 하도록 권장하였고, 2015년 가이드라인에서는 일반인은 가슴압박소생술을 시행하도록 권고하고 인공호흡을 할 수 있는 구조자는 인공호흡이 포함된 심폐소생술을 시행하도록 하였다.

〈출처〉 2020년 한국심폐소생술 가이드라인, 질병관리청 · 대한심폐소생협회, P. 67

핵심만콕 심폐소생술의 시행 순서

성인의 심정지의 원인은 주로 심실세동이므로, 즉시 주변의 자동제세동기를 이용하여 응급조치를 취하거나 응급의료체계로 연락하여 조기에 전문적 인명구조술이 시행되도록 하여야 한다.

① 심정지 확인 : 환자의 반응이 없고 호흡이 없거나 비정상 호흡상태가 관찰될 경우 심정지로 판단한다.
② 119 신고 : 환자가 의식이 없으면 주변에 도움을 요청하거나 119로 즉시 신고한다.
③ 가슴압박 : 119 신고 후 즉시 가슴압박을 시행한다(속도 : 분당 100~120회, 깊이 : 5~6cm).
④ 기도 유지 : 환자의 기도를 개방시켜야 한다.
⑤ 인공 호흡 : 30회의 가슴압박과 2회의 인공호흡을 구급대원이 현장에 도착할 때까지 반복해서 시행한다.
⑥ 회복자세 : 호흡이 회복되었으면 환자를 옆으로 돌려 눕히고, 정상 호흡이 없어지면 가슴압박과 인공호흡을 실시한다.
⑦ 제세동 : 제세동 성공률은 심실세동 발생 직후부터 1분마다 7~10%씩 감소되므로, 신속하게 시행하여야 한다.

〈참고〉 이두석, 「경호학개론」, 진영사, 2018, P. 284~288

80 정답 ❹

ㅇ△× 제시된 내용 중 대통령경호안전대책위원회의 위원(A)은 ㄷ, ㄹ, ㅁ, ㅂ이고 테러대책실무위원회의 위원(B)은 ㄱ, ㄴ, ㅅ, ㅇ이다. 경찰청 경비국장, 해양경찰청 경비국장, 소방청 119구조구급국장, 관세청 조사감시국장은 양 위원회의 위원에 공통으로 해당한다(대통령경호안전대책위원회규정 제2조, 국가테러대책위원회 및 테러대책실무위원회 운영규정 제13조 제3항 제1호).

제5회 심화 모의고사

문제편 229p

정답 CHECK

41	42	43	44	45	46	47	48	49	50	51	52	53	54	55	56	57	58	59	60
③	③	②	①	①	③	①	②	②	①	③	①	②	③	④	④	④	②	④	④
61	**62**	**63**	**64**	**65**	**66**	**67**	**68**	**69**	**70**	**71**	**72**	**73**	**74**	**75**	**76**	**77**	**78**	**79**	**80**
③	①	①	①	④	③	④	②	③	④	②	①	①	④	③	①	④	①	④	④

41 정답 ❸

O△X 경호의 정의와 개념을 잘못 말한 경호원은 A, C, D이다.

A경호원 (×) : 3중 경호는 행사장에 참석하는 경호대상자를 중심으로 가장 가까운 1선을 안전구역, 2선을 경비구역, 3선을 경계구역으로 정해 위해요소의 중복차단과 조기경보를 목적으로 한 지역방어개념이다.

C경호원 (×) : 실정법상 일반 경호기관의 권한에 속하는 일체의 경호작용은 형식적 의미의 경호개념이므로 대통령 등의 경호에 관한 법률에서 정의한 경호의 개념은 형식적 의미의 경호개념이다.

D경호원 (×) : 경호원은 정치적으로 반대 입장에 있는 요인(要人)을 경호해야 하는 상황이 있을 수 있으므로 정치적으로 중립을 유지하여야 한다.

B경호원 (○) : 실질적 의미의 경호개념은 경호를 본질적·이론적인 입장에서 이해하고, 학문적 측면에서 고찰된 개념이다.

42 정답 ❸

O△X 제시된 내용 중 경호의 분류에 관한 설명으로 옳지 않은 것은 ㄷ과 ㅁ이다.

ㄷ. (×) 간접경호는 평상시에 이루어지는 치안 및 대공활동, 국제정세를 포함한 안전대책작용이고, 직접경호는 행사장에 인원과 장비를 배치하여 인적·물적·지리적 위해요소를 배제하기 위한 경호이다.

ㅁ. (×) 열차경호는 이동수단에 의한 경호의 분류에 해당하고, 철도경호는 장소에 의한 경호의 분류에 해당한다.

43 정답 ❷

○△× 설문은 특수경비에 관한 설명에 해당한다.

핵심만 콕 경계대상에 의한 경비의 분류

- 특수경비 : 총포·도검·폭발물 기타 총기류에 의한 인질, 살상 등 사회의 이목을 끄는 중요범죄 등의 사태로부터 발생할 위해를 예방·경계·진압하는 경비작용을 의미한다.★
- 중요시설경비 : 시설의 재산, 비인가자의 문서에 대한 접근을 방지하고 간첩, 태업, 절도 기타 침해행위에 대하여 예방·경계·진압하는 경비작용을 의미한다.★
- 치안경비 : 공공의 안녕과 질서를 문란케 하는 경비사태에 대하여 경비부대의 활동으로서 예방·경계·진압하는 경비작용을 의미한다.★
- 혼잡경비 : 대규모 국가행사, 경기대회 등에서 비조직적인 군중의 혼란에 의하여 발생하는 예측불가능한 사태를 예방·경계·진압하는 경비작용을 의미한다.
- 재해경비 : 천재·지변, 홍수, 화재, 태풍, 지진 등 재해에 의한 예측불허의 돌발사태로부터 발생할 위해를 예방·경계·진압하는 경비작용을 의미한다.

44 정답 ❶

○△× 경호는 업무의 성격상 개인이 아닌 기관의 하명에 의해서 이루어지는 경호기관단위작용을 원칙으로 한다.

핵심만 콕 경호조직의 (구성)원칙

경호지휘단일성의 원칙	• 지휘 및 통제의 이원화로 인해 파생되는 문제들을 보완하기 위해 명령과 지휘체계는 반드시 하나의 계통으로 구성해야 한다는 원칙으로, 경호업무가 긴급성을 요한다는 점에서도 요청된다. • 지휘가 단일해야 한다고 하는 것은 경호기관(요원)은 한 사람의 지휘를 받아야 한다는 뜻이다. 한 걸음 더 나아가서 지휘의 단일이란 「하나의 지휘자」라는 의미 외에 하급경호요원은 하나의 상급기관에 대해서만 책임을 진다는 의미가 포함된다.
경호체계통일성의 원칙	경호기관 구조의 정점으로부터 말단까지 상하계급 간에 일정한 관계가 이루어져 책임과 업무의 분담이 이루어지고, 명령(命令)과 복종(服從)의 지위와 역할의 체계가 통일되어야 한다는 원칙이다.
경호기관단위작용의 원칙	• 경호의 업무는 성격상 개인적 작용으로 이루어지지 않고 기관단위의 작용으로 기관의 하명에 의해서 이루어진다는 원칙이다. • 기관단위라는 것은 그 경호기관을 지휘하는 지휘자가 있고, 지휘를 받는 하급자가 있으며, 하급자를 관리하기 위한 지휘권과 장비가 편성되며 임무수행을 위한 보급지원체계를 갖추고 있어야 한다는 의미이다. • 기관단위의 관리와 임무의 수행을 위한 결정은 지휘자만이 할 수 있고, 경호의 성패는 지휘자만이 책임을 지는 것이다.
경호협력성의 원칙	경호조직과 국민과의 협력을 의미하며 완벽한 경호를 위해서는 국민의 절대적인 협력이 필요하다는 원칙이다.

〈참고〉 이두석, 「경호학개론」, 2018, P. 114~116 / 김두현, 「경호학개론」, 엑스퍼트, 2020, P. 184~187

45 정답 ❶

O△X 목표물 보존의 원칙이란 경호대상자를 암살자 또는 위해를 가할 가능성이 있는 자로부터 가능한 멀리 떼어 놓는 원칙을 말한다. 경호대상자의 행차가 비공개되어야 한다든지, 일반 대중에게 노출되는 보행행차는 가급적 제한되어야 한다든지 등은 모두 목표물 보존의 원칙과 관련된다.

핵심만콕 경호의 특별원칙

구분		내용
특별원칙	자기담당구역 책임의 원칙	경호원이 배치된 자기담당구역 내에서 일어나는 사태에 대해서는 자신만이 책임을 지고 해결해야 한다는 원칙
	목표물 보존의 원칙	• 경호대상자를 암살자 또는 위해를 가할 가능성이 있는 자로부터 떼어 놓아야 한다는 원칙 • 목표물을 안전하게 보존하기 위해서는 행차 코스의 비공개, 행차 장소의 비공개, 대중에게 노출되는 보행 행차의 가급적 제한 등이 요구됨
	하나의 통제된 지점을 통한 접근의 원칙	• 경호대상자에게 접근할 수 있는 출입구나 통로는 하나만 필요하다는 원칙 • 하나의 통제된 출입구나 통로라 하더라도 접근자는 경호요원에 의하여 인지되고 확인되어야 하며 허가절차를 거쳐 접근토록 해야 함
	자기희생의 원칙	• 경호대상자가 위기에 처했을 때 자기 몸을 희생하여 경호대상자를 보호해야 한다는 원칙 • 경호대상자는 어떠한 상황하에서도 절대적으로 보호되어야 한다는 의미

〈참고〉 김두현, 「경호학개론」, 엑스퍼트, 2020, P. 67~69

46 정답 ❸

O△X ③ (×) 위원회의 소관사항을 예비심의하거나 위원회로부터 위임받은 사항의 처리를 위하여 위원회에 실무위원회를 둘 수 있다(대통령경호안전대책위원회규정 제7조 제1항).

① (○) 대통령경호안전대책위원회규정 제5조 제2항

② (○) 대통령경호안전대책위원회규정 제4조 제1항

④ (○) 대통령경호안전대책위원회규정 제7조 제2항, 대통령 등의 경호에 관한 법률 제16조 제3항 전단

47 정답 ❶

O△X ① (×) 비표는 행사 참석자를 비롯한 출입 인원, 장비 및 차량 등의 모든 인적·물적 출입요소의 인가 및 확인 여부를 표시하기 위하여 사용되는 중요한 식별수단으로, 인적 위해요소의 배제활동에 해당한다.

〈참고〉 이두석, 「경호학개론」, 진영사, 2018, P. 265~268

② (○) 행사장 근무자의 비표는 근무관련 경호 배치 전에 교양 시작 후 지급하며, 행사 참석자에게도 행사 당일 배포하여야 한다.

③ (○) 비표의 종류는 적을수록 좋고 행사 참석자를 위한 비표는 구역별로 그 색상을 달리하면 식별 및 통제가 용이하다.

④ (○) 비표의 종류에는 리본, 명찰, 완장, 모자, 배지(badge) 등이 있으며, 대상과 용도에 맞게 적절히 운용한다.

핵심만콕 **비 표**

비표의 종류	리본, 명찰, 완장, 모자, 배지 등이 있으며, 대상과 용도에 맞게 적절히 운용한다.
비표의 관리	경호대상자에게 위해를 가할 소지가 있는 사람으로서 시국불만자, 신원이 특이한 교포 및 외국인, 일반 요시찰인, 피보안처분자, 공격형 정신분자 등 인적 위해요소를 배제하기 위하여 비표 관리를 한다.
비표의 운용	• 비표를 제작할 때부터 보안에 힘쓰도록 해야 하는데, 비표 분실사고 발생 시에는 즉각 보고하고 전체 비표를 무효화하며, 새로운 비표를 해당자 전원에게 지급한다. • 비표의 종류는 적을수록 좋고 행사 참석자를 위한 비표는 구역별로 그 색상을 달리하면 식별 및 통제가 용이하다. • 비표는 모양이나 색상이 원거리에서도 식별이 용이하도록 단순하고 선명하게 제작하여 사용한다. • 비표는 재생이나 복제가 되어서는 안 된다. • 경호근무자의 경호안전활동 시에도 비표를 운영해야 한다. • 행사장 근무자의 비표는 경호 배치 전·교양 시작 후 지급하며, 행사 참석자에게도 행사 당일 배포하여야 한다.

48 정답 ❷

○△× 사전경호활동 중 ㄱ은 인식단계, ㄴ은 조사단계에 관한 설명이다.

핵심만콕 **예방경호작용의 수행단계**

예견(예측)단계	신변보호대상자에게 영향을 줄 수 있는 각종 장애요소 또는 위해요소에 대하여 정·첩보를 수집하고 분석하는 단계
인식(인지)단계	수집된 정·첩보 중에서 위해 가능성이 있는지를 확인하고 판단하는 과정으로서 정확하고 신속하며 종합적인 고도의 판단력을 필요로 하는 단계
조사(분석)단계	위해 가능성이 있다고 판단된 위해요소를 추적하고 사실 여부를 확인하는 단계로, 과학적이고 신중한 행동이 요구되는 단계
무력화(억제)단계	예방경호작용의 마지막 단계로서, 이전 단계에서 확인된 실제 위해요소를 차단하거나 무력화하는 단계

49 정답 ❷

O△X 설문의 A 지역은 경계구역이다.

핵심만콕 경호활동지역(직접 경호지역)

제1선(내부 – 안전구역) 절대안전 확보구역	• 피경호자가 위치하는 내부로서 옥내일 경우에는 건물 자체를 말하며, 옥외일 경우 본부석이 통상적으로 해당된다. 이것은 요인의 승하차장 동선 등의 취약개소로 피경호자에게 직접적으로 위해를 가할 수 있는 거리 내의 지역을 지칭한다. • 통상 수류탄 투척 및 권총 유효사거리인 50m 반경 이내에 설정된다. • 경호에 대한 주관 및 책임은 경호처에서 수립・실시하고 경찰은 경호처의 요청 시 경력 및 장비를 지원(출입자 통제관리, MD설치운용, 비표확인 및 출입자감시)한다.
제2선(내곽 – 경비구역) 주경비지역	• 제1선을 제외한 행사장 중심으로 소총의 유효사거리(50~600m 반경 이내)를 고려한 거리개념이다. • 경호책임은 경찰이 담당하고 군부대 내일 경우에는 군이 책임(바리케이드 등 장애물 설치, 돌발사태에 대비한 예비대 운영 및 구급차, 소방차 대기)을 진다.
제3선(외곽 – 경계구역) 조기경보지역	• 소구경 곡사화기의 유효사거리(600m 반경 이상)를 고려한 거리개념이다. • 주변동향 파악, 직시・고층건물 및 감제고지에 대한 안전확보, 우발사태에 대비책을 강구하여 피경호자에 대한 위해요소를 제거한다. • 통상 경찰이 책임(감시조 운영, 도보 등 원거리 기동순찰조 운영, 원거리 불심자 검문차단)

50 정답 ❶

O△X ① (O) 제시문은 고려시대의 경호제도는 순마소에 관한 설명이다.

② (X) 성중애마 : 고려 후기 충렬왕 때 상류층 자제들로 하여금 왕을 숙위토록 하였으며, 주로 내시, 다방 등의 근시(近侍)의 임무를 띤 자들이 군사적 기능을 강화하여 이루어졌다.

③ (X) 내순검군 : 고려 전기의 군사조직이다. 묘청의 난을 계기로 도성의 치안유지를 위하여 좌・우 순금사를 두었으며, 의종 때 와서 내금검이라 하여 숙위를 더욱 강화하였다.

④ (X) 의흥친군위 : 조선 전기의 군사조직으로 조선 건국과 더불어 10위의 중앙군 가운데 하나로 왕실의 사병적 성격을 갖는 것으로 궁성 수비와 왕의 시위에 종사하였다.

51 정답 ❸

O△X 제시된 내용 중 경호행사 시 주행사장 내부 담당자의 임무(A)는 ㄷ, ㄹ, ㅁ, ㅂ이고 주행사장 외부 담당자의 임무(B)는 ㄱ, ㄴ, ㅅ, ㅇ이다.

핵심만콕 주행사장 내부 및 외부 담당자의 주요 임무(업무)

내부 담당자	외부 담당자
• 접견 예상에 따른 대책 및 참석자 안내계획 수립 • 경호대상자 동선 및 좌석 위치에 따른 비상대책 강구 • 행사장 내 인적・물적 위해요인 접근통제 및 차단계획 수립 • 정전 등 우발상황을 대비한 각 근무자 예행연습 실시(필요시 방폭요, 역조명, 랜턴, 손전등을 비치) • 경호대상자의 휴게실, 화장실 위치 파악 및 안전점검 실시 • 행사장 내 단상, 천장, 각종 집기류를 최종 점검	• 방탄막 설치 및 비상차량 운용계획 수립 • 경비 및 경계구역 내에 대한 안전조치 강화 • 차량 및 공중강습에 대한 대비책 수립 • 안전구역 내 단일 출입로 설정 • 외곽 감제고지 및 직시건물에 대한 안전조치 실시 • 지하대피시설 점검・확보 • 취약요소, 직시시점을 고려하여 단상, 전시물 등을 설치

52 정답 ❶

O△X ① (○) 준비단계(정보활동단계)는 정보네트워크를 구축하여 정보를 수집·생산하고 위협의 평가 및 대응방안을 강구하는 경호준비과정이다.

② (×) 대비단계(안전활동단계)에서는 경호계획을 근거로, 행사보안의 유지와 위해정보의 수집을 위한 보안활동을 전개한다. 행사장의 취약요소에 대한 안전대책을 강구하고, 위험요소에 대한 거부작전을 실시한다. 법과 제도를 정비하여 우호적인 경호환경을 조성하는 것은 준비단계의 세부 활동 내용이다.

③ (×) 실시단계(경호활동단계)에서는 경호인력을 배치하여 지속적인 경계활동을 실시하고, 경호위기상황에 즉각적으로 대응하고 조치하는 즉각조치활동을 실시한다. 행사장의 취약요소에 대한 안전대책을 강구하는 것은 대비단계의 세부 활동 내용이다.

④ (×) 평가단계(학습활동단계)에서는 평가결과 대두된 문제점을 보완하기 위한 교육과 훈련을 실시하고, 평가결과를 차기 행사에 반영하기 위한 적용(Feedback)을 실시한다. 비상대책, 구급대책, 비상시 협조체제를 확립하는 것은 실시단계의 세부 활동 내용이다.

핵심만 콕 경호위기관리단계 및 세부 경호업무 수행절차★★

관리단계	주요 활동	활동 내용	세부 활동
1단계 예방단계 (준비단계)	정보활동	경호환경 조성	법과 제도의 정비, 경호지원시스템 구축, 우호적인 공중(公衆)의 확보(홍보활동)
		정보 수집 및 평가	정보네트워크 구축, 정보의 수집 및 생산, 위협의 평가 및 대응방안 강구
		경호계획의 수립	관계부서와의 협조, 경호계획서의 작성, 경호계획 브리핑
2단계 대비단계 (안전활동단계)	안전활동	정보보안활동	보안대책 강구, 위해동향 파악 및 대책 강구, 취약시설 확인 및 조치
		안전대책활동	행사장 안전확보, 취약요소 판단 및 조치, 검측활동 및 통제대책 강구
		거부작전	주요 감제고지 및 취약지 수색, 주요 접근로 차단, 경호영향요소 확인 및 조치
3단계 대응단계 (실시단계)	경호활동	경호작전	모든 출입요소 통제 및 경계활동, 근접경호, 기동경호
		비상대책활동	비상대책, 구급대책, 비상시 협조체제 확립
		즉각조치활동	경고, 대적 및 방호, 대피
4단계 학습단계 (평가단계)	학습활동	평가 및 자료 존안 행사	행사결과 평가(평가회의), 행사결과보고서 작성, 자료 존안
		교육훈련	새로운 교육프로그램 준비, 교육훈련 실시, 교육훈련의 평가
		적용(피드백)	새로운 이론의 정립, 전파, 행사에의 적용

〈출처〉 이두석, 「경호학개론」, 진영사, 2018, P. 157

53 정답 ❷

O△X ② (×) 출입통로는 가능한 한 단일통로를 원칙으로 하나, 행사장 구조, 참가자 수, 참석자 성분 등을 고려하여 수개의 출입통로를 지정하여 불편요소를 최소화할 수 있다.

① (○) 행사 관련 참석자, 종사자, 상근자, 반입물품, 기동수단 등 인적·물적 제반 출입요소를 출입통로 지정, 시차입장, 본인 여부 확인, 비표운용, 검문검색, 주차관리 등을 통해 통제하는 안전활동을 의미한다.

③ (○) 출입자 통제는 안전구역 설정권 내에 출입하는 인적·물적 제반 요소에 대한 안전활동으로서 사전예방차원의 경호방법이라 할 수 있다.

④ (○) 행사장에 대한 출입통제는 3선 경호개념에 의거한 경호구역의 설정에 따라 각 구역별 통제의 범위를 결정하여야 한다.

54 정답 ❸

O△X 제시된 내용 중 대통령경호처의 경호대상에 해당하지 않는 자는 ㄷ과 ㅁ이다.

ㄷ. (×) 대통령 등의 경호에 관한 법률 제4조, 동법 시행령 제2조에 의하면 대통령과 그 배우자·직계존비속, 대통령 당선인과 그 배우자·직계존비속이 대통령경호처의 경호대상이다. 따라서 대통령의 형제자매는 대통령경호처의 경호대상이 아니다.

ㅁ. (×) 대통령 후보자와 그 가족은 경호처의 경호대상이 아니다.

관계법령

경호대상(대통령 등의 경호에 관한 법률 제4조)

① 경호처의 경호대상은 다음과 같다.

1. 대통령과 그 가족
2. 대통령 당선인과 그 가족
3. 본인의 의사에 반하지 아니하는 경우에 한정하여 퇴임 후 10년 이내의 전직대통령과 그 배우자. 다만, 대통령이 임기 만료 전에 퇴임한 경우와 재직 중 사망한 경우의 경호 기간은 그로부터 5년으로 하고, 퇴임 후 사망한 경우의 경호 기간은 퇴임일부터 기산하여 10년을 넘지 아니하는 범위에서 사망 후 5년으로 한다.
4. 대통령권한대행과 그 배우자
5. 대한민국을 방문하는 외국의 국가원수 또는 행정수반(行政首班)과 그 배우자
6. 그 밖에 처장이 경호가 필요하다고 인정하는 국내외 요인(要人)

② 제1항 제1호 또는 제2호에 따른 가족의 범위는 대통령령으로 정한다.

③ 제1항 제3호에도 불구하고 전직대통령 또는 그 배우자의 요청에 따라 처장이 고령 등의 사유로 필요하다고 인정하는 경우에는 5년의 범위에서 같은 호에 규정된 기간을 넘어 경호할 수 있다.

가족의 범위(대통령 등의 경호에 관한 법률 시행령 제2조)

「대통령 등의 경호에 관한 법률」(이하 "법"이라 한다) 제4조 제1항 제1호 및 제2호에 따른 가족은 대통령 및 대통령 당선인의 배우자와 직계존비속으로 한다.

55 정답 ❹

O△X ④ (O) 제시문은 보호색의 원리에 관한 설명이다. 경호원들이 경호현장의 주변 환경과 조화되는 복장·행동을 통해 노출을 최소화한다는 내용이며, 이는 보호색의 원리를 준용한 경호기법이다.

① (×) 우발상황 발생 시 기본원칙의 하나인 촉수거리의 원칙은 위해기도자에 대한 대응은 경호원 중 위해기도자와 가장 가까운 거리에 있는 경호원이 해야 한다는 원칙이다. 촉수거리의 원칙에 따르면 경호원이 위해기도자와의 거리보다 경호대상자와의 거리가 더 가깝다면 경호대상자를 방호해서 신속히 현장을 이탈하는 것이 효과적이고, 위해기도자와의 거리가 경호대상자와의 거리보다 더 가깝고 촉수거리에 있다면 과감하게 위해기도자를 제압하는 것이 효과적일 수 있다.

② (×) 대응시간의 원리는 위해기도자의 총기 공격에 대해 근접경호원이 총기로 응사하여 대응하는 것보다 자신의 몸을 이용하여 경호대상자를 보호하는 것이 보다 효과적이라는 원리로서 경호의 원칙 중 방어경호의 원칙이나 자기희생의 원칙과 연결된다.

③ (×) 경호원은 위해기도자와 경호대상자와의 사이에서 적정한 간격을 두고 위치해야 하는데, 이를 이격거리(離隔距離)라고 한다. 경호원은 경계대상인 군중과의 거리를 2m 이상 유지하여 위해기도자의 공격에 대비하고, 경호대상자와의 거리도 2m 정도를 유지하여 경호원의 존재가 경호대상자의 사회활동에 방해가 되지 않으면서, 경호원 본연의 방호임무를 다할 수 있도록 해야 한다.

〈참고〉 이두석, 「경호학개론」, 진영사, 2018, P. 168~170

56 정답 ❹

O△X 제시된 내용 중 임용권자가 직원을 직권으로 면직하려는 경우 고등징계위원회의 동의를 받아야 하는 경우는 ㄴ과 ㅁ이다. 따라서 고등징계위원회의 동의가 불필요한 경우는 ㄱ, ㄷ, ㄹ, ㅂ이다.

관계법령 직권면직(대통령 등의 경호에 관한 법률 제10조)

① 임용권자는 직원(별정직 국가공무원은 제외한다. 이하 이 조에서 같다)이 다음 각호의 어느 하나에 해당하면 직권으로 면직할 수 있다.
1. 신체적·정신적 이상으로 6개월 이상 직무를 수행하지 못할 만한 지장이 있을 때
2. 직무수행능력이 현저하게 부족하거나 근무태도가 극히 불량하여 직원으로서 부적합하다고 인정될 때
3. 직제와 정원의 개폐(改廢) 또는 예산의 감소 등에 의하여 폐직(廢職) 또는 과원(過員)이 된 때
4. 휴직 기간이 끝나거나 휴직 사유가 소멸된 후에도 정당한 이유 없이 직무에 복귀하지 아니하거나 직무를 수행할 수 없을 때
5. 직무수행능력이 부족하거나 근무성적이 극히 불량하여 대통령령으로 정하는 바에 따라 대기명령을 받은 사람이 그 기간 중 능력 또는 근무성적의 향상을 기대하기 어렵다고 인정될 때
6. 해당 직급에서 직무를 수행하는 데에 필요한 자격증의 효력이 상실되거나 면허가 취소되어 담당 직무를 수행할 수 없게 되었을 때

② 제1항 제2호·제5호에 해당하여 면직하는 경우에는 대통령령으로 정하는 바에 따라 고등징계위원회의 동의를 받아야 한다.

③ 제1항 제3호에 해당하여 면직하는 경우에는 임용 형태, 업무실적, 직무수행능력, 징계처분 사실 등을 고려하여 면직기준을 정하여야 한다. 이 경우 면직된 직원은 결원이 생기면 우선하여 재임용할 수 있다.

④ 제3항의 면직기준을 정하거나 제1항 제3호에 따라 면직대상자를 결정할 때에는 대통령령으로 정하는 바에 따라 인사위원회의 심의·의결을 거쳐야 한다.

57 정답 ❹

O△X ④ (○) 우발상황 발생 시 대피하는 경우 경호대상자에게 다소간에 신체적 무리가 뒤따르고 예의를 무시하게 되더라도 신속하고 과감하게 행동해야 한다.

① (×) 우발상황 발생 시 즉각조치의 과정은 경고 – 방호 – 대피의 순서로 전개된다.

② (×) 촉수거리의 원칙은 위해기도자에 대한 대응은 경호원 중 위해기도자와 가장 가까운 거리에 있는 경호원이 해야 한다는 원칙이다. 촉수거리의 원칙에 따르면 경호원이 위해기도자와의 거리보다 경호대상자와의 거리가 더 가깝다면 경호대상자를 방호해서 신속히 현장을 이탈하는 것이 효과적이고, 위해기도자와의 거리가 경호대상자와의 거리보다 더 가깝고 촉수거리에 있다면 과감하게 위해기도자를 제압하는 것이 효과적일 수 있다.

③ (×) 비상시 경호대상자의 대피가 가장 중요하다. 경호대상자가 안전한 경우와 부상당한 경우 모두 위험지역에서 신속히 공격의 역방향으로, 비상차량 및 세이프 존(Safe Zone)으로 이동한다.

58 정답 ❷

O△X 제시된 내용 중 테러방지법령상 국가테러대책위원회 심의 · 의결사항인 것은 ㄱ · ㄷ · ㄹ이고, ㄴ · ㅁ은 대테러센터의 임무이다.

관계법령

국가테러대책위원회(테러방지법 제5조)

③ 대책위원회는 다음 각호의 사항을 심의 · 의결한다.
1. 대테러활동에 관한 국가의 정책 수립 및 평가
2. 국가 대테러 기본계획 등 중요 중장기 대책 추진사항
3. 관계기관의 대테러활동 역할 분담 · 조정이 필요한 사항
4. 그 밖에 위원장 또는 위원이 대책위원회에서 심의 · 의결할 필요가 있다고 제의하는 사항

대테러센터(테러방지법 제6조)

① 대테러활동과 관련하여 다음 각호의 사항을 수행하기 위하여 국무총리 소속으로 관계기관 공무원으로 구성되는 대테러센터를 둔다.
1. 국가 대테러활동 관련 임무분담 및 협조사항 실무 조정
2. 장단기 국가대테러활동 지침 작성 · 배포
3. 테러경보 발령
4. 국가 중요행사 대테러안전대책 수립
5. 대책위원회의 회의 및 운영에 필요한 사무의 처리
6. 그 밖에 대책위원회에서 심의 · 의결한 사항

② 대테러센터의 조직 · 정원 및 운영에 관한 사항은 대통령령으로 정한다.
③ 대테러센터 소속 직원의 인적사항은 공개하지 아니할 수 있다.

59 정답 ❹

☐O☐△☐X ④ (×) 심사위원회의 위원장과 위원은 회의 안건과 관련하여 직접적인 이해관계가 있는 경우에는 참석하지 못한다(테러방지법 시행규칙 제3조 제5항).

① (O) 테러방지법 시행령 제30조 제2항

② (O) 테러방지법 시행규칙 제3조 제2항

③ (O) 테러방지법 시행규칙 제3조 제3항

관계법령 **포상금심사위원회의 운영(테러방지법 시행규칙 제3조)**

① 심사위원회의 회의는 위원장을 포함한 재적위원 과반수의 출석으로 개의(開議)하고, 출석위원 과반수의 찬성으로 의결한다.

② 심사위원회의 위원장이 부득이한 사유로 그 직무를 수행하지 못할 때에는 위원장이 지명하는 위원이 그 직무를 대행한다.

③ 심사위원회의 위원이 부득이한 사유로 회의에 출석하지 못할 때에는 그 소속 공무원으로 하여금 회의에 출석하여 그 권한을 대행하게 할 수 있다.

④ 심사위원회에 간사를 두되, 간사는 대테러센터 소속 공무원 중에서 대테러센터장이 지명한다.

⑤ 심사위원회의 위원장과 위원은 회의 안건과 관련하여 직접적인 이해관계가 있는 경우에는 참석하지 못한다.

60 정답 ❹

☐O☐△☐X 제시된 내용 중 경호계획 수립 시 유의사항으로 옳은 것은 ㄴ, ㄷ, ㄹ, ㅁ이다.

핵심만콕 **경호계획 수립 시 유의사항(고려사항)**

- 사전에 신중하게 계획되어야 한다.
- 예기치 않은 변화 가능성을 참작하여 융통성 있게 수립되어야 한다.
- 순시에 포함된 수행원은 물론 주관부서(기관)와의 협조는 필수적이다.
- 악천후 기상, 가능성 있는 위협, 어떤 사람의 불손행위 등과 같은 경호환경을 극복하기 위해서는 예비 및 우발계획이 준비되어야 한다.
- 경호규정, 표준 경호경비계획 및 연도 경호지침 등을 완전히 숙지한 후 경호계획을 수립한다.
- 사전 현지답사는 가능한 도보로 하고 꼭 필요한 장소에 배치 예정될 병력을 표시한다.
- 안전검측을 실시하여 완벽한 계획이 되도록 하며, 계획에 있어서의 통일을 기한다.
- 사전에 관계기관회의를 개최하여 문제점을 검토한 후 현지 실정에 맞고 실현 가능한 경호계획을 수립하며 경호계획의 실천 추진상황 등을 계속 확인·점검한다.
- 경호경비원의 수송, 급식 및 숙소에 관한 계획을 세운다.
- 검색장비, 통신장비, 차량 등의 동원 장비에 관하여 검토한다.
- 행사계획의 변경이나 비상사태에 대비하여 예비병력을 확보하는 등 융통성 있는 계획을 세운다.
- 경호원에 대한 교양과 상황에 따른 예행연습의 실시계획을 세운다.
- 책임구역과 책임자를 지정하고 계획서 도면에 책임의 한계를 명시한다.
- 수립된 계획의 실천·추진사항을 계속적으로 확인하며, 미비한 사항은 즉각 보완하여 변경하여야 한다.
- 해안지역 행차 시의 경호경비에 있어서는 육·해·공의 입체적 경호경비가 이루어지도록 계획을 세운다.
- 경호경비계획에는 그 실시에 착오가 없도록 하며, 주관 부서, 행사장 수용능력, 행사장 병력배치, 비상통로 확보, 비표 패용, 교통통제, 주차장의 관리, 예행연습 등을 포함시킨다.

61 정답 ❸

O△X 제시된 내용 중 행사장경호 제1선(내부경비)에서 필요한 사항(A)은 ㄱ, ㄷ이고 제2선(내곽경비)에서 필요한 사항(B)은 ㄹ, ㅁ, ㅅ이며 제3선(외곽경비)에서 필요한 사항(C)은 ㄴ, ㅂ이다.

핵심만콕 3중 경호의 구분

제1선(내부 – 안전구역)	제2선(내곽 – 경비구역)	제3선(외곽 – 경계구역)
• 경호대상자가 위치하는 구역 • 내부일 경우 건물 자체를 말하며 외부일 경우는 본부석이 해당 • 경호대상자에게 직접적인 위해를 가할 수 있는 지역 • MD(금속탐지기) 설치 · 운용 • 비표 확인 및 출입자 감시	• 소총 유효사거리 내의 취약지점 • 바리케이드 등의 장애물 설치 • 돌발사태를 대비한 비상통로 확보, 소방차나 구급차 등의 대기	• 주변 지역 동향 파악과 행사장을 직시할 수 있는 고층건물 및 주변 감제고지의 확보 • 행사장 주변 감시조 운영 • 도보순찰조 및 기동순찰조 운영 • 원거리 불심자 검문

62 정답 ❶

O△X 제시된 내용 중 행사일정 계획 시 고려되지 않는 사항은 모두 2개(ㄴ, ㄹ)이다. ㄴ과 ㄹ은 연락 및 협조체제 구축 시 고려사항이다.

핵심만콕 경호형성 및 준비작용 시 고려사항

행사일정 및 임무수령에 포함될 사항	• 출발 및 도착 일시, 지역(도착공항 등)에 관한 사항 • 공식 및 비공식 수행원에 관한 사항 • 경호대상자의 신상에 관한 사항 • 의전에 관한 사항 및 관련 소요비용에 관한 사항 • 방문지역이나 국가의 특성(기후, 지리, 치안 등)에 관한 사항 • 방문지역에서 수행원 등이 숙박할 숙박시설의 명칭과 위치 등에 관한 사항 • 이동수단 및 방법에 관한 사항 • 경호대상자가 참석해야 할 모든 행사와 활동범위에 관한 사항 • 방문지에서 경호대상자와 접촉하게 되는 의전관련자, 관료, 기업인 등에 관한 사항 • 방문단과 함께 움직이는 취재진에 관한 사항 • 경호안전에 영향을 줄 수 있는 행사주최나 방문국의 요구사항
연락 및 협조체제 구축 시 고려사항	• 기후변화 등의 악천후 시를 고려한 행사스케줄과 행사관계자의 시간계획에 관한 사항 • 모든 행사장소와 행사에 참석하는 손님, 진행요원, 관련 공무원, 행사위원 등의 명단 • 경호대상자의 행사 참석 범위, 행사의 구체적인 성격 등 • 경호대상자와 수행원의 편의시설(휴게실, 화장실, 분장실 등) • 행사 시 경호대상자가 관여하는 선물증정식 등 • 취재진의 인가 및 통제 상황 • 기타 행사 참석에 영향을 줄 수 있는 요인

63 정답 ❶

O△X ① (O) 이동 속도는 경호대상자의 건강상태, 신장, 보폭 등을 고려하여 정하고, 상황에 따라 속도를 조절할 때는 경호원 상호 간에 연락하여 조절하도록 한다.

② (×) 근접도보경호 대형을 형성하여 이동할 경우는 경호에 취약하기 때문에 이동속도를 빨리하여 이동하는 것이 좋다. 도보이동 시 외부적인 노출도가 크고 방벽효과도 낮아서 불시의 위협이 있을 가능성이 많으므로 도보이동은 가급적 삼가는 것이 좋다.

③ (×) 체위확장원칙은 예측이 불가능한 우발상황 발생 시 경호대형 내 최근접 경호원이 경호대상자의 보호를 위해 적용해야 할 행동을 결정하게 하는 일반적인 원칙 중 하나이므로 평시 노출 및 위력과시의 부정적 효과에도 불구하고 지양해야 할 것이 아니라 항시 염두에 두어야 하는 경호원칙에 해당한다.

④ (×) 근접경호대형은 경호대상자의 활동을 최대한 보장할 수 있는 선에서 전방위에 대한 사주경계와 신변안전을 담보할 수 있는 최소한의 인원으로 대형을 형성하는 것이 바람직하다.

핵심만콕 도보이동 간 근접경호의 원칙

- 가능한 선정된 도보 이동시기 및 이동로는 수시로 변경되어야 하고 이동 시 위험노출 정도를 최소화하기 위해 최단거리 직선통로를 이용하고 주변에 비상차량을 대기시켜 놓도록 한다.
- 근접경호요원은 경호대상자에게 이르는 모든 접근로를 차단하기 위하여 분산되어야 한다.
- 옥외에서 도보이동을 하는 동안 경호대상자의 안전을 위협할 수 있는 차량이나 돌발사태 등에 대비하여 경호대상자의 차량도 근접해서 주행해야 한다.
- 도보대형 형성 시는 경호대상자의 성향(내성적 · 외향적, 은둔형 · 과시형), 주변 감시통제 건물의 취약도, 인적 취약요소의 이격도, 물적 취약요소의 위치, 행사장 사전예방경호 수준(안전도 및 취약성), 행사장 참석자 인원수 및 성향, 행사의 성격, 지리적 취약성 등을 우선적으로 고려한다.
- 도보이동 시 외부적인 노출도가 크고 방벽효과도 낮아서 불시의 위협이 있을 가능성이 많으므로 도보이동은 가급적 삼가는 것이 좋다.
- 근접경호대형은 전방위에 대한 사주경계와 신변안전을 담보할 수 있는 최소한의 인원으로 형성한다(근접에서 효과적으로 우발상황에 대처할 수 있는 최대한의 인원수는 5~6명이 적당하다).

64 정답 ❶

O△X 설문에 해당하는 경호 대응 방안은 위험의 회피이다.

핵심만콕 위험의 평가에 따른 경호 대응 방안

위험의 회피	위험으로 인한 손실 가능성을 회피하면 위험관리수단이 필요 없게 되므로 가장 이상적인 위험관리방법이라 할 수 있다. 정보활동 · 기만전술 · 은밀경호작전 등이 위험회피수단으로 활용된다.
위험의 통제	위험의 발생 횟수나 발생 규모를 줄이려는 기법이나 도구 또는 전략을 의미한다.
위험의 제거	위험요소를 우세한 경호력으로 무력화시키거나 검측활동을 비롯한 안전활동을 통하여 사전에 제거함으로써 행사장 · 연도 · 숙소 등에 대한 안전을 확보하는 것이다.
위험의 감소	특정한 사건이나 사고로부터 피해를 입을 수 있는 재산이나 인명의 수와 규모를 줄이는 데 초점을 둔다.
위험의 보유	장래의 손실을 스스로 부담하는 방법으로, 의도적으로 위험을 보유하기로 결정한 적극적 위험보유와 부득이 보유하게 되는 소극적 위험보유가 있다.

〈출처〉 이두석, 「경호학개론」, 진영사, 2018, P. 220~223

65 정답 ④

O△X 제시된 내용은 출입통제 담당의 분장업무에 해당한다. 구체적으로 출입통제 담당의 업무는 행사 참석대상 및 성격분석, 출입통로 지정, 본인 여부 확인, 검문검색, 주차장 운용계획, 중간집결지 운용, 구역별 비표 구분, 안전 및 질서를 고려한 시차별 입장계획, 상주자 및 민원인 대책, 야간근무자 등의 통제계획을 작전 담당에게 전달 등이다.

핵심만 콕 경호원의 분야별 업무담당

구 분	내 용
작전 담당	정보수집 및 분석을 통하여 작전구역별 특성에 맞는 인원 운용계획 작성, 비상대책체제 구축에 주력하며 부가적으로 시간사용계획 작성, 관계관 회의 시 주요 지침사항 · 예상 문제점 · 참고사항(기상, 정보 · 첩보) 등을 계획하고 임무별 진행사항을 점검하여 통합 세부계획서 작성 등
출입통제 담당	행사 참석대상 및 성격분석, 출입통로 지정, 본인 여부 확인, 검문검색, 주차장 운용계획, 중간집결지 운용, 구역별 비표 구분, 안전 및 질서를 고려한 시차별 입장계획, 상주자 및 민원인 대책, 야간근무자 등의 통제계획을 작전 담당에게 전달 등
안전대책 담당	안전구역 확보계획 검토, 건물의 안전성 여부 확인, 상황별 비상대피로 구상, 행사장 취약시설물 파악, 비상 및 일반예비대 운용방법 확인, 최기병원(적정병원) 확인, 직시건물(고지) · 공중감시대책 검토 등
행정 담당	출장여비 신청 및 수령, 각 대의 숙소 및 식사장소 선정, 비상연락망 구성 등
차량 담당	출동인원에 근거하여 선발대 및 본대 사용차량 배정, 이동수단별 인원, 코스, 휴게실 등을 계획하여 작전 담당에게 전달 등
승 · 하차 및 정문 담당	진입로 취약요소 파악 및 확보계획 수립 후 주요 위치에 근무자 배치, 통행인 순간통제 방법 강구, 비상 및 일반예비대 대기장소 확인, 안전구역 접근자 차단 및 위해요소 제거, 출입차량 검색 및 주차지역 안내 등
보도 담당	배치결정된 보도요원 확인, 보도요원 위장침투 차단, 행사장별 취재계획 수립 전파 등
주행사장 내부 담당	경호대상자 동선 및 좌석 위치에 따른 비상대책 강구, 행사장 내의 인적 · 물적 접근 통제 및 차단계획 수립, 정전 등 우발상황에 대비한 각 근무자 예행연습, 행사장의 단일 출입 및 단상 · 천장 · 경호대상자 동선 등에 대한 안전도의 확인, 각종 집기류 최종 점검 등
주행사장 외부 담당	안전구역 내 단일 출입로 설정, 외곽 감제고지 및 직시건물에 대한 안전조치, 취약요소 및 직시지점을 고려한 단상 설치, 경호대상자 좌석과 참석자 간 거리 유지, 방탄막 설치 및 비상차량 운용계획 수립, 지하대피시설 점검 및 확보, 경비 및 경계구역 내 안전조치 강화, 차량 및 공중강습에 대한 대비책 강구 등

66 정답 ❸

O△X 제시문은 부분화의 원칙에 관한 설명이다.

핵심만 콕 **보안업무의 원칙**

- 알 사람만 알아야 하는 원칙 : 보안의 대상이 되는 사실은 전파할 때 전파가 꼭 필요한가 또는 피전파자가 반드시 전달받아야 하는 것인가를 검토하여야 한다(꼭 필요한 사람에게만 전달되어야 한다).
- 적당성의 원칙 : 사용자가 필요한 만큼 적당한 양의 정보를 전달하도록 하는 것으로, 정보가 부족하면 임무수행에 장애가 되지만 정보가 너무 많아도 임무수행에 혼란을 줄 수가 있다.
- 부분화의 원칙 : 내용과 가치의 정도에 따라 다른 비밀과 관련되지 않게 독립시켜야 한다는 것으로, 한 번에 다량의 비밀이나 정보가 유출되지 않도록 하여야 한다.
- 보안과 능률의 원칙 : 보안을 지나치게 강조할 경우 생산된 정보가 사용자에게 제대로 전달되지 않아 정책결정에 사용하지 못할 수 있다는 것으로, 보안과 능률(업무효율)은 반비례 관계가 있으므로 양자의 적절한 조화를 유지하는 방법을 강구해야 한다.

67 정답 ❹

O△X 24시간 테러 관련 상황 전파체계를 유지하는 것은 테러정보통합센터의 임무에 해당한다.

관계법령

테러대응구조대(테러방지법 시행령 제19조)

① 소방청장과 시·도지사는 테러사건 발생 시 신속히 인명을 구조·구급하기 위하여 중앙 및 지방자치단체 소방본부에 테러대응구조대를 설치·운영한다.

② 테러대응구조대는 다음 각호의 임무를 수행한다. 〈개정 2021.1.5.〉

1. 테러발생 시 초기단계에서의 조치 및 인명의 구조·구급
2. 화생방테러 발생 시 초기단계에서의 오염 확산 방지 및 독성제거
3. 국가 중요행사의 안전한 진행 지원
4. 테러취약요인의 사전 예방·점검 지원

테러정보통합센터(테러방지법 시행령 제20조)

① 국가정보원장은 테러 관련 정보를 통합관리하기 위하여 관계기관 공무원으로 구성되는 테러정보통합센터를 설치·운영한다.

② 테러정보통합센터는 다음 각호의 임무를 수행한다.

1. 국내외 테러 관련 정보의 통합관리·분석 및 관계기관에의 배포
2. 24시간 테러 관련 상황 전파체계 유지
3. 테러 위험 징후 평가
4. 그 밖에 테러 관련 정보의 통합관리에 필요한 사항

③ 국가정보원장은 관계기관의 장에게 소속 공무원의 파견과 테러정보의 통합관리 등 업무 수행에 필요한 협조를 요청할 수 있다.

68 정답 ❷

O△X ② (O) 제시문은 편의성(convenience)에 관한 설명이다. 편의성은 정확한 시간 엄수로 업무스케줄에 차질이 생기지 않도록 하는 것이다.

① (×) 안락성(comfort)은 경호대상자가 차량을 편안하고 쾌적하게 이용할 수 있도록 차량을 관리하여야 한다.

③ (×) 안전성(safety)은 각종 사고로부터 경호대상자를 보호해야 한다는 것으로서 방어운전을 통한 사고방지, 교통법규 준수를 통한 사고 위험성 차단 등을 말한다.

④ (×) 방비성(security)은 고의적이거나 계획적인 위해자의 차량공격에 대비하여 경호대상자를 안전하게 보호하는 것을 말한다.

핵심만콕 **차량기동경호의 목표**

- 안락성(comfort) : 경호대상자가 차량을 이용하여 이동하는 동안 편안하게 시간을 보낼 수 있도록 하는 것이다.
- 편이성(convenience) : 정확한 시간 엄수로 업무스케줄에 차질이 생기지 않도록 하는 것이다.
- 안전성(safety) : 각종 사고로부터 경호대상자를 보호해야 한다는 것이다.
- 방비성(security) : 고의적이거나 계획적인 외부의 위해공격으로부터 경호대상자를 안전하게 보호하는 것을 말한다.

〈출처〉 이두석, 「경호학개론」, 진영사, 2018, P. 325

69 정답 ❸

O△X 설문은 자연적 환경 중 시간적 요인에 관한 설명이다.

핵심만콕 **거시적 관점의 경호환경**

사회적 환경	일반 환경	어느 나라에서나 나타나는 보편적인 사회 환경(산업화, 도시화, 정보화, 세계화 등)
	특수 환경	특정한 나라에 국한된 특수한 경호환경(남북분단, 양극화, 지역갈등 등)
기술적 환경	제도적 요인	경호 관련 법규, 타 기관과의 긴밀한 업무협조, 경호협조기구 등
	기술적 요인	경호조직의 전문적인 역량 · 임무수행능력
자연적 환경	지형적 요인	지형적 경호영향요인(화산 활동 지역, 고지대, 밀림지대, 산악지대, 수변도시 등)
	기후적 요인	경호에 영향을 미치는 대기상태(해당 지역의 기온, 비, 눈, 바람, 백야현상, 황사 등)
	시간적 요인	이른 새벽, 퇴근 무렵, 축제기간, 휴가철, 야간 행사 등

〈참고〉 이두석, 「경호학개론」, 진영사, 2018, P. 373~378

70 정답 ❹

O△X 제시된 내용 중 안전검측의 일반절차에 관한 설명으로 옳은 것은 ㄱ, ㄴ, ㅁ이다.

ㄷ. (×) 비공식행사에서는 비노출 검측활동을 실시할 수 있다.

ㄹ. (×) 검측은 점과 선에서 실시하되, 가까운 곳에서 먼 곳으로 실시한다.

71 정답 ❷

O△X 제시된 내용 중 국가정보원 테러정보통합센터장의 분장책임에 해당하는 것은 ㄱ, ㄴ, ㄷ이다. ㄹ은 대검찰청 공공수사정책관의, ㅁ, ㅂ은 경찰청 경비국장의 분장책임이다.

관계법령 **책임(대통령경호안전대책위원회규정 제4조)**

② 각 구성원의 분장책임은 다음과 같다. 〈개정 2020.2.4., 2020.4.21., 2022.11.1.〉

2. 국가정보원 테러정보통합센터장	가. 입수된 경호 관련 첩보 및 정보의 신속한 전파·보고 나. 위해요인의 제거 다. 정보 및 보안대상기관에 대한 조정 라. 행사참관 해외동포 입국자에 대한 동향파악 및 보안조치 마. 그 밖에 국내·외 경호행사의 지원
10. 대검찰청 공공수사정책관	가. 입수된 경호 관련 첩보 및 정보의 신속한 전파·보고 나. 위해음모 발견시 수사지휘 총괄 다. 위해가능인물의 관리 및 자료수집 라. 국제테러범죄 조직과 연계된 위해사범의 방해책동 사전차단 마. 그 밖에 국내·외 경호행사의 지원
11. 경찰청 경비국장	가. 입수된 경호 관련 첩보 및 정보의 신속한 전파·보고 나. 위해가능인물에 대한 동향파악 다. 행사참석자 및 종사자의 신원조사 라. 입국체류자 중 위해가능인물에 대한 동향 파악 – 삭제 〈2020.4.21.〉 마. 행사장·이동로 주변 집회 및 시위관련 정보제공과 비상상황 방지대책의 수립 바. 우범지대 및 취약지역에 대한 안전조치 사. 행사장 및 이동로 주변에 있는 물적 취약요소에 대한 안전조치 아. 행차로 요충지 등에 정보센터 설치·운영 – 삭제 〈2020.4.21.〉 자. 총포·화약류의 영치관리와 봉인 등 안전관리 차. 불법무기류의 단속 및 분실무기의 수사 카. 그 밖에 국내·외 경호행사의 지원

72 정답 ❶

O△X 제시된 내용은 다이아몬드형 대형에 관한 설명이다.

핵심만콕 **근접경호대형**

- 다이아몬드(마름모) 대형 : 혼잡한 복도, 군중이 밀집해 있는 통로 등에서 적합한 대형으로 경호대상자의 전후좌우 전 방향에 대해 둘러싸고, 각각의 경호원에게는 기동로에 대해 360° 경계를 할 수 있도록 책임구역이 부여된다.
- 쐐기형 대형 : 무장한 위해자와 직면했을 때 적당한 대형으로, 다이아몬드 대형보다 느슨한 대형이 필요한 상황에서는 3명으로 쐐기형 대형을 형성하며, 다이아몬드 대형과 같이 각각의 경호원에게는 기동로를 향해 360° 지역 중 한 부분의 책임구역이 할당되어야 한다.
  - 대중이 별로 없는 장소 통과 시, 인도와 좁은 통로 이동 시 유용하다.
  - 한쪽에 인위적·자연적 방벽이 있을 때 유용하다.

- **역쐐기형(V자) 대형** : 외부로부터 위협이 없다고 판단되며 안전이 확보된 행사장 입장 시와 대외적인 이미지를 중시하는 경호대상자에게 적합한 도보대형이다.
  - 전방에는 아무런 위협이 없다는 가정하에 경호대상자를 바로 노출시켜 전방에 개방된 대형을 취한다.
  - 후미의 경호원들은 자연스럽게 수행원과 뒤섞여 노출이 되지 않는다.
  - 경호팀장만 경호대상자를 즉각 방호할 수 있는 위치에서 경호 임무를 수행한다.
- **삼각형 대형** : 3명의 경호원이 삼각형 형태를 유지하여 이동하는 도보대형으로 행사와 주위 사람의 성격, 숫자, 주변 환경의 여건에 따라서 이동한다.
- **역삼각형 대형** : 진행 방향 전방에 위해 가능성이 있는 경우 취하는 대형으로, 진행 방향의 전방에 오솔길, 곡각지, 통로 등과 같은 지리적 취약점이 있는 경우 유용하다.
- **원형 대형** : 경호대상자가 완전히 경호원에 의해 둘러싸여 있는 인상을 주게 되어 대외적인 이미지는 안 좋을 수 있으나 경호 효과가 높은 대형으로, 평상시에는 잘 사용하지 않으나, 군중이 밀려오거나 군중에 둘러싸여 있을 경우와 같은 위협이 예상될 경우에 적합한 대형이다.
- **사다리형 대형** : 경호대상자의 진행 방향을 중심으로 양쪽에 군중이 운집해 있는 도로의 중앙을 이동할 때 적합한 대형으로, 경호대상자를 중심으로 4명의 경호원이 사다리 형태를 유지하며 이동하는 대형이다.

73 정답 ❶

O△X 주차장소는 자주 변경하는 것이 좋으며, 특히 야간에는 밝은 곳에 주차해야 한다.

핵심만 콕 경호차량 운전요원의 준수사항

- 주차 시에는 차의 정면이 출입로를 향하게 한다.
- 출발 전에는 수시로 차의 상태를 점검한다.
- 적색신호등으로 차가 정지했을 경우 변속기를 출발상태에 위치시킨다.
- 신호대기 때나 회전 시에는 좌·우 차량을 경계하며 운행한다.
- 긴급사태에 대비하여 소화기와 구급약품 등을 준비한다.
- 비상시 차량을 급히 출발시킬 수 있는 여유 공간을 확보하고 정차한다.
- 경호대상자 차량 운행 시 차문은 반드시 닫아야 하고, 선도차량과 일정한 간격을 유지하면서 이동한다.
- 주행 시 항상 차 문은 잠가 두어야 한다.
- 하차지점에 도착하기 위한 접근로는 가능한 한 변경하는 것이 좋다.
- 주차장소는 자주 변경하는 것이 좋으며, 특히 야간에는 밝은 곳에 주차해야 한다.
- 승차 시 차량은 안전점검 후 시동이 걸린 상태에서 대기한다.

74 정답 ❹

O△X ④ (×) 프랑스의 헌병경찰은 국방부 소속의 군인신분으로서, 군인으로서 임무를 수행할 때는 국방부의 지휘를 받으며, 경찰업무를 집행할 때는 내무부의 지휘를 받는다.

〈출처〉 김두현, 「경호학개론」, 엑스퍼트, 2020, P. 158

① (○) 일본 법무상 산하의 공안조사청(PSIA)은 주로 국내첩보를 수집하지만(해외첩보는 내각정보조사실이 담당), 북한, 중국, 러시아 등 일본에 적대적이거나 긴장관계인 국가의 정보도 수집한다. 특히, 북한 관련 정보에 밝다는 평가를 받는다.

② (○) 비밀경호국은 통화위조(화폐위조) 및 연방법 위반의 범죄행위 수사 및 체포, 기타 재무법령의 집행의 임무를 수행한다.

③ (○) 독일의 연방범죄수사국(청)은 범죄 진압과 연방업무 및 요인경호업무를 관장하며, 경호안전과에서 연방대통령, 수상, 장관 등의 보호업무를 담당한다.

75 정답 ❸

○△×

2020.12.22. 개정된 테러방지법 시행령에 의하면 보건복지부장관은 국가테러대책위원회 구성원에 해당하지 않는다.

관계법령 국가테러대책위원회 구성(테러방지법 시행령 제3조)

① 법 제5조 제2항에서 "대통령령으로 정하는 사람"이란 기획재정부장관, 외교부장관, 통일부장관, 법무부장관, 국방부장관, 행정안전부장관, 산업통상자원부장관, 환경부장관, 국토교통부장관, 해양수산부장관, 국가정보원장, 국무조정실장, 금융위원회 위원장, 원자력안전위원회 위원장, 대통령경호처장, 관세청장, 경찰청장, 소방청장, 질병관리청장 및 해양경찰청장을 말한다. 〈개정 2020.12.22.〉

② 법 제5조에 따른 국가테러대책위원회(이하 "대책위원회"라 한다)의 위원장(이하 "위원장"이라 한다)은 안건 심의에 필요한 경우에는 제1항에서 정한 위원 외에 관계기관의 장 또는 그 밖의 관계자에게 회의 참석을 요청할 수 있다.

③ 대책위원회의 사무를 처리하기 위하여 간사를 두되, 간사는 법 제6조에 따른 대테러센터(이하 "대테러센터"라 한다)의 장(이하 "대테러센터장"이라 한다)이 된다.

76 정답 ❶

○△×

( ) 안에 들어갈 용어는 ㄱ : 스톡홀름 증후군, ㄴ : 런던 증후군이다.

핵심만콕 테러리즘의 증후군

- 스톡홀름 증후군(Stockholm Syndrome) : 인질사건에서 인질이 인질범에게 정신적으로 동화되어 자신을 인질범과 동일시하는 현상을 말한다.
- 리마 증후군(Lima Syndrome) : 인질사건에서 인질범이 인질의 문화에 익숙해지고 정신적으로 동화되면서 자신을 인질과 동일시하고 결과적으로 공격적인 태도가 완화되는 현상으로, 1996년 12월 페루 리마(Lima)에서 발생한 일본 대사관저 점거 인질사건에서 유래되었다.
- 런던 증후군(London Syndrome) : 인질사건의 협상단계에서 통역이나 협상자와 인질범 사이에 생존 동일시 현상이 일어나는 것을 말한다.
- 항공교통기피 증후군 : 9·11 테러 이후 사람들이 항공기의 이용을 기피하는 사회적 현상을 말한다.

〈출처〉 김두현, 「현대테러리즘론」, 백산출판사

77 정답 ❹

O△X 조의를 표하는 날에는 국기를 깃봉과 깃면의 사이를 깃면의 너비만큼 떼어 조기를 게양하여야 한다(대한민국 국기법 제9조 제1항 제2호).

관계법령

국기의 게양일 등(대한민국국기법 제8조)

① 국기를 게양하여야 하는 날은 다음 각호와 같다.

1. 「국경일에 관한 법률」 제2조의 규정에 따른 국경일

국경일의 종류(국경일에 관한 법률 제2조)

국경일은 다음 각호와 같다.

1. 3·1절 : 3월 1일
2. 제헌절 : 7월 17일
3. 광복절 : 8월 15일
4. 개천절 : 10월 3일
5. 한글날 : 10월 9일

2. 「각종 기념일 등에 관한 규정」 제2조의 규정에 따른 기념일 중 현충일 및 국군의 날
3. 「국가장법」 제6조에 따른 국가장기간
4. 정부가 따로 지정한 날
5. 지방자치단체가 조례 또는 지방의회의 의결로 정하는 날

② 제1항의 규정에 불구하고 국기는 매일·24시간 게양할 수 있다.

③ 국가, 지방자치단체 및 공공기관의 청사 등에는 국기를 연중 게양하여야 하며, 다음 각호의 장소에는 가능한 한 연중 국기를 게양하여야 한다. 이 경우 야간에는 적절한 조명을 하여야 한다.

1. 공항·호텔 등 국제적인 교류장소
2. 대형건물·공원·경기장 등 많은 사람이 출입하는 장소
3. 주요 정부청사의 울타리
4. 많은 깃대가 함께 설치된 장소
5. 그 밖에 대통령령이 정하는 장소

④ 각급 학교 및 군부대의 주된 게양대에는 국기를 매일 낮에만 게양한다.

⑤ 국기가 심한 눈·비와 바람 등으로 그 훼손이 우려되는 경우에는 이를 게양하지 아니한다.

⑥ 국기의 게양 및 강하 시각, 시각의 변경 등에 관하여 필요한 사항은 대통령령으로 정한다.

국기의 게양방법 등(대한민국국기법 제9조)

① 국기는 다음 각호의 방법으로 게양하여야 한다.

1. 경축일 또는 평일 : 깃봉과 깃면의 사이를 떼지 아니하고 게양함
2. 현충일·국가장기간 등 조의를 표하는 날 : 깃봉과 깃면의 사이를 깃면의 너비만큼 떼어 조기(弔旗)를 게양함

② 국기의 게양 및 강하 방법, 국기와 다른 기의 게양 및 강하 방법, 국기의 게양위치, 게양식·강하식 등 그 밖에 필요한 사항은 대통령령으로 정한다.

78 정답 ❶

O△X 「외교관 등 국제적 보호인물에 대한 범죄의 예방 및 처벌에 관한 협약」은 유엔헌장의 정신에 입각하여 1973년에 체결되었다.

〈출처〉 이두석, 「경호학개론」, 진영사, 2018, P. 109

79 정답 ❹

O△X ④ (O) 안내하는 사람이 없을 때 엘리베이터를 타는 경우 하급자가 먼저 타서 엘리베이터를 조작하고 내릴 때에는 상급자가 먼저 내린다.

① (×) 여성과 남성이 승용차에 동승할 때에는 여성이 먼저 타고, 하차 시에는 남성이 먼저 내려 차 문을 열어준다.

② (×) 일반 선박의 경우에는 보통 상급자가 나중에 타고 먼저 내린다. 그러나 함정의 경우에는 상급자가 먼저 타고 먼저 내린다.

③ (×) 열차에서 네 사람이 마주 앉는 좌석의 경우에서는 진행방향의 창가좌석이 상석이고 맞은편이 차석, 상석의 옆좌석(진행방향의 통로좌석)이 3석, 그 앞좌석(진행 반대 방향의 통로좌석)이 말석이 된다.

핵심만콕 탑승 시 경호예절

구 분	내 용
항공기	• 상급자가 나중에 타고 먼저 내린다. • 창문가 좌석이 상석, 통로 쪽 좌석이 차석, 상석과 차석 사이가 말석이다.
선 박	• 객실의 등급이 정해져 있을 때는 지정된 좌석에 앉고, 지정된 좌석이 없는 경우 선체의 중심부가 상석이 된다. • 일반적 선박의 경우 승선 시 상급자가 나중에 타고 하선 시에는 먼저 내린다. • 함정의 경우 승선 시 상급자가 먼저 타고 하선 시에도 먼저 내린다.
기 차	• 두 사람이 나란히 앉는 좌석에서는 창가 쪽이 상석이고 통로 쪽이 말석이다. • 네 사람이 마주 앉는 자리에서는 기차 진행 방향의 창가 좌석이 가장 상석이고 그 맞은편, 상석의 옆좌석, 그 앞좌석 순이다. • 침대차에서는 아래쪽 침대가 상석이고 위쪽 침대가 말석이다.
승용차	• 운전기사가 있을 경우 자동차 좌석의 서열은 뒷좌석 오른편이 상석이고 왼쪽과 앞자리(조수석), 가운데 순이다(뒷좌석 가운데와 앞자리의 서열은 바뀔 수 있다). • 자가운전자의 경우 자진해서 운전석 옆자리에 앉는 것이 통례이며 그곳이 상석이다. 그리고 뒷좌석 오른편, 왼쪽, 가운데 순이다.
엘리베이터	• 안내하는 사람이 있을 때에는 상급자가 먼저 타고 먼저 내린다. • 안내하는 사람이 없을 때에는 하급자가 먼저 타서 엘리베이터를 조작하고 내릴 때에는 상급자가 먼저 내린다.
에스컬레이터	• 올라갈 때는 상급자가 먼저 올라가고 내려올 때는 하급자가 먼저 내려온다. • 남녀가 올라갈 때는 여성이 먼저 올라가고, 내려올 때는 남성이 먼저 내려온다.

80 정답 ❹

O△X ④ (×) 관계기관의 장은 외국인테러전투원으로 가담한 사람에 대하여 「여권법」 제13조에 따른 여권의 효력 정지 및 같은 법 제12조의2에 따른 재발급 제한을 외교부장관에게 요청할 수 있다(국민보호와 공공안전을 위한 테러방지법 제13조 제3항).

① (○) 대통령경호처에 기획관리실·경호본부·경비안전본부 및 지원본부를 둔다(대통령경호처와 그 소속기관 직제 제5조 제1항).

② (○) 대통령 등의 경호에 관한 법률 시행령 제3조의3 제3항

③ (○) 대통령 등의 경호에 관한 법률 시행령 제9조

문제편 244p

정답 CHECK

41	42	43	44	45	46	47	48	49	50	51	52	53	54	55	56	57	58	59	60
①	②	④	④	④	④	③	①	①	①	②	④	②	③	②	④	④	③	④	①
61	62	63	64	65	66	67	68	69	70	71	72	73	74	75	76	77	78	79	80
②	①	②	④	①	②	②	③	④	①	①	①	③	④	④	①	③	④	①	①

41 정답 ❶

O△X 제시된 내용 중 옳지 않은 것은 ㅁ이다.

ㅁ. (×) 종전의 대통령경호실법에서는 그 대상에 따른 적용범위 제한의 필요에 의해 경호를 '호위'와 '경비'로 구별하였으나 현재의 대통령 등의 경호에 관한 법률에서는 두 요소 간의 구분을 두지 않는다. 또한 이러한 경호개념은 새로운 것이라기보다 현실적인 경호기관을 기준으로 하여 정립된 개념으로서, 형식적 의미의 경호개념에 속한다.

42 정답 ❷

O△X ② (○) 경호의 성격에 의한 분류 중 공식경호(1호・A호)에 대한 옳은 설명이다.

① (×) 행사 준비 등의 시간적 여유 없이 갑자기 결정된 상황에서의 각종 행사와 수상급의 경호대상으로 결정된 국빈행사의 경호는 2(B)급 경호를 말한다. 1(A)급 경호는 행차보안이 사전에 노출되어 경호 위해가 증대된 상황하의 각종 행사와 국왕 및 대통령 등 국가원수급의 1등급 경호대상으로 결정된 국빈행사의 경호이다.

③ (×) 약식경호는 의전절차 없이 불시에 행사가 진행되고, 사전 경호조치도 없는 상태에서 최소한의 근접경호만으로 실시하는 경호를 말한다.

〈출처〉 이두석, 「경호학개론」, 진영사, 2018, P. 87 / 최선우, 「경호학」, 박영사, 2021, P. 36.

④ (×) 간접경호에 관한 설명이다. 직접경호는 행사장 주변에 인원과 장비를 배치하여 인적・물적・자연적 위해요소를 배제하기 위한 경호작용을 말한다.

43 정답 ❹

○△× 제시된 내용 중 경호의 원칙에 관한 설명으로 옳은 것은 ㄷ, ㄹ, ㅁ, ㅂ이다.

ㄷ. (○) 목표물 보존의 원칙은 경호대상자를 암살자 또는 위해를 가할 가능성이 있는 자로부터 떼어 놓아야 한다는 원칙이다. 경호대상자의 행차 코스는 원칙적으로 비공개되어야 하고, 행차 예정 장소도 일반 대중에게 비공개되어야 하며, 대중에게 노출되는 경호대상자의 보행 행차는 가급적 제한되어야 위해를 가할 가능성이 있는 위험으로부터 경호대상자를 보호할 수 있다.

ㄹ. (○) 하나의 통제된 지점을 통한 접근의 원칙은 경호대상자에게 접근할 수 있는 출입구나 통로는 하나만 필요하다는 원칙이다. 하나의 통제된 출입구나 통로라 하더라도 접근자는 경호요원에 의하여 인지되고 확인되어야 하며 허가절차를 거쳐 접근토록 해야 한다.

ㅁ. (○) 두뇌경호의 원칙은 사전에 치밀한 계획을 세우고 준비를 철저히 하여 위험요소를 제거하는 데 중점을 두며, 경호임무 수행 중 긴급하고 위험한 상황이 발생하였을 때에는 고도의 예리하고 순간적인 판단력이 중요시된다는 원칙이다.

ㅂ. (○) 3중 경호의 원칙은 경호대상자가 위치한 집무실이나 행사장으로부터 내부, 내곽, 외곽으로 구분하여 경호 행동반경을 거리개념으로 설명한 것이다.

ㄱ. (×) 기만경호 기법 중 복제경호요원 운용에 관한 설명이다. 은밀경호의 원칙이란 경호요원은 타인의 눈에 잘 띄지 않게 은밀하고 침묵 속에서 행동하며, 항상 경호대상자의 공적·사적 업무활동에 방해를 주지 않고 신변을 보호할 수 있는 곳에 행동반경을 두고 경호에 임해야 한다는 원칙이다.

ㄴ. (×) 자기희생의 원칙에 관한 설명이다. 방어경호의 원칙은 경호는 위해기도자의 공격행동에 대항하여 경호대상자를 보호하는 행위이므로 경호요원은 최후의 방어수단인 자신의 몸으로 경호대상자를 안전하게 보호하는 것이 최선이라는 원칙을 말한다. 다만, 근접경호 시 시간상으로나 거리상으로 경호대상자보다 위해기도자가 더 가까이에 있어서 위해기도자를 제압하는 것이 경호대상자를 보호하는 데 더 효과적이라고 판단할 경우에는 위해기도자를 제압할 수 있다.

핵심만콕 **경호의 원칙**

구 분		내 용
일반원칙	3중 경호의 원칙	• 경호대상자가 위치한 집무실이나 행사장으로부터 제1선(내부 – 안전구역), 제2선(내곽 – 경비구역), 제3선(외곽 – 경계구역)으로 구분하여 경호의 행동반경을 거리개념으로 논리전개하는 구조 • 경호대상자가 위치한 지역에서 가장 근거리부터 엄중한 경호를 취하는 순서로 근접경호, 중간경호, 외곽경호로 나누고 그에 따른 요원의 배치와 임무가 부여되는 원칙
	두뇌경호의 원칙	사전에 치밀한 계획을 세우고 준비를 철저히 하여 위험요소를 제거하는 데 중점을 두며, 경호임무 수행 중 긴급하고 위험한 상황이 발생하였을 때에는 고도의 예리하고 순간적인 판단력이 중요시된다는 원칙
	은밀경호의 원칙	경호요원은 은밀하고 침묵 속에서 행동하며 항상 경호대상자의 신변을 보호할 수 있는 곳에 행동반경을 두고 경호에 임해야 한다는 원칙
	방어경호의 원칙	경호란 공격자의 위해요소를 방어하는 행위이지 공격하는 것이 아니라는 원칙

특별원칙	자기담당구역 책임의 원칙	경호원이 배치된 자기담당구역 내에서 일어나는 사태에 대해서는 자신만이 책임을 지고 해결해야 한다는 원칙
	목표물 보존의 원칙	• 경호대상자를 암살자 또는 위해를 가할 가능성이 있는 자로부터 떼어 놓아야 한다는 원칙 • 목표물을 안전하게 보존하기 위해서는 행차 코스의 비공개, 행차 장소의 비공개, 대중에게 노출되는 보행 행차의 가급적 제한 등이 요구됨
	하나의 통제된 지점을 통한 접근의 원칙	• 경호대상자에게 접근할 수 있는 출입구나 통로는 하나만 필요하다는 원칙 • 하나의 통제된 출입구나 통로라 하더라도 접근자는 경호요원에 의하여 인지되고 확인되어야 하며 허가절차를 거쳐 접근토록 해야 함
	자기희생의 원칙	• 경호대상자가 위기에 처했을 때 자기 몸을 희생하여 경호대상자를 보호해야 한다는 원칙 • 경호대상자는 어떠한 상황하에서도 절대적으로 보호되어야 한다는 의미

〈참고〉 김두현, 「경호학개론」, 엑스퍼트, 2020, P. 64~69

44 정답 ❹

○△× 경호체계통일성의 원칙에 관한 설명이다.

핵심만콕 경호조직의 (구성)원칙

경호지휘단일성의 원칙	• 지휘 및 통제의 이원화로 인해 파생되는 문제들을 보완하기 위해 명령과 지휘체계는 반드시 하나의 계통으로 구성해야 한다는 원칙으로, 경호업무가 긴급성을 요한다는 점에서도 요청된다. • 지휘가 단일해야 한다고 하는 것은 경호기관(요원)은 한 사람의 지휘를 받아야 한다는 뜻이다. 한 걸음 더 나아가서 지휘의 단일이란 「하나의 지휘자」라는 의미 외에 하급경호요원은 하나의 상급기관에 대해서만 책임을 진다는 의미가 포함된다.
경호체계통일성의 원칙	경호기관 구조의 정점으로부터 말단까지 상하계급 간에 일정한 관계가 이루어져 책임과 업무의 분담이 이루어지고, 명령(命令)과 복종(服從)의 지위와 역할의 체계가 통일되어야 한다는 원칙이다.
경호기관단위작용의 원칙	• 경호의 업무는 성격상 개인적 작용으로 이루어지지 않고 기관단위의 작용으로 기관의 하명에 의해서 이루어진다는 원칙이다. • 기관단위라는 것은 그 경호기관을 지휘하는 지휘자가 있고, 지휘를 받는 하급자가 있으며, 하급자를 관리하기 위한 지휘권과 장비가 편성되며 임무수행을 위한 보급지원체계를 갖추고 있어야 한다는 의미이다. • 기관단위의 관리와 임무의 수행을 위한 결정은 지휘자만이 할 수 있고, 경호의 성패는 지휘자만이 책임을 지는 것이다.
경호협력성의 원칙	경호조직과 국민과의 협력을 의미하며 완벽한 경호를 위해서는 국민의 절대적인 협력이 필요하다는 원칙이다.

〈참고〉 이두석, 「경호학개론」, 2018, P. 114~116 / 김두현, 「경호학개론」, 엑스퍼트, 2020, P. 184~187

45 정답 ❹

O△X ( )의 ㄱ~ㄷ에 들어갈 숫자는 순서대로 2, 5, 3이다.

관계법령 **직원의 임용 자격 및 결격사유(대통령 등의 경호에 관한 법률 제8조)**

① 경호처 직원은 신체 건강하고 사상이 건전하며 품행이 바른 사람 중에서 임용한다.
② 다음 각호의 어느 하나에 해당하는 사람은 직원으로 임용될 수 없다.
1. 대한민국의 국적을 가지지 아니한 사람
2. 「국가공무원법」 제33조 각호의 어느 하나에 해당하는 사람

결격사유(국가공무원법 제33조)

다음 각호의 어느 하나에 해당하는 자는 공무원으로 임용될 수 없다. 〈개정 2024.12.31.〉
4. 금고 이상의 형의 집행유예를 선고받고 그 유예기간이 끝난 날부터 2년이 지나지 아니한 자
7. 징계로 파면처분을 받은 때부터 5년이 지나지 아니한 자
8. 징계로 해임처분을 받은 때부터 3년이 지나지 아니한 자

46 정답 ❹

O△X ④ (×) 법 제12조 제1항에 따른 보통징계위원회(이하 "보통징계위원회"라 한다)의 위원장은 기획관리실장이 되고, 위원은 4급 이상의 직원(고위공무원단에 속하는 직원을 포함한다)과 다음 각호의 어느 하나에 해당하는 사람 중에서 성별을 고려하여 처장이 임명 또는 위촉한다(대통령 등의 경호에 관한 법률 시행령 제29조 제2항).
① (○) 대통령 등의 경호에 관한 법률 제17조 제1항
② (○) 대통령 등의 경호에 관한 법률 제17조 제2항
③ (○) 대통령 등의 경호에 관한 법률 시행령 제28조 제1항

47 정답 ❸

O△X 제시된 내용 중 국가별 국가원수에 대한 경호 담당기관이 바르게 연결된 것은 ㄴ, ㄷ, ㄹ이다.

ㄱ. (×) 일본 – 일본천황은 국가경찰인 경찰청 직속의 황궁경찰본부가 경호를 담당한다. 반면에 총리대신(수상)과 국가요인 등에 대한 경호는 경찰청 소속의 경비국에서 담당하나, 실질적인 경호업무는 자치경찰인 동경도 경시청 경호과(Security Police)에서 담당하고 있다. 즉, 자치경찰인 동경도 경시청 경호과(SP)가 일본의 실질적인 경호 담당부서이며, 국가경찰인 경찰청 경비국 공안 제2과는 수상 및 요인경호에 대한 지휘감독, 조정 및 연락협조 업무 등을 담당한다.

〈참고〉 최선우, 「경호학」, 박영사, 2021, P. 117

ㅁ. (×) 독일 – 연방범죄수사국(청)(BKA) 내 경호안전과가 대통령의 경호를 담당한다.

핵심만콕 **각국의 경호조직**

구 분	경호객체(대상자)	경호주체: 경호기관	경호주체: 경호요원의 신분	유관기관(조직)
미 국	전・현직 대통령과 부통령 및 그 직계가족	국토안보부 산하 비밀경호국(SS)	특별수사관	• 연방수사국(FBI) • 중앙정보국(CIA) • 연방이민국(USCIS) • 국가안전보장국(NSA) • 국방정보국(DIA) 등
	영부인 및 그 가족(대통령과 동행 시 SS가 경호), 국무부 장・차관, 외국대사, 기타 요인	국무부 산하 요인경호과	경호요원	
	미국 내 외국정부 관료	국방부 육군성	미육군 경호요원	
	민간인	경찰국, 사설 경호용역업체	경찰관, 사설 경호요원	
영 국	• (여)왕 등 왕실가족 • 총리, 각부의 장관 등	경호국 내 왕실 및 특별요인 경호과 / 런던수도 경찰청 소속 요인경호 본부 (경호국・안전국・대테러작전국)	경찰관	• 내무부 보안국(SS, MI5) • 외무부 비밀정보국(부) (SIS, MI6) • 정부통신본부(GCHQ) • 국방정보부(DIS) 등
	영국 내 외교관과 사절단, 의회(국회의사당)	경호국 내 의회 및 외교관 경호과 / 런던수도 경찰청 소속 요인경호 본부 (경호국・안전국・대테러작전국)		
독 일	대통령, 수상, 장관, 외국의 원수 등 국빈, 외교사절	연방범죄수사국(청) (BKA) 내 경호안전과	경찰관	• 연방경찰청(BPOL) • 연방정보국(BND) • 연방헌법보호청(BFV) • 군정보국(군방첩대, MAD)
프랑스	대통령과 그 가족, 수상, 각부 장관, 기타 국내외 요인	내무부 산하 국립경찰청 소속 요인경호국 (SPHP, 구 V.O)	별정직 국가공무원	• 대테러조정통제실(UCLAT) • 경찰특공대(RAID) • 내무부 일반정보국(RG) • 국방부 해외안전총국(DGSE) • 군사정보국(DRM) 등
	대통령과 그 가족, 특정 중요 인물(전직대통령, 대통령 후보 등)	국방부 산하 국립헌병대 소속 공화국경비대 (GSPR, 관저경비)	국가헌병경찰(군인)	
일 본	일본천황 및 황족	황궁경찰본부	경찰관	• 공안조사청 • 내각정보조사실 • 외무성 조사기획국 • 방위청 정보본부 등
	내각총리대신(수상) 등	경찰청 경비국 공안 제2과	경호요원	
	민간인	경찰청, 사설 경비업체	경찰관, 사설 경호요원	

48 정답 ❶

O△X 제시된 업무의 분장책임자는 외교부 의전기획관이다(대통령경호안전대책위원회규정 제4조 제2항 제3호).

관계법령 책임(대통령경호안전대책위원회규정 제4조)

② 각 구성원의 분장책임은 다음과 같다. 〈개정 2020.2.4., 2020.4.21., 2022.11.1.〉

3. 외교부 의전기획관	가. 입수된 경호 관련 첩보 및 정보의 신속한 전파・보고 나. 방한 국빈의 국내 행사 지원 다. 대통령과 그 가족 및 대통령 당선인과 그 가족 등의 외국방문 행사 지원 라. 다자간 국제행사의 외교의전 시 경호와 관련된 협조 마. 그 밖에 국내・외 경호행사의 지원
4. 법무부 출입국・외국인정책본부장	가. 입수된 경호 관련 첩보 및 정보의 신속한 전파・보고 나. 위해용의자에 대한 출입국 및 체류관련 동향의 즉각적인 전파・보고 다. 그 밖에 국내・외 경호행사의 지원
8. 국토교통부 항공안전정책관	가. 입수된 경호 관련 첩보 및 정보의 신속한 전파・보고 나. 민간항공기의 행사장 상공비행 관련 업무 지원 및 협조 다. 육로 및 철로와 공중기동수단 관련 업무 지원 및 협조 라. 그 밖에 국내・외 경호행사의 지원
10. 대검찰청 공공수사정책관	가. 입수된 경호 관련 첩보 및 정보의 신속한 전파・보고 나. 위해음모 발견시 수사지휘 총괄 다. 위해가능인물의 관리 및 자료수집 라. 국제테러범죄 조직과 연계된 위해사범의 방해책동 사전차단 마. 그 밖에 국내・외 경호행사의 지원

49 정답 ❶

O△X ① (×) 우발상황 발생 시 즉각조치의 과정은 경고 - 방호 - 대피의 순서로 전개된다.

② (○) 우발상황 발생을 인지한 경호원은 육성이나 무전기로 전 경호요원에게 우발상황의 위치나 위험의 종류, 성격 등의 상황 내용을 통보하여 경고한다.

③ (○) 대피는 우발상황 발생 시 위해자의 표적이 되는 경호대상자를 안전지역으로 이동시키는 행위를 말한다. 대피는 방호와 동시에 공격자의 반대방향으로 신속히 이동하여야 하며, 방호대형을 형성하여 비상대피소나 비상대기차량이 있는 안전지역으로 이동한다.

④ (○) 촉수거리의 원칙은 위해기도자에 대한 대응은 경호원 중 위해기도자와 가장 가까운 거리에 있는 경호원이 해야 한다는 원칙이다. 촉수거리의 원칙에 따르면 경호원이 위해기도자와의 거리보다 경호대상자와의 거리가 더 가깝다면 경호대상자를 방호해서 신속히 현장을 이탈하는 것이 효과적이고, 위해기도자와의 거리가 경호대상자와의 거리보다 더 가깝고 촉수거리에 있다면 과감하게 위해기도자를 제압하는 것이 효과적일 수 있다.

핵심만콕	즉각조치의 개념 및 단계

즉각조치는 경호활동 중 위해기도나 행사 방해책동과 관련하여 발생 시기나 발생 여부 및 피해 정도를 모르는 우발적 상황에서의 즉각적 행동원칙을 말한다.

- 즉각조치의 과정은 경고와 방호 및 대피, 대적이 포함되며, 이는 순차적인 개념이라기보다 우선순위 없이 동시에 이루어지는 일체적 개념이다.
- 경고(Sound off)는 위해상황을 가장 먼저 인지한 사람이 주변 근무자에게 상황을 간단명료하게 전파하는 것으로, 상황 발생을 인지한 경호원이 가장 먼저 취해야 할 조치이다.
- 방호(Cover)는 위협상황을 알리는 경고를 인지하는 즉시, 경호대상자 주변 근무자가 자신의 신체로 방벽을 형성하여 경호대상자의 노출을 최소화함으로써 직접적인 위해를 방지하는 행위를 말한다.
- 대피(Evacuate)는 우발상황 발생 시 위해자의 표적이 되는 경호대상자를 안전지역으로 이동시키는 행위를 말한다. 대피는 방호와 동시에 공격자의 반대방향으로 신속히 이동하여야 하며, 방호대형을 형성하여 비상대피소나 비상대기차량이 있는 안전지역으로 이동한다.
- 즉각조치과정은 일단 경고 – 방호 – 대피의 순으로 전개된다. 대적 여부는 촉수거리의 원칙에 따라 판단한다. 대적의 목적은 위해자의 공격선을 차단하여 경호대상자를 보호하는 것이다. 대적 시에는 우선 경호대상자를 등지고 위험발생지역으로 향한 다음, 몸을 최대한 크게 벌려 방호범위를 확대하고, 경호대상자와 위해기도자 사이의 일직선상에 위치하여 위해자의 공격을 차단한다.

〈출처〉 이두석, 「경호학개론」, 진영사, 2018, P. 350~354

50 정답 ❶

○△×

① (○) 가용 인원 및 장소는 최대한 지원받아 활용하고, 검측인원의 책임구역을 명확하게 하며, 중복되게 점검이 이루어져야 한다.

② (×) 회의실, 오찬장, 휴게실 등 경호대상자가 장시간 머물러 있는 곳을 대상으로 검측을 먼저 실시하고, 통로, 현관 등 경호대상자가 움직이는 경로는 순차적으로 실시한다.

③ (×) 검측은 경호계획에 의거하여 공식행사에서 실시함을 원칙으로 하되, 비공식행사에서는 비노출 검측활동을 실시할 수 있다.

④ (×) 장비를 이용하되 오감(오관)을 최대한 활용한다.

핵심만콕	안전검측의 원칙

- 검측은 타 업무보다 우선하며, 예외를 불허하고 선 선발개념으로 실시한다.
- 가용 인원 및 장소는 최대한 지원받아 활용한다.
- 범인(적)의 입장에서 설치장소를 의심하며 추적한다.
- 점검은 아래에서 위로, 좌에서 우로 등 일정한 방향으로 체계적으로 점검한다.
- 점과 선에서 실시하되 가까운 곳에서 먼 곳으로, 밖에서 안으로 끝까지 추적한다.
- 통로보다는 양 측면을 점검하고 책임구역을 명확히 구분하여 의심나는 곳은 반복하여 실시한다.
- 검측대상은 외부, 내부, 공중지역, 연도로 구분 실시한다.
- 장비를 이용하되 오감(오관)을 최대한 활용한다.
- 전자제품은 분해하여 확인하고, 확인이 불가능한 것은 현장에서 제거한다.
- 검측인원의 책임구역을 명확하게 하며, 중복되게 점검이 이루어져야 한다.
- 검측은 경호계획에 의거하여 공식행사에서 실시함을 원칙으로 하되, 비공식행사에서는 비노출 검측활동을 실시할 수 있다.

- 회의실, 오찬장, 휴게실 등 경호대상자가 장시간 머물러 있는 곳을 먼저 실시하고, 통로, 현관 등 경호대상자가 움직이는 경로를 순차적으로 실시한다.
- 검측실시 후 현장 확보상태에서 지속적인 안전유지를 한다.
- 행사 직전 반입되는 물품 등은 쉽게 소형 폭발물의 은폐가 가능하므로 계속적인 검측을 실시한다.

51 정답 ❷

O△X 검식활동은 안전대책작용으로서 사전예방경호에 해당하나, 경호실시단계에서 이루어지는 근접경호에는 해당하지 않는다.

핵심만콕 **검식활동의 수행요령**

- 사전에 조리담당 종사자에 대한 신원조사를 실시하여 신원특이자는 배제한다.
- 음식물은 전문요원에 의한 검사를 실시한다.
- 행사 당일에는 경호원이 주방에 입회하여 조리사의 동향을 감시한다.
- 음식물 운반 시에도 철저하게 근접감시를 실시한다.
- 식재료는 신선도와 안전 여부를 확인 및 점검한다.
- 각종 기물은 철저하게 검색하고 사용하기 전에는 열탕소독을 실시한다.
- 주방종사자는 위생검사를 실시하고, 질병이 있는 자는 미리 제외시킨다.

〈출처〉 김계원, 「경호학」, 백산출판사, 2008, P. 211

52 정답 ❹

O△X 무전기와 같은 통신장비 등은 금속탐지기와 최소 3m 이상 거리를 유지해야 한다.

핵심만콕 **검색장비의 설치 시 유의사항**

- 사용 전에 반드시 전원을 확인할 것
- 조립식 제품의 검색장비에 무리한 힘을 가하거나 충격을 주지 말 것
- 정밀전자, 광학장비이므로 취급 운반 시 주의할 것
- 에어컨 등 전압 변동이 심한 곳을 피하여 설치할 것
- 고압 전류가 흐르는 지역을 가급적 피할 것
- 금속탐지기를 2대 이상 운용 시 최소 3m 이상 거리를 유지할 것, 무전기와 같은 통신장비 등도 금속탐지기와 최소 3m 이상 거리를 유지할 것

53 정답 ❷

O△X 3중 경호의 원칙에 해당하는 것은 ㄱ, ㄴ, ㄹ이다.
ㄷ. (×) 자기담당구역 책임의 원칙에 관한 설명이다.
ㅁ. (×) 은밀경호의 원칙에 관한 설명이다.

54 정답 ❸

O△X 자기담당구역 책임의 원칙이란 경호요원은 자기가 맡은 담당구역 내에서 발생하는 사태는 어떠한 상황에서도 자기 자신만이 책임을 지고 해결해야 한다는 원칙을 말한다. 이 원칙의 예로 트루먼 대통령 암살미수사건을 든다. 2009년 기출문제에서는 케네디 대통령 암살사건을 예로 들면서 지휘권 단일화 원칙이 출제된 바 있다.

55 정답 ❷

O△X 복도, 도로, 계단 등을 이동 시 우발상황에 대비한 여유공간 확보를 위해 통로의 중간을 이용한다.

핵심만콕 근접경호원의 임무 정리

- 경호대상자 주위의 일반인에게 불편을 초래하지 않는 범위 내에서 경호원 자신의 활동 공간을 확보하고 경호원 각자 주어진 책임구역을 따라 사주경계를 실시한다.
- 돌발적인 위해 발생 시 인적 방벽을 형성하여 경호대상자를 완벽하게 보호하고, 대적 및 제압보다는 경호대상자를 방호하여 안전한 곳으로 대피시키는 것을 우선으로 해야 한다.
- 우발적인 공격을 당했을 때는 경호대상자에게 위해를 가하지 않을 것이라는 명백한 확신이 서기 전까지는 누구도 경호대상자의 주위에 접근시켜서는 안 된다.
- 경호대상자가 심리적 안정감을 느낄 수 있도록 항상 경호대상자가 볼 수 있는 최근접의 지점에 위치하여야 한다.
- 항상 경호대상자 주위의 모든 사람들의 손을 주의해서 관찰하고, 흉기를 소지하고 있다는 가정하에 대비책을 구상해야 한다.
- 위해자의 공격 가능성을 줄이고, 공격 시 피해 정도를 최소화하기 위하여 이동속도를 가능한 빠르게 하여야 한다.
- 문을 통과할 경우에는 항상 경호원이 먼저 통과하여 안전을 확인한 후 경호대상자를 통과시켜야 하고, 경호원이 사전에 점검하지 않은 지역이나 장소에는 경호대상자가 절대 접근하지 않도록 한다.
- 곡각지나 보이지 않는 공간을 통과할 때는 항상 경호원이 먼저 안전을 확인하고 경호대상자를 통과하도록 하여야 한다.
- 이동속도는 경호대상자의 건강상태, 신장, 보폭 등을 고려하여 정하고, 상황에 따라 속도를 조절할 때는 경호원 상호 간에 연락하여 조절하도록 한다.
- 타 지역으로 이동 전에 경호원은 이동로, 소요시간, 경호대형, 주위의 특이상황, 주의사항 및 경호대상자의 이동 위치를 사전에 경호대상자에게 알려주어야 한다.
- 경호대상자가 이동 시에는 항상 좌측 전방 경호원의 뒤쪽에서 이동할 수 있도록 사전에 알려주어야 하고, 좌측 전방 경호원은 경호대상자의 시야를 가리지 않도록 하고 서로 손과 발이 부딪히지 않도록 주의해야 한다.
- 복도, 도로, 계단 등을 이동 시 우발상황에 대비한 여유공간 확보를 위해 통로의 중간을 이용한다.
- 위험에 노출되는 정도를 최소화하기 위해 단거리 직선통로를 이용하고 주통로, 예비통로와 비상대피로를 적절히 선정한다.

56 정답 ❹

O△X ④ (×) 청원경찰법은 1962년 4월 3일 제정되었다. 청원경찰법 제1조에 따르면 청원경찰의 직무·임용·배치·보수·사회보장 및 그 밖에 필요한 사항을 규정함으로써 청원경찰의 원활한 운영을 목적으로 한다.

① (○) 대통령경호실법이 2008년 2월 29일 대통령 등의 경호에 관한 법률로 개칭되었다. 이 법 제4조 제1항 제4호에 따르면 대통령권한대행과 그 배우자도 경호대상자에 해당한다.

② (○) 전직대통령 예우에 관한 법률은 1969년 1월 22일 제정되었다. 전직대통령 예우에 관한 법률 제5조의 2에 따르면 민간단체 등이 전직대통령을 위한 기념사업을 추진하는 경우에는 관계법령에서 정하는 바에 따라 필요한 지원을 할 수 있다.

③ (○) 용역경비업법은 1999년 10월 1일 경비업법으로 개칭되었다. 경비업법 제3조에 따르면 법인이 아니면 경비업을 영위할 수 없다.

57 정답 ❹

○△×

④ (×) 전직대통령이 재직 중 탄핵결정을 받아 퇴임한 경우에는 '필요한 기간의 경호 및 경비(警備)'를 제외하고는 이 법에 따른 전직대통령으로서의 예우를 하지 아니한다(전직대통령 예우에 관한 법률 제7조 제2항 제1호). 즉, '필요한 기간의 경호 및 경비(警備)'의 예우는 할 수 있다.

① (○) 대통령 등의 경호에 관한 법률 제16조 제1항

② (○) 대통령 등의 경호에 관한 법률 제7조 제1항 본문

③ (○) 대통령경호처와 그 소속기관 직제 제7조 제2항

관계법령 **권리의 정지 및 제외 등(전직대통령 예우에 관한 법률 제7조)**

② 전직대통령이 다음 각호의 어느 하나에 해당하는 경우에는 제6조 제4항 제1호(필요한 기간의 경호 및 경비)에 따른 예우를 제외하고는 이 법에 따른 전직대통령으로서의 예우를 하지 아니한다.
1. 재직 중 탄핵결정을 받아 퇴임한 경우
2. 금고 이상의 형이 확정된 경우
3. 형사처분을 회피할 목적으로 외국정부에 도피처 또는 보호를 요청한 경우
4. 대한민국의 국적을 상실한 경우

58 정답 ❸

○△×

대규모 행사 시에는 참석 대상별 또는 좌석별 구분에 따라 출입통로 선정 및 시차입장계획을 수립하여 출입통제가 용이하도록 한다.

핵심만콕 **통제대책**

구 분	내 용
출입통제	행사장에 대한 출입통제는 3선 경호개념에 의거한 경호구역의 설정에 따라 각 구역별 통제의 범위를 결정한다. 특히 1선인 안전구역은 행사와 무관한 사람들의 행사장 출입을 통제 또는 제한하고, 그 효과를 극대화하기 위해서 가능한 한 출입구를 단일화하거나 최소화한다. 출입구에는 금속탐지기 등을 설치하여 출입자와 반입물품을 확인한다. 2선인 경비구역은 행사 참석자를 비롯한 모든 출입요소의 1차 통제점이 되어, 상근자 이외에 용무가 없는 사람들의 출입을 가급적 제한한다. **안전구역에 대한 출입통제대책은 다음의 조치를 수반한다.** • 모든 출입요소에 대한 인가 여부를 확인한다. • 참석자가 시차별로 지정된 출입통로를 통하여 입장토록 한다. • 비표 운용을 통하여 비인가자의 출입을 통제한다. • MD(금속탐지기) 검색을 통하여 위해요소의 침투를 차단한다.

입장계획		• 현장에서의 혼잡 예방을 위해서는 중간집결지를 운영하여 단체로 입장토록 하는 방법이나 시차별 입장을 통하여 인원을 분산시킨다. • 차량출입문과 행사 참석자의 도보출입문을 구분하여 운영한다. • 참석자 입장계획은 철저한 신분확인 및 검색과 직결된 문제로 시차별 입장계획과 출입구별 인원 배분계획을 수립하여, 참석자가 일시에 몰리거나 특정 출입구로 몰리는 혼란을 미연에 방지한다.
주차계획		• 입장계획과 연계하여, 주차장별로 승차입장카드를 구분 운영하고, 참석자들이 하차하는 지점과 주차장소에 대한 안내표지판을 설치하고 안내한다. • 행사장에서의 혼잡상황을 예방하거나 행사장 주변에 주차장이 충분치 않을 경우에는 중간집결지를 운용하여 단체버스로 이동시키고, 개별 승용차의 행사장 입장을 가급적 억제한다.
비표운용 계획		• 비표의 종류에는 리본, 배지, 명찰, 완장, 모자, 조끼 등이 있으며, 비표는 대상과 용도에 맞게 적절히 운용한다. • 행사 참석자를 위한 명찰이나 리본은 구역별로 그 색상을 달리하여 식별 및 통제가 용이하도록 하면 효과적이다.
금속탐지기 운용계획		• 행사장의 배치, 행사 참석자의 규모 및 성향 등을 고려하여 통제가 용이하고 공간이 확보된 장소에 설치 운용한다. • 금속탐지기를 통한 검색능력은 대략 초당 1명 정도인 점을 감안하여 금속탐지기의 설치장소 및 대수를 판단하고, 행사의 성격에 따라 X-Ray나 물품보관소를 같이 운용한다.
통제수단	비 표	• 모든 인적·물적 출입요소의 인가 및 확인 여부를 표시하기 위하여 사용되는 중요한 수단이다. • 비표는 모양이나 색상이 원거리에서도 식별이 용이하도록 단순하고 선명하게 제작하여 사용함으로써 경호조치의 효율성을 증대시키고, 재생이나 복제가 되어서는 안 된다.
	금속탐지기	• 크게 문형 금속탐지기와 휴대용 금속탐지기로 구분할 수 있다. • 인적·물적 출입요소의 이상 유무와 위해물품 반입 여부를 확인하기 위한 금속탐지기는 금속성 물질에만 제한적으로 반응하는 특징이 있다.

〈출처〉 이두석, 「경호학개론」, 진영사, 2018, P. 265~267

59 정답 ❹

O△X 제시된 내용은 모두 보호지역에 관한 설명으로 옳다.

ㄱ. (O) 보안업무규정 제34조 제2항

ㄴ. (O) 보안업무규정 시행규칙 제54조 제1항 제1호

ㄷ. (O) 보안업무규정 시행규칙 제54조 제1항 제2호

ㄹ. (O) 보안업무규정 시행규칙 제54조 제1항 제3호

관계법령

보호지역(보안업무규정 제34조)

② 제1항에 따라 설정된 보호지역은 그 중요도에 따라 제한지역, 제한구역 및 통제구역으로 나눈다. 〈개정 2020.1.14.〉

보호지역의 구분(보안업무규정 시행규칙 제54조)

① 영 제34조 제2항에 따른 제한지역, 제한구역 및 통제구역이란 각각 다음 각호의 지역 또는 구역을 말한다. 〈개정 2020.3.17.〉

1. 제한지역 : 비밀 또는 국·공유재산의 보호를 위하여 울타리 또는 방호·경비인력에 의하여 영 제34조 제3항에 따른 승인을 받지 않은 사람의 접근이나 출입에 대한 감시가 필요한 지역
2. 제한구역 : 비인가자가 비밀, 주요시설 및 Ⅲ급 비밀 소통용 암호자재에 접근하는 것을 방지하기 위하여 안내를 받아 출입하여야 하는 구역
3. 통제구역 : 보안상 매우 중요한 구역으로서 비인가자의 출입이 금지되는 구역

60 정답 ❶

O△X 임시로 편성된 경호단위를 행사지역에 사전에 파견하여 제반 취약요소에 대한 안전조치를 강구하고 가용한 전 경호요원을 운용하여 경호대상자의 신변안전을 도모하는 일련의 작용은 선발경호 또는 사전예방경호이다.

61 정답 ❷

O△X 인적 경계대상은 경호대상자 주변의 모든 인원들이 해당되므로 비록 신분이 확실한 수행원이나 보도요원들이라 하더라도 경계의 대상에서 제외할 수는 없다.

핵심만콕 **사주경계(주위경계)의 방법 및 요령**

- 근접경호 시 사주경계는 인접해 있는 경호원과 경계범위를 중복해야 경호의 만전을 기할 수 있다.
- 시각의 한계를 고려하여 사주경계의 범위를 선정한다.
- 경호대상자로부터 가까운 곳에서 먼 곳 순으로 좌우 반복해서 경계를 실시한다.
- 복도의 좌우측 문, 모퉁이, 창문주위 등에 관심을 두고 경계한다.
- 위해자는 심리적으로 군중들의 두 번째 열에 위치해 기도하려고 한다.
- 전체적으로 보아 주위 사물과 어울리지 않는 부조화에 주의한다.
- 경호대상자 주변 군중들의 손과 눈을 주시한다.
- 시각적으로 움직임과 정황들에 대해 의문점을 제기하고 정리, 분석하도록 한다.
- 위험감지의 단계를 주위관찰, 문제제기, 위기의식, 대응조치 계획의 순서로 수립한다.
- 경호대상자에게 접근하는 사람의 거리, 위치, 복장, 손의 움직임을 관찰한다.
- 공격목표를 설정한 사람은 대개 웃지 않고 몸을 움직이지 않으며 목표를 집중하여 주시한다는 점을 알아야 한다.
- 더운 날씨나 추운 날씨 등의 주변 환경과 어울리지 않는 복장을 착용하고, 주위상황과 어울리지 않게 행동하는 사람을 특히 주의 깊게 관찰한다.

62 정답 ❶

O△X ① (×) 성중애마는 고려 후기 왕을 측근에서 호위하는 특수부대로서 충렬왕 때 상류층 자제들로 하여금 왕을 숙위토록 하여 홀치라 하였다.

② (○) 별시위는 태종 원년 고려 말의 성중애마가 폐지되고 신설된 특수군이고, 내금위는 태종 7년에 궁중숙위를 해오던 내상직을 개편하여 조직하였다. 한편 내시위는 태종 9년 내금위・별시위와 거의 같은 양반 출신으로 시험에 의하여 선발되었고 왕의 시위를 담당하였다.

③ (○) 호위청은 조선 후기의 조직으로, 인조 원년에 인조반정으로 집권한 서인들의 사병들로 편성하여 국왕의 호위임무를 수행하였다.

④ (○) 금군은 수어청・어영청의 뒤를 이어 군사력을 강화하기 위하여 효종년에 설치한 국왕의 친위군이었다.

63 정답 ❷

O△X 제시된 내용 중 ㄱ, ㄴ, ㄷ, ㅅ은 출혈이 심한 경우(A)의 응급처치 요령이고 ㄹ, ㅁ, ㅂ, ㅇ은 출혈이 심하지 않은 경우(B)의 응급처치 요령이다.

핵심만콕 출혈 시 응급처치 요령

구 분	내 용
출혈이 심한 경우	• 출혈이 심하면 즉시 지혈을 하고 출혈 부위를 심장부위보다 높게 하여 안정되게 눕힌다. • 출혈이 멎기 전에는 음료를 주지 않는다. • 지혈방법은 직접 압박, 지압점 압박, 지혈대 사용 등의 방법이 있다. • 소독된 거즈나 헝겊으로 세게 직접 압박한다. • 환자를 편안하게 눕히고 보온한다.
출혈이 심하지 않은 경우	• 출혈이 심하지 않은 상처에 대한 처치는 병균의 침입을 막아 감염을 예방하는 것이다. • 상처를 손이나 깨끗하지 않은 헝겊으로 건드리지 말고, 엉키어 뭉친 핏덩어리를 떼어내지 말아야 한다. • 더러운 것이 묻었을 때는 깨끗한 물로 상처를 씻어 준다. • 소독한 거즈를 상처에 대고 드레싱을 한다. • 의사의 치료를 받게 한다.

64 정답 ❹

O△X 안전대책의 3대 작용원리는 안전점검, 안전검사, 안전유지를 말한다. 안전점검은 폭발물 등 각종 유해물을 탐지하여 제거하는 활동이고, 안전검사는 이용하는 기구, 시설 등의 안전상태를 검사하는 것이며, 안전유지는 안전점검 및 검사가 이루어진 상태를 유지하는 것이다.

65 정답 ❶

○△× 대통령경호처의 경호대상에 해당하는 사람은 甲, 丙이다.

乙. (×)・戊. (×) 2013.8.13. 개정된 대통령 등의 경호에 관한 법률에 따르면 전직대통령의 자녀는 경호대상에서 제외된다.

丁. (×) 임기 만료 전에 퇴임한 경우의 경호기간은 원칙적으로 그로부터 5년이다. 현재 퇴임 후 6년이 지났다면 대통령경호처의 경호대상이 아니다(대통령 등의 경호에 관한 법률 제4조 제1항 제3호 단서).

己. (×) 대통령권한대행과 그 배우자만 경호대상이 된다(대통령 등의 경호에 관한 법률 제4조 제1항 제4호).

66 정답 ❷

○△× ② (×) 방호 및 대피성은 비상사태 발생 시 근접경호원은 범인을 대적하여 제압하는 것보다 반사적이고 신속・과감한 행동으로 경호대상자의 방호 및 대피를 우선해야 한다는 특성을 의미한다. 다만, 우발상황이 발생했을 경우 신속한 대적행위보다 방호 및 대피가 우선되어야 하지만, 경우에 따라서는 대적 및 제압이 더 효과적일 수 있다. 대적 여부는 촉수거리의 원칙에 따라 판단한다. 위해기도자에 대한 대응은 촉수거리의 원칙에 따라 경호원 중 위해기도자와 가장 가까운 거리에 있는 경호원이 해야 한다. 촉수거리의 원칙에 따르면 경호원이 위해기도자와의 거리보다 경호대상자와의 거리가 더 가깝다면 경호대상자를 방호해서 신속히 현장을 이탈하는 것이 효과적이고, 위해기도자와의 거리가 경호대상자와의 거리보다 더 가깝고 촉수거리에 있다면 과감하게 위해기도자를 제압하는 것이 효과적일 수 있다.

① (○) 노출성에 관한 옳은 설명이다. 다양한 기동수단과 도보대형에 따라 경호대상자의 행차가 시각적으로 외부에 노출될 뿐만 아니라, 각종 매스컴에 의하여 행사 일정과 장소 및 시간이 대외적으로 알려진 상태에서 업무를 수행해야 한다.

③ (○) 기만성에 관한 옳은 설명이다. 변칙적인 경호기법으로 차량대형 기만, 기동시간 기만, 기동로 및 기동수단 기만, 승・하차 지점 기만 등으로 위해기도자로 하여금 행사 상황을 오판하도록 실제 상황을 은폐하고 허위 상황을 제공하여 경호의 효율성을 높이려는 특성을 의미한다.

④ (○) 방벽성에 관한 옳은 설명이다. 방벽성은 근접 도보대형 시 근무자의 체위에 의한 인적 자연방벽 효과와 방탄복 및 각종 방호장비를 이용하여 외부의 공격으로부터 방벽을 구축해야 하는 특성을 의미하는데, 근접경호원은 자신의 신체로 방벽을 형성하여 경호위해자(위해기도자)의 시야를 제한하고 공격선을 차단하여야 한다.

67 정답 ❷

○△× (　　) 안의 ㄱ~ㄹ에 들어갈 내용은 순서대로 법무부장관, 90, 제한, 외교부장관이다.

관계법령 **외국인테러전투원에 대한 규제(테러방지법 제13조)**

① 관계기관의 장은 외국인테러전투원으로 출국하려 한다고 의심할 만한 상당한 이유가 있는 내국인・외국인에 대하여 일시 출국금지를 법무부장관에게 요청할 수 있다.

② 제1항에 따른 일시 출국금지 기간은 90일로 한다. 다만, 출국금지를 계속할 필요가 있다고 판단할 상당한 이유가 있는 경우에 관계기관의 장은 그 사유를 명시하여 연장을 요청할 수 있다.

③ 관계기관의 장은 외국인테러전투원으로 가담한 사람에 대하여 「여권법」 제13조에 따른 여권의 효력정지 및 같은 법 제12조의2에 따른 재발급 제한을 외교부장관에게 요청할 수 있다. 〈개정 2023.8.8.〉

68 정답 ❸

○△× ③은 밀착형 대형에 관한 내용이다. 쐐기형 대형은 무장한 위해자와 직면했을 때 적당한 대형이다.

69 정답 ❹

○△× 제시된 내용 중 차량경호 임무수행에 관한 설명으로 옳은 것은 ㄴ, ㄷ, ㄹ, ㅁ이다.

ㄴ. (○) 주도로를 사용할 수 없는 우발상황에 대비하여 예비도로를 선정하여야 한다.

ㄷ. (○) 선도경호차량 - VIP차량 - 후미경호차량으로 구성된 차량대형에서 선도경호차량의 역할에 관한 옳은 설명이다. 선도경호차량은 비상사태 시 비상도로를 확보하고 우발상황이 예측될 때에는 무선으로 전파하여 경호대상자차량과 후미경호차량이 대비하도록 한다.

ㄹ. (○) 기동 간 이동지휘소 역할을 하는 후미경호차량은 차선을 바꾸면서 후미에 접근하는 차량을 통제하고 추월을 방지하도록 한다.

ㅁ. (○) 목적지에 도착하면 경호책임자는 가장 먼저 하차하고 출발 시에는 가장 나중에 승차하며 경호대상자 승・하차 시 차량 문의 개폐와 잠금장치를 통제한다. 차량이 하차 지점에 도착하면 정차 후 운전석 옆에 탑승한 경호요원(보통 경호팀장)이 차에서 내려 먼저 주변 안전을 확인하여야 하고, 차량 문을 먼저 개방해서는 안 된다. 경호팀장은 준비가 완료되면 경호대상자차의 잠금장치를 풀고 경호대상자를 차에서 내리게 한 후 경호대상자가 신속하게 건물 안으로 이동할 수 있도록 한다.

〈출처〉 김계원, 「경호학」, 진영사, 2012, P. 249~250

ㄱ. (×) 선도차량과 일정한 간격을 유지하면서 이동하며, 유사시 선도차량과 같은 방향으로 대피한다.

ㅂ. (×) 경호대상자의 안전을 위해 경호대상자차량의 창문과 문은 항상 잠가두어야 하고, 대기(주차) 시에도 창문과 문은 열어놓지 않는다.

70 정답 ❶

○△× ① (○) 대한민국국기법 제5조 제2항

② (×) 국가, 지방자치단체 및 공공기관의 청사 등에는 연중 국기를 게양하여야 하며, 이 경우 야간에는 적절한 조명을 하여야 한다(대한민국국기법 제8조 제3항).

③ (×) 국경일은 3・1절, 제헌절, 광복절, 개천절 및 한글날이며(국경일에 관한 법률 제2조), 국군의 날은 기념일이다(대한민국국기법 제8조 제1항 제2호).

④ (×) 각급 학교 및 군부대의 주된 게양대에는 국기를 매일 낮에만 게양한다(대한민국국기법 제8조 제4항). 국기를 매일 게양・강하하는 경우, 강하시각은 3월부터 10월까지는 오후 6시, 11월부터 다음 해 2월까지는 오후 5시이다(대한민국국기법 시행령 제12조 제1항 제2호).

71 정답 ❶

○△×

① (○) 예방단계(준비단계)의 활동 내용은 경호환경 조성, 정보 수집 및 평가, 경호계획의 수립이다.

② (×) 대비단계(안전활동단계)의 활동 내용에 해당한다. 대비단계의 활동 내용으로는 정보보안활동 외에 안전대책활동과 거부작전이 있다.

③ (×) 대응단계(실시단계)의 활동 내용에 해당한다. 대응단계의 활동 내용으로는 비상대책활동 외에 경호작전과 즉각조치활동이 있다.

④ (×) 평가단계(학습단계)의 활동 내용에 해당한다. 평가단계의 활동 내용으로는 교육훈련 외에 평가 및 자료 존안 행사, 적용(피드백)이 있다.

72 정답 ❶

○△×

적대적(전략적) 동기에 관한 설명이다. 이념적 동기는 어떠한 개인 혹은 집단이 주장·신봉하는 이념이나 사상을 탄압하거나 방해한다고 여겨지는 때 그 대상을 제거하기 위한 목표로 암살이 이루어지는 것을 의미한다.

핵심만콕 암살의 동기

구 분	내 용
개인적 동기	분노, 복수, 원한, 증오 등 극히 개인적 동기에 의해 암살이 이루어진다.
경제적 동기	금전적 보상 혹은 경제적 어려움을 해소하기 위하여 피암살자의 희생이 필요하다는 신념에 의해 암살이 이루어진다.
적대적(전략적) 동기	전쟁 중이거나 적대관계에 있는 지도자를 제거하여 승전을 유도하거나 사회혼란을 조성하기 위해 암살이 이루어진다.
정치적 동기	정권을 바꾸거나 교체하려는 욕망으로 암살이 이루어진다.
심리적 동기	정신분열증, 조울증, 편집증, 노인성 치매 등 정신병력 증세를 갖고 있는 사람들에 의해 암살이 이루어진다.
이념적 동기	어떠한 개인 혹은 집단이 주장·신봉하는 이념이나 사상을 탄압하거나 방해한다고 여겨지는 때 그 대상을 제거하기 위한 목표로 암살이 이루어진다.

〈출처〉 김두현, 「경호학개론」, 엑스퍼트, 2020, P. 464~466

73 정답 ❸

○△×

③ (×) 에스컬레이터는 올라갈 때는 상급자가 먼저 올라가고 내려올 때는 하급자가 먼저 내려온다.

① (○) 일반적으로 여성이 남성보다 상급자로 취급되므로, 승용차에 동승할 때에는 여성이 먼저 타고, 나중에 내린다.

② (○) 일반 선박의 경우에는 보통 상급자가 나중에 타고 먼저 내린다. 그러나 함정의 경우에는 상급자가 먼저 타고 먼저 내린다.

④ (○) 안내하는 사람이 없을 때 엘리베이터를 타는 경우 하급자가 먼저 타서 엘리베이터를 조작하고 내릴 때에는 상급자가 먼저 내린다.

74 정답 ❹

O△X 경호대상자의 행사 참석 범위, 행사의 구체적인 성격 등은 연락 및 협조체제 구축 시 고려사항에 해당한다.

핵심만콕 경호형성 및 준비작용 시 고려사항

행사일정 및 임무 수령에 포함될 사항	• 출발 및 도착 일시, 지역(도착공항 등)에 관한 사항 • 공식 및 비공식 수행원에 관한 사항 • 경호대상자의 신상에 관한 사항 • 의전에 관한 사항 및 관련 소요비용에 관한 사항 • 방문지역이나 국가의 특성(기후, 지리, 치안 등)에 관한 사항 • 방문지역에서 수행원 등이 숙박할 숙박시설의 명칭과 위치 등에 관한 사항 • 이동수단 및 방법에 관한 사항 • 경호대상자가 참석해야 할 모든 행사와 활동범위에 관한 사항 • 방문지에서 경호대상자와 접촉하게 되는 의전관련자, 관료, 기업인 등에 관한 사항 • 방문단과 함께 움직이는 취재진에 관한 사항 • 경호안전에 영향을 줄 수 있는 행사주최나 방문국의 요구사항
연락 및 협조체제 구축 시 고려사항	• 기후변화 등의 악천후 시를 고려한 행사스케줄과 행사관계자의 시간계획에 관한 사항 • 모든 행사장소와 행사에 참석하는 손님, 진행요원, 관련 공무원, 행사위원 등의 명단 • 경호대상자의 행사 참석 범위, 행사의 구체적인 성격 등 • 경호대상자와 수행원의 편의시설(휴게실, 화장실, 분장실 등) • 행사 시 경호대상자가 관여하는 선물증정식 등 • 취재진의 인가 및 통제 상황 • 기타 행사 참석에 영향을 줄 수 있는 요인

75 정답 ❹

O△X 제시문이 설명하는 사이버테러 기법은 플레임이다.

핵심만콕 사이버테러 기법

- 논리폭탄(Logic Bomb) : 일정한 조건이 충족되면 자동으로 컴퓨터 파괴활동을 시작하는 일종의 컴퓨터 바이러스이다.
- 서비스 거부(Denial of Service) : 공격대상이 되는 서버에 과도한 트래픽을 유발시키거나 정상적이지 못한 접속 등을 시도하여 해당 서버의 네트워크를 독점하거나 시스템 리소스의 낭비를 유발시켜 서버가 정상적으로 작동하지 못하게 만드는 기법이다.
- 트로이 목마(Trojan Horse) : 프로그램 속에 은밀히 범죄자만 아는 명령문을 삽입하여 이를 범죄자가 이용하는 것을 말한다. 상대방이 눈치 채지 못하게 몰래 숨어드는 것으로 정상적인 프로그램에 부정루틴이나 명령어를 삽입해 정상적인 작업을 수행하나 부정 결과를 얻어내고 즉시 부정루틴을 삭제하기 때문에 발견이 어렵다.
- 트랩도어(Trap Door) : OS나 대형 응용 프로그램을 개발하면서 전체 시험실행을 할 때 오류를 쉽게 발견되게 하거나 처음부터 중간에 내용을 볼 수 있는 부정루틴을 삽입해 컴퓨터의 정비나 유지보수를 핑계 삼아 컴퓨터 내부의 자료를 뽑아 가는 행위를 일컫는다. 즉, 프로그래머가 프로그램 내부에 일종의 비밀통로를 만들어 두는 것이다.
- 허프건(Huffgun) : 고출력 전자기장을 발생시켜 컴퓨터의 자기기록 정보를 파괴하는 것이다.
- 스팸(Spam) : 악의적인 내용을 담은 전자우편을 인터넷상의 불특정 다수에게 무차별로 살포하는 것이다.

- 플레임(Flame) : 네티즌들이 공통의 관심사를 논의하기 위해 개설한 토론방에 고의로 가입하여 개인 등에 대한 악성 루머를 유포하는 행위이다.
- 스토킹(Stalking) : 인터넷을 이용하여 타인의 신상정보를 공개하고 거짓 메시지를 남겨 괴롭히는 행위이다.
- 스누핑(Snuffing) : 인터넷상에 떠도는 IP 정보를 몰래 가로채는 행위이다.
- 스푸핑(Spoofing) : 어떤 프로그램이 마치 정상적인 상태로 유지되는 것처럼 믿도록 속임수를 쓰는 것이다.
- 전자폭탄(Electronic Bomb) : 약 1백억 와트의 고출력 에너지로 순간적으로 마이크로웨이브파를 발생시켜 컴퓨터 내의 전자 및 전기회로를 파괴하는 수법이다.
- 피싱(Phishing) : 가짜 사이트를 만들어 금융기관 등으로부터 은행 계좌정보나 개인정보를 불법적으로 알아내 이를 이용하는 인터넷 사기수법을 말한다.
- 살라미 기법(Salami Techniques) : 눈치 채지 못할 정도의 적은 금액을 많은 사람들로부터 빼내는 컴퓨터 사기수법의 하나로, 이탈리아 음식인 살라미소시지(말린 햄의 일종으로 공기 중에 말려 발효시키는 음식)를 조금씩 얇게 썰어 먹는 모습을 연상시킨다고 해서 붙은 이름이다.
- 웜(Worm) : 자원의 사용을 남용하여 자신을 계속 복제함으로써 상대방 컴퓨터의 정상적인 운용을 방해하고 교란이나 무력화를 야기하는 체계이다.
- AMCW : 테러 목표를 설정하고 순항하여 특정 정보 또는 특정 컴퓨터 시스템만을 파괴하는 사이버무기이다.

76 정답 ❶

○△×

부분화의 원칙에 관한 설명은 ①이다. ②는 보안과 능률의 원칙, ③은 알 사람만 알아야 하는 원칙, ④는 적당성의 원칙에 관한 설명이다.

핵심만 콕 보안업무의 원칙

- 알 사람만 알아야 하는 원칙 : 보안의 대상이 되는 사실은 전파할 때 전파가 꼭 필요한가 또는 피전파자가 반드시 전달받아야 하는 것인가를 검토하여야 한다(꼭 필요한 사람에게만 전달되어야 한다).
- 적당성의 원칙 : 사용자가 필요한 만큼 적당한 양의 정보를 전달하도록 하는 것으로, 정보가 부족하면 임무수행에 장애가 되지만 정보가 너무 많아도 임무수행에 혼란을 줄 수가 있다.
- 부분화의 원칙 : 내용과 가치의 정도에 따라 다른 비밀과 관련되지 않게 독립시켜야 한다는 것으로, 한 번에 다량의 비밀이나 정보가 유출되지 않도록 하여야 한다.
- 보안과 능률의 원칙 : 보안을 지나치게 강조할 경우 생산된 정보가 사용자에게 제대로 전달되지 않아 정책결정에 사용하지 못할 수 있다는 것으로, 보안과 능률(업무효율)은 반비례 관계가 있으므로 양자의 적절한 조화를 유지하는 방법을 강구해야 한다.

77 정답 ❸

O△X 제시된 내용 중 방호장비에 관한 설명으로 적절하지 못한 것은 ㄷ, ㄹ, ㅁ이다.

ㄷ. (×) 방탄망은 수류탄이나 화염병 등의 투척이 용이한 창문과 도로 외부 부분에 적절한 지형과 환경에 맞도록 위장하여 설치한다.

ㄹ. (×) 시설 내부와 부근 활동상황을 관찰할 수 있도록 설치하여 침입자에게는 강한 조명이 되어야 한다. 즉, 침입자에게 심리적 부담감을 주어야 한다.

ㅁ. (×) 산악·절벽, 계곡, 강, 바다, 늪 등의 기능을 살린 방벽을 자연적 방벽이라 한다.

핵심만콕 방호장비

- 개념 : 적의 침입 예상경로를 차단하기 위하여 방벽을 설치·이용하여 적의 심리상태를 불안·좌절시키는 효과를 가진 장비로, 최후의 예방경호방법이다.
- 분 류

자연적 방벽		산악·절벽, 계곡, 강, 바다, 늪 등의 기능을 살려 설치한다.
물리적 방벽	시설방벽	울타리, 담벽, 출입구 설치 등
	인간방벽	청원경찰, 민간경비원, 자체경비원, 군사시설경비원 등
	동물방벽	공격견, 경비견, 거위 등
	전기방벽	방호조명, 전류방벽, 기계경비 등
	조 명	시설 내부와 부근 활동상황을 관찰할 수 있도록 설치하며, 침입자에게는 강한 조명이 되어야 한다. 즉, 침입자에게 심리적 부담감을 주어야 한다.
	방탄망	수류탄이나 화염병 등의 투척이 용이한 창문과 도로 외부 부분에 적절한 지형과 환경에 맞도록 위장하여 설치한다.
	연막차단	초당 17m의 강력한 연기를 분사하여 불법침입자, 위해자 등을 순식간에 제압할 수 있다.

78 정답 ❹

O△X ④ (○) 신임장 제정일 순서로 배치한다(나라의 크기 및 규모와 무관).

① (×) 주요 정당의 대표를 초청하여 좌석을 배치하는 경우 외교부 의전실무편람상 의전서열은 중앙선거관리위원장 다음이 '여당 대표 → 야당 대표(교섭단체 정당의 대표만 해당) → 국회부의장' 순이다.

② (×) 대한민국은 국가 의전서열을 직접적으로 공식화하지는 않았다. 다만, 정부수립 이후부터 시행해 온 주요 국가행사를 통해 확립된 선례와 관행을 기준으로 한 공직자의 관례상의 서열은 있다. 외교부 의전실무편람상 의전서열은 '대통령 → 국회의장 → 대법원장 → 헌법재판소장 → 국무총리 → 중앙선거관리위원장' 순이다.

③ (×) 외국 방문 시의 의전관행은 항상 자국 관행보다 방문국 관행을 우선한다.

79 정답 ❶

O△X ②・③・④는 국민보호와 공공안전을 위한 테러방지법령상 대테러특공대의 임무에 해당하고, ①은 테러대응구조대의 임무에 해당한다(테러방지법 시행령 제18조 제3항, 제19조 제2항 참조).

관계법령 **대테러특공대 등(국민보호와 공공안전을 위한 테러방지법 시행령 제18조)**

① 국방부장관, 경찰청장 및 해양경찰청장은 테러사건에 신속히 대응하기 위하여 대테러특공대를 설치・운영한다.
② 국방부장관, 경찰청장 및 해양경찰청장은 제1항에 따른 대테러특공대를 설치・운영하려는 경우에는 대책위원회의 심의・의결을 거쳐야 한다.
③ 대테러특공대는 다음 각호의 임무를 수행한다.
1. 대한민국 또는 국민과 관련된 국내외 테러사건 진압
2. 테러사건과 관련된 폭발물의 탐색 및 처리
3. 주요 요인 경호 및 국가 중요행사의 안전한 진행 지원
4. 그 밖에 테러사건의 예방 및 저지활동

80 정답 ❶

O△X (　　)의 ㄱ~ㄷ에 들어갈 숫자는 순서대로 7, 10, 5이다.

관계법령 **테러단체 구성죄 등(국민보호와 공공안전을 위한 테러방지법 제17조)**

① 테러단체를 구성하거나 구성원으로 가입한 사람은 다음 각호의 구분에 따라 처벌한다.
1. 수괴(首魁)는 사형・무기 또는 10년 이상의 징역
2. 테러를 기획 또는 지휘하는 등 중요한 역할을 맡은 사람은 무기 또는 7년 이상의 징역
3. 타국의 외국인테러전투원으로 가입한 사람은 5년 이상의 징역
4. 그 밖의 사람은 3년 이상의 징역
② 테러자금임을 알면서도 자금을 조달・알선・보관하거나 그 취득 및 발생원인에 관한 사실을 가장하는 등 테러단체를 지원한 사람은 10년 이하의 징역 또는 1억원 이하의 벌금에 처한다.
③ 테러단체 가입을 지원하거나 타인에게 가입을 권유 또는 선동한 사람은 5년 이하의 징역에 처한다.
④ 제1항 및 제2항의 미수범은 처벌한다.
⑤ 제1항 및 제2항에서 정한 죄를 저지를 목적으로 예비 또는 음모한 사람은 3년 이하의 징역에 처한다.
⑥ 「형법」 등 국내법에 죄로 규정된 행위가 제2조의 테러에 해당하는 경우 해당 법률에서 정한 형에 따라 처벌한다.

제7회 심화 모의고사

문제편 259p

정답 CHECK

41	42	43	44	45	46	47	48	49	50	51	52	53	54	55	56	57	58	59	60
②	③	③	③	②	③	①	③	④	③	④	④	②	②	②	③	④	②	①	②
61	62	63	64	65	66	67	68	69	70	71	72	73	74	75	76	77	78	79	80
④	④	①	②	④	④	④	④	③	②	②	②	②	④	②	①	①	①	②	②

41 정답 ❷

○△×

제시된 내용을 바르게 연결한 것은 a – ㄱ, b – ㄹ, c – ㄷ, d – ㄴ이다.

a – ㄱ : 목표물 보존의 원칙 – 경호대상자를 암살자 또는 위해를 가할 가능성이 있는 자로부터 떼어 놓아야 한다는 원칙으로서 목표물을 안전하게 보존하기 위해서는 행차 코스의 비공개, 행차 장소의 비공개, 대중에게 노출되는 보행 행차의 가급적 제한 등이 요구된다.

b – ㄹ : 하나의 통제된 지점을 통한 접근의 원칙 – 경호대상자에게 접근할 수 있는 출입구나 통로는 하나만 필요하다는 원칙으로서 하나의 통제된 출입구나 통로라 하더라도 접근자는 경호요원에 의하여 인지되고 확인되어야 하며 허가절차를 거쳐 접근토록 해야 한다.

c – ㄷ : 두뇌경호의 원칙 – 사전에 치밀한 계획을 세우고 준비를 철저히 하여 위험요소를 제거하는 데 중점을 두며, 경호임무 수행 중 긴급하고 위험한 상황이 발생하였을 때에는 고도의 예리하고 순간적인 판단력이 중요시된다는 원칙이다.

d – ㄴ : 자기희생의 원칙 – 경호대상자는 어떠한 상황하에서도 절대적으로 보호되어야 한다는 원칙으로 경호원은 경호대상자가 위기에 처했을 때 자기 몸을 희생하여 경호대상자를 보호해야 한다.

42 정답 ❸

○△×

③ (×) 乙(B)호 경호에 관한 설명이다. 甲(A)호 경호는 국왕 및 대통령과 그 가족, 외국의 원수 등을 경호대상으로 하는 경호를 말한다.

① (○) 행사장경호는 장소에 의한 경호의 분류 중 하나로 경호대상자가 참석하거나 주관하는 행사에서의 경호업무이며, 행사장은 일반 군중들과 경호대상자의 거리가 가까우므로 완벽한 경호가 필요하다. 구체적인 활동으로는 출입자 통제, 교통상황 및 주차장 관리, 내곽경비, 외곽경비 등이 있다.

② (○) 철로 주변에서의 경호활동인 철도경호는 장소에 의한 분류에 해당하는 연도경호(노상경호)의 하나이다. 반면 열차경호는 경호대상자가 열차를 이용하는 경우 열차 내에서 이루어지는 경호로 이동수단에 의한 분류에 해당한다.

④ (○) 직접경호는 행사장에 인원과 장비를 배치하여 인적・물적・지리적 위험요소를 예방하기 위한 경호이고, 간접경호는 평상시의 치안 및 대공활동, 국제정세를 포함한 안전대책작용 등의 경호이다.

43 정답 ❸

O△X 제시문은 균형의 원칙에 관한 설명이다.

핵심만콕 경비수단의 주요 원칙

- 균형의 원칙 : 한정된 경비력을 가지고 최대의 효과를 발휘할 수 있도록 상황과 대상에 따라서 유효적절하게 부대를 배치하여 실력행사를 실행하는 것을 말한다.
- 위치의 원칙 : 경비사태에 있어 실력행사를 함에 있어서 상대방보다 유리한 지점과 위치를 신속하게 확보 유지하는 것을 말한다.
- 적시성의 원칙 : 상대방의 기세와 힘이 가장 허약한 시점을 포착하여 그때를 기준으로 하여 집중적인 강력한 실력행사를 감행하는 것을 말한다.
- 안전의 원칙 : 경비사태 발생 시 경비병력이나 군중들을 사고 없이 안전하게 진압해야 한다는 것을 말한다.

〈출처〉 김두현, 「경호학개론」, 엑스퍼트, 2020, P. 334

44 정답 ❸

O△X 경찰청 경비국장의 분장책임은 ㄴ·ㄷ이다. ㄱ은 대검찰청 공공수사정책관, ㄹ은 대통령 경호처장의 분장책임이다.

관계법령 책임(대통령경호안전대책위원회규정 제4조)

② 각 구성원의 분장책임은 다음과 같다. 〈개정 2020.2.4., 2020.4.21., 2022.11.1.〉

1. 대통령 경호처장	안전대책활동에 관한 전반적인 업무를 총괄하며 필요한 안전대책 활동지침을 수립하여 관계부서에 부여
10. 대검찰청 공공수사정책관	가. 입수된 경호 관련 첩보 및 정보의 신속한 전파·보고 나. 위해음모 발견 시 수사지휘 총괄 다. 위해가능인물의 관리 및 자료수집 라. 국제테러범죄 조직과 연계된 위해사범의 방해책동 사전차단 마. 그 밖에 국내·외 경호행사의 지원
11. 경찰청 경비국장	가. 입수된 경호 관련 첩보 및 정보의 신속한 전파·보고 나. 위해가능인물에 대한 동향파악 다. 행사 참석자 및 종사자의 신원조사 라. 입국체류자 중 위해가능인물에 대한 동향 파악 - 삭제 〈2020.4.21.〉 마. 행사장·이동로 주변 집회 및 시위관련 정보제공과 비상상황 방지대책의 수립 바. 우범지대 및 취약지역에 대한 안전조치 사. 행사장 및 이동로 주변에 있는 물적 취약요소에 대한 안전조치 아. 행차로 요충지 등에 정보센터 설치·운영 - 삭제 〈2020.4.21.〉 자. 총포·화약류의 영치관리와 봉인 등 안전관리 차. 불법무기류의 단속 및 분실무기의 수사 카. 그 밖에 국내·외 경호행사의 지원

45 정답 ❷

O△X 호신장비에 관한 설명이다. 방호장비란 경호대상자가 사용하는 시설물을 보호하기 위한 장비를 말한다.

핵심만콕 경호장비의 기능에 따른 분류

호신장비	일반적으로 자신의 생명이나 신체가 위험상태에 놓였을 때 스스로를 보호하는 데 사용하는 장비를 말한다. 여기에는 총기, 경봉, 가스분사기, 전자충격기 등이 있다.
방호장비	경호대상자나 경호대상자가 사용하는 시설물을 보호하기 위한 장치를 말한다. 적의 침입 예상경로를 차단하기 위하여 방벽을 설치·이용하는 것으로 경호방법 중 최후의 예방경호방법이라 할 수 있다. 방호장비는 크게 자연적 방벽과 물리적 방벽으로 나뉜다(단순히 방폭담요, 방폭가방 등을 방호장비로 분류하는 견해도 있다).
기동장비	경호대상자의 경호를 위하여 운용하는 차량·항공기·선박·열차 등의 이동수단을 말한다.
검색·검측장비	검색장비는 위해도구나 위해물질을 찾아내는 데 사용하는 장비를 말하고, 검측장비는 위해물질의 존재 여부를 검사하거나 시설물의 안전점검에 사용하는 도구를 말한다. 일반적으로 검측장비로 통칭하며, 검측장비는 탐지장비, 처리장비, 검측공구로 구분하여 사용한다.
감시장비	위해기도자의 침입이나 범죄행위를 사전에 감시하기 위한 장비(전자파, 초음파, 적외선 등을 이용한 기계장비)를 말한다. 경호임무에 있어 인력부족으로 인한 경호 취약점을 보완하는 수단으로, 감시장비에는 드론, CCTV, 열선감지기, 쌍안경, 망원경, 포대경(M65), TOD(영상감시장비) 등이 있다.
통신장비	경호업무를 수행하는 데 필요한 보고 또는 연락을 위한 통신장비(유선·무선)를 말한다. 경호통신은 신뢰성, 신속성, 정확성, 안전성이 고려되어야 한다. 유선통신장비에는 전화기, 교환기, FAX망, 컴퓨터통신, CCTV 등의 장비가 있으며, 무선통신장비에는 휴대용 무전기(FM-1), 페이징, 차량용 무전기(MR-40V, KSM-2510A, FM-5), 무선전화기, 인공위성 등이 있다.

46 정답 ❸

O△X (　　)의 ㄱ~ㅂ에 들어갈 내용은 순서대로 차장, 처장, 처장, 차장, 처장, 차장이다. 처장(대통령경호처장)은 모두 3회 들어간다.

- 차장은 1급 경호공무원 또는 고위공무원단에 속하는 별정직 국가공무원으로 보하며, 처장을 보좌한다(대통령 등의 경호에 관한 법률 제3조 제3항).
- 대통령경호안전대책위원회의 위원장은 처장이 되고, 부위원장은 차장이 되며, 위원은 대통령령으로 정하는 관계기관의 공무원이 된다(대통령 등의 경호에 관한 법률 제16조 제3항).
- 다자간 정상회의의 경호·안전 대책기구의 장은 처장이 된다(대통령 등의 경호에 관한 법률 제5조의2 제2항).
- 고등징계위원회의 위원장은 차장이 되고, 보통징계위원회의 위원장은 기획관리실장이 된다(대통령 등의 경호에 관한 법률 시행령 제29조 제1항·제2항 참조).

47 정답 ❶

O△X ① (○) 대통령 등의 경호에 관한 법률 제16조 제4항 제1호

② (×) 대통령경호안전대책위원회는 위원장과 부위원장 각 1명을 포함한 20명 이내의 위원으로 구성한다(대통령 등의 경호에 관한 법률 제16조 제2항).

③ (×) 대통령경호처의 소속기관에 두는 공무원의 직급별 정원은 훈령·예규 및 그 밖의 방법으로 정한다(대통령경호처와 그 소속기관 직제 제8조 제2항).

④ (×) 관계기관의 장은 외국인테러전투원으로 가담한 사람에 대하여 「여권법」 제13조에 따른 여권의 효력정지 및 같은 법 제12조의2에 따른 재발급 제한을 외교부장관에게 요청할 수 있다(국민보호와 공공안전을 위한 테러방지법 제13조 제3항).

48 정답 ❸

O△X (　　) 안의 ㄱ~ㄹ에 들어갈 용어는 순서대로 다이아몬드(마름모) 대형, 쐐기형 대형, 역쐐기형 대형, 원형 대형이다.

핵심만 콕 **근접경호대형**

- **다이아몬드(마름모) 대형** : 혼잡한 복도, 군중이 밀집해 있는 통로 등에서 적합한 대형으로 경호대상자의 전후좌우 전 방향에 대해 둘러싸고, 각각의 경호원에게는 기동로에 대해 360° 경계를 할 수 있도록 책임구역이 부여된다.
- **쐐기형 대형** : 무장한 위해자와 직면했을 때 적당한 대형으로, 다이아몬드 대형보다 느슨한 대형이 필요한 상황에서는 3명으로 쐐기형 대형을 형성하며, 다이아몬드 대형과 같이 각각의 경호원에게는 기동로를 향해 360° 지역 중 한 부분의 책임구역이 할당되어야 한다.
  - 대중이 별로 없는 장소 통과 시, 인도와 좁은 통로 이동 시 유용하다.
  - 한쪽에 인위적·자연적 방벽이 있을 때 유용하다.
- **역쐐기형(V자) 대형** : 외부로부터 위협이 없다고 판단되며 안전이 확보된 행사장 입장 시와 대외적인 이미지를 중시하는 경호대상자에게 적합한 도보대형이다.
  - 전방에는 아무런 위협이 없다는 가정하에 경호대상자를 바로 노출시켜 전방에 개방된 대형을 취한다.
  - 후미의 경호원들은 자연스럽게 수행원과 뒤섞여 노출이 되지 않는다.
  - 경호팀장만 경호대상자를 즉각 방호할 수 있는 위치에서 경호 임무를 수행한다.
- **삼각형 대형** : 3명의 경호원이 삼각형 형태를 유지하여 이동하는 도보대형으로 행사와 주위 사람의 성격, 숫자, 주변 환경의 여건에 따라서 이동한다.
- **역삼각형 대형** : 진행 방향 전방에 위해 가능성이 있는 경우 취하는 대형으로, 진행 방향의 전방에 오솔길, 곡각지, 통로 등과 같은 지리적 취약점이 있는 경우 유용하다.
- **원형 대형** : 경호대상자가 완전히 경호원에 의해 둘러싸여 있는 인상을 주게 되어 대외적인 이미지는 안 좋을 수 있으나 경호 효과가 높은 대형으로, 평상시에는 잘 사용하지 않으나, 군중이 밀려오거나 군중에 둘러싸여 있을 경우와 같은 위협이 예상될 경우에 적합한 대형이다.
- **사다리형 대형** : 경호대상자의 진행 방향을 중심으로 양쪽에 군중이 운집해 있는 도로의 중앙을 이동할 때 적합한 대형으로, 경호대상자를 중심으로 4명의 경호원이 사다리 형태를 유지하며 이동하는 대형이다.

49 정답 ❹

O△X 1선은 안전구역으로 경호대상자에게 직접적인 위해를 가할 수 있는 위험지역으로서 통상 수류탄 투척 및 권총 유효사거리(50m)를 고려하여 설정된다.

50 정답 ❸

O△X ③ (O) C – ㄹ : 경호행사는 항상 계획되고 예상된 대로만 진행되지는 않는다. 따라서 선발경호는 사전에 경호팀의 능력과 현지 지형과 상황에 맞는 대응계획과 대피계획을 수립하여 비상상황에 대비하여야 한다.

① (×) A – ㄷ : 선발경호의 임무는 당연히 행사장의 안전을 확보하는 일이다. 그러기 위해선 3중 경호의 원리에 입각해서 행사장을 구역별로 구분하여 그 특성에 맞는 경호조치를 강구하여야 한다.

② (×) B – ㄱ : 선발경호의 임무이자 경호의 목표라 할 수 있는 예방경호는 위해요소를 사전에 발견해서 제거하고 침투가능성을 거부함으로써 경호행사의 안전을 확보하는 것이다.

④ (×) D – ㄴ : 경호대상자에 대한 경호활동은 고유한 기능과 임무를 가지고 있는 다른 여러 기관이 참여하여 이루어지지만, 이들 각 기관들이 하나의 지휘체계 아래 보완적이고 협력적 관계에서 주어진 임무를 수행한다.

51 정답 ❹

O△X 큰 자동차는 몇 가지 장점을 갖고 있기 때문에 경호대상자가 사용할 자동차는 어느 정도까지는 클수록 좋을 것이다. 다만, 리무진과 같은 대형 차량은 외부의 시선을 끌 수 있으며, 긴급피난을 해야 할 경우 기동력이 떨어지는 단점이 있어서 오히려 바람직하지 않다.

〈참고〉 이두석, 「경호학개론」, 진영사, 2018, P. 329

52 정답 ❹

O△X 경호대상자도 경호의 일부분이 될 때 경호는 성공할 것이므로, 경호대상자에게 그의 생활방식이나 생활습관의 변화를 요구할 수도 있음을 주지시켜야 한다.

핵심만콕 **경호브리핑**

- 브리핑은 경호요원뿐만 아니라 경호대상자에게도 실시될 수 있으면 보다 효과적이다. 경호는 협조문화의 일부분이다. 경호원은 경호대상자의 의도를 충분히 이해하여 경호조치에 반영하고, 경호대상자도 경호행위의 필요성을 이해하고 협조하여야 한다.
- 브리핑을 통하여, 안전을 위해서는 경호대상자의 협조가 필요함을 설명하고, 경호에 요구되는 권한과 권위를 인정받을 수 있어야 한다.
- 경호대상자에게 그의 생활방식이나 생활습관의 변화를 요구할 수도 있음을 주지시켜야 한다. 경호대상자도 경호의 일부분이 될 때, 경호는 성공할 것이다.

〈출처〉 이두석, 「경호학개론」, 진영사, 2018, P. 236

53 정답 ❷

O△X 경호요원의 복장으로 주위의 시선을 빼앗는 화려한 색상이나 새로운 패션의 스타일은 눈에 띄기 쉬우므로 착용해서는 안 되고, 보수적인 색상과 스타일의 복장이 적합하다.

핵심만콕	경호복장

- 경호요원은 행사의 성격에 따라 보호색원리에 의한 경호현장의 주변 환경과 조화되는 복장을 착용하여 신분이 노출되지 않도록 한다.
- 경호원의 복장은 경호대상자의 복장에 맞추어 정장이나 캐주얼 복장을 상황에 따라 입고, 두발상태도 경호대상자의 두발상태와 비슷하게 관리한다.
- 경호원의 복장은 주위의 시선을 빼앗는 화려한 색상이나 새로운 패션의 스타일은 눈에 띄기 쉬우므로 착용해서는 안 되고, 보수적인 색상과 스타일의 복장이 적합하다.

〈출처〉 이두석, 「경호학개론」, 진영사, 2018, P. 246~247

54 정답 ❷

O△X ② (×) 방호(Cover)는 위협상황을 알리는 경고를 인지하는 즉시, 경호대상자 주변 근무자가 자신의 신체로 방벽을 형성하여 경호대상자의 노출을 최소화함으로써 직접적인 위해를 방지하는 행위를 말한다.

① (○) 우발상황 발생 시 대응순서는 인지 → 경고 → 방벽 형성 → 방호 및 대피 → 대적 및 제압이다. 우발상황을 인지한 경호원은 간단명료하고 신속하게 위기상황을 알려야 한다.

③ (○) 우발상황 발생 시 방호와 동시에 위해기도자의 반대 방향으로 경호대상자를 신속히 이동하여야 하며, 방호대형을 형성하여 비상대피소나 비상대기차량이 있는 안전지역으로 이동한다.

④ (○) 우발상황이 발생했을 경우 신속한 대적행위보다 방호 및 대피가 우선되어야 하지만, 경우에 따라서는 대적 및 제압이 더 효과적일 수 있다. 대적 여부는 촉수거리의 원칙에 따라 판단한다. 위해기도자에 대한 대응은 촉수거리의 원칙에 따라 경호원 중 위해기도자와 가장 가까운 거리에 있는 경호원이 해야 한다. 촉수거리의 원칙에 따르면 경호원이 위해기도자와의 거리보다 경호대상자와의 거리가 더 가깝다면 경호대상자를 방호해서 신속히 현장을 이탈하는 것이 효과적이고, 위해기도자와의 거리가 경호대상자와의 거리보다 더 가깝고 촉수거리에 있다면 과감하게 위해기도자를 제압하는 것이 효과적일 수 있다.

핵심만콕	즉각조치의 개념 및 단계

즉각조치는 경호활동 중 위해기도나 행사 방해책동과 관련하여 발생 시기나 발생 여부 및 피해 정도를 모르는 우발적 상황에서의 즉각적 행동원칙을 말한다.

- 즉각조치의 과정은 경고와 방호 및 대피, 대적이 포함되며, 이는 순차적인 개념이라기보다 우선순위 없이 동시에 이루어지는 일체적 개념이다.
- 경고(Sound off)는 위해상황을 가장 먼저 인지한 사람이 주변 근무자에게 상황을 간단명료하게 전파하는 것으로, 상황발생을 인지한 경호원이 가장 먼저 취해야 할 조치이다.
- 방호(Cover)는 위협상황을 알리는 경고를 인지하는 즉시, 경호대상자 주변 근무자가 자신의 신체로 방벽을 형성하여 경호대상자의 노출을 최소화함으로써 직접적인 위해를 방지하는 행위를 말한다.
- 대피(Evacuate)는 우발상황 발생 시 위해자의 표적이 되는 경호대상자를 안전지역으로 이동시키는 행위를 말한다. 대피는 방호와 동시에 공격자의 반대 방향으로 신속히 이동하여야 하며, 방호대형을 형성하여 비상대피소나 비상대기차량이 있는 안전지역으로 이동한다.

• 즉각조치과정은 일단 경고 – 방호 – 대피의 순으로 전개된다. 대적 여부는 촉수거리의 원칙에 따라 판단한다. 대적의 목적은 위해자의 공격선을 차단하여 경호대상자를 보호하는 것이다. 대적 시에는 우선 경호대상자를 등지고 위험발생지역으로 향한 다음, 몸을 최대한 크게 벌려 방호범위를 확대하고, 경호대상자와 위해기도자 사이의 일직선상에 위치하여 위해자의 공격을 차단한다.

〈출처〉 이두석, 「경호학개론」, 진영사, 2018, P. 350~354

55 정답 ❷

O△X 경호의 특성에는 예방성 · 통제성 · 상대성이 있는데, ① · ③은 경호의 통제성, ②는 경호의 상대성, ④는 경호의 예방성에 관한 내용이다.

〈출처〉 이두석, 「경호학개론」, 진영사, 2018, P. 42~45

56 정답 ❸

O△X 제시된 내용 중 주행사장 외부 담당자의 임무는 ㄱ, ㄴ, ㅂ이다. ㄷ, ㄹ, ㅁ은 주행사장 내부 담당자의 임무이다.

핵심만 콕 주행사장 내부 및 외부 담당자의 주요 임무(업무)

내부 담당자	외부 담당자
• 접견 예상에 따른 대책 및 참석자 안내계획 수립 • 경호대상자 동선 및 좌석 위치에 따른 비상대책 강구 • 행사장 내 인적 · 물적 위해요인 접근통제 및 차단계획 수립 • 정전 등 우발상황을 대비한 각 근무자 예행연습 실시(필요시 방폭요, 역조명, 랜턴, 손전등을 비치) • 경호대상자의 휴게실, 화장실 위치 파악 및 안전점검 실시 • 행사장 내 단상, 천장, 각종 집기류를 최종 점검	• 방탄막 설치 및 비상차량 운용계획 수립 • 경비 및 경계구역 내에 대한 안전조치 강화 • 차량 및 공중강습에 대한 대비책 수립 • 안전구역 내 단일 출입로 설정 • 외곽 감제고지 및 직시건물에 대한 안전조치 실시 • 지하대피시설 점검 · 확보 • 취약요소, 직시시점을 고려하여 단상, 전시물 등을 설치

57 정답 ❹

O△X 2005.3.10. 이전의 종전 「대통령경호실법」에서는 그 대상에 따른 적용범위 제한의 필요에 의해 경호를 '호위'와 '경비'로 구분하여 별도 항으로 규정하였으나 현재의 「대통령 등의 경호에 관한 법률」은 두 요소 간의 구분을 두지 않고 '경호'라는 정의에 함께 규정하고 있다. 또한 이러한 경호의 개념은 새로운 것이라기보다 현실적인 경호기관을 기준으로 하여 정립된 개념으로서, 형식적 의미의 경호개념에 속한다고 볼 수 있다.

핵심만콕	경호의 개념
형식적 의미의 경호	• 경호관계법규에 규정된 현실적인 경호기관을 기준으로 하여 정립된 개념이다. • 실정법상 경호기관의 권한에 속하는 일체의 경호작용을 의미한다. • 실정법 · 제도 · 기관 중심적 관점에서 이해한 것이다. • 「대통령 등의 경호에 관한 법률」에서의 경호는 형식적 의미의 경호개념이다.
실질적 의미의 경호	• 경호활동의 본질 · 성질 · 이론적인 입장에서 이해한 것으로, 학문적인 측면에서 고찰된 개념이다. • 수많은 경호작용 중에서 공통적인 특성을 추상화한 개념이다. • 경호대상자의 절대적 신변안전을 보호하기 위하여 모든 사용 가능한 수단과 방법을 동원한다. • 경호대상자(피경호자)에 대한 신변 위해요인을 사전에 방지 또는 제거하기 위한 제반활동이다. • 경호주체(국가기관, 민간기관, 개인, 단체 불문)가 경호대상자를 보호하는 모든 활동을 말한다. • 모든 위험과 곤경(인위적 · 자연적 위해)으로부터 경호대상자를 안전하게 보호하기 위한 제반활동이다.

58 정답 ❷

○△× 제시문은 트랩도어(백도어)체계에 관한 설명이며, 트랩도어란 프로그래머가 프로그램 내부에 일종의 비밀통로를 만들어두는 것을 말한다.

핵심만콕 사이버테러의 체계 분류

구 분	내 용
논리폭탄체계	평상시에는 컴퓨터 내부에 잠복해 있다가 예정된 시간이나 특수한 명령어가 들어오면 작동하는 도화선 없는 바이러스 폭탄이다.
웜체계	초급 소프트웨어 무기로서 무기체계 및 정보 수집시스템에 직접적인 영향을 미치지는 않지만 자원의 사용을 남용하여 자신을 계속 복제하여 정상적인 운용을 마비시키고 교란을 획책하여 무력화시키는 교란용 사이버무기체계이다.
컴퓨터 바이러스체계	테러대상 목표의 통신장비나 정보망을 무너뜨릴 수 있는 한 가지 이상의 바이러스로 구성된다. 컴퓨터바이러스는 자신을 복제할 수 있으며, 다른 프로그램에 자신을 덧붙일 수 있고, 통신선로와 데이터통신망을 통하여 전송되어 전자교환기, 지휘통제체계에 침입하여 무력화시킨다.
트랩도어 (백도어)체계	초급 소프트웨어 무기로서 테러대상자의 정보를 수집 · 보고하는 등의 비밀임무를 수행하는 스파이를 정보기술로 구현하는 체계이다.
트로이목마체계	논리폭탄의 한 변종인 초급 소프트웨어 무기로서 불법적으로 상대의 정보체계에 침입하여 첩보 · 정보를 수집하는 데 이용된다. 테러대상의 컴퓨터시스템의 프로그램을 불법적으로 수정하여 해커가 원하는 기능을 수행하도록 하는 프로그램이다.
해킹체계	• 해킹이란 컴퓨터시스템의 코드를 해독하고 침입 방지장치를 무력화시키는 행동을 총칭하는 개념으로, 반복적으로 이러한 행위를 일삼는 자를 해커라고 부른다. • 해킹체계는 ㉠ 도청으로 패스워드나 ID(식별자) 등을 알아내는 사용자도용체계, ㉡ 운영체계의 취약점을 이용한 체계, ㉢ 시스템의 구조적인 문제점을 이용한 구조적 공격체계, ㉣ 시스템 또는 서비스의 정상적인 운영을 방해하는 서비스 거부체계 등으로 구분할 수 있다.

AMCW체계	정보체계에 대한 테러용 고급 소프트웨어인 차기 사이버무기체계로, 테러 목표를 설정하고 순항하여 특정정보 또는 컴퓨터시스템에 필요한 체계만을 파괴하는 사이버무기이다.
소프트웨어체계 취약성분석체계	소프트웨어체계의 테러위협을 최소화하기 위한 방어체계이다. 사이버테러에 대한 방호체계는 테러리스트들의 감시와 테러공격으로부터 자신의 정보 기반체계와 정보대응체계를 보존하거나 거짓정보를 유포하여 상대가 잘못된 판단을 내리도록 유도하는 것이다.

〈출처〉 김두현, 「경호학개론」, 엑스퍼트, 2020, P. 506~509

59 정답 ❶

O△X 기술적 경호환경은 경호와 관련된 법적·제도적 지원체제(제도적 요인)와 경호조직의 경호수행능력(기술적 요인)을 말한다.

핵심만 콕 거시적 관점의 경호환경

사회적 환경	일반 환경	어느 나라에서나 나타나는 보편적인 사회 환경(산업화, 도시화, 정보화, 세계화 등)
	특수 환경	특정한 나라에 국한된 특수한 경호환경(남북분단, 양극화, 지역갈등 등)
기술적 환경	제도적 요인	경호 관련 법규, 타 기관과의 긴밀한 업무협조, 경호협조기구 등
	기술적 요인	경호조직의 전문적인 역량·임무수행능력
자연적 환경	지형적 요인	지형적 경호영향요인(화산 활동 지역, 고지대, 밀림지대, 산악지대, 수변도시 등)
	기후적 요인	경호에 영향을 미치는 대기상태(해당 지역의 기온, 비, 눈, 바람, 백야현상, 황사 등)
	시간적 요인	이른 새벽, 퇴근 무렵, 축제기간, 휴가철, 야간 행사 등

〈참고〉 이두석, 「경호학개론」, 진영사, 2018, P. 373~378

60 정답 ❷

O△X ② (×) 인적 경계대상은 경호대상자 주변의 모든 인원들이 그 지위나 차림새 등에 상관없이 포함되어야 한다.

〈출처〉 이두석, 「경호학개론」, 진영사, 2018, P. 180

① (○) 사주경계란 위해요인을 사전에 인지하기 위하여 경호대상자를 중심으로 360° 전 방향을 감시하는 경계활동을 말한다.

③ (○) 외관상 안전하게 보이는 물체라도 폭발물이나 독극물이 숨겨져 있을 수 있으므로 긴장을 늦추지 말고 경계해야 한다.

④ (○) 경호행사 시 경호대상자에 대한 직접적 위해요인뿐만 아니라 간접적 위해요인도 사주경계대상이다.

61 정답 ❹

O△X ④ (×) 대테러 인권보호관의 임기는 2년으로 하고, 연임할 수 있다(국민보호와 공공안전을 위한 테러방지법 시행령 제7조 제2항).

① (○) 대통령 등의 경호에 관한 법률 시행령 제9조

② (○) 대통령 등의 경호에 관한 법률 제16조 제4항 제2호

③ (○) 대통령경호처와 그 소속기관 직제 제2조

62 정답 ❹

O△X 차량기동경호의 네 가지 목표에는 안락성, 편의성, 안전성, 방비성이 있으며, 제시문은 방비성에 관한 설명이다.

핵심만콕 차량기동경호의 목표

- 안락성(comfort) : 경호대상자가 차량을 이용하여 이동하는 동안 편안하게 시간을 보낼 수 있도록 하는 것이다.
- 편의성(convenience) : 정확한 시간 엄수로 업무스케줄에 차질이 생기지 않도록 하는 것이다.
- 안전성(safety) : 각종 사고로부터 경호대상자를 보호해야 한다는 것이다.
- 방비성(security) : 고의적이거나 계획적인 외부의 위해공격으로부터 경호대상자를 안전하게 보호하는 것을 말한다.

〈출처〉 이두석, 「경호학개론」, 진영사, 2018, P. 325

63 정답 ❶

O△X 제시문은 예견(예측)단계에 관한 설명이다.

핵심만콕 예방경호작용 수행단계

구 분	내 용
예견(예측)단계	신변보호대상자에게 영향을 줄 수 있는 각종 장애요소 또는 위해요소에 대하여 정·첩보를 수집하고 분석하는 단계
인식(인지)단계	수집된 정·첩보 중에서 위해 가능성이 있는지를 확인하고 판단하는 과정으로서 정확하고 신속하며 종합적인 고도의 판단력을 필요로 하는 단계
조사(분석)단계	위해 가능성이 있다고 판단된 위해요소를 추적하고 사실 여부를 확인하는 단계로, 과학적이고 신중한 행동이 요구되는 단계
무력화(억제)단계	예방경호작용의 마지막 단계로서, 이전 단계에서 확인된 실제 위해요소를 차단하거나 무력화하는 단계

64 정답 ❷

○△× 제시된 내용은 경호위기관리단계 중 대비단계에 관한 설명이다.

핵심만 콕 경호위기관리단계 및 세부 경호업무 수행절차

관리단계	주요활동	활동내용	내 용
1단계 예방단계 (준비단계)	정보활동	경호환경 조성	법과 제도의 정비, 경호지원시스템 구축, 우호적인 공중(公衆)의 확보(홍보활동)
		정보 수집 및 평가	정보네트워크 구축, 정보의 수집 및 생산, 위협의 평가 및 대응방안 강구
		경호계획의 수립	관계부서와의 협조, 경호계획서의 작성, 경호계획 브리핑
2단계 대비단계 (안전활동단계)	안전활동	정보보안활동	보안대책 강구, 위해동향 파악 및 대책 강구, 취약시설 확인 및 조치
		안전대책활동	행사장 안전확보, 취약요소 판단 및 조치, 검측활동 및 통제대책 강구
		거부작전	주요 감제고지 및 취약지 수색, 주요 접근로 차단, 경호 영향요소 확인 및 조치
3단계 대응단계 (실시단계)	경호활동	경호작전	모든 출입요소 통제 및 경계활동, 근접경호, 기동경호
		비상대책활동	비상대책, 구급대책, 비상시 협조체제 확립
		즉각조치활동	경고, 대적 및 방호, 대피
4단계 학습단계 (평가단계)	학습활동	평가 및 자료 존안 행사	행사결과 평가(평가회의), 행사결과보고서 작성, 자료 존안
		교육훈련	새로운 교육프로그램 준비, 교육훈련 실시, 교육훈련의 평가
		적용(피드백)	새로운 이론의 정립, 전파, 행사에의 적용

〈출처〉 이두석, 「경호학개론」, 진영사, 2018, P. 157

65 정답 ❹

○△× 고려 무신집권기에 최우는 집권하고 나서 그의 아버지 최충헌의 육번도방을 내외도방으로 확장・강화하였는데, 내외도방의 조직은 최우가 집권하기 전부터 거느리던 그의 사병으로 내도방을 조직하고, 그의 아버지 최충헌의 육번도방을 계승하여 외도방을 조직하였다.

66 정답 ❹

○△× ④ (○) 응급처치는 전문 의료진의 조치가 불가능한 상황에서 경호원이 시행하는 일시적인 구급행위를 말한다.
① (×) 심폐소생술 실시 중 환자의 맥박과 호흡이 회복된 경우에는 심폐소생술을 종료한다.
② (×) 응급처치원은 환자나 부상자에 대한 생사의 판정을 하지 않는다.
③ (×) 응급처치원은 원칙적으로 의약품을 사용하지 않는다.

핵심만콕 **응급처치원이 지켜야 할 사항**

- 응급처치를 실시하는 처치원 자신의 안전을 확보한다.
- 부상자의 상태를 확인하고 편안한 자세를 유지하도록 한다.
- 환자나 부상자에 대한 생사의 판정은 하지 않는다.
- 원칙적으로 의약품을 사용하지 않는다.
- 어디까지나 응급처치에 그치고, 그 다음은 전문 의료요원의 처치에 맡긴다.
- 병원에 이송되기 전까지 부상자의 2차 쇼크를 방지하고 생명을 유지하도록 한다.

67 정답 ❹

○△×

④ (×) 대책위원회의 회의는 공개하지 아니한다. 다만, 공개가 필요한 경우 대책위원회의 의결로 공개할 수 있다(테러방지법 시행령 제4조 제3항).

① (○) 테러방지법 제5조 제1항

② (○) 테러방지법 제5조 제2항

③ (○) 테러방지법 시행령 제4조 제2항

관계법령 **국가테러대책위원회(테러방지법 제5조)**

① 대테러활동에 관한 정책의 중요사항을 심의·의결하기 위하여 국가테러대책위원회(이하 "대책위원회"라 한다)를 둔다.

② 대책위원회는 국무총리 및 관계기관의 장 중 대통령령으로 정하는 사람으로 구성하고 위원장은 국무총리로 한다.

③ 대책위원회는 다음 각호의 사항을 심의·의결한다.

1. 대테러활동에 관한 국가의 정책 수립 및 평가
2. 국가 대테러 기본계획 등 중요 중장기 대책 추진사항
3. 관계기관의 대테러활동 역할 분담·조정이 필요한 사항
4. 그 밖에 위원장 또는 위원이 대책위원회에서 심의·의결할 필요가 있다고 제의하는 사항

④ 그 밖에 대책위원회의 구성·운영 등에 필요한 사항은 대통령령으로 정한다.

국가테러대책위원회 구성(테러방지법 시행령 제3조)

① 법 제5조 제2항에서 "대통령령으로 정하는 사람"이란 기획재정부장관, 외교부장관, 통일부장관, 법무부장관, 국방부장관, 행정안전부장관, 산업통상자원부장관, 환경부장관, 국토교통부장관, 해양수산부장관, 국가정보원장, 국무조정실장, 금융위원회 위원장, 원자력안전위원회 위원장, 대통령경호처장, 관세청장, 경찰청장, 소방청장, 질병관리청장 및 해양경찰청장을 말한다. 〈개정 2020.12.22.〉

② 법 제5조에 따른 국가테러대책위원회(이하 "대책위원회"라 한다)의 위원장(이하 "위원장"이라 한다)은 안건 심의에 필요한 경우에는 제1항에서 정한 위원 외에 관계기관의 장 또는 그 밖의 관계자에게 회의 참석을 요청할 수 있다.

③ 대책위원회의 사무를 처리하기 위하여 간사를 두되, 간사는 법 제6조에 따른 대테러센터(이하 "대테러센터"라 한다)의 장(이하 "대테러센터장"이라 한다)이 된다.

68 정답 ❹

O△X 교육은 경호업무를 하는 방법을 알려주고(training), 왜 그렇게 해야 하는지를 이해시키고(education), 무엇을 생각하면서 경호업무를 해야 하는지를 인식시키고(awareness), 경호업무를 해야 하는 이유를 제공해주는(motivation) 것이어야 한다.

〈출처〉 이두석, 「경호학개론」, 진영사, 2018, P. 364

핵심만콕 TEAM 모델

- 훈련(training) : 경호원의 임무수행능력을 배양하는 것이다.
- 교육(education) : 경호에 필요한 지식과 경호의 방법을 가르치는 것이다.
- 의식교육(awareness) : 경호의 현주소나 중요성을 인식시키는 것이다.
- 동기부여(motivation) : 경호 임무수행에 대한 강한 의욕과 자신감과 자긍심을 심어주기 위한 것이다.

〈출처〉 이두석, 「경호학개론」, 진영사, 2018, P. 362~364

69 정답 ❸

O△X 제시된 내용 중 정보보안(정보보호)의 목적과 그 내용을 바르게 연결한 것은 ㄱ – c, ㄴ – a, ㄷ – b이다.

핵심만콕 정보보안(정보보호)의 목적

비밀성 (Confidentiality)	인가되지 않은 접근으로부터 정보를 보호하기 위한 것으로, 비밀성은 인가되지 않은 방식으로 정보를 획득할 수 없도록 하는 것이다.
무결성 (Integrity)	데이터나 리소스를 인증되지 않은 변경으로부터 보호하는 것으로, 한번 생성된 정보에 수정을 허락하지 않음으로써 최초의 내용을 유지하게 한다는 의미이다.
가용성 (Availability)	인가를 받은 사용자가 정보나 서비스를 요구할 경우 정보시스템에 대한 접근이 언제든지 가능하도록 보장하는 것이다.

〈출처〉 이두석, 「경호학개론」, 진영사, 2018, P. 392

70 정답 ❷

O△X 제시된 내용 중 옳지 않은 것은 ㄱ과 ㅅ이다.

ㄱ. (×) 손실보상을 청구할 수 있는 권리는 손실이 있음을 안 날부터 3년, 손실이 발생한 날부터 5년간 행사하지 아니하면 시효의 완성으로 소멸한다(대통령 등의 경호에 관한 법률 제20조 제2항).

ㅅ. (×) 대통령경호처장은 보상금을 반환하여야 할 자가 대통령령으로 정한 기한까지 그 금액을 납부하지 아니한 때에는 국세 강제징수의 예에 따라 징수할 수 있다(대통령 등의 경호에 관한 법률 제20조 제5항).

ㄴ. (○) 대통령 등의 경호에 관한 법률 제20조 제3항

ㄷ. (○) 대통령 등의 경호에 관한 법률 시행령 제40조 제2항

ㄹ. (○) 대통령 등의 경호에 관한 법률 시행령 제38조 제4항

ㅁ. (○) 대통령 등의 경호에 관한 법률 제20조 제4항

ㅂ. (○) 대통령 등의 경호에 관한 법률 시행령 제45조 제1항

71 정답 ❷

O△X 제시문은 암살의 동기 중 이념적 동기에 관한 설명이다.

핵심만 콕 암살의 동기

구 분	내 용
개인적 동기	분노, 복수, 원한, 증오 등 극히 개인적 동기에 의해 암살이 이루어진다.
경제적 동기	금전적 보상 혹은 경제적 어려움을 해소하기 위하여 피암살자의 희생이 필요하다는 신념에 의해 암살이 이루어진다.
적대적(전략적) 동기	전쟁 중이거나 적대관계에 있는 지도자를 제거하여 승전을 유도하거나 사회혼란을 조성하기 위해 암살이 이루어진다.
정치적 동기	정권을 바꾸거나 교체하려는 욕망으로 암살이 이루어진다.
심리적 동기	정신분열증, 조울증, 편집증, 노인성 치매 등 정신병력 증세를 갖고 있는 사람들에 의해 암살이 이루어진다.
이념적 동기	어떠한 개인 혹은 집단이 주장·신봉하는 이념이나 사상을 탄압하거나 방해한다고 여겨지는 때 그 대상을 제거하기 위한 목표로 암살이 이루어진다.

〈출처〉 김두현, 「경호학개론」, 엑스퍼트, 2020, P. 464~466

72 정답 ❷

O△X 비표는 모양이나 색상이 원거리에서도 식별이 용이하도록 단순하고 선명하게 제작하여 사용함으로써 경호조치의 효율성을 증대시키고, 재생이나 복제가 되어서는 안 된다.

〈출처〉 이두석, 「경호학개론」, 진영사, 2018, P. 268

핵심만 콕 비 표

비표의 종류	리본, 명찰, 완장, 모자, 배지 등이 있으며, 대상과 용도에 맞게 적절히 운용한다.
비표의 관리	경호대상자에게 위해를 가할 소지가 있는 사람으로서 시국불만자, 신원이 특이한 교포 및 외국인, 일반 요시찰인, 피보안처분자, 공격형 정신분자 등 인적 위해요소를 배제하기 위하여 비표 관리를 한다.
비표의 운용	• 비표를 제작할 때부터 보안에 힘쓰도록 해야 하는데, 비표 분실사고 발생 시에는 즉각 보고하고 전체 비표를 무효화하며, 새로운 비표를 해당자 전원에게 지급한다. • 비표의 종류는 적을수록 좋고 행사 참석자를 위한 비표는 구역별로 그 색상을 달리하면 식별 및 통제가 용이하다. • 비표는 모양이나 색상이 원거리에서도 식별이 용이하도록 단순하고 선명하게 제작하여 사용한다. • 비표는 재생이나 복제가 되어서는 안 된다. • 경호근무자의 경호안전활동 시에도 비표를 운영해야 한다. • 행사장 근무자의 비표는 경호 배치 전·교양 시작 후 지급하며, 행사 참석자에게도 행사 당일 배포하여야 한다.

73 정답 ❷

O△X 주변에 흩어져 있는 물건은 완벽하게 정리 정돈하며, 확인이 불가능한 것은 현장에서 제거한다.

74 정답 ❹

O△X 제시된 내용 중 옳지 않은 것은 ㄷ과 ㄹ이다.

ㄷ. (×) 퇴임 후 사망한 경우의 경호 기간은 퇴임일부터 기산(起算)하여 10년을 넘지 아니하는 범위에서 사망 후 5년으로 한다(대통령 등의 경호에 관한 법률 제4조 제1항 제3호 단서 후단).

ㄹ. (×) 전직대통령 또는 그 배우자의 요청에 따라 대통령경호처장이 고령 등의 사유로 필요하다고 인정하는 경우에는 5년의 범위에서 경호 기간을 연장할 수 있다(대통령 등의 경호에 관한 법률 제4조 제3항).

ㄱ. (○) 대통령 등의 경호에 관한 법률 제4조 제1항 제3호 본문

ㄴ. (○) 대통령 등의 경호에 관한 법률 제4조 제1항 제3호 단서 전단

관계법령 경호대상(대통령 등의 경호에 관한 법률 제4조)★

① 경호처의 경호대상은 다음과 같다.
1. 대통령과 그 가족
2. 대통령 당선인과 그 가족
3. 본인의 의사에 반하지 아니하는 경우에 한정하여 퇴임 후 10년 이내의 전직대통령과 그 배우자. 다만, 대통령이 임기 만료 전에 퇴임한 경우와 재직 중 사망한 경우의 경호 기간은 그로부터 5년으로 하고, 퇴임 후 사망한 경우의 경호 기간은 퇴임일부터 기산(起算)하여 10년을 넘지 아니하는 범위에서 사망 후 5년으로 한다.
4. 대통령권한대행과 그 배우자
5. 대한민국을 방문하는 외국의 국가원수 또는 행정수반(行政首班)과 그 배우자
6. 그 밖에 처장이 경호가 필요하다고 인정하는 국내외 요인(要人)

② 제1항 제1호 또는 제2호에 따른 가족의 범위는 대통령령으로 정한다.

③ 제1항 제3호에도 불구하고 전직대통령 또는 그 배우자의 요청에 따라 처장이 고령 등의 사유로 필요하다고 인정하는 경우에는 5년의 범위에서 같은 호에 규정된 기간을 넘어 경호할 수 있다.

75 정답 ❷

O△X ② (×) 「여권법」 제17조 제1항 단서에 따른 외교부장관의 허가를 받지 아니하고 방문 및 체류가 금지된 국가 또는 지역을 방문·체류한 사람에 대해서는 치료 및 복구에 필요한 비용의 전부 또는 일부를 지원하지 아니할 수 있다(국민보호와 공공안전을 위한 테러방지법 제15조 제2항 단서).

① (○) 국민보호와 공공안전을 위한 테러방지법 제15조 제2항 본문

③ (○) 국민보호와 공공안전을 위한 테러방지법 제16조 제1항 본문

④ (○) 국민보호와 공공안전을 위한 테러방지법 시행령 제39조 제1항 본문

76 정답 ❶

O△X ① (O) 차량에 태극기를 게양하는 경우 차량 운전석에서 볼 때 오른쪽에 게양하며, 외국기와 동시에 게양하여 총 2개의 국기를 게양할 경우에도 태극기를 오른쪽에 게양한다.

② (×) 국제 행사가 치러지는 건물 밖에 여러 개의 국기를 동시에 게양 시 총 국기의 수가 짝수이고 게양대의 높이가 동일할 경우 건물 밖에서 바라볼 때를 기준으로 태극기를 가장 왼쪽에 게양한다. 홀수일 때는 중앙에 게양한다.

③ (×) 국기와 유엔기를 게양할 경우에는 앞에서 바라보아 왼쪽에 유엔기를, 오른쪽에 국기를 게양한다(대한민국국기법 시행령 제17조 제1항).

④ (×) 국기·유엔기 및 외국기를 함께 게양할 경우에는 유엔기·국기 및 외국기의 순서로 게양한다(대한민국국기법 시행령 제17조 제2항).

77 정답 ❶

O△X 각급 학교 및 군부대의 주된 게양대에는 국기를 매일 낮에만 게양한다(대한민국국기법 제8조 제4항).

관계법령 **국기의 게양일 등(대한민국국기법 제8조)**

① 국기를 게양하여야 하는 날은 다음 각호와 같다.
1. 「국경일에 관한 법률」 제2조의 규정에 따른 국경일
2. 「각종 기념일 등에 관한 규정」 제2조의 규정에 따른 기념일 중 현충일 및 국군의 날
3. 「국가장법」 제6조에 따른 국가장기간
4. 정부가 따로 지정한 날
5. 지방자치단체가 조례 또는 지방의회의 의결로 정하는 날

② 제1항의 규정에 불구하고 국기는 매일·24시간 게양할 수 있다.

③ 국가, 지방자치단체 및 공공기관의 청사 등에는 국기를 연중 게양하여야 하며, 다음 각호의 장소에는 가능한 한 연중 국기를 게양하여야 한다. 이 경우 야간에는 적절한 조명을 하여야 한다.
1. 공항·호텔 등 국제적인 교류장소
2. 대형건물·공원·경기장 등 많은 사람이 출입하는 장소
3. 주요 정부청사의 울타리
4. 많은 깃대가 함께 설치된 장소
5. 그 밖에 대통령령이 정하는 장소

④ 각급 학교 및 군부대의 주된 게양대에는 국기를 매일 낮에만 게양한다.

⑤ 국기가 심한 눈·비와 바람 등으로 그 훼손이 우려되는 경우에는 이를 게양하지 아니한다.

⑥ 국기의 게양 및 강하 시각, 시각의 변경 등에 관하여 필요한 사항은 대통령령으로 정한다.

78 정답 ❶

O△X ① (×) 비행기를 타고 내릴 때에는 상급자가 나중에 타고 먼저 내린다.

② (○) 선박 탑승 시 경호예절에 관한 옳은 설명이다.

③ (○) 일반적으로 여성이 남성보다 상급자로 취급되므로 승용차에 동승할 때에는 여성이 먼저 타고, 나중에 내린다.

④ (○) 기차 탑승 시 두 사람이 나란히 앉는 좌석에는 창가 쪽이 상석이고 통로 쪽이 말석이다. 네 사람이 마주 앉는 좌석에서는 기차 진행 방향의 창가 좌석이 가장 상석이고 그 맞은편이 두 번째 상석, 가장 상석의 옆이 세 번째, 그 앞좌석이 말석이 된다.

핵심만콕 탑승 시 경호예절

구 분	내 용
항공기	• 상급자가 나중에 타고 먼저 내린다. • 창문가 좌석이 상석, 통로 쪽 좌석이 차석, 상석과 차석 사이가 말석이다.
선 박	• 객실의 등급이 정해져 있을 때는 지정된 좌석에 앉고, 지정된 좌석이 없는 경우 선체의 중심부가 상석이 된다. • 일반적 선박의 경우 승선 시 상급자가 나중에 타고 하선 시에는 먼저 내린다. • 함정의 경우 승선 시 상급자가 먼저 타고 하선 시에도 먼저 내린다.
기 차	• 두 사람이 나란히 앉는 좌석에서는 창가 쪽이 상석이고 통로 쪽이 말석이다. • 네 사람이 마주 앉는 자리에서는 기차 진행 방향의 창가 좌석이 가장 상석이고 그 맞은편, 상석의 옆좌석, 그 앞좌석 순이다. • 침대차에서는 아래쪽 침대가 상석이고 위쪽 침대가 말석이다.
승용차	• 운전기사가 있을 경우 자동차 좌석의 서열은 뒷좌석 오른편이 상석이고 왼쪽과 앞자리(조수석), 가운데 순이다(뒷좌석 가운데와 앞자리의 서열은 바뀔 수 있다). • 자가운전자의 경우 자진해서 운전석 옆자리에 앉는 것이 통례이며 그곳이 상석이다. 그리고 뒷좌석 오른편, 왼쪽, 가운데 순이다.
엘리베이터	• 안내하는 사람이 있을 때에는 상급자가 먼저 타고 먼저 내린다. • 안내하는 사람이 없을 때에는 하급자가 먼저 타서 엘리베이터를 조작하고 내릴 때에는 상급자가 먼저 내린다.
에스컬레이터	• 올라갈 때는 상급자가 먼저 올라가고 내려올 때는 하급자가 먼저 내려온다. • 남녀가 올라갈 때는 여성이 먼저 올라가고, 내려올 때는 남성이 먼저 내려온다.

79 정답 ❷

O△X 제시된 내용은 안전대책 담당자의 임무에 해당한다.

핵심만콕 경호원의 분야별 업무담당

구 분	내 용
작전 담당	정보수집 및 분석을 통하여 작전구역별 특성에 맞는 인원 운용계획 작성, 비상대책체제 구축에 주력하며 부가적으로 시간사용계획 작성, 관계관 회의 시 주요 지침사항·예상 문제점·참고사항(기상, 정보·첩보) 등을 계획하고 임무별 진행사항을 점검하여 통합 세부계획서 작성 등

출입통제 담당	행사 참석대상 및 성격분석, 출입통로 지정, 본인 여부 확인, 검문검색, 주차장 운용계획, 중간집결지 운용, 구역별 비표 구분, 안전 및 질서를 고려한 시차별 입장계획, 상주자 및 민원인 대책, 야간근무자 등의 통제계획을 작전 담당에게 전달 등
안전대책 담당	안전구역 확보계획 검토, 건물의 안전성 여부 확인, 상황별 비상대피로 구상, 행사장 취약시설물 파악, 비상 및 일반예비대 운용방법 확인, 최기병원(적정병원) 확인, 직시건물(고지) · 공중감시대책 검토 등
행정 담당	출장여비 신청 및 수령, 각 대의 숙소 및 식사장소 선정, 비상연락망 구성 등
차량 담당	출동인원에 근거하여 선발대 및 본대 사용차량 배정, 이동수단별 인원, 코스, 휴게실 등을 계획하여 작전 담당에게 전달 등
승 · 하차 및 정문 담당	진입로 취약요소 파악 및 확보계획 수립 후 주요 위치에 근무자 배치, 통행인 순간통제 방법 강구, 비상 및 일반예비대 대기장소 확인, 안전구역 접근자 차단 및 위해요소 제거, 출입차량 검색 및 주차지역 안내 등
보도 담당	배치결정된 보도요원 확인, 보도요원 위장침투 차단, 행사상별 취재계획 수립 선파 등
주행사장 내부 담당	경호대상자 동선 및 좌석 위치에 따른 비상대책 강구, 행사장 내의 인적 · 물적 접근통제 및 차단계획 수립, 정전 등 우발상황에 대비한 각 근무자 예행연습, 행사장의 단일 출입 및 단상 · 천장 · 경호대상자 동선 등에 대한 안전도의 확인, 각종 집기류 최종 점검 등
주행사장 외부 담당	안전구역 내 단일 출입로 설정, 외곽 감제고지 및 직시건물에 대한 안전조치, 취약요소 및 직시지점을 고려한 단상 설치, 경호대상자 좌석과 참석자 간 거리 유지, 방탄막 설치 및 비상차량 운용계획 수립, 지하대피시설 점검 및 확보, 경비 및 경계구역 내 안전조치 강화, 차량 및 공중강습에 대한 대비책 강구 등

80 정답 ❷

O△X 소방청장과 시 · 도지사는 테러사건 발생 시 신속히 인명을 구조 · 구급하기 위하여 중앙 및 지방자치단체 소방본부에 테러대응구조대를 설치 · 운영한다(테러방지법 시행령 제19조 제1항).

- 국방부장관, 경찰청장 및 해양경찰청장은 테러사건에 신속히 대응하기 위하여 대테러특공대를 설치 · 운영한다(테러방지법 시행령 제18조 제1항).
- 소방청장과 시 · 도지사는 테러사건 발생 시 신속히 인명을 구조 · 구급하기 위하여 중앙 및 지방자치단체 소방본부에 테러대응구조대를 설치 · 운영한다(테러방지법 시행령 제19조 제1항).
- 국가정보원장은 테러 관련 정보를 통합관리하기 위하여 관계기관 공무원으로 구성되는 테러정보통합센터를 설치 · 운영한다(테러방지법 시행령 제20조 제1항).
- 국가정보원장은 국내외에서 테러사건이 발생하거나 발생할 우려가 현저할 때 또는 테러 첩보가 입수되거나 테러 관련 신고가 접수되었을 때에는 예방조치, 사건 분석 및 사후처리방안 마련 등을 위하여 관계기관 합동으로 대테러합동조사팀을 편성 · 운영할 수 있다(테러방지법 시행령 제21조 제1항).

제8회 심화 모의고사

문제편 274p

정답 CHECK

41	42	43	44	45	46	47	48	49	50	51	52	53	54	55	56	57	58	59	60
④	②	④	②	②	④	③	④	②	④	①	④	②	④	④	④	②	①	①	③
61	62	63	64	65	66	67	68	69	70	71	72	73	74	75	76	77	78	79	80
④	③	③	④	②	①	④	②	①	②	②	②	②	③	③	③	④	③	②	④

41 정답 ❹

O△X

④ (×) 대통령경호안전대책위원회규정은 「대통령 등의 경호에 관한 법률」 제16조에 따른 대통령경호안전대책위원회의 구성 및 운영에 관하여 필요한 사항을 규정함을 목적으로 한다(대통령경호안전대책위원회규정 제1조).

① (○) 경호의 성문법원에는 헌법, 법률, 조약 및 국제법규, 명령・규칙 등이 있다.

② (○) 대통령 등의 경호에 관한 법률 제1조

③ (○) 「전직대통령 예우에 관한 법률」은 전직대통령(前職大統領)의 예우에 관한 사항을 규정함을 목적으로 한다(전직대통령 예우에 관한 법률 제1조).

42 정답 ❷

O△X

② (×) 1960년 4・19 혁명으로 제1공화국이 끝나고 3차 개헌을 통해 정부형태가 대통령 중심제에서 내각책임제로 바뀌면서 국무총리의 지위가 크게 강화됨에 따라 대통령 경호를 담당하던 경무대 경찰서가 폐지되고 경무대 지역의 경비업무는 서울시 경찰국 경비과에서 담당하게 되었다. 이후 1960년 6월 제2공화국이 수립되면서 서울시경 소속으로 청와대 경찰관파견대를 설치하여 경비과에서 담당하던 대통령 경호 및 대통령관저의 경비를 담당하게 하였다.

① (○) 경무대경찰서는 신설 당시에는 종로경찰서 관할인 중앙청 및 경무대 구내가 관할구역이었으나, 1953년 3월 30일 경찰서 직제의 개정으로 그 관할구역을 경무대 구내로 제한하였다.

③ (○) 국가재건최고회의 의장경호대는 1961년 중앙정보부 경호대로 정식발족하여 국가원수, 최고회의의장・부의장, 내각수반, 국빈의 신변보호, 기타 경호대장이 지명하는 주요 인사의 신변보호 임무를 수행하였다.

④ (○) 1963년 제3공화국이 출범하여 대통령경호실법을 제정・공포하고 박정희 대통령 취임과 동시에 대통령경호실을 출범시켰다.

43 정답 ❹

O△X 제시된 내용 중 경호조직의 특성에 관한 설명으로 옳은 것은 ㄱ, ㄴ, ㄷ, ㅁ이다.

ㄹ. (×) 경호조직의 권위는 권력의 힘에 의존하는 데서 탈피하여 경호의 전문성에서 찾아야 한다.

ㅂ. (×) 경호조직의 특성 중 통합성과 계층성에 따라 경호조직은 기구단위, 권한과 책임 등이 경호업무의 목적 달성에 기여할 수 있도록 분화되어야 한다.

44 정답 ❷

O△X 경호업무가 긴급성을 요한다는 점에서 요청되는 것은 경호지휘단일성의 원칙이다.

핵심만콕 경호조직의 (구성)원칙

경호지휘단일성의 원칙	• 지휘 및 통제의 이원화로 인해 파생되는 문제들을 보완하기 위해 명령과 지휘체계는 반드시 하나의 계통으로 구성해야 한다는 원칙으로, 경호업무가 긴급성을 요한다는 점에서도 요청된다. • 지휘가 단일해야 한다고 하는 것은 경호기관(요원)은 한 사람의 지휘를 받아야 한다는 뜻이다. 한 걸음 더 나아가서 지휘의 단일이란 「하나의 지휘자」라는 의미 외에 하급경호요원은 하나의 상급기관에 대해서만 책임을 진다는 의미가 포함된다.
경호체계통일성의 원칙	경호기관 구조의 정점으로부터 말단까지 상하계급 간에 일정한 관계가 이루어져 책임과 업무의 분담이 이루어지고, 명령(命令)과 복종(服從)의 지위와 역할의 체계가 통일되어야 한다는 원칙이다.
경호기관단위작용의 원칙	• 경호의 업무는 성격상 개인적 작용으로 이루어지지 않고 기관단위의 작용으로 기관의 하명에 의해서 이루어진다는 원칙이다. • 기관단위라는 것은 그 경호기관을 지휘하는 지휘자가 있고, 지휘를 받는 하급자가 있으며, 하급자를 관리하기 위한 지휘권과 장비가 편성되며 임무수행을 위한 보급지원체계를 갖추고 있어야 한다는 의미이다. • 기관단위의 관리와 임무의 수행을 위한 결정은 지휘자만이 할 수 있고, 경호의 성패는 지휘자만이 책임을 지는 것이다.
경호협력성의 원칙	경호조직과 국민과의 협력을 의미하며 완벽한 경호를 위해서는 국민의 절대적인 협력이 필요하다는 원칙이다.

〈참고〉 이두석, 「경호학개론」, 2018, P. 114~116 / 김두현, 「경호학개론」, 엑스퍼트, 2020, P. 184~187

45 정답 ❷

OΔX ② (O) B – ㄹ : 경호원은 위해기도자와 경호대상자와의 사이에서 적정한 간격을 두고 위치해야 하는데, 이를 이격거리(離隔距離)라고 한다. 경호원은 경계대상인 군중과의 거리를 2m 이상 유지하여 위해기도자의 공격에 대비하고, 경호대상자와의 거리도 2m 정도를 유지하여 경호원의 존재가 경호대상자의 사회활동에 방해가 되지 않으면서, 경호원 본연의 방호임무를 다할 수 있도록 해야 한다.

〈참고〉 이두석, 「경호학개론」, 진영사, 2018, P. 168~170

① (×) A – ㄱ : 대응시간의 원리는 위해기도자의 총기 공격에 대해 근접경호원이 총기로 응사하는 것보다 자신의 몸을 이용하여 경호대상자를 보호하는 것이 보다 효과적이라는 원리로서 경호의 원칙 중 방어경호의 원칙이나 자기희생의 원칙과 연결된다.

③ (×) C – ㄷ : 자연방벽효과의 원리는 근접경호원들은 경호대상자를 중심으로 정지 또는 이동 간 주변의 인적・물적 취약요소에 대해 자신들의 신체를 이용하여 자연스러운 방벽을 형성하여 수평적 방벽효과 또는 수직적 방벽효과를 증가시킴으로써 경호대상자를 보호한다는 원리(원칙)이다.

④ (×) D – ㄴ : 주의력은 경호원이 군중(경계 대상)의 이상 징후를 포착할 수 있는 능력을 말하는데, 주의력효과는 경호원이 군중(경계 대상)과 가까울수록 증가한다. 대응력은 위해기도에 반응하여 경호대상자를 보호하고 대피시킬 수 있는 경호능력을 말하는데, 대응효과는 경호원이 경호대상자와 가까울수록 증가한다. 주의력효과와 대응효과는 서로 역의 관계이다.

46 정답 ❹

OΔX ④ (×) 비밀엄수의무(제9조 제1항)를 위반한 사람은 5년 이하의 징역이나 금고 또는 1천만원 이하의 벌금에 처한다(대통령 등의 경호에 관한 법률 제21조 제1항).

① (O) 대통령 등의 경호에 관한 법률 제9조 제2항

② (O) 대통령 등의 경호에 관한 법률 제7조 제1항 본문

③ (O) 대통령 등의 경호에 관한 법률 제18조 제2항

47 정답 ❸

OΔX 제시된 내용의 (　　) 안에 들어갈 내용은 ㄱ : 경호대상자, ㄴ : 근접경호원, ㄷ : 울타리, ㄹ : 첩보・경계이다.

핵심만콕 3중 경호의 원칙

경호대상자의 위치를 중심으로 3선 개념에 따라 체계적으로 실시되어야 한다.

1선	내부	안전구역	근접경호원에 의한 완벽한 통제, 권총 등의 유효사거리를 고려한 건물 내부구역
2선	내곽	경비구역	근접경호원 및 경비경찰에 의한 부분적 통제, 소총 등의 유효사거리를 고려한 울타리 내곽구역
3선	외곽	경계구역	인적・물적・자연적 취약요소에 대한 첩보・경계, 소구경 곡사화기의 유효사거리를 고려한 외곽구역

〈참고〉 이두석, 「경호학개론」, 진영사, 2018, P. 159~161

48 정답 ❹

O△X ④ (O) 4단계 학습단계의 주요 활동은 학습활동이고 그 내용은 평가 및 자료 존안, 교육훈련, 적용(피드백)이다.

① (×) 1단계 예방단계의 주요 활동은 정보활동이고 그 내용은 경호환경 조성, 정보 수집 및 평가, 경호계획의 수립이다.

② (×) 2단계 대비단계의 주요 활동은 안전활동이고 그 내용은 정보보안활동, 안전대책활동, 거부작전이다.

③ (×) 3단계 대응단계의 주요 활동은 경호활동이고 그 내용은 경호작전, 비상대책활동, 즉각조치활동이다.

49 정답 ❷

O△X 제시문의 (　　)의 ㄱ~ㄹ에 들어갈 내용은 순서대로 위해, 제거, 경호구역, 관계기관이다.

관계법령 **정의(대통령 등의 경호에 관한 법률 제2조)**

이 법에서 사용하는 용어의 뜻은 다음과 같다.

1. "경호"란 경호대상자의 생명과 재산을 보호하기 위하여 신체에 가하여지는 위해(危害)를 방지하거나 제거하고, 특정 지역을 경계·순찰 및 방비하는 등의 모든 안전활동을 말한다.
2. "경호구역"이란 소속 공무원과 관계기관의 공무원으로서 경호업무를 지원하는 사람이 경호활동을 할 수 있는 구역을 말한다.
3. "소속 공무원"이란 대통령경호처(이하 "경호처"라 한다) 직원과 경호처에 파견된 사람을 말한다.
4. "관계기관"이란 경호처가 경호업무를 수행함에 있어 필요한 지원과 협조를 요청하는 국가기관, 지방자치단체 등을 말한다.

50 정답 ❹

O△X A : 경호정보작용은 정확성(사용자가 추구하는 가치의 달성을 위한 정책 수립과 수행에 있어 이용 가능한 사전지식으로 그 존재 가치가 정확해야 한다), 적시성(정확하고 완전한 정보라 하여도 사용자가 필요로 하는 시기에 사용하지 않으면 가치가 없게 된다), 완전성(절대적인 완전성이 아니더라도 시간이 허용되는 범위에서 가능한 한 사용자가 의도한 대상과 관련한 모든 상황이 작성되어야 한다)의 요건을 구비해야 한다.

B : 안전대책의 3대 작용 원리는 안전점검, 안전검사, 안전유지이다. 안전점검은 폭발물 등 각종 유해물을 탐지하여 제거하는 활동이고, 안전검사는 이용하는 기구, 시설 등의 안전상태를 검사하는 것이며, 안전유지는 안전점검 및 검사가 이루어진 상태를 유지하는 것이다.

〈참고〉 김두현, 「경호학개론」, 엑스퍼트, 2020, P. 269~270

51 정답 ❶

O△X ① (O) A – ㄴ : 근접 도보대형 시 근무자의 체위에 의한 인적방벽 효과와 각종 위해수단으로부터 방벽을 구축해야 하는 특성이 있다.

② (X) B – ㄷ : 노출성은 행사 일정과 장소 및 시간이 대외적으로 알려져 있는 상태에서 경호업무를 수행해야 하는 특성이다.

③ (X) C – ㄹ : 기만성은 위해기도자로 하여금 행사 상황을 오판하도록 실제상황을 은폐하고 허위 상황을 제공하여 행사의 효율성을 높이려는 특성이 있다.

④ (X) D – ㄱ : 기동 및 유동성은 행사 성격이나 주변 여건, 장비의 특성에 따라 도보대형 및 기동수단에 있어서 유동성이 있어야 한다.

핵심만콕 근접경호의 특성

노출성	다양한 기동수단과 도보대형에 따라 경호대상자의 행차가 시각적으로 외부에 노출될 뿐만 아니라, 각종 매스컴에 의하여 행사 일정과 장소 및 시간이 대외적으로 알려진 상태에서 업무를 수행해야 하는 특성을 의미
방벽성	근접 도보대형 시 근무자의 체위에 의한 인적 자연방벽 효과와 방탄복 및 각종 방호장비를 이용하여 외부의 공격으로부터 방벽을 구축해야 하는 특성을 의미
기동 및 유동성	근접경호는 주로 도보 또는 차량에 의해 기동 간에 이루어지며 행사 성격이나 주변 여건, 장비의 특성에 따라 능동적(유동적)으로 대처해야 하는 특성을 의미
기만성	변칙적인 경호기법으로 차량대형 기만, 기동시간 기만, 기동로 및 기동수단 기만, 승·하차 지점 기만 등으로 위해기도자로 하여금 행사 상황을 오판하도록 실제 상황을 은폐하고 허위 상황을 제공하여 경호의 효율성을 높이려는 특성을 의미
방호 및 대피성	비상사태 발생 시 범인을 대적하여 제압하는 것보다 반사적이고 신속·과감한 행동으로 경호대상자의 방호 및 대피를 우선해야 한다는 특성을 의미

52 정답 ❹

O△X 제시된 내용 중 경호원의 직업윤리 정립 방안으로 옳은 것은 ㄴ, ㄹ, ㅁ, ㅂ이다.

ㄱ. (X) 정치적 논리지양 등 경호환경 조성 및 탄력적 경호력 운영

ㄷ. (X) 경호원의 권위주의 강화를 위한 일방적 주입식 교육의 지양

핵심만콕 경호·경비원의 직원윤리 정립

경호윤리에 대한 문제점을 해결하기 위해서 다음과 같은 경호·경비원 및 경비지도사의 직업윤리 방안이 정립되어야 한다.

- 성희롱 유발요인 분석 철저 및 예방교육 강화
- 총기안전관리 및 정신교육 강화
- 정치적 논리지양 등 경호환경 조성 및 탄력적 경호력 운영
- 사전예방경호활동을 위한 경호위해 인지능력 배양
- 경호교육기관 및 경호관련학과의 '경호윤리' 과목 개설 운영
- 경호지휘단일성의 원칙에 의한 경호임무수행과 위기관리대응력 구비

• 집단지성 네트워크 사이버폴리스 자원봉사시스템 구축
※ 사이버 및 경호위해 범죄에 실시간 대응할 수 있도록 각 사회분야의 집단지성이 자발적으로 참여할 수 있는 사회적 시스템을 구축하여 사이버공간에서의 범죄를 예방하고 사회적 공감대를 형성할 수 있는 대책방안이 강구되어야 한다.
• 경호원 채용 시 인성평가 방법 강화 및 자원봉사 활성화

〈참고〉 김두현, 「경호학개론」, 엑스퍼트, 2020, P. 430~442

53 정답 ❷

O△X

② (×) 가스 누출 발생 시 환기를 위해 선풍기나 배기팬을 밀폐된 공간에서 바로 작동시켜서는 아니 된다. 누설된 가스는 작은 전기스파크도 발열원이 되어 불이 붙어 폭발할 수 있기 때문이다.
① (○) 형사소송법 제212조에 의하면 현행범인은 누구든지 영장 없이 체포할 수 있다.
③ (○) 범죄현상의 범위를 최초에는 광범위한 지역으로 설정한 후 점차 축소해가는 것이 효율적이다.
④ (○) 비록 범죄발생 건물의 소유자 등 관리권을 가진 자라도 범죄현장에 대해 '재산권행사의 공공적합성 의무'에 따라 경찰관의 출입통제에 따라야 한다.

54 정답 ❹

O△X

④ (×) 발생한 위험에 대응하여 경호대상자를 보호하는 것은 근접경호의 목적이다.
① (○) 선발경호는 행사장에 대한 인적·물적·지리적 정보를 수집하여 이에 필요한 지원요소 소요를 판단한 후 세부계획을 수립한다.
② (○) 선발경호는 행사장소와 주변시설에 대한 자료를 이용하여 행사장에 대한 잠재적 위해요소를 판단하여 우발상황에 대응하기 위한 비상대책을 강구하는 것이다.
③ (○) 선발경호는 완벽한 경호를 위한 준비활동으로 행사 지역의 인적·물적·지리적 위험요소를 사전에 제거 또는 감소시킴으로써 행사장에 대한 안전성을 확보하는 것이다.

핵심만콕 선발경호의 개념과 목적

• 선발경호는 경호대상자보다 먼저 경호행사장에 도착하여 위해요소를 점검하고 안전을 확보하는 활동이다.
• 선발경호는 우발상황에 대응하기 위한 비상대책을 강구하고, 경호 관련 정보를 수집·제공하기도 한다.
• 선발경호는 예방적 경호요소를 포함하며 완벽한 경호를 위한 준비활동으로 볼 수 있으며, 각종 사고의 가능성을 최소화하는 노력을 의미한다.

55 정답 ❹

O△X

④ (×) 검식활동은 경호대상자에게 제공되는 음식물에 대하여 구매, 운반, 저장, 조리 및 제공되는 일련의 과정을 포함한다. 따라서 조리가 완료된 후에도 검식활동은 종료되지 않는다.
① (○) 검식활동은 안전대책작용으로서 사전예방경호에 해당한다.
② (○) 검식활동은 식재료의 구매·운반·저장과정에서의 안전성을 확보하고, 조리과정의 위생상태를 점검하며, 경호대상자에게 음식료가 제공될 때까지의 안전상태를 지속적으로 확인한다.
③ (○) 검식활동은 경호대상자에게 제공되는 음식물에 대하여 구매, 운반, 저장, 조리 및 제공되는 과정에서 위해요소를 제거하는 업무를 의미한다.

핵심만콕	검식활동의 내용

- 사전에 조리담당 종사자에 대한 신원조사를 실시하여 신원특이자는 배제한다.
- 음식물은 전문요원에 의한 검사를 실시한다.
- 행사 당일에는 경호원이 주방에 입회하여 조리사의 동향을 감시한다.
- 음식물 운반 시에도 철저하게 근접감시를 실시한다.
- 식재료는 신선도와 안전 여부를 확인 및 점검한다.
- 각종 기물은 철저하게 검색하고 사용하기 전에는 열탕소독을 실시한다.
- 주방종사자에 대해 위생검사를 실시하고, 질병이 있는 자는 미리 제외시킨다.

〈출처〉 김계원, 「경호학」, 백산출판사, 2008, P. 211

56 정답 ④

O△X

④ (O) 비표는 모양이나 색상이 원거리에서도 식별이 용이하도록 단순하고 선명하게 제작하여 사용함으로써 경호조치의 효율성을 증대시키고, 재생이나 복제가 되어서는 안 된다.

① (×) 행사 참석자를 위한 명찰이나 리본은 구역별로 그 색상을 달리하여 식별 및 통제가 용이하도록 하면 효과적이다.

② (×) 경호근무자의 경호안전활동 시에도 비표를 운영해야 한다.

③ (×) 비표 관리는 인적 위해요소의 배제를 목표로 하므로 행사 참석자에게도 행사 당일 출입구에서 신원확인 후 비표를 배포하여야 한다.

〈출처〉 이두석, 「경호학개론」, 진영사, 2018, P. 268

57 정답 ❷

O△X

기만경호에 관한 설명이다. 육감경호는 위험을 예상하는 감각과, 이 위험을 진압하기 위한 재빠른 조치를 취할 시점을 알아채는 능력 등을 활용하는 경호를 말한다.

58 정답 ❶

O△X

① (×) 목적지에 도착하면 경호책임자는 가장 먼저 하차하고 출발 시에는 가장 나중에 승차하며 경호대상자 승·하차 시 차량 문의 개폐와 잠금장치를 통제한다. 차량이 하차 지점에 도착하면 정차 후 운전석 옆에 탑승한 경호요원(보통 경호팀장)이 차에서 내려 먼저 주변 안전을 확인하여야 하고, 차량 문을 먼저 개방해서는 안 된다. 경호팀장은 준비가 완료되면 경호대상자차의 잠금장치를 풀고 경호대상자를 차에서 내리게 한 후 경호대상자가 신속하게 건물 안으로 이동할 수 있도록 한다.

〈출처〉 김계원, 「경호학」, 진영사, 2012, P. 249~250

② (O) 변칙적인 경호기법으로서 기동차량의 기만에 관한 설명이다. 차량대형의 위치를 수시로 변경시키는 것도 기만경호 기법의 활용이라 할 수 있다.

③ (O) 가장 안전하고 편리한 최단거리 노선을 선택하기 위해서 행차로와 환차로 등 주변 도로망을 파악하여야 한다.

④ (O) 행사의 성격(공식·비공식), 도로 및 교통상황, 경호대상자의 성향, 위협의 정도, 경호원의 근무여건 등을 고려하여 차량의 종류와 대형을 결정한다.

59 정답 ❶

O△X ① (×) 경호원의 복장은 경호대상자의 복장에 맞추어 정장이나 캐주얼 복장을 상황에 따라 입고, 두발상태도 경호대상자의 두발상태와 비슷하게 관리한다.

② (○) 경호원은 단정한 복장을 착용하여 경호원으로서 품위를 유지하여야 하므로 대개 정장 차림을 하는 것이 좋지만, 상황에 따라 경호대상자의 복장에 맞추어 캐주얼 복장을 착용할 수도 있다.

③ (○) 행사의 성격에 따라 보호색원리에 의한 경호현장의 주변환경과 조화되는 복장을 착용하여 신분이 노출되지 않도록 한다.

④ (○) 장신구의 착용은 지양한다. 단, 여자 경호원의 경우 평범하고 단순한 것으로 선택하여 착용할 수 있다.

핵심만콕 **경호복장 선택 시 고려사항**

- 경호복장은 기능적이고 튼튼한 것이어야 한다.
- 행사의 성격과 장소에 어울리는 복장을 착용한다.
- 경호대상자보다 튀지 않아야 한다.
- 어두운 색상일수록 위엄과 권위가 있어 보인다. 주위의 시선을 끌 만한 색상이나 디자인은 지양한다.
- 셔츠는 흰색 계통이 무난하며, 면소재의 제품이 활동하기에 편하다.
- 양말은 어두운 색으로, 발목 위로 올라오는 것을 착용한다.
- 장신구의 착용은 지양한다. 여자 경호원의 경우 장신구를 착용한다면 평범하고 단순한 것으로 선택한다.
- 신발은 장시간 서있는 근무상황을 고려하여 편하고 잘 벗겨지지 않는 것을 선택한다.

〈출처〉 이두석, 「경호학개론」, 진영사, 2018, P. 247

60 정답 ❸

O△X 행사에 참석하는 공무원의 명단은 연락 및 협조체제 구축 시 고려사항이다.

핵심만콕 **경호형성 및 준비작용 시 고려사항**

행사일정 및 임무 수령에 포함될 사항	• 출발 및 도착 일시, 지역(도착공항 등)에 관한 사항 • 공식 및 비공식 수행원에 관한 사항 • 경호대상자의 신상에 관한 사항 • 의전에 관한 사항 및 관련 소요비용에 관한 사항 • 방문지역이나 국가의 특성(기후, 지리, 치안 등)에 관한 사항 • 방문지역에서 수행원 등이 숙박할 숙박시설의 명칭과 위치 등에 관한 사항 • 이동수단 및 방법에 관한 사항 • 경호대상자가 참석해야 할 모든 행사와 활동범위에 관한 사항 • 방문지에서 경호대상자와 접촉하게 되는 의전관련자, 관료, 기업인 등에 관한 사항 • 방문단과 함께 움직이는 취재진에 관한 사항 • 경호안전에 영향을 줄 수 있는 행사주최나 방문국의 요구사항
연락 및 협조체제 구축 시 고려사항	• 기후변화 등의 악천후 시를 고려한 행사스케줄과 행사관계자의 시간계획에 관한 사항 • 모든 행사장소와 행사에 참석하는 손님, 진행요원, 관련 공무원, 행사위원 등의 명단 • 경호대상자의 행사 참석 범위, 행사의 구체적인 성격 등 • 경호대상자와 수행원의 편의시설(휴게실, 화장실, 분장실 등) • 행사 시 경호대상자가 관여하는 선물증정식 등 • 취재진의 인가 및 통제 상황 • 기타 행사 참석에 영향을 줄 수 있는 요인

61 정답 ❹

O△X 제시된 내용은 ㄱ - d, ㄴ - b, ㄷ - c와 e, ㄹ - a로 연결된다.

62 정답 ❸

O△X (　　) 안에 들어갈 내용은 순서대로 간접경호 - 1(A)급 경호 - 乙(B)호 경호 - 약식경호이다.

63 정답 ❸

O△X 제시문의 (　　)의 ㄱ~ㄹ에 들어갈 내용은 순서대로 즉각조치, 위험하지 않은, 경호대상자, 위험한이다.

핵심만콕 즉각조치의 개념

즉각조치란 우발상황이 발생하였을 경우 경호대상자를 위험으로부터 보호하기 위한 일련의 순간적인 경호조치를 말하며, 즉각조치의 결과가 경호대상자를 살릴 수도 있고 죽일 수도 있다. 우발상황이 발생하면, 최초로 위협을 발견한 순간부터 경호대상자를 대피시킬 때까지 겨우 4초밖에 안 걸린다고 한다. 따라서 우발상황이 발생하면 처음에 정확하게 대응해야 한다는 데 문제의 핵심이 있다. 위험한 것을 위험하지 않은 것으로 판단하면 자칫 경호대상자를 잃을 수도 있고, 위험하지 않은 것을 위험한 것으로 판단하면 행사장을 혼란에 빠뜨리거나 행사를 망칠 수도 있다.

〈참고〉 이두석, 「경호학개론」, 진영사, 2018, P. 345

64 정답 ❹

O△X 제시된 내용 중 옳지 않은 것은 ㄴ, ㄷ, ㄹ, ㅁ이다.

ㄴ. (×) 행사와 무관한 사람들의 행사장 출입을 통제하고, 그 효과를 극대화하기 위하여 가능한 한 출입구를 단일화하거나 최소화하여 출입자들을 확인·통제하여야 한다.

ㄷ. (×) 비표 운용을 통하여 비인가자의 출입을 통제하여야 한다.

ㄹ. (×) 대규모 행사 시에는 참석 대상별 또는 좌석별 구분에 따라 출입통로 선정 및 시차입장계획을 수립하여 출입통제가 용이하도록 한다.

ㅁ. (×) 지연참석자에 대해서는 검색 후 별도로 지정된 통로를 통해 출입을 허용할 수 있다.

ㄱ. (○) 출입자 통제는 행사장의 허가되지 않은 출입요소를 발견하여 통제·관리하는 사전예방차원의 경호방법이다.

65 정답 ❷

O△X ②는 영국 비밀정보국(SIS)에 관한 설명이다. 영국 보안국(SS)은 내무성 소속으로 MI5로 불리기도 하며, 국내경호 관련 정보의 수집·분석·처리 업무를 담당한다.

66 정답 ❶

O△X 보호지역에 관한 설명으로 옳은 것은 ㄹ이다.

ㄹ. (O) 보안업무규정 시행규칙 제54조 제1항 제3호

ㄱ. (×) 보호지역은 그 중요도에 따라 제한지역, 제한구역 및 통제구역으로 나눈다(보안업무규정 제34조 제2항).

ㄴ. (×) 제한구역은 비인가자가 비밀, 주요시설 및 Ⅲ급 비밀 소통용 암호자재에 접근하는 것을 방지하기 위하여 안내를 받아 출입하여야 하는 구역을 말한다(보안업무규정 시행규칙 제54조 제1항 제2호).

ㄷ. (×) 제한지역은 비밀 또는 국・공유재산의 보호를 위하여 울타리 또는 방호・경비인력에 의하여 영 제34조 제3항에 따른 승인을 받지 않은 사람의 접근이나 출입에 대한 감시가 필요한 지역을 말한다(보안업무규정 시행규칙 제54조 제1항 제1호).

67 정답 ❹

O△X 사주경계란 경호대상자를 중심으로 한 전 방향에 대한 감시로 직접적인 위해나 자연발생적인 위해요인을 사전에 인지하기 위한 경계활동을 말한다. 사주경계의 대상은 흔히 말하는 인원(인적 취약요소), 물건(물적 취약요소), 장소(지리적 취약요소)를 불문한다. 제시된 내용은 모두 사주경계에 대한 설명으로 옳다.

핵심만콕

인적 경계대상은 경호대상자 주변의 모든 인원이 그 지위나 차림새 등에 상관없이 포함되어야 하고, 특히 행사상황이나 분위기에 어울리지 않는 행동이나 복장을 착용한 사람들을 중점적으로 감시한다. 물적 경계대상은 행사장이나 주변의 모든 시설물과 물체가 그 대상이다. 또한 지리적 경계대상은 위해기도자가 은폐하기 좋은 장소나 공격하기 용이한 장소가 해당된다.

〈출처〉 이두석, 「경호학개론」, 진영사, 2018, P. 180

68 정답 ❷

O△X ② (×) 두부 외상 환자의 경우는 뇌손상 시 체온상승의 경향이 있으므로 보온하지 않는다.

① (O) 머리・배(복부)・가슴의 손상 환자에게는 우선적으로 지혈을 하고, 절대로 음료를 주지 않도록 하며, 젖은 거즈 등으로 입술을 적셔준다.

③ (O) 심한 출혈 시의 지혈방법은 출혈 부위에 대한 직접 압박, 지압점(압박점) 압박, 지혈대 이용, 부목고정 등의 방법이 있다.

④ (O) 출혈이 심하면 즉시 지혈을 하고 출혈 부위를 심장부위보다 높게 하여 안정되게 눕힌다.

핵심만콕	출혈 시 응급처치 요령

구 분	내 용
출혈이 심한 경우	• 출혈이 심하면 즉시 지혈을 하고 출혈 부위를 심장부위보다 높게 하여 안정되게 눕힌다. • 출혈이 멎기 전에는 음료를 주지 않는다. • 지혈방법은 직접 압박, 지압점 압박, 지혈대 사용 등의 방법이 있다. • 소독된 거즈나 헝겊으로 세게 직접 압박한다. • 환자를 편안하게 눕히고 보온한다.
출혈이 심하지 않은 경우	• 출혈이 심하지 않은 상처에 대한 처치는 병균의 침입을 막아 감염을 예방하는 것이다. • 상처를 손이나 깨끗하지 않은 헝겊으로 건드리지 말고, 엉키어 뭉친 핏덩어리를 떼어 내지 말아야 한다. • 더러운 것이 묻었을 때는 깨끗한 물로 상처를 씻어 준다. • 소독한 거즈를 상처에 대고 드레싱을 한다. • 의사의 치료를 받게 한다.

69 정답 ❶

O△X 호송경비원은 권총을 휴대할 수 없다. 반면, 경비업법 시행령 제20조 제5항에 의하면 특수경비원이 휴대할 수 있는 무기종류는 권총 및 소총이다.

관계법령 경비업의 시설 등의 기준(경비업법 시행령 [별표 1])★ <개정 2024.12.31.>

시설 등 기준 / 업무별	경비인력	자본금	시 설	장비 등
1. 시설경비업무	• 일반경비원 10명 이상 • 경비지도사 1명 이상	1억원 이상	기준 경비인력 수 이상을 동시에 교육할 수 있는 교육장	기준 경비인력 수 이상의 경비원 복장 및 경적, 단봉, 분사기
2. 호송경비업무	• 무술유단자인 일반경비원 5명 이상 • 경비지도사 1명 이상	1억원 이상	기준 경비인력 수 이상을 동시에 교육할 수 있는 교육장	• 호송용 차량 1대 이상 • 현금호송백 1개 이상 • 기준 경비인력 수 이상의 경비원 복장 및 경적, 단봉, 분사기
3. 신변보호업무	• 무술유단자인 일반경비원5명 이상 • 경비지도사 1명 이상	1억원 이상	기준 경비인력 수 이상을 동시에 교육할 수 있는 교육장	• 기준 경비인력 수 이상의 무전기 등 통신장비 • 기준 경비인력 수 이상의 경적, 단봉, 분사기
4. 기계경비업무	• 전자·통신 분야 기술자격증소지자 5명을 포함한 일반경비원 10명 이상 • 경비지도사 1명 이상	1억원 이상	• 기준 경비인력 수 이상을 동시에 교육할 수 있는 교육장 • 관제시설	• 감지장치·송신장치 및 수신장치 • 출장소별로 출동차량 2대 이상 • 기준 경비인력 수 이상의 경비원 복장 및 경적, 단봉, 분사기
5. 특수경비업무	• 특수경비원 20명 이상 • 경비지도사 1명 이상	3억원 이상	기준 경비인력 수 이상을 동시에 교육할 수 있는 교육장	기준 경비인력 수 이상의 경비원 복장 및 경적, 단봉, 분사기

6. 혼잡·교통 유도경비업무	• 일반경비원 10명 이상 • 경비지도사 1명 이상	1억원 이상	기준 경비인력 수 이상을 동시에 교육할 수 있는 교육장	기준 경비인력 수 이상의 경비원 복장 및 경적, 단봉, 분사기, 무전기, 경광봉

70 정답 ❷

O△X 국가정보원장은 테러위험인물에 대하여 출입국·금융거래 및 통신이용 등 관련 정보를 수집할 수 있다(테러방지법 제9조 제1항 전문).

관계법령 **테러위험인물에 대한 정보 수집 등(테러방지법 제9조)**

① 국가정보원장은 테러위험인물에 대하여 출입국·금융거래 및 통신이용 등 관련 정보를 수집할 수 있다. 이 경우 출입국·금융거래 및 통신이용 등 관련 정보의 수집은 「출입국관리법」, 「관세법」, 「특정 금융거래정보의 보고 및 이용 등에 관한 법률」, 「통신비밀보호법」의 절차에 따른다. 〈개정 2020.6.9.〉
② 국가정보원장은 제1항에 따른 정보 수집 및 분석의 결과 테러에 이용되었거나 이용될 가능성이 있는 금융거래에 대하여 지급정지 등의 조치를 취하도록 금융위원회 위원장에게 요청할 수 있다.
③ 국가정보원장은 테러위험인물에 대한 개인정보(「개인정보보호법」상 민감정보를 포함한다)와 위치정보를 「개인정보보호법」 제2조의 개인정보처리자와 「위치정보의 보호 및 이용 등에 관한 법률」 제5조 제7항에 따른 개인위치정보사업자 및 같은 법 제5조의2 제3항에 따른 사물위치정보사업자에게 요구할 수 있다.
④ 국가정보원장은 대테러활동에 필요한 정보나 자료를 수집하기 위하여 대테러조사 및 테러위험인물에 대한 추적을 할 수 있다. 이 경우 사전 또는 사후에 대책위원회 위원장에게 보고하여야 한다.

71 정답 ❷

O△X 서비스 거부(Denial of Service)는 공격대상이 되는 서버에 과도한 트래픽을 유발하는 등의 방법으로 공격대상인 서버를 다운시키는 사이버테러 기법으로 디도스공격(DDoS)으로 많이 알려져 있다.

핵심만콕 **사이버테러 기법**

- 논리폭탄(Logic Bomb) : 일정한 조건이 충족되면 자동으로 컴퓨터 파괴활동을 시작하는 일종의 컴퓨터 바이러스이다.
- 서비스 거부(Denial of Service) : 공격대상이 되는 서버에 과도한 트래픽을 유발시키거나 정상적이지 못한 접속 등을 시도하여 해당 서버의 네트워크를 독점하거나 시스템 리소스의 낭비를 유발시켜 서버가 정상적으로 작동하지 못하게 만드는 기법이다.
- 트로이 목마(Trojan Horse) : 프로그램 속에 은밀히 범죄자만 아는 명령문을 삽입하여 이를 범죄자가 이용하는 것을 말한다. 상대방이 눈치 채지 못하게 몰래 숨어드는 것으로 정상적인 프로그램에 부정루틴이나 명령어를 삽입해 정상적인 작업을 수행하나 부정 결과를 얻어내고 즉시 부정루틴을 삭제하기 때문에 발견이 어렵다.
- 트랩도어(Trap Door) : OS나 대형 응용 프로그램을 개발하면서 전체 시험실행을 할 때 오류를 쉽게 발견되게 하거나 처음부터 중간에 내용을 볼 수 있는 부정루틴을 삽입해 컴퓨터의 정비나 유지보수를 핑계 삼아 컴퓨터 내부의 자료를 뽑아 가는 행위를 일컫는다. 즉, 프로그래머가 프로그램 내부에 일종의 비밀통로를 만들어 두는 것이다.
- 허프건(Huffgun) : 고출력 전자기장을 발생시켜 컴퓨터의 자기기록 정보를 파괴하는 것이다.
- 스팸(Spam) : 악의적인 내용을 담은 전자우편을 인터넷상의 불특정 다수에게 무차별로 살포하는 것이다.

• 플레임(Flame) : 네티즌들이 공통의 관심사를 논의하기 위해 개설한 토론방에 고의로 가입하여 개인 등에 대한 악성 루머를 유포하는 행위이다.
• 스토킹(Stalking) : 인터넷을 이용하여 타인의 신상정보를 공개하고 거짓 메시지를 남겨 괴롭히는 행위이다.
• 스누핑(Snuffing) : 인터넷상에 떠도는 IP 정보를 몰래 가로채는 행위이다.
• 스푸핑(Spoofing) : 어떤 프로그램이 마치 정상적인 상태로 유지되는 것처럼 믿도록 속임수를 쓰는 것이다.
• 전자폭탄(Electronic Bomb) : 약 1백억 와트의 고출력 에너지로 순간적으로 마이크로웨이브파를 발생시켜 컴퓨터 내의 전자 및 전기회로를 파괴하는 수법이다.
• 피싱(Phishing) : 가짜 사이트를 만들어 금융기관 등으로부터 은행 계좌정보나 개인정보를 불법적으로 알아내 이를 이용하는 인터넷 사기수법을 말한다.
• 살라미 기법(Salami Techniques) : 눈치 채지 못할 정도의 적은 금액을 많은 사람들로부터 빼내는 컴퓨터 사기수법의 하나로, 이탈리아 음식인 살라미소시지(말린 햄의 일종으로 공기 중에 말려 발효시키는 음식)를 조금씩 얇게 썰어 먹는 모습을 연상시킨다고 해서 붙은 이름이다.
• 웜(Worm) : 자원의 사용을 남용하여 자신을 계속 복제함으로써 상대방 컴퓨터의 정상적인 운용을 방해하고 교란이나 무력화를 야기하는 체계이다.
• AMCW : 테러 목표를 설정하고 순항하여 특정 정보 또는 특정 컴퓨터 시스템만을 파괴하는 사이버무기이다.

72 정답 ❷

O|△|X 제시된 내용의 ( ) 안에 공통적으로 들어갈 의전의 원칙은 상호주의(Reciprocity)이다.

핵심만콕 의전의 원칙

구 분	내 용
상대에 대한 존중(Respect)과 배려(Consideration)	의전의 바탕은 상대 생활양식 등의 문화와 상대방에 대한 존중과 배려에 있다. 의전의 출발점은 서로가 다름을 인정하는 것이며, 의전의 종결점은 다름을 효과적으로 조율하는 것이다.
문화의 반영(Reflecting Culture)	의전은 문화와 시대의 소산이며, 세상이 변화하면 문화도 변하고 의전 관행도 바뀔 수 있는 것이다. 그래서 의전의 기준과 절차는 때와 장소에 따라, 처해진 상황에 따라 늘 가변적이다.
상호주의(Reciprocity)	상호주의는 상호 배려의 다른 측면이기도 하다. 하지만 의전의 상호주의가 항상 등가로 작용되는 것은 아니며 엄격히 적용되기 어려운 측면도 많다. 상호주의에 대한 지나친 집착은 오히려 족쇄로 작용할 수 있다.
예우기준(Rank)	정부행사에서 공식적으로는 헌법, 정부조직법, 국회법, 법원조직법 등 법령에서 정한 직위 순서를 기준으로 하고, 관례적으로는 정부수립 이후부터 시행해 온 정부 의전행사를 통하여 확립된 선례와 관행에 따른다.
오른쪽(Right)이 상석	문화적, 종교적 이유로 오른쪽이 상석이라는 기준이 발전되었다. 행사 주최자의 경우 손님에게 상석인 오른쪽을 양보한다. 다만, 국기의 경우는 우리나라를 비롯한 대부분의 국가에서 상석을 양보치 않는 관행이 있다.

〈출처〉 행정안전부, 2024 "정부의전편람", P. 5~6

73 정답 ❷

O△X ②는 얼굴이 붉은 인사불성환자의 증상이다. 쇼크환자는 맥박이 약하고 빠르다. 쇼크는 의식을 잃는 경우도 있지만 의식이 있는 상태로도 발생할 수 있는데, 의식이 없는 경우를 실신이라고 한다.

핵심만콕 쇼크와 관계된 증상 및 징후

- 불안감
- 창백한 얼굴
- 초점 없는 눈과 확장된 동공
- 졸 도
- 구토 등
- 약하고 빠른 맥박
- 호흡의 깊이가 얕으며, 힘들어 보이는 호흡
- 점차적인 혈압 하강
- 심한 갈증

〈출처〉 김두현, 「경호학개론」, 엑스퍼트, 2020, P. 299

74 정답 ❸

O△X 대피는 적 공격의 반대 방향이나 비상구 쪽으로 하여야 한다.

핵심만콕 즉각조치의 개념 및 단계

즉각조치는 경호활동 중 위해기도나 행사 방해책동과 관련하여 발생 시기나 발생 여부 및 피해 정도를 모르는 우발적 상황에서의 즉각적 행동원칙을 말한다.

- 즉각조치의 과정은 경고와 방호 및 대피, 대적이 포함되며, 이는 순차적인 개념이라기보다 우선순위 없이 동시에 이루어지는 일체적 개념이다.
- 경고(Sound off)는 위해상황을 가장 먼저 인지한 사람이 주변 근무자에게 상황을 간단명료하게 전파하는 것으로, 상황 발생을 인지한 경호원이 가장 먼저 취해야 할 조치이다.
- 방호(Cover)는 위협상황을 알리는 경고를 인지하는 즉시, 경호대상자 주변 근무자가 자신의 신체로 방벽을 형성하여 경호대상자의 노출을 최소화함으로써 직접적인 위해를 방지하는 행위를 말한다.
- 대피(Evacuate)는 우발상황 발생 시 위해자의 표적이 되는 경호대상자를 안전지역으로 이동시키는 행위를 말한다. 대피는 방호와 동시에 공격자의 반대 방향으로 신속히 이동하여야 하며, 방호대형을 형성하여 비상대피소나 비상대기차량이 있는 안전지역으로 이동한다.
- 즉각조치과정은 일단 경고 – 방호 – 대피의 순으로 전개된다. 대적 여부는 촉수거리의 원칙에 따라 판단한다. 대적의 목적은 위해자의 공격선을 차단하여 경호대상자를 보호하는 것이다. 대적 시에는 우선 경호대상자를 등지고 위험발생지역으로 향한 다음, 몸을 최대한 크게 벌려 방호범위를 확대하고, 경호대상자와 위해기도자 사이의 일직선상에 위치하여 위해자의 공격을 차단한다.

〈출처〉 이두석, 「경호학개론」, 진영사, 2018, P. 350~354

75 정답 ❸

O△X ③ (×) 경호공무원의 공개경쟁채용시험의 대상이 되는 계급은 5급・7급 및 9급으로 하고, 일반직공무원의 공개경쟁채용시험의 대상이 되는 계급은 9급으로 한다(대통령 등의 경호에 관한 법률 시행령 제13조 제2항).

① (○) 대통령 등의 경호에 관한 법률 시행령 제13조 제1항 본문

② (○) 대통령 등의 경호에 관한 법률 시행령 제12조 제3항

④ (○) 대통령 등의 경호에 관한 법률 시행령 제14조 제1항

76 정답 ❸

O△X (　　) 안에 들어갈 내용은 ㄱ : 예방, ㄴ : 대응, ㄷ : 피해보전이다.

관계법령 **목적(테러방지법 제1조)**

이 법은 테러의 예방 및 대응 활동 등에 관하여 필요한 사항과 테러로 인한 피해보전 등을 규정함으로써 테러로부터 국민의 생명과 재산을 보호하고 국가 및 공공의 안전을 확보하는 것을 목적으로 한다.

77 정답 ❹

O△X 제시된 내용 중 경호안전교육원의 사무에 해당하지 않는 것은 ㄹ과 ㅁ이다.

ㄹ. (×) 대통령경호안전대책위원회의 관장 업무에 해당한다(대통령 등의 경호에 관한 법률 제16조 제4항 제1호).

ㅁ. (×) 대통령경호안전대책위원회의 관장 업무에 해당한다(대통령 등의 경호에 관한 법률 제16조 제4항 제2호).

ㄱ. (○) 대통령경호처와 그 소속기관 직제 제6조 제1항 제1호

ㄴ. (○) 대통령경호처와 그 소속기관 직제 제6조 제1항 제2호・제3호

ㄷ. (○) 대통령경호처와 그 소속기관 직제 제6조 제1항 제4호

관계법령

경호안전교육원(대통령경호처와 그 소속기관 직제 제6조)

① 경호안전교육원은 다음 사무를 관장한다.
  1. 경호안전관리 관련 학술연구 및 장비개발
  2. 대통령경호처 직원에 대한 교육
  3. 국가 경호안전 관련 분야에 종사하는 공무원에 대한 수탁교육
  4. 경호안전 관련 단체에 종사하는 사람에 대한 수탁교육
  5. 법 제16조에 따른 대통령경호안전대책위원회 관련 기관 소속 공무원 및 처장이 필요하다고 인정하는 사람에 대한 수탁교육
  6. 그 밖에 국가 주요 행사 안전관리 분야에 관한 연구・조사 및 관련 기관에 대한 지원

② 경호안전교육원에 원장 1명을 둔다.

③ 원장은 2급 경호공무원으로 보한다. 〈개정 2023.12.29.〉

④ 원장은 처장의 명을 받아 소관 사무를 총괄하고, 소속 공무원을 지휘・감독한다.

⑤ 경호안전교육원의 하부조직과 그 분장사무는 처장이 정한다.

대통령경호안전대책위원회(대통령 등의 경호에 관한 법률 제16조)

④ 위원회는 다음 각호의 사항을 관장한다.
  1. 대통령 경호에 필요한 안전대책과 관련된 업무의 협의
  2. 대통령 경호와 관련된 첩보・정보의 교환 및 분석
  3. 그 밖에 제4조 제1항 각호의 경호대상에 대한 경호에 필요하다고 인정되는 업무

78 정답 ❸

ㅇ△× ③ (×) 전기제품은 분해하여 확인하고, 확인이 불가능한 것은 현장에서 제거한다. 비금속물체는 장비를 활용하여 금속반응을 확인한다.

① (○) 검측은 경호계획에 의거하여 공식행사에서 실시함을 원칙으로 하되, 비공식행사에서도 비노출 검측활동을 실시할 수 있다.

② (○) 가용 인원 및 장소는 최대한 지원받아 활용하고, 검측인원의 책임구역을 명확하게 하며, 중복되게 점검이 이루어져야 한다.

④ (○) 방(room)에서의 안전검측은 일반적으로 방의 모든 표면을 촉각을 통해 점검해야 한다. 가청음 조사 및 전체 방을 훑어보는 검측을 한 후, 방의 크기에 따라 단계별 구획을 그어 바닥 → 벽(눈높이) → 천장면(천장높이) → 천장 내부 순서로 검측한다.

79 정답 ❷

ㅇ△× 제시된 내용 중 옳지 않은 것은 ㄴ과 ㄷ이다.

ㄴ. (×) 외국인테러전투원에 관한 설명이다. "테러위험인물"이란 테러단체의 조직원이거나 테러단체 선전, 테러자금 모금·기부, 그 밖에 테러 예비·음모·선전·선동을 하였거나 하였다고 의심할 상당한 이유가 있는 사람을 말한다(국민보호와 공공안전을 위한 테러방지법 제2조 제3호).

ㄷ. (×) 테러위험인물에 관한 설명이다. "외국인테러전투원"이란 테러를 실행·계획·준비하거나 테러에 참가할 목적으로 국적국이 아닌 국가의 테러단체에 가입하거나 가입하기 위하여 이동 또는 이동을 시도하는 내국인·외국인을 말한다(국민보호와 공공안전을 위한 테러방지법 제2조 제4호).

ㄱ. (○) 국민보호와 공공안전을 위한 테러방지법 제2조 제2호

ㄹ. (○) 국민보호와 공공안전을 위한 테러방지법 제2조 제6호

ㅁ. (○) 국민보호와 공공안전을 위한 테러방지법 제2조 제8호

관계법령 **정의(국민보호와 공공안전을 위한 테러방지법 제2조)**

이 법에서 사용하는 용어의 뜻은 다음과 같다.

1. "테러"란 국가·지방자치단체 또는 외국 정부(외국 지방자치단체와 조약 또는 그 밖의 국제적인 협약에 따라 설립된 국제기구를 포함한다)의 권한행사를 방해하거나 의무 없는 일을 하게 할 목적 또는 공중을 협박할 목적으로 하는 다음 각목의 행위를 말한다.
   [각목 생략]
2. "테러단체"란 국제연합(UN)이 지정한 테러단체를 말한다.
3. "테러위험인물"이란 테러단체의 조직원이거나 테러단체 선전, 테러자금 모금·기부, 그 밖에 테러 예비·음모·선전·선동을 하였거나 하였다고 의심할 상당한 이유가 있는 사람을 말한다.
4. "외국인테러전투원"이란 테러를 실행·계획·준비하거나 테러에 참가할 목적으로 국적국이 아닌 국가의 테러단체에 가입하거나 가입하기 위하여 이동 또는 이동을 시도하는 내국인·외국인을 말한다.
5. "테러자금"이란 「공중 등 협박목적 및 대량살상무기확산을 위한 자금조달행위의 금지에 관한 법률」 제2조 제1호에 따른 공중 등 협박목적을 위한 자금을 말한다.
6. "대테러활동"이란 제1호의 테러 관련 정보의 수집, 테러위험인물의 관리, 테러에 이용될 수 있는 위험물질 등 테러수단의 안전관리, 인원·시설·장비의 보호, 국제행사의 안전확보, 테러위협에의 대응 및 무력진압 등 테러 예방과 대응에 관한 제반 활동을 말한다.
7. "관계기관"이란 대테러활동을 수행하는 국가기관, 지방자치단체, 그 밖에 대통령령으로 정하는 기관을 말한다.
8. "대테러조사"란 대테러활동에 필요한 정보나 자료를 수집하기 위하여 현장조사·문서열람·시료채취 등을 하거나 조사대상자에게 자료제출 및 진술을 요구하는 활동을 말한다.

80 정답 ❹

○△× ④ (×) 수류탄 또는 폭발물과 같은 폭발성 화기에 의한 공격을 받았을 때 사용되는 함몰형 대형은 경호대상자를 지면에 완전히 밀착시키고 그 위에 근접경호원들이 밀착하며 포개어, 경호대상자의 신체가 외부에 노출되지 않도록 해야 한다.

① (○) 우발상황이란 위해기도나 행사 방해책동과 관련하여 발생시기나 발생여부 및 그로 인한 피해정도를 모르는 우발적 위험이 발생한 상황을 의미한다. 우발상황의 유형은 크게 계획적 우발상황, 부주의에 의한 우발상황, 자연발생적 우발상황, 천재지변에 의한 우발상황으로 분류할 수 있으며, 계획적 우발상황이란 위해기도자에 의해 의도되고 계획된 우발상황을 말한다.

〈참고〉 이두석, 「경호학개론」, 진영사, 2018, P. 343~344

② (○) 대피 시에는 경호대상자를 신속하게 안전지대로 대피시키기 위해 경호대상자에게 신체적 무리가 뒤따르고 다소 예의를 무시하더라도 과감하게 행동을 하여야 한다.

③ (○) 대적 여부는 촉수거리의 원칙에 따라 판단한다. 대적의 목적은 위해자의 공격선을 차단하여 경호대상자를 보호하는 것이다. 대적 시에는 우선 경호대상자를 등지고 위험발생지역으로 향한 다음, 몸을 최대한 크게 벌려 방호범위를 확대하고, 경호대상자와 위해기도자 사이의 일직선상에 위치하여 위해자의 공격을 차단한다.

제9회 심화 모의고사

문제편 290p

정답 CHECK

41	42	43	44	45	46	47	48	49	50	51	52	53	54	55	56	57	58	59	60
④	②	②	③	③	①	③	②	①	④	①	①	①	①	①	③	②	②	④	④
61	62	63	64	65	66	67	68	69	70	71	72	73	74	75	76	77	78	79	80
②	④	④	③	①	②	②	④	②	③	②	②	③	②	③	③	④	④	③	④

41 정답 ❹

O△X 제시문에 나타난 경호를 대상, 수준, 성격에 따라 분류할 경우, 먼저 국립현충원 행사의 경우 ① 경호대상이 외국의 원수인 미국 대통령이므로 甲(A)호 경호, ② 행차보안이 사전에 노출되어 경호위해가 증대된 상황에서 국가원수급의 1등급 경호대상으로 결정된 국빈행사의 경호이므로 1(A)급 경호, ③ 사전에 계획된 공식행사 때에 실시하는 경호이므로 공식경호(1호 · A호)에 해당한다. 국립현충원 행사 이후 ④ 예정에 없던 한강공원 방문의 경우 경호관계자 간의 사전 통보나 협의절차 없이 이루어진 비공식행사 때의 경호이므로 비공식경호(2호 · B호)경호에 해당한다.

42 정답 ❷

O△X ② (×) ㄴ - a : b는 역쐐기형(V자) 대형에 관한 설명이다. 쐐기형 대형은 무장한 위해자와 직면했을 때 적당한 대형으로, 다이아몬드 대형보다 느슨한 대형이 필요한 상황에서는 3명으로 쐐기형 대형을 형성하며, 다이아몬드 대형과 같이 각각의 경호원에게는 기동로를 향해 360° 지역 중 한 부분의 책임구역이 할당되어야 한다.

① (○) ㄱ - d : 다이아몬드(마름모) 대형은 혼잡한 복도, 군중이 밀집해 있는 통로 등에서 적합한 대형으로 경호대상자의 전후좌우 전 방향에 대해 둘러싸고, 각각의 경호원에게는 기동로에 대해 360° 경계를 할 수 있도록 책임구역이 부여된다.

③ (○) ㄷ - f : 사다리형 대형은 경호대상자의 진행 방향을 중심으로 양쪽에 군중이 운집해 있는 도로의 중앙을 이동할 때 적합한 대형으로, 경호대상자를 중심으로 4명의 경호원이 사다리 형태를 유지하며 이동하는 대형이다.

④ (○) ㄹ - c : 역삼각형 대형은 진행 방향 전방에 위해 가능성이 있는 경우 취하는 대형으로, 진행 방향의 전방에 오솔길, 곡각지, 통로 등과 같은 지리적 취약점이 있는 경우 유용하다.

핵심만콕	근접경호대형

• 다이아몬드(마름모) 대형 : 혼잡한 복도, 군중이 밀집해 있는 통로 등에서 적합한 대형으로 경호대상자의 전후좌우 전 방향에 대해 둘러싸고, 각각의 경호원에게는 기동로에 대해 360° 경계를 할 수 있도록 책임구역이 부여된다.
• 쐐기형 대형 : 무장한 위해자와 직면했을 때 적당한 대형으로, 다이아몬드 대형보다 느슨한 대형이 필요한 상황에서는 3명으로 쐐기형 대형을 형성하며, 다이아몬드 대형과 같이 각각의 경호원에게는 기동로를 향해 360° 지역 중 한 부분의 책임구역이 할당되어야 한다.
  – 대중이 별로 없는 장소 통과 시, 인도와 좁은 통로 이동 시 유용하다.
  – 한쪽에 인위적 · 자연적 방벽이 있을 때 유용하다.
• 역쐐기형(V자) 대형 : 외부로부터 위협이 없다고 판단되며 안전이 확보된 행사장 입장 시와 대외적인 이미지를 중시하는 경호대상자에게 적합한 도보대형이다.
  – 전방에는 아무런 위협이 없다는 가정하에 경호대상자를 바로 노출시켜 전방에 개방된 대형을 취한다.
  – 후미의 경호원들은 자연스럽게 수행원과 뒤섞여 노출이 되지 않는다.
  – 경호팀장만 경호대상자를 즉각 방호할 수 있는 위치에서 경호 임무를 수행한다.
• 삼각형 대형 : 3명의 경호원이 삼각형 형태를 유지하여 이동하는 도보대형으로 행사와 주위 사람의 성격, 숫자, 주변 환경의 여건에 따라서 이동한다.
• 역삼각형 대형 : 진행 방향 전방에 위해 가능성이 있는 경우 취하는 대형으로, 진행 방향의 전방에 오솔길, 곡각지, 통로 등과 같은 지리적 취약점이 있는 경우 유용하다.
• 원형 대형 : 경호대상자가 완전히 경호원에 의해 둘러싸여 있는 인상을 주게 되어 대외적인 이미지는 안 좋을 수 있으나 경호 효과가 높은 대형으로, 평상시에는 잘 사용하지 않으나, 군중이 밀려오거나 군중에 둘러싸여 있을 경우와 같은 위협이 예상될 경우에 적합한 대형이다.
• 사다리형 대형 : 경호대상자의 진행 방향을 중심으로 양쪽에 군중이 운집해 있는 도로의 중앙을 이동할 때 적합한 대형으로, 경호대상자를 중심으로 4명의 경호원이 사다리 형태를 유지하며 이동하는 대형이다.

43 정답 ❷

O△X 경호의 개념에 관한 설명으로 옳지 않은 것은 1개이다. 2005.3.10. 이전의 종전 「대통령경호실법」에서는 그 대상에 따른 적용범위 제한의 필요에 의해 경호를 '호위'와 '경비'로 구분하여 별도 항으로 규정하였으나 현재의 「대통령 등의 경호에 관한 법률」에서는 두 요소 간의 구분을 두지 않고 '경호'라는 정의에 함께 규정하였다. 또한 이러한 경호의 개념은 새로운 것이라기보다 현실적인 경호기관을 기준으로 하여 정립된 개념으로서, 형식적 의미의 경호개념에 속한다고 볼 수 있다.

핵심만콕	경호의 개념
형식적 의미의 경호	• 경호관계법규에 규정된 현실적인 경호기관을 기준으로 하여 정립된 개념이다. • 실정법상 경호기관의 권한에 속하는 일체의 경호작용을 의미한다. • 실정법 · 제도 · 기관 중심적 관점에서 이해한 것이다. • 「대통령 등의 경호에 관한 법률」에서의 경호는 형식적 의미의 경호개념이다.
실질적 의미의 경호	• 경호활동의 본질 · 성질 · 이론적인 입장에서 이해한 것으로, 학문적인 측면에서 고찰된 개념이다. • 수많은 경호작용 중에서 공통적인 특성을 추상화한 개념이다. • 경호대상자의 절대적 신변안전을 보호하기 위하여 모든 사용 가능한 수단과 방법을 동원한다. • 경호대상자(피경호자)에 대한 신변 위해요인을 사전에 방지 또는 제거하기 위한 제반활동이다. • 경호주체(국가기관, 민간기관, 개인, 단체 불문)가 경호대상자를 보호하는 모든 활동을 말한다. • 모든 위험과 곤경(인위적 · 자연적 위해)으로부터 경호대상자를 안전하게 보호하기 위한 제반활동이다.

44 정답 ❸

O△X ③ (×) 인터넷과 정보기술의 발달, 국민의 권리 신장 등으로 과거에 비해 상황이 많이 변화했지만, 경호조직은 경호를 완전무결하게 수행하기 위해서 경호조직의 비공개와 경호기법의 비노출 등 보안성을 높이는 폐쇄성을 가질 수밖에 없다.

① (○) 전문성에 관한 옳은 설명이다. 고도로 전문화된 경호전문가의 양성을 통해 경호조직의 권위를 확립하고, 국민의 이해와 협조 속에서 국민과 함께 하는 경호가 요구된다.

② (○) 기동성에 관한 옳은 설명이다. 교통수단의 발달과 인구집중현상·환경보호, 더 나아가 세계공동체를 향한 외교활동 증대로 고도의 유동성을 띠게 되어 경호조직도 그에 대응하여 높은 기동성을 띤 조직으로 변해가고 있다.

④ (○) 대규모성에 관한 옳은 설명이다. 과학기술의 진보와 더불어 거대정부의 양상은 경호기능의 간접적인 대규모화의 계기가 되었다.

45 정답 ❸

O△X 제시문은 정보순환과정 중 정보생산단계에 관한 설명이다.

핵심만 콕 경호정보순환과정

정보요구단계	정보요구자 측에서의 주도면밀한 계획과 수집범위의 적절성, 수집활동에 대한 적절한 감독 등이 요구되는 단계, 정보요구자(정보사용자)가 필요성의 결정에 따라 첩보의 수집활동을 집중지시하는 단계로서 정보활동의 기초가 된다.
첩보수집단계	수집기관의 수집지시 및 요구에 의해 첩보를 수집하고 이를 지시 또는 요구한 사용자에게 제공하는 단계이다. 즉, 첩보를 수집·제공하는 단계이다.
정보생산단계	수집된 첩보를 기록·평가·조사·분석·결론 도출과정을 통해 정보로 전환하여 처리하는 단계로서 학문적 성격이 가장 많이 지배하는 단계이다. 즉, 첩보를 정보로 바꾸는 단계이다.
정보배포단계	생산된 정보가 정보를 필요로 하는 정보의 사용권자에게 구두·서면·도식 등의 유용한 형태로 배포되는 단계이다.

〈참고〉 공병인, 「경찰학개론」, 배움, 2011, P. 626

46 정답 ❶

○△× ① (×) ㄱ - b : e는 3중 경호의 원칙에 관한 설명이다. 두뇌경호의 원칙은 경호임무 수행 중 긴급하고 위험한 상황이 발생하였을 때에는 고도의 예리하고 순간적인 판단력이 중요시된다는 원칙으로, 사전에 치밀한 계획을 세우고 준비를 철저히 하여 위험요소를 제거하는 데 중점을 두어야 한다.

② (○) ㄴ - c : 방어경호의 원칙은 경호는 위해기도자의 공격행동에 대항하여 경호대상자를 보호하는 행위이므로 경호요원은 최후의 방어수단인 자신의 몸으로 경호대상자를 안전하게 보호하는 것이 최선이라는 원칙을 말한다. 다만, 근접경호 시 시간상으로나 거리상으로 경호대상자보다 위해기도자가 더 가까이에 있어서 위해기도자를 제압하는 것이 경호대상자를 보호하는 데 더 효과적이라고 판단할 경우에는 위해기도자를 제압할 수 있다.

③ (○) ㄷ - d : 하나의 통제된 지점을 통한 접근의 원칙은 경호대상자에게 접근할 수 있는 출입구나 통로는 하나만 필요하다는 원칙으로 하나의 통제된 출입구나 통로라 하더라도 접근자는 경호요원에 의하여 인지되고 확인되어야 하며 허가절차를 거쳐 접근토록 해야 한다.

④ (○) ㄹ - a : 자기희생의 원칙은 경호대상자는 어떠한 상황하에서도 절대적으로 보호되어야 하므로 경호대상자가 위기에 처했을 때 경호요원은 자기 몸을 희생하여 경호대상자를 보호해야 한다는 원칙이다.

핵심만콕 경호의 원칙

구 분		내 용
일반원칙	3중 경호의 원칙	• 경호대상자가 위치한 집무실이나 행사장으로부터 제1선(내부 - 안전구역), 제2선(내곽 - 경비구역), 제3선(외곽 - 경계구역)으로 구분하여 경호의 행동반경을 거리개념으로 논리전개하는 구조 • 경호대상자가 위치한 지역에서 가장 근거리부터 엄중한 경호를 취하는 순서로 근접경호, 중간경호, 외곽경호로 나누고 그에 따른 요원의 배치와 임무가 부여되는 원칙
	두뇌경호의 원칙	사전에 치밀한 계획을 세우고 준비를 철저히 하여 위험요소를 제거하는 데 중점을 두며, 경호임무 수행 중 긴급하고 위험한 상황이 발생하였을 때에는 고도의 예리하고 순간적인 판단력이 중요시된다는 원칙
	은밀경호의 원칙	경호요원은 은밀하고 침묵 속에서 행동하며 항상 경호대상자의 신변을 보호할 수 있는 곳에 행동반경을 두고 경호에 임해야 한다는 원칙
	방어경호의 원칙	경호란 공격자의 위해요소를 방어하는 행위이지 공격하는 것이 아니라는 원칙
특별원칙	자기담당구역 책임의 원칙	경호원이 배치된 자기담당구역 내에서 일어나는 사태에 대해서는 자신만이 책임을 지고 해결해야 한다는 원칙
	목표물 보존의 원칙	• 경호대상자를 암살자 또는 위해를 가할 가능성이 있는 자로부터 떼어 놓아야 한다는 원칙 • 목표물을 안전하게 보존하기 위해서는 행차 코스의 비공개, 행차 장소의 비공개, 대중에게 노출되는 보행 행차의 가급적 제한 등이 요구됨
	하나의 통제된 지점을 통한 접근의 원칙	• 경호대상자에게 접근할 수 있는 출입구나 통로는 하나만 필요하다는 원칙 • 하나의 통제된 출입구나 통로라 하더라도 접근자는 경호요원에 의하여 인지되고 확인되어야 하며 허가절차를 거쳐 접근토록 해야 함
	자기희생의 원칙	• 경호대상자가 위기에 처했을 때 자기 몸을 희생하여 경호대상자를 보호해야 한다는 원칙 • 경호대상자는 어떠한 상황하에서도 절대적으로 보호되어야 한다는 의미

〈참고〉 김두현, 「경호학개론」, 엑스퍼트, 2020, P. 64~69

47 정답 ❸

O△X ③ (×) 경호지휘단일성의 원칙에 관한 설명이다. 경호체계통일성의 원칙은 경호기관 구조의 정점으로부터 말단까지 상하계급 간에 일정한 관계가 이루어져 책임과 업무의 분담이 이루어지고, 명령(命令)과 복종(服從)의 지위와 역할의 체계가 통일되어야 한다는 원칙이다.

① (○) 경호협력성의 원칙은 경호조직과 국민과의 협력을 의미하며 완벽한 경호를 위해서는 국민의 절대적인 협력이 필요하다는 원칙이다.

② (○) 경호지휘단일성의 원칙은 지휘 및 통제의 이원화로 인해 파생되는 문제들을 보완하기 위해 명령과 지휘체계는 반드시 하나의 계통으로 구성해야 한다는 원칙으로, 경호업무가 긴급성을 요한다는 점에서도 요청된다.

④ (○) 경호기관단위작용의 원칙은 경호의 업무는 성격상 개인적 작용으로 이루어지지 않고 기관단위의 작용으로 기관의 하명에 의해서 이루어진다는 원칙이다. 기관단위라는 것은 그 경호기관을 지휘하는 지휘자가 있고, 지휘를 받는 하급자가 있으며, 하급자를 관리하기 위한 지휘권과 장비가 편성되며 임무수행을 위한 보급지원체계를 갖추고 있어야 한다는 의미이다. 기관단위의 관리와 임무의 수행을 위한 결정은 지휘자만이 할 수 있고, 경호의 성패는 지휘자만이 책임을 지는 것이다.

48 정답 ❷

O△X ② (×) 즉각조치의 과정은 경고 – 방호 – 대피의 순서로 전개된다.

① (○) 우발상황의 발생 여부가 불확실하고 사전예측이 불가능하므로 즉각조치가 어렵다.

③ (○) 우발상황 발생 시 일반인뿐만 아니라 경호원도 인간의 기본욕구인 자기자신을 보호하려는 보호본능이 발현된다. 따라서 자기보호본능의 발현에도 불구하고 경호원으로서 본분을 망각하지 않기 위해 평소에 공격 방향으로 신속하고도 과감히 몸을 던지는 반복숙달 훈련과 심리적 훈련이 요구된다.

④ (○) 우발상황은 경호대상자의 안전이나 행사에 치명적인 영향을 끼칠 수 있는 상황으로, 경호대상자의 신변에 중대한 결과를 초래할 수 있다.

49 정답 ❶

○△× 대통령경호처의 경호대상에 국무총리는 포함되지 않는다(대통령 등의 경호에 관한 법률 제4조 제1항).

핵심만콕 각국의 경호조직

구 분	경호객체(대상자)	경호주체		유관기관(조직)
		경호기관	경호요원의 신분	
미 국	전·현직 대통령과 부통령 및 그 직계가족	국토안보부 산하 비밀경호국(SS)	특별수사관	• 연방수사국(FBI) • 중앙정보국(CIA) • 연방이민국(USCIS) • 국가안전보장국(NSA) • 국방정보국(DIA) 등
	영부인 및 그 가족(대통령과 동행 시 SS가 경호), 국무부 장·차관, 외국대사, 기타 요인	국무부 산하 요인경호과	경호요원	
	미국 내 외국정부 관료	국방부 육군성	미육군 경호요원	
	민간인	경찰국, 사설 경호용역업체	경찰관, 사설 경호요원	
영 국	• (여)왕 등 왕실가족 • 총리, 각부의 장관 등	경호국 내 왕실 및 특별요인 경호과 / 런던수도경찰청 소속 요인경호본부(경호국·안전국·대테러작전국)	경찰관	• 내무부 보안국(SS, MI5) • 외무부 비밀정보국(부)(SIS, MI6) • 정부통신본부(GCHQ) • 국방정보부(DIS) 등
	영국 내 외교관과 사절단, 의회(국회의사당)	경호국 내 의회 및 외교관 경호과 / 런던수도경찰청 소속 요인경호본부(경호국·안전국·대테러작전국)		
독 일	대통령, 수상, 장관, 외국의 원수 등 국빈, 외교사절	연방범죄수사국(청)(BKA) 내 경호안전과	경찰관	• 연방경찰청(BPOL) • 연방정보국(BND) • 연방헌법보호청(BFV) • 군정보국(군방첩대, MAD)
프랑스	대통령과 그 가족, 수상, 각부 장관, 기타 국내외 요인	내무부 산하 국립경찰청 소속 요인경호국(SPHP, 구 V.O)	별정직 국가공무원	• 대테러조정통제실(UCLAT) • 경찰특공대(RAID) • 내무부 일반정보국(RG) • 국방부 해외안전총국(DGSE) • 군사정보국(DRM) 등
	대통령과 그 가족, 특정 중요 인물(전직대통령, 대통령 후보 등)	국방부 산하 국립헌병대 소속 공화국경비대(GSPR, 관저경비)	국가헌병경찰(군인)	
일 본	일본천황 및 황족	황궁경찰본부	경찰관	• 공안조사청 • 내각정보조사실 • 외무성 조사기획국 • 방위청 정보본부 등
	내각총리대신(수상) 등	경찰청 경비국 공안 제2과	경호요원	
	민간인	경찰청, 사설 경비업체	경찰관, 사설 경호요원	

50 정답 ❹

○△× ④ (×) 대통령경호안전대책위원회는 위원장과 부위원장 각 1명을 포함한 20명 이내의 위원으로 구성한다(대통령 등의 경호에 관한 법률 제16조 제2항).

① (○) 대통령경호처와 그 소속기관 직제 제5조 제1항

② (○) 대통령경호안전대책위원회규정 제4조 제1항 전단

③ (○) 전직대통령이 금고 이상의 형이 확정된 경우에는 '필요한 기간의 경호 및 경비(警備)'를 제외하고는 이 법에 따른 전직대통령으로서의 예우를 하지 아니한다(전직대통령 예우에 관한 법률 제7조 제2항 제2호).

관계법령 **권리의 정지 및 제외 등(전직대통령 예우에 관한 법률 제7조)**

② 전직대통령이 다음 각호의 어느 하나에 해당하는 경우에는 제6조 제4항 제1호(필요한 기간의 경호 및 경비)에 따른 예우를 제외하고는 이 법에 따른 전직대통령으로서의 예우를 하지 아니한다.
1. 재직 중 탄핵결정을 받아 퇴임한 경우
2. 금고 이상의 형이 확정된 경우
3. 형사처분을 회피할 목적으로 외국정부에 도피처 또는 보호를 요청한 경우
4. 대한민국의 국적을 상실한 경우

51 정답 ❶

○△× 대통령의 경호업무에 동원된 종로경찰서 소속 경찰관은 대통령 등의 경호에 관한 법령상 비밀엄수 규정의 적용을 받지 않는다.

관계법령

정의(대통령 등의 경호에 관한 법률 제2조)

3. "소속 공무원"이란 대통령경호처(이하 "경호처"라 한다) 직원과 경호처에 파견된 사람을 말한다.

직원(대통령 등의 경호에 관한 법률 제6조)

① 경호처에 특정직 국가공무원인 1급부터 9급까지의 경호공무원과 일반직 국가공무원을 둔다. 다만, 필요하다고 인정할 때에는 경호공무원의 정원 중 일부를 일반직 국가공무원 또는 별정직 국가공무원으로 보할 수 있다.

비밀의 엄수(대통령 등의 경호에 관한 법률 제9조)

① 소속 공무원(퇴직한 사람과 원(原) 소속 기관에 복귀한 사람을 포함한다. 이하 이 조에서 같다)은 직무상 알게 된 비밀을 누설하여서는 아니 된다.

② 소속 공무원은 경호처의 직무와 관련된 사항을 발간하거나 그 밖의 방법으로 공표하려면 미리 처장의 허가를 받아야 한다.

52 정답 ❶

O△X 제시된 내용 중 대통령경호안전대책위원회와 테러대책실무위원회의 위원에 공통으로 해당하는 자는 ㄱ, ㄴ, ㄷ이다. 경찰청 경비국장, 해양경찰청 경비국장, 소방청 119구조구급국장 외에 관세청 조사감시국장도 양 위원회의 위원에 해당한다(대통령경호안전대책위원회규정 제2조, 국가테러대책위원회 및 테러대책실무위원회 운영규정 제13조 제3항 제1호).

ㄹ. (×) 대검찰청 공공수사정책관은 대통령경호안전대책위원회 위원에만 해당한다(대통령경호안전대책위원회규정 제2조).

ㅁ. (×) 국토교통부 항공안전정책관은 대통령경호안전대책위원회 위원에만 해당한다(대통령경호안전대책위원회규정 제2조).

관계법령

구성(대통령경호안전대책위원회규정 제2조)

대통령경호안전대책위원회(이하 "위원회"라 한다)의 위원은 국가정보원 테러정보통합센터장, 외교부 의전기획관, 법무부 출입국·외국인정책본부장, 과학기술정보통신부 통신정책관, 국토교통부 항공안전정책관, 식품의약품안전처 식품안전정책국장, 관세청 조사감시국장, 대검찰청 공공수사정책관, 경찰청 경비국장, 소방청 119구조구급국장, 해양경찰청 경비국장, 합동참모본부 작전본부 소속 장성급 장교 중 위원장이 지명하는 1명, 국군방첩사령부 소속 장성급 장교 또는 2급 이상의 군무원 중 위원장이 지명하는 1명, 수도방위사령부 참모장과 위원장이 임명 또는 위촉하는 자로 구성한다. 〈개정 2022.11.1.〉

실무위원회 구성(국가테러대책위원회 및 테러대책실무위원회 운영규정 제13조)

③ 실무위원회 위원은 시행령 제5조 제3항에 따라 대책위원회에 참여하는 관계기관 및 소속기관의 고위공무원단에 속하는 일반직 공무원(이에 상당하는 특정직, 별정직 공무원을 포함한다) 중 다음 각호의 자가 된다.

1. 기획재정부 비상안전기획관, 외교부 국제기구국장·재외동포영사국장, 통일부 정책기획관, 법무부 출입국정책단장·대검찰청 대테러담당검사(고등검찰청 검사급), 국방부 정책기획관·합참작전1처장·국군기무사령부 방첩처장, 행정안전부 비상안전기획관·재난대응정책관, 산업통상자원부 비상안전기획관, 보건복지부 질병관리본부 긴급상황센터장, 환경부 환경보건정책관, 국토교통부 항공정책관·비상안전기획관, 해양수산부 해운물류국장, 금융위원회 금융정보분석원장, 국가정보원 대테러담당 2급, 대통령경호처 경비안전본부장, 국무조정실 대테러정책관, 관세청 조사감시국장, 경찰청 경비국장, 소방청 119구조구급국장, 해양경찰청 경비국장, 원자력안전위원회 방사선방재국장
2. 그 밖에 실무위원장이 지명하는 자

53 정답 ❶

O△X ① (○) 2단계 대비단계의 안전대책활동의 세부활동에 해당한다.

② (×) 1단계 예방단계의 경호계획의 수립의 세부활동에 해당한다.

③ (×) 3단계 대응단계의 즉각조치활동의 세부활동에 해당한다.

④ (×) 4단계 평가단계의 교육훈련의 세부활동에 해당한다.

54 정답 ❶

O△X 선발경호의 임무는 경호임무에 동원되는 제 요소를 하나의 지휘체계로 통합하여 경호력을 증대시키고, 경호대상자의 안전이나 행사에 영향을 주는 상황이 발생하지 않도록 필요한 예방적 경호조치를 통하여 행사장의 안전성을 확보하고, 비상상황에 대비한 각종 조치를 강구하는 것이다.

〈출처〉 이두석, 「경호학개론」, 진영사, 2018, P. 254

핵심만콕 선발경호의 특성

구 분	내 용
예방성	선발경호의 임무이자 경호의 목표라 할 수 있는 예방경호는 위해요소를 사전에 발견해서 제거하고 침투가능성을 거부함으로써 경호행사의 안전을 확보하는 것이다.
통합성	선발경호에 동원된 모든 부서는 각자의 기능을 100% 발휘하면서 하나의 지휘체계 아래에 통합되어 상호보완적으로 임무를 수행해야 한다.
안전성	선발경호의 임무는 당연히 행사장의 안전을 확보하는 일이다. 그러기 위해선 3중 경호의 원리에 입각해서 행사장을 구역별로 구분하여 그 특성에 맞는 경호조치를 강구하여야 한다.
예비성	경호행사는 항상 계획되고 예상된 대로만 진행되지는 않는다. 따라서 선발경호는 사전에 경호팀의 능력과 현지 지형과 상황에 맞는 대응계획과 대피계획을 수립하여 비상상황에 대비하여야 한다.

〈출처〉 이두석, 「경호학개론」, 진영사, 2018, P. 254~255

55 정답 ❶

O△X ① (○) ㄱ - b : 계획수립은 경호대상자의 안전에 영향을 미칠 수 있는 경호환경을 극복하기 위하여 예비 및 우발계획이 준비되어야 한다는 것을 의미한다.

② (×) ㄴ - a : 책임분배는 경호활동은 단독기관의 작용이 아닌 다양한 기관 간의 유기적인 연계(경호기관 단위작용의 원칙)가 필요하므로 경호임무는 명확하게 부여되어야 하며, 경호원들에게는 각각의 임무형태에 대한 책임이 부과되어야 한다는 것을 의미한다.

③ (×) ㄷ - c : 자원동원은 경호에 소요되는 자원은 경호대상자의 대중에 대한 노출이나 제반 여건, 경호대상자가 참여하는 행사 지속시간과 첩보수집으로 획득된 내재적인 위협분석의 결과에 따라 결정된다는 것을 의미한다.

④ (×) ㄹ - d : 보안유지는 경호경비상황에 관한 보안 유출에 대한 엄격한 통제를 의미한다.

핵심만콕 경호작용의 기본 고려요소 (두 : 계 · 책 · 자 · 보)★

- 계획수립 : 모든 형태의 경호임무는 사전에 신중하게 계획되어야 하며, 예기치 않은 변화의 가능성 때문에 경호임무를 계획함에 있어 융통성 있게 수립되어야 한다.
- 책임 : 경호임무는 명확하게 부여되어야 하며, 경호요원들에게는 각각의 임무형태에 대한 책임이 부과되어야 한다.
- 자원 : 경호대상자를 경호하는 데 소요되는 자원은 경호대상자의 행차, 즉 경호대상자의 대중 앞에서의 노출이나 제반여건에 의해서 필연적으로 노출을 수반하는 행차의 지속시간과 사전 위해첩보 수집 간 획득된 내재적인 위협분석에 따라 결정된다.
- 보안 : 경호대상자와 수행원, 행사 세부일정, 경호경비상황에 관한 보안[정보(註)]의 유출은 엄격히 통제되어야 한다. 경호요원은 이러한 정보를 인가된 자 이외의 사람에게 유출하거나 언급해서는 안 된다.

〈참고〉 김두현, 「경호학개론」, 엑스퍼트, 2020, P. 258~259

56 정답 ❸

O△X 제시문은 예방경호작용 수행단계 중 조사(분석)단계에 관한 설명이다.

핵심만 콕 예방경호작용 수행단계

구 분	내 용
예견(예측)단계	신변보호대상자에게 영향을 줄 수 있는 각종 장애요소 또는 위해요소에 대하여 정・첩보를 수집하고 분석하는 단계
인식(인지)단계	수집된 정・첩보 중에서 위해 가능성이 있는지를 확인하고 판단하는 과정으로서 정확하고 신속하며 종합적인 고도의 판단력을 필요로 하는 단계
조사(분석)단계	위해 가능성이 있다고 판단된 위해요소를 추적하고 사실 여부를 확인하는 단계로, 과학적이고 신중한 행동이 요구되는 단계
무력화(억제)단계	예방경호작용의 마지막 단계로서, 이전 단계에서 확인된 실제 위해요소를 차단하거나 무력화하는 단계

57 정답 ❷

O△X ② (O) 경호대상자가 참석하는 행사 지속시간, 위협분석의 결과에 따라 경호에 동원되는 자원이 결정된다.

① (×) 요인의 이동경로, 참석자 등 일부 경호상황은 비밀로 한다.

③ (×) 경호담당자는 수립된 계획의 실천 추진사항을 지속적으로 확인해야 하며, 미비한 사항은 즉각 보완해야 한다. 만약에 행사계획의 변경이나 비상사태가 발생할 경우에는 수립된 계획을 경호대상자의 신변안전 차원에서 즉각 변경해야 한다.

④ (×) 둘 이상의 경호대상자가 동일한 행사에 참석하게 되면 참석자의 서열을 존중하고 그에 따른 경호를 해야 한다.

58 정답 ❷

O△X 경호안전작용은 경호보안작용, 안전대책작용, 경호정보작용으로 분류할 수 있다.

핵심만 콕 경호안전작용 (두 : 정・보・안)

경호대상자의 절대안전을 도모하기 위하여 모든 수단과 방법을 이용하여 사전에 각종 위해요소를 탐지・봉쇄・제거하는 예방업무를 말한다. 경호안전작용은 크게 경호보안작용, 경호정보작용, 안전대책작용으로 구분할 수 있다.

유 형	내 용
경호정보작용	경호작용의 원천적 사전지식을 생산・제공하는 것으로 경호대상자의 신변안전을 위협하는 인적・물적・지리적 취약요소를 사전에 수집・분석・예고함으로써 예방경호를 수행하는 활동이다. 경호정보작용은 정확성, 적시성, 완전성의 요건을 구비해야 한다.
경호보안작용	경호와 관련된 인원, 문서, 시설, 지역, 자재, 통신 등에 대하여 불순분자로부터 완벽한 보호대책을 수립하여 지속적으로 보안을 유지해 나가는 작용을 말한다.
안전대책작용	경호대상자 신변의 위해요소를 사전에 제거하는 통합적 안전작용으로, 안전점검, 안전검사, 안전유지를 3대 작용원칙으로 한다.

59 정답 ④

O△X ④ (×) 일반인의 불편을 최소화하고 경호대상자와 국민과의 접촉을 보장할 수 있는 경호를 수행해야 한다.

① (○) 예방경호에 관한 내용이다.

② (○) 경호대상자의 시간, 장소, 차량, 습관화된 행동을 변화시켜 위해기도자가 다음 행동을 예측할 수 없도록 변화를 주어야 한다.

③ (○) 원칙적으로 경호대상자를 제외한 모든 사람이 검색대상이고, 경호구역 내 모든 물품과 시설물이 철저히 검측되어야 한다.

60 정답 ④

O△X 경호의 목적으로 경호대상자의 "권위유지"가 있으나, 경호원이 권위주의적인 자세를 견지하는 것은 바람직하지 않다.

핵심만 콕 경호원의 활동수칙

- 권위주의적 자세를 배제하고 의전과 예절에 입각한 친절하고 겸손한 자세를 견지한다.
- 일반인의 불편을 최소화하고 경호대상자와 국민과의 접촉을 보장할 수 있는 경호를 수행한다.
- 경호대상자의 명성에 해가 가지 않도록 하며, 위해기도자와 타협적인 행동을 하지 말아야 한다.
- 최대한의 비노출 · 은밀 · 유연한 자세로 정교한 경호기술을 발휘하기 위한 교육훈련에 충실한다.
- 경호대상자의 정상적인 업무를 보장하고, 가능하면 사생활을 침해하지 않도록 한다.
- 위해기도자의 입장에서 경호상 취약성을 분석하여 위해 행위를 효과적으로 사전에 봉쇄할 수 있는 예방경호에 총력을 집중한다.
- 은밀, 엄호, 대피, 계속 근무의 지침이 습관화되도록 한다.
- 경호원은 무기사용을 자제하고 순간적인 판단력과 융통성, 냉철한 이성과 상황판단능력 및 정보분석능력을 기른다.
- 경호대상자가 참석할 장소와 지역에 사전에 선발대를 보내어 점검표를 작성하고 정보를 분석하여 위험요인을 사전에 제거한다. 경호대상자에게는 스스로 안전에 대처할 수 있도록 일상적인 경호수칙을 만들어 숙지하게 함으로써 개인적인 위험에 대한 경각심을 높이게 해야 한다.
- 경호대상자의 시간, 장소, 차량, 습관화된 행동을 변화시켜 위해기도자가 다음 행동을 예측할 수 없도록 변화를 주어야 한다.
- 경호대상자와 비슷한 성격과 취미를 가진 경호원을 선발하여 인간적 친밀감과 경호원에 대한 신뢰도를 갖도록 한다.
- 경호대상자가 여자일 경우 화장실이나 탈의실 등 남자경호원이 접근할 수 없는 지역에는 여자경호원이 임무를 수행할 수 있도록 한다.
- 경호업무의 효율성을 높이기 위하여 경호대상자의 종교, 직업, 병력 및 건강상태, 신체장애 여부, 약물복용 여부, 선호하는 음식, 싫어하는 음식, 교우관계, 고향, 습관, 성격, 출신학교, 친인척관계, 인기도, 업무추진 방법, 기타 특이사항 등에 대한 기본정보를 파악하여 숙지한다.

61 정답 ❷

○△✕ ②가 주행사장 내부 담당자의 임무에 해당하며, ①·③·④는 주행사장 외부 담당자의 임무에 해당한다.

핵심만콕 주행사장 내부 및 외부 담당자의 주요 임무(업무)

내부 담당자	외부 담당자
• 접견 예상에 따른 대책 및 참석자 안내계획 수립 • 경호대상자 동선 및 좌석 위치에 따른 비상대책 강구 • 행사장 내 인적·물적 위해요인 접근통제 및 차단계획 수립 • 정전 등 우발상황을 대비한 각 근무자 예행연습 실시(필요시 방폭요, 역조명, 랜턴, 손전등을 비치) • 경호대상자의 휴게실, 화장실 위치 파악 및 안전점검 실시 • 행사장 내 단상, 천장, 각종 집기류를 최종 점검	• 방탄막 설치 및 비상차량 운용계획 수립 • 경비 및 경계구역 내에 대한 안전조치 강화 • 차량 및 공중강습에 대한 대비책 수립 • 안전구역 내 단일 출입로 설정 • 외곽 감제고지 및 직시건물에 대한 안전조치 실시 • 지하대피시설 점검·확보 • 취약요소, 직시시점을 고려하여 단상, 전시물 등을 설치

62 정답 ❹

○△✕ ④ (✕) 방벽성은 근접 도보대형 시 근무자의 체위에 의한 인적 자연방벽 효과와 방탄복 및 각종 방호장비를 이용하여 외부의 공격으로부터 방벽을 구축해야 하는 특성을 의미하는데, 근접경호원은 자신의 신체로 방벽을 형성하여 경호대상자가 아닌 경호위해자(위해기도자)의 시야를 제한하고 공격선을 차단하여야 한다.

① (○) 노출성에 관한 옳은 설명이다. 다양한 기동수단과 도보대형에 따라 경호대상자의 행차가 시각적으로 외부에 노출될 뿐만 아니라, 각종 매스컴에 의하여 행사 일정과 장소 및 시간이 대외적으로 알려진 상태에서 업무를 수행해야 한다.

② (○) 방호 및 대피성에 관한 옳은 설명이다. 근접경호원은 비상사태 발생 시 범인을 대적하여 제압하는 것보다 반사적이고 신속·과감한 행동으로 경호대상자의 방호 및 대피를 우선해야 한다.

③ (○) 기동 및 유동성에 관한 옳은 설명이다. 근접경호는 주로 도보 또는 차량에 의해 기동 간에 이루어지며 행사 성격이나 주변 여건, 장비의 특성에 따라 능동적(유동적)으로 대처해야 한다.

63 정답 ❹

O△X 제시된 내용 중 근접경호원으로서 대응이 옳지 않은 사람은 D 경호원과 E 경호원이다.

- D 경호원 (×) : 수류탄 또는 폭발물과 같은 폭발성 화기에 의한 공격을 받았을 때 사용되는 방호 대형은 함몰형 대형으로, 경호대상자를 지면에 완전히 밀착시키고 그 위에 근접경호원들이 밀착하며 포개어 경호대상자의 신체가 외부에 노출되지 않도록 해야 한다. 방어적 원형 대형은 위해의 징후가 현저하거나 직접적인 위해가 가해졌을 때 형성하는 방어 대형이다.
- E 경호원 (×) : 우발상황이 발생했을 경우 신속한 대적행위보다 방호 및 대피가 우선되어야 하므로, E 경호원이 경호대상자의 방호보다 위해기도자의 제압을 우선으로 한 행위는 부적절하다.
- A 경호원 (○) : 우발상황 발생 시 대응순서는 인지 → 경고 → 방벽 형성 → 방호 및 대피 → 대적 및 제압이다. 따라서 A 경호원이 우발상황을 인지한 후 간단명료하고 신속하게 경고한 행위는 적절하다.
- B 경호원 (○) : 우발상황 발생 시 근접경호원은 자기희생의 원칙에 따라 체위를 확장하여 경호대상자의 노출을 최소화하고 최대의 방호벽을 형성하여야 한다. 따라서 B 경호원의 대응은 적절하다.
- C 경호원 (○) : 총으로 공격하는 위해가해자를 제압할 경우, 위해가해자의 총구 방향에 주의하여 경호대상자 방향으로 향하지 않도록 하면서, 신속히 제압하여야 한다. 따라서 C 경호원의 대응은 적절하다.

핵심만 콕 | 우발상황 시 근접경호원의 대응요령

- 자기희생의 원칙에 따라 체위를 확장하여 경호대상자의 노출을 최소화하고 최대의 방호벽을 형성한다.
- 경호원은 자신의 생명을 보호하기 위하여 자세를 낮추거나 은폐 또는 은신해서는 안 되며, 자신보다 경호대상자를 먼저 육탄방어할 수 있는 자세로 임해야 한다.
- 육성 경고와 동시에 비상조치계획에 따라 경호대상자를 우선 대피시킨다.
- 대피 시 적 공격의 반대 방향이나 비상구 쪽으로 대피한다.
- 공범에 의한 양동작전에 유념해야 하고, 경호원의 주의를 다른 곳으로 전환하도록 하기 위한 위해기도자의 전술에 휘말려서는 안 된다.
- 근접경호요원 이외의 경호요원들은 자기담당구역 책임의 원칙에 따라 맡은 지역에서 계속 임무를 수행하며 대적은 불가피한 경우에만 하고 보복공격을 하지 말아야 한다.

64 정답 ❸

O△X 인적 경계대상은 경호대상자 주변의 모든 인원들이 그 지위나 차림새 등에 상관없이 포함되어야 한다.

〈출처〉 이두석, 「경호학개론」, 진영사, P. 180

65 정답 ❶

O△X ① (×), ② (○) 기만경호란 경호의 효과성을 높이기 위하여 위해기도자에게 행사상황을 오판하도록 실제 상황을 은폐하고 허위 상황을 제공하여 위해기도자로 하여금 위해기도를 포기하거나 위해기도가 실패되도록 유도하는 계획적이고 변칙적인 경호기법이다.

③ (○) 기만경호 기법 중 복제경호요원 운용에 관한 설명으로 옳다.

④ (○) 기만경호 기법 중 기동차량의 기만에 관한 설명으로 옳다. 차량대형의 위치를 수시로 변경시키는 것도 기만경호 기법의 활용이라 할 수 있다.

66 정답 ❷

O△X 문이 열렸을 때 전방 경호원이 내부를 점검하고 목표 층을 누르면 경호대상자를 내부 안쪽 모서리 부분에 탑승시킨 후 방벽을 형성하고 경계임무를 수행하도록 한다.

핵심만콕 엘리베이터 탑승 시 대형

- 가능한 한 일반인과는 별도의 전용 엘리베이터를 이용하는 것이 좋다.
- 전용 엘리베이터는 사전에 이동층의 표시등, 문의 작동속도, 비상시 작동버튼, 이동속도, 창문의 여부, 정원, 비상용 전화기 설치 여부와 작동상의 이상 유무를 조사해 두어야 한다.
- 엘리베이터의 문이 열렸을 때 경호대상자가 외부인의 시야에 바로 노출되지 않는 지역에 위치하도록 하여야 한다.
- 문이 열렸을 때 전방 경호원이 내부를 점검하고 목표층을 누르면 경호대상자를 내부 안쪽 모서리 부분에 탑승시킨 후 방벽을 형성하고 경계임무를 수행하도록 한다.

67 정답 ❷

O△X ② (O) 목적지에 도착하면 경호책임자는 가장 먼저 하차하고 출발 시에는 가장 나중에 승차하며 경호대상자 승・하차 시 차량 문의 개폐와 잠금장치를 통제한다. 차량이 하차 지점에 도착하면 정차 후 운전석 옆에 탑승한 경호요원(보통 경호팀장)이 차에서 내려 먼저 주변 안전을 확인하여야 하고, 차량 문을 먼저 개방해서는 안 된다. 경호팀장은 준비가 완료되면 경호대상자차의 잠금장치를 풀고 경호대상자를 차에서 내리게 한 후 경호대상자가 신속하게 건물 안으로 이동할 수 있도록 한다.

〈출처〉 김계원, 「경호학」, 진영사, 2012, P. 249~250

① (×) 위해기도자는 주차나 정차를 하여 은폐, 엄폐를 할 가능성이 많으므로 주차나 정차해 있는 차량 가까이에는 정지하지 않는다.

③ (×) 차선 변경 시에는 후미경호차가 먼저 차선을 바꾸어 차선을 확보한 후에 경호대상자차가 안전하게 진입한다.

④ (×) 선도경호차는 차량대형을 리드하여 계획된 시간에 목적지에 도착할 수 있도록 속도를 조절하고 기동 간 전방 상황에 대처한다.

68 정답 ❹

O△X 비표는 식별이 용이하도록 선명하여야 하고, 행사 참석자의 활동범위를 지정해주는 통제수단이므로 구역을 식별할 수 있도록 행사장의 상황에 맞춰 여러 가지로 제작·운용할 수 있다.

핵심만 콕 통제대책

구 분	내 용	
출입통제	행사장에 대한 출입통제는 3선 경호개념에 의거한 경호구역의 설정에 따라 각 구역별 통제의 범위를 결정한다. 특히 1선인 안전구역은 행사와 무관한 사람들의 행사장 출입을 통제 또는 제한하고, 그 효과를 극대화하기 위해서 가능한 한 출입구를 단일화하거나 최소화한다. 출입구에는 금속탐지기 등을 설치하여 출입자와 반입물품을 확인한다. 2선인 경비구역은 행사 참석자를 비롯한 모든 출입요소의 1차 통제점이 되어, 상근자 이외에 용무가 없는 사람들의 출입을 가급적 제한한다. **안전구역에 대한 출입통제대책은 다음의 조치를 수반한다.** • 모든 출입요소에 대한 인가 여부를 확인한다. • 참석자가 시차별로 지정된 출입통로를 통하여 입장토록 한다. • 비표 운용을 통하여 비인가자의 출입을 통제한다. • MD(금속탐지기) 검색을 통하여 위해요소의 침투를 차단한다.	
입장계획	• 현장에서의 혼잡 예방을 위해서는 중간집결지를 운영하여 단체로 입장토록 하는 방법이나 시차별 입장을 통하여 인원을 분산시킨다. • 차량출입문과 행사 참석자의 도보출입문을 구분하여 운영한다. • 참석자 입장계획은 철저한 신분확인 및 검색과 직결된 문제로 시차별 입장계획과 출입구별 인원 배분계획을 수립하여, 참석자가 일시에 몰리거나 특정 출입구로 몰리는 혼란을 미연에 방지한다.	
주차계획	• 입장계획과 연계하여, 주차장별로 승차입장카드를 구분 운영하고, 참석자들이 하차하는 지점과 주차장소에 대한 안내표지판을 설치하고 안내한다. • 행사장에서의 혼잡상황을 예방하거나 행사장 주변에 주차장이 충분치 않을 경우에는 중간집결지를 운용하여 단체버스로 이동시키고, 개별 승용차의 행사장 입장을 가급적 억제한다.	
비표운용 계획	• 비표의 종류에는 리본, 배지, 명찰, 완장, 모자, 조끼 등이 있으며, 비표는 대상과 용도에 맞게 적절히 운용한다. • 행사 참석자를 위한 명찰이나 리본은 구역별로 그 색상을 달리하여 식별 및 통제가 용이하도록 하면 효과적이다.	
금속탐지기 운용계획	• 행사장의 배치, 행사 참석자의 규모 및 성향 등을 고려하여 통제가 용이하고 공간이 확보된 장소에 설치 운용한다. • 금속탐지기를 통한 검색능력은 대략 초당 1명 정도인 점을 감안하여 금속탐지기의 설치장소 및 대수를 판단하고, 행사의 성격에 따라 X-Ray나 물품보관소를 같이 운용한다.	
통제수단	비 표	• 모든 인적·물적 출입요소의 인가 및 확인 여부를 표시하기 위하여 사용되는 중요한 수단이다. • 비표는 모양이나 색상이 원거리에서도 식별이 용이하도록 단순하고 선명하게 제작하여 사용함으로써 경호조치의 효율성을 증대시키고, 재생이나 복제가 되어서는 안 된다.
	금속탐지기	• 크게 문형 금속탐지기와 휴대용 금속탐지기로 구분할 수 있다. • 인적·물적 출입요소의 이상 유무와 위해물품 반입 여부를 확인하기 위한 금속탐지기는 금속성 물질에만 제한적으로 반응하는 특징이 있다.

〈출처〉 이두석, 「경호학개론」, 진영사, 2018, P. 265~267

69 정답 ❷

O△X 제시문의 업무를 수행하는 자는 안전대책 담당자이다.

핵심만콕 경호원의 분야별 업무담당

구 분	내 용
작전 담당	정보수집 및 분석을 통하여 작전구역별 특성에 맞는 인원 운용계획 작성, 비상대책체제 구축에 주력하며 부가적으로 시간사용계획 작성, 관계관 회의 시 주요 지침사항 · 예상 문제점 · 참고사항(기상, 정보 · 첩보) 등을 계획하고 임무별 진행사항을 점검하여 통합 세부계획서 작성 등
출입통제 담당	행사 참석대상 및 성격분석, 출입통로 지정, 본인 여부 확인, 검문검색, 주차장 운용계획, 중간집결지 운용, 구역별 비표 구분, 안전 및 질서를 고려한 시차별 입장계획, 상주자 및 민원인 대책, 야간근무자 등의 통제계획을 작전 담당에게 전달 등
안전대책 담당	안전구역 확보계획 검토, 건물의 안전성 여부 확인, 상황별 비상대피로 구상, 행사장 취약시설물 파악, 비상 및 일반예비대 운용방법 확인, 최기병원(적정병원) 확인, 직시건물(고지) · 공중감시대책 검토 등
행정 담당	출장여비 신청 및 수령, 각 대의 숙소 및 식사장소 선정, 비상연락망 구성 등
차량 담당	출동인원에 근거하여 선발대 및 본대 사용차량 배정, 이동수단별 인원, 코스, 휴게실 등을 계획하여 작전 담당에게 전달 등
승 · 하차 및 정문 담당	진입로 취약요소 파악 및 확보계획 수립 후 주요 위치에 근무자 배치, 통행인 순간통제 방법 강구, 비상 및 일반예비대 대기장소 확인, 안전구역 접근자 차단 및 위해요소 제거, 출입차량 검색 및 주차지역 안내 등
보도 담당	배치결정된 보도요원 확인, 보도요원 위장침투 차단, 행사장별 취재계획 수립 전파 등
주행사장 내부 담당	경호대상자 동선 및 좌석 위치에 따른 비상대책 강구, 행사장 내의 인적 · 물적 접근통제 및 차단계획 수립, 정전 등 우발상황에 대비한 각 근무자 예행연습, 행사장의 단일 출입 및 단상 · 천장 · 경호대상자 동선 등에 대한 안전도의 확인, 각종 집기류 최종 점검 등
주행사장 외부 담당	안전구역 내 단일 출입로 설정, 외곽 감제고지 및 직시건물에 대한 안전조치, 취약요소 및 직시지점을 고려한 단상 설치, 경호대상자 좌석과 참석자 간 거리 유지, 방탄막 설치 및 비상차량 운용계획 수립, 지하대피시설 점검 및 확보, 경비 및 경계구역 내 안전조치 강화, 차량 및 공중강습에 대한 대비책 강구 등

70 정답 ❸

O△X 통로의 중앙보다는 양 측면을 중점 검측하고, 아래보다는 높은 곳을 중점 검측한다.

〈출처〉 김두현, 「경호학개론」, 엑스퍼트, 2020, P. 270

핵심만콕

검측은 책임구역을 명확하게 구분하여 계속적으로 반복 실시하되, 중복해서 실시하여 통로에서는 양측을 중점 검측하고 아래보다는 높은 곳을, 능선이나 곡각지 등 의심나는 곳은 반복해서 검측한다. 그리고 전기선은 끝까지 추적해서 확인하고 전기제품 같은 물품은 분해해서 확인하며, 확인이 불가능한 물품은 원거리에 격리시키며 쓰레기통 같은 무질서한 분위기는 청소를 실시하여 정돈한다.

〈출처〉 김두현, 「경호학개론」, 엑스퍼트, 2020, P. 270

71 정답 ❷

O△X 주어진 책임구역에 따라 사주경계를 실시하고 우발상황에 대응하여 인적 방벽을 형성하여 경호대상자를 보호하는 것은 선발경호가 아니라 근접경호의 기본임무이다.

72 정답 ❷

O△X ② (○) 검식활동은 경호대상자에게 제공되는 음식물의 이상 유무를 검사하고 확인하는 과정이다.

① (×) 검식활동은 식재료의 구매 단계부터 시작된다.

③ (×) 경호대상자에게 식음료 운반 시에도 근접감시를 실시한다.

④ (×) 검식활동은 안전대책작용으로서 사전예방경호에 해당하나, 경호실시단계에서 이루어지는 근접경호에는 해당하지 않는다.

73 정답 ❸

O△X ③ (×) c는 검측장비가 아닌 감시장비에 관한 설명이다. 검측장비는 위해물질의 존재 여부를 검사하거나 시설물의 안전점검에 사용하는 도구로서 사람이 직접 확인할 수 없는 밀폐공간의 확인에 사용한다.

① (○) ㄱ - b : 호신장비는 일반적으로 자신의 생명이나 신체가 위험상태에 놓였을 때 스스로를 보호하는 데 사용하는 총기, 경봉, 가스분사기, 전자충격기 등의 장비를 말한다.

② (○) ㄴ - a : 기동장비는 경호대상자의 경호를 위하여 운용하는 차량・항공기・선박・열차 등의 이동수단을 말한다.

④ (○) ㄹ - d : 통신장비는 경호업무를 수행하는 데 필요한 보고 또는 연락을 위한 통신장비(유선・무선)를 말한다. 경호통신은 신뢰성, 신속성, 정확성, 안전성이 고려되어야 한다.

핵심만콕 경호장비의 기능에 따른 분류

호신장비	일반적으로 자신의 생명이나 신체가 위험상태에 놓였을 때 스스로를 보호하는 데 사용하는 장비를 말한다. 여기에는 총기, 경봉, 가스분사기, 전자충격기 등이 있다.
방호장비	경호대상자나 경호대상자가 사용하는 시설물을 보호하기 위한 장치를 말한다. 적의 침입 예상경로를 차단하기 위하여 방벽을 설치・이용하는 것으로 경호방법 중 최후의 예방경호방법이라 할 수 있다. 방호장비는 크게 자연적 방벽과 물리적 방벽으로 나뉜다(단순히 방폭담요, 방폭가방 등을 방호장비로 분류하는 견해도 있다).
기동장비	경호대상자의 경호를 위하여 운용하는 차량・항공기・선박・열차 등의 이동수단을 말한다.
검색・검측장비	검색장비는 위해도구나 위해물질을 찾아내는 데 사용하는 장비를 말하고, 검측장비는 위해물질의 존재 여부를 검사하거나 시설물의 안전점검에 사용하는 도구를 말한다. 일반적으로 검측장비로 통칭하며, 검측장비는 탐지장비, 처리장비, 검측공구로 구분하여 사용한다.
감시장비	위해기도자의 침입이나 범죄행위를 사전에 감시하기 위한 장비(전자파, 초음파, 적외선 등을 이용한 기계장비)를 말한다. 경호임무에 있어 인력부족으로 인한 경호 취약점을 보완하는 수단으로, 감시장비에는 드론, CCTV, 열선감지기, 쌍안경, 망원경, 포대경(M65), TOD(영상감시장비) 등이 있다.
통신장비	경호업무를 수행하는 데 필요한 보고 또는 연락을 위한 통신장비(유선・무선)를 말한다. 경호통신은 신뢰성, 신속성, 정확성, 안전성이 고려되어야 한다. 유선통신장비에는 전화기, 교환기, FAX망, 컴퓨터통신, CCTV 등의 장비가 있으며, 무선통신장비에는 휴대용 무전기(FM-1), 페이징, 차량용 무전기(MR-40V, KSM-2510A, FM-5), 무선전화기, 인공위성 등이 있다.

74 정답 ❷

O△X

② (O) 경호대상자 차량은 물론이고, 경호차량도 외부의 시선을 집중시키는 차종이나 색상은 지양한다.

① (×) 경호차량 선정 시 무엇보다 우선하여 고려되어야 하는 사항은 바로 경호대상자의 안전과 보호이다. 이러한 기준에 비추어 보았을 때 ①은 결코 바람직한 선정방법이 될 수 없다. 경호차량은 경호환경을 잘 파악한 후 효과적으로 선정하여야 한다.

③ (×) 선도경호차량은 행・환차로를 안내하고, 행사시간에 맞게 주행속도를 조절하며, 비상사태 시 비상도로를 확보하고 전방에 나타나는 각종 상황에 대한 경계업무를 수행한다. 기동 간 이동지휘소는 후미경호차량의 역할에 해당한다.

④ (×) 기만효과를 거두기 위해서는 경호대상자의 차량과 색상 및 외형은 동일해야 하고 유리는 착색하는 것이 좋다.

핵심만콕 경호차량의 일반적 선정기준(선정방법)

- 경호차는 경호대상자 차량의 성능에 필적할 만한 차량을 선정해야 한다.
- 경호대상자 차량은 물론이고, 경호차량도 외부의 시선을 집중시키는 차종이나 색상은 지양한다.
- 튼튼한 차체와 가속력을 갖춘 차량이어야 한다.
- 방향전환이 쉽고 엔진의 성능과 가속장치가 좋은 고성능 차량을 선정한다.
- 차체가 강하고 방탄능력이 있는 차량을 선정한다.
- 기만효과를 거두기 위해서는 경호대상자의 차량과 색상 및 외형은 동일해야 하고 유리는 착색하는 것이 좋다.

75 정답 ❸

O△X

청와대 경찰관파견대에 관한 설명만 틀리고 나머지 지문은 모두 옳다. 1960년 4・19 혁명으로 제1공화국이 끝나고 3차 개헌을 통해 정부형태가 대통령 중심제에서 내각책임제로 바뀌면서 국무총리의 지위가 크게 강화됨에 따라 대통령 경호를 담당하던 경무대경찰서가 폐지되고 경무대 지역의 경비업무를 서울시 경찰국 경비과에서 담당하게 되었다. 이후 1960년 6월 제2공화국이 수립되면서 서울시경 소속으로 청와대 경찰관파견대를 설치하여 서울시 경찰국 경비과에서 담당하던 대통령 경호 및 대통령관저의 경비를 담당하게 하였다.

핵심만콕 대한민국 정부수립 이후 경호기관

구 분	내 용
경무대경찰서 (1949)	• 1949년 2월 왕궁을 관할하고 있던 창덕궁경찰서가 폐지되고 경무대경찰서가 신설되면서 경찰이 대통령 경호임무를 담당하게 되었다. 이때, 종로경찰서 관할인 중앙청 및 경무대 구내가 경무대경찰서의 관할구역이 되었다. • 1949년 12월 내무부훈령 제25호에 의하여 경호규정이 제정되면서 최초로 경호라는 용어의 사용과 경호업무의 체제가 정비되었다. • 경무대경찰서는 신설 당시에는 종로경찰서 관할인 중앙청 및 경무대 구내가 관할구역이었으나, 1953년 3월 30일 경찰서 직제의 개정으로 그 관할구역을 경무대 구내로 제한하였다.
청와대 경찰관파견대 (1960)	• 1960년 4・19 혁명으로 제1공화국이 끝나고 3차 개헌을 통해 정부형태가 대통령중심제에서 내각책임제로 바뀌면서 국무총리의 지위가 크게 강화됨에 따라 대통령 경호를 담당하던 경무대경찰서가 폐지되고 경무대 지역의 경비업무는 서울시 경찰국 경비과에서 담당하게 되었다. • 1960년 6월 제2공화국이 수립되면서 서울시경 소속으로 청와대 경찰관파견대를 설치하여 경비과에서 담당하던 대통령 경호 및 대통령관저의 경비를 담당케 하였다.

국가재건최고회의 의장경호대 ↓ 중앙정보부 경호대(1961)	• 1961년 5월 군사혁명위원회가 국가재건최고회의로 발족되면서 국가재건최고회의의 의장 경호대가 임시로 편성되었다가 중앙정보부로 예속되고, 그 해 9월 중앙정보부 내훈 제2호로 경호규정이 제정 시행되면서 11월 정식으로 중앙정보부 경호대가 발족되었다. • 중앙정보부 경호대의 주요 임무는 국가원수, 최고회의의장, 부의장, 내각수반, 국빈의 신변보호, 기타 경호대장이 지명하는 주요 인사의 신변보호 등이었다.
대통령경호실(1963) ↓ 대통령실장 소속 경호처 (2008, 차관급) ↓ 대통령경호실 (2013, 장관급) ↓ 대통령경호처 (2017~, 차관급)	• 1963년 제3공화국이 출범하여 대통령경호실법을 제정 · 공포하고 박정희 대통령 취임과 동시에 대통령경호실을 출범시켰다. • 1974년 8 · 15사건을 계기로 '대통령경호경비안전대책위원회'가 설치되고, 청와대 외각경비가 경찰에서 군(55경비대대)으로 이양되었으며, 22특별경호대와 666특공대가 창설되고, 경호행사 시 3중 경호의 원칙이 도입되는 등 조직과 제도가 대폭 보강되었다. • 1981년 '대통령 당선 확정자의 가족의 호위'와 '전직대통령과 그 배우자 및 자녀의 호위'가 임무에 추가되었다. • 2004년 대통령 탄핵안이 가결됨에 따라 대통령 권한대행과 그 배우자에 대한 경호임무를 추가로 수행하였다. • 2008년 2월 29일 '대통령경호실법'은 '대통령 등의 경호에 관한 법률'로 개칭되고 소속도 대통령 직속기관인 대통령경호실에서 대통령실장 소속 경호처로 변경되었다. • 2013년 2월 25일 경호처는 다시 대통령비서실과 독립된 대통령경호실로 환원되고, 지위도 장관급으로 격상되었다. • 2017년 7월 26일 정부조직법 개정으로 대통령경호실은 재개편되어 현재 차관급 대통령경호처가 되었다.

76 정답 ❸

O△X 단독주택의 대문과 공동주택의 각 세대 난간에 국기를 게양하려는 경우 밖에서 바라보아 중앙이나 왼쪽에 국기를 게양하는 것을 원칙으로 하되, 부득이한 경우에는 그 위치를 달리할 수 있다(국기의 게양 · 관리 및 선양에 관한 규정 제10조 제1항).

77 정답 ❹

O△X 국민보호와 공공안전을 위한 테러방지법 시행령 제14조 제1항에 의하면 테러사건대책본부를 설치 · 운영하여야 하는 사람은 외교부장관, 국방부장관, 국토교통부장관, 경찰청장, 해양경찰청장이다. 국가정보원장은 테러 관련 정보를 통합관리하기 위하여 관계기관 공무원으로 구성되는 테러정보통합센터를 설치 · 운영한다(국민보호와 공공안전을 위한 테러방지법 시행령 제20조 제1항).

관계법령 **테러사건대책본부(국민보호와 공공안전을 위한 테러방지법 시행령 제14조)**

① 외교부장관, 국방부장관, 국토교통부장관, 경찰청장 및 해양경찰청장은 테러가 발생하거나 발생할 우려가 현저한 경우(국외테러의 경우는 대한민국 국민에게 중대한 피해가 발생하거나 발생할 우려가 있어 긴급한 조치가 필요한 경우에 한한다)에는 다음 각호의 구분에 따라 테러사건대책본부(이하 "대책본부"라 한다)를 설치 · 운영하여야 한다.
1. 외교부장관 : 국외테러사건대책본부
2. 국방부장관 : 군사시설테러사건대책본부
3. 국토교통부장관 : 항공테러사건대책본부
4. 삭제 〈2017.7.26.〉
5. 경찰청장 : 국내일반 테러사건대책본부
6. 해양경찰청장 : 해양테러사건대책본부

78 정답 ❹

O△X 일반 선박 탑승 시 보통 상급자가 나중에 타고 먼저 내린다. 그러나 함정의 경우에는 상급자가 먼저 타고 먼저 내린다.

핵심만콕 탑승 시 경호예절

구 분	내 용
항공기	• 상급자가 나중에 타고 먼저 내린다. • 창문가 좌석이 상석, 통로 쪽 좌석이 차석, 상석과 차석 사이가 말석이다.
선 박	• 객실의 등급이 정해져 있을 때는 지정된 좌석에 앉고, 지정된 좌석이 없는 경우 선체의 중심부가 상석이 된다. • 일반적 선박의 경우 승선 시 상급자가 나중에 타고 하선 시에는 먼저 내린다. • 함정의 경우 승선 시 상급자가 먼저 타고 하선 시에도 먼저 내린다.
기 차	• 두 사람이 나란히 앉는 좌석에서는 창가 쪽이 상석이고 통로 쪽이 말석이다. • 네 사람이 마주 앉는 자리에서는 기차 진행 방향의 창가 좌석이 가장 상석이고 그 맞은편, 상석의 옆좌석, 그 앞좌석 순이다. • 침대차에서는 아래쪽 침대가 상석이고 위쪽 침대가 말석이다.
승용차	• 운전기사가 있을 경우 자동차 좌석의 서열은 뒷좌석 오른편이 상석이고 왼쪽과 앞자리(조수석), 가운데 순이다(뒷좌석 가운데와 앞자리의 서열은 바뀔 수 있다). • 자가운전자의 경우 자진해서 운전석 옆자리에 앉는 것이 통례이며 그곳이 상석이다. 그리고 뒷좌석 오른편, 왼쪽, 가운데 순이다.
엘리베이터	• 안내하는 사람이 있을 때에는 상급자가 먼저 타고 먼저 내린다. • 안내하는 사람이 없을 때에는 하급자가 먼저 타서 엘리베이터를 조작하고 내릴 때에는 상급자가 먼저 내린다.
에스컬레이터	• 올라갈 때는 상급자가 먼저 올라가고 내려올 때는 하급자가 먼저 내려온다. • 남녀가 올라갈 때는 여성이 먼저 올라가고, 내려올 때는 남성이 먼저 내려온다.

79 정답 ❸

O△X 제시된 내용 중 경호 환경요인에 관한 설명으로 옳지 않은 것은 ㄱ과 ㄷ이다.

ㄱ. (×) 우리나라의 국제적 지위 향상과 더불어 해외에서의 한국인 대상 납치·살해 등 테러 위협이 증가하는 것은 특수적 환경요인에 해당한다.

ㄷ. (×) 개인 중심의 생활양식 및 이기주의에 빠져 경호작용에 대한 비협조적 경향으로 나타날 우려는 일반적 환경요인에 해당한다.

ㄴ. (O) 제4차 산업혁명이란 로봇이나 인공지능 그리고 생명과학이 주도하여 실제와 가상이 통합되는 가상물리시스템이 구축되는 것이라고 볼 수 있는데, 제4차 산업의 발달로 인한 로봇이나 인공지능 등을 이용한 범죄에 대응한 기술발달이 필요하다는 것은 일반적 환경요인에 해당한다고 할 수 있다. 다만, 드론을 활용한 북한의 남한에 대한 위협은 특수적 환경요인에 해당한다.

ㄹ. (O) 소수인종 및 민족, 종교적 편견, 장애인, 노인 등 약자 층을 대상으로 이유 없는 증오심을 갖고 테러를 자행하는 증오범죄가 심각하게 등장하고 있다. 이러한 증오범죄의 등장은 특수적 환경요인에 해당한다.

80 정답 ❹

O△X 제시된 내용 중 옳지 않은 것은 ㄷ, ㄹ, ㅂ이다.

ㄷ. (×) 전문적 지원조직에 관한 설명이다. 직접적 지원조직은 폭발물 설치자, 암살범 또는 납치범과 같은 핵심요원들에 대한 직접적·계속적 지원을 위해 구성된 조직으로서 대피소·차고·공격용 차량 준비, 핵심요원의 훈련, 무기·탄약 지원, 테러대상에 대한 정보제공, 전술 및 작전지원 등의 임무를 수행한다.

ㄹ. (×) 적극적 지원조직에 관한 설명이다. 전문적 지원조직은 특정분야에 대해 반복적으로 지원을 제공하는 조직으로써 체포된 테러리스트 은닉, 법적 비호, 유리한 알리바이 제공 및 의료지원 임무를 수행한다.

ㅂ. (×) 직접적 지원조직에 관한 설명이다. 적극적 지원조직은 직접 테러행위를 실시하는 요원들에 대한 지원으로서 선전효과 증대, 자금획득, 조직의 확대에 기여함으로써 테러활동에 주요한 역할을 한다.

ㄱ. (○) 지도자 조직은 지휘부의 정책수립·계획·통제 및 집행 임무를 수행하고, 테러조직의 정치적 또는 전술적 두뇌를 제공한다.

ㄴ. (○) 행동 조직은 공격현장에서 폭발물 설치 등 직접 테러행위를 실시하는 요원들로서 핵심요원이라 할 수 있다. 실제적으로 테러행위에 있어 가장 중요한 요소인 반면, 테러행위를 실시하는 중에 가장 피해를 많이 볼 수 있다.

ㅁ. (○) 수동적 지원조직은 테러집단의 생존기반 조직으로서 정치적 전위집단이나 후원자가 이에 포함되며, 반정부 시위나 집단행동에서 다수의 위력을 구성하는 데 도움을 준다.

핵심만콕 **테러조직의 구조적 형태**

구 분	내 용
지도자 조직	지휘부의 정책수립, 계획, 통제 및 집행 임무 수행, 테러조직의 정치적 또는 전술적 두뇌를 제공
행동 조직	공격현장에서 직접 테러행위를 실시, 폭발물 설치, 실제적으로 테러행위에 있어 가장 중요한 요소
직접적 지원조직	대피소, 차고, 공격용 차량 준비, 핵심요원 훈련, 무기·탄약 지원, 테러대상(테러목표)에 대한 정보제공, 전술 및 작전지원
전문적 지원조직	체포된 테러리스트 은닉, 법적 비호, 의료지원 제공, 유리한 알리바이 제공
수동적 지원조직	테러집단의 생존기반, 정치적 전위집단, 후원자, 반정부 시위나 집단행동에서 다수의 위력 구성을 지원
적극적 지원조직	선전효과 증대, 자금획득, 조직의 확대에 기여함으로써 테러활동에 주요한 역할

〈출처〉 김두현, 「경호학개론」, 엑스퍼트, 2020, P. 484~485

※ 비고

테러조직의 동심원적 구조(안 → 밖) : 지도자 조직 → 행동 조직 → 직접적 지원조직 → 전문적 지원조직 → 수동적 지원조직 → 적극적 지원조직

제10회 심화 모의고사

문제편 305p

정답 CHECK

41	42	43	44	45	46	47	48	49	50	51	52	53	54	55	56	57	58	59	60
④	③	①	②	③	④	③	②	②	③	③	①	①	③	③	②	③	①	④	③
61	62	63	64	65	66	67	68	69	70	71	72	73	74	75	76	77	78	79	80
②	②	④	④	③	②	①	④	③	①	④	③	①	②	④	②	②	②	②	③

41 정답 ❹

O△X

④ (×) 2년 이하의 징역·금고 또는 500만원 이하의 벌금에 처한다(대통령 등의 경호에 관한 법률 제21조 제2항).

① (○) 대통령 등의 경호에 관한 법률 제19조 제1항

② (○) 대통령 등의 경호에 관한 법률 제15조

③ (○) 대통령 등의 경호에 관한 법률 제20조 제2항

42 정답 ❸

O△X

제시된 내용 중 경호·경비의 법적 근거에 관한 설명으로 옳지 않은 것은 ㄱ과 ㅁ이다.

ㄱ. (×) 「대통령경호처와 그 소속기관 직제」는 대통령경호처와 그 소속기관의 조직과 직무범위, 그 밖에 필요한 사항을 규정함을 목적으로 한다(대통령경호처와 그 소속기관 직제 제1조). 대통령 등에 대한 경호를 효율적으로 수행하기 위하여 경호의 조직·직무범위와 그 밖에 필요한 사항을 규정함을 목적으로 제정된 것은 「대통령 등의 경호에 관한 법률」이다.

ㅁ. (×) 전직대통령의 신분과 예우에 관하여는 법률로 정한다(헌법 제85조). 헌법 제85조는 「전직대통령 예우에 관한 법률」의 근거규정이다.

ㄴ. (○) 경찰관직무집행법 제1조 제1항

ㄷ. (○) 경비업법 제1조

ㄹ. (○) 청원경찰법 제1조

ㅂ. (○) 대통령경호안전대책위원회의 구성 및 운영에 필요한 사항은 대통령령으로 정한다(대통령 등의 경호에 관한 법률 제16조 제5항). 이 영은 「대통령 등의 경호에 관한 법률」 제16조에 따른 대통령경호안전대책위원회의 구성 및 운영에 관하여 필요한 사항을 규정함을 목적으로 한다(대통령경호안전대책위원회규정 제1조).

43 정답 ❶

O△X ① (O) 제시문의 경호지휘단일성의 원칙에 관한 설명이다. 지휘가 단일해야 한다고 하는 것은 경호기관(요원)은 한 사람의 지휘를 받아야 한다는 뜻이다. 한 걸음 더 나아가서 지휘의 단일이란 "하나의 지휘자"라는 의미 외에 하급경호요원은 하나의 상급기관에 대해서만 책임을 진다는 의미가 포함된다.

② (×) 경호기관단위작용의 원칙에 관한 설명이다.

③ (×) 경호체계통일성의 원칙에 관한 설명이다. 경호체계통일성의 원칙은 일반기업의 책임과 분업원리와 연계되는 경호조직의 원칙이라고 할 수 있다.

④ (×) 경호협력성의 원칙에 관한 설명이다.

44 정답 ❷

O△X 제시된 내용 중 해당하지 않는 업무는 ㄷ이다.

ㄷ. (×) 그 밖에 경호업무의 효율적 수행을 위해 처장이 필요하다고 인정하는 업무(대통령 등의 경호에 관한 법률 시행령 제4조의5 제4호)

ㄱ. (O) 대통령 등의 경호에 관한 법률 시행령 제4조의5 제1호

ㄴ. (O) 대통령 등의 경호에 관한 법률 시행령 제4조의5 제2호

ㄹ. (O) 대통령 등의 경호에 관한 법률 시행령 제4조의5 제3호

관계법령 **과학경호 발전방안의 수립 · 시행(대통령 등의 경호에 관한 법률 시행령 제4조의5)**

처장은 다음 각호의 업무를 효율적으로 수행하기 위해 필요한 경우 독자적 또는 산학협력 등을 통한 경호연구개발사업의 수행으로 첨단과학기술을 활용한 과학경호 발전방안을 수립 · 시행할 수 있다.

1. 경호구역에서의 경호업무
2. 법 제5조 제3항에 따른 안전 활동 업무
3. 법 제5조의2 제1항에 따른 신변보호 및 행사장의 안전관리 등의 업무
4. 그 밖에 경호업무의 효율적 수행을 위해 처장이 필요하다고 인정하는 업무

[본조신설 2023.5.16.]

45 정답 ❸

O△X ㄷ. 경찰관직무집행법(1953년 12월 14일) → ㄱ. 청원경찰법(1962년 4월 3일) → ㄹ. 대통령 등의 경호에 관한 법률(1963년 12월 14일 대통령경호실법 제정, 2008년 2월 29일 대통령 등의 경호에 관한 법률로 명칭 변경) → ㅁ. 경비업법(1976년 12월 31일 용역경비업법 제정, 1999년 3월 31일 경비업법으로 명칭 변경) → ㄴ. 국민보호와 공공안전을 위한 테러방지법(2016년 3월 3일)

46 정답 ❹

O△X 사주경계 시 위험감지의 단계는 주위관찰, 문제제기, 위기의식, 대응조치 계획의 순서로 수립한다. 또한 근접경호 시 사주경계는 인접해 있는 경호원과 경계범위를 중복해야 경호의 만전을 기할 수 있다. 나머지 네 개는 모두 옳은 내용이다.

핵심만콕 **사주경계(주위경계)의 방법 및 요령**

- 근접경호 시 사주경계는 인접해 있는 경호원과 경계범위를 중복해야 경호의 만전을 기할 수 있다.
- 시각의 한계를 고려하여 사주경계의 범위를 선정한다.
- 경호대상자로부터 가까운 곳에서 먼 곳 순으로 좌우 반복해서 경계를 실시한다.
- 복도의 좌우측 문, 모퉁이, 창문주위 등에 관심을 두고 경계한다.
- 위해자는 심리적으로 군중들의 두 번째 열에 위치해 기도하려고 한다.
- 전체적으로 보아 주위 사물과 어울리지 않는 부조화에 주의한다.
- 경호대상자 주변의 군중들의 손과 눈을 주시한다.
- 시각적으로 움직임과 정황들에 대해 의문점을 제기하고 정리, 분석하도록 한다.
- 위험감지의 단계를 주위관찰, 문제제기, 위기의식, 대응조치 계획의 순서로 수립한다.
- 경호대상자에게 접근하는 사람의 거리, 위치, 복장, 손의 움직임을 관찰한다.
- 공격목표를 설정한 사람은 대개 웃지 않고 몸을 움직이지 않으며 목표를 집중하여 주시한다는 점을 알아야 한다.
- 더운 날씨나 추운 날씨 등의 주변 환경과 어울리지 않는 복장을 착용하고, 주위상황과 어울리지 않게 행동하는 사람을 특히 주의 깊게 관찰한다.

47 정답 ❸

O△×

제시된 내용 중 경호의 행동원칙에 관한 설명으로 옳지 않은 것은 ㄷ과 ㄹ이다.

ㄷ. (×) 자기희생의 원칙에 관한 설명이다. 방어경호의 원칙은 경호는 위해기도자의 공격행동에 대항하여 경호대상자를 보호하는 행위이므로 경호요원은 최후의 방어수단인 자신의 몸으로 경호대상자를 안전하게 보호하는 것이 최선이라는 원칙을 말한다. 다만, 근접경호 시 시간상으로나 거리상으로 경호대상자보다 위해기도자가 더 가까이에 있어서 위해기도자를 제압하는 것이 경호대상자를 보호하는 데 더 효과적이라고 판단할 경우에는 위해기도자를 제압할 수 있다.

ㄹ. (×) 기만경호 기법 중 복제경호요원 운용에 관한 설명이다. 은밀경호의 원칙이란 경호요원은 타인의 눈에 잘 띄지 않게 은밀하고 침묵 속에서 행동하며, 항상 경호대상자의 공적·사적 업무활동에 방해를 주지 않고 신변을 보호할 수 있는 곳에 행동반경을 두고 경호에 임해야 한다는 원칙이다.

ㄱ. (○) 3중 경호의 원칙은 경호대상자가 위치한 지역에서 가장 근거리부터 엄중한 경호를 취하는 순서로 근접경호, 중간경호, 외곽경호로 나누고 그에 따른 요원의 배치와 임무가 부여되는 원칙을 말한다.

ㄴ. (○) 자기담당구역 책임의 원칙에 따라 경호원은 자신의 책임하에서 주어진 임무를 완수하고 담당구역을 지켜야 한다.

ㅁ. (○) 하나의 통제된 지점을 통한 접근의 원칙은 경호대상자에게 접근할 수 있는 출입구나 통로는 하나만 필요하고, 하나의 통제된 출입구나 통로라 하더라도 접근자는 경호요원에 의하여 인지되고 확인되어야 하며 허가절차를 거쳐 접근토록 해야 한다는 원칙을 말한다.

48 정답 ❷

O△X 제시된 내용 중 차량기동 간 사전준비 및 검토할 사항이 아닌 것은 ㄴ과 ㅂ이다. ㄴ과 ㅂ은 근접경호에서 도보대형 형성 시 고려할 사항이다.

핵심만콕 **차량기동 간 사전준비 및 검토할 사항**

- 행차로와 환차로 등 주변 도로망 파악
- 대피소 및 최기병원 선정 등 주변 구호시설의 파악
- 주도로 및 예비도로의 선정
- 차량대형 및 차종의 선택
- 의뢰자 및 관계자의 차량번호 숙지
- 현지에서 합류되는 차량번호 숙지 등

49 정답 ❷

O△X 제시문의 (   ) 안에 들어갈 용어는 순서대로 안전점검, 안전검사, 안전유지이다.

핵심만콕

안전대책의 3대 작용 원리는 안전점검, 안전검사, 안전유지이다.

- 안전점검 : 폭발물 등 각종 유해물을 탐지하여 제거하는 활동을 말한다.
- 안전검사 : 경호대상자가 이용하는 기구, 시설 등의 안전상태를 검사하는 활동을 말한다.
- 안전유지 : 안전점검 및 검사가 이루어진 상태를 유지하는 활동을 말한다.

50 정답 ❸

O△X 제시된 내용 중 경호장비에 관한 설명으로 옳은 것은 ㄹ, ㅁ, ㅂ이다.

ㄹ. (O) 호신장비에 관한 옳은 설명이다. 호신장비에는 총기, 경봉, 가스분사기, 전자충격기 등이 있다.

ㅁ. (O) 기동장비에 관한 옳은 설명이다.

ㅂ. (O) 감시장비에 관한 옳은 설명이다. 경호임무에 있어 인력부족으로 인한 경호 취약점을 보완하는 수단으로, 감시장비에는 드론, CCTV, 열선감지기, 쌍안경, 망원경, 포대경(M65), TOD(영상감시장비) 등이 있다.

ㄱ. (×) 검측장비에 관한 설명이다. 검색장비는 신변보호 및 중요행사를 수행함에 있어 행사장, 숙소, 연도 등에 대하여 폭발물을 탐지하고 제거하며, 제반시설물의 안전점검을 실시하는 데 사용하는 장비를 말한다. 즉, 위해요소에 대한 분석과 판단으로 적절한 조치를 강구하여 위해요소를 사전에 제거하는 작용에 활용되는 장비를 말한다.

ㄴ. (×) 검색장비에 관한 설명이다. 검측장비는 위해물질의 존재 여부를 검사하거나 시설물의 안전점검에 사용되는 도구를 말하며, 이에는 금속탐지기, 폭발물 탐지기 등이 있다.

ㄷ. (×) 검색장비와 검측장비는 일반적으로 검측장비로 통칭한다. 검측장비는 탐지장비, 처리장비, 검측공구로 구분하여 사용한다.

핵심만콕

검색장비는 위해도구나 위해물질을 찾아내는 데 사용하는 장비를 말하고, 검측장비는 위해물질의 존재 여부를 검사하거나 시설물의 안전점검에 사용되는 도구를 말한다. 일반적으로 검측장비로 통칭하며 탐지장비, 처리장비, 검측공구로 구분하여 사용한다.

〈출처〉 이두석, 「경호학개론」, 진영사, 2018, P. 241

51 정답 ❸

○△×

(　　) 안의 ㄱ~ㄷ에 들어갈 숫자는 순서대로 5, 6, 6이다. 따라서 그 합은 17이다.

관계법령 **대통령경호처에 두는 공무원의 정원(대통령경호처와 그 소속기관 직제 제7조)**

① 대통령경호처에 두는 공무원의 정원은 [별표 1]과 같다. 다만, 필요한 경우에는 [별표 1]에 따른 총정원의 10퍼센트를 넘지 않는 범위에서 훈령·예규 및 그 밖의 방법으로 정원을 따로 정할 수 있다.
② 대통령경호처에 두는 공무원의 직급별 정원은 처장이 훈령·예규 및 그 밖의 방법으로 정한다.
③ 대통령경호처에 두는 공무원의 정원 중 1명(5급 1명)은 인사혁신처, 1명(6급 1명)은 과학기술정보통신부, 1명(6급 또는 연구사 1명)은 식품의약품안전처 소속 공무원으로 각각 충원해야 한다. 이 경우 처장은 충원 방법 및 절차 등에 관하여 해당 기관의 장과 미리 협의해야 한다.

52 정답 ❶

○△×

① (×) 학습단계 : 경호 실시결과를 분석하고 평가하여 문제점을 보완하기 위한 교육훈련을 실시하며 평가결과를 차기 행사에 반영하기 위한 적용(Feedback)을 실시한다.
② (○) 예방단계 : 법과 제도를 정비하여 우호적인 경호환경을 조성하고, 경호와 관련된 정보와 첩보를 수집·분석하여 경호위협을 평가하여 경호계획을 수립하는 경호준비과정이다.
③ (○) 대비단계 : 경호계획을 근거로 행사보안의 유지와 위해정보의 수집을 위한 보안활동을 전개하여 행사장의 취약요소에 대한 안전대책을 강구한다.
④ (○) 대응단계 : 경호인력을 배치하여 지속적인 경계활동을 실시하고 경호위기상황에 즉각적으로 대응·조치하는 단계이다.

53 정답 ❶

O△X 제시된 내용은 경호계획 수립 시 유의사항으로 모두 옳다.

핵심만 콕 **경호계획 수립 시 유의사항**

- 경호규정, 표준경호, 경비계획 및 연도경호지침 등을 완전히 숙지한 후 경호계획을 수립한다.
- 사전 현지답사는 가능한 도보로 하고 꼭 필요한 장소에 배치 예정될 병력을 표시한다.
- 안전검측을 실시하여 완벽한 계획이 되도록 하며, 계획에 있어서의 통일을 기한다.
- 사전에 관계기관회의를 개최하여 문제점을 검토한 후 현지 실정에 맞고 실현가능한 경호계획을 수립하며 경호계획의 실천추진상황 등을 계속 확인·점검한다.
- 경호경비원의 수송, 급식 및 숙소에 관한 계획을 세운다.
- 검색장비, 통신장비, 차량 등의 동원장비에 관하여 검토한다.
- 행사계획의 변경이나 비상사태에 대비하여 예비병력을 확보하는 등 융통성 있는 계획을 세운다.
- 경호원에 대한 교양과 상황에 따른 예행연습의 실시계획을 세운다.
- 책임구역과 책임자를 지정하고 계획서 도면에 책임의 한계를 명시한다.
- 수립된 계획의 실천 추진사항을 계속적으로 확인, 미비한 사항을 즉각 보완한다.
- 해안지역 행차 시의 경호경비에 있어서는 육·해·공의 입체적인 경호경비가 이루어지도록 계획을 세운다.
- 경호경비계획에는 그 실시에 착오가 없도록 하며, 주관부서, 행사장 수용능력, 행사장 병력배치, 비상통로 확보, 비표패용, 교통통제, 주차장의 관리, 예행연습 등을 포함시킨다.

54 정답 ❸

O△X 예방경호작용 수행단계에 관한 설명으로 옳은 것은 ㄴ, ㄹ이다.

ㄱ. (×) 조사(분석)단계에 대한 설명이다.

ㄷ. (×) 예견(예측)단계에 대한 설명이다.

55 정답 ❸

O△X 제시된 내용 중 경호정보작용에 관한 설명으로 옳은 것은 ㄱ, ㄴ, ㄹ이다.

ㄷ. (×) 경호의 안전작용에는 경호정보작용, 경호보안작용, 안전대책작용으로 나눌 수 있다(**두 정·보·안**).

ㅁ. (×) 경호보안작용은 경호 관련 인원, 문서, 시설, 지역, 자재, 통신 등에 대하여 불순분자로부터 완벽한 보호대책을 수립하여 지속적으로 보안을 유지해 나가는 작용을 말한다.

56 정답 ❷

O△X 제시문의 (　　) 안에 들어갈 용어는 순서대로 경호정보작용, 경호보안작용, 안전대책작용이다.

핵심만콕 경호안전작용 (두 : 정 · 보 · 안)

경호대상자의 절대안전을 도모하기 위하여 모든 수단과 방법을 이용하여 사전에 각종 위해요소를 탐지 · 봉쇄 · 제거하는 예방업무를 말한다. 경호안전작용은 크게 경호보안작용, 경호정보작용, 안전대책작용으로 구분할 수 있다.

유 형	내 용
경호정보작용	경호작용의 원천적 사전지식을 생산 · 제공하는 것으로 경호대상자의 신변안전을 위협하는 인적 · 물적 · 지리적 취약요소를 사전에 수집 · 분석 · 예고함으로써 예방경호를 수행하는 활동이다. 경호정보작용은 정확성, 적시성, 완전성의 요건을 구비해야 한다.
경호보안작용	경호와 관련된 인원, 문서, 시설, 지역, 자재, 통신 등에 대하여 불순분자로부터 완벽한 보호대책을 수립하여 지속적으로 보안을 유지해 나가는 작용을 말한다.
안전대책작용	경호대상자 신변의 위해요소를 사전에 제거하는 통합적 안전작용으로, 안전점검, 안전검사, 안전유지를 3대 작용원칙으로 한다.

57 정답 ❸

O△X

- 경호의 객체 – 퇴임한 전직대통령이므로 자녀는 경호의 대상이 아니다. 따라서 경호의 객체는 전직대통령, 배우자이다.
- 경호의 주체 – 경호대상자의 의사에 반하지 않는 경우를 전제로 퇴임한 지 8년이 된 대한민국 전직대통령과 그 배우자는 원칙적으로 대통령경호처 경호원이 경호업무를 수행하나, 경찰관도 경찰관직무집행법 제2조 제3호 및 국가경찰과 자치경찰의 조직 및 운영에 관한 법률(경찰법) 제3조 제4호를 근거로 경호업무를 수행할 수 있다.

58 정답 ❶

O△X 제시된 관련 법령을 제정 순서대로 나열하면 ㄷ(1953.12.14.) – ㄱ(1962.4.3.) – ㄹ(1963.12.14.) – ㅁ(1969.1.22.) – ㄴ(1976.12.31.) – ㅂ(2016.3.3.) 순이다.

59 정답 ❹

O△X 제시된 내용 중 대통령경호원의 임용결격사유는 ㄱ・ㄴ・ㄹ・ㅁ・ㅂ이고, 당연 퇴직사유는 ㄱ・ㄴ・ㄹ・ㅂ이다.

관계법령 **직원의 임용 자격 및 결격사유(대통령 등의 경호에 관한 법률 제8조)**

① 경호처 직원은 신체 건강하고 사상이 건전하며 품행이 바른 사람 중에서 임용한다.
② 다음 각호의 어느 하나에 해당하는 사람은 직원으로 임용될 수 없다.
1. 대한민국의 국적을 가지지 아니한 사람
2. 「국가공무원법」 제33조 각호의 어느 하나에 해당하는 사람

결격사유(국가공무원법 제33조)★

다음 각호의 어느 하나에 해당하는 자는 공무원으로 임용될 수 없다. 〈개정 2024.12.31.〉
1. 피성년후견인
2. 파산선고를 받고 복권되지 아니한 자
3. 금고 이상의 실형을 선고받고 그 집행이 끝나거나(집행이 끝난 것으로 보는 경우를 포함한다) 집행이 면제된 날부터 5년이 지나지 아니한 자
4. 금고 이상의 형의 집행유예를 선고받고 그 유예기간이 끝난 날부터 2년이 지나지 아니한 자
5. 금고 이상의 형의 선고유예를 받은 경우에 그 선고유예 기간 중에 있는 자
6. 법원의 판결 또는 다른 법률에 따라 자격이 상실되거나 정지된 자

6의2. 공무원으로 재직기간 중 직무와 관련하여 「형법」 제355조 및 제356조에 규정된 죄를 범한 자로서 300만원 이상의 벌금형을 선고받고 그 형이 확정된 후 2년이 지나지 아니한 자

6의3. 다음 각목의 어느 하나에 해당하는 죄를 범한 사람으로서 100만원 이상의 벌금형을 선고받고 그 형이 확정된 후 3년이 지나지 아니한 사람
가. 「성폭력범죄의 처벌 등에 관한 특례법」 제2조에 따른 성폭력범죄
나. 「정보통신망 이용촉진 및 정보보호 등에 관한 법률」 제74조 제1항 제2호 및 제3호에 규정된 죄
다. 「스토킹범죄의 처벌 등에 관한 법률」 제2조 제2호에 따른 스토킹범죄

6의4. 미성년자에 대하여 「성폭력범죄의 처벌 등에 관한 특례법」 제2조에 따른 성폭력범죄 또는 「아동・청소년의 성보호에 관한 법률」 제2조 제2호에 따른 아동・청소년대상 성범죄를 범한 사람으로서 다음 각목의 어느 하나에 해당하는 날부터 20년이 지나지 아니한 사람
가. 금고 이상의 실형을 선고받고 그 집행이 끝나거나(집행이 끝난 것으로 보는 경우를 포함한다) 집행이 면제된 날
나. 금고 이상의 형의 집행유예를 선고받고 그 집행유예가 확정된 날
다. 벌금 이하의 형을 선고받고 그 형이 확정된 날
라. 치료감호를 선고받고 그 집행이 끝나거나 집행이 면제된 날
마. 징계로 파면처분 또는 해임처분을 받은 날

7. 징계로 파면처분을 받은 때부터 5년이 지나지 아니한 자
8. 징계로 해임처분을 받은 때부터 3년이 지나지 아니한 자

[2024.12.31. 법률 제20627호에 의하여 2022.11.24. 헌법재판소에서 헌법불합치 결정된 이 조를 개정함.]

③ 제2항 각호(「국가공무원법」 제33조 제5호는 제외한다)의 어느 하나에 해당하는 직원은 당연히 퇴직한다.

60 정답 ❸

O△X 제시된 내용 중 대통령경호처 직원의 임용에 관한 내용으로 옳은 것은 ㄱ, ㄹ, ㅁ이다.

ㄱ. (O) 대통령 등의 경호에 관한 법률 시행령 제12조 제1항

ㄹ. (O) 대통령 등의 경호에 관한 법률 시행령 제14조 제1항

ㅁ. (O) 대통령 등의 경호에 관한 법률 시행령 제13조 제1항 본문

ㄴ. (×) 별정직·일반직공무원에 대하여는 신규채용의 경우를 제외하고는 시험을 과하지 아니한다(대통령 등의 경호에 관한 법률 시행령 제12조 제3항).

ㄷ. (×) 경호공무원의 공개경쟁채용시험의 대상이 되는 계급은 5급·7급 및 9급으로 하고, 일반직공무원의 공개경쟁채용시험의 대상이 되는 계급은 9급으로 한다(대통령 등의 경호에 관한 법률 시행령 제13조 제2항).

61 정답 ❷

O△X ㄱ, ㄷ은 수평적 방벽효과의 내용이고, ㄴ, ㄹ은 수직적 방벽효과의 내용이다.

핵심만콕 경호의 기본원리 - 자연방벽효과의 원리

구 분	내 용
수평적 방벽효과	• 근접경호원이 경호대상자와 위해기도자의 중간에 위치하여 위해기도자의 공격을 차단할 때, 근접경호원의 위치에 따라 경호대상자의 보호범위와 위해기도자의 이동거리가 달라지는 효과를 말한다. • 위해기도자의 위치가 고정된 경우, 즉 위해기도자의 위치를 아는 경우 수평적 방벽효과는 근접경호원이 위해기도자와 가까이 위치할수록 증가한다. • 경호대상자의 위치가 고정된 경우 수평적 방벽효과는 근접경호원이 경호대상자와 가까이 위치할수록 증가한다.
수직적 방벽효과	• 위해기도자가 고층건물과 같이 높은 위치에서 공격한다고 가정할 경우, 수직적 방벽효과는 근접경호원이 경호대상자와 가까이 위치할수록 증가한다. • 경호원의 신장의 차이가 수직적 방벽효과에 큰 영향을 미치는 것이다. • 경호원이 경호대상자에 대한 수직적 방벽효과를 극대화하기 위해서는 항상 바른 자세로 똑바로 서서 근무에 임해야 하며, 결코 몸을 움츠리거나 어정쩡한 자세를 취해서는 안 된다.

〈참고〉 이두석, 「경호학개론」, 진영사, 2018, P. 162~164

62 정답 ❷

O△X 외부로부터 위협이 없다고 판단되며 안전이 확보된 행사장 입장 시와 대외적인 이미지를 중시하는 경호대상자에게 적합한 도보대형은 역쐐기 모양의 'V'자형 대형을 말한다.

63 정답 ❹

O△X 제시된 내용은 출입통제 담당자의 임무에 해당한다.

64 정답 ④

O△X 제시된 내용 중 비표 운용에 관한 내용으로 적절하지 않은 것은 총 3개(ㄱ, ㄷ, ㅂ)이다.

핵심만 콕 비 표

비표의 종류	리본, 명찰, 완장, 모자, 배지 등이 있으며, 대상과 용도에 맞게 적절히 운용한다.
비표의 관리	경호대상자에게 위해를 가할 소지가 있는 사람으로서 시국불만자, 신원이 특이한 교포 및 외국인, 일반 요시찰인, 피보안처분자, 공격형 정신분자 등 인적 위해요소를 배제하기 위하여 비표 관리를 한다.
비표의 운용	• 비표를 제작할 때부터 보안에 힘쓰도록 해야 하는데, 비표 분실사고 발생 시에는 즉각 보고하고 전체 비표를 무효화하며, 새로운 비표를 해당자 전원에게 지급한다. • 비표의 종류는 적을수록 좋고 행사 참석자를 위한 비표는 구역별로 그 색상을 달리하면 식별 및 통제가 용이하다. • 비표는 모양이나 색상이 원거리에서도 식별이 용이하도록 단순하고 선명하게 제작하여 사용한다. • 비표는 재생이나 복제가 되어서는 안 된다. • 경호근무자의 경호안전활동 시에도 비표를 운영해야 한다. • 행사장 근무자의 비표는 경호 배치 전・교양 시작 후 지급하며, 행사 참석자에게도 행사 당일 배포하여야 한다.

65 정답 ③

O△X 제시된 내용 중 옳지 않은 것은 ㄴ, ㄷ, ㄹ이다.

ㄴ. (×) 응급처치는 전문적인 치료를 받기 전까지의 임시적인 처치이므로, 전문치료는 응급처치의 기본요소에 해당하지 않는다. 응급처치의 구명 3요소는 지혈, 기도유지, 쇼크방지 및 치료이며, 응급처치의 구명 4요소는 여기에 상처보호가 포함된다.

ㄷ. (×) 두부 외상 환자의 경우는 뇌손상 시 체온상승의 경향이 있으므로 보온하지 않는다.

ㄹ. (×) 심한 출혈 시 출혈 부위는 심장부위보다 높게 하여야 하고, 출혈부위에 더러운 것이 묻어 있을 때에 물로 씻어내는 것은 심하지 않은 출혈 시 처치이다.

ㄱ. (○) 화상환자는 화상부위를 심장보다 높게 올려 화상부위에 다량의 혈액이 공급되지 않도록 한다.

ㅁ. (○) 환자가 의식불명인 경우, 수술을 요하는 경우, 쇼크 상태인 경우, 매스껍거나 토하는 경우, 배에 상처나 복통이 있는 경우 음료를 주어서는 안 된다.

ㅂ. (○) 응급처치원이 희생정신을 가지고 환자나 부상자를 돌보는 것은 좋으나, 환자나 부상자보다는 자신의 안전을 우선 확보하여야 한다. 응급구조사 안전수칙의 첫 번째도 "위험한 상황에는 직접 접근하지 않는다"로 되어 있으므로, 일반인의 경우에는 본인의 안전확보를 최우선으로 해야 한다.

66 정답 ❷

O△X 제시된 내용 중 경호차량 운전요원 준수사항에 관한 설명으로 옳은 것은 ㄹ과 ㅁ이다.

ㄹ. (○) 주차 장소는 가능한 한 자주 변경하여 계획된 위해상황과 불심분자의 관찰로부터 벗어나게 하고, 야간 주차 시에는 시야확보를 위해서 밝은 곳에 주차를 하여야 한다.

ㅁ. (○) 주차 시에는 차의 정면이 출입로를 향하게 하여 신속히 출발할 수 있는 상태를 유지한다.

ㄱ. (×) 주차 시에는 차량의 정면이 출입구로 향하게 하여 신속히 출발할 수 있는 상태를 유지한다.

ㄴ. (×) 위급한 차량의 추적이 있을 경우에는 다른 방향으로 유도하거나 다른 차량으로 바꿔 타거나 하여 안전하게 대피해야 한다.

ㄷ. (×) 경호대상자차량의 창문과 문은 항상 잠가두어야 한다.

핵심만콕 | 경호차량 운전요원의 준수사항

- 주차장소는 가능한 한 자주 변경하여 계획된 위해상황과 불심분자의 관찰로부터 벗어나게 한다.
- 주차 시에는 차의 정면이 출입로를 향하게 한다.★
- 출발 전에는 수시로 차의 상태를 점검한다.
- 적색신호등으로 차가 정지했을 경우 변속기를 출발상태에 위치시킨다.★
- 신호대기 때나 회전 시에는 좌·우차량을 경계하며 운행한다.
- 긴급사태에 대비하여 소화기와 구급약품 등을 준비한다.★
- 비상시 차량을 급히 출발시킬 수 있는 여유 공간을 확보하고 정차한다.★

67 정답 ❶

O△X ① (×) 대한심폐소생협회의 심폐소생술 시행방법은 반응의 확인 – 119신고 – 호흡 확인 – 가슴압박 30회 시행 – 기도 개방 – 인공호흡 2회 시행 – 가슴압박과 인공호흡의 반복 – 회복자세이다. 인공호흡 방법을 모르거나, 꺼려지는 경우에는 인공호흡을 제외하고 지속적으로 가슴압박만을 시행한다.

② (○), ④ (○) 자동심장충격기(AED)는 반응과 정상적인 호흡이 없는 심정지 환자에게만 사용해야 하며, 심폐소생술 시행 중에 자동심장충격기가 도착하면 지체 없이 적용해야 한다.

③ (○) 제세동 버튼(쇼크 버튼)을 누르기 전에는 반드시 다른 사람이 환자에게서 떨어져 있는지 확인하여야 하므로, 환자를 붙잡은 상태에서 제세동을 실시해서는 안 된다.

68 정답 ❹

O△X 제시된 내용 중 숙소경호의 특징에 해당하는 것은 ㄱ, ㄴ, ㄷ이다.

ㄹ. (×) 숙소경호는 보안의 위험성 및 방어의 취약성을 특징으로 한다.

ㅁ. (×) 숙소경호는 주·야간 경계근무를 수행하며, 피로누적의 우려가 있다.

핵심만콕 | 숙소경호

의 의	• 경호대상자가 평소에 거처하는 숙소나 그 외 지역에서 유숙할 때 제반되는 모든 경호경비활동으로 안전도모를 위해 물적·인적 위해요소를 사전에 배제해야 한다. • 주로 단독주택과 호텔 등이 그 대상으로 경비계획 수립 시 체류가 장기화 된다는 점과 야간에도 경계를 해야 한다는 점을 고려하여야 한다.

특 성	• 혼잡성 : 숙소의 특성상 출입이 빈번하고 인원이 많아 통제가 용이하지 않다. • 보안의 위험성 : 매스컴을 통한 경호대상자의 거취의 보도나 보안차량과 인원의 이동 시 주변에 알려지기 쉬워 보안상에 위험이 많다. • 방어의 취약성 : 호텔 등 유숙지의 시설물은 일반 업무용 숙박시설의 기능을 가지고 있어 숙소의 종류 및 시설물들이 복잡하고 많은 위험요소가 내포되어 있기 때문에 경호적 개념의 방어에 취약하다. • 고정성 : 경호대상자의 동일 장소의 장기간 체류로 범행 기도자에게 기회와 시간을 제공하게 될 수 있다.

69 정답 ❸

○△× ③ (×) 두 사람이 나란히 앉는 좌석에서는 창가 쪽이 상석이다.

① (○) 여성과 동승할 경우 승차 시에는 여성이 먼저 타고, 하차 시에는 남성이 먼저 내려 문을 열어준다. 윗사람도 마찬가지이다.

② (○) 운전사가 있을 경우 일반 승용차 좌석의 서열은 뒷좌석 오른편(조수석 뒷좌석)이 상석이고 그 다음이 왼쪽(운전석 뒷좌석), 앞자리, 뒷좌석 가운데 순이다(뒷좌석 가운데와 앞자리의 서열은 바뀔 수 있다).

④ (○) 보통 상급자가 나중에 타고 먼저 내린다(함정의 경우에는 상급자가 먼저 타고 먼저 내린다).

70 정답 ❶

○△× 출입자 통제대책의 방침으로 옳지 못한 것은 총 2개(ㄹ, ㅁ)이다.

ㄹ. (×) 대규모 행사 시에는 참석 대상별 또는 좌석별 구분에 따라 출입통로 선정 및 시차입장계획을 수립하여 출입통제가 용이하도록 한다.

ㅁ. (×) 검색은 각종 장비와 오관과 육감 등을 이용하여 모든 출입요소를 대상으로 실시하며, 예외가 불허되어 원칙적으로 경호대상자를 제외한 모든 사람이 검색대상이다.

71 정답 ❹

○△× ④ (×) 치료 및 복구에 필요한 비용의 지원 기준·절차금액 및 방법 등에 관하여 필요한 사항은 대통령령으로 정한다(국민보호와 공공안전을 위한 테러방지법 제15조 제3항).

① (○) 국민보호와 공공안전을 위한 테러방지법 제15조 제1항

② (○) 국민보호와 공공안전을 위한 테러방지법 제15조 제2항 본문

③ (○) 국민보호와 공공안전을 위한 테러방지법 제16조 제1항 본문

72 정답 ❸

○△× 제시된 내용 중 경호차량 선정 시 고려사항으로 적절하지 않은 것은 ㅁ과 ㅅ이다.

ㅁ. (×) 경호차량 선정 시 무엇보다 우선하여 고려되어야 하는 사항은 바로 경호대상자의 안전과 보호이다. 이러한 기준에 비추어 보았을 때 ㅁ은 결코 바람직한 선정방법이 될 수 없다. 경호차량은 경호환경을 잘 파악한 후 효과적으로 선정되어야 한다.

ㄱ. (○), ㅅ. (×) 기만효과를 거두기 위해서는 경호대상자의 차량과 색상 및 외형이 동일해야 하고 유리는 착색하는 것이 좋다.

ㄴ. (○) 충분한 기동성을 보유한 차량을 선정하여야 한다.

ㄷ. (○) 무선통신장비를 갖춘 차량을 선정하고 경호대상자가 탑승한 차량은 볼륨을 낮게 조정하여야 한다.

ㄹ. (○) 차체가 강하고 방탄능력이 있어야 하나, 차체가 지나치게 무거워 기동력과 제동력이 떨어지는 차량은 지양하여야 한다.

ㅂ. (○) 경호대상자 차량은 물론이고, 경호차량도 외부의 시선을 집중시키는 차종이나 색상은 지양하여야 한다.

핵심만콕 경호차량 선정 시 고려사항

- 외부의 시선을 집중시키는 고급차나 차체가 지나치게 무거워 기동력과 제동력이 떨어지는 차량은 지양한다.
- 경호차량은 경호대상자의 안전과 보호를 위해 경호환경을 잘 파악한 후 효과적으로 선정되어야 한다.
- 충분한 기동성을 보유하여야 한다.
- 경호대상자의 차량과 색상과 성능, 외형이 비슷하고, 유리는 착색된 것이 좋다.
- 특별한 외부 부착물은 달지 않고, 안테나는 보이지 않는 것으로 한다.
- 무기나 보호장구는 일반인이 볼 수 없도록 조치한다.
- 통신장비가 구비되어야 하고 경호대상자가 탑승한 차량은 볼륨을 낮게 조정한다.
- 차체가 강하고 방탄차량으로 하는 것이 좋다.
- 방향전환이 쉽고 엔진의 성능과 가속장치가 좋은 차량을 선정한다.

73 정답 ❶

○△× 테러상황에서 인질협상의 8단계는 협상준비 → 논쟁개시 → 신호 → 제안 → 타결안 제시 → 흥정 → 정리 → 협상 타결 순으로 이루어진다. 따라서 ( ) 안에는 ㄱ : 제안, ㄴ : 흥정, ㄷ : 정리가 들어간다.

핵심만콕 테러상황의 인질협상 8단계

구분		내용
1단계	협상준비	테러를 이루면서 얻게 될 것, 희망하는 사항에 대해 메모를 한다.
2단계	논쟁개시	상대방이 떼를 쓰고 흥정을 할 수 있도록 유도한다.
3단계	신 호	협상을 원한다는 메시지를 전달한다.
4단계	제 안	협상 진행방법, 협상을 하는 상대 등에 대해 말해 준다.
5단계	타결안 제시	포괄적인 타결내용이 아닌 각각의 사안에 대한 내용이어야 하고 상대방의 요구조건에 대한 처리 방법 등을 상세하게 일괄 타결하도록 유도한다.
6단계	흥 정	상대측이 요구하는 사항이 변동되거나 추가적인 사항을 요구할 경우 흥정은 다시 해야 한다.
7단계	정 리	합의가 성사가 될 경우 그 내용을 정리하고 확인 과정을 거친다.
8단계	협상타결	서로가 협의내용을 확인한 후에 실제 이행에 들어간다.

74 정답 ❷

○△× ( ) 안의 ㄱ~ㄹ에 들어갈 내용은 순서대로 5, 1,000, 2, 500이다.

관계법령

비밀의 엄수(대통령 등의 경호에 관한 법률 제9조)

① 소속공무원[퇴직한 사람과 원(原) 소속 기관에 복귀한 사람을 포함한다. 이하 이 조에서 같다]은 직무상 알게 된 비밀을 누설하여서는 아니 된다.

② 소속공무원은 경호처의 직무와 관련된 사항을 발간하거나 그 밖의 방법으로 공표하려면 미리 처장의 허가를 받아야 한다.

벌칙(대통령 등의 경호에 관한 법률 제21조)

① 제9조 제1항, 제18조 또는 제19조 제2항을 위반한 사람은 5년 이하의 징역이나 금고 또는 1천만원 이하의 벌금에 처한다.

② 제9조 제2항을 위반한 사람은 2년 이하의 징역·금고 또는 500만원 이하의 벌금에 처한다.

75 정답 ❹

○△× 제시된 내용 중 3중 경호의 원칙에 해당하는 것은 ㄷ, ㄹ, ㅁ이다.

ㄱ. (×) 긴급하고 위험한 상황이 발생했을 때 예리하고 순간적인 판단력을 이용하여 경호를 하는 원칙으로 경호학의 이론적 뒷받침이 되는 것은 두뇌경호의 원칙이다.

ㄴ. (×) 경호요원은 은밀하고 침묵 속에서 행동하며 항상 경호대상자의 신변을 보호할 수 있는 곳에 행동반경을 두고 경호에 임해야 하는 것은 은밀경호의 원칙이다.

핵심만콕 경호의 원칙

구분		내용
일반원칙	3중 경호의 원칙	• 경호대상자가 위치한 집무실이나 행사장으로부터 제1선(내부 – 안전구역), 제2선(내곽 – 경비구역), 제3선(외곽 – 경계구역)으로 구분하여 경호의 행동반경을 거리개념으로 논리전개하는 구조 • 경호대상자가 위치한 지역에서 가장 근거리부터 엄중한 경호를 취하는 순서로 근접경호, 중간경호, 외곽경호로 나누고 그에 따른 요원의 배치와 임무가 부여되는 원칙
	두뇌경호의 원칙	사전에 치밀한 계획을 세우고 준비를 철저히 하여 위험요소를 제거하는 데 중점을 두며, 경호임무 수행 중 긴급하고 위험한 상황이 발생하였을 때에는 고도의 예리하고 순간적인 판단력이 중요시된다는 원칙
	은밀경호의 원칙	경호요원은 은밀하고 침묵 속에서 행동하며 항상 경호대상자의 신변을 보호할 수 있는 곳에 행동반경을 두고 경호에 임해야 한다는 원칙
	방어경호의 원칙	경호란 공격자의 위해요소를 방어하는 행위이지 공격하는 것이 아니라는 원칙

특별원칙	자기담당구역 책임의 원칙	경호원이 배치된 자기담당구역 내에서 일어나는 사태에 대해서는 자신만이 책임을 지고 해결해야 한다는 원칙
	목표물 보존의 원칙	• 경호대상자를 암살자 또는 위해를 가할 가능성이 있는 자로부터 떼어 놓아야 한다는 원칙 • 목표물을 안전하게 보존하기 위해서는 행차 코스의 비공개, 행차 장소의 비공개, 대중에게 노출되는 보행 행차의 가급적 제한 등이 요구됨
	하나의 통제된 지점을 통한 접근의 원칙	• 경호대상자에게 접근할 수 있는 출입구나 통로는 하나만 필요하다는 원칙 • 하나의 통제된 출입구나 통로라 하더라도 접근자는 경호요원에 의하여 인지되고 확인되어야 하며 허가절차를 거쳐 접근토록 해야 함
	자기희생의 원칙	• 경호대상자가 위기에 처했을 때 자기 몸을 희생하여 경호대상자를 보호해야 한다는 원칙 • 경호대상자는 어떠한 상황하에서도 절대적으로 보호되어야 한다는 의미

〈참고〉 김두현, 「경호학개론」, 엑스퍼트, 2020, P. 64~69

76 정답 ❷

O△X

제시된 내용 중 옳지 않은 것은 ㅁ뿐이다. 행사장 안전검측, 취약요소 분석, 최종적인 대안이 제시되는 단계는 경호임무 수행단계 중 준비단계이며, 경호원이 행사장에 도착한 후부터 행사가 시작되기 전까지의 경호활동이다. 행사단계는 경호대상자가 집무실을 출발해서 행사장에 도착하여 행사를 진행한 후 출발지까지 복귀하는 단계이다.

77 정답 ❷

O△X

제시된 내용 중 국가테러대책위원회의 위원이 아닌 사람은 관세청 조사감시국장(ㄹ), 과학기술정보통신부 통신정책관(ㅂ)이다. 관세청 조사감시국장, 과학기술정보통신부 통신정책관은 대통령경호안전대책위원회 위원에 해당한다(대통령경호안전대책위원회규정 제2조).

관계법령 **국가테러대책위원회(국민보호와 공공안전을 위한 테러방지법 제5조)**

② 대책위원회는 국무총리 및 관계기관의 장 중 대통령령으로 정하는 사람으로 구성하고 위원장은 국무총리로 한다.

국가테러대책위원회 구성(국민보호와 공공안전을 위한 테러방지법 시행령 제3조)

① 법 제5조 제2항에서 "대통령령으로 정하는 사람"이란 기획재정부장관, 외교부장관, 통일부장관, 법무부장관, 국방부장관, 행정안전부장관, 산업통상자원부장관, 환경부장관, 국토교통부장관, 해양수산부장관, 국가정보원장, 국무조정실장, 금융위원회 위원장, 원자력안전위원회 위원장, 대통령경호처장, 관세청장, 경찰청장, 소방청장, 질병관리청장 및 해양경찰청장을 말한다.

78 정답 ❷

O△X ② (×) 위해기도자로 하여금 행사 상황을 오판하도록 실제 상황을 은폐하고 허위 상황을 제공하여 경호의 효율성을 높이려는 근접경호의 특성이 기만성인데, 실제 상황 은폐 및 허위 상황 제공 등의 사실은 없으므로 기만성은 제시문에 나타나지 않는 근접경호의 특성이다.

① (○) 행사 일정과 장소 및 시간이 대외적으로 알려져 있는 상태에서 경호업무를 수행해야 하는 특성이 있다. 제시문에서 부산국제영화제는 그 일정과 장소가 공개된 행사이다.

③ (○) 경호원은 자신의 신체를 이용하여 외부의 공격으로부터 경호대상자를 근접에서 보호한다. 제시문에서 C경호원은 자신의 체위에 의한 방벽을 구축하여 경호대상자 B를 외부의 공격으로부터 보호하였다.

④ (○) 비상사태의 발생 시 범인을 대적하여 제압하는 것보다, 반사적이고 신속·과감한 행동으로 경호대상자를 대피시켜야 한다. 제시문에서 D경호원은 C경호원이 방벽을 구축하는 사이에 경호대상자 B를 행사장 뒤로 신속히 대피시켰다.

핵심만콕 근접경호의 특성

노출성	다양한 기동수단과 도보대형에 따라 경호대상자의 행차가 시각적으로 외부에 노출될 뿐만 아니라, 각종 매스컴에 의하여 행사 일정과 장소 및 시간이 대외적으로 알려진 상태에서 업무를 수행해야 하는 특성을 의미
방벽성	근접 도보대형 시 근무자의 체위에 의한 인적 자연방벽 효과와 방탄복 및 각종 방호장비를 이용하여 외부의 공격으로부터 방벽을 구축해야 하는 특성을 의미
기동 및 유동성	근접경호는 주로 도보 또는 차량에 의해 기동 간에 이루어지며 행사 성격이나 주변 여건, 장비의 특성에 따라 능동적(유동적)으로 대처해야 하는 특성을 의미
기만성	변칙적인 경호기법으로 차량대형 기만, 기동시간 기만, 기동로 및 기동수단 기만, 승·하차 지점 기만 등으로 위해기도자로 하여금 행사 상황을 오판하도록 실제 상황을 은폐하고 허위 상황을 제공하여 경호의 효율성을 높이려는 특성을 의미
방호 및 대피성	비상사태 발생 시 범인을 대적하여 제압하는 것보다 반사적이고 신속·과감한 행동으로 경호대상자의 방호 및 대피를 우선해야 한다는 특성을 의미

79 정답 ❷

O△X 제시된 내용은 국가정보원 테러정보통합센터장의 업무에 해당한다(대통령경호안전대책위원회규정 제4조 제2항 제2호).

관계법령 책임(대통령경호안전대책위원회규정 제4조)

② 각 구성원의 분장책임은 다음과 같다. 〈개정 2020.2.4., 2020.4.21., 2022.11.1.〉

2. 국가정보원 테러정보통합센터장	가. 입수된 경호 관련 첩보 및 정보의 신속한 전파·보고 나. 위해요인의 제거 다. 정보 및 보안대상기관에 대한 조정 라. 행사참관 해외동포 입국자에 대한 동향파악 및 보안조치 마. 그 밖에 국내·외 경호행사의 지원

3. 외교부 의전기획관	가. 입수된 경호 관련 첩보 및 정보의 신속한 전파·보고 나. 방한 국빈의 국내 행사 지원 다. 대통령과 그 가족 및 대통령 당선인과 그 가족 등의 외국방문 행사 지원 라. 다자간 국제행사의 외교의전 시 경호와 관련된 협조 마. 그 밖에 국내·외 경호행사의 지원
4. 법무부 출입국·외국인정책본부장	가. 입수된 경호 관련 첩보 및 정보의 신속한 전파·보고 나. 위해용의자에 대한 출입국 및 체류관련 동향의 즉각적인 전파·보고 다. 그 밖에 국내·외 경호행사의 지원
15. 국군방첩사령부 소속 장성급 장교 또는 2급 이상의 군무원 중 위원장이 지명하는 1명	가. 입수된 경호 관련 첩보 및 정보의 신속한 전파·보고 나. 군내 행사장에 대한 안전활동 다. 군내 위해가능인물에 대한 안전조치 라. 행사참석자 및 종사자의 신원조사 마. 경호구역 인근 군부대의 특이사항 확인·전파 및 보고 바. 이동로 주변 군시설물에 대한 안전조치 사. 취약지에 대한 안전조치 아. 경호유관시설에 대한 보안지원 활동 자. 그 밖에 국내·외 경호행사의 지원

80 정답 ❸

O △ X

제시된 내용의 (　　)에 들어갈 숫자는 순서대로 10, 5, 7, 5이므로 그 합은 27이다.

- 수괴(首魁)는 사형·무기 또는 10년 이상의 징역(국민보호와 공공안전을 위한 테러방지법 제17조 제1항 제1호)
- 타국의 외국인테러전투원으로 가입한 사람은 5년 이상의 징역(국민보호와 공공안전을 위한 테러방지법 제17조 제1항 제3호)
- 테러를 기획 또는 지휘하는 등 중요한 역할을 맡은 사람은 무기 또는 7년 이상의 징역(국민보호와 공공안전을 위한 테러방지법 제17조 제1항 제2호)
- 테러단체 가입을 지원하거나 타인에게 가입을 권유 또는 선동한 사람은 5년 이하의 징역(국민보호와 공공안전을 위한 테러방지법 제17조 제3항)

관계법령 **테러단체 구성죄 등(국민보호와 공공안전을 위한 테러방지법 제17조)**

① 테러단체를 구성하거나 구성원으로 가입한 사람은 다음 각호의 구분에 따라 처벌한다.
　1. 수괴(首魁)는 사형·무기 또는 10년 이상의 징역
　2. 테러를 기획 또는 지휘하는 등 중요한 역할을 맡은 사람은 무기 또는 7년 이상의 징역
　3. 타국의 외국인테러전투원으로 가입한 사람은 5년 이상의 징역
　4. 그 밖의 사람은 3년 이상의 징역
② 테러자금임을 알면서도 자금을 조달·알선·보관하거나 그 취득 및 발생원인에 관한 사실을 가장하는 등 테러단체를 지원한 사람은 10년 이하의 징역 또는 1억원 이하의 벌금에 처한다.
③ 테러단체 가입을 지원하거나 타인에게 가입을 권유 또는 선동한 사람은 5년 이하의 징역에 처한다.
④ 제1항 및 제2항의 미수범은 처벌한다.
⑤ 제1항 및 제2항에서 정한 죄를 저지를 목적으로 예비 또는 음모한 사람은 3년 이하의 징역에 처한다.
⑥ 「형법」 등 국내법에 죄로 규정된 행위가 제2조의 테러에 해당하는 경우 해당 법률에서 정한 형에 따라 처벌한다.

경비지도사

합격을 꿈꾸는 **수험생**들에게...

이론 파악으로 기본 다지기

1단계

기본서 + 종합본

시험의 중요개념과
핵심이론을 파악하고
기초를 잡고 싶은 수험생!

기출문제 정복으로 실력 다지기

2단계

기출문제집

최신 기출문제와 상세한
해설을 통해 학습내용을
확인하고 실전감각을
키우고 싶은 수험생!

20년간 경비지도사 부문 누적 판매량 1위

2025
A SUCCESSFUL PROJECT

PROJECT

편저 시대에듀 경비지도사 교수진

2025년 제27회 시험 대비
최신 개정법령 완벽 반영

심화 모의고사 총 10회분

경비지도사
고득점 심화 모의고사

2차 [일반경비]

문제편

시대에듀

P/A/R/T/2

경비업법

문제편

제1회 | 고득점 심화 모의고사
제2회 | 고득점 심화 모의고사
제3회 | 고득점 심화 모의고사
제4회 | 고득점 심화 모의고사
제5회 | 고득점 심화 모의고사
제6회 | 고득점 심화 모의고사
제7회 | 고득점 심화 모의고사
제8회 | 고득점 심화 모의고사
제9회 | 고득점 심화 모의고사
제10회 | 고득점 심화 모의고사

2025

경비지도사 제2차 시험 심화 모의고사

❶ 경비업법

❷ 경호학

2025년도 제27회 경비지도사 2차 국가자격시험

교 시	문제형별	시험시간	시 험 과 목
1교시	A	80분	❶ 경비업법 ❷ 경호학

수험번호		성 명	

【수 험 자 유 의 사 항】

1. **시험문제지 표지**와 시험문제지 내 **문제형별**의 **동일여부** 및 시험문제지의 **총면수, 문제번호 일련순서, 인쇄상태** 등을 확인하시고, 문제지 표지에 수험번호와 성명을 기재하시기 바랍니다.
2. 답은 각 문제마다 요구하는 **가장 적합하거나 가까운 답 1개**만 선택하고, 답안카드 작성 시 시험문제지 **형별누락, 마킹착오**로 인한 불이익은 전적으로 **수험자에게 책임**이 있음을 알려드립니다.
3. 답안카드는 국가전문자격 공통 표준형으로 문제번호가 1번부터 125번까지 인쇄되어 있습니다. 답안 마킹 시에는 반드시 **시험문제지의 문제번호와 동일한 번호**에 마킹하여야 합니다.
4. **감독위원의 지시에 불응하거나 시험시간 종료 후 답안카드를 제출하지 않을 경우** 불이익이 발생할 수 있음을 알려 드립니다.
5. 시험문제지는 시험 종료 후 가져가시기 바랍니다.

안내사항

1. 수험자는 **QR코드**를 통해 가답안을 확인하시기 바랍니다.
   (※ 사전 설문조사 필수)
2. 시험 합격자에게 '**합격축하 SMS(알림톡) 알림 서비스**'를 제공하고 있습니다.

- 수험자 여러분의 합격을 기원합니다 -

제1회 심화 모의고사

각 문항별로 난이도를 체크해 보세요. ○△×

Time 분 | 해설편 002p

중요문제 / 틀린 문제 CHECK

01	02	03	04	05	06	07	08	09	10	11	12	13	14	15	16	17	18	19	20
21	22	23	24	25	26	27	28	29	30	31	32	33	34	35	36	37	38	39	40

01 다음은 경비업법상 용어의 정의에 관한 설명으로 옳지 않은 것은?

CHECK ○△×

① 경비업이란 경비업무의 전부 또는 일부를 도급받아 행하는 영업을 말한다.

② 혼잡·교통유도경비업무란 경비대상시설에서의 도난·화재 그 밖의 혼잡 등으로 인한 위험발생을 방지하는 업무를 말한다.

③ 경비지도사란 경비원을 지도·감독 및 교육하는 자를 말하며 일반경비지도사와 기계경비지도사로 구분한다.

④ 무기란 인명 또는 신체에 위해를 가할 수 있도록 제작된 권총·소총 등을 말한다.

02 다음 중 경비업법령상 "집단민원현장"에 해당하지 않는 것은 모두 몇 개인가?

CHECK ○△×

> ㄱ. 「노동조합 및 노동관계조정법」에 따라 노동관계 당사자가 노동쟁의 조정신청을 한 사업장
> ㄴ. 「도시개발법」에 따라 도시개발사업을 시행하기 위하여 지정·고시된 도시개발구역
> ㄷ. 특정 시설물의 설치와 관련하여 민원이 있는 장소
> ㄹ. 대기업의 주주총회와 관련하여 이해대립이 있어 다툼이 있는 장소
> ㅁ. 토지에 대한 소유권·운영권·관리권·점유권 등 법적 권리에 대한 이해대립이 있어 다툼이 있는 장소
> ㅂ. 100명의 사람이 모이는 체육 행사장
> ㅅ. 「행정절차법」에 따라 대집행을 하는 장소

① 1개　② 2개

③ 3개　④ 4개

03 다음 중 경비업법령상 시설경비업무를 수행하는 법인의 임원이 될 수 있는 자를 모두 고른 것은?

CHECK ○△×

ㄱ. 「경비업법」을 위반하여 벌금형의 선고를 받고 3년이 지난 자
ㄴ. 「대통령 등의 경호에 관한 법률」에 위반하여 벌금형의 선고를 받고 3년이 지나지 아니한 자
ㄷ. 영업정지처분을 받고 계속하여 영업을 하여 허가가 취소된 기계경비업무를 수행하는 법인의 허가 취소 당시의 임원이었던 자로서 그 취소 후 3년이 지나지 아니한 자
ㄹ. 영업정지처분을 받고 계속하여 영업을 하여 허가가 취소된 시설경비업무를 수행하는 법인의 허가 취소 당시의 임원이었던 자로서 그 취소 후 3년이 지나지 아니한 자
ㅁ. 소속 경비원으로 하여금 경비업무의 범위를 벗어난 행위를 하게 하여 허가가 취소된 법인의 허가취소 당시의 임원이었던 자로서 그 취소 후 5년이 지나지 아니한 자

① ㄱ, ㄴ
② ㄱ, ㄴ, ㄷ
③ ㄱ, ㄴ, ㄷ, ㄹ
④ ㄱ, ㄴ, ㄷ, ㄹ, ㅁ

04 다음 중 경비업법령상 경비지도사가 월 1회 이상 수행하여야 하는 직무에 해당하는 것은 모두 몇 개인가?

CHECK ○△×

ㄱ. 경비원의 지도・감독・교육에 관한 계획의 수립・실시 및 그 기록의 유지
ㄴ. 경비현장에 배치된 경비원에 대한 순회점검 및 감독
ㄷ. 기계경비업무를 위한 기계장치의 운용・감독(기계경비지도사의 경우에 한한다)
ㄹ. 오경보방지 등을 위한 기기관리의 감독(기계경비지도사의 경우에 한한다)
ㅁ. 경찰기관 및 소방기관과의 연락방법에 대한 지도
ㅂ. 집단민원현장에 배치된 경비원에 대한 지도・감독

① 1개
② 2개
③ 3개
④ 4개

05 경비업법령상 경비업자의 신고 등에 관한 설명으로 옳은 것은?

CHECK
ㅇ△×

① 경비업을 휴업한 경우에는 휴업을 한 날부터 30일 이내에 휴업신고서를 법인의 주사무소를 관할하는 시・도 경찰청장 또는 해당 시・도 경찰청 소속의 경찰서장에게 제출하여야 한다.
② 휴업신고를 한 경비업자가 신고한 휴업기간이 끝나기 전에 영업을 다시 시작하려는 경우에는 영업을 다시 시작하기 전 15일 이내에 영업재개신고서를 제출하여야 한다.
③ 법인의 명칭을 변경한 때에는 변경한 날부터 30일 이내에 시・도 경찰청장에게 신고하여야 한다.
④ 시설경비업무의 수행을 위한 관제시설을 이전한 때에는 이전한 날부터 30일 이내에 시・도 경찰청장에게 신고하여야 한다.

06 다음 중 경비업법령상 경비지도사의 결격사유에 해당하는 것은 모두 몇 개인가?

CHECK
ㅇ△×

> ㄱ. 18세 미만인 사람
> ㄴ. 60세 이상인 사람
> ㄷ. 금고 이상의 실형의 선고를 받고 그 집행이 종료되거나 집행이 면제된 날부터 5년이 지나지 아니한 자
> ㄹ. 금고 이상의 형의 집행유예선고를 받고 그 유예기간 중에 있는 자
> ㅁ. 금고 이상의 형의 선고유예를 받고 그 유예기간 중에 있는 자

① 1개
② 2개
③ 3개
④ 4개

07 경비업법령상 경비원의 교육에 관한 설명으로 옳은 것은?

CHECK
ㅇ△×

① 일반경비원의 신임교육에서 이론교육은 6시간이고 과목은 경비업법, 범죄예방론, 형사법이다.
② 특수경비업자는 채용 전 3년 이내에 특수경비업무에 종사하였던 경력이 있는 사람을 특수경비원으로 채용한 경우에는 해당 특수경비원을 특수경비원 신임교육대상에서 제외할 수 있다.
③ 특수경비업자는 소속 특수경비원에게 관할 경찰관서장이 수립한 교육계획에 따라 매월 6시간 이상의 직무교육을 받도록 하여야 한다.
④ 경비업자는 특수경비원 신임교육을 받은 사람이 요청하는 경우에는 신임교육 이수 확인증을 발급할 수 있다.

08 CHECK ○△×

경비업법령상 경비원 등의 결격사유 확인을 위한 범죄경력조회 등에 관한 설명으로 옳지 않은 것은?

① 시·도 경찰청장은 경비업자의 임원, 경비지도사 또는 경비원이 경비업법 또는 경비업법에 따른 명령을 위반한 때에는 경비업자에게 그 사실을 통보하여야 한다.

② 경찰청장은 직권으로 경비업자의 임원, 경비지도사 또는 경비원이 결격사유에 해당하는지를 확인하기 위하여 「형의 실효 등에 관한 법률」에 따른 범죄경력조회를 할 수 있다.

③ 경비업자는 선출·선임·채용 또는 배치하려는 임원, 경비지도사 또는 경비원이 결격사유에 해당하는지를 확인하기 위하여 경찰청장, 시·도 경찰청장 또는 경찰관서장에게 「형의 실효 등에 관한 법률」에 따른 범죄경력조회를 요청할 수 있다.

④ 경비업자는 시·도 경찰청장 또는 경찰관서장에게 범죄경력조회 신청서에 경비업 허가증 사본과 취업자 또는 취업예정자 범죄경력조회 동의서를 첨부하여야 한다.

09 CHECK ○△×

경비업법령상 경비업자의 의무에 관한 설명으로 옳지 않은 것은?

① 특수경비업무를 수행하는 경비업자는 특수경비업무의 개시신고를 하는 때에는 국가중요시설에 대한 특수경비업무의 수행이 중단되는 경우 시설주의 동의를 얻어 다른 특수경비업자 중에서 경비업무를 대행할 자를 지정하여 허가관청의 허가를 받아야 한다.

② 경비업자는 집단민원현장에 경비원을 배치하는 때에는 경비지도사를 선임하고 그 장소에 배치하여 행정안전부령으로 정하는 바에 따라 경비원을 지도·감독하게 하여야 한다.

③ 경비업자는 경비업무를 성실하게 수행하여야 하고, 도급을 의뢰받은 경비업무가 위법 또는 부당한 것일 때에는 이를 거부하여야 한다.

④ 특수경비업자는 경비업법에 의한 경비업과 경비장비의 제조·설비·판매업, 네트워크를 활용한 정보산업, 시설물 유지관리업 및 경비원 교육업 등 대통령령이 정하는 경비관련업 외의 영업을 하여서는 아니 된다.

10 CHECK ○△×

다음은 경비업법의 내용이다. 다음 중 (   ) 안의 ㄱ~ㅁ에 들어갈 내용 중 "대통령령"이 아닌 것은 모두 몇 개인가?

- 경비업 허가를 받으려는 법인은 (ㄱ)이 정하는 자본금과 시설 및 장비를 갖추어야 한다.
- 경비업 허가의 유효기간이 만료된 후 계속하여 경비업을 하고자 하는 법인은 (ㄴ)이 정하는 바에 의하여 갱신허가를 받아야 한다.
- 경비지도사는 결격사유에 해당하지 아니하는 자로서 경찰청장이 시행하는 경비지도사시험에 합격하고 (ㄷ)으로 정하는 바에 따라 경찰청장이 실시하는 기본교육을 받은 자이어야 한다.
- 경비업자에 의해 선임·배치된 경비지도사는 (ㄹ)으로 정하는 바에 따라 경찰청장이 실시하는 보수교육을 받아야 한다.
- 경비업자는 경비지도사를 선임하거나 해임하는 때에는 (ㅁ)으로 정하는 바에 따라 해당 경비현장을 관할하는 시·도 경찰청장 또는 경찰서장에게 신고하여야 한다.

① 1개
② 2개
③ 3개
④ 4개

11 CHECK ○△×

다음 중 경비업법령상 경찰청장으로부터 경비지도사의 시험에 관한 업무를 위탁받은 관계전문기관 또는 단체의 임직원이 공무원으로 의제되는 형법상의 규정에 해당하지 않는 것은?

① 형법 제129조(수뢰, 사전수뢰)
② 형법 제130조(제3자뇌물제공)
③ 형법 제132조(알선수뢰)
④ 형법 제136조(공무집행방해)

12 CHECK ○△×

다음 중 경비업법령상 경비업 허가의 필요적 취소대상에 해당하는 것을 모두 고른 것은?

ㄱ. 허위 그 밖의 부정한 방법으로 허가를 받은 때
ㄴ. 특수경비업자가 경비업 및 경비관련업 외의 영업을 한 때
ㄷ. 시·도 경찰청장의 허가 없이 경비업무를 변경한 때
ㄹ. 정당한 사유 없이 최종 도급계약 종료일의 다음 날부터 2년 이내에 도급실적이 없을 때
ㅁ. 영업정지처분을 받고 계속하여 영업을 한 때
ㅂ. 관할 경찰관서장의 배치폐지명령에 따르지 아니한 때
ㅅ. 도급을 의뢰받은 경비업무가 위법한 것임에도 이를 거부하지 아니한 때

① ㄱ, ㄴ, ㄷ
② ㄱ, ㄴ, ㄹ, ㅁ
③ ㄱ, ㄴ, ㄹ, ㅁ, ㅂ
④ ㄷ, ㄹ, ㅁ, ㅂ, ㅅ

13 경비업법령상 경비지도사 자격정지처분 기준에 관한 설명으로 옳은 것은?

CHECK ○△×

① 위반행위의 횟수에 따른 행정처분의 기준은 당해 위반행위가 있은 이전 최근 1년간 같은 위반행위로 행정처분을 받은 경우에 적용된다.

② 경비업법 제12조 제3항의 규정을 2차 위반하여 직무를 성실하게 수행하지 아니한 때 행정처분 기준은 자격정지 9월이다.

③ 경찰청장의 명령을 2차 위반한 때 행정처분 기준은 자격정지 3월이다.

④ 시・도 경찰청장의 명령을 1차 위반한 때 행정처분 기준은 자격정지 1월이다.

14 경비업법령상 특수경비원의 의무에 관한 설명으로 옳지 않은 것은?

CHECK ○△×

① 시설주는 특수경비원이 직무상 복종하여야 하는 명령권자로 명시되어 있다.

② 특수경비원은 소속 상사의 허가 또는 정당한 사유 없이 경비구역을 벗어나서는 아니 된다.

③ 특수경비원은 경비업무의 정상적인 운영을 저해한다 하더라도 파업・태업이 아닌 다른 방법에 의한 쟁의행위는 가능하다.

④ 특수경비원은 총기 또는 폭발물을 가지고 대항하는 경우를 제외하고는 14세 미만의 자 또는 임산부에 대하여는 권총 또는 소총을 발사하여서는 아니 된다.

15 경비업법령상 기계경비업자의 의무에 관한 설명으로 옳지 않은 것은?

CHECK ○△×

① 기계경비업자는 경비대상시설에 관한 경보를 수신한 때에는 신속하게 그 사실을 확인하는 등 필요한 대응조치를 취하여야 하며, 이를 위한 대응체제를 갖추어야 한다.

② 기계경비업자의 오경보의 방지를 위한 설명의무는 서면 또는 전자문서를 교부하는 방법에 의한다.

③ 기계경비업자는 출장소별로 기계경비지도사의 명단・배치일자・배치장소와 출동차량의 대수를 기재한 서류를 당해 경보를 수신한 날로부터 1년간 이를 보관하여야 한다.

④ 기계경비업자는 대응조치 등 업무의 원활한 운영과 개선을 위하여 대통령령이 정하는 바에 따라 관련 서류를 작성・비치하여야 한다.

16 CHECK ○△×

경비업법령상 특수경비업자가 할 수 있는 경비 관련업 분야 및 해당 영업이 올바르게 연결되지 않은 것은?

① 사업지원 서비스업 - 인력공급 및 고용알선업
② 부동산업 - 부동산 관리업
③ 창고 및 운송 관련 서비스업 - 주차장 운영업
④ 기계 및 가구를 포함하는 금속가공제품 제조업 - 금고 제조업

17 CHECK ○△×

다음은 A 경비법인의 각 지점별 경비원 배치 현황이다. 경비업법령상 A 경비법인이 선임·배치하여야 하는 최소한의 경비지도사 총인원 수는?

- 서울특별시 : 시설경비업무 200명, 혼잡·교통유도경비업무 120명, 기계경비업무 200명
- 전라남도 : 신변보호업무 180명, 기계경비업무 150명
- 제주특별자치도 : 호송경비업무 30명, 기계경비업무 30명

① 4
② 5
③ 6
④ 7

18 CHECK ○△×

경비업법령상 경비지도사 시험의 일부를 면제하는 사람에 해당하지 않는 것은?

① 특수경비업무에 3년 이상 종사하고 「고등교육법」에 의한 전문대학 이상의 교육기관(경비지도사의 시험과목 3과목 이상이 개설된 교육기관)에서 1년 이상의 경비업무 관련과정을 마친 사람
② 「고등교육법」에 따른 대학 이상의 학교를 졸업한 사람으로서 재학 중 제12조 제3항에 따른 경비지도사 시험과목을 3과목 이상을 이수하고 졸업한 후 경비업무에 종사한 경력이 3년 이상인 사람
③ 경비업무에 7년 이상 종사하고 경찰청장이 지정하는 기관에서 실시하는 44시간의 경비지도사 양성과정을 마치고 수료시험에 합격한 사람
④ 「공무원임용령」에 따른 행정직군 교정직렬 공무원으로 7년 이상 재직한 사람

19 CHECK ○△✕

경비업법령상 경비원의 명부와 배치허가 등에 관한 설명으로 옳은 것은?

① 집단민원현장에 배치되는 특수경비원의 명부는 그 경비원이 배치되는 장소에도 작성・비치하여야 한다.

② 혼잡・교통유도경비업무 중 집단민원현장에 일반경비원을 배치하는 경우에는 배치하기 전까지 배치허가를 신청하여야 한다.

③ 경비지도사는 경비원을 배치하여 경비업무를 수행하게 하는 때에는 배치된 경비원의 인적 사항과 배치일시・배치장소 등 근무상황을 기록하여 보관하여야 한다.

④ 경비업자는 특수경비원을 배치하는 경우에는 경비원을 배치하는 기간과 관계없이 경비원을 배치하기 전까지 경비원 배치신고서를 배치지를 관할하는 경찰관서장에게 제출해야 한다.

20 CHECK ○△✕

다음 중 경비업법령상 시・도 경찰청장 또는 관할 경찰관서장의 중지명령에 따르지 아니한 자에 대한 처벌기준과 동일한 것을 모두 고른 것은?

ㄱ. 특수경비원으로서 경비구역 안에서 시설물의 절도, 손괴, 위험물의 폭발 등의 사유로 인한 위급사태가 발생한 때에 직무상 명령에 불복종한 자 또는 정당한 사유 없이 경비구역을 벗어난 자
ㄴ. 국가중요시설에 대한 경비업무 중 정당한 사유 없이 무기를 소지하고 배치된 경비구역을 벗어난 특수경비원
ㄷ. 경찰관서장의 배치폐지명령을 따르지 아니한 자
ㄹ. 직무를 수행함에 있어 타인에게 위력을 과시하거나 물리력을 행사하는 등 경비업무의 범위를 벗어난 행위를 한 경비원

① ㄱ
② ㄷ
③ ㄴ, ㄹ
④ ㄷ, ㄹ

21 CHECK ○△✕

경비업법령상 어떤 죄를 범하여 벌금형을 선고받은 날부터 10년이 지나거나 금고 이상의 형을 선고받고 그 집행이 종료된 날부터 10년이 지난 경우 경비원이 될 수 있는 죄에 해당하지 않는 것은?

① 「형법」 제114조(범죄단체 등의 조직)
② 「폭력행위 등 처벌에 관한 법률」 제4조(단체 등의 구성・활동)
③ 「형법」 제303조(업무상 위력 등에 의한 간음)
④ 「형법」 제334조(특수강도)

22 CHECK ○△×

경비업법령상 경비업자의 의무와 이를 위반한 때의 벌칙 또는 과태료를 연결한 것으로 옳은 것은?

> [경비업자의 의무]
> ㄱ. 누구든지 집단민원현장에 경비인력을 20명 이상 배치하려고 할 때에는 그 경비인력을 직접 고용하여서는 아니 되고, 경비업자에게 경비업무를 도급하여야 한다.
> ㄴ. 경비업자는 대통령령이 정하는 바에 따라 경비지도사를 선임하여야 한다.
> ㄷ. 특수경비업자는 국가중요시설에 대한 특수경비업무를 중단하게 되는 경우에는 미리 이를 경비대행업자에게 통보하여야 한다.
> ㄹ. 특수경비원은 정당한 사유 없이 무기를 소지하고 배치된 경비구역을 벗어나서는 아니 된다.

> [벌칙 또는 과태료]
> a. 3년 이하의 징역 또는 3천만원 이하의 벌금
> b. 2년 이하의 징역 또는 2천만원 이하의 벌금
> c. 1년 이하의 징역 또는 1천만원 이하의 벌금
> d. 500만원 이하의 과태료

① ㄱ – a
② ㄴ – b
③ ㄷ – c
④ ㄹ – d

23 CHECK ○△×

청원경찰법령상 청원경찰의 보수에 관한 설명으로 옳지 않은 것은?

① 국가기관 또는 지방자치단체에 근무하는 청원경찰의 봉급・수당에 관한 청원주의 최저부담기준액은 경찰청장이 정하여 고시한다.
② 국가기관 또는 지방자치단체에 근무하는 청원경찰 보수의 호봉 간 승급기간은 경찰공무원의 승급기간에 관한 규정을 준용한다.
③ 국가기관 또는 지방자치단체에 근무하는 청원경찰 외의 청원경찰 보수의 호봉 간 승급기간 및 승급액은 그 배치된 사업장의 취업규칙에 따르며, 이에 관한 취업규칙이 없을 때에는 순경의 승급에 관한 규정을 준용한다.
④ 국가기관에 근무하는 청원경찰의 보수는 그 재직기간이 32년인 경우, 경찰공무원 경위의 보수를 감안하여 대통령령으로 정한다.

24 CHECK ○△×

경비업법령상 특수경비원의 무기휴대의 절차에 관한 설명으로 옳지 않은 것을 모두 고른 것은?

ㄱ. 시설주는 특수경비원이 휴대할 무기를 대여받고자 하는 때에는 무기대여신청서를 관할 경찰관서장을 거쳐 경찰청장에게 제출하여야 한다.
ㄴ. 시설주는 관할 경찰관서장으로부터 대여받은 무기를 특수경비원에게 휴대하게 하는 경우에는 관할 경찰관서장의 사전승인을 얻어야 한다.
ㄷ. 승인을 함에 있어서 관할 경찰관서장은 특수경비원에게 무기를 지급하여야 할 필요성이 있는지의 여부에 관하여 판단하여야 한다.
ㄹ. 특수경비원이 휴대할 수 있는 무기종류는 권총 및 소총으로 한다.
ㅁ. 시설주, 무기관리책임자와 특수경비원은 대통령령이 정하는 무기관리수칙을 준수하여야 한다.

① ㄱ, ㅁ
② ㄴ, ㄷ
③ ㄱ, ㄴ, ㅁ
④ ㄴ, ㄷ, ㄹ

25 CHECK ○△×

경비업법령상 기계경비업자가 계약상대방에게 오경보방지를 위한 설명서 교부 시 서면등에 기재하여야 하는 사항을 모두 고른 것은?

ㄱ. 당해 기계경비업무와 관련된 관제시설 및 출장소의 명칭 · 소재지
ㄴ. 경비대상시설의 명칭 · 소재지 및 경비계약기간
ㄷ. 오경보의 발생원인과 송신기기의 유지 · 관리방법
ㄹ. 경보의 수신 및 현장도착 일시와 조치의 결과
ㅁ. 기계경비업자가 경비대상시설에서 발생한 경보를 수신한 경우에 취하는 조치
ㅂ. 손해배상의 범위와 손해배상액에 관한 사항

① ㄱ, ㄴ, ㄷ
② ㄱ, ㄷ, ㅁ
③ ㄴ, ㄹ, ㅂ
④ ㄱ, ㄷ, ㅁ, ㅂ

26 CHECK ○△×

청원경찰법령상 관할 경찰서장과 시 · 도 경찰청장이 공통적으로 비치해야 할 문서와 장부를 모두 고른 것은?

ㄱ. 청원경찰 명부	ㄴ. 징계요구서철
ㄷ. 배치결정 관계철	ㄹ. 전출입 관계철
ㅁ. 청원경찰 임용승인 관계철	

① ㄹ
② ㄱ, ㄴ
③ ㄷ, ㄹ
④ ㄷ, ㄹ, ㅁ

27 CHECK ○△×

경비업법령상 경비협회에 관한 설명으로 옳지 않은 것은 모두 몇 개인가?

ㄱ. 경비업자는 경비업무의 건전한 발전과 경비원의 자질향상 및 교육훈련 등을 위하여 대통령령이 정하는 바에 따라 경비협회를 설립할 수 있다.
ㄴ. 경비업자가 경비협회를 설립하려는 경우에는 정관을 작성하여야 한다.
ㄷ. 경비협회는 경찰청장의 허가를 받아 회원으로부터 회비를 징수할 수 있다.
ㄹ. 경비진단에 관한 사항은 경비협회의 업무에 해당한다.
ㅁ. 경비협회에 관하여 경비업법에 특별한 규정이 있는 것을 제외하고는 「민법」 중 재단법인에 관한 규정을 준용한다.

① 1개
② 2개
③ 3개
④ 4개

28 CHECK ○△×

다음 중 경비업법령상 특수경비원을 배치한 국가중요시설의 관할 경찰관서장이 갖추어 두어야 할 장부 및 서류(A)와 특수경비원을 배치한 시설주가 갖추어 두어야 하는 장부 또는 서류(B)에 해당하는 것이 바르게 연결된 것은?

	A	B
①	무기탄약출납부	무기 · 탄약대여대장
②	특수경비원 전 · 출입관계철	특수경비원 교육훈련실시부
③	감독순시부	순찰표철
④	경비구역배치도	무기장비운영카드

29 CHECK ○△×

경비업법령상 관할 경찰관서장이 경비업자에게 배치폐지를 명할 수 있는 사유에 해당하지 않는 것은?

① 배치허가를 받지 아니하고 경비원을 배치한 때
② 경비원 명단 및 배치일시・배치장소 등 배치허가 신청의 내용을 거짓으로 한 때
③ 직무교육을 이수하지 아니한 자를 특수경비원으로 배치한 때
④ 경비원이 위력이나 흉기 또는 그 밖의 위험한 물건을 사용하여 집단적 폭력사태를 일으킨 때

30 CHECK ○△×

다음 중 청원경찰법령상 청원경찰의 복무에 관하여 준용되는 규정이 아닌 것을 모두 고른 것은?

ㄱ. 국가공무원법 제56조(성실의무)
ㄴ. 국가공무원법 제57조(복종의무)
ㄷ. 국가공무원법 제58조 제1항(직장이탈금지)
ㄹ. 국가공무원법 제60조(비밀엄수의무)
ㅁ. 국가공무원법 제66조 제1항(집단행위금지)
ㅂ. 경찰공무원법 제24조(거짓보고 등의 금지)

① 1개
② 2개
③ 3개
④ 4개

31 CHECK ○△×

청원경찰법령상 청원경찰의 퇴직과 면직에 관한 설명으로 옳지 않은 것은?

① 청원주가 청원경찰을 면직시켰을 때에는 그 사실을 관할 경찰서장을 거쳐 시・도 경찰청장에게 보고하여야 한다.
② 「국가공무원법」 제33조 제2호의 임용결격사유에 의한 당연 퇴직은 파산선고를 받은 사람으로서 「채무자 회생 및 파산에 관한 법률」에 따라 신청기한 내에 면책신청을 하지 아니하였거나 면책불허가 결정 또는 면책 취소가 확정된 경우에만 해당한다.
③ 청원경찰의 배치폐지는 당연 퇴직사유이다.
④ 국가기관이나 지방자치단체에 근무하는 청원경찰의 휴직 및 명예퇴직에 관하여는 「경찰공무원법」을 준용한다.

32 CHECK ○△×

다음 중 청원경찰법령상 청원경찰의 임용 및 배치 순서를 바르게 연결한 것은?

① 배치신청 – 배치결정 – 임용사항보고 – 임용승인신청 – 임용승인 – 임용
② 임용승인신청 – 임용승인 – 임용 – 임용사항보고 – 배치신청 – 배치결정
③ 배치신청 – 배치결정 – 임용승인신청 – 임용승인 – 임용 – 임용사항보고
④ 임용승인신청 – 임용승인 – 임용 – 배치신청 – 배치결정 – 임용사항보고

33 CHECK ○△×

청원경찰법령에 관한 설명으로 옳은 것은?

① 청원주는 시·도 경찰청장이 정하는 바에 따라 매월 무기와 탄약의 관리실태를 파악하여 다음 달 3일까지 관할 경찰서장에게 통보하여야 한다.
② 교육비는 청원주가 해당 청원경찰의 입교 3일 전에 해당 청원경찰에게 지급하여 납부하게 한다.
③ 정직(停職)은 1개월 이상 3개월 이하로 하고, 그 기간에 청원경찰의 신분은 보유하나 직무에 종사하지 못하며, 보수의 3분의 1을 줄인다.
④ 청원주는 청원경찰이 직무상의 부상·질병으로 인하여 퇴직하거나, 퇴직 후 2년 이내에 사망한 경우에는 대통령령으로 정하는 바에 따라 청원경찰 본인 또는 그 유족에게 보상금을 지급하여야 한다.

34 CHECK ○△×

청원경찰법령상 무기관리수칙에 관한 설명으로 옳지 않은 것은?

① 청원주가 무기와 탄약을 대여받았을 때에는 시·도 경찰청장이 정하는 무기·탄약 출납부 및 무기장비 운영카드를 갖춰 두고 기록하여야 한다.
② 청원주는 무기와 탄약의 관리를 위하여 관리책임자를 지정하고 관할 경찰서장에게 그 사실을 통보하여야 한다.
③ 청원주는 대여받은 무기와 탄약이 분실되거나 도난당하거나 빼앗기거나 훼손되는 등의 사고가 발생했을 때에는 지체 없이 그 사유를 관할 경찰서장에게 통보해야 한다.
④ 청원주는 무기와 탄약이 분실되거나 도난당하거나 빼앗기거나 훼손되었을 때에는 경찰청장이 정하는 바에 따라 그 전액을 배상해야 한다.

35 CHECK ○△×

다음 중 청원경찰법령상 청원경찰이 퇴직할 때 청원주에게 반납하여야 하는 것이 아닌 것을 모두 고른 것은?

ㄱ. 허리띠	ㄴ. 근무복
ㄷ. 방한화	ㄹ. 호루라기
ㅁ. 가슴표장	ㅂ. 분사기
ㅅ. 포 승	ㅇ. 기동복
ㅈ. 경찰봉	

① ㄱ, ㅁ, ㅂ, ㅅ
② ㄴ, ㄷ, ㄹ, ㅇ
③ ㄴ, ㄹ, ㅂ, ㅅ
④ ㄱ, ㅁ, ㅂ, ㅅ, ㅈ

36 CHECK ○△×

청원경찰법령상 청원경찰의 징계 및 불법행위책임에 관한 설명으로 옳은 것을 모두 고른 것은?

ㄱ. 국가기관이나 지방자치단체에 근무하는 청원경찰의 직무상 불법행위에 대한 배상책임에 관하여는 「민법」의 규정을 따른다.
ㄴ. 관할 경찰서장은 청원경찰이 품위를 손상하는 행위를 한 때에는 징계절차를 거쳐 징계처분을 하여야 한다.
ㄷ. 청원경찰에 대한 징계의 종류는 파면, 해임, 정직, 감봉 및 견책으로 구분한다.
ㄹ. 시·도 경찰청장은 징계규정의 보완이 필요하다고 인정할 때에는 청원주에게 그 보완을 요구할 수 있다.
ㅁ. 청원주는 청원경찰 배치 결정의 통지를 받았을 때에는 통지를 받은 날부터 10일 이내에 청원경찰에 대한 징계규정을 제정하여 관할 경찰서장에게 신고하여야 한다.

① ㄱ, ㄴ
② ㄴ, ㄷ
③ ㄷ, ㄹ
④ ㄹ, ㅁ

37 CHECK ○△×

다음은 청원경찰법령상 청원경찰의 근무요령에 관한 설명이다. (　　) 안의 ㄱ~ㄷ에 들어갈 내용을 바르게 연결한 것은?

> 순찰근무자는 청원주가 지정한 일정한 구역을 순회하면서 경비 임무를 수행한다. 이 경우 순찰은 단독 또는 복수로 (ㄱ)(정해진 노선을 규칙적으로 순찰하는 것을 말한다)을 하되, 청원주가 필요하다고 인정할 때에는 (ㄴ)(순찰구역 내 지정된 중요지점을 순찰하는 것을 말한다) 또는 (ㄷ)(임의로 순찰지역이나 노선을 선정하여 불규칙적으로 순찰하는 것을 말한다)을 할 수 있다.

① ㄱ : 정선순찰, ㄴ : 난선순찰, ㄷ : 요점순찰
② ㄱ : 요점순찰, ㄴ : 정선순찰, ㄷ : 난선순찰
③ ㄱ : 정선순찰, ㄴ : 요점순찰, ㄷ : 난선순찰
④ ㄱ : 난선순찰, ㄴ : 요점순찰, ㄷ : 정선순찰

38 CHECK ○△×

청원경찰법령상 과태료 부과기준에 관한 다음 표에서 (　　)의 ㄱ~ㄷ에 들어가지 않는 숫자는?

위반행위	과태료 금액
1. 법 제4조 제2항에 따른 시·도 경찰청장의 배치결정을 받지 않고 다음 각목의 시설에 청원경찰을 배치한 경우	
가. 국가중요시설(국가정보원장이 지정하는 국가보안목표시설을 말한다)인 경우	(ㄱ)만원
나. 가목에 따른 국가중요시설 외의 시설인 경우	(ㄴ)만원
2. 법 제5조 제1항에 따른 시·도 경찰청장의 승인을 받지 않고 다음 각목의 청원경찰을 임용한 경우	
가. 법 제5조 제2항에 따른 임용결격사유에 해당하는 청원경찰	(ㄱ)만원
나. 법 제5조 제2항에 따른 임용결격사유에 해당하지 않는 청원경찰	(ㄷ)만원

① 100　　② 300
③ 400　　④ 500

39 다음 중 청원경찰법령상 청원경찰의 배치대상으로 옳은 것을 모두 고른 것은?

CHECK ○△×

ㄱ. 국외 주재(駐在) 국내기관
ㄴ. 선박, 항공기 등 수송시설
ㄷ. 금융 또는 보험을 업(業)으로 하는 시설 또는 사업장
ㄹ. 학교 등 육영시설
ㅁ. 「지역보건법」에 따른 보건지소
ㅂ. 공공의 안녕질서 유지와 국민경제를 위하여 고도의 경비(警備)가 필요한 중요시설

① ㄱ, ㄴ, ㄹ, ㅁ
② ㄱ, ㄷ, ㅁ, ㅂ
③ ㄴ, ㄷ, ㄹ, ㅁ
④ ㄴ, ㄷ, ㄹ, ㅂ

제1회
제2회
제3회
제4회
제5회
제6회
제7회
제8회
제9회
제10회

40 청원경찰법령상 청원경찰의 배치 근무인원별 감독자 지정기준으로 옳지 않은 것은?

CHECK ○△×

① 근무인원 7명 : 조장 1명
② 근무인원 37명 : 반장 1명, 조장 5명
③ 근무인원 57명 : 대장 1명, 반장 2명, 조장 6명
④ 근무인원 97명 : 대장 1명, 반장 4명, 조장 12명

제2회 심화 모의고사

✔ 각 문항별로 난이도를 체크해 보세요. ○△×

✔ Time 분 | 해설편 026p

✔ 중요문제 / 틀린 문제 CHECK

01	02	03	04	05	06	07	08	09	10	11	12	13	14	15	16	17	18	19	20
21	22	23	24	25	26	27	28	29	30	31	32	33	34	35	36	37	38	39	40

01 경비업법에서 사용하는 용어의 정의에 관한 설명으로 옳지 않은 것은?

CHECK ○△×

① "경비업"이라 함은 시설경비업무, 호송경비업무, 신변보호업무, 기계경비업무, 특수경비업무, 혼잡·교통유도경비업무의 전부 또는 일부를 도급받아 행하는 영업을 말한다.

② "특수경비업무"라 함은 공항(항공기를 포함한다) 등 행정안전부령이 정하는 국가중요시설의 경비 및 도난·화재 그 밖의 위험발생을 방지하는 업무를 말한다.

③ "경비지도사"라 함은 경비원을 지도·감독 및 교육하는 자를 말하며 일반경비지도사와 기계경비지도사로 구분한다.

④ "경비원"이라 함은 경비업의 허가를 받은 법인이 채용한 고용인으로서 일반경비원과 특수경비원으로 구분한다.

02 경비업법령상 경비지도사 시험에 관한 설명으로 옳지 않은 것은?

CHECK ○△×

① 경비지도사시험은 매년 1회 이상 시행하며, 시험과목, 시험공고, 시험의 일부가 면제되는 자의 범위 그 밖에 경비지도사시험에 관하여 필요한 사항은 대통령령으로 정한다.

② 경찰청장은 시험문제의 출제를 위하여 대통령령에서 정하는 사람 중에서 시험출제위원을 임명 또는 위촉한다.

③ 경찰청장은 경비지도사 시험의 응시자격·시험과목·시험일시·시험장소 및 선발예정인원 등을 시험시행일 90일 전까지 관보게재와 각 시·도 경찰청 게시판 및 인터넷 홈페이지에 게시하는 방법에 의하여 공고하여야 한다.

④ 범죄예방·경비 업무를 담당한 경력이 3년 이상인 경감 이상의 경찰공무원(경감이 되기 전의 경력을 포함하지 아니한다)은 시험출제위원으로서 임명 또는 위촉될 수 있다.

03 다음 중 경비업법령상 민감정보 및 고유식별정보를 처리할 수 있는 사무는 모두 몇 개인가?

CHECK ○△×

ㄱ. 경비업의 허가 및 갱신허가 등에 관한 사무
ㄴ. 경비지도사 시험 등에 관한 사무
ㄷ. 경비원의 교육 등에 관한 사무
ㄹ. 보안지도·점검 및 보안측정에 관한 사무
ㅁ. 경비협회의 설립에 관한 사무
ㅂ. 경비지도사의 선임·해임 신고에 관한 사무

① 3개
② 4개
③ 5개
④ 6개

04 경비업법령상 특수경비원의 무기사용 등에 관한 설명으로 옳지 않은 것은?

CHECK ○△×

① 시·도 경찰청장은 무기의 적정한 관리를 위하여 무기를 대여받은 시설주에 대하여 필요한 명령을 발할 수 있다.
② 시·도 경찰청장은 국가중요시설에 대한 경비업무의 수행을 위하여 필요하다고 인정하는 때에는 시설주의 신청에 의하여 무기를 구입한다.
③ 시설주가 대여받은 무기에 대하여 시설주 및 관할 경찰관서장은 무기의 관리책임을 지고, 관할 경찰관서장은 시설주 및 특수경비원의 무기관리상황을 대통령령이 정하는 바에 따라 지도·감독하여야 한다.
④ 특수경비원의 무기휴대, 무기종류, 그 사용기준 및 안전검사의 기준 등에 관하여 필요한 사항은 대통령령으로 정한다.

05 경비업법령상 경비지도사 및 경비원의 교육에 관한 설명으로 옳은 것은?

CHECK ○△×

① 일반경비지도사의 교육시간은 48시간이다.
② 경찰청장은 경비지도사에 대한 기본교육 및 보수교육의 전국적 균형을 유지하기 위하여 교육수준 및 교육방법 등에 필요한 지침을 마련하여 시행하여야 한다.
③ 일반경비원의 교육 실시에 필요한 사항은 대통령령으로 정한다.
④ 일반경비원의 신임교육시간은 24시간이고, 특수경비원의 신임교육시간은 80시간이다.

06 CHECK ○△×

다음 중 경비업법령상 경비업의 시설 등의 기준에 관한 설명으로 옳지 않은 것은?

① 특수경비업무의 경우 3억원 이상의 자본금과 특수경비원 20명 이상, 경비지도사 1명 이상을 경비인력 요건으로 한다.
② 기계경비업무의 경우 장비 기준으로 감지장치・송수신장치, 출장소별로 출동차량 2대 이상, 기준 경비인력 수 이상의 경비원 복장 및 경적・단봉・분사기를 갖추어야 한다.
③ 기계경비업무의 경우 시설 기준과 관련하여 타 업무와 달리 관제시설을 추가로 갖추어야 한다.
④ 시설경비업무의 경우 전자・통신 분야 기술자격증소지자 5명을 포함한 일반경비원 10명 이상, 경비지도사 1명 이상을 경비인력 요건으로 한다.

07 CHECK ○△×

경비업법령상 특수경비원이 사람을 향하여 권총을 발사하고자 하는 때에 미리 구두 또는 공포탄에 의한 사격으로 상대방에게 경고해야 하나, 부득이하게 경고하지 아니할 수 있는 경우에 해당하지 않는 것은?

① 특수경비원이 급습을 받아 상황이 급박하고 경고할 시간적 여유가 없는 경우
② 국가중요시설에 침입한 무장간첩이 특수경비원으로부터 투항(投降)을 요구받고도 이에 불응한 때
③ 인질・간첩 또는 테러사건에 있어서 은밀히 작전을 수행하는 경우
④ 타인의 생명・신체에 대한 중대한 위험을 야기하는 범행이 목전에 실행되고 있는 등 상황이 급박하여 경고할 시간적 여유가 없는 경우

08 CHECK ○△×

경비업법령상 경비협회의 공제사업에 관한 설명으로 옳지 않은 것은?

① 경비협회가 공제사업을 하고자 하는 때에는 공제사업의 범위, 공제계약의 내용, 공제금, 공제료 및 공제금에 충당하기 위한 책임준비금 등 공제사업의 운영에 관하여 필요한 사항을 정하여 공제규정을 제정하여야 한다.
② 경비협회는 경비업자가 경비업을 운영할 때 필요한 입찰보증, 이행보증을 포함한 계약보증, 하도급보증을 위한 사업을 공제사업으로 할 수 있지만 경비업자의 손해배상책임을 보장하기 위한 사업은 공제사업으로 할 수 없다.
③ 경찰청장은 공제규정을 승인하거나 공제사업의 감독에 관한 기준을 정하는 경우에는 미리 금융위원회와 협의하여야 한다.
④ 경찰청장은 공제사업에 대하여 금융위원회의 설치 등에 관한 법률에 따른 금융감독원의 원장에게 검사를 요청할 수 있다.

09 CHECK ○△×

다음은 경비업법령상의 경비업의 허가에 관한 내용이다. (   ) 안의 ㄱ~ㄹ에 들어갈 내용을 바르게 연결한 것은?

> 경비업의 허가를 받으려는 경우 또는 경비업자가 허가를 받은 경비업무를 변경하거나 새로운 경비업무를 (ㄱ)하려는 경우에는 경비업 허가신청서 또는 (ㄴ)허가신청서(전자문서로 된 신청서를 포함한다)에 다음 각호의 서류(전자문서를 포함한다)를 첨부하여 법인의 주사무소를 관할하는 시·도 경찰청장 또는 해당 시·도 경찰청 소속의 경찰서장에게 제출하여야 한다. 이 경우 신청서를 제출받은 경찰서장은 지체 없이 관할 시·도 경찰청장에게 보내야 한다.
> 1. 법인의 정관 1부
> 2. 법인 (ㄷ)의 이력서 1부
> 3. (ㄹ) 1부(경비업 허가의 신청 시 이를 갖출 수 없는 경우에 한한다)

	ㄱ	ㄴ	ㄷ	ㄹ
①	추가	변경	임원	경비인력·시설 및 장비의 확보계획서
②	추가	갱신	대표자	자본금 확보계획서
③	갱신	갱신	임원	자본금 확보계획서
④	갱신	변경	대표자	경비인력·시설 및 장비의 확보계획서

10 CHECK ○△×

경비업법령상 집단민원현장에 선임·배치된 경비지도사의 직무로 옳지 않은 것은?

① 경비원의 의무 위반행위의 예방 및 제지
② 경비원 명부의 작성 및 비치
③ 경비원의 복장 착용에 대한 지도 및 감독
④ 경비원의 장비 휴대 및 사용에 대한 지도·감독

11 CHECK ○△×

다음 중 경비업법령상 경찰청장이 시 · 도 경찰청장에게 위임한 권한에 해당하는 것은 모두 몇 개인가?

ㄱ. 경비지도사자격의 취소 또는 정지
ㄴ. 경비지도사자격의 취소 또는 정지에 관한 청문
ㄷ. 경비원 교육기관의 지정 취소 또는 업무의 정지
ㄹ. 경비원 교육기관의 지정 취소 또는 업무의 정지에 관한 청문
ㅁ. 경비업 허가의 취소 또는 영업정지
ㅂ. 경비업 허가의 취소 또는 영업정지에 관한 청문
ㅅ. 경비지도사 시험의 관리에 관한 업무

① 없음
② 1개
③ 2개
④ 3개

12 CHECK ○△×

경비업법령상 경비업 허가의 상대적 취소 · 영업정지사유에 해당하지 않는 경우는?

① 경비업자가 결격사유에 해당하는 일반경비원을 집단민원현장에 배치한 때
② 경비업자가 경찰청장, 시 · 도 경찰청장, 관할 경찰관서장의 감독상 명령을 따르지 아니한 때
③ 경비업자가 시 · 도 경찰청장의 허가 없이 경비업무를 변경한 때
④ 경비업자가 영업정지처분을 받고 계속하여 영업을 한 때

13 CHECK ○△×

다음 중 경비업법령상 경비지도사 자격취소사유(A)와 자격정지사유(B)에 해당하는 것을 바르게 연결한 것은?

ㄱ. 금고 이상의 실형의 선고를 받은 때
ㄴ. 허위 그 밖의 부정한 방법으로 경비지도사자격증을 교부받은 때
ㄷ. 경비지도사자격증을 다른 사람에게 빌려주거나 양도한 때
ㄹ. 자격정지 기간 중에 경비지도사로 선임되어 활동한 때
ㅁ. 시·도 경찰청장의 명령을 위반한 때
ㅂ. 직무를 성실하게 수행하지 아니한 때

	A	B
①	ㄱ, ㄴ, ㄷ, ㄹ	ㅁ, ㅂ
②	ㄱ, ㄴ, ㄷ	ㄹ, ㅁ, ㅂ
③	ㄱ, ㄴ	ㄷ, ㄹ, ㅁ, ㅂ
④	ㄹ, ㅁ, ㅂ	ㄱ, ㄴ, ㄷ

14 CHECK ○△×

경비업법령상 경비원의 복장 및 장비 등에 관한 설명으로 옳은 것은?

① 경비원이 휴대할 수 있는 장비의 종류는 경적·단봉·분사기 등 행정안전부령으로 정하되, 근무 중에는 물론 근무 후에도 이를 휴대할 수 있다.
② 경비업자는 경찰공무원 또는 군인의 제복과 색상 및 디자인 등이 명확히 구별되는 소속 경비원의 복장을 정하고 이를 확인할 수 있는 사진을 첨부하여 주된 사무소를 관할하는 경찰서장에게 대통령령으로 정하는 바에 따라 신고하여야 한다.
③ 경비원의 복장, 장비 등에 관하여 필요한 사항은 대통령령으로 정한다.
④ 경비업자는 집단민원현장이 아닌 곳에서 신변보호업무를 수행하는 경우에는 신고된 복장과 다른 복장을 경비원에게 착용하게 할 수 있다.

15 다음 중 경비업법령상 경비지도사의 결격사유에 해당하는 사람은 모두 몇 명인가?

CHECK ○△×

ㄱ. 「형법」 제114조(범죄단체 등의 조직)의 죄를 범하여 벌금형을 선고받은 날부터 10년이 지나지 아니하거나 금고 이상의 형을 선고받고 그 집행이 종료된(종료된 것으로 보는 경우를 포함한다) 날 또는 집행이 유예・면제된 날부터 10년이 지나지 아니한 자
ㄴ. 「형법」 제330조(야간주거침입절도)의 죄를 범하여 벌금형을 선고받은 날부터 5년이 지나지 아니하거나 금고 이상의 형을 선고받고 그 집행이 유예된 날부터 5년이 지나지 아니한 자
ㄷ. 「아동・청소년의 성보호에 관한 법률」 제7조(아동・청소년에 대한 강간・강제추행 등)의 죄를 범하여 치료감호를 선고받고 그 집행이 종료된 날 또는 집행이 면제된 날부터 10년이 지나지 아니한 자
ㄹ. 「성폭력범죄의 처벌 등에 관한 특례법」 제3조(특수강도강간 등)의 죄를 범하여 벌금형을 선고받은 날부터 10년이 지나지 아니하거나 금고 이상의 형을 선고받고 그 집행이 유예된 날부터 10년이 지나지 아니한 자

① 1명
② 2명
③ 3명
④ 4명

16 다음 중 경비업법령상 특수경비업무를 수행하는 법인의 임원이 될 수 없는 사람은?

CHECK ○△×

① 「대통령 등의 경호에 관한 법률」을 위반하여 벌금형의 선고를 받고 2년이 지난 甲
② 「경비업법」을 위반하여 벌금형의 선고를 받고 3년이 지난 乙
③ 18세의 미성년자인 丙
④ 소속 경비원으로 하여금 경비업무의 범위를 벗어난 행위를 하게 하여 허가가 취소된 법인의 허가취소 당시의 임원이었던 자로서 그 취소 후 5년이 지난 丁

17 경비업법령상 집단민원현장에 해당하지 않는 것은?

CHECK ○△×

① 「행정대집행법」에 따라 대집행을 하는 장소
② 정부 정책에 대한 이해대립이 있어 다툼이 있는 장소
③ 토지 소유권에 대한 이해대립이 있어 다툼이 있는 장소
④ 「도시 및 주거환경정비법」에 따른 정비사업과 관련하여 이해대립이 있어 다툼이 있는 장소

18 CHECK ○△×

경비업법령상 경비원의 배치 및 배치폐지 신고에 관한 설명으로 옳지 않은 것은?

① 경비업자가 경비원의 배치를 폐지한 경우에는 행정안전부령으로 정하는 바에 따라 관할 경찰관서장에게 신고하여야 한다.

② 경비업자는 시설경비업무를 수행하기 위하여 20일 이상 경비원을 배치하거나 그 기간을 연장하려는 때에는 경비원을 배치한 후 7일 이내에 배치지를 관할하는 경찰관서장에게 배치신고서를 제출하여야 한다.

③ 경비업자는 특수경비원을 배치하는 경우에는 경비원을 배치하는 기간과 관계없이 경비원을 배치하기 전까지 경비원 배치신고서를 배치지를 관할하는 경찰관서장에게 제출해야 한다.

④ 경비업자는 경비원 배치신고 시에 기재한 배치폐지 예정일에 경비원의 배치를 폐지한 경우 배치폐지를 한 날부터 7일 이내에 배치폐지신고서를 배치지의 관할 경찰관서장에게 제출하여야 한다.

19 CHECK ○△×

청원경찰법령상 청원경찰의 복제(服制)에 관한 설명으로 옳지 않은 것은?

① 청원경찰의 복제는 제복·장구 및 부속물로 구분하며, 이 가운데 허리띠, 경찰봉, 호루라기, 포승은 장구에 해당한다.

② 청원주는 청원경찰이 특수복장을 착용할 필요가 있을 때에는 시·도 경찰청장의 승인을 받아 특수복장을 착용하게 할 수 있다.

③ 청원경찰의 제복의 형태·규격 및 재질은 시·도 경찰청장이 결정하되, 사업장별로 통일하여야 한다.

④ 청원경찰은 평상근무 중에는 정모, 근무복, 단화, 호루라기, 경찰봉 및 포승을 착용하거나 휴대하여야 한다.

20 CHECK ○△×

다음 중 경비업법령상 국가중요시설에 대한 경비업무 수행 중 정당한 사유 없이 무기를 소지하고 배치된 경비구역을 벗어난 특수경비원에 대한 벌칙보다 가벼운 벌칙이 적용되는 자(A)와 무거운 벌칙이 적용되는 자(B)를 바르게 연결한 것은?

ㄱ. 경비업무의 중단을 통보하지 아니하거나 경비업무를 즉시 인수하지 아니한 특수경비업자 또는 경비대행업자
ㄴ. 경비업자의 경비원 채용 시 무자격자나 부적격자 등을 채용하도록 관여하거나 영향력을 행사한 도급인
ㄷ. 경비업법에서 정한 장비 외에 흉기를 휴대하고 경비업무를 수행한 경비원
ㄹ. 직무를 수행함에 있어 타인에게 위력을 과시하거나 물리력을 행사하는 등 경비업무의 범위를 벗어난 행위를 한 경비원
ㅁ. 파업・태업 그 밖에 경비업무의 정상적인 운영을 저해하는 일체의 쟁의행위를 한 특수경비원
ㅂ. 과실로 인하여 국가중요시설의 정상적인 운영을 해치는 장해를 일으킨 특수경비원

	A	B
①	ㄱ, ㄴ, ㄷ	ㄹ, ㅁ, ㅂ
②	ㄱ, ㄴ, ㄹ	ㄷ, ㅁ, ㅂ
③	ㄷ, ㄹ, ㅁ	ㄱ, ㄴ, ㅂ
④	ㄷ, ㄹ, ㅂ	ㄱ, ㄴ, ㅁ

21 CHECK ○△×

경비업법령에 의할 때 다음 (　　) 안의 ㄱ~ㄷ에 들어갈 내용으로 옳은 것은?

「경비업법」에 따른 경비업무에 (ㄱ) 이상(특수경비업무의 경우에는 3년 이상) 종사하고 고등교육법에 의한 전문대학 이상의 교육기관(경비지도사의 시험과목 3과목 이상이 개설된 교육기관에 한한다)에서 (ㄴ) 이상의 경비업무관련 과정을 마친 사람과 경찰청장이 지정하는 기관에서 실시하는 (ㄷ) 이상의 경비지도사 양성과정을 마치고 수료시험에 합격한 사람은 경비지도사 1차 시험을 면제한다.

① ㄱ : 5년, ㄴ : 1년, ㄷ : 44시간
② ㄱ : 7년, ㄴ : 1년, ㄷ : 64시간
③ ㄱ : 7년, ㄴ : 5년, ㄷ : 64시간
④ ㄱ : 7년, ㄴ : 5년, ㄷ : 88시간

22 CHECK ○△×

경비업법령상 특수경비원이 무기를 휴대하고 경비업무를 수행 중에 법령에 규정된 무기의 안전수칙을 위반하여 범죄를 범한 경우 법정형의 2분의 1까지 가중처벌되는 형법상의 범죄가 아닌 것은?

① 형법 제258조의2(특수상해죄) 제1항(존속상해죄 포함)
② 형법 제262조(폭행치사상죄)
③ 형법 제283조 제1항(협박죄)
④ 형법 제366조(재물손괴등죄)

23 CHECK ○△×

청원경찰법령상 청원경찰의 신분 및 근무 등에 관한 설명 중 옳지 않은 것은?

① 청원경찰은 「형법」이나 그 밖의 법령에 따른 벌칙을 적용하는 경우를 제외하고는 공무원으로 본다.
② 청원경찰이 직무를 수행할 때 직권을 남용하여 국민에게 해를 끼친 경우에는 6개월 이하의 징역이나 금고에 처한다.
③ 청원경찰의 복제(服制)와 무기 휴대에 필요한 사항은 대통령령으로 정한다.
④ 청원경찰은 형의 선고, 징계처분으로 직무를 감당하지 못할 때를 제외하고는 그 의사(意思)에 반하여 면직(免職)되지 아니한다.

24 CHECK ○△×

경비업법령상 경비원의 배치에 관한 설명으로 옳지 않은 것은?

① 시설경비업무 중 집단민원현장에 일반경비원을 배치하는 경우에는 배치하기 48시간 전까지 배치허가를 신청하여야 한다.

② 신변보호업무 중 집단민원현장에 일반경비원을 배치하는 경우에는 배치하기 전까지 배치허가를 신청하여야 한다.

③ 집단민원현장이 아닌 곳에서 신변보호업무를 수행하는 일반경비원을 배치하는 경우에는 경비원을 배치하기 전까지 신고하여야 한다.

④ 특수경비원을 배치하는 경우에는 경비원을 배치하기 전까지 신고하여야 한다.

25 CHECK ○△×

다음 중 경비업법령상 기계경비업자가 계약상대방에게 오경보방지를 위한 설명 시 교부하는 서면등에 기재될 내용에 해당하는 것으로 옳은 것은?

① 오경보인 경우 오경보가 발생한 경비대상시설 및 그 오경보에 대한 조치의 결과

② 경비대상시설의 명칭·소재지 및 경비계약기간

③ 경보의 수신 및 현장도착 일시와 조치의 결과

④ 기계경비업무용 기기의 설치장소 및 종류와 그 밖의 기계장치의 개요

26 CHECK ○△×

다음 중 청원경찰법령상 청원경찰에 대한 징계의 종류에 해당하는 것을 모두 고른 것은?

ㄱ. 해 임	ㄴ. 파 면
ㄷ. 감 봉	ㄹ. 견 책
ㅁ. 강 등	ㅂ. 정 직

① ㄱ, ㄴ, ㄷ, ㅁ

② ㄴ, ㄷ, ㄹ, ㅁ

③ ㄱ, ㄴ, ㄷ, ㄹ, ㅂ

④ ㄱ, ㄷ, ㄹ, ㅁ, ㅂ

27 CHECK ○△×

경비업법령상 벌칙 및 양벌규정에 관한 설명으로 옳지 않은 것은?

① 경비업자가 복장 등에 관한 신고규정을 위반하여 신고를 하지 아니한 경우에 양벌규정이 적용된다.
② 관할 경찰관서장의 배치폐지 명령을 따르지 아니한 경비업자는 1년 이하의 징역 또는 1천만원 이하의 벌금에 처한다.
③ 특수경비원이 국가중요시설의 정상적인 운영을 해치는 장해를 일으킨 경우에는 행위자인 특수경비원뿐만 아니라 그 특수경비원이 소속된 법인도 5천만원 이하의 벌금에 처한다.
④ 법인 또는 개인이 특수경비원의 위 ③과 같은 행위를 방지하기 위하여 해당 업무에 관한 상당한 주의와 감독을 게을리하지 아니하였다면 벌금형이 면책된다.

28 CHECK ○△×

다음 중 경비업법령상 관할 경찰관서장이 경비원의 배치폐지를 명할 수 있는 경우는 모두 몇 개인가?

ㄱ. 경비업자가 경비원 신임교육을 이수하지 아니한 자를 경비원으로 배치한 경우
ㄴ. 경비업자가 경비업법을 위반하여 신고를 하지 아니하고 일반경비원을 배치한 경우
ㄷ. 경비원이 위력이나 흉기 또는 그 밖의 위험한 물건을 사용하여 집단적 폭력사태를 일으킨 경우
ㄹ. 경비업자가 배치허가를 받지 아니하고 경비원을 배치하거나 경비원 명단 및 배치일시・배치장소 등 배치허가 신청의 내용을 거짓으로 한 때

① 1개
② 2개
③ 3개
④ 4개

29 CHECK ○△×

경비업법령상 시설주 또는 관리책임자가 준수하여야 할 무기관리수칙에 관한 설명으로 옳지 않은 것은?

① 무기의 관리를 위한 책임자를 지정하고 관할 경찰관서장에게 이를 통보할 것
② 대여받은 무기를 빼앗기거나 대여받은 무기가 분실・도난 또는 훼손되는 등의 사고가 발생한 때에는 관할 경찰관서장에게 그 사유를 지체 없이 통보할 것
③ 시설주는 자체계획을 수립하여 보관하고 있는 무기를 매주 1회 이상 손질할 수 있게 할 것
④ 시・도 경찰청장이 정하는 바에 의하여 무기의 관리실태를 매월 파악하여 다음 달 3일까지 관할 경찰관서장에게 통보할 것

30 CHECK ○△×

다음 중 경비업법령상 경찰청장 또는 시・도 경찰청장이 청문을 실시해야 하는 경우가 아닌 것을 모두 고른 것은?

ㄱ. 경비업 허가
ㄴ. 경비업 허가의 취소 또는 영업정지
ㄷ. 경비업자에 대한 과태료 부과
ㄹ. 경비원 교육기관의 지정 취소 또는 업무의 정지
ㅁ. 경비지도사 교육기관의 지정 취소 또는 업무의 정지
ㅂ. 경비지도사자격의 취소 또는 정지

① ㄱ, ㄷ
② ㄱ, ㅂ
③ ㄴ, ㄹ
④ ㄹ, ㅁ

31 CHECK ○△×

청원경찰법령상 청원경찰의 면직 및 퇴직에 관한 설명으로 옳지 않은 것은?

① 청원경찰은 신체상・정신상의 이상으로 직무를 감당하지 못하는 경우에도 그 의사(意思)에 반하여 면직(免職)될 수 없다.
② 청원경찰이 청원경찰법 제5조 제2항에 따른 임용결격사유에 해당될 때에는 원칙적으로 당연 퇴직된다.
③ 청원주가 청원경찰을 면직시켰을 때에는 그 사실을 관할 경찰서장을 거쳐 시・도 경찰청장에게 보고하여야 한다.
④ 국가기관이나 지방자치단체에 근무하는 청원경찰의 휴직 및 명예퇴직에 관하여는 「국가공무원법」 제71조부터 제73조까지 및 제74조의2를 준용한다.

32 CHECK ○△×

다음 중 청원경찰법령상 청원경찰의 배치폐지에 관한 설명으로 옳은 것을 모두 고른 것은?

ㄱ. 청원주는 청원경찰이 배치된 시설이 폐쇄되거나 축소되어 청원경찰의 배치를 폐지하거나 배치인원을 감축할 필요가 있다고 인정하면 청원경찰의 배치를 폐지하거나 배치인원을 감축할 수 있다.
ㄴ. 청원주는 청원경찰을 대체할 목적으로 경비업법에 따른 특수경비원을 배치하는 경우에 청원경찰의 배치를 폐지하거나 배치인원을 감축할 수 있다.
ㄷ. 청원주는 청원경찰이 배치된 기관·시설 또는 사업장 등이 배치인원의 변동사유 없이 다른 곳으로 이전하는 경우에는 청원경찰의 배치를 폐지하거나 배치인원을 감축할 수 없다.
ㄹ. 청원주가 청원경찰의 배치를 폐지하는 경우에는 배치폐지로 과원(課員)이 되는 인원을 그 기관·시설 또는 사업장 내의 유사업무에 종사하게 하거나 다른 시설·사업장 등에 재배치하는 등 청원경찰의 고용이 보장될 수 있도록 노력하여야 한다.
ㅁ. 청원주가 청원경찰을 감축하였을 때에는 청원경찰 배치결정을 한 시·도 경찰청장에게 알려야 한다.

① ㄱ, ㄴ, ㄷ
② ㄱ, ㄷ, ㄹ
③ ㄱ, ㄷ, ㅁ
④ ㄴ, ㄹ, ㅁ

33 CHECK ○△×

청원경찰법령상 청원경찰의 임용 및 배치에 관한 설명으로 옳지 않은 것은?

① 청원경찰의 배치결정을 받은 자는 그 배치결정의 통지를 받은 날부터 30일 이내에 배치결정된 인원수의 임용예정자에 대하여 임용승인신청서를 경찰청장에게 제출하여야 한다.
② 청원주가 청원경찰을 임용하였을 때에는 임용한 날부터 10일 이내에 그 임용사항을 관할 경찰서장을 거쳐 시·도 경찰청장에게 보고하여야 한다.
③ 청원주는 청원경찰을 이동배치하였을 때에는 종전의 배치지를 관할하는 경찰서장에게 그 사실을 통보하여야 한다.
④ 청원경찰은 청원주가 임용하되, 임용을 할 때에는 미리 시·도 경찰청장의 승인을 받아야 한다.

34 CHECK ○△×

청원경찰법령상 청원경찰의 근무요령에 관한 설명으로 옳지 않은 것은?

① 대기근무자는 소내근무에 협조하거나 휴식하면서 불의의 사고에 대비한다.
② 업무처리 및 자체경비를 하는 소내근무자는 근무 중 특이한 사항이 발생하였을 때에는 지체 없이 청원주 또는 관할 경찰서장에게 보고하고 그 지시에 따라야 한다.
③ 순찰근무자는 요점순찰을 하되, 청원주가 필요하다고 인정할 때에는 정선순찰을 할 수 있다.
④ 자체경비를 하는 입초근무자는 경비구역의 정문이나 그 밖의 지정된 장소에서 경비구역의 내부, 외부 및 출입자의 움직임을 감시한다.

35 CHECK ○△×

청원경찰법령상 무기와 탄약을 지급받은 청원경찰의 준수사항으로 옳지 않은 것은?

① 지급받은 무기는 다른 사람에게 보관 또는 휴대하게 할 수 없으며 손질을 의뢰할 수 없다.
② 무기를 손질하거나 조작할 때에는 반드시 총구를 공중으로 향하게 하여야 한다.
③ 무기와 탄약을 지급받았을 때에는 별도의 지시가 없으면 무기와 탄약을 분리하여 휴대하여야 하며, 소총은 "우로 어깨 걸어 총"의 자세를 유지하고, 권총은 "권총집에 넣어 총"의 자세를 유지하여야 한다.
④ 근무시간 이후에는 무기와 탄약을 관리책임자에게 반납하여야 한다.

36 청원경찰법령에 관한 설명으로 옳지 않은 것은?

CHECK ○△×

① 청원경찰을 배치받으려는 자는 대통령령으로 정하는 바에 따라 관할 시·도 경찰청장에게 청원경찰 배치를 신청하여야 한다.

② 청원경찰 배치신청서 제출 시, 배치 장소가 둘 이상의 도(道)일 때에는 경찰청장에게 한꺼번에 신청할 수 있다.

③ 청원주는 항상 소속 청원경찰의 근무 상황을 감독하고, 근무 수행에 필요한 교육을 하여야 한다.

④ 과태료는 대통령령으로 정하는 바에 따라 시·도 경찰청장이 부과·징수한다.

37 청원경찰법령상 청원경찰경비에 관한 설명으로 옳지 않은 것은?

CHECK ○△×

① 청원경찰이 직무상의 부상·질병으로 인하여 퇴직 후 2년 이내에 사망한 경우 청원주는 대통령령으로 정하는 바에 따라 그 유족에게 보상금을 지급하여야 한다.

② 청원경찰에게 지급할 봉급·수당의 최저부담기준액과 청원경찰의 피복비 및 교육비의 부담기준액은 행정안전부장관이 정하여 고시(告示)한다.

③ 청원경찰에게 지급할 봉급과 각종 수당의 최저부담기준액은 경찰공무원 중 순경의 것을 고려하여 다음 연도분을 매년 12월에 고시하여야 하나, 부득이한 사유가 있을 때에는 수시로 고시할 수 있다.

④ 피복은 청원주가 제작하거나 구입하여 정기지급일 또는 신규 배치 시에 청원경찰에게 현품으로 지급한다.

38 다음 중 청원경찰법령상 관할 경찰서장의 고유권한(A)에 해당하는 것과 관할 경찰서장에게 위임된 시·도 경찰청장의 권한(B)에 해당하는 것이 바르게 연결된 것은?(청원경찰을 배치하고 있는 사업장이 하나의 경찰서의 관할구역에 있는 경우에 한함)

CHECK ○△×

ㄱ. 무기의 관리 및 취급 사항을 감독하는 권한
ㄴ. 복무규율과 근무 상황을 감독하는 권한
ㄷ. 경비전화의 가설에 관한 권한
ㄹ. 청원경찰 배치의 결정 및 요청에 관한 권한
ㅁ. 과태료 부과·징수에 관한 권한
ㅂ. 청원주에 대한 지도 및 감독상 필요한 명령에 관한 권한

	A	B
①	ㄱ, ㄴ, ㄷ	ㄹ, ㅁ, ㅂ
②	ㄱ, ㄴ, ㄹ	ㄷ, ㅁ, ㅂ
③	ㄷ, ㄹ, ㅁ	ㄱ, ㄴ, ㅂ
④	ㄷ, ㄹ, ㅂ	ㄱ, ㄴ, ㅁ

39 CHECK ○△×

청원경찰법령상 청원주와 관할 경찰서장이 공통적으로 비치하여야 할 문서와 장부(A), 관할 경찰서장과 시 · 도 경찰청장이 공통적으로 비치하여야 할 문서와 장부(B)를 올바르게 연결한 것은?

	A	B
①	청원경찰 명부, 무기 · 탄약 출납부	전출입 관계철
②	청원경찰 명부, 교육훈련 실시부	전출입 관계철
③	교육훈련 실시부, 징계관계철	무기 · 탄약 대여대장
④	근무일지, 무기 · 탄약 출납부	무기 · 탄약 대여대장

40 CHECK ○△×

다음은 청원경찰법 시행규칙 [별표 4]의 감독자 지정기준에 관한 표이다. (　　) 안의 ㄱ~ㄷ에 들어갈 숫자의 합은?

감독자 지정기준(청원경찰법 시행규칙 [별표 4])

근무인원	직급별 지정기준		
	대 장	반 장	조 장
(ㄱ)명까지	–	–	1명
10명 이상 29명 이하	–	1명	2~3명
30명 이상 40명 이하	–	(ㄴ)명	3~4명
41명 이상 60명 이하	1명	2명	6명
61명 이상 120명 이하	(ㄷ)명	4명	12명

① 10
② 11
③ 12
④ 14

제3회 심화 모의고사

각 문항별로 난이도를 체크해 보세요. ○△×

Time 분 | 해설편 046p

중요문제 / 틀린 문제 CHECK

01	02	03	04	05	06	07	08	09	10	11	12	13	14	15	16	17	18	19	20
21	22	23	24	25	26	27	28	29	30	31	32	33	34	35	36	37	38	39	40

01 경비업법령상 경비업의 허가에 관한 설명으로 옳지 않은 것은?

CHECK ○△×

① 경비업을 영위하고자 하는 법인은 도급받아 행하고자 하는 경비업무를 특정하여 그 법인의 주사무소의 소재지를 관할하는 시·도 경찰청장의 허가를 받아야 한다.

② 경비업 변경허가신청 시 자본금을 갖출 수 없는 경우에는 자본금 확보계획서를 제출한 후 변경허가를 받은 날부터 1월 이내에 자본금을 갖추고 시·도 경찰청장의 확인을 받아야 한다.

③ 특수경비업무는 특수경비원 20명 이상의 경비인력 및 경비지도사 1명과 3억원 이상의 자본금을 갖추어야 한다.

④ 특수경비업자 외의 자가 특수경비업무를 추가하려는 경우에는 이미 갖추고 있는 자본금을 포함하여 특수경비업무의 자본금 기준에 적합하여야 한다.

02 경비업법령상 경비지도사 시험에 관한 설명으로 옳지 않은 것은?

CHECK ○△×

① 경찰청장은 경비지도사 시험의 실시계획에 따라 시험을 실시하고자 하는 때에는 응시자격·시험과목·시험일시·시험장소 및 선발예정인원 등을 시험시행일 90일 전까지 공고하여야 한다.

② 경비지도사 시험은 매년 1회 이상 시행한다.

③ 경비지도사 시험에 관하여 필요한 사항은 행정안전부령으로 정한다.

④ 시험은 필기시험의 방법에 의하되, 제1차 시험과 제2차 시험으로 구분하여 실시한다.

03 CHECK ○△×

다음 중 경비업법령상 경비업의 허가를 받은 법인이 시·도 경찰청장에게 신고하여야 하는 기간이 다른 것은?

① 영업을 폐업하거나 휴업한 때
② 법인의 주사무소나 출장소를 신설·이전 또는 폐지한 때
③ 기계경비업무의 수행을 위한 관제시설을 신설·이전 또는 폐지한 때
④ 특수경비업무를 개시하거나 종료한 때

04 CHECK ○△×

경비업법령상 경비지도사 시험의 시험출제위원의 임명·위촉 등에 관하여 옳지 않은 것은?

① 「고등교육법」에 따른 전문대학 이상의 교육기관에서 경찰행정학과 등 경비업무 관련학과 및 법학과의 조교수 이상으로 재직하고 있는 사람은 시험출제위원으로서 임명 또는 위촉될 수 있다.
② 범죄예방·경비 업무를 담당한 경력이 3년 이상인 경감 이상의 경찰공무원(경감이 되기 전의 경력을 포함한다)은 시험출제위원으로서 임명 또는 위촉될 수 있다.
③ 소관업무와 직접적으로 관련하여 시험관리업무에 종사하는 공무원인 시험출제위원에 대하여는 예산의 범위 안에서 수당과 여비를 지급할 수 있다.
④ 시험출제위원으로 임명 또는 위촉된 자는 경찰청장이 정하는 준수사항을 성실히 이행하여야 한다.

05 CHECK ○△×

경비업법령상 특수경비원의 결격사유에 관한 설명으로 옳지 않은 것은?

① 18세 미만이거나 60세 이상인 사람 또는 피성년후견인은 특수경비원이 될 수 없다.

② 금고 이상의 형의 선고유예를 받고 그 유예기간 중에 있는 자는 특수경비원이 될 수 없다.

③ 특수경비원이 되기 위해서는 팔과 다리가 완전하고 두 눈의 맨눈시력 각각 0.2 이상 또는 교정시력 각각 0.8 이상이어야 한다.

④ 「치매관리법」 제2조 제1호에 따른 치매, 조현병・조현정동장애・양극성정동장애(조울병)・재발성 우울장애 등의 정신질환이나 정신 발육지연, 뇌전증 등이 있는 사람은 어떠한 경우에도 특수경비원이 될 수 없다.

06 CHECK ○△×

다음 〈보기〉 중 경비업법령상 집단민원현장(A)에 해당하는 것과 청원경찰법령상 청원경찰의 배치대상(B)에 해당하는 것을 바르게 연결한 것은?

〈보기〉
ㄱ. 「노동조합 및 노동관계조정법」에 따라 노동관계 당사자가 노동쟁의 조정신청을 한 사업장 또는 쟁의행위가 발생한 사업장
ㄴ. 건물・토지 등 부동산 및 동산에 대한 소유권・운영권・관리권・점유권 등 법적 권리에 대한 이해대립이 있어 다툼이 있는 장소
ㄷ. 국가기관 또는 공공단체와 그 관리하에 있는 중요시설 또는 사업장
ㄹ. 「행정대집행법」에 따라 대집행을 하는 장소
ㅁ. 국내 주재(駐在) 외국기관
ㅂ. 선박, 항공기 등 수송시설
ㅅ. 학교 등 육영시설
ㅇ. 100명 이상의 사람이 모이는 국제・문화・예술・체육 행사장

	A	B
①	ㄱ, ㄴ, ㄷ, ㄹ	ㅁ, ㅂ, ㅅ, ㅇ
②	ㄱ, ㄴ, ㄹ, ㅇ	ㄷ, ㅁ, ㅂ, ㅅ
③	ㄴ, ㄹ, ㅁ, ㅂ	ㄱ, ㄷ, ㅅ, ㅇ
④	ㄷ, ㅁ, ㅅ, ㅇ	ㄱ, ㄴ, ㄹ, ㅂ

07 CHECK ○△×

다음 중 경비업법령상 일반경비원 교육기관의 지정 기준에 관한 설명으로 옳지 않은 것은 모두 몇 개인가?

〈인력(강사) 지정 기준〉
일반경비원 교육기관은 다음의 어느 하나에 해당하는 강사를 1명 이상 갖추어야 한다.
ㄱ. 교육과목 관련 석사 이상의 학위를 취득한 후 관련 분야에 1년 이상 근무한 경력이 있는 사람
ㄴ. 교육과목 관련 분야에서 공무원으로 3년 이상 근무한 경력이 있는 사람
ㄷ. 체포·호신술 과목의 경우 무도 사범 자격을 취득한 후 관련 분야에 2년 이상 근무한 경력이 있는 사람
ㄹ. 폭발물 처리요령 과목의 경우 관련 분야에 2년 이상 근무한 경력이 있는 사람

〈시설·장비 지정 기준〉
ㅁ. 지정기간 동안 교육 수행에 필요한 강의실과 사무실을 소유 또는 임차 등의 방법으로 확보하여야 한다.
ㅂ. 교육 수행에 필요한 컴퓨터, 시청각 장비 등 교육훈련 기자재를 확보하여야 한다.
ㅅ. 체포·호신술 과목의 경우에는 실습을 위한 별도의 공간 또는 매트 등 안전장비를 확보하여야 한다.
ㅇ. 소총에 의한 실탄사격이 가능하고 10개 사로(射路) 이상을 갖춘 사격장을 사용할 수 있어야 한다.

① 1개 ② 2개
③ 3개 ④ 4개

08 CHECK ○△×

경비업법령상 경비협회가 할 수 있는 공제사업에 해당하지 않는 것은?

① 경비지도사의 손해배상책임과 형사책임을 보장하기 위한 사업
② 경비원의 복지향상과 업무상 재해로 인한 손실을 보상하는 사업
③ 경비업무와 관련한 연구 및 경비원 교육·훈련에 관한 사업
④ 경비업자가 경비업을 운영할 때 필요한 입찰보증, 계약보증(이행보증을 포함한다), 하도급보증을 위한 사업

09

CHECK ○△×

다음은 경비업법령상의 경비업의 허가에 관한 내용이다. (   ) 안의 ㄱ~ㄹ에 들어갈 내용을 바르게 연결한 것은?

> 경비업의 허가를 받으려는 경우에는 허가신청서에, 경비업의 허가를 받은 법인(이하 "경비업자"라 한다)이 허가를 받은 경비업무를 변경하거나 새로운 경비업무를 (ㄱ)하려는 경우에는 (ㄴ)에 (ㄷ)으로 정하는 서류를 첨부하여 법인의 주사무소를 관할하는 시·도 경찰청장 또는 해당 시·도 경찰청 소속의 경찰서장에게 제출하여야 한다. 이 경우 신청서를 제출받은 경찰서장은 (ㄹ) 관할 시·도 경찰청장에게 보내야 한다.

	ㄱ	ㄴ	ㄷ	ㄹ
①	추가	갱신허가신청서	대통령령	10일 이내에
②	추가	변경허가신청서	행정안전부령	지체 없이
③	갱신	변경허가신청서	대통령령	지체 없이
④	갱신	갱신허가신청서	행정안전부령	10일 이내에

10

CHECK ○△×

다음 중 경비업법령상 특수경비업자의 의무에 관한 설명으로 옳은 것을 모두 고르면?

> ㄱ. 특수경비업자는 첫 업무개시의 신고를 하기 전에 국가정보원장의 비밀취급인가를 받아야 한다.
> ㄴ. 특수경비업자는 특수경비업무의 개시신고를 하는 때에는 국가중요시설에 대한 특수경비업무의 수행이 중단되는 경우 시설주의 동의를 얻어 다른 특수경비업자 중에서 경비업무를 대행할 자를 지정하여 허가관청으로부터 허가를 받아야 한다.
> ㄷ. 특수경비업자는 국가중요시설에 대한 특수경비업무를 중단하게 되는 경우에는 미리 이를 경비대행업자에게 통보하여야 하며, 경비대행업자는 통보받은 즉시 그 경비업무를 인수하여야 한다.
> ㄹ. 특수경비업자는 경비업법에 의한 경비업과 경비장비의 제조·설비·판매업, 네트워크를 활용한 정보산업, 시설물 유지관리업 및 경비원 교육업 등 대통령령이 정하는 경비관련업 외의 영업을 하여서는 아니 된다.
> ㅁ. 특수경비업자가 특수경비원을 채용한 경우 해당 특수경비원에게 특수경비업자의 부담으로 특수경비원 신임교육을 받도록 해야 한다.

① ㄱ, ㄴ, ㄷ
② ㄱ, ㄷ, ㅁ
③ ㄴ, ㄷ, ㄹ
④ ㄷ, ㄹ, ㅁ

11 CHECK O△X

경비업법령상 감독 및 보안지도에 관한 내용으로 옳지 않은 것은?

① 경찰청장 또는 시・도 경찰청장은 경비업무의 적정한 수행을 위하여 경비업자 및 경비지도사를 지도・감독하며 필요한 명령을 할 수 있다.

② 시・도 경찰청장 또는 관할 경찰관서장은 소속 경찰공무원으로 하여금 관할구역 안에 있는 경비업자의 주사무소 및 출장소와 경비원 배치장소에 출입하여 근무상황 및 교육훈련상황 등을 감독하며 필요한 명령을 하게 할 수 있다.

③ 시・도 경찰청장 또는 관할 경찰관서장은 경비업자 또는 배치된 경비원이 이 법이나 이 법에 따른 명령, 폭력행위 등 처벌에 관한 법률을 위반하는 행위를 하는 경우 그 위반행위의 중지를 명해야 한다.

④ 시・도 경찰청장 또는 관할 경찰관서장은 경비업무 장소가 집단민원현장으로 판단되는 경우에는 그 때부터 48시간 이내에 경비업자에게 경비원 배치허가를 받을 것을 고지하여야 한다.

12 CHECK O△X

경비업법령상 행정처분 기준 중 개별기준에 관한 다음 표에서 (   ) 안의 ㄱ~ㄷ에 들어갈 내용으로 알맞은 것은?

위반행위	1차 위반	2차 위반	3차 이상 위반
경비업법 제24조에 따른 감독상 명령에 따르지 아니한 경우	경 고	(ㄱ)	(ㄴ)
경비업법 제26조를 위반하여 손해를 배상하지 아니한 경우			(ㄷ)

	ㄱ	ㄴ	ㄷ
①	영업정지 1개월	영업정지 6개월	영업정지 6개월
②	영업정지 1개월	영업정지 6개월	허가취소
③	영업정지 3개월	허가취소	허가취소
④	영업정지 3개월	허가취소	영업정지 6개월

13 CHECK ○△×

경비업법령상 경비지도사에 관한 설명이다. (　　)의 ㄱ~ㄷ에 들어가지 않는 숫자는?

- 경비업자는 선임·배치된 경비지도사에 결원이 있거나 자격정지 등의 사유로 그 직무를 수행할 수 없는 때에는 (ㄱ)일 이내에 경비지도사를 새로이 충원하여야 한다.
- 기계경비지도사는 기계경비업무를 위한 기계장치의 운용·감독, 오경보방지 등을 위한 기기관리의 감독의 직무를 월 (ㄴ)회 이상 수행하여야 한다.
- 경비지도사가 선임·배치된 시·도 경찰청의 관할구역에 인접하는 시·도 경찰청의 관할구역에 배치된 경비원이 (ㄷ)명 이하인 경우에는 경비지도사를 따로 선임·배치하지 아니할 수 있다.

① 1
② 10
③ 15
④ 30

14 CHECK ○△×

경비업법령상 관할 경찰서장이 경비원의 배치폐지를 명할 수 있는 사유에 해당하지 않는 것을 모두 고른 것은?

ㄱ. 배치허가를 받지 아니하고 경비원을 배치하거나 경비원 명단 및 배치일시·배치장소 등 배치허가 신청의 내용을 거짓으로 한 때
ㄴ. 신임교육을 이수하지 아니한 자를 경비원으로 배치한 때
ㄷ. 경비업자 또는 경비원이 위력이나 흉기 또는 그 밖의 위험한 물건을 사용하여 집단적 폭력사태를 일으킨 때
ㄹ. 집단민원현장에 일반경비원을 배치하면서 경비원의 명부를 배치장소에 작성·비치하지 아니한 때
ㅁ. 소속 경비원으로 하여금 경비업무의 범위를 벗어난 행위를 하게 한 때
ㅂ. 시·도 경찰청장의 허가 없이 경비업무를 변경한 때

① ㄱ, ㄴ, ㄷ
② ㄱ, ㄷ, ㄹ
③ ㄴ, ㅁ, ㅂ
④ ㄹ, ㅁ, ㅂ

15 CHECK ○△×

경비업법령상 기계경비업자가 출장소별로 갖추어 두어야 하는 서류가 아닌 것은?

① 경비대상시설의 명칭·소재지 및 경비계약기간을 기재한 서류
② 경보의 수신 및 현장도착 일시와 조치의 결과를 기재한 서류
③ 당해 기계경비업무와 관련된 관제시설 및 출장소의 명칭·소재지를 기재한 서류
④ 기계경비지도사의 명단·배치일자·배치장소와 출동차량의 대수를 기재한 서류

16 CHECK ○△×

경비업법령상 2024년 11월 9일을 기준으로 특수경비업무를 수행하는 법인의 임원이 될 수 없는 자는?(단, 경비업법 제19조 제1항 제2호 및 제7호는 제외)

① 2019년 11월 5일 파산선고를 받고 2024년 11월 5일 복권된 甲
② 2020년 11월 15일 절도죄로 징역 1년 집행유예 3년의 형을 선고받고 그 형이 실효되지 아니한 乙
③ 「대통령 등의 경호에 관한 법률」을 위반하여 2021년 11월 5일에 벌금형의 선고를 받은 丙
④ 시설경비업무를 수행하던 법인이 경비업법에 의한 명령에 위반하여 2022년 11월 5일 허가가 취소된 경우 해당 법인의 허가취소 당시의 임원이었던 丁

17 CHECK ○△×

경비업법령상 용어의 정의로 옳지 않은 것은 모두 몇 개인가?

ㄱ. 특수경비업무 – 공항(항공기를 포함한다) 등 경찰청장이 고시하는 국가중요시설의 경비 및 도난·화재 그 밖의 위험발생을 방지하는 업무 ㄴ. 경비업 – 호송경비업무, 시설경비업무, 신변보호업무, 기계경비업무, 특수경비업무 등 경비업무의 전부 또는 일부를 위탁받아 행하는 영업 ㄷ. 신변보호업무 – 사람이나 동물의 생명이나 신체에 대한 위해의 발생을 방지하고 그 신변을 보호하는 업무 ㄹ. 기계경비업무 – 경비를 필요로 하는 시설 및 장소에 설치한 기기에 의하여 감지·송신된 정보를 그 경비대상시설 내에 설치한 관제시설의 기기로 수신하여 도난·화재 등 위험발생을 방지하는 업무 ㅁ. 무기 – 인명 또는 신체에 위해를 가할 수 있도록 제작된 권총·소총 등을 말한다.

① 2개
② 3개
③ 4개
④ 5개

18 CHECK ○△×

경비업법령상 특수경비원의 의무에 관한 설명으로 옳지 않은 것은?

① 특수경비원은 직무를 수행함에 있어 시설주·관할 경찰관서장 및 소속상사의 직무상 명령에 복종하여야 한다.
② 특수경비원은 소속상사의 허가 또는 정당한 사유 없이 경비구역을 벗어나서는 아니 된다.
③ 특수경비원은 파업·태업 그 밖에 경비업무의 정상적인 운영을 저해하는 일체의 쟁의행위를 하여서는 아니 된다.
④ 특수경비원은 총기 또는 폭발물을 가지고 대항하는 경우에도 14세 미만의 자 또는 임산부에 대하여는 권총 또는 소총을 발사하여서는 아니 된다.

19 CHECK ○△×

다음 중 청원경찰법령상 명시적으로 청원주가 청원경찰에 대하여 무기 및 탄약을 지급하여서는 안 되며, 지급한 무기와 탄약은 즉시 회수해야 한다고 규정한 사람은 모두 몇 명인가?

> ㄱ. 변태적 성벽(性癖)이 있는 사람
> ㄴ. 주벽(酒癖)이 심한 사람
> ㄷ. 직무상 비위(非違)로 징계대상이 된 사람
> ㄹ. 평소에 불평이 심하고 염세적인 사람
> ㅁ. 형사사건으로 조사대상이 된 사람
> ㅂ. 사직 의사를 밝힌 사람
> ㅅ. 청원주가 무기와 탄약을 지급하기에 적절하지 않다고 인정하는 사람

① 4명　② 5명
③ 6명　④ 7명

20 CHECK ○△×

다음 중 경비업법령상 경찰청장으로부터 경비지도사의 시험에 관한 업무를 위탁받은 단체의 임직원이 벌칙 적용에서 공무원으로 의제되는 형법상의 규정은?

① 형법 제123조(직권남용)
② 형법 제127조(공무상 비밀의 누설)
③ 형법 제129조(수뢰, 사전수뢰)
④ 형법 제136조(공무집행방해)

21 CHECK ○△×

경비업법령상 경비지도사 및 경비원의 결격사유에 관한 설명으로 옳지 않은 것은?

① 경비지도사의 결격사유는 일반경비원의 결격사유와 동일하다.
② 피한정후견인은 일반경비원이 될 수 있다.
③ 금고 이상의 형의 집행유예선고를 받고 그 유예기간 중에 있는 자는 경비지도사 및 경비원이 될 수 없다.
④ 금고 이상의 형의 선고유예를 받고 그 유예기간 중에 있는 자는 일반경비원이 될 수는 있으나 경비지도사는 될 수 없다.

22 CHECK ○△×

다음 중 경비업법상 벌칙의 형량이 가장 무거운 것은?

① 허가를 받지 아니하고 경비업을 영위한 자
② 파업・태업 그 밖에 경비업무의 정상적인 운영을 저해하는 쟁의행위를 한 특수경비원
③ 정당한 사유 없이 무기를 소지하고 배치된 경비구역을 벗어난 특수경비원
④ 경찰관서장의 배치폐지명령을 따르지 아니한 자

23 CHECK ○△×

다음은 A 사업장에 채용된 청원경찰 甲의 경력이다. 청원경찰법령상 甲의 봉급 산정 시 산입하여야 할 경력에 해당하지 않는 것은 모두 몇 개인가?(단, A 사업장은 지방자치단체로서 취업규칙에 봉급 산정에 관한 특별한 규정이 없다)

ㄱ. B 사업장에서 청원경찰로 근무한 경력
ㄴ. 의무경찰에 복무한 경력
ㄷ. 청원주가 동일한 A 사업장에서 수위로 근무한 경력
ㄹ. 청원주가 다른 C 사업장에서 감시원으로 근무한 경력
ㅁ. D 국가기관에서 상근(常勤)으로 근무한 경력
ㅂ. E 지방자치단체에서 비상근(非常勤)으로 근무한 경력

① 없음
② 1개
③ 2개
④ 3개

24 CHECK ○△×

경비업법령상 경비원의 장비 등에 관한 설명으로 옳지 않은 것은?

① 경비원이 휴대할 수 있는 장비의 종류는 경적・단봉・분사기 등 행정안전부령으로 정하되, 근무 중에만 이를 휴대할 수 있다.
② 경비업자가 경비원으로 하여금 분사기를 휴대하여 직무를 수행하게 하는 경우에는 「총포・도검・화약류 등 단속법(안전관리에 관한 법률)」에 따라 미리 분사기의 소지허가를 받아야 한다.
③ 경비원은 시・도 경찰청장의 허가를 받아 장비를 임의로 개조하여 통상의 용법과 달리 사용할 수 있다.
④ 경비원은 근무 중 경적, 단봉, 분사기, 안전방패, 무전기 및 그 밖에 경비업무 수행에 필요한 것으로서 공격적인 용도로 제작되지 아니하는 장비를 휴대할 수 있으며, 안전모 및 방검복 등 안전장비를 착용할 수 있다.

25 CHECK ○△×

다음 중 경비업법령상 기계경비업자가 계약상대방에게 오경보 방지를 위한 설명 시 교부하는 서면등에 기재될 사항(A)에 해당하는 것과 기계경비업자가 출장소별로 갖추어 두어야 하는 서류에 기재하는 사항 중 당해 경보를 수신한 날부터 1년간 의무적으로 보관하여야 하는 사항(B)에 해당하는 것이 바르게 연결된 것은?

① A : 당해 기계경비업무와 관련된 관제시설 및 출장소의 명칭 · 소재지
B : 기계경비지도사의 명단 · 배치일자 · 배치장소와 출동차량의 대수
② A : 오경보의 발생원인과 송신기기의 유지 · 관리방법
B : 오경보인 경우 오경보가 발생한 경비대상시설 및 그 오경보에 대한 조치의 결과
③ A : 기계경비업무용 기기의 설치장소 및 종류와 그 밖의 기계장치의 개요
B : 경비대상시설의 명칭 · 소재지 및 경비계약기간
④ A : 경보의 수신 및 현장도착 일시와 조치의 결과
B : 오경보의 발생원인과 송신기기의 유지 · 관리방법

26 CHECK ○△×

청원경찰법령상 무기관리수칙에 관한 설명으로 옳은 것은?

① 청원주가 무기와 탄약을 대여받았을 때에는 경찰청장이 정하는 무기 · 탄약 대여대장 및 무기장비 운영카드를 갖춰 두고 기록하여야 한다.
② 무기고 및 탄약고는 단층에 설치하고 환기 · 방습 · 방화 및 총받침대 등의 시설을 갖추어야 하며, 신속한 대응조치를 위하여 무기고와 탄약고는 서로 인접한 곳에 설치한다.
③ 무기고와 탄약고에는 이중 잠금장치를 하고, 열쇠는 관리책임자가 보관하되, 근무시간 이후에는 숙직책임자에게 인계하여 보관시켜야 한다.
④ 청원주는 시 · 도 경찰청장이 정하는 바에 따라 매월 무기와 탄약의 관리실태를 파악하여 다음 달 3일까지 관할 경찰서장에게 통보하여야 한다.

27 CHECK ○△×

청원경찰법령상 과태료에 관한 설명으로 옳지 않은 것은?

① 과태료는 대통령령으로 정하는 바에 의하여 시 · 도 경찰청장이 부과 · 징수한다.
② 경찰서장은 과태료 처분을 하였을 때에는 과태료 부과 및 징수 사항을 과태료 수납부에 기록하고 정리하여야 한다.
③ 시 · 도 경찰청장은 위반행위의 동기, 내용 및 위반의 정도 등을 고려하여 과태료 부과기준에 따른 과태료 금액의 100분의 50의 범위에서 그 금액을 줄이거나 늘릴 수 있다. 다만, 늘리는 경우에는 과태료 금액의 상한인 500만원 이상을 초과할 수 없다.
④ 시 · 도 경찰청장의 승인을 받지 않고 임용결격사유에 해당하지 않는 청원경찰을 임용한 경우 400만원의 과태료가 부과된다.

28 CHECK ○△×

강원도 춘천시에서 호송경비업무를 수행하는 A경비법인은 춘천경찰서가 관할하는 B은행 지점의 현금 100억원을 2024년 11월 9일 서울특별시 영등포경찰서가 관할하는 B은행 본점으로 운반하는 업무를 담당하게 되었다. 이에 관한 설명으로 옳지 않은 것은?

① A경비법인은 호송경비통지서를 춘천경찰서장에게 제출하여야 한다.
② 현금수송을 위하여 관할 경찰서의 협조를 얻고자 하는 때에는 호송경비통지서를 출발하기 48시간 전까지 춘천경찰서장에게 제출하여야 한다.
③ 호송경비통지서를 제출하지 않더라도 벌칙이나 행정처분 부과기준 등이 경비업법령상 규정되어 있지 않다.
④ 호송경비통지서는 전자문서로 된 통지서를 포함한다.

29 CHECK ○△×

다음 중 경비업법령상 경비원 등의 결격사유 확인을 위한 범죄경력조회 등에 관한 설명으로 옳지 않은 것은 모두 몇 개인가?

ㄱ. 관할 경찰관서장이 경비업자에게 범죄경력조회 결과를 통보할 때에는 결격사유에 해당하는 일정한 범죄사실을 통보하여야 한다.
ㄴ. 시・도 경찰청장 또는 관할 경찰관서장은 경비업자의 임원, 경비지도사 또는 경비원이 결격사유에 해당하는 사실을 알게 된 때에는 경비업자에게 그 사실을 통보하여야 한다.
ㄷ. 관할 경찰관서장은 직권으로 경비업자의 임원에 대한 범죄경력조회를 할 수 없다.
ㄹ. 경비업자는 선출하려는 임원, 경비지도사 또는 경비원이 결격사유에 해당하는지를 확인하기 위하여 주된 사무소, 출장소 또는 배치장소를 관할하는 시・도 경찰청장 또는 경찰관서장에게 「형의 실효 등에 관한 법률」 제6조에 따른 범죄경력조회를 요청할 수 있다.
ㅁ. 경비업자는 범죄경력조회를 요청하는 경우 범죄경력조회 신청서에 경비업 허가증 사본과 취업자 또는 취업예정자 범죄경력조회 동의서를 첨부하여야 한다.
ㅂ. 범죄경력조회 요청은 범죄경력조회 신청서(전자문서 포함) 또는 구두로 한다.

① 없음
② 1개
③ 2개
④ 3개

30 CHECK ○△×

경비업법령상 경비협회에 관한 설명으로 옳지 않은 것은?

① 경비업자는 경비업무의 건전한 발전과 경비원의 자질향상 및 교육훈련 등을 위하여 행정안전부령으로 정하는 바에 따라 경비협회를 설립할 수 있다.
② 경비업자가 법 제22조 제1항에 따라 경비협회를 설립하려는 경우에는 정관을 작성하여야 한다.
③ 경비원 교육·훈련 및 그 연구, 경비원의 후생·복지에 관한 사항, 경비진단에 관한 사항은 경비협회의 업무에 해당한다.
④ 협회는 정관이 정하는 바에 의하여 회원으로부터 회비를 징수할 수 있다.

31 CHECK ○△×

다음은 청원경찰법령상 청원경찰의 근무요령에 관한 규정의 일부 내용이다. (　　) 안의 ㄱ~ㄷ에 들어갈 용어를 올바르게 연결한 것은?

- 자체경비를 하는 (ㄱ)는 경비구역의 정문이나 그 밖의 지정된 장소에서 경비구역의 내부, 외부 및 출입자의 움직임을 감시한다.
- 업무처리 및 자체경비를 하는 (ㄴ)는 근무 중 특이한 사항이 발생하였을 때에는 지체 없이 청원주 또는 관할 경찰서장에게 보고하고 그 지시에 따라야 한다.
- (ㄷ)는 소내근무에 협조하거나 휴식하면서 불의의 사고에 대비한다.

① ㄱ : 입초근무자, ㄴ : 순찰근무자, ㄷ : 소내근무자
② ㄱ : 입초근무자, ㄴ : 소내근무자, ㄷ : 대기근무자
③ ㄱ : 순찰근무자, ㄴ : 입초근무자, ㄷ : 소내근무자
④ ㄱ : 순찰근무자, ㄴ : 입초근무자, ㄷ : 대기근무자

32 CHECK ○△×

청원경찰법령상 청원경찰의 경비(經費)에 관한 설명으로 옳지 않은 것은?

① 청원경찰경비는 봉급과 각종 수당, 피복비, 교육비, 보상금 및 퇴직금을 말한다.
② 지방자치단체에 근무하는 청원경찰의 보수는 같은 재직기간에 해당하는 경찰공무원의 보수를 감안하여 대통령령으로 정한다.
③ 지방자치단체에 근무하는 청원경찰의 각종 수당은 「공무원수당 등에 관한 규정」에 따른 수당 중 가계보전수당, 실비변상 등으로 하며, 그 세부 항목은 경찰청장이 정하여 고시한다.
④ 청원주는 청원경찰이 직무수행 중 부상을 당한 경우에 행정안전부령으로 정하는 바에 따라 청원경찰 본인에게 보상금을 지급하여야 한다.

33 CHECK ○△×

경비업법령상 경찰청장 또는 시·도 경찰청장이 청문을 실시하고 처분을 하여야 하는 경우를 모두 고른 것은?

> ㄱ. 경비업 법인의 임원선임 취소
> ㄴ. 경비업 허가의 취소 또는 영업정지
> ㄷ. 경비업자에 대한 과태료 부과
> ㄹ. 경비지도사 교육기관의 지정 취소 또는 업무의 정지
> ㅁ. 경비원 교육기관의 지정 취소 또는 업무의 정지
> ㅂ. 경비지도사자격의 취소 또는 정지

① ㄱ, ㄴ, ㄷ, ㄹ
② ㄱ, ㄷ, ㅁ, ㅂ
③ ㄴ, ㄷ, ㄹ, ㅂ
④ ㄴ, ㄹ, ㅁ, ㅂ

34 CHECK ○△×

청원경찰법령상 청원경찰의 징계에 관한 설명으로 옳은 것은?

① 청원주는 청원경찰이 직무상의 의무를 위반한 때에는 행정안전부령으로 정하는 징계절차를 거쳐 징계처분을 할 수 있다.
② 시·도 경찰청장은 징계규정의 보완이 필요하다고 인정할 때에는 청원주에게 그 보완을 요구할 수 있다.
③ 정직은 1개월 이상 3개월 이하로 하고, 그 기간에 청원경찰의 신분은 보유하나 직무에 종사하지 못하며, 보수의 3분의 1을 줄인다.
④ 청원주는 청원경찰 배치결정의 통지를 받았을 때에는 통지를 받은 날부터 10일 이내에 청원경찰에 대한 징계규정을 제정하여 관할 시·도 경찰청장에게 신고하여야 한다.

35 CHECK O△X

청원경찰법령상 급여품과 대여품에 관한 설명으로 옳은 것은?

① 호루라기, 가슴표장은 청원경찰에게 지급하는 대여품에 해당한다.
② 청원경찰에게 지급하는 대여품은 허리띠, 경찰봉, 분사기, 포승에 한한다.
③ 급여품 중 방한화, 장갑의 사용기간은 2년이다.
④ 청원경찰이 퇴직할 때에는 급여품과 대여품을 청원주에게 반납하여야 한다.

36 CHECK O△X

청원경찰법령상 관할 경찰서장에게 위임된 시·도 경찰청장의 권한에 해당하는 것은?(청원경찰을 배치하고 있는 사업장이 하나의 경찰서의 관할구역에 있는 경우에 한함)

① 과태료 부과·징수에 관한 권한
② 청원경찰의 특수복장 착용에 대한 승인 권한
③ 복무규율과 근무 상황을 감독하는 권한
④ 무기의 관리 및 취급 사항을 감독하는 권한

37 CHECK O△X

청원경찰법령상 청원경찰의 복제에 관한 설명으로 옳지 않은 것은?

① 부속물에는 모자표장, 가슴표장, 휘장, 계급장, 넥타이핀, 단추 및 장갑이 있다.
② 제복의 형태·규격 및 재질은 시·도 경찰청장이 결정하되, 경찰공무원 또는 군인 제복의 색상과 명확하게 구별될 수 있어야 하며, 사업장별로 통일하여야 한다.
③ 청원경찰이 그 배치지의 특수성 등으로 특수복장을 착용할 필요가 있을 때에는 청원주는 시·도 경찰청장의 승인을 받아 특수복장을 착용하게 할 수 있다.
④ 장구의 종류에는 허리띠, 경찰봉, 호루라기 및 포승이 있다.

38 CHECK ○△×

다음은 청원경찰법령상 청원경찰의 임용 및 교육에 관한 내용이다. ( )에 들어갈 숫자의 합은?

> • 청원주는 청원경찰의 배치결정의 통지를 받은 날부터 ( )일 이내에 배치결정된 인원수의 임용예정자에 대하여 청원경찰 임용승인을 시·도 경찰청장에게 신청하여야 한다.
> • 청원주가 청원경찰을 임용하였을 때에는 임용한 날부터 ( )일 이내에 그 임용사항을 관할 경찰서장을 거쳐 시·도 경찰청장에게 보고하여야 한다.
> • 청원주는 청원경찰로 임용된 사람으로 하여금 경비구역에 배치하기 전에 경찰교육기관에서 직무수행에 필요한 교육을 받게 하여야 한다. 다만, 경찰교육기관의 교육계획상 부득이하다고 인정할 때에는 우선 배치하고 임용 후 ( )년 이내에 교육을 받게 할 수 있다.
> • 경찰공무원(의무경찰을 포함한다) 또는 청원경찰에서 퇴직한 사람이 퇴직한 날부터 ( )년 이내에 청원경찰로 임용되었을 때에는 직무수행에 필요한 교육을 면제할 수 있다.

① 34　② 39
③ 44　④ 49

39 CHECK ○△×

경비업법령상 과태료의 부과기준으로서 과태료 금액이 2번째로 많은 것은?(단, 1회 위반을 기준으로 함)

① 경비업무 수행 시 경비원에게 소속 경비업체를 표시한 이름표를 부착하게 하지 아니하거나, 신고된 동일 복장을 착용하게 하지 아니하고 집단민원현장에 경비원을 배치한 경우
② 경비업법상 복장 등에 관한 신고규정을 위반하여 신고를 하지 않은 경우
③ 경비원 명단 및 배치일시·배치장소 등 배치허가 신청의 내용을 거짓으로 한 경우
④ 기계경비업자가 경비계약을 체결하면서, 오경보를 막기 위하여 계약상대방에게 기기사용요령 및 기계경비운영체계 등에 관한 설명의무를 이행하지 아니한 경우

40 CHECK ○△×

청원경찰법령상 시·도 경찰청장 또는 경찰서장이 불가피한 경우 건강에 관한 정보와 범죄경력자료에 해당하는 정보, 주민등록번호 또는 외국인등록번호가 포함된 자료를 처리할 수 있는 사무에 해당하지 않은 것은?

① 과태료에 관한 사무
② 청원경찰의 임용, 배치 등 인사관리에 관한 사무
③ 청원주에 대한 지도·감독에 관한 사무
④ 청원경찰의 제복 착용 및 무기 휴대에 관한 사무

제4회 심화 모의고사

각 문항별로 난이도를 체크해 보세요. ○△×

Time 분 | 해설편 069p

중요문제 / 틀린 문제 CHECK

01	02	03	04	05	06	07	08	09	10	11	12	13	14	15	16	17	18	19	20
21	22	23	24	25	26	27	28	29	30	31	32	33	34	35	36	37	38	39	40

제1회 제2회 제3회 제4회 제5회 제6회 제7회 제8회 제9회 제10회

01 다음 중 경비업법령에 관한 설명으로 옳은 것은?

CHECK ○△×

① 혼잡·교통유도경비업무란 경비대상시설에서의 도난·화재 그 밖의 혼잡 등으로 인한 위험발생을 방지하는 업무를 말한다.

② 경비업이란 경비업무의 전부 또는 일부를 위임받아 행하는 영업을 말한다.

③ 특수경비업자는 첫 업무개시의 신고를 하기 전에 시·도 경찰청장의 비밀취급인가를 받아야 한다.

④ 시·도 경찰청장은 특수경비업자에게 비밀취급인가를 하고자 하는 때에는 경찰청장을 거쳐 국가정보원장에게 보안측정을 요청하여야 한다.

02 경비업법령상 경비원 등의 결격사유 확인을 위한 범죄경력조회 등에 관한 설명으로 옳은 것은?

CHECK ○△×

① 관할 경찰관서장은 경비업자의 범죄경력조회 요청이 있는 경우에만 범죄경력조회를 할 수 있다.

② 경비업자는 선출하려는 임원이 결격사유에 해당하는지를 확인하기 위하여 주된 사무소, 출장소 또는 배치장소를 관할하는 시·도 경찰청장 또는 경찰관서장에게 「형의 실효 등에 관한 법률」 제6조에 따른 범죄경력조회를 요청할 수 있다.

③ 관할 경찰관서장이 경비업자에게 범죄경력조회 결과를 통보할 때에는 결격사유에 해당하는 일정한 범죄사실을 통보하여야 한다.

④ 관할 경찰관서장은 경비업자의 임원, 경비지도사 또는 경비원이 결격사유에 해당하는 사실을 알게 된 때에는 경비업자의 요청이 있는 경우에만 그 사실을 통보하여야 한다.

03 CHECK ○△×

다음 중 경비업법령상 시·도 경찰청장의 허가를 받아야 하는 경우는 모두 몇 개인가?

> ㄱ. 경비업 허가를 받은 법인이 허가의 유효기간이 만료된 후 계속하여 경비업을 하고자 하는 경우
> ㄴ. 경비업의 허가를 받은 법인이 경비업무를 변경하는 경우
> ㄷ. 법인의 명칭이나 대표자·임원을 변경한 경우
> ㄹ. 법인의 주사무소나 출장소를 신설·이전 또는 폐지한 경우
> ㅁ. 기계경비업무의 수행을 위한 관제시설을 신설·이전 또는 폐지한 때
> ㅂ. 법인의 정관의 목적을 변경한 경우

① 없음
② 1개
③ 2개
④ 3개

04 CHECK ○△×

경비업법령상 집단민원현장에 해당하지 않는 것은?

① 「노동조합 및 노동관계조정법」에 따라 노동관계 당사자가 노동쟁의 조정신청을 한 사업장
② 「행정대집행법」에 따라 대집행을 하는 장소
③ 「도시개발법」에 따라 도시개발사업을 시행하기 위하여 지정·고시된 도시개발구역
④ 건물·토지 등 부동산 및 동산에 대한 소유권·운영권·관리권·점유권 등 법적 권리에 대한 이해 대립이 있어 다툼이 있는 장소

05 CHECK ○△×

다음 중 청원경찰법령상 청원경찰의 복무에 관하여 국가공무원법 및 경찰공무원법상 준용되는 규정의 내용이 아닌 것을 모두 고른 것은?

ㄱ. 국가공무원법 제57조(복종의무)
ㄴ. 국가공무원법 제58조 제1항(직장이탈금지)
ㄷ. 국가공무원법 제60조(비밀엄수의무)
ㄹ. 국가공무원법 제65조(정치운동금지)
ㅁ. 국가공무원법 제66조 제1항(집단행위금지)
ㅂ. 경찰공무원법 제23조(정치관여금지)
ㅅ. 경찰공무원법 제24조(거짓보고 등의 금지)

① ㄱ, ㄹ, ㅂ
② ㄴ, ㄷ, ㅅ
③ ㄹ, ㅁ, ㅂ
④ ㄱ, ㄴ, ㄷ, ㅅ

06 CHECK ○△×

경비업법령상 ( ) 안의 ㄱ~ㄹ에 들어갈 내용을 올바르게 연결한 것은?

- "호송용 차량"이란 현금이나 그 밖의 귀중품의 운반에 필요한 (ㄱ) 및 (ㄴ)을 갖추고 (ㄷ) 및 (ㄹ)을 갖춘 자동차를 말한다.
- "현금호송백"이란 현금이나 그 밖의 귀중품을 운반하기 위한 이동용 호송장비로서 (ㄹ)을 갖춘 것을 말한다.

① ㄱ : 견고성, ㄴ : 기동성, ㄷ : 영상녹화시설, ㄹ : 경보시설
② ㄱ : 견고성, ㄴ : 안전성, ㄷ : 무선통신시설, ㄹ : 경보시설
③ ㄱ : 무결성, ㄴ : 기동성, ㄷ : 영상녹화시설, ㄹ : 경보시설
④ ㄱ : 무결성, ㄴ : 안전성, ㄷ : 무선통신시설, ㄹ : 경보시설

07 CHECK ○△×

경비업법령상 경비지도사의 교육과 경비원의 신임교육에 관한 설명으로 옳지 않은 것은?

① 일반경비지도사의 교육시간은 40시간이고, 일반경비원의 신임교육시간은 24시간이다.
② 경비지도사의 기본교육에 소요되는 비용은 기본교육을 받는 사람의 부담으로 한다.
③ 경비업자는 경비원을 새로이 채용한 경우에는 근무배치 7일이 경과하기 전까지 신임교육을 받게 하여야 한다.
④ 일반경비원의 신임교육에서 이론교육은 4시간이고, 실무교육은 19시간이다.

08 CHECK ○△×

다음 중 경비업법령상 경비협회가 공제사업으로 할 수 없는 것을 모두 고른 것은?

ㄱ. 경비업자가 경비업을 운영할 때 필요한 입찰보증, 계약보증(이행보증을 포함한다), 하도급보증을 위한 사업
ㄴ. 경비원의 업무상 재해로 인한 손실을 보상하는 사업
ㄷ. 경비업무와 관련한 연구 및 경비원 교육·훈련에 관한 사업
ㄹ. 경비원의 후생·복지에 관한 사업
ㅁ. 경비지도사의 손해배상책임을 보장하기 위한 사업

① ㄱ, ㄴ
② ㄴ, ㄷ
③ ㄷ, ㄹ
④ ㄹ, ㅁ

09 CHECK ○△×

경비업법령상 (   ) 안에 들어갈 숫자의 합은?

- 경비업법에 위반하여 벌금형의 선고를 받고 (   )년이 지나지 아니한 자는 특수경비업무를 수행하는 법인의 임원이 될 수 없다.
- 경비업법에 의한 명령에 위반하여 허가가 취소된 법인의 허가취소 당시의 임원이었던 자로서 그 취소 후 (   )년이 지나지 아니한 자는 허가취소사유에 해당하는 경비업무와 동종의 경비업무를 수행하는 법인의 임원이 될 수 없다.
- 소속 경비원으로 하여금 경비업무의 범위를 벗어난 행위를 하게 한 사유로 허가가 취소된 법인의 허가취소 당시의 임원이었던 자로서 허가가 취소된 날부터 (   )년이 지나지 아니한 자는 경비업무를 수행하는 법인의 임원이 될 수 없다.

① 10
② 11
③ 13
④ 15

10 CHECK ○△×

다음 중 집단민원현장의 경비원 배치와 관련하여 (   ) 안의 ㄱ~ㄹ에 들어갈 내용을 바르게 연결한 것은?

> • 집단민원현장 일반경비원 배치허가 신청서를 받은 (ㄱ)은 경비원 (ㄴ)까지 배치허가 여부를 결정하여 경비업자에게 통보하여야 한다.
> • 집단민원현장에 일반경비원 배치허가를 받은 경비업자가 경비원 배치기간을 연장하려는 경우에는 배치기간이 만료되기 (ㄷ) 전까지 배치허가 신청서를 관할 경찰관서장에게 제출하여 허가를 받아야 한다.
> • 집단민원현장에 일반경비원 배치허가를 받은 경비업자가 경비원의 배치를 폐지한 때에는 배치폐지를 한 날부터 (ㄹ) 이내에 별지 제15호의4 서식의 집단민원현장 일반경비원 배치폐지 신고서(전자문서로 된 신고서를 포함한다)를 (ㄱ)에게 제출해야 한다.

	ㄱ	ㄴ	ㄷ	ㄹ
①	시·도 경찰청장	배치예정 일시 전	24시간	24시간
②	시·도 경찰청장	배치예정 전일	48시간	24시간
③	관할 경찰관서장	배치예정 전일	24시간	48시간
④	관할 경찰관서장	배치예정 일시 전	48시간	48시간

11 CHECK ○△×

경비업법령상 감독, 보안지도·점검 등에 관한 설명으로 옳지 않은 것은?

① 관할 경찰관서장은 경비업무의 적정한 수행을 위하여 경비업자 및 경비지도사를 지도·감독하며 필요한 명령을 할 수 있다.

② 시·도 경찰청장은 특수경비업자에 대하여 보안지도·점검을 연 2회 이상 실시하여야 한다.

③ 관할 경찰관서장은 경비업무 장소가 집단민원현장으로 판단되는 경우에 그 때부터 48시간 이내에 경비업자에게 경비원 배치허가를 받을 것을 고지하여야 한다.

④ 시·도 경찰청장 또는 관할 경찰관서장은 배치된 경비원이 「폭력행위 등 처벌에 관한 법률」을 위반하는 행위를 하는 경우 그 위반행위의 중지를 명할 수 있다.

12 CHECK ○△×

경비업법령상 경비지도사 자격정지처분 기준으로 옳은 것은?

① 경비업법 제12조 제3항의 규정을 1차 위반하여 직무를 성실하게 수행하지 아니한 때 : 자격정지 1월
② 경비업법 제12조 제3항의 규정을 3차 위반하여 직무를 성실하게 수행하지 아니한 때 : 자격정지 6월
③ 경비업법 제24조의 규정에 의한 시・도 경찰청장의 명령을 1차 위반한 때 : 자격정지 3월
④ 경비업법 제24조의 규정에 의한 시・도 경찰청장의 명령을 2차 위반한 때 : 자격정지 6월

13 CHECK ○△×

A 경비법인은 시설경비업, 호송경비업, 혼잡・교통유도경비업, 기계경비업의 허가를 받았다. 서울특별시에 시설경비원 240명과 기계경비원 180명, 전라남도에 시설경비원 150명과 혼잡・교통유도경비원 30명, 제주특별자치도에 호송경비원 30명, 대구광역시에 혼잡・교통유도경비원 50명과 기계경비원 150명이 배치되어 있다면, 경비업법령상 A 경비법인이 선임・배치해야 할 최소 경비지도사 인원은 몇 명인가?

① 5명　② 6명
③ 7명　④ 8명

14 CHECK ○△×

청원경찰법령상 청원경찰의 직무 등에 관한 설명으로 옳지 않은 것은?

① 「경찰관직무집행법」에 따른 직무 외의 수사활동 등 사법경찰관리의 직무를 수행해서는 아니 된다.
② 청원경찰은 청원주와 관할 시・도 경찰청장의 감독을 받아 그 경비구역만의 경비를 목적으로 필요한 범위에서 경찰공무원법에 따른 경찰관의 직무를 수행한다.
③ 청원경찰이 직무를 수행할 때 직권을 남용하여 국민에게 해를 끼친 경우에는 6개월 이하의 징역이나 금고에 처한다.
④ 청원경찰은 재직 중은 물론 퇴직 후에도 직무상 알게 된 비밀을 엄수하여야 한다.

15 CHECK ○△×

경비업법령상 무기를 대여받은 국가중요시설의 시설주 또는 관리책임자가 준수하여야 할 무기관리수칙에 관한 설명으로 옳지 않은 것은?

① 무기의 관리를 위한 책임자를 지정하고 관할 경찰관서장에게 이를 통보하여야 한다.
② 대여받은 무기가 분실·도난 또는 훼손되는 등의 사고가 발생한 때에는 시·도 경찰청장에게 그 사유를 지체 없이 통보하여야 한다.
③ 시설주는 자체계획을 수립하고 보관하고 있는 무기를 매주 1회 이상 손질할 수 있게 하여야 한다.
④ 무기고 및 탄약고에는 이중 잠금장치를 하여야 하며, 열쇠는 관리책임자가 보관하되, 근무시간 이후에는 열쇠를 당직책임자에게 인계하여 보관시켜야 한다.

16 CHECK ○△×

다음은 경비업법령상 기계경비업자가 출장소별로 갖추어 두어야 하는 서류에 기재하는 사항이다. 이 중 당해 경보를 수신한 날부터 1년간 의무적으로 보관하여야 하는 사항은 모두 몇 개인가?

ㄱ. 경비대상시설의 명칭·소재지 및 경비계약기간
ㄴ. 기계경비지도사의 명단·배치일자·배치장소와 출동차량의 대수
ㄷ. 경보의 수신 및 현장도착 일시와 조치의 결과
ㄹ. 오경보인 경우 오경보가 발생한 경비대상시설 및 그 오경보에 대한 조치의 결과

① 없음
② 1개
③ 2개
④ 3개

17 CHECK ○△×

경비업법령상 기계경비지도사자격증 취득자가 자격증 취득일부터 3년 이내에 일반경비지도사 시험에 합격하여 기본교육을 받는 경우, 면제되는 교육과목에 해당하는 것은?

① 체포·호신술
② 혼잡·다중운집 인파 관리
③ 교통안전 관리
④ 일반경비 현장실습

18 CHECK ○△×

다음 중 청원경찰법령상 시·도 경찰청장이 비치해야 할 문서와 장부에 해당하지 않는 것을 모두 고른 것은?

ㄱ. 배치결정 관계철
ㄴ. 징계요구서철
ㄷ. 전출입 관계철
ㄹ. 감독 순시부
ㅁ. 청원경찰 임용승인 관계철
ㅂ. 무기·탄약 대여대장

① ㄱ, ㄴ, ㄷ
② ㄱ, ㄷ, ㅁ
③ ㄴ, ㄹ, ㅂ
④ ㄴ, ㅁ, ㅂ

19 CHECK ○△×

청원경찰법령상 청원경찰의 분사기 및 무기 휴대에 관한 설명으로 옳지 않은 것은?

① 무기를 대여하였을 때에는 관할 경찰서장은 청원경찰의 무기관리상황을 월 1회 이상 점검하여야 한다.
② 청원경찰은 평상근무 중에 총기를 휴대하지 아니할 때에는 분사기를 휴대하여야 한다.
③ 청원주는 「총포·도검·화약류 등의 안전관리에 관한 법률」에 따른 분사기의 소지허가를 받아 청원경찰로 하여금 그 분사기를 휴대하여 직무를 수행하게 할 수 있다.
④ 관할 경찰서장이 직권으로 청원경찰에게 무기를 대여하여 지니게 할 수는 없다.

20 다음 중 경비업법령상 경찰청장이 시 · 도 경찰청장에게 위임한 권한에 해당하지 않는 것은 모두 몇 개인가?

CHECK ○△×

> ㄱ. 경비지도사자격의 취소 또는 정지
> ㄴ. 경비지도사자격의 취소 또는 정지에 관한 청문
> ㄷ. 경비지도사 교육기관의 지정 취소 또는 업무의 정지
> ㄹ. 경비지도사 교육기관의 지정 취소 또는 업무의 정지에 관한 청문
> ㅁ. 경비원 교육기관의 지정 취소 또는 업무의 정지
> ㅂ. 경비원 교육기관의 지정 취소 또는 업무의 정지에 관한 청문

① 1개
② 2개
③ 3개
④ 4개

21 경비업법령상 경비지도사 시험 등에 관한 설명으로 옳지 않은 것은?

CHECK ○△×

① 경찰청장은 시험을 실시하고자 하는 때에는 시험일시 등을 시험 시행일 90일 전까지 공고하여야 한다.
② 경찰청장은 경비지도사 시험의 실시계획을 매년 수립해야 한다.
③ 「공무원임용령」에 따른 행정직군 소방직렬 공무원으로 7년 이상 재직한 사람은 1차 시험을 면제한다.
④ 경비업법에 따른 경비업무에 7년 이상 종사하고 경찰청장이 지정하는 기관 또는 단체에서 실시하는 64시간 이상의 경비지도사 양성과정을 마치고 수료시험에 합격하면 1차 시험을 면제한다.

22 CHECK ○△×

다음 중 경비업법령상 민감정보 및 고유식별정보를 처리할 수 있는 사무에 해당하는 것을 모두 고른 것은?

ㄱ. 경비협회의 설립에 관한 사무 ㄴ. 경비업의 허가 및 갱신허가에 관한 사무 ㄷ. 특수경비업자에 대한 보안지도·점검 및 보안측정에 관한 사무 ㄹ. 경비지도사의 선임·해임 신고에 관한 사무 ㅁ. 기계경비운영체계의 오작동 여부 확인에 관한 사무 ㅂ. 경비업 허가의 취소에 따른 행정처분에 관한 사무

① ㄱ, ㄴ, ㄷ, ㄹ
② ㄱ, ㄴ, ㄷ, ㅂ
③ ㄴ, ㄷ, ㄹ, ㅂ
④ ㄷ, ㄹ, ㅁ, ㅂ

23 CHECK ○△×

청원경찰법령상 시·도 경찰청장이 관할 경찰서장에게 위임할 수 있는 권한이 아닌 것은?(단, 청원경찰을 배치하고 있는 사업장이 하나의 경찰서의 관할구역에 있는 경우로 한정한다)

① 청원경찰 배치의 결정 및 요청에 관한 권한
② 청원경찰의 임용에 관한 권한
③ 청원주에 대한 지도 및 감독상 필요한 명령에 관한 권한
④ 과태료 부과·징수에 관한 권한

24 CHECK ○△×

경비업법령상 특수경비원 무기휴대의 절차 등과 관련하여 옳지 않은 것은?

① 시설주는 특수경비원이 휴대할 무기를 대여받고자 하는 때에는 무기대여신청서를 국가중요시설의 경비책임자를 거쳐 관할 경찰관서장에게 제출하여야 한다.
② 시설주는 관할 경찰관서장으로부터 대여받은 무기를 특수경비원에게 휴대하게 하는 경우에는 관할 경찰관서장의 사전승인을 얻어야 한다.
③ 시설주로부터 무기를 지급받은 특수경비원은 지급받은 무기를 다른 사람에게 보관·휴대 또는 손질시킬 수 없다.
④ 시설주로부터 무기를 지급받은 특수경비원은 무기를 손질 또는 조작하는 때에는 총구를 반드시 공중으로 향하게 하여야 한다.

25 CHECK ○△×

경비업법령상 월 1회 이상 수행하여야 하는 경비지도사의 직무가 아닌 것은?

① 경비원의 지도 · 감독 · 교육에 관한 계획의 수립 · 실시 및 그 기록의 유지
② 경비현장에 배치된 경비원에 대한 순회점검 및 감독
③ 기계경비업무를 위한 기계장치의 운용 · 감독(기계경비지도사의 경우에 한한다)
④ 집단민원현장에 배치된 경비원에 대한 지도 · 감독

26 CHECK ○△×

다음 중 경비업법령상 벌칙의 형량이 무거운 순서로 나열한 것은?

ㄱ. 국가중요시설에 대한 경비업무 수행 중 고의로 국가중요시설의 정상적인 운영을 해치는 장해를 일으킨 특수경비원
ㄴ. 국가중요시설에 대한 경비업무 수행 중 과실로 국가중요시설의 정상적인 운영을 해치는 장해를 일으킨 특수경비원
ㄷ. 파업 · 태업 그 밖에 경비업무의 정상적인 운영을 저해하는 일체의 쟁의행위를 한 특수경비원
ㄹ. 정당한 사유 없이 무기를 소지하고 배치된 경비구역을 벗어난 특수경비원

① ㄱ － ㄴ － ㄷ － ㄹ
② ㄱ － ㄴ － ㄹ － ㄷ
③ ㄱ － ㄷ － ㄴ － ㄹ
④ ㄱ － ㄹ － ㄷ － ㄴ

27 CHECK ○△×

경비업법령상 다음 밑줄 친 "형법의 죄"에 해당하는 것을 〈보기〉에서 모두 고른 것은?

경비원이 경비업무 수행 중에 경비업법에서 정한 장비 외에 흉기 또는 그 밖의 위험한 물건을 휴대하고 <u>형법의 죄</u>를 범한 때에는 그 죄에 정한 형의 2분의 1까지 가중처벌한다.

〈보 기〉
ㄱ. 형법 제259조 제1항(상해치사죄)
ㄴ. 형법 제260조 제1항(폭행죄)
ㄷ. 형법 제267조(과실치사죄)
ㄹ. 형법 제334조(특수강도죄)
ㅁ. 형법 제350조의2(특수공갈죄)
ㅂ. 형법 제366조(재물손괴등의 죄)

① ㄱ, ㄴ, ㄹ
② ㄱ, ㄹ, ㅂ
③ ㄱ, ㅁ, ㅂ
④ ㄴ, ㄷ, ㅁ

28

CHECK
○△×

다음 중 경비업법령상 경비원의 복장에 관한 신고를 하지 아니하고 집단민원현장에 경비원을 배치한 경비업자에게 부과되는 과태료와 부과기준이 같은 것은 모두 몇 개인가?

ㄱ. 이름표를 부착하게 하지 아니하거나, 신고된 동일 복장을 착용하게 하지 아니하고 집단민원현장에 경비원을 배치한 경비업자
ㄴ. 집단민원현장에 일반경비원을 배치하면서 경비원의 명부를 배치장소에 작성·비치하지 아니한 경비업자
ㄷ. 신임교육을 이수하지 아니한 자를 특수경비원으로 배치한 경비업자
ㄹ. 경비대행업자 지정신고를 하지 아니한 특수경비업자
ㅁ. 정당한 사유 없이 경찰청장이 실시하는 보수교육을 받지 아니한 경비지도사
ㅂ. 관할 경찰관서장의 무기의 적정한 관리를 위한 감독상 필요한 명령을 정당한 이유 없이 이행하지 아니한 무기를 대여받은 시설주

① 1개
② 2개
③ 3개
④ 4개

29

CHECK
○△×

청원경찰법령상 무기관리수칙에 관한 내용으로 옳은 것은?

① 청원주는 탄약고는 무기고와 떨어진 곳에 설치하고, 그 위치는 사무실이나 그 밖에 여러 사람을 수용하거나 여러 사람이 오고 가는 시설로부터 인접해 있어야 한다.
② 청원주는 무기고와 탄약고에는 이중 잠금장치를 하고, 열쇠는 숙직책임자가 보관하되, 근무시간 이후에는 관리책임자에게 인계하여 보관시켜야 한다.
③ 청원주는 수리가 필요한 무기가 있을 때에는 그 목록과 무기장비 운영카드를 첨부하여 관할 시·도 경찰청장에게 수리를 요청하여야 한다.
④ 청원경찰은 무기를 지급받거나 반납할 때 또는 인계인수할 때에는 반드시 “앞에 총” 자세에서 “검사 총”을 하여야 한다.

30

CHECK
○△×

경비업법령상 청문을 실시하여야 하는 경우에 관한 설명으로 옳지 않은 것은?

① 경비지도사가 집단민원현장에 일반경비원 명부를 작성·비치하지 않아 1년 영업정지처분을 하고자 하는 경우
② 경비지도사 교육기관이 거짓이나 그 밖의 부정한 방법으로 경비지도사 교육기관의 지정을 받은 것이 적발되어 경비지도사 교육기관 지정취소처분을 하고자 하는 경우
③ 경비원 교육기관이 그 지정 기준에 적합하지 아니하게 되어 1년 업무정지처분을 하고자 하는 경우
④ 경비지도사가 자격증을 다른 사람에게 양도한 것이 적발되어 경비지도사 자격취소처분을 하고자 하는 경우

31 CHECK ○△×

다음은 청원경찰법령상 당연 퇴직 규정이다. (   ) 안의 ㄱ~ㄹ에 들어갈 내용의 연결이 옳지 않은 것은?

> **당연 퇴직(청원경찰법 제10조의6)**
> 청원경찰이 다음 각호의 어느 하나에 해당할 때에는 당연 퇴직된다.
> 1. 제5조 제2항에 따른 (ㄱ)에 해당될 때. 다만, 「국가공무원법」 제33조 제2호는 파산선고를 받은 사람으로서 「채무자 회생 및 파산에 관한 법률」에 따라 신청기한 내에 면책신청을 하지 아니하였거나 (ㄴ) 또는 면책 취소가 확정된 경우만 해당하고, 「국가공무원법」 제33조 제5호는 「형법」 제129조부터 제132조까지, 「성폭력범죄의 처벌 등에 관한 특례법」 제2조, 「아동・청소년의 성보호에 관한 법률」 제2조 제2호 및 직무와 관련하여 「형법」 제355조 또는 제356조에 규정된 죄를 범한 사람으로서 금고 이상의 형의 (ㄷ)를 받은 경우만 해당한다.
> 2. 제10조의5에 따라 청원경찰의 배치가 폐지되었을 때
> 3. 나이가 (ㄹ)가 되었을 때. 다만, 그 날이 1월부터 6월 사이에 있으면 6월 30일에, 7월부터 12월 사이에 있으면 12월 31일에 각각 당연 퇴직된다.

① ㄱ : 임용결격사유
② ㄴ : 면책불허가 결정
③ ㄷ : 집행유예
④ ㄹ : 60세

32 CHECK ○△×

청원경찰법령상 청원경찰의 임용 및 면직에 관한 설명으로 옳지 않은 것은?

① 청원경찰의 배치결정을 받은 자는 그 배치결정의 통지를 받은 날부터 30일 이내에 임용예정자에 대한 임용승인을 관할 경찰서장에게 신청하여야 한다.
② 청원주가 청원경찰을 임용하였을 때에는 임용한 날부터 10일 이내에 그 임용사항을 관할 경찰서장을 거쳐 시・도 경찰청장에게 보고하여야 한다.
③ 청원경찰은 형의 선고, 징계처분 또는 신체상・정신상의 이상으로 직무를 감당하지 못할 때를 제외하고는 그 의사에 반하여 면직되지 아니한다.
④ 청원주가 청원경찰을 면직시켰을 때에는 그 사실을 관할 경찰서장을 거쳐 시・도 경찰청장에게 보고하여야 한다.

33 CHECK ○△×

청원경찰법령상 과태료의 부과기준 금액이 가장 높은 것은?(단, 과태료의 경감이나 가중은 고려하지 않는다)

① 시・도 경찰청장의 배치결정을 받지 않고 국가중요시설(국가정보원장이 지정하는 국가보안목표시설) 외의 시설에 청원경찰을 배치한 경우
② 정당한 사유 없이 경찰청장이 고시한 최저부담기준액 이상의 보수를 지급하지 아니한 경우
③ 시・도 경찰청장의 감독상 필요한 총기・실탄 및 분사기에 관한 명령 외의 명령을 정당한 사유 없이 이행하지 않은 경우
④ 시・도 경찰청장의 승인을 받지 않고 임용결격사유에 해당하지 않는 청원경찰을 임용한 경우

34 CHECK ○△×

경비업법령상 허가증 등의 수수료에 관한 설명으로 옳지 않은 것은?

① 경비업의 갱신허가를 받고자 하는 자는 1만원의 수수료를 납부하여야 한다.
② 허가사항의 변경신고로 인한 허가증 재교부의 경우에는 2천원의 수수료를 납부하여야 한다.
③ 경찰청장은 시험 시행기관의 귀책사유로 시험에 응시하지 못한 경우 응시수수료 전액을 반환하여야 한다.
④ 경찰청장은 시험응시자가 시험 시행일 10일 전까지 접수를 취소하는 경우, 응시수수료 전액을 반환하여야 한다.

35 청원경찰법령상 청원경찰의 배치폐지에 관한 설명으로 옳은 것은?

CHECK ○△×

① 청원주는 청원경찰이 배치된 시설이 폐쇄되거나 축소되어 청원경찰의 배치를 폐지하거나 배치인원을 감축할 필요가 있다고 인정하면 청원경찰의 배치를 폐지하거나 배치인원을 감축할 수 있다.
② 청원주는 청원경찰이 배치된 기관・시설 또는 사업장 등이 배치인원의 변동사유 없이 다른 곳으로 이전하는 경우에 청원경찰의 배치를 폐지하거나 배치인원을 감축할 수 있다.
③ 청원주가 청원경찰을 감축하였을 때에는 청원경찰 배치결정을 한 시・도 경찰청장에게 알려야 한다.
④ 청원경찰의 배치를 폐지하거나 배치인원을 감축하는 경우 해당 청원주는 배치폐지나 배치인원 감축으로 과원(過員)이 되는 청원경찰 인원을 그 기관・시설 또는 사업장 내의 유사 업무에 종사하게 하거나 다른 시설・사업장 등에 재배치하는 등 청원경찰의 고용을 보장하여야 한다.

36 경비업법령상 시설주 또는 관리책임자는 수리가 필요한 무기가 있는 때에는 그 목록과 함께 무엇을 첨부하여 관할 경찰관서장에게 수리를 요청하여야 하는가?

CHECK ○△×

① 근무상황카드
② 무기・탄약대여대장
③ 무기탄약출납부
④ 무기장비운영카드

37 청원경찰법령상 청원경찰경비 등에 관한 설명으로 옳지 않은 것은 모두 몇 개인가?

CHECK ○△×

ㄱ. 청원주는 청원경찰이 퇴직할 때에는 국민연금법에 따른 퇴직금을 지급하여야 한다.
ㄴ. 청원경찰법에서 '청원주는 청원경찰의 피복비를 부담하여야 한다'고 규정하고 있다.
ㄷ. 국가기관 또는 지방자치단체에 근무하는 청원경찰의 보수산정시의 기준이 되는 재직기간은 청원경찰로서 근무한 기간으로 한다.
ㄹ. 국가기관 또는 지방자치단체에 근무하는 청원경찰 외의 청원경찰의 봉급과 각종 수당은 시・도 경찰청장이 고시한 최저부담기준액 이상으로 지급하여야 한다.

① 1개　② 2개
③ 3개　④ 4개

38 CHECK ○△×

청원경찰법령상 청원경찰을 배치하기 전에 실시하는 직무수행에 필요한 교육의 내용으로 옳은 것은?(단, 교육대상 제외자는 해당하지 않는다)

① 학술교육은 형사법 5시간, 청원경찰법 10시간을 이수하여야 한다.
② 정신교육은 정신교육 과목을 6시간 이수하여야 한다.
③ 실무교육은 경찰관직무집행법 및 사격 과목 등을 포함하여 44시간을 이수하여야 한다.
④ 술과는 체포술 및 호신술 과목 8시간을 이수하여야 한다.

39 CHECK ○△×

다음은 경비업법령상 경비지도사의 선임규정을 위반한 경우이다. ㄱ, ㄴ에 대한 행정처분이나 과태료의 연결이 올바른 것은?

> ㄱ. “A” 경비업자는 甲이 결격사유에 해당하는 자임을 알면서도 경비지도사로 선임하여 근무하게 하고 있다.
> ㄴ. “B” 경비업자는 경비지도사를 집단민원현장에 선임·배치하지 아니하고 경비업을 영위하고 있다.

	ㄱ	ㄴ
①	1회 위반 시 영업정지 1월	1회 위반 시 영업정지 1월
②	1회 위반 시 과태료 300만원	1회 위반 시 영업정지 1월
③	1회 위반 시 영업정지 1월	1회 위반 시 영업정지 3월
④	1회 위반 시 과태료 100만원	1회 위반 시 과태료 300만원

40 CHECK ○△×

청원경찰법령상 청원경찰의 지휘·감독을 위한 감독자 지정기준에 관한 설명으로 옳지 않은 것은?

① 근무인원이 10명인 경우 반장 1명, 조장 2~3명을 지정하여야 한다.
② 근무인원이 29명인 경우 반장 1명, 조장 2~3명을 지정하여야 한다.
③ 근무인원이 40명인 경우 대장 1명, 반장 1명, 조장 3~4명을 지정하여야 한다.
④ 근무인원이 100명인 경우 대장 1명, 반장 4명, 조장 12명을 지정하여야 한다.

제5회 심화 모의고사

각 문항별로 난이도를 체크해 보세요. ○△×

Time 분 | 해설편 090p

중요문제 / 틀린 문제 CHECK

01	02	03	04	05	06	07	08	09	10	11	12	13	14	15	16	17	18	19	20
21	22	23	24	25	26	27	28	29	30	31	32	33	34	35	36	37	38	39	40

01 CHECK ○△×

경비업법령상 용어의 정의에 관한 설명으로 옳지 않은 것은 모두 몇 개인가?

ㄱ. 경비업이라 함은 시설경비업무, 호송경비업무, 신변보호업무, 기계경비업무, 특수경비업무, 혼잡·교통유도경비업무의 전부 또는 일부를 도급받아 행하는 영업을 말한다.
ㄴ. 혼잡·교통유도경비업무란 경비를 필요로 하는 시설 및 장소에서의 도난·화재 그 밖의 혼잡 등으로 인한 위험발생을 방지하는 업무를 말한다.
ㄷ. 호송경비업무란 운반 중에 있는 사람·현금·유가증권·귀금속·상품 그 밖의 물건에 대하여 도난·화재 등 위험발생을 방지하는 업무를 말한다.
ㄹ. 신변보호업무란 사람의 생명이나 신체에 대한 위해의 발생을 방지하고 그 신변을 보호하는 업무를 말한다.
ㅁ. 기계경비업무란 경비대상시설에 설치한 기기에 의하여 감지·송신된 정보를 그 경비대상시설 내에 설치한 관제시설의 기기로 수신하여 도난·화재 등 위험발생을 방지하는 업무를 말한다.
ㅂ. 특수경비업무란 공항(항공기를 포함한다) 등 대통령령이 정하는 국가중요시설의 경비 및 도난·화재 그 밖의 위험발생을 방지하는 업무를 말한다.

① 1개
② 2개
③ 3개
④ 4개

02 CHECK ○△×

다음 중 경비업법령상 경비지도사와 경비원의 교육에 관한 설명으로 옳지 않은 것은 모두 몇 개인가?

ㄱ. 경비지도사 보수교육은 공통교육과 자격의 종류별 교육으로 구분되는데, 일반경비지도사와 기계경비지도사 자격을 모두 취득한 사람이 일반경비업무와 기계경비업무에 모두 선임된 경우 공통교육은 1회만 실시한다.
ㄴ. 경비지도사 보수교육의 공통교육과목은 경비업법령과 직업윤리 및 인권보호이다.
ㄷ. 경비원에 대한 직무교육은 집합교육, 온라인교육 등 다양한 방법으로 실시할 수 있지만, 경비지도사의 보수교육은 반드시 집합교육으로 실시하여야 한다.
ㄹ. 시·도 경찰청장은 일반경비원에 대한 신임교육의 실시를 위하여 연도별 교육계획을 수립하고, 일반경비원 교육기관이 교육계획에 따라 교육을 실시하도록 하여야 한다.
ㅁ. 경비업자는 경비원인 신임교육을 받은 때에는 경비원의 명부에 그 사실을 기재하여야 한다.
ㅂ. 시·도 경찰청장 또는 경찰서장은 특수경비원 신임교육을 받은 사람이 요청하는 경우에는 신임교육 이수 확인증을 발급하여야 한다.

① 1개 ② 2개
③ 3개 ④ 4개

03 CHECK ○△×

다음은 경비업법령상 특수경비원의 결격사유에 관한 규정의 일부 내용이다. ( ) 안의 ㄱ~ㄹ에 들어갈 숫자의 합은?

- 18세 미만이거나 (ㄱ)세 이상인 사람 또는 피성년후견인
- 금고 이상의 실형의 선고를 받고 그 집행이 종료(집행이 종료된 것으로 보는 경우를 포함한다)되거나 집행이 면제된 날부터 (ㄴ)년이 지나지 아니한 자
- 행정안전부령이 정하는 신체조건[팔과 다리가 완전하고, 두 눈의 맨눈시력이 각각 (ㄷ) 이상 또는 교정시력이 각각 (ㄹ) 이상일 것]에 미달되는 자.

① 64 ② 64.8
③ 66 ④ 66.8

04 경비업법령상 청문을 실시하여야 하는 업무정지처분의 대상에 해당하지 않는 것은 모두 몇 개인가?

CHECK ○△×

ㄱ. 경비원 교육기관이 거짓이나 그 밖의 부정한 방법으로 경비원 교육기관의 지정을 받은 경우
ㄴ. 경비원 교육기관이 교육지침을 위반하여 시정명령을 받고도 정당한 사유 없이 정하여진 기간 이내에 시정하지 아니한 경우
ㄷ. 경비지도사 교육기관이 지정 기준에 적합하지 아니하게 된 경우
ㄹ. 경비지도사 교육기관이 지정받은 사항을 위반하여 업무를 행한 경우

① 1개
② 2개
③ 3개
④ 4개

05 청원경찰법령상 청원경찰의 징계에 관한 설명으로 옳은 것은?

CHECK ○△×

① 청원주는 청원경찰이 직무상의 의무를 위반하거나 직무를 태만히 한 때에는 행정안전부령으로 정하는 징계절차를 거쳐 징계처분을 하여야 한다.
② 관할 경찰서장은 징계규정의 보완이 필요하다고 인정할 때에는 청원주에게 그 보완을 요구할 수 있다.
③ 관할 경찰서장은 청원경찰이 「청원경찰법」상의 징계사유에 해당한다고 인정되면 청원주에게 해당 청원경찰에 대하여 징계처분을 하도록 요청할 수 있다.
④ 청원주는 청원경찰 배치결정의 통지를 받았을 때에는 통지를 받은 날부터 30일 이내에 청원경찰에 대한 징계규정을 제정하여야 한다.

06 다음 중 경비업법령상 집단민원현장에 해당하는 것을 모두 고른 것은?

CHECK ○△×

ㄱ. 「행정절차법」에 따라 대집행을 하는 장소
ㄴ. 동산에 대한 법적 권리에 대한 이해대립이 있어 다툼이 있는 장소
ㄷ. 주주총회와 관련하여 이해대립이 있어 다툼이 있는 장소
ㄹ. 「도시 및 주거환경정비법」에 따른 정비사업과 관련하여 이해대립이 있어 다툼이 있는 장소
ㅁ. 「건축법」에 따라 철거명령이 내려진 장소
ㅂ. 「노동조합 및 노동관계조정법」에 따라 노동관계 당사자가 노동쟁의 조정신청을 한 사업장 또는 쟁의행위가 발생한 사업장
ㅅ. 「도시개발법」에 따라 도시개발사업을 시행하기 위하여 지정·고시된 도시개발구역

① ㄱ, ㄴ, ㄷ, ㄹ
② ㄱ, ㄷ, ㄹ, ㅂ
③ ㄴ, ㄷ, ㄹ, ㅂ
④ ㄴ, ㄷ, ㅁ, ㅅ

07 경비업법령상 무기의 관리수칙에 관한 설명으로 옳지 않은 것은?

CHECK ○△×

① 무기를 대여받은 국가중요시설의 시설주 또는 관리책임자는 시·도 경찰청장이 정하는 바에 의하여 무기의 관리실태를 매월 파악하여 다음 달 3일까지 관할 경찰관서장에게 통보하여야 한다.
② 국가중요시설의 시설주 또는 관리책임자는 대여받은 무기를 빼앗기거나 분실 등의 사고가 발생한 때에는 관할 경찰관서장에게 그 사유를 지체 없이 통보하여야 한다.
③ 무기를 대여받은 국가중요시설의 시설주는 자체계획을 수립하여 보관하고 있는 무기를 매주 1회 이상 손질할 수 있게 하여야 한다.
④ 시설주 또는 관리책임자는 고의 또는 과실로 무기가 훼손되도록 한 특수경비원에 대하여 특수경비업자에게 교체 또는 징계 등의 조치를 요청할 수 있으며, 이 경우 특수경비업자는 특별한 사유가 없는 한 이에 응하여야 한다.

08 경비업법령상 경비협회에 관한 설명으로 옳지 않은 것은?

CHECK ○△×

① 경비협회에 관하여 이 법에 특별한 규정이 있는 것을 제외하고는 민법 중 사단법인에 관한 규정을 준용한다.
② 경비협회는 경찰청장이 정하는 바에 의하여 회원으로부터 회비를 징수할 수 있다.
③ 경비협회는 공제사업을 하는 경우 공제사업의 회계는 다른 사업의 회계와 구분하여 경리하여야 한다.
④ 경비업무의 건전한 운영과 육성에 관한 사항은 경비협회의 업무에 해당한다.

09 다음은 경비업법령상의 경비업의 허가에 관한 내용이다. (   ) 안의 ㄱ~ㄹ에 들어갈 내용을 바르게 연결한 것은?

CHECK ○△×

허가 또는 변경허가신청서를 제출하는 법인은 경비업법 시행령 [별표 1]의 규정에 의한 경비인력·자본금·시설 및 장비를 갖추어야 한다. 다만, 경비업의 허가 또는 변경허가를 신청하는 때에 [별표 1]의 규정에 의한 시설 등[(ㄱ)을 제외한다. 이하 이 항에서 같다]을 갖출 수 없는 경우에는 허가 또는 변경허가의 신청 시 시설 등의 (ㄴ)를 제출한 후 허가 또는 변경허가를 받은 날부터 (ㄷ) 이내에 경비업법 시행령 [별표 1]의 규정에 의한 시설 등을 갖추고 (ㄹ)의 확인을 받아야 한다.

	ㄱ	ㄴ	ㄷ	ㄹ
①	자본금	배치계획서	3월	관할 경찰서장
②	자본금	확보계획서	1월	시·도 경찰청장
③	경비인력	확보계획서	3월	시·도 경찰청장
④	경비인력	배치계획서	1월	관할 경찰서장

10 경비업법령상 경비업자가 30일 이내에 신고하여야 할 사항으로 옳은 것은?

CHECK ○△×

① 영업을 폐업한 때
② 경비원의 배치를 폐지한 때
③ 신고한 휴업기간을 연장하려는 때
④ 특수경비업무를 종료한 때

11 경비업법령상 감독 등에 관한 설명으로 옳지 않은 것은?

CHECK ○△×

① 경찰청장 또는 시·도 경찰청장은 경비업무의 적정한 수행을 위하여 경비업자 및 경비지도사를 지도·감독하며 필요한 명령을 할 수 있다.
② 경찰청장 또는 경찰관서장은 경비지도사시험의 관리에 관한 업무를 경비업무에 관한 인력과 전문성을 갖춘 기관 또는 단체로서 경찰청장이 지정하여 고시하는 기관 또는 단체에 위탁한다.
③ 관할 경찰관서장은 대통령령이 정하는 바에 따라 기계경비업자에 대하여 보안지도·점검을 실시하여야 하고 필요한 경우 관계기관에 보안측정을 요청하여야 한다.
④ 시·도 경찰청장 또는 관할 경찰관서장은 소속 경찰공무원으로 하여금 관할구역 안에 있는 경비업자의 주사무소 및 출장소와 경비원 배치장소에 출입하여 근무상황 및 교육훈련상황 등을 감독하며 필요한 명령을 하게 할 수 있다.

12 CHECK ○△✕

경비업법령상 일반경비원과 특수경비원의 신임교육과목 중 실무교육과목으로 공통된 과목은 모두 몇 개인가?

ㄱ. 장비사용법
ㄴ. 범죄예방론
ㄷ. 체포・호신술
ㄹ. 폭발물 처리요령
ㅁ. 정보보호 및 보안업무
ㅂ. 직업윤리 및 인권보호
ㅅ. 테러 및 재난대응요령

① 1개
② 2개
③ 3개
④ 4개

13 CHECK ○△✕

다음 중 청원경찰법령상 청원경찰의 근무요령에 관한 설명으로 옳은 것을 모두 고르면?

ㄱ. 소내근무자는 경비구역의 정문이나 그 밖의 지정된 장소에서 경비구역의 내부, 외부 및 출입자의 움직임을 감시한다.
ㄴ. 순찰근무자는 청원주가 지정한 일정한 구역을 순회하면서 경비 임무를 수행한다. 이 경우 순찰은 단독 또는 복수로 정선순찰을 하되, 청원주가 필요하다고 인정할 때에는 요점순찰 또는 난선순찰을 할 수 있다.
ㄷ. 업무처리 및 자체경비를 하는 입초근무자는 근무 중 특이한 사항이 발생하였을 때에는 지체 없이 청원주 또는 관할 경찰서장에게 보고하고 그 지시에 따라야 한다.
ㄹ. 대기근무자는 소내근무에 협조하거나 휴식하면서 불의의 사고에 대비한다.

① ㄱ, ㄴ
② ㄱ, ㄹ
③ ㄴ, ㄹ
④ ㄷ, ㄹ

14 CHECK ○△×

경비업법령상 특수경비원의 교육에 관한 설명으로 옳은 것은?

① 특수경비원의 교육 시 관할 경찰서 소속 경찰공무원이 교육기관에 입회하여 대통령령이 정하는 바에 따라 지도·감독하여야 한다.

② 특수경비업자는 채용 전 5년 이내에 특수경비업무에 종사하였던 경력이 있는 사람을 특수경비원으로 채용한 경우에는 신임교육을 면제할 수 있다.

③ 특수경비업자는 소속 특수경비원에게 경비지도사가 수립한 교육계획에 따라 매월 2시간의 직무교육을 받도록 하여야 한다.

④ 특수경비업자는 경비지도사자격이 있는 사람을 특수경비원으로 채용한 경우에는 해당 특수경비원을 특수경비원 신임교육대상에서 제외할 수 있다.

15 CHECK ○△×

다음 중 경비업법령상 "7년 이상 재직한 사람"이라면 경비지도사 제1차 시험이 면제되는 경우에 해당하는 것을 모두 고른 것은?

ㄱ. 「경비업법」에 따른 경비업무에 종사한 경비원
ㄴ. 「청원경찰법」에 따른 청원경찰업무에 종사한 청원경찰
ㄷ. 「경찰공무원법」에 따른 경찰공무원
ㄹ. 「공무원임용령」에 따른 행정직군 교정직렬 공무원
ㅁ. 「공무원임용령」에 따른 행정직군 검찰사무직렬 공무원
ㅂ. 「국가정보원법」에 따른 국가정보원 직원
ㅅ. 「군인사법」에 따른 각 군 전투병과 또는 군사경찰병과 부사관 이상 간부
ㅇ. 「대통령 등의 경호에 관한 법률」에 따른 경호공무원 또는 별정직공무원

① ㄱ, ㄹ, ㅂ, ㅅ
② ㄴ, ㄷ, ㅁ, ㅇ
③ ㄷ, ㄹ, ㅅ, ㅇ
④ ㄱ, ㄷ, ㄹ, ㅅ, ㅇ

16 CHECK ○△×

다음은 경비업법의 내용이다. 다음 중 (　　) 안의 ㄱ~ㅁ에 들어갈 내용 중 "대통령령"이 아닌 것은 모두 몇 개인가?

- 일반경비원에 대한 신임교육의 과목 및 시간, 직무교육의 과목 등 일반경비원의 교육의 실시에 필요한 사항은 (ㄱ)으로 정한다.
- 경비업자는 집단민원현장에 경비원을 배치하는 때에는 경비지도사를 선임하고 그 장소에 배치하여 (ㄴ)으로 정하는 바에 따라 경비원을 지도・감독하게 하여야 한다.
- 경비지도사는 결격사유에 해당하지 아니하는 자로서 경찰청장이 시행하는 경비지도사시험에 합격하고 (ㄷ)으로 정하는 바에 따라 경찰청장이 실시하는 기본교육을 받은 자이어야 한다.
- 경비업자에 의해 선임・배치된 경비지도사는 (ㄹ)으로 정하는 바에 따라 경찰청장이 실시하는 보수교육을 받아야 한다.
- 경비업자는 경비지도사를 선임하거나 해임하는 때에는 (ㅁ)으로 정하는 바에 따라 해당 경비현장을 관할하는 시・도 경찰청장 또는 경찰서장에게 신고하여야 한다.

① 1개　　② 2개
③ 3개　　④ 4개

17 CHECK ○△×

A 경비법인은 현재 시설경비업, 호송경비업, 기계경비업을 허가받아 영업을 하고 있다. 주된 사무소는 서울특별시에 있고, 출장소 3곳은 각각 부산광역시, 전라남도, 제주특별자치도에 있다. 세부적인 경비인력이 다음과 같을 때 경비업자 甲이 경비업법령상 선임・배치해야 할 최소 경비지도사 인원은 몇 명인가?

위 치	시설경비원 수	호송경비원 수	기계경비원 수
서울특별시	250명	80명	180명
부산광역시	150명	–	150명
전라남도	100명	30명	180명
제주특별자치도	30명	–	30명

① 6명　　② 7명
③ 8명　　④ 9명

18 CHECK ○△×

청원경찰법령상 관할 경찰서장에게 위임된 시·도 경찰청장의 권한에 해당하는 것은?(청원경찰을 배치하고 있는 사업장이 하나의 경찰서의 관할구역에 있는 경우에 한함)

① 청원경찰에게 지급할 봉급·수당의 최저부담기준 결정에 관한 권한
② 청원경찰 임용승인에 관한 권한
③ 경비전화의 가설에 관한 권한
④ 청원경찰의 특수복장 착용에 대한 승인 권한

19 CHECK ○△×

다음은 경비업법령상 행정처분 기준이다. 각 처분에 관한 설명으로 옳지 않은 것은?(단, 아래의 위반행위 외의 위반행위는 없다)

위반행위	해당 법조문	행정처분 기준		
		1차 위반	2차 위반	3차 이상 위반
시·도 경찰청장의 허가 없이 경비업무를 변경한 때	법 제19조 제2항 제1호	경 고	A	허가취소
도급을 의뢰받은 경비업무가 위법한 것임에도 이를 거부하지 않은 때	법 제19조 제2항 제2호	영업정지 1개월	B	허가취소
경비대상시설에 관한 경보 대응체제를 갖추지 않은 때	법 제19조 제2항 제4호	경 고	C	D

① A는 영업정지 3개월이다.
② B는 영업정지 3개월이다.
③ C는 경고이다.
④ D는 영업정지 1개월이다.

20 CHECK ○△×

경비업법령상 집단민원현장에의 일반경비원 배치허가 신청과 관련한 설명으로 옳지 않은 것은 모두 몇 개인가?

> ㄱ. 집단민원현장에 일반경비원 배치허가를 신청하려는 경비업자는 집단민원현장 일반경비원 배치허가 신청서에 집단민원현장에 배치될 일반경비원의 신임교육 이수증 각 1부를 첨부하여 관할 경찰관서장에게 제출해야 한다.
> ㄴ. 배치허가 신청서를 받은 관할 경찰관서장은 경비원 배치예정 일시 전까지 배치허가 여부를 결정하여 경비업자에게 통보하여야 한다.
> ㄷ. 일반경비원 배치허가를 받은 경비업자가 경비원 배치기간을 연장하려는 경우에는 배치기간이 만료되기 24시간 전까지 배치허가 신청배치허가 신청서를 관할 경찰관서장에게 제출하여 허가를 받아야 한다.
> ㄹ. 일반경비원 배치허가를 받은 경비업자가 집단민원현장에 새로운 경비원을 배치하려는 경우에는 새로운 경비원을 배치하기 24시간 전까지 배치허가 신청서를 관할 경찰관서장에게 제출하여 허가를 받아야 한다.
> ㅁ. 일반경비원 배치허가를 받은 경비업자가 경비원의 배치를 폐지한 때에는 배치폐지를 한 날부터 48시간 이내에 집단민원현장 일반경비원 배치폐지 신고서를 관할 시 · 도 경찰청장에게 제출해야 한다.
> ㅂ. 일반경비원 배치허가를 받은 경비업자가 집단민원현장에 배치된 경비지도사를 변경한 경우에는 변경된 내용을 관할 경찰관서장에게 통보하여야 한다.

① 1개　　② 2개
③ 3개　　④ 4개

21 CHECK ○△×

경비업법령상 허가증 등의 수수료에 관한 설명으로 옳은 것은?

① 경비업의 허가를 받거나 허가증을 재교부받고자 하는 자는 행정안전부령이 정하는 바에 따라 수수료를 납부하여야 한다.
② 경비업의 추가 · 변경 · 갱신허가의 경우에는 1만원의 수수료를 납부하여야 하고, 허가사항의 변경신고로 인한 허가증 재교부의 경우에는 5천원의 수수료를 납부하여야 한다.
③ 경찰서장은 정보통신망을 이용하여 전자화폐 · 전자결제 등의 방법으로 수수료를 납부하게 할 수 있다.
④ 경찰청장은 경비지도사 시험에 응시하고자 하는 자가 시험 시행기관의 귀책사유로 시험에 응시하지 못한 경우 또는 시험 시행일 20일 전까지 접수를 취소한 경우 납부한 응시수수료의 전액을 각각 반환하여야 한다.

22 CHECK ○△×

다음 중 경비업법령상 특수경비원이 무기를 휴대하고 경비업무를 수행 중에 법령에 규정된 무기의 안전수칙을 위반하여 범죄를 범한 경우 법정형의 2분의 1까지 가중처벌되는 형법상 범죄가 아닌 것은 모두 몇 개인가?

ㄱ. 폭행죄(형법 제260조 제1항) ㄴ. 중체포죄(형법 제277조 제1항) ㄷ. 협박죄(형법 제283조 제1항) ㄹ. 특수주거침입죄(형법 제320조) ㅁ. 특수공갈죄(형법 제350조의2) ㅂ. 재물손괴죄(형법 제366조)

① 없음
② 1개
③ 2개
④ 3개

23 CHECK ○△×

청원경찰법령상 청원경찰의 무기휴대 등에 관한 설명으로 옳지 않은 것은?

① 청원경찰의 복제(服制)와 무기휴대에 필요한 사항은 행정안전부령으로 정한다.
② 청원주 및 청원경찰은 행정안전부령으로 정하는 무기관리수칙을 준수하여야 한다.
③ 청원주는 「총포·도검·화약류 등의 안전관리에 관한 법률」에 따른 분사기의 소지허가를 받아 청원경찰로 하여금 그 분사기를 휴대하여 직무를 수행하게 할 수 있다.
④ 청원주로부터 무기대여 신청을 받은 시·도 경찰청장이 무기를 대여하여 휴대하게 하려는 경우에는 청원주로부터 국가에 기부채납된 무기에 한정하여 관할 경찰서장으로 하여금 무기를 대여하여 휴대하게 할 수 있다.

24 CHECK ○△×

다음 중 경비업법령상 특수경비원을 배치한 국가중요시설의 관할 경찰관서장이 갖추어 두어야 할 장부 및 서류는 모두 몇 개인가?

ㄱ. 감독순시부	ㄴ. 무기탄약출납부
ㄷ. 무기·탄약대여대장	ㄹ. 특수경비원 배치결정 관계철
ㅁ. 특수경비원 전·출입관계철	ㅂ. 특수경비원 교육훈련실시부

① 3개　② 4개
③ 5개　④ 6개

25 CHECK ○△×

다음 중 경비업법령상 기계경비업자가 오경보의 방지를 위한 설명의무로 계약상대방에게 교부하여야 하는 서면 또는 전자문서에 기재되어야 할 사항에 해당하는 것을 모두 고른 것은?

ㄱ. 경비대상시설의 명칭·소재지 및 경비계약기간
ㄴ. 기계경비업무와 관련된 관제시설 및 출장소의 명칭·소재지
ㄷ. 경보의 수신 및 현장도착 일시와 조치의 결과
ㄹ. 오경보의 발생원인과 송신기기의 유지·관리방법
ㅁ. 경비대상시설에서 발생한 경보를 수신한 경우에 기계경비업자가 취하는 조치

① ㄱ, ㄷ　② ㄴ, ㄷ
③ ㄴ, ㄹ, ㅁ　④ ㄱ, ㄴ, ㄹ, ㅁ

26 CHECK ○△×

청원경찰법령에 규정된 청원경찰의 복제와 관련하여 다음 중 그 형태·규격 및 재질을 경찰복제와 동일하게 하는 것을 모두 고른 것은?

ㄱ. 허리띠	ㄴ. 호루라기
ㄷ. 포 승	ㄹ. 기동복
ㅁ. 넥타이핀	ㅂ. 단 화
ㅅ. 방한복	ㅇ. 계급장

① ㄱ, ㄴ, ㄷ　② ㄴ, ㅅ, ㅇ
③ ㄷ, ㄹ, ㅁ, ㅂ　④ ㄱ, ㄴ, ㄷ, ㅁ, ㅅ

27 CHECK ○△×

경비업법상 경비업자 등의 의무와 이를 위반한 때의 벌칙 또는 과태료를 올바르게 연결한 것은?

[경비업자 등의 의무]

ㄱ. 경비대행업자는 특수경비업자로부터 국가중요시설에 대한 특수경비업무의 중단을 통보받은 즉시 그 경비업무를 인수하여야 한다.

ㄴ. 특수경비업자는 특수경비업무의 개시신고를 하는 때에는 국가중요시설에 대한 특수경비업무의 수행이 중단되는 경우 시설주의 동의를 얻어 다른 특수경비업자 중에서 경비대행업자를 지정하여 허가관청에 신고하여야 한다.

ㄷ. 기계경비업자는 경비계약을 체결하는 때에는 오경보를 막기 위하여 계약상대방에게 기기사용요령 및 기계경비운영체계 등에 관하여 설명하여야 하며, 각종 기기가 오작동되지 아니하도록 관리하여야 한다.

ㄹ. 누구든지 경비원으로 하여금 경비업무의 범위를 벗어난 행위를 하게 하여서는 아니 된다.

[벌칙 또는 과태료]

a. 3년 이하 징역 또는 3천만원 이하 벌금
b. 1년 이하의 징역 또는 1천만원 이하의 벌금
c. 3천만원 이하의 과태료
d. 500만원 이하의 과태료

① ㄱ - a
② ㄴ - b
③ ㄷ - c
④ ㄹ - d

28 CHECK ○△×

경비업법령상 임원의 결격사유에 관한 설명으로 옳은 것은?

① 18세 미만의 미성년자와 60세 이상의 고령자는 임원이 될 수 없다.
② 금고 이상의 형의 선고를 받고 그 형이 실효되지 아니한 자는 법인의 임원이 될 수 없다.
③ 경비업법 또는 「대통령 등의 경호에 관한 법률」에 위반하여 벌금형의 선고를 받고 3년이 지나지 아니한 자는 기계경비업무를 수행하는 법인의 임원이 될 수 없다.
④ 경비업법 또는 경비업법에 의한 명령에 위반하여 영업이 정지된 법인의 영업정지 당시의 임원이었던 자로서 그 영업정지 후 3년이 지나지 아니한 자는 동종의 경비업무를 수행하는 법인의 임원이 될 수 없다.

29 경비업법령상 관할 경찰관서장이 경비업자에게 배치폐지를 명할 수 있는 사유에 해당하는 것은?

CHECK ○△×

① 경비지도사를 집단민원현장에 선임 · 배치하지 아니한 때
② 경비원 명단 및 배치일시 · 배치장소 등 배치허가 신청의 내용을 거짓으로 한 때
③ 경비원의 복장 · 장비 등에 대하여 내려진 필요한 명령을 이행하지 아니한 때
④ 경비업자가 경비원이 업무수행 중 고의 또는 과실로 제3자에게 입힌 손해를 배상하지 아니한 때

30 다음 중 경비업법령상 경비지도사 자격취소사유에 해당하는 것은 모두 몇 개인가?

CHECK ○△×

ㄱ. 자격정지 기간 중에 경비지도사로 선임되어 활동한 때
ㄴ. 허위 그 밖의 부정한 방법으로 경비지도사자격증을 교부받은 때
ㄷ. 직무를 성실하게 수행하지 아니한 때
ㄹ. 경비지도사자격증을 다른 사람에게 빌려주거나 양도한 때
ㅁ. 경비업무의 적정한 수행을 위한 경찰청장 또는 시 · 도 경찰청장의 명령을 위반한 때
ㅂ. 신체상 · 정신상의 이상으로 직무를 감당하지 못할 때

① 1개
② 2개
③ 3개
④ 4개

31 청원경찰법령상 청원경찰의 교육에 관한 내용이다. (   ) 안에 들어갈 숫자를 순서대로 바르게 연결한 것은?

CHECK ○△×

• 청원경찰은 배치하기 전에 직무수행에 필요한 교육을 받게 해야 한다. 다만 부득이한 경우에는 임용 후 (   )년 이내에 교육을 받게 할 수 있다.
• 청원경찰의 신임교육기간은 (   )주이다.
• 청원주는 소속 청원경찰에게 매월 (   )시간 이상의 직무교육을 실시해야 한다.

① 1 − 2 − 6
② 1 − 2 − 4
③ 2 − 2 − 4
④ 2 − 4 − 6

32 청원경찰법령상 청원경찰의 경비(經費)에 관한 설명으로 옳은 것은?

CHECK ○△×

① 청원주는 대통령령이 정하는 바에 따라 청원경찰에게 봉급과 각종 수당 등을 지급하여야 한다.
② 청원주는 청원경찰이 퇴직할 때에는 행정안전부령이 정하는 바에 따라 근로자퇴직급여보장법에 따른 퇴직금을 지급하여야 한다.
③ 지방자치단체에 근무하는 청원경찰의 각종 수당은 공무원수당 등에 관한 규정에 따른 수당 중 가계보전수당, 실비변상 등으로 하며, 그 세부 항목은 대통령령으로 정하여 고시한다.
④ 지방자치단체에 근무하는 청원경찰의 퇴직금에 관하여는 따로 대통령령으로 정한다.

33 청원경찰법령상 청원경찰이 퇴직할 때 청원주에게 반납하여야 하는 것은?

CHECK ○△×

① 허리띠 ② 근무복
③ 방한화 ④ 기동화

34 청원경찰법령상 청원경찰의 임용과 배치에 관한 설명으로 옳은 것은?

CHECK ○△×

① 청원경찰을 배치받으려는 자는 행정안전부령으로 정하는 바에 따라 관할 시·도 경찰청장에게 청원경찰 배치를 신청하여야 한다.
② 시·도 경찰청장은 청원경찰 배치가 필요하다고 인정하는 기관의 장 또는 시설·사업장의 경영자에게 청원경찰을 배치할 것을 요청하여야 한다.
③ 청원경찰은 청원주가 임용하되, 임용한 후 시·도 경찰청장의 승인을 받아야 한다.
④ 청원경찰의 임용자격·임용방법·교육 및 보수에 관하여는 대통령령으로 정한다.

제1회 제2회 제3회 제4회 제5회 제6회 제7회 제8회 제9회 제10회

35 CHECK ○△×

다음 중 경비업법령상 시설주가 특수경비원에게 무기를 지급해서는 안 되는 사유를 모두 고른 것은?

ㄱ. 형사사건으로 인하여 조사를 받고 있는 사람
ㄴ. 사직 의사를 표명한 사람
ㄷ. 정신질환자
ㄹ. 그 밖에 무기를 지급하기에 부적합하다고 인정되는 사람
ㅁ. 직무상 비위(非違)로 징계대상이 된 사람
ㅂ. 평소에 불평이 심하고 염세적인 사람
ㅅ. 주벽(酒癖)이 있는 사람
ㅇ. 변태적 성벽(性癖)이 있는 사람

① ㄱ, ㄴ
② ㄴ, ㄷ, ㅅ
③ ㄱ, ㄴ, ㄷ, ㄹ
④ ㄱ, ㅁ, ㅂ, ㅇ

36 CHECK ○△×

다음은 경비업법령상 경비지도사의 시험 및 교육에 관한 내용이다. ( ) 안의 ㄱ~ㄹ에 들어갈 내용으로 옳지 않은 것은?

- 경비업법에 따른 경비업무에 (ㄱ) 이상 종사하고, 경찰청장이 지정하는 기관 또는 단체에서 실시하는 (ㄴ) 이상의 경비지도사 양성과정을 마치고 수료시험에 합격한 사람은 경비지도사 제1차 시험을 면제한다.
- 경비지도사 교육기관의 지정 기준 및 절차 등에 필요한 사항은 (ㄷ)으로 정한다.
- 경비지도사 교육기관의 지정 취소 및 업무 정지에 관한 세부기준 및 절차는 그 위반행위의 유형과 위반의 정도 등을 고려하여 (ㄹ)으로 정한다.

① ㄱ - 7년
② ㄴ - 64시간
③ ㄷ - 대통령령
④ ㄹ - 대통령령

37 CHECK ○△×

다음은 청원경찰법령상 청원경찰의 보상금에 관한 규정이다. 밑줄 친 경우에 해당하는 것을 〈보기〉에서 모두 고른 것은?

> 청원주는 청원경찰이 다음의 어느 하나에 해당하게 되면 대통령령으로 정하는 바에 따라 청원경찰 본인 또는 그 유족에게 보상금을 지급하여야 한다.

〈보 기〉

ㄱ. 직무수행으로 인하여 부상을 입은 경우
ㄴ. 직무수행으로 인하여 질병에 걸리거나 또는 사망한 경우
ㄷ. 직무상의 부상·질병으로 인하여 퇴직 후 2년 이내에 사망한 경우
ㄹ. 직무상의 부상·질병으로 인하여 퇴직한 경우

① ㄱ, ㄴ, ㄷ
② ㄱ, ㄷ, ㄹ
③ ㄴ, ㄷ, ㄹ
④ ㄱ, ㄴ, ㄷ, ㄹ

38 CHECK ○△×

청원경찰법령에 관한 설명으로 옳지 않은 것은?

① 청원경찰이 직무를 수행할 때에 경찰관직무집행법령에 따라 하여야 할 모든 보고는 관할 시·도 경찰청장에게 서면으로 해야 한다.
② 시·도 경찰청장, 관할 경찰서장 또는 청원주는 청원경찰에게 표창을 수여할 수 있다.
③ 2명 이상의 청원경찰을 배치한 사업장의 청원주는 청원경찰의 지휘·감독을 위하여 청원경찰 중에서 유능한 사람을 선정하여 감독자로 지정하여야 한다.
④ 청원경찰이 직무를 수행할 때에는 경비 목적을 위하여 필요한 최소한의 범위에서 하여야 한다.

39 CHECK O△X

청원경찰법령상 벌칙과 과태료에 관한 설명으로 옳지 않은 것은?

① 시·도 경찰청장의 승인을 받지 아니하고 청원경찰을 임용한 자에게는 500만원 이하의 과태료를 부과한다.

② 시·도 경찰청장은 위반행위의 동기, 내용 및 위반의 정도 등을 고려하여 대통령령에서 정한 과태료 금액의 3분의 1의 범위에서 그 금액을 줄일 수 있다.

③ 경찰서장은 과태료 처분을 하였을 때에는 과태료 부과 및 징수 사항을 과태료 수납부에 기록하고 정리하여야 한다.

④ 파업, 태업 또는 그 밖에 업무의 정상적인 운영을 방해하는 쟁의행위를 한 청원경찰은 1년 이하의 징역 또는 1천만원 이하의 벌금에 처한다.

40 CHECK O△X

청원경찰법령상 무기관리수칙에 관한 설명으로 옳지 않은 것은?

① 청원주가 무기와 탄약을 대여받았을 때에는 경찰청장이 정하는 무기·탄약 출납부 및 무기장비 운영카드를 갖춰 두고 기록하여야 한다.

② 청원주는 무기와 탄약의 관리를 위하여 관리책임자를 지정하고 관할 경찰서장에게 그 사실을 통보하여야 한다.

③ 청원주는 관할 경찰서장이 정하는 바에 따라 매월 무기와 탄약의 관리실태를 파악하여 다음 달 3일까지 관할 경찰서장에게 통보하여야 한다.

④ 청원주는 대여받은 무기와 탄약이 분실되거나 도난당하거나 빼앗기거나 훼손되는 등의 사고가 발생했을 때에는 지체 없이 그 사유를 관할 경찰서장에게 통보해야 한다.

제6회 심화 모의고사

각 문항별로 난이도를 체크해 보세요. ○△×

Time 분 | 해설편 113p

중요문제 / 틀린 문제 CHECK

01	02	03	04	05	06	07	08	09	10	11	12	13	14	15	16	17	18	19	20
21	22	23	24	25	26	27	28	29	30	31	32	33	34	35	36	37	38	39	40

01 경비업법령상 집단민원현장으로 옳지 않은 것은?

CHECK ○△×

① 특정 시설물의 설치와 관련하여 민원이 있는 장소
② 「공유토지분할에 관한 특례법」에 따라 공유토지에 대한 소유권행사와 토지의 이용에 문제가 있는 장소
③ 건물·토지 등 부동산 및 동산에 대한 소유권·운영권·관리권·점유권 등 법적 권리에 대한 이해대립이 있어 다툼이 있는 장소
④ 「행정대집행법」에 따라 대집행을 하는 장소

02 경비업법령상 경비지도사 및 경비원의 결격사유에 관한 설명으로 옳은 것을 모두 고른 것은?

CHECK ○△×

ㄱ. 현재 60세인 사람은 특수경비원이 될 수는 없지만, 경비지도사는 될 수 있다.
ㄴ. 현재 17세인 사람은 특수경비원이 될 수는 없지만, 경비지도사는 될 수 있다.
ㄷ. 특수경비원이 되고자 하는 자는 신체가 건강하고 팔다리가 완전하며, 두 눈의 교정시력은 각각 0.8 이상이 되어야 한다.
ㄹ. 금고 이상의 형의 집행유예선고를 받고 그 유예기간 중에 있는 자는 일반경비원이 될 수 없다.
ㅁ. 벌금 이상의 형의 선고유예를 받고 그 유예기간 중에 있는 자는 특수경비원이 될 수 없다.

① ㄱ, ㄹ
② ㄴ, ㄷ
③ ㄱ, ㄴ, ㄷ
④ ㄱ, ㄷ, ㄹ

03 CHECK ○△×

경비업법령상 기계경비업자의 기계경비업무에 관한 설명으로 옳은 것은?

① 기계경비업자는 관제시설 등에서 경보를 수신한 때에는 인근 출장소가 현장출동을 하달받은 때부터 늦어도 25분 이내에는 도착시킬 수 있는 대응체제를 갖추어야 한다.

② 기계경비업자는 경비계약을 체결하는 때에는 오경보를 막기 위하여 계약상대방에게 기기사용요령 및 기계경비운영체계 등에 관하여 서면 또는 전자문서를 교부하는 방법으로 설명하여야 하며, 각종 기기가 오작동되지 아니하도록 관리하여야 한다.

③ 기계경비업자는 대응조치 등 업무의 원활한 운영과 개선을 위하여 행정안전부령이 정하는 바에 따라 관련 서류를 작성·비치하여야 한다.

④ 기계경비업자는 국가배상법의 규정에 의한 손해배상의 범위와 손해배상액에 관한 사항을 기재한 서면 또는 전자문서를 계약상대방에게 교부하여야 한다.

04 CHECK ○△×

경비업법령상 경비업자 및 경비업무 도급인의 의무에 관한 설명으로 옳지 않은 것은?

① 경비업자는 경비업무를 성실하게 수행하여야 하고, 도급을 의뢰받은 경비업무가 위법 또는 부당한 것일 때에는 이를 거부하여야 한다.

② 경비업자는 불공정한 계약으로 경비원의 권익을 침해하거나 경비업의 건전한 육성과 발전을 해치는 행위를 하여서는 아니 된다.

③ 누구든지 집단민원현장에 경비인력을 30명 이상 배치하려고 할 때에는 그 경비인력을 직접 고용하여서는 아니 되고, 경비업자에게 경비업무를 도급하여야 한다.

④ 경비업무를 도급하는 자는 그 경비업무를 수급한 경비업자의 경비원 채용 시 무자격자나 부적격자 등을 채용하도록 관여하거나 영향력을 행사해서는 아니 된다.

05 CHECK ○△×

청원경찰법령상 근무요령에 관한 설명 중 옳지 않은 것은?

① 순찰근무자는 청원주가 지정한 일정한 구역을 순회하면서 경비 임무를 수행한다.

② 대기근무자는 소내근무에 협조하거나 휴식하면서 불의의 사고에 대비한다.

③ 자체경비를 하는 입초근무자는 경비구역의 정문이나 그 밖의 지정된 장소에서 경비구역의 내부, 외부 및 출입자의 움직임을 감시한다.

④ 순찰근무자는 근무 중 특이한 사항이 발생하였을 때에는 지체 없이 청원주 또는 관할 경찰서장에게 보고한다.

06 CHECK ○△×

다음 중 경비업법령상 경비업의 허가를 받은 법인이 시·도 경찰청장에게 신고하여야 하는 기간이 다른 것은?

① 경비업의 허가를 받은 법인이 영업을 폐업한 때
② 법인의 대표자·임원을 변경한 때
③ 법인의 출장소를 폐지한 때
④ 특수경비업무를 개시한 때

07 CHECK ○△×

다음 중 경비업법령상 일반경비지도사자격증 취득자가 자격증 취득일로부터 3년 이내에 기계경비지도사 시험에 합격하여 기본교육을 받는 경우, 면제되는 교육과목에 해당하는 것은 몇 개인가?

ㄱ. 직업윤리 및 인권보호	ㄴ. 기계경비 현장실습
ㄷ. 기계경비 기획 및 설계	ㄹ. 인력경비개론
ㅁ. 체포·호신술	ㅂ. 기계경비 운용관리

① 1개　② 2개
③ 3개　④ 4개

08 CHECK ○△×

경비업법령상 경비협회에 관한 설명으로 옳지 않은 것을 모두 고른 것은?

ㄱ. 경비협회에 관하여 이 법에 특별한 규정이 있는 것을 제외하고는 민법 중 사단법인에 관한 규정을 준용한다.
ㄴ. 경비업자가 경비협회를 설립하려는 경우에는 정관을 작성하여야 한다.
ㄷ. 경비협회의 업무로 경비업자의 징계에 관한 규정을 두고 있다.
ㄹ. 경비협회는 정관이 정하는 바에 의하여 회원으로부터 회비를 징수할 수 있다.
ㅁ. 경비협회는 공제사업의 회계를 다른 사업의 회계와 구분하여 경리할 수 있다.
ㅂ. 경비협회는 경비업자의 손해배상책임을 보장하기 위하여 공제사업을 할 수 있다.

① ㄱ, ㄷ　② ㄴ, ㄹ
③ ㄷ, ㅁ　④ ㄷ, ㅁ, ㅂ

09 CHECK ○△×

다음은 경비업법령상 경비업의 허가와 관련된 내용이다. (　　) 안의 ㄱ~ㅁ에 들어갈 숫자의 합은?

> • 소속 경비원으로 하여금 경비업무의 범위를 벗어난 행위를 하게 하여 경비업체의 허가가 취소된 경우 허가가 취소된 날부터 (ㄱ)년이 지나지 아니한 때에는 누구든지 허가가 취소된 경비업체와 동일한 명칭으로 경비업의 허가를 받을 수 없다.
> • 소속 경비원으로 하여금 경비업무의 범위를 벗어난 행위를 하게 하여 경비업 허가가 취소된 법인은 법인명 또는 임원의 변경에도 불구하고 허가가 취소된 날부터 (ㄴ)년이 지나지 아니한 때에는 경비업의 허가를 받을 수 없다.
> • 경비업법에 위반하여 벌금형의 선고를 받고 (ㄷ)년이 지나지 아니한 자는 특수경비업무를 수행하는 법인의 임원이 될 수 없다.
> • 허가받은 경비업무 외의 업무에 경비원을 종사하게 한 사유로 허가가 취소된 법인의 허가취소 당시의 임원이었던 자로서 허가가 취소된 날부터 (ㄹ)년이 지나지 아니한 자는 경비업무를 수행하는 법인의 임원이 될 수 없다.
> • 경비업 허가의 유효기간은 허가받은 날부터 (ㅁ)년으로 한다.

① 28
② 30
③ 35
④ 40

10 CHECK ○△×

다음은 경비업법령상 경비지도사의 시험에 관한 내용이다. (　　) 안의 ㄱ~ㄷ에 들어갈 숫자의 합은?

> 경비업법에 따른 경비업무에 (ㄱ)년 이상[특수경비업무의 경우에는 (ㄴ)년 이상] 종사하고, 경찰청장이 지정하는 기관 또는 단체에서 실시하는 (ㄷ)시간 이상의 경비지도사 양성과정을 마치고 수료시험에 합격한 사람은 경비지도사 제1차 시험을 면제한다.

① 70
② 72
③ 74
④ 76

11 경비업법령상 특수경비원의 무기휴대의 절차에 관한 설명으로 옳지 않은 것을 모두 고른 것은?

CHECK ○△×

ㄱ. 시설주는 특수경비원이 휴대할 무기를 대여받고자 하는 때에는 무기대여신청서를 관할 경찰서장 및 공항경찰대장 등 국가중요시설의 경비책임자를 거쳐 시·도 경찰청장에게 제출하여야 한다.
ㄴ. 시설주는 관할 경찰관서장으로부터 대여받은 무기를 특수경비원에게 휴대하게 하는 경우에는 시·도 경찰청장의 사전승인을 얻어야 한다.
ㄷ. 시설주는 특수경비원에게 무기를 지급하여야 할 필요성이 해소되었다고 인정되는 때에는 특수경비원으로부터 즉시 무기를 회수하여야 한다.
ㄹ. 특수경비원이 휴대할 수 있는 무기종류는 권총 및 소총으로 한다.
ㅁ. 시설주, 무기관리책임자와 특수경비원은 대통령령이 정하는 무기관리수칙을 준수하여야 한다.

① ㄱ, ㄴ
② ㄱ, ㄹ
③ ㄴ, ㅁ
④ ㄷ, ㅁ

12 다음 중 경비업법령상 시·도 경찰청장에게 위임되어 있는 경찰청장의 권한으로서 시·도 경찰청장이 청문을 실시하고 처분을 하여야 하는 경우에 해당하는 것은?

CHECK ○△×

① 경비지도사 교육기관의 지정 취소 또는 업무의 정지
② 경비원 교육기관의 지정 취소 또는 업무의 정지
③ 경비업 허가의 취소 또는 영업정지
④ 경비지도사자격의 취소 또는 정지

13 다음 중 청원경찰법령상 청원경찰의 배치대상인 기관·시설 또는 사업장에 해당하지 않는 곳은 모두 몇 개인가?

CHECK ○△×

ㄱ. 국외 주재(駐在) 국내기관
ㄴ. 금융을 업(業)으로 하는 시설 또는 사업장
ㄷ. 통신을 업(業)으로 하는 시설 또는 사업장
ㄹ. 학교 등 육영시설
ㅁ. 「지역보건법」에 따른 보건지소
ㅂ. 「의료법」에 따른 의원급 의료기관

① 없음
② 1개
③ 2개
④ 3개

14 CHECK ○△×

다음은 청원경찰법 제1조의 내용이다. (　　) 안의 ㄱ~ㄷ에 들어갈 용어로 알맞은 것은?

> 청원경찰법은 청원경찰의 (ㄱ), (ㄴ), (ㄷ), 보수, 사회보장 및 그 밖에 필요한 사항을 규정함으로써 청원경찰의 원활한 운영을 목적으로 한다.

① ㄱ : 허가, ㄴ : 임용, ㄷ : 감독
② ㄱ : 직무, ㄴ : 임용, ㄷ : 배치
③ ㄱ : 허가, ㄴ : 배치, ㄷ : 교육
④ ㄱ : 임용, ㄴ : 징계, ㄷ : 교육

15 CHECK ○△×

다음은 경비업법 시행령 제2조의 국가중요시설에 관한 정의이다. (　　) 안의 ㄱ~ㄹ에 들어갈 내용을 바르게 연결한 것은?

> 경비업법 제2조 제1호 마목에서 "대통령령이 정하는 국가중요시설"이라 함은 공항·항만, 원자력발전소 등의 시설 중 (ㄱ)이(가) 지정하는 (ㄴ)과 「통합방위법」 제21조 제4항의 규정에 의하여 (ㄷ)이 지정하는 (ㄹ)을 말한다.

	ㄱ	ㄴ	ㄷ	ㄹ
①	국방부장관	국가중요시설	국가정보원장	국가보안목표시설
②	국방부장관	국가보안목표시설	국가정보원장	국가중요시설
③	국가정보원장	국가중요시설	국방부장관	국가보안목표시설
④	국가정보원장	국가보안목표시설	국방부장관	국가중요시설

16 다음은 경비업법령의 내용이다. (　　)에 "대통령령"이 들어가지 않는 것을 모두 고른 것은?

CHECK ○△×

> ㄱ. 경비원의 복장 등에 필요한 사항은 (　　)으로 정한다.
> ㄴ. 경비업자는 (　　)이 정하는 바에 따라 경비원의 명부를 작성·비치하여야 한다.
> ㄷ. 경비업자가 경비원을 배치하거나 배치를 폐지한 경우에는 (　　)이 정하는 바에 따라 관할 경찰관서장에게 신고하여야 한다.
> ㄹ. 경찰청장은 경비지도사가 직무를 성실하게 수행하지 아니한 때에는 (　　)이 정하는 바에 따라 1년의 범위 내에서 그 자격을 정지시킬 수 있다.
> ㅁ. 경비업자는 경비업무의 건전한 발전과 경비원의 자질향상 및 교육훈련 등을 위하여 (　　)이 정하는 바에 따라 경비협회를 설립할 수 있다.

① ㄱ, ㄴ, ㄷ　　② ㄱ, ㄷ, ㄹ
③ ㄴ, ㄹ, ㅁ　　④ ㄷ, ㄹ, ㅁ

17 경비업법령상 특수경비원의 무기 안전사용수칙으로 옳지 않은 것은?

CHECK ○△×

① 소속상사의 허가 또는 정당한 사유 없이 경비구역을 벗어나서는 아니 된다.
② 특수경비원은 사람을 향하여 권총 또는 소총을 발사하고자 하는 때에는 미리 구두 또는 공포탄에 의한 사격으로 상대방에게 경고하여야 한다.
③ 특수경비원은 무기를 사용하는 경우에 있어서 범죄와 무관한 다중의 생명·신체에 위해를 가할 우려가 있는 때에는 이를 사용하여서는 아니 된다.
④ 어떠한 경우에도 14세 미만의 자에 대하여는 권총 또는 소총을 발사하여서는 아니 된다.

18 청원경찰법령상 청원경찰의 임용 및 배치에 관한 설명으로 옳은 것은?

CHECK ○△×

① 청원경찰의 배치결정을 받은 자는 그 배치결정의 통지를 받은 날부터 10일 이내에 배치결정된 인원수의 임용예정자에 대하여 임용승인신청서를 시·도 경찰청장에게 제출하여야 한다.
② 청원주가 청원경찰을 임용하였을 때에는 임용한 날부터 10일 이내에 그 임용사항을 관할 경찰서장을 거쳐 시·도 경찰청장에게 보고하여야 한다.
③ 청원경찰의 배치를 받으려는 자는 청원경찰 배치신청서에 경비구역 평면도 1부와 청원경찰 명부 1부를 첨부하여야 한다.
④ 청원경찰 배치신청서 제출 시, 배치 장소가 둘 이상의 도(道)일 때에는 경찰청장에게 한꺼번에 신청할 수 있다.

19 청원경찰법령상 청원경찰의 징계에 관한 설명으로 옳은 것은?

CHECK ○△×

① 관할 경찰서장은 징계규정의 보완이 필요하다고 인정할 때에는 청원주에게 그 보완을 요구할 수 있다.

② 청원주는 청원경찰 배치결정의 통지를 받았을 때에는 통지를 받은 날부터 15일 이내에 청원경찰에 대한 징계규정을 제정하여 관할 경찰서장에게 신고하여야 한다.

③ 정직은 1개월 이상 3개월 이하로 하고, 그 기간에 청원경찰의 신분은 보유하나 직무에 종사하지 못하며, 보수의 3분의 1을 줄인다.

④ 관할 경찰서장은 청원경찰이 품위를 손상하는 행위를 한 때에는 청원주에게 해당 청원경찰에 대하여 징계처분을 하도록 요청할 수 있다.

20 다음은 경비업법령상 과태료에 관한 내용이다. (　　) 안의 ㄱ~ㄹ에 들어갈 숫자의 합은?

CHECK ○△×

위반행위	과태료 금액
1. 시·도 경찰청장에 대한 신고사항 또는 관할 경찰관서장에 대한 신고사항을 위반하여 신고를 하지 아니한 경우	
가. 1개월 이내의 기간 경과	(ㄱ)만원
나. 1개월 초과 6개월 이내의 기간 경과	(ㄴ)만원
다. 6개월 초과 12개월 이내의 기간 경과	(ㄷ)만원
라. 12개월 초과의 기간 경과	(ㄹ)만원

① 600　　② 650

③ 700　　④ 750

21 경비업법령상 시·도 경찰청장의 권한에 속하는 것은?(위임 및 위탁의 경우는 제외한다)

CHECK ○△×

① 경비지도사의 자격취소 또는 자격정지

② 경비업 허가취소 또는 영업정지

③ 무기관리상황에 대한 지도·감독

④ 경비지도사의 선임

22 CHECK ○△×

다음은 경비업법령상 위반행위자에 대한 벌칙이다. ( )의 ㄱ~ㄷ에 들어가지 않는 숫자는?

- 경비업무의 중단을 통보하지 아니하거나 경비업무를 즉시 인수하지 아니한 특수경비업자 또는 경비대행업자 : (ㄱ)년 이하의 징역 또는 (ㄱ)천만원 이하의 벌금
- 정당한 사유 없이 무기를 소지하고 배치된 경비구역을 벗어난 특수경비원 : (ㄴ)년 이하의 징역 또는 (ㄴ)천만원 이하의 벌금
- 경찰관서장의 배치폐지명령을 따르지 아니한 자 : (ㄷ)년 이하의 징역 또는 (ㄷ)천만원 이하의 벌금

① 1
② 2
③ 3
④ 5

23 CHECK ○△×

경비업법령상 경찰청장으로부터 경비지도사의 시험에 관한 업무를 위탁받은 단체의 임직원이 공무원으로 의제되어 적용받는 「형법」상의 규정에 해당하지 않는 것은?

① 사전수뢰죄
② 제3자뇌물제공죄
③ 알선수뢰죄
④ 뇌물공여죄

24 CHECK ○△×

다음은 경비원의 교육에 관한 경비업법의 내용이다. ( ) 안의 ㄱ~ㄹ에 들어갈 내용으로 옳은 것은?

- 경비업자는 경비업무를 적정하게 실시하기 위하여 경비원으로 하여금 (ㄱ)으로 정하는 바에 따라 경비원 신임교육 및 직무교육을 받게 하여야 한다.
- 경비원 교육기관의 지정 취소 및 업무 정지에 관한 세부기준 및 절차는 그 위반행위의 유형과 위반의 정도 등을 고려하여 (ㄴ)으로 정한다.
- 특수경비업자는 (ㄷ)으로 정하는 바에 따라 특수경비원으로 하여금 특수경비원 신임교육과 정기적인 직무교육을 받게 하여야 하고, 특수경비원 신임교육을 받지 아니한 자를 특수경비업무에 종사하게 하여서는 아니 된다.
- 특수경비원의 교육 시 관할경찰서 소속 경찰공무원이 교육기관에 입회하여 (ㄹ)이 정하는 바에 따라 지도·감독하여야 한다.

	ㄱ	ㄴ	ㄷ	ㄹ
①	대통령령	행정안전부령	대통령령	행정안전부령
②	대통령령	행정안전부령	대통령령	대통령령
③	대통령령	대통령령	행정안전부령	행정안전부령
④	행정안전부령	행정안전부령	행정안전부령	대통령령

25 CHECK ○△×

경비업법령상 과태료 부과금액이 큰 순서부터 차례대로 나열한 것은?(단, 최초 1회 위반 시를 기준으로 함)

ㄱ. 집단민원현장에 경비원을 배치하면서 이름표를 부착하게 하지 않거나 신고된 동일 복장을 착용하게 하지 않은 경우
ㄴ. 집단민원현장에 일반경비원을 배치하면서 일반경비원의 명부를 작성하지 아니한 경우
ㄷ. 경비원의 근무상황을 기록하여 보관하지 않은 경우
ㄹ. 기계경비업자가 경비계약을 체결하면서, 오경보를 막기 위하여 계약상대방에게 기기사용요령 및 기계경비운영체계 등에 관한 설명의무를 이행하지 아니한 경우

① ㄱ - ㄴ - ㄷ - ㄹ
② ㄱ - ㄴ - ㄹ - ㄷ
③ ㄴ - ㄱ - ㄷ - ㄹ
④ ㄴ - ㄱ - ㄹ - ㄷ

26 CHECK ○△×

청원경찰법령상 청원경찰의 복무에 관하여 준용되는 국가공무원법 규정에 해당하는 것을 모두 고른 것은?

ㄱ. 공무원은 종교에 따른 차별 없이 직무를 수행하여야 한다.
ㄴ. 공무원은 직무를 수행할 때 소속 상관의 직무상 명령에 복종하여야 한다.
ㄷ. 공무원은 소속 상관의 허가 또는 정당한 사유가 없으면 직장을 이탈하지 못한다.
ㄹ. 공무원은 국민 전체의 봉사자로서 친절하고 공정하게 직무를 수행하여야 한다.
ㅁ. 공무원은 재직 중은 물론 퇴직 후에도 직무상 알게 된 비밀을 엄수하여야 한다.

① ㄱ, ㄹ
② ㄴ, ㄷ
③ ㄴ, ㄷ, ㅁ
④ ㄷ, ㄹ, ㅁ

27 CHECK ○△×

다음 중 경비업법령상 양벌규정에 따라 위반행위를 한 행위자 이외에 그 법인 또는 개인에게도 벌금형을 과할 수 있는 사유가 아닌 것을 모두 고른 것은?

ㄱ. 직무상 알게 된 비밀을 누설하거나 부당한 목적을 위하여 사용한 경우
ㄴ. 특수경비원이 과실로 인하여 국가중요시설의 정상적인 운영을 해치는 장해를 일으킨 경우
ㄷ. 경비지도사의 선임 또는 해임의 신고를 하지 아니한 경우
ㄹ. 특수경비원이 경비구역 안에서 시설물의 절도, 손괴, 위험물의 폭발 등의 사유로 인한 위급사태가 발생한 때에 소속상사의 직무상 명령에 복종하지 아니한 경우
ㅁ. 경비원의 복장에 관한 신고를 하지 아니하고 집단민원현장에 경비원을 배치한 경우

① ㄱ, ㄴ
② ㄴ, ㄹ
③ ㄷ, ㅁ
④ ㄹ, ㅁ

28 CHECK ○△×

다음 중 경비업법상 위반행위와 벌칙 또는 과태료의 연결이 옳지 않은 것은?

〈위반행위〉

a. 허가를 받지 아니하고 경비업을 영위한 자
b. 쟁의행위를 한 특수경비원
c. 정당한 사유 없이 보수교육을 받지 아니한 경비지도사
d. 경비대행업자 지정신고를 하지 아니한 특수경비업자

〈벌칙 또는 과태료〉

ㄱ. 1년 이하의 징역 또는 1천만원 이하의 벌금
ㄴ. 3년 이하의 징역 또는 3천만원 이하의 벌금
ㄷ. 500만원 이하의 과태료
ㄹ. 3천만원 이하의 과태료

① a – ㄴ
② b – ㄱ
③ c – ㄷ
④ d – ㄹ

29 CHECK ○△×

다음 중 경비업법령상 경비업자가 범죄경력조회를 요청하고자 하는 때에 시·도 경찰청장 또는 경찰관서장에게 첨부하여 제출하여야 하는 서류에 해당하는 것을 모두 고른 것은?

ㄱ. 법인의 정관
ㄴ. 취업자 또는 취업예정자 주민등록증 사본
ㄷ. 경비업 허가증 사본
ㄹ. 취업자 또는 취업예정자 범죄경력조회 동의서

① ㄱ, ㄴ
② ㄱ, ㄹ
③ ㄴ, ㄷ
④ ㄷ, ㄹ

30 다음 중 경비업법령상 경비지도사 자격취소사유에 해당하는 것을 모두 고른 것은?

CHECK ○△×

ㄱ. 자격정지 기간 중에 경비지도사로 선임되어 활동한 때
ㄴ. 금고 이상의 형의 선고유예를 받고 그 유예기간 중에 있는 경우
ㄷ. 금고 이상의 형의 집행유예선고를 받고 그 유예기간 중에 있는 경우
ㄹ. 신체상·정신상의 이상으로 직무를 감당하지 못할 때
ㅁ. 소속 경비원의 배치가 폐지되었을 때
ㅂ. 법원의 판결 또는 다른 법률에 따라 자격이 상실되거나 정지된 자

① ㄱ, ㄷ
② ㄷ, ㄹ
③ ㄱ, ㄷ, ㅂ
④ ㄴ, ㄷ, ㄹ

31 다음은 국가기관 또는 지방자치단체에 근무하는 청원경찰의 보수에 대한 청원경찰법 제6조 제2항의 내용이다. (　　) 안에 들어갈 내용을 순서대로 올바르게 연결한 것은?

CHECK ○△×

국가기관 또는 지방자치단체에 근무하는 청원경찰의 보수는 다음의 구분에 따라 같은 재직기간에 해당하는 (　　)의 보수를 감안하여 (　　)으로 정한다.
1. 재직기간 (　　)년 미만 : 순경
2. 재직기간 (　　)년 이상 (　　)년 미만 : (　　)
3. 재직기간 (　　)년 이상 30년 미만 : 경사
4. 재직기간 30년 이상 : (　　)

① 경찰공무원, 대통령령, 15, 15, 23, 경장, 23, 경위
② 경찰공무원, 행정안전부령, 15, 15, 25, 경장, 25, 경감
③ 소방공무원, 행정안전부령, 15, 15, 23, 경장, 23, 경위
④ 소방공무원, 대통령령, 15, 15, 25, 경위, 23, 경장

32

CHECK ○△×

청원경찰법령상 청원경찰의 무기휴대에 관한 설명으로 옳지 않은 것은?

① 무기대여 신청을 받은 시・도 경찰청장이 무기를 대여하여 휴대하게 하려는 경우에는 청원주로부터 국가에 기부채납된 무기에 한정하여 관할 경찰서장으로 하여금 무기를 대여하여 휴대하게 할 수 있다.

② 관할 경찰서장은 무기를 대여하였을 때에는 청원경찰의 무기관리상황을 수시로 점검하여야 한다.

③ 청원주는 대여받은 무기와 탄약이 분실되거나 도난당하거나 빼앗기거나 훼손되는 등의 사고가 발생했을 때에는 지체 없이 그 사유를 관할 경찰서장에게 통보해야 한다.

④ 청원경찰은 지급받은 무기를 다른 사람에게 보관 또는 휴대하게 할 수는 없으나 손질을 의뢰할 수는 있다.

33

CHECK ○△×

경비업법령상 행정처분의 개별기준으로 옳지 않은 것은?

① 경비원의 출동차량 등에 관한 규정을 위반한 경우 행정처분 기준은 1차 위반 시 경고, 2차 위반 시 영업정지 1개월, 3차 위반 시 영업정지 3개월이다.

② 집단민원현장에 일반경비원 명부를 작성・비치하지 않은 경우 행정처분 기준은 1차 위반 시 영업정지 1개월, 2차 위반 시 영업정지 3개월, 3차 위반 시 허가취소이다.

③ 경비원이 업무수행 중 고의로 제3자에게 손해를 입힌 경우에 그 손해를 배상하지 않은 경우 행정처분 기준은 1차 위반 시 경고, 2차 위반 시 영업정지 3개월, 3차 위반 시 영업취소이다.

④ 결격사유에 해당하는 일반경비원을 집단민원현장에 배치한 경우 행정처분 기준은 1차 위반 시 영업정지 1개월, 2차 위반 시 영업정지 3개월, 3차 위반 시 허가취소이다.

34

CHECK ○△×

다음은 경비업법령상 경비지도사의 직무를 열거한 것이다. 이 중 수행 횟수에 대한 명시적인 규정이 없는 것을 모두 고른 것은?

ㄱ. 경비원의 지도・감독・교육에 관한 계획의 수립・실시 및 그 기록의 유지
ㄴ. 경비현장에 배치된 경비원에 대한 순회점검 및 감독
ㄷ. 오경보방지 등을 위한 기기관리의 감독(기계경비지도사의 경우에 한한다)
ㄹ. 집단민원현장에 배치된 경비원에 대한 지도・감독
ㅁ. 경찰기관 및 소방기관과의 연락방법에 대한 지도

① ㄹ
② ㄹ, ㅁ
③ ㄱ, ㄴ, ㄷ
④ ㄱ, ㄴ, ㄷ, ㄹ, ㅁ

35 청원경찰법령상 청원경찰의 복제(服制)에 관한 설명으로 옳지 않은 것은?

CHECK ○△×

① 청원경찰의 복제는 제복·장구 및 부속물로 구분하며, 이 가운데 모자표장, 가슴표장, 휘장, 계급장, 넥타이핀, 단추 및 장갑은 장구에 해당한다.

② 청원주는 청원경찰이 특수복장을 착용할 필요가 있을 때에는 시·도 경찰청장의 승인을 받아 특수복장을 착용하게 할 수 있다.

③ 제복의 형태·규격 및 재질은 청원주가 결정하되, 경찰공무원 또는 군인 제복의 색상과 명확하게 구별될 수 있어야 한다.

④ 청원경찰은 교육훈련 중에는 기동모, 기동복, 기동화 및 휘장을 착용하거나 부착하되, 허리띠와 경찰봉은 착용하거나 휴대하지 아니할 수 있다.

36 경비업법령에 따른 감독에 관한 사항 중 옳지 않은 것은?

CHECK ○△×

① 시·도 경찰청장 또는 관할 경찰관서장은 소속 경찰공무원으로 하여금 관할구역 안에 있는 경비업자의 주사무소 및 출장소와 경비원 배치장소에 출입하여 근무상황 및 교육훈련상황 등을 감독하며 필요한 명령을 하게 할 수 있다.

② 위 ①의 경우, 출입하는 경찰공무원은 그 권한을 표시하는 증표를 관계인에게 내보여야 한다.

③ 시·도 경찰청장 또는 관할 경찰관서장은 경비업자 또는 배치된 경비원이 경비업법이나 경비업법에 따른 명령, 「폭력행위 등 처벌에 관한 법률」을 위반하는 행위를 하는 경우 그 위반행위의 중지를 명하여야 한다.

④ 시·도 경찰청장 또는 관할 경찰관서장은 경비업무 장소가 집단민원현장으로 판단되는 경우에는 그 때부터 48시간 이내에 경비업자에게 경비원 배치허가를 받을 것을 고지하여야 한다.

37 청원경찰법령상 청원경찰경비 등에 관한 설명으로 옳은 것은?

CHECK ○△×

① 시·도 경찰청장은 청원경찰에게 지급할 봉급과 각종 수당을 부담하여야 한다.

② 청원주의 청원경찰에 대한 봉급·수당의 최저부담기준액(국가기관 또는 지방자치단체에 근무하는 청원경찰의 봉급·수당은 제외한다)은 경찰청장이 정하여 고시(告示)한다.

③ 청원주는 청원경찰이 직무상의 부상·질병으로 인하여 퇴직하거나, 퇴직 후 2년 이내에 사망한 경우 행정안전부령으로 정하는 바에 따라 청원경찰 본인 또는 그 유족에게 보상금을 지급하여야 한다.

④ 국가기관이나 지방자치단체에 근무하는 청원경찰의 퇴직금에 관하여는 행정안전부령으로 정한다.

38 CHECK ○△×

청원경찰법령상 청원경찰 임용승인신청서의 첨부서류에 해당하지 않는 것은 모두 몇 개인가?(보안업무규정 제36조에 따른 신원조사가 필요한 경우에 해당함)

ㄱ. 주민등록등본 1부
ㄴ. 가족관계등록부 중 기본증명서 1부
ㄷ. 민간인 신원진술서 1부
ㄹ. 최근 3개월 이내에 발행한 채용신체검사서 또는 취업용 건강진단서 1부
ㅁ. 이력서 1부

① 1개 ② 2개
③ 3개 ④ 4개

39 CHECK ○△×

청원경찰법령상 과태료에 관한 설명으로 옳지 않은 것은?

① 시・도 경찰청장의 배치결정을 받지 않고 국가중요시설(국가정보원장이 지정하는 국가보안목표시설을 말한다)에 청원경찰을 배치한 경우 500만원의 과태료가 부과된다.
② 시・도 경찰청장의 승인을 받지 않고 임용결격사유에 해당하는 청원경찰을 임용한 경우 500만원의 과태료가 부과된다.
③ 시・도 경찰청장의 감독상 필요한 복무규율과 근무상황에 관한 명령을 정당한 사유 없이 이행하지 않은 경우 300만원의 과태료가 부과된다.
④ 정당한 사유 없이 경찰청장이 고시한 최저부담기준액 이상의 보수를 지급하지 않은 경우 400만원의 과태료가 부과된다.

40 CHECK ○△×

청원경찰법령상 관할 경찰서장과 청원주가 공통적으로 비치하여야 할 문서와 장부로 묶인 것은?

① 청원경찰 명부, 배치결정 관계철
② 감독 순시부, 전출입 관계철
③ 교육훈련 실시부, 청원경찰 명부
④ 순찰표철, 징계요구서철

제7회 심화 모의고사

각 문항별로 난이도를 체크해 보세요. ○△×

Time 분 | 해설편 134p

중요문제 / 틀린 문제 CHECK

01	02	03	04	05	06	07	08	09	10	11	12	13	14	15	16	17	18	19	20
21	22	23	24	25	26	27	28	29	30	31	32	33	34	35	36	37	38	39	40

01 경비업법령상 용어에 관한 설명으로 옳지 않은 것은?

CHECK ○△×

① 경비지도사란 경비원을 지도・감독 및 교육하는 자를 말하며 일반경비지도사와 기계경비지도사로 구분한다.

② 경비원이란 경비업의 허가를 받은 법인이 채용한 고용인으로서 일반경비원과 특수경비원으로 구분한다.

③ 일반경비지도사는 기계경비업무에 종사하는 경비원을 지도・감독 및 교육할 수 있다.

④ 국가중요시설에는 공항・항만, 원자력발전소 등의 시설 중 국가정보원장이 지정하는 국가보안목표시설도 해당된다.

02 경비업법령상 특수경비원의 직무 및 무기사용 등에 관한 설명으로 옳은 것은?

CHECK ○△×

① 시・도 경찰청장은 국가중요시설에 대한 경비업무의 수행을 위하여 필요하다고 인정하는 때에는 경비업자의 신청에 의하여 무기를 구입한다.

② 시설주가 대여받은 무기에 대하여 시설주 및 관할 경찰관서장은 무기의 관리책임을 지고, 관할 경찰관서장은 시설주 및 특수경비원의 무기관리상황을 대통령령이 정하는 바에 따라 지도・감독하여야 한다.

③ 시설주는 무기지급의 필요성이 해소되었다고 인정되는 때에는 특수경비원으로부터 24시간 이내에 무기를 회수하여야 한다.

④ 관할 경찰관서장은 시설주 및 특수경비원의 무기관리상황을 매주 1회 이상 점검하여야 한다.

03 CHECK ○△×

다음은 경비업법 시행령 제3조의 허가신청 등에 관한 내용이다. (　　) 안의 ㄱ~ㅁ에 들어갈 내용을 순서대로 옳게 나열한 것은?

> **허가신청 등(경비업법 시행령 제3조)**
>
> ① 법 제4조 제1항에 따라 경비업의 허가를 받으려는 경우에는 허가신청서에, 경비업의 허가를 받은 법인(이하 "경비업자"라 한다)이 허가를 받은 경비업무를 변경하거나 새로운 경비업무를 추가하려는 경우에는 변경허가신청서에 (ㄱ)으로 정하는 서류를 첨부하여 법인의 주사무소를 관할하는 시·도 경찰청장 또는 해당 시·도 경찰청 소속의 경찰서장에게 제출하여야 한다. 이 경우 신청서를 제출받은 경찰서장은 지체 없이 관할 시·도 경찰청장에게 보내야 한다.
>
> ② 제1항의 규정에 의하여 허가 또는 변경허가신청서를 제출하는 법인은 [별표 1]의 규정에 의한 경비인력·자본금·시설 및 장비를 갖추어야 한다. 다만, 경비업의 허가 또는 변경허가를 신청하는 때에 [별표 1]의 규정에 의한 시설 등[(ㄴ)을 제외한다. 이하 이 항에서 같다]을 갖출 수 없는 경우에는 허가 또는 변경허가의 신청 시 시설 등의 확보계획서를 제출한 후 허가 또는 변경허가를 받은 날부터 (ㄷ) 이내에 [별표 1]의 규정에 의한 시설 등을 갖추고 (ㄹ)의 (ㅁ)을 받아야 한다.

	ㄱ	ㄴ	ㄷ	ㄹ	ㅁ
①	행정안전부령	경비인력	3월	관할 경찰서장	확인
②	행정안전부령	자본금	1월	시·도 경찰청장	확인
③	대통령령	자본금	3월	시·도 경찰청장	승인
④	대통령령	경비인력	1월	관할 경찰서장	승인

04 CHECK ○△×

경비업법령상 무기를 대여받은 국가중요시설의 시설주 또는 시설주로부터 무기관리를 위하여 지정받은 책임자(관리책임자)의 무기관리수칙으로 옳은 것은?

① 대여받은 무기를 빼앗긴 때에는 시·도 경찰청장이 정하는 바에 의하여 그 전액을 배상하여야 한다.
② 대여받은 무기가 분실·도난 또는 훼손된 때에는 관할 시·도 경찰청장에게 그 사유를 지체 없이 통보하여야 한다.
③ 무기 및 탄약고에는 이중 잠금장치를 하여야 하며, 열쇠는 관리책임자가 보관하되, 근무시간 이후에는 열쇠를 당직책임자에게 인계하여 보관시켜야 한다.
④ 무기를 대여받은 국가중요시설의 시설주는 무기의 관리 실태를 매월 파악하여 다음 달 3일까지 관할 시·도 경찰청장에게 통보해야 한다.

05 CHECK ○△×

다음은 경비업법령상 일반경비원 교육기관의 인력(강사) 지정 기준에 관한 규정 내용이다. (　　)에 들어가지 않는 숫자는?

> 일반경비원 교육기관은 다음의 어느 하나에 해당하는 강사를 1명 이상 갖출 것
> 1) 교육과목 관련 석사 이상의 학위를 취득한 후 관련 분야에 (　　)년 이상 근무한 경력이 있는 사람
> 2) 교육과목 관련 분야에서 공무원으로 (　　)년 이상 근무한 경력이 있는 사람
> 3) 교육과목 관련 분야에 (　　)년 이상 근무한 경력이 있는 사람. 다만, 체포·호신술 과목의 경우에는 무도 사범 자격을 취득한 후 관련 분야에 (　　)년 이상 근무한 경력이 있는 사람을 말한다.

① 1　　② 2
③ 3　　④ 5

06 CHECK ○△×

경비업법령상 기계경비업자의 기계경비업무에 해당하지 않는 것은?

① 기계경비업자는 경비계약을 체결하는 때에는 오경보를 막기 위하여 계약상대방에게 기기사용요령 및 기계경비운영체계 등에 관하여 서면 또는 전자문서로 설명하여야 하며, 각종 기기가 오작동되지 아니하도록 관리하여야 한다.
② 관제시설 등에서 경보를 수신한 때에는 경보를 수신한 때부터 늦어도 20분 이내에는 도착시킬 수 있는 대응체제를 갖추어야 한다.
③ 기계경비업자는 대응조치 등 업무의 원활한 운영과 개선을 위하여 대통령령이 정하는 바에 따라 관련 서류를 작성·비치하여야 한다.
④ 경보의 수신 및 현장도착 일시와 조치의 결과 사항을 기재한 서류는 당해 경보를 수신한 날부터 1년간 이를 보관해야 한다.

07 CHECK ○△×

다음 중 경비업법령상 경찰청장의 권한이 시·도 경찰청장에게 위임되어 있는 것을 모두 고른 것은?

> ㄱ. 경비지도사자격의 정지
> ㄴ. 경비지도사자격의 취소
> ㄷ. 경비지도사자격의 취소 및 정지에 관한 청문
> ㄹ. 과태료 부과·징수

① ㄱ, ㄴ
② ㄱ, ㄴ, ㄷ
③ ㄴ, ㄷ, ㄹ
④ ㄱ, ㄴ, ㄷ, ㄹ

08 경비업법령상 경비협회의 공제사업에 관한 설명으로 옳지 않은 것은?

CHECK ○△×

① 경비협회는 경비업자의 손해배상책임을 보장하기 위한 사업을 공제사업으로 할 수 있지만 경비원의 복지향상과 업무상 재해로 인한 손실을 보상하는 사업은 공제사업으로 할 수 없다.

② 경비협회가 공제사업을 하고자 하는 때에는 공제사업의 범위, 공제계약의 내용, 공제금, 공제료 및 공제금에 충당하기 위한 책임준비금 등 공제사업의 운영에 관하여 필요한 사항을 정하여 공제규정을 제정하여야 한다.

③ 경찰청장은 경비업법에 따른 공제사업의 건전한 육성과 가입자의 보호를 위하여 공제사업의 감독에 관한 기준을 정할 수 있다.

④ 경찰청장은 공제사업에 대하여 「금융위원회의 설치 등에 관한 법률」에 따른 금융감독원의 원장에게 검사를 요청할 수 있다.

09 경비업자 甲은 휴업을 하려고 한다. 이와 관련된 경비업법령의 내용으로 옳은 것은?

CHECK ○△×

① 경비업자 甲이 휴업을 한 경우에는 휴업한 날부터 7일 이내에 휴업신고서를 관할 시·도 경찰청장 또는 해당 시·도 경찰청 소속 경찰서장에게 제출하여야 한다.

② 경비업자 甲이 휴업을 하고도 휴업신고를 하지 아니한 채 3개월이 경과한 경우 과태료 부과금액은 위반 횟수와 상관없이 200만원이다.

③ 휴업신고를 한 경비업자 甲이 신고한 휴업기간이 만료되기 전에 영업을 재개하고자 할 때에는 영업을 재개하기 7일 전까지 영업재개신고서를 제출하여야 한다.

④ 허가관청은 정당한 사유 없이 경비업자 甲이 계속하여 2년 이상 휴업한 때에는 경비업 허가를 취소하여야 한다.

10 CHECK ○△×

다음 중 경비업법령상 특수경비원을 배치한 시설주(A)와 특수경비원을 배치한 국가중요시설의 관할 경찰관서장(B)이 갖추어 두어야 하는 장부 또는 서류를 바르게 연결한 것은?

ㄱ. 근무상황카드 ㄴ. 경비구역배치도 ㄷ. 특수경비원 교육훈련실시부 ㄹ. 감독순시부 ㅁ. 무기·탄약 대여대장 ㅂ. 무기탄약출납부

	A	B
①	ㄱ, ㄴ, ㄷ	ㄹ, ㅁ, ㅂ
②	ㄱ, ㄴ, ㅂ	ㄷ, ㄹ, ㅁ
③	ㄴ, ㄷ, ㅁ	ㄱ, ㄹ, ㅂ
④	ㄷ, ㅁ, ㅂ	ㄱ, ㄴ, ㄹ

11 CHECK ○△×

경비업법령상 경비업자 및 경비지도사에 대한 감독과 보안지도·점검에 관한 설명으로 옳지 않은 것은?

① 경찰청장 또는 시·도 경찰청장은 경비업무의 적정한 수행을 위하여 경비업자 및 경비지도사를 지도·감독하며 필요한 명령을 할 수 있다.
② 관할 경찰관서장은 경비업무 장소가 집단민원현장으로 판단되는 경우에는 그 때부터 48시간 이내에 경비업자에게 경비원 배치허가를 받을 것을 고지하여야 한다.
③ 시·도 경찰청장은 특수경비업자에 대하여 보안지도·점검을 연 2회 이상 실시하여야 한다.
④ 시·도 경찰청장 또는 관할 경찰관서장은 경비업자 또는 배치된 경비원이 「폭력행위 등 처벌에 관한 법률」을 위반하는 행위를 하는 경우 그 위반행위의 중지를 명해야 한다.

12 CHECK ○△×

경비업법령상 일반경비원 교육기관과 특수경비원 교육기관의 공통적인 시설·장비 지정 기준에 해당하지 않는 것은?

① 지정기간 동안 교육 수행에 필요한 강의실과 사무실을 소유 또는 임차 등의 방법으로 확보할 것
② 교육 수행에 필요한 컴퓨터, 시청각 장비 등 교육훈련 기자재를 확보할 것
③ 체포·호신술 과목의 경우에는 실습을 위한 별도의 공간 또는 매트 등 안전장비를 확보할 것
④ 소총에 의한 실탄사격이 가능하고 10개 사로(射路) 이상을 갖춘 사격장을 사용할 수 있을 것

13 CHECK ○△×

청원경찰법령상 청원경찰의 임용자격 및 임용방법 등에 관한 내용이다. ( ) 안의 ㄱ~ㅁ에 들어갈 내용으로 옳게 짝지어진 것은?

> • 임용자격 중 하나로 (ㄱ)으로 정하는 신체조건에 해당하는 사람
> • 청원주는 청원경찰의 배치결정의 통지를 받은 날부터 (ㄴ)일 이내에 배치결정된 인원수의 임용예정자에 대하여 청원경찰 임용승인을 (ㄷ)에게 신청하여야 한다.
> • 청원주가 청원경찰을 임용하였을 때에는 임용한 날부터 (ㄹ)일 이내에 그 임용사항을 (ㅁ)을 거쳐 (ㄷ)에게 보고하여야 한다.

	ㄱ	ㄴ	ㄷ	ㄹ	ㅁ
①	대통령령	30	시・도 경찰청장	30	관할 경찰서장
②	행정안전부령	10	관할 경찰서장	10	시・도 경찰청장
③	행정안전부령	30	시・도 경찰청장	10	관할 경찰서장
④	대통령령	10	관할 경찰서장	30	시・도 경찰청장

14 CHECK ○△×

청원경찰법령상 청원경찰을 배치하기 전에 실시하는 직무수행에 필요한 교육의 내용으로 옳지 않은 것은?

① 정신교육은 정신교육 과목을 8시간 이수하여야 한다.
② 술과는 체포술 및 호신술 과목을 6시간 이수하여야 한다.
③ 실무교육은 시설경비 및 사격 과목 등을 포함하여 총 44시간 이수하여야 한다.
④ 청원경찰의 교육과목에는 대공이론, 국가보안법, 통합방위법이 포함된다.

15 CHECK ○△×

경비업법령상 특수경비업자가 할 수 있는 전자부품, 컴퓨터, 영상, 음향 및 통신장비 제조업 분야의 경비관련업에 해당하는 것은?

① 전자카드 제조업
② 컴퓨터 프로그래밍 서비스업
③ 전기통신업
④ 전기경보 및 신호장치 제조업

16 경비업법령상 기계경비업을 영위하는 법인의 임원 결격사유에 해당하지 않는 자는?

CHECK ○△×

① 파산선고를 받고 복권되지 아니한 甲

② 「경비업법」에 위반하여 벌금형의 선고를 받고 3년이 지나지 아니한 乙

③ 금고 이상의 형의 선고를 받고 그 형이 실효되지 아니한 丙

④ 경비업법에 의한 명령에 위반하여 허가가 취소된 기계경비업을 영위하는 법인의 허가취소 당시의 임원이었던 자로서 그 취소 후 3년이 지나지 아니한 丁

17 경비업법령상 경비지도사 시험의 시험출제위원과 관련한 설명으로 옳은 것은?

CHECK ○△×

① 시험출제위원으로 임명 또는 위촉된 자는 행정안전부령이 정하는 준수사항을 성실히 이행하여야 한다.

② 시험출제위원의 수는 시험과목별로 3인 이상으로 한다.

③ 석사 이상의 학위소지자로 경찰청장이 정하는 바에 의하여 경비업무에 관한 연구실적이나 전문경력이 인정되는 사람을 시험출제위원으로 임명・위촉한다.

④ 공무원인 시험출제위원이 그 소관업무와 직접적으로 관련하여 시험관리업무에 종사하는 경우에는 예산의 범위 안에서 수당과 여비를 지급할 수 있다.

18 경비업법령상 특수경비원의 의무에 관한 설명으로 옳지 않은 것은?

CHECK ○△×

① 특수경비원은 파업・태업 그 밖에 경비업무의 정상적인 운영을 저해하는 일체의 쟁의행위를 하여서는 아니 된다.

② 특수경비원은 사람을 향하여 권총 또는 소총을 발사하고자 하는 때에는 미리 구두 또는 공포탄에 의한 사격으로 상대방에게 경고하여야 한다.

③ 인질・간첩 또는 테러사건에 있어서 은밀히 작전을 수행하는 경우는 특수경비원이 경고하지 아니하고 사람을 향하여 권총을 발사할 수 있는 부득이한 때에 해당하지 않는다.

④ 특수경비원은 범죄와 무관한 다중의 생명・신체에 위해를 가할 우려가 있는 때에는 무기를 사용해서는 아니 됨이 원칙이다.

19 CHECK ○△×

다음은 청원경찰법령상 감독에 관한 내용이다. (   ) 안의 ㄱ~ㄹ에 들어갈 용어로 옳지 않은 것은?

> 관할 경찰서장은 (ㄱ) 이상 청원경찰을 배치한 경비구역에 대하여 다음 각호의 사항을 감독하여야 한다.
> 1. (ㄴ)과 (ㄷ)
> 2. (ㄹ)의 관리 및 취급사항

① ㄱ : 매달 1회
② ㄴ : 복무규율
③ ㄷ : 근무상황
④ ㄹ : 기밀문서

20 CHECK ○△×

경비업법령상 허가증 등의 수수료에 관한 설명으로 옳지 않은 것은?

① 경비업의 허가사항의 변경신고로 인한 허가증을 재교부받고자 하는 자는 2천원의 수수료를 납부하여야 한다.
② 경비업의 허가를 받거나 허가증을 재교부받고자 하는 자는 경찰청장이 정하여 고시하는 수수료를 납부하여야 한다.
③ 경비지도사 시험에 응시하고자 하는 자는 경찰청장이 정하여 고시하는 수수료를 납부하여야 한다.
④ 경찰청장 및 시·도 경찰청장은 정보통신망을 이용하여 전자화폐·전자결제 등의 방법으로 수수료를 납부하게 할 수 있다.

21 CHECK ○△×

다음 중 경비업법령상 경비원의 자격 등에 관한 설명으로 옳은 것을 모두 고른 것은?

> ㄱ. 현재 60세인 자는 특수경비원이 될 수는 없지만, 경비지도사는 될 수 있다.
> ㄴ. 현재 17세인 자는 특수경비원이 될 수는 없지만, 경비지도사는 될 수 있다.
> ㄷ. 특수경비원이 되고자 하는 자는 신체가 건강하고 팔다리가 완전하며, 두 눈의 교정시력이 각각 0.8 이상이 되어야 한다.
> ㄹ. 금고 이상의 형의 집행유예선고를 받고 그 유예기간 중에 있는 자는 일반경비원이 될 수 없다.
> ㅁ. 벌금 이상의 형의 선고유예를 받고 그 유예기간 중에 있는 자는 특수경비원이 될 수 없다.

① ㄱ, ㄹ
② ㄴ, ㄷ
③ ㄱ, ㄴ, ㄷ
④ ㄷ, ㄹ, ㅁ

22 CHECK ○△×

경비업법령상 다음 밑줄 친 "형법의 죄"에 해당하는 것을 〈보기〉에서 모두 고른 것은?

> 특수경비원이 무기를 휴대하고 경비업무를 수행 중에 무기의 안전수칙을 위반하여 <u>형법의 죄</u>를 범한 때에는 그 죄에 정한 형의 2분의 1까지 가중처벌한다(경비업법 제29조).

〈보 기〉

ㄱ. 형법 제136조(공무집행방해)
ㄴ. 형법 제262조(폭행치사상)
ㄷ. 형법 제268조(업무상과실치사상)
ㄹ. 형법 제319조 제1항(주거침입)
ㅁ. 형법 제324조 제2항(특수강요)
ㅂ. 형법 제366조(재물손괴등)

① ㄱ, ㄹ
② ㄴ, ㄷ
③ ㄴ, ㄷ, ㅁ
④ ㄴ, ㄷ, ㅁ, ㅂ

23 CHECK ○△×

청원경찰법령상 청원경찰경비(經費)에 관한 설명으로 옳지 않은 것은?

① 청원경찰경비는 봉급과 각종 수당, 피복비, 교육비, 보상금 및 퇴직금을 말한다.
② 봉급·수당의 최저부담기준액(국가기관 또는 지방자치단체에 근무하는 청원경찰의 봉급·수당 포함)은 경찰청장이 정하여 고시한다.
③ 국가기관 또는 지방자치단체에 근무하는 청원경찰의 각종 수당은 「공무원수당 등에 관한 규정」에 따른 수당 중 가계보전수당, 실비변상 등으로 하며, 그 세부 항목은 경찰청장이 정하여 고시한다.
④ 청원경찰경비의 최저부담기준액 및 부담기준액은 경찰공무원 중 순경의 것을 고려하여 다음 연도분을 매년 12월에 고시하여야 한다. 다만, 부득이한 사유가 있을 때에는 수시로 고시할 수 있다.

24 CHECK ○△×

다음은 경비업법령상 경비지도사 시험의 1차 면제에 관한 내용이다. ( ) 안의 ㄱ~ㄷ에 들어갈 숫자의 합은?

> • 고등교육법에 의한 전문대학 이상의 교육기관[경비지도사의 시험과목 (ㄱ)과목 이상이 개설된 교육기관에 한한다]에서 (ㄴ)년 이상의 경비업무관련 과정을 마친 사람
> • 경찰청장이 지정하는 기관 또는 단체에서 실시하는 (ㄷ)시간 이상의 경비지도사 양성과정을 마치고 수료시험에 합격한 사람

① 66
② 68
③ 70
④ 72

25 CHECK ○△×

다음 중 경비업법령상 기계경비업자가 계약상대방에게 오경보 방지를 위한 설명 시 교부하는 서면등에 기재될 사항(A)에 해당하는 것과 기계경비업자가 출장소별로 갖추어 두어야 하는 서류에 기재하는 사항(B)에 해당하는 것이 바르게 연결된 것은?

① A : 당해 기계경비업무와 관련된 관제시설 및 출장소의 명칭 · 소재지
  B : 오경보의 발생원인과 송신기기의 유지 · 관리방법
② A : 오경보의 발생원인과 송신기기의 유지 · 관리방법
  B : 오경보인 경우 오경보가 발생한 경비대상시설 및 그 오경보에 대한 조치의 결과
③ A : 기계경비지도사의 명단 · 배치일자 · 배치장소와 출동차량의 대수
  B : 경비대상시설의 명칭 · 소재지 및 경비계약기간
④ A : 오경보인 경우 오경보가 발생한 경비대상시설 및 그 오경보에 대한 조치의 결과
  B : 기계경비업자가 경비대상시설에서 발생한 경보를 수신한 경우에 취하는 조치

26 CHECK ○△×

다음 중 청원경찰법령상 관할 경찰서장이 비치해야 할 문서와 장부에 해당하는 것을 모두 고른 것은?

ㄱ. 청원경찰 명부	ㄴ. 감독 순시부
ㄷ. 징계요구서철	ㄹ. 순찰표철
ㅁ. 배치결정 관계철	ㅂ. 교육훈련 실시부
ㅅ. 전출입 관계철	ㅇ. 무기 · 탄약 대여대장

① ㄱ, ㄴ, ㄷ
② ㄴ, ㄷ, ㅁ
③ ㄱ, ㄴ, ㄷ, ㅂ, ㅇ
④ ㄱ, ㄴ, ㄷ, ㅂ, ㅅ, ㅇ

27 CHECK ○△×

청원경찰법령상 벌칙 및 과태료에 관한 내용으로 옳지 않은 것은?

① 시・도 경찰청장의 승인을 받지 아니하고 청원경찰을 임용한 자에게는 500만원 이하의 과태료를 부과한다.

② 정당한 사유 없이 시・도 경찰청장이 고시한 최저부담기준액 이상의 보수를 지급하지 아니한 청원주에게는 500만원 이하의 과태료를 부과한다.

③ 파업, 태업 또는 그 밖에 업무의 정상적인 운영을 방해하는 쟁의행위를 한 자는 1년 이하의 징역 또는 1천만원 이하의 벌금에 처한다.

④ 청원경찰로서 직무에 관하여 거짓으로 보고하거나 통보하는 자를 처벌하는 벌칙 또는 과태료 규정은 존재하지 않는다.

28 CHECK ○△×

청원경찰법령에 관한 설명으로 옳지 않은 것은?

① 청원경찰법은 청원경찰의 직무・임용・배치・보수・사회보장 및 그 밖에 필요한 사항을 규정함으로써 청원경찰의 원활한 운영을 목적으로 한다.

② 청원경찰은 청원주 등이 경비(經費)를 부담할 것을 조건으로 사업장 등의 경비(警備)를 담당하게 하기 위하여 배치하는 경찰을 말한다.

③ 청원경찰은 청원경찰의 배치 결정을 받은 자의 감독을 받는다.

④ 「사회복지사업법」에 따른 사회복지시설은 청원경찰의 배치대상으로 명시되어 있다.

29 CHECK ○△×

청원경찰법령상 청원경찰의 복제에 관한 설명으로 옳지 않은 것은?

① 청원경찰의 복제는 제복・장구 및 부속물로 구분한다.

② 청원경찰은 평상근무 중에는 기동모, 기동복, 기동화 및 휘장을 착용하거나 부착하되, 허리띠와 경찰봉은 착용하거나 휴대하지 아니할 수 있다.

③ 청원경찰이 그 배치지의 특수성 등으로 특수복장을 착용할 필요가 있을 때에는 청원주는 시・도 경찰청장의 승인을 받아 특수복장을 착용하게 할 수 있다.

④ 허리띠, 경찰봉, 호루라기 및 포승은 장구에 해당한다.

30 CHECK ○△×

경비업법령상 경찰청장 또는 시·도 경찰청장이 해당 처분을 하기 위해 청문을 실시하여야 하는 경우가 아닌 것은?

① 경비지도사 교육기관의 지정 취소 또는 업무의 정지
② 경비원 교육기관의 지정 취소 또는 업무의 정지
③ 경비업 허가의 취소 또는 영업정지
④ 경비지도사의 징계

31 CHECK ○△×

청원경찰법령상 청원경찰의 무기 휴대 등에 관한 설명으로 옳은 것은?

① 청원주는 청원경찰이 직무를 수행하기 위하여 필요하다고 인정하면 관할 경찰서장으로 하여금 청원경찰에게 무기를 대여하여 지니게 할 수 있다.
② 청원주는 청원경찰에게 지급한 무기와 탄약을 매월 1회 이상 손질하게 해야 한다.
③ 시·도 경찰청장이 무기를 대여하여 휴대하게 하려는 경우에는 청원주로부터 국가에 기부채납된 무기에 한정하여 관할 경찰서장으로 하여금 무기를 대여하여 휴대하게 할 수 있다.
④ 청원경찰에게 무기를 대여하였을 때에는 시·도 경찰청장은 청원경찰의 무기관리상황을 수시로 점검해야 한다.

32 CHECK ○△×

경비업법령상 위반행위를 한 행위자에 대한 벌칙 중 법정형이 같은 것으로 묶인 것은?

ㄱ. 집단민원현장에 20명 이상의 경비인력을 배치하면서 그 경비인력을 직접 고용한 자
ㄴ. 직무상 알게 된 비밀을 누설하거나 부당한 목적을 위하여 사용한 자
ㄷ. 국가중요시설에 대한 경비업무 수행 중 정당한 사유 없이 무기를 소지하고 배치된 경비구역을 벗어난 특수경비원
ㄹ. 국가중요시설에 대한 경비업무 수행 중 국가중요시설의 정상적인 운영을 해치는 장해를 일으킨 특수경비원
ㅁ. 관할 경찰관서장의 배치폐지 명령을 따르지 아니한 자
ㅂ. 경비구역 안에서 시설물의 절도, 손괴, 위험물의 폭발 등의 사유로 인한 위급사태가 발생한 때에 시설주의 직무상 명령에 복종하지 아니한 특수경비원

① ㄱ, ㄴ, ㄷ
② ㄱ, ㄴ, ㅂ
③ ㄴ, ㄹ, ㅁ
④ ㄷ, ㅁ, ㅂ

33 CHECK ○△×

경비업법상 경비업의 영업정지를 명할 수 있는 사유가 아닌 것은?

① 특수경비업자가 시・도 경찰청장의 감독상 명령에 따르지 아니한 경우
② 특수경비업자가 경비관련업 외의 영업을 한 경우
③ 특수경비업자가 도급을 의뢰받은 경비업무가 위법한 것임에도 이를 거부하지 아니한 경우
④ 경비업자가 결격사유에 해당하는 일반경비원을 집단민원현장에 배치한 경우

34 CHECK ○△×

청원경찰법령상 청원경찰의 신분 및 근무 등에 관한 설명 중 옳지 않은 것은?

① 청원경찰이 직무를 수행할 때 직권을 남용하여 국민에게 해를 끼친 경우에는 6개월 이하의 징역이나 1천만원 이하의 벌금에 처한다.
② 청원경찰 업무에 종사하는 사람은 형법이나 그 밖의 법령에 따른 벌칙을 적용할 때에는 공무원으로 본다.
③ 청원경찰(국가기관이나 지방자치단체에 근무하는 청원경찰은 제외한다)의 직무상 불법행위에 대한 배상책임에 관하여는 민법의 규정을 따른다.
④ 청원경찰은 경찰관직무집행법에 따른 직무 외의 수사활동 등 사법경찰관리의 직무를 수행해서는 아니 된다.

35 CHECK ○△×

청원경찰법령상 청원경찰을 배치하고 있는 사업장이 하나의 경찰서의 관할구역에 있는 경우에 시・도 경찰청장이 관할 경찰서장에게 위임할 수 있는 권한이 아닌 것은?

① 청원경찰 배치의 결정 및 요청에 관한 권한
② 청원경찰의 임용승인에 관한 권한
③ 경비전화의 가설에 관한 권한
④ 청원주에 대한 지도 및 감독상 필요한 명령에 관한 권한

36 CHECK ○△×

경비업법령상 (　　) 안의 ㄱ~ㅂ에 들어갈 내용 중 "행정안전부령"이 아닌 것은 모두 몇 개인가?

> • 경비지도사는 결격사유에 해당하지 아니하는 자로서 경찰청장이 시행하는 경비지도사 시험에 합격하고 (ㄱ)으로 정하는 바에 따라 경찰청장이 실시하는 기본교육을 받은 자이어야 한다.
> • 경찰청장은 경비지도사 기본교육을 받은 자에게 (ㄴ)이 정하는 바에 따라 경비지도사자격증을 교부하여야 한다.
> • 경비지도사 시험은 매년 1회 이상 시행하며, 시험과목, 시험공고, 시험의 일부가 면제되는 자의 범위 그 밖에 경비지도사 시험에 관하여 필요한 사항은 (ㄷ)으로 정한다.
> • 경비업법에 따른 경비업무에 7년 이상(특수경비업무의 경우에는 3년 이상) 종사하고 (ㄹ)으로 정하는 교육과정을 이수한 사람은 경비지도사 1차 시험을 면제한다.
> • 경비지도사 시험의 시험출제위원으로 임명 또는 위촉된 자는 (ㅁ)이 정하는 준수사항을 성실히 이행하여야 한다.
> • 경비업자에 의해 선임·배치된 경비지도사는 (ㅂ)으로 정하는 바에 따라 경찰청장이 실시하는 보수교육을 받아야 한다.

① 1개　　② 2개

③ 3개　　④ 4개

37 CHECK ○△×

청원경찰법령상 청원경찰의 징계에 관한 설명으로 옳은 것은?

① 시·도 경찰청장은 청원경찰이 품위를 손상하는 행위를 한 때에는 대통령령으로 정하는 징계절차를 거쳐 징계처분을 할 수 있다.

② 청원경찰에 대한 징계의 종류는 파면, 해임, 강등, 정직, 감봉 및 견책으로 구분한다.

③ 청원주는 청원경찰 배치결정의 통지를 받았을 때에는 통지를 받은 날부터 15일 이내에 청원경찰에 대한 징계규정을 제정하여 관할 시·도 경찰청장에게 신고하여야 한다.

④ 정직은 1개월 이상 3개월 이하로 하고, 그 기간에 청원경찰의 신분은 보유하나 직무에 종사하지 못하며, 보수는 전액을 감한다.

38 CHECK ○△×

다음 중 경비업법령상 경비업 허가를 받은 법인이 시 · 도 경찰청장에게 신고해야 하는 경우를 모두 몇 개인가?

> ㄱ. 영업을 휴업한 때
> ㄴ. 도급을 받아 행하고자 하는 경비업무를 변경한 때
> ㄷ. 법인의 출장소를 폐지한 때
> ㄹ. 특수경비업무를 종료한 때
> ㅁ. 기계경비업무의 수행을 위한 관제시설을 이전한 때
> ㅂ. 정관의 목적을 변경한 때

① 3개
② 4개
③ 5개
④ 6개

39 CHECK ○△×

경비업법령상 과태료의 부과기준으로서 과태료 금액이 두 번째로 많은 것은?(단, 최초 1회 위반을 기준으로 함)

① 집단민원현장에 일반경비원을 배치하면서 일반경비원 명부를 그 배치장소에 비치하지 아니한 경우
② 경비업법상 복장 등에 관한 신고규정을 위반하여 신고를 하지 않은 경우
③ 경비원 명단 및 배치일시 · 배치장소 등 배치허가 신청의 내용을 거짓으로 한 경우
④ 기계경비업자가 경비계약을 체결하면서, 오경보를 막기 위하여 계약상대방에게 기기사용요령 및 기계경비운영체계 등에 관한 설명의무를 이행하지 아니한 경우

40 CHECK ○△×

청원경찰법령상 사업장에 60명의 청원경찰을 배치한 청원주는 청원경찰의 지휘 · 감독을 위한 대장, 반장, 조장을 각각 몇 명 지정하여야 하는가?

① 대장 : 0명, 반장 : 1명, 조장 : 3~4명
② 대장 : 0명, 반장 : 2명, 조장 : 6명
③ 대장 : 1명, 반장 : 1명, 조장 : 3~4명
④ 대장 : 1명, 반장 : 2명, 조장 : 6명

제8회 심화 모의고사

각 문항별로 난이도를 체크해 보세요. ○△×

Time 분 | 해설편 154p

중요문제 / 틀린 문제 CHECK

01	02	03	04	05	06	07	08	09	10	11	12	13	14	15	16	17	18	19	20
21	22	23	24	25	26	27	28	29	30	31	32	33	34	35	36	37	38	39	40

제1회 제2회 제3회 제4회 제5회 제6회 제7회 제8회 제9회 제10회

01 다음 중 경비업법령상 법정형이 동일한 것을 모두 고른 것은?

CHECK ○△×

ㄱ. 경비원에게 경비업무의 범위를 벗어난 행위를 하게 한 자
ㄴ. 특수경비원으로서 경비구역 안에서 시설물의 절도, 손괴, 위험물의 폭발 등의 사유로 인한 위급사태가 발생한 때에 특수경비원이 직무를 수행함에 있어 시설주·관할 경찰관서장 및 소속 상사의 직무상 명령에 복종하지 아니하거나 소속 상사의 허가 또는 정당한 사유 없이 경비구역을 벗어난 경우
ㄷ. 집단민원현장에 20명 이상의 경비인력을 배치하면서 그 경비인력을 직접 고용한 자
ㄹ. 경비업법이 정한 장비 외에 흉기 또는 그 밖의 위험한 물건을 휴대하고 경비업무를 수행한 경비원 또는 경비원에게 이를 휴대하고 경비업무를 수행하게 한 자
ㅁ. 경찰관서장의 배치폐지명령을 따르지 아니한 자
ㅂ. 시·도 경찰청장 또는 관할 경찰관서장의 중지명령에 따르지 아니한 자

① ㄱ, ㄴ, ㄹ
② ㄴ, ㄷ, ㅁ
③ ㄷ, ㄹ, ㅂ
④ ㄹ, ㅁ, ㅂ

02 경비업법령상 특수경비업을 영위하는 법인의 임원이 될 수 있는 자를 모두 고른 것은?

CHECK ○△×

ㄱ. 파산선고를 받고 복권된 자
ㄴ. 징역형의 선고를 받고 그 형이 실효되지 아니한 자
ㄷ. 경비업법에 위반하여 벌금형의 선고를 받고 3년이 지난 자
ㄹ. 「대통령 등의 경호에 관한 법률」에 위반하여 벌금형의 선고를 받고 3년이 지나지 아니한 자

① ㄱ, ㄴ
② ㄱ, ㄷ
③ ㄴ, ㄹ
④ ㄷ, ㄹ

03 CHECK ○△×

다음 중 경비업법령상 경비업 허가의 제한에 관한 내용으로 옳은 것은 모두 몇 개인가?

> ㄱ. 누구든지 허가를 받은 경비업체와 동일한 명칭으로 경비업 허가를 받을 수 없다.
> ㄴ. 허위 그 밖의 부정한 방법으로 허가를 받아 허가가 취소된 경우에는 허가가 취소된 경비업체와 동일한 명칭으로 10년간 허가를 받을 수 없다.
> ㄷ. 소속 경비원으로 하여금 경비업무의 범위를 벗어난 행위를 하게 하여 허가가 취소된 경우에는 허가가 취소된 경비업체와 동일한 명칭으로 10년간 허가를 받을 수 없다.
> ㄹ. 정당한 사유 없이 허가를 받은 날부터 2년 이내에 경비 도급실적이 없거나 계속하여 1년 이상 휴업하여 허가가 취소된 경우에는 허가가 취소된 경비업체와 동일한 명칭으로 10년간 허가를 받을 수 없다.
> ㅁ. 소속 경비원으로 하여금 경비업무의 범위를 벗어난 행위를 하게 하여 허가가 취소된 법인은 법인명 또는 임원의 변경에도 불구하고 허가가 취소된 날부터 5년이 지나지 아니한 때에는 허가를 받을 수 없다.
> ㅂ. 관할 경찰관서장의 배치폐지 명령에 따르지 아니하여 허가가 취소된 법인은 법인명 또는 임원의 변경에도 불구하고 허가가 취소된 날부터 5년이 지나지 아니한 때에는 허가를 받을 수 없다.

① 1개
② 2개
③ 3개
④ 4개

04 CHECK ○△×

경비업법령상 경비업무 도급인 등의 의무에 관한 내용이다. ( ) 안에 들어갈 내용을 순서대로 나열한 것은?

> 누구든지 집단민원현장에 경비인력을 ( )명 이상 배치하려고 할 때에는 그 경비인력을 직접 고용하여서는 아니 되고, 경비업자에게 경비업무를 도급하여야 한다. 다만, 시설주 등이 집단민원현장 발생 ( ) 전까지 직접 고용하여 경비업무를 수행하는 피고용인의 경우에는 그러하지 아니하다.

① 10, 1개월　② 20, 1개월
③ 20, 3개월　④ 30, 3개월

05 CHECK ○△×

다음 중 경비업법령상 죄를 범하여 벌금형을 선고받은 날부터 5년이 지나거나 금고 이상의 형을 선고받고 그 집행이 유예된 날부터 5년이 지난 경우 경비원이 될 수 있는 죄에 해당하는 것은 모두 몇 개인가?

ㄱ. 범죄단체 등의 조직죄 ㄴ. 강도강간죄 ㄷ. 절도죄 ㄹ. 특수강도죄

① 1개
② 2개
③ 3개
④ 4개

06 CHECK ○△×

경비업법령상 경비지도사의 교육에 관한 설명으로 옳은 것은?

① 경비지도사는 결격사유에 해당하지 아니하는 자로서 경찰청장이 시행하는 경비지도사시험에 합격하고 행정안전부령으로 정하는 바에 따라 경찰청장이 실시하는 기본교육을 받은 자이어야 한다.
② 경비업자에 의해 선임·배치된 경비지도사는 행정안전부령으로 정하는 바에 따라 경찰청장이 실시하는 보수교육을 받아야 한다.
③ 경찰청장은 경비지도사에 대한 기본교육 및 보수교육의 전국적 균형을 유지하기 위하여 교육수준 및 교육방법 등에 필요한 지침을 마련하여 시행할 수 있다.
④ 경찰청장은 경비지도사에 대한 기본교육 및 보수교육에 관한 업무를 전문인력 및 시설 등을 갖춘 법인으로서 행정안전부장관이 지정하는 기관 또는 단체에 위탁할 수 있다.

07 CHECK ○△×

경비업법령상 경비업의 폐업 또는 휴업 등의 신고에 관한 설명으로 옳은 것은?

① 경비업자는 기계경비업무의 수행을 위한 관제시설을 폐지한 때에는 폐지한 날부터 7일 이내에 신고하여야 한다.
② 경비업자는 법인의 주사무소나 출장소를 폐지한 때에는 폐지한 날부터 7일 이내에 신고하여야 한다.
③ 휴업신고를 한 경비업자가 신고한 휴업기간이 끝나기 전에 영업을 다시 시작하려는 경우에는 영업을 다시 시작하기 전 7일 이내에 영업재개신고서를 제출하여야 한다.
④ 경비업자는 특수경비업무를 개시하거나 종료한 때에는 개시 또는 종료한 날부터 30일 이내에 신고하여야 한다.

08 다음 중 경비업법령상 특수경비원의 결격사유에 해당하는 사람을 모두 고른 것은?

CHECK ○△×

> ㄱ. 18세 미만이거나 60세 이상인 사람
> ㄴ. 피한정후견인
> ㄷ. 심실상실자
> ㄹ. 대마 중독자
> ㅁ. 「치매관리법」 제2조 제1호에 따른 치매, 조현병 등의 정신질환이나 정신 발육지연, 뇌전증 등이 있는 사람
> ㅂ. 금고 이상의 형의 선고유예를 받고 그 유예기간 중에 있는 자
> ㅅ. 신체가 건강하고 팔다리가 완전하며, 시력(교정시력을 포함)의 경우 양쪽 눈이 각각 0.8 이상인 사람

① ㄴ, ㄷ, ㄹ, ㅁ
② ㄱ, ㄴ, ㄷ, ㄹ, ㅂ
③ ㄱ, ㄷ, ㄹ, ㅁ, ㅂ
④ ㄱ, ㄷ, ㅁ, ㅂ, ㅅ

09 경비업법령상 특수경비원의 무기안전사용수칙에 대한 설명으로 옳지 않은 것은?

CHECK ○△×

① 특수경비원은 국가중요시설의 경비를 위하여 무기를 사용하지 아니하고는 다른 수단이 없다고 인정되는 때에는 필요한 한도 안에서 무기를 사용할 수 있다.
② 특수경비원은 사람을 향하여 권총 또는 소총을 발사하고자 하는 때에는 미리 구두 또는 공포탄에 의한 사격으로 상대방에게 경고하여야 한다.
③ 특수경비원은 무기를 사용하는 경우에 있어서 범죄와 무관한 다중의 생명・신체에 위해를 가할 우려가 있는 때에는 이를 사용하여서는 아니 된다.
④ 특수경비원은 총기를 가지고 대항하는 임산부에 대하여는 권총 또는 소총을 발사하여서는 아니 된다.

10 경비업법령상 경비원의 교육에 관한 설명으로 옳지 않은 것은?

CHECK ○△×

① 경비업자는 일반경비원 또는 특수경비원 신임교육을 받은 사람으로서 채용 전 3년 이내에 경비업무에 종사한 경력이 있는 사람은 일반경비원 신임교육 대상에서 제외할 수 있다.

② 일반경비원 사전 신임교육의 유효기간은 2년으로 한다.

③ 특수경비업자는 소속 특수경비원에게 경비지도사가 수립한 교육계획에 따라 매월 3시간의 직무교육을 받도록 하여야 한다.

④ 특수경비업자는 채용 전 3년 이내에 특수경비업무에 종사하였던 경력이 있는 사람을 특수경비원으로 채용한 경우에는 해당 특수경비원을 특수경비원 신임교육 대상에서 제외할 수 있다.

11 경비업법령상 경비원 배치 등에 관한 설명으로 옳지 않은 것은?

CHECK ○△×

① 시설경비업무에 배치되는 일반경비원은 경비원을 배치하기 48시간 전까지 관할 경찰관서장에게 배치허가를 받아야 한다.

② 경비업자는 시설경비업무를 수행하기 위하여 20일 이상 경비원을 배치하거나 그 기간을 연장하려는 때에는 경비원을 배치한 후 7일 이내에 배치지를 관할하는 경찰관서장에게 배치신고서를 제출하여야 한다.

③ 특수경비원을 배치하는 경우에는 경비원을 배치하는 기간과 관계없이 경비원을 배치하기 전까지 배치지를 관할하는 경찰관서장에게 배치신고서를 제출하여야 한다.

④ 경비업무범위 위반 및 신임교육 유무 등을 확인하기 위하여 관할 경찰관서장은 소속 경찰관으로 하여금 그 배치장소를 방문하여 조사하게 할 수 있다.

12 다음 중 경비업법령상 경비지도사자격의 취소사유에 해당하지 않는 것은 모두 몇 개인가?

CHECK ○△×

ㄱ. 허위 그 밖의 부정한 방법으로 경비지도사자격증을 교부받은 때
ㄴ. 경비업무의 적정한 수행을 위한 경찰청장 또는 시・도 경찰청장의 명령을 위반한 때
ㄷ. 경비지도사자격증을 다른 사람에게 빌려주거나 양도한 때
ㄹ. 경비현장에 배치된 경비원에 대한 순회점검 및 감독 직무를 성실하게 수행하지 아니한 때
ㅁ. 자격정지 기간 중에 경비지도사로 선임되어 활동한 때

① 1개 ② 2개
③ 3개 ④ 4개

13 CHECK ○△×

경비업법령상 경비업자가 집단민원현장에 일반경비원으로 배치할 수 있는 자는?

① 특수폭행죄를 범하여 벌금형을 선고받고 5년이 지나지 아니한 자
② 폭행죄를 범하여 금고의 형을 선고받고 그 집행이 유예된 날부터 5년이 지나지 아니한 자
③ 사기죄를 범하여 벌금형을 선고받고 5년이 지나지 아니한 자
④ 체포죄를 범하여 금고 이상의 형을 선고받고 그 집행이 유예된 날부터 5년이 지나지 아니한 자

14 CHECK ○△×

경비업법령상 허가를 받고자 하는 법인이 갖추어야 할 자본금의 기준에 관한 설명으로 옳지 않은 것은?

① 기계경비업무에 대한 자본금을 갖춘 경비업자가 시설경비업무를 추가로 하려는 경우 자본금을 갖춘 것으로 본다.
② 시설경비업자가 특수경비업무를 추가로 하려는 경우에는 자본금 기준은 총 4억원 이상이다.
③ 기계경비업무의 자본금 기준은 1억원 이상이다.
④ 경비업에 필요한 시설 등(자본금 제외)을 갖출 수 없는 경우에는 허가 또는 변경허가의 신청 시 시설 등의 확보계획서를 제출한 후 허가 또는 변경허가를 받은 날부터 1월 이내에 허가기준을 갖추고 시·도 경찰청장의 확인을 받아야 한다.

15 CHECK ○△×

다음 중 경비업법령상 민감정보 및 고유식별정보를 처리할 수 있는 사무가 아닌 것을 모두 고른 것은?

ㄱ. 기계경비운영체계의 오작동여부 확인에 관한 사무
ㄴ. 경비업 허가의 취소에 따른 행정처분에 관한 사무
ㄷ. 경비협회의 설립에 관한 사무
ㄹ. 특수경비업자에 대한 보안지도·점검 및 보안측정에 관한 사무
ㅁ. 경비지도사자격의 정지에 따른 행정처분에 관한 사무
ㅂ. 경비지도사의 선임·해임 신고에 관한 사무

① ㄱ, ㄷ
② ㄱ, ㄹ
③ ㄴ, ㅂ
④ ㄷ, ㅁ

16 경비업법령상 무기관리수칙에 관한 설명으로 옳은 것은?

CHECK ○△×

① 무기를 대여받은 국가중요시설의 시설주는 무기의 관리실태를 매월 파악하여 다음 달 5일까지 관할 경찰관서장에게 통보해야 한다.

② 시설주로부터 무기를 지급받은 특수경비원은 근무시간 이후에는 시설주에게 반납하거나 교대근무자에게 무기를 인계해야 한다.

③ 무기를 대여받은 시설주가 특수경비원에게 무기를 출납하고자 하는 때에는 탄약의 출납은 소총에 있어서는 1정당 20발 이내로 해야 한다.

④ 시설주로부터 무기 수송의 통보를 받은 관할 경찰서장은 2인 이상의 무장경찰관을 무기를 수송하는 자동차 등에 함께 타도록 해야 한다.

17 경비업법령상 경비협회에 관한 설명으로 옳은 것은?

CHECK ○△×

① 경찰청장은 경비협회의 공제규정을 승인하거나 공제사업의 감독에 관한 기준을 정하는 경우에는 미리 금융감독원과 협의하여야 한다.

② 경찰청장은 공제사업에 대하여 「금융위원회의 설치 등에 관한 법률」에 따른 금융위원회 위원장에게 검사를 요청할 수 있다.

③ 경비원이 업무수행과 관계없이 제3자에게 손해를 입힌 때의 손해배상은 경비협회의 공제사업 대상에 해당하지 않는다.

④ 경비협회는 경비지도사의 손해배상책임과 형사책임을 보장하기 위하여 공제사업을 운영할 수 있다.

18 경비업법령상 시·도 경찰청장 등의 감독과 보안지도점검에 관한 내용이다. (　　) 안에 들어갈 숫자를 순서대로 나열한 것은?

CHECK ○△×

> • 시·도 경찰청장 또는 관할 경찰관서장은 경비업무 장소가 집단민원현장으로 판단되는 경우에는 그 때부터 (　　)시간 이내에 경비업자에게 경비원 배치허가를 받을 것을 고지하여야 한다.
> • 시·도 경찰청장은 특수경비업자에 대하여 연 (　　)회 이상의 보안지도·점검을 실시하여야 한다.

① 24, 2　　② 24, 4

③ 48, 2　　④ 48, 4

19 CHECK ○△×

경비업법령상 벌칙 적용과 관련된 설명 중 (　　) 안에 들어갈 범죄에 해당하지 않는 것은?

> 경찰청장은 경비지도사의 시험에 관한 업무를 대통령령이 정하는 바에 따라 관계전문기관 또는 단체에 위탁할 수 있다. 이에 따라 위탁받은 업무에 종사하는 관계전문기관 또는 단체의 임직원은 (　　)의 규정을 적용할 때에는 공무원으로 본다.

① 사전수뢰죄(형법 제129조)
② 알선수뢰죄(형법 제132조)
③ 뇌물공여죄(형법 제133조)
④ 제3자뇌물제공죄(형법 제130조)

20 CHECK ○△×

경비업법령상 경찰청장이 시·도 경찰청장에게 위임하는 권한에 해당하지 않는 것은?

① 경비지도사자격의 정지
② 경비지도사자격의 취소
③ 경비지도사의 시험에 관한 업무
④ 경비지도사자격의 취소에 관한 청문

21 CHECK ○△×

경비업법령상 행정처분의 일반기준에 관한 설명으로 옳지 않은 것은?

① 행정처분이 영업정지인 경우에는 가중하거나 감경할 수 있다.
② 위반행위가 2 이상인 경우로서 2 이상의 처분기준이 동일한 영업정지인 경우에는 중한 처분기준의 2분의 1까지 가중할 수 있으며, 이 경우 각 처분기준을 합산한 기간을 초과할 수 있다.
③ 위반행위의 횟수에 따른 행정처분 기준 적용일은 위반행위에 대한 행정처분일과 그 처분 후의 위반행위가 다시 적발된 날을 기준으로 한다.
④ 영업정지처분에 해당하는 위반행위가 적발된 날 이전 최근 2년간 같은 위반행위로 2회 영업정지처분을 받은 경우에는 개별기준에도 불구하고 그 위반행위에 대한 행정처분 기준은 허가취소로 한다.

22 CHECK ○△×

경비업법령상 경비원 교육기관의 지정 취소 등에 관한 설명으로 옳지 않은 것은?

① 경비원 교육기관의 지정 취소 및 업무 정지에 관한 세부기준 및 절차는 그 위반행위의 유형과 위반의 정도 등을 고려하여 행정안전부령으로 정한다.

② 경찰청장은 경비원 교육기관이 거짓이나 그 밖의 부정한 방법으로 경비원 교육기관의 지정을 받은 경우 그 지정을 취소할 수 있다.

③ 경찰청장은 경비원 교육기관이 지정받은 사항을 위반하여 업무를 행한 경우 1년 이내의 기간을 정하여 업무의 전부 또는 일부를 정지할 수 있다.

④ 경찰청장은 경비원 교육기관 지정을 취소하거나 업무 정지를 명한 경우 그 사실을 인터넷 홈페이지에 공고해야 한다.

23 CHECK ○△×

경비업법령상 특수경비원의 권리와 의무에 관한 설명으로 옳은 것은?

① 특수경비원은 총기 또는 폭발물을 가지고 대항하는 경우를 제외하고는 18세 미만의 자에 대하여는 권총을 발사하여서는 아니 된다.

② 특수경비원은 단결권을 행사할 수 없다.

③ 시설주는 고의 또는 과실로 무기를 분실한 특수경비원에 대하여 특수경비업자에게 징계 등의 조치를 요청할 수 있다.

④ 테러사건에 있어서 은밀히 작전을 수행하는 경우에는 부득이한 때에도 미리 상대방에게 경고한 후 권총을 사용하여야 한다.

24 CHECK ○△×

경비업법령상 경비업 허가의 취소사유에 해당하지 않는 것은?

① 경비업자가 소속 경비원으로 하여금 경비업무의 범위를 벗어난 행위를 하게 한 때

② 정당한 사유 없이 계속하여 15개월 동안 휴업한 때

③ 정당한 사유 없이 최종 도급계약 체결일부터 2년 이내에 경비 도급실적이 없을 때

④ 영업정지처분을 받고 계속하여 영업한 때

25 CHECK ○△×

경비업법령상 청문을 실시하여야 하는 행정처분에 해당하지 않는 것은?

① 경비지도사 교육기관의 지정 취소
② 경비업 허가의 취소
③ 경비업자에 대한 과태료 부과
④ 경비지도사자격의 정지

26 CHECK ○△×

경비업법령상 경비원이 경비업무 수행 중에 경비업법령에서 정한 장비 외에 흉기 또는 그 밖의 위험한 물건을 휴대하고 죄를 범한 경우와 특수경비원이 무기를 휴대하고 경비업무 수행 중에 무기의 안전수칙을 위반하여 죄를 범한 경우, 공통적으로 그 죄에 정한 형의 2분의 1까지 가중처벌하는 「형법」상 범죄에 해당하지 않는 것은?

① 「형법」 제261조(특수폭행죄)
② 「형법」 제268조(업무상과실치사상죄)
③ 「형법」 제276조 제1항(체포 · 감금죄)
④ 「형법」 제283조 제1항(협박죄)

27 CHECK ○△×

다음 중 경비업법령상 과태료의 부과기준이 다른 것은?

① 신임교육을 이수하지 않은 자를 특수경비원으로 배치한 경비업자
② 정당한 사유 없이 경찰청장이 실시하는 보수교육을 받지 아니한 경비지도사
③ 경비원의 근무상황을 기록하여 보관하지 아니한 경비업자
④ 해당 경비현장을 관할하는 시 · 도 경찰청장 또는 경찰서장에게 경비지도사의 선임 또는 해임의 신고를 하지 아니한 경비업자

28 CHECK ○△×

청원경찰법령상 청원경찰의 임용 등에 관한 설명으로 옳지 않은 것은?

① 청원주는 청원경찰 배치결정의 통지를 받은 날부터 30일 이내에 배치결정된 인원수의 임용예정자에 대하여 청원경찰 임용승인을 시·도 경찰청장에게 신청하여야 한다.
② 청원주가 청원경찰을 임용하였을 때에는 임용한 날부터 30일 이내에 그 임용사항을 관할 경찰서장을 거쳐 시·도 경찰청장에게 보고하여야 한다.
③ 청원경찰의 임용자격·임용방법·교육 및 보수에 관하여는 대통령령으로 정한다.
④ 청원경찰의 복무에 관하여는 「국가공무원법」 및 「경찰공무원법」을 준용한다.

29 CHECK ○△×

다음 중 청원경찰법령상 청원주와 관할 경찰서장이 공통적으로 갖추어 두어야 할 문서와 장부(A)에 해당하는 것과 관할 경찰서장과 시·도 경찰청장이 공통적으로 갖추어 두어야 할 문서와 장부(B)에 해당하는 것이 바르게 연결된 것은?

	A	B
①	교육훈련 실시부	징계요구서철
②	감독 순시부	청원경찰 임용승인 관계철
③	청원경찰 명부	전출입 관계철
④	무기·탄약 대여대장	무기·탄약 출납부

30 CHECK ○△×

청원경찰법령에 관한 내용 중 옳지 않은 것은?

① 청원경찰이 퇴직할 때에는 급여품을 청원주에게 반납하여야 한다.
② 시·도 경찰청장은 위반행위의 동기, 내용 및 위반의 정도 등을 고려하여 과태료 금액의 100분의 50의 범위에서 늘리는 경우에는 과태료 금액의 상한을 초과할 수 없다.
③ 관할 경찰서장은 청원주의 신청에 따라 경비를 위하여 필요하다고 인정할 때에는 청원경찰이 배치된 사업장에 경비전화를 가설할 수 있다.
④ 과태료는 대통령령으로 정하는 바에 따라 시·도 경찰청장이 부과·징수한다.

31 CHECK O△X

다음은 청원경찰법령상 청원경찰의 근무요령에 관한 규정의 내용이다. (　　) 안의 ㄱ~ㅇ에 들어갈 내용이 옳지 않은 것은?

> **근무요령(청원경찰법 시행규칙 제14조)**
> • (ㄱ)를 하는 입초근무자는 경비구역의 정문이나 그 밖의 지정된 장소에서 경비구역의 내부, 외부 및 출입자의 움직임을 감시한다.
> • 업무처리 및 자체경비를 하는 (ㄴ)는 근무 중 특이한 사항이 발생하였을 때에는 지체 없이 (ㄷ)에게 보고하고 그 지시에 따라야 한다.
> • 순찰근무자는 청원주가 지정한 일정한 구역을 순회하면서 경비 임무를 수행한다. 이 경우 순찰은 (ㄹ)로 정선순찰(정해진 노선을 규칙적으로 순찰하는 것)을 하되, 청원주가 필요하다고 인정할 때에는 (ㅁ)(순찰구역 내 지정된 중요지점을 순찰하는 것) 또는 (ㅂ)(임의로 순찰지역이나 노선을 선정하여 불규칙적으로 순찰하는 것)을 할 수 있다.
> • (ㅅ)는 소내근무에 협조하거나 (ㅇ)하면서 불의의 사고에 대비한다.

① ㄱ : 자체경비, ㄴ : 소내근무자
② ㄷ : 청원주 또는 관할 경찰서장, ㄹ : 단독 또는 복수
③ ㅁ : 난선순찰, ㅂ : 요점순찰
④ ㅅ : 대기근무자, ㅇ : 휴 식

32 CHECK O△X

청원경찰법령상 청원경찰의 퇴직에 관한 설명으로 옳지 않은 것은?

① 「국가공무원법」 제33조 제2호의 임용결격사유에 의한 당연 퇴직은 파산선고를 받은 사람으로서 「채무자 회생 및 파산에 관한 법률」에 따라 신청기한 내에 면책신청을 하지 아니하였거나 면책불허가 결정 또는 면책 취소가 확정된 경우에만 해당한다.
② 청원경찰의 배치가 폐지되었을 때 당연 퇴직된다.
③ 나이가 60세가 되었을 때 당연 퇴직된다.
④ 국가기관이나 지방자치단체에 근무하는 청원경찰의 명예퇴직에 관하여는 「경찰공무원법」을 준용한다.

33 CHECK ○△×

청원경찰법령상 청원경찰의 배치 및 이동에 관한 설명으로 옳지 않은 것은?

① 청원경찰을 배치받으려는 자는 대통령령으로 정하는 바에 따라 관할 시·도 경찰청장에게 청원경찰 배치를 신청하여야 한다.

② 청원경찰의 배치를 받으려는 자는 청원경찰 배치신청서에 경비구역 배치도 1부를 첨부하여 사업장의 소재지를 관할하는 시·도 경찰청장에게 제출하여야 한다.

③ 청원주는 청원경찰을 신규로 배치하거나 이동배치하였을 때에는 배치지(이동배치의 경우에는 종전의 배치지)를 관할하는 경찰서장에게 그 사실을 통보하여야 한다.

④ ③의 통보를 받은 경찰서장은 이동배치지가 다른 관할구역에 속할 때에는 전입지를 관할하는 경찰서장에게 이동배치한 사실을 통보하여야 한다.

34 CHECK ○△×

청원경찰법령상 청원경찰을 배치하고 있는 사업장이 하나의 경찰서의 관할구역에 있는 경우, 다음 중 시·도 경찰청장이 관할 경찰서장에게 위임하는 권한으로 명시되지 않은 것은 모두 몇 개인가?

ㄱ. 청원경찰의 임용에 관한 권한
ㄴ. 청원주에 대한 지도 및 감독상 필요한 명령에 관한 권한
ㄷ. 청원경찰 배치의 결정 및 요청에 관한 권한
ㄹ. 과태료 부과·징수에 관한 권한
ㅁ. 청원경찰의 특수복장 착용에 대한 승인 권한
ㅂ. 무기의 관리 및 취급 사항을 감독하는 권한
ㅅ. 경비전화의 가설에 관한 권한

① 1개
② 2개
③ 3개
④ 4개

35 CHECK ○△×

청원경찰법령상 청원경찰의 보수산정 시의 경력 인정 등에 관한 규정이다. (　　)의 ㄱ~ㄷ에 들어갈 내용으로 옳은 것은?

> • 국가기관 또는 지방자치단체에 근무하는 청원경찰 보수의 호봉 간 승급기간은 (ㄱ)의 승급기간에 관한 규정을 준용한다.
> • 국가기관 또는 지방자치단체에 근무하는 청원경찰 외의 청원경찰 보수의 호봉 간 승급기간 및 승급액은 그 배치된 사업장의 (ㄴ)에 따르며, 이에 관한 (ㄴ)이 없을 때에는 (ㄷ)의 승급에 관한 규정을 준용한다.

① ㄱ : 경찰공무원, ㄴ : 정관, ㄷ : 경장
② ㄱ : 국가공무원, ㄴ : 정관, ㄷ : 순경
③ ㄱ : 국가공무원, ㄴ : 취업규칙, ㄷ : 경장
④ ㄱ : 경찰공무원, ㄴ : 취업규칙, ㄷ : 순경

36 CHECK ○△×

청원경찰법령상 청원경찰의 징계에 관한 설명으로 옳은 것은?

① 청원경찰에 대한 징계의 종류는 파면, 해임, 정직, 감봉 및 경고로 구분한다.
② 청원주는 청원경찰이 직무상의 의무를 위반하거나 직무를 태만히 한 때 대통령령으로 정하는 징계절차를 거쳐 징계처분을 할 수 있다.
③ 청원주는 청원경찰 배치결정의 통지를 받았을 때에는 통지를 받은 날부터 30일 이내에 청원경찰에 대한 징계규정을 제정하여 관할 시·도 경찰청장에게 신고하여야 한다.
④ 관할 경찰서장은 청원경찰이 품위를 손상하는 행위를 한 것으로 인정되면 청원주에게 해당 청원경찰에 대하여 징계처분을 하도록 요청할 수 있다.

37 CHECK ○△×

청원경찰법령상 과태료에 관한 설명으로 옳지 않은 것은?

① 시·도 경찰청장의 배치결정을 받지 아니하고 청원경찰을 배치한 자에게는 500만원 이하의 과태료를 부과한다.
② 과태료는 대통령령으로 정하는 바에 따라 시·도 경찰청장이 부과·징수한다.
③ 경찰서장은 과태료 처분을 하였을 때에는 과태료 부과 및 징수 사항을 과태료 수납부에 기록하고 정리하여야 한다.
④ 경찰서장은 위반행위의 동기, 내용 및 위반의 정도 등을 고려하여 과태료 금액의 2분의 1의 범위에서 그 금액을 줄이거나 늘릴 수 있다.

38 청원경찰법령상 표창에 관한 설명으로 옳지 않은 것은?

CHECK O△X

① 경찰청장은 성실히 직무를 수행하여 근무성적이 탁월한 청원경찰에게 공적상을 수여할 수 있다.
② 시·도 경찰청장은 성실히 직무를 수행하여 근무성적이 탁월하거나 헌신적인 봉사로 특별한 공적을 세운 청원경찰에게 공적상을 수여할 수 있다.
③ 관할 경찰서장은 교육훈련에서 교육성적이 우수한 청원경찰에게 우등상을 수여할 수 있다.
④ 청원주는 헌신적인 봉사로 특별한 공적을 세운 청원경찰에게 공적상을 수여할 수 있다.

39 청원경찰법령상 청원경찰의 지휘·감독을 위한 감독자 지정기준에 관한 설명으로 옳은 것은?

CHECK O△X

① 10명 이상의 청원경찰을 배치한 사업장의 청원주는 청원경찰의 지휘·감독을 위하여 청원경찰 중에서 유능한 사람을 선정하여 조장, 반장, 대장으로 지정하여야 한다.
② 청원경찰의 지휘·감독을 위한 감독자 중 대장은 근무인원이 40명 이하인 경우에는 지정하지 않아도 된다.
③ 근무인원이 30명인 경우 반장 1명, 조장 2~3명을 지정하여야 한다.
④ 근무인원이 100명인 경우에는 대장 1명, 반장 6명, 조장 12명을 지정하여야 한다.

40 청원경찰법령상 청원경찰의 경비와 보상 등에 관한 설명으로 옳은 것은?

CHECK O△X

① 지방자치단체에 근무하는 청원경찰의 봉급·수당의 최저부담기준액은 경찰청장이 정하여 고시한다.
② 지방자치단체에 근무하는 청원경찰의 퇴직금에 관하여는 따로 행정안전부령으로 정한다.
③ 청원경찰이 퇴직할 때에는 급여품 및 대여품을 청원주에게 반납해야 한다.
④ 국가기관에 근무하는 청원경찰의 보수는 재직기간 15년 이상 23년 미만인 경우, 경장에 해당하는 경찰공무원의 보수를 감안하여 대통령령으로 정한다.

제9회 심화 모의고사

각 문항별로 난이도를 체크해 보세요. ○△×

Time 분 | 해설편 175p

중요문제 / 틀린 문제 CHECK

01	02	03	04	05	06	07	08	09	10	11	12	13	14	15	16	17	18	19	20
21	22	23	24	25	26	27	28	29	30	31	32	33	34	35	36	37	38	39	40

01 **경비업법령상 규정된 용어에 관한 설명으로 옳지 않은 것은?**

CHECK ○△×

① 경비원은 경비업자가 채용한 고용인으로서 일반경비원과 특수경비원으로 구분한다.

② 경비지도사는 경비원을 지도・감독 및 교육하는 자를 말하며 일반경비지도사와 특수경비지도사로 구분한다.

③ 혼잡・교통유도경비업무란 도로에 접속한 공사현장 및 사람과 차량의 통행에 위험이 있는 장소 또는 도로를 점유하는 행사장 등에서 교통사고나 그 밖의 혼잡 등으로 인한 위험발생을 방지하는 업무를 말한다.

④ 국가중요시설에는 공항・항만, 원자력발전소 등의 시설 중 국가정보원장이 지정하는 국가보안목표시설도 해당된다.

02 경비업법령상 각 경비법인이 선임 · 배치해야 할 경비지도사의 최소 인원은?

CHECK ○△×

A 경비법인
- 혼잡 · 교통유도경비업무 : 서울특별시 280명, 전라남도 150명
- 기계경비업무 : 서울특별시 100명, 제주특별자치도 30명

B 경비법인
- 시설경비업무 : 서울특별시 200명, 전라남도 150명
- 호송경비업무 : 서울특별시 100명, 제주특별자치도 30명
- 기계경비업무 : 제주특별자치도 30명

C 경비법인
- 시설경비업무 : 서울특별시 300명, 대전광역시 250명, 전라남도 180명
- 신변보호업무 : 서울특별시 100명, 제주특별자치도 30명

① A : 4명, B : 3명, C : 6명
② A : 5명, B : 3명, C : 7명
③ A : 4명, B : 4명, C : 6명
④ A : 5명, B : 4명, C : 7명

03 경비업법령상 경비원의 명부와 배치허가 등에 관한 설명으로 옳은 것은?

CHECK ○△×

① 경비업자는 대통령령이 정하는 바에 따라 경비원의 명부를 작성 · 비치하여야 한다.
② 경비업자는 집단민원현장에 배치되는 일반경비원의 명부는 그 경비원이 배치되는 장소에도 작성 · 비치하여야 한다.
③ 경비업자가 경비원을 배치하거나 배치를 폐지한 경우에는 대통령령으로 정하는 바에 따라 관할 경찰관서장에게 신고하여야 한다.
④ 경비업자는 시설경비업무, 신변보호업무 또는 혼잡 · 교통유도경비업무 중 집단민원현장에 일반경비원을 배치하는 경우에는 배치하기 전까지 배치허가를 신청하여야 한다.

04 경비업법령상 기계경비업무에 관한 설명으로 옳은 것은?

CHECK ○△×

① 기계경비업자는 기계경비지도사의 명단·배치일자·배치장소와 출동차량의 대수를 기재한 서류를 1년간 보관하여야 한다.

② 기계경비업자는 오경보가 발생한 경비대상시설 및 그 오경보에 대한 조치의 결과를 기재한 서류를 당해 경보를 수신한 날부터 1년간 보관하여야 한다.

③ 기계경비업자는 관제시설 등에서 경보를 수신한 때에는 경보를 수신한 때부터 늦어도 30분 이내에는 도착시킬 수 있는 대응체제를 갖추어야 한다.

④ 기계경비업자는 경비대상시설의 명칭·소재지 및 경비계약기간을 기재한 서류를 주사무소에 갖추어 두어야 한다.

05 다음 중 경비업법령상 경비지도사 제1차 시험 면제자에 해당하는 사람은 모두 몇 명인가?

CHECK ○△×

> ㄱ. 「경찰공무원법」에 따른 경찰공무원으로 7년 재직한 사람
> ㄴ. 「대통령 등의 경호에 관한 법률」에 따른 경호공무원으로 5년 재직한 사람
> ㄷ. 「경비업법」에 따른 호송경비업무에 3년 종사하고 행정안전부령으로 정하는 교육과정을 이수한 사람
> ㄹ. 「고등교육법」에 따른 전문대학을 졸업한 사람으로서 재학 중 경비지도사 시험과목을 3과목을 이수하고 졸업한 후 경비업무에 종사한 경력이 3년인 사람
> ㅁ. 일반경비지도사의 자격을 취득한 후 기계경비지도사의 시험에 응시하는 사람
> ㅂ. 「군인사법」에 따른 각 군 전투병과 부사관 이상 간부로 7년 재직한 사람

① 1명　② 2명

③ 3명　④ 4명

06 CHECK ○△×

특수경비원 갑(甲)이 국가중요시설에 대한 경비업무 수행 중 국가중요시설의 정상적인 운영을 해치는 장해를 발생시킨 경우, 경비업법령상 벌칙규정에 관한 설명으로 옳은 것을 모두 고른 것은?

ㄱ. 갑(甲)이 고의로 위와 같은 행위를 했다면, 그 처벌기준은 5년 이하의 징역 또는 5천만원 이하의 벌금이다.
ㄴ. 갑(甲)이 과실로 위와 같은 행위를 했다면, 그 처벌기준은 3년 이하의 징역 또는 3천만원 이하의 벌금이다.
ㄷ. 양벌규정에 의하면 갑(甲)이 소속된 법인의 처벌기준은 1천만원 이하의 벌금이다.
ㄹ. 갑(甲)을 고용한 법인의 대표자에게는 3천만원 이하의 과태료가 부과된다.

① ㄱ, ㄴ
② ㄱ, ㄹ
③ ㄴ, ㄷ
④ ㄷ, ㄹ

07 CHECK ○△×

다음은 경비업법령상 경비지도사의 시험에 관한 내용이다. (   ) 안의 ㄱ~ㄷ에 들어갈 용어로 옳은 것은?

- 경비지도사는 결격사유에 해당하지 아니하는 자로서 경찰청장이 시행하는 경비지도사 시험에 합격하고 (ㄱ)으로 정하는 바에 따라 경찰청장이 실시하는 기본교육을 받은 자이어야 한다.
- 경찰청장은 경비지도사 기본교육을 받은 자에게 (ㄴ)으로 정하는 바에 따라 경비지도사자격증을 교부하여야 한다.
- 경찰청장은 실시계획에 따라 경비지도사 자격시험을 실시하고자 하는 때에는 응시자격 · 시험과목 · 시험일시 · 시험장소 및 선발예정인원 등을 시험 시행일 (ㄷ) 전까지 공고하여야 한다.

① ㄱ : 행정안전부령, ㄴ : 대통령령, ㄷ : 90일
② ㄱ : 대통령령, ㄴ : 대통령령, ㄷ : 60일
③ ㄱ : 대통령령, ㄴ : 행정안전부령, ㄷ : 90일
④ ㄱ : 행정안전부령, ㄴ : 행정안전부령, ㄷ : 60일

08 CHECK ○△×

다음 중 경비업법령상 기계경비업무를 수행하려는 법인이 그 법인의 주사무소 소재지를 관할하는 시·도 경찰청장의 허가를 받기 위하여 갖추어야 할 요건으로 옳은 것을 모두 고른 것은?

> ㄱ. 전자·통신 분야 기술자격증소지자 5명을 포함한 일반경비원 10명 이상
> ㄴ. 기준 경비인력 수 이상을 동시에 교육할 수 있는 교육장 및 관제시설
> ㄷ. 현금호송백 1개 이상
> ㄹ. 출장소별 출동차량 1대 이상
> ㅁ. 감지장치·송신장치 및 수신장치

① ㄱ, ㄴ, ㄹ
② ㄱ, ㄴ, ㅁ
③ ㄱ, ㄷ, ㅁ
④ ㄴ, ㄹ, ㅁ

09 CHECK ○△×

다음 중 경비업법령상 과태료의 부과기준이 다른 것은?

① 신임교육을 이수하지 않은 자를 집단민원현장이 아닌 곳에서 신변보호업무를 수행하는 일반경비원으로 배치한 경비업자
② 정당한 사유 없이 경찰청장이 실시하는 보수교육을 받지 아니한 경비지도사
③ 경비대행업자 지정신고를 하지 아니한 특수경비업자
④ 관할 경찰관서장의 감독상 필요한 명령을 정당한 이유 없이 이행하지 아니한 무기를 대여받은 시설주

10 CHECK ○△×

경비업법령상 특수경비원의 무기사용 및 무기관리수칙에 관한 설명으로 옳지 않은 것은?

① 관할 경찰관서장은 시설주 및 특수경비원의 무기관리상황을 매월 1회 이상 점검하여야 한다.
② 국가중요시설의 시설주는 자체계획을 수립하여 보관하고 있는 무기를 매주 1회 이상 손질할 수 있게 하여야 한다.
③ 국가중요시설에 침입한 무장간첩이 특수경비원으로부터 투항을 요구받고도 이에 불응한 때에는 무기를 사용하여 위해를 끼칠 수 있다.
④ 국가중요시설의 시설주는 수리가 필요한 무기가 있는 때에는 그 목록과 무기장비운영카드를 첨부하여 시·도 경찰청장에게 수리를 요청하여야 한다.

11 CHECK ○△×

경비업법령상 경비업을 영위하는 법인의 임원이 될 수 없는 자는?

① 파산선고를 받고 복권된 지 3년이 지나지 아니한 갑(甲)

② 금고 이상의 형의 선고를 받고 그 형이 실효된 후 3년이 지난 을(乙)

③ 「대통령 등의 경호에 관한 법률」에 위반하여 벌금형의 선고를 받고 1년이 지난 후 특수경비업무를 수행하는 법인의 임원이 되려는 병(丙)

④ 「경비업법」을 위반하여 벌금형의 선고를 받고 3년이 지난 후 특수경비업무를 수행하는 법인의 임원이 되려는 정(丁)

12 CHECK ○△×

경비업법상 경비원의 결격사유에 관한 설명으로 옳지 않은 것은?

① 18세 미만 또는 60세 이상인 사람은 일반경비원이 될 수 없다.

② 금고 이상의 형의 선고유예를 받고 그 유예기간 중에 있는 자는 특수경비원이 될 수 없다.

③ 금고 이상의 형의 집행유예선고를 받고 그 유예기간 중에 있는 자는 일반경비원이 될 수 없다.

④ 형법 제297조(강간)의 죄로 금고 이상의 형을 선고받고 그 집행이 유예된 날부터 10년이 지나지 아니한 자는 일반경비원 및 특수경비원이 될 수 없다.

13 CHECK ○△×

경비업법령상 특수경비원의 의무에 관한 설명으로 옳지 않은 것은?

① 특수경비원은 직무를 수행함에 있어 시설주・관할 경찰관서장 및 소속상사의 직무상 명령에 복종하여야 한다.

② 특수경비원은 14세 미만의 자 또는 임산부가 총기 또는 폭발물을 가지고 대항하는 경우에는 권총 또는 소총을 발사할 수 있다.

③ 특수경비원은 파업・태업 그 밖에 경비업무의 정상적인 운영을 저해하는 일체의 쟁의행위를 하여서는 아니 된다.

④ 경비구역 안에서 시설물의 절도, 손괴, 위험물의 폭발 등의 사유로 인한 위급사태가 발생한 때에 소속상사의 허가 또는 정당한 사유 없이 경비구역을 벗어난 특수경비원에 대하여는 1년 이하의 징역 또는 1천만원 이하의 벌금에 처한다.

14 CHECK ○△×

다음 중 경비업법령상 경비원의 교육에 관한 설명으로 옳은 것을 모두 고르면?

ㄱ. 특수경비업자는 소속 특수경비원에게 매월 4시간 이상 직무교육을 받도록 하여야 한다.
ㄴ. 일반경비원에 대한 직무교육의 과목은 일반경비원의 직무수행에 필요한 이론・실무과목 및 직업윤리 등으로 한다.
ㄷ. 일반경비원 교육 시 관할 경찰서 소속 경찰공무원이 교육기관에 입회하여 대통령령이 정하는 바에 따라 지도・감독하여야 한다.
ㄹ. 경비원 신임교육을 받은 사람으로서 채용 전 3년 이내에 경비업무에 종사한 경력이 있는 사람을 채용한 경우에는 해당 경비원을 일반경비원 신임교육대상에서 제외할 수 있다.
ㅁ. 경비원 교육기관의 지정 기준 및 절차 등에 필요한 사항은 대통령령으로 정한다.
ㅂ. 경비원 교육기관의 지정 취소 및 업무 정지에 관한 세부기준 및 절차는 그 위반행위의 유형과 위반의 정도 등을 고려하여 대통령령으로 정한다.

① ㄱ, ㄴ, ㄷ
② ㄱ, ㅁ, ㅂ
③ ㄴ, ㄹ, ㅁ
④ ㄷ, ㄹ, ㅂ

15 CHECK ○△×

다음 중 경비업법령상 경비협회가 공제규정의 내용으로 정할 수 있는 것과 공제사업으로 할 수 있는 것을 바르게 연결한 것은?

〈공제규정의 내용으로 정할 수 있는 것〉
㉠ 공제사업의 범위
㉡ 공제계약의 내용
㉢ 공제금, 공제료 및 공제금에 충당하기 위한 책임준비금
㉣ 공제사업의 감독에 관한 기준

〈공제사업으로 할 수 있는 것〉
ⓐ 경비업자의 손해배상책임을 보장하기 위한 사업
ⓑ 경비업자가 경비업을 운영할 때 필요한 입찰보증, 계약보증(이행보증을 포함한다), 하도급보증을 위한 사업
ⓒ 경비원의 업무상 재해로 인한 손실을 보상하는 사업
ⓓ 경비업무와 관련한 연구 및 경비원 교육・훈련에 관한 사업
ⓔ 경비원의 후생・복지에 관한 사업
ⓕ 경비지도사의 손해배상책임을 보장하기 위한 사업

① ㉠, ㉡, ㉢ − ⓐ, ⓑ, ⓒ, ⓓ
② ㉠, ㉡, ㉣ − ⓐ, ⓑ, ⓒ, ⓕ
③ ㉠, ㉢, ㉣ − ⓐ, ⓑ, ⓒ, ⓔ
④ ㉡, ㉢, ㉣ − ⓐ, ⓑ, ⓔ, ⓕ

16 경비업법령상 경비지도사자격의 취소 등에 관한 설명으로 옳지 않은 것은?

CHECK O△X

① 경비지도사가 허위로 경비지도사자격증을 교부받은 때에는 그 자격이 취소된다.

② 경비지도사가 경비지도사자격증을 다른 사람에게 빌려준 때에는 그 자격이 취소된다.

③ 경비지도사가 경비업법 제24조의 명령을 위반하여 자격정지처분을 받은 후 2년 내에 또다시 명령위반으로 적발된 경우 12월의 자격정지처분을 받을 수 있다.

④ 경비지도사가 경비현장에 배치된 경비원에 대한 순회점검 및 감독 의무 등 직무를 성실하게 수행하지 아니하여 1차 적발된 경우 3월의 자격정지처분을 받을 수 있다.

17 경비업법령상 경비업자가 시·도 경찰청장에게 신고하여야 하는 경우가 아닌 것은?

CHECK O△X

① 법인의 대표자·임원을 변경한 때

② 정관의 목적을 변경한 경우

③ 기계경비업무의 수행을 위한 관제시설을 신설·이전 또는 폐지한 때

④ 시설경비업무를 개시하거나 종료한 경우

18 다음 중 경비업법령상 경비지도사 교육기관의 필요적 지정 취소사유에 해당하는 것은?

CHECK O△X

① 거짓이나 그 밖의 부정한 방법으로 경비지도사 교육기관의 지정을 받은 경우

② 지정받은 사항을 위반하여 업무를 행한 경우

③ 경찰청장의 교육지침을 위반하여 시정명령을 받고도 정당한 사유 없이 정하여진 기간 이내에 시정하지 아니한 경우

④ 경비지도사 교육기관의 지정 기준에 적합하지 아니하게 된 경우

19 CHECK ○△×

경비업법령상 기계경비업자가 출장소별로 갖추어 두어야 하는 서류에 기재하는 사항 중 당해 경보를 수신한 날부터 1년간 의무적으로 보관하여야 하는 사항은?

① 경비대상시설의 명칭 · 소재지 및 경비계약기간
② 기계경비업무용 기기의 설치장소 및 종류와 그 밖의 기계장치의 개요
③ 경보의 수신 및 현장도착 일시와 조치의 결과
④ 오경보의 발생원인과 송신기기의 유지 · 관리방법

20 CHECK ○△×

다음 중 경비업법령상 특수경비업자가 할 수 있는 경비관련업의 분야와 해당 영업의 연결이 옳은 것은?

〈경비관련업 분야〉
㉠ 통신업
㉡ 교육서비스업
㉢ 사업지원 서비스업
㉣ 전자부품, 컴퓨터, 영상, 음향 및 통신장비 제조업

〈해당 영업〉
ⓐ 전기통신업
ⓑ 통신 및 방송 장비 제조업
ⓒ 경비, 경호 및 탐정업
ⓓ 사업시설 유지관리 서비스업
ⓔ 직원훈련기관

① ㉠ - ⓑ
② ㉡ - ⓓ
③ ㉢ - ⓒ
④ ㉣ - ⓐ

21 CHECK ○△×

다음 중 경비업법령상 특수경비원을 배치한 시설주가 갖추어 두어야 할 장부 또는 서류에 해당하는 것은 모두 몇 개인가?

> ㄱ. 경비구역배치도
> ㄴ. 징계관계철
> ㄷ. 근무일지
> ㄹ. 근무상황카드
> ㅁ. 무기・탄약대여대장
> ㅂ. 급여품 및 대여품 대장
> ㅅ. 순찰표철
> ㅇ. 특수경비원 전・출입관계철

① 3개 ② 4개
③ 5개 ④ 6개

22 CHECK ○△×

경비업법령상 무기를 대여받은 국가중요시설의 시설주의 무기관리 등에 관한 설명으로 옳은 것은?

① 무기고 및 탄약고에는 이중 잠금장치를 하여야 하며, 열쇠는 시설주가 보관하되, 근무시간 이후에는 열쇠를 관리책임자에게 인계하여 보관시켜야 한다.
② 무기고 및 탄약고는 단층에 설치하되, 환기・방습・방화 및 총받침대 등의 불필요한 시설을 해서는 아니 된다.
③ 무기를 대여받은 국가중요시설의 시설주 또는 관리책임자는 관할 경찰관서장이 정하는 바에 의하여 무기의 관리실태를 매월 파악하여 다음 달 3일까지 관할 경찰관서장에게 통보하여야 한다.
④ 시설주가 대여받은 무기를 분실한 경우에는 경찰청장이 정하는 바에 의하여 그 전액을 배상하여야 하지만, 불가항력의 사유가 있다고 경찰청장이 인정할 때에는 예외가 허용된다.

23 CHECK ○△×

다음 중 경비업법령상 행정처분의 일반기준에 관한 설명으로 옳은 것은?

① 위반행위가 2 이상인 경우로서 2 이상의 처분기준이 동일한 영업정지인 경우에는 중한 처분기준의 2분의 1까지 가중할 수 있으나, 각 처분기준을 합산한 기간을 초과할 수 없다.
② 위반행위가 2 이상인 경우로서 그에 해당하는 각각의 처분기준이 다른 경우에는 그중 경한 처분기준에 따른다.
③ 위반행위의 횟수에 따른 행정처분 기준은 최근 3년간 같은 위반행위로 행정처분을 받은 경우에 적용한다.
④ 영업정지처분에 해당하는 위반행위가 적발된 날 이전 최근 3년간 같은 위반행위로 2회 영업정지처분을 받은 경우에는 개별기준에 따른다.

24 CHECK ○△×

경비업법령상 행정처분 기준 중 개별기준에 관한 다음 표의 (　　) 안의 ㄱ~ㄹ에 들어갈 내용으로 알맞은 것은?

위반행위	1차 위반	2차 위반	3차 이상 위반
경비업법 제8조를 위반하여 경비대상 시설에 관한 경보 대응체제를 갖추지 않은 때	경 고	(ㄱ)	(ㄴ)
경비업법 제12조 제1항을 위반하여 경비지도사를 선임한 때	(ㄷ)	(ㄹ)	허가취소

	ㄱ	ㄴ	ㄷ	ㄹ
①	영업정지 1개월	영업정지 1개월	영업정지 3개월	영업정지 6개월
②	경 고	영업정지 1개월	영업정지 1개월	영업정지 3개월
③	경 고	영업정지 3개월	영업정지 3개월	영업정지 6개월
④	영업정지 1개월	영업정지 3개월	영업정지 1개월	영업정지 3개월

25 CHECK ○△×

경비업법령상 경비원의 복장, 장비, 출동차량 등에 관한 설명으로 옳은 것은?

① 출동차량 등에 대한 신고를 하려는 경비업자는 출동차량 등을 운행하기 전에 출동차량 등 신고서를 경비업자의 주된 사무소를 관할하는 경찰관서장에게 제출하여야 한다.

② 경비업자는 경비업무 수행 시 경비원에게 소속 경비업체를 표시한 이름표를 부착할 수 있다.

③ 집단민원현장에서 신변보호업무를 수행하는 경우에는 동일한 복장을 착용하지 아니할 수 있다.

④ 경비원이 휴대할 수 있는 장비의 종류는 경적·단봉·분사기 등 행정안전부령으로 정하되, 근무 중에만 이를 휴대할 수 있다.

26 경비업법령상 감독, 보안지도 · 점검 등에 관한 설명으로 옳지 않은 것은?

CHECK O△X

① 시 · 도 경찰청장은 경비업무의 적정한 수행을 위하여 경비업자 및 경비지도사를 지도 · 감독하며 필요한 명령을 할 수 있다.

② 시 · 도 경찰청장은 특수경비업자에 대하여 보안지도 · 점검을 연 2회 이상 실시하여야 한다.

③ 시 · 도 경찰청장은 경비업무 장소가 집단민원현장으로 판단되는 경우에 그때부터 48시간 이내에 경비업자에게 경비원 배치허가를 받을 것을 고지하여야 한다.

④ 시 · 도 경찰청장은 배치된 경비원이 「폭력행위 등 처벌에 관한 법률」을 위반하는 행위를 하는 경우 그 위반행위의 중지를 명해야 한다.

27 경비업법령상 위임에 관한 내용이다. 밑줄 친 경우에 해당하지 않는 것은?

CHECK O△X

경비업법에 의한 경찰청장의 권한은 대통령령이 정하는 바에 따라 <u>그 일부</u>를 시 · 도 경찰청장에게 위임할 수 있다.

① 경비지도사 시험관리 업무에 관한 권한

② 경비지도사자격의 취소 및 정지에 관한 권한

③ 경비지도사자격의 취소에 관한 청문의 권한

④ 경비지도사자격의 정지에 관한 청문의 권한

28 청원경찰법령상 청원경찰의 직무와 표창에 관한 설명으로 옳은 것은?

CHECK O△X

① 청원경찰은 청원경찰법 제3조에 따른 직무를 수행할 때에는 경비 목적을 위하여 필요한 최대한의 범위에서 하여야 한다.

② 청원경찰은 「경찰관직무집행법」에 따른 직무 외의 수사활동 등 사법경찰관리의 직무를 수행해서는 아니 된다.

③ 경찰청장은 헌신적인 봉사로 특별한 공적을 세운 청원경찰에게 공적상을 수여할 수 있다.

④ 경찰청장은 교육훈련에서 교육성적이 우수한 청원경찰에게 우등상을 수여할 수 있다.

29 CHECK ○△×

청원경찰법령상 청원경찰의 경비(經費)에 관한 설명으로 옳지 않은 것은?

① 청원주는 청원경찰에게 지급할 봉급과 각종 수당을 부담하여야 한다.
② 청원주는 청원경찰이 직무수행 중 부상을 당한 경우에 대통령령이 정하는 바에 따라 본인에게 보상금을 지급하여야 한다.
③ 청원경찰의 피복비 및 교육비의 부담기준액은 경찰청장이 정하여 고시한다.
④ 지방자치단체에 근무하는 청원경찰의 각종 수당은 공무원수당 등에 관한 규정에 따른 수당 중 가계보전수당, 실비변상 등으로 하며, 그 세부 항목은 대통령령으로 정하여 고시한다.

30 CHECK ○△×

청원경찰법령상 청원경찰의 징계에 관한 설명으로 옳지 않은 것은?

① 시・도 경찰청장은 청원경찰이 품위를 손상하는 행위를 한 때에는 대통령령으로 정하는 징계절차를 거쳐 징계처분을 할 수 있다.
② 청원경찰에 대한 징계의 종류는 파면, 해임, 정직, 감봉 및 견책으로 구분한다.
③ 청원주는 청원경찰 배치결정의 통지를 받았을 때에는 통지를 받은 날부터 15일 이내에 청원경찰에 대한 징계규정을 제정하여 관할 시・도 경찰청장에게 신고하여야 한다.
④ 청원경찰법은 청원경찰의 징계사유로서 '직무상의 의무를 위반하거나 직무를 태만히 한 때'와 '품위를 손상하는 행위를 한 때'를 명시적으로 규정하고 있다.

31 CHECK ○△×

다음 중 청원경찰법령상 청원경찰의 배치대상(A)에 해당하는 것과 경비업법령상 집단민원현장(B)에 해당하는 것이 바르게 연결된 것은?

① A : 국내 주재(駐在) 외국기관
B : 특정 시설물의 설치와 관련하여 민원이 있는 장소
② A : 학교 등 육영시설
B : 언론, 통신, 방송 또는 인쇄를 업(業)으로 하는 시설 또는 사업장
③ A : 주주총회와 관련하여 이해대립이 있어 다툼이 있는 장소
B : 「행정대집행법」에 따라 대집행을 하는 장소
④ A : 「도시 및 주거환경정비법」에 따른 정비사업과 관련하여 이해대립이 있어 다툼이 있는 장소
B : 「의료법」에 따른 병원급 의료기관

32 CHECK ○△×

청원경찰법령상 청원경찰의 근무요령에 관한 설명으로 옳은 것은?

① 소내근무자는 근무 중 특이한 사항이 발생하였을 때에는 지체 없이 청원주 또는 시・도 경찰청장에게 보고하고 그 지시에 따라야 한다.
② 대기근무자는 입초근무에 협조하거나 휴식하면서 불의의 사고에 대비한다.
③ 순찰근무자는 청원주가 지정한 일정한 구역을 단독 또는 복수로 난선순찰을 하되, 청원주가 필요하다고 인정할 때에는 정선순찰 또는 요점순찰을 할 수 있다.
④ 입초근무자는 경비구역의 정문이나 그 밖의 지정된 장소에서 경비구역의 내부, 외부 및 출입자의 움직임을 감시한다.

33 CHECK ○△×

청원경찰법령상 청원경찰의 배치에 관한 설명으로 옳지 않은 것은?

① 관할 경찰서장은 청원경찰이 배치된 시설이 축소될 경우 배치인원을 감축할 수 있다.
② 청원주는 청원경찰을 신규로 배치하거나 이동배치하였을 때에는 배치지(이동배치의 경우에는 종전의 배치지)를 관할하는 경찰서장에게 그 사실을 통보하여야 한다.
③ 시・도 경찰청장은 청원경찰 배치신청을 받으면 지체 없이 그 배치 여부를 결정하여 신청인에게 알려야 한다.
④ 시・도 경찰청장은 청원경찰 배치가 필요하다고 인정하는 기관의 장 또는 시설・사업장의 경영자에게 청원경찰을 배치할 것을 요청할 수 있다.

34 CHECK ○△×

청원경찰법령상 청원경찰의 임용 등에 관한 설명으로 옳지 않은 것은?

① 청원주는 청원경찰 배치결정의 통지를 받은 날로부터 30일 이내에 배치결정된 인원수의 임용예정자에 대하여 청원경찰 임용승인을 시·도 경찰청장에게 신청하여야 한다.

② 청원주가 청원경찰을 임용하였을 때에는 임용한 날부터 10일 이내에 그 임용사항을 관할 경찰서장을 거쳐 시·도 경찰청장에게 보고하여야 한다.

③ 청원경찰의 임용자격·임용방법·교육 및 보수에 관하여는 대통령령으로 정한다.

④ 청원경찰의 복무에 관하여는 「국가공무원법」 및 「경찰법」을 준용한다.

35 CHECK ○△×

청원경찰법령상 청원경찰의 신분 및 직무수행 등에 관한 설명으로 옳지 않은 것은?

① 청원경찰은 파업, 태업 또는 그 밖에 업무의 정상적인 운영을 방해하는 일체의 쟁의행위를 하여서는 아니 된다.

② 국가기관에 근무하는 청원경찰의 직무상 불법행위에 대한 배상책임은 「민법」의 규정을 따른다.

③ 청원경찰은 형의 선고, 징계처분 또는 신체상·정신상의 이상으로 직무를 감당하지 못할 때를 제외하고는 그 의사에 반하여 면직되지 아니한다.

④ 청원경찰이 배치된 사업장의 소재지를 관할하는 경찰서장은 필요하다고 인정하는 경우에는 그 사업장에 소속 공무원을 파견하여 직무집행에 필요한 교육을 할 수 있다.

36 CHECK ○△×

다음은 청원경찰법령상 청원경찰의 교육에 관한 내용이다. (   ) 안의 ㄱ~ㄹ에 들어갈 내용으로 옳지 않은 것은?

- 청원주는 청원경찰로 임용된 사람으로 하여금 경비구역에 배치하기 전에 경찰교육기관에서 직무수행에 필요한 교육을 받게 하여야 하는데, 교육기간은 (ㄱ)로 하고, 수업시간은 총 76시간을 이수하여야 한다.
- 예외적으로 경찰교육기관의 교육계획상 부득이하다고 인정할 때에는 우선 배치하고 임용 후 (ㄴ) 이내에 교육을 받게 할 수 있다.
- 경찰공무원(의무경찰을 포함한다) 또는 청원경찰에서 퇴직한 사람이 퇴직한 날부터 (ㄷ) 이내에 청원경찰로 임용되었을 때에는 직무수행에 필요한 교육(신임교육)을 면제할 수 있다.
- 청원주는 소속 청원경찰에게 그 직무집행에 필요한 교육을 매월 (ㄹ) 이상 하여야 한다.

① ㄱ - 2주　　② ㄴ - 6개월

③ ㄷ - 3년　　④ ㄹ - 4시간

37 CHECK ○△×

청원경찰법령상 청원경찰의 보상금과 퇴직금에 관한 설명이다. ( )의 ㄱ~ㄷ에 들어갈 내용으로 옳은 것은?

- 청원주는 보상금 지급의 이행을 위하여 산업재해보상보험법에 따른 산업재해보상보험에 가입하거나, (ㄱ)에 따라 보상금을 지급하기 위한 재원(財源)을 따로 마련하여야 한다.
- 청원주는 청원경찰이 퇴직할 때에는 (ㄴ)에 따른 퇴직금을 지급하여야 한다. 다만, 국가기관이나 지방자치단체에 근무하는 청원경찰의 퇴직금에 관하여는 따로 (ㄷ)으로 정한다.

	ㄱ	ㄴ	ㄷ
①	근로기준법	근로자퇴직급여보장법	대통령령
②	근로기준법	근로자퇴직급여보장법	행정안전부령
③	근로자퇴직급여보장법	근로기준법	대통령령
④	근로자퇴직급여보장법	근로기준법	행정안전부령

38 CHECK ○△×

청원경찰법령상 청원경찰의 복제에 관한 설명으로 옳지 않은 것은?

① 청원경찰의 복제(服制)는 제복·장구(裝具) 및 부속물로 구분하며, 청원경찰의 제복·장구 및 부속물에 관하여 필요한 사항은 대통령령으로 정한다.

② 청원경찰은 특수근무 중에는 기동모, 기동복, 기동화 및 휘장을 착용하거나 부착하되, 허리띠와 경찰봉은 착용하거나 휴대하지 아니할 수 있다.

③ 청원경찰이 그 배치지의 특수성 등으로 특수복장을 착용할 필요가 있을 때에는 청원주는 시·도 경찰청장의 승인을 받아 특수복장을 착용하게 할 수 있다.

④ 청원경찰 장구의 종류는 허리띠, 경찰봉, 호루라기 및 포승(捕繩)이다.

39 CHECK ○△×

다음 중 청원경찰법령상 청원경찰의 보수에 관한 설명으로 옳은 것을 모두 고른 것은?

> ㄱ. 국가기관에 근무하는 청원경찰의 보수는 재직기간이 10년인 경우, 경찰공무원 순경의 보수를 감안하여 대통령령으로 정한다.
> ㄴ. 지방자치단체에 근무하는 청원경찰의 보수는 재직기간이 20년인 경우, 경찰공무원 경장의 보수를 감안하여 대통령령으로 정한다.
> ㄷ. 국가기관 또는 지방자치단체에 근무하는 청원경찰 외의 청원경찰의 보수는 재직기간이 25년인 경우 경찰공무원 경사의 보수를 감안하여 대통령령으로 정한다.
> ㄹ. 국가기관에 근무하는 청원경찰의 보수는 재직기간이 30년인 경우, 경찰공무원 경위의 보수를 감안하여 대통령령으로 정한다.

① ㄱ, ㄴ, ㄷ
② ㄱ, ㄴ, ㄹ
③ ㄴ, ㄷ, ㄹ
④ ㄱ, ㄴ, ㄷ, ㄹ

40 CHECK ○△×

다음 중 청원경찰법령상 청원주의 위반행위로 인한 과태료의 부과기준이 500만원에 해당하지 않는 것을 모두 고른 것은?

> ㄱ. 시·도 경찰청장의 승인을 받지 않고 임용결격사유에 해당하지 않는 사람을 청원경찰에 임용한 경우
> ㄴ. 정당한 사유 없이 경찰청장이 고시한 최저부담기준액 이상의 보수를 지급하지 않은 경우
> ㄷ. 시·도 경찰청장의 감독상 필요한 총기·실탄 및 분사기에 관한 명령을 정당한 사유 없이 이행하지 않은 경우
> ㄹ. 시·도 경찰청장의 배치결정을 받지 않고 국가정보원장이 지정하는 국가보안목표시설 외의 시설에 청원경찰을 배치한 경우

① ㄱ, ㄴ
② ㄱ, ㄹ
③ ㄴ, ㄷ
④ ㄷ, ㄹ

제10회 심화 모의고사

각 문항별로 난이도를 체크해 보세요. ○△×

Time 분 | 해설편 195p

중요문제 / 틀린 문제 CHECK

01	02	03	04	05	06	07	08	09	10	11	12	13	14	15	16	17	18	19	20
21	22	23	24	25	26	27	28	29	30	31	32	33	34	35	36	37	38	39	40

01 다음 중 경비업법령상 경비지도사가 월 1회 이상 수행하여야 하는 직무는 모두 몇 개인가?

CHECK ○△×

ㄱ. 경비원의 지도·감독·교육에 관한 계획의 수립·실시 및 그 기록의 유지
ㄴ. 경비현장에 배치된 경비원에 대한 순회점검 및 감독
ㄷ. 경찰기관 및 소방기관과의 연락방법에 대한 지도
ㄹ. 집단민원현장에 배치된 경비원에 대한 지도·감독
ㅁ. 기계경비지도사의 기계경비업무를 위한 기계장치의 운용·감독
ㅂ. 기계경비지도사의 오경보방지 등을 위한 기기관리의 감독

① 1개
② 2개
③ 3개
④ 4개

02 경비업법령상 청문을 실시하여야 하는 행정처분에 해당하지 않는 것은 모두 몇 개인가?

CHECK ○△×

ㄱ. 경비지도사 교육기관의 지정 취소 또는 업무의 정지
ㄴ. 경비원 교육기관의 지정 취소 또는 업무의 정지
ㄷ. 경비업 허가의 취소 또는 영업정지
ㄹ. 경비지도사자격의 취소 또는 정지

① 없음
② 1개
③ 2개
④ 3개

03 CHECK ○△×

다음은 어떤 사건의 일부를 요약한 내용이다. 경비업법령상 행정처분 및 벌칙에 관한 설명으로 옳은 것은?

> "C" 경비업자는 노사분규가 진행 중인 "U" 기업의 회사 측과 시설경비계약을 맺고, 노사분규현장에 일반경비원 350명을 배치허가도 받지 아니하고 투입하였다. 노조와 충돌하는 과정에서 일반경비원들은 노조원들에게 쇠파이프를 휘두르고, 소화기를 살포하며 이를 집어던지는 등 폭력과 집단적 위력을 행사하였고, 이로 인하여 노조원 22명이 중경상을 입고 병원에 입원했다. 수사 결과 "C" 경비업자는 일반경비원들에게 폭력과 집단적 위력을 행사하도록 교사하였던 것으로 드러났다.

① 폭력과 물리력을 행사한 경비원들은 1천만원 이하의 벌금에 처한다.
② "C" 경비업자는 배치허가를 받지 않았으므로 허가관청은 경비업 허가를 취소하여야 한다.
③ "C" 경비업자는 경비원으로 하여금 타인에게 위력을 과시하거나 물리력을 행사하는 등 경비업무의 범위를 벗어난 행위를 하게 하였으므로 3년 이하의 징역 또는 3천만원 이하의 벌금에 처한다.
④ "C" 경비업자와 소속 일반경비원이 비록 노사분규 현장에서 노조원들의 정당한 쟁의행위를 방해하고 폭력을 행사하였다 할지라도 시설경비업무를 수행하였기 때문에 "C" 경비업자가 소속 경비원으로 하여금 경비업무의 범위를 벗어난 행위를 하게 한 것은 아니다.

04 CHECK ○△×

경비업법령상 경비지도사 교육기관 및 경비원 교육기관의 지정 취소 및 업무정지 기준에 관한 다음 표의 (　　) 안의 ㄱ~ㄹ에 들어갈 내용으로 알맞은 것을 바르게 연결한 것은?

위반행위	1차 위반	2차 위반	3차 이상 위반
지정받은 사항을 위반하여 업무를 행한 경우	(ㄱ)	(ㄴ)	(ㄷ)
경비업법 제11조의3 제3항 또는 제13조의2 제3항에 따른 시정명령을 받고도 정당한 사유 없이 시정하지 않은 경우	(ㄴ)	(ㄷ)	지정 취소
경비업법 제11조의3 제4항 또는 제13조의2 제4항에 따른 지정 기준에 적합하지 않게 된 경우	(ㄱ)	(ㄴ)	(ㄹ)

	ㄱ	ㄴ	ㄷ	ㄹ
①	경고	업무정지 1개월	업무정지 3개월	업무정지 6개월
②	경고	업무정지 3개월	업무정지 6개월	지정 취소
③	업무정지 1개월	업무정지 3개월	업무정지 6개월	업무정지 6개월
④	업무정지 1개월	업무정지 3개월	업무정지 6개월	지정 취소

05 경비업법령상 경비업자의 의무에 관한 설명으로 옳은 것은 모두 몇 개인가?

CHECK ○△×

ㄱ. 호송경비업자가 호송경비업무를 수행하기 위하여 관할 경찰서의 협조를 얻고자 하는 때에는 출발지의 경찰서장에게 허가를 받아야 한다.
ㄴ. 특수경비업자는 첫 업무개시의 신고를 하기 전에 시・도 경찰청장의 비밀취급허가를 받아야 한다.
ㄷ. 기계경비업자가 관제시설을 신설한 때에는 이를 시・도 경찰청장에게 신고하여야 하고, 관제시설을 폐지한 때에는 이를 관할 경찰서장에게 신고하여야 한다.
ㄹ. 신변보호경비업자가 집단민원현장이 아닌 곳에서 신변보호업무를 수행하는 일반경비원을 배치하려는 경우에는 경비원을 배치하기 24시간 전까지 관할 경찰관서장에게 신고하여야 한다.
ㅁ. 시설경비업자가 주주총회와 관련하여 이해대립이 있어 다툼이 있는 장소에 일반경비원을 배치하려는 경우에는 경비원을 배치하기 48시간 전까지 관할 경찰관서장에게 배치허가를 신청해야 한다.

① 없음
② 1개
③ 2개
④ 3개

06 다음은 경비업법령상 과태료 부과기준이다. (　　) 안의 ㄱ, ㄴ에 들어갈 숫자의 연결이 옳은 것은?

CHECK ○△×

위반행위	과태료 금액(단위 : 만원)		
	1회 위반	2회 위반	3회 이상
집단민원현장에 일반경비원을 배치하면서 일반경비원 명부를 그 배치장소에 비치하지 아니한 경우	(ㄱ)	1,200	2,400
경비원 명단 및 배치일시・배치장소 등 배치허가 신청의 내용을 거짓으로 한 경우	1,000	2,000	(ㄴ)

	ㄱ	ㄴ
①	300	3,000
②	600	3,000
③	300	4,000
④	600	4,000

제1회 제2회 제3회 제4회 제5회 제6회 제7회 제8회 제9회 제10회

07

CHECK ○△×

경비업법령상 (　　) 안의 ㄱ~ㄹ에 들어갈 숫자의 합은?

- 경비업법에 위반하여 벌금형의 선고를 받고 (ㄱ)년이 지나지 아니한 자는 특수경비업무를 수행하는 법인의 임원이 될 수 없다.
- 경비업 허가의 유효기간은 허가받은 날로부터 (ㄴ)년으로 한다.
- 고등교육법에 따른 전문대학을 졸업한 사람으로서 재학 중 경비지도사 시험과목을 3과목 이상 이수하고 졸업한 후 경비업무에 종사한 경력이 (ㄷ)년 이상인 사람은 경비지도사 제1차 시험을 면제한다.
- 경비업법에 따른 경비업무에 7년 이상(특수경비업무의 경우에는 3년 이상) 종사하고 경찰청장이 지정하는 기관 또는 단체에서 실시하는 (ㄹ)시간 이상의 경비지도사 양성과정을 마치고 수료시험에 합격한 사람은 경비지도사 제1차 시험을 면제한다.

① 73
② 75
③ 77
④ 79

08

CHECK ○△×

다음 중 경비업법령상 경비지도사 교육기관에 관한 설명으로 옳지 않은 것을 모두 고른 것은?

ㄱ. 경비업자에 의해 선임·배치된 경비지도사는 행정안전부령으로 정하는 바에 따라 경찰청장이 실시하는 보수교육을 받아야 한다.
ㄴ. 경찰청장은 경비지도사에 대한 기본교육 및 보수교육에 관한 업무를 전문인력 및 시설 등을 갖춘 법인으로서 경찰청장이 지정하는 기관 또는 단체에 위탁할 수 있다.
ㄷ. 경찰청장은 경비지도사 교육기관이 경비지도사에 대한 기본교육 및 보수교육의 교육수준 및 교육방법 등에 필요한 지침을 위반한 경우에는 기간을 정하여 시정을 명할 수 있다.
ㄹ. 경찰청장은 경비지도사에 대한 기본교육 및 보수교육의 전국적 균형을 유지하기 위하여 교육수준 및 교육방법 등에 필요한 지침을 마련하여 시행할 수 있다.
ㅁ. 경비지도사 교육기관의 지정 기준 및 절차 등에 필요한 사항은 행정안전부령으로 정한다.

① ㄱ, ㄴ
② ㄱ, ㅁ
③ ㄴ, ㄹ
④ ㄷ, ㅁ

09 CHECK ○△×

경비업법령상 시험에 응시하고자 하는 자가 납부한 응시수수료의 전부 또는 일부를 반환하는 기준으로 옳은 것은?

① 응시수수료를 과오납한 경우 : 응시수수료 전액
② 시험시행기관의 귀책사유로 시험에 응시하지 못한 경우 : 응시수수료 전액
③ 시험시행일 20일 전까지 접수를 취소하는 경우 : 응시수수료의 100분의 50
④ 시험시행일 10일 전까지 접수를 취소하는 경우 : 응시수수료의 100분의 30

10 CHECK ○△×

다음 중 경비업법령상 경비업자 및 경비업무 도급인의 의무에 관한 설명으로 옳지 않은 것을 모두 고른 것은?

ㄱ. 집단민원현장에 경비인력을 20명 이상 배치하려고 할 때에는 경비업자에게 경비업무를 도급하여서는 아니 되고, 그 경비인력을 직접 고용하여야 한다.
ㄴ. 특수경비업자는 특수경비업무의 개시신고를 하는 때에는 국가중요시설에 대한 특수경비업무의 수행이 중단되는 경우 시설주의 동의를 얻어 다른 특수경비업자 중에서 경비대행업자를 지정하여 허가관청의 허가를 받아야 한다.
ㄷ. 경비업자는 불공정한 계약으로 경비원의 권익을 침해하거나 경비업의 건전한 육성과 발전을 해치는 행위를 하여서는 아니 된다.
ㄹ. 특수경비업자는 국가중요시설에 대한 특수경비업무를 중단하게 되는 경우에는 미리 이를 경비대행업자에게 통보하여야 하며, 경비대행업자는 통보받은 즉시 그 경비업무를 인수하여야 한다.
ㅁ. 경비업자는 경비업무를 성실하게 수행하여야 하고, 도급을 의뢰받은 경비업무가 위법 또는 부당한 것일 때에는 이를 거부하여야 한다.

① ㄱ, ㄴ
② ㄴ, ㄷ
③ ㄷ, ㄹ
④ ㄹ, ㅁ

11 CHECK ○△×

경비업법령상 경비원의 복장에 관한 내용이다. (   ) 안의 ㄱ, ㄴ에 들어갈 내용이 바르게 연결된 것은?

> 경비업자는 경찰공무원 또는 군인의 제복과 색상 및 디자인 등이 명확히 구별되는 소속 경비원의 복장을 정하고 이를 확인할 수 있는 사진을 첨부하여 주된 사무소를 관할하는 (ㄱ)에게 행정안전부령으로 정하는 바에 따라 신고하여야 한다. (ㄱ)은 제출받은 사진을 검토한 후 경비업자에게 복장 변경 등에 대한 (ㄴ)을 할 수 있다.

	ㄱ	ㄴ
①	경찰서장	시정명령
②	경찰서장	이행명령
③	시·도 경찰청장	이행명령
④	시·도 경찰청장	시정명령

12 CHECK ○△×

경비업법령상 휴업의 신고에 관한 내용이다. (   )에 공통적으로 들어갈 숫자는?

> 경비업자는 휴업을 한 경우에는 휴업한 날부터 (   )일 이내에 휴업신고서를 법인의 주사무소를 관할하는 시·도 경찰청장 또는 해당 시·도 경찰청 소속의 경찰서장에게 제출하여야 하고, 휴업신고서를 제출받은 경찰서장은 지체 없이 관할 시·도 경찰청장에게 보내야 한다. 이 경우 휴업신고를 한 경비업자가 신고한 휴업기간이 끝나기 전에 영업을 다시 시작하거나 신고한 휴업기간을 연장하려는 경우에는 영업을 다시 시작한 후 (   )일 이내에 또는 신고한 휴업기간이 끝난 후 (   )일 이내에 영업재개신고서 또는 휴업기간연장신고서를 제출하여야 한다.

① 7
② 10
③ 15
④ 30

13 CHECK ○△×

다음 중 경비업법령상 경비업자의 의무와 이를 위반한 때의 벌칙 또는 과태료를 연결한 것으로 옳지 않은 것은?

[경비업자의 의무]

ㄱ. 경비업자의 임・직원이거나 임・직원이었던 자는 다른 법률에 특별한 규정이 있는 경우를 제외하고는 그 직무상 알게 된 비밀을 누설하거나 다른 사람에게 제공하여 이용하도록 하는 등 부당한 목적을 위하여 사용하여서는 아니 된다.

ㄴ. 경비업자는 경비지도사를 선임하거나 해임하는 때에는 행정안전부령으로 정하는 바에 따라 해당 경비현장을 관할하는 시・도 경찰청장 또는 경찰서장에게 신고하여야 한다.

ㄷ. 경비업자는 집단민원현장에 배치되는 일반경비원의 명부를 그 경비원이 배치되는 장소에도 작성・비치하여야 한다.

ㄹ. 경비업자는 대통령령이 정하는 바에 따라 경비지도사를 선임하여야 한다.

[벌칙 또는 과태료]

a. 3년 이하의 징역 또는 3천만원 이하의 벌금

b. 2년 이하의 징역 또는 2천만원 이하의 벌금

c. 1년 이하의 징역 또는 1천만원 이하의 벌금

d. 3천만원 이하의 과태료

e. 500만원 이하의 과태료

① ㄱ - a

② ㄴ - c

③ ㄷ - d

④ ㄹ - e

14 CHECK ○△×

다음 중 경비업법령상 특수경비원을 배치한 시설주가 갖추어 두어야 할 장부 및 서류는 모두 몇 개인가?

ㄱ. 근무일지

ㄴ. 무기탄약출납부

ㄷ. 무기・탄약대여대장

ㄹ. 순찰표철

ㅁ. 경비구역배치도

ㅂ. 감독순시부

① 3개　② 4개

③ 5개　④ 6개

15 CHECK O△X

다음 중 경비업법령상 경비지도사 교육기관과 일반경비원 교육기관의 공통적인 강사(인력) 지정 기준(A)과 경비지도사 교육기관과 특수경비원 교육기관의 공통적인 강사(인력) 지정 기준(B)을 바르게 연결한 것은?

교육기관은 다음의 어느 하나에 해당하는 강사를 1명 이상 갖추어야 한다.
ㄱ. 「고등교육법」 제2조 각호에 따른 학교 또는 이에 준하는 학교에서 교육과목 관련 학과의 조교수 이상의 직에 1년 이상 근무한 경력이 있는 사람
ㄴ. 교육과목 관련 박사학위를 취득한 후 관련 분야의 연구실적이 있는 사람
ㄷ. 교육과목 관련 석사 이상의 학위를 취득한 후 관련 분야에 1년 이상 근무한 경력이 있는 사람
ㄹ. 교육과목 관련 분야에서 공무원으로 5년 이상 근무한 경력이 있는 사람

	A	B
①	ㄱ, ㄴ	ㄷ, ㄹ
②	ㄱ, ㄷ	ㄴ, ㄹ
③	ㄴ, ㄹ	ㄱ, ㄷ
④	ㄷ, ㄹ	ㄱ, ㄴ

16 CHECK O△X

다음 중 경비업법령상 경비협회가 할 수 있는 공제사업을 모두 고른 것은?

ㄱ. 경비업자의 손해배상책임을 보장하기 위한 사업
ㄴ. 경비업자가 경비업을 운영할 때 필요한 입찰보증, 계약보증(이행보증을 포함), 하도급보증을 위한 사업
ㄷ. 경비원의 후생·복지에 관한 사업
ㄹ. 경비원의 업무상 재해로 인한 손실을 보상하는 사업
ㅁ. 경비원 교육·훈련에 관한 사업

① ㄱ, ㄴ, ㄷ
② ㄱ, ㄹ, ㅁ
③ ㄱ, ㄴ, ㄹ, ㅁ
④ ㄴ, ㄷ, ㄹ, ㅁ

17 CHECK ○△×

경비업법령상 경비업자의 책임에 관한 설명으로 옳지 않은 것은?

① 경비업자는 경비원이 업무수행 중 경비대상에 손해가 발생하는 것을 방지하여도 손해를 배상하여야 한다.
② 경비업자는 경비원이 업무수행 중 고의로 제3자에게 손해를 입힌 경우에는 이를 배상하여야 한다.
③ 경비업자는 경비원이 업무수행 중 과실로 제3자에게 손해를 입힌 경우에는 이를 배상하여야 한다.
④ 경비업자는 경비원이 업무수행 중 과실로 경비대상에 손해가 발생하는 것을 방지하지 못한 때에는 그 손해를 배상하여야 한다.

18 CHECK ○△×

다음 중 경비원의 교육에 관한 설명으로 옳은 것은 모두 몇 개인가?

ㄱ. 경비업자는 경비업무를 적정하게 실시하기 위하여 경비원으로 하여금 행정안전부령으로 정하는 바에 따라 경비원 신임교육 및 직무교육을 받게 하여야 한다.
ㄴ. 경비원이 되려는 사람은 대통령령으로 정하는 교육기관에서 미리 일반경비원 신임교육을 받을 수 있다.
ㄷ. 특수경비업자는 대통령령으로 정하는 바에 따라 특수경비원으로 하여금 특수경비원 신임교육과 정기적인 직무교육을 받게 하여야 하고, 특수경비원 신임교육을 받지 아니한 자를 특수경비업무에 종사하게 하여서는 아니 된다.
ㄹ. 경비원 교육기관의 지정 기준 및 절차 등에 필요한 사항은 행정안전부령으로 정한다.
ㅁ. 특수경비원의 교육 시 관할경찰서 소속 경찰공무원이 교육기관에 입회하여 행정안전부령이 정하는 바에 따라 지도·감독하여야 한다.
ㅂ. 경비원 교육기관의 지정 취소 및 업무 정지에 관한 세부기준 및 절차는 그 위반행위의 유형과 위반의 정도 등을 고려하여 대통령령으로 정한다.

① 없음
② 1개
③ 2개
④ 3개

19 CHECK ○△×

다음 중 경비업법령상 경비원 등의 결격사유 확인을 위한 범죄경력조회 등에 관한 설명으로 옳지 않은 것을 모두 고른 것은?

ㄱ. 경비업자는 범죄경력조회를 요청하는 경우 범죄경력조회 신청서에 경비법인의 정관과 취업자 또는 취업예정자 범죄경력조회 동의서를 첨부하여야 한다.
ㄴ. 경찰청장은 직권으로 경비업자의 임원, 경비지도사 또는 경비원이 결격사유에 해당하는지를 확인하기 위하여 「형의 실효 등에 관한 법률」에 따른 범죄경력조회를 할 수 있다.
ㄷ. 시·도 경찰청장은 직권으로 경비지도사에 대한 범죄경력조회를 할 수 없다.
ㄹ. 경비업자는 선출하려는 임원, 경비지도사 또는 경비원이 결격사유에 해당하는지를 확인하기 위하여 주된 사무소, 출장소 또는 배치장소를 관할하는 시·도 경찰청장 또는 경찰관서장에게 「형의 실효 등에 관한 법률」 제6조에 따른 범죄경력조회를 요청할 수 있다.
ㅁ. 범죄경력조회 요청을 받은 관할 경찰관서장은 경비업자에게 그 결과를 통보할 때에는 경비업자의 임원, 경비지도사 또는 경비원이 결격사유에 해당하는지 여부만을 통보하여야 한다.
ㅂ. 시·도 경찰청장 또는 관할 경찰관서장은 경비업자의 임원, 경비지도사 또는 경비원이 결격사유에 해당하는 사실을 알게 된 때에는 경비업자에게 그 사실을 통보하여야 한다.

① ㄱ, ㄷ
② ㄱ, ㅂ
③ ㄴ, ㅁ
④ ㄷ, ㄹ

20 CHECK ○△×

경비업법령상 행정처분 기준 중 개별기준에 관한 다음 표의 (　　) 안의 ㄱ~ㄹ에 들어갈 내용으로 알맞은 것은?

위반행위	1차 위반	2차 위반	3차 이상 위반
경비업법 제16조의3에 따른 경비원의 출동차량 등에 관한 규정을 위반한 때	(ㄱ)	(ㄴ)	(ㄷ)
경비업법 제18조 제1항 단서를 위반하여 집단민원현장에 일반경비원 명부를 작성·비치하지 않은 때	(ㄴ)	(ㄷ)	(ㄹ)

	ㄱ	ㄴ	ㄷ	ㄹ
①	경고	영업정지 1개월	영업정지 3개월	허가취소
②	경고	영업정지 3개월	영업정지 6개월	허가취소
③	경고	영업정지 1개월	영업정지 6개월	허가취소
④	영업정지 1개월	영업정지 3개월	영업정지 6개월	허가취소

21 CHECK ○△×

다음은 경비업법령상 보안지도·점검의 내용이다. (   ) 안의 ㄱ~ㄹ에 들어갈 내용으로 옳은 것은?

- (ㄱ)은 (ㄴ)이 정하는 바에 따라 특수경비업자에 대하여 보안지도·점검을 실시하여야 하고, 필요한 경우 관계기관에 보안측정을 요청하여야 한다.
- (ㄱ)은 법 제25조의 규정에 의하여 특수경비업자에 대하여 연 (ㄷ) 이상의 보안지도·점검을 실시하여야 한다.
- (ㄱ)은 특수경비업자에게 비밀취급인가를 하고자 하는 때에는 특수경비업자로 하여금 경찰청장을 거쳐 (ㄹ)에게 보안측정을 요청하도록 하여야 한다.

	ㄱ	ㄴ	ㄷ	ㄹ
①	관할 경찰관서장	행정안전부령	2회	행정안전부장관
②	시·도 경찰청장	대통령령	2회	국가정보원장
③	시·도 경찰청장	행정안전부령	1회	행정안전부장관
④	관할 경찰관서장	대통령령	1회	국가정보원장

22 CHECK ○△×

다음은 경비업법령상 특수경비원의 무기휴대의 절차에 관한 규정의 내용이다. (   ) 안의 ㄱ~ㄹ에 들어갈 내용의 연결이 옳지 않은 것은?

- 시설주는 특수경비원이 휴대할 무기를 대여받고자 하는 때에는 무기대여신청서를 관할 경찰관서장을 거쳐 (ㄱ)에게 제출하여야 한다.
- 시설주는 관할 경찰관서장으로부터 대여받은 무기를 특수경비원에게 휴대하게 하는 경우에는 관할 경찰관서장의 (ㄴ)을 얻어야 한다.
- 특수경비원이 휴대할 수 있는 무기종류는 (ㄷ)으로 한다.
- 시설주, 무기관리책임자와 특수경비원은 (ㄹ)이 정하는 무기관리수칙을 준수하여야 한다.

① ㄱ : 시·도 경찰청장
② ㄴ : 사전승인
③ ㄷ : 권총 및 소총
④ ㄹ : 대통령령

23 CHECK ○△×

다음은 경비업법령상 무기를 대여받은 국가중요시설의 시설주 또는 관리책임자의 무기관리수칙의 일부 내용이다. ( ) 안의 ㄱ~ㄹ에 들어갈 내용의 연결이 옳지 않은 것은?

- 무기의 관리를 위한 책임자를 지정하고 (ㄱ)에게 이를 통보하여야 한다.
- (ㄴ)이 정하는 바에 의하여 무기의 관리실태를 매월 파악하여 다음 달 3일까지 (ㄴ)에게 통보하여야 한다.
- 대여받은 무기를 빼앗기거나 대여받은 무기가 분실·도난 또는 훼손된 때에는 (ㄷ)이 정하는 바에 의하여 그 전액을 배상하여야 한다.
- (ㄹ)는 자체계획을 수립하여 보관하고 있는 무기를 매주 1회 이상 손질할 수 있게 하여야 한다.

① ㄱ : 관할 경찰관서장
② ㄴ : 시·도 경찰청장
③ ㄷ : 경찰청장
④ ㄹ : 시설주

24 CHECK ○△×

다음 중 경비업법령상 경비원이 경비업무 수행 중에 경비원이 휴대할 수 있는 장비 외에 흉기 또는 그 밖의 위험한 물건을 휴대하고 범죄를 범한 경우 그 법정형의 2분의 1까지 가중처벌되는 형법상의 범죄가 아닌 것은 모두 몇 개인가?

ㄱ. 폭행죄(형법 제260조 제1항)
ㄴ. 중체포죄(형법 제277조 제1항)
ㄷ. 협박죄(형법 제283조 제1항)
ㄹ. 특수주거침입죄(형법 제320조)
ㅁ. 특수공갈죄(형법 제350조의2)
ㅂ. 재물손괴죄(형법 제366조)

① 없음
② 1개
③ 2개
④ 3개

25 CHECK ○△×

경비업법령상 (   )의 ㄱ~ㄷ에 들어가지 않는 숫자는?

> • 경보의 수신 및 현장도착 일시와 조치의 결과, 오경보인 경우 오경보가 발생한 경비대상시설 및 그 오경보에 대한 조치의 결과를 기재한 서류는 당해 경보를 수신한 날부터 (ㄱ)년간 이를 보관하여야 한다.
> • 경비업법에 따른 신변보호업무에 (ㄴ)년 이상 종사하고 행정안전부령으로 정하는 교육과정을 이수한 사람은 경비지도사 제1차 시험을 면제한다.
> • 일반경비지도사 자격을 취득한 후 (ㄷ)년 이내에 기계경비지도사 시험에 합격한 사람이 기본교육을 받는 경우 공통교육은 면제한다.

① 1
② 3
③ 7
④ 10

26 CHECK ○△×

다음 중 경비업법령상 법정형의 최고한도가 높은 것부터 순서대로 나열된 것은?(단, 가중처벌 등은 고려하지 않음)

> ㄱ. 국가중요시설의 정상적인 운영을 해치는 장해를 일으킨 특수경비원
> ㄴ. 경비업무의 중단을 통보하지 아니하거나 경비업무를 즉시 인수하지 아니한 특수경비업자 또는 경비대행업자
> ㄷ. 무기출납부 및 무기장비운영카드를 비치·기록하지 않은 관리책임자
> ㄹ. 국가중요시설에 대한 경비업무 중 정당한 사유 없이 무기를 소지하고 배치된 경비구역을 벗어난 특수경비원

① ㄱ - ㄴ - ㄹ - ㄷ
② ㄱ - ㄷ - ㄹ - ㄴ
③ ㄱ - ㄹ - ㄴ - ㄷ
④ ㄱ - ㄹ - ㄷ - ㄴ

27 경비업법령상 경찰청장 권한의 위임사항에 해당하지 않는 것은 모두 몇 개인가?

CHECK ○△×

ㄱ. 경비지도사자격의 취소
ㄴ. 경비지도사자격의 정지
ㄷ. 경비지도사자격의 취소에 관한 청문
ㄹ. 경비지도사자격의 정지에 관한 청문
ㅁ. 경비지도사 시험에 관한 업무

① 없음
② 1개
③ 2개
④ 3개

28 청원경찰법령상 청원경찰의 임용에 관한 설명으로 옳지 않은 것은?

CHECK ○△×

① 청원경찰의 임용자격에 관하여는 행정안전부령으로 정한다.
② 청원경찰은 청원주가 임용하되, 임용을 할 때에는 미리 시・도 경찰청장의 승인을 받아야 한다.
③ 청원주가 청원경찰을 임용하였을 때에는 임용한 날부터 10일 이내에 그 사항을 관할 경찰서장을 거쳐 시・도 경찰청장에게 보고하여야 한다.
④ 청원주는 청원경찰이 퇴직하였을 때에는 퇴직한 날부터 10일 이내에 그 사항을 관할 경찰서장을 거쳐 시・도 경찰청장에게 보고하여야 한다.

29 청원경찰법령상 시・도 경찰청장이 갖춰 두어야 할 문서와 장부에 해당하지 않는 것은?

CHECK ○△×

① 청원경찰 임용승인 관계철
② 전출입 관계철
③ 징계요구서철
④ 배치결정 관계철

30 CHECK ○△×

다음은 청원경찰에 관한 정의이다. 청원경찰법령상 밑줄 친 부분에 포함되지 않는 것을 〈보기〉에서 모두 고른 것은?

> "청원경찰"이란 다음의 어느 하나에 해당하는 기관의 장 또는 시설·사업장 등의 경영자가 경비{이하 "청원경찰경비"(請願警察經費)라 한다}를 부담할 것을 조건으로 경찰의 배치를 신청하는 경우 그 기관·시설 또는 사업장 등의 경비(警備)를 담당하게 하기 위하여 배치하는 경찰을 말한다.

〈보기〉
ㄱ. 국가기관 또는 공공단체와 그 관리하에 있는 중요시설 또는 사업장
ㄴ. 선박, 항공기 등 수송시설
ㄷ. 금융 또는 보험을 업(業)으로 하는 시설 또는 사업장
ㄹ. 국외 주재(駐在) 국내기관
ㅁ. 「사회복지사업법」에 따른 사회복지시설

① ㄱ, ㄴ
② ㄴ, ㄷ
③ ㄷ, ㄹ
④ ㄹ, ㅁ

31 CHECK ○△×

다음 중 청원경찰법령상 청원경찰의 퇴직에 관한 설명으로 옳은 것은 모두 몇 개인가?

ㄱ. 청원경찰이 임용결격사유에 해당하는 경우 제한 없이 당연 퇴직된다.
ㄴ. 청원경찰의 배치폐지는 당연 퇴직사유에 해당한다.
ㄷ. 청원경찰은 65세가 되었을 때 당연 퇴직된다.
ㄹ. 국가기관이나 지방자치단체에 근무하는 청원경찰의 명예퇴직에 관하여는 「경찰공무원법」을 준용한다.

① 1개　　② 2개
③ 3개　　④ 4개

32 청원경찰법령상 청원경찰의 감독에 관한 설명으로 옳지 않은 것은?

CHECK ○△×

① 청원주는 항상 소속 청원경찰의 근무 상황을 감독하고, 근무 수행에 필요한 교육을 하여야 한다.

② 경찰청장은 청원경찰의 효율적인 운영을 위하여 청원주를 지도하며 감독상 필요한 명령을 할 수 있다.

③ 관할 경찰서장은 매달 1회 이상 청원경찰을 배치한 경비구역에 대하여 복무규율과 근무 상황을 감독하여야 한다.

④ 2명 이상의 청원경찰을 배치한 사업장의 청원주는 청원경찰의 지휘·감독을 위하여 청원경찰 중에서 유능한 사람을 선정하여 감독자로 지정하여야 한다.

33 다음은 A 사업장에 채용된 청원경찰 甲과 B 사업장에 채용된 청원경찰 乙의 경력이다. 청원경찰법령상 甲과 乙의 봉급 산정 시 산입하여야 할 경력은 총 몇 년인가?(단, A 사업장은 국가기관 또는 지방자치단체가 아니고 B 사업장은 지방자치단체이며, 두 사업장 모두 취업규칙에 봉급산정에 관한 특별한 규정이 없다)

CHECK ○△×

[甲의 경력]
ㄱ. 지방자치단체에서 상근(常勤)으로 근무 : 2년
ㄴ. C 사업장에서 청원경찰로 근무 : 4년
ㄷ. 청원주가 다른 D 사업장에서 경비원으로 근무 : 5년
ㄹ. 청원주가 동일한 A 사업장에서 수위로 근무 : 1년

[乙의 경력]
a. 의무경찰에 복무 : 2년
b. 지방자치단체에서 비상근(非常勤)으로 근무 : 2년
c. C 사업장에서 청원경찰로 근무 : 2년
d. 청원주가 다른 E 사업장에서 수위로 근무 : 3년
e. 청원주가 동일한 B 사업장에서 감시원으로 근무 : 2년

	甲	乙
①	5년	6년
②	5년	8년
③	7년	6년
④	7년	8년

34 CHECK ○△×

청원경찰법령상 다음의 위반행위에 따른 과태료 부과기준으로 옳게 짝지어진 것은?

ㄱ. 시·도 경찰청장의 감독상 필요한 총기·실탄 및 분사기에 관한 명령을 정당한 사유 없이 이행하지 않은 경우
ㄴ. 시·도 경찰청장의 승인을 받지 않고 국가공무원법상 임용결격사유에 해당하지 않는 청원경찰을 임용한 경우
ㄷ. 시·도 경찰청장의 배치결정을 받지 않고 국가정보원장이 지정하는 국가보안목표시설 외의 시설에 청원경찰을 배치한 경우

	ㄱ	ㄴ	ㄷ
①	300만원	500만원	400만원
②	500만원	300만원	400만원
③	400만원	300만원	500만원
④	500만원	400만원	300만원

35 CHECK ○△×

청원경찰법령상 청원경찰의 신분 및 직무수행에 관한 설명으로 옳지 않은 것은?

① 청원경찰은 파업, 태업 또는 그 밖에 업무의 정상적인 운영을 방해하는 일체의 쟁의행위를 하여서는 아니 된다.
② 청원경찰이 직무를 수행할 때 직권을 남용하여 국민에게 해를 끼친 경우에는 6개월 이하의 징역이나 금고에 처한다.
③ 청원경찰 업무에 종사하는 사람은 「형법」이나 그 밖의 법령에 따른 벌칙을 적용할 때에는 공무원으로 본다.
④ 지방자치단체에 근무하는 청원경찰의 직무상 불법행위에 대한 배상책임에 관하여는 「민법」의 규정을 따른다.

36 청원경찰법령상 청원경찰경비 등에 관한 설명으로 옳지 않은 것을 모두 고르면?

CHECK ○△×

ㄱ. 청원주는 청원경찰에게 지급할 봉급과 각종 수당, 청원경찰의 피복비·교육비, 보상금, 퇴직금을 청원경찰경비로 부담하여야 한다.
ㄴ. 국가기관 또는 지방자치단체에 근무하는 청원경찰의 보수 산정 시의 기준이 되는 재직기간은 청원경찰로서 근무한 기간으로 한다.
ㄷ. 국가기관 또는 지방자치단체에 근무하는 청원경찰 외의 청원경찰의 봉급과 각종 수당은 시·도 경찰청장이 고시한 최저부담기준액 이상으로 지급하여야 한다.
ㄹ. 청원경찰경비의 최저부담기준액 및 부담기준액은 경찰공무원 중 순경의 것을 고려하여 다음 연도분을 매년 1월에 고시하여야 한다.
ㅁ. 청원경찰의 봉급과 각종 수당은 청원주가 그 청원경찰이 배치된 기관·시설·사업장 또는 장소의 직원에 대한 보수 지급일에 청원경찰에게 직접 지급한다.
ㅂ. 청원경찰의 교육비는 청원주가 해당 청원경찰의 입교 후에 해당 경찰교육기관에 낸다.

① ㄱ, ㄴ, ㄹ
② ㄴ, ㄷ, ㄹ
③ ㄷ, ㄹ, ㅂ
④ ㄷ, ㄹ, ㅁ, ㅂ

37 청원경찰법령상 무기관리수칙에 관한 설명으로 옳은 것은?

CHECK ○△×

① 청원주가 무기와 탄약을 대여받았을 때에는 시·도 경찰청장이 정하는 무기·탄약 출납부 및 무기장비 운영카드를 갖춰 두고 기록하여야 한다.
② 청원주는 무기와 탄약이 분실되었을 때에는 경찰청장이 정하는 바에 따라 그 전액을 배상해야 하지만, 전시·사변·천재지변이나 그 밖의 불가항력적인 사유가 있다고 경찰청장이 인정하였을 때에는 그렇지 않다.
③ 청원주는 무기와 탄약의 관리를 위하여 관리책임자를 지정하고 관할 경찰서장에게 그 사실을 통보하여야 한다.
④ 관할 경찰서장은 사직 의사를 밝힌 청원경찰에게 무기와 탄약을 지급해서는 안 되며, 지급한 무기와 탄약은 즉시 회수해야 한다.

38 CHECK ○△×

다음 중 청원경찰법령상 청원경찰의 교육에 관한 설명으로 옳지 않은 것은 모두 몇 개인가?

- 경찰공무원에서 퇴직한 사람이 퇴직한 날부터 3년 이내에 청원경찰로 임용되었을 때에는 직무수행에 필요한 교육을 면제할 수 있다.
- 경찰교육기관의 교육계획상 부득이하다고 인정할 때에는 우선 배치하고 임용 후 1년 이내에 교육을 받게 할 수 있다.
- 청원경찰로 임용된 자가 경찰교육기관에서 받는 직무수행에 필요한 교육의 기간은 4주로 한다.
- 청원주는 소속 청원경찰에게 그 직무집행에 필요한 교육을 매월 2시간 이상 하여야 한다.

① 없음　② 1개
③ 2개　④ 3개

39 CHECK ○△×

청원경찰법령상 청원경찰의 제복, 장구 및 부속물에 관한 설명으로 옳은 것을 모두 고른 것은?

ㄱ. 제복에는 정모(正帽), 기동모(활동에 편한 모자를 말한다. 이하 같다), 근무복(하복, 동복), 한여름 옷, 기동복, 점퍼, 비옷, 방한복, 외투, 단화, 기동화 및 방한화가 있다.
ㄴ. 부속물에는 모자표장, 가슴표장, 휘장, 계급장, 넥타이핀, 단추 및 장갑이 있다.
ㄷ. 기동모와 기동복의 색상은 진한 녹색으로 한다.
ㄹ. 장구의 형태·규격 및 재질은 경찰 장구와 구별될 수 있도록 다르게 해야 한다.
ㅁ. 제복의 형태·규격 및 재질은 청원주가 결정하되, 경찰공무원 또는 군인 제복의 색상과 명확하게 구별될 수 있어야 하며, 사업장별로 통일하여야 한다.

① ㄱ, ㄴ　② ㄹ, ㅁ
③ ㄱ, ㄴ, ㅁ　④ ㄷ, ㄹ, ㅁ

40 CHECK ○△×

다음 중 청원경찰법령상 보상금이 지급되는 경우를 모두 고른 것은?

ㄱ. 청원경찰이 직무수행으로 인하여 부상을 입은 경우
ㄴ. 청원경찰이 직무수행으로 인하여 질병에 걸린 경우
ㄷ. 청원경찰이 직무상의 부상으로 인하여 퇴직한 경우
ㄹ. 청원경찰이 직무상의 질병으로 인하여 퇴직한 다음 해에 사망한 경우

① ㄱ, ㄴ, ㄷ
② ㄱ, ㄷ, ㄹ
③ ㄴ, ㄷ, ㄹ
④ ㄱ, ㄴ, ㄷ, ㄹ

합격의 공식 시대에듀

M E M O

P/A/R/T/2

경호학

문제편

제1회 심화 모의고사

각 문항별로 난이도를 체크해 보세요. ○△×　　　Time　　분 | 해설편 218p

중요문제 / 틀린 문제 CHECK

41	42	43	44	45	46	47	48	49	50	51	52	53	54	55	56	57	58	59	60
61	62	63	64	65	66	67	68	69	70	71	72	73	74	75	76	77	78	79	80

41 다음은 경호의 의미에 관한 내용이다. 형식적 의미의 경호에 관한 내용(A)과 실질적 의미의 경호에 관한 내용(B)을 바르게 연결한 것은?

CHECK ○△×

ㄱ. 대통령 등의 경호에 관한 법률에서의 경호개념이다.
ㄴ. 실정법·제도·기관 중심적 관점에서 이해한 것이다.
ㄷ. 모든 위험과 곤경으로부터 경호대상자를 안전하게 보호하기 위한 제반활동이다.
ㄹ. 실정법상 일반 경호기관의 권한에 속하는 일체의 경호작용과 여러 가지 경호기관에 의하여 행해지는 모든 작용을 말한다.
ㅁ. 수많은 경호작용 중에서 공통적인 특성을 추상화한 개념이다.
ㅂ. 경호주체(국가기관, 민간기관, 개인, 단체 불문)가 경호대상자를 보호하는 모든 활동을 말한다.

	A	B
①	ㄱ, ㄴ, ㄷ	ㄹ, ㅁ, ㅂ
②	ㄱ, ㄴ, ㄹ	ㄷ, ㅁ, ㅂ
③	ㄴ, ㄷ, ㄹ	ㄱ, ㅁ, ㅂ
④	ㄴ, ㄷ, ㅂ	ㄱ, ㄹ, ㅁ

42 대통령 등의 경호에 관한 법령상 대통령경호처 직원의 임용 등에 관한 내용으로 옳지 않은 것은?

CHECK ○△×

① 공개경쟁채용시험은 필기시험·면접시험·신체검사 및 체력검정으로 실시한다.
② 별정직·일반직공무원에 대하여는 신규채용의 경우를 제외하고는 시험을 과하지 아니한다.
③ 대한민국의 국적을 가지지 아니한 사람은 대통령경호처 직원으로 임용될 수 없다.
④ 대통령경호처 직원이 국가공무원법 제33조 각호에 해당하는 경우 당연히 퇴직한다.

43 경호조직의 구성원칙에 관한 설명으로 옳은 것은?

CHECK ○△×

① 경호지휘단일성의 원칙 – 일반기업의 책임과 분업원리와 연계되는 경호조직의 원칙이다.
② 경호체계통일성의 원칙 – 명령과 지휘체계는 반드시 하나의 계통으로 구성해야 한다는 원칙으로 경호업무가 긴급성을 요한다는 점에서도 요청된다.
③ 경호기관단위작용의 원칙 – 경호기관을 관리하기 위한 지휘권 및 장비가 편성되어 있어야 한다는 원칙으로, 경호조직의 관리 등의 최종결정은 경호조직원 모두에게 있다.
④ 경호협력성의 원칙 – 경호조직과 국민과의 관계에서 요구되는 것으로, 경호대상자를 위한 완벽한 경호를 위해서는 국민들의 협력이 필수요소이다.

44 다음 중 대통령경호안전대책위원회의 구성원별 분장책임으로 옳지 않은 것을 모두 고른 것은?

CHECK ○△×

ㄱ. 외교부 의전기획관 – 다자간 국제행사의 외교의전 시 경호와 관련된 협조
ㄴ. 법무부 출입국·외국인정책본부장 – 위해가능인물의 관리 및 자료수집
ㄷ. 국토교통부 항공안전정책관 – 민간항공기의 행사장 상공비행 관련 업무 지원 및 협조
ㄹ. 식품의약품안전처 식품안전정책국장 – 식음료 관련 영업장 종사자에 대한 위생교육
ㅁ. 대검찰청 공공수사정책관 – 위해용의자에 대한 출입국 및 체류관련 동향의 즉각적인 전파·보고

① ㄱ, ㄴ
② ㄴ, ㅁ
③ ㄷ, ㄹ
④ ㄷ, ㅁ

45 다음 중 경호의 원칙에 관한 설명으로 옳지 않은 것은 모두 몇 개인가?

CHECK ○△×

ㄱ. 목표물 보존의 원칙 : 경호대상자를 암살자 또는 위해를 가할 가능성이 있는 자로부터 떼어 놓아야 한다.
ㄴ. 은밀경호의 원칙 : 경호대상자의 얼굴을 닮은 경호원 또는 비서관을 임명하여 경호위해자로부터 경호대상자를 은밀하게 보호하는 방법이다.
ㄷ. 방어경호의 원칙 : 경호대상자가 위기에 처했을 때 자기 몸을 희생하여 경호대상자를 보호해야 한다.
ㄹ. 두뇌경호의 원칙 : 사전에 치밀한 계획을 세우고 준비를 철저히 하여 위험요소를 제거하는 데 중점을 두며, 경호임무 수행 중 긴급하고 위험한 상황이 발생하였을 때에는 고도의 예리하고 순간적인 판단력이 중요시된다.
ㅁ. 자기담당구역 책임의 원칙 : 경호원이 배치된 자기담당구역 내에서 일어나는 사태에 대해서는 자신만이 책임을 지고 해결해야 한다.
ㅂ. 하나의 통제된 지점을 통한 접근의 원칙 : 하나의 통제된 출입구나 통로라 하더라도 접근자는 경호요원에 의하여 인지되고 확인되어야 하며 허가절차를 거쳐 접근토록 해야 한다.

① 없음
② 1개
③ 2개
④ 3개

46 경호의 분류에 관한 설명으로 옳은 것을 모두 고른 것은?

CHECK ○△×

ㄱ. 출퇴근 시 일상적으로 실시하는 경호는 약식경호이다.
ㄴ. 철도경호는 이동수단에 의한 경호의 분류에 해당하고, 열차경호는 장소에 의한 경호의 분류에 해당한다.
ㄷ. 현충일, 광복절 행사 등 국경일 행사에 참석하는 대통령에 대한 경호수준은 1(A)급 경호에 해당한다.
ㄹ. 직접경호는 행사장에 인원과 장비를 배치하여 인적 · 물적 · 지리적 위험요소를 예방하기 위한 경호이다.

① ㄱ, ㄴ, ㄷ
② ㄱ, ㄷ, ㄹ
③ ㄴ, ㄷ, ㄹ
④ ㄱ, ㄴ, ㄷ, ㄹ

47 CHECK ○△×

정치학자 드와이트 테이즈(Dwight L. Tays)가 분류한 경호에 대한 미국 대통령의 반응 유형 중 소극적 협력형(passive-cooperative)에 관한 내용으로 옳은 것은?

① 경호조치의 필요성을 거의 느끼지 않으며, 경호를 거의 무시하다시피 행동하는 유형이다.
② 경호의 필요성은 느끼지 않으나, 가능하면 경호부서와 불화를 일으키지 않으려 노력하는 유형이다.
③ 경호조치에 수용적이고, 경호조치로 인한 대중과의 일정한 격리를 선호하는 유형이다.
④ 케네디, 루즈벨트, 존슨, 클린턴 대통령이 대표적이다.

48 CHECK ○△×

근접경호의 기본원리 중 자연방벽효과의 원리에 관한 설명으로 옳지 않은 것은?

① 위해기도자의 위치를 아는 경우, 수평적 방벽효과는 근접경호원이 위해기도자와 가까이 위치할수록 증가한다.
② 경호대상자의 위치가 고정된 경우 수평적 방벽효과는 근접경호원이 경호대상자와 가까이 위치할수록 감소한다.
③ 위해기도자가 고층건물과 같이 높은 위치에서 공격한다고 가정할 경우, 수직적 방벽효과는 근접경호원이 경호대상자와 가까이 위치할수록 증가한다.
④ 경호원이 경호대상자에 대한 수직적 방벽효과를 극대화하기 위해서는 항상 바른 자세로 똑바로 서서 근무에 임해야 한다.

49 CHECK ○△×

다음 중 3중 경호의 원칙에 관한 설명으로 옳지 않은 것은?

① 경호대상자가 위치한 집무실이나 행사장으로부터 내부, 외부, 외곽으로 구분하여 경호 행동반경을 거리개념으로 설명한 것이다.
② 1선 안전구역은 완벽한 통제가 이루어져야 하며, 경호원의 확인을 거치지 않은 인원의 출입은 금지한다.
③ 2선 경비구역은 부분적 통제가 실시되며, 경호원의 확인을 거치지 않은 인원 및 물품은 감시의 영역을 벗어나서는 안 된다.
④ 3선 경계구역은 소구경 곡사화기의 유효사거리를 고려한 외곽구역을 말한다.

50 다음에서 설명하고 있는 경호활동의 원칙은 무엇인가?

CHECK ○△×

> 경호대상자에게 접근할 수 있는 출입구나 통로는 하나만 필요하고, 통제된 출입구나 통로라도 접근자는 경호원에게 허가절차 등을 거쳐야 한다.

① 방어경호의 원칙
② 은밀경호의 원칙
③ 목표물 보존의 원칙
④ 하나의 통제된 지점을 통한 접근의 원칙

51 근접경호원의 사주경계활동에 관한 설명으로 옳지 않은 것은?

CHECK ○△×

① 인적 경계대상에는 경호대상자 주변의 모든 인원이 그 지위나 차림새 등에 상관없이 포함된다.
② 물적 경계대상은 행사장이나 주변의 모든 시설물과 물체이다.
③ 지리적 경계대상에는 행사장이나 주변의 모든 장소가 해당된다.
④ 행사 상황에 어울리지 않는 행동을 하는 사람들이 중점 감시대상이다.

52 즉각조치에 관한 설명으로 옳지 않은 것은?

CHECK ○△×

① 즉각조치는 경호활동 중 위해기도나 행사 방해책동과 관련하여 발생 시기나 발생 여부 및 피해 정도를 모르는 우발적 상황에서의 즉각적 행동원칙을 말한다.
② 즉각조치의 과정은 경고 → 방호 → 대피의 순서로 전개된다.
③ 경고, 방호, 대피의 즉각조치 과정은 순차적인 개념이라기보다 우선순위 없이 동시에 이루어지는 일체적 개념이다.
④ 대적 시에는 경고와 동시에 경호대상자와 가장 가까이 있는 경호원이 과감히 몸을 던져 공격선을 차단한다.

53 CHECK ○△×

다음은 예방경호작용 수행단계 중 어느 단계에 관한 설명인가?

> 수집된 정·첩보 중에서 위해 가능성이 있는지를 확인하고 판단하는 과정으로서 정확하고 신속하며 종합적인 고도의 판단력을 필요로 하는 단계

① 예측단계
② 인식단계
③ 조사단계
④ 무력화단계

54 CHECK ○△×

다음 중 보안업무규정상 관계기관의 장이 국가정보원장에게 신원조사를 요청해야 하는 사람을 모두 고른 것은?

> ㄱ. 국가안전보장에 한정된 국가기밀을 취급하는 직위의 공무원에 임용될 예정인 사람
> ㄴ. 임용할 때 정부의 승인이나 동의가 필요한 공공기관의 임원
> ㄷ. 비밀취급 인가 예정자
> ㄹ. 국가보안시설·보호장비를 관리하는 기관 등의 장(해당 국가보안시설 등의 관리업무를 수행하는 소속 직원을 포함한다)

① ㄱ, ㄴ, ㄷ
② ㄱ, ㄷ, ㄹ
③ ㄴ, ㄷ, ㄹ
④ ㄱ, ㄴ, ㄷ, ㄹ

55 CHECK ○△×

한국 경호제도의 역사적 변천에 관한 설명으로 옳지 않은 것은?

① 신라시대의 시위부는 궁성의 숙위와 왕 및 왕실세력 행차 시 호위하는 것이 주된 임무였으며, 시위부 소속의 금군은 모반·반란 등을 평정하고 진압하는 임무를 수행하였다.
② 고려시대의 마별초는 묘청의 난을 계기로 도성의 치안유지를 위하여 좌·우 순금사를 두었으며, 의종 때 내금검이라 하여 숙위를 더욱 강화하였다.
③ 조선시대의 호위청은 인조반정으로 집권한 서인들이 거사에 동원되었던 군사를 해체하지 않고 있다가 계속되는 역모사건을 계기로 왕의 동의를 얻어 설치하였다.
④ 정부수립 이후 1949년 2월 23일 창덕궁경찰서가 폐지되고 경무대경찰서가 신설되면서 종로경찰서 관할인 중앙청 및 경무대 구내가 경무대경찰서의 관할구역이 되었다.

56 경호조직의 특성에 관한 설명으로 옳지 않은 것은?

CHECK ○△×

① 암살 및 테러의 고도화에 따라 경호장비의 과학화와 이를 지원하기 위한 행정업무의 자동화・컴퓨터화 등 기동성이 요구되고 있으며, 경호조직도 그에 대응하여 높은 기동성을 띤 조직으로 변해가고 있다.

② 경호조직은 효과적인 목적 달성을 위해서 기구단위 및 권한과 책임이 분화되어야 하지만, 한편으로는 경호조직 내의 중추세력은 이러한 분화된 노력을 조정하고 통제함으로써 경호에 만전을 기할 수 있도록 통합활동을 하여야 한다.

③ 고도로 전문화된 경호전문가의 양성을 통해 경호조직의 권위를 확립하고, 국민의 이해와 협조 속에서 국민과 함께 하는 경호가 요구된다.

④ 과거에 경호조직은 폐쇄성을 특징으로 했지만, 오늘날 현대적인 경호조직은 인터넷과 정보기술의 발달, 국민들의 알권리의 충족 등을 위해서 개방성을 가진 조직으로 변화하고 있다.

57 경호계획 수립 시 유의사항에 관한 설명으로 옳지 않은 것은?

CHECK ○△×

① 예기치 않은 변화 가능성을 참작하여 융통성 있게 수립되어야 한다.

② 순시에 포함될 수행원은 물론 주관부서(기관)와의 협조는 필수적이다.

③ 사전에 관계기관 회의를 개최하여 문제점을 검토한 후 현지 실정에 맞고 실현 가능한 경호계획을 수립하여야 한다.

④ 수립된 계획의 실천 추진사항을 지속적으로 확인해야 하며, 일관된 업무수행을 위해 수립된 계획은 변경하지 않는다.

58 경호의 기본원리 및 경호기법에 관한 설명으로 옳지 않은 것은?

CHECK O△×

① 위해기도자의 접근에 대해서 이를 제지하기 위한 반응시간을 고려하여, 경호요원이 위해기도자의 접근을 효과적으로 제지하기 위해서 군중과 경호대상자는 최소한 4~5m의 거리를 유지해야 한다.
② 위해기도 시 경호대상자와 가장 가까이 위치한 경호원이 위해기도자를 대적한다.
③ 위력경호는 위해기도자의 위해기도 의사를 제압할 수 있는 유형적·무형적 힘을 이용한다.
④ 위해기도 시 경호대상자를 방호해야 하는 경호원은 위해기도자의 공격선상에서 최대한 몸을 크게 벌려 공격을 막는다.

59 선발경호의 목적으로 옳지 않은 것을 모두 고른 것은?

CHECK O△×

> ㄱ. 경호 관련 정·첩보 획득 및 공유
> ㄴ. 행사장의 안전 확보
> ㄷ. 우발상황에 대응하기 위한 비상대책 강구
> ㄹ. 도보경호 및 경호차량 대형 형성
> ㅁ. 발생한 위험에 대응하여 경호대상자 보호

① ㄱ, ㄴ
② ㄴ, ㄷ
③ ㄷ, ㄹ
④ ㄹ, ㅁ

60 다음 설명에 해당하는 근접경호 기본대형은 무엇인가?

CHECK O△×

> 무장한 위해자와 직면했을 때 적당한 대형으로, 각각의 경호원에게는 기동로를 향해 360° 지역 중 한부분의 책임구역이 할당되어야 하며, 대중이 별로 없는 장소 통과 시, 인도와 좁은 통로 이동 시에 유용한 대형이다.

① 다이아몬드형 대형
② 쐐기형 대형
③ 원형 대형
④ 삼각형 대형

61 CHECK ○△×

대통령 등의 경호에 관한 법령상 경호처의 경호대상이 아닌 사람은?(단, 처장이 경호가 필요하다고 인정하는 경우는 고려하지 않음)

① 대통령의 형제·자매
② 대통령권한대행과 그 배우자
③ 대통령 당선인의 조부모
④ 본인의 의사에 반하지 아니하는 경우에 한정하여 퇴임 후 10년 이내의 전직대통령과 그의 배우자

62 CHECK ○△×

다음 중 선도경호차량 – VIP차량 – 후미경호차량으로 구성된 차량대형에서 후미경호차량의 역할에 해당하는 것은 모두 몇 개인가?

ㄱ. 행사시간에 맞게 주행속도를 조절한다.
ㄴ. 전방의 각종 상황에 대한 경계임무를 수행한다.
ㄷ. 기동 간 이동지휘소의 역할을 한다.
ㄹ. 의료진의 이동수단이 된다.
ㅁ. VIP 예비차량의 임무를 수행한다.

① 1개
② 2개
③ 3개
④ 4개

63 CHECK ○△×

차량에 국기 부착 시 의전관례에 관한 설명으로 옳지 않은 것은?

① 우리나라 국기만 부착할 경우는 운전자 중심으로 우측(조수석 방향)에 한다.
② 양 국기를 부착할 경우 우리나라 국기를 운전자 중심으로 좌측(운전석 방향)에 부착한다.
③ 외국의 원수가 방한, 우리 대통령과 동승 시 앞에서 보아 태극기는 왼쪽, 외국기는 오른쪽에 위치한다.
④ 외국 국기만 부착할 경우 운전자 중심으로 우측(조수석 방향)에 한다.

64 다음은 안전대책에 관한 내용이다. (　　) 안의 ㄱ~ㄹ에 들어갈 내용으로 옳지 않은 것은?

CHECK ○△×

> (ㄱ)이 주로 행사장 내부나 내곽의 (ㄴ) 및 물적 위해요소를 대상으로 하는 안전활동이라면, 안전대책은 주로 행사장 (ㄷ)의 지리적 취약요소 및 (ㄹ)를 대상으로 하는 안전조치활동을 말한다.

① ㄱ : 검측활동
② ㄴ : 지리적 취약요소
③ ㄷ : 외 곽
④ ㄹ : 물적 위해요소

65 경호의 기능에 관한 다음 설명 중 (　　) 안의 ㄱ, ㄴ에 들어갈 내용으로 옳은 것은?

CHECK ○△×

> • (ㄱ) : 참석자의 위해물질 소지 여부를 확인하여 위험인물이나 위해물질의 침투를 거부하고 비인가자의 참석을 배제하기 위한 활동
> • (ㄴ) : 경호대상자의 신변안전을 도모하는 데 필요한 정·첩보를 사전에 수집·평가·전파함으로써 예방경호를 실현하기 위한 활동

	ㄱ	ㄴ
①	검측	통신
②	안전	정보
③	검색	보안
④	검색	정보

66 유형별 응급환자에 대한 조치사항으로 옳지 않은 것은?

CHECK ○△×

① 두부손상이 의심되면 상체를 높이고, 구토 등 이물질이 있는 경우 옆으로 눕힌다.
② 뇌일혈의 경우 환자의 머리와 어깨를 높여 주고, 목의 옷을 느슨하게 하고 찬 물수건이나 얼음주머니를 머리에 대어준다.
③ 약품화상의 경우 물로 상처를 씻어내고 감염을 예방하도록 한다.
④ 독사교상의 경우 상처부위의 위쪽은 묶고, 상처부위를 심장보다 높게 하여 이송한다.

67 CHECK ○△×

국민보호와 공공안전을 위한 테러방지법령상 대테러 인권보호관에 관한 설명으로 옳지 않은 것은?

① 인권보호관의 임기는 2년으로 하고, 연임할 수 있다.

② 인권보호관은 국가공무원법 제33조 각호의 결격사유에 해당하는 경우 그 의사에 반하여 해촉될 수 있다.

③ 인권보호관은 대테러활동에 따른 인권침해 관련 민원의 처리를 원칙적으로 민원을 접수한 날부터 2개월 내에 처리하여야 한다.

④ 국가테러대책위원회의 위원장인 국무총리는 인권보호관의 직무 수행을 지원하기 위하여 지원조직을 둘 수 있으며, 필요한 경우에는 관계 중앙행정기관 소속 공무원의 파견을 요청할 수 있다.

68 CHECK ○△×

다음 (　　) 안의 ㄱ~ㄹ에 들어갈 내용이 옳지 않은 것은?

검색은 (ㄱ)에게 위해를 가할 수 있는 (ㄴ)를 찾아내기 위한 활동으로, 주로 행사에 참석하는 (ㄷ)의 안전성 여부를 확인하기 위한 과정이다. 인원에 대한 검색은 주로 (ㄹ)를 이용하여 위해에 사용될 수 있는 무기나 위해물질을 찾아내기 위한 작업이다.

① ㄱ : 참석자

② ㄴ : 물 체

③ ㄷ : 인 원

④ ㄹ : 금속탐지기

69 CHECK ○△×

위협의 평가에 따른 경호 대응 방안에는 5가지가 있다. 위험의 발생 횟수나 발생 규모를 줄이려는 기법이나 도구 또는 전략을 의미하는 것은?

① 위험의 감소

② 위험의 회피

③ 위험의 제거

④ 위험의 통제

70 다음은 경호장비에 관한 설명이다. 이에 해당하는 경호장비는 무엇인가?

CHECK ○△×

> 일반적으로 자신의 생명이나 신체가 위험상태에 놓였을 때 스스로를 보호하는 데 사용하는 장비를 말한다.

① 기동장비 ② 방호장비
③ 감시장비 ④ 호신장비

71 국기게양에 관한 설명으로 옳지 않은 것은?

CHECK ○△×

① 조의를 표하는 날은 현충일 및 국가장법 제6조에 따른 국가장 기간이다.
② 국경일은 3·1절, 제헌절, 광복절, 개천절 및 한글날이다.
③ 각급 학교 및 군부대의 주된 게양대에는 국기를 매일 낮에만 게양한다.
④ 국가, 지방자치단체 및 공공기관의 청사 등에는 목적을 고려하여 국기를 낮에만 게양할 수 있다.

72 출입자 통제에 관한 설명으로 옳지 않은 것은?

CHECK ○△×

① 안전구역 설정권 내에 출입하는 인적·물적 제반 요소에 대한 안전활동을 말한다.
② 검색은 각종 장비와 오관과 육감 등을 이용하여 실시한다.
③ 참석자들의 안전을 고려하여 행사와 무관한 사람들의 행사장 출입을 통제하고, 그 효과를 극대화하기 위하여 가능한 한 출입구를 단일화하거나 최소화하여 출입자들을 확인·통제하여야 한다.
④ 행사장으로부터 연도경호의 안전거리를 벗어난 주차장일지라도 통제범위에 포함시켜 운영한다.

73 경호의 환경에 관한 내용 중 옳은 것은?

CHECK ○△×

① 경제발전과 과학기술의 향상이 경호환경을 개선시킨다.
② 우리나라의 국제적 지위향상과 더불어 해외에서의 한국인 대상 납치·살해 등 테러 위협이 감소하고 있다.
③ 제4차 산업의 발달에 따라 드론을 활용하여 북한이 남한을 위협하는 것은 특수적 환경요인이다.
④ 개인주의 보편화로 경호작용의 협조적 경향이 증가하고 있다.

74 다음 중 「대통령경호안전대책위원회규정」상 대통령경호안전대책위원회 위원과 「국가테러대책위원회 및 테러대책실무위원회 운영규정」상 테러대책실무위원회의 위원에 공통으로 해당하는 자를 모두 고른 것은?

CHECK ○△×

ㄱ. 경찰청 경비국장
ㄴ. 해양경찰청 경비국장
ㄷ. 관세청 조사감시국장
ㄹ. 소방청 119구조구급국장
ㅁ. 국가정보원 테러정보통합센터장

① ㄱ, ㄴ, ㄷ, ㄹ
② ㄱ, ㄴ, ㄹ, ㅁ
③ ㄱ, ㄷ, ㄹ, ㅁ
④ ㄴ, ㄷ, ㄹ, ㅁ

75 CHECK ○△×

대통령 등의 경호에 관한 법령상 손실보상에 관한 설명으로 옳지 않은 것은?

① 손실보상을 청구할 수 있는 권리는 손실이 있음을 안 날부터 3년, 손실이 발생한 날부터 10년간 행사하지 아니하면 시효의 완성으로 소멸한다.

② 물건의 멸실·훼손으로 인한 손실 외의 재산상 손실에 대해서는 직무집행과 상당한 인과관계가 있는 범위에서 보상한다.

③ 손실보상심의위원회의 회의에 참석한 사람은 직무상 알게 된 비밀을 누설해서는 안 된다.

④ 보상금을 지급받을 자가 동일한 원인으로 다른 법령에 따라 보상금 등을 지급받은 경우 그 보상금 등에 상당하는 금액을 제외하고 보상금을 지급한다.

76 CHECK ○△×

다음은 경호작용의 기본적인 고려요소에 관한 설명이다. 기본적인 고려요소와 그 내용이 바르게 연결된 것은?

〈기본적인 고려요소〉
ㄱ. 계획수립
ㄴ. 책임분배
ㄷ. 자원동원
ㄹ. 보안유지

〈내용〉
a. 경호환경을 극복하기 위한 예비 및 우발계획 준비
b. 경호임무는 명확하게 부여하고 각각의 임무형태에 책임 부과
c. 경호경비상황에 관한 보안 유출에 대한 엄격한 통제
d. 대중 앞에서의 노출이나 제반 여건에 의해서 필연적으로 노출을 수반하는 행차의 지속시간과 사전 위해첩보 수집 간 획득된 내재적인 위협을 분석

① ㄱ − b
② ㄴ − c
③ ㄷ − d
④ ㄹ − a

77 MD(금속탐지기) 근무에 관한 설명 중 옳지 않은 것은?

CHECK ○△×

① MD(금속탐지기)를 통과하게 되면 바로 안전구역에 들어오게 되므로, MD 근무자는 위해기도자의 침투 및 위험물질의 반입을 차단해야 하는 막중한 사명감을 갖고 임무를 수행한다.

② 예외 없는 검색이 원칙이며, MD의 감도를 조절해서는 안 된다.

③ 비표의 패용 여부와 진위 여부를 세밀히 관찰한다.

④ 위해물질의 소지 여부를 색출하고, 비금속성 위해물질 반입을 차단한다.

78 경호 비표 운용에 관한 설명으로 옳은 것은?

CHECK ○△×

① 행사 참석자를 위한 명찰이나 리본은 모든 구역의 색상을 단일화하여 식별이 용이하도록 하면 효과적이다.

② 보안성 강화를 위해 비표의 종류는 많을수록 좋다.

③ 비표는 행사참석자에게 행사일 전에 미리 배포하여 출입혼잡을 예방하여야 한다.

④ 비표는 식별이 용이하고 선명하여야 한다.

79 CHECK ○△×

다음 중 자연발생적 우발상황이 아닌 것은 모두 몇 개인가?

ㄱ. 갑자기 소나기가 내려 군중이 한군데로 몰리면서 혼잡상황이 발생한 경우
ㄴ. 홍수 등으로 인하여 도로가 유실된 경우
ㄷ. 폭설로 인하여 도로가 차단된 경우
ㄹ. 차량의 고장 등으로 인하여 도로에 정체현상이 발생한 경우

① 1개
② 2개
③ 3개
④ 4개

80 CHECK ○△×

다음 중 국민보호와 공공안전을 위한 테러방지법령상 국가테러대책위원회의 위원이 아닌 사람을 모두 고른 것은?

ㄱ. 대통령경호처장
ㄴ. 국무조정실장
ㄷ. 경찰청 경비국장
ㄹ. 질병관리청장
ㅁ. 과학기술정보통신부 통신정책관

① ㄱ, ㄴ
② ㄴ, ㅁ
③ ㄷ, ㄹ
④ ㄷ, ㅁ

제2회 심화 모의고사

각 문항별로 난이도를 체크해 보세요. ○△×

Time 분 | 해설편 240p

중요문제 / 틀린 문제 CHECK

41	42	43	44	45	46	47	48	49	50	51	52	53	54	55	56	57	58	59	60
61	62	63	64	65	66	67	68	69	70	71	72	73	74	75	76	77	78	79	80

41 경호학에 관한 설명으로 옳지 않은 것은?

CHECK ○△×

① 경호학은 경호법 해석학적 연구방법을 기본으로 한다.
② 경호학의 연구대상 중 경호제도는 경호의 정당성을 제공하는 중요한 근거이다.
③ 경호학의 연구대상 중 경호의식은 사람들이 경호를 어떻게 생각하고 인식하는가의 문제를 연구한다.
④ 경호학의 연구대상 중 경호이론은 구체적으로 경호조치를 하는 기술과 방법을 제공한다.

42 대통령 등의 경호에 관한 법령상 다음 ( ) 안의 ㄱ~ㅁ에 들어갈 숫자의 합은?

CHECK ○△×

- (보통 · 고등)징계위원회 : 위원장 1명과 (ㄱ)명 이상 (ㄴ)명 이하의 위원으로 구성
- 대통령경호안전대책위원회 : 위원장과 부위원장 각 1명을 포함한 (ㄷ)명 이내의 위원으로 구성
- 인사위원회 및 인사실무위원회 : 위원장 1인과 (ㄹ)인 이상 (ㅁ)인 이하의 위원으로 구성

① 38
② 40
③ 42
④ 44

43 경호조직에 관한 설명으로 옳은 것은?

CHECK ○△×

① 국제적 테러행위의 수법이 지능화·고도화되고 있어 경호조직에 있어서도 기능의 전문화 내지 집중화현상이 나타나고 있다.

② 경호조직은 단위조직, 권한과 책임 등이 경호업무의 목적달성에 잘 기여할 수 있도록 통합되어야 한다.

③ 경호지휘단일성의 원칙에 따르면, 하급 경호요원은 하나의 상급기관에 대해서만 책임을 진다.

④ 경호조직은 정치체제의 변화와 역사적 사건들로 인해 그 기구 및 인원 면에서 점차 소규모화되고 있다.

44 대통령 경호 등에 관한 법률상 경호·안전 대책기구에 관한 설명으로 옳지 않은 것은?

CHECK ○△×

① 대한민국에서 개최되는 다자간 정상회의에 참석하는 외국의 국가원수 등의 신변보호 및 행사장의 안전관리 등을 효율적으로 수행하기 위하여 대통령경호처장 소속으로 경호·안전 대책기구를 둔다.

② 경호·안전 대책기구의 장은 대통령경호처장이 된다.

③ 경호·안전 대책기구는 소속공무원 및 관계기관의 공무원으로 구성한다.

④ 경호·안전 대책기구의 운영기간은 다자간 정상회의별로 1년 6개월을 초과할 수 없다.

45 다음에서 설명하는 선발경호의 특성은?

CHECK ○△×

> 경호대상자에 대한 경호활동은 고유한 기능과 임무를 가지고 있는 다른 여러 기관이 참여하여 이루어지지만, 이들 각 기관들이 하나의 지휘체계 아래 보완적이고 협력적 관계에서 주어진 임무를 수행한다.

① 안전성

② 예방성

③ 예비성

④ 통합성

46 CHECK ○△×

다음 중 경호의 분류에 관한 설명으로 옳지 않은 것을 모두 고른 것은?

> ㄱ. 직접경호는 평상시에 이루어지는 치안 및 대공활동, 국제정세를 포함한 안전대책작용이다.
> ㄴ. 숙소경호는 평소 거처하는 관저나 임시로 외지에서 머무는 장소에서의 경호업무를 말한다.
> ㄷ. 1(A)급 경호는 사전에 노출되어 경호위해가 증대된 상황하의 각종 행사와 대통령 등 국가원수급의 1등급 경호대상으로 결정된 국빈행사의 경호이다.
> ㄹ. 약식경호는 의전절차 없이 불시에 행사가 진행되고, 사전 경호조치도 없는 상태에서 최대한의 근접경호만으로 실시하는 경호활동을 말한다.
> ㅁ. 甲(A)호 경호는 수상, 국무총리, 국회의장, 대법원장, 헌법재판소장 및 이와 대등한 지위에 있는 외국인사 등을 경호대상으로 하는 경호이다.

① ㄱ, ㄴ, ㄷ
② ㄱ, ㄹ, ㅁ
③ ㄴ, ㄷ, ㄹ
④ ㄷ, ㄹ, ㅁ

47 CHECK ○△×

다음은 국민보호와 공공안전을 위한 테러방지법령에 관한 내용이다. (　　) 안의 ㄱ~ㄹ에 들어갈 용어를 바르게 연결한 것은?

> • 환경부장관, 원자력안전위원회 위원장 및 질병관리청장은 화생방테러사건 발생 시 대책본부를 지원하기 위하여 다음 각호의 구분에 따른 분야별로 (ㄱ)를 설치·운영한다.
> • 국방부장관, 경찰청장 및 해양경찰청장은 테러사건에 신속히 대응하기 위하여 (ㄴ)를 설치·운영한다.
> • 소방청장과 시·도지사는 테러사건 발생 시 신속히 인명을 구조·구급하기 위하여 중앙 및 지방자치단체 소방본부에 (ㄷ)를 설치·운영한다.
> • 국가정보원장은 테러 관련 정보를 통합관리하기 위하여 관계기관 공무원으로 구성되는 (ㄹ)을/를 설치·운영한다.

	ㄱ	ㄴ	ㄷ	ㄹ
①	테러사건대책본부	대테러특공대	테러복구지원본부	테러정보통합센터
②	화생방테러대응지원본부	현장지휘본부	테러복구지원본부	대테러합동조사팀
③	화생방테러대응지원본부	대테러특공대	테러대응구조대	테러정보통합센터
④	테러사건대책본부	현장지휘본부	테러대응구조대	대테러합동조사팀

48 안전검측활동의 요령에 관한 설명으로 옳지 않은 것은?

CHECK ○△×

① 검측은 책임구역을 명확하게 구분하여 계속적으로 반복 실시한다.
② 전기선은 끝까지 추적해서 확인하고 전기제품 같은 물품은 분해해서 확인한다.
③ 건물 내부는 낮은 곳에서 높은 곳으로 실시한다.
④ 건물 외부는 먼 곳에서 가까운 곳으로 범위를 축소하여 실시한다.

49 다음에서 설명하는 경호조직의 원칙은?

CHECK ○△×

경호기관 구조의 정점으로부터 말단까지 상하계급 간에 일정한 관계가 성립되어 책임과 업무의 분담이 이루어지고, 명령(命令)과 복종(服從)의 지위와 역할의 체계가 통일되어야 한다.

① 경호체계통일성의 원칙
② 경호지휘단일성의 원칙
③ 경호기관단위작용의 원칙
④ 경호협력성의 원칙

50 다음에서 설명하고 있는 우리나라의 경호제도는?

CHECK ○△×

최우가 고종 14년(1227)에 설치한 것으로서 최우의 문객 가운데 이름난 선비들을 3번으로 나누어 교대로 당번 근무케 하였던, 문인들로 구성된 최씨 정권의 숙위기관이었다. 이는 최씨 정권이 문인들을 포섭하기 위한 방편이었을 뿐만 아니라 식견이 높은 문인들의 자문을 얻을 수도 있어서 결국 최씨 정권의 집권강화책으로 활용되었다.

① 육번도방(六番都房)
② 삼별초(三別抄)
③ 마별초(馬別抄)
④ 서방(書房)

51 차량경호에 관한 설명으로 옳은 것은?

CHECK ○△×

① 경호대상자 차량은 최고 성능의 차량을 선정하고 선도차량과 일정한 간격을 유지하면서 이동하며, 유사시 선도차량과 각기 다른 방향으로 대피한다.

② 경호책임자(경호팀장)는 차량이 하차지점에 도착하면 정차 후 차에서 내려 먼저 주변 안전을 확인한 후, 준비가 완료되면 경호대상자차의 잠금장치를 풀고 경호대상자를 차에서 내리게 하여야 한다.

③ 차선 변경 시 경호대상자가 먼저 차선을 바꾸어 차로를 확보한 이후에 후미경호차가 진입한다.

④ 후미경호차량은 교차로에서 좌회전 시에는 경호대상 차량의 좌측 안쪽에서, 우회전 시에는 우측 안쪽에서 후미차선을 이용하여 회전하면서 외부접근차량에 대한 방호임무를 수행한다.

52 다음 ( ) 안의 ㄱ, ㄴ에 들어갈 내용을 올바르게 연결한 것은?

CHECK ○△×

> 경호활동의 4단계 중 위험요소에 대한 거부작전을 실시하는 단계는 (ㄱ)이고, 경호위기상황에 즉각적으로 대응하고 조치하는 즉각조치활동을 실시하는 단계는 (ㄴ)이다.

① ㄱ : 대응단계, ㄴ : 대비단계

② ㄱ : 대비단계, ㄴ : 대응단계

③ ㄱ : 예방단계, ㄴ : 대응단계

④ ㄱ : 대응단계, ㄴ : 학습단계

53 다음은 대통령 등의 경호에 관한 법률의 내용이다. ( )의 ㄱ~ㄷ에 들어가지 않는 숫자는?

CHECK ○△×

> • (ㄱ)급 이상 경호공무원과 (ㄱ)급 상당 이상 별정직 국가공무원은 처장의 제청으로 대통령이 임용한다.
> • 임용권자는 별정직 국가공무원이 아닌 직원이 신체적 · 정신적 이상으로 (ㄴ)개월 이상 직무를 수행하지 못할 만한 지장이 있을 때 직권으로 면직할 수 있다.
> • 경호공무원의 계급정년은 2급 4년, 3급 (ㄷ)년, 4급 12년, 5급 16년이다.

① 3　　② 5

③ 6　　④ 7

54
CHECK ○△×

행사를 주도적으로 준비하고 총괄하는 주무 담당관으로서 주로 경호상황본부를 담당하는 자는?

① 주행사장 담당
② 안전대책 담당
③ 출입통제 담당
④ 작전 담당

55
CHECK ○△×

다음 중 대통령 경호원으로 임용될 수 없는 사람은 모두 몇 명인가?

ㄱ. 성년후견개시의 심판이 청구된 자
ㄴ. 파산선고를 받고 복권되지 아니한 자
ㄷ. 징계로 해임처분을 받은 때로부터 4년이 지난 자
ㄹ. 징계로 파면처분을 받은 때로부터 5년이 경과하지 아니한 자
ㅁ. 구류의 선고를 받은 사실이 있는 자
ㅂ. 금고 이상의 형의 선고유예를 받고 그 선고유예 기간이 경과한 자
ㅅ. 법원의 판결 또는 다른 법률에 따라 자격이 상실되거나 정지된 자

① 없음
② 1명
③ 3명
④ 4명

56
CHECK ○△×

다음 중 경호의 원칙에 관한 설명으로 옳지 않은 것을 모두 고른 것은?

ㄱ. 방어경호의 원칙 : 경호대상자는 어떠한 상황하에서도 절대적으로 보호되어야 한다.
ㄴ. 은밀경호의 원칙 : 경호대상자의 얼굴을 닮은 경호원 또는 비서관을 임명하여 경호위해자로부터 경호대상자를 은밀하게 보호하는 방법이다.
ㄷ. 자기희생의 원칙 : 경호대상자를 암살자 또는 위해를 가할 가능성이 있는 자로부터 떼어 놓아야 한다.
ㄹ. 하나의 통제된 지점을 통한 접근의 원칙 : 하나의 통제된 출입구나 통로라 하더라도 접근자는 경호요원에 의하여 인지되고 확인되어야 하며 허가절차를 거쳐 접근토록 해야 한다.
ㅁ. 3중 경호의 원칙 : 경호대상자가 위치한 집무실이나 행사장으로부터 내부, 내곽, 외곽으로 구분하여 경호 행동반경을 거리개념으로 설명한 것이다.
ㅂ. 두뇌경호의 원칙 : 경호임무 수행 중 긴급하고 위험한 상황이 발생하였을 때에는 고도의 예리하고 순간적인 판단력이 중요시된다.

① ㄱ, ㄴ, ㄷ
② ㄱ, ㄹ, ㅂ
③ ㄴ, ㄷ, ㅁ
④ ㄹ, ㅁ, ㅂ

57 경호의 법원(法源)에 관한 설명으로 옳지 않은 것은?

CHECK ○△×

① 헌법에는 「전직대통령 예우에 관한 법률」의 근거규정이 존재하지 않는다.

② 「대통령경호처와 그 소속기관 직제」는 대통령경호처와 그 소속 기관의 조직과 직무범위, 그 밖에 필요한 사항을 규정한다.

③ 대통령경호안전대책위원회의 구성 및 운영에 관하여 필요한 사항은 「대통령경호안전대책위원회규정」에서 명시하고 있다.

④ 「대통령 등의 경호에 관한 법률」은 대통령 등에 대한 경호를 효율적으로 수행하기 위하여 경호의 조직・직무범위와 그 밖에 필요한 사항을 규정함을 목적으로 한다.

58 다음 중 차량기동경호의 목표에 관한 내용으로 옳은 것을 모두 고른 것은?

CHECK ○△×

> ㄱ. 안락성(comfort) : 경호대상자가 차량을 편안하고 쾌적하게 이용할 수 있도록 차량을 관리하여야 한다.
> ㄴ. 편의성(convenience) : 경호대상자가 계획된 시간에 맞춰 목적지에 안전하게 도착하도록 하여야 한다.
> ㄷ. 안전성(safety) : 고의적이거나 계획적인 외부의 위해공격으로부터 경호대상자를 안전하게 보호하는 것을 말한다.
> ㄹ. 방비성(security) : 경호운전의 기본은 방어운전으로 이동 중 사고를 당하거나 사고를 내는 일이 있어서는 안 된다.

① ㄱ, ㄴ

② ㄱ, ㄹ

③ ㄴ, ㄷ

④ ㄷ, ㄹ

59 국빈 행사 시 의전서열에 관한 설명으로 옳지 않은 것은?

CHECK ○△×

① 국빈 방문 시 행사절차는 환영행사, 국가원수 내외분 예방, 국가원수 내외 주최 리셉션 및 만찬, 환송행사 순으로 진행된다.

② 여자들의 서열은 기혼부인, 미망인, 이혼부인 및 미혼자의 순으로 하고, 기혼부인 간의 서열은 남편의 지위에 따른다.

③ 공식서열은 신분별 지위에 따라 인정된 서열로 국제적으로 동일하게 적용한다.

④ 비공식서열의 경우 원만하고 조화된 좌석배치를 위해서 서열 결정상의 원칙은 다소 조정될 수 있다.

60 숙소경호의 특징으로 옳지 않은 것은?

CHECK ○△×

① 보안성이 취약하다.
② 동일한 장소에 경호대상자가 장시간 체류하게 되므로 고정성이 있다.
③ 숙소의 종류 및 시설물들이 복잡하고 많은 위험요소가 내포되어 있어 취약성이 있다.
④ 자택을 제외한 지방숙소, 호텔, 해외 행사 시 유숙지 등은 경호적 방어 환경이 뛰어나다.

61 다음 중 경호장비에 관한 설명으로 옳지 않은 것은 모두 몇 개인가?

CHECK ○△×

> ㄱ. 호신장비는 일반적으로 자신의 생명이나 신체가 위험상태에 놓였을 때 스스로를 보호하는 데 사용하는 장비를 말한다.
> ㄴ. 방호장비는 경호대상자나 경호대상자가 사용하는 시설물을 보호하기 위한 장치를 말한다.
> ㄷ. 감시장비는 위해기도자의 침입이나 범죄행위를 사전에 감시하기 위한 장비를 말한다.
> ㄹ. 경호업무에 사용되는 드론은 감시장비에 포함된다.
> ㅁ. 검색장비는 위해물질의 존재 여부를 검사하거나 시설물의 안전점검에 사용되는 도구를 말하고, 검측장비는 위해도구나 위해물질을 찾아내는 데 사용하는 장비를 말한다.
> ㅂ. 통신장비는 경호업무를 수행하는 데 필요한 보고 또는 연락을 위한 장비를 말한다.

① 1개　② 2개
③ 3개　④ 4개

62 근접경호에 관한 설명 중 옳지 않은 것은?

CHECK ○△×

① 근접경호원은 항상 위해요소(군중)가 자신의 시야 안에 확보된 상태에서 시선은 경호대상자를 향하고 있어야 한다.
② 수행경호는 경호대상자를 따라다니면서 경호한다는 의미이며, 기동경호와 근접경호를 포함한다.
③ 경호대상자를 중심으로 근접경호원과 근접경호원을 서로 연결하는 최후의 방어선을 경호막이라 한다.
④ 근접경호원의 첫 번째 임무는 경호대상자와 위해자 사이를 차단하는 것이다.

63 대한민국의 경호 관련 법제도에 관한 설명으로 옳은 것은?

CHECK ○△×

① 대통령경호처의 기획관리실장・경호본부장・경비안전본부장 및 지원본부장은 2급 경호공무원으로 보한다.

② 대통령경호안전대책위원회의 위원장은 대통령이 되고, 부위원장은 경호처장이 된다.

③ 대통령경호처 지원본부장은 경호업무를 효율적으로 수행하기 위해 필요한 경우 관계기관의 장과 협의하여 경호구역에서의 경호업무를 지원하는 인력・시설・장비 등에 관한 사항을 조정할 수 있다.

④ 전직대통령이 재직 중 탄핵결정을 받아 퇴임한 경우 '필요한 기간의 경호 및 경비(警備)'의 예우를 하지 아니한다.

64 다음 중 경호위기의 특성으로 볼 수 없는 것은?

CHECK ○△×

① 폭력성

② 돌발성

③ 시간제약성

④ 중대성

65 조선 후기 정조 때 설치한 경호기관은?

CHECK ○△×

① 장용영

② 호위청

③ 내순검군

④ 삼별초

66 다음은 기본 인명구조술에 관한 설명이다. 옳지 않은 것은 모두 몇 개인가?

CHECK ○△×

> ㄱ. 기본 인명구조술은 심폐소생술의 초기단계를 말한다.
> ㄴ. 환자의 반응이 없더라도 움직임이 있거나 호흡을 하는 경우는 심정지가 아니다.
> ㄷ. 심폐소생술은 가슴압박(compression) → 기도유지(airway) → 인공호흡(breathing)의 순으로 실시한다.
> ㄹ. 심실세동은 성인 심정지의 주요 원인이다.
> ㅁ. 심정지 환자에게는 심정지 후 8분 이내에 기본 인명구조술이 시작되어야 높은 생존율을 기대할 수 있다.

① 없음 ② 1개
③ 2개 ④ 3개

67 국민보호와 공공안전을 위한 테러방지법령상 대테러활동과 관련하여 대테러센터의 수행사항으로 옳지 않은 것은?

CHECK ○△×

① 국가 대테러활동 관련 임무분담 및 협조사항 실무 조정
② 대테러활동에 관한 국가의 정책 수립 및 평가
③ 장단기 국가대테러활동 지침 작성·배포
④ 국가 중요행사 대테러안전대책 수립

68 경호안전대책작용 중 비표 관리는 무엇에 해당하는가?

CHECK ○△×

① 특별방범심방활동
② 물적 취약요소의 배제활동
③ 인적 위해요소의 배제활동
④ 지리적 취약요소의 배제활동

69 CHECK ○△×

경호계획서는 일반적으로 상황, 임무, 실시, 행정 및 군수, 지휘 및 통신의 5개 항목으로 구성한다. 다음 중 행정 및 군수 항목에 해당하는 것은?

① 행사 개요 기술
② 경호 인력의 이동 및 철수에 관한 사항
③ 주차장 운영계획
④ 경호팀의 조직과 운영에 관한 사항

70 CHECK ○△×

대통령 등의 경호에 관한 법령상 손실보상에 관한 설명으로 옳지 않은 것은?

① 대통령경호처장은 소속공무원의 적법한 직무집행으로 인하여 손실발생의 원인에 대하여 책임이 있는 자가 자신의 책임에 상응하는 정도를 초과하여 입은 생명・신체 또는 재산상의 손실을 입은 자에 대하여 손실보상심의위원회의 심의를 거쳐 정당한 보상을 하여야 한다.
② 물건을 멸실・훼손한 경우 손실보상을 할 때 손실을 입은 물건을 수리할 수 있는 경우에는 수리비에 상당하는 금액, 수리할 수 없는 경우에는 손실을 입은 당시의 해당 물건의 교환가액의 기준에 따라 보상한다.
③ 물건의 멸실・훼손으로 인한 손실 외의 재산상 손실에 대해서는 직무집행과 상당한 인과관계가 있는 범위에서 보상한다.
④ 대통령경호처장은 거짓 또는 부정한 방법으로 보상금을 받은 자에 대하여는 해당 보상금을 환수할 수 있다.

71 CHECK ○△×

다음 중 대한민국국기법상 국기를 게양하여야 하는 기념일을 모두 고른 것은?

ㄱ. 현충일	ㄴ. 3・1절
ㄷ. 국군의 날	ㄹ. 한글날

① ㄱ, ㄴ
② ㄱ, ㄷ
③ ㄴ, ㄷ
④ ㄱ, ㄴ, ㄷ, ㄹ

72 CHECK ○△×

다음은 암살의 동기에 관한 내용이다. 암살의 동기와 해당 내용의 연결이 옳지 않은 것은?

[암살의 동기]
A. 개인적 동기
B. 경제적 동기
C. 정치적 동기
D. 이념적 동기

[내 용]
ㄱ. 정신분열증, 조울증, 편집증, 노인성 치매 등 정신병력 증세를 갖고 있는 사람들에 의해 암살이 이루어진다.
ㄴ. 금전적 보상 혹은 경제적 어려움을 해소하기 위하여 피암살자의 희생이 필요하다는 신념에 의해 암살이 이루어진다.
ㄷ. 어떠한 개인 혹은 집단이 주장 · 신봉하는 이념이나 사상을 탄압하거나 방해한다고 여겨지는 때 그 대상을 제거하기 위한 목표로 암살이 이루어진다.
ㄹ. 정권을 바꾸거나 교체하려는 욕망으로 암살이 이루어진다.

① A – ㄱ
② B – ㄴ
③ C – ㄹ
④ D – ㄷ

73 CHECK ○△×

다음 중 경호작용의 기본적인 고려요소에 관한 설명으로 옳지 않은 것을 모두 고른 것은?

ㄱ. 모든 경호임무는 예기치 않은 변화의 가능성을 내포하고 있으므로 신중한 사전계획보다 신속한 사후대응이 더욱 중요하다.
ㄴ. 경호대상자를 경호하는 데 소요되는 자원은 행차의 지속시간과 첩보수집으로 획득된 내재적인 위협분석에 따라 결정된다.
ㄷ. 경호활동은 단독기관의 작용으로 경호임무는 명확하게 부여되며, 경호원들에게는 각각의 임무형태에 대한 책임이 부과되어야 한다.
ㄹ. 경호대상자와 수행원, 행사 세부일정, 적용되고 있는 경호경비상황에 관한 보안의 유출은 엄격히 통제되어야 한다.

① ㄱ, ㄴ
② ㄱ, ㄷ
③ ㄴ, ㄷ
④ ㄴ, ㄹ

74 CHECK ○△×

다음 중 대통령 등의 경호에 관한 법률상 벌칙의 적용이 다른 자는?

① 경호처의 직무와 관련된 사항의 발간 시 미리 경호처장의 허가를 받지 않은 소속공무원
② 직권을 남용한 대통령 등의 경호에 관한 법률상의 소속공무원
③ 직무상 알게 된 비밀을 누설한 원(原) 소속 기관에 복귀한 경찰공무원
④ 대통령 등의 경호에 관한 법률에 규정된 임무 외의 경찰공무원의 직무를 수행한 경호처에 파견된 경찰공무원

75 CHECK ○△×

다음 중 테러조직의 유형별 역할에 관한 내용으로 옳은 것을 모두 고른 것은?

ㄱ. 행동 조직은 공격현장에서 직접 테러행위를 실시하는 핵심요원으로서 실제적으로 테러행위에 있어 가장 중요한 요소이다.
ㄴ. 수동적 지원조직은 테러집단의 생존기반 조직으로서 정치적 전위집단이나 후원자가 이에 포함된다.
ㄷ. 직접적 지원조직은 체포된 테러리스트 은닉, 법적 비호, 의료지원 제공 등의 임무를 수행한다.
ㄹ. 전문적 지원조직은 선전효과 증대, 자금획득, 조직의 확대에 기여함으로써 테러활동에 주요한 역할을 한다.
ㅁ. 적극적 지원조직은 직접 테러행위를 실시하는 요원들을 위한 대피소 · 차고 · 공격용 차량 준비, 핵심요원의 훈련, 무기 · 탄약 지원, 테러대상에 대한 정보제공, 전술 및 작전지원 등의 임무를 수행한다.

① ㄱ, ㄴ
② ㄴ, ㄷ
③ ㄷ, ㄹ
④ ㄹ, ㅁ

76 다음 중 우발상황 대응기법에 관한 설명으로 옳지 않은 것은 모두 몇 개인가?

CHECK ○△×

ㄱ. 위험을 가장 먼저 인지한 경호원은 간단명료하고 신속하게 경고하여 공조체제를 유지하도록 한다.
ㄴ. 경고를 들은 경호원은 체위를 확장하여 경호대상자에 대한 방벽효과를 극대화하여야 한다.
ㄷ. 경호원의 주의력효과 면에서는 군중과의 거리가 가까울수록 유리하고, 대응효과 면에서는 군중과의 거리가 멀수록 유리하다.
ㄹ. 위해기도자와의 거리가 경호대상자와의 거리보다 더 가깝고 촉수거리에 있다면 과감하게 위해기도자를 제압하는 것이 효과적일 수 있다.
ㅁ. 총으로 공격하는 위해기도자의 총구 방향을 고려하여 가능한 한 경호대상자로부터 멀리 유지하도록 하면서 신속히 제압하여야 한다.

① 없음 ② 1개
③ 2개 ④ 3개

77 경찰장비관리규칙상 문형 금속탐지기의 관리 · 운용 시 유의사항으로 옳은 것을 모두 고른 것은?

CHECK ○△×

ㄱ. 취급, 운반 및 설치 시 파손 등에 주의한다.
ㄴ. 운용자는 조정용 장치 내 부품을 임의로 조작하여 자신의 취향에 맞게 운용한다.
ㄷ. 우천 · 강설 등 야외행사 시 문형 금속탐지기용 천막 등을 설치하여야 한다.
ㄹ. 0℃ 이하인 경우 문형 금속탐지기의 보온을 실시하여야 한다.
ㅁ. 조작요원 및 판독요원은 반드시 사전교육을 이수한 자로 배치하여야 한다.

① ㄱ, ㄴ ② ㄱ, ㄷ
③ ㄷ, ㅁ ④ ㄹ, ㅁ

78 경호의 3단계 목표 중 2단계 목표에 해당하는 것은?

CHECK ○△×

① 위험의 최소화
② 보안의 극대화
③ 피해의 최소화
④ 안전의 극대화

79 도보대형 중 기본대형에 관한 설명이다. 옳은 것은?

CHECK ○△×

① 쐐기 대형은 신변보호대상자가 고정된 장소에서 브리핑을 받거나 도보이동 시 일정시간 정지해 있을 때 주로 사용한다.
② 원형 대형은 4~5명의 근접신변보호원으로 구성되는 도보대형으로, 다이아몬드 대형보다 경계상태가 양호한 대형이다.
③ 다이아몬드 대형은 신변보호대상자를 중심으로 360° 경계가 가능하므로 최소의 인원으로 완벽한 방호를 제공할 수 있으며, 위해기도 시 방호, 대피 및 대적까지도 가능한 기본적이면서도 이상적인 도보대형이다.
④ 원형 대형은 주로 인도나 좁은 통로를 이동 시에 적합한 대형으로 활용한다.

80 국민보호와 공공안전을 위한 테러방지법령상 테러가 발생하거나 발생할 우려가 현저한 경우(국외테러의 경우는 대한민국 국민에게 중대한 피해가 발생하거나 발생할 우려가 있어 긴급한 조치가 필요한 경우에 한한다) 테러사건대책본부를 설치·운영하여야 하는 관계기관의 장을 모두 고른 것은?

CHECK ○△×

ㄱ. 국방부장관	ㄴ. 외교부장관
ㄷ. 환경부장관	ㄹ. 국토교통부장관
ㅁ. 행정안전부장관	ㅂ. 국가정보원장
ㅅ. 질병관리청장	ㅇ. 해양경찰청장
ㅈ. 경찰청장	ㅊ. 소방청장
ㅋ. 원자력안전위원회 위원장	ㅌ. 시·도지사

① ㄱ, ㅇ, ㅈ
② ㄷ, ㅅ, ㅋ
③ ㅁ, ㅂ, ㅊ, ㅌ
④ ㄱ, ㄴ, ㄹ, ㅇ, ㅈ

제3회 심화 모의고사

각 문항별로 난이도를 체크해 보세요. ○△×

Time 분 | 해설편 260p

중요문제 / 틀린 문제 CHECK

41	42	43	44	45	46	47	48	49	50	51	52	53	54	55	56	57	58	59	60
61	62	63	64	65	66	67	68	69	70	71	72	73	74	75	76	77	78	79	80

41 경호의 개념에 관한 설명으로 옳지 않은 것은?

CHECK ○△×

① 경호를 본질적 · 이론적인 입장에서 이해한 것은 실질적 의미의 경호개념이다.

② 실질적 의미의 경호개념은 모든 위험과 곤경(인위적 · 자연적 위해)으로부터 경호대상자를 안전하게 보호하기 위한 제반활동이다.

③ 경호기관을 기준으로 정립한 개념은 형식적 의미의 경호개념이다.

④ 대통령 등의 경호에 관한 법률에서의 경호는 실질적 의미의 경호개념이다.

42 경호의 분류에 관한 설명으로 옳지 않은 것은?

CHECK ○△×

① 철도경호는 이동수단에 의한 경호의 분류에 해당하고, 열차경호는 장소에 의한 경호의 분류에 해당한다.

② 현충일, 광복절 등 국경일 행사에 참석하는 대통령에 대한 경호수준은 1(A)급 경호에 해당한다.

③ 직접경호는 행사장에 인원과 장비를 배치하여 인적 · 물적 · 지리적 위험요소를 예방하기 위한 경호이다.

④ 행사장경호는 경호대상자가 참석하거나 주관하는 행사에서의 경호업무를 말한다.

43 다음 경호기관 중에서 시대순(과거부터)으로 세 번째에 해당하는 경호기관의 명칭은?

CHECK ○△×

① 창덕궁경찰서 ② 대통령경호처
③ 청와대경찰관 파견대 ④ 대통령경호실

44 다음 중 「대통령경호안전대책위원회규정」상 대통령경호안전대책위원회 위원과 「국가테러대책위원회 및 테러대책실무위원회 운영규정」상 테러대책실무위원회의 위원에 공통으로 해당하는 자는 모두 몇 명인가?

CHECK ○△×

> ㄱ. 경찰청 경비국장
> ㄴ. 해양경찰청 경비국장
> ㄷ. 소방청 119구조구급국장
> ㄹ. 대검찰청 공공수사정책관
> ㅁ. 국토교통부 항공안전정책관
> ㅂ. 환경부 환경보건정책관
> ㅅ. 국무조정실 대테러정책관

① 1명
② 2명
③ 3명
④ 4명

45 연도 경호 시 위기상황 발생에 대한 대처방법으로 옳지 않은 것은?

CHECK ○△×

① 범인이 사격할 때 경호원은 자세를 낮추어 자신을 보호한 상태에서 범인과 대적한다.
② 육성이나 또는 무전기로 전 경호요원에게 상황을 전파한다.
③ 경호대상자를 신속하게 현장으로부터 이탈・대피시킨다.
④ 근접경호요원 이외의 다른 경호요원은 각자의 맡은 지역에서 자신의 행동순서를 염두에 두고 계속 책임 임무를 수행한다.

46 경호조직의 특성에 관한 설명으로 옳지 않은 것은?

CHECK ○△×

① 권력보다는 전문 직업인으로서 전문화되어야 한다.
② 본질적으로 보안성을 높이는 폐쇄적 조직구조로 구성한다.
③ 경호조직은 전체 구조가 통일적인 피라미드형을 구성하면서 그 조직 내 계층을 이루고 지휘·감독 등을 통하여 경호목적을 실현한다.
④ 경호조직은 과거에 비해 그 기구 및 인원 면에서 점차 소규모화·다변화되고 있다.

47 미국의 경호기관인 비밀경호국에 관한 설명으로 옳지 않은 것은?

CHECK ○△×

① 대통령 및 대통령당선자, 그 직계가족은 경호대상에 포함된다.
② 전직대통령은 경호대상에 포함되지 않는다.
③ 대통령 선거 시 선거일 기준 120일 이내 주요 정당의 대통령 후보자도 경호대상에 포함된다.
④ 통화위조 수사 및 체포임무를 수행한다.

48 경호조직의 구성원칙에 관한 설명으로 옳은 것은?

CHECK ○△×

① 경호협력성의 원칙 - 경호대상자를 위한 완벽한 경호를 위해서는 국민들의 협력이 필수요소이다.
② 경호체계통일성의 원칙 - 명령과 지휘체계는 반드시 하나의 계통으로 구성해야 한다는 원칙으로 경호업무가 긴급성을 요한다는 점에서도 요청된다.
③ 경호지휘단일성의 원칙 - 명령(命令)과 복종(服從)의 지위와 역할의 체계가 통일되어야 한다.
④ 경호기관단위작용의 원칙 - 경호기관을 관리하기 위한 지휘권 및 장비가 편성되어 있어야 한다는 원칙으로, 경호조직의 관리 등의 최종결정은 경호조직원 모두에게 있다.

49 3중 경호에 관한 설명이다. (   ) 안의 ㄱ~ㄷ에 들어갈 내용으로 알맞게 짝지어진 것은?

CHECK ○△×

> 3중 경호는 경호영향권역을 (ㄱ)으/로 구분하여, 해당구역의 인적·물적 위해요소에 대해 상대적으로 (ㄴ)된 경호조치와 경호인력의 배치 및 (ㄷ) 통제를 통하여 경호의 효율화를 기하고자 하는 경호방책이다.

① ㄱ : 대상별, ㄴ : 단일화, ㄷ : 중첩된
② ㄱ : 구역별, ㄴ : 차등화, ㄷ : 최소화된
③ ㄱ : 공간적, ㄴ : 차등화, ㄷ : 중첩된
④ ㄱ : 시간적, ㄴ : 단일화, ㄷ : 최소화된

50 경호공무원의 금지사항 등에 관한 내용 중 옳지 않은 것은?

CHECK ○△×

① 국가공무원에게 금지되는 집단행위라 함은 어떤 단체의 구성이나 단체적 행동이 그 목적과 내용에 비추어 공무원의 복무에 관한 질서유지에 유해하거나, 공무원의 품위손상 등 공익을 해하는 집단행위를 의미하는 것이며, 동창회, 친목회, 토론회 등의 회합을 통한 집단적 행위 전반을 그 목적과 내용에 관계없이 전부 포함하는 것은 아니라고 할 것이다.
② 경호공무원은 공무 이외의 영리를 목적으로 하는 업무에 종사하지 못하며 소속기관장의 허가 없이 다른 직무를 겸할 수 없다.
③ 직무를 수행하여야 할 의무가 있는 경호공무원이 상관의 허가 또는 정당한 이유 없이 무단으로 직장을 이탈하면 징계의 대상이 될 뿐만 아니라 형법상의 직무유기죄가 성립할 가능성이 크다.
④ 경호공무원은 본인이 지지하는 정당과 정치적 입장을 명확히 밝혀 정치적으로 반대 입장에 있는 요인을 경호해야 하는 상황을 피해야 한다.

51 행사장 경호임무 중 위험감지를 위한 사주경계방법으로 적당하지 않은 것은?

CHECK ○△×

① 시각적으로 움직임과 정황들에 대해 의문점을 제기하고 정리, 분석하도록 한다.
② 시각의 한계를 두고 경계범위를 설정하되, 인접 경호원과 중복되지 않게 한다.
③ 위험감지의 단계를 주위관찰, 문제제기, 위기의식, 대응조치 계획의 순서로 수립한다.
④ 경호대상자에게 접근하는 사람의 거리, 위치, 복장, 손의 움직임을 관찰한다.

52 경호계획 수립 시 유의사항으로 옳은 것을 모두 고른 것은?

CHECK ○△×

ㄱ. 사전 현지답사는 가능한 도보로 하고 꼭 필요한 장소에 배치 예정될 병력을 표시한다.
ㄴ. 책임구역과 책임자를 지정하고 계획서 도면에 책임의 한계를 명시한다.
ㄷ. 해안지역 행차 시의 경호경비에 있어서는 해군만의 입체적 경호경비가 이루어지도록 계획을 세운다.
ㄹ. 경호경비계획에 예행연습은 포함되지 않는다.
ㅁ. 검색장비, 통신장비, 차량 등의 동원 장비에 관한 계획을 검토한다.

① ㄱ, ㄴ, ㄹ
② ㄱ, ㄴ, ㅁ
③ ㄴ, ㄷ, ㅁ
④ ㄷ, ㄹ, ㅁ

53 다음은 근접경호의 특성에 관한 내용이다. 근접경호의 특성과 해당 내용의 연결이 옳은 것은?

CHECK ○△×

[근접경호의 특성]
A. 노출성
B. 방호 및 대피성
C. 기동 및 유동성
D. 방벽성

[내 용]
ㄱ. 행사 성격이나 주변 여건, 장비의 특성에 따라 능동적으로 대처해야 한다.
ㄴ. 비상사태 발생 시 범인을 대적하여 제압하는 것보다 경호대상자를 보호하여 신속히 현장을 이탈하여야 한다.
ㄷ. 각종 매스컴에 의하여 행사 일정과 장소 및 시간이 대외적으로 알려진 상태에서 업무를 수행해야 한다.
ㄹ. 근접경호원들은 경호대상자를 중심으로 정지 또는 이동 간 주변의 인적·물적 취약요소에 대해 자신들의 신체를 이용하여 자연스러운 방벽을 형성하여 수평적 방벽효과 또는 수직적 방벽효과를 증가시킴으로써 경호대상자를 보호한다.

① A – ㄱ
② B – ㄷ
③ C – ㄴ
④ D – ㄹ

54 다음 4명의 경호원 중 경호작용에 관하여 옳게 판단하고 있는 자는?

CHECK ○△×

① A경호원 – 경호자원의 효율적인 이용을 위한 분석 자료를 토대로 사전에 경호계획을 수립한다.
② B경호원 – 경호임무는 사전에 신중하게 계획되어야 하며 융통성은 배제되어야 효과적이다.
③ C경호원 – 모든 경호임무는 예기치 않은 변화 가능성을 내포하고 있으므로 사전대응보다 신속한 사후대응이 더 중요하다.
④ D경호원 – 경호임무는 명확하게 부여하되 임무형태에 대한 책임은 경호책임자에게 국한되어야 한다.

55 근접경호 수행방법에 관한 설명으로 옳지 않은 것은?

CHECK ○△×

① 외부에 노출되어 있는 개방형 계단을 오르내릴 때는 경호대상자를 계단 중앙에 위치하도록 하여야 한다.
② 에스컬레이터 이동 시 경호대상자의 안전을 위하여 디딤판이 끝나는 지점까지 경호원은 걸음을 멈추고 주위경계를 실시한다.
③ 건물 밖에서 안으로 문을 통과할 때는 미는 문일 경우 전방경호원이 안으로 들어가서 문을 잡아 경호대상자가 통과할 수 있도록 하여야 한다.
④ 가능하면 회전문을 사용하지 않는 것이 좋다.

56 경호의 일반원칙에 관한 설명으로 옳지 않은 것은?

CHECK ○△×

① 경호란 위해기도자를 공격하는 것이 아니라 위해요소로부터 경호대상자를 방어하는 행위이다.
② 경호원은 경호대상자를 암살자 또는 위해를 가할 가능성이 있는 자로부터 떼어 놓아야 한다.
③ 경호원은 은밀하게 침묵 속에서 행동하며, 행동반경은 언제나 경호대상자의 신변을 엄호할 수 있는 곳에 둔다.
④ 경호원은 경호 임무수행 중 긴급하고 위험한 상황이 발생하였을 때에는 고도의 예리하고 순간적인 판단력이 중요시된다.

57 경호장비에 관한 설명으로 옳은 것은?

CHECK ○△×

① 검색장비는 위해물질의 존재 여부를 검사하거나 시설물의 안전점검에 사용되는 도구를 말하고, 검측장비는 위해도구나 위해물질을 찾아내는 데 사용하는 장비를 말한다.

② 검색장비와 검측장비는 일반적으로 검색장비로 통칭하며 탐지장비, 처리장비, 검측공구로 구분하여 사용한다.

③ 통신장비는 경호업무를 수행하는 데 필요한 보고 또는 연락을 위한 장비를 말한다.

④ 사람이 직접 확인할 수 없는 공간의 확인, 유해물질 존재 여부 등은 방호장비로 점검한다.

58 다음에서 설명하는 경호의 방호대형은?

CHECK ○△×

- 위해의 징후가 현저하거나 직접적인 위해가 가해졌을 때 형성하는 방어대형
- 경호원들이 강력한 스크럼을 형성하여 경호대상자를 에워싸는 형태로 보호하면서 군중 속을 헤치고 나가기 위한 방법

① 개방 대형
② 함몰 대형
③ 일렬 세로 대형
④ 방어적 원형 대형

59 다음 중 테러리즘의 발생원인론이 아닌 것은?

CHECK ○△×

① 박탈감이론
② 비동일시이론
③ 국제정치체제이론
④ 현대사회구조이론

60 선발경호 시 분야별 업무담당에 관한 설명으로 옳지 않은 것은?

CHECK ○△×

① 주행사장 내부 담당 – 주최 측의 행사진행계획을 면밀히 검토하여 참석대상, 성격분석, 시차별 입장계획 등을 작전 담당에게 전달

② 승·하차 및 정문 담당 – 진입로 취약요소 파악 및 확보계획 수립 후 주요 위치에 근무자 배치

③ 차량 담당 – 출동인원에 근거하여 선발대 및 본대 사용차량 배정, 이동수단별 인원, 코스, 휴게실 등을 계획하여 작전 담당에게 전달

④ 행정 담당 – 출장여비 신청 및 수령, 각 대의 숙소 및 식사장소 선정, 비상연락망 구성

61 다음은 경호의 구성요소에 관한 설명이다. (   ) 안의 ㄱ~ㄷ에 들어갈 내용으로 알맞은 것은?

CHECK ○△×

> 경호원은 경호의 (ㄱ)인 자신의 능력과 경호의 (ㄴ)인 경호대상자의 특성은 물론, 경호의 (ㄷ)가 되는 위해환경에 대한 면밀한 검토를 거쳐 철저하고 효율적인 경호방안을 수립해야 한다.

	ㄱ	ㄴ	ㄷ
①	경호의 주체	경호의 객체	경호의 상대
②	경호의 객체	경호의 주체	경호의 상대
③	경호의 주체	경호의 상대	경호의 객체
④	경호의 상대	경호의 객체	경호의 주체

62 근접경호대형에 관한 설명 중 가장 옳지 않은 것은?

CHECK ○△×

① 근접경호대형은 1인 이상의 경호원이 경호대상자 주변에 경호막을 형성하여 안전구역을 확보하기 위한 것이다.

② 기본대형은 경호원의 수에 따라 1인 대형, 2인 대형, 3인 대형, 4인 대형, 5인 또는 6인 대형 등으로 운용이 가능하며, 경호대형의 모양에 따라 쐐기 대형, 마름모 대형 등으로 부르기도 한다.

③ 응용대형은 정상적인 기본대형의 형성이 곤란한 상황에서 장소나 행사상황에 맞게 변형된 경호대형을 말하며, 접견 대형, 단상 대형, 복도 대형, 골프 대형 등이 있다.

④ 방호대형은 위험의 징후가 있거나 위험이 발생한 상황에서 경호대상자를 보호하기 위하여 취하는 대형으로, 좁힌 대형, 방어적 원형 대형, 대피 대형, 함몰 대형 등이 있다.

63 대통령 등의 경호에 관한 법령에 관한 설명으로 옳지 않은 것은?

CHECK ○△×

① 대통령경호처장은 경호업무를 효율적으로 수행하기 위해 필요한 경우 관계기관의 장과 협의하여 경호구역에서의 경호업무를 지원하는 인력·시설·장비 등에 관한 사항을 조정할 수 있다.

② 직원의 징계에 관한 사항을 심사·의결하기 위하여 경호처에 고등징계위원회와 보통징계위원회를 둔다.

③ 대통령경호처장은 소속 직원에게 징계사유가 있다고 인정되는 때에는 관할징계위원회에 징계의결을 요구하여야 한다.

④ 보통징계위원회의 위원장은 지원본부장이 된다.

64 신변보호의 예방작용 단계에 관한 설명으로 옳지 않은 것은?

CHECK ○△×

① 예방작용은 예측단계 - 인지단계 - 분석단계 - 억제단계로 구성된다.

② 정보 및 첩보의 수집범위가 확대될 수 있으며, 이에 대한 인력, 장비, 예산의 증가가 요구되는 과정은 예측단계이다.

③ 수집·분석된 정보 및 첩보 내용 중에 위해 가능성이 있는지 확인하고 판단하는 과정은 분석단계이다.

④ 위해요인을 차단하고 무력화시키는 과정은 억제단계이다.

65 다음 중 한국의 경호기관에 관한 설명으로 옳지 않은 것은?

CHECK ○△×

① 대통령경호처는 대통령 직속기관, 행정기관, 집행기관, 특별경찰기관의 성격을 지닌다.

② 경호본부는 대통령실과 주변지역 안전확보를 위한 경비 총괄, 대통령실 내·외곽을 담당하는 군·경 경호부대와 협력한다.

③ 국회의장, 대법원장, 헌법재판소장, 경찰청장이 필요하다고 인정한 인사 등에 대한 경호를 경찰이 실시한다.

④ 대통령경호안전대책활동에 관하여는 대통령경호안전대책위원회 구성원 전원과 그 구성원이 속하는 기관의 장이 공동으로 책임을 진다.

66 인적 위해요소의 배제를 위한 비표의 운용 방식으로 옳은 것은?

CHECK ○△×

① 비표에는 리본, 명찰, 완장, 모자, 배지(Badge) 등이 있다.
② 행사 구역별 별도의 비표 운용은 금지사항이다.
③ 비표는 식별이 용이·선명해야 하고, 위조 또는 복제를 고려하여 복잡하게 제작한다.
④ 행사일 전에 배포된 초대장과 비표가 분실될 경우, 해당 초대장과 비표는 모두 무효화한다.

67 다음은 대통령 등의 경호에 관한 법률상 '경호대상'에 관한 규정의 일부이다. (   ) 안의 ㄱ~ㅁ에 들어갈 숫자의 합은?

CHECK ○△×

> A. 본인의 의사에 반하지 아니하는 경우에 한정하여 퇴임 후 (ㄱ)년 이내의 전직대통령과 그 배우자. 다만, 대통령이 임기 만료 전에 퇴임한 경우와 재직 중 사망한 경우의 경호 기간은 그로부터 (ㄴ)년으로 하고, 퇴임 후 사망한 경우의 경호 기간은 퇴임일부터 기산(起算)하여 (ㄷ)년을 넘지 아니하는 범위에서 사망 후 (ㄹ)년으로 한다.
> B. 전직대통령 또는 그 배우자의 요청에 따라 대통령경호처장이 고령 등의 사유로 필요하다고 인정하는 경우에는 (ㅁ)년의 범위에서 경호 기간을 연장할 수 있다.

① 30
② 35
③ 40
④ 45

68 안전대책의 3대 작용원칙에 속하지 않는 것은?

CHECK ○△×

① 안전점검
② 안전검사
③ 안전조치
④ 안전유지

69 CHECK ○△×

미국 국토안보부(DHS)에서는 위협수준을 5단계로 구분하여 경고하고 있다. 다음 중 낮은 위험(Low risk of terrorist attacks)을 뜻하는 색상은?

① 노란색(Yellow)
② 초록색(Green)
③ 파란색(Blue)
④ 흰색(White)

70 CHECK ○△×

다음 중 경호행사장 현장답사 시 고려사항으로 보기 어려운 것을 모두 고른 것은?

ㄱ. 주최 측과 협조하여 행사의전계획서를 확보하고 행사장의 기상, 특성, 구조, 시설 등에 대한 여건을 판단한다.
ㄴ. 행사장에 경호작전지휘소(CP ; Command Post)를 설치하고 미리 유·무선망 설치를 완료한다.
ㄷ. 출입과 통제 범위 및 병력동원 범위를 판단하고, 행사장 출입자에 대한 시차입장계획을 수립한다.
ㄹ. 대규모행사가 예상되는 장소라면 지역의 집회나 공연관련관계법, 조례 등을 살펴보고 관계기관에 신고한다.
ㅁ. 행사장 진입로, 주통로 등을 고려하여 기동수단 및 승·하차지점을 확인한다.

① ㄱ, ㄴ
② ㄴ, ㄷ
③ ㄷ, ㄹ
④ ㄹ, ㅁ

71 CHECK ○△×

경호의전에 관한 내용으로 적절하지 않은 것은?

① 의전과 관련하여 행사 주최자의 경우 손님에게 상석인 왼쪽을 양보한다.
② 공식적인 의전서열을 가지지 않은 사람의 좌석은 당사자의 개인적·사회적 지위 및 연령 등을 고려한다.
③ 지위가 비슷한 경우 내국인보다 외국인이 상위서열이다.
④ 한 사람이 2개 이상의 사회적 지위를 가질 때는 원칙적으로 상위직을 기준으로 적용한다.

72 경호행사 시 주행사장 외부 담당자의 업무내용이 아닌 것은?

CHECK ○△×

① 차량 및 공중강습에 대한 대비책을 수립한다.
② 외곽 감제고지, 직시건물에 대한 안전조치를 한다.
③ 경호대상자 동선 및 좌석 위치에 따른 비상대책을 강구한다.
④ 경비 및 경계구역 내에 대한 안전조치를 강화한다.

73 국기게양에 관한 설명으로 옳지 않은 것은?

CHECK ○△×

① 조의를 표하는 날은 현충일 및 국가장법 제6조에 따른 국가장 기간이다.
② 국가, 지방자치단체 및 공공기관의 청사 등에는 목적을 고려하여 국기를 낮에만 게양할 수 있다.
③ 국기는 매일 24시간 게양할 수 있다.
④ 옥외 게양 시 국기의 게양 위치는 단독주택의 경우 집 밖에서 보아 대문의 왼쪽이다.

74 대통령 등의 경호에 관한 법령에 관한 내용으로 옳은 것은?

CHECK ○△×

① 대통령경호처장은 대한민국을 방문하는 외국의 국가 원수 또는 행정수반(行政首班)과 그 배우자의 경호임무를 수행하기 위하여 해당 경호대상자의 지위와 경호위해요소, 해당 국가의 정치상황, 국제적 상징성, 상호주의 측면, 적대국가 유무 등 국제적 관계를 고려하여 경호등급을 구분하여 운영하여야 한다.
② 대통령경호처장은 경호등급을 구분하여 운영하는 경우에는 국방부장관, 국가정보원장 및 경찰청장과 미리 협의하여야 한다.
③ 대통령경호처장은 직무 수행 능력이 부족하거나 근무성적이 극히 불량하여 직위해제된 사람에게 3개월의 범위에서 대기를 명해야 한다.
④ 대통령경호처 직원이 국가공무원법 제33조 각호에 해당하는 경우 당연히 퇴직한다.

75 다음 지문에서 설명하는 사이버테러 기법의 유형에 해당하지 않는 것은?

CHECK ○△×

> 불특정 다수에게 메일이나 게시글 등으로 위장된 홈페이지에 정보를 입력하도록 유도하여 개인·금융 정보 등을 빼내는 기법이다.

① APT(Advanced Persistent Threat)
② 패스워드 크래킹(Password Cracking)
③ 보이스 피싱(Voice Phishing)
④ 스미싱(Smishing)

76 일본의 경호체제에 관한 설명으로 옳지 않은 것은?

CHECK ○△×

① 일본 공안조사청(PSIA)은 법무성 산하에 있는 정보기관으로 주로 국내첩보를 수집한다.
② 경찰청에서 경호경비 업무를 담당하는 부서는 경비국이며 경비국은 경비기획과, 공안과, 경비과와 외사정보부로 구성되어 있다.
③ 경시청에서는 전반적인 경호업무의 계획 및 조정·통제와 외국 경호기관과의 업무협조를 실시한다.
④ 경시청의 경비부 경호과는 경호의 주무부서로 경호계획 수립 및 근접경호를 담당한다.

77 다음 중 응급처치에 관한 설명으로 옳지 않은 것을 모두 고른 것은?

CHECK ○△×

> ㄱ. 어디까지나 응급처치에 그치고, 그 다음은 전문 의료요원의 처치에 맡긴다.
> ㄴ. 응급처치원은 환자나 부상자에 대한 안전을 자신보다 우선 확보하여야 한다.
> ㄷ. 가슴 및 복부 손상 시 지혈을 하고 음료를 마시지 않게 한다.
> ㄹ. 두부 손상의 응급조치는 기도를 확보하여 산소를 공급한 후, 뇌손상으로 인해 체온이 떨어지지 않도록 보온을 유지하는 것이다.
> ㅁ. 응급처치원은 의약품을 사용하여 처치하는 것이 원칙이다.

① ㄱ, ㄴ, ㄷ
② ㄱ, ㄷ, ㅁ
③ ㄴ, ㄷ, ㄹ
④ ㄴ, ㄹ, ㅁ

78 국민보호와 공공안전을 위한 테러방지법령상 국가정보원장이 설치·운영하는 전담조직은?

CHECK ○△×

① 테러사건대책본부
② 테러정보통합센터
③ 화생방테러대응지원본부
④ 테러복구지원본부

79 차량경호의 일반적인 상황에 관한 설명으로 옳지 않은 것은?

CHECK ○△×

① 경호대상자 차량은 최고 성능의 차량을 선정하고 선도차량과 일정한 간격을 유지하면서 이동하며, 유사시 선도차량과 같은 방향으로 대피한다.
② 선도경호차량은 행·환차로를 안내하고, 기동 간 이동지휘소 역할을 하면서, 행사시간에 맞게 주행속도를 조절하며, 전방의 각종 상황에 대한 경계임무를 수행한다.
③ 경호대상자는 가장 먼저 차량의 뒷좌석 오른쪽에 탑승하고(뒷좌석에 경호대상자, 경호원 1명일 때), 경호책임자의 안내에 따라 가장 마지막에 하차한다.
④ 경호책임자(경호팀장)는 목적지에 도착하면 가장 먼저 하차하고 출발 시에는 가장 나중에 승차하며, 경호대상자 승·하차 시 차량 문의 개폐와 창문과 잠금장치를 통제한다.

80 테러경보의 단계별 조치 중 "심각 단계"의 조치 내용으로 옳지 않은 것은?

CHECK ○△×

① 관계기관 상호 간 비상연락체계의 유지
② 테러대응 인력·장비 현장 배치
③ 테러대상시설 잠정 폐쇄
④ 테러유형별 테러사건대책본부 등 설치

제4회 심화 모의고사

각 문항별로 난이도를 체크해 보세요. ○△×

Time 분 | 해설편 280p

중요문제 / 틀린 문제 CHECK

41	42	43	44	45	46	47	48	49	50	51	52	53	54	55	56	57	58	59	60
61	62	63	64	65	66	67	68	69	70	71	72	73	74	75	76	77	78	79	80

41 경비의 분류에 관한 설명으로 옳지 않은 것은?

CHECK ○△×

① 경비 방식에 의해 인력경비와 기계경비로 구분할 수 있다.
② 경비 성격에 의해 자체경비와 계약경비로 구분할 수 있다.
③ 경계개념에 의해 정(正)비상경계와 준(準)비상경계로 구분할 수 있다.
④ 경비업법상 특수경비업무는 공경비로 분류된다.

42 대통령 등의 경호에 관한 법령상 (   ) 안의 ㄱ~ㄹ에 들어갈 내용으로 옳지 않은 것은?

CHECK ○△×

> • 처장은 경호등급을 구분하여 운영하는 경우에는 (ㄱ), (ㄴ) 및 (ㄷ)과 미리 협의하여야 한다.
> • 수당의 지급절차 기타 수당지급에 관하여 필요한 사항은 기획재정부장관 및 (ㄹ)과 협의하여 처장이 정한다.

① ㄱ : 외교부장관
② ㄴ : 국가정보원장
③ ㄷ : 경찰청장
④ ㄹ : 행정안전부장관

43 경호구역의 설정에 관한 내용 중 옳은 것은?

CHECK ○△×

① 내부는 경호대상자가 머무르는 공간이며, 단독건물인 경우에는 건물 자체를, 고층건물인 경우에는 행사층을 안전구역인 내부로 설정한다.

② 고층건물에서 안전구역으로 설정된 층을 제외한 곳은 내곽으로 부른다.

③ 통제점은 내부의 경우 행사장 내부로 통하는 각 출입구, 내곽은 정문이나 후문과 같은 출입문이 된다.

④ 내곽은 일반적으로 해당 시설 부지의 경계선인 울타리 안쪽으로, 외부는 울타리 밖으로 설정한다.

44 우리나라 경호제도의 역사적 변천에 관한 설명으로 옳지 않은 것은?

CHECK ○△×

① 고구려의 경호기관으로 볼 수 있는 대모달은 왕권강화를 위하여 수도의 방위(궁성경비)를 담당하고 중앙군을 지휘하였다.

② 백제의 경호기관으로 볼 수 있는 5부(部)·5방(方)은 궁성 경비 및 도성 수비를 담당하였다. 또한 6좌평 중 위사좌평은 오늘날의 경호처장에 해당하고 병관좌평은 오늘날의 국방부장관에 해당한다.

③ 신라의 경호기관인 시위부는 궁성의 숙위와 왕 및 왕실세력 행차 시 호위하는 것이 주된 임무였으며, 시위부 소속의 금군은 모반·반란 등을 평정하고 진압하는 임무를 수행하였다.

④ 고려시대의 서방은 왕명출납과 왕궁숙위를 담당하여 우리나라 최초의 전문 공경호기관으로 평가된다.

45 경호행사 시 주의력효과와 대응효과에 관한 설명으로 옳지 않은 것은 모두 몇 개인가?

CHECK ○△×

ㄱ. 주의력효과와 대응효과는 서로 상반된 개념이므로 위치 선정에 유의해야 한다.
ㄴ. 대응력은 경호원이 위해기도에 반응하여 취하는 태도나 행동능력이다.
ㄷ. 주의력은 경호원이 이상 징후를 포착하기 위하여 기울이는 힘이다.
ㄹ. 주의력효과 측면에서는 경호원과 경계대상과의 거리가 멀수록 유리하다.
ㅁ. 대응효과 측면에서는 경호원이 경호대상자와의 거리를 좁히는 것이 효과적이다.

① 1개　　② 2개

③ 3개　　④ 4개

46 CHECK ○△×

경호대상자가 위치한 행사장이나 시설로부터 내부, 내곽, 외곽으로 나누어 중첩된 형태로 전개되는 경호의 원칙은?

① 예방경호의 원칙
② 두뇌경호의 원칙
③ 3중 경호의 원칙
④ 은밀경호의 원칙

47 CHECK ○△×

경호업무 수행절차로 옳은 것은?

① 정보수집분석 → 위협평가 → 경호계획 수립 → 검측활동 → 근접경호
② 정보수집분석 → 경호계획 수립 → 위협평가 → 검측활동 → 근접경호
③ 경호계획 수립 → 정보수집분석 → 위협평가 → 검측활동 → 근접경호
④ 경호계획 수립 → 위협평가 → 정보수집분석 → 검측활동 → 근접경호

48 CHECK ○△×

다음과 관련이 있는 경호의 원칙은 무엇인가?

> 경호대상자의 행차 코스는 원칙적으로 비공개되어야 하며, 행차 예정 장소도 일반 대중에게 비공개되어야 한다. 더불어 대중에게 노출되는 경호대상자의 보행 행차는 가급적 제한되어야 위해를 가할 가능성이 있는 위험으로부터 경호대상자를 보호할 수 있다.

① 자기담당구역 책임의 원칙
② 은밀경호의 원칙
③ 목표물 보존의 원칙
④ 자기희생의 원칙

49 경호복제에 관한 설명으로 옳은 것은?

CHECK ○△×

① 대통령경호처장은 필요하다고 인정하는 경우 대통령경호처 직원에게 제복을 지급할 수 있다.
② 대통령경호처 소속공무원의 복제에 관하여 필요한 사항은 차장이 정한다.
③ 행사성격과 주변 환경에 어울리는 경호원의 복장은 그 신분이 노출될 수 있기에 지양한다.
④ 행사의 성격과 관계없이 경호대상자 품위를 높이기 위해 검정색 계통의 정장을 착용한다.

50 대한민국 정부수립 이후 경호제도의 변천에 관한 설명으로 옳지 않은 것은?

CHECK ○△×

① 1949년에는 그동안 구왕궁을 관할하고 있던 경복궁경찰대가 폐지되고 경무대경찰서가 신설되었다.
② 1960년에는 청와대 경찰관파견대가 대통령 경호 및 대통령관저의 경비를 담당하였다.
③ 1961년에는 군사혁명위원회가 국가재건최고회의로 발족되면서 국가재건최고회의 의장경호대가 임시로 편성되었다.
④ 1963년에는 박정희 대통령이 취임하면서 대통령경호실이 출범하였다.

51 행사장 경호 시의 출입자 통제관리 및 내 · 외곽경계에 관한 설명이다. 내곽경계에 해당하는 내용으로 옳은 것은?

CHECK ○△×

① 입장이 완료되면 복도 · 화장실 · 로비 · 휴게실 등에 근무자 이외에는 한 사람도 없도록 통제한다.
② 차량 출입문과 도보 출입문을 구분하여 입장토록 한다.
③ 예비대 · 비상통로 · 소방차 · 구급차 등을 확보하여 요원과 함께 대기하며 돌발사태에 대비한다.
④ 도보순찰 · 기동순찰조를 운용하여 외부로부터 내부로의 불심자 접근을 차단한다.

52 CHECK ○△×

교육훈련 결과의 평가에는 커크패트릭(Donald Kirkpatrick)이 제시한 4단계 모형이 적용될 수 있다. 모형의 단계별 순서로 알맞은 것은?

	1단계	2단계	3단계	4단계
①	반응평가	행동평가	학습평가	결과평가
②	학습평가	행동평가	반응평가	결과평가
③	행동평가	반응평가	학습평가	결과평가
④	반응평가	학습평가	행동평가	결과평가

53 CHECK ○△×

다음 중 우발상황에 관한 설명으로 옳지 않은 것은 모두 몇 개인가?

ㄱ. 우발상황은 발생 여부가 불확실하고 사전예측이 곤란하다.
ㄴ. 즉각조치의 과정은 경고 – 대피 – 방호의 순서로 전개된다.
ㄷ. 자기보호본능으로 위해가해자에 대한 대적과 제압이 제한적이다.
ㄹ. 우발상황은 현장에서 발생하고 이에 대한 경호조치도 현장에서 이루어져야 한다.
ㅁ. 우발상황에 대처할 충분한 시간적 여유가 없다.

① 없음
② 1개
③ 2개
④ 3개

54 CHECK ○△×

다음의 경호장비 중 공용장비는?

① 방독면
② 권 총
③ 방탄복
④ 전자충격기

55 대통령 등의 경호에 관한 법률상 (   ) 안의 ㄱ~ㄹ에 들어갈 내용으로 옳지 않은 것은?

CHECK ○△×

> • 경호란 경호대상자의 생명과 재산을 보호하기 위하여 신체에 가하여지는 (ㄱ)를 방지하거나 제거하고, (ㄴ)을 경계·순찰 및 방비하는 등의 모든 (ㄷ)활동을 말한다.
> • (ㄹ)이란 대통령경호처 직원과 경호처에 파견된 사람을 말한다.

① ㄱ : 위 해
② ㄴ : 특정 지역
③ ㄷ : 특 수
④ ㄹ : 소속 공무원

56 각국 경호기관의 경호대상자에 관한 설명으로 옳지 않은 것은?

CHECK ○△×

① 미국 국토안보부 비밀경호국의 경호대상은 대통령 및 부통령과 직계가족을 포함한다.
② 우리나라 대통령경호처의 경호대상은 퇴임 후 10년 이내의 전직대통령과 그 배우자 및 자녀를 포함한다.
③ 일본 황궁경찰본부의 경호대상은 천황 및 황족의 경호를 포함한다.
④ 독일 연방범죄수사국 경호안전과의 경호대상은 대통령과 수상의 경호를 포함한다.

57 경호안전작용에 관한 설명으로 옳지 않은 것은?

CHECK ○△×

① 경호안전작용에는 경호보안작용, 경호정보작용, 안전대책작용 등이 있다.
② 경호보안작용은 경호작용의 원천적 사전지식을 생산·제공하는 것으로 경호대상자의 신변안전을 위협하는 인적·물적·지리적 취약요소를 사전에 수집·분석·예고하는 것을 의미한다.
③ 경호정보작용의 3대 요건은 정확성, 적시성, 완전성이다.
④ 안전대책의 3대 작용 원리는 안전점검, 안전검사, 안전유지이다.

58 경호대형에 관한 설명 중 옳지 않은 것은?

CHECK ○△×

① 1인 경호대형의 경우 위해 상황이 발생되었을 때는 대적을 중심으로 방호하며, 경호대상자가 스스로 대피할 수 있도록 사전에 충분한 대화가 있어야 한다.

② 2인 경호대형에서 수행팀장은 경호대상자와 동행하여 도착한 후 후방에서 촉수거리를 유지하면서 좌우와 후방을 경계하여야 한다.

③ 3인 경호대형은 쐐기 대형이라고도 하는데, 대규모 군중 속에서 치명적인 안전구역 확보가 필수적인 때에 이용된다.

④ 경호대상자가 국가원수급 등으로 지명도가 대단히 높을 때에는 5인 경호대형을 운용한다.

59 사이버테러 체계에 관한 다음 설명 중 옳은 것은?

CHECK ○△×

① 논리폭탄체계는 자신을 계속 복제하여 정상적인 운용을 마비시키고 교란을 획책하여 무력화시키는 교란용 사이버무기체계이다.

② 웜체계란 테러대상의 컴퓨터시스템의 프로그램을 불법적으로 수정하여 해커가 원하는 기능을 수행하도록 하는 프로그램이다.

③ 트로이목마체계는 평상시에는 컴퓨터 내부에 잠복해 있다가 예정된 시간이나 특수한 명령어가 들어오면 작동하는 도화선 없는 바이러스 폭탄이다.

④ AMCW체계는 테러 목표를 설정하고 순항하여 특정정보 또는 컴퓨터시스템에 필요한 체계만을 파괴하는 사이버무기이다.

60 응용대형 중 하차대형에 관한 설명이다. 옳지 않은 것은?

CHECK ○△×

① 차량대형이 하차지점에 도착하면 근접경호원은 신속히 하차하여 경호대상자차에 대한 사주경계대형을 형성한다.

② 차량문은 경호대상자차가 정지하는 것과 동시에 신속히 열도록 한다.

③ 차량 사주경계대형에서 경호차량의 우측에 탑승한 경호원은 경호대상자차의 우측을, 좌측에 탑승한 경호원은 좌측을 담당한다.

④ 경호대상자가 차에서 내리면 전방으로 이동하면서 자연스럽게 도보대형을 형성하여 이동 간 경계태세에 돌입한다.

61 대통령경호처와 그 소속기관의 조직에 관한 내용 중 옳지 않은 것은?

CHECK ○△×

① 대통령경호처에 기획관리실 · 경호본부 · 경비안전본부 및 지원본부를 두며, 기획관리실장 · 경호본부장 · 경비안전본부장 및 지원본부장은 2급 경호공무원으로 보한다.

② 대통령경호처장의 관장사무를 지원하기 위하여 대통령경호처장 소속으로 경호안전교육원을 둔다.

③ 경호안전교육원에 원장 1명을 두며, 원장은 2급 경호공무원으로 보한다.

④ 대통령경호처장 밑에 감사관 1명을 두며, 감사관은 2급 경호공무원으로 보한다.

62 경호활동의 수칙에 관한 설명 중 옳지 않은 것은?

CHECK ○△×

① 경호원은 침묵을 지켜야 하며 경호대상자의 신변을 엄호할 수 있는 곳에 위치하여야 한다.

② 경호원은 사회 각 분야에 대한 다양한 지식을 보유할 필요 없이 경호활동에 대한 원칙만 지키면 비상사태일 경우에도 해결해 나갈 수 있는 능력을 키울 수 있다.

③ 국제적인 행사가 많아지면서 자유로운 의사소통을 할 수 있는 외국어 능력이 요구된다.

④ 경호대상자가 위험에 처했을 경우 경호원은 먼저 경호대상자를 대피시킨 후 무기를 사용하여 적을 제압한다.

63 환자 또는 부상자의 얼굴색에 관한 설명으로 옳지 않은 것은?

CHECK ○△×

① 얼굴이나 입술, 손톱이 청홍색인 경우에는 호흡을 할 수 없는 상태, 심장이 정지되기 직전, 약물중독 등으로 모두가 위험한 상태이다.

② 얼굴이나 피부색이 창백한 경우에는 대출혈, 심장발작 등으로 혈압이 낮아지고 심장의 펌프작용이 저하되어 혈액순환이 악화된 상태이다.

③ 안색이나 피부색이 붉은 경우에는 혈압이 낮아진 것으로 저체온증, 참호병, 동상 등에 걸린 것으로 추정할 수 있다.

④ 맥박이 정상이고 안색이 좋으며 피부가 따뜻한 느낌을 주면 혈액순환이 좋다는 것으로 위험이 적다.

64 보안업무의 원칙에 관한 설명으로 옳지 않은 것은?

CHECK ○△×

① 정보는 꼭 필요한 사람에게만 전달되어야 한다.
② 정보가 부족하면 임무수행에 장애가 되지만 정보가 너무 많아도 혼란을 줄 수 있으므로, 사용자가 필요한 만큼 적당한 양의 정보를 전달하여야 한다.
③ 내용과 가치의 정도에 따라 다른 비밀과 관련되지 않게 독립시켜야 한다.
④ 보안을 지나치게 강조할 경우 생산된 정보가 사용자에게 제대로 전달되지 않아 정책결정에 사용하지 못할 수 있으므로, 능률에 중점을 두어야 한다.

65 세계 각국의 경찰제도에 관한 설명 중 옳지 않은 것은?

CHECK ○△×

① 영국의 경찰체제는 전통적으로 내무성 직속의 유일한 국가경찰인 수도경찰청을 제외하고는 전국 경찰이 자치체경찰로 운영되고 있다.
② 독일의 경찰조직은 전통적으로 중앙집권적인 국가경찰제도였으나, 제2차 세계대전 이후 독일 연방 공화국의 수립과 함께 경찰기능이 각 주(州)에 이관되면서 자치체경찰체제로 전환되었다.
③ 일본의 경찰조직은 국가경찰과 지방경찰의 이원적 조직이다.
④ 프랑스의 경찰체계는 강력한 중앙집권적 국가경찰 형태로서 내무부장관의 지휘하에 전국적인 조직을 가지고 중앙에서 일반적 지휘·감독을 하고 있으며, 경찰조직은 국가경찰, 자치체경찰, 국방부장관 소속의 국가헌병경찰(군인경찰)로 구분할 수 있다.

66 경호의전에 관한 설명으로 옳지 않은 것은?

CHECK ○△×

① 우리나라의 공식적 국가 의전서열은 대통령 – 국무총리 – 국회의장 – 대법원장 – 헌법재판소장 순이다.
② 공식적인 의전서열을 가지지 않은 사람의 좌석은 당사자의 개인적·사회적 지위 및 연령 등을 고려한다.
③ 우리나라가 주최하는 연회에서는 자국 측 빈객은 동급의 외국 측 빈객보다 하위에 둔다.
④ '상대에 대한 존중과 배려'는 의전의 중요한 원칙 중 하나이다.

67 국민보호와 공공안전을 위한 테러방지법령상 테러가 발생하거나 발생할 우려가 현저한 경우 설치하는 테러사건대책본부와 설치권자가 잘못 연결된 것은?

CHECK ○△×

① 국토교통부장관 - 항공테러사건대책본부
② 국방부장관 - 군사시설테러사건대책본부
③ 경찰청장 - 국내일반 테러사건대책본부
④ 질병관리청장 - 생물테러사건대책본부

68 국민보호와 공공안전을 위한 테러방지법령상 용어의 정의로 옳지 않은 것은?

CHECK ○△×

① 테러단체 : 국제연합(UN)이 지정한 테러단체를 말한다.
② 대테러활동 : 테러 관련 정보의 수집, 테러위험인물의 관리, 테러에 이용될 수 있는 위험물질 등 테러수단의 안전관리, 인원·시설·장비의 보호, 국제행사의 안전확보, 테러위협에의 대응 및 무력진압 등 테러 예방과 대응에 관한 제반 활동을 말한다.
③ 대테러조사 : 대테러활동에 필요한 정보나 자료를 수집하기 위하여 현장조사·문서열람·시료채취 등을 하거나 조사대상자에게 자료제출 및 진술을 요구하는 활동을 말한다.
④ 외국인테러전투원 : 테러단체의 조직원이거나 테러단체 선전, 테러자금 모금·기부, 그 밖에 테러 예비·음모·선전·선동을 하였거나 하였다고 의심할 상당한 이유가 있는 사람을 말한다.

69 다음 중 경호조직의 특성과 원칙에 관한 설명으로 옳은 것을 모두 고른 것은?

CHECK ○△×

ㄱ. 테러행위의 수법이 지능화·고도화되고 있으므로 경호조직에 있어서도 기능의 전문화 내지 분화 현상이 광범위하게 나타나고 있다.
ㄴ. 교통수단의 발달과 인구집중현상·환경보호, 더 나아가 세계공동체를 향한 외교활동 증대로 고도의 유동성을 띠게 되어 경호조직도 그에 대응하여 높은 기동성을 띤 조직으로 변해가고 있다.
ㄷ. 경호의 업무는 성격상 개인적 작용으로 이루어지지 않고 기관단위의 작용으로 이루어지므로 경호의 성패는 경호조직원 모두에게 책임이 있다.
ㄹ. 지휘 및 통제의 이원화로 인해 파생되는 문제들을 보완하기 위해 명령과 지휘체계는 반드시 하나의 계통으로 구성해야 한다.
ㅁ. 완벽한 경호를 위해서는 국민의 절대적인 협력이 필요하다.

① ㄱ, ㄴ, ㄷ, ㄹ
② ㄱ, ㄴ, ㄷ, ㅁ
③ ㄱ, ㄴ, ㄹ, ㅁ
④ ㄴ, ㄷ, ㄹ, ㅁ

70

CHECK ○△×

다음 중 도보대형 형성 시 우선적으로 고려할 사항(A)과 차량 기동 간 사전준비 및 검토할 사항(B)이 바르게 연결된 것은?

ㄱ. 주변 감시통제 건물의 취약도
ㄴ. 행사장 사전예방경호의 수준
ㄷ. 주도로 및 예비도로의 선정
ㄹ. 행차로와 환차로 등 주변 도로망 파악
ㅁ. 대피소 및 최기병원 선정 등 주변 구호시설의 파악
ㅂ. 공식, 비공식행사 등 행사 성격
ㅅ. 차량대형 및 차종의 선택
ㅇ. 행사장 참석자 인원수 및 성향

	A	B
①	ㄱ, ㄴ, ㄷ, ㄹ	ㅁ, ㅂ, ㅅ, ㅇ
②	ㄱ, ㄴ, ㅂ, ㅇ	ㄷ, ㄹ, ㅁ, ㅅ
③	ㄱ, ㄷ, ㅅ, ㅇ	ㄴ, ㄹ, ㅁ, ㅂ
④	ㄴ, ㄹ, ㅁ, ㅂ	ㄱ, ㄷ, ㅅ, ㅇ

71

CHECK ○△×

대통령 등의 경호에 관한 법령상 손실보상심의위원회에 관한 설명으로 옳지 않은 것은?

① 위원장 1명을 포함한 7명 이상 9명 이내의 위원으로 성별을 고려하여 구성한다.
② 손실보상심의위원회의 위원은 대통령경호처장이 위촉하거나 임명한다.
③ 위원장은 손실보상심의위원회를 대표하며, 손실보상심의위원회의 업무를 총괄한다.
④ 위원장이 부득이한 사유로 직무를 수행할 수 없는 때에는 대통령경호처장이 미리 지명한 위원이 그 직무를 대행한다.

72

CHECK ○△×

TOD(Thermal Observation Device)는 어떤 경호장비로 분류되는가?

① 검색장비　　② 통신장비
③ 감시장비　　④ 방호장비

73 안전검측활동에 관한 설명으로 옳은 것은?

CHECK ○△×

① 위해기도자의 입장보다는 경호대상자의 입장에서 검측을 실시한다.
② 가용 인원의 최대 범위에서 중복이 되지 않도록 철저히 실시한다.
③ 경호대상자가 짧은 시간 머물 곳을 실시한 후 장시간 머물 곳을 체계적으로 검측한다.
④ 비공식행사에서도 비노출 검측활동을 실시할 수 있다.

74 경호업무 수행절차에 관한 설명으로 옳은 것은?

CHECK ○△×

① 준비단계에서는 법과 제도를 정비하여 우호적인 경호환경을 조성한다.
② 대비단계에서는 정보네트워크를 구축하여 정보를 수집하고 위협의 평가 및 대응방안을 강구한다.
③ 실시단계에서는 행사장의 취약요소에 대한 안전대책을 강구한다.
④ 평가단계에서는 비상시 협조체제를 확립한다.

75 다음 중 국민보호와 공공안전을 위한 테러방지법령상 테러정보통합센터의 임무에 해당하는 것(A)과 테러대응구조대의 임무에 해당하는 것(B)을 바르게 연결한 것은?

CHECK ○△×

> ㄱ. 국가 중요행사의 안전한 진행 지원
> ㄴ. 24시간 테러 관련 상황 전파체계 유지
> ㄷ. 테러발생 시 초기단계에서의 조치 및 인명의 구조・구급
> ㄹ. 테러 위험 징후 평가
> ㅁ. 국내외 테러 관련 정보의 통합관리・분석 및 관계기관에의 배포
> ㅂ. 테러취약요인의 사전 예방・점검 지원

	A	B
①	ㄱ, ㄴ, ㄷ	ㄹ, ㅁ, ㅂ
②	ㄱ, ㄴ, ㄹ	ㄷ, ㅁ, ㅂ
③	ㄴ, ㄷ, ㅂ	ㄱ, ㄹ, ㅁ
④	ㄴ, ㄹ, ㅁ	ㄱ, ㄷ, ㅂ

76 다음 경호정보 중 지리정보에 해당하지 않는 것을 모두 고른 것은?

CHECK ○△×

ㄱ. 위해를 기도하거나 기도할 가능성이 있는 개인·단체의 동향에 관한 정보
ㄴ. 행사장 내의 가스·전기·공조시설과 승강기 등의 관리 및 안전상태에 관한 정보
ㄷ. 위해기도자가 공격장소로 이용 가능한 이동로 상의 취약요소에 관한 정보
ㄹ. 행사장에 이르는 도로망에 관한 정보
ㅁ. 행사장에 이르는 행·환차로 및 예비도로에 관한 정보

① ㄱ, ㄴ
② ㄴ, ㄷ
③ ㄱ, ㄴ, ㄹ
④ ㄱ, ㄴ, ㅁ

77 화상의 정도에 따른 치료방법으로 옳지 않은 것은?

CHECK ○△×

① 1도 화상의 경우 시원한 물수건 등으로 화상을 입은 부위를 식혀준다.
② 2도 화상의 경우 화상을 입은 면적이 크지 않으면 물수건 등으로 부위를 덮어 준다.
③ 3도 화상의 경우 쇼크나 생명의 위험이 있을 수 있으므로 소독약 등을 사용하여 환자의 상처를 처치한 뒤 가능한 빨리 병원으로 이송하도록 한다.
④ 4도 화상의 경우 직접적인 피부이식 수술이 필요하므로 감염에 주의하면서 많은 조직을 살려주어 후유증을 줄인다.

78 국민보호와 공공안전을 위한 테러방지법령상 테러피해에 관한 내용으로 옳지 않은 것은?

CHECK ○△×

① 국가 또는 지방자치단체는 테러의 피해를 입은 사람에 대하여 대통령령으로 정하는 바에 따라 치료 및 복구에 필요한 비용의 전부 또는 일부를 지원할 수 있다.
② 테러로 인하여 생명의 피해를 입은 사람의 유족에 대해서는 그 피해의 정도에 따라 등급을 정하여 특별위로금을 지급할 수 있다.
③ 피해지원금 또는 특별위로금의 지급을 신청하려는 사람은 테러사건으로 피해를 입은 사실을 안 날부터 3년 이내에 총리령으로 정하는 바에 따라 지급신청서에 관련 증명서류를 첨부하여 대책본부를 설치한 관계기관의 장에게 제출하여야 한다.
④ 테러사건으로 피해를 입은 날부터 5년이 지나면 피해지원금 또는 특별위로금의 지급신청을 할 수 없다.

79 기본 인명구조술에 관한 설명 중 옳지 않은 것은?

CHECK ○△×

① 병원 전(前)단계에서 많이 시행하는 기본 인명구조술은 심폐소생술의 초기단계를 말한다.
② 심폐소생술은 가슴압박(compression) → 기도유지(airway) → 인공호흡(breathing)의 순으로 실시한다.
③ 심정지 환자에게는 심정지 후 8분 이내에 기본 인명구조술이 시작되어야 높은 생존율을 기대할 수 있다.
④ 인공호흡에 자신이 없는 경우 가슴압박을 실시한다.

80 다음 중 「대통령경호안전대책위원회규정」상 대통령경호안전대책위원회 위원(A)과 「국가테러대책위원회 및 테러대책실무위원회 운영규정」상 테러대책실무위원회의 위원(B)에 해당하는 자를 바르게 연결한 것은?

CHECK ○△×

ㄱ. 환경부 환경보건정책관
ㄴ. 국무조정실 대테러정책관
ㄷ. 과학기술정보통신부 통신정책관
ㄹ. 국가정보원 테러정보통합센터장
ㅁ. 국토교통부 항공안전정책관
ㅂ. 대검찰청 공공수사정책관
ㅅ. 통일부 정책기획관
ㅇ. 기획재정부 비상안전기획관

	A	B
①	ㄱ, ㄴ, ㄷ, ㄹ	ㅁ, ㅂ, ㅅ, ㅇ
②	ㄱ, ㅁ, ㅅ, ㅇ	ㄴ, ㄷ, ㄹ, ㅂ
③	ㄴ, ㄷ, ㅅ, ㅇ	ㄱ, ㄹ, ㅁ, ㅂ
④	ㄷ, ㄹ, ㅁ, ㅂ	ㄱ, ㄴ, ㅅ, ㅇ

제5회 심화 모의고사

각 문항별로 난이도를 체크해 보세요. ○△×

Time 분 | 해설편 298p

중요문제 / 틀린 문제 CHECK

41	42	43	44	45	46	47	48	49	50	51	52	53	54	55	56	57	58	59	60
61	62	63	64	65	66	67	68	69	70	71	72	73	74	75	76	77	78	79	80

41 CHECK ○△×

다음 중 경호의 개념 등에 대하여 잘못 말한 경호원은 몇 명인가?

A경호원 : 3중 경호는 경호대상자를 중심으로 가장 가까운 1선을 경계구역, 2선을 경비구역, 3선을 안전구역으로 정한 지역방어개념이다.

B경호원 : 경호를 본질적·이론적인 입장에서 이해한 것은 실질적 의미의 경호개념이다.

C경호원 : 대통령 등의 경호에 관한 법률은 경호를 '경호대상자의 생명과 재산을 보호하기 위하여 신체에 가하여지는 위해를 방지하거나 제거하고(호위), 특정지역을 경계·순찰 및 방비(경비)하는 등의 모든 안전활동'이라고 정의하므로 실질적 의미의 경호개념에 해당한다.

D경호원 : 경호원은 본인이 지지하는 정당과 정치적 입장을 명확히 밝혀 정치적으로 반대 입장에 있는 요인을 경호해야 하는 상황을 피해야 한다.

① 1명
② 2명
③ 3명
④ 4명

42 CHECK ○△×

다음 중 경호의 분류에 관한 설명으로 옳지 않은 것을 모두 고른 것은?

ㄱ. 甲(A)호 경호는 국왕 및 대통령과 그 가족, 외국의 원수 등을 경호대상으로 하는 경호이다.
ㄴ. 약식경호는 의전절차 없이 불시에 행사가 진행되고, 사전 경호조치도 없는 상태에서 최소한의 근접경호만으로 실시하는 경호활동을 말한다.
ㄷ. 직접경호는 평상시에 이루어지는 치안 및 대공활동, 국제정세를 포함한 안전대책작용이다.
ㄹ. 장소에 따른 경호는 행사장경호, 숙소경호 등으로 분류되며 연도경호도 이에 해당한다.
ㅁ. 열차경호는 장소에 의한 경호의 분류에 해당하고, 철도경호는 이동수단에 의한 경호의 분류에 해당한다.
ㅂ. 1(A)급 경호는 행차보안이 사전에 노출되어 경호위해가 보다 높아진 상황하에서의 각종 행사에 대한 경호와 국왕 및 대통령 등 국가원수급이 참석하는 국빈 행사의 경호를 말한다.

① ㄱ, ㄴ　　② ㄴ, ㄹ
③ ㄷ, ㅁ　　④ ㅁ, ㅂ

43 CHECK ○△×

경계대상에 의한 경비의 분류 중 총기, 폭발물 등에 의한 인질, 살상 등 사회적 이목을 끄는 중요범죄 등의 사태로부터 발생할 위해를 예방, 경계, 진압하는 경비는?

① 재해경비
② 특수경비
③ 혼잡경비
④ 중요시설경비

44 CHECK ○△×

경호조직의 원칙에 관한 설명으로 옳지 않은 것은?

① 경호는 업무의 성격상 기관단위작용으로 이루어지지 않고 개인단위작용으로 이루어진다.
② 경호업무가 긴급성을 요한다는 점 그리고 지휘 및 통제의 이원화로 인해 파생되는 문제들을 보완하기 위해 지휘단일성이 요구된다.
③ 상하계급 간에 일정한 관계에 의해 책임과 업무의 분담이 이루어지고, 명령과 복종의 지위와 역할의 체계가 통일되어야 한다.
④ 완벽한 경호를 위해 국민의 절대적인 협력이 필요하고, 모든 방법을 강구하여 국민의 역량을 결합하기 위해 노력해야 한다.

45 CHECK ○△×

다음은 우리나라 육영수여사 피살사건과 관련된 경호활동 평가 내용이다. 이 평가 내용에서 가장 강조하고 있는 경호의 특별원칙은?

> 이 사건에서 취약점은 공식행사로서 경호대상자가 예정된 시간에 예정된 장소에 위치한다는 것을 범인이 알 수 있었다는 점과 경호대상자의 행차가 비공개되지 않고, 미리 대중에게 공개적으로 알려졌다는 점이다.
>
> 〈출처〉 김두현, 「경호학개론」, 엑스퍼트, 2020, P. 68

① 목표물 보존의 원칙
② 고도의 집중력 유지의 원칙
③ 합리적 지역방어의 원칙
④ 하나의 통제된 지점을 통한 접근의 원칙

46 대통령경호안전대책위원회규정에 관한 설명으로 옳지 않은 것은?

CHECK ○△×

① 위원장은 필요하다고 인정할 때에는 부위원장으로 하여금 위원장의 직무를 대행하게 할 수 있다.
② 대통령경호안전대책활동에 관하여는 위원회 구성원 전원과 그 구성원이 속하는 기관의 장이 공동으로 책임을 지며, 각 구성원은 위원회의 결정사항 기타 안전대책활동을 위하여 부여된 임무에 관하여 상호간 최대한의 협조를 하여야 한다.
③ 위원회의 소관사항을 예비심의하거나 위원회로부터 위임받은 사항의 처리를 위하여 위원회에 실무위원회를 두어야 한다.
④ 실무위원회의 구성・운영 등에 관하여 필요한 사항은 위원장인 대통령경호처장이 정한다.

47 경호 비표 운용에 관한 내용으로 옳지 않은 것은?

CHECK ○△×

① 비표 운용은 경호안전대책작용 중 물적 취약요소의 배제활동에 해당한다.
② 행사장 근무자의 비표는 근무관련 경호 배치 전에 교양 시작 후 지급하여야 한다.
③ 행사 참석자를 위한 비표는 구역별로 그 색상을 달리하면 식별 및 통제가 용이하다.
④ 비표에는 리본, 명찰, 완장, 모자, 배지(badge) 등이 있다.

48 다음의 ㄱ, ㄴ은 사전경호활동 중 어느 단계에 관한 설명인가?

CHECK ○△×

ㄱ. 수집된 정・첩보 중에서 위해 가능성이 있는지를 확인하고 판단하는 과정으로서 정확하고 신속하며 종합적인 고도의 판단력을 필요로 하는 단계 ㄴ. 위해 가능성이 있다고 판단된 위해요소를 추적하고 사실 여부를 확인하는 단계로 과학적이고 신중한 행동이 요구되는 단계

① ㄱ : 예견단계, ㄴ : 인식단계
② ㄱ : 인식단계, ㄴ : 조사단계
③ ㄱ : 조사단계, ㄴ : 무력화단계
④ ㄱ : 인식단계, ㄴ : 예견단계

49 경호행사장에 인접한 A 지역은 경호행사장을 직시할 수 있는 고층건물로서, 행사장을 중심으로 한 외곽울타리 지역에 속해 있다. 또한 소구경 곡사화기의 유효사거리 기준인 600m 반경 이상의 범위에 있다. A 지역은 무슨 구역인가?

CHECK ○△×

① 안전구역 ② 경계구역
③ 경비구역 ④ 작전구역

50 다음에서 설명하고 있는 고려시대의 경호제도는?

CHECK ○△×

> 고려의 무신정권이 무너지고 원나라의 지배하에 들어가면서 몽골의 제도에 따라 설치된 것으로 그 본래의 기능은 도적방지, 무고자·포악자 등의 단속과 변방수비 등이었으나, 본래의 임무 이외에 왕권에 봉사하고 권신에게 이용되었으며, 간신배들을 물리치는 도구로 이용되었다. 그 뒤 순군만호부로 개편되었다.

① 순마소 ② 성중애마
③ 내순검군 ④ 의흥친군위

51 다음 중 경호행사 시 주행사장 내부 담당자의 임무(A)와 주행사장 외부 담당자의 임무(B)가 바르게 연결된 것은?

CHECK ○△×

> ㄱ. 방탄막 설치 및 비상차량 운용계획 수립
> ㄴ. 차량 및 공중강습에 대한 대비책 수립
> ㄷ. 경호대상자 동선 및 좌석 위치에 따른 비상대책 강구
> ㄹ. 정전 등 우발상황을 대비한 각 근무자 예행연습 실시
> ㅁ. 접견 예상에 따른 대책 및 참석자 안내계획 수립
> ㅂ. 경호대상자의 휴게실, 화장실 위치 파악 및 안전점검 실시
> ㅅ. 안전구역 내 단일 출입로 설정
> ㅇ. 지하대피시설 점검·확보

	A	B
①	ㄱ, ㄴ, ㄷ, ㄹ	ㅁ, ㅂ, ㅅ, ㅇ
②	ㄱ, ㄷ, ㅂ, ㅇ	ㄴ, ㄹ, ㅁ, ㅅ
③	ㄷ, ㄹ, ㅁ, ㅂ	ㄱ, ㄴ, ㅅ, ㅇ
④	ㄹ, ㅁ, ㅂ, ㅅ	ㄱ, ㄴ, ㄷ, ㅇ

52 경호업무 수행절차의 각 단계별 세부활동에 관한 설명으로 옳은 것은?

CHECK ○△×

① 준비단계에서는 정보네트워크를 구축하고, 위협의 평가 및 대응방안을 강구한다.
② 대비단계에서는 법과 제도를 정비하여 우호적인 경호환경을 조성한다.
③ 실시단계에서는 행사장의 취약요소에 대한 안전대책을 강구한다.
④ 평가단계에서는 비상시 협조체계를 확립한다.

53 출입자 통제에 관한 설명으로 옳지 않은 것은?

CHECK ○△×

① 안전구역 설정권 내에 출입하는 인적·물적 제반 요소에 대한 안전활동을 말한다.
② 각 구역별로 출입통로를 다양화하여 통제의 범위를 정한다.
③ 행사장의 허가되지 않은 출입요소를 발견하여 통제·관리하는 사전예방차원의 경호방법이다.
④ 경호구역 설정에 따라 각 통제의 범위를 결정한다.

54 다음 중 대통령 등의 경호에 관한 법률에 따른 대통령경호처의 경호대상에 해당하지 않는 자를 모두 고른 것은?

CHECK ○△×

ㄱ. 대통령과 그 배우자
ㄴ. 대통령 당선인과 그 배우자
ㄷ. 대통령의 누나
ㄹ. 대통령 당선인의 딸
ㅁ. 대통령 후보자와 그 배우자

① ㄱ, ㄷ
② ㄴ, ㄹ
③ ㄷ, ㅁ
④ ㄹ, ㅁ

55 CHECK ○△✕

다음과 가장 관련이 깊은 내용은?

> 경호원들은 행사 참석자들과 유사한 복장을 착용하고 행사 참석자들 사이에 위치하기도 하며, 행사 진행요원으로 위장하거나 상황에 따라 장비를 착용하지 않고 근무하기도 한다.

① 촉수거리의 원리
② 대응시간의 원리
③ 이격거리의 원리
④ 보호색의 원리

56 CHECK ○△✕

다음 중 대통령 등의 경호에 관한 법령상 임용권자가 직원을 직권으로 면직하려는 경우 고등징계위원회의 동의를 받아야 하는 경우가 아닌 것은?

> ㄱ. 신체적·정신적 이상으로 6개월 이상 직무를 수행하지 못할 만한 지장이 있을 때
> ㄴ. 직무수행능력이 현저하게 부족하거나 근무태도가 극히 불량하여 직원으로서 부적합하다고 인정될 때
> ㄷ. 직제와 정원의 개폐(改廢) 또는 예산의 감소 등에 의하여 폐직(廢職) 또는 과원(過員)이 된 때
> ㄹ. 휴직 기간이 끝나거나 휴직 사유가 소멸된 후에도 정당한 이유 없이 직무에 복귀하지 아니하거나 직무를 수행할 수 없을 때
> ㅁ. 직무수행능력이 부족하거나 근무성적이 극히 불량하여 대통령령으로 정하는 바에 따라 대기명령을 받은 사람이 그 기간 중 능력 또는 근무성적의 향상을 기대하기 어렵다고 인정될 때
> ㅂ. 해당 직급에서 직무를 수행하는 데에 필요한 자격증의 효력이 상실되거나 면허가 취소되어 담당 직무를 수행할 수 없게 되었을 때

① ㄴ, ㅁ
② ㄱ, ㄴ, ㅁ
③ ㄴ, ㄹ, ㅁ
④ ㄱ, ㄷ, ㄹ, ㅂ

57 우발상황 발생 시 방호 및 대피에 관한 설명으로 옳은 것은?

CHECK ○△×

① 즉각조치의 과정은 경고 - 대피 - 방호의 순서로 전개된다.
② 경고와 동시에 대적 여부는 촉수거리의 원칙에 따라 경호대상자와 가장 가까이에 있는 경호원이 판단·대응한다.
③ 대피 시 경호대상자의 대피도 중요하지만, 부상당한 동료의 처리와 도주범인 추적 및 체포로 제2범행을 방지하는 것이 우선이다.
④ 대피 시에는 경호대상자에게 신체적 무리가 뒤따르고 예의를 무시하게 되더라도 신속하고 과감하게 행동해야 한다.

58 다음 중 국민보호와 공공안전을 위한 테러방지법령상 국가테러대책위원회의 심의·의결사항을 모두 고른 것은?

CHECK ○△×

ㄱ. 대테러활동에 관한 국가의 정책 수립 및 평가 ㄴ. 테러경보 발령 ㄷ. 국가 대테러 기본계획 등 중요 중장기 대책 추진사항 ㄹ. 관계기관의 대테러활동 역할 분담·조정이 필요한 사항 ㅁ. 장단기 국가대테러활동 지침 작성·배포

① ㄱ, ㄴ, ㄷ
② ㄱ, ㄷ, ㄹ
③ ㄴ, ㄹ, ㅁ
④ ㄷ, ㄹ, ㅁ

59 국민보호와 공공안전을 위한 테러방지법령상 대테러센터장 소속의 포상금심사위원회에 관한 설명으로 옳지 않은 것은?

CHECK ○△×

① 심사위원회는 위원장 1명과 위원 8명으로 구성한다.
② 심사위원회의 위원장이 부득이한 사유로 그 직무를 수행하지 못할 때에는 위원장이 지명하는 위원이 그 직무를 대행한다.
③ 심사위원회의 위원이 부득이한 사유로 회의에 출석하지 못할 때에는 그 소속공무원으로 하여금 회의에 출석하여 그 권한을 대행하게 할 수 있다.
④ 심사위원회의 위원장과 위원은 회의 안건과 관련하여 직접적인 이해관계가 있는 경우에도 회의에 참석할 수는 있으나 의결권이 없을 뿐이다.

60 경호계획 수립 시 유의사항으로 옳은 것을 모두 고른 것은?

CHECK ○△×

ㄱ. 사전 현지답사는 반드시 도보로 하고 꼭 필요한 장소에 배치 예정될 병력을 표시한다.
ㄴ. 책임구역과 책임자를 지정하고 계획서 도면에 책임의 한계를 명시한다.
ㄷ. 해안지역 행차 시의 경호경비에 있어서는 육·해·공의 입체적 경호경비가 이루어지도록 계획을 세운다.
ㄹ. 사전에 신중하게 계획되어야 하며, 예기치 않은 변화 가능성을 참작하여 융통성 있게 수립되어야 한다.
ㅁ. 수립된 계획의 실천·추진사항을 계속적으로 확인하며, 미비한 사항은 즉각 보완하여 변경하여야 한다.

① ㄱ, ㄷ, ㅁ
② ㄴ, ㄹ, ㅁ
③ ㄱ, ㄴ, ㄷ, ㄹ
④ ㄴ, ㄷ, ㄹ, ㅁ

61 다음 중 행사장경호 제1선(내부경비)에서 필요한 사항(A)과 제2선(내곽경비)에서 필요한 사항(B) 및 제3선(외곽경비)에서 필요한 사항(C)이 바르게 연결된 것은?

CHECK ○△×

ㄱ. MD(금속탐지기) 설치·운용
ㄴ. 행사장 주변 감시조 운영
ㄷ. 비표 확인 및 출입자 감시
ㄹ. 바리케이드 등의 장애물 설치
ㅁ. 돌발사태를 대비한 비상통로 확보
ㅂ. 도보순찰조 및 기동순찰조 운영
ㅅ. 소방차나 구급차 등의 대기

	A	B	C
①	ㄱ, ㄴ	ㄷ, ㄹ, ㅁ	ㅂ, ㅅ
②	ㄱ, ㄷ	ㄹ, ㅁ	ㄴ, ㅂ, ㅅ
③	ㄱ, ㄷ	ㄹ, ㅁ, ㅅ	ㄴ, ㅂ
④	ㄱ, ㅁ	ㄹ, ㅅ	ㄴ, ㄷ, ㅂ

62 CHECK ○△×

다음 중 경호임무의 포함요소 중 행사일정 계획 시 고려되지 않는 사항은 모두 몇 개인가?

ㄱ. 출발 및 도착 일시	ㄴ. 언론의 보도 여부 및 제한사항
ㄷ. 방문지역의 지리적 특성	ㄹ. 행사에 참석하는 공무원의 명단
ㅁ. 기동방법 및 수단	ㅂ. 경호대상자의 신상에 관한 사항

① 2개
② 3개
③ 4개
④ 5개

63 CHECK ○△×

도보이동 간 근접경호에 관한 설명으로 옳은 것은?

① 도보이동 속도는 경호대상자의 보폭, 신장 등을 기준으로 정한다.
② 근접도보경호 대형을 형성하여 이동할 경우 이동속도가 느리더라도 신중하게 천천히 이동하는 것이 더 안전하다.
③ 도보이동 간 근접경호원의 체위확장은 위기 시 방호효과를 극대화할 수 있으나 평시 노출 및 위력과시의 부정적 효과로 지양해야 한다.
④ 근접경호대형은 전방위에 대한 사주경계와 신변안전을 담보할 수 있도록 최대한의 인원으로 형성한다.

64 CHECK ○△×

위협의 평가에 따른 경호 대응 방안에는 5가지가 있다. 이 가운데 정보활동 · 기만전술 · 은밀경호작전 등이 수단으로 활용되는 가장 이상적인 위험관리방법은?

① 위험의 회피
② 위험의 통제
③ 위험의 제거
④ 위험의 감소

65 선발경호 시 다음의 업무를 수행하는 담당은?

CHECK ○△×

> 주최 측의 행사진행계획을 면밀히 검토하여 참석대상, 성격분석, 시차별 입장계획 등을 작전 담당에게 전달

① 승·하차 및 정문 담당
② 안전대책 담당
③ 주행사장 담당
④ 출입통제 담당

66 다음은 보안업무의 원칙 중 어떤 원칙을 설명한 것인가?

CHECK ○△×

> 내용과 가치의 정도에 따라 다른 비밀과 관련되지 않게 독립시켜야 한다는 것으로, 한 번에 다량의 비밀이나 정보가 유출되지 않도록 하여야 한다.

① 알 사람만 알아야 하는 원칙
② 적당성의 원칙
③ 부분화의 원칙
④ 보안과 능률의 원칙

67 다음 중 국민보호와 공공안전을 위한 테러방지법령상 테러대응구조대의 임무로 옳지 않은 것은?

CHECK ○△×

① 테러발생 시 초기단계에서의 조치 및 인명의 구조·구급
② 화생방테러 발생 시 초기단계에서의 오염 확산 방지 및 독성제거
③ 국가 중요행사의 안전한 진행 지원
④ 24시간 테러 관련 상황 전파체계 유지

68 다음은 차량기동경호의 네 가지 목표 중 어느 것에 해당하는가?

CHECK ○△×

> 경호대상자가 계획된 시간에 맞춰 목적지에 안전하게 도착하도록 하는 것은 경호의 중요한 임무이므로 차량을 이용하는 것이 시간을 관리하고 한 지점에서 다른 지점으로 이동하는 데 도움이 되어야 한다.

① 안락성(comfort)
② 편의성(convenience)
③ 안전성(safety)
④ 방비성(security)

69 경호환경을 거시적 관점에서 환경요인별로 분류할 때, 이른 새벽, 퇴근 무렵, 축제기간, 휴가철, 야간 행사 등의 시간적 요인은 어떠한 환경에 해당하는가?

CHECK ○△×

① 기술적 환경
② 사회적 환경
③ 자연적 환경
④ 일반적 환경

70 안전검측의 일반절차에 관한 설명으로 옳은 것을 모두 고른 것은?

CHECK ○△×

> ㄱ. 가용 인원 및 장소는 최대한 지원받아 활용한다.
> ㄴ. 점검은 아래에서 위로, 좌에서 우로 등 일정한 방향으로 체계적으로 실시한다.
> ㄷ. 비공식행사에서는 검측활동을 실시할 수 없다.
> ㄹ. 점과 선에서 실시하되, 먼 곳에서 가까운 곳으로 실시한다.
> ㅁ. 행사 직전 반입되는 물품 등은 소형 폭발물의 은폐가 가능하므로 계속적인 검측을 실시한다.

① ㄴ, ㄷ
② ㄴ, ㅁ
③ ㄷ, ㄹ
④ ㄱ, ㄴ, ㅁ

71 CHECK ○△×

대통령경호안전대책위원회규정상 다음에 제시된 내용 중 국가정보원 테러정보통합센터장의 분장책임을 모두 고른 것은?

ㄱ. 위해요인의 제거
ㄴ. 정보 및 보안대상기관에 대한 조정
ㄷ. 행사참관 해외동포 입국자에 대한 동향파악 및 보안조치
ㄹ. 위해가능인물의 관리 및 자료수집
ㅁ. 위해가능인물에 대한 동향파악
ㅂ. 행사참석자 및 종사자의 신원조사

① ㄱ, ㄴ
② ㄱ, ㄴ, ㄷ
③ ㄷ, ㄹ, ㅁ
④ ㄹ, ㅁ, ㅂ

72 CHECK ○△×

다음 설명에 해당하는 근접경호 기본대형은 무엇인가?

혼잡한 복도, 군중이 밀집해 있는 통로 등에서 적합한 대형으로 경호대상자의 전후좌우 전 방향에 대해 둘러싸고, 각각의 경호원에게는 기동로에 대해 360° 경계를 할 수 있도록 책임구역이 부여된다.

① 다이아몬드형 대형
② 쐐기형 대형
③ 원형 대형
④ 삼각형 대형

73 CHECK ○△×

다음 중 경호차량 운전요원의 준수사항으로 적절하지 않은 것은?

① 주차 장소는 자주 변경하는 것이 좋으며, 특히 야간에는 어두운 곳에 주차해야 한다.
② 주행 시 항상 차 문은 잠가 두어야 한다.
③ 승차 시 차량은 안전점검 후 시동이 걸린 상태에서 대기한다.
④ 주차 시에는 차량의 정면이 출입구로 향하게 하여 신속히 출발할 수 있는 상태를 유지한다.

74 CHECK ○△×

세계 각국의 경호제도에 관한 설명으로 옳지 않은 것은?

① 일본 공안조사청은 법무성 산하에 있는 정보기관으로 주로 국내첩보를 수집한다.
② 미국의 경호기관인 비밀경호국은 통화위조 수사 및 체포임무를 수행한다.
③ 독일의 연방범죄수사국(청) 경호안전과에서 대통령과 수상의 경호를 담당한다.
④ 프랑스의 헌병경찰은 국방부 소속의 군인신분으로서, 국방부의 지휘에 따라 일반 경찰업무를 수행하는 제2의 국가경찰력이다.

75 CHECK ○△×

국민보호와 공공안전을 위한 테러방지법령상 국가테러대책위원회의 구성원이 아닌 자는?

① 국무조정실장
② 질병관리청장
③ 보건복지부장관
④ 소방청장

76 CHECK ○△×

테러리즘의 증후군 중 인질이 인질범에게 동화되는 현상을 가리키는 것은 (ㄱ)이고, 인질사건의 협상단계에서 통역사나 협상자와 테러범 사이에서 생존 동일시 현상이 일어난 것은 (ㄴ)이다. ㄱ, ㄴ에 들어갈 알맞은 용어는?

① ㄱ : 스톡홀름 증후군, ㄴ : 런던 증후군
② ㄱ : 스톡홀름 증후군, ㄴ : 리마 증후군
③ ㄱ : 리마 증후군, ㄴ : 런던 증후군
④ ㄱ : 리마 증후군, ㄴ : 스톡홀름 증후군

77 CHECK ○△×

대한민국국기법상 국기게양에 관한 설명으로 옳지 않은 것은?

① 조의를 표하는 날은 현충일 및 국가장법 제6조에 따른 국가장 기간이다.
② 3·1절, 제헌절, 광복절, 개천절 및 한글날은 국경일이다.
③ 각급 학교 및 군부대의 주된 게양대에는 국기를 매일 낮에만 게양한다.
④ 조의를 표하는 날에는 국기를 깃봉과 깃면의 사이를 떼지 아니하고 게양한다.

78 CHECK ○△×

경호와 관련된 국제조약 중 「외교관 등 국제적 보호인물에 대한 범죄의 예방 및 처벌에 관한 협약」과 이에 따른 경호 제공에 관한 설명으로 옳지 않은 것은?

① 유엔헌장의 정신에 입각하여 외교관이나 국제적 보호인물의 안전을 위협하는 범죄는 국제관계의 유지에 위협이 될 수 있다는 인식하에 1993년에 체결되었다.

② 외국을 방문하는 국가원수나 외교단의 안전을 확보하기 위한 것으로, 이들에 대한 국가 차원의 경호 제공의 근거가 되고 있다.

③ 우리나라 대통령경호처에서는 의전 1등급인 외국의 국가원수와 의전 2등급에 해당하는 행정수반인 총리 및 그 외 경호가 필요하다고 인정되는 국내외 요인에 대한 경호를 제공하고 있다.

④ 우리나라 경찰은 의전 3등급인 행정수반이 아닌 총리·부통령·왕세자 등과 의전 4등급인 외교부장관에 대한 경호를 담당하고 있다.

79 CHECK ○△×

탑승 시의 경호예절에 관한 설명으로 옳은 것은?

① 여성과 남성이 승용차에 동승할 때에는 남성이 먼저 타고, 하차 시에도 남성이 먼저 내려 차문을 열어준다.

② 선박 탑승 시 일반 선박일 경우 상급자가 먼저 타고, 하선할 때는 나중에 내리며, 함정일 경우는 상급자가 나중에 타고 먼저 내린다.

③ 열차의 경우 마주 앉는 좌석에서는 진행방향의 통로가 상석이고 맞은편이 차석, 상석의 옆이 3석, 그 앞좌석이 말석이 된다.

④ 엘리베이터를 타고 내릴 때 안내하는 사람이 없는 때에는 상급자가 나중에 타고, 먼저 내린다.

80 CHECK ○△×

대한민국의 경호 관련 법제도에 관한 설명으로 옳지 않은 것은?

① 대통령경호처의 하부조직으로 기획관리실, 경호본부, 경비안전본부 및 지원본부가 있다.

② 대통령경호처장은 경호업무를 효율적으로 수행하기 위해 필요한 경우 관계기관의 장과 협의하여 경호구역에서의 경호업무를 지원하는 인력·시설·장비 등에 관한 사항을 조정할 수 있다.

③ 대통령경호처 직원의 임용은 학력·자격·경력을 기초로 하며, 시험성적·근무성적, 그 밖의 능력의 실증에 의하여 행한다.

④ 관계기관의 장은 외국인테러전투원으로 가담한 사람에 대하여 「여권법」에 따른 여권의 효력정지 및 재발급 제한을 법무부장관에게 요청할 수 있다.

제6회 심화 모의고사

각 문항별로 난이도를 체크해 보세요. ○△×

Time 분 | 해설편 319p

중요문제 / 틀린 문제 CHECK

41	42	43	44	45	46	47	48	49	50	51	52	53	54	55	56	57	58	59	60
61	62	63	64	65	66	67	68	69	70	71	72	73	74	75	76	77	78	79	80

41 경호의 개념에 관한 설명으로 옳지 않은 것은 모두 몇 개인가?

CHECK ○△×

> ㄱ. 경호의 본질적·이론적인 입장에서 이해한 것은 실질적 의미의 경호개념이다.
> ㄴ. 경호기관을 기준으로 하여 정립한 개념은 형식적 의미의 경호개념이다.
> ㄷ. 경호대상자의 신변안전을 위하여 사용 가능한 모든 수단과 방법을 동원하는 것은 실질적 의미의 경호개념에 해당한다.
> ㄹ. 대통령 등의 경호에 관한 법률에서의 경호는 형식적 의미의 경호개념이다.
> ㅁ. 대통령 등의 경호에 관한 법률에서의 경호는 호위와 경비를 구분하여 새로운 경호개념으로 정의하고 있다.

① 1개　② 2개
③ 3개　④ 4개

42 경호의 분류에 관한 설명으로 옳은 것은?

CHECK ○△×

① 행사 준비 등의 시간적 여유 없이 갑자기 결정된 상황에서의 각종 행사와 수상급의 경호대상으로 결정된 국빈행사의 경호는 1(A)급 경호이다.
② 경호관계자의 사전 통보에 의해 계획·준비되는 공식행사 때에 실시하는 경호는 공식경호이다.
③ 의전절차 없이 불시에 행사가 진행되고, 사전 경호조치도 없는 상태에서 최대한의 근접경호만으로 실시하는 경호활동은 약식경호이다.
④ 평상시에 이루어지는 치안 및 대공활동, 국제정세를 포함한 안전대책작용은 직접경호이다.

43 CHECK ○△×

다음 중 경호의 원칙에 관한 설명으로 옳은 것을 모두 고른 것은?

ㄱ. 은밀경호의 원칙 : 경호대상자의 얼굴을 닮은 경호원 또는 비서관을 임명하여 경호위해자로부터 경호대상자를 은밀하게 보호하는 방법이다.
ㄴ. 방어경호의 원칙 : 경호대상자는 어떠한 상황하에서도 절대적으로 보호되어야 한다.
ㄷ. 목표물 보존의 원칙 : 경호대상자를 암살자 또는 위해를 가할 가능성이 있는 자로부터 떼어 놓아야 한다.
ㄹ. 하나의 통제된 지점을 통한 접근의 원칙 : 하나의 통제된 출입구나 통로라 하더라도 접근자는 경호요원에 의하여 인지되고 확인되어야 하며 허가절차를 거쳐 접근토록 해야 한다.
ㅁ. 두뇌경호의 원칙 : 경호임무 수행 중 긴급하고 위험한 상황이 발생하였을 때에는 고도의 예리하고 순간적인 판단력이 중요시된다.
ㅂ. 3중 경호의 원칙 : 경호대상자가 위치한 지역에서 가장 근거리부터 엄중한 경호를 취하는 순서로 근접경호, 중간경호, 외곽경호로 나누고 그에 따른 요원의 배치와 임무가 부여된다.

① ㄱ, ㄴ, ㄷ, ㄹ
② ㄱ, ㄴ, ㄹ, ㅂ
③ ㄴ, ㄷ, ㅁ, ㅂ
④ ㄷ, ㄹ, ㅁ, ㅂ

44 CHECK ○△×

경호기관 구조의 정점으로부터 말단까지 상하계급 간에 일정한 관계가 이루어져 책임과 업무의 분담이 이루어지고 명령과 복종의 지위와 역할의 체계가 통일되어야 한다는 경호조직의 원칙은?

① 경호협력성의 원칙
② 경호기관단위작용의 원칙
③ 경호지휘단일성의 원칙
④ 경호체계통일성의 원칙

45 CHECK ○△×

다음은 대통령경호원의 임용결격사유의 일부를 나타낸 것이다. (　　)의 ㄱ~ㄷ에 들어가지 않는 숫자는?

• 금고 이상의 형의 집행유예를 선고받고 그 유예기간이 끝난 날부터 (ㄱ)년이 지나지 아니한 자 • 징계로 파면처분을 받은 때부터 (ㄴ)년이 지나지 아니한 자 • 징계로 해임처분을 받은 때부터 (ㄷ)년이 지나지 아니한 자

① 2
② 3
③ 5
④ 7

46 CHECK ○△×

대통령 등의 경호에 관한 법령의 내용으로 옳지 않은 것은?

① 대통령경호처장의 제청으로 서울중앙지방검찰청 검사장이 지명한 경호공무원은 경호대상에 대한 경호업무 수행 중 인지한 그 소관에 속하는 범죄에 대하여 직무상 또는 수사상 긴급을 요하는 한도 내에서 사법경찰관리의 직무를 수행할 수 있다.
② ①의 경우 7급 이상 경호공무원은 사법경찰관의 직무를 수행하고, 8급 이하 경호공무원은 사법경찰리(司法警察吏)의 직무를 수행한다.
③ 대통령경호처장은 소속 직원에게 징계사유가 있다고 인정되는 때에는 관할 징계위원회에 징계의결을 요구하여야 한다.
④ 보통징계위원회의 위원장은 경호본부장이 된다.

47 CHECK ○△×

다음 중 국가별 국가원수에 대한 경호 담당기관이 바르게 연결된 것을 모두 고른 것은?

ㄱ. 일본 – GIGN ㄴ. 미국 – 국토안보부 산하 비밀경호국(Secret Service) ㄷ. 영국 – 런던수도경찰청 특별작전부(SO, 요인경호본부) 산하 왕실 및 특별요인 경호과 ㄹ. 프랑스 – 경찰청 경호국(VO) ㅁ. 독일 – Shayetet 13

① ㄱ, ㄴ
② ㄴ, ㄷ
③ ㄴ, ㄷ, ㄹ
④ ㄷ, ㄹ, ㅁ

48 대통령경호안전대책위원회규정상 다음에 제시된 업무의 분장책임자는?

CHECK ○△×

> • 방한 국빈의 국내 행사 지원
> • 대통령과 그 가족 및 대통령 당선인과 그 가족 등의 외국방문 행사 지원
> • 다자간 국제행사의 외교의전 시 경호와 관련된 협조

① 외교부 의전기획관
② 대검찰청 공공수사정책관
③ 국토교통부 항공안전정책관
④ 법무부 출입국·외국인정책본부장

49 즉각조치에 관한 설명으로 옳지 않은 것은?

CHECK ○△×

① 즉각조치의 과정은 경고 – 대피 – 방호의 순서로 전개된다.
② 경고 시 방향이나 위치 등에 대해 명확한 내용으로 전달한다.
③ 대피 시 방호와 동시에 공격자의 반대 방향으로 신속히 이동한다.
④ 경고와 동시에 대적 여부는 촉수거리의 원칙에 따라 위해기도자와 가장 가까이에 있는 경호원이 판단·대응한다.

50 안전검측의 원칙에 관한 설명으로 옳은 것은?

CHECK ○△×

① 검측은 인원 및 장소를 최대한 지원받아 실시하며, 중복되게 점검이 이루어져야 한다.
② 경호대상자가 짧은 시간 머물 곳을 실시한 후 장시간 머물 곳을 체계적으로 검측한다.
③ 검측은 경호계획에 의거하여 공식행사에서 실시함을 원칙으로 하며, 비공식행사에서는 실시할 수 없다.
④ 한 번 점검한 지역은 인간의 오관을 이용하지 않고, 장비에 의거하여 재점검한다.

51 검식활동에 관한 설명으로 옳지 않은 것은?

CHECK O△X

① 검식은 경호대상자에게 제공되는 음식물의 위생상태를 검사하는 과정을 포함한다.

② 경호대상자에게 제공되는 음식료의 이상 유무를 검사하는 검식활동은 근접경호의 임무이다.

③ 식재료의 구매·운반·저장 과정에서의 안전성 확보, 조리과정의 위생상태 점검 등 경호대상자에게 음식료가 제공될 때까지의 안전상태를 지속적으로 확인한다.

④ 행사 당일에는 경호원이 주방에 입회하여 조리사의 동향을 감시한다.

52 검색장비 설치 시 유의사항으로 옳지 않은 것은?

CHECK O△X

① 고압전류가 흐르는 지역을 가급적 피할 것

② 조립식 제품의 검색장비에 무리한 힘을 가하거나 충격을 주지 말 것

③ 금속탐지기를 2대 이상 운용시 최소 3m 이상 거리를 유지할 것

④ 무전기와 같은 통신장비 등은 금속탐지기와 최소 1.5m 이상 거리를 유지할 것

53 다음 중 3중 경호의 원칙에 해당하는 것을 모두 고른 것은?

CHECK O△X

> ㄱ. 경호대상자가 위치한 집무실이나 행사장으로부터 내부(근접경호), 내곽(중간경호), 외곽(외곽경호)으로 구분하여 세 겹의 보호막 또는 경계선을 설치 운영하는 것을 말한다.
> ㄴ. 행사장에 참석하는 경호대상자를 중심으로 가장 가까운 1선을 안전구역, 2선을 경비구역, 3선을 경계구역으로 정한다.
> ㄷ. 경호원이 배치된 자기담당구역 내에서 일어나는 사태에 대해서는 자신만이 책임을 지고 해결해야 한다.
> ㄹ. 위해기도 시 시간 및 공간적으로 이를 지연시키거나 피해의 범위를 최소화하기 위한 방어전략이다.
> ㅁ. 경호요원은 침묵 속에서 은밀하게 행동하며 항상 경호대상자의 신변을 보호할 수 있는 곳에 행동반경을 두고 경호에 임해야 한다.

① ㄱ, ㄴ, ㄷ　　② ㄱ, ㄴ, ㄹ

③ ㄴ, ㄷ, ㅁ　　④ ㄷ, ㄹ, ㅁ

54 CHECK ○△×

다음 내용과 가장 관련이 깊은 경호의 특별원칙은?

> 1950년 11월 1일 오후 2시경 암살범 오스카 콜라조(Oscar Collazo)와 그리셀로 토레솔라(Griselio Torresola)는 동쪽과 서쪽으로부터 블레어하우스(Blair House)에 침입하여 트루먼(Harry S. Truman) 대통령을 총으로 암살하려고 하였다. 장총으로 무장한 두 사람은 집무실 계단 앞에 있는 대통령 경호요원을 사살하고 집무실 옆문으로 나오는 경호요원들을 쏘면서 2층으로 진입을 시도하였으나, 총격 중 범인들은 뜻을 이루지 못한 채 토레솔라는 현장에서 사살되고, 콜라조는 가슴에 총을 맞고 체포되었다. 당시 2층 집무실 앞에서 근무하던 경호요원은 자기의 동료 경호요원들이 범인들과 총격전을 하면서 지원을 요청하였으나, 그는 자신이 맡고 있는 2층 집무실 앞을 끝까지 고수하였고, 결과적으로 대통령을 보호할 수 있었다.
>
> 〈출처〉 김두현, 「경호학개론」, 엑스퍼트, 2020, P. 68

① 목표물 보존의 원칙
② 과학적 두뇌작용의 원칙
③ 자기담당구역 책임의 원칙
④ 하나의 통제된 지점을 통한 접근의 원칙

55 CHECK ○△×

근접경호원의 임무수행에 관한 설명으로 옳지 않은 것은?

① 위해기도자의 공격 가능성을 줄이고, 피해정도를 최소화하기 위해서 이동속도를 가능한 빠르게 하여야 한다.
② 복도, 도로, 계단 등을 이동 시 우발상황에 대비한 여유공간 확보를 위해 통로의 왼쪽 또는 오른쪽 끝을 이용한다.
③ 경호대상자에게 위해를 가하지 않을 것이라는 확신이 있기 전까지는 누구도 경호대상자의 주위에 접근하게 해서는 안 된다.
④ 경호대상자 주위의 일반인에게 불편을 초래하지 않는 범위 내에서 경호원 자신의 활동 공간을 확보하고 경호원 각자 주어진 책임구역을 따라 사주경계를 실시한다.

56 경호 및 경비 관련 법률에 관한 설명으로 옳지 않은 것은?

CHECK ○△×

① 대통령 등의 경호에 관한 법률 – 2008년 개칭되었으며, 대통령권한대행과 그 배우자도 대통령경호처의 경호대상에 포함된다.

② 전직대통령 예우에 관한 법률 – 1969년 제정되었으며, 민간단체 등이 전직대통령을 위한 기념사업을 추진하는 경우에는 관계법령에서 정하는 바에 따라 필요한 지원을 할 수 있다.

③ 경비업법 – 1999년 개칭되었으며, 경비업은 법인만 영업을 할 수 있도록 규정하고 있다.

④ 청원경찰법 – 1962년 제정되었으며, 청원경찰의 직무·임용·배치·보수·복지 및 그 밖에 필요한 사항을 규정함으로써 청원경찰의 원활한 운영을 목적으로 한다.

57 대한민국의 경호 관련 법제도에 관한 설명으로 옳지 않은 것은?

CHECK ○△×

① 경호대상에 대한 경호업무를 수행할 때에는 관계기관의 책임을 명확하게 하고, 협조를 원활하게 하기 위하여 경호처에 대통령경호안전대책위원회를 둔다.

② 5급 이상 경호공무원은 대통령경호처장의 제정으로 대통령이 임용한다.

③ 대통령경호처에 두는 공무원의 직급별 정원은 처장이 훈령·예규 및 그 밖의 방법으로 정한다.

④ 전직대통령이 재직 중 탄핵결정을 받아 퇴임한 경우 '필요한 기간의 경호 및 경비(警備)'의 예우를 하지 아니한다.

58 출입자 통제방법에 관한 설명으로 옳지 않은 것은?

CHECK ○△×

① 비표 운용을 통하여 비인가자의 출입을 통제한다.

② 모든 출입요소는 지정된 출입통로를 사용하며 기타 통로는 폐쇄한다.

③ 대규모 행사 시 참석대상과 좌석을 구분하지 않고 시차입장계획을 수립한다.

④ 행사장에 대한 출입통제는 3선 경호개념에 의거한 경호구역의 설정에 따라 각 구역별 통제의 범위를 결정한다.

59 보안업무규정상 보호지역에 관한 설명으로 옳은 것을 모두 고른 것은?

CHECK ○△×

> ㄱ. 보호지역은 제한지역, 제한구역, 통제구역으로 구분할 수 있다.
> ㄴ. 제한지역은 비밀 또는 국·공유재산의 보호를 위하여 울타리 또는 방호·경비인력에 의하여 승인을 받지 않은 사람의 접근이나 출입에 대한 감시가 필요한 지역을 말한다.
> ㄷ. 제한구역은 비인가자가 비밀, 주요시설 및 Ⅲ급 비밀 소통용 암호자재에 접근하는 것을 방지하기 위하여 안내를 받아 출입하여야 하는 지역을 말한다.
> ㄹ. 통제구역은 보안상 매우 중요한 구역으로서 비인가자의 출입이 금지되는 구역을 말한다.

① ㄱ
② ㄴ, ㄹ
③ ㄱ, ㄷ, ㄹ
④ ㄱ, ㄴ, ㄷ, ㄹ

60 근접경호작용에 관한 설명으로 옳지 않은 것은?

CHECK ○△×

① 임시로 편성된 경호단위를 행사지역에 사전에 파견하여 제반 취약요소에 대한 안전조치를 강구하는 활동도 근접경호작용에 해당된다.
② 행사 시 각종 위해요소로부터 경호대상자의 신변보호를 위해 기동 간 및 행사장에서 실시하는 호위활동이다.
③ 선발경호를 통하여 만족할 만한 안전구역이 확보되었다 하더라도 범법자는 현장에서 위해를 기도할 수 있으므로 근접경호작용은 위해기도자로 인한 우발상황 시에 경호대상자의 최근접에서 경호대상자를 안전하게 방호하고 대피시켜 보호해주는 역할을 수행한다.
④ 근접경호원은 경호대상자가 심리적 안정감을 느낄 수 있도록 항상 경호대상자가 볼 수 있는 지점에 위치하여야 한다.

61 근접경호 임무수행 시 주위경계(사주경계) 방법으로 옳지 않은 것은?

CHECK ○△×

① 경호대상자로부터 가까운 곳에서 먼 곳 순으로 좌우 반복해서 경계를 실시한다.
② 인적 경계대상은 경호대상자 주변의 모든 인원들이 해당되나, 신분이 확실한 수행원이나 보도요원들은 경계의 대상에서 제외할 수 있다.
③ 근접경호 시 사주경계는 인접해 있는 경호원과 경계범위를 중복해야 경호의 만전을 기할 수 있다.
④ 시각의 한계를 고려하여 사주경계의 범위를 선정한다.

62 **조선시대 경호관련기관에 관한 설명으로 옳지 않은 것은?**

CHECK ○△×

① 궁실을 숙위하는 특수부대로 성중애마를 두었으며 일반 군사들과 달리 상당한 교양을 필요로 하였다.

② 별시위, 내금위, 내시위는 근접에서 왕을 시위하였다.

③ 호위청은 국왕호위의 임무를 맡았으며 일정 급료를 지급받았다.

④ 국왕의 친위군으로 금군을 두어 군사력을 강화시켰다.

63 **다음 중 경비업무 수행 중 출혈이 심한 경우(A)와 출혈이 심하지 않은 경우(B)의 응급처치에 관한 설명을 바르게 연결한 것은?**

CHECK ○△×

ㄱ. 출혈 부위를 심장보다 높게 하여 안정한 상태를 유지한다.
ㄴ. 지혈방법은 직접 압박, 지압점 압박, 지혈대 사용 등의 방법이 있다.
ㄷ. 소독된 거즈나 헝겊으로 세게 직접 압박한다.
ㄹ. 엉키어 뭉친 핏덩어리를 떼어내지 말아야 한다.
ㅁ. 더러운 것이 묻었을 때는 깨끗한 물로 상처를 씻어 준다.
ㅂ. 소독한 거즈를 상처에 대고 드레싱을 한다.
ㅅ. 출혈이 멎기 전에는 음료를 주지 않는다.
ㅇ. 감염을 예방하기 위해 상처를 손이나 깨끗하지 않은 헝겊으로 건드리지 않는다.

	A	B
①	ㄱ, ㄴ, ㄷ, ㄹ	ㅁ, ㅂ, ㅅ, ㅇ
②	ㄱ, ㄴ, ㄷ, ㅅ	ㄹ, ㅁ, ㅂ, ㅇ
③	ㄱ, ㄹ, ㅂ, ㅇ	ㄴ, ㄷ, ㅁ, ㅅ
④	ㄴ, ㅁ, ㅅ, ㅇ	ㄱ, ㄷ, ㄹ, ㅂ

64 경호임무 활동절차에 관한 설명으로 옳지 않은 것은?

CHECK ○△×

① 계획수립은 행사에 관련된 정보를 획득하여 필요한 인원과 장비, 선발대 파견 일정 등을 결정하는 활동이다.

② 안전대책작용이란 행사 지역 내・외부에 산재한 취약요소 안전대책 강구, 행사장 시설물, 폭발물 탐지・제거 등 통합적 안전작용을 말한다.

③ 보안활동은 경호대상자에 대한 위해기도의 기회를 최소화하여 신변안전을 도모하는 활동이다.

④ 안전대책의 3대 작용원리는 안전점검, 안전검사, 안전조치를 말한다.

65 대통령 등의 경호에 관한 법률상 대통령경호처의 경호대상에 해당하는 사람은?(단, 대통령 등의 경호에 관한 법률 제4조 제3항을 고려하지 말 것)

CHECK ○△×

> 甲 : 대통령 당선인 A의 20살 아들로 현재 군(軍)에 복무 중이다.
> 乙 : 전직 대통령 B(현재 퇴임 후 5년차)의 25살 딸로 혼인을 하였는데, 현재 남편과 함께 전직 대통령 B와 함께 살고 있다.
> 丙 : 현직 대통령 C의 15살 딸로 일찍 미국으로 건너가 현재 유학 중이다.
> 丁 : 전직 대통령으로 임기 3년차에 조기퇴임을 하여 현재 퇴임 후 6년이 경과되었다.
> 戊 : 전직 대통령 D(현재 퇴임 후 11년차)의 40살 아들로 현재 독신으로 전직 대통령 D와 함께 살고 있다.
> 己 : 대통령권한대행 E의 10살 딸로 대통령권한대행 E와 함께 살고 있다.

① 甲, 丙
② 甲, 丙, 丁
③ 丁, 戊, 己
④ 甲, 乙, 丙, 己

66 근접경호의 특성에 관한 설명으로 옳지 않은 것은?

CHECK ○△×

① 기동수단・도보대형이 노출되고, 매스컴에 의해 행사일정 등이 알려진다.

② 비상사태 발생 시 근접경호원은 경호대상자의 방호보다 신속한 범인 제압을 우선하여 경호대상자의 안전을 확보해야 한다.

③ 위해기도자로 하여금 행사 상황을 오판하도록 실제 상황을 은폐하고 허위 상황을 제공한다.

④ 근접경호원의 신체로 방벽을 형성하여 위해기도자의 시야를 제한하고 공격선을 차단한다.

67 CHECK ○△×

국민보호와 공공안전을 위한 테러방지법령상 외국인테러전투원에 대한 규제에 관한 내용이다. (　　) 안의 ㄱ~ㄹ에 들어갈 내용을 바르게 연결한 것은?

> • 관계기관의 장은 외국인테러전투원으로 출국하려 한다고 의심할 만한 상당한 이유가 있는 내국인 · 외국인에 대하여 일시 출국금지를 (ㄱ)에게 요청할 수 있다.
> • 제1항에 따른 일시 출국금지 기간은 (ㄴ)일로 한다. 다만, 출국금지를 계속할 필요가 있다고 판단할 상당한 이유가 있는 경우에 관계기관의 장은 그 사유를 명시하여 연장을 요청할 수 있다.
> • 관계기관의 장은 외국인테러전투원으로 가담한 사람에 대하여 「여권법」 제13조에 따른 여권의 효력정지 및 같은 법 제12조의2에 따른 재발급 (ㄷ)을/를 (ㄹ)에게 요청할 수 있다.

	ㄱ	ㄴ	ㄷ	ㄹ
①	법무부장관	180	거부	외교부장관
②	법무부장관	90	제한	외교부장관
③	외교부장관	90	거부	법무부장관
④	외교부장관	180	제한	법무부장관

68 CHECK ○△×

근접경호 중 도보이동 간 기본대형에 관한 설명으로 옳지 않은 것은?

① 다이아몬드형 대형은 혼잡한 복도, 군중이 밀집해 있는 통로 등에 적합한 대형이다.
② 역삼각형 대형은 진행방향 전방에 위해 가능성이 있는 경우 취하는 대형이다.
③ 쐐기형 대형은 저격 등의 위험이 있는 경우에 안전도를 높일 수 있는 대형이다.
④ 사다리형 대형은 경호대상자의 진행방향을 중심으로 양쪽에 군중이 운집해 있는 도로의 중앙을 이동할 때 적합한 대형이다.

69 CHECK ○△×

다음 중 차량경호 임무수행에 관한 설명으로 옳은 것은 모두 몇 개인가?

ㄱ. 경호대상자 차량은 최고 성능의 차량을 선정하고 선도차량과 일정한 간격을 유지하면서 이동하며, 유사시 선도차량과 각기 다른 방향으로 대피한다.
ㄴ. 주도로 및 예비도로를 선정하여야 한다.
ㄷ. 선도경호차량은 행·환차로를 안내하고, 행사 시간에 맞게 주행속도를 조절하며, 전방의 각종 상황에 대한 경계임무를 수행한다.
ㄹ. 후미경호차량은 기동 간 경호대상자 차량의 방호업무와 경호지휘 임무를 수행하고, 후미에 접근하는 차량을 통제하고 추월을 방지하도록 한다.
ㅁ. 경호책임자(경호팀장)는 차량이 하차지점에 도착하면 정차 후 차에서 내려 먼저 주변 안전을 확인한 후, 준비가 완료되면 경호대상자 차의 잠금장치를 풀고 경호대상자를 차에서 내리게 하여야 한다.
ㅂ. 위기상황 시에는 대피를 위하여 창문과 문을 열어둔다.

① 1개
② 2개
③ 3개
④ 4개

70 CHECK ○△×

대한민국국기법에 관한 내용으로 옳은 것은?

① 국가 및 지방자치단체는 국기의 제작·게양 및 관리 등에 있어서 국기의 존엄성이 유지될 수 있도록 필요한 조치를 강구하여야 한다.
② 국가, 지방자치단체 및 공공기관의 청사 등에는 목적을 고려하여 국기를 낮에만 게양할 수 있다.
③ 국경일은 3·1절, 제헌절, 광복절, 개천절 및 국군의 날이다.
④ 학교 및 군부대의 주된 게양대는 교육적인 목적을 고려하여 낮에만 게양하되, 이 경우 3~10월에는 17:00에 강하한다.

71 CHECK ○△×

경호활동을 '예방 – 대비 – 대응 – 평가'의 4단계로 분류할 경우, 예방단계의 활동에 해당하는 것은?

① 정보 수집 및 평가
② 정보보안활동
③ 비상대책활동
④ 교육훈련

72 암살의 동기에 관한 설명으로 옳지 않은 것은?

CHECK ○△×

① 이념적 동기 – 전쟁 중인 적국의 지도자를 제거함으로써 승전으로 이끌 수 있다고 판단하는 경우
② 개인적 동기 – 복수·증오·분노와 같은 개인의 감정으로 인한 경우
③ 정치적 동기 – 현존하는 정권이나 정부를 재구성하려는 욕망으로 인한 경우
④ 심리적 동기 – 정신분열증, 편집병, 조울증, 노인성 치매 등의 요소들 중 한 가지 또는 그 이상의 요소들이 복합적으로 작용하는 경우

73 탑승 시의 경호예절에 관한 설명으로 옳지 않은 것은?

CHECK ○△×

① 여성과 남성이 승용차에 동승할 때에는 여성이 먼저 탄다.
② 선박 탑승 시 일반 선박일 경우 상급자가 나중에 타고 먼저 내린다.
③ 에스컬레이터 탑승 시 올라갈 때는 하급자가 먼저 올라가고, 내려올 때는 상급자가 먼저 내려온다.
④ 엘리베이터를 타고 내릴 때 안내하는 사람이 없는 때에는 상급자가 나중에 타고, 먼저 내린다.

74 경호임무의 요소 중 행사일정 및 임무수령에 포함될 사항으로 옳지 않은 것은?

CHECK ○△×

① 출발 및 도착 일시, 지역에 관한 사항
② 경호대상자의 신상에 관한 사항
③ 경호대상자가 참석해야 할 모든 행사와 활동범위에 관한 사항
④ 경호대상자의 행사 참석 범위, 행사의 구체적인 성격 등

75 다음에서 설명하고 있는 사이버테러 기법은?

CHECK ○△×

> 네티즌들이 공통의 관심사를 논의하기 위해 개설한 토론방에 고의로 가입하여 개인 등에 대한 악성 루머를 유포하는 행위이다.

① 살라미 기법
② 스누핑
③ 피 싱
④ 플레임

76 경호보안활동에서 '부분화의 원칙'에 관한 설명으로 옳은 것은?

CHECK ○△×

① 내용과 가치의 정도에 따라 다른 비밀과 관련되지 않게 독립시켜야 한다는 것으로, 한 번에 다량의 비밀이나 정보가 유출되지 않도록 하여야 한다.

② 보안을 지나치게 강조할 경우 생산된 정보가 사용자에게 제대로 전달되지 않아 정책결정에 사용하지 못할 수 있다.

③ 보안의 대상이 되는 사실은 전파할 때 전파가 꼭 필요한가 또는 피전파자가 반드시 전달받아야 하는 것인가를 검토하여야 한다.

④ 사용자가 필요한 만큼 적당한 양의 정보를 전달하도록 하는 것으로, 정보가 부족하면 임무수행에 장애가 되지만 정보가 너무 많아도 임무수행에 혼란을 줄 수가 있다.

77 다음 중 방호장비에 관한 설명으로 옳지 않은 것을 모두 고른 것은?

CHECK ○△×

ㄱ. 적의 침입 예상경로를 차단하기 위하여 방벽을 설치·이용한 최후의 예방경호방법이다.
ㄴ. 경비견, 거위 등은 동물방벽에 사용될 수 있다.
ㄷ. 방탄망은 수류탄이나 화염병 등의 투척이 용이한 창문과 도로 외부 부분에 적절한 지형과 환경에 맞도록 눈에 띄게 설치한다.
ㄹ. 시설 내부와 부근 활동상황을 관찰할 수 있도록 조명을 설치하되 침입자에게 너무 강한 조명을 설치하면 안 된다.
ㅁ. 시설방벽은 절벽, 계곡, 강, 바다 늪 등을 이용한 방벽을 말한다.
ㅂ. 연막차단은 초당 17m의 강력한 연기를 분사하여 불법침입자, 위해자 등을 순식간에 제압할 수 있는 물리적 방벽이다.

① ㄱ, ㄴ, ㄷ
② ㄴ, ㄷ, ㄹ
③ ㄷ, ㄹ, ㅁ
④ ㄹ, ㅁ, ㅂ

78 의전에 관한 설명으로 옳은 것은?

CHECK O△X

① 주요 정당의 대표를 초청하여 좌석을 배치하는 경우, 국회법에 따라 원내 의석수가 많은 정당 순으로 배치한다.

② 정부행사 시 초청인사 집단별 좌석배치순서는 관행상 예우 기준, 즉 국회의장 – 헌법재판소장 – 대법원장의 순으로 한다.

③ 외국 방문 시 의전관행은 항상 방문하는 나라보다 자국의 관행이 우선한다.

④ 주한외교단은 신임장을 제정한 일자 순으로 배치한다.

79 다음 중 국민보호와 공공안전을 위한 테러방지법령상 대테러특공대의 임무에 해당하지 않는 것은?

CHECK O△X

① 테러취약요인의 사전예방 · 점검 지원

② 테러사건과 관련된 폭발물의 탐색 및 처리

③ 대한민국 또는 국민과 관련된 국내외 테러사건 진압

④ 주요 요인 경호 및 국가 중요행사의 안전한 진행 지원

80 다음은 국민보호와 공공안전을 위한 테러방지법령상 테러단체 구성죄 등에 관한 법의 일부 내용이다. (　　)의 ㄱ~ㄷ에 들어가지 않는 숫자는?

CHECK O△X

> • 테러를 기획 또는 지휘하는 등 중요한 역할을 맡은 사람은 무기 또는 (ㄱ)년 이상의 징역에 처한다.
> • 테러자금임을 알면서도 자금을 조달 · 알선 · 보관하거나 그 취득 및 발생원인에 관한 사실을 가장하는 등 테러단체를 지원한 사람은 (ㄴ)년 이하의 징역 또는 1억원 이하의 벌금에 처한다.
> • 테러단체 가입을 지원하거나 타인에게 가입을 권유 또는 선동한 사람은 (ㄷ)년 이하의 징역에 처한다.

① 3　　② 5

③ 7　　④ 10

제7회 심화 모의고사

각 문항별로 난이도를 체크해 보세요. ○△×

Time 분 | 해설편 339p

중요문제 / 틀린 문제 CHECK

41	42	43	44	45	46	47	48	49	50	51	52	53	54	55	56	57	58	59	60
61	62	63	64	65	66	67	68	69	70	71	72	73	74	75	76	77	78	79	80

41 경호의 원칙에 관한 설명이다. 〈보기 1〉과 〈보기 2〉의 내용이 옳게 연결된 것은?

CHECK ○△×

〈보기 1〉

a. 경호대상자가 대중에게 노출되는 도보이동은 가급적 제한하여 위해를 가할 가능성이 있는 요소로부터 경호대상자를 보호하여야 한다.

b. 경호대상자에게 접근할 수 있는 출입구나 통로는 하나만 필요하다.

c. 고도의 순간적인 판단력과 치밀한 사전계획이 중요하다.

d. 경호대상자가 위기에 처했을 때 자기 몸을 희생하여 경호대상자를 보호해야 한다.

〈보기 2〉

ㄱ. 목표물 보존의 원칙
ㄴ. 자기희생의 원칙
ㄷ. 두뇌경호의 원칙
ㄹ. 하나의 통제된 지점을 통한 접근의 원칙

	a	b	c	d
①	ㄱ	ㄴ	ㄷ	ㄹ
②	ㄱ	ㄹ	ㄷ	ㄴ
③	ㄷ	ㄱ	ㄹ	ㄴ
④	ㄷ	ㄹ	ㄴ	ㄱ

42 경호의 분류에 관한 설명으로 옳지 않은 것은?

CHECK ○△×

① 행사장경호는 경호대상자가 참석하거나 주관하는 행사에서의 경호업무를 말한다.
② 철도경호는 경호장소에 의한 분류에 해당하는 연도경호의 하나라고 할 수 있다.
③ 甲(A)호 경호는 수상, 국무총리, 국회의장, 대법원장, 헌법재판소장 및 이와 대등한 지위에 있는 외국인사 등을 경호대상으로 하는 경호이다.
④ 직접경호는 행사장에 인원과 장비를 배치하여 인적·물적·지리적 위험요소를 예방하기 위한 경호이다.

43 다음에서 설명하고 있는 경비수단의 원칙은?

CHECK ○△×

> 한정된 경비력을 가지고 최대의 효과를 발휘할 수 있도록 상황과 대상에 따라서 유효적절하게 부대를 배치하여 실력행사를 실행하는 것

① 적시성의 원칙
② 위치의 원칙
③ 균형의 원칙
④ 안전의 원칙

44 다음 중 대통령경호안전대책위원회규정상 경찰청 경비국장의 분장책임에 해당하는 것은?

CHECK ○△×

> ㄱ. 국제테러범죄 조직과 연계된 위해사범의 방해책동 사전차단
> ㄴ. 위해가능인물에 대한 동향파악
> ㄷ. 총포·화약류의 영치관리와 봉인 등 안전관리
> ㄹ. 안전대책활동에 관한 전반적인 업무를 총괄하며 필요한 안전대책 활동지침을 수립하여 관계부서에 부여

① ㄱ, ㄴ
② ㄱ, ㄹ
③ ㄴ, ㄷ
④ ㄷ, ㄹ

45 경호장비에 관한 설명으로 옳지 않은 것은?

CHECK ○△×

① 검색장비란 위해도구나 위해물질을 찾아내는 데 사용하는 장비로 금속탐지기, X-Ray 수화물 검색기 등이 있다.

② 방호장비란 경호원이 자신의 생명·신체가 위험상태에 놓였을 때 스스로를 보호하는 장비로 가스분사기, 전자충격기 등이 있다.

③ 감시장비란 경호 취약점을 보완하는 수단으로 침입 또는 범죄행위를 사전에 알아내는 역할을 하는 장비로 쌍안경, 열선감지기 등이 있다.

④ 통신장비란 경호임무 수행에 있어 필요한 보고 또는 연락을 위한 장비로 차량용 무전기, 휴대용 무전기 등이 있다.

46 대통령 등의 경호에 관한 법령상 (   )의 ㄱ~ㅂ에 대통령경호처장은 모두 몇 회 들어가는가?

CHECK ○△×

- (ㄱ)은 1급 경호공무원 또는 고위공무원단에 속하는 별정직 국가공무원으로 보하며, (ㄴ)을 보좌한다.
- 대통령경호안전대책위원회의 위원장은 (ㄷ)이 되고, 부위원장은 (ㄹ)이 된다.
- 다자간 정상회의의 경호·안전 대책기구의 장은 (ㅁ)이 된다.
- 고등징계위원회의 위원장은 (ㅂ)이 되고, 보통징계위원회의 위원장은 기획관리실장이 된다.

① 1회
② 2회
③ 3회
④ 4회

47 대한민국의 경호 관련 법제도에 관한 설명으로 옳은 것은?

CHECK ○△×

① 대통령경호안전대책위원회는 대통령 경호에 필요한 안전대책과 관련된 업무의 협의를 관장한다.

② 대통령경호안전대책위원회는 위원장과 부위원장 각 1명을 포함한 22명 이내의 위원으로 구성한다.

③ 대통령경호처의 소속기관에 두는 공무원의 직급별 정원은 대통령령으로 정한다.

④ 관계기관의 장은 외국인테러전투원으로 가담한 사람에 대하여 「여권법」에 따른 여권의 효력정지 및 재발급 제한을 법무부장관에게 요청할 수 있다.

48 다음은 근접경호대형에 관한 내용이다. (   ) 안의 ㄱ~ㄹ에 들어갈 용어를 바르게 연결한 것은?

CHECK ○△×

• (ㄱ) : 혼잡한 복도, 군중이 밀집해 있는 통로 등에서 적합한 대형으로 경호대상자의 전후좌우 전 방향에 대해 둘러싸고, 각각의 경호원에게는 기동로에 대해 360° 경계를 할 수 있도록 책임구역이 부여된다.
• (ㄴ) : 3명의 경호원 중 1명은 경호대상자의 전방에 위치하여 안내와 전방을 경계하는 임무를 수행하고, 2명은 경호대상자의 후방 좌측과 후방 우측에 위치하여 좌우 및 후방경계활동을 수행하면서 이동하는 대형이다.
• (ㄷ) : 외부로부터 위협이 없다고 판단되며 안전이 확보된 행사장 입장 시와 대외적인 이미지를 중시하는 경호대상자에게 적합한 도보대형으로 전방에는 아무런 위협이 없다는 가정하에 경호대상자를 바로 노출시켜 전방에 개방된 대형을 취한다.
• (ㄹ) : 경호대상자가 완전히 경호원에 의해 둘러싸여 있는 인상을 주게 되어 대외적인 이미지는 안 좋을 수 있으나 경호 효과가 높은 대형으로, 평상시에는 잘 사용하지 않으나, 군중이 밀려오거나 군중에 둘러싸여 있을 경우와 같은 위협이 예상될 경우에 적합한 대형이다.

	ㄱ	ㄴ	ㄷ	ㄹ
①	다이아몬드 대형	역쐐기형 대형	쐐기형 대형	사다리형 대형
②	사다리형 대형	역쐐기형 대형	쐐기형 대형	원형 대형
③	다이아몬드 대형	쐐기형 대형	역쐐기형 대형	원형 대형
④	사다리형 대형	쐐기형 대형	역쐐기형 대형	다이아몬드 대형

49 경호의 일반원칙 중 3중 경호의 원칙에 관한 내용으로 옳지 않은 것은?

CHECK ○△×

① 경호대상자가 위치한 집무실이나 행사장으로부터 내부, 내곽, 외곽으로 구분하여 경호 행동반경을 거리 개념으로 구분한 것이다.

② 3중 경호는 경호영향권역을 공간적으로 구분하여 해당구역의 위해요소에 대해 상대적으로 차등화된 경호조치와 중첩된 통제를 통하여 경호의 효율화를 기하고자 하는 경호방책이다.

③ 위해행위에 대한 조기경보체제를 확립하고 경호자원과 시간을 효율적으로 활용할 수 있는 여건을 제공한다.

④ 1선은 안전구역으로 경호대상자에게 직접적인 위해를 가할 수 있는 위험지역으로서 소총의 유효사거리를 고려하여 설정된다.

50 다음은 선발경호의 특성에 관한 내용이다. 선발경호의 특성과 해당 내용의 연결이 옳은 것은?

CHECK ○△×

[선발경호의 특성]

A. 안전성　　B. 예방성

C. 예비성　　D. 통합성

[내 용]

ㄱ. 예방경호는 위해요소를 사전에 발견해서 제거하고 침투가능성을 거부함으로써 경호행사의 안전을 확보하는 것이다.

ㄴ. 선발경호에 동원된 모든 부서는 각자의 기능을 100% 발휘하면서 하나의 지휘체계 아래에 통합되어 상호보완적으로 임무를 수행해야 한다.

ㄷ. 3중 경호의 원리에 입각해서 행사장을 구역별로 구분하여 그 특성에 맞는 경호조치를 강구하여야 한다.

ㄹ. 선발경호는 사전에 경호팀의 능력과 현지 지형과 상황에 맞는 대응계획과 대피계획을 수립하여 비상상황에 대비하여야 한다.

① A － ㄱ　　② B － ㄴ

③ C － ㄹ　　④ D － ㄷ

51 경호차량에 관한 다음 설명 중 옳지 않은 것은?

CHECK ○△×

① 대부분의 경호대상자 차량은 최고 수준의 기능과 성능을 갖춘 차량이며, 경호차는 경호대상자의 차량의 성능에 필적할 만한 차량을 선정하여야 한다.

② 기만효과를 위해서는 경호차를 경호대상자 차량과 동종의 차종으로 선택하는 것이 좋다.

③ 후미경호차량은 경호대상자 차량의 고장 시 VIP 예비차량의 임무를 수행할 수도 있으므로, 가급적 경호대상자 차량과 같은 차종을 선정하여야 한다.

④ 리무진과 같은 대형 차량은 자체 방호력과 강력한 엔진, 넉넉한 실내공간, 안락한 승차감 등의 장점이 있으므로 경호대상자가 사용할 차량으로 바람직하다.

52 경호브리핑에 관한 설명으로 옳지 않은 것은?

CHECK ○△×

① 경호브리핑은 경호작전의 개시를 알리는 작전명령이다.
② 개인이나 작전요소 간 협조점을 확인하고 조정하는 데 그 의의 및 목적이 있다.
③ 경호요원뿐만 아니라 경호대상자에게도 실시될 수 있으면 보다 효과적이다.
④ 경호대상자에게 그의 생활방식이나 생활습관의 변화를 요구해서는 안 된다.

53 경호원의 복장에 관한 설명으로 옳지 않는 것은?

CHECK ○△×

① 경호행사의 성격, 장소, 시간 등에 따라 주위와 잘 어울리는 복장으로 한다.
② 개개인의 취향을 살려 각자에게 잘 어울리는 복장을 선택하는 것이 바람직하다.
③ 경호업무를 위해 특별히 제작된 옷은 없지만 대개는 정장 차림을 하는 것이 좋다.
④ 여자경호원의 경우 신발 뒷굽의 높이와 편의성을 고려하여 하이힐은 피하는 것이 좋다.

54 경호활동 중 위해기도나 행사 방해책동과 관련하여 발생 시기나 발생 여부 및 피해 정도를 모르는 우발적 상황에서의 즉각적 행동원칙으로 옳지 않은 것은?

CHECK ○△×

① 경고(Sound off)는 위해상황을 가장 먼저 인지한 사람이 주변 근무자에게 상황을 간단명료하게 전파하는 것으로, 상황발생을 인지한 경호원이 가장 먼저 취해야 할 조치이다.
② 방호(Cover)는 위협상황을 알리는 경고를 인지하는 즉시, 위해기도자 주변 근무자가 자신의 신체로 방벽을 형성하여 경호대상자의 노출을 최소화함으로써 직접적인 위해를 방지하는 행위를 말한다.
③ 대피(Evacuate)는 우발상황 발생 시 위해자의 표적이 되는 경호대상자를 안전지역으로 이동시키는 행위를 말한다.
④ 위해기도자에 대한 대적 여부는 촉수거리의 원칙에 따라 판단한다.

55 경호의 특성 중 상대성과 관련된 내용으로 옳은 것은?

CHECK ○△×

① 행사 참석자들을 시차별로 입장시켜서 충분한 확인과 검색 시간을 확보할 수 있다.
② 경호는 경호작전과 관련된 인물·환경 및 행사의 성격에 따라 그 방법과 규모가 달라진다.
③ 3선 개념에 의한 공간적 통제를 통해 효율적인 경호조치를 취한다.
④ 위험상황이 발생하기 전에 조치를 취해야 한다.

56 다음 중 경호행사에서 주행사장 외부 담당자의 임무는 모두 몇 개인가?

CHECK ○△×

> ㄱ. 취약요소, 직시시점을 고려하여 단상, 전시물 등을 설치
> ㄴ. 안전구역 내 단일 출입로 설정
> ㄷ. 접견 예상에 따른 대책 및 참석자 안내계획 수립
> ㄹ. 정전 등 우발상황을 대비한 각 근무자 예행연습 실시
> ㅁ. 경호대상자 동선 및 좌석 위치에 따른 비상대책 강구
> ㅂ. 경비 및 경계구역 내에 대한 안전조치 강화

① 1개
② 2개
③ 3개
④ 4개

57 경호의 개념에 관한 설명으로 옳지 않은 것은?

CHECK ○△×

① 경호대상자의 생명과 재산을 보호하기 위하여 신체에 가하여지는 위해를 방지하거나 제거하고, 특정 지역을 경계·순찰 및 방비하는 등의 모든 안전활동을 말한다.
② 형식적 의미의 경호개념은 현실적인 경호기관을 기준으로 하여 정립된 개념이다.
③ 실질적 의미의 경호개념은 경호의 본질적·이론적인 입장에서 이해한 것이다.
④ 대통령 등의 경호에 관한 법률에서의 경호는 호위와 경비를 구분하여 새로운 경호개념으로 정의하고 있다.

58 다음에서 설명하고 있는 사이버테러 체계는?

CHECK ○△×

> 초급 소프트웨어 무기로서 테러대상자의 정보를 수집·보고하는 등의 비밀임무를 수행하는 스파이를 정보기술로 구현하는 체계이다.

① 웜체계
② 트랩도어체계
③ 트로이목마체계
④ AMCW체계

59 경호환경을 거시적 관점에서 환경요인별로 분류할 때, 경호 관련 법규 등의 제도적 요인은 어떠한 환경에 해당하는가?

CHECK ○△×

① 기술적 환경
② 사회적 환경
③ 자연적 환경
④ 일반적 환경

60 사주경계에 관한 설명으로 옳지 않은 것은?

CHECK ○△×

① 경호대상자를 중심으로 한 전 방향에 대한 감시로 직접적인 위해나 자연발생적인 위해요인을 사전에 인지하기 위한 경계활동을 말한다.
② 인적 경계대상은 위해 가능한 인원으로 제한하며 사회적 권위와 지위를 고려한다.
③ 물적 경계대상은 행사장이나 주변의 모든 시설물과 물체이다.
④ 경호행사 시 영향을 미칠 수 있는 간접적 위해요인도 경계대상이다.

61 대한민국의 경호 관련 법제도에 관한 설명으로 옳지 않은 것은?

CHECK ○△×

① 대통령경호처 직원의 임용은 학력·자격·경력을 기초로 하며, 시험성적·근무성적, 그 밖의 능력의 실증에 의하여 행한다.
② 대통령경호안전대책위원회는 대통령 경호와 관련된 첩보·정보의 교환 및 분석업무를 관장한다.
③ 대통령경호처장의 관장사무를 지원하기 위하여 대통령경호처장 소속으로 경호안전교육원을 둔다.
④ 대테러 인권보호관의 임기는 3년으로 하고, 연임할 수 있다.

62 다음은 차량기동경호의 네 가지 목표 중 어느 것에 해당하는 설명인가?

CHECK ○△×

고의적이거나 계획적인 외부의 위해공격으로부터 경호대상자를 안전하게 보호하는 것

① 보호성 ② 안전성
③ 방호성 ④ 방비성

63 다음 내용은 경호활동의 단계에 관한 설명이다. 이에 해당되는 단계는?

CHECK ○△×

> 신변보호대상자에게 영향을 줄 수 있는 각종 장애요소 또는 위해요소에 대하여 정·첩보를 수집하고 분석하는 단계이다.

① 예견단계
② 인식단계
③ 조사단계
④ 무력화단계

64 경호업무 수행절차에 관한 내용이다. 다음이 설명하는 관리단계는?

CHECK ○△×

> 주요 활동은 안전활동이며, 안전대책활동이 나타난다. 행사장 안전확보, 취약요소 판단 및 조치, 검측활동 및 통제대책을 강구하는 세부 활동이 수행된다.

① 예방단계
② 대비단계
③ 대응단계
④ 학습단계

65 우리나라의 경호제도에 관한 설명으로 옳지 않은 것은?

CHECK ○△×

① 고구려의 경호기관이라고 볼 수 있는 것은 대모달과 말객인데, 대모달이라는 위장군은 조의두대형(3품) 이상이 취임하였으며, 말객은 중랑장과 같은 것으로서 일명 군두라 하였는데, 대형(5품) 이상이 취임할 수 있었다.
② 백제의 경호기관이라고 볼 수 있는 것은 5부(部)이고, 6좌평 중 위사좌평은 오늘날 경호처장에 해당하고, 병관좌평은 오늘날 국방부장관에 해당하며, 좌평 밑에는 30명의 달률이 있었다.
③ 신라의 대표적인 경호기관인 시위부는 궁성의 숙위(宿衛)와 왕 및 왕실세력 행차 시 호종(扈從)하는 것을 주된 임무로 하였다.
④ 고려시대 경대승은 통일신라시대부터 이어져오던 육번도방을 내외도방으로 확장·강화하였다.

66 응급처치에 관한 설명으로 옳은 것은?

CHECK O△×

① 심폐소생술 실시 중 자발적인 호흡으로 회복되어도 계속 흉부(가슴)압박을 실시한다.
② 응급처치원이 보기에 환자의 호흡이 멎은 상태라면 응급처치를 중단한다.
③ 응급처치원은 의약품을 사용하여 처치하는 것이 원칙이다.
④ 어디까지나 응급처치로 그치고, 그 다음은 전문의료요원의 처치에 맡긴다.

67 국민보호와 공공안전을 위한 테러방지법령상 국가테러대책위원회에 관한 설명으로 옳지 않은 것은?

CHECK O△×

① 대테러활동에 관한 정책의 중요사항을 심의・의결하기 위하여 국가테러대책위원회(이하 "대책위원회"라 한다)를 둔다.
② 대책위원회는 국무총리 및 관계기관의 장 중 대통령령으로 정하는 사람으로 구성하고, 위원장은 국무총리로 한다.
③ 대책위원회는 재적위원 과반수의 출석으로 개의(開議)하고, 출석위원 과반수의 찬성으로 의결한다.
④ 대책위원회의 회의는 공개하지 아니한다. 다만, 공개가 필요한 경우 위원장의 결정으로 공개할 수 있다.

68 경호원을 위한 교육프로그램인 TEAM 모델에 관한 설명이다. (　　) 안의 ㄱ~ㄹ에 들어갈 내용으로 옳은 것은?

CHECK O△×

> 교육은 경호업무를 하는 방법을 알려주고(ㄱ), 왜 그렇게 해야 하는지를 이해시키고(ㄴ), 무엇을 생각하면서 경호업무를 해야 하는지를 인식시키고(ㄷ), 경호업무를 해야 하는 이유를 제공해주는 (ㄹ) 것이어야 한다.

① ㄱ : 교육(education)
② ㄴ : 의식교육(awareness)
③ ㄷ : 훈련(training)
④ ㄹ : 동기부여(motivation)

69 다음 중 정보보안(정보보호)의 목적과 그 내용을 바르게 연결할 것은?

CHECK ○△×

[정보보안(정보보호)의 목적]
ㄱ. 비밀성(Confidentiality)
ㄴ. 무결성(Integrity)
ㄷ. 가용성(Availability)

[내용]
a. 데이터나 리소스를 인증되지 않은 변경으로부터 보호하는 것으로, 한번 생성된 정보에 수정을 허락하지 않음으로써 최초의 내용을 유지하게 한다는 의미이다.
b. 인가를 받은 사용자가 정보나 서비스를 요구할 경우 정보시스템에 대한 접근이 언제든지 가능하도록 보장하는 것이다.
c. 인가되지 않은 접근으로부터 정보를 보호하기 위한 것으로, 인가되지 않은 사람의 접근을 차단함과 동시에 인가자의 사용을 방해하는 행위로부터의 보호도 포함한다.

① ㄱ - a, ㄴ - b, ㄷ - c
② ㄱ - b, ㄴ - c, ㄷ - a
③ ㄱ - c, ㄴ - a, ㄷ - b
④ ㄱ - c, ㄴ - b, ㄷ - a

70 대통령 등의 경호에 관한 법령상 손실보상에 관한 설명으로 옳지 않은 것은 모두 몇 개인가?

CHECK ○△×

ㄱ. 손실보상을 청구할 수 있는 권리는 손실이 있음을 안 날부터 1년, 손실이 발생한 날부터 10년간 행사하지 아니하면 시효의 완성으로 소멸한다.
ㄴ. 손실보상청구 사건을 심의하기 위하여 대통령경호처장 소속으로 손실보상심의위원회를 둔다.
ㄷ. 손실보상심의위원회의 회의는 재적위원 과반수의 출석으로 개의(開議)하고, 출석위원 과반수의 찬성으로 의결한다.
ㄹ. 손실보상심의위원회의 사무를 처리하기 위하여 손실보상심의위원회에 간사 1명을 두되, 간사는 소속공무원 중에서 처장이 지명한다.
ㅁ. 대통령경호처장은 거짓 또는 부정한 방법으로 보상금을 받은 자에 대하여는 해당 보상금을 환수하여야 한다.
ㅂ. 대통령경호처장은 보상금을 환수하려는 경우에는 손실보상심의위원회의 심의·의결을 거쳐 환수 여부 및 환수 금액을 결정하고 거짓 또는 부정한 방법으로 보상금을 받은 자에게 환수사유, 환수금액, 납부기한, 납부기관의 내용을 서면으로 통지해야 한다.
ㅅ. 대통령경호처장은 보상금을 반환하여야 할 자가 대통령령으로 정한 기한까지 그 금액을 납부하지 아니한 때에는 국세 강제징수의 예에 따라 징수하여야 한다.

① 1개
② 2개
③ 3개
④ 4개

71 다음에서 설명하는 암살의 동기는 무엇인가?

CHECK
O △ X

> 암살대상자가 자신들이 극히 중요하다고 생각하는 사상을 위태롭게 하고 있다고 생각되는 때에는 그 인물을 제거하기 위하여 암살을 행한다.

① 심리적 동기
② 이념적 동기
③ 개인적 동기
④ 정치적 동기

72 비표 운용에 관한 설명으로 옳지 않은 것은?

CHECK
O △ X

① 구역별 다른 색상으로 구분하여 비표를 운용하면 통제가 용이하다.
② 비표는 식별이 용이하도록 단순・선명하게 제작하여 재활용이 가능하도록 한다.
③ 비표의 종류에는 리본, 명찰, 완장, 모자, 배지 등이 있으며, 대상과 용도에 맞게 적절히 운용한다.
④ 인적 위해요소를 배제하기 위하여 비표 관리를 한다.

73 검측에 관한 설명 중 옳지 않은 것은?

CHECK
O △ X

① 경호대상자가 장시간 머물러 있는 곳을 먼저 실시한 후 경호대상자의 동선에 따라 순차적으로 실시한다.
② 주변의 흩어져 있는 물건은 그대로 두고, 확인이 불가능한 것은 먼 거리로 이격 제거한다.
③ 통로에서는 양측을 중점 검측하고 아래보다는 높은 곳을, 능선이나 곡각지 등 의심나는 곳은 반복해서 검측한다.
④ 위해분자는 인간의 습성(위를 보지 않는 습성, 더러운 곳을 싫어하는 습성, 공기가 탁한 곳을 싫어하는 습성)을 최대한 활용한다는 점을 명심하고, 상하좌우 빠지는 부분이 없도록 반복 중첩되게 실시한다.

74 다음 중 대통령 등의 경호에 관한 법령상 경호대상 중 전직대통령과 그 배우자에 대한 경호 기간에 관한 설명으로 옳지 않은 것을 모두 고른 것은?(단, 경호대상자의 의사에 반하지 않는 경우에 한정한다)

CHECK ○△×

ㄱ. 퇴임 후 10년 이내의 전직대통령과 그 배우자는 경호처의 경호대상이다.
ㄴ. 대통령이 임기 만료 전에 퇴임한 경우와 재직 중 사망한 경우에는 그로부터 5년으로 한다.
ㄷ. 퇴임 후 사망한 경우에는 퇴임일부터 기산하여 5년을 넘지 아니하는 범위에서 사망 후 3년으로 한다.
ㄹ. 전직대통령 또는 그 배우자의 요청에 따라 대통령경호처장이 고령 등의 사유로 필요하다고 인정하는 경우에는 10년의 범위에서 경호 기간을 연장할 수 있다.

① ㄱ, ㄴ
② ㄱ, ㄹ
③ ㄴ, ㄷ
④ ㄷ, ㄹ

75 국민보호와 공공안전을 위한 테러방지법령상 테러피해에 관한 내용으로 옳지 않은 것은?

CHECK ○△×

① 국가 또는 지방자치단체는 테러의 피해를 입은 사람에 대하여 대통령령으로 정하는 바에 따라 치료 및 복구에 필요한 비용의 전부 또는 일부를 지원할 수 있다.
② 외교부장관의 허가를 받지 아니하고 방문 및 체류가 금지된 국가 또는 지역을 방문·체류한 사람의 테러피해의 치료 및 복구에 필요한 비용도 예외 없이 지원하도록 하고 있다.
③ 테러로 인하여 생명의 피해를 입은 사람의 유족에 대해서는 그 피해의 정도에 따라 등급을 정하여 특별위로금을 지급할 수 있다.
④ 피해지원금 또는 특별위로금의 지급을 신청하려는 사람은 테러사건으로 피해를 입은 사실을 안 날부터 3년 이내에 총리령으로 정하는 바에 따라 지급신청서에 관련 증명서류를 첨부하여 대책본부를 설치한 관계기관의 장에게 제출하여야 한다.

76 국기와 외국기의 게양방법에 관한 설명으로 옳은 것은?

CHECK ○△×

① 차량에 태극기를 게양하는 경우 차량 운전석에서 보았을 때 오른쪽에 게양하며, 외국기와 동시에 게양해야 할 경우에도 동일하다.

② 국제 행사가 치러지는 건물 밖에 여러 개의 국기를 동시에 게양 시, 총 국기의 수가 짝수이고 게양대의 높이가 동일할 경우 건물 밖에서 바라볼 때를 기준으로 태극기를 가장 오른쪽에 게양한다.

③ 국기와 유엔기를 게양할 경우에는 앞에서 바라보아 왼쪽에 국기를, 오른쪽에 유엔기를 게양한다.

④ 국기·유엔기 및 외국기를 함께 게양할 경우에는 국기·유엔기 및 외국기의 순서로 게양한다.

77 대한민국국기법상 국기를 매일 낮에만 게양하는 곳은?

CHECK ○△×

① 각급 학교 및 군부대의 주된 게양대

② 많은 깃대가 함께 설치된 장소

③ 주요 정부청사의 울타리

④ 공공기관의 청사

78 경호의전과 예절에 관한 설명으로 옳지 않은 것은?

CHECK ○△×

① 비행기를 타고 내릴 때에는 상급자가 최우선하여 타고 내린다.

② 일반 선박의 경우에는 보통 상급자가 나중에 타고 먼저 내리지만, 함정의 경우에는 상급자가 먼저 타고 먼저 내린다.

③ 승용차 탑승 시 여성과 동승할 때 승차 시는 여성이 먼저 타고, 하차 시는 남성이 먼저 내려 차문을 열어준다.

④ 기차에서 두 사람이 나란히 앉는 좌석에서는 창가 쪽이 상석이다.

79 다음의 업무를 수행하는 담당자는 누구인가?

CHECK ○△×

- 안전구역 확보계획 검토
- 건물의 안전성 여부 확인
- 상황별 비상대피로 구상
- 행사장 취약시설물 파악
- 비상 및 일반예비대 운용방법 확인
- 최기병원 확인
- 직시건물, 공중 감시대책 검토 등

① 작전 담당자
② 안전대책 담당자
③ 행정 담당자
④ 출입통제 담당자

80 국민보호와 공공안전을 위한 테러방지법령상 소방청장과 시 · 도지사가 중앙 및 지방자치단체 소방본부에 설치 · 운영하는 전담조직은?

CHECK ○△×

① 대테러특공대
② 테러대응구조대
③ 테러정보통합센터
④ 대테러합동조사팀

제8회 심화 모의고사

각 문항별로 난이도를 체크해 보세요. ○△×

Time 분 | 해설편 357p

중요문제 / 틀린 문제 CHECK

41	42	43	44	45	46	47	48	49	50	51	52	53	54	55	56	57	58	59	60
61	62	63	64	65	66	67	68	69	70	71	72	73	74	75	76	77	78	79	80

41 경호의 법원(法源)에 관한 설명으로 옳지 않은 것은?

CHECK ○△×

① 경호의 성문법원에는 헌법, 법률, 조약, 명령 등이 있다.

② 「대통령 등의 경호에 관한 법률」은 대통령 등에 대한 경호를 효율적으로 수행하기 위하여 경호의 조직·직무범위와 그 밖에 필요한 사항을 규정함을 목적으로 한다.

③ 「전직대통령 예우에 관한 법률」은 전직대통령의 예우에 관한 사항을 규정한다.

④ 「대통령경호안전대책위원회규정」은 「경찰관직무집행법」 제16조에 따른 대통령경호안전대책위원회의 구성 및 운영에 관하여 필요한 사항을 규정한다.

42 대한민국 정부수립 이후 경호기관에 관한 설명으로 옳지 않은 것은?

CHECK ○△×

① 경무대경찰서는 1953년 경찰서 직제의 개정으로 관할구역을 경무대 구내로 제한하여 경호임무를 담당하였다.

② 청와대 경찰관파견대는 1960년 3차 개헌을 통해 내각책임제에서 대통령 중심제로 정부형태가 변화되면서 종로경찰서 소속으로 대통령의 경호 및 대통령 관저의 경비를 담당하였다.

③ 국가재건최고회의 의장경호대는 1961년 중앙정보부 경호대로 정식 발족하여 최고회의의장 등의 신변보호 임무를 수행하였다.

④ 대통령경호실은 1963년 설립되어 대통령과 그 가족, 대통령으로 당선이 확정된 자 및 경호실장이 필요하다고 인정하는 요인에 대한 경호를 담당하였다.

43 경호조직의 특성에 관한 설명으로 옳은 것은 모두 몇 개인가?

CHECK ○△×

ㄱ. 암살 및 테러의 고도화에 따라 경호장비의 과학화와 이를 지원하기 위한 행정업무의 자동화, 컴퓨터화 등 기동성이 요구되고 있다.
ㄴ. 일반적으로 정부조직은 법령주의와 공개주의 원칙에 따르지만, 경호조직에서는 비밀문서로 관리하거나 배포의 일부제한으로 비공개로 할 수 있다.
ㄷ. 경호조직은 과거에 비해 그 기구와 인원 면에서 대규모화・다변화되고 있다.
ㄹ. 경호조직은 전문성보다는 권력에 기초를 두어야 한다.
ㅁ. 경호조직은 전체 구조가 통일적인 피라미드형을 구성하면서 그 속에 서로 상하의 계층을 이루고 지휘・감독 등의 방법에 의해 경호목적을 통일적으로 실현한다.
ㅂ. 경호조직은 기구단위, 권한과 책임 등이 경호업무의 목적 달성을 위해 통합되어야 한다.

① 1개
② 2개
③ 3개
④ 4개

44 경호조직의 구성원칙과 그에 대한 내용의 연결이 옳지 않은 것은?

CHECK ○△×

[경호조직의 구성원칙]
ㄱ. 경호지휘단일성의 원칙
ㄴ. 경호체계통일성의 원칙
ㄷ. 경호기관단위작용의 원칙
ㄹ. 경호협력성의 원칙

[내 용]
a. 조직의 각 구성원은 오직 하나의 상급기관에게만 보고하고 명령지휘를 받고 그에게만 책임을 진다.
b. 경호업무가 긴급성을 요한다는 점에서도 요청된다.
c. 기관단위라는 것은 그 경호기관을 지휘하는 지휘자가 있고, 지휘를 받는 하급자가 있으며, 하급자를 관리하기 위한 지휘권과 장비가 편성되며 임무수행을 위한 보급지원체계를 갖추고 있어야 한다는 의미이다.
d. 임무수행에는 일반 국민의 협조가 필수적이며 국민의 협력을 얻지 못하면 경호 임무는 실패할 확률이 높다.

① ㄱ − a
② ㄴ − b
③ ㄷ − c
④ ㄹ − d

45 CHECK ○△×

다음은 근접경호(수행경호)의 기본원리에 관한 내용이다. 근접경호의 기본원리와 해당 내용의 연결이 옳은 것은?

[근접경호의 기본원리]
A. 대응시간의 원리
B. 이격거리의 원리
C. 자연방벽효과의 원리
D. 주의력효과와 대응효과의 역(逆)의 원리

[내 용]
ㄱ. 위해기도자의 총기 공격에 대해 근접경호원이 총기로 응사하는 것보다 자신의 몸을 이용하여 경호대상자를 보호하는 것이 보다 효과적이다.
ㄴ. 대응력은 위해기도에 반응하여 경호대상자를 보호하고 대피시킬 수 있는 경호능력을 말한다.
ㄷ. 경호원들이 경호대상자와 위해기도자 사이에서 어느 곳에 위치하느냐에 따라서 경호대상자를 보호하는 범위의 크기에 차이가 있음을 말한다.
ㄹ. 위해기도자의 접근에 대해서 이를 제지하기 위한 반응시간을 고려하여, 경호요원이 위해기도자의 접근을 효과적으로 제지하기 위해서 군중과 경호대상자는 최소한 4~5m의 거리를 유지해야 한다.

① A – ㄴ
② B – ㄹ
③ C – ㄱ
④ D – ㄷ

46 CHECK ○△×

대통령 등의 경호에 관한 법률상 경호의 주체에 관한 설명으로 옳지 않은 것은?

① 대통령경호처 소속공무원은 경호처의 직무와 관련된 사항을 발간하거나 그 밖의 방법으로 공표하려면 미리 처장의 허가를 받아야 한다.
② 5급 이상 경호공무원과 5급 상당 이상 별정직 국가공무원은 처장의 제청으로 대통령이 임용한다.
③ 대통령경호처에 파견된 경찰공무원은 이 법에 규정된 임무 외의 경찰공무원의 직무를 수행할 수 없다.
④ 소속 공무원이 직무상 알게 된 비밀을 누설한 경우 2년 이하의 징역이나 금고 또는 500만원 이하의 벌금에 처한다.

47 CHECK ○△×

다음은 3중 경호의 원칙에 관한 내용이다. ( ) 안의 ㄱ~ㄹ에 들어갈 내용이 옳지 않은 것은?

3중 경호의 원칙

(ㄱ)의 위치를 중심으로 3선 개념에 따라 체계적으로 실시되어야 한다.

1선	내 부	안전구역	(ㄴ)에 의한 완벽한 통제, 권총 등의 유효사거리를 고려한 건물 내부구역
2선	내 곽	경비구역	(ㄴ) 및 경비경찰에 의한 부분적 통제, 소총 등의 유효사거리를 고려한 (ㄷ) 내곽구역
3선	외 곽	경계구역	인적·물적·자연적 취약요소에 대한 (ㄹ), 소구경 곡사화기의 유효사거리를 고려한 외곽구역

〈참고〉 이두석, 「경호학개론」, 진영사, 2018, P. 159~161

① ㄱ : 경호대상자
② ㄴ : 근접경호원
③ ㄷ : 건 물
④ ㄹ : 첩보·경계

48 CHECK ○△×

경호위기관리단계 및 그에 관한 활동 내용의 연결이 옳은 것은?

① 예방단계 – 경호작전, 비상대책활동, 즉각조치활동
② 대비단계 – 경호환경 조성, 정보 수집 및 평가, 경호계획의 수립
③ 대응단계 – 정보보안활동, 안전대책활동, 거부작전
④ 학습단계 – 평가 및 자료 존안, 교육훈련, 적용(피드백)

49 대통령 등의 경호에 관한 법률상 (   )의 ㄱ~ㄹ에 들어갈 내용을 바르게 연결한 것은?

CHECK ○△×

> • 경호란 경호대상자의 생명과 재산을 보호하기 위하여 신체에 가하여지는 (ㄱ)를 방지하거나 (ㄴ) 하고, 특정 지역을 경계·순찰 및 방비하는 등의 모든 안전활동을 말한다.
> • (ㄷ)이란 소속 공무원과 (ㄹ)의 공무원으로서 경호업무를 지원하는 사람이 경호활동을 할 수 있는 구역을 말한다.
> • (ㄹ)이란 경호처가 경호업무를 수행함에 있어 필요한 지원과 협조를 요청하는 국가기관, 지방자치단체 등을 말한다.

	ㄱ	ㄴ	ㄷ	ㄹ
①	손해	차단	보호구역	관계기관
②	위해	제거	경호구역	관계기관
③	손해	제거	보호구역	유관기관
④	위해	차단	경호구역	유관기관

50 다음 중 경호정보작용의 3대 요건(A)과 안전대책의 3대 작용 원리(B)에 해당하는 것이 바르게 연결된 것은?

CHECK ○△×

	A	B
①	정확성, 적극성, 적시성	안전검측, 안전검사, 안전유지
②	적극성, 적시성, 완전성	안전점검, 안전검측, 안전유지
③	정확성, 적극성, 완전성	안전점검, 안전검사, 안전검측
④	정확성, 적시성, 완전성	안전점검, 안전검사, 안전유지

51 CHECK ○△×

다음은 근접경호의 특성에 관한 내용이다. 근접경호의 특성과 해당 내용의 연결이 옳은 것은?

[근접경호의 특성]
A. 방벽성
B. 노출성
C. 기만성
D. 기동 및 유동성

[내용]
ㄱ. 경호대상자를 따라 항상 이동하거나 움직이면서 변화하는 경호상황에 능동적으로 대처해야 한다.
ㄴ. 경호원은 자신의 신체를 이용하여 외부의 공격으로부터 경호대상자를 근접에서 보호한다.
ㄷ. 각종 매스컴에 의하여 행사 일정과 장소 및 시간이 대외적으로 알려진 상태에서 업무를 수행해야 한다.
ㄹ. 위해기도자로 하여금 행사 상황을 오판하도록 실제 상황을 은폐하고 허위 상황을 제공하여 경호의 효율성을 높여야 한다.

① A － ㄴ
② B － ㄱ
③ C － ㄷ
④ D － ㄹ

52 CHECK ○△×

다음 중 경호원의 직업윤리 정립 방안으로 옳은 것을 모두 고른 것은?

ㄱ. 경호환경 조성 및 탄력적 경호 운영을 위한 정치적 활동 지향
ㄴ. 사전예방경호활동을 위한 경호위해 인지능력 배양
ㄷ. 경호원의 권위주의 강화를 위한 일방적 주입식 교육의 확립
ㄹ. 성희롱 유발요인 분석 철저 및 예방교육 강화
ㅁ. 경호지휘단일성의 원칙에 의한 경호임무수행과 위기관리대응력 구비
ㅂ. 경호원 채용 시 인성평가 방법 강화 및 자원봉사 활성화

① ㄱ, ㄴ, ㄹ, ㅁ
② ㄱ, ㄴ, ㄹ, ㅂ
③ ㄴ, ㄷ, ㄹ, ㅁ
④ ㄴ, ㄹ, ㅁ, ㅂ

53 범죄발생에 따른 초동조치와 현장보존방법에 관한 설명으로 옳지 않은 것은?

CHECK ○△×

① 범행현장에서 현행범으로 판단될 경우 경찰뿐만 아니라 민간경호원 등 누구나 영장 없이 체포할 수 있다.
② 밀폐된 범행현장에서 가스 누출 발생 시 즉시 선풍기나 배기팬을 작동시켜 환기시킨다.
③ 범죄현장의 범위를 최초에는 광범위한 지역으로 설정한 후 점차 축소해간다.
④ 범죄발생 건물 소유자 등 관리권을 가진 자라도 범죄현장에 대해 경찰관의 출입통제에 따라야 한다.

54 선발경호의 목적으로 옳지 않은 것은?

CHECK ○△×

① 행사지역의 경호 관련 정보를 수집·제공한다.
② 우발상황에 대응하기 위한 비상대책을 강구한다.
③ 사전에 각종 위해요소를 제거하거나 최소화한다.
④ 발생한 위험에 대응하여 경호대상자를 보호한다.

55 검식활동에 관한 설명으로 옳지 않은 것은?

CHECK ○△×

① 검식활동은 사전예방경호에 해당한다.
② 식재료의 구매, 운반과정에서의 안전성 확보활동을 포함한다.
③ 경호대상자에게 제공되는 음식의 안전을 점검하는 검식활동은 검측활동에 포함된다.
④ 조리가 완료된 후에는 검식활동이 종료된다.

56 경호 비표에 관한 설명으로 옳은 것은?

CHECK ○△×

① 행사 참석자를 위한 명찰이나 리본은 모든 구역의 색상을 단일화하여 식별이 용이하도록 하면 효과적이다.

② 경호근무자의 경호안전활동 시에는 비표 운영을 하지 않는 것이 바람직하다.

③ 비표는 행사 참석자에게 행사일 전에 미리 배포하여 출입혼잡을 예방하여야 한다.

④ 비표는 식별이 용이하고 선명하여야 한다.

57 근접경호기법에 관한 설명으로 옳지 않은 것은?

CHECK ○△×

① 근접경호원은 공격자가 경호대상자와 경호원 사이에 끼어들지 못하도록 위치를 계속 조정한다.

② 위해기도자가 위해기도를 포기하거나 실패하도록 유도하는, 계획적이고 변칙적인 경호기법을 육감경호라 한다.

③ 도보이동 간 근접경호에서 이동 시에는 위험에 노출되는 정도를 최소화하기 위하여 단거리 직선통로를 이용해야 한다.

④ 차량기동 간 근접경호에서는 차량, 행・환차로, 대형의 구성 및 간격, 속도 등의 사항을 고려하여야 한다.

58 차량경호에 관한 내용으로 적절하지 않은 것은?

CHECK ○△×

① 차량이 하차지점에 도착하면 제일 먼저 차량 문을 개방하여 경호대상자가 하차하도록 해야 한다.

② 경호대상자가 차량을 수시로 바꾸어 타면 위해기도자를 혼란시킬 수 있다.

③ 행차로와 환차로 등 주변 도로망 파악은 차량 기동 간 사전준비 및 검토할 사항에 해당한다.

④ 도로 및 교통상황, 경호대상자의 성향, 행사 성격 등을 고려하여 차량의 종류와 대형을 결정한다.

59 경호복장의 선택과 착용에 관한 설명으로 옳지 않은 것은?

CHECK ○△×

① 경호대상자와 구분되는 색상이나 스타일의 복장이 적합하다.

② 경호업무를 위해 특별히 제작된 옷은 없지만, 대개는 정장 차림을 하는 것이 좋다.

③ 경호원은 행사의 성격에 따라 주변 환경과 어울리는 복장을 착용한다.

④ 장신구의 착용은 지양한다.

60 CHECK ○△×

경호임무의 포함 요소 중 행사일정 계획 시 고려되지 않는 사항은?

① 출발 및 도착 일시
② 기동방법 및 수단
③ 행사에 참석하는 공무원의 명단
④ 방문지역의 지리적 특성

61 CHECK ○△×

근접경호대형과 그에 관한 내용이 올바르게 연결되지 않은 것은?

> **[근접경호대형]**
> ㄱ. 다이아몬드(마름모) 대형
> ㄴ. V자(역쐐기형) 대형
> ㄷ. 원형 대형
> ㄹ. 쐐기 대형
>
> **[내 용]**
> a. 무장한 위해자와 직면했을 때 적당한 대형으로, 전방에 1인을 두고, 그 외의 경호원은 경호대상자의 측방이나 후방에 위치하는 대형이다.
> b. 외부로부터 위협이 없다고 판단되며, 안전이 확보된 행사장 입장 시와 대외적인 이미지를 중시하는 경호대상자에게 적합한 대형이다.
> c. 평상시에는 잘 사용하지 않으나, 군중이 밀려오거나 군중에 둘러싸여 있을 경우와 같은 위협이 예상될 경우 적합한 대형이다.
> d. 혼잡한 복도, 군중이 밀집해 있는 통로 등에서 적합한 대형이다.
> e. 경호대상자가 완전히 경호원에 의해 둘러싸여 있는 인상을 주게 되어 대외적인 이미지는 안 좋을 수 있으나 경호효과가 높은 대형이다.

① ㄱ - d
② ㄴ - b
③ ㄷ - e
④ ㄹ - c

62 CHECK ○△×

다음 (　　) 안의 ㄱ~ㄹ에 들어갈 내용을 바르게 연결한 것은?

> • (ㄱ)는 평상시에 이루어지는 치안 및 대공활동, 국제정세를 포함한 안전대책작용을 말한다.
> • (ㄴ)는 행차보안이 사전에 노출되어 경호위해가 보다 높아진 상황하에서의 각종 행사에 대한 경호와 국왕 및 대통령 등 국가원수급이 참석하는 국빈 행사의 경호를 말한다.
> • (ㄷ)는 수상, 국무총리, 국회의장, 대법원장, 헌법재판소장 및 이와 대등한 지위에 있는 외국인사 등을 경호대상으로 하는 경호를 말한다.
> • (ㄹ)는 일정한 규칙적인 방식에 의하지 아니하고 실시하는 경호로, 출·퇴근 시에 일상적으로 실시하는 경호가 이에 해당된다.

	ㄱ	ㄴ	ㄷ	ㄹ
①	직접경호	2(B)급 경호	乙(B)호 경호	비공식경호
②	직접경호	1(A)급 경호	甲(A)호 경호	약식경호
③	간접경호	1(A)급 경호	乙(B)호 경호	약식경호
④	간접경호	2(B)급 경호	甲(A)호 경호	비공식경호

63 CHECK ○△×

다음은 우발상황 조치에 관한 내용이다. (　　)의 ㄱ~ㄹ에 들어갈 내용을 순서대로 옳게 나열한 것은?

> (ㄱ)란 우발상황이 발생하였을 경우 경호대상자를 위험으로부터 보호하기 위한 일련의 순간적인 경호조치를 말하며, (ㄱ)의 결과에 따라 경호대상자를 살릴 수도 있고 죽일 수도 있다. 우발상황이 발생하면 최초에 정확하게 대응해야 한다는 데 핵심이 있다. 위험한 것을 (ㄴ) 것으로 판단하면 자칫 (ㄷ)를 잃을 수도 있고, 위험하지 않은 것을 (ㄹ) 것으로 판단하면 행사장을 혼란에 빠뜨리거나 행사를 망칠 수도 있다.

	ㄱ	ㄴ	ㄷ	ㄹ
①	즉각조치	위험한	행사 참석자	위험하지 않은
②	통제조치	위험하지 않은	경호대상자	위험한
③	즉각조치	위험하지 않은	경호대상자	위험한
④	통제조치	위험한	행사참석자	위험하지 않은

64 출입자 통제에 관한 설명으로 옳지 않은 것은 모두 몇 개인가?

CHECK ○△×

ㄱ. 행사장의 허가되지 않은 출입요소를 발견하여 통제·관리하는 사전예방차원의 경호방법이다.
ㄴ. 행사와 무관한 사람들의 행사장 출입을 통제하고, 그 효과를 극대화하기 위해서 다양한 통로를 통해 출입자를 확인한다.
ㄷ. 금속탐지기 검색을 통하여 위해요소의 침투를 차단하고, 비표를 운용하여 인가자의 출입을 통제한다.
ㄹ. 출입통로 선정 및 일괄입장계획을 수립하여 통제가 용이하도록 한다.
ㅁ. 지연참석자에 대해서는 검색 후 출입을 허용하지 않는다.

① 1개 ② 2개
③ 3개 ④ 4개

65 각국의 경호 유관기관에 관한 설명으로 옳지 않은 것은?

CHECK ○△×

① 미국 중앙정보국(CIA) : 국제 테러조직, 적성국 동향에 대한 첩보 수집, 분석 전파, 외국 국빈방문에 따른 국내 각급 정보기관 조정을 통한 경호정보 제공
② 영국 보안국(SS) : 외무성 소속으로 MI6으로 불리기도 하며, 국외경호 관련 정보의 수집·분석·처리업무 담당
③ 독일 국방보안국(MAD) : 국방성 산하 정보기관으로 군 관련 첩보 및 경호 관련 첩보 제공 임무 수행
④ 프랑스 해외안전총국(DGSE) : 국방성 소속으로 해외정보 수집 및 분석 업무 수행

66 보안업무규정상 보호지역에 관한 설명으로 옳은 것을 모두 고른 것은?

CHECK ○△×

ㄱ. 보호지역은 제한지역, 제한구역, 통제지역, 통제구역으로 구분할 수 있다.
ㄴ. 제한구역은 비밀 또는 국·공유재산의 보호를 위하여 울타리 또는 방호·경비인력에 의하여 승인을 받지 않은 사람의 접근이나 출입에 대한 감시가 필요한 지역을 말한다.
ㄷ. 제한지역은 비인가자가 비밀, 주요시설 및 Ⅲ급 비밀 소통용 암호자재에 접근하는 것을 방지하기 위하여 안내를 받아 출입하여야 하는 지역을 말한다.
ㄹ. 통제구역은 보안상 매우 중요한 구역으로서 비인가자의 출입이 금지되는 구역을 말한다.

① ㄹ
② ㄱ, ㄹ
③ ㄴ, ㄷ
④ ㄴ, ㄷ, ㄹ

67 사주경계에 관한 설명으로 옳은 것은 모두 몇 개인가?

CHECK ○△×

• 행사장이나 주변의 모든 시설물과 물체가 경계대상이다.
• 위해기도자가 은폐하기 좋은 장소나 공격하기 용이한 장소가 경계대상이다.
• 경호대상자 주변의 모든 인원 중 행사상황에 어울리지 않는 행동을 하는 사람들이 중점 감시대상이다.
• 경호행사 시 영향을 미칠 수 있는 간접적 위해요인도 경계대상이다.

① 1개
② 2개
③ 3개
④ 4개

68 경호원의 응급처치 사항으로 옳지 않은 것은?

CHECK ○△×

① 가슴 및 복부 손상 시 지혈을 하고 음료를 마시지 않게 한다.
② 두부 손상의 응급조치는 기도를 확보하여 산소를 공급한 후 뇌손상으로 인해 체온이 떨어지기 때문에 보온을 유지한다.
③ 심한 출혈 시 지혈방법은 직접 압박, 지압점 압박, 지혈대 사용 등의 방법이 있다.
④ 심한 출혈 시 출혈 부위를 심장보다 높게 하여 안정한 상태를 유지한다.

69 CHECK ○△×

민간경비원별 휴대 가능한 무기(장비)의 연결이 옳지 않은 것은?

① 호송경비원 – 권총, 경적, 단봉, 분사기
② 특수경비원 – 권총, 소총, 경적, 단봉, 분사기
③ 기계경비원 – 경적, 단봉, 출동차량, 분사기
④ 시설경비원 – 경적, 단봉, 분사기

70 CHECK ○△×

국민보호와 공공안전을 위한 테러방지법령상 테러위험인물에 대하여 출입국 · 금융거래 및 통신이용 등 관련 정보를 수집할 수 있는 자는?

① 대통령경호처장
② 국가정보원장
③ 대테러센터장
④ 법무부장관

71 CHECK ○△×

다음에서 설명하고 있는 사이버테러 기법은?

공격대상이 되는 서버에 과도한 트래픽을 유발시키거나 정상적이지 못한 접속 등을 시도하여 해당 서버의 네트워크를 독점하거나 시스템 리소스의 낭비를 유발시켜 서버가 정상적으로 작동하지 못하게 만드는 기법

① 논리폭탄
② 서비스 거부
③ 트로이 목마
④ 트랩도어

72 CHECK ○△✕

다음은 의전의 원칙에 관한 일부 내용이다. ( ) 안에 공통적으로 들어갈 원칙은 무엇인가?

> ( )는(은) 상호 배려의 다른 측면이기도 하다. 하지만 의전의 ( )가(이) 항상 등가로 작용되는 것은 아니며 엄격히 적용되기 어려운 측면도 많다. ( )에 대한 지나친 집착은 오히려 족쇄로 작용할 수 있다.
>
> 〈출처〉 행정안전부, 2024 "정부의전편람"

① 상대에 대한 존중(Respect)과 배려(Consideration)
② 상호주의(Reciprocity)
③ 문화의 반영(Reflecting Culture)
④ 오른쪽(Right)이 상석

73 CHECK ○△✕

경호행사 시 쇼크환자의 일반적인 증상이 아닌 것은?

① 호흡이 얕고 빨라진다.
② 맥박이 강하고 때로는 늦어진다.
③ 메스꺼움이나 구토를 호소한다.
④ 지속적으로 혈압 하강이 나타난다.

74 CHECK ○△✕

즉각조치에 관한 설명으로 옳지 않은 것은?

① 경고 : 공격받고 있다는 상황을 알려주고 대응행동을 하라는 신호이며, 일반인들에게는 위험상황을 알려주는 것이다.
② 방호 : 자신의 몸으로 방호벽을 형성하여 경호대상자를 엄폐시키는 행동에 우선순위를 두어야 한다.
③ 대피 : 방호와 동시에 위험지역을 이탈하기 위해 방호대형을 형성하여 공격 방향으로 신속히 이동하여야 한다.
④ 대적 : 경호대상자를 등지고 위험발생지역으로 향한 후 몸을 최대한 확장하여 방호범위를 확대한다.

75 CHECK ○△×

대통령 등의 경호에 관한 법령상 대통령경호처 직원의 임용에 관한 내용으로 옳지 않은 것은?

① 공개경쟁채용시험은 필기시험 · 면접시험 · 신체검사 및 체력검정으로 실시한다.
② 별정직 · 일반직공무원에 대하여는 신규채용의 경우를 제외하고는 시험을 과하지 아니한다.
③ 경호공무원의 공개경쟁채용시험의 대상이 되는 계급은 5급 · 7급 및 9급으로 하고, 일반직공무원의 공개경쟁채용시험의 대상이 되는 계급은 7급 · 9급으로 한다.
④ 경력경쟁채용시험등은 필기시험 · 면접시험 및 신체검사로 실시하며, 서류전형 · 실기시험 · 체력검정 · 지능검사 · 인성검사 및 적성검사의 전부 또는 일부를 병행하여 실시할 수 있다.

76 CHECK ○△×

국민보호와 공공안전을 위한 테러방지법상 목적에 관한 내용이다. (　　) 안의 ㄱ~ㄷ에 들어갈 용어로 옳은 것은?

> 테러의 (ㄱ) 및 (ㄴ) 활동 등에 관하여 필요한 사항과 테러로 인한 (ㄷ) 등을 규정함으로써 테러로부터 국민의 생명과 재산을 보호하고 국가 및 공공의 안전을 확보하는 것을 목적으로 한다.

① ㄱ : 예방, ㄴ : 대비, ㄷ : 피해보전
② ㄱ : 대비, ㄴ : 대응, ㄷ : 피해보상
③ ㄱ : 예방, ㄴ : 대응, ㄷ : 피해보전
④ ㄱ : 대응, ㄴ : 수습, ㄷ : 피해보상

77 CHECK ○△×

다음 중 대통령경호처와 그 소속기관 직제상 대통령경호처장의 관장사무를 지원하기 위하여 대통령경호처장 소속으로 두는 경호안전교육원의 사무에 해당하지 않는 것을 모두 고른 것은?

> ㄱ. 경호안전관리 관련 학술연구 및 장비개발
> ㄴ. 대통령경호처 직원에 대한 교육 및 국가 경호안전 관련 분야에 종사하는 공무원에 대한 수탁교육
> ㄷ. 경호안전 관련 단체에 종사하는 사람에 대한 수탁교육
> ㄹ. 대통령 경호에 필요한 안전대책과 관련된 업무의 협의
> ㅁ. 대통령 경호와 관련된 첩보 · 정보의 교환 및 분석

① ㄱ, ㄴ
② ㄴ, ㄷ
③ ㄷ, ㄹ
④ ㄹ, ㅁ

78 안전검측활동에 관한 설명으로 옳지 않은 것은?

CHECK ○△×

① 비공식행사에서도 비노출 검측활동을 실시할 수 있다.
② 가용 인원의 최대 범위에서 중복되게 점검이 이루어져야 한다.
③ 전기제품은 분해하지 않고 검측하고, 비금속물체는 장비를 활용하여 금속반응을 확인한다.
④ 방(room)에서의 안전검측활동은 바닥 → 눈높이 → 천장높이 → 천장 내부 순으로 한다.

79 다음 중 국민보호와 공공안전을 위한 테러방지법령상 용어의 정의에 관한 설명으로 옳지 않은 것을 모두 고른 것은?

CHECK ○△×

ㄱ. "테러단체"란 국제연합(UN)이 지정한 테러단체를 말한다.
ㄴ. "테러위험인물"이란 테러를 실행・계획・준비하거나 테러에 참가할 목적으로 국적국이 아닌 국가의 테러단체에 가입하거나 가입하기 위하여 이동 또는 이동을 시도하는 내국인・외국인을 말한다.
ㄷ. "외국인테러전투원"이란 테러단체의 조직원이거나 테러단체 선전, 테러자금 모금・기부, 그 밖에 테러 예비・음모・선전・선동을 하였거나 하였다고 의심할 상당한 이유가 있는 사람을 말한다.
ㄹ. "대테러활동"이란 테러 관련 정보의 수집, 테러위험인물의 관리, 테러에 이용될 수 있는 위험물질 등 테러수단의 안전관리, 인원・시설・장비의 보호, 국제행사의 안전확보, 테러위협에의 대응 및 무력진압 등 테러 예방과 대응에 관한 제반 활동을 말한다.
ㅁ. "대테러조사"란 대테러활동에 필요한 정보나 자료를 수집하기 위하여 현장조사・문서열람・시료채취 등을 하거나 조사대상자에게 자료제출 및 진술을 요구하는 활동을 말한다.

① ㄱ, ㄴ
② ㄴ, ㄷ
③ ㄷ, ㄹ
④ ㄹ, ㅁ

80 우발상황에 관한 설명으로 옳지 않은 것은?

CHECK ○△×

① 우발상황이란 우연히 또는 계획적으로 발생하여 경호행사를 방해하는 사태이다.
② 우발상황 발생 시 경호원은 경호대상자를 신속하게 안전지대로 대피시키기 위해 경호대상자에게 신체적 무리가 있더라도 과감하게 행동하여야 한다.
③ 대적 시에는 경고와 동시에 위해기도자와 가장 가까이에 있는 경호원이 과감히 몸을 던져 공격선을 차단한다.
④ 수류탄 또는 폭발물과 같은 폭발성 화기에 의해 공격받았을 때 사용되는 방호 대형은 강화된 사각 대형이다.

제9회 심화 모의고사

각 문항별로 난이도를 체크해 보세요. ○△×

Time 분 | 해설편 374p

중요문제 / 틀린 문제 CHECK

41	42	43	44	45	46	47	48	49	50	51	52	53	54	55	56	57	58	59	60
61	62	63	64	65	66	67	68	69	70	71	72	73	74	75	76	77	78	79	80

41 제시문에 나타나는 경호의 분류에 관한 설명으로 옳지 않은 것은?

CHECK ○△×

> 미국 대통령이 방한 행사 중 사전에 계획된 국립현충원 행사를 마치고 예정에 없던 한강공원을 방문하였다.

① 경호대상이 외국의 원수이므로 甲(A)호 경호에 해당한다.
② 경호수준에 따른 분류에 의하면 1(A)급 경호에 해당한다.
③ 사전에 계획된 국립현충원 행사이므로 공식경호(1호 · A호)에 해당한다.
④ 예정에 없던 한강공원 방문은 약식경호(3호 · C호)에 해당한다.

42 CHECK ○△✕

다음 중 근접경호대형과 그에 관한 내용의 연결이 옳지 않은 것은?

[근접경호대형]

ㄱ. 다이아몬드(마름모) 대형
ㄴ. 쐐기형 대형
ㄷ. 사다리형 대형
ㄹ. 역삼각형 대형

[내 용]

a. 무장한 위해자와 직면했을 때 적당한 대형으로, 전방에 1인을 두고, 그 외의 경호원은 경호대상자의 측방이나 후방에 위치하는 대형이다.
b. 외부로부터 위협이 없다고 판단되며, 안전이 확보된 행사장 입장 시와 대외적인 이미지를 중시하는 경호대상자에게 적합한 대형이다.
c. 진행 방향의 전방에 오솔길, 곡각지, 통로 등과 같은 지리적 취약점이 있는 경우 유용한 대형이다.
d. 혼잡한 복도, 군중이 밀집해 있는 통로 등에서 적합한 대형이다.
e. 경호대상자가 완전히 경호원에 의해 둘러싸여 있는 인상을 주게 되어 대외적인 이미지는 안 좋을 수 있으나 경호효과가 높은 대형이다.
f. 경호대상자의 진행 방향을 중심으로 양쪽에 군중이 운집해 있는 도로의 중앙을 이동할 때 적합한 대형이다.

① ㄱ - d
② ㄴ - b
③ ㄷ - f
④ ㄹ - c

43 CHECK ○△✕

경호의 개념에 관한 설명으로 옳지 않은 것은 모두 몇 개인가?

- 경호의 개념을 본질적·이론적인 입장에서 이해한 것은 실질적 의미의 경호개념이다.
- 경호기관을 기준으로 하여 정립한 개념은 형식적 의미의 경호개념이다.
- 경호대상자의 신변안전을 위하여 사용 가능한 모든 수단과 방법을 동원하는 것은 실질적 의미의 경호개념에 해당한다.
- 대통령 등의 경호에 관한 법률에서의 경호는 호위와 경비를 구분하여 새로운 경호개념으로 정의하고 있다.
- 경호대상자의 생명과 재산을 보호하기 위하여 신체에 가하여지는 위해를 방지하거나 제거하고, 특정 지역을 경계·순찰 및 방비하는 등의 모든 안전활동을 말한다.

① 없음 ② 1개
③ 2개 ④ 3개

44 경호조직의 특성에 관한 설명으로 옳지 않은 것은?

CHECK ○△×

① 테러행위의 수법이 지능화 · 고도화됨으로써 경호조직에 있어서도 기능의 전문화 내지 분화현상이 광범위하게 나타나고 있으므로, 경호조직의 권위도 권력의 힘에 의존하는 데서 탈피하여 경호의 전문성에서 찾아야 한다.
② 암살 및 테러의 고도화에 따라 경호장비의 과학화와 이를 지원하기 위한 행정업무의 자동화 · 컴퓨터화 등 기동성이 요구된다.
③ 과거에 경호조직은 폐쇄성을 특징으로 했지만, 오늘날 현대적인 경호조직은 인터넷과 정보기술의 발달, 국민들의 알권리 충족 등을 위해서 개방성을 가진 조직으로 변화하고 있다.
④ 경호조직은 과거에 비해서 그 기구와 인원 측면에서 점차 대규모화 · 다변화되고 있다.

45 다음에서 설명하는 정보순환과정의 단계는?

CHECK ○△×

> • 수집된 첩보를 기록 · 평가 · 조사 · 분석 · 결론 도출과정을 통해 정보로 전환하여 처리하는 단계
> • 첩보를 정보로 바꾸는 단계

① 정보요구단계
② 첩보수집단계
③ 정보생산단계
④ 정보배포단계

46 CHECK ○△×

다음 중 경호의 행동원칙과 그에 관한 내용의 연결이 옳지 않은 것은?

> **[경호의 행동원칙]**
>
> ㄱ. 두뇌경호의 원칙
> ㄴ. 방어경호의 원칙
> ㄷ. 하나의 통제된 지점을 통한 접근의 원칙
> ㄹ. 자기희생의 원칙
>
> **[내 용]**
>
> a. 경호대상자는 어떠한 상황하에서도 절대적으로 보호되어야 한다.
> b. 경호임무 수행 중 긴급하고 위험한 상황이 발생하였을 때에는 고도의 예리하고 순간적인 판단력이 중요시된다.
> c. 경호란 공격자의 위해요소를 방어하는 행위이지 공격하는 것이 아니다.
> d. 경호대상자에게 접근할 수 있는 출입구나 통로는 하나만 필요하고, 담당경호원의 허가 절차가 요구된다.
> e. 경호대상자가 위치한 지역에서 가장 근거리부터 엄중한 경호를 취하는 순서로 근접경호, 중간경호, 외곽경호로 나누고 그에 따른 요원의 배치와 임무가 부여된다.
> f. 경호원이 배치된 자기담당구역 내에서 일어나는 사태에 대해서는 자신만이 책임을 지고 해결해야 한다.

① ㄱ － e
② ㄴ － c
③ ㄷ － d
④ ㄹ － a

제1회 제2회 제3회 제4회 제5회 제6회 제7회 제8회 제9회 제10회

47 CHECK ○△×

경호조직의 구성원칙에 관한 설명으로 옳지 않은 것은?

① 경호협력성의 원칙은 완벽한 경호를 위해서는 국민의 절대적인 협력이 필요하다는 것을 의미한다.
② 경호지휘단일성의 원칙은 지휘 및 통제의 이원화로 인해 파생되는 문제들을 보완하기 위해 명령과 지휘체계는 반드시 하나의 계통으로 구성해야 한다는 것을 의미한다.
③ 경호체계통일성의 원칙은 하급경호요원은 하나의 상급기관에 대해서만 책임을 진다는 것을 의미한다.
④ 경호기관단위작용의 원칙은 기관단위의 관리와 임무의 수행을 위한 결정은 지휘자만이 할 수 있고, 경호의 성패에 대한 책임은 지휘자만이 진다는 것을 의미한다.

48 우발상황에 관한 설명으로 옳지 않은 것은?

CHECK ○△×

① 사전예측이 불가능하므로 즉각조치가 어렵다.
② 즉각조치의 과정은 경고 - 대피 - 방호의 순서로 전개된다.
③ 자기보호본능으로 위해가해자에 대한 대적과 제압이 제한적이다.
④ 극도의 혼란과 무질서가 발생하여 경호대상자의 신변에 중대한 결과를 초래할 수 있다.

49 국가 - 경호기관 - 경호대상자의 연결이 옳지 않은 것은?

CHECK ○△×

① 대한민국 - 대통령경호처 - 대통령과 국무총리 및 그 가족
② 미국 - 비밀경호국 - 대통령과 부통령 및 그 가족
③ 영국 - 런던수도경찰청 소속 요인경호본부 - (여)왕과 수상
④ 독일 - 연방범죄수사국(청)(BKA) 내 경호안전과 - 대통령과 수상

50 대한민국의 경호 관련 법제도에 관한 설명으로 옳지 않은 것은?

CHECK ○△×

① 대통령경호처에 기획관리실·경호본부·경비안전본부 및 지원본부를 둔다.
② 대통령경호안전대책활동에 관하여는 대통령경호안전대책위원 구성원 전원과 그 구성원이 속하는 기관의 장이 공동으로 책임을 진다.
③ 전직대통령이 금고 이상의 형이 확정된 경우에도 '필요한 기간의 경호 및 경비(警備)'의 예우를 할 수 있다.
④ 대통령경호안전대책위원회는 위원장과 부위원장 각 1명을 포함한 12명 이내의 위원으로 구성한다.

51 대통령 등의 경호에 관한 법령상 비밀엄수 규정의 적용을 받지 않는 사람은?

CHECK ○△×

① 대통령의 경호업무에 동원된 종로경찰서 소속 경찰관
② 대통령경호처에 파견근무 중인 서울특별시경찰청 소속 경찰관
③ 대통령경호처에서 퇴직 후 5년이 지난 전직(前職) 경호공무원
④ 대통령경호처 파견근무 후 원 소속으로 복귀한 국가정보원 직원

52 CHECK ○△×

다음 중 「대통령경호안전대책위원회규정」상 대통령경호안전대책위원회 위원과 「국가테러대책위원회 및 테러대책실무위원회 운영규정」상 테러대책실무위원회의 위원에 공통으로 해당하는 자를 모두 고른 것은?

ㄱ. 경찰청 경비국장
ㄴ. 해양경찰청 경비국장
ㄷ. 소방청 119구조구급국장
ㄹ. 대검찰청 공공수사정책관
ㅁ. 국토교통부 항공안전정책관

① ㄱ, ㄴ, ㄷ
② ㄱ, ㄷ, ㅁ
③ ㄴ, ㄷ, ㄹ
④ ㄴ, ㄹ, ㅁ

53 CHECK ○△×

경호활동을 '예방 – 대비 – 대응 – 평가'의 4단계로 분류할 경우, 대비단계의 세부활동에 해당하는 것은?

① 행사장 안전확보, 취약요소 판단 및 조치, 검측활동 및 통제대책 강구
② 관계부서와의 협조, 경호계획서의 작성, 경호계획 브리핑
③ 경고, 대적 및 방호, 대피
④ 새로운 교육프로그램 준비, 교육훈련 실시, 교육훈련의 평가

54 CHECK ○△×

선발경호의 특성에 관한 설명으로 옳지 않은 것은?

① 경호임무에 동원된 모든 부서는 각자의 기능을 발휘하면서 서로 다른 각각의 지휘체계 아래 상호보완적 임무를 수행해야 한다.
② 예방경호는 위해요소를 발견, 제거, 거부함으로써 경호행사의 안전을 확보하는 것이다.
③ 선발경호는 3중 경호의 원리에 입각해서 행사장을 구역별로 구분, 특성에 맞는 경호조치를 강구한다.
④ 선발경호 특성 중 예비성이란 현지 지형과 상황에 맞는 대응계획과 대피계획을 수립·대비함을 말한다.

55 CHECK ○△×

다음은 경호작용의 기본적인 고려요소에 관한 내용이다. 기본적인 고려요소와 그 내용이 바르게 연결된 것은?

〈기본적인 고려요소〉

ㄱ. 계획수립　　　　ㄴ. 책임분배

ㄷ. 자원동원　　　　ㄹ. 보안유지

〈내 용〉

a. 경호 목적 달성에 부합되도록 경호임무를 명확하게 부여하여야 한다.

b. 경호환경을 극복하기 위한 예비 및 우발계획이 준비되어야 한다.

c. 경호대상자의 대중 앞에서의 노출이나 제반 여건에 의해서 필연적으로 노출을 수반하는 행차의 지속시간과 사전 위해첩보 수집 간 획득된 내재적인 위협분석에 따라 소요되는 자원이 결정된다.

d. 경호대상자, 수행원, 행사 세부일정, 적용되고 있는 경호경비상황 등의 보안은 인가된 자 이외의 사람에 유출하거나 언급해서는 안 된다.

① ㄱ - b　　② ㄴ - c

③ ㄷ - d　　④ ㄹ - a

56 CHECK ○△×

다음은 예방경호작용 수행단계 중 어떤 단계에 관한 설명인가?

위해 가능성이 있다고 판단된 위해요소를 추적하고 사실 여부를 확인하는 단계로, 과학적이고 신중한 행동이 요구되는 단계

① 예견(예측)단계

② 인식(인지)단계

③ 조사(분석)단계

④ 무력화(억제)단계

57 CHECK ○△×

경호활동의 기본 고려요소에 관한 설명으로 옳은 것은?

① 경호와 관련된 정보를 행사관계자 모두에게 공개함으로써 성공적인 경호임무를 완수할 수 있다.

② 경호에 동원되는 자원은 경호대상자가 참석하는 행사 지속시간, 위협분석(threat analysis)의 결과에 따라 결정된다.

③ 경호업무는 사전에 신중하게 계획되어야 하며, 수립된 계획은 변경하지 않아야 한다.

④ 둘 이상의 경호대상자가 동일한 행사에 참석하게 되면 서열에 따른 경호 우선순위는 무시된다.

58 사전예방경호작용에서 경호안전작용의 기본 내용에 해당하지 않는 것은?

CHECK ○△×

① 경호보안작용　② 경호평가작용
③ 안전대책작용　④ 경호정보작용

59 경호활동의 기본원칙으로 옳지 않은 것은?

CHECK ○△×

① 경호대상자가 참석할 장소와 지역에 대한 정보를 분석하여 위험요인을 사전에 제거한다.
② 경호대상자의 이동시간, 이동경로, 이용차량 등에 변화를 주어 위해기도자가 다음 행동을 예측할 수 없도록 한다.
③ 경호대상자를 제외한 모든 사람이 검색대상이며 모든 인적·물적·지리적 위해요소에 대해 경호조치가 이루어져야 한다.
④ 일반인의 불편을 최소화하면서 경호대상자와 국민의 접촉을 차단하여 완벽한 임무를 수행한다.

60 경호원의 활동수칙에 관한 설명으로 옳지 않은 것은?

CHECK ○△×

① 위해기도자의 입장에서 경호상 취약성을 분석하여 사전에 차단할 수 있는 예방경호에 총력을 기울여야 한다.
② 경호대상자를 안전하게 보호해야 하며, 위해기도자와 타협적인 행동을 하지 말아야 한다.
③ 가능하면 경호대상자의 사생활을 침해하지 않도록 하는 것이 좋다.
④ 경호원은 친절한 경호서비스를 제공해야 하며, 권위주의적인 자세를 견지해야 한다.

61 경호행사에서 주행사장 내부 담당자의 임무로 옳은 것은?

CHECK ○△×

① 안전구역 내 단일 출입로 설정
② 접견 예상에 따른 대책 및 참석자 안내계획 수립
③ 지하대피시설 점검·확보
④ 경비 및 경계구역 내에 대한 안전조치 강화

62 근접경호의 특성으로 옳지 않은 것은?

CHECK ○△×

① 기동수단·도보대형이 노출되고, 매스컴에 의해 행사일정 등이 알려진다.
② 근접경호원은 대적보다는 경호대상자의 안전한 방호 및 대피에 중점을 둔다.
③ 경호대상자를 따라 이동하거나 변화하는 경호상황에 능동적으로 대처해야 한다.
④ 근접경호원의 신체로 방벽을 형성하여 경호대상자의 시야를 제한하고 공격선을 차단한다.

63 다음 중 근접경호를 맡고 있는 경호원 중에서 대응이 적절하지 않은 사람을 모두 고른 것은?

CHECK ○△×

- A 경호원은 우발상황을 인지한 후 간단명료하고 신속하게 경고하였다.
- B 경호원은 경고를 들은 후 체위를 확장하여 경호대상자에 대한 방벽효과를 극대화하였다.
- C 경호원은 총으로 공격하는 위해가해자의 총구 방향을 고려하여 가능한 한 경호대상자로부터 멀리 유지하도록 하면서 신속히 제압하였다.
- D 경호원은 수류탄과 같은 폭발성 화기에 의한 공격 시에 주변 경호원들과 함께 원형 대형을 형성하였다.
- E 경호원은 경호대상자의 방호보다는 위해기도자의 제압을 우선으로 하였다.

① A, B
② B, C
③ C, D
④ D, E

64 근접경호에서 사주경계에 관한 설명으로 옳지 않은 것은?

CHECK ○△×

① 시각, 청각 등 오감과 육감을 활용한다.
② 위험 감지에 대한 단계와 구조를 이해해야 한다.
③ 인적 경계대상은 위해 가능한 인원으로 제한하며 사회적 권위와 지위를 고려한다.
④ 경호대상자를 중심으로 360도 전 방향을 감시해야 한다.

65 경호기법 중 기만경호에 관한 설명으로 옳지 않은 것은?

CHECK ○△×

① 위해기도자로부터 공격행위를 포기하게 하거나 실패하도록 유도하는 비계획적이고 변칙적인 경호기법이다.

② 위해기도자에게 실제 상황을 은폐하고 허위 상황을 제공하여 경호의 효과성을 높인다.

③ 경호대상자와 용모가 닮은 사람을 경호요원이나 수행요원으로 선발하여 배치한다.

④ 경호대상자가 차량을 수시로 바꾸어 타면 위해기도자를 혼란시킬 수 있다.

66 근접경호에서 경호대상자가 엘리베이터에 탑승할 경우의 경호기법에 관한 설명으로 옳지 않은 것은?

CHECK ○△×

① 가능한 한 별도의 전용 엘리베이터를 이용한다.

② 경호대상자를 먼저 신속히 탑승시킨 후 경호원은 내부 안쪽에 방호벽을 형성하고 경호대상자를 엘리베이터 문 가까이 위치하도록 하여야 한다.

③ 전용 엘리베이터는 이동층 표시등, 문의 작동속도, 작동상 이상 유무를 점검해 두어야 한다.

④ 엘리베이터를 타고 내리는 지점과 경비구역을 사전에 철저히 점검해야 한다.

67 차량경호에 관한 설명으로 옳은 것은?

CHECK ○△×

① 경호차량의 효과적인 은폐, 엄폐환경을 제공하기 용이하도록 주차나 정차해 있는 차량 가까이에 정지한다.

② 차량이 하차지점에 도착하면 경호책임자는 가장 먼저 하차하여 주변 안전을 확인한 후 경호대상자가 하차하도록 해야 한다.

③ 차선 변경 시 경호대상차가 먼저 차선을 바꾸어 차로를 확보한 이후에 후미경호차가 진입한다.

④ 후미경호차는 차량대형을 리드하여 계획된 시간에 목적지에 도착할 수 있도록 속도를 조절하고, 기동 간 전방 상황에 대처한다.

68 출입자 통제대책에 관한 설명으로 옳지 않은 것은?

CHECK ○△×

① 경호구역을 설정하여 행사와 무관한 사람의 출입을 차단한다.
② 비표를 운용하여 모든 출입요소의 인가 여부를 확인한다.
③ 금속탐지기를 운용하여 위해요소의 반입을 차단한다.
④ 비표는 식별이 용이하도록 선명하여야 하고, 구역의 구분 없이 동일하게 제작・운용한다.

69 선발경호 시 다음의 업무를 수행하는 담당은?

CHECK ○△×

안전구역 확보계획 검토, 건물의 안전성 여부 확인, 상황별 비상대피로 구상, 행사장 취약시설물 파악, 비상 및 일반예비대 운용방법 확인, 최기병원(적정병원) 확인, 직시건물(고지)・공중 감시대책 검토 등

① 작전 담당
② 안전대책 담당
③ 출입통제 담당
④ 주행사장 외부 담당

70 안전검측활동의 요령에 관한 설명으로 옳지 않은 것은?

CHECK ○△×

① 검측은 책임구역을 명확하게 구분하여 계속적으로 반복 실시한다.
② 인간의 싫어하는 습성을 감안하여 사각지점이 없도록 철저한 검측을 실시한다.
③ 통로에서는 양 측면을 중점 검측하고, 높은 곳보다 아래를 중점적으로 실시한다.
④ 확인이 불가능한 물품은 원거리에 격리시킨다.

71 선발경호원의 기본임무에 관한 설명으로 옳지 않은 것은?

CHECK ○△×

① 행사장의 보안상태 조사를 위해 내외부의 경호 여건을 점검한다.
② 책임구역에 따라 사주경계를 실시하고 우발상황 발생 시 인적 방벽을 형성하여 경호대상자를 보호한다.
③ 경계구역은 행사장 주변의 취약요소를 봉쇄, 감시할 수 있는 위치를 선정하고 기동순찰조를 운영한다.
④ 출입자 통제관리를 위하여 초청장발급, 출입증 착용 여부를 확인한다.

72 검식활동에 관한 설명으로 옳은 것은?

CHECK ○△×

① 검식활동의 시작은 식재료의 조리과정 단계부터이다.
② 경호대상자에게 제공되는 식음료의 안전을 점검하는 활동이다.
③ 경호대상자에게 식음료 운반 시 원거리 감시를 실시한다.
④ 안전대책작용으로 사전예방경호이면서 근접경호에 해당된다.

73 다음 중 경호장비와 그에 관한 내용의 연결이 옳지 않은 것은?

CHECK ○△×

[경호장비]
ㄱ. 호신장비
ㄴ. 기동장비
ㄷ. 검측장비
ㄹ. 통신장비

[내 용]
a. 경호대상자의 경호를 위하여 운용하는 이동수단을 말한다.
b. 자신의 생명과 신체가 위험한 상태에 놓였을 때 스스로 보호하는 데 사용하는 도구이다.
c. 인력부족으로 인한 경호 취약점을 보완하는 수단으로써 침입 또는 범죄행위를 사전에 알아내는 역할을 하는 장비로 쌍안경, 열선감지기 등이 있다.
d. 경호임무 수행에 있어 필요한 보고 또는 연락을 위한 장비로 차량용무전기, 휴대용무전기 등이 있다.

① ㄱ – b
② ㄴ – a
③ ㄷ – c
④ ㄹ – d

74 경호차량에 관한 설명으로 옳은 것은?

CHECK ○△×

① 경호대상자의 권위를 고려하여 최고급 차종의 차량을 선정한다.

② 경호차량은 외부의 시선을 집중시키는 차종이나 색상은 지양한다.

③ 선도경호차량 – VIP차량 – 후미경호차량으로 구성된 차량대형에서 선도경호차량은 기동 간 이동지휘소의 역할을 한다.

④ 기만효과를 달성하기 위해 경호대상자 차량과 다른 차종을 선택한다.

75 대한민국 정부수립 이후 경호기관에 관한 설명으로 옳은 것은 모두 몇 개인가?

CHECK ○△×

- 경무대경찰서는 신설 당시에는 종로경찰서 관할인 중앙청 및 경무대 구내가 관할구역이었으나, 1953년 3월 30일 경찰서 직제의 개정으로 그 관할구역을 경무대 구내로 제한하였다.
- 청와대 경찰관파견대는 1960년 3차 개헌을 통해 내각책임제에서 대통령 중심제로 정부형태가 변화되면서 종로경찰서 소속으로 대통령의 경호 및 대통령 관저의 경비를 담당하였다.
- 국가재건최고회의 의장경호대는 1961년 중앙정보부 경호대로 정식발족하여 국가원수, 최고회의의장 등의 신변보호 임무를 수행하였다.
- 1981년 대통령경호실법 개정으로 "대통령 당선 확정자의 가족의 호위"와 "전직대통령과 그 배우자 및 자녀의 호위"가 대통령경호실의 경호임무에 추가되었다.
- 2004년 대통령 탄핵안이 국회에서 가결됨에 따라 2005년 대통령경호실의 경호대상에 "대통령 권한대행과 그 배우자"가 추가되었다.

① 2개　　② 3개

③ 4개　　④ 5개

76 의전에 관한 내용으로 옳지 않은 것은?

CHECK ○△×

① 의전의 원칙상 행사 주최자의 경우 손님에게 상석인 오른쪽을 양보한다.
② 차량용 국기 게양 시 차량의 본네트 앞에 서서 차량을 정면으로 바라볼 때 본네트의 왼쪽이나 왼쪽 유리창문에 단다.
③ 국기의 게양 위치는 옥외 게양 시 단독주택의 경우 집 밖에서 보아 대문의 오른쪽에 게양한다.
④ 실내에서는 출입문 쪽을 아랫자리로 하고 그 정반대 쪽을 윗자리로 한다.

77 국민보호와 공공안전을 위한 테러방지법령상 다음 내용에 해당하지 않는 자는?

CHECK ○△×

> 테러가 발생하거나 발생할 우려가 현저한 경우(국외테러의 경우는 대한민국 국민에게 중대한 피해가 발생하거나 발생할 우려가 있어 긴급한 조치가 필요한 경우에 한한다)에는 테러사건대책본부를 설치·운영하여야 한다.

① 외교부장관
② 국토교통부장관
③ 국방부장관
④ 국가정보원장

78 탑승 예절에 관한 설명으로 옳지 않은 것은?

CHECK ○△×

① 승용차 탑승 시 운전기사가 있을 경우 좌석의 가장 상석은 조수석 뒷좌석, 다음이 운전석 뒷좌석, 마지막이 뒷좌석의 가운데이다.
② 기차 탑승 시 네 사람이 마주 앉을 경우 가장 상석은 진행 방향의 창가 좌석, 다음이 맞은편 좌석, 다음은 가장 상석의 옆좌석, 그리고 그 앞좌석이 말석이 된다.
③ 비행기 탑승 시 객석 창문 쪽이 상석이고, 통로 쪽이 차석, 상석과 차석의 사이가 하석이다.
④ 선박 탑승 시 일반 선박일 경우 상급자가 먼저 타고, 하선할 때는 나중에 내리며, 함정일 경우는 상급자가 나중에 타고 먼저 내린다.

79 다음 중 우리나라 경호의 환경요인에 관한 설명으로 옳지 않은 것은 모두 몇 개인가?

CHECK O△X

ㄱ. 해외에서 우리 국민을 대상으로 한 테러위협은 일반적 환경요인이다.
ㄴ. 제4차 산업의 발달에 따라 드론을 활용하여 북한이 남한을 위협하는 것은 특수적 환경요인이다.
ㄷ. 국민의식과 생활양식의 변화로 인한 이기주의 성향과 이에 따른 경호의 비협조적 경향은 특수적 환경요인이다.
ㄹ. 종교적 편견, 장애인, 노인 등 약자를 대상으로 하는 증오범죄의 등장은 특수적 환경요인이다.

① 없음
② 1개
③ 2개
④ 3개

80 다음 중 테러조직의 유형별 역할에 관한 내용으로 옳지 않은 것은 모두 몇 개인가?

CHECK O△X

ㄱ. 지도자 조직은 지휘부의 정책수립·계획·통제 및 집행 임무를 수행하고, 테러조직의 정치적 또는 전술적 두뇌를 제공한다.
ㄴ. 행동 조직은 공격현장에서 직접 테러행위를 실시하는 핵심요원으로서 실제적으로 테러행위에 있어 가장 중요한 요소이다.
ㄷ. 직접적 지원조직은 체포된 테러리스트 은닉, 법적 비호, 의료지원 제공 등의 임무를 수행한다.
ㄹ. 전문적 지원조직은 선전효과 증대, 자금획득, 조직의 확대에 기여함으로써 테러활동에 주요한 역할을 한다.
ㅁ. 수동적 지원조직은 테러집단의 생존기반 조직으로서 정치적 전위집단이나 후원자가 이에 포함된다.
ㅂ. 적극적 지원조직은 직접 테러행위를 실시하는 요원들을 위한 대피소·차고·공격용 차량 준비, 핵심요원의 훈련, 무기·탄약 지원, 테러대상에 대한 정보제공, 전술 및 작전지원 등의 임무를 수행한다.

① 없음
② 1개
③ 2개
④ 3개

제10회 심화 모의고사

각 문항별로 난이도를 체크해 보세요. ○△×

Time 분 | 해설편 395p

중요문제 / 틀린 문제 CHECK

41	42	43	44	45	46	47	48	49	50	51	52	53	54	55	56	57	58	59	60
61	62	63	64	65	66	67	68	69	70	71	72	73	74	75	76	77	78	79	80

41 CHECK ○△×

대통령 등의 경호에 관한 법률에 관한 설명으로 옳지 않은 것은?

① 대통령경호처장은 직무를 수행하기 위하여 필요하다고 인정할 때에는 소속공무원에게 무기를 휴대하게 할 수 있다.

② 대통령경호처장은 직무상 필요하다고 인정할 때에는 국가기관, 지방자치단체, 그 밖의 공공단체의 장에게 그 공무원 또는 직원의 파견이나 그 밖에 필요한 협조를 요청할 수 있다.

③ 대통령경호처 소속공무원의 적법한 직무집행으로 인하여 손실을 입은 자가 손실이 있음을 안 날부터 3년, 손실이 발생한 날부터 5년간 손실보상을 청구할 수 있는 권리를 행사하지 아니하면 시효의 완성으로 소멸한다.

④ 미리 대통령경호처장의 허가를 받지 않고 대통령경호처의 직무와 관련된 사항을 발간한 소속공무원은 5년 이하의 징역·금고 또는 1천만원 이하의 벌금에 처한다.

42 다음 중 경호 · 경비의 법적 근거에 관한 설명으로 옳지 않은 것은 모두 몇 개인가?

CHECK ○△×

ㄱ. 「대통령경호처와 그 소속기관 직제」는 대통령 등에 대한 경호를 효율적으로 수행하기 위하여 경호의 조직 · 직무범위와 그 밖에 필요한 사항을 규정함을 목적으로 한다.
ㄴ. 「경찰관직무집행법」은 국민의 자유와 권리 및 모든 개인이 가지는 불가침의 기본적 인권을 보호하고 사회공공의 질서를 유지하기 위한 경찰관(경찰공무원만 해당한다)의 직무 수행에 필요한 사항을 규정함을 목적으로 한다.
ㄷ. 「경비업법」은 경비업의 육성 및 발전과 그 체계적 관리에 관하여 필요한 사항을 정함으로써 경비업의 건전한 운영에 이바지함을 목적으로 한다.
ㄹ. 「청원경찰법」은 청원경찰의 직무 · 임용 · 배치 · 보수 · 사회보장 및 그 밖에 필요한 사항을 규정함으로써 청원경찰의 원활한 운영을 목적으로 한다.
ㅁ. 헌법에는 「전직대통령 예우에 관한 법률」의 근거규정이 존재하지 않는다.
ㅂ. 대통령경호안전대책위원회의 구성 및 운영에 관하여 필요한 사항은 「대통령경호안전대책위원회 규정」에서 명시하고 있다.

① 없음
② 1개
③ 2개
④ 3개

43 다음이 설명하는 경호조직의 원칙에 관한 설명으로 옳은 것은?

CHECK ○△×

- 지휘 및 통제의 이원화로 인해 파생되는 문제들을 보완하기 위해 명령과 지휘체계는 반드시 하나의 계통으로 구성해야 한다는 원칙이다.
- 지휘가 단일해야 한다고 하는 것은 경호기관(요원)은 한 사람의 지휘를 받아야 한다는 뜻이다.
- 경호업무가 긴급성을 요한다는 점에서도 요청된다.

① 지휘의 단일이란 "하나의 지휘자"라는 의미 외에 하급경호요원은 하나의 상급기관에 대해서만 책임을 진다는 의미가 포함된다.
② 경호의 업무는 성격상 개인적 작용으로 이루어지지 않고 기관단위의 작용으로 기관의 하명에 의해서 이루어진다.
③ 경호기관 구조의 정점으로부터 말단까지 상하계급 간에 일정한 관계가 성립되어 책임과 업무의 분담이 이루어지고, 명령(命令)과 복종(服從)의 지위와 역할의 체계가 통일되어야 한다.
④ 경호조직과 국민과의 협력을 의미하며 완벽한 경호를 위해서는 국민의 절대적인 협력이 필요하다는 원칙이다.

44 CHECK ○△×

다음 중 대통령 등의 경호에 관한 법령상 대통령경호처장이 첨단과학기술을 활용한 과학경호 발전방안을 수립 · 시행할 수 있는 업무에 해당하지 않는 것은 모두 몇 개인가?

ㄱ. 경호구역에서의 경호업무
ㄴ. 위험물 탐지 및 안전조치 등 위해 방지에 필요한 안전 활동 업무
ㄷ. 경호업무의 효율적 수행을 위해 대통령경호처장이 관계기관의 장과 협의하여 정한 업무
ㄹ. 대한민국에서 개최되는 다자간 정상회의에 참석하는 외국의 국가원수 또는 행정수반과 국제기구 대표의 신변(身邊)보호 및 행사장의 안전관리 등의 업무

① 없음
② 1개
③ 2개
④ 3개

45 CHECK ○△×

경호경비 관련법의 제정 순서대로 옳게 나열한 것은?

ㄱ. 청원경찰법
ㄴ. 국민보호와 공공안전을 위한 테러방지법
ㄷ. 경찰관직무집행법
ㄹ. 대통령 등의 경호에 관한 법률
ㅁ. 경비업법

① ㄱ – ㄴ – ㄹ – ㄷ – ㅁ
② ㄱ – ㄷ – ㅁ – ㄴ – ㄹ
③ ㄷ – ㄱ – ㄹ – ㅁ – ㄴ
④ ㄷ – ㄹ – ㄱ – ㅁ – ㄴ

46 CHECK ○△×

행사장 경호임무 중 위험감지를 위한 사주경계방법으로 옳은 것은 모두 몇 개인가?

• 행사 상황이나 분위기에 어울리지 않는 복장을 착용하거나 수상한 행동을 하는 사람을 중점 감시한다.
• 경호대상자에게 접근하는 사람의 거리, 위치, 복장, 손의 움직임을 유심히 관찰한다.
• 위험감지의 단계를 문제제기, 주위관찰, 위기의식, 대응조치 계획의 순서로 수립한다.
• 경호대상자로부터 가까운 곳에서 먼 곳 순으로 좌우 반복해서 경계를 실시한다.
• 시각의 한계를 두고 경계범위를 설정하되, 인접 경호원과 중복되지 않게 한다.
• 육감과 직접 보고 들은 것들을 종합해서 관찰한다,

① 1개
② 2개
③ 3개
④ 4개

47 CHECK ○△×

다음 중 경호의 행동원칙에 관한 설명으로 옳지 않은 것을 모두 고른 것은?

ㄱ. 3중 경호의 원칙 : 경호대상자가 위치한 집무실이나 행사장으로부터 내부, 내곽, 외곽으로 구분하여 경호 행동반경을 거리개념으로 설명한 것이다.
ㄴ. 자기담당구역 책임의 원칙 : 경호원이 배치된 자기담당구역 내에서 일어나는 사태에 대해서는 자신만이 책임을 지고 해결해야 한다.
ㄷ. 방어경호의 원칙 : 경호대상자는 어떠한 상황하에서도 절대적으로 보호되어야 한다.
ㄹ. 은밀경호의 원칙 : 경호대상자의 얼굴을 닮은 경호원 또는 비서관을 임명하여 경호위해자로부터 경호대상자를 은밀하게 보호하는 방법이다.
ㅁ. 하나의 통제된 지점을 통한 접근의 원칙 : 경호대상자에게 접근할 수 있는 출입구나 통로는 하나만 필요하다.

① ㄱ, ㄴ
② ㄴ, ㄷ
③ ㄷ, ㄹ
④ ㄹ, ㅁ

48 CHECK ○△×

다음 중 차량기동 간 사전준비 및 검토할 사항이 아닌 것을 모두 고른 것은?

ㄱ. 행차로와 환차로 등 주변 도로망 파악
ㄴ. 행사장 주변 감제건물의 취약성
ㄷ. 현지에서 합류되는 차량번호 숙지
ㄹ. 주도로 및 예비도로의 선정
ㅁ. 대피소 및 최기병원 선정 등 주변 구호시설의 파악
ㅂ. 행사장 사전예방경호 수준

① ㄴ, ㄷ
② ㄴ, ㅂ
③ ㄷ, ㄹ
④ ㄱ, ㅁ, ㅂ

49 CHECK ○△×

다음은 안전대책작용에 관한 내용이다. (　　) 안의 ㄱ~ㄷ에 들어갈 용어를 바르게 연결한 것은?

- (ㄱ) : 폭발물 등 각종 유해물을 탐지하여 제거하는 활동
- (ㄴ) : 경호대상자가 이용하는 물품과 시설 등의 안전상태를 확인하는 활동
- (ㄷ) : 안전점검 및 검사가 이루어진 상태를 유지하는 활동

	ㄱ	ㄴ	ㄷ
①	안전점검	안전검측	안전조치
②	안전점검	안전검사	안전유지
③	안전검사	안전점검	안전유지
④	안전조치	안전검사	안전검측

50 CHECK ○△×

다음 중 경호장비에 관한 설명으로 옳은 것은 모두 몇 개인가?

ㄱ. 검색장비는 위해물질의 존재 여부를 검사하거나 시설물의 안전점검에 사용되는 도구를 말한다.
ㄴ. 검측장비는 위해도구나 위해물질을 찾아내는 데 사용하는 장비를 말한다.
ㄷ. 검색장비와 검측장비는 일반적으로 검색장비로 통칭하며 탐지장비, 처리장비, 검측공구로 구분하여 사용한다.
ㄹ. 호신장비는 일반적으로 자신의 생명이나 신체가 위험상태에 놓였을 때 스스로를 보호하는 데 사용하는 장비를 말한다.
ㅁ. 기동장비는 경호대상자의 경호를 위하여 운용하는 차량 · 항공기 · 선박 · 열차 등의 이동수단을 말한다.
ㅂ. 감시장비는 위해기도자의 침입이나 범죄행위를 사전에 감시하기 위한 장비(전자파, 초음파, 적외선 등을 이용한 기계장비)를 말한다.

① 1개
② 2개
③ 3개
④ 4개

51 CHECK ○△×

다음은 대통령경호처에 두는 공무원의 정원에 관한 규정의 일부이다. (　　) 안의 ㄱ~ㄷ에 들어갈 숫자의 합은?

> 대통령경호처에 두는 공무원의 정원 중 1명[(ㄱ)급 1명]은 인사혁신처, 1명[(ㄴ)급 1명]은 과학기술정보통신부, 1명[(ㄷ)급 또는 연구사 1명]은 식품의약품안전처 소속 공무원으로 각각 충원해야 한다. 이 경우 처장은 충원 방법 및 절차 등에 관하여 해당 기관의 장과 미리 협의해야 한다.

① 15
② 16
③ 17
④ 18

52 CHECK ○△×

경호임무 수행절차에 관한 설명으로 옳지 않은 것은?

① 학습단계 - 경호임무 수행 전에 경호환경을 분석하고 평가하여 문제점 등을 보완하는 단계
② 예방단계 - 우호적인 경호환경을 조성하고 경호위협을 평가해 경호계획을 수립하는 단계
③ 대비단계 - 행사장의 취약요소에 대한 안전대책을 강구하는 단계
④ 대응단계 - 경호위기상황에 즉각적으로 대응하고 조치하는 즉각조치활동을 실시하는 단계

53 CHECK ○△×

경호계획 수립 시 유의해야 할 사항으로 옳지 않은 것은 모두 몇 개인가?

> ㄱ. 사전 현지답사는 가능한 도보로 하고 꼭 필요한 장소에 배치 예정될 병력을 표시한다.
> ㄴ. 예비병력을 확보하는 등 융통성 있는 계획을 수립한다.
> ㄷ. 안전검측을 실시하여 완벽한 계획이 되도록 하며, 계획에 있어서의 통일을 기한다.
> ㄹ. 책임구역과 책임자를 지정하고 계획서 도면에 책임의 한계를 명시한다.
> ㅁ. 해안지역 행차 시의 경호경비에 있어서는 육·해·공의 입체적인 경호경비가 이루어지도록 계획을 세운다.

① 없음　　② 1개
③ 2개　　④ 3개

54 예방경호작용 수행단계에 관한 설명으로 옳은 것을 모두 고른 것은?

CHECK ○△×

ㄱ. 예견단계 : 위해 가능성이 있다고 판단된 위해요소를 추적하고 사실 여부를 확인하는 단계로, 과학적이고 신중한 행동이 요구되는 단계
ㄴ. 인식단계 : 수집된 정·첩보 중에서 위해 가능성이 있는지를 확인하고 판단하는 과정으로서 정확하고 신속하며 종합적인 고도의 판단력을 필요로 하는 단계
ㄷ. 조사단계 : 신변보호대상자에게 영향을 줄 수 있는 각종 장애요소 또는 위해요소에 대하여 정·첩보를 수집하고 분석하는 단계
ㄹ. 무력화단계 : 예방경호작용의 마지막 단계로서, 이전 단계에서 확인된 실제 위해요소를 차단하거나 무력화하는 단계

① ㄱ
② ㄱ, ㄴ
③ ㄴ, ㄹ
④ ㄱ, ㄴ, ㄷ, ㄹ

55 다음 중 경호정보작용에 관한 설명으로 옳은 설명으로만 짝지어진 것은?

CHECK ○△×

ㄱ. 경호정보작용은 경호활동의 원천적 사전지식을 생산·제공하는 작용이다.
ㄴ. 경호정보작용의 3대 요건은 정확성, 적시성, 완전성이다.
ㄷ. 경호정보작용은 경호안전작용, 경호보안작용, 안전대책작용으로 나눌 수 있다.
ㄹ. 경호정보작용에서는 경호와 관련된 기본적 정보, 기획정보, 분석정보, 판단정보, 예고정보 등을 작성하고 경호지휘소로 집결하여 전파한다.
ㅁ. 경호정보작용은 경호 관련 인원, 문서, 시설, 지역, 자재, 통신 등에 대하여 불순분자로부터 완벽한 보호대책을 수립하여 지속적으로 보안을 유지해 나가는 작용을 말한다.

① ㄱ, ㄷ
② ㄴ, ㅁ
③ ㄱ, ㄴ, ㄹ
④ ㄷ, ㄹ, ㅁ

56 다음은 경호안전작용에 관한 내용이다. (　　) 안의 ㄱ~ㄷ에 들어갈 용어를 바르게 연결한 것은?

CHECK ○△×

> • (ㄱ) : 경호작용의 원천적 사전지식을 생산·제공하는 것으로 경호대상자의 신변안전을 위협하는 인적·물적·지리적 취약요소를 사전에 수집·분석·예고함으로써 예방경호를 수행하는 활동
> • (ㄴ) : 경호와 관련된 인원, 문서, 시설, 지역, 자재, 통신 등에 대하여 불순분자로부터 완벽한 보호대책을 수립하여 지속적으로 보안을 유지해 나가는 작용
> • (ㄷ) : 행사장 내·외부에 산재한 인적·물적·지리적 취약요소에 대한 안전대책 강구, 행사장 내·외곽 시설물에 대한 폭발물 탐지·제거 및 안전점검, 경호대상자에게 제공되는 각종 음식물에 대한 검식작용 등 통합적 안전작용

	ㄱ	ㄴ	ㄷ
①	경호정보작용	안전대책작용	경호보안작용
②	경호정보작용	경호보안작용	안전대책작용
③	경호보안작용	경호정보작용	안전대책작용
④	안전대책작용	경호보안작용	경호정보작용

57 경호의 객체(A)와 주체(B)는?(단, 경호대상자의 의사에 반하지 않는 경우를 전제한다)

CHECK ○△×

> 퇴임한 지 8년 된 대한민국 전직대통령, 배우자 및 그 자녀가 생활하는 공간에서 경찰관과 대통령 경호원이 함께 경호임무를 수행하고 있다.

	A	B
①	전직대통령, 배우자	경찰관
②	전직대통령, 배우자, 자녀	대통령 경호원
③	전직대통령, 배우자	경찰관, 대통령 경호원
④	전직대통령, 배우자, 자녀	경찰관, 대통령 경호원

58 다음의 경호경비 관련법 중 두 번째(A)와 네 번째(B)로 제정된 것을 바르게 연결한 것은?

CHECK ○△×

ㄱ. 청원경찰법
ㄴ. 경비업법
ㄷ. 경찰관직무집행법
ㄹ. 대통령 등의 경호에 관한 법률
ㅁ. 전직대통령 예우에 관한 법률
ㅂ. 국민보호와 공공안전을 위한 테러방지법

	A	B
①	ㄱ	ㅁ
②	ㄴ	ㄹ
③	ㄷ	ㄴ
④	ㄹ	ㄱ

59 다음 중 대통령경호원의 임용결격사유(A)와 당연 퇴직사유(B)를 모두 올바르게 연결한 것은?

CHECK ○△×

ㄱ. 대한민국의 국적을 가지지 아니한 사람
ㄴ. 피성년후견인
ㄷ. 징계로 파면처분을 받은 때로부터 5년이 경과한 자
ㄹ. 금고 이상의 형의 집행유예를 선고받고 그 유예기간이 끝난 날부터 2년이 지나지 아니한 자
ㅁ. 금고 이상의 형의 선고유예를 받은 경우에 그 선고유예 기간 중에 있는 자
ㅂ. 법원의 판결 또는 다른 법률에 따라 자격이 상실되거나 정지된 자

	A	B
①	ㄴ, ㄹ	ㄴ, ㄹ
②	ㄱ, ㄷ, ㅁ	ㄱ, ㄷ, ㅁ
③	ㄱ, ㄴ, ㄹ, ㅂ	ㄱ, ㄴ, ㄹ, ㅂ
④	ㄱ, ㄴ, ㄹ, ㅁ, ㅂ	ㄱ, ㄴ, ㄹ, ㅂ

60 CHECK ○△×

다음 중 대통령 등의 경호에 관한 법령상 대통령경호처 직원의 임용에 관한 내용으로 옳은 것은 모두 몇 개인가?

ㄱ. 직원의 임용을 위한 시험은 이를 직급별로 실시한다.
ㄴ. 별정직 · 일반직공무원에 대하여는 경력채용의 경우를 제외하고는 시험을 과하지 아니한다.
ㄷ. 경호공무원의 공개경쟁채용시험의 대상이 되는 계급은 5급 · 7급 및 9급으로 하고, 일반직공무원의 공개경쟁채용시험의 대상이 되는 계급은 7급 · 9급으로 한다.
ㄹ. 경력경쟁채용시험등은 필기시험 · 면접시험 및 신체검사로 실시하며, 서류전형 · 실기시험 · 체력검정 · 지능검사 · 인성검사 및 적성검사의 전부 또는 일부를 병행하여 실시할 수 있다.
ㅁ. 공개경쟁채용시험은 필기시험 · 면접시험 · 신체검사 및 체력검정으로 실시한다.

① 1개
② 2개
③ 3개
④ 4개

61 CHECK ○△×

자연방벽효과의 원리에 관한 내용이다. 수평적 방벽효과에 관한 내용으로 옳은 것을 모두 고른 것은?

ㄱ. 위해기도자의 위치가 고정된 경우, 즉 위해기도자의 위치를 아는 경우 근접경호원이 위해기도자와 가까이 위치할수록 증가한다.
ㄴ. 경호원의 신장의 차이가 큰 영향을 미친다.
ㄷ. 경호대상자의 위치가 고정된 경우 근접경호원이 경호대상자와 가까이 위치할수록 증가한다.
ㄹ. 경호원이 경호대상자에 대한 이 효과를 극대화하기 위해서는 항상 바른 자세로 똑바로 서서 근무에 임해야 하며, 결코 몸을 움츠리거나 어정쩡한 자세를 취해서는 안 된다.

① ㄱ, ㄴ
② ㄱ, ㄷ
③ ㄴ, ㄷ, ㄹ
④ ㄱ, ㄴ, ㄷ, ㄹ

62 다음이 설명하는 근접경호대형은?

CHECK ○△×

> 외부로부터 위협이 없다고 판단되며 안전이 확보된 행사장 입장 시와 대외적인 이미지를 중시하는 경호대상자에게 적합한 도보대형

① 마름모 대형
② V자형(역쐐기) 대형
③ 원형 대형
④ 쐐기 대형

63 선발경호 시 다음의 업무를 수행하는 담당은?

CHECK ○△×

> • 구역별 비표 구분
> • 중간집결지 운용
> • 안전 및 질서를 고려한 시차별 입장계획
> • 행사 참석대상 및 성격분석

① 작전 담당
② 안전대책 담당
③ 행정 담당
④ 출입통제 담당

64 다음 중 경호 비표 운용에 관한 내용으로 적절치 않은 것은 모두 몇 개인가?

CHECK ○△×

> ㄱ. 행사장의 혼잡방지를 위해 비표는 행사일 전에 배포한다.
> ㄴ. 비표는 식별이 용이하도록 단순·선명하게 제작하여 운용한다.
> ㄷ. 행사구분별 별도의 비표 운용은 금지사항이다.
> ㄹ. 비표에는 리본, 명찰, 완장, 모자, 배지(badge) 등이 있다.
> ㅁ. 비표 분실사고 발생 시는 즉각 보고하고 전체 비표를 무효화하며 새로운 비표를 해당자 전원에게 지급한다.
> ㅂ. 경호근무자의 경호안전활동 시에도 비표 운영을 하는 것은 옳지 않다.

① 없음
② 1개
③ 2개
④ 3개

65 경호원의 응급처치 사항으로 옳지 않은 것은 모두 몇 개인가?

CHECK ○△×

ㄱ. 화상환자는 화상부위를 심장보다 높게 올리도록 한다.
ㄴ. 응급처치의 기본요소에는 상처보호, 지혈, 기도확보, 전문치료이다.
ㄷ. 두부 손상의 응급조치는 기도를 확보하여 산소를 공급한 후 뇌손상으로 인해 체온이 떨어지기 때문에 보온을 유지한다.
ㄹ. 심한 출혈 시 출혈 부위를 심장부위보다 낮게 하고 출혈부위에 더러운 것이 묻어 있을 때에는 물로 씻어낸다.
ㅁ. 환자가 의식이 없을 때, 매스껍거나 토할 때, 배에 상처나 복통, 수술 전, 쇼크 상태에서는 마실 것을 주어서는 안 된다.
ㅂ. 응급처치를 실시하는 처치원 자신의 안전을 확보한다.

① 1개　② 2개
③ 3개　④ 4개

66 다음 중 경호차량 운전요원 준수사항에 관한 설명으로 옳은 것은 모두 몇 개인가?

CHECK ○△×

ㄱ. 차의 후면이 출입로를 향하게 하여 경호대상자가 바로 탑승할 수 있도록 한다.
ㄴ. 위급한 차량의 추적이 있을 경우 정차하여 검문·검색한다.
ㄷ. 위기상황 시에는 대피를 위하여 창문과 문을 열어둔다.
ㄹ. 주차 장소는 가능한 한 자주 변경하는 것이 좋으며, 특히 야간에는 밝은 곳에 주차해야 한다.
ㅁ. 주차 시에는 차의 정면이 출입로를 향하게 한다.

① 1개
② 2개
③ 3개
④ 4개

67 응급처치 및 구급법에 관한 설명으로 옳지 않은 것은?

CHECK ○△×

① 심폐소생술의 순서는 기도개방 - 가슴압박 - 인공호흡이다.
② 자동심장충격기(AED)는 심정지 목격 시 심폐소생술 시행 후 사용하는 것을 원칙으로 한다.
③ 자동심장충격기 사용 시 요동 방지를 위해 환자를 붙잡은 상태에서 제세동을 실시해서는 안 된다.
④ 의식이 있는 사람에게는 자동심장충격기를 부착하면 안 된다.

68 숙소경호의 특징에 해당하는 것을 모두 고른 것은?

CHECK ○△×

ㄱ. 동일한 장소에 경호대상자가 장시간 체류하게 되므로 고정성이 있다.
ㄴ. 숙소의 종류 및 시설물 등이 복잡하고 혼잡한 양상을 띤다.
ㄷ. 주·야간 경계근무를 철저히 해야 한다.
ㄹ. 보안을 유지하기가 쉽고 방어하기에 용이하다.
ㅁ. 주간에만 경호업무를 수행하므로 경호원이 피로감을 느끼지 않는다.

① ㄱ, ㄷ
② ㄴ, ㄹ
③ ㄹ, ㅁ
④ ㄱ, ㄴ, ㄷ

69 탑승 시 경호예절에 관한 설명으로 옳지 않은 것은?

CHECK ○△×

① 여성과 남성이 승용차에 동승할 때에는 여성이 먼저 탄다.
② 일반 승용차 탑승 시 운전자가 있는 경우 조수석 뒷좌석이 상급자의 자리이고, 운전석 뒷좌석이 하급자의 자리이다.
③ 기차 좌석은 통로 측에 상급자가 앉고, 하급자가 창 측에 앉는 것이 일반적이다.
④ 선박을 타고 내리는 순서는 상급자가 마지막에 타고, 제일 먼저 내리는 것이 일반적이다.

70 출입자 통제대책의 방침에 관한 설명으로 옳지 못한 것은 모두 몇 개인가?

CHECK ○△×

ㄱ. 비표를 운용하여 행사장 내 모든 인적·물적 출입요소의 인가 및 확인 여부를 표시할 수 있다.
ㄴ. 모든 출입요소는 지정된 출입통로를 사용하고 기타 통로는 폐쇄한다.
ㄷ. 출입증은 전 참가자에게 운용함을 원칙으로 하되, 행사 성격을 고려하여 일부 제한된 행사에서는 지침에 의거 출입증을 운용하지 않을 수 있다.
ㄹ. 대규모 행사 시에는 참석 대상별 또는 좌석별 구분에 따라 출입통로 선정 및 일괄입장계획을 수립하여 출입통제가 용이하도록 한다.
ㅁ. 검색은 육감에 의한 방법으로 출입요소를 대상으로 실시하고 경호대상자와 수행원은 예외로 한다.

① 2개
② 3개
③ 4개
④ 5개

71 CHECK ○△×

국민보호와 공공안전을 위한 테러방지법령상 테러피해에 관한 내용으로 옳지 않은 것은?

① 테러로 인하여 신체 또는 재산의 피해를 입은 국민은 관계기관에 즉시 신고하여야 한다. 다만, 인질 등 부득이한 사유로 신고할 수 없을 때에는 법률관계 또는 계약관계에 의하여 보호의무가 있는 사람이 이를 알게 된 때에 즉시 신고하여야 한다.
② 국가 또는 지방자치단체는 테러의 피해를 입은 사람에 대하여 대통령령으로 정하는 바에 따라 치료 및 복구에 필요한 비용의 전부 또는 일부를 지원할 수 있다.
③ 테러로 인하여 생명의 피해를 입은 사람의 유족에 대해서는 그 피해의 정도에 따라 등급을 정하여 특별위로금을 지급할 수 있다.
④ 치료 및 복구에 필요한 비용의 지원 기준・절차금액 및 방법 등에 관하여 필요한 사항은 행정안전부령으로 정한다.

72 CHECK ○△×

다음 중 경호차량 선정 시 고려사항으로 적절하지 않은 것을 모두 고른 것은?

ㄱ. 경호대상자의 차량과 성능・모양이 비슷한 차량을 선정하고, 유리는 착색되어야 한다.
ㄴ. 방향전환이 쉽고 엔진의 성능과 가속장치가 좋은 차량이어야 한다.
ㄷ. 무선통신장비를 갖춘 차량이어야 한다.
ㄹ. 차체가 강하고 방탄능력이 있어야 한다.
ㅁ. 경호대상자의 권위를 고려하여 최고급 차종의 차량이어야 한다.
ㅂ. 경호차량은 외부의 시선을 집중시키는 차종이나 색상은 지양하여야 한다.
ㅅ. 기만효과를 달성하기 위해 경호대상자 차량과 다른 차종을 선택하여야 한다.

① 없음
② 1개
③ 2개
④ 3개

73 CHECK ○△×

다음은 테러상황에서 인질협상의 8단계를 나열한 것이다. (　　) 안의 ㄱ~ㄷ에 들어갈 내용으로 알맞은 것은?

협상준비 → 논쟁개시 → 신호 → (ㄱ) → 타결안 제시 → (ㄴ) → (ㄷ) → 협상타결

	ㄱ	ㄴ	ㄷ
①	제안	흥정	정리
②	흥정	정리	제안
③	정리	흥정	제안
④	제안	정리	흥정

74 CHECK ○△×

다음은 대통령 등의 경호에 관한 법률의 벌칙 규정이다. (   ) 안의 ㄱ~ㄹ에 들어갈 내용을 바르게 연결한 것은?

- 대통령경호처 직원은 직무상 알게 된 비밀을 누설하여서는 아니 된다. 이를 위반한 사람은 (ㄱ)년 이하의 징역·금고 또는 (ㄴ)만원 이하의 벌금에 처한다.
- 대통령경호처 직원은 경호처 직무와 관련된 사항을 발간하거나 그 밖의 방법으로 공표하려면 미리 처장의 허가를 받아야 한다. 이를 위반한 사람은 (ㄷ)년 이하의 징역·금고 또는 (ㄹ)만원 이하의 벌금에 처한다.

	ㄱ	ㄴ	ㄷ	ㄹ
①	5	2,000	3	1,000
②	5	1,000	2	500
③	3	1,000	2	500
④	3	500	1	200

75 CHECK ○△×

다음 중 3중 경호의 원칙에 해당하는 것을 모두 고른 것은?

ㄱ. 긴급하고 위험한 상황이 발생했을 때 예리하고 순간적인 판단력을 이용하여 경호를 하는 원칙으로 경호학의 이론적 뒷받침이 된다.
ㄴ. 경호요원은 은밀하고 침묵 속에서 행동하며 항상 경호대상자의 신변을 보호할 수 있는 곳에 행동반경을 두고 경호에 임해야 한다.
ㄷ. 경호대상자가 위치한 집무실이나 행사장으로부터 내부(근접경호), 내곽(중간경호), 외곽(외곽경호)으로 구분하여 세 겹의 보호막 또는 경계선을 설치 운영하는 것을 말한다.
ㄹ. 위해기도 시 시간 및 공간적으로 이를 지연시키거나 피해의 범위를 최소화하기 위한 방어전략이다.
ㅁ. 행사장에 참석하는 경호대상자를 중심으로 가장 가까운 1선을 안전구역, 2선을 경비구역, 3선을 경계구역으로 정한다.

① ㄱ, ㄴ
② ㄷ, ㄹ
③ ㄱ, ㄷ, ㅁ
④ ㄷ, ㄹ, ㅁ

76 선발경호 등에 관한 설명으로 옳지 않은 것은 모두 몇 개인가?

CHECK ○△×

ㄱ. 선발경호는 경호대상자보다 먼저 경호행사장에 도착하여 위해요소를 점검하고 안전을 확보하는 활동이다.
ㄴ. 선발경호는 예방적 경호요소를 포함하며 완벽한 경호를 위한 준비활동으로 볼 수 있다.
ㄷ. 경호계획서에 근거한 전체 일정과 행사장별 세부일정 등의 기본사항을 확인하고, 이동에 관한 기본계획을 세운다.
ㄹ. 경호의 임무단계는 계획단계, 준비단계, 행사단계, 결산단계로 이루어진다.
ㅁ. 행사단계에서 행사장 안전검측, 취약요소 분석, 최종적인 대안이 제시된다.

① 없음
② 1개
③ 3개
④ 5개

77 다음 중 국민보호와 공공안전을 위한 테러방지법령상 국가테러대책위원회의 위원이 아닌 사람은 모두 몇 명인가?

CHECK ○△×

ㄱ. 대통령경호처장
ㄴ. 국무조정실장
ㄷ. 금융위원회 위원장
ㄹ. 관세청 조사감시국장
ㅁ. 질병관리청장
ㅂ. 과학기술정보통신부 통신정책관

① 1명
② 2명
③ 3명
④ 4명

78 CHECK ○△×

다음은 근접경호를 의뢰받아 임무를 수행하고 있는 상황이다. 다음에서 나타나지 않는 근접경호의 특성은?

> A경호업체는 연예인 B에 대한 경호의뢰를 받아 부산국제영화제 행사장에서 근접경호를 하고 있었다. 운집된 팬들 사이에서 갑자기 위해기도자로 보이는 한 남성이 B를 공격하려 하자 근접경호임무를 수행 중인 C경호원은 자신의 몸으로 위해기도자를 막고 함께 근접경호임무를 수행 중인 D경호원은 B를 행사장 뒤로 신속히 이동시켰다.

① 노출성
② 기만성
③ 방벽성
④ 방호성

79 CHECK ○△×

대통령경호안전대책위원회규정상 다음의 업무분장을 담당하는 자는?

> • 입수된 경호 관련 첩보 및 정보의 신속한 전파・보고
> • 위해요인의 제거
> • 정보 및 보안대상기관에 대한 조정
> • 행사참관 해외동포 입국자에 대한 동향파악 및 보안조치
> • 그 밖에 국내・외 경호행사의 지원

① 국군방첩사령부 소속 장성급 장교 또는 2급 이상의 군무원 중 위원장이 지명하는 1명
② 국가정보원 테러정보통합센터장
③ 외교부 의전기획관
④ 법무부 출입국・외국인정책본부장

80 CHECK ○△×

국민보호와 공공안전을 위한 테러방지법상 테러단체를 구성하거나 구성원으로 가입한 사람의 처벌과 관련하여 (　　)에 들어갈 숫자의 합은?

> • 수괴(首魁)는 사형・무기 또는 (　　)년 이상의 징역
> • 타국의 외국인테러전투원으로 가입한 사람은 (　　)년 이상의 징역
> • 테러를 기획 또는 지휘하는 등 중요한 역할을 맡은 사람은 무기 또는 (　　)년 이상의 징역
> • 테러단체 가입을 지원하거나 타인에게 가입을 권유 또는 선동한 사람은 (　　)년 이하의 징역

① 23　　② 25
③ 27　　④ 29

합격의 공식 시대에듀

M E M O

2025 시대에듀 경비지도사 2차 시험 고득점 심화 모의고사 [일반경비]

개정16판1쇄 발행	2025년 09월 25일(인쇄 2025년 08월 28일)
초 판 발 행	2010년 11월 05일(인쇄 2010년 10월 01일)
발 행 인	박영일
책 임 편 집	이해욱
편 저	시대에듀 경비지도사 교수진
편 집 진 행	이재성 · 고광옥 · 백승은
표 지 디 자 인	박종우
편 집 디 자 인	윤준하 · 임창규
발 행 처	(주)시대고시기획
출 판 등 록	제10-1521호
주 소	서울시 마포구 큰우물로 75 [도화동 538 성지 B/D] 9F
전 화	1600-3600
팩 스	02-701-8823
홈 페 이 지	www.sdedu.co.kr
I S B N	979-11-383-9757-5 (13350)
정 가	32,000원

정답 마킹표(40문/4지선다)

연 도		과 목	
시 간		회 독	
문 번	CHECK	문 번	CHECK
1	① ② ③ ④	21	① ② ③ ④
2	① ② ③ ④	22	① ② ③ ④
3	① ② ③ ④	23	① ② ③ ④
4	① ② ③ ④	24	① ② ③ ④
5	① ② ③ ④	25	① ② ③ ④
6	① ② ③ ④	26	① ② ③ ④
7	① ② ③ ④	27	① ② ③ ④
8	① ② ③ ④	28	① ② ③ ④
9	① ② ③ ④	29	① ② ③ ④
10	① ② ③ ④	30	① ② ③ ④
11	① ② ③ ④	31	① ② ③ ④
12	① ② ③ ④	32	① ② ③ ④
13	① ② ③ ④	33	① ② ③ ④
14	① ② ③ ④	34	① ② ③ ④
15	① ② ③ ④	35	① ② ③ ④
16	① ② ③ ④	36	① ② ③ ④
17	① ② ③ ④	37	① ② ③ ④
18	① ② ③ ④	38	① ② ③ ④
19	① ② ③ ④	39	① ② ③ ④
20	① ② ③ ④	40	① ② ③ ④
정 답		오 답	
점 수			

MEMO

정답 마킹표(40문/4지선다)

연 도		과 목	
시 간		회 독	
문 번	CHECK	문 번	CHECK
1	① ② ③ ④	21	① ② ③ ④
2	① ② ③ ④	22	① ② ③ ④
3	① ② ③ ④	23	① ② ③ ④
4	① ② ③ ④	24	① ② ③ ④
5	① ② ③ ④	25	① ② ③ ④
6	① ② ③ ④	26	① ② ③ ④
7	① ② ③ ④	27	① ② ③ ④
8	① ② ③ ④	28	① ② ③ ④
9	① ② ③ ④	29	① ② ③ ④
10	① ② ③ ④	30	① ② ③ ④
11	① ② ③ ④	31	① ② ③ ④
12	① ② ③ ④	32	① ② ③ ④
13	① ② ③ ④	33	① ② ③ ④
14	① ② ③ ④	34	① ② ③ ④
15	① ② ③ ④	35	① ② ③ ④
16	① ② ③ ④	36	① ② ③ ④
17	① ② ③ ④	37	① ② ③ ④
18	① ② ③ ④	38	① ② ③ ④
19	① ② ③ ④	39	① ② ③ ④
20	① ② ③ ④	40	① ② ③ ④
정 답		오 답	
점 수			

MEMO

정답 마킹표(40문/4지선다)

연 도		과 목	
시 간		회 독	
문 번	CHECK	문 번	CHECK
41	① ② ③ ④	61	① ② ③ ④
42	① ② ③ ④	62	① ② ③ ④
43	① ② ③ ④	63	① ② ③ ④
44	① ② ③ ④	64	① ② ③ ④
45	① ② ③ ④	65	① ② ③ ④
46	① ② ③ ④	66	① ② ③ ④
47	① ② ③ ④	67	① ② ③ ④
48	① ② ③ ④	68	① ② ③ ④
49	① ② ③ ④	69	① ② ③ ④
50	① ② ③ ④	70	① ② ③ ④
51	① ② ③ ④	71	① ② ③ ④
52	① ② ③ ④	72	① ② ③ ④
53	① ② ③ ④	73	① ② ③ ④
54	① ② ③ ④	74	① ② ③ ④
55	① ② ③ ④	75	① ② ③ ④
56	① ② ③ ④	76	① ② ③ ④
57	① ② ③ ④	77	① ② ③ ④
58	① ② ③ ④	78	① ② ③ ④
59	① ② ③ ④	79	① ② ③ ④
60	① ② ③ ④	80	① ② ③ ④
정 답		오 답	
점 수			

MEMO

정답 마킹표(40문/4지선다)

연 도		과 목	
시 간		회 독	
문 번	CHECK	문 번	CHECK
41	① ② ③ ④	61	① ② ③ ④
42	① ② ③ ④	62	① ② ③ ④
43	① ② ③ ④	63	① ② ③ ④
44	① ② ③ ④	64	① ② ③ ④
45	① ② ③ ④	65	① ② ③ ④
46	① ② ③ ④	66	① ② ③ ④
47	① ② ③ ④	67	① ② ③ ④
48	① ② ③ ④	68	① ② ③ ④
49	① ② ③ ④	69	① ② ③ ④
50	① ② ③ ④	70	① ② ③ ④
51	① ② ③ ④	71	① ② ③ ④
52	① ② ③ ④	72	① ② ③ ④
53	① ② ③ ④	73	① ② ③ ④
54	① ② ③ ④	74	① ② ③ ④
55	① ② ③ ④	75	① ② ③ ④
56	① ② ③ ④	76	① ② ③ ④
57	① ② ③ ④	77	① ② ③ ④
58	① ② ③ ④	78	① ② ③ ④
59	① ② ③ ④	79	① ② ③ ④
60	① ② ③ ④	80	① ② ③ ④
정 답		오 답	
점 수			

MEMO

정답 마킹표(40문/4지선다)

연 도		과 목	
시 간		회 독	
문 번	CHECK	문 번	CHECK
1	① ② ③ ④	21	① ② ③ ④
2	① ② ③ ④	22	① ② ③ ④
3	① ② ③ ④	23	① ② ③ ④
4	① ② ③ ④	24	① ② ③ ④
5	① ② ③ ④	25	① ② ③ ④
6	① ② ③ ④	26	① ② ③ ④
7	① ② ③ ④	27	① ② ③ ④
8	① ② ③ ④	28	① ② ③ ④
9	① ② ③ ④	29	① ② ③ ④
10	① ② ③ ④	30	① ② ③ ④
11	① ② ③ ④	31	① ② ③ ④
12	① ② ③ ④	32	① ② ③ ④
13	① ② ③ ④	33	① ② ③ ④
14	① ② ③ ④	34	① ② ③ ④
15	① ② ③ ④	35	① ② ③ ④
16	① ② ③ ④	36	① ② ③ ④
17	① ② ③ ④	37	① ② ③ ④
18	① ② ③ ④	38	① ② ③ ④
19	① ② ③ ④	39	① ② ③ ④
20	① ② ③ ④	40	① ② ③ ④
정 답		오 답	
점 수			

MEMO

정답 마킹표(40문/4지선다)

연 도		과 목	
시 간		회 독	
문 번	CHECK	문 번	CHECK
1	① ② ③ ④	21	① ② ③ ④
2	① ② ③ ④	22	① ② ③ ④
3	① ② ③ ④	23	① ② ③ ④
4	① ② ③ ④	24	① ② ③ ④
5	① ② ③ ④	25	① ② ③ ④
6	① ② ③ ④	26	① ② ③ ④
7	① ② ③ ④	27	① ② ③ ④
8	① ② ③ ④	28	① ② ③ ④
9	① ② ③ ④	29	① ② ③ ④
10	① ② ③ ④	30	① ② ③ ④
11	① ② ③ ④	31	① ② ③ ④
12	① ② ③ ④	32	① ② ③ ④
13	① ② ③ ④	33	① ② ③ ④
14	① ② ③ ④	34	① ② ③ ④
15	① ② ③ ④	35	① ② ③ ④
16	① ② ③ ④	36	① ② ③ ④
17	① ② ③ ④	37	① ② ③ ④
18	① ② ③ ④	38	① ② ③ ④
19	① ② ③ ④	39	① ② ③ ④
20	① ② ③ ④	40	① ② ③ ④
정 답		오 답	
점 수			

MEMO

정답 마킹표(40문/4지선다)

연 도		과 목	
시 간		회 독	
문 번	CHECK	문 번	CHECK
41	① ② ③ ④	61	① ② ③ ④
42	① ② ③ ④	62	① ② ③ ④
43	① ② ③ ④	63	① ② ③ ④
44	① ② ③ ④	64	① ② ③ ④
45	① ② ③ ④	65	① ② ③ ④
46	① ② ③ ④	66	① ② ③ ④
47	① ② ③ ④	67	① ② ③ ④
48	① ② ③ ④	68	① ② ③ ④
49	① ② ③ ④	69	① ② ③ ④
50	① ② ③ ④	70	① ② ③ ④
51	① ② ③ ④	71	① ② ③ ④
52	① ② ③ ④	72	① ② ③ ④
53	① ② ③ ④	73	① ② ③ ④
54	① ② ③ ④	74	① ② ③ ④
55	① ② ③ ④	75	① ② ③ ④
56	① ② ③ ④	76	① ② ③ ④
57	① ② ③ ④	77	① ② ③ ④
58	① ② ③ ④	78	① ② ③ ④
59	① ② ③ ④	79	① ② ③ ④
60	① ② ③ ④	80	① ② ③ ④
정 답		오 답	
점 수			

MEMO

정답 마킹표(40문/4지선다)

연 도		과 목	
시 간		회 독	
문 번	CHECK	문 번	CHECK
41	① ② ③ ④	61	① ② ③ ④
42	① ② ③ ④	62	① ② ③ ④
43	① ② ③ ④	63	① ② ③ ④
44	① ② ③ ④	64	① ② ③ ④
45	① ② ③ ④	65	① ② ③ ④
46	① ② ③ ④	66	① ② ③ ④
47	① ② ③ ④	67	① ② ③ ④
48	① ② ③ ④	68	① ② ③ ④
49	① ② ③ ④	69	① ② ③ ④
50	① ② ③ ④	70	① ② ③ ④
51	① ② ③ ④	71	① ② ③ ④
52	① ② ③ ④	72	① ② ③ ④
53	① ② ③ ④	73	① ② ③ ④
54	① ② ③ ④	74	① ② ③ ④
55	① ② ③ ④	75	① ② ③ ④
56	① ② ③ ④	76	① ② ③ ④
57	① ② ③ ④	77	① ② ③ ④
58	① ② ③ ④	78	① ② ③ ④
59	① ② ③ ④	79	① ② ③ ④
60	① ② ③ ④	80	① ② ③ ④
정 답		오 답	
점 수			

MEMO

정답 마킹표(40문/4지선다)

연 도		과 목	
시 간		회 독	
문 번	CHECK	문 번	CHECK
1	① ② ③ ④	21	① ② ③ ④
2	① ② ③ ④	22	① ② ③ ④
3	① ② ③ ④	23	① ② ③ ④
4	① ② ③ ④	24	① ② ③ ④
5	① ② ③ ④	25	① ② ③ ④
6	① ② ③ ④	26	① ② ③ ④
7	① ② ③ ④	27	① ② ③ ④
8	① ② ③ ④	28	① ② ③ ④
9	① ② ③ ④	29	① ② ③ ④
10	① ② ③ ④	30	① ② ③ ④
11	① ② ③ ④	31	① ② ③ ④
12	① ② ③ ④	32	① ② ③ ④
13	① ② ③ ④	33	① ② ③ ④
14	① ② ③ ④	34	① ② ③ ④
15	① ② ③ ④	35	① ② ③ ④
16	① ② ③ ④	36	① ② ③ ④
17	① ② ③ ④	37	① ② ③ ④
18	① ② ③ ④	38	① ② ③ ④
19	① ② ③ ④	39	① ② ③ ④
20	① ② ③ ④	40	① ② ③ ④
정 답		오 답	
점 수			

MEMO

정답 마킹표(40문/4지선다)

연 도		과 목	
시 간		회 독	
문 번	CHECK	문 번	CHECK
1	① ② ③ ④	21	① ② ③ ④
2	① ② ③ ④	22	① ② ③ ④
3	① ② ③ ④	23	① ② ③ ④
4	① ② ③ ④	24	① ② ③ ④
5	① ② ③ ④	25	① ② ③ ④
6	① ② ③ ④	26	① ② ③ ④
7	① ② ③ ④	27	① ② ③ ④
8	① ② ③ ④	28	① ② ③ ④
9	① ② ③ ④	29	① ② ③ ④
10	① ② ③ ④	30	① ② ③ ④
11	① ② ③ ④	31	① ② ③ ④
12	① ② ③ ④	32	① ② ③ ④
13	① ② ③ ④	33	① ② ③ ④
14	① ② ③ ④	34	① ② ③ ④
15	① ② ③ ④	35	① ② ③ ④
16	① ② ③ ④	36	① ② ③ ④
17	① ② ③ ④	37	① ② ③ ④
18	① ② ③ ④	38	① ② ③ ④
19	① ② ③ ④	39	① ② ③ ④
20	① ② ③ ④	40	① ② ③ ④
정 답		오 답	
점 수			

MEMO

정답 마킹표(40문/4지선다)

연 도		과 목	
시 간		회 독	
문 번	CHECK	문 번	CHECK
41	① ② ③ ④	61	① ② ③ ④
42	① ② ③ ④	62	① ② ③ ④
43	① ② ③ ④	63	① ② ③ ④
44	① ② ③ ④	64	① ② ③ ④
45	① ② ③ ④	65	① ② ③ ④
46	① ② ③ ④	66	① ② ③ ④
47	① ② ③ ④	67	① ② ③ ④
48	① ② ③ ④	68	① ② ③ ④
49	① ② ③ ④	69	① ② ③ ④
50	① ② ③ ④	70	① ② ③ ④
51	① ② ③ ④	71	① ② ③ ④
52	① ② ③ ④	72	① ② ③ ④
53	① ② ③ ④	73	① ② ③ ④
54	① ② ③ ④	74	① ② ③ ④
55	① ② ③ ④	75	① ② ③ ④
56	① ② ③ ④	76	① ② ③ ④
57	① ② ③ ④	77	① ② ③ ④
58	① ② ③ ④	78	① ② ③ ④
59	① ② ③ ④	79	① ② ③ ④
60	① ② ③ ④	80	① ② ③ ④
정 답		오 답	
점 수			

MEMO

정답 마킹표(40문/4지선다)

연 도		과 목	
시 간		회 독	
문 번	CHECK	문 번	CHECK
41	① ② ③ ④	61	① ② ③ ④
42	① ② ③ ④	62	① ② ③ ④
43	① ② ③ ④	63	① ② ③ ④
44	① ② ③ ④	64	① ② ③ ④
45	① ② ③ ④	65	① ② ③ ④
46	① ② ③ ④	66	① ② ③ ④
47	① ② ③ ④	67	① ② ③ ④
48	① ② ③ ④	68	① ② ③ ④
49	① ② ③ ④	69	① ② ③ ④
50	① ② ③ ④	70	① ② ③ ④
51	① ② ③ ④	71	① ② ③ ④
52	① ② ③ ④	72	① ② ③ ④
53	① ② ③ ④	73	① ② ③ ④
54	① ② ③ ④	74	① ② ③ ④
55	① ② ③ ④	75	① ② ③ ④
56	① ② ③ ④	76	① ② ③ ④
57	① ② ③ ④	77	① ② ③ ④
58	① ② ③ ④	78	① ② ③ ④
59	① ② ③ ④	79	① ② ③ ④
60	① ② ③ ④	80	① ② ③ ④
정 답		오 답	
점 수			

MEMO

정답 마킹표(40문/4지선다)

연 도		과 목	
시 간		회 독	
문 번	CHECK	문 번	CHECK
1	① ② ③ ④	21	① ② ③ ④
2	① ② ③ ④	22	① ② ③ ④
3	① ② ③ ④	23	① ② ③ ④
4	① ② ③ ④	24	① ② ③ ④
5	① ② ③ ④	25	① ② ③ ④
6	① ② ③ ④	26	① ② ③ ④
7	① ② ③ ④	27	① ② ③ ④
8	① ② ③ ④	28	① ② ③ ④
9	① ② ③ ④	29	① ② ③ ④
10	① ② ③ ④	30	① ② ③ ④
11	① ② ③ ④	31	① ② ③ ④
12	① ② ③ ④	32	① ② ③ ④
13	① ② ③ ④	33	① ② ③ ④
14	① ② ③ ④	34	① ② ③ ④
15	① ② ③ ④	35	① ② ③ ④
16	① ② ③ ④	36	① ② ③ ④
17	① ② ③ ④	37	① ② ③ ④
18	① ② ③ ④	38	① ② ③ ④
19	① ② ③ ④	39	① ② ③ ④
20	① ② ③ ④	40	① ② ③ ④
정 답		오 답	
점 수			

MEMO

정답 마킹표(40문/4지선다)

연 도		과 목	
시 간		회 독	
문 번	CHECK	문 번	CHECK
1	① ② ③ ④	21	① ② ③ ④
2	① ② ③ ④	22	① ② ③ ④
3	① ② ③ ④	23	① ② ③ ④
4	① ② ③ ④	24	① ② ③ ④
5	① ② ③ ④	25	① ② ③ ④
6	① ② ③ ④	26	① ② ③ ④
7	① ② ③ ④	27	① ② ③ ④
8	① ② ③ ④	28	① ② ③ ④
9	① ② ③ ④	29	① ② ③ ④
10	① ② ③ ④	30	① ② ③ ④
11	① ② ③ ④	31	① ② ③ ④
12	① ② ③ ④	32	① ② ③ ④
13	① ② ③ ④	33	① ② ③ ④
14	① ② ③ ④	34	① ② ③ ④
15	① ② ③ ④	35	① ② ③ ④
16	① ② ③ ④	36	① ② ③ ④
17	① ② ③ ④	37	① ② ③ ④
18	① ② ③ ④	38	① ② ③ ④
19	① ② ③ ④	39	① ② ③ ④
20	① ② ③ ④	40	① ② ③ ④
정 답		오 답	
점 수			

MEMO

정답 마킹표(40문/4지선다)

연 도		과 목	
시 간		회 독	
문 번	CHECK	문 번	CHECK
41	① ② ③ ④	61	① ② ③ ④
42	① ② ③ ④	62	① ② ③ ④
43	① ② ③ ④	63	① ② ③ ④
44	① ② ③ ④	64	① ② ③ ④
45	① ② ③ ④	65	① ② ③ ④
46	① ② ③ ④	66	① ② ③ ④
47	① ② ③ ④	67	① ② ③ ④
48	① ② ③ ④	68	① ② ③ ④
49	① ② ③ ④	69	① ② ③ ④
50	① ② ③ ④	70	① ② ③ ④
51	① ② ③ ④	71	① ② ③ ④
52	① ② ③ ④	72	① ② ③ ④
53	① ② ③ ④	73	① ② ③ ④
54	① ② ③ ④	74	① ② ③ ④
55	① ② ③ ④	75	① ② ③ ④
56	① ② ③ ④	76	① ② ③ ④
57	① ② ③ ④	77	① ② ③ ④
58	① ② ③ ④	78	① ② ③ ④
59	① ② ③ ④	79	① ② ③ ④
60	① ② ③ ④	80	① ② ③ ④
정 답		오 답	
점 수			

MEMO

정답 마킹표(40문/4지선다)

연 도		과 목	
시 간		회 독	
문 번	CHECK	문 번	CHECK
41	① ② ③ ④	61	① ② ③ ④
42	① ② ③ ④	62	① ② ③ ④
43	① ② ③ ④	63	① ② ③ ④
44	① ② ③ ④	64	① ② ③ ④
45	① ② ③ ④	65	① ② ③ ④
46	① ② ③ ④	66	① ② ③ ④
47	① ② ③ ④	67	① ② ③ ④
48	① ② ③ ④	68	① ② ③ ④
49	① ② ③ ④	69	① ② ③ ④
50	① ② ③ ④	70	① ② ③ ④
51	① ② ③ ④	71	① ② ③ ④
52	① ② ③ ④	72	① ② ③ ④
53	① ② ③ ④	73	① ② ③ ④
54	① ② ③ ④	74	① ② ③ ④
55	① ② ③ ④	75	① ② ③ ④
56	① ② ③ ④	76	① ② ③ ④
57	① ② ③ ④	77	① ② ③ ④
58	① ② ③ ④	78	① ② ③ ④
59	① ② ③ ④	79	① ② ③ ④
60	① ② ③ ④	80	① ② ③ ④
정 답		오 답	
점 수			

MEMO

정답 마킹표(40문/4지선다)

연 도		과 목	
시 간		회 독	
문 번	CHECK	문 번	CHECK
1	① ② ③ ④	21	① ② ③ ④
2	① ② ③ ④	22	① ② ③ ④
3	① ② ③ ④	23	① ② ③ ④
4	① ② ③ ④	24	① ② ③ ④
5	① ② ③ ④	25	① ② ③ ④
6	① ② ③ ④	26	① ② ③ ④
7	① ② ③ ④	27	① ② ③ ④
8	① ② ③ ④	28	① ② ③ ④
9	① ② ③ ④	29	① ② ③ ④
10	① ② ③ ④	30	① ② ③ ④
11	① ② ③ ④	31	① ② ③ ④
12	① ② ③ ④	32	① ② ③ ④
13	① ② ③ ④	33	① ② ③ ④
14	① ② ③ ④	34	① ② ③ ④
15	① ② ③ ④	35	① ② ③ ④
16	① ② ③ ④	36	① ② ③ ④
17	① ② ③ ④	37	① ② ③ ④
18	① ② ③ ④	38	① ② ③ ④
19	① ② ③ ④	39	① ② ③ ④
20	① ② ③ ④	40	① ② ③ ④
정 답		오 답	
점 수			

MEMO

정답 마킹표(40문/4지선다)

연 도		과 목	
시 간		회 독	
문 번	CHECK	문 번	CHECK
1	① ② ③ ④	21	① ② ③ ④
2	① ② ③ ④	22	① ② ③ ④
3	① ② ③ ④	23	① ② ③ ④
4	① ② ③ ④	24	① ② ③ ④
5	① ② ③ ④	25	① ② ③ ④
6	① ② ③ ④	26	① ② ③ ④
7	① ② ③ ④	27	① ② ③ ④
8	① ② ③ ④	28	① ② ③ ④
9	① ② ③ ④	29	① ② ③ ④
10	① ② ③ ④	30	① ② ③ ④
11	① ② ③ ④	31	① ② ③ ④
12	① ② ③ ④	32	① ② ③ ④
13	① ② ③ ④	33	① ② ③ ④
14	① ② ③ ④	34	① ② ③ ④
15	① ② ③ ④	35	① ② ③ ④
16	① ② ③ ④	36	① ② ③ ④
17	① ② ③ ④	37	① ② ③ ④
18	① ② ③ ④	38	① ② ③ ④
19	① ② ③ ④	39	① ② ③ ④
20	① ② ③ ④	40	① ② ③ ④
정 답		오 답	
점 수			

MEMO

정답 마킹표(40문/4지선다)

연 도		과 목	
시 간		회 독	
문 번	CHECK	문 번	CHECK
41	① ② ③ ④	61	① ② ③ ④
42	① ② ③ ④	62	① ② ③ ④
43	① ② ③ ④	63	① ② ③ ④
44	① ② ③ ④	64	① ② ③ ④
45	① ② ③ ④	65	① ② ③ ④
46	① ② ③ ④	66	① ② ③ ④
47	① ② ③ ④	67	① ② ③ ④
48	① ② ③ ④	68	① ② ③ ④
49	① ② ③ ④	69	① ② ③ ④
50	① ② ③ ④	70	① ② ③ ④
51	① ② ③ ④	71	① ② ③ ④
52	① ② ③ ④	72	① ② ③ ④
53	① ② ③ ④	73	① ② ③ ④
54	① ② ③ ④	74	① ② ③ ④
55	① ② ③ ④	75	① ② ③ ④
56	① ② ③ ④	76	① ② ③ ④
57	① ② ③ ④	77	① ② ③ ④
58	① ② ③ ④	78	① ② ③ ④
59	① ② ③ ④	79	① ② ③ ④
60	① ② ③ ④	80	① ② ③ ④
정 답		오 답	
점 수			

MEMO

정답 마킹표(40문/4지선다)

연 도		과 목	
시 간		회 독	
문 번	CHECK	문 번	CHECK
41	① ② ③ ④	61	① ② ③ ④
42	① ② ③ ④	62	① ② ③ ④
43	① ② ③ ④	63	① ② ③ ④
44	① ② ③ ④	64	① ② ③ ④
45	① ② ③ ④	65	① ② ③ ④
46	① ② ③ ④	66	① ② ③ ④
47	① ② ③ ④	67	① ② ③ ④
48	① ② ③ ④	68	① ② ③ ④
49	① ② ③ ④	69	① ② ③ ④
50	① ② ③ ④	70	① ② ③ ④
51	① ② ③ ④	71	① ② ③ ④
52	① ② ③ ④	72	① ② ③ ④
53	① ② ③ ④	73	① ② ③ ④
54	① ② ③ ④	74	① ② ③ ④
55	① ② ③ ④	75	① ② ③ ④
56	① ② ③ ④	76	① ② ③ ④
57	① ② ③ ④	77	① ② ③ ④
58	① ② ③ ④	78	① ② ③ ④
59	① ② ③ ④	79	① ② ③ ④
60	① ② ③ ④	80	① ② ③ ④
정 답		오 답	
점 수			

MEMO

정답 마킹표(40문/4지선다)

연 도		과 목	
시 간		회 독	
문 번	CHECK	문 번	CHECK
1	① ② ③ ④	21	① ② ③ ④
2	① ② ③ ④	22	① ② ③ ④
3	① ② ③ ④	23	① ② ③ ④
4	① ② ③ ④	24	① ② ③ ④
5	① ② ③ ④	25	① ② ③ ④
6	① ② ③ ④	26	① ② ③ ④
7	① ② ③ ④	27	① ② ③ ④
8	① ② ③ ④	28	① ② ③ ④
9	① ② ③ ④	29	① ② ③ ④
10	① ② ③ ④	30	① ② ③ ④
11	① ② ③ ④	31	① ② ③ ④
12	① ② ③ ④	32	① ② ③ ④
13	① ② ③ ④	33	① ② ③ ④
14	① ② ③ ④	34	① ② ③ ④
15	① ② ③ ④	35	① ② ③ ④
16	① ② ③ ④	36	① ② ③ ④
17	① ② ③ ④	37	① ② ③ ④
18	① ② ③ ④	38	① ② ③ ④
19	① ② ③ ④	39	① ② ③ ④
20	① ② ③ ④	40	① ② ③ ④
정 답		오 답	
점 수			

MEMO

정답 마킹표(40문/4지선다)

연 도		과 목	
시 간		회 독	
문 번	CHECK	문 번	CHECK
1	① ② ③ ④	21	① ② ③ ④
2	① ② ③ ④	22	① ② ③ ④
3	① ② ③ ④	23	① ② ③ ④
4	① ② ③ ④	24	① ② ③ ④
5	① ② ③ ④	25	① ② ③ ④
6	① ② ③ ④	26	① ② ③ ④
7	① ② ③ ④	27	① ② ③ ④
8	① ② ③ ④	28	① ② ③ ④
9	① ② ③ ④	29	① ② ③ ④
10	① ② ③ ④	30	① ② ③ ④
11	① ② ③ ④	31	① ② ③ ④
12	① ② ③ ④	32	① ② ③ ④
13	① ② ③ ④	33	① ② ③ ④
14	① ② ③ ④	34	① ② ③ ④
15	① ② ③ ④	35	① ② ③ ④
16	① ② ③ ④	36	① ② ③ ④
17	① ② ③ ④	37	① ② ③ ④
18	① ② ③ ④	38	① ② ③ ④
19	① ② ③ ④	39	① ② ③ ④
20	① ② ③ ④	40	① ② ③ ④
정 답		오 답	
점 수			

MEMO

정답 마킹표(40문/4지선다)

연 도		과 목	
시 간		회 독	
문 번	CHECK	문 번	CHECK
41	① ② ③ ④	61	① ② ③ ④
42	① ② ③ ④	62	① ② ③ ④
43	① ② ③ ④	63	① ② ③ ④
44	① ② ③ ④	64	① ② ③ ④
45	① ② ③ ④	65	① ② ③ ④
46	① ② ③ ④	66	① ② ③ ④
47	① ② ③ ④	67	① ② ③ ④
48	① ② ③ ④	68	① ② ③ ④
49	① ② ③ ④	69	① ② ③ ④
50	① ② ③ ④	70	① ② ③ ④
51	① ② ③ ④	71	① ② ③ ④
52	① ② ③ ④	72	① ② ③ ④
53	① ② ③ ④	73	① ② ③ ④
54	① ② ③ ④	74	① ② ③ ④
55	① ② ③ ④	75	① ② ③ ④
56	① ② ③ ④	76	① ② ③ ④
57	① ② ③ ④	77	① ② ③ ④
58	① ② ③ ④	78	① ② ③ ④
59	① ② ③ ④	79	① ② ③ ④
60	① ② ③ ④	80	① ② ③ ④
정 답		오 답	
점 수			

MEMO

정답 마킹표(40문/4지선다)

연 도		과 목	
시 간		회 독	
문 번	CHECK	문 번	CHECK
41	① ② ③ ④	61	① ② ③ ④
42	① ② ③ ④	62	① ② ③ ④
43	① ② ③ ④	63	① ② ③ ④
44	① ② ③ ④	64	① ② ③ ④
45	① ② ③ ④	65	① ② ③ ④
46	① ② ③ ④	66	① ② ③ ④
47	① ② ③ ④	67	① ② ③ ④
48	① ② ③ ④	68	① ② ③ ④
49	① ② ③ ④	69	① ② ③ ④
50	① ② ③ ④	70	① ② ③ ④
51	① ② ③ ④	71	① ② ③ ④
52	① ② ③ ④	72	① ② ③ ④
53	① ② ③ ④	73	① ② ③ ④
54	① ② ③ ④	74	① ② ③ ④
55	① ② ③ ④	75	① ② ③ ④
56	① ② ③ ④	76	① ② ③ ④
57	① ② ③ ④	77	① ② ③ ④
58	① ② ③ ④	78	① ② ③ ④
59	① ② ③ ④	79	① ② ③ ④
60	① ② ③ ④	80	① ② ③ ④
정 답		오 답	
점 수			

MEMO

BEST
경비지도사 1위

20년간 경비지도사 부문 누적판매 1위

[2024년 기준] 경비지도사 시리즈, 20년간 35.4만부 판매

2025 PROJECT

A SUCCESSFUL PROJECT

경비지도사
고득점 심화 모의고사
2차 [일반경비]

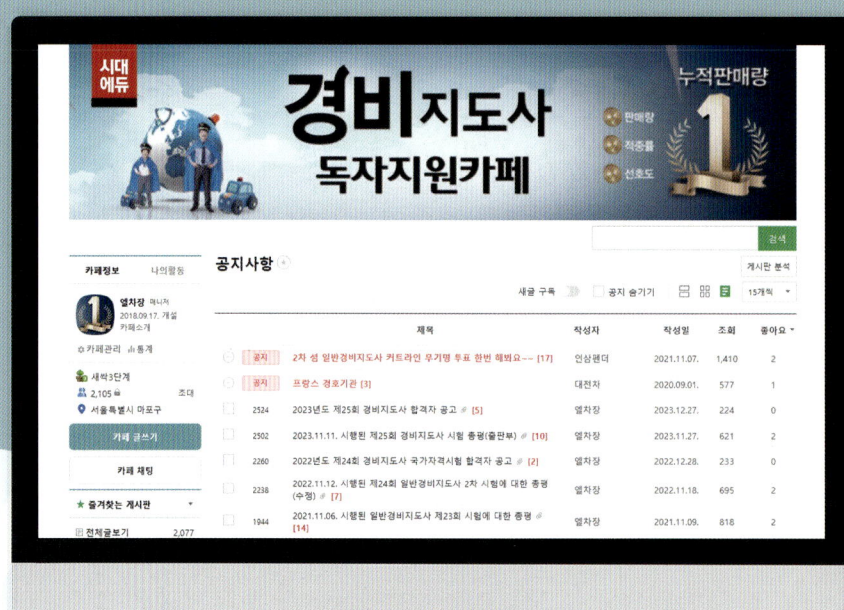